HISTOIRE

DE

L'ABBAYE D'ORBAIS

(MARNE)

PAR

Dom DU BOUT

Publiée d'après le Manuscrit original de l'Auteur

AVEC ADDITIONS ET NOTES

PAR

Etienne **HÉRON DE VILLEFOSSE**

Docteur en Droit
Associé correspondant de la Société nationale des Antiquaires de France

PRÉFACE

DE

Louis **COURAJOD**

PARIS	REIMS
Alphonse PICARD	F. MICHAUD
Libraire de la Société de l'Ecole des Chartes	Libraire-Editeur de l'Académie
82, Rue Bonaparte, 82	23, Rue du Cadran Saint-Pierre, 23

1890

HISTOIRE

DE

L'ABBAYE D'ORBAIS

(MARNE)

Tiré à 120 Exemplaires

HISTOIRE

DE

L'ABBAYE D'ORBAIS

(MARNE)

PAR

DOM DU BOUT

Publiée d'après le Manuscrit original de l'Auteur

AVEC ADDITIONS ET NOTES

PAR

Etienne HÉRON DE VILLEFOSSE

Docteur en Droit
Associé correspondant de la Société nationale des Antiquaires de France

PRÉFACE

DE

Louis COURAJOD

PARIS	REIMS
Alphonse PICARD	F. MICHAUD
Libraire de la Société de l'Ecole des Chartes	Libraire-Editeur de l'Académie
82, Rue Bonaparte, 82	23, Rue du Cadran Saint-Pierre, 23

1890

HISTOIRE DE L'ABBAYE D'ORBAIS

PUBLIÉE D'APRÈS LE MANUSCRIT ORIGINAL

DE

DOM DU BOUT

La publication que j'entreprends aujourd'hui a été commencée, il y a huit ans, par M. Louis Courajod. La Préface qu'il a écrite, pour figurer en tête de l'Histoire de l'Abbaye d'Orbais, a paru dans le *Vigneron Champenois* des 29 Septembre et 6 Octobre 1875. Je ne puis mieux faire que de la reproduire ici. Dans cette intéressante page de critique il est arrivé à rétablir le nom du trop modeste Bénédictin qui a composé l'Histoire manuscrite de l'Abbaye d'Orbais et à déterminer l'époque précise de sa rédaction.

Les lecteurs de la *Revue de Champagne* regretteront comme moi, que M. Courajod, absorbé par d'autres travaux, n'ait pas pu éditer lui-même l'œuvre de Dom Du Bout, comme il l'annonçait en 1875. Il a cru que nos liens d'amitié et notre attachement commun à la province de Brie suffiraient pour m'autoriser à poursuivre une publication à laquelle je n'étais pas préparé par mes études antérieures. A défaut des notes savantes dont son érudition aurait enrichi le texte, je me réserve la tâche modeste de mettre à la portée de tous un manuscrit trop longtemps resté dans l'oubli.

J'ai cru devoir respecter aussi scrupuleusement que possible le style et l'orthographe de ce manuscrit. Agir autrement ne serait-ce pas défigurer l'œuvre ou lui enlever tout au moins son ancienne saveur ?

Les notes de Dom Du Bout ont été l'objet d'une insertion pure et simple au bas des pages. Celles que M. Louis Courajod a consacrées aux premiers chapitres du Recueil sont suivies des initiales L. C. ; les miennes se trouvent comprises entre crochets.

E. HERON DE VILLEFOSSE.

Paris, Février 1883.

HISTOIRE DE L'ABBAYE D'ORBAIS

PRÉFACE

Une sorte de fatalité a pesé sur l'abbaye d'Orbais. Tandis que beaucoup de monastères, qui n'eurent pas au Moyen-Age une importance comparable à la sienne, ont conservé dans des documents relativement nombreux un souvenir détaillé des plus belles périodes de leur existence, la grande abbaye bénédictine dont je veux recomposer les annales, n'a rien gardé de ses archives. Cette perte même ne date pas de la fin du dernier siècle ni de l'époque de la Révolution. Il s'ensuit que les deux siècles de travail, pendant lesquels les moines ont exploité tant de trésors historiques et nous ont transmis de si précieux documents sur le passé de notre pays, n'ont pu profiter à Orbais. Brûlé pendant la guerre de Cent ans, dévasté à plusieurs reprises, Orbais dès le xvi⁰ siècle n'avait plus d'archives, partant plus d'histoire.

On ne saurait imaginer quelle influence dépravante la disparition de ses archives peut avoir sur un corps constitué. Sans archives pas de traditions ; sans traditions pas d'existence sociale. Quand donc le xvi⁰ siècle eut porté un coup terrible à l'organisation sociale du Moyen-Age ; quand le concordat de François I⁰ʳ et de Léon X eut mis les abbayes aux mains des courtisans ; quand une loi injustifiable eut perverti le sens des fondations pieuses, que pouvaient devenir de pauvres moines ignorants de leurs droits et de leurs origines en face d'abbés-commendataires donnant quelquefois l'exemple de tous les vices ? Orbais subit le sort commun. Nommés par le roi au hasard de la faveur, les chefs de ce monastère, le plus souvent laïques, n'eurent pas sans doute de direction doctrinale sur les religieux, mais n'en exercèrent pas moins sur eux une influence considérable, une autorité effective, une dissolvante et immorale action. Les Protestants lors de la Réforme, et de nos jours quelques auteurs à courtes vues, ont reproché aux cloitres la décadence du xvi⁰ siècle. C'est faire preuve d'injustice. La société entière de la Renaissance conspira contre le monachisme. La Royauté française concourut une des premières à l'avilir après l'avoir dépouillé. Le clergé séculier, jaloux de ses privilèges, se réjouit de son abaissement. La Réforme acheta, avec les biens qu'elle lui ravit, la conscience de l'avide Allemagne. C'est miracle que le clergé régulier ait pu survivre en Europe à une époque qui avait juré sa perte.

Tout en courbant le front sous le joug honteux des Commendes, quelques couvents surent puiser dans de grandioses souvenirs un sentiment de dignité qui les maintint. Mais, hélas ! pour Orbais la décadence fut nécessaire, immédiate et irrémédiable, puisque ce monastère avait perdu, avec ses traditions, jusqu'au désir et à l'espoir de se régénérer. On verra à quel triste état l'abbaye fut réduite pendant le xvi⁰ siècle. Le xvii⁰ s'ouvrit pour Orbais sous d'aussi lugubre auspices. Pouvait-on demander des études à de malheureux moines traqués, inquiets, isolés au fond des bois, sans livres, sans conseils, sans exemples, privés des plus indispensables instruments de travail ? Les courts intervalles de tranquillité dont ils jouirent bientôt leur devinrent plus funestes encore. Si l'inquiétude et la persécution empêchaient tout labeur intellectuel, elles maintenaient, dans une certaine mesure, une sorte de régularité. L'oisiveté, que produisit la cessation des persécutions, acheva de perdre le pauvre monastère rural. Les moines d'Orbais pactisèrent avec leur mauvaise fortune, s'arrangèrent avec leurs rapaces abbés, prirent gaiement leur parti de cet engourdissement intellectuel et moral. Se résignant à vivre le moins mal possible de leur maigre prébende, ils laissèrent s'écrouler autour d'eux et les pierres de leur admirable église et les vénérables fondements de leur glorieux institut.

Ce fut certainement pour la noble abbaye le plus mauvais instant, l'heure la plus pénible qu'elle eut à traverser. Sous Charlemagne on avait parlé d'elle dans toute l'Europe savante comme de l'un des plus ardents foyers de la civilisation chrétienne. Mais si, sous Louis XIV, sa réputation franchit par hasard les limites de l'élection de Château-Thierry ou celles du diocèse de Soissons, les successeurs des illustres moines du IXe siècle ne se font plus connaître que par leur renom de bons vivants. L'école de Godescalque n'est plus qu'un réfectoire.

La Fontaine, en 1659, dans une épître qu'il adressait à Fouquet surchargé de travail par les affaires de l'Etat, lui dit :

« Je crois qu'il vous arrivera
« Choses dont aux courts jours se plaignent
« Moines d'Orbais et surtout craignent ;
« C'est qu'à la fin vous n'aurez pas
« Loisir de prendre vos repas. »

Ce mot cruel du malin fabuliste qui déshonorait la vieille abbaye bénédictine et ébruitait en dehors de la province sa fâcheuse réputation était, il faut en convenir, parfaitement mérité. Mais, heureusement, le remède n'était pas loin du mal. Depuis quarante ans l'immortelle congrégation de Saint-Maur avait entrepris de relever l'Ordre de Saint-Benoît. Elle qui savait tout ne pouvait ignorer ce qu'Orbais avait été autrefois. Elle gémissait en apprenant ce qu'il était devenu ; elle avait résolu de le régénérer à tout prix, malgré son abbé, malgré lui-même. En 1667, moins de huit ans après l'épître à

Fouquet, à la suite de longues et laborieuses négociations, elle était installée à Orbais, et dès lors Orbais était sauvé pour plus d'un siècle. Il me semble que le trait décoché par La Fontaine n'a pas été inutile et que, somme toute, le monastère déchu lui doit savoir gré d'avoir précipité le moment de sa restauration en fournissant des arguments à ceux qui aspiraient à le réhabiliter. Mais je veux attirer particulièrement la reconnaissance des habitants d'Orbais sur un moine dont j'ai retrouvé avec émotion, dans cette bonne œuvre, la généreuse initiative. C'est Dom Michel Germain qui, par sa parole ardente, arracha à l'évêque de Soissons la réforme de l'abbaye. J'ai tâché ailleurs [1] de mettre en lumière la sympathique figure de ce trop modeste bénédictin. Ceux qui connaissent son caractère ne s'étonneront point de l'ardeur qu'il montra pour la restauration d'Orbais et pour la soumission d'un nouveau monastère à sa chère congrégation [2]. Il sera toujours honorable pour Orbais de devoir sa

---

1. *Le Monasticon Gallicanum*. Paris, 1869, in-folio.
2. Voici un extrait de l'article consacré à Orbais par dom Michel-Germain dans le *Monasticon Gallicanum* :

« Sed tandem repetitis bellorum assultibus et invasione commendarum (ne quid referam de Calvinistarum injuriis) attritæ cum disciplina regulari facultates, amissa documenta, libri vel ablati vel igne consumpti, collapsæ regulares ædes loco proximum interitum minitabantur, cum Johannes Richardus, prior, ætate quidem proximus septuagenaria, sed animo constante nec minus vivido, fortis pectore, nullum non movit lapidem ut congregationis S. Mauri patres Orbaco meliorem daturos formam acciret. Consiliis ejus minaciter obstitit militaris abbas Petrus qui et Johannem a satellitibus comprehensum inedia, siti, dirisque cruciatibus afflixit. Sed illo mortem potius quam monasterii cladem et excidium ferre parato, sublevatoque sociorum duorum ac novitii unius ope, suessionensis episcopus nostrorum precibus, ubique (dicere liceat) oratione parænetica flexus, anno 1666 decretum edidit quo sodalibus nostris orbacensis abbas et monachi locum melioris normæ reddendum permittere jubebantur. Fremuit abbas, at incassum nec diu. Nam et ipse facti pœnitens certusque rebus suis nihil inde decessurum cum nostris anno sequenti pactum edidit, quo tota rei familiaris cura penes eos staret, optimi proventus ipsi penderentur. Dici vix potest quot et quantas tulerint angustias, quam durum vitæ genus subire coacti sunt aliquot è nostris Orbacum directi, quibus, post divini cultus solutionem, labor manuum assiduus, vestes tegendo corpori vix pares, pisa, herbæ, cruda plerumque legumina, nullo adhibito igne parata, pro deliciis habentur ! Horum invicta patientia villæ meliorem in statum redeunt. Amissa quædam recuperantur prædia. Dormitorium in cellas tredecim partitum, gradus lapideus, bibliotheca, claustrum ex quadrato lapide constructa sunt. Reliquis ædibus regulari vitæ consentaneis lapides, calx, ligna, materies omnis aggeruntur. (Bibl. nat. ms. lat. 11,818, fol. 355 recto et suiv.)

rédemption à l'un des plus grands religieux du xviie siècle, au disciple, à l'ami et au collaborateur de Mabillon. Voilà de quoi nous consoler de la médisance de La Fontaine.

En arrivant à Orbais, les Pères de la congrégation de Saint-Maur y apportaient la pratique de toutes leurs vertus qui, nulle part, n'avaient jamais été plus nécessaires. Il ne s'agissait rien moins que de tenter une nouvelle fondation du monastère. La ruine, l'hostilité, l'abandon accueillirent seuls les confrères de Dom Germain. Ils disputaient, suivant l'énergique expression de l'historien d'Orbais, leur gîte aux chats-huants et aux oiseaux nocturnes. Ils avaient à défricher leur cloître envahi par les ronces, les épines et les chardons. La première génération des saints pionniers envoyés par l'active congrégation eut donc, en plein xviie siècle, à recommencer la vie des anachorètes. Elle accepta l'épreuve, et se chargeant des fautes commises antérieurement par la maison conventuelle, elle vécut littéralement de racines, pour expier, dans les mortifications, le jeûne et l'abstinence, la vie trop mondaine de ses prédécesseurs. Mais la vertu avait pour longtemps encore à réhabiliter le couvent décrié et à préparer la voie à la science. Les travaux littéraires ne pouvaient fleurir dans ce désert et sur ces débris.

Quel dut être le premier désespoir des savants fils de saint Benoît quand ils se virent en face d'un chartrier vide, sans documents manuscrits ni imprimés? On le devine aisément, et de nombreuses preuves en subsistent dans leur correspondance. Cependant la Congrégation de Saint-Maur était incapable de se laisser décourager. Le sol littéraire d'Orbais était ingrat; raison de plus pour le mieux cultiver. C'était le tour de la science à restaurer le monastère. Une bibliothèque y fut constituée avant 1694 [1]. La Congrégation était alors dans la plus

---

1. Cette bibliothèque, mentionnée par Dom Michel Germain, mort en 1694, existait donc avant cette date : elle s'augmenta depuis et fut dispersée en 1791. On en retrouve tous les jours des débris dans les mains des habitants du pays. La majeure partie fut portée à Épernay, chef-lieu du district. La bibliothèque de la ville d'Épernay conserve aujourd'hui le catalogue de la bibliothèque conventuelle d'Orbais. (N° 41 du *Catal. des manuscrits de la bibliothèque communale d'Épernay.*) C'est un volume in-folio portant la date de 1724.

belle période de ses impérissables travaux et, sous la direction littéraire de Mabillon, dans l'enthousiasme de ses plus grandes publications. Dès 1667, elle avait rédigé un programme et prescrit au personnel de chaque abbaye de composer l'histoire du couvent qu'il habitait. A Orbais, pour les raisons que nous avons exposées, on n'avait rien pu tenter encore. Mais Saint-Germain-des-Prés et les Blancs Manteaux de Paris renfermaient des dévouements à la hauteur de toutes les épreuves et tenaient en réserve des ouvriers pour les plus rudes besognes. Un de ces travailleurs reçut en 1699 l'ordre de se rendre à Orbais. Deux ans après, Orbais avait un historien, et son histoire nous est parvenue.

Depuis que vers 1840, l'œuvre de ce religieux a été recueillie par le vénérable curé-doyen d'Orbais, M. l'abbé Létoffé, elle a été communiquée à différentes personnes, consultée par de nombreux érudits locaux, et elle a fait l'objet de plusieurs tentatives de publication. Quelques pages en ont même été prématurément livrées à la publicité [1] sans glose ni commentaire. Mais ni ceux qui les avaient copiées, ni ceux qui les ont fait paraître ne semblent avoir soupçonné toute la valeur du manuscrit. Personne n'a fait le moindre effort pour intéresser le public spécial auquel s'adressait cette histoire. La modestie du bénédictin ayant laissé l'ouvrage anonyme, le premier devoir de tout éditeur consciencieux était de retrouver le nom du trop discret auteur et de donner au document, si heureusement conservé, l'autorité d'un témoignage discuté et définitivement connu. Après trente ans de citations plus ou moins heureuses, plus ou moins textuelles, plus ou moins avouées, le manuscrit du religieux d'Orbais est encore inédit et anonyme. J'espère faire cesser à la fois cette double injustice.

La lecture du manuscrit établit d'une manière indiscutable les faits suivants. L'auteur composa son travail original dans le couvent d'Orbais où il était moine et rédigeait au plus

---

1. *Bulletin des Comités historiques*, janvier 1849, p. 25 ; février 1849, p. 42 ; mars 1850, p. 72.

tôt son histoire en 1701 et 1702, car il se sert plusieurs fois de ces termes « en la presente année 1701 », — « en la presente année 1702 », — sans jamais signaler comme contemporaine de son travail aucune année antérieure. Il a brusquement interrompu à l'année 1702, le récit des faits passés à l'abbaye.

Le manuscrit brouillon évidemment terminé en 1702, époque à laquelle s'arrête l'histoire du monastère, fut recopié et corrigé par l'auteur de 1703 à 1706. Car on lit dans les premières pages du manuscrit de l'abbé Letoffé, à propos du Père Pezron : « Depuis qu'on a commencé ce recueil on a appris que le R. P. Dom-Paul Pezron s'étoit démis volontairement de son abbaye. » Or, comme Dom-Paul Pezron ne se démit qu'en 1703 et était mort en 1706, il est certain que le brouillon qui ne mentionnait pas la démission de cet abbé de la Charmoye, était antérieur à 1703, et que la copie corrigée par l'auteur qui nous est parvenue était exécutée avant 1706, puisqu'il n'y est pas question de la mort du même abbé.

Nous savons en outre que, si le dépouillement des chartes et le brouillon de l'histoire furent faits à Orbais, la copie ou rédaction définitive, avec de notables additions, fut exécutée par l'auteur lui-même dans l'abbaye de Saint-Michel du Tréport. On lit en effet dans le chapitre consacré à l'abbé Pierre de Séricourt : « Le Monastere du Tréport où on écrit actuellement ce qu'on vient de rapporter de la conduite si édifiante de ces deux grands religieux (Dom Benoît Cocquelin et Dom Guillaume Jamet), dont on a été témoin oculaire autrefois, et où on profite encore aujourd'huy de leurs veilles, de leurs travaux et de leurs sueurs, et où on entend souvent et dans toutes les occasions le bourg, la ville d'Eu et tout le pays retentir de leurs éloges, etc. » Ce passage était écrit en 1704, car on lit une page plus loin que Dom Guillaume Jamet fut fidèle à tous ses devoirs professionnels jusqu'à sa mort « prétieuse aux yeux de Dieu, arrivée le samedi premier jour de mars de la présente année 1704. »

Il résulte de cet ensemble de faits que le Bénédictin de la congrégation de saint Maur, auteur de l'histoire d'Orbais, habita cette abbaye et y composa son manuscrit original de 1701 à 1702, puis le corrigea et compléta de 1703 à 1705. Il est également certain que vers 1704 le même auteur habitait le Tréport et y écrivait.

Voici maintenant quels étaient les religieux d'Orbais en 1701 et 1702 : Dom Nicolas du Bout, prieur, — Dom Charles Lequeux, sous-prieur, — Dom Louis Nattin, procureur, — Dom Charles Constant, dépositaire. Un seul de ces religieux quitta Orbais pour aller à Saint-Michel du Tréport, c'est Dom Nicolas du Bout, nommé prieur de ce dernier monastère en 1702, précisément à la date où s'arrête le récit. Dom du Bout est donc nécessairement l'auteur du manuscrit. Il avait été prieur d'Orbais de 1699 à 1702.

Nous avons en outre, le moyen de faire une contre épreuve. Dom du Bout est si bien l'auteur cherché que, dans son histoire, à propos de son prédécesseur dans la charge de prieur d'Orbais, Dom Pierre Mongé, déchargé en 1699, il a écrit les mots suivants : « Celuy qui a eu l'honneur de luy succéder, pour rendre justice et un témoignage public à la vérité, assure que depuis le départ de son très digne predécesseur on n'a ni vu, ni entendu, ni appris que qui que ce soit ait témoigné le moindre mécontentement ni proféré la moindre parole désobligeante. »

Le manuscrit recueilli par M. l'abbé Létoffé est autographe, ainsi que je m'en suis assuré en le comparant avec les signatures de Dom Nicolas du Bout conservées dans les minutes de M⁰ Charlot, notaire à Orbais.

J'aurais voulu donner une biographie complète de Dom Nicolas Du Bout ; mais la chose n'est pas possible. On sait combien les bénédictins cachaient leur vie en Dieu et dissimulaient leurs personnes derrière les œuvres qu'ils léguaient à la postérité. Le sévère Dom Tassin, qui passe sous silence plusieurs d'entre ses plus laborieux confrères, n'a rien dit de notre auteur dans son *Histoire littéraire de la congrégation de saint Maur*. C'est en vain que j'avais espéré trouver quelques renseignements dans la correspondance adressée à Mabillon et

FAC-SIMILE
d'un fragment du Manuscrit Autographe de Dom du Bout.

Continuation / Ledit Révérend Père Dom Pierre Mougé ayant gouver-
du R. P. Dom / né ce monastère par commission pendant les trois dernières
P. Mougé / années, Le Chapitre général tenu au monastère de Mar-
Prieur &c. / moûtier-lez-Tours l'y institua et continua en qualité de Prieur
de ce monastère suivant les Lettres de sa substitution du vingtième
jour de may mil six cens quatre vingt dix.

FAC-SIMILE de 3 Signatures de Dom du Bout
N° 1. Signature apposée au bas d'un Acte du 17 Mai 1701.

N° 2. Signature apposée au bas
d'un Acte du 11 Juin 1701.

Nicolas du Bout

N° 3. Signature apposée au bas
d'un Acte du 26 Juin 1702.

Nicolas du Bout, Prieur

Nicolas du Bout

(Etude de M! Charlot, Notaire à Orbais)

conservée en grande partie à la Bibliothèque nationale. Je suis réduit à me contenter des sèches mentions des matricules de la congrégation de saint Maur. Sur ce livre d'or de la piété et de la science françaises Dom Du Bout fut immatriculé sous le n° 2953. J'apprends-là [1] qu'il était né en 1653 à Saint-Valery-sur-Somme[2], qu'il fit profession à l'âge de vingt ans, dans l'abbaye de Saint-Remi de Reims, le 24 octobre 1673, et qu'il y mourut simple moine le 16 mai 1706. A l'aide du procès-verbal[3] des élections canoniques décidées dans les chapitres généraux de la Congrégation, je puis ajouter qu'il fut nommé prieur d'Orbais en 1699, pour trois ans, selon la règle ; puis qu'au chapitre suivant, en 1702, il fut envoyé comme prieur à Saint-Michel du Tréport, et qu'enfin le chapitre général de 1705 lui donna un successeur dans ce dernier monastère. En quittant le Tréport, Du Bout, déchargé des préoccupations inhérentes à l'administration d'une abbaye, s'était rapproché du berceau de sa vie religieuse ; il rentrait à Saint-Remi de Reims. Un pressentiment le guidait peut-être. Il revenait pour mourir au lieu même où il avait pris l'habit. Un nom entre deux dates, voilà le plus souvent toute la biographie d'un bénédictin ! Et encore la postérité reconnaissante qui recueille le fruit de son travail, est-elle fort heureuse quand elle n'est pas réduite à posséder un héritage anonyme et à chérir un testateur inconnu.

Nous avons reconquis le nom ; nous allons publier l'œuvre ; mais cette œuvre est et demeure muette sur l'homme. Non-seulement Du Bout n'a pas signé son travail, mais encore il semble avoir pris à tâche de s'effacer dans sa rédaction. Cepen-

---

1. *Matricula monachorum professorum congregationis Sancti Mauri.* Bibl. nat. Ms. lat. 12794.

2. « Novembre 1653. — Nicolas, fils en légitime mariage de M. Pierre
« DU BOUT, greffier de la ville, et de Marie Barbier, fut baptisé le vingt-
« huitième... Son parrain est M. Jacques du Gardin du présent échevin
« de cette ville ; la marraine est damoiselle Marie Beuiée. »
Je dois la communication de cet acte de baptême à l'obligeance de M. le curé-doyen de Saint-Valery.

3. *Liber continens electiones superiorum.* Bibl. nat. Ms. lat. 17690.

dant, sans appliquer à la rigueur la mesure trop absolue de Buffon, on peut connaître l'écrivain par le style. Du Bout avait des sentiments élevés, une piété profonde et sincère, une âme généreuse, beaucoup de chaleur de cœur et (nous le savons par une page enthousiaste), un goût prononcé pour la musique. Son histoire d'Orbais témoigne d'études sérieuses, d'une méthode excellente puisée à la grande école de Mabillon, et d'une intelligence de l'histoire certainement au-dessus de la moyenne.

Le manuscrit de Dom Du Bout, intéresse aussi bien l'histoire générale que l'histoire locale. Il y a tel passage qui nous restitue des fragments d'un texte dont on déplore la perte depuis l'incendie de l'archi-monastère de Saint-Remi en 1774. L'histoire de l'abbaye d'Orbais est surtout précieuse en ce qu'elle éclaire la construction du principal monument historique de l'arrondissement d'Epernay, et en ce qu'elle fournit d'utiles renseignements sur la plupart des communes de cet arrondissement. C'est un important chapitre de l'histoire de la province de Champagne.

Louis Courajod.

Église d'Orbais avant la restauration de 1869

RECUEIL

DE QUELQUES

ACTES, BULLES, CHARTRES, EXTRAITS, PIECES, TITRES

POUR SERVIR A L'HISTOIRE DE L'ABBAYE

DE SAINT-PIERRE D'ORBAIZ-EN-BRIE

Ordre de Saint-Benoist, Congrégation de Saint-Maur

AVERTISSEMENT

On ne donne pas ce petit ouvrage pour une histoire, ni même pour un abregé d'histoire parfait et accompli, mais tout au plus comme un petit recueil de quelques actes, bulles, chartres, extraits, piéces, titres tirez de differens endroits pour servir de mémoires et exciter le zéle de quelque pieux et sçavant religieux à travailler à l'histoire particuliere de cette abbaye de Saint-Pierre d'Orbaiz-en-Brie, ordre de Saint-Benoist, congrégation de Saint-Maur.

L'abbaye d'Orbaiz ayant été autrefois assez celebre, on sera sans doute d'abord surpris qu'on ne rapporte icy que trés peu de choses et de faits de consequence. Mais cette surprise cessera quand on sçaura que cette abbaye a éprouvé et souffert plusieurs fois toutes les disgrâces et tous les malheurs, ausquelz peut être exposé un monastere retiré, champêtre, sans forces et sans autres défenses que ses murs de clôture, — car ces manieres et especes de tours, meurtrieres et autres fortifications anciennes faites sur le grand portail de l'église, qui pour cet effet a été depuis appelé le chasteau, pour se défendre contre les premiers coups-de-mains des assaillans, sont bien posterieures à la construction de la nouvelle église ; — que toutes les guerres civiles intestines et étrangeres, qui ont agité le royaume de France, l'ont pillé, brûlé et détruit de tems en tems. La division de Lothaire, empereur, Pépin, Louis-le-Germanique et Charles-le-Chauve, fils de l'empereur Louis-le-Débonnaire, vers l'an huit cens quarante ou quarante et un ; les courses et irruptions des Nortmands, Hongrois et autres peuples barbares, vers l'an neuf cens trente-six et trente sept, sous nos roys de la seconde race ; les guerres et invasions des Anglois sous Charles septiéme, roy de France, vers l'an mil trois[1] cens vingt ;

L'abbaye de Saint-Pierre d'Orbaiz, celebre autrefois, mais elle a eprouvé toutes sortes de disgrâces par l'irruption des barbares, par les guerres, les heretiques.

---

1. [Lisez *quatre*. Charles VII a commencé à régner en 1422.]

les impiétés des Calvinistes, en mil cinq cens soixante-quatre, qui ravageoient tous les lieux saints; la haine d'un certain Christophle de Gomer et de ses enfans, d'où est sortie la famille de Luzancy-Gomer, proche la Ferté-sous-Jouarre, et les persecutions et les méchantes affaires qu'ils susciterent à cette abbaye, sur la fin du seizième siècle, comme on verra dans la suite ; enfin l'introduction des commendes et autres funestes évenemens ont dépouillé ce monastere de tout ce qu'il avoit de plus considérable et de plus prétieux. On verra dans son lieu que Nicolas de La Croix ne fut pas plutôt pourvu de cette abbaye en commende, vers l'an mil cinq cens cinquante et un, qu'il s'empara de tous les titres, chartres, papiers et mémoires, que l'on n'a pu recouvrer depuis, quelque diligence et perquisition qu'on ait pu faire. Ils ont été ou brûlez ou mis entre les mains desdits Gomer et autres particuliers, qui s'étoient emparez de plusieurs fonds et domaines de ce monastere.

Ces incendies et la perte irreparable des titres et papiers nous ont dérobé la connoissance de plusieurs faits particuliers, et particulierement les noms et surnoms de nos bienfacteurs et la qualité de leurs bienfaits ; ce qui nous empêche, à notre grand regret, de les marquer icy en détail pour leur rendre toute la justice qui leur est due, et en porter la connoissance et le souvenir jusqu'à nos successeurs, afin qu'ils joignent leur reconnoissance à la notre.

Ces pertes nous ont aussi dérobé les noms, actions, dignités, caracteres et autres qualités de plusieurs saints et sçavans religieux d'Orbaiz, qui demeurent ensevelis dans un profond et éternel silence qui nous prive des bons exemples et de l'édification que nous en tirerions.

On a fait ce recueil pour ne sortir jamais de ce monastere et ne servir qu'aux religieux d'Orbaiz, qui auront la patience de le lire, si ils veulent s'en donner la peine ; ainsi on y a inseré plusieurs choses qui paroitront fort minces et de trés petite consequence aux esprits superieurs et déliez. — Quelques-uns se plaindront peut-être que l'on entre quelquefois dans un trop grand détail, et que l'on s'amuse à de petites particularités, qu'il auroit été meilleur de passer et d'omettre ; mais ces personnes peuvent considérer que, dans la vue qu'on a de fournir des mémoires à ceux qui voudront entreprendre quelque travail sur ce foible commencement, il a été bon de leur ramasser tout ce qu'on a trouvé dans les auteurs et anciens monuments, afin qu'ils puissent juger eux mêmes ce qu'il est à propos de dire ou de taire. On soumet de bon cœur tout à leur jugement.

D'ailleurs ce détail regarde un monastere particulier et ses religieux et même quelques saints fondateurs et autres bienfacteurs [1], à l'égard desquelz il n'y a rien d'inutile. On peut appliquer icy ce que saint Jean Chrysostome a dit des Apôtres : « Si nous pouvions sçavoir jusqu'aux

---

1. Saint Réole, saint Rigobert, Leudemar.

« moindres circonstances de ce que les Apôtres ont fait ou dit, nous y
« trouverions partout des instructions salutaires. Tout sert, tout édifie,
« ajoute le même Pere, dans ceux qui agissent par l'esprit de Dieu ;
« il n'y a point de si petite partie de leurs reliques que nous voulus-
« sions négliger. »

Dans ce recueil on a suivi, autant qu'on a pu, le modele de faire l'histoire d'un monastere, envoié le dix septième décembre mil six cens soixante quatre, à tous les superieurs de notre congregation de Saint-Maur, par le trés réverend Pere Dom Bernard Audebert, troisiéme superieur géneral de ladite congregation.

Les principaux évenemens, qu'on a pu découvrir, se trouveront presque tous sous le nom et le gouvernement des abbez ; faute de mémoires, on n'en rapporte qu'un trés petit nombre. On a laissé du papier blanc pour y inserer les noms de ceux qu'on apprendra cy aprés et ce qui se sera passé de leur tems.

Pour sçavoir plus à fond l'histoire de ce monastere, il faudra consulter les annales de notre Ordre composées par le réverend Pere Dom Jean Mabillon, ce saint et sçavant religieux, l'honneur de notre congregation, et l'un des plus sçavants hommes de son siécle, où l'on trouvera plusieurs particularités tirées de plusieurs anciens monuments.

Si on pouvoit avoir entrée et communication des titres, chartres et autres piéces des archives et chartriers de l'église de Notre-Dame de Reims, de Saint-Remy, de la cathedrale de Soissons, de Hautvilliers et Rebaiz, on y trouveroit de bons mémoires pour enrichir et illustrer notre recueil, l'abbaye d'Orbaiz ayant eu anciennement de grandes relations avec tous ces différens lieux, surtout avec la cathedrale de Reims, d'où elle a dépendu immediatement depuis sa fondation jusqu'en [1]... et à l'introduction des commendes, les abbez commendataires n'étant plus confirmez par les archevêques de Reims, comme les abbez réguliers aprés avoir été canoniquement élus par les religieux d'Orbaiz.

Pour rendre justice à qui il appartient, on déclare que ce que l'on rapporte icy de meilleur est presque tout tiré de l'*Histoire de l'église de Reims* par Flodoard, traduit en françois, en mil cinq cens cinquante et un, par Nicolas Chesneau, chanoine et doyen de Saint-Symphorien de Reims, et de l'édition latine du Pere Jacques Sirmond, jesuite, en mil six cens onze [2] ; de l'*Histoire de la métropole de Reims* par Dom Guillaume Marlot, grand prieur de Saint-Nicaise [3] ;

---

1. [1520 environ.]
2. L'édition du Pere Sirmond rapporte plusieurs fragmens et piéces de Hincmar que Nicolas Chesneau n'a pas traduits. Peut-être qu'il ne les avoit pas vus. — Ces nouvelles piéces se lisent dans le troisiéme livre de Flodoard par Sirmond.
3. Dont le second tome a donné au public par le zéle et les soins du R. P. Dom Jérôme Huret, religieux et bibliothécaire de l'abbaye de Saint-Nicaise.

des *Actes des Saints de l'ordre de Saint-Benoist*, par le R. P. Dom Jean Mabillon, et de quelques chartres et mémoires de ce monastere, et des deux premiers tomes des *Annales bénédictins* du dudit Dom Jean Mabillon, imprimez en mil sept cens trois et mil sept cens quatre.

On rapporte les actes dans les endroits où il en est fait mention, afin que d'un coup d'œil on voie les preuves de ce qu'on a avancé.

On se croit obligé de demander icy beaucoup d'indulgence sur les défauts et sur la simplicité du style, et de faire avec plus de justice et de raison le même aveu qu'un pieux et sçavant historien a fait en écrivant la vie de sainte Salaberge, abbesse de l'abbaye de Saint-Jean de Laon, possedée autrefois par des religieuses de notre ordre[1], et unie depuis à notre congregation. Cette vie de sainte Salaberge est rapportée dans le second siécle desdits Actes bénédictins, p. 422 et 423 ; dont voicy les paroles de l'auteur parlant de son ouvrage :
« Ego in hac parte valde censeo me fore imparem, quippe qui
« vix primis sim imbutus litteris et christiana simplicitate educatus.....
« Unde lectorem obsecro (si qui[s] tamen hæc quamvis temerario conatu
« aggressus sum texere gesta, legere decreverit), non quærat in his
« eloquentiam, nec oratorum facundiam, non philosophorum flosculos,
« sed veritatem et simplicitatem historiæ..... »

Et ces autres paroles de l'auteur de la vie de saint Goar, p. 281 du second siécle desdits Actes bénédictins : « Equidem in hoc
« opere suscipiendo, cum sancti viri (Reoli) meritis plurimum confido,
« tum fratrum meorum votis et precibus, quibus totum quod possim
« debeo, non leviter moveor, neque rumusculos vel præjudicia quorum-
« libet mihi fore magnipendenda existimo, habituro apud benevolos,
« si res bene cesserit, absolutum veritatis et fidei testimonium. »

---

1. Ex quo ejectæ monachæ solutiores, substituti anno 1128 monachi quibus præfectus Drogo abbas ex monacho sancti Nicasii Remensis. Hæc D. J. Mabillon, *in notis ad epistolam* 48 *ad Haimericum*, p. 55, 56 edit. secundæ. [*Sancti Bernardi opera*. Vol. I, Paris, 1690. In-fol.]

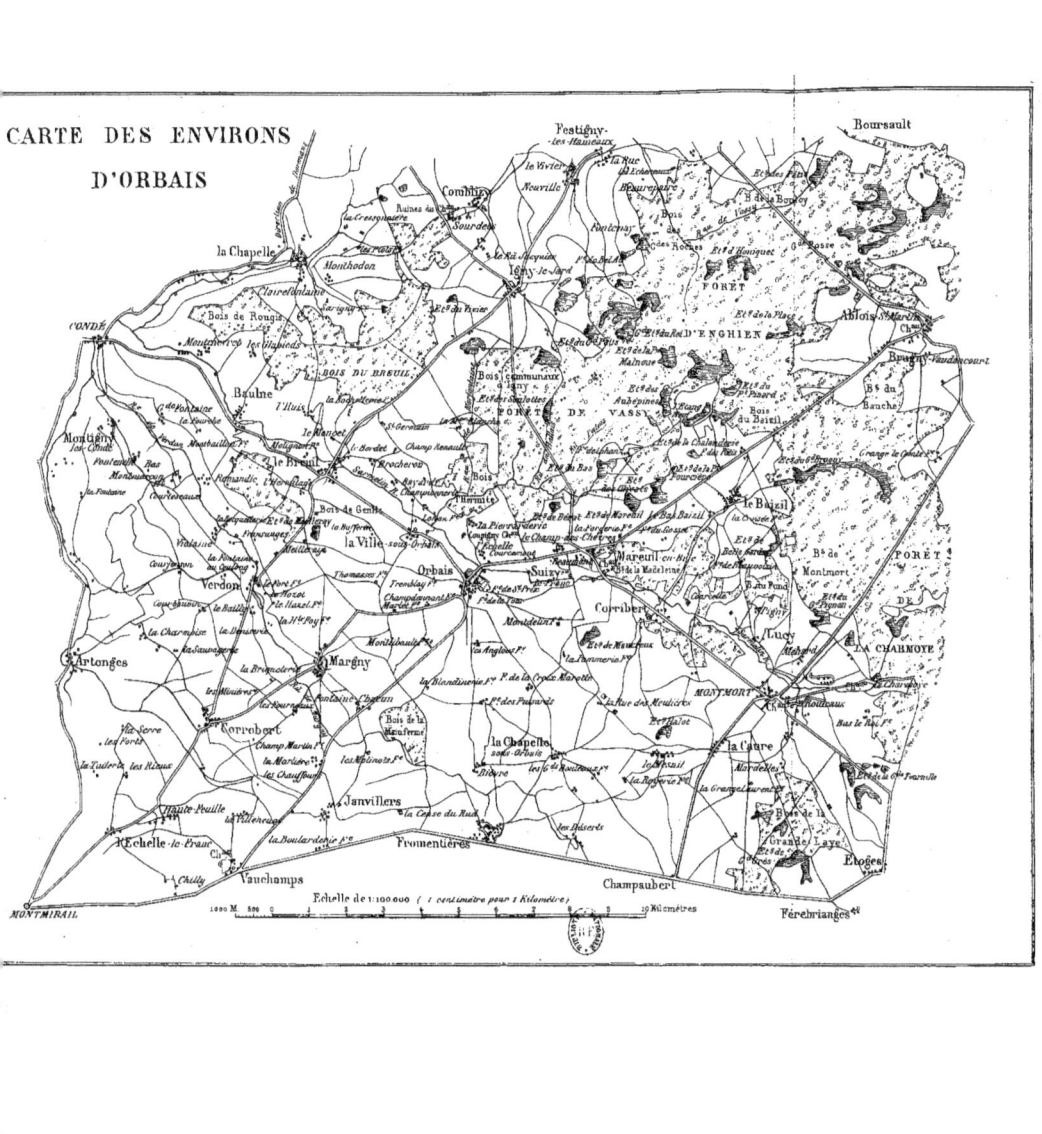

CHAPITRE PREMIER

Où il est parlé d'Orbaiz, de son antiquité, situation, et lieux circonvoisins.

Auparavant que de transcrire et rapporter icy le peu de piéces et actes que l'on a recueillis, on a cru qu'il falloit dire un mot de ce lieu d'Orbaiz, au milieu duquel est située l'abbaye dédiée à Dieu sous l'invocation des apôtres saint Pierre et saint Paul.

Orbaiz-en Brie (en latin *Orbacum*), situé sur le penchant d'une montagne et au dessus de la petite riviere appellée Surmelun, à cinq lieues de Château-Thierry, de Vertus et de Sézanne, et à trois de Montmirel et de Dormans-sur-Marne, de la géneralité et diocese de Soissons, élection de Château-Thierry, sous la métropole et primatie de Reims, (qui n'est plus à présent qu'un pauvre petit bourg assez mal bâty tant à cause de son ancienneté, que par les désordres arrivez dans ce royaume et causez par les guerres civiles et étrangeres, par les irruptions des peuples barbares, et surtout par les Normands, Anglois et Calvinistes), étoit autrefois une petite ville murée, jouissante, comme encore à présent, des priviléges et prérogatives des autres villes, et sujette comme elles à toutes les charges et impositions publiques, et un lieu assez recommandable depuis plus de mille ans à cause d'un château ou palais royal, appellé de toute antiquité la Salle de Saint-Michel, où nos premiers roys se retiroient quelquefois en passant et s'y arrêtoient pour se délasser et se rafraîchir aprés les fatigues de la chasse. *Orbaiz. Sa situation, antiquité, voisinage, etc.*

Cette salle ou palais royal a toujours subsisté jusqu'aux troubles excitez dans ce royaume par les Anglois qui, vers l'an mil quatre cens vingt, sous le regne de Charles septiéme, s'emparerent des plus belles et des plus riches provinces de France, et y commirent tous les désordres, et y exercerent toutes les cruautés qu'on peut attendre d'une nation aussi barbare, accoutumée depuis longtems à tremper ses mains parricides dans le sang innocent et sacré des plus saints évêques et de ses souverains, ce qui a paru à tout l'univers, le vingt-neuviéme jour de janvier mil six cens quarante-neuf dans la personne de Charles premier, qui finit ses jours sur un échaffaud par la main d'un infâme bourreau, le dit jour vingt-neuviéme janvier *Salle de Saint-Michel.*

mil six cens quarante neuf, par la faction et la perfidie d'Olivier Cromwel, chef d'une troupe de scélerats comme luy.

Anglois y commettent de grands désordres.

Ces Anglois assiégerent Orbaiz qui, comme on peut juger, ne fit aucune résistance ; ils le prirent, et y étans entrez en foule à mains armées, ils investirent ce palais, le pillerent, y mirent le feu, le réduisirent en cendres et le ruinerent. L'abbé et la plus grande partie des religieux de l'abbaye, apprenans les approches de ces inhumains, les cruautés et les sacrileges qu'ils commettoient partout où ils passoient, et craignans avec fondement d'éprouver eux mêmes tous les excez de leur fureur victorieuse, céderent à la violence et se réfugierent dans un lieu de sûreté, abandonnans toutes choses à la discretion des soldats.

Les autres religieux, qui, par la foiblesse de leur grand âge ou par leurs infirmités, n'avoient pu suivre leur pasteur et leurs freres, s'enfermerent dans ce palais, croyant y être en assurance contre la cruauté des Anglois ; mais ces barbares, continuant de donner des marques de cette fureur qu'ils ont fait passer à leurs successeurs, y mirent le feu, et ces innocentes victimes y furent consumées au milieu des flammes.

Salle de Saint-Michel détruite.

Il ne resta de ce vieux palais qu'un vieux pignon qui étoit encore debout en mil cinq cens quarante-sept, suivant la déclaration des biens de cette abbaye, donnée à la Chambre des Comptes de Paris, cette même année, au nom d'Alexandre de Campegge, abbé commendataire[1]. Mais en mil cinq cens soixante-treize, Nicolas de La Croix, successeur d'Alexandre de Campegge en cette abbaye, permit à Claude Plouin, lieutenant de la justice d'Orbaiz, de démolir ce pignon qui étoit un reste de monument de l'antiquité ; et avec les materiaux il en fit bâtir au même endroit, sur les ruines de cette salle de Saint-Michel, une maison telle qu'elle se voit encore en la présente année mil sept cens un, sur la place vis-à-vis de la grande halle vers l'orient ; de laquelle maison les héritiers dudit Plouin jouissoient encore en mil six cens neuf ; elle est passée par Louise Langelin, descendante dudit Plouin, au sieur Christophe le Camus, son mari, cy devant commissaire des guerres, décedé le lundi vingt-cinquième jour d'avril mil sept cens un.

---

1. C'est en vain que j'ai cherché à plusieurs reprises cette déclaration qui devait se trouver aux Archives nationales. Mais on connaît les funestes résultats de l'incendie de 1738, qui fit disparaître la plus grande partie des Archives de la cour des Comptes. — L. C.

On prétend que ce palais ou salle de Saint-Michel, donnée par le roy Thierry premier du nom à saint Réole, lorsqu'il fonda cette abbaye, faisoit une partie de ses bâtimens, aussi bien que le moulin de la Halle, pour la plus grande commodité des religieux suivant la régle de saint Benoist, chapitre 66, et que l'un et l'autre étoient dans son enceinte fermée par une muraille le long du Ruz, qui la séparoit des maisons des habitans. Cette maison a été alienée depuis et doit seulement les rentes seigneuriales et sur-cens.

Ce qui donne plus de fondement de conjecturer qu'Orbaiz étoit anciennement un lieu assez fort ou plutôt inconnu aux peuples étrangers et barbares, c'est qu'Hincmar, trente troisiéme archevêque de Reims, apprenant et appréhendant l'irruption des Normands qui ravageoient et désoloient toute la France en huit cens quatre-vingt-deux, et voyant sa ville métropolitaine sans défense et sans résistance (Ebbon, son prédecesseur, en ayant fait abattre les murailles avec la permission de l'empereur Louis-le-Débonnaire, pour commencer l'église cathédrale de Notre-Dame de Reims), prit seulement le corps de saint Remy et le transporta à Épernay en la même année huit cens quatre-vingt-deux. Mais Hincmar y étant mort au mois de septembre de la même année [1], on apporta le corps de saint Remy dans l'église de cette abbaye d'Orbaiz, où on le croyoit plus en assurance, par ce que ce lieu étant environné de tous côtez de bois et de forests épaisses, on ne croyoit pas que les barbares en eussent connoissance, ou qu'ils osassent s'y engager dans la crainte d'y trouver des embuscades et trop de résistance. *Corps de Saint-Remy apporté à Orbaiz en 882 (Flodoard, l. 3, c. 30, édit. Jacobi Sirmundi, p. 308. — D. Guillaume Marlot, l. 3, c. 39 et 40, t. I, p. 487.)*

Ce sacré dépôt resta icy jusqu'au pontificat de Foulques, successeur d'Hincmar, qui, ayant fait fortifier Reims, vint à Orbaiz en huit cens quatre-vingt-trois, accompagné d'un grand nombre d'évêques, d'abbez, de son clergé, et d'une infinité de peuples accourus de toute part, retira ce sacré dépôt et le reporta à Reims dans l'église de Notre-Dame, où il demeura jusqu'au tems de Hérivée, trente-cinquiéme archevêque[2] et successeur de Foulques, qui, en neuf cens un, le vingt-neuviéme de décembre (jour consacré depuis à la mémoire de saint Thomas, archevêque de Cantorbery et martyr), le fit *Le corps de St Remy reporté à Reims (Flodoard, l. 4, c. 21 et l. 4, c. 8. — Marlot, l. 4, c. 1, t. I, p. 504.)*

---

1. M. Dupin met et recule sa mort jusqu'au 21 décembre 882.
2. Foulques et Hérivée, chanceliers de France sous Charles-le-Simple (Marlot, l. 4, c. 6, t. I, p. 528).

transporter avec toute la pompe et la solennité convenables, en présence de plusieurs prélats, du roy, des princes, des grands du royaume qu'il avoit invitez à cette auguste cérémonie, et d'un grand concours de peuples, dans l'église dédiée à Dieu sous son nom, lieu de sa premiere sépulture, où il est réveré, et où il reçoit les vœux de toute la France et des peuples les plus éloignez, et où les enfans de saint Benoist le conservent encore aujourd'huy avec un trés grand soin dans le plus magnifique mausolée qui soit en France, élevé en mil cinq cens trente-quatre par le zéle et les liberalités de Robert de Lenoncourt, cardinal, évêque, comte et pair de Châlons-sur-Marne, de Metz, et abbé commendataire de l'abbaye de Saint-Remy [1].

En faisant attention aux personnes illustres, qui ont été abbez commendataires et seigneurs temporels d'Orbaiz, on peut conjecturer que ce lieu a été autrefois plus considérable, puisqu'on verra dans la suite que Louis de Bourbon, cardinal de Vendôme, Laurent et Alexandre de Campegge, pere et fils, cardinaux et évêques de Boulogne en Italie, Nicôlas de la Croix, de l'illustre et ancienne famille des Ursins, conseiller et deux fois ambassadeur en Suisse du roy Charles neufviéme, Jacques du Beuil, originaire d'une trés illustre famille de Bretagne, René de Rieux, évêque de Léon, d'une trés ancienne et trés noble maison de Bretagne, alliée aux premiéres maisons de France, ont été abbez commendataires et seigneurs temporels d'Orbaiz.

Personnes illustres abbez d'Orbaiz.

Les guerres civiles et étrangeres ont été cause que le revenu et les biens temporels de cette abbaye sont beaucoup diminuez. L'introduction des commendes n'y a pas peu contribué, messieurs les commendataires ou plutôt leurs agens ayant plus de soin d'en recevoir les revenus, que d'en défendre les droits et conserver les bâtimens en bon état et les fonds contre les differens usurpateurs. On verra dans la suite la vente et les alienations, qu'ils ont faites de nos plus beaux domaines à vil prix, sous differens prétextes. Mais ce malheur ne nous est pas singulier ; toutes nos abbayes de France ont eu le même sort depuis le fameux concordat de Léon X et de François premier. C'est une playe volontaire qui saignera encore longtems ; le monde y a son compte.

Causes de la ruine d'Orbaiz.

---

1. Marlot. l. 3, c. 14, t. I, p. 361.

Revenons à Orbaiz et disons que l'église de la paroisse, qui est consacrée à Dieu sous l'invocation de Saint Prix (*Prœjectus*), évêque et martyr de Clermont-en-Auvergne, dont on fait la fête le vingt-cinquième de janvier, est fort belle ; elle a un beau clocher en forme d'aiguille fort haut et fort délicat, élevé au milieu de la croisée, dans lequel il y a quatre belles cloches anciennes, comme on voit par les inscriptions en lettres gothiques qui sont à l'entour. On ne sçait quand cette église a été bâtie ; elle est d'une structure approchante de celle de notre abbaye. *Paroisse de St-Prix d'Orbaiz.*

Messieurs les anciens religieux tenoient par tradition que ces quatre cloches avoient appartenu et été enlevées des clochers ou tours de l'église de l'abbaye. On voit encore dans la tour, au bas de la nef du côté du septentrion, une grande ouverture ronde de cinq à six pieds de diamètre pour monter de grosses cloches ; si cela étoit bien avéré, ce seroit une espèce de conjecture que l'église auroit été achevée, dont il ne reste que le chœur, le tour des chapelles et trois arcades de la nef fermée par un grand pignon ; on ne sçait quand il a été fait, ni quand le reste de ladite nef a été détruit, s'il est vray qu'elle ait été achevée. *Tradition entre messieurs nos anciens religieux d'Orbaiz touchant les cloches de Saint Prix.*

On prétend qu'il y avoit dans l'abbaye d'Orbaiz des écoles publiques et une espèce d'académie ou séminaire, où on enseignoit les belles-lettres et les hautes sciences avec la piété, et que c'étoit ce qui y attiroit les étrangers, entre autres le fameux Gotteschalk et plusieurs de differens endroits. *Écoles publiques dans St-Pierre d'Orbaiz.*

Les habitans du pays, pour prouver qu'Orbaiz a été autrefois plus considérable, soutiennent que la paroisse Saint Prix (qui est aujourd'huy un peu éloignée du bourg enfermé dans un petit circuit de vieilles murailles), étoit autrefois comme au milieu, parce qu'il y avoit plusieurs fermes et maisons jointes les unes aux autres dans ce grand intervalle, qui est depuis ladite église Saint-Prix jusqu'au hameau de Mondelin dépendant de ladite paroisse.

D'autres ajoutent qu'Orbaiz s'étendoit vers l'occident jusqu'au village de la Ville-sous-Orbaiz, cet intervalle qui est entre l'un et l'autre ayant été aussi rempli de fermes et de maisons. On donne cette circonstance et cette conjecture comme une tradition populaire sans garantie. *Étendue & grandeur d'Orbaiz prouvée par le grand nombre de differens moulins.*

Mais suivant la déclaration des biens de cette abbaye, fournie à la Chambre des Comptes de Paris en mil cinq cens quarante-sept, du tems d'Alexandre de Campegge, le 21 décembre, par dom Pâquier Chatton, procureur, on comptoit jusqu'à neuf maîtres bouchers, faisant étal de boucherie (voyez ladite déclaration). Il y avoit autrefois dans la seigneurie et banlieue d'Orbaiz plusieurs usines ou moulins à fer, forges, fourneaux, affineries, moulins à foulons sur la riviere de Surmelun. Item douze moulins à bled, sçavoir neuf ou dix à Orbaiz et deux à la Ville-sous-Orbaiz. Il n'en reste plus que trois aujourd'huy [1] dans Orbaiz : celuy de la Halle, celuy du Pont au dessous de l'abbaye et celuy appellé le moulin Minette qu'une belle fontaine fait tourner assez proche de sa source. Tous les autres moulins à differens usages sont détruits à cause du petit nombre d'habitans et faute de commerce [2].

Vieille tour au-dessus de St-Prix.

On voit proche l'église Saint Prix, vers le midi, sur le penchant de la montagne, au dessus de la fontaine Saint Prix, un reste de vieille tour, communement appellé le Fief de la Tour, mouvant et relevant de cette abbaye [3].

Belles fontaines d'Orbaiz.

Il y a dans Orbaiz et aux environs plusieurs belles fontaines, dont les eaux sont très pures et très saines, qui vont se jetter dans la petite riviére de Surmelun, féconde en truittes, et dont la source est proche de Montmaur, à deux lieues d'Orbaiz. Les plus belles et abondantes de ces fontaines sont celle qui, à quelques pas de sa source, fournit assez d'eau pour faire tourner continuellement le susdit moulin Minette [4]; la seconde est

---

1. [En 1701.]

2. « *Orbay*. Cette fabrique a des serges larges de laine du pays ; tout ce « qu'en font les quatre facturiers qui y sont établis se débite sur les lieux « ou aux foires des environs. Deux chapeliers, un tanneur et sept tisse- « rans y entretiennent un commerce assez languissant. » Savary. (*État général du commerce*, 1741, p. 26.) — L. C.

3. C'est aujourd'hui la ferme de la Tour. — Dom Du Bout n'a pas parlé d'un monument qui existait de son temps et qu'on peut voir encore à Orbais. C'est la tour, *dite de Saint-Réole*, dont nous publions une reproduction dessinée. Cette tour ou plutôt cette tourelle faisait partie du mur de clôture de l'abbaye. On trouve des exemples de construction semblables dans plusieurs planches du *Monasticon*. (Voir notamment prieuré d'Argenteuil.) — L. C. [Cf. *Notice historique sur Orbais*, par M. l'abbé Musart, p. 8. Châlons, 1843, in-8°.]

4. Cette source, achetée conditionnellement par la ville de Paris pour la somme de 294,000 francs, a failli, en 1863, être dirigée sur Paris à l'aide de l'aqueduc de la Dhuis. L. C. — [Consultez sur ce sujet et sur les anciennes industries d'Orbais ou des environs : L. Courajod, *Recherches sur l'histoire de l'Industrie dans la vallée du Surmelin*. Epernay 1868, in-8°.]

Tour dite de Saint Réole
(État actuel)

celle de Saint-Prix, dont une partie suffit pour un trés beau jet d'eau de plus de vingt-cinq pieds dans le jardin [1], et pour fournir de l'eau abondamment et continuellement dans les differentes officines de l'abbaye ; cette eau y est conduite par des canaux de bois d'aulne ; anciennement on se servoit de canaux de terre ou de grez, comme on en voit aujourd'huy quelques restes en differens endroits du jardin. Celle de Saint Prix, qui coule dans le monastere, avoit été négligée et cessé d'y couler pendant plus de deux cens ans. Mais en 1699 le réverend Pere Dom Pierre Mongé, prieur, l'y a fait conduire. La dépense revient à neuf cens livres. Cela n'est rien par rapport aux differentes grandes commodités.

Le bourg est environné de plusieurs petits bois. Les côteaux vers le septentrion sont couverts en quelques endroits de vignes exposées au soleil du midi, qui produisent un vin assez bon. *Vignes.*

Les terres de la campagne sur les hauteurs sont des limons fort froids, mais qui, étant bien marnez de trente ans en trente ans et fumez de tems en tems, deviennent extrêmement fertiles et produisent d'excellent froment et en abondance. *Terres fertiles.*

Il y a aussi plusieurs étangs, sçavoir : Heurtebize, la Boulloye, la Petite Cense, la Chapelle, Maillard, la Linarderie, le Mont-Libaud, les Molinots, le Plessis, Chacun, la Noue-Madame, les Thomassez et la Blandinerie : Ces trois derniers servent de fourciéres ; item la Louvière, l'Etang-du-Pré-au-Chêne, et le Petit-Etang-du-Jardin-de-l'Abbé, dans lesquelz on conserve les alvains et autres poissons en hyver, parce qu'ils se renouvellent continuellement par l'eau des fontaines qui s'y jettent. *Grand nombre d'étangs.*

Les étangs de la campagne, qui tous appartiennent à cette abbaye, se remplissent et s'entretiennent la pluspart par les eaux de pluye. Le fond de ces étangs étant un limon jaune, et non pas une terre noire et bourbeuse, le poisson en est excellent, même en sortant des étangs sans être dégorgé dans une eau vive.

On voit à trois lieues d'Orbaiz, sur le chemin de Vertus, l'abbaye de la Charmois [2], ordre de Citeaux et de la Réforme, *Abbaye de la Charmois.*

---

1. Ce jardin, avec son jet d'eau, est représenté dans l'estampe du *Monasticon Gallicanum*. — L. C.

2. La Charmoye, dont l'église et les principaux bâtiments ont disparu, est transformée aujourd'hui en château. Cette abbaye a possédé autrefois

dont est abbé régulier le Révérend Pere Dom Paul de Pezeron [1] profez de l'abbaye de Priéres [2] en Bretagne, docteur en théologie de la faculté de Paris, professeur au collége des Bernardins

d'importants monuments de sculpture. Mon ami feu Charles Hémart avait recueilli et m'a donné une note ancienne et originale ayant appartenu apparemment à quelque habitant de Reims, et dans laquelle les statues funéraires de la Charmoye sont décrites. Je la transcris ici :

« Eustache de Conflans, conestable de Champagne, est inhumé au cloître de l'abbaye de la Charmoise, et la dame sa femme sans nom, Thibaut-le-Grand, comte de Champagne, du règne de Philippes-Auguste.

« L'année de la fondation de cette abbaye est 1178. [1167 d'après le *Gallia*].

« Hugues de Conflans, son frère, seigneur de Montmort, possédait la forêt de Vassy.

« Ces tombeaux en haut relief de figures d'hommes d'armes, avec leurs escus, armeures, cottes d'armes, espées, ont été défigurez par les Huguenots de l'armée du prince de Condé, 1577 ou environ. »

On lit en marge : « Cet extrait m'a esté donné à Reims ce 20 mai 1680 par Mons. de Bucy-Bignicourt, maistre des eaües et forêts de Reims qui avoit esté sur les lieux ces jours passez où il l'avoit escrit sur les livres, tiltres de l'abbaye. »

Les tombeaux des Conflans existaient encore au commencement du XVIIIe siècle. On trouve en effet dans le *Voyage littéraire de deux religieux bénédictins*, Paris, 1717, In-4°, 2e partie, p. 76, la mention suivante : « A deux lieues d'Orbais est l'abbaye de la Charmoye..... Le monastère est assez joli, mais il doit toute sa beauté à la réforme. Il n'y a de remarquable que quelques tombeaux de Messieurs de Conflans. »

Que sont devenus ces monuments ? Quelques recherches et des fouilles intelligemment conduites nous les rendraient sans doute. L.C.—[Cf. *Voyage littéraire de Dom Guyton en Champagne*, publié par M. Ulysse Robert, dans la *Revue de Champagne*, t. II, p. 393].

1. Dom Paul Pezron, historien et philologue fort connu, naquit en 1639 à Hennebont, en Bretagne. Il avait été nommé à l'abbaye de la Charmoye en 1697. Il résigna ce bénéfice en 1703 et mourut en 1706, épuisé par des excès de travail. Ses principaux ouvrages sont : « L'Antiquité des temps rétablie et défendue. » Paris, 1687, in-4° ; 1688, in-8°. — « Défense de l'antiquité des temps. » 1691, in-4°. — « Essai d'un commentaire littéral et historique sur les prophètes. » Paris, 1693, in-12. — « L'histoire évangélique confirmée par la judaïque et la romaine. » Paris, 1696, 2 vol. in-12. — « Antiquité de la nation et de la langue des Celtes, autrement appelés Gaulois. » Paris, 1703, in-12. — « Lettre à l'abbé Nicaise », dans les *Nouvelles de la République des Lettres*, juin 1699 ; il y expose son projet de travail sur la langue des Celtes. — On trouve encore de lui dans les mémoires de Trévoux une dissertation sur l'ancienne demeure des Chananéens, juillet 1704, et une autre sur les bornes de la terre promise, juin 1705. Il publia, sous le nom d'abbé de la Charmoye, deux lettres à Baudelot, une dissertation sur Marie-Madeleine et une carte de la Terre-Sainte insérée dans la Bible du Duhamel. Paris, 1699, p. 348. Il laissait en manuscrit plusieurs ouvrages dont on trouvera les titres dans les mémoires de Trévoux de 1707. — L. C.

2. [Fondée en 1250 par Jean I, duc de Bretagne. — L'abbaye de

de Paris et visiteur de sa province ; grand religieux, profond théologien, fort versé dans la chronologie universelle, qui inspire la vertu et s'attire l'estime, le respect, la vénération et l'amour d'un chacun par ses manieres toutes religieuses et son port majestueux sans affectation. Il sçait aussi parfaitement les langues orientales.

Depuis qu'on a commencé ce recueil, on a appris que le Révérend Pere Dom Paul Pezeron, qui aime la solitude et l'étude, s'étoit démis volontairement de son abbaye [1] et de la charge de visiteur incompatible avec l'étude, pour s'y appliquer entiérement et continuer divers ouvrages qu'il a commencez.

A trois petites lieues d'Orbaiz, vers le midi, on trouve dans une vallée, entre deux bois, l'abbaye des Dames bénédictines d'Andecy [2], gouvernée aujourd'huy par Madame Françoise Croiset, native de Paris, qui en est abbesse depuis environ trente ans. On peut sans flatterie luy donner les glorieux titres de restauratrice et de réformatrice de l'abbaye, puisqu'en y arrivant elle trouva tout en désordre : l'office divin fait avec beaucoup de négligence, la sacristie et l'église dépourvues de vases sacrez, d'ornemens et de linges convenables, le monastere sans meubles, où ce qu'il y avoit ne valoit pas cinq cens livres, les bâtimens tombants en ruine, le silence, la communauté de biens et les autres observances régulieres les plus essentielles en oubly, les religieuses réduites à un trés petit nombre et encore manquant souvent du nécessaire dans leurs plus pressants besoins, les biens temporels et fonds et droits ou usurpez ou embrouillez, chargez de debtes et engagez. Mais Madame Croiset n'y fut pas plûtôt entrée qu'elle y travailla à remédier à tout ; à quoy elle réussit avec un si prompt et si heureux succez que toutes choses changerent de face : elle acquitta les debtes, retira les biens aliénez, soutint fortement les droits attaquez.

Andecy est aujourd'huy un lieu de bonne odeur et d'édification qui se répandent dans tout le pays et où le Seigneur verse ses différentes bénédictions en abondance, parce qu'il y

Abbaye d'Andecy en bonne odeur pour sa grande régularité, charité, désintéressement dans la réception des filles, hospitalité, aumônes, etc.

Rebâtie à neuf par Madame Croiset, abbesse, qui y a rétabli le bon ordre par sa prudence, son zéle et ses bons exemples.

L'abbaye d'Andecy auparavant en désordre, délabrée, acca-

Prières (*B. Maria de precibus*) était au village de Belair, aujourd'hui Billiers (Morbihan), près de l'embouchure de la Vilaine, canton de Muzillac, arrondissement de Vannes].

1. En 1703, je crois ; cependant le *Gallia* dit : en 1702. — L. C.
2. [*Gallia christiana*, IX, 941].

est servi en esprit et en vérité par vingt-cinq religieuses qui ont toujours à leur tête une abbesse qui ne se distingue de ses filles que par sa plus grande fidélité et son plus parfait attachement aux plus petites pratiques religieuses : point de sorties, point d'appartement, point de table, point de meubles ni d'habits particuliers, mangeant au réfectoir, logeant au dortoir communs, et travaillant comme la derniere des novices, ayant pour toutes ses filles l'amour et la tendresse d'une véritable mere, soit en santé, soit en maladie, leur procurant promptement tous les secours corporels et spirituels. L'office divin, si recommandé par notre bienheureux Pere saint Benoist dans sa sainte regle, s'y fait avec une exactitude et une piété angéliques. Le silence, la vie commune, la communauté de biens et les autres observances régulieres y sont très étroitement gardées. L'église et la sacristie sont fournies de vases sacrez, d'ornemens et de linge suffisamment. Les dortoirs, infirmerie, cloîtres, réfectoir bâtis solidement et commodément tout à neuf et bien meublez ; on y donne aux religieuses leurs besoins abondamment, selon la nécessité, uniformement et sans acception des personnes ; on y reçoit, sans pacte ni convention précédente, ce que les parens donnent de leur propre mouvement et sans y être sollicitez, pour l'entretien honnête et frugal de leurs filles qui s'y consacrent au service de Dieu ; on y exerce l'hospitalité aux différens passans, religieux, mendians, pauvres ecclésiastiques et autres avec beaucoup de charité, dans un grand corps de logis bâti dans la premiere court ; on y fait aussi l'aumône avec une sainte profusion à tous les pauvres qui y accourent de tous côtez.

blée de debtes et de mauvaises affaires, est aujourd'huy fort accommodée. Dieu y répand ses différentes bénédictions.

L'abbaye d'Andecy soumise et dépendante de l'abbaye de Molême, mais usurpée par les évêques de Châlons.
C'est un soulagement pour les religieux.
Prêtres séculiers incapables de diriger les religieuses.

L'abbaye d'Andecy étoit autrefois sous la jurisdiction des abbez et religieux de l'abbaye de Nôtre-Dame de Molême [1]. L'abbé y envoioit des religieux pour gouverner les Dames d'Andecy, leur administrer les saints sacremens et avoir la conduite de leurs biens temporels. Mais les évêques de Châlons-sur-Marne ont obligé ces religieux de leur abandonner la conduite de cet illustre troupeau dont eux et tous les autres évêques sont extrêmement jaloux et n'en confient la direction qu'à des prêtres séculiers qui n'en sont point capables, étant

---

1. [Fondée vers 1075 par saint Robert, au diocèse de Langres. (G. chr., IV, 729). Cf. *Voyage littéraire de Dom Guyton* dans la *Revue de Champagne*, t. VII, p. 422 et s.].

fort ignorants, la plûpart, des maximes et des pratiques des cloîtres [1].

A une petite lieue d'Orbaiz, vers l'Orient, on voit le château de Mareuil, bâti à la moderne [2] par trés haute et trés illustre princesse et dame Madame Françoise de Nargonne, duchesse d'Angoulesme, épouse en secondes nôces de Charles de Valois, duc d'Angoulesme, fils naturel et reconnu de Charles neufviéme du nom, roy de France, et de Marie Touchet, dame de Belleville. Il y a proche de ce château un grand parcq où il y a une fûtaye de trés beaux chênes, plusieurs belles avenues et allées de charmilles, quantité de pieces d'eau, de bassins, et plusieurs jets d'eau trés belle et trés pure qui s'élevent jusqu'à quarante et cinquante pieds de haut et en trés grand nombre, et dont la source est au-dessous du village de Mareuil et en d'autres endroits peu éloignez.

Madame d'Angoulesme épousa Charles de Valois en mil six cens quarante-quatre. Il mourut à Paris le vingt-quatriéme jour de septembre mil six cens cinquante. Son corps fut enterré dans une des chapelles de l'église des Peres Minimes de la place Royale de Paris, où Madame d'Angoulesme, son épouse, et fille de Charles de Nargonne, baron de Mareuil, luy a fait bâtir un magnifique tombeau [3]. Cette princesse est fort pieuse

[1]. Les bâtiments de l'abbaye d'Andecy, qui existent encore, sont aujourd'hui transformés en château. — L. C.

[2]. Ce château du xvii° siècle a été complètement démoli ou remanié. Il avait remplacé une maison forte construite au xiii° siècle par les seigneurs de Mareuil de la famille de Conflans. Le beau jardin à la française a également disparu. On peut consulter sur la construction de ce château l'*Histoire des Comtes de Champagne* de M. d'Arbois de Jubainville, Catalogue des Actes n°ˢ 2135, à la date du 27 juillet 1231, et 2605, à la date de juillet 1242. On trouvera des renseignements sur l'état du château de Mareuil aux xvi° et xvii° siècles dans les aveux de ses seigneurs. *Recherches sur l'histoire de l'industrie dans la Vallée du Surmelin*, p. 45 à 48. — L. C.

[3]. Gaignières nous a conservé dans ses dessins l'image de ce tombeau. On peut le voir, tel qu'il était aux Minimes, dans un portefeuille concernant les églises de Paris, fol. 27, transmis au département des Estampes de la Bibliothèque nationale par le département des Manuscrits. Après avoir figuré au *Musée des Monuments français*, catalogué par Lenoir sous le n° 182, le tombeau de Charles de Valois a été longtemps à Saint-Denis relégué dans un magasin. Il se trouve aujourd'hui au Musée du Louvre. Il est gravé dans la *Monographie de Saint-Denis*, par le baron de Guilhermy, p. 311. Voici, d'après Gaignières et Piganiol, l'épitaphe de Charles de Valois :

« SISTE VIATOR, ET DISCE
Sub hoc marmore recondi cineres
Invicti quondam principis CAROLI VALESII,

et charitable envers les pauvres et a bien du respect pour les ecclésiastiques et les religieux [1].

Prieuré et Château de Montmaur.

A deux petites lieues d'Orbaiz, vers l'orient d'hyver, il y a le château de Montmaur [2], bâti à l'antique, appartenant à la famille de Béthune-Sully. Dans le bourg, il y a un beau prieu-

> Engolismensium ducis, Comitis Arvernensis.
> Natura Carolum IX patrem dedit.
> Bona indoles Henricum III educatorem promeruit.
> Henricus IV virtutem ejus exercuit.
> Ludovicus XIII et Ludovicus XIV beneficiis,
> Benevolentia et honore illum prosecuti sunt.
> Res prosperæ, res adversæ animum ejus
> Nec fregere nec corrupere.
> Super armatos strenuus, contra rebelles fortis,
> Inter proceres pacificus vixit.
> Longam senectutem litteris,
> Consilio, virtute illustrem fecit.
> Obiit in Christo æt. suæ LXXVIII,
> Die XXIII sep. an. CIƆDCL.
> FRANCISCA NARGONIA
> Secundis post Carolam Mammorantiam votis
> Exoptata, principi conjugi de se bene merito
> Æternum hoc pietatis, gratitudinis et amoris
> Monumentum posuit.
> Abi, precare. »   15

Cette épitaphe, menteuse comme toutes ses pareilles, oublie naturellement le fait le plus important de la vie de son héros. Il fut condamné à mort en 1605, et sa peine fut commuée en un emprisonnement qui dura onze ans à la Bastille. — L. C.

1. Françoise de Nargonne mourut à Montmort en 1713. On lit dans l'église de ce village son inscription funéraire qui est ainsi conçue :

> « ICI SONT RENFERMÉES LES
> Entrailles de tres haute et
> Tres puissante princesse Françoise
> De Nargonne, duchesse d'Angoulesme,
> Veuve de tres haut et tres
> Puissant prince Charles de
> Valois, fils legitimé de Charles
> IX, roi de France, morte en ce
> Lieu le 10 août 1713, âgée de
> 92 ans, apres avoir passé 68 ans
> De viduité dans la retraite
> Et dans la pratique de toutes
> Les vertus chrétiennes.
> Priez Dieu pour le repos de son
> Ame. » — L. C.

2. Ce beau château existe encore. Il date de la seconde moitié du xvie siècle. On lit à la voûte de l'une des pièces du rez-de-chaussée la date de

ré¹, de l'ordre de Cluny, dépendant du prieuré de la Charité-sur-Loire². Le revenu du prieuré de Montmaur est de quinze cens livre à deux mille. Le sieur de Bezu, dans sa jeunesse enfant de chœur de l'église collégiale de Saint-Ulfran d'Abbeville, en a été pourvu par Jacques-Nicolas Colbert, archevêque de Rouen, abbé commendataire de l'abbaye du Bec³, et prieur de la Charité, dont il est secrétaire.

Sur le chemin de Château-Thierry, à une lieue d'Orbaiz, est le château du Breuil⁴, qu'on prétend avoir été bâti des démolitions d'une maison appartenante à cette abbaye, vendue et aliénée audit sieur de Gomer, seigneur du Breuil. Antoine Legrin, grand prévôt d'armée, a acquis la terre du Breuil qu'il a tâché de faire ériger en titre de marquisat. Il y a fait conduire des fontaines qui y font de belles pieces et plusieurs beaux jets d'eau. L'abbaye a une belle prestation sur la terre du Breuil en froment et en avoine.

Château du Breüil bâti des démolitions d'une maison de l'abbaye, située au village de Verdon, par les sieurs de Gomer.

CHAPITRE SECOND

Où l'on traitte de la fondation de cette abbaye de Saint-Pierre-d'Orbaiz et de Saint-Réole, son premier fondateur.

Ce fut dans ce lieu d'Orbaiz que saint Réole ou Rieule, vingt-septiéme archevêque de Reims, fit bâtir et fonda l'abbaye vers l'an six cens quatre-vingt, ou, selon d'autres, en six cens septante-sept⁵, sous le régne de Thierry premier du nom, et avec l'agrément ou consentement du fameux Ebroïn, maire du

Fondation de l'abbaye d'Orbaiz.

1577. L. C. — [Le château de Montmort a été gravé par Claude Chastillon (*Topographie françoise*, Paris, 1648); on le trouve aussi dessiné par Pernot, d'après une vue du temps, *Topographie de la France*, au département des Estampes de la bibliothèque nationale].

1. Détruit ou plutôt converti en grange. — L. C.

2. [Prieuré de la Charité sur Loire, au diocèse d'Auxerre. G. chr., XII, 403].

3. [Célèbre abbaye de Bénédictins, où enseignèrent, au xiᵉ siècle, dès les premiers temps de sa fondation, Lanfranc et saint Anselme. — Le Bec-Hellouin (Eure), c. de Brionne, arr. de Bernay].

4. Ce château a été presque complètement démoli. Quelques bâtiments qui en dépendaient, servent aujourd'hui de presbytère et d'école communale. — L. C.

5. En 677 selon le P. Le Cointe. — [G. ch., IX, 422].

palais, trop connu dans l'histoire par tant d'actions criminelles et par sa tyrannie et sa cruauté. Mais comme cette abbaye est trés redevable, pour ne pas dire uniquement, de sa fondation au zéle et à la piété de saint Réole, auparavant d'en parler et d'en marquer le tems et les autres circonstances, il faut rapporter icy de suite tout ce qu'on a lu et trouvé de la naissance, employs et des actions de son saint fondateur dans les différens autheurs.

S. Réole. Les comtes étoient les principaux officiers de nos roys de la premiére race, aprés les maires du palais.

Saint Réole (Reolus selon Flodard) ou Rieule (Regulus, Reulus selon Frédegaire, Mézeray et autres), comte ou gouverneur de quelque ville, ou d'un petit pays, selon la maniere de parler de ce tems là, et qui a donné son nom à une terre et forest à trois lieues de Reims proche de Hautvillers, laquelle s'appelle encore aujourd'huy *Mont-Rieul*[1], étoit sorti d'une des plus illustres familles de nos premiers françois, puisque les comtes, tels qu'étoient ses ancêtres, étoient les principaux officiers de la cour ou des armées de nos roys de la premiere race, aprés les maires du palais, et qu'auparavant d'embrasser l'état monastique et s'engager dans la cléricature, il avoit épousé Amathilde, fille de Childeric second, roy de France[2], et niéce de saint Nivard son prédécesseur immédiat dans l'archevêché de Reims, dont les parens étoient les premiers seigneurs de la cour du roy.

Il eut d'Amathilde, son épouse, un fils nommé Gédeon, une fille appellée Odille et plusieurs autres enfans. Il mit son fils Gédeon dans le monastere d'Hauvillers, bâti depuis peu et fondé par saint Nivard, son grand oncle maternel, pour y embrasser la vie monastique, et y donna une partie de son bien. Cecy est tiré de Flodoard, livre second, chapitre sept.

Sa fille Odille se consacra au service de Dieu dans le monastere de Nôtre-Dame de Soissons[3], ordre de saint Benoist, que Ebroïn, maire du palais, avoit fait bâtir dans l'endroit où il avoit auparavant un palais. Le comte Réole, son pere, lui donna aussi de grands biens dans les diocéses de Reims et de Beau-

---

1. Cette étymologie ne me paraît pas indiscutable en l'absence d'un texte précis. Le vocable des nombreux villages appelés Montreuil dérive de *Monasteriolum*. L. C. — [Sur cette localité, Cf. A. Longnon, *Dictionnaire topographique du département de la Marne*, p. 177].

2. [Cette opinion est formellement contredite par l'*Art de vérifier les dates*, t. I, p. 547].

3. [Monastère fondé par Leutrade, femme d'Ebroin, vers l'an 660. G. ch., IX, 442].

vais, et au-delà de la riviére de Loire, et voulut qu'aprés la mort d'Odille toutes ces donations restâssent toujours audit monastere de Nôtre-Dame de Soissons, sans s'y rien réserver [1].

On vient de marquer que nôtre saint fondateur avoit encore eu d'autres enfans de son mariage ; mais Theodoramne, seigneur puissant, les avoit fait cruellement mourir pour se venger du comte Rieul ou Réole leur pere, qui, pour satisfaire aux devoirs de sa charge, réprimer et arrêter le cours de plusieurs désordres, avoit fait pendre les enfans de Theodoramne, à cause des vols et autres crimes énormes qu'ils commettoient.

La mort de ces différens enfans fit naître entre leurs peres une grande inimitié : Mais saint Nivard ayant appris que le comte Réole et le seigneur Theodoramne ne vivoient pas en bonne intelligence, s'efforça de les réconcilier ensemble ; il leur parla pour cet effect à l'un et à l'autre avec tant de force, tant de zele et en termes si touchans qu'il les racommoda et devinrent bons amis, et qu'il porta Theodoramne non-seulement à donner une partie de ses grandes possessions au monastere d'Hautvillers, mais même à s'y faire religieux pour le reste de sa vie [2].

Les discours pleins de zele et de piété de saint Nivard n'eurent pas un moindre succez sur l'esprit et le cœur de saint Réole, puisqu'aprés avoir offert à Dieu ses grands biens, ses enfans, ce qu'il avoit de plus cher et de plus prétieux, il renonça et quitta généreusement en six cens soixante-deux toutes choses, charges, dignités, prétentions, grands biens et tout ce qui le faisoit considérer dans le grand monde, il se consacra luy-même au service de Dieu, embrassa la vie monastique dans le monastere d'Hautvillers, préférant l'humilité du cloitre aux vanités et aux grandeurs du siécle, aimant mieux vivre sous les loix de l'obéïssance que de gouverner et donner des loix au peuple, agissant et se conduisant dans cette généreuse entreprise par les lumiéres et les avis de saint Nivard, oncle de son épouse Amathilde, qui étoit ou déjà morte, ou qui consentit à leur séparation [3].

S. Réole se fait religieux à Hautvillers, en 662.

Nôtre nouveau religieux observa si exactement les regles de saint Benoist et de saint Colomban, que saint Berchaire, pre-

1. Flodoard, liv. II, ch. 10.
2. Flodoard, liv. II, ch. 7.
3. Flodoard, liv. II, ch. 7.

mier abbé d'Hautvillers et martyr, avoit pratiquées à Luxeuil [1] sous saint Vualbert, apportées et fait garder à Hautvillers, qu'en peu d'années il fit de si grands progrez dans la vertu et dans les sciences qu'il fut jugé digne et choisi d'un consentement unanime du clergé et du peuple de succéder à saint Nivard, archevêque de Reims, qui mourut selon Sigebert en six cens soixante et un, ou selon d'autres [2] en six cens soixante-huit ou soixante-neuf. Si le sentiment de Sigebert étoit le plus véritable, il faudroit avancer le tems que saint Réole renonça au monde pour se retirer à Hautvillers.

Mort de S. Nivard.

S. Réole luy succéde en 673.

Peu de tems aprés que saint Réole eût été élu archevêque de Reims, c'est à dire vers l'an six cens soixante-treize ou soixante-quinze, le pape Dieudonné luy envoia le pallium par l'archevêque d'Arles.

Dés aussitôt qu'il se vit chargé de la conduite d'un si grand troupeau et d'une grande province, il pensa sérieusement à remplir toutes ses obligations, et à en connoître les besoins. Il commença pour cet effet d'en faire exactement la visite pour voir toutes choses par luy-même sans vouloir s'en rapporter à des officiers et à ses archidiacres.

Dédicace de l'église d'Elnon, aujourd'huy Saint-Amand.

Etant en Flandre accompagné de quelques évêques, il fit la dédicace de la nouvelle église du monastere d'Elnon ; c'est aujourd'huy la célébre et auguste abbaye de Saint-Amand en Pévele (Sancti Amandi in Pabula), située entre les riviéres de la Scarp et d'Elnon, au diocése de Tournay. Il souscrivit aussi le dix-septiéme jour d'avril six cens soixante-quinze, la seconde année du régne de Thierry premier, roy de France, au testament du même saint Amand, evêque d'Utrechk, fondateur et premier abbé dudit monastere d'Elnon, qui, à cause de l'éminente sainteté de ce saint evêque, porte son nom depuis longtems [3]. La souscription ou signature de saint Réole est immédiatement aprés celle de saint Amand, en ces termes : « Ego in Christi nomine Reolus ac si peccator subscripsi [4]. »

675.

Sacre Vindicianus, évêque de Cambrai en 675, le 24 juillet.

Le vingt-quatriéme jour de juillet de la même année six cens soixante-quinze, Vindicianus ayant été élu évêque de Cambray par le clergé et le peuple de la même ville, il recut

---

1. [Luxeuil (Haute-Saône), ch.-l. de c., arr. de Lure.]
2. Democharés, en 668 ou 669.
3. [Saint Amand, apôtre de Brabant, mourut en 679 dans le monastère auquel il a donné son nom. — Saint-Amand-les-Eaux (Nord), sur la Scarpe, ch.-l. de c., arr. de Valenciennes].
4. D. Guillaume Marlot, t. I, l. 2, p. 285.

l'imposition des mains et la consécration épiscopale de saint Réole, son métropolitain.

Nôtre saint archevêque ayant achevé ses visites et étant de retour à Reims, il s'appliqua uniquement à maintenir le bon ordre et la discipline que saint Nivard y avoit établis dans son diocèse, et à défendre vigoureusement les droits bien fondez et les grandes possessions de son église, dont plusieurs personnes puissantes dans le siecle vouloient s'emparer sous différens prétextes.

S. Réole visite son diocese et y fait des reglemens.

Saint Nivard, son prédécesseur, et saint Berchaire, premier abbé d'Hautvillers, étant morts, saint Réole prit la conduite et la defense de ce monastere [1], suivant l'intention de son saint fondateur, qui ordonna, dans l'acte de fondation, qu'Hautvillers fût toujours sous la jurisdiction et la protection des archevêques de Reims, pour le defendre contre tous ses adversaires et les usurpateurs de ses différens droits, biens et possessions.

L'un des plus grands et des plus puissants seigneurs de la cour, contre qui saint Réole eut de plus grands différens pour soutenir les biens de plusieurs églises dotées ou fondées par saint Nivard, fut le seigneur Gondebert, favori du roy et frere du même saint Nivard, qui prétendoit que toutes les grandes donations que son frere Nivard avoit faites de son patrimoine, tant du côté paternel que du côté maternel, aux églises de Nôtre-Dame, de Saint-Remy de Reims, aux monasteres d'Hautvillers, de Saint-Basle et autres, qu'il avoit ou fondez ou rétablis, luy appartenoient de droit et légitimement, et devoient luy retourner. Saint Réole, au contraire, répondoit que toutes ces donations devoient rester et appartenir à toutes ces églises et monasteres, leur ayant été données par des actes authentiques signez de saint Nivard et de plusieurs évêques, et autres personnes de grande considération, et enfin confirmez par l'authorité du roy, pour procurer la gloire de Dieu et le repos de son âme : « Pro nobis die noctuque Domini misericordiam debeant deprecari [2]. »

S. Réole défend vigoureusement les droits et les biens des églises contre Gondebert.

---

1. Voyez Flodoard, liv. II, ch. 7. — [Cf. abbé Manceaux, *Histoire de l'abbaye d'Hautvillers*, 3 vol. in-8°. Epernay, Doublat, 1880, t. I, p. 128 et suiv., et *passim*.]

2. Voyez Monsieur Dom Guillaume Marlot, t. I, l. 2, p. 277 et 278, et Flodoard, liv. II, ch. 10; l'un et l'autre dans la bibliothéque.

Leurs différens reglez par des arbitres.

Pendant que Gondebert s'opposoit à l'exécution des derniéres volontés de son frere saint Nivard, saint Réole, qui avoit consacré au service de Dieu ses grands biens, ses enfans et sa propre personne, et n'étoit pas d'humeur à retenir par force le le bien d'autruy, proposa de terminer leurs différens par la mediation des amis communs pris pour arbitres. Gondebert ne put refuser une proposition si raisonnable. Les arbitres choisis, après avoir sérieusement examiné le droit des parties, firent l'accord suivant, qui fut accepté par saint Réole et Gondebert, et rapporté par Flodoard : « Sçavoir que Gondebert auroit et
« possederoit les biens qu'Emme leur mere avoit au delà de la
« riviére de Loire, sans que ni l'Evêque Réole, ni ses agens
« pûssent les répéter ; et quant à tous autres biens que feu de
« bonne mémoire Domp Nivard avoit donnés et par ses lettres
« confirmez aux églises des saints, elles en jouiroient et, avec
« l'aide de Dieu, les posséderoient entiérement et à toujours,
« sans que Gondebert ni ses héritiers pûssent les quereller ni
« redemander. Et fut ce accordé ainsi passé entre eux, et
« rédigé par écript, et se garde encore aujourd'huy signé des
« deux parties *en nôtre Arche* : id est, chartrier, ou thrésor
« des titres [1]. »

Et ainsi cette fermeté et cette vigilance de saint Réole consérvérent le bien et les droits des églises et des monasteres.

Gondebert est reconnu pour saint.

Monsieur Marlot [2] dit que le seigneur Gondebert vécut depuis si saintement qu'il est reconnu pour Saint dans l'église de Reims.

Jurisdiction de l'église et archevêques de Reims sur Hautvillers & autres monastéres de différens dioceses.

Ce ne fut pas seulement saint Réole qui prit soin du monastere d'Hautvillers, conformément à l'intention de saint Nivard, comme le marque Flodoard [3]. Dom Guillaume Marlot [4] dit que ses successeurs veilloient exactement, prenoient connoissance et se faisoient rendre un compte exact de tout en détail, donnoient ordre à tout ; pour le prouver, il rapporte le fragment d'une lettre de Hincmar à Egilon, archevèque de Sens, où il luy parle en ces termes : Post Hilduinum, abbas regularis (Altivillaris) nullus legitur usque ad Nargaudum, videturque monasterium sub cura et dispositione Remensis Archiepiscopi mansisse per plures annos, cum de eo epistola ad

---

1. Liv. II, ch. 10 ; traduit par Nicolas Chesneau.
2. T. I, liv. 2, ch. 44.
3. Liv. II, ch. 7.
4. T. I, liv. 2, ch. 42.

Egilonem Senonensem Hincmarus sic scribat : « Nuntiatur de
« cella nostra, quæ vocatur Altumvillare, monachum nostrum,
« nomine Guntbertum aufugisse cum libris, eo quod sæpius
« correptus quod se Gothescalco conjunxerit. »

Monsieur Marlot, pour marquer le soin particulier que Hincmar prenoit du monastere d'Hautvillers, comme d'un lieu sur qui il avoit toute jurisdiction, suivant l'intention de son premier fondateur, ajoute dans l'endroit cy-dessus, sur le témoignage de Flodoard, que ce même évêque ordonna au moine Anselme de faire un inventaire exact et fidéle de tout ce qu'il y avoit dans Hautvillers, même avant son ordination pour le siége de Reims. Il luy demande aussi un catalogue des religieux et des serviteurs du monastere, afin que les commissaires du roy envoiez pour voir et examiner toutes choses de sa part, n'y trouvent rien à redire, ni aucune fausseté : « Præcipiatque (Hincmarus) Anselmo monacho ut describat omnia quæ in monastario Altivillarensi, ante ipsius præsulis ordinationem, facta vel collecta fuerant ; numerum quoque fratrum ac famulorum ut Missi dominici ibi falsum nihil possint invenire [1]. »

Hincmar écrit la même chose à Ratramne, prévôt du monastere d'Orbaiz, qui étoit également dépendant et soumis à l'Eglise et siége épiscopal de Reims suivant l'intention de saint Réole, son fondateur, comme on verra dans la suite : « Idem scribit Ratramno *monasterii Orbacensis* præposito æque ab Ecclesia Remensi dependentis [2]. »

Sur Orbaiz.

Enfin cette jurisdiction des archevêques de Reims sur le monastere d'Hautvillers se prouve encore par une lettre du même Hincmar aux religieux du même monastere, à qui il commande ou permet de donner le saint viatique à Gothescalque, qu'il y tenoit trés étroitement renfermé, si ils remarquoient qu'il donnât quelques preuves d'une sincére pénitence [3]. « Deinde ex epistola Hincmari, qua præcipit monachis Altivillarensibus ut viaticum Gothescalco præbeant si signa pænitentiæ exhibuerit, augurari licet abbatem præter eum (Hincmarum) nullum extitisse, cum hujus non meminerit. » Puisque Hincmar s'adresse aux religieux et non pas à un abbé d'Hautvillers pour faire donner le saint viatique à Gothescalque, on conclut naturellement qu'il n'y avoit point d'autre abbé que luy (Hincmar) à Hautvillers [4].

---

1. Flodoard, liv. III, ch. 28.
2. Flodoard, liv. III, ch. 28 ; Marlot, ubi supra, t. I, liv. 2, ch. 42.
3. Flodoard, liv. III, ch. 28.
4. Ibid. Idem.

La jurisdiction, que le même Hincmar exerçoit, comme successeur. et suivant l'intention de saint Réole, sur l'abbaye d'Orbaiz, quoique dans un autre diocése, paroit dans une lettre qu'il écrit à Hildebaud, évêque de Soissons, pour le porter à élever aux ordres ecclesiastiques quelques religieux, et luy marquer de quelle maniére il devoit agir envers quelques autres religieux, qui, aprés être sortis sans raisons légitimes de ce monastere, y étoient ensuite retournez et y avoient été reçus. « (Hincmarus) scribit Hildebaldo Suessionensi Episcopo pro ministris *Orbacensis monasterii* ordinandis ; et de quibusdam fratribus, qui ab eodem monasterio irrationabiliter exierant, reversique postea, recepti fuerant [1]. »

Sur Corbie.

Les soins d'Hincmar ne se bornoient pas dans les monasteres fondez par ses prédécesseurs ou situez dans son diocése, ils s'étendoient encore sur ceux des autres diocéses de sa métropole ; c'est pourquoy ayant appris qu'un moine de Corbie en étoit sorti furtivement, et avoit eu accez auprés du roy Charles-le-Chauve, qui ordonna qu'on le recût et traittât doucement dans le monastere de Corbie [2], en attendant qu'on eût réglé sa maniére de vie, il en écrivit par ordre du même roy à Transulfe, abbé, et aux religieux de Corbie, pour leur notifier les ordres du roy touchant la conduite qu'il falloit observer à l'égard de ce pauvre religieux. « Transulfo Corbeïensi (abbati) cum fratribus sibi subjectis, pro quodam fratre qui præsumptive abscesserat a monasterio ; quem a rege receptum in gratia præceperat idem pontifex ad monasterium festine reverti, pro quo rex rogaverat, ut mandaret quatinus in monasterio pacifice susciperetur, donec ejus conversationis modus a rege et eodem episcopo tempore opportuno disponeretur [3]. »

S. Réole accusé de faux serment.

La qualité de Saint et le culte public dont saint Réole est honoré par l'Eglise depuis plusieurs siécles semblent le justifier, luy et Ægilbert, évêque de Paris, du crime que leur a imposé Frédegaire, qui les accuse d'avoir trompé Martin, prince d'Austrasie et cousin germain de Pepin-le-Gros ou d'Herstal, dit le Jeune, en luy jurant sur des châsses vuides de reliques qu'il pourroit sortir en toute assurance de Laon, où il s'étoit retiré

---

1. Flodoard, liv. III, ch. 23.
2. [Célèbre abbaye fondée au viie siècle par la reine sainte Bathilde. — Corbie (Somme), ch.-l. de c., arr. d'Amiens.]
3. Flodoard, ubi supra, ch. 24. — On trouvera encore un autre acte de cette jurisdiction d'Hincmar, exercée sur Corbie, en une page suivante, pour l'élection d'un abbé, au chapitre septiéme, et plus loin.

après qu'Ebroïn eut remporté la victoire sur luy et Pepin, son cousin germain, et se rendre auprès du roy Thierry, qui ne permettroit pas qu'on luy fit aucun outrage. « Devicti cum sociis Martinus atque Pippinus in fugam lapsi sunt, persecutusque eos Ebroïnus maximam partem de illa regione vastavit. Martinus ideoque Lugduno-Clavato[1] ingressus, se infra muros ipsius urbis munivit. Persecutusque eum Ebroïnus veniens Erchreco-villa ad Lugdunum-Clavatum nuntios dirigit Ægilbertum ac Reulum Remensis urbis episcopum, ut fide promissa in incertum super vacuas capsas sacramenta falsa dederent. Qua in re ille credens eos, a Lugduno-Clavato egressus cum sodalibus ac sociis ad Erchrecum (Ecry) veniens, illuc cum suis omnibus interfectus est[2]. »

Voicy comme le sieur Mézeray rapporte ce fait[3], sous l'authorité et la prétendue bonne foy de Frédegaire : « Le tyran Ebroïn ayant remporté la victoire, les deux cousins (Martin et Pepin) se sauvant à la fuite, Martin dans la ville de Laon, et Pepin bien avant dans l'Austrasie, Ebroïn avec son armée victorieuse s'approcha de Laon, et reconnoissant que la place étoit imprenable par force, il envoia vers Martin luy faire des propositions d'accommodement. Deux évêques, Engilbert de Paris et Rieule de Reims, voulurent bien être les instrumens de sa fraude. Ils persuaderent à Martin de le venir trouver à Ecris (ou Escheris-Lannois, ou Ecry[4], proche Château-Porcien), où étoit le roy, et pour sûreté, lui donnérent leur serment sur les châsses de quelques saints qu'il portérent avec eux, mais dont ils avoient ôté les reliques. Martin, ayant oublié l'exemple de Leudesie, suivit inconsidérement la foy de ces prélats. Lorsqu'il fut au camp, les soldats d'Ebroïn l'enveloppérent et l'assommérent, luy et tous les siens. »

Le prince Martin est massacré.

Le même Mézeray, toujours prévenu contre saint Réole et

---

1. [Laon le Cloué.]

2. Fredegarii scholastici chronici continuati parte II, numéro 97, editi cum Gregorio Turonensi a P. Domno Theodorico Ruinart. — [*Gregorii episcopi Turonensis opera omnia*, etc., Paris, 1699, in-f°.]

3. T. I, de son *Histoire de France*, liv. VIII, p. 269, en l'an 680. — [Edit. de 1685, 3 vol. in-f°.]

4. [*Erchrecum* est incontestablement Ecry-sur-Aisne qui, en 1671, échangea son nom contre celui d'Avaux-la-Ville, lequel, en 1730, fit place à celui d'Asfeld par suite de l'érection de la seigneurie d'Avaux-la-Ville en marquisat sous le nom d'Asfeld. — Asfeld est aujourd'hui chef-lieu d'un des cantons de l'arrondissement de Rethel. — Nous devons la communication de cette note à l'obligeance de M. A. Longnon.]

Engilbert, en une page suivante parlant encore de ces deux évêques et autres, contre lesquelz il se dechaîne, les met au nombre des plus grands scélerats, qui pour complaire à Ebroïn se parjurérent sur des châsses vuides, et amenérent, dit-il, Martin à la boucherie.

Henry de Valois, historiographe françois, dit la même chose : « Ebroïnus duos episcopos magni nominis perjuros et homicidas fecit [1]. »

M. Marlot est quasi du même sentiment : il dit [2] qu'en ce tems-là, pour persuader quelque chose qu'on avançoit, on juroit sur les tombeaux ou sur les châsses des saints.

Monsieur de Cordemois [3], aprés avoir rapporté la mort de Martin à peu prez comme le sieur Mézeray, pour décharger ces deux évêques du crime de parjure qu'on leur impose, dit « qu'ils s'imaginérent avoir sauvé leur conscience et leur honneur, en faisant voir que les châsses sur lesquelles ils avoient juré étoient vuides de reliques. »

Monsieur Bulteau, qui, après avoir été auditeur de la Chambre des Comptes de Rouen, est entré et a fini ses jours dans nôtre congrégation Saint-Maur à Saint-Germain-des-Prez dans la condition d'un simple commis ou oblat, pour justifier ces deux évêques, dit, dans son *Abrégé de l'histoire de l'ordre de Saint-Benoist* [4], que « ces deux prélats purent faire sincérement cette promesse à Martin au nom d'Ebroïn ; que si ensuite elle fut violée par ce ministre ou maire du palais, ce crime ne retombe pas sur eux. Cette particularité de châsses sans reliques n'est peut-être qu'une fable. Ces évêques eussent été bien ignorans et même impies s'ils eussent crû que leur serment ne produisoit aucune obligation, n'étant point fait sur des reliques, ou s'ils eussent plus craint d'offenser des saints que Dieu même. »

Mézeray, pour diminuer en quelque maniére ce qu'il appelle un parjure ou la complaisance de ces évêques pour le sentiment et les ordres d'Ebroïn, dit « que la pluspart des évêques le flattoient dans ses injustices ou pour l'empêcher de nuire à l'Eglise, ou parce qu'ils le craignoient, ou qu'ils y avoient part. » Dadon même, autrement Ouen, évêque de Rouen, étoit

---

1. *Valesius*, lib. 22.
2. T. I, liv. 2. ch. 43, p. 285.
3. T. I, p. 370 de son *Hist. de France*. [Nous avons conservé l'orthographe fautive donnée par D. Du Bout, au nom de Cordemoy.]
4. T. I, liv. 3, ch. 28, nomb. 4°.

son ami et l'un de ses principaux conseillers. « Je veux croire, dit Mézeray, que c'étoit à dessein de retenir sa furie et d'adoucir l'humeur sanguinaire d'Ebroïn. »

Mais de tous les défenseurs de saint Réole, il n'y en a point qui ait sa justification plus à cœur que le sçavant Pere Charles Le Cointe, prêtre de l'Oratoire, qui, dans ses *Annales de France* [1], dit qu'encore que l'authorité de Frédegaire soit d'un grand poids en d'autres rencontres, cependant dans le fait de saint Réole, sa narration doit être entièrement suspectée et soupçonnée de partialité et de passion, parce qu'étant Austrasien fort attaché aux princes Pepin d'Herstal et à Charles Martel, et saint Réole, au contraire, quoique évêque de Reims, qui étoit du royaume d'Austrasie, conservant toujours une fidelité et une obéïssance inviolables pour Thierry Ier, roy de Neustrie ou de la France occidentale, Frédegaire, pour se venger de luy, le rendre odieux aux princes Pepin et Charles, et le faire chasser de son siége, peut luy avoir imputé faussement la mort tragique du prince Martin, leur cousin.

S. Réole justifié.

Nous allons rapporter au long les propres termes du P. Le Cointe [2] :

Post Dagoberti regis mortem Martinus et Pippinus Austrasios in regiæ cædis ultionem commoverunt, contra quos, ut in *Gestis regum Francorum*, capite [quadragesimo] sexto, legitur, « Theudericus rex et Ebroïnus cum hoste occurrunt,
« loco nuncupante *Lufao*, simulque conjuncti se invicem
« cæde magna prosternunt, corruitque ibi infinita turba po-
« puli ; Austrasii devicti, in fugam lapsi, terga vertunt.
« Ebroïnus eos cæde crudelissima insecutus, maximam partem
« ex illa regione vastavit. Martinus per fugam elapsus, Lug-
« duno-Clavato ingressus, illuc se reclusit. Pippinus autem
« altrinsecus evasit. Ebroïnus itaque perpetrata victoria rever-
« sus est, et cum exercitu magno venit Erchereco-villa. Itaque
« ad Martinum nuntios dirigit ut, dato sacramento cum fidu-
« cia, ad Regem Theudericum veniret, hæc dolose ac fallaciter
« super vacuas capsas ei jurantes. Ille vero credens eis,
« Erchreco veniens, ibi cùm sociis suis interfectus est. »

In *Historia jussu Childebrandi scripta* [3] negotium illud poli-

---

1. En l'an 680, nombre 6°. — [*Annales ecclesiastici Francorum*, t. III, Paris, 1668.] — Item. D. J. Mabillon, t. I des Annales bénédictins, liv. XVII, p. 564, n° 23.
2. Ad annum Christi 680, n° 6.
3. [Frédégaire a écrit sa chronique par l'ordre du comte Childebrand, frère de Charles-Martel.]

tiore stylo narratur, loco pugnæ vocabulum est *Locofico* ; et nuntii, quos Ebroïnus ad Martinum direxit, nominantur duo, Ægilbertus scilicet ac Regulus, Remensis urbis episcopus.

« Defunctis regibus, commissis invicem principibus, Ebroï-
« no, Martino atque Pippino adversus Theodoricum regem
« excitantur ad bellum. Commoto exercitu ad locum cui voca-
« bulum est *Locofico* [1], interim commissi prœlium ineunt,
« ibique magno certamine dimicantes, plurima pars populi ex
« utrisque partibus corruit. Devicti cum sociis Martinus
« atque Pippinus in fugam lapsi sunt, persecutusque eos
« Ebroïnus, maximam partem de illa regione vastavit. Marti-
« nus autem Laudunum-Clavatum ingressus, se infra muros
« ipsius urbis munivit ; persecutusque eum Ebroïnus veniens
« Erchreco-villa, ad Laudunum-Clavatum nuntios dirigit
« Ægilbertum ac Regulum, Remensis urbis episcopum, ut
« fide promissa in incertum super vacuas capsas sacramenta
« falsa dederint. Qua in re ille credens eos, a Lauduno-Cla-
« vato egressus, cum sodalibus ac sociis ad Ercrecum veniens
« cum sociis omnibus interfectus est. »

Hujus historiæ scriptor maxima valet auctoritate ; tamen quia fuit Austrasius, resque potissimum à Pippino Haristalliensi et Carolo-Martello præclare gestas recensere studuit, fidem sibi conciliare non potest, cum Regulum Remensem episcopum, quem Flodoardus libro secundo, capite decimo, Reolum vocat, criminis, quod Ebroïnus meditabatur, conscium facit. Quis enim in pio pontifice cujus memoriam Ecclesia singulis annis veneratur, sceleris adeo flagitiosi vel levissimam suspicionen admittat ? Quod de vacuis capsis dicitur, id apertissime fabulam redolet. Regulus enim nusquam adeo stolidus fingi potest, ut putarit jusjurandum vacua capsa inane irritumque fieri, jurantesque et eos quorum nomine jurabant apud Deum non obligari. Jurantibus mos erat manus reliquiis sanctorum imponere. Regulus Martinum nec dolo, nec fallacibus verbis aggressus est. Tactis thecis, in quibus erant sacræ

---

1. [*Aliàs* Lucofago, Lucofao. — *Lucofao* ou mieux *Lucofaus* doit représenter, si ce nom n'est pas le résultat d'une faute de copiste, une localité différente de *Latofao* ou *Latofaus*, aujourd'hui Laffaux (Aisne). Le nom de *Lufaus* que les *Gesta episcop. autissiodorensium* donnent à Liffol (Haute-Marne et Vosges) est certainement une forme plus moderne de *Lucofaus ;* mais il désigne sans contredit un lieu différent, car le texte du continuateur de Frédégaire concerne une localité du voisinage de Laon qu'il ne paraît pas possible de déterminer. — Note communiquée par M. Longnon.]

reliquiæ, juravit Martinum inviolatum fore si venisset Ercherecum, et ad illud iter suscipiendum vehementius impulit, quia pacem summopere cupiebat et Ebroïno multis se beneficiis devinctum fatebatur, nam pleraque loca pro monasteriorum constructione dono Theodorici regis promeruerat, ipso Ebroïno majore-domus, ut Flodoardus, lib. 2, cap. 10, loquitur, suffragante. Remi pertinebant ad Austrasiam, tamen Regulus illius civitatis episcopus a Theodorici partibus semper steterat ; ea res auctori (Fredegario) forte stomachum movit. Ut autem a Regulo, sic et ab Ægilberto suspicionem omnem criminis removemus.

Le massacre du prince Martin tenant lieu d'un grand succez à Ebroïn et ayant élevé sa fortune au plus haut degré, où un simple sujet pouvoit parvenir, son insolence et son ambition démesurées le précipitèrent lorsqu'il appréhendoit le moins l'inconstance et la bizarrerie de la fortune. Les plus grands seigneurs du Royaume, qui l'avoient choqué, avoient malheureusement péri ; et les autres, pour éviter un pareil sort, fléchissoient sous sa tyrannie. Un seul homme peut-être aussi méchant que luy, mais qu'il poussoit à bout, en délivra la France. C'étoit un nommé Ermenfrede, qui avoit eu l'administration des fermes du roy. Or, soit qu'il y eut commis quelque malversation, ou pour quelque autre raison qu'on ignore, Ebroïn le chargea de si grosses amendes qu'elles emportoient presque tout son bien ; et cet Ermenfrede, comme il est à croire, s'en plaignant hautement partout, Ebroïn menaça de le perdre entierement. Ermenfrede, au désespoir, résolut de prévenir sa vengeance par une plus prompte, et, sçachant que les jours de fêtes Ebroïn alloit à l'église avant le jour entendre matines, il se cacha et l'attendit proche sa porte un dimanche aprés minuit ; et, comme il sortoit, il luy fendit la tête avec son épée, vers l'an 682. Puis, le coup fait, ce partisan, selon le langage d'aujourd'huy, ou, comme parle le peuple, ce fameux *maltotier*, se sauva en Austrasie, refuge des mauvais françois.

Ebroïn massacré la nuit, allant à matines.

Après la mort d'Ebroïn, les François élurent en 684 pour luy succéder, en la qualité de maire du palais, Waraton, sage vieillard, qui mourut peu de tems aprés, auquel ils firent succéder en 689 un certain Berthier, qui avoit épousé une des filles de son digne prédécesseur Waraton. Mais ce Berthier ou Berthaire étoit si cruel et si emporté, quoique d'ailleurs sans mérite et sans expérience, qu'il se fit bientôt un grand nombre de puissans ennemis à la cour et dans le royaume par le souverain mépris qu'il faisoit d'eux.

Andramnus, nôtre saint-Réole et plusieurs autres grands prélats et seigneurs de considération, justement indignez de se voir maltraitter et outrager si injustement par un homme si superbe, d'ailleurs si indigne et si méprisable, conçurent aussi pour luy tant d'indignation et un si légitime mépris, qu'ils l'abandonnérent, dés l'année suivante, pour se joindre et s'attacher à Pepin-le-Gros, auquel ils envoiérent des ôtages, pour le solliciter et le presser fortement à luy faire la guerre. Pepin les crut, il s'avança dans le Vermandois, et défit en six cens quatre-vingt-onze Berthier, lequel fut assassiné quelque tems aprés par les siens à la sollicitation de la mere de sa femme [1].

Nous avons rapporté de suite le massacre du prince Martin et celuy du tyran Ebroïn, quoi qu'ils soient arrivez en différens tems, à cause des rapports et liaisons qu'ils avoient ensemble, et que celuy d'Ebroïn est le juste châtiment de celuy de l'infortuné Martin. Mais revenons à la fondation de cette abbaye, que nous avons interrompue pour justifier nôtre saint fondateur d'un crime énorme, qu'un autheur, dont le lieu de sa naissance, sa partialité et son attachement intéressé à des princes ennemis de nôtre saint Réole, rendent l'autorité et son récit fort suspects, et même tout à fait faux et fabuleux, qu'un autheur, dis-je, luy a attribué, pour le rendre odieux et aux deux princes et au peuple de Reims, pour le faire chasser de son siége et de son diocese.

Fondation de l'abbaye St-Pierre d'Orbaix en 677 ou 680 par S. Réole.

L'une des derniéres et des plus belles actions que saint Réole ait faite avant sa mort, dont on ait connoissance, et qui rendra sa memoire immortelle sur la terre, fut la fondation de cette abbaye de Saint-Pierre-d'Orbaiz [2].

Nôtre saint fondateur qui s'étoit fait une étude de toutes les belles actions des plus grands évêques de son siècle, et une loy indispensable de les retracer par les siennes, voulant imiter entre autres la piété de saint Nivard, son prédécesseur dans le siége de Reims, qui avoit fondé le célebre monastere d'Hautvillers, et le zele et la magnificence des roys et des princes de la terre pour la gloire de Dieu, fit bâtir, fonda,

---

1. Voyez le *Continuateur de Grégoire de Tours*, ch. 94 et suiv. (Du Chesne), [*Historiæ Francorum scriptores*] ; Mezeray, liv. VIII, p. 271.

2. D. J. Mabillon, t. I des Annales bénédictins, 1, XVII, p. 565, n° 25.

dota et consacra à Dieu, selon le Pere Le Cointe en six cens soixante-dix-sept, ou, selon d'autres, moins vraysemblablement, en six cens quatre-vingt, cette abbaye d'Orbaiz, sous l'invocation des princes des Apôtres Saint Pierre et Saint Paul, sous la regle de saint Benoist et de saint Colomban, sur les fond et domaine qui luy avoient été donnez par Thierry ou Theodoric, premier du nom, roy de la France occidentale ou de Neustrie, troisiéme fils de Clovis second et de sainte Bathilde, aussi roys de France, la huitiesme année de son régne, et du consentement d'Ebroïn, maire du palais, quelques années avant qu'il fût assassiné par Ermenfroy ou Ermenfrede, comme on l'a dit cy-dessus. « Hic venerabilis (Reolus) episcopus construxit monasterium Orbacense in loco quem promeruit dono regis Theodorici per ipsius licentiam, suffragante Ebroïno majore palatii [1]. »

Ces paroles de l'historien Flodoard « in loco quem promeruit dono regis Theodorici per ipsius licentiam » qui marquent le fond et domaine donnez par le roy pour la fondation de cette abbaye, l'ont toujours fait considérer et reconnoître pour une abbaye de fondation royale, comme il paroît par la déclaration des biens de cette abbaye, que le cardinal Alexandre de Campegge, abbé d'Orbaiz, fit donner et fournir à la Chambre des Comptes de Paris le vingt-uniéme jour de décembre mil cinq cens quarante-sept par dom Pasquier Chatton, procureur général desdits religieux, abbé, prieur et couvent de saint Pierre d'Orbaiz, prieur de Nôtre-Dame-d'Oiselet, et prévost de ladite abbaye, qui releve immédiatement du roy, et qui a toute justice, haute, moyenne et basse, suivant la susdite déclaration du 21 décembre 1547.

L'abbaye d'Orbaiz de fondation royale.

Le même Flodoard ajoute au même endroit que dés aussitôt que le monastere fut entierement achevé et en état d'être habité, le saint fondateur s'adressa à l'abbaye de Resbaiz [1], demanda, en obtint six moines et les mit dans son nouveau monastere pour y vivre régulierement et enseigner la sainte regle monastique à ceux qui se présenteroient et qu'ils recevroient. Il choisit un de ces six religieux tirez de Resbaiz, nommé Leudemar, et le fit abbé pour sa vie : Car quoiqu'un certain Odon (on ne sçait qui étoit cet Odon ; c'étoit peut-être quelque misérable moine ou autre ambitieux qui s'empara par violence de sa place) l'ait chassé d'Orbaiz aprés la mort de

Leudemar, premier abbé d'Orbaiz, dont les premiers religieux furent tirez de Rebaiz par S. Réole.

1. Flodoard, l. II, c. 10.
1. [Aujourd'hui Rebais (Seine-et-Marne), ch-l. de c., arr. de Coulommiers.]

saint Réole, il y fut néantmoins rétabli par le roy Childebert second, second fils et successeur de Thierry premier. « Impetravit que domnus idem Reolus a monasterio Resbacensi sex monachos, qui regimina sanctæ regulæ ibidem tenerent et alios ea docerent. Ex quibus unum Leudemarum nomine in eodem loco abbatem constituit, qui rexit idem monasterium donec vixit. Nam licet ab Odone quodam fuerit expulsus, a Childeberto tamen rege postea restitutus est [1].

Nôtre saint fondateur qui formoit toutes ses actions et régloit sa conduite sur celles de saint Nivard, voulut à son imitation que le monastere d'Orbaiz qu'il avoit fondé, quoique dans un autre diocése, demeurât toujours sous la jurisdiction et dans la dépendance immédiates des archevêques de Reims, ses successeurs, en sorte que les religieux d'Orbaiz ne pûssent se choisir ni reconnoître dans la suite des tems un abbé sans leur permission et leur agrément, et que celui qu'ils auroient élu avec ces conditions fût confirmé par l'archevêque et luy prêtât le serment de fidélité, quoiqu'il fût d'un autre diocèse, comme celui de Hautvillers, bâti par le même saint Nivard, étoit et demeuroit toujours sous la jurisdiction et dépendance immédiate des archevêques de Reims, conformément à la prière que luy en avoit faite saint Berchaire, premier abbé d'Hautvillers et ensuite martyr, selon le témoignage du même Flodoard, livre second, chapitre septiéme : « Privilegium quoque poscente abbate Berchario, eidem contulit (Nivardus) monasterio : ut scilicet ipse præsul idem monasterium in sui juris dominatione, dum adhuc viveret, conservaret ; et ut post suum decessum Remensis episcopus ipsum coenobium gubernet, et eosdem monachos contra omnes adversantes defendat : ipsi vero monachi potestatem habeant prælatum sibi regulariter eligendi, prout in descriptione ipsius privilegii continetur.» (Flodoardus, lib. 2, cap. 7).

Cette exemption d'une abbaye de la jurisdiction de l'évêque diocésain et sa dépendance immédiate du métropolitain a été approuvée depuis par saint Bernard même, si soumis d'ailleurs aux évêques, comme on voit dans son troisiéme livre *De consideratione*, cap. 4, n° 18 : « Nonnulla tamen monasteria, sita in diversis episcopatibus, quod specialius pertinuerint ab ipsa sui fondatione ad sedem apostolicam pro voluntate fundatorum quis nesciat ? » Cette dépendance du métro-

---

1. Hæc Flodoardus lib. II historiæ, cap. 10.

politain est une dépendance immédiate formée sur celle du saint siége apostolique.

Nous avons rapporté cy-dessus plusieurs actes de cette jurisdiction exercée par Hincmar de Reims, successeur des saints Nivard et Réole, sur des monasteres d'un autre diocèse ; en voicy encore de nouvelles preuves tirées de Flodoard, lib. 3, cap. 25 :

Il est rapporté dans l'édition de cet autheur par le Pere Jacques Sirmond, jésuite, un fragment d'une lettre de Hincmar de Reims qui nous apprend que, l'abbé de Corbie étant mort et les religieux ayant obtenu la permission du roy de se choisir un abbé, ils s'adressérent à Hincmar pour sçavoir de quelle maniere ils devoient agir dans une action si importante. Hincmar répondit à Fulcramne, prieur ou prévôt, et aux religieux de Corbie, et leur fit entendre que dans cette élection ils devoient se conformer en tout et suivre de point en point la doctrine et les ordonnances de nôtre bienheureux Pere saint Benoist, sans s'en éloigner en aucune maniere, persuadez qu'ils rendroient un jour un compte trés-exact et trés-rigoureux de toutes les circonstances de cette élection devant le redoutable tribunal de nôtre Seigneur Jésus-Christ. « Fulcramno præposito et fratribus monasterii Corbeïensis scribens pro electione abbatis eis a rege concessa, proque litteris regiis super eadem re, et adventu ipsius domni Hincmari ad eos, unde illum consuluerant ; instruit ipsos qualiter in hac electione eis sit agendum secundum doctrinam beati patris Benedicti, ut in omnibus magistram sequantur regulam, nec temere ab ea declinetur a quoquam, utpote rationem reddituri pro omnibus ante tribunal Domini nostri Jesu-Christi. » (Flod. l. 3, c. 25).

<small>Sur Corbie.</small>

Il est encore marqué au même endroit que les religieux du même monastere de Corbie, dans un autre tems, ayant conçu un grand mais injuste mépris et même une extrême aversion de leur abbé, l'en chassérent ou du moins l'obligèrent par leurs mauvais traittemens, leur dureté et leur désobéïssance à se retirer dans un lieu ou il souffrit de grandes extrémitez dans ses maladies et ses plus pressans besoins, abandonné de ses religieux, qui ne luy rendoient aucune visite, n'avoient aucun soin de luy. Hincmar[1] l'ayant appris, les en reprit fort aigrement (acriter eos redarguit) et leur ordonna

1. [*Lisez* : Foulques, successeur d'Hincmar. — Flodoard (édit. Sirmond), l. IV, c. 7.]

d'aller incessamment rechercher leur bon abbé, de le ramener dans son monastere et d'avoir pour sa personne tout le respect, tous les soins et tous les égards que son rang, sa dignité, sa vertu, son âge et ses infirmitez méritoient et exigeoient d'eux.

S. Réole est invité et assiste au concile de la province de Roüen en 682.

La dépendance immédiate de l'abbaye d'Orbaiz du siége de Reims, dont nous venons de parler et dont nous serons peut-être encore obligé de dire un mot dans les chapitres suivants, nous a fait interrompre le fil de l'histoire de saint Réole. Sa vertu, sa science et son zele pour le bon ordre et la gloire de Dieu n'étant pas seulement connus et renfermez dans sa province, saint Ansbert, archevêque de Rouen, y ayant convoqué un concile de sa province en l'an six cens quatre-vingt-deux, la cinquiéme année de son pontificat, indiction treiziéme, la treiziéme année du regne du roy Thierry premier, le saint-siége apostolique vacant par la mort du pape saint Agathon arrivée le dixiéme janvier six cens quatre-vingt-deux, il y invita et pria avec tant d'instances nôtre saint fondateur d'honorer cette sainte assemblée de sa présence pour l'aider de ses lumiéres, qu'il s'y rendit, assista au concile, et souscrivit, le troisiéme aprés saint Ansbert, à tous les actes qui y furent faits.

Ce concile (dont nous rapporterons ensuite l'abregé tiré de l'édition de Paris par Binius en 1636, tome cinquiéme, page 383), entre autres réglemens qu'il fit, ordonna et accorda aux religieux de Saint-Vandrille (autrefois on disoit Fontenelles) [1], dans le diocèse de Rouen, le privilege de se choisir toujours dans la suite un abbé régulier d'entre eux, suivant que saint Benoist l'a ordonné dans sa regle. « Affuerunt huic synodo generali, Rothomago urbe habita, sancti pontifices aliique venerabiles viri ab ipso præcipuo præsule (Ausberto) evocati, quorum subter tenentur nomina ad scripta : Ansbertus archiepiscopus urbis Rothomagensis huic concilio præfui et subscripsi. Radbertus episcopus, *Regulus episcopus*, Airardus episcopus Carnotenæ urbis, etc. »

Privilége des religieux de S. Vandrille de se choisir un abbé d'entre eux.

Le privilege que ce concile accordoit aux religieux de Fontenelles étoit que : « ut per succedentia tempora (secundum sancti patris Benedicti regulam, et ut præcedentium regum, Clodovei videlicet et Clotharii, simulque Childerici et Theodo-

---

1. [Ce riche monastère fondé au vii⁰ siècle et successivement agrandi plus tard, offre des souvenirs intéressants. Cf. E. H. Langlois, *Essai historique et descriptif sur l'abbaye de Fontenelle ou de Saint-Wandrille*, Paris, 1827. — Saint-Wandrille-Rançon (Seine-Inférieure), c. de Caudebec, arr. d'Yvetot.]

rici privilegiorum auctoritates docent) ex semetipsis sibi perennibus temporibus abbatem eligerent. »

Plût à Dieu que les siécles suivants eussent eu tout le respect convenable pour de si saints réglemens et qu'ils n'eussent pas violé témérairement ce que tant de si saints évêques avoient ordonné, comme organes du Saint Esprit, ou plûtôt que le relâche et le desordre des mauvais moines n'eussent pas donné lieu à l'introduction d'un prétendu réméde (les commendes) bien pire que le mal même. Le reste du privilege est remarquable ; les Peres de ce concile, qui l'accordent, déclarent que si ces religieux sont assez malheureux pour s'écarter de la pratique exacte et fidele de la regle de saint Benoist, et que par de fausses subtilités et inventions humaines ils embrassent et s'abandonnent à une vie relâchée, oisive et sensuelle, ils seront coupables et seront punis de la damnation éternelle.

« Quod si aliquando, peccatis exigentibus, aut negligentia pastorali a via rectitudinis et observatione regulæ sancti Benedicti in futuro deviare conarentur, aut cogerentur, tunc convocatio sanctorum sacerdotum reliquorumque militum Christi unanimiter fieret, eorumque per consilium in pristinum reducerentur statum. Si vero hac pontificali auctoritate postposita, qualibet cavillatione sinistram elegissent vitam ac conversationem tenere, sub vinculo anathematis æternaliter se damnandos scirent. » Ces dernieres paroles doivent faire trembler et rentrer en eux-mêmes et les supérieurs et les inférieurs qui introduisent le relâche dans leurs communautés, ou qui ne s'y opposent pas fortement d'abord pour l'empêcher.

Menaces terribles à ceux qui introduisent ou favorisent le relâche dans les cloîtres, suivies du châtiment éternel.

Le tems étant enfin venu que Dieu vouloit récompenser la fidelité de saint Réole et couronner les grands mérites qu'il s'étoit acquis par son zele infatigable à procurer sa gloire et le bien de son église dans les différents états et employs où sa divine providence l'avoit placé, il mourut chargé d'années et encore plus de vertus le troisiéme ou sixiéme jour de septembre de l'an six cens quatre-vingt-quinze, après avoir gouverné l'Eglise de Reims pendant vingt-six ans ou environ avec beaucoup de prudence, de zele et de sagesse, et avoir souffert de grands travaux, et soutenu de grandes difficultés pour étendre le royaume de Dieu et l'avancement de son Eglise, et maintenir par son exemple les peuples dans la fidelité et l'obéïssance qu'ils devoient à leurs roys dans des tems si fâcheux et si divisez en différens partis par l'ambition excessive

Mort de Saint Réole le 6 septembre 695.

des maires du palais qui, en laissant seulement le titre de roy aux légitimes souverains, les tenoient en esclavage, s'emparoient hardiment de toute l'authorité royale, gouvernoient en maîtres sous leurs noms, et se frayoient et à leur postérité petit à petit le chemin pour monter sur leur trône et en chasser les légitimes héritiers, selon la remarque de monsieur Marlot, aprés tous les historiens françois et étrangers en parlant de Pepin-le-Jeune, pere de Charles-Martel : « Pippinus qui regibus deinceps sub jugum missis, et inani regis nomine relicto, dominatum audacter arripuit, suisque aditum ad regiam dignitatem patefecit [1]. »

Lieu de la sépulture de S. Réole.

On ne sçait pas précisément où nôtre saint fondateur mourut, mais on a toujours crû que son sacré corps fut apporté et inhumé dans l'église de cette abbaye qu'il avoit fondée, conformément à ce qu'il avoit ordonné par son testament. On garde encore dans cette église une partie considérable de ses sacrez ossements. « Corpus ejus in ecclesia Orbacensi sepulturæ mandatum traditur ex ipsius testamento, ubi sacræ ejusdem adservantur exuviæ [2]. »

Le R. P. Dom Thierry Ruinart, sçavant et vertueux religieux de nostre congrégation, dans ses notes sur la chronique de Frédegaire, p. 668, qu'il a donnée au public avec l'histoire de saint Grégoire de Tours, dit ces paroles : « Reolus Orbacense monasterium condidit, ubi sepultus, hodieque colitur tertio nonas septembris. »

Le martyrologe de monsieur André du Saussay, au troisiéme jour de septembre, parle ainsi de nôtre saint fondateur : « Remis sancti Reoli episcopi et confessoris, qui ex comite monachus, ex monacho episcopus, multorumque sanctorum operum patrator, post augmenta copiosa creditorum sibi talentorum, præmio æternitatis dignus, abiit ad Dominum. »

La fête principale de saint Réole le 25 novembre.

Quoique les historiens et les martyrologes mettent le jour de la mort de nôtre saint archevêque le troisiéme ou sixiéme jour de septembre, cependant on n'en fait la fête avec office de premiére classe et de premier ordre dans l'abbaye d'Orbaiz, que le vingt-cinquième jour de novembre avec octave, peut-être depuis l'établissement de la fête de la Nativité de la sainte Vierge avec octave par le pape Innocent quatriéme qui institua

---

1. Dom Guillaume Marlot, l. 2, c. 43, p. 286.
2. Marlot, ubi supra, l. 2, c. 43. — D. J. Mabillon, t. I, l. XVII, p. 565, n° 25.

l'octave de la Nativité de la sainte Vierge en 1250. — Ce qui peut avoir donné lieu de reculer la fête de saint Réole jusqu'au susdit jour vingt-cinquième de novembre afin que son octave fût entière. On n'en a point de raisons dans les anciens kalendriers et livres d'église qui se conservent dans l'abbaye d'Orbaiz, qui marquent tous le vingt-cinquième de novembre. On a aussi consulté le nouveau Breviaire de l'Église de Reims, imprimé par ordre de Messire Charles-Maurice Le Tellier, archevêque, et le consentement du chapitre, où on n'a rien trouvé de particulier.

On conserve et on voit encore dans le collateral du rond-point ou pourtour du chœur de nôtre nouvelle église, vis à vis du maître-autel et entre la chapelle de la sainte Vierge et celle de saint Nicolas, la pierre sepulchrale en forme de tombeau ancien, semblable à plusieurs pierres ou tombes sepulchrales qui se voyent dans la chapelle dite de saint Paul fort ancienne dans l'enceinte, et un peu à côté vers l'orient d'esté, de l'ancienne et auguste abbaye des Dames bénédictines de Jouarre[1], gouvernée aujourd'huy par madame de Soubise[2]; on voit, dis-je, la pierre sepulchrale enfermée entre deux piliers, et par le milieu soutenue d'une colonne de pierre, dans laquelle on croit par tradition que le corps de saint Réole fut enfermé pour être mis en terre[3].

Pierre sepulchrale ou tombeau de saint Réole.

Comme l'église qui subsiste aujourd'huy n'a été bâtie que quatre à cinq cens ans après la mort de nôtre saint fondateur, c'est-à-dire vers la fin de l'onzième ou vers le commencement du douzième siècle[4] par Thibaud troisième ou Thibaud quatrième, comte de Champagne et de Brie, on ne peut dire en quel endroit le corps de saint Réole fut inhumé, et on conjecture qu'en bâtissant cette nouvelle église, on a placé la susdite pierre sepulchrale ou tombeau dans l'endroit le moins incommode.

1. [L'abbaye de Jouarre, au diocèse de Meaux, fut fondée au viie siècle par Adon, frère aîné de Dadon (saint Ouen), fondateur de l'abbaye de Rebais. Cf. H. Thiercelin, *Le Monastère de Jouarre*, Paris, Aubry, 1861.]
2. [Anne-Marguerite, fille du prince de Rohan-Soubise, nommée en 1692, morte en 1721.]
3. Ce prétendu tombeau de saint Réole est aujourd'hui placé dans la première chapelle du chœur à gauche, où il sert de table d'autel. J'ai expliqué dans la *Revue archéologique* (tome XXXI, p. 181) que cette pierre sculptée n'avait jamais servi de sarcophage. — L. C.
4. L'auteur se trompe. Il a voulu dire, comme il l'établit ci-dessous, en rapportant une charte de 1180, que la nouvelle église datait de la fin du xiie siècle ou du commencement du xiiie. — L. C.

Dom Guillaume Marlot, l. 2, c. 43, p. 286 et suiv., croit que le corps de S. Réole fut mis en dépôt dans l'église de St-Remy de Reims.

Dom Guillaume Marlot, dans l'endroit cy-dessus cité, dit qu'il y a une vie manuscrite du même saint Réole, où il est marqué que son corps fut porté dans l'église de Saint-Remy, où il fut enterré. Voicy les paroles sur lesquelles il se fonde : « Ad cujus exequias fama volans multimodas populorum convocat turbas, suavissimis totum conditur aromatum odoribus sanctissimi praesulis sacratissimum corpus, auro depictis componitur vestibus, necnon sericis involvitur linteis attentius, exemptus mundo Christi famulus feretro sustollitur diligentius, aurea pepla cumulatur, defertur ad Basilicam sancti Remigii Pontificis, in cryptam deponitur ad laevam partem altaris sancti Laurentii martyris, ibi sepultus vivit in Christo sine fine. »

Selon les dernieres paroles de cette vie manuscrite dont monsieur Marlot vient de nous fournir un fragment, il en faudroit conclure que le corps de saint Réole auroit été d'abord porté et mis en dépôt dans un caveau au côté gauche de l'autel de saint Laurent de l'église de Saint-Remy de Reims, *defertur ad Basilicam sancti Remigii, in cryptam deponitur*, etc., et que dans la suite des tems il en auroit été tiré et apporté dans l'église de l'abbaye d'Orbaiz pour être exposé à la veneration des fideles, et recevoir leurs respects et leur culte. Nous appuyons cette conjecture sur l'authorité d'un manuscript de cette abbaye qui rapporte l'histoire d'une translation faite du corps entier de saint Réole, d'un ancien vase, reliquaire ou châsse dans laquelle on conservoit tous les sacrez ossements dans cette abbaye depuis plus de trois cens ans, pour être mis et renfermé dans une châsse plus riche et plus magnifique, suivant les propres termes de nôtre manuscript : « Placuit ... ... corpus Beati Reoli longaeva vetustate in quodam vase veteri repositum transferri in novum quod aedificatum constabat opere sumptuoso, lapidibus pretiosis, gemmis, auro et argento ...... servo suo Reolo, nec dicam servo, quin potius amico ornamenta, quibus *plus quam trecentis annis* involutus fuerat, contulit inviolata. »

Translation du corps entier de S. Réole d'une vieille châsse dans une nouvelle plus magnifique.

Cette translation du corps entier de saint Réole se fit en l'an mil cens quatre-vingt, sous le regne de Philippe second dit Auguste, fils de Louis septiéme dit le Jeune, Henry dit le Large ou Libéral étant comte de Troyes, pannetier de France et fils de Thibaud troisiéme [1], comte de Champagne, Guillaume,

1. [Thibaud II, 1125-1152.]

quatrième fils de ce même Thibaud, étant archevêque de Reims, appellé communément Guillaume *aux blanches mains* [1], cardinal du titre de sainte Sabine et légat du saint siège apostolique en France, par Nivellon, évêque de Soissons, à l'instance de Guillaume abbé (qui apparemment en a écrit l'histoire) et des religieux de cette abbaye d'Orbaiz, à l'occasion et après la consécration d'un autel de nôtre nouvelle église dédié à Dieu sous l'invocation de la sainte Vierge, mere de Dieu, et de saint Thomas martyr, en présence de plusieurs abbez qu'ils avoient invitez et d'une infinité de peuples accourus de tous costez à la consécration de cet autel, et à la translation de ces sacrez ossements. Nous allons rapporter l'acte latin, tel qu'il est, qui renferme l'histoire de ces deux actions et ceremonies, et qui a été écrite par cet abbé d'Orbaiz, Guillaume :

« Anno millesimo centesimo octuagesimo ab Incarnatione
« Dominica, regnante Philippo [2] Ludovici [3] regis filio, Henrico [4]
« Trecensi comite palatino degente, Willermo [5] metropolitano
« Remensi sibi subditis spiritualia ministrante, mihi Willermo
« Dei gratia Orbacensi abbati placuit altare quoddam quod
« constitutum erat in reædificatione templi, in honorem Beatæ
« Mariæ Virginis et sancti Thomæ martyris consecrari. Ad
« id opus peragendum petitionibus meis abbatis accessit Nivello
« Suessorum Episcopus, vir magni nominis, et egregie litte-
« ratus, quam plurimis clericis, ut condecet, tantum suppleri
« officium, comitatus : accessit, inquam, sequentique die ab

Dédicace d'un autel dans l'église de Saint Pierre d'Orbaiz.

---

1. [Guillaume aux blanches mains, dit le *cardinal de Champagne*, était beau-frère du roi de France Louis VII, qui avait épousé sa sœur Alix, de laquelle il eut Philippe-Auguste. A la fois prélat et homme d'Etat, Guillaume a été un des personnages les plus renommés de son siècle. Il fut d'abord évêque de Chartres en 1167, puis archevêque de Sens et légat du saint-siège auprès de Henri II, roi d'Angleterre, alors en lutte avec Thomas Becket de Cantorbéry. Suivant Marlot, il fut créé cardinal au concile de Latran en 1179. Il devint plus tard légat du pape Innocent III en Allemagne. La promotion de Guillaume à la dignité d'archevêque de Reims date de 1176. En cette qualité, il sacra son neveu Philippe-Auguste. Ce prince, qui le choisit dans la suite pour principal ministre, l'appelait « l'œil de ses conseils et le bras droit de ses desseins. » Lorsqu'en 1190 Philippe-Auguste partit pour la croisade, il associa son oncle Guillaume à sa mère Alix de Champagne dans la régence du royaume.]

2. Philippe II dit Auguste.

3. Louis septième dit le Jeune.

4. Henri I dit le Large ou Riche.

5. Guillaume, cardinal, fils de Thibaud, comte de Champagne. — *Vide* Marlot, t. II, l. 3, c. 8.

62 HISTOIRE DE L'ABBAYE D'ORBAIS

Indulgences accordées.

« Inventione sanctæ Crucis altare in honorem sanctorum præ-
« dictorum dedicavit ac multorum peccamina, qui intererant
« obsequio, vel qui deinceps votum justæ peregrinationis
« usque ad tempus præfinitum ibidem supplerent, relaxavit.
« Placuit de cætero mihi cum fratrum meorum consilio, nec
« non metropolitani et Suessionnensis præcepto corpus Beati
« Reoli longæva vetustate in quodam veteri vase repositum
« transferri in novum quod ædificatum constabat opere
« sumptuoso, lapidibus pretiosis, gemmis, auro et argento.

Translation du corps de S. Réole en 1180

« Fama transmutationis evolans diversorum provincias
« circinans compulit ritus et linguas dissonas confluere ad
« locum prædestinatum, ut ex laboris peregrinatione et elee-
« mosynæ libera traditione pro salute animæ participes obse-
« quii fierent in perpetuum. Altari siquidem dedicato more
« consuetudinario, episcopus Nivello abbatibus et cæteris con-
« fluentibus nova mecum deferens ornamenta, quibus corpus
« Beati Reoli emeritum involveremus, cum gemitu et lacrimis,
« cum cantibus et modulis accessimus ad feretrum quod resera-
« tum patebat in conspectu omnium. Rimatur episcopus, riman-
« tur abbates, rimatur oculus [*lisez :* populus] Beatissimi Reoli
« corpus quod propter fragilitatem carnis humanæ, quamvis
« sacratus, tangere tamen reformidabat digitus. Res miranda !
« et etiam chirographo condigna. Qui populo Israeli quadraginta
« quatuor annis per deserta gradiente vestes et calceamenta
« reservavit incorrupta, servo suo Reolo, nec dicam servo,
« quin potius amico, ornamenta quibus *plus quam trecentis*
« *annis* involutus fuerat, contulit inviolata. Ego abbas corium
« cervinum vidi et tenui, et immutari cum adstantibus censui;
« consideravi et vestem sericam fortem et integram, quasi
« noviter de textrice vel texente prolatam. Palpavi et lineam
« ac si rore cœlesti stillaret, et in omni genere pigmentorum
« circumflueret. Testantur mecum hæc qui viderunt, et affue-
« runt, et sub verbo veritatis tam futuris quam modernis cre-
« denda reliquerunt. Igitur Nivello episcopus mecum, cum
« reliquis laudem Deo decantantibus Sanctissimi Reoli corpus
« primitivis involutum vestibus, quasi lorica inexpugnabili,
« de veteri in novam fabricam catenis et seris ferreis obtura-
« vimus. Caput vero ejus in vasculo quod capiti congruebat
« reservavimus, ut peregrinis ostenderetur, et petentibus tam
« corporis quam animæ salus perpetua inferretur. »

Il paroît par le recit de cette translation, dont on renouvelle tous les ans la fête le quatriesme jour de may avec office de premiere classe et de premier ordre de precepte[1] dans cette église, que le corps de saint Réole étoit encore tout entier dans cette abbaye en mil cens quatre-vingt. Mais, comme elle n'en possède plus aujourd'huy qu'une partie, il faut que depuis on l'ait divisé et distribué en plusieurs endroits pour enrichir plusieurs églises d'un si prétieux trésor, puisque la célébre abbaye de Hautvillers, unie à la congrégation de Saint Vanne, prétend avoir la plus considérable partie de ses sacrez ossemens qu'on y conserve dans une trés belle châsse.

L'Abbaye de Hautvillers posséde des reliques de S. Réole.

Une côte du même saint a été donnée par les religieux de l'abbaye de Hautvillers à la paroisse d'Ambonay-sur-Marne, proche du bourg d'Avenay, diocese de Reims. Cette paroisse fait avec beaucoup de solennité l'office de la translation de cette relique considérable, tous les ans, le trentième jour de juin. On y fait aussi la fête du même saint le vingt-cinquiéme de novembre, comme dans l'abbaye d'Orbaiz.

La paroisse du village d'Ambonay posséde une côte de S. Réole.

Mais nous ne sçavons pas quand on a fait toutes ces distractions et tous ces partages des sacrez ossemens de notre saint fondateur ; nous n'en avons trouvé aucuns memoires. Tout a peri ou a été brûlé dans les différens incendies.

Un memoire écrit en françois en mil six cens neuf par un religieux de cette abbaye et intitulé : *Singularités d'Orbaiz*, marque que « le jour de la Sainte Trinité on y fait la solennité
« des saintes reliques qui y reposent, nommément le chef, un
« bras et quelques autres ossemens confus de saint Réole, la
« châsse ou fierte ayant été rompue et brisée par les Huguenots,
« l'an mil cinq cens cinquante ou plutôt soixante-quatre. »

Le septiéme jour de decembre mil six cens quatre-vingt-cinq, Dom Jean Richard, dernier prieur des anciens religieux, ayant remis entre les mains du R. P. Dom Pierre Mongé, prieur des religieux réformez, toute son argenterie et une somme d'argent considérable, ce révérend Pere en fit faire

Nouveaux reliquaires.

---

1. Les mots *de premiere classe*, *de premier ordre* et *de précepte* ont été ajoutés postérieurement, par une main différente, sur le manuscrit de Dom du Bout. Du Bout avait écrit *de seconde classe* et *de second ordre*. Ces mots avaient été effacés quand on leur substitua la correction que nous avons conservée. — L. C.

un beau chef d'argent et deux châsses de bois noirci garnies de lames et de cartouches d'argent, et demanda permission à Messieurs Moreau et Rousseau, vicaires généraux du chapitre de Soissons (le siége épiscopal vacant par la mort de Charles de Bourlon, dernier évêque), qui donnèrent commission au sieur doyen rural du doyenné d'Orbaiz, accompagné de M° François Lenormand, vicaire perpétuel de Verdon, de M° Pierre Pougeois, vicaire perpétuel de La Ville-sous-Orbaiz, de tirer lesdites reliques de saint Réole et autres saints des vieilles châsses et reliquaires, et de les transférer, mettre et enfermer dans lesdits chef, châsses et reliquaires nouvellement faits, avec leurs authentiques et une copie du procez-verbal signée d'eux et de ladite commission, dont voicy la copie faite sur l'original :

Commission pour une nouvelle translation.

« Les vicaires généraux du diocese de Soissons, le siége
« vacant, au vénérable doyen du doyenné rural d'Orbaiz de ce
« diocese, salut. Les vénérables prieur, religieux et couvent
« de l'abbaye dudit Orbaiz nous ayant représenté qu'ils désire-
« roient tirer de trois anciennes châsses et de deux reliquaires
« en forme de bras, plusieurs reliques de saints, entre autres
« de saint Réole, archevêque de Reims et confesseur, et de
« saint Firmin, évêque d'Amiens et martyr, envers lesquelz
« ils ont une singuliére vénération, aussi bien que tout le
« peuple dudit lieu et des circonvoisins, pour les mettre et en-
« fermer dans un reliquaire d'argent en forme de chef, deux
« châsses de bois d'ébéne garnies d'argent et deux reliquaires
« d'argent et cuivre dorez en forme de bras, beaucoup plus
« décents, pour en faire la translation solennelle le dimanche
« de la Trinité prochaine, nous vous avons commis et com-
« mettons par ces présentes pour tirer lesdites saintes reliques
« desdites châsses anciennes et reliquaires, pour les mettre et
« enfermer dans lesdites châsses nouvelles, chef et reliquaires
« nouveaux, avec leurs authentiques, ausquelz vous joindrez
« copie du procez-verbal que vous dresserez avec ces présen-
« tes ; lequel procez-verbal vous envoirez incontinent après
« à nôtre secretaire, et lorsque lesdits châsses et reliquaires
« seront bien et dûment fermez en vôtre présence, nous per-
« mettons dés à présent comme pour lors ausdits vénérables
« prieur et religieux de faire la translation desdites reliques le
« plus solennellement que faire se pourra ; de ce faire leur
« donnons pouvoir. Fait à Soissons le vingt-huitiéme jour de
« may mil six cens quatre-vingt-six. » Signé « P. Moreau,
« L. Rousseau, » et plus bas est écrit : « par messieurs les

« vicaires généraux, Dequen secrétaire, » avec un paraphe, et scellé à côté du sceau du chapitre.

Si on veut sçavoir plus particuliérement la vie, les actions et les miracles de saint Réole, il faut se donner la peine de lire l'*Histoire* de Flodoard, de Dom Guillaume Marlot, et les *Annales de France* du Pere Le Cointe, aux endroits que nous avons citez. D. J. Mabillon, t. I, Annales des bénédictins en plusieurs endroits.

En faisant le catalogue des abbez d'Orbaiz, nous observerons quelle regle Leudemar, premier abbé, y apporta et y fit garder. — Voyez plus loin. Quelle regle on pratiqua d'abord à Orbaiz.

CHAPITRE TROISIÈME
Des différents accidents et événements arrivez à ce monastére.

Ce monastére a éprouvé plusieurs fois en différens tems toutes les disgrâces et toutes les infortunes ausquelles peut être exposé un lieu champêtre, qui n'avoit point d'autres forces et d'autres défenses que les murailles de sa clôture et sa situation quasi au milieu des bois. Destructions de l'abnaye d'Orbaiz en différens tems.

Toutes les guerres civiles intestines et étrangéres, qui ont de tems en tems affligé et mis le royaume de France à deux doigts de sa ruine, ont pillé, brûlé et détruit ce monastére, qui ne s'est relevé de ses ruines qu'en partie avec bien de la peine, de la dépense et du tems.

La division des enfans de l'empereur Louis-le-Débonnaire, Lothaire, empereur, Louis-le-Germanique, Pepin d'Aquitaine et Charles-le-Chauve, qui divisérent tout le royaume, et qui donnérent la fameuse bataille de Fontenay proche d'Auxerre, en huit cens quarante et un, où il perit plus de cent mille hommes, ne fut pas moins funeste à ce monastére qu'aux autres églises et monastéres de France. Combat de Fontenay en 841.

Flodoard qui est mort vers l'an neuf cens soixante-six, âgé de soixante-dix ans, dit qu'en l'année neuf cens trente-six ou trente-sept sous le regne de Louis cinquième dit d'Outremer, les Hongrois, Normands et autres peuples barbares et idolâtres, étant sortis de leurs pays, entrérent en France, la pillérent, la ravagérent et y commirent toutes sortes de crimes et de cruautez ; « qu'étant entrez dans Orbaiz, ils pillérent et « ruinérent l'abbaye, se saisirent de Hucbolde qui en étoit reli- « gieux, s'efforcérent de le tuer, mais il ne leur fut pas pos- Hucbolde religieux d'Orbaiz cruellement tourmenté par les Hongrois et préservé miraculeusement.

« sible. Car luy-même raconte, et plusieurs qui l'avoient vû,
« maintenant qu'ils sont de retour, témoignent que quand les
« barbares tiroient de tous côtez contre luy qui étoit nud,
« leurs fléches rejaillissoient arriere de son corps, comme si
« elles eussent été décochées contre un diamant, et il n'y avoit
« aucune marque ni apparence de coups sur son corps, et même
« quoiqu'il fût rudement frappé d'une épée, il n'en fut pas
« blessé. Ce qu'ayant vû les Hongrois, ils le regardérent
« comme un dieu et l'emmenérent avec eux et le traittérent
« avec beaucoup de respect, jusqu'à ce qu'un évêque le rache-
« tât et le retirât de leurs mains, et revint par ce moyen à
« Orbaiz [1]. »

Voicy les paroles de Flodoard tirées de son histoire latine :
« Hujus monasterii (Orbacensis) monachum nomine Hucbol-
« dum nuper Hungari comprehensum trucidare nisi sunt ;
« sed nequaquam ferro incidere potuerunt. Nam ut idem
« refert, et nonnulli captivi qui viderant, reversi nunc quoque
« testantur, dum sagittis eum nudum undique barbari petis-
« sent, ut ab adamante retusæ, sic ab ejus resiliebant
« sagittæ corpore, nec signum ictus ullum apparebat in cute ;
« sed et omni conatu gladio percussus, nihilominus mansit
« intemeratus. Unde et Deum dicentes eum esse, duxerunt
« reveriti secum, donec redemptus a quodam episcopo atque
« dimissus revertitur. » (L. 2, c. 10).

Notre autheur ajoute ensuite qu'il avoit appris ce fait miraculeux du prêtre ou curé de Bavoncourt qui avoit aussi été emmené captif par ces mêmes barbares et temoin oculaire du miracle arrivé sur le saint religieux Hucbolde, « de presbytero de Bavonis-curte. »

Parricides et cruautés des Anglois en France et en Angleterre.

Pour n'être pas ennuyeux, nous répéterons en peu de mots ce que nous avons dit plus au long ailleurs, que les Anglois, peuples cruels, inhumains, parricides, comme il a paru à tout l'univers dans la mort également cruelle, honteuse et injuste qu'ils firent souffrir à leur legitime souverain Charles Ier le 29 janvier 1649, et par leur perfidie, infidelité et rebellion qui les portérent à détrôner honteusement et chasser injustement en 1688 Jacques second, (un des plus sages, des plus moderez et des plus pieux roys qui aient gouverné l'Angleterre, qui est mort dans la religion catholique, apostolique et romaine en odeur de sainteté au château de Saint-Germain-en-Laye

---

1. Flodoard, liv. II, chap. 10, traduit par Chêneau.

le..... 1701 [1], pour faire monter sur son trône Guillaume de Nassau, son neveu et son gendre, mais le plus perfide, le plus dénaturé, le plus grand fourbe et le plus méchant homme qui fut jamais, sans foy, sans parole, sans honneur, sans conscience, sans religion, les embrassant et les professant toutes selon les tems, les lieux et les conjonctures où il se trouvoit pour satisfaire son ambition excessive, mais n'en croyant et ne s'attachant à aucune sincérement [2] ; ces Anglois, dis-je, qui ont mis plusieurs fois la France à deux doigts de sa ruine, particuliérement vers l'an mil trois [3] cens vingt, sous le regne de Charles septiéme, commirent de grands desordres en ce lieu. On a vu cy-devant qu'ils avoient reduit en cendres un petit palais communément appellé la salle de saint Michel, et que plusieurs saints religieux qui s'y étoient renfermez pour se dérober à la rage de ces inhumains, avoient été consumez au milieu des flammes. Il y a aussi lieu de croire que si notre nouvelle église a été entiérement achevée, la nef en a été detruite et reduite dans l'état où on la voit aujourd'huy par l'impieté de ces barbares.

Les Calvinistes, heretiques qui se sont distinguez en 1560, etc...., se distinguent encore aujourd'huy dans le tems que l'on fait ce recueil, dans les Cevennes, Languedoc et autres provinces voisines par des cruautés, des supplices et des tourments les plus barbares, et inouïs jusqu'à présent même aux plus cruels tyrans dans la plus grande fureur des persécutions qu'ils ont exercées contre l'église naissante pour l'étouffer dés le berceau, puisque nos prétendus réformez encherissent sur leur barbarie par de nouveaux genres de morts; ils ouvrent les meres enceintes (cela fait horreur), ils arrachent par force de leur sein leurs enfans et les privent en même tems de la vie de l'âme et de celle du corps, en haine de notre sainte religion. Les loix payennes avoient du respect pour les femmes chrétiennes enceintes, car si on ôtoit la vie aux meres, on la conservoit du moins à leurs enfans, comme nous l'apprenons de l'histoire ecclesiastique.

Les fanatiques de ce tems ne sont pas plus moderez et plus religieux que leurs premiers réformateurs et que leurs peres à l'égard des personnes consacrées à Dieu, qu'ils deshonorent

Désordres des Calvinistes anciens et nouveaux appellez fanatiques ou Camizards dans le Languedoc et aux environs.

---

1. [Le 16 septembre 1701].

2. Mort à Londres le 19 mars 1702, âgé de 51 ans et 4 mois, étant né le 14 novembre 1650.

3. [Lisez *quatre*.]

avec la plus infâme brutalité, des prêtres et des ministres du seigneur, qu'ils massacrent cruellement, et des temples qu'ils pillent, qu'ils reduisent en cendres et qu'ils démolissent entiérement. Nos historiens instruiront la posterité de tous les désordres et de tous les malheurs que causent à présent ces cruels ennemis de l'Eglise et de l'Etat, comme nos prédécesseurs nous ont appris l'énormité des crimes et des sacriléges des Calvinistes de leur siécle malheureux, dont on voit encore en France, en Allemagne, en Angleterre et ailleurs les funestes effects de leur rage contre les ministres, les vierges et les autels du Seigneur, et qui n'épargnérent pas notre pauvre abbaye d'Orbaiz en mil cinq cens soixante (laquelle n'avoit pû encore se relever de ses ruines précédentes), puisque nous avons déjà fait observer dans le chapitre précédent que ces nouveaux Iconoclastes avoient pillé l'abbaye, brisé les châsses et reliquaires de saint Réole et autres saints, pris l'or, l'argent et les pierreries, jetté et foulé aux pieds les sacrez ossemens qu'on ne recueillit qu'avec beaucoup de peine aprés les avoir racheptez et tirez des mains de ces sacriléges et avares à force d'argent.

Gomer, grand ennemi de cette abbaye, la fait assiéger et piller par des soldats calvinistes du prince de Condé. — Gomer à leur tête.

Christophle de Gomer, seigneur du Breüil proche d'Orbaiz, pannetier ordinaire de la maison du Roy et maître particulier des eaux et forests au présidial de Château-Thierry, ennemi déclaré et irréconciliable de cette abbaye, comme on verra dans la suite en parlant de Nicolas de La Croix, abbé commendataire, voulant s'en venger, se servit en mil cinq cens soixante-sept du passage des troupes composées de soldats calvinistes conduits par le sieur de Jenlis à Louis de Bourbon, prince de Condé, grand ennemi des catholiques et outré protecteur du calvinisme, pour assiéger Soissons. Ces soldats animez par la présence et les discours de Gomer, epousant ses intérests et sa passion, et encouragez par l'espérance d'un gros butin, environnérent l'abbaye et tinrent Nicolas de la Croix (à qui Gomer en vouloit particuliérement) assiégé dans le château ou logis-abbatial, et, aprés avoir résisté pendant deux jours et demi, il fut obligé de ceder à la violence et d'abandonner l'abbaye à la discretion ou plutôt à la cupidité et à la fureur des soldats. Il vit piller devant ses propres yeux les vases sacrez de l'autel, argenterie, ornemens, linges, qu'ils profanérent avec beaucoup d'impieté. Ils emportérent ses provisions, meubles, linges, vaisselles d'argent, tapisseries, habits, livres, et ce qu'ils ne purent ni consumer, ni emporter, ils le mirent en piéces ou brûlérent. Leur rage s'étendit jusques sur les étangs de l'abbaye, les lâchant pour en prendre le poisson, ou faire périr ce qu'ils ne pouvoient emporter. Mais Dieu qui venge tôt ou tard le tort que l'on fait à ses serviteurs et aux lieux saints, ne laissa pas longtems tous ces crimes énormes, ces impietés et ces sacriléges sans en tirer les châtimens qu'ils méritoient ; car le malheureux Gomer, étant autheur et premier moteur de tous ces désordres, périt d'une mort subite et tragique à Orbaiz, quelques années aprés, sans avoir eu le tems de faire pénitence, ni avoir reçu les derniers sacrements, comme nous dirons en parlant dudit commendataire Nicolas de la Croix cy-aprés. *Mort subite et tragique de Gomer à Orbaiz.*

On met icy entre les plus grandes disgrâces arrivées à cette abbaye l'abrogation des élections canoniques ou de la pragmatique sanction, et l'introduction des commendes perpétuelles. Ce malheur, pour être presque général et commun à toutes les autres abbayes de France, n'en est pas moins funeste et préjudiciable, puisque depuis ce renversement des anciennes loix de l'Eglise et du royaume contre l'intention et la volonté de nos roys trés chretiens, mais par l'ambition, la cupidité et la mauvaise œconomie des commendataires d'aujourd'huy qui s'emparent des plus beaux et des plus grands revenus, l'abbaye d'Orbaiz (comme les autres, surtout celles qui n'ont qu'un petit revenu) est tombée dans un trés grand relâchement d'observance régulière ; les religieux se trouvant réduits à un trés petit nombre, l'ignorance s'y est introduite, qui a ouvert la porte à tous les désordres et toutes les suites malheureuses dont elle est toujours la source. *Etablissement des commendes perpétuelles nuisible.*

Cette abbaye fut privée du droit de se choisir un abbé tiré d'entre ses religieux aprés la mort de Jacques qui vivoit encore le quatriéme jour de décembre mil cinq cens dix sept, comme nous l'apprenons d'un bail à titre de cens perpétuel de six arpens de terre sous le Tremblay sur le pendant des Roches, ledit bail fait lesdits jours, mois et an. *L'abbaye d'Orbaiz perd le droit d'election vers l'an 1520 et subit le joug de la commende.*

Le premier que nous trouvons avoir été pourvu de cette abbaye en commende, c'est Louis de Bourbon, cardinal de Vendôme etc., vers l'an mil cinq cens vingt, comme il paroit par une procuration du quinziéme jour de novembre mil cinq cens vingt pour donner à bail emphyteotique le clos appellé communément le *Clos Dame Heleine*, situé dans l'enceinte des murailles d'Orbaiz, vers l'occident. *Le premier abbé commendataire, Louis de Bourbon, cardinal de Vendôme etc.*

Au bas de ce bail est la ratification des religieux signée d'eux, et scellée du sceau du couvent qui représente saint Pierre en habits pontificaux tenant de la main droite un livre, et une clef de la gauche, avec ces paroles : *Sigillum conventus Orbaci.* Ce sceau ne se trouve plus.

Les commendataires ayant dissipé, vendu et aliéné une partie considérable des droits, fonds, domaines et seigneuries, et n'ayant pas de revenus suffisans et proportionnez à leur avarice, à leur luxe et à leur ambition, ils refusoient souvent le necessaire aux pauvres religieux (à qui de droit le bien appartient), et après les avoir bien fait languir et souffrir, ils les chassoient ou les obligeoient de s'enfuir et d'abandonner le monastére, comme nous le dirons en parlant en son lieu de Nicolas de la Croix; et, négligeans de faire réparer promptement les différens bâtiments, la voûte de la nef de notre église, les lieux réguliers, plusieurs fermes et moulins [1] sont tombez en ruine ; et les terres, faute de maisons et de bâtimens pour loger les fermiers, étant demeurées incultes et en friche, le revenu est diminué considérablement.

Enlévement des titres.

Quoique les répétitions soient importunes, nous ne sçaurions assez déplorer la perte que le monastere a faite lorsque Nicolas de la Croix enleva par force un grand coffre rempli des titres, chartres et papiers de cette abbaye, qui ont été perdus et ne se trouvent plus, ce qui est tout à fait préjudiciable à l'abbaye qui perd plusieurs biens, faute de titres pour les recouvrer et les maintenir [2].

Cette pauvre petite abbaye n'ayant plus que quatre religieux âgez ou infirmes, bien loin de se relever, auroit sans doute succombé sous la pesanteur d'un si grand nombre de disgrâces, si la congrégation de Saint-Maur ne fût venue à son secours et ne luy eût tendu sa main charitable pour y ressusciter et y faire revivre le premier esprit de notre saint patriarche, et y rétablir la pratique exacte de notre sainte regle, le bon ordre dans l'administration du temporel, et les lieux réguliers et

---

1. On comptoit autrefois quatorze moulins dépendans de l'abbaye; Il n'y en a plus que trois à présent.

2. Pour bien comprendre les suites malheureuses des commendes, il faut lire les notes du pieux et sçavant Horstius sur la 141ᵉ lettre de S. Bernard ad Humbertum abbatem Igniacensem [*Igny*, diocèse de Reims], rapportées tome premier, pages XLVII et suivantes de la seconde édition de Paris du R. P. Dom Jean Mabillon, et le petit traitté *De sacris electionibus*, composé par le sçavant Genebrard, imprimé à Paris en 1593.

autres bâtimens tombez en ruines, retirer les biens et domaines aliénez, conserver et maintenir ceux dont on étoit encore en possession, et procurer aux pasteurs et aux peuples les secours spirituels par l'administration du sacrement de pénitence, par les prédications et les catéchismes, et la vie sainte, retirée et exemplaire des religieux reformez.

Dieu qui sçait tirer sa gloire des plus grands désordres et qui employe les plus foibles instrumens pour opérer de grands miracles, se servit et prit occasion de la foiblesse de Dom Jean Le Gendre, D. Jean Richard, D. Michel Trabit et D. François Pelletier, seuls religieux de Saint-Pierre d'Orbaiz, pour remédier à tout ; il leur inspira le dessein d'appeler à leur secours les religieux de la congrégation de Saint-Maur pour les aider à faire le service divin avec décence et édification. Ils présentérent pour cet effect leur requête à Messire Charles de Bourlon, évêque de Soissons, leur supérieur, pour qu'il leur fût permis d'appeller et d'associer trois religieux de Saint-Maur. Ce bon prélat qui souhaittoit depuis longtems que cette abbaye fût unie et incorporée dans notre congrégation, y consentit avec joye, et permit à messieurs les anciens religieux d'Orbaiz de s'adresser au trés Reverend Pere Dom Bernard Audebert, troisiéme supérieur général, qui, après quelques démarches et avoir pris les mesures convenables, leur accorda au mois de novembre mil six cens soixante-six, trois religieux, Dom Felix Mauljean, en qualité de supérieur de nos deux autres confreres, Dom Henry Jobart et Dom Claude Gérard.

<small>Association de trois religieux de la Congrégation aux anciens d'Orbaiz.</small>

Cette association de trois religieux de notre congrégation, servit d'acheminement et de préliminaire pour l'union de l'abbaye d'Orbaiz à notre congrégation, puisque ledit Dom Felix Mauljean, fondé de la procuration dudit trés R. P. Dom B. Audebert, fit deux concordats le vingt-neuviéme jour d'août mil six cens soixante-sept, pour l'union de cette abbaye à ladite congrégation de Saint-Maur : le premier avec Pierre de Séricourt, seigneur d'Esclainvilliers, chevalier de Saint Jean de Jérusalem, commandant le regiment du marquis de Tilladet, et abbé commendataire d'Orbaiz ; et le second avec ledit Dom Jean Richard, fondé de la procuration de ses autres confreres.

<small>Concordats faits avec l'abbé et les anciens religieux d'Orbaiz pour introduire la réforme.</small>

Le quinziéme jour de janvier mil six cens soixante-huit, le R. Pere Dom Felix Mauljean, nommé premier prieur de ce monastére, assisté de Dom Claude Gérard, en prit et fut mis en possession réelle, corporelle et actuelle dudit monastére, étant conduit par ledit Dom Jean Richard, prieur, accom-

<small>Prise de possession, le 15 janvier 1668.</small>

pagné de Dom Jean Le Gendre, Dom François Pelletier et Dom Michel Trabit, anciens religieux d'Orbaiz, avec les cérémonies accoutumées en pareil cas, que nous rapporterons dans son lieu.

Le R. P. Dom Felix Mauljean, aprés avoir établi l'observance dans cette abbaye, étant âgé et infirme, sollicita fortement sa décharge que le chapitre général luy accorda en 1672.

Le même chapitre général luy donna pour successeur le R. P. Dom Damien Raulin, qui ne demeura icy qu'un an.

Le R. P. Dom Pierre Mongé restaurateur d'Orbaiz.

Le Reverend Pere Dom Pierre Mongé luy succeda, et a si bien travaillé pendant les vingt-six ans qu'il a gouverné ce monastére, qu'il a merité avec justice le titre glorieux de restaurateur de Saint-Pierre d'Orbaiz, comme on verra dans la suite.

CHAPITRE QUATRIÈME

Des bénéfices dépendans de l'abbaye de Saint-Pierre d'Orbaiz

§ premier

DES PRIEUREZ SIMPLES QUI SONT A LA NOMINATION ET COLLATION DE L'ABBÉ D'ORBAIZ

I

Le Prieuré ou Chapelle de Notre-Dame d'Oiselet.

Ce prieuré simple est situé à Chapellaine, proche du village de Fere-Champenoise, diocese de Châlons-sur-Marne. Les titres et papiers de cette abbaye ayant été ou brûlez ou enlevez par force et perdus, on ne sçait ni le tems de sa fondation, ni les noms des fondateurs et bienfacteurs de ce bénéfice.

Donation à l'abbé et aux religieux d'Orbaiz par le doyen de S.-Estienne et chanoines de la Trinité de Châlons.

On trouve seulement un acte en parchemin de l'an mil cent quarante-sept, par lequel le doyen de l'église cathedrale de Saint-Etienne, les chanoines et chapitre de la Sainte Trinité de Châlons-sur-Marne, abandonnent à Baudouin, abbé, et aux religieux d'Orbaiz certaines rentes et dixmes appartenantes ausdits doyen de Saint-Etienne et chapitre de la Sainte Trinité, situées au lieu dit Oiselet, à la charge de payer par lesdits religieux, abbé et couvent d'Orbaiz, chacun an, ausdits chanoines de la Trinité un muid de seigle, mesure de Châlons, et une épaule de sanglier audit doyen de Saint-Etienne. Il ne paroît pas par cet acte qu'il y eût dés lors une chapelle ou église d'Oiselet erigée en prieuré¹. Il n'y est point fait mention ni d'église, ni de celle.

Ces dixmes et ces rentes sont abandonnées à Baudouin, abbé, et aux religieux d'Orbaiz. Peut-être que l'abbaye d'Orbaiz avoit au même endroit ou aux environs plusieurs autres possessions, et que, pour les administrer, on en donna le soin à un religieux de ce monastére à qui l'abbé permit de faire bâtir une chapelle à laquelle depuis on a donné le nom, ou qui a été érigée en prieuré.

D'un autre côté, il est à croire que ce bénéfice a toujours été fort modique, du moins depuis deux à trois cens ans, puisqu'en mil quatre cens soixante-treize, le neuviéme jour de mars, André des Esprits de Viterbe, docteur en l'un et l'autre droit, protonotaire, nonce du Pape Sixte quatriéme en France auprés de Louis XI, déclare que le prieuré d'Oiselet et l'office claustral de chambrier d'Orbaiz, qui n'ont point charge d'âmes, sont mis ensemble, et en consequence de la résignation faite desdits prieuré et office de chambrier par Dom Jean de Mauguy, que ledit nonce a acceptée, il les confere et accorde à Dom Jean Baudicart, religieux profez d'Orbaiz. Les lettres de provision datées du neuviéme jour de mars mil quatre cens soixante-treize, indiction septiéme, la troisiéme année du pontificat de Sixte quatriéme. Cet acte fut mis à exécution par Godefroy Meleti, maître és-arts, chantre de l'église collegiale de Saint-Paul de Saint-Denis en France, juge commis par ledit André de Viterbe, nonce du Pape, pour l'exécution desdites lettres de provision; au bas de cet acte, signé Chailliot, est un petit sceau de cire jaune avec un saint Paul au milieu, de cire verte, et une inscription que l'on ne peut lire, attaché avec un cordon de soye rouge.

<small>Union de ce petit bénéfice à la chambrerie d'Orbaiz.</small>

Outre les prestation et charges cy-dessus dues ausdits doyen de Saint-Etienne et chanoines de la Trinité, on ne sçait pas quelles sont ou quelles étoient les autres charges dudit prieuré.

Ce bénéfice a été depuis désuni et séparé de l'office claustral de chambrier d'Orbaiz, mais on n'en sçait pas le tems.

<small>Séparé dans la suite.</small>

---

1. En 1547, le 21 de décembre, il y avoit encore chapelle, maison, etc., comme on le dira cy aprés où on rapportera aussi le domaine d'icelui.

En mil cinq cens quarante-sept, le vingt et uniéme jour de décembre, Dom Pâquier Chatton, prévôt d'Orbaiz, (ou Dom Jehan Craureau, prieur claustral d'Orbaiz), étoit aussi prieur d'Oiselet, et présenta à la Chambre des Comptes de Paris la déclaration des biens de cette abbaye, fondé de la procuration d'Alexandre de Campegge, évêque de Boulogne en Italie, abbé commendataire d'Orbaiz et depuis cardinal, des religieux et dudit Craureau.

Dom Mathurin Doué, religieux profez de ce lieu, fut pourvu du prieuré d'Oiselet par René de Rieux, évêque de Léon en Bretagne, abbé commendataire d'Orbaiz, le vingtiéme jour d'avril mil six cens quarante-trois, et mis en possession d'icelui, le septiéme jour de may suivant, par maitre Louis Touzet, prêtre, curé ou vicaire perpétuel de la paroisse de Saint-Pierre de la Chapelle sur Orbaiz, diocése de Châlons. Lequel Touzet dit et déclare dans son acte que la chapelle dudit prieuré d'Oiselet étant entièrement ruinée et n'y restant que la place, il n'a pu faire observer au dit Doué les ceremonies et solennités ordinaires et accoutumées en pareil cas.

La négligence des prieurs attire des procez aux abbez et religieux d'Orbaiz.

La prestation dont on a parlé cy-dessus, que se sont reservée les doyen de Saint-Etienne et chanoines de la Trinité sur ledit prieuré, a souvent donné lieu ausdits doyen et chanoines de faire plusieurs procédures pour le payement et fourniture de cette redevance annuelle contre les abbez et religieux d'Orbaiz, lorsque les prieurs d'Oiselet ont négligé de satisfaire lesdits doyen et chanoines, qui prétendent que lesdits abbez et religieux sont cautions dudit prieur, et tenus et obligez à ladite redevance, s'il ne la fournit pas, attendu que c'est aux abbé et religieux de Saint-Pierre d'Orbaiz que lesdits doyen et chanoines ont abandonné ce qui leur appartenoit dans le village d'Oiselet, comme porte le titre dont on trouvera une copie cy-après, et non pas à un particulier qualifié prieur d'Oiselet, puisqu'il ne paroît pas qu il y eût encore alors aucune église ni chapelle érigée.

Il faut veiller si le commendataire satisfait les doyen et chanoines de Châlons-sur-Marne.

Et ainsi il est de l'intérest et de la dernière consequence pour les abbez et religieux d'Orbaiz de veiller soigneusement si lesdits prieurs commendataires d'Oiselet satisfont exactement le doyen de Saint-Etienne et les chanoines de la Sainte Trinité. Lorsque les abbez et religieux ont été mis en justice pour cette redevance, ils ont eu leur recours contre le commendataire qui a été condamné à tous dépens, dommages et interests soufferts par les abbez et religieux.—Le sieur Mitiercelin s'étant plaint que les religieux d'Orbaiz le persecutoient pour le payement de la dite prestation, on luy fit voir le contraire.

Quoiqu'il n'y ait plus de chapelle, les évêques de Châlons ne pressent pas beaucoup ou point du tout messieurs les commendataires d'y en faire bâtir une, soit parce que le revenu est assez petit, ou parce qu'ils ont ordinairement plus d'égard pour leurs confreres les commendataires que pour des religieux de l'ordre pourvus des prieurez qui ne peuvent être plus légitimement possédez que par des réguliers, selon le droit : *Regularia a Regularibus*, et selon l'intention des fondateurs.

Voicy les noms de quelques prieurs d'Oiselet que l'on a trouvés dans le chartrier de cette abbaye :

PRIEURS RÉGULIERS

1473. — Dom Jean de Mauguy, en 1473, suivant l'acte rapporté dans les pages précédentes ; il résigne à

1473. — Dom Jean Baudicart, religieux d'Orbaiz en 1473.

1547. — Dom Pâquier Chatton, prévôt d'Orbaiz en 1547, ou Dom Jean Craureau, prieur claustral de Saint-Pierre d'Orbaiz.

1593. — Dom Augustin Pillet en 1593.

1643. — Dom Mathurin Doué, religieux d'Orbaiz en 1643.

1647. — Dom Jean Richard en 1647, et ensuite prieur d'Orbaiz, et est mort le cinquiéme jour de may 1690.

COMMENDATAIRES

1669. — Anne de la Veusve en 1669. On ne sçait par quel moyen ce benefice est tombé en main étrangere.

1673. — Monsieur N... de Mitierceliu, grand chicaneur et fort négligent à fournir la prestation cy-dessus ; il a résigné à

1702. — Monsieur N... de Dampierre en 1702.

Copie de la donation faite à l'abbé et aux religieux d'Orbaiz par le doyen de Saint-Estienne et les chanoines du chapitre de la Sainte Trinité de Châlons-sur-Marne, de certains héritages et offrandes pour la chapelle ou prieuré d'Oiselet :

« In nomine sanctæ et individuæ Trinitatis Radulphus
« decanus sanctæ matris ecclesiæ Catalaunensis venerabili-
« bus fratribus Balduino abbati Orbaciensi et monachis ejus,
« bonis fratrum religiosorum studiis favere nos oportet, et
« eorum res unde sustinentur quantum possumus contra
« incursantes munire, ea propter notum fieri volumus cunctis

« quod nos R. abbati Balduino et monachis ejus fecimus.
« Concessimus enim, ego Radulphus Catalaunensis ecclesiæ
« decanus et canonici sanctissimæ Trinitatis Catalaunensis
« Ernulphus, Olricus, Rollandus et cæteri Balduino abbati
« et monachis ejus, quod prædecessores jam antea concesse-
« runt nostri, redditus videlicet ecclesiæ nostræ quæ sita est in
« villa quæ vocatur Guinehun, quæ etiam alio nomine voca-
« tur Oiselet, eos, inquam, redditus, quos habebamus in
« præfata ecclesia, tam in oblationibus et eleemosinis quam
« in decima concessimus eis perpetuo possidendos sub trans-
« censu unius modii siliginis ad mensuram Catalaunen-
« sem singulis annis pro ecclesia illa solvendi in tempore
« messis ; facient autem monachi Orbacienses totum modium
« deportari usque Catalaunum, et solvent inde decem sestarios
« decano sancti Stephani et canonicis sanctissimæ Trinita-
« tis..... et nullam penitus aliam custumiam solvent vel
« Episcopo vel alteri pro illa ecclesia nisi tantummodo spa-
« tulam venationis porcinæ [1] singulis annis decano Episcopi
« Cathalaunensis. Hoc autem ut fixum et immutabile in per-
« petuum permaneat. sigilli nostri, id est sancti Stephani Ca-
« thalaunensis Bulla confirmat. Actum Cathalaunis anno In-
« carnati Verbi millesimo centesimo quadragesimo (vel quin-
« quagesimo) septimo. Præsidente Cathalaunicæ sedi Guidone
« venerabili Episcopo, anno post consecrationem ejusdem ter-
« tio. Magister Guarnerus scripsit et subscripsit. » — Et au
bas de cet acte en parchemin, conservé dans notre chartrier, il
y a un sceau de cire représentant la Sainte Vierge tenant le
petit Jesus entre ses bras.

Plaintes injus-
tes de Mitier-
celin.

En mil sept cens, mil sept cens un et deux, lesdits sieurs
doyen et chanoines pressans vivement les abbé et religieux
d'Orbaiz par des procédures à Châlons, et menaçans de faire
encore saisir, comme auparavant, notre revenu temporel, le
R. P. Dom Pierre Mongé fut obligé d'agir contre le dit sieur
de Mitiercelin qui s'en plaignit sans raison par une lettre imper-
tinente et pleine d'injures et d'invectives au R. P. Mongé, le
traittant de persécuteur et d'homme de peu de conscience, le
citant au jugement de Dieu, etc.. Mais ledit R. P. Dom Pierre
Mongé refuta solidement toutes ces plaintes par un écrit du
20 juillet audit an 1702, adressé à son successeur pour répondre audit Mitiercelin, qui venoit de résigner le prieuré d'Oiselet

---

1. Epaule de sanglier.

au sieur de Dampierre. Dans cet écrit que l'on a actuellement devant les yeux, le R. P. Dom Pierre Mongé, sous-prieur de Saint-Nicolas-aux-Bois[1], dit ces paroles :

« C'est bien nous qui avons été persecuté pour ses debtes ; j'en ay payé une fois pour quinze cens livres en une année, (pour plusieurs années de redebvance de la susdite prestation que le sieur Mitiercelin avoit négligé de payer), voyant tout notre revenu saisy. S'il étoit un peu raisonnable, pourroit-il trouver étrange qu'on ait recours contre lui pour retirer ces avances, puisqu'il jouit du bien que les chanoines de Châlons ont donné à son prieuré ? » *Avances considérables des religieux d'Orbaiz pour Mitiercelin.*

Dans ladite déclaration fournie des biens de cette abbaye le 21 décembre 1547, il est dit sur la fin d'icelle « qu'à cause dudit prieuré d'Oiselet, il appartient (audit Dom Jean Craureau, prieur) une chapelle, maison, grange, estables, moulin, prez et terres tous en une pièce, ayant tous droits de justice haute, moyenne et basse, le tout contenant cinq cens journels ou environ : Desquelz cinq cens journels en est donnée à censive la quantité de deux cens cinquante journels à six deniers chacun journel sans autres charges : Et toute la recepte est donnée à ferme à un fermier qui en doit par chacun an vingt-six septiers et mine de seigle, quatorze septiers et mine d'avoine, un septier orge et quatre boisseaux froment, lesdits héritages situez és-termes et limites du bailliage de Vitry. » *Chapelle et bâtimens d'Oiselet en 1547.*

Biens et héritages d'Oiselet.

II.

Le Prieuré ou Chapelle de saint Germain, Evêque d'Auxerre, situé au-dessus du village du Breuil.

L'on ne sçait ni le tems de la fondation, ni les noms des fondateurs et bienfacteurs de cette chapelle ou prieuré, ni ses charges et obligations par la raison tant de fois repetée que les titres de cette abbaye ont été perdus.

Cette chapelle est d'un si petit revenu, qui suffit à peine pour les charges, qu'il n'en est fait aucune mention dans le pouillé des bénéfices du [diocèse de] Soissons; de là vient que le

---

1. [Saint-Nicolas-au-Bois, aujourd'hui commune du canton de La Fère (Aisne), arr. de Laon.]

titulaire ne paye ni decimes ordinaires, ni don gratuit, ni capitation ou subvention ou autres taxes.

<small>Les fonds et héritages du prieuré ne dépendent que de l'abbaye dont ils sont une partie.</small>

Quoique la chapelle, la petite maison, jardin et les neuf arpents de terre appartenants audit prieuré soient situez en quelque maniére dans l'étendue de la paroisse et de la seigneurie du Breuil, elles ne doivent ni ne payent pourtant pas ni dixmes aux decimateurs, ni cens, rentes seigneuriales, ni rentes fonciéres, ni surcens, ni autres droits et devoirs au seigneur du Breuil, parce qu'elles n'en relevent pas, mais font une espéce de petite seigneurie separée relevant immediatement du Roy ou de cette abbaye. Le prieur de Saint-Germain est en cette jouissance et possession de tems immémorial, et si le prieur ne peut justifier par titres son droit de seigneurie, sa possession et son indépendance du seigneur du Breuil, c'est parce que les titres de cette abbaye et de ce prieuré ont été perdus. Il faudroit que le seigneur du Breuil eût en main un titre spécifique pour faire voir que les chapelle, maison, jardin et arpents de terre sont de sa mouvance, luy doivent et luy ont payé autrefois le cens, et combien, avec les bouts et côtez, ou que les officiers de la justice du Breuil ont exercé quelque acte de justice librement sur lesdits héritages de Saint-Germain sans aucune opposition de la part des abbez et religieux d'Orbaiz, des prieurs de Saint-Germain ou de leurs officiers, mais à leur vû et sçû ; sinon et à faute de ce faire, le prieuré et ses dépendances seront et demeureront maintenus, separés et indépendants de la seigneurie du Breuil.

Il faudroit enfin que ledit seigneur du Breuil prouvât par de bons titres et reconnoissances, que le prieur de Saint-Germain ou les religieux d'Orbaiz ont rendu autrefois foy et hommage au seigneur du Breuil, car, en matière de cens, un seigneur ne le peut imposer de nouveau et par sa seule authorité. Il n'y a que le Roy, parce que c'est une nouvelle servitude, disent les canonistes et jurisconsultes, et ce cens imposé de nouveau doit être reçu à la chancellerie : mais un seigneur particulier ne le peut qu'en vertu et avec un titre spécifique en main, et c'est ce que ne produira jamais le seigneur du Breuil. Christophle de Gomer, ennemi déclaré d'Orbaiz, n'auroit pas négligé de soutenir ce droit, s'il avoit appartenu à sa terre du Breuil. Il s'est tû, on ne trouve aucune démarche de sa part pour revendiquer ces héritages de Saint-Germain comme relevant de luy.

Antoine Legrain, prévôt d'armée et seigneur du Breuil, mort

depuis quelques années, aussi jaloux que Gomer, quoique moins violent et passionné, qui a mis tout en usage pour s'exempter de payer et décharger la terre du Breuil de la prestation qu'elle doit annuellement en bled, froment et avoine à l'abbaye, n'auroit pas défendu avec moins d'opiniâtreté ses prétentions sur les fonds du prieuré de Saint-Germain, s'il les avoit cru bien fondées.

Leur silence fait conclure que ces petits biens situez proche de ladite chapelle sont de l'ancien domaine et seigneurie de notre abbaye, au milieu desquelz par la succession des tems, pour la commodité de quelques fermiers et familles éloignez de la paroisse, on a construit une chapelle sous l'invocation de Saint-Germain, pour y celebrer la sainte messe, quelques fêtes et quelques jours de devotion et de pelerinage ; et dans la suite on s'est adressé à Rome pour en avoir le titre, afin de n'être point troublé dans la jouissance des petits revenus et des oblations des fidéles.

On ne trouve aucun mémoire qui marque les charges et obligations de cette chapelle; on sçait seulement que messieurs les anciens religieux d'Orbaiz, qui l'ont toujours possedée, par une ancienne coutume ou tradition reçue entre eux et qui est venue jusqu'à nous, faisoient celebrer ou celebroient deux basses messes par chaque semaine de l'année, dont une étoit celebrée tous les quinze jours, tant en hyver qu'en esté, dans la chapelle dudit prieuré distant d'une grande lieue d'Orbaiz, et les autres messes dans l'église de cette abbaye d'où il dépend. Ces messieurs y disoient ou faisoient aussi celebrer la sainte Messe le troisiéme jour de février, fête de Saint-Blaise, et jour de l'anniversaire de la dédicace de la chapelle, la seconde fête de Pâques et de Pentecôte, et le dernier jour de juillet, fête de Saint-Germain, évêque d'Auxerre et patron titulaire de la chapelle. Il y a un grand concours de peuples ces jours de fêtes. *Jours ausquelz on a accoutumé de dire la sainte messe à Saint-Germain.*

Au commencement de l'année mil sept cens, quelques religieux particuliers portez par différentes raisons et poussez par différens motifs, les uns par une délicatesse de conscience, les autres par de petites vues qu'il est aisé de deviner, soutinrent avec chaleur que, pour satisfaire aux pieuses intentions des fondateurs et aux charges dudit prieuré, il falloit nécessairement acquitter les deux messes par chaque semaine de l'année dans la chapelle dudit prieuré, et qu'il ne suffisoit pas de les celebrer dans l'église de cette abbaye d'où dépend ledit *Difficulté proposée pour la célébration de deux messes et résolue par les docteurs de Sorbonne.*

prieuré. Pour calmer et tranquilliser les scrupules des premiers, et borner le zéle un peu intéressé des seconds, on proposa la difficulté, dans les termes suivants, à Messieurs les Docteurs de Sorbonne préposez pour la résolution des cas de conscience :

« Un prieur d'un prieuré régulier est chargé, à ce qu'on luy
« a dit, de deux messes basses, par chacune semaine ; il a en
« son prieuré une chapelle bien entretenüe, distante d'une
« lieüe de l'abbaye d'où il dépend. Ledit prieur se contente,
« comme ont fait ses prédécesseurs prieurs de tems immémo-
« rial, de faire dire une messe basse tous les quinze jours en la
« chapelle dudit prieuré, et les autres messes il les fait dire
« dans l'église de ladite abbaye d'où dépend ledit prieuré. Il est
« à propos d'observer, pour la plus grande intelligence du cas
« en question, que la chapelle dudit prieuré est seule dans les
« champs, qu'il y a seulement quatre ou cinq maisons assez
« proches presque en ruine; les habitans qui y sont ne se trou-
« vent pas pour l'ordinaire à la messe lorsqu'on la dit dans
« ladite chapelle, quoiqu'on la sonne. On ne croit pas que les
« corps des fondateurs y reposent, n'en ayant jamais rien sçû
« ni par titres, ni par tradition ancienne, et on n'a aucune
« connoissance de l'institution ou fondation de ces deux
« messes. Cela posé, on demande si ledit prieur satisfait à ses
« obligations, et s'il n'est pas obligé de faire dire les deux
« messes par semaine dans la chapelle dudit prieuré. »

« Le Conseil de Conscience soussigné est d'avis que le
« prieur régulier chargé de deux messes par chaque semaine
« à cause de son prieuré, satisfait à ses obligations en faisant
« dire une messe tous les quinze jours dans la chapelle dudit
« prieuré, et en faisant acquitter les autres dans l'abbaye dis-
« tante d'une lieüe d'où il dépend comme ont fait tous ses
« prédécesseurs de tems immémorial, parce que n'y ayant
« aucun titre de la première institution ou fondation de ces
« deux messes par chaque semaine, ni aucune tradition an-
« cienne qui marque qu'elles aient été fondées pour être dites
« dans la chapelle dudit prieuré soit pour la commodité du
« public, soit à cause de la présence des corps des fondateurs ;
« puisque d'un côté, cette chapelle est au milieu des champs
« et que les habitans les plus proches, qui d'ailleurs sont obli-
« gez d'assister les dimanches et fêtes à la messe de leur pa-
« roisse, dont cette chapelle n'est point succursale, n'assis-
« tent point ordinairement à la messe qui s'y dit tous les

« quinze jours, nonobstant qu'on la sonne ; et que de l'autre
« on n'a aucune idée qu'il y repose aucun corps des fondateurs,
« on doit présumer qu'il n'y a présentement aucune obliga-
« tion d'acquitter les messes d'une autre manière qu'on a fait
« par le passé. Délibéré à Paris le septième jour de mars
« mil sept cens. — Signé : Thomas Roulland, Ancquetil, et
« Jean-Baptiste Favart. » L'original se conserve dans le chartrier de l'abbaye d'Orbais.

NOMS DE QUELQUES PRIEURS DE SAINT-GERMAIN TROUVEZ DANS LES PAPIERS DE CETTE ABBAYE

1571. — Dom Pierre Picaut, religieux, prieur claustral de Saint-Pierre d'Orbaiz et prieur de Saint-Germain en 1571 et 1582.

1619. — Dom Remy Martin, religieux, prieur d'Orbaiz et de Saint-Germain en 1619.

1625. — Dom Mathurin Doué, religieux, prévôt d'Orbaiz et prieur de Saint-Germain en 1625.

1639. — Dom Michel du Corroy, religieux d'Orbaiz et prieur de Saint-Germain en 1639.

1648. — Dom Jean Le Gendre, religieux, chambrier, prieur de Saint-Pierre d'Orbaiz et de Saint-Germain en 1648 jusqu'au jour de sa mort au mois de mars 1672.

1672. — Ledit Dom Jean Le Gendre étant mort sans avoir résigné ledit prieuré, Pierre de Séricourt, seigneur d'Esclainvilliers, abbé commendataire d'Orbaiz, qui n'aimoit que le revenu de cette abbaye et nullement les religieux anciens ou reformez, donna ce prieuré à un certain Frere Claude Mallet soy disant prêtre, chanoine régulier de saint Augustin, profez ancien de Saint-Martin d'Amiens, cy-devant prieur de Saint-Martin à Pas-lez-Montdidier, qui, en vertu des lettres de provision dudit de Séricourt, abbé, du deuxième jour d'avril audit an 1672, et du visa de Messire Charles de Bourlon, évêque de Soissons, du douzième jour d'avril audit an, prit possession dudit prieuré le quinzième jour du même mois par Louis Marotte, procureur fiscal d'Orbaiz, fondé de la procuration dudit frere Claude Mallet. — Cependant Dom Bonaventure Le Cocq, religieux profez de notre congrégation Saint-Maur, obtint en cour de Rome, le quinzième jour de may audit an, les provisions en forme gratieuse dudit prieuré, et en vertu d'icelles il en prit possession le troisième jour de novembre suivant par le Rev. Pere Dom Felix Mauljean fondé de sa procuration du 22 octobre audit

Frere Claude Mallet pourvu par Pierre de Séricourt abbé. débouté et D. Bonaventure Le Cocq, maintenu.

an 1672, et, après quelques procédures et contestations à l'encontre dudit frere Mallet, il en est demeuré paisible possesseur (et en a abandonné le petit revenu à la communauté des religieux d'Orbaiz, suivant les privileges et constitutions de notre Congrégation, jusqu'au jour de sa mort arrivée au monastere de Lyre en Normandie [1] le troisième jour d'octobre mil six cens quatre-vingt-treize) à l'exclusion dudit frere Mallet, qui, n'étant point religieux profez de l'ordre, mais un je ne scay quel aventurier, coureur de bénéfices, fut débouté de ses prétentions, et ses provisions, visa et prise de possession déclarez nuls.

<small>Dom Bonaventure Le Cocq paisible possesseur.</small>

<small>Frére Mallet débouté.</small>

Le dix-huitième jour d'avril mil six cens quatre-vingt-sept, Antoine Legrain, seigneur du Breuil, reconnut qu'il devoit dix-huit livres au prieuré de Saint-Germain au lieu et pour le droit de dixmes sur quelques fonds et héritages de ladite seigneurie du Breuil.

<small>Redevance au prieur reconnue par le seigneur du Breuil en 1687.</small>

Le Rev. Pere Dom Pierre Mongé a essuyé et soutenu de gros procez pour les droits de ce prieuré attaquez par Messire Mondet, curé du Breuil et doyen d'Orbaiz.

1693. — Ledit Dom Bonaventure Le Cocq étant mort sans résigner, Dom Eustache L'Ecuyer, religieux profez de notre congrégation, en obtint sur la supplique de Dom Claude Etiennot, procureur général de la congrégation en cour de Rome, les provisions en forme gratieuse le vingt et unième jour de novembre mil six cens quatre-vingt-treize, et Dom Simon Champenois, religieux et procureur fondé de sa procuration du neuvième janvier 1694, fut mis en possession dudit prieuré pour luy par Louis Moreau, notaire apostolique résident à Chastillon-sur-Marne, le dixième jour de mars suivant audit an mil six cens quatre-vingt-quatorze. — Les provisions obtenues en cour de Rome de plusieurs des prieurs susdits sont dans le chartrier.

III

Le Prieuré ou Chapelle de Saint Thibaud, confesseur.

La chapelle de ce petit bénéfice étoit située dans un petit

---

1. [Monastère de l'ordre de Saint-Benoît, sur la Rille, au diocèse d'Evreux, fondé en 1046 par Guillaume, fils d'Osberne, cousin de Guillaume le Conquérant. La charte originale de fondation existe encore dans les archives de l'Eure. Cf. Orderic Vital, *Historia ecclesiastica*, liv. III (Edit. A. Le Prévost, II, 14), *G. Chr.* XI, 644. — Aujourd'hui Vieille-Lyre (la), commune de l'Eure, c. de Rugles, arr. d'Evreux.]

bois de la seigneurie d'Orbaiz, entre Orbaiz et le hameau de Margny ; elle est détruite et il n'en reste plus que quelques vieilles murailles ou pignons.

L'enlèvement et la perte des titres de cette abbaye sont cause qu'on n'a aucune connaissance du tems de la fondation et des fondateurs de ce prieuré ; on ne sçait pas par la même raison quelles en sont les charges et les obligations.

La ruine de cette chapelle est arrivée par l'absence et non-résidence des titulaires, à cause du peu de revenu, et par la dégradation et abandon des terres restées en friche depuis plusieurs années.

Les habitans d'Orbaiz et les peuples du pays ont une grande dévotion et confiance dans les mérites de Saint-Thibaud, et les vieillards du pays nous ont assuré qu'il se trouvoit et qu'ils avoient vu un grand concours de peuples et de pélerins le premier jour de juillet, fête de saint Thibaud, lorsque la chapelle subsistoit et qu'on y célébroit la sainte messe. Ce saint confesseur est invoqué particuliérement pour être guéri de la fièvre. *Dévotion des peuples de Brie envers S. Thibaud.*

Tous les ans, le premier jour de juillet, fête de saint Thibaud, on apporte dans l'église de cette abbaye, au défaut d'une chapelle au lieu ancien du prieuré, les petits enfans sur qui le religieux qui a célébré la messe conventuelle lit un évangile, l'oraison du saint, et leur donne la bénédiction.

Le vingt et uniéme jour d'août mil six cens seize, Dom Blaise Renoult, religieux profez, prêtre, et prévôt d'Orbaiz, présenta sa requête au chapitre de cette abbaye pour qu'il lui fût permis de se retirer audit prieuré de St-Thibault pour y rétablir le logement du prieur et la chapelle qui tomboient en ruine, afin qu'étans rétablis on pût y célébrer le service divin aux jours, heures et tems portez par les fondations (on n'a pu trouver les titres où sont marquées ces fondations), ajoutant que Jacques du Beuil, abbé commendataire d'Orbaiz, avoit annexé et uni pour toujours et à perpétuité à ladite chapelle de Saint-Thibaud, dépendante de cette abbaye, quarante-six arpents de terre en une seule piéce pour le rétablissement de ladite chapelle et lieux en dépendans, et pour ensuite y célébrer la sainte messe et satisfaire à la dévotion d'un grand concours de peuples de Brie, suivant l'acte passé le quinziéme jour de janvier mil six cens quatorze pardevant Pierre Guillemin, notaire apostolique et de la Cour du Parlement de Paris. — La requête dudit Dom Blaise Renoult, dressée en forme d'acte *Requête présentée pour rétablir la chapelle.*

passé pardevant Pierre Massart, notaire Royal à Orbaiz et les témoins, ledit jour 14 août 1616.

Il y a grande apparence que les religieux n'écoutèrent pas la demande de leur dévot confrere, puisque tous les bâtimens sont tombez.

Procez-verbal de visite de la chapelle.

Le vendredi seizième jour de mars mil six cent soixante-huit, Pierre du Corroy, juge exerçant la justice à Orbaiz, sous le nom et authorité du religieux prévôt, s'étant transporté sur les lieux avec Dom Jean Richard, prieur des anciens religieux, et le R. P. Dom Felix Mauljean, prieur des Réformez, et ayant visité ladite chapelle et trouvé tombant en ruine à cause d'un grand orage arrivé l'hiver précédent, et ne trouvant aucun fond pour la faire rétablir, il ordonna que les matériaux d'icelle seroient transportez et employez à réparer les bâtimens de l'abbaye.

D. Henry de Roquemont cède son droit à Dom Felix.

Le neuvième jour de septembre mil six cens soixante-dix, Dom Henry de Roquemont, prieur claustral du prieuré conventuel de Saint-Denis, ordre de Cluny, à Sézanne, et cy-devant prieur titulaire de St-Thibaud, céda tous ses droits sur ledit prieuré audit R. P. Dom Felix Mauljean par un billet écript et signé de sa main le même jour et an.

Dom Guillaume Jamet pourvu en 1675.

Le premier jour de février mil six cens soixante-quinze, Dom Guillaume Jamet, religieux profez de notre congrégation, demeurant à Orbaiz, fut pourvu de cette chapelle ou prieuré par Pierre de Séricourt, abbé commendataire, par ses provisions du même jour et an. Et, le vingt-deuxième jour de février suivant, il prit et fut mis en possession réelle et actuelle dudit prieuré par Louis Gauvain, notaire royal à Orbaiz, dans l'église de cette abbaye au défaut d'une chapelle au prieuré.

Mathurin Gauvain pourvu par Jean-Louis Fortia de Montréal, commendataire.

Ensuite, à la requête de Dom Guillaume Jamet, on fit un procez-verbal de visite et état de ladite chapelle ruinée de Saint-Thibaud. Nonobstant cette prise de possession, Jean Louis Fortia de Montréal, abbé commendataire de cette abbaye, donna les provisions du prieuré de St-Thibaud, du vivant dudit Dom Guillaume Jamet, à Mathurin Gauvain, clerc séculier du diocése de Soissons, qui en prit possession au mois d'août ou septembre mil six cens quatre-vingt-dix-neuf. On ne sçait pas pourquoy Dom Guillaume Jamet n'a point fait valoir son droit; peut-être que la modicité du revenu et la crainte que l'évêque de Soissons ne s'avisât d'obliger à bâtir une chapelle et y célébrer la sainte messe certains jours en sont la cause; ce sont peut être aussi les mêmes raisons qui ont fait négliger aux religieux d'Orbaiz de former leur opposition à la nomination, collation, prise de possession et jouissance du petit revenu dudit Gauvain.

Mais il faut remarquer que cette nomination, collation et prise de possession de Gauvain sont nulles, attendu que ledit prieuré étant régulier, les deux ou trois derniers titulaires, Dom Henri de Roquemont, Dom Felix Mauljean, et Dom Guillaume Jamet étans réguliers, l'abbé patron n'a dû ni pu le donner à un clerc séculier ; de plus, quand ledit prieuré auroit été cy-devant possédé par des clercs séculiers, l'abbé n'ayant ni indult, ni privilége pour le séculariser, il n'a dû ni pu le donner audit Gauvain ; ainsi sa jouissance peut être interrompue et luy debouté. *Nomination de Mathurin Gauvain irrégulière et nulle.*

Le bien et domaine de ce petit bénéfice consistent en terres qui sont presque toutes en friche et en savarts¹ ; ledit Gauvain en a fait défricher quelques arpents. Il y a aussi un petit bois au milieu duquel étoit l'ancienne chapelle. — Ce bénéfice ne paye ni décimes, ni don gratuit, ni subvention.

NOMS DE QUELQUES PRIEURS DE SAINT-THIBAUD OU DE MARLAIX DONT ON A CONNOISSANCE

1554. — Dom Pierre Oudinet, religieux de St-Pierre d'Orbaiz en 1554.

1670. — Dom Henry de Roquemont, prieur de St-Denis de Sézanne en 1670.

1670. — Dom Felix Mauljean, premier prieur des religieux réformez de Saint-Pierre d'Orbaiz et de Saint-Thibaud en 1670.

1675. — Dom Guillaume Jamet, religieux d'Orbaiz en 1675.

1699. — Mathurin Gauvain, clerc séculier en 1699.

§ second

PETIT-COUVENT

Le petit-couvent n'est autre chose que le revenu qui provient communément des fondations, donations faites depuis l'introduction des commandes dans nos monasteres, ou des biens acquis de nouveau, ou qui ayant été par M^{rs} les com-

---

1. [Nom. en Champagne, des terres crayeuses pauvres.]

mandataires aliénez, vendus ou engagez, ont été depuis retirez, revendiquez et dégagez par la sage œconomie, ménage et petites épargnes des religieux.

Le revenu du petit-couvent de Saint-Pierre d'Orbaiz consiste à présent en plusieurs petites rentes presque toutes racheptables à prendre sur divers particuliers, comme on l'observera dans la suite de quelques-unes. Lequel revenu dudit petit-couvent n'entre jamais en partage avec le reste du revenu des abbayes, mais est uniquement administré, reçu et possédé par les religieux et couvent à l'exclusion des abbez commendataires, comme il est expressement dit, ordonné et déclaré dans l'arrest du Grand Conseil du deuxiéme jour d'avril 1574, en la pronontiation du seiziéme may 1575, cy-dessous transcript tout au long, sous le titre de Nicolas de La Croix, obtenu contre luy par les religieux de ce monastere :
« ... Le tout sans comprendre les deux estangs et leur reser-
« voir dont par cy-devant lesdits religieux ont accoutumez de
« joüir, ensemble les fondations des anniversaires et autres
« menües rentes accoutumées d'être levées par lesdits reli-
« gieux ; et les biens et revenus affectez audit prieur, cham-
« brier et autres officiers de ladite abbaye dont lesdits reli-
« gieux, officiers et couvent joüiront ainsi qu'ils avoient ac-
« coutumez du tems des précédens abbez. »

Ferme du Tremblay en la paroisse d'Orbaiz.

Le total du revenu du petit-couvent peut aller, année commune, à cinq à six cens livres, et vient en partie de la ferme du Tremblay, paroisse d'Orbaiz, qui fut réunie au domaine de la communauté des religieux ou petit-couvent par sentence de réunion du vingt-deuxième jour de juin 1677. Ladite sentence consentie par les Verroüillards, qui, étant redevables de plusieurs sommes considérables, et ne pouvant y satisfaire, tant ausdits religieux qu'aux sieurs Richard et Rondeau, consentirent à ladite sentence et abandonnérent leur dite ferme du Tremblay aux religieux qui se chargérent, à la décharge desdits Verroüillards, de payer et rembourser audit sieur Richard, de Château-Thierry, quatre-vingt-dix livres sort principal[1] de quatre livres dix sols de rente annuelle créée sur ladite ferme, et remboursée par ledit R. P. Dom Pierre Mongé le vingt-deuxiéme jour de décembre 1692. Le R. P. Mongé remboursa encore en la même année cent soixante livres à Rondeau pour le sort principal d'une rente de huit livres créée sur ladite

1. [Capital d'une rente.]

ferme et terre du Tremblay. — Cette ferme a été donnée à rente foncière à Pierre d'Autroy pour la somme de soixante-dix livres par chacun an au petit-couvent.

Les bois sur le pendant des Roches-Jean-Vâche acquis par le R. P. Dom Pierre Mongé, prieur, et la communauté, de leurs deniers, en mil six cens soixante-dix-neuf. *Bois sur le pendant des Roches — Jean — Vâche.*

Les biens et héritages de Nicolas Godard et sa femme, de Boursault-sur-Marne, redevables de plusieurs sommes ausdits religieux, furent acquis de leurs deniers et réunis au domaine dudit petit-couvent le 14 juillet 1683, sous le nom de François Aubert, sergent de la justice d'Orbaiz, et lesdits héritages donnez ensuite à rentes racheptables à plusieurs particuliers dont les religieux retirent par an soixante-seize livres seize sols, six deniers, de rente foncière. Le treiziéme août 1694 on paya vingt livres pour lesdits héritages, comme allodiaux ou en franc fief, suivant la quittance de Henri, commis de Jacques Royhier, dudit jour 13° août 1694 (dans le chartrier). *Biens acquis à Boursault dont on a payé les droits en 1694, en vertu d'un édit du Roy du mois d'août 1693 et d'un arrest du Conseil d'Etat du 29 septembre 1693.*

Le treiziéme jour d'août 1689, les religieux acquirent de leurs deniers la huitiéme partie du moulin-Minette sous le nom du sieur Estienne Cousin, bourgeois de Paris, et frere uterin dudit R. P. Dom Pierre Mongé, moyennant la somme de cent cinquante livres, par contract passé à Paris lesdits jour, mois et an. On en a payé les droits d'amortissement et de nouveaux acquests en 1701. *Le huitiéme du moulin — Minette.*

Le trentiéme jour de décembre 1690, Antoine Pinart et sa femme, laboureurs, demeurans au Bezil, reconnurent et créerent une rente de trente quatre livres par an au profit desdits religieux, à cause de leur petit-couvent, remboursable de six cens quatre-vingt livres, payable audit 30 décembre, par contract passé par-devant Mathurin Gauvain, notaire royal à Orbaiz, lesdits jour, mois et an. *Rente de 34 liv. sur Antoine Pinart du Bézil.*

Le onziéme jour d'avril 1691, madame de Courcelles a fait transport ausdits religieux de six livres de rente annuelle à prendre sur les biens et héritages de la damoiselle de Saint Germain à Coribert, pour demeurer quitte et déchargée envers lesdits religieux de la somme de cent soixante livres à eux due par ladite dame ; ledit transport fait pardevant ledit Gauvain lesdits jour et an. — Cette petite rente a été depuis reconnue par le sieur de Maucreux qui jouit à présent dudit bien en la qualité de neveu et héritier de ladite défunte damoiselle de Saint Germain. *Rente de 6 liv. sur le sieur de Maucreux de Coribert.*

Rente de 25 liv. par Monsieur de Courcelles.

Le seizième jour de may 1692, ladite dame de Courcelles et messieurs ses enfans ont constitué une rente de vingt-cinq livres par chacun an au profit de la communauté, remboursable de cinq cens livres. Et comme lors de la passation dudit contract pardevant ledit Gauvain, monsieur de Courcelles, fils de ladite dame, étoit à l'armée, il a depuis ratifié ladite constitution et reconnu ladite rente de vingt-cinq livres pardevant ledit Gauvain, notaire.

Maison de Guillaume Le Grand.

Le vingt-quatriéme jour d'avril 1694, ledit R. P. D. Pierre Mongé et les religieux acquirent la maison des héritiers Claude Langelin, laquelle ils ont donnée à rente fonciére à Guillaume Legrand, charpentier, moyennant vingt-cinq livres de rente par chacun an. On y a aussi joint les aisnes [1] du pressoir.

Etang de la Linarderie.

Le dixiéme jour de juin audit an, lesdits religieux acquirent aussi l'étang de la Linarderie des héritiers de feu M. Blauje, vivant marchand de poissons d'eau douce à Paris, moyennant cinq cens livres; il en a bien coûté encore trois cens pour le faire labourer, rétablir la chaussée, creuser le bassin et le mettre en état d'être rempoissonné. Le contract de cette acquisition n'est que sous signatures privées des traitans.

Maisons de Landel.

En la même année 1694, lesdits prieur et religieux se mirent en possession et réunirent à leur domaine les maisons de Landel situées rue Saint-Prix d'Orbaiz, comme héritages abandonnez et faute de droits et devoirs non rendus. On y a fait pour soixante livres de réparations d'abord pour les rendre logeables, et on en retire onze livres de loyer par an.

Maison d'Hocquiny.

Le vingt-sixiéme jour de février 1695, lesdits prieur et religieux acquirent la maison de la veuve Hocquiny seize à l'Echelle, paroisse d'Orbaiz, moyennant soixante-dix livres; on y a fait des réparations pour être en état d'être louée.

Rente de 5 liv. sur Luc de Crahange.

Le trentiéme jour d'octobre audit an 1695, lesdits prieur et religieux acquirent une rente fonciére de cent sols du sieur Jean Julion, dit du Maine, cy-devant notaire royal, et de.... Rossignol, sa femme, à prendre et recevoir de Luc de Crahange à cause de sa maison scize à la Ville-sous-Orbaiz.

---

1. [Résidu des pressoirs.— Le mot *Aisne* vient probablement de *Acinus*, en passant par la forme *Accina* citée par Ducange. Cf. le lexique de Forcellini, éd. de Vit, v° *Acinus* : « *Quasi qui colligit acinos post vindemiatores*, proverbialiter dictum apud *Vulg. interpr. Eccl.* 33, 16, de iis « qui residuum colligunt ab aliis neglectum vel derelictum; »]

Le dix-neufviéme jour de décembre 1696, lesdits prieur et religieux acquirent ou prirent en payement des enfans d'un nommé Pierre Prévôt la ferme de la Bufferie avec tous les héritages qui en dépendent. On y a fait beaucoup de dépenses, tant pour réparations, augmentation et construction de grange et autres bâtimens, que pour faire marner les terres labourables. Ces dépenses montent à plus de trois mille livres jusqu'à l'année 1701. *Ferme de la Bufferie.*

Le neuviéme jour de may 1699 ou peu auparavant, lesdits R. P. Dom Pierre Mongé, prieur, et religieux, acquirent de leurs deniers la maison de Didier Charton, marchand drapier, joignant le monastere proche le portail de notre église, et située dans la rue aux Arches, moyennant la somme de cinq cens livres payées aux créanciers dudit Charton sur la fin du mois de décembre audit an 1699. Le contract de vente et d'achapt fait pardevant ledit M. Gauvain lesdits jour, mois et an. Les droits d'amortissement et de nouveaux acquêts ont été payez en 1701. *Maison de Didier Charton.*

Le 27 septembre audit an 1699, les religieux, prieur et couvent acquirent de leurs deniers de la fabrique de la paroisse Saint-Prix d'Orbaiz la maison, dite *Turaterie*, située rue aux Arches joignant le monastère, moyennant la somme de cent livres par contract passé pardevant ledit Gauvain lesdits jour et an. Les droits d'amortissement et nouveaux acquêts payez en 1701. *Maison de la Turaterie rue des Arches.*

Le 28 novembre audit an 1699, lesdits religieux, prieur et couvent acquirent de leurs deniers la maison de Charles Georgin, serrurier, située rue aux Arches proche celle qui fut audit Didier Charton, pour la somme de quatre cens livres par contract passé pardevant ledit M. Gauvain lesdits jour et an, pour validité et sûreté duquel achapt ledit Charles Georgin et sa femme de luy authorisée ont hypothèqué une maison du chef de ladite, située à Villenoce, suivant les contracts conservez dans notre chartrier. L'amortissement a été payé en 1701. *Maison de Charles Georgin, serrurier.*

Ces trois derniéres maisons (et celle de la veuve Gilles Garand, derniére de la rue des Arches, acquise le 11 avril en 1681 et démolie en 1701), acquises ou retirées sont de l'ancien domaine et enceinte de l'abbaye, et les autres du même rang ; mais ayant été autrefois données à baulx emphytéotiques, les minutes étant perdues ou déchirées et supprimées d'un registre de minutes que le R. P. Mongé a vu chez le sieur Mathurin Gauvain, il a fallu les rachepter pour y faire une grande court, le mur de clôture, et l'entrée du monastére un peu au-dessous du grand portail de notre église vers le septentrion.

Ferme de la Croix-Marotte.

Le douziéme jour de juin 1701, lesdits religieux, prieur et couvent acquirent de Sébastien Crépin et de Jeanne Décedsˌ sa femme, la moitié de la petite ferme de la Croix-Marotte, paroisse de la Chapelle-sur-Orbaiz, moyennant dix-sept livres dix sols de rente annuelle racheptable en deux payemens égaux, de trois cens cinquante livres de sort principal, par contract passé pardevant ledit Gauvain lesdits jour, mois et an. Ladite communauté desdits religieux avoit déjà auparavant réuni à son domaine l'autre moitié de ladite ferme faute de payement de cens et rentes, droits et devoirs seigneuriaux non rendus. Aprés cette derniére acquisition, on y construisit à neuf et on couvrit de tuiles une belle grange, l'ancienne étant trop petite. Cette acquisition donnera lieu de faire valoir une grande partie des terres de l'ancienne ferme de la Chapellotte abandonnées et en savarts depuis plus d'un siécle pour la plûpart. On a fait cette acquisition dans cette vue.

§ troisiéme

OFFICES CLAUSTRAUX

Il y a quatre offices claustraux dans cette abbaye, sçavoir : 1º la thrésorerie ; 2º la prévôté ; 3º la cellererie ; 4º la chambrerie.

Les offices claustraux unis à la mense conventuelle par les Papes.

Ces quatre offices claustraux sont éteints, ou plutost réunis à la mense conventuelle des religieux d'Orbaiz, en faveur de l'introduction de la Réforme, et en vertu des bulles d'érection de la Congrégation de Saint-Maur par le pape Grégoire quinziéme, du dix-septiéme jour de may mil six cens vingt et un, qui dit à la fin de sa bulle : « Volumus autem quod *officia claustralia* « suppressa et extincta sint, et esse censeantur », et par la bulle de confirmation de ladite congrégation par le pape Urbain huitiéme du vingt et uniéme jour de janvier mil six cens vingt sept[1], qui dit à la fin : « Volumus autem quod resignationes prio- « ratuum et aliorum beneficiorum ecclesiasticorum, non tamen « *officiorum claustralium* per monachos non reformatos obten- « torum etc... », lesdites bulles homologuées aux Parlements[2].

1. [Le Bullaire, *in constitut. Urban VIII*, donne la date de 1628.]
2. L'arrest du Grand Conseil du 16 may 1575 rapporté cy-aprés sous le nom de N. de La Croix, abbé, maintient lesdits religieux « dans la jouïs- « sance des revenus desdits offices claustraux et petit-couvent, » qui sont séparez et n'entrent point du tout en partage avec les abbez, en vertu des bulles d'érection et de confirmation de notre congrégation Saint-Maur.

Ces quatres offices claustraux ont chacun leurs prérogatives, droits, domaines, revenus, etc., spécifiez dans les registres et papiers de recepte qu'il faut consulter. Mais tous ces droits, domaines et revenus s'exercent, se reçoivent et se consomment au nom et par la communauté qui en jouit en vertu de l'union cy-dessus, et non pas les particuliers ; ils sont aussi taxez séparement pour les décimes, dons gratuits, capitation, etc.

LA THRÉSORERIE

Le prêtre de Suisy-le-Franc proche d'Orbaiz n'est que vicaire perpétuel, et le thrésorier de cette abbaye a droit de prendre et de recevoir les deux tiers des offrandes les quatre jours notaux et fêtes solennelles de l'église paroissiale de Saint-Remy dudit Suisy-le-Franc, comme il paroit par les procédures faites contre maître Claude Payen, prêtre et vicaire perpétuel dudit Suisy-le-Franc, en mil six cens quarante-trois et quarante-quatre.

Les offrandes dues au thrésorier.

Le revenu de cet office est d'environ seize livres à prendre sur les prez appellez le pré de Prix de Laleau, et le pré de Dame-Heleine, sur les dixmes de Margny, Verdon, la Ville-sous-Orbaiz, la Chapelle-sur-Orbaiz, Montigny, Orbaiz pour les cires.

LA PRÉVÔTÉ

Sous le nom et authorité du prévôt, un juge séculier appellé bailly ou lieutenant, nommé par les abbez et religieux, exerce la justice dans Orbaiz, la Ville-sous-Orbaiz, la Chapelle-sur-Orbaiz, Margny etc. le mardy et samedy de chaque semaine ; desquelz juges les appellations ressortissent par devant le bailly de Vitry, ou son lieutenant-général à Chasteau-Thierry.

Il y a un petit clos au-delà de l'église paroissiale de Saint-Prix, appellé communément le *Clos du Prévôt*, qui appartient à cet office, et qui ne paye ni doit dixmes. Cet office a encore une petite rente de cent sols, à prendre sur une petite vigne au terroir et vignoble d'Orbaiz, contenant un quartier, comme il est dit et spécifié sur la fin de la déclaration des biens présentée par Dom Pâquier Chatton, le 21 décembre 1547.

LA CELLERERIE

Les deux tiers des menues dixmes appartiennent à cet office

dans toute l'étendue du territoire de la paroisse d'Orbaiz sur les prez, jardins, clos, mazures et même sur les étangs, lorsqu'on y séme quelque grain que ce soit, n'y ayant jusqu'à présent aucune novale reconnue pour telle dans tout ledit terroir. Cet office a aussi les deux tiers desdites menues dixmes dans les paroisses de la Chapelle-sur-Orbaiz, de la Ville-sous-Orbaiz, Suisy, Verdon, Margny et Montigny. Le tout montant et estimé environ cinquante-sept livres.

LA CHAMBRERIE

Le rétablissement du clocher de Fére-Champenoise coûte au chambrier, avec les frais d'un procez, 1500 liv.

La moitié de la dixme du village ou bourg de Fére-Champenoise, diocése de Châlons, appartient à cet office claustral. L'autre moitié appartient au prieuré de Nôtre-Dame-sous-Plancy, diocése de Troyes.

Le clocher de la paroisse de Saint-Timothée de Fére-Champenoise étant tombé, et par sa chûte ayant causé beaucoup de réparations, les habitants mirent en justice Dom Jean Le Gendre, chambrier, ou les religieux d'Orbaiz, et Messire Nicolas de Mommignon, curé de Saint-Nicolas-des-Champs de Paris et prieur commendataire de Nôtre-Dame-sous-Plancy, qui, en qualité de gros décimateurs, furent condamnez à faire faire un clocher à neuf et les autres réparations, et aux dépens du procez, en mil six cens soixante-douze. Lesdits religieux d'Orbaiz et prieur commendataire furent condamnez à payer chacun au moins quinze cens livres, tant pour rétablissement dudit clocher et réparations, que pour dépens et frais de justice envers les habitans.

Différend terminé à l'amiable entre les religieux d'Orbaiz, le prieur de Plancy et les abbesse et religieuses d'Andecy.

En mil six cens quatre-vingt-dit-sept, le procez que dame Françoise Croiset, abbesse, et les religieuses de l'abbaye d'Andecy, ordre de Saint-Benoist, diocése de Châlons, avoient intenté, prétendant qu'une partie des dixmes de Fére-Champenoise leur appartenoit à l'encontre du chambrier d'Orbaiz et du prieur de l'Abbaye-sous-Plancy, fut terminé à l'amiable par une transaction passée entre les parties le neuviéme jour d'aoust audit an mil six cens quatre-vingt-dix-sept, par laquelle lesdits religieux, au nom du chambrier, et ledit prieur s'obligent de payer chacun an à perpétuité ausdites dames abbesse et religieuses, au jour de saint Martin d'hyver, chacun la somme de quatre livres dix sols, comme on leur avoit toujours payé auparavant, moyennant laquelle somme de neuf livres lesdites dames renoncérent pour toujours à toutes autres prétentions sur lesdites dixmes de Fére-Champenoise.

Lesdites religieuses auroient été déboutées de toutes leurs demandes, perdu leur procez et condamnées aux dépens de l'instance si M. Rossignol, conseiller et rapporteur, ami de M. Croiset, président en la quatriéme des enquêtes, qui voyoit les demandes des religieuses mal fondées, ne leur eût conseillé de transiger à l'amiable. Ce procez a coûté huit à neuf cens livres aux dames d'Andecy.

Cet office a aussi le quart des dixmes de Condé ; item environ le quart des dixmes de Fére-Briange ; item les deux tiers des dixmes de Morin ; item un préciput de trois septiers de seigle et quatre septiers, huit boisseaux d'avoine à prendre chaque année sur les dixmes de Coursemain : le total valant par an environ 1,000 livres.

Le vint-huitiéme jour de janvier mil six cens quatre-vingt-six, les religieux de Saint-Pierre d'Orbaiz donnérent procuration passée pardevant Mathurin Gauvain, notaire royal à Orbaiz à Me N.... Quinquet, procureur au Présidial de Soissons, pour, en leur nom, former opposition par requête pardevant Messieurs de la Chambre du Clergé de Soissons à la taxe excessive du don gratuit, faite et assignée par lesdits sieurs de la Chambre du Clergé sur les offices claustraux de ladite abbaye et notamment sur la cellererie, la prévôté et la thrésorerie taxées, sçavoir : la cellererie à soixante livres, la prévôté à seize livres, et la thrésorerie à quarante-huit livres. Quoique lesdits offices n'ayent, comme on a observé dans leurs articles, sçavoir : la thrésorerie qu'environ seize livres, chargée du luminaire, livres du chœur, cordes des cloches, pain, vin pour les messes, linges, blanchissages, etc..., la cellererie environ cinquante-sept livres, et la prévôté onze livres dix sols.

Les offices claustraux taxez excessivement en 1685 ou 1686. L'abbaye fut taxée à 1600 l. pour sa part du don gratuit accordé en 1685, non compris lesdits offices claustraux taxez séparément et excessivement. En 1675, elle fut taxée à 920 liv.

En mil six cens quatre-vingt-quinze ou seize on imposa par tout le royaume de France la capitation ou taxe par tête sur toutes les personnes laïques, et la subvention sur tout le clergé séculier et régulier, pour la première fois depuis l'établissement de la monarchie françoise, pour aider le Roy à soutenir la guerre contre Léopold-Ignace [1], empereur d'Allemagne ; les sept électeurs de l'empire ; Charles second du nom, roy

---

1. [Léopold I, archiduc d'Autriche, empereur d'Allemagne (1658-1705), fils et successeur de Ferdinand III.]

Taxe appellée capitation imposée sur les laïques, et subvention sur le clergé séculier et régulier pour rétablir Jacques second, roy d'Angleterre, sur son trône usurpé par son neveu et son gendre.

d'Espagne; Guillaume de Nassau, prince d'Orange, stathouder ou généralissime des armées de Hollande, appellé depuis Roy d'Angleterre sous le nom de Guillaume troisiéme, aprez avoir détrôné et chassé Jacques second, son oncle maternel et son beau-pere, roy d'Angleterre, pour la défense et le rétablissement duquel le roy de France, Louis le Grand, a soutenu pendant plus de dix ans une rude et sanglante guerre, luy seul contre les susdites puissances alliées et jointes encore contre la France aux Etats Généraux ou République de Hollande et à Victor-Amédée, duc de Savoie.

Subvention de cette abbaye.

Les Religieux de ce monastere qui n'étoient que trois de la Réforme, y compris le supérieur, furent taxez en particulier à cinq cens livres par chacun an, payables en deux termes, février et octobre, sçavoir : deux cens cinquante livres pour la manse conventuelle ; pour la chambrerie et cellererie cent cinquante-trois livres ; pour la thrésorerie et la prévôté dix livres ; et le surplus sous d'autres titres et noms.

M. l'Abbé fut taxé pour subvention à deux cens cinquante-cinq livres, pour le terme d'octobre 1696.

On ôte lesdites subvention et capitation aprés la guerre.

Le Roy ayant fait la paix avec toutes les puissances susdites, Sa Majesté fit cesser la levée desdites capitation et subvention en 1699, comme Elle en avoit donné sa parole royale en l'imposant par nécessité.

Don gratuit accordé au Roy en 1700, de 4,000,000 de liv.

L'assemblée générale du clergé de France s'étant tenue à Paris aux mois de juillet, août et septembre mil sept cens, à laquelle Messire Charles Maurice Le Tellier, archevêque duc de Reims, présida au commencement aux premiéres séances, et ensuite aux derniéres Messire Louis Antoine de Noailles, archevêque de Paris, et depuis fait cardinal par Innocent XII, pour accorder au Roy un don gratuit de quatre millions, l'assemblée du clergé de Soissons se tint ensuite et taxa, pour sa part dudit don gratuit, l'abbaye d'Orbaiz à la somme de deux mille dix livres payables en cinq termes, sçavoir :

La manse abbatiale ou M. l'Abbé à quinze cens livres.

La manse conventuelle ou les Religieux séparément de M. l'Abbé à deux cens livres.

Le chambrier à la somme de deux cens vingt-cinq livres.

Le cellerier à soixante-quinze livres.

Le prévôt à cent sols.

Le thrésorier à cent sols.

Le vingtiesme jour de juin mil sept cens un, [les prélats] s'étant assemblez extraordinairement à Paris par ordre du Roy, accordérent par forme de subvention à Sa Majesté à lever sur le clergé la somme de quinze cens mille livres payables au premier jour d'octobre de ladite année mil sept cens un.

Subvention de 1,500,000 liv. en 1701.

Les députez et syndic du clergé de Soissons s'étans assemblez les seize et dix-sept de septembre audit an 1701, taxérent l'abbaye d'Orbaiz pour sa part desdits quinze cens mille livres, sçavoir :

Monsieur l'Abbé à cent soixante et une livres cinq sols.
Les Religieux à quatre-vingt-dix-huit livres quinze sols.
Le chambrier à quarante-cinq livres.
Le cellerier à la somme de quinze livres.
Le thrésorier et le prévôt, chacun quarante-cinq sols.

Et de plus, pour leur part des quatre millions accordez au Roy par forme de subvention par lesdits prélats assemblez audit mois de juin 1701, et suivant le contract fait avec Sa Majesté et le clergé le onziesme juillet et les lettres patentes du dix-neuviesme dudit mois de juillet 1701, payables par chacun an aux deux termes de février et octobre mil sept cens deux et les années suivantes tant que la guerre durera, pour subvenir et contribuer aux frais d'icelle, entreprise pour maintenir et conserver la couronne de toute la monarchie des Espagnes, royaumes, souverainetés, terres, pays et domaines en dépendans, à Philippe de France, duc d'Anjou, second fils de Louis Dauphin et de Victoire Christine de Bavière, et petit-fils de Louis le Grand ; ledit Philippe de France appellé, reconnu et déclaré par Charles d'Autriche, second du nom, Roy de toute la monarchie des Espagnes et domaines qui en dépendent par son dernier testament du .. octobre 1700 [1] pour son seul, unique, véritable et légitime héritier et successeur, et par tous les Etats, grands, seigneurs, prélats desdits royaumes, officiers et peuples, pour jouir, posséder, gouverner et administrer ladite monarchie et royaumes en dépendans sans division ni démembrement aucuns, (et proclamé Roy à Madrid le 24 novembre 1700). Lesquelles couronnes et monarchie des Espagnes luy ont été disputées par Léopold-Ignace d'Autriche, empereur d'Allemagne, prétendant qu'elles appartenoient à Charles [2], archiduc d'Autriche, son fils puiné, qu'il a fait pour ce sujet proclamer Roy d'Espagne sous le nom de Charles III,

Subvention de 4,000,000 de liv. en 1702.

---

1. [2 octobre 1700.]
2. [Devenu plus tard l'empereur Charles VI, père de Marie-Thérèse.]

à Vienne le 12 septembre 1703, et qui, après avoir passé par la Hollande en Angleterre, s'y embarqua, fit le trajet et mit pied à terre à Lisbonne en Portugal qu'il a mis dans ses intérests le septiéme jour de mars mil sept cens quatre [1].

Subvention sur l'abbaye en 1702.

L'abbaye d'Orbaiz pour sa part desdits quatre millions fut taxée, sçavoir :

Monsieur l'Abbé à quatre cens trente livres.
Les Religieux à deux cens soixante-trois livres.
Le chambrier à six-vingt livres.
Le cellerier à quarante livres.
Le thrésorier et le prévôt chacun six livres.

§ quatrième

DES CURES DÉPENDANTES DE CETTE ABBAYE

La Cure d'Orbaiz

La cure du bourg d'Orbaiz (dont saint Prix, *Præjectus*, évêque et martyr de Clermont en Auvergne, est titulaire et patron) est à la nomination des abbez et religieux de cette abbaye qui en sont aussi curez primitifs ; le prêtre qui l'administre n'en est que le vicaire perpétuel, comme il paroît par plusieurs transactions faites entre les religieux de l'abbaye et lesdits vicaires perpétuelz confirmées par plusieurs sentences et arrests conservez dans le chartrier de cette abbaye.

Droits de l'abbaye sur la paroisse et église Saint-Prix.

Lesdits abbez et religieux, en qualité de patrons et curez primitifs, jouissent de tout tems de plusieurs droits honorifiques, comme de donner dans ladite paroisse la bénédiction au prédicateur, quel qu'il soit, avant qu'il monte en chaire, pendant l'Avent et le Carême, en présence même dudit vicaire perpétuel.

Bénédiction aux prédicateurs.

Ce droit s'exerce non-seulement par l'abbé, s'il est prêtre, le prieur, mais par tout autre religieux prêtre et conventuel actuellement de cette abbaye. Les transactions faites avec Mᵉ Nicolas Chevalier, ne parlent ni d'Avent ni de Carême, mais en général. Le supérieur ou autre religieux monte au maître-autel, reçoit l'étole des mains du serviteur d'église, et donne la bénédiction au prédicateur à genoux au pied de l'autel.

Processions générales.

Les religieux, en la susdite qualité, indiquent audit vicaire perpétuel l'heure qu'il est obligé de leur venir demander pour les processions de saint Marc et des Rogations ; ils y président,

---

1. [Cf. *Succession d'Espagne, Louis XIV et Guillaume III*, par Hermile Reynald, doyen de la faculté des lettres d'Aix, 2 vol. in-8°, Paris, Plon, 1883.]

entonnent tout ce qui doit être chanté, et célèbrent la sainte Messe dans l'église où la procession est indiquée.

Le jour de saint Marc ledit vicaire perpétuel, précédé de sa croix et de son clergé, vient prendre les religieux dans leur église, d'où il les conduit dans la paroisse Saint Prix, marchant toujours luy, son clergé et son porte-croix devant la croix de l'abbaye, et les religieux les derniers, en sorte néanmoins que ces deux corps paroissent n'en faire qu'un.

Le lundi des Rogations ledit vicaire perpétuel attend les religieux au haut de la rue du Lys, proche la porte de Saint-Pierre, et on marche, comme le jour de saint Marc, en procession à l'église de la Ville-sous-Orbaiz. Le mardi des Rogations ledit vicaire perpétuel attend les religieux vers les cinq heures au moulin du Pont, pour marcher dans l'ordre du jour précédent à l'église de Saint-Remy de Suisy-le-Franc. Le reste est marqué au long dans le cérémonial local. Le mercredi des Rogations toutes choses s'observent comme il est dit cy-devant le jour de saint Marc.

Ces différentes paroisses doivent cinq sols les jours qu'on y va en procession.

Lesdits religieux assistent et président aux convois des morts, quand ils veulent ou qu'ils sont invitez par les parens et amis, et chantent ce qu'il faut chanter jusque dans la paroisse. Le vicaire perpétuel, son clerc et sa croix marchent, comme dans les processions, devant les religieux; le supérieur y porte l'étole pendante.

<small>Assistance et présidence aux convois des morts.</small>

« Outre ces processions de saint Marc et des Rogations, les-
« dits vicaires perpétuels devroient encore assister à toutes
« processions générales, tant ordinaires et commandées par l'é-
« glise catholique, comme celles de saint Marc et des Rogations,
« *comme en toutes autres extraordinaires qu'il convient faire*
« *selon l'occurrence du tems, comme pour le Roy nôtre Sire, la*
« *Paix et les Biens de la terre* » dit la transaction faite entre les religieux et M° Pierre Vinnot, vicaire perpétuel de Saint-Prix, le vingt-septième jour de janvier mil cinq cens quatre-vingt-dix-sept, confirmée par une sentence du vingt-sixième juillet mil six cens vingt-deux, qui se conservent dans notre chartrier.

On pourroit aussi obliger lesdits vicaires perpétuelz d'assister aux processions du Trés Saint Sacrement et du jour de l'Assomption de la Trés Sainte Vierge établie pour le vœu du roy Louis XIII, en 1638, laquelle se fait après vêpres dans tout ce diocése en vertu du mandement de Messire Fabio Brulart de Sillery, évêque de Soissons, du seiziéme jour de juin mil sept cens, rapporté cy-aprés, comme aux *Te Deum*, et à l'ouverture des jubilez ; Messieurs les anciens religieux y obligeoient les vicaires perpétuelz qui venoient prendre le jour et l'heure desdits religieux.

Si les religieux réformez de la congrégation de Saint Maur, n'ont pas encore fait valoir ces droits de l'abbaye, il le faut attribuer à leur petit nombre réduit à deux ou trois pendant plus de trente ans, depuis leur introduction dans Saint-Pierre-d'Orbaiz ; mais à présent qu'il y a un nombre plus considérable, ils doivent se remettre en possession.

<small>Droits portez impatiemment par les vicaires perpétuelz d'Orbaiz.</small>

Tous ces droits honorifiques et de préséance ont toujours tenu fort à cœur aux vicaires perpétuelz de Saint-Prix ; ils ont de tems en tems fait tous leurs efforts pour secouer le joug de l'abbaye, particuliérement les sieurs M° Pierre Vinnot en mil cinq cens quatre-vingt-seize, M° Claude David en mil six cens vingt-deux, M° Joachim le Guay en mil six cens soixante-cinq, M° Louis Milsan en mil six cens soixante et dix-neuf, luy qui avoit été nommé curé sur la présentation du R. P. Dom Pierre Mongé et autres religieux réformez. M° Remy Prud'homme ensuite ; mais plus opiniâtrement et avec plus de passion que pas un, M° Nicolas Chevalier, doyen d'Orbaiz, successeur dudit David, puisqu'il a chicané les anciens religieux pendant plusieurs années et à différentes reprises, et souvent même au préjudice des transactions faites de concert entre luy et les religieux, dans lesquelles il reconnoissoit de bonne foy les droits, prééminences et prérogatives desdits religieux, cependant, à la premiére occasion, il troubloit l'ordre des processions, et faisoit du scandale ; mais luy et les autres mutins ont toujours succombé sous le poids, la force et l'authorité des sentences et des arrests qui tous ont confirmé lesdits religieux dans leurs anciens droits de curez primitifs, et condamné lesdits vicaires perpétuelz aux dépens.

<small>M° Pierre Davaux, digne pasteur et pacifique.</small>

M° Pierre Davaux, qui administre aujourd'huy la paroisse de Saint-Prix, et qui a été honoré de la qualité de doyen rural d'Orbaiz, est un trés digne et excellent pasteur tout occupé des fonctions de son ministere, considéré de son évêque, vivant dans une parfaite intelligence avec les religieux qui se font un vray plaisir de l'aider dans les occasions, enfin estimé, chéri et honoré de ses confreres et de toute sa paroisse, autant ami de la paix et ennemi des procédures, que ses prédécesseurs étoient brouillons et chicaneurs, comme on le peut voir dans les différentes procédures faites contre eux en se défendant, qui se conservent encore dans notre chartrier.

L'abbaye jouit aussi de la moitié de la grosse dixme à cause de la susdite qualité de curé primitif, et des deux tiers des menues dixmes à cause de l'office claustral de cellerier, dans toute l'étendue de cette paroisse, et même sur les étangs, quand on les laisse à sec, qu'on les laboure et qu'on y séme de l'avoine, et le même s'entend des clos, prez, jardins, mazures, lorsqu'on y séme quelque grain que ce soit, n'y ayant jusqu'à présent aucune novale reconnue pour telle. L'autre moitié de la grosse dixme, et le tiers des menues, ont été abandonnez aux vicaires perpétuelz. {.sidenote: La moitié des grosses dixmes à l'abbaye.}

Messieurs les anciens religieux s'étoient anciennement réservé le droit d'administrer l'extrême-onction aux paroissiens malades, de bénir l'eau des fonts baptismaux les veilles de Pâques et de Pentecôte de ladite paroisse Saint-Prix, (et lesdits vicaires perpétuelz précédez de leur clergé et de la croix, et suivis de leurs paroissiens, venoient dans notre église assister à la bénédiction des Rameaux par Messieurs nos abbez réguliers, ou les prieurs claustraux, et en recevoient de leurs mains après tous les religieux de Saint-Pierre) et plusieurs autres droits qu'ils ont relâchez ou laissé perdre, parce que l'exécution demandoit un peu d'assiduité et de diligence de la part des anciens religieux. On sçait cecy par une tradition qu'ils conservoient entre eux. On trouvera quelque jour l'occasion de faire revivre ces droits, ou du moins ceux qui ne seront pas si onéreux. {.sidenote: Droits perdus par négligence ou trop grande facilité.}

Le siége abbatial de Saint-Pierre-d'Orbaiz étant vacant (par la mort de Pierre de Séricourt, seigneur d'Esclainvilliers, arrivée le quatorze ou quinziéme jour d'août mil six cens soixante-dix-huit, à la bataille de Saint-Denis proche de Mons en Hainaut, comme on verra plus au long, dans la suite, dans le catalogue des abbez) et M° Jean Caillet, prêtre et vicaire perpétuel de Saint-Prix, étant mort sans avoir résigné, la communauté des religieux réformez nomma pour remplir et administrer ladite paroisse en qualité de vicaire perpétuel, M° Claude Milsan, prêtre du diocése de Soissons, suivant les lettres de nomination et présentation datées du dix-septiéme jour de janvier mil six cens soixante et dix-neuf, dont voicy la copie : {.sidenote: Nomination de M° Claude Milsan à la cure d'Orbaiz par les religieux, le siége vacant par la mort de Pierre de Séricourt, abbé.}

« Illustrissimo ac reverendissimo in Christo Patri D. Do-
« mino Episcopo Suessionnensi, seu vestro in spiritualibus et
« temporalibus vicario generali.

« Humilis prior et conventus incliti monasterii Sancti Petri

« Orbacensis, ordinis Sancti Benedicti, congregationis Sancti
« Mauri, vestræ diœcesis, cum parrochialis ecclesia Sancti
« Præjecti de Orbaco, cujus nominatio et præsentatio, *Sede*
« *abbatiali vacante*, ad nos capitulumque nostrum ratione
« dicti nostri monasterii ab antiquo secundum canones devol-
« vitur et pertinet, per obitum magistri Joannis Caillet, ultimi
« possessoris pacifici, vacaverit et ad præsens vacet, dilectum
« magistrum Claudium Milsan, presbiterum diœcesis Sues-
« sionnensis, tanquam sufficientem et idoneum ad ecclesiam
« parrochialem Sancti Præjecti de Orbaco obtinendam, regen-
« dam et administrandam vobis præsentamus et nominamus,
« vos rogantes quatenus eundem magistrum Claudium Mil-
« san recipere et admittere dignemini, eique prædictam eccle-
« siam parrochialem donare et conferre velitis (salvo vestro et
« quolibet alieno jure) enixeque deprecantes Deum altissi-
« mum, ut paternitatem vestram diu feliciterque pro meliori
« bono totius diœcesis custodiat atque conservet. In quorum
« fidem et testimonium has præsentes litteras manu propria
« subsignatas per magistrum Ludovicum Gauvain regium no-
« tarium Orbaci commorantem, vices secretarii ex commissione
« ad robur præsentium obeuntem, subsignari et sigillo nostri
« conventus muniri jussimus. Datum in capitulo nostri monas-
« terii Sancti Petri Orbacensis, anno Domini millesimo sex-
« centesimo septuagesimo nono, die vero decima septima
« mensis januarii, præsentibus honestissimis viris magistris
« Hieronymo Juguin ballivo, Ludovico Marotte procuratore fis-
« cali et Joanne Jacob, ejus substituto, in dicto Orbaco degen-
« tibus testibus ad præmissa vocatis, ac nobiscum et notario
« prædicto subsignatis. Signé : Frater Petrus Mongó, prior Or-
« baci, frater Guillelmus Jamet, H. Juguin, Marotte, J. Jacob,
« et plus bas : De mandato dicti conventus seu capituli, nota-
« rius et ex commissione secretarius prædictus Gauvain, avec
« paraphe, et scellé à côté du sceau dudit chapitre. Et sur le
« dos est écrit : Lettres de présentation et nomination à la
« cure d'Orbaiz du 17 janvier 1679 sur lesquelles ladite cure a
« été conférée par Monsieur du Tour, grand vicaire de Mgr
« l'évêque de Soissons, audit M° Claude Milsan. »

Cette présentation des religieux d'un bénéfice, le siége abbatial vacant, et collation faite par l'évêque ou son grand vicaire, prouve et établit le droit de présenter aux bénéfices par les religieux en pareils cas.

En mil six cens quatre-vingt-dix, les habitans de ladite paroisse de Saint-Prix d'Orbaiz ayant pris entre eux la résolution

et ayant fait reculer dans la nef le crucifix, les bancs et la balustrade et fermeture qui séparent le chœur d'avec ladite nef, pour la décoration et agrandissement du chœur, et leur commodité particulière, ce qui étoit tout à fait préjudiciable et d'une grande conséquence pour les religieux gros décimateurs, attendu que le clocher et une partie de la nef deviendroient à leur charge, le R. P. Dom Pierre Mongé, prieur, forma au nom de l'abbaye, son opposition audit changement et augmentation du chœur, et fit assigner au mois de décembre de la même année 1690 par Nicolas Mercier, huissier royal, Hubert Tilloy, procureur syndic, et tous les habitans d'Orbaiz et autres paroissiens de St-Prix à comparoître par devant le bailly de Château-Thierry ou son lieutenant général, pour se voir condamner à remettre ladite balustrade, qui sépare le chœur d'avec la nef, ensemble ledit crucifix qui est au-dessus, au lieu où ils ont été de tout tems, c'est-à-dire entre les deux maîtres gros piliers vers le grand autel ; si mieux n'aiment lesdits syndic et habitans donner aux abbé et religieux gros décimateurs une décharge et indemnité en bonne forme par-devant notaires, avec protestation de tous dépens, dommages et intérests.

Indemnité des habitans d'Orbaiz donnée aux religieux pour avoir fait reculer la balustrade du chœur dans la nef de Saint Prix.

Sur lesdites opposition, assignation et protestation des religieux faites aux syndic et habitans, les paroissiens de Saint-Prix s'assemblèrent tous en corps, au son du tambour, sous la grande halle, en la manière accoutumée pour délibérer, et résolurent entre eux de donner aux abbé et religieux gros décimateurs les décharge et indemnité par eux demandées, ce qui fut fait à l'instant par acte public passé pardevant Mathurin Gauvain, notaire royal à Orbaiz, le dimanche seizième de décembre audit an mil six cens quatre-vingt-dix, dont voicy la copie tirée sur celle qui est dans notre chartrier et la minute chez ledit Gauvain :

« Ce jourd'huy dimanche seizième jour de décembre mil six
« cens quatre vingt-dix, pardevant Mathurin Gauvain, notaire
« royal, tabellion garde-note héréditaire au bailliage et prévôté
« de Château-Tierry, résident à Orbaiz, soubsigné, en présence
« des témoins cy-après nommez, sont comparus en leurs person-
« nes : Hubert Tilloy, procureur syndic des habitans et commu-
« nauté d'Orbaiz, maistre Jérôme Juguin, bailly dudit lieu, Louis
« Jullion, Charles Maloiseau, Pierre Baudoüin, Edme le Dieu,
« Jean Baudoüin, Louis Monanteüil, Pierre Cruchet, Nicolas
« Mercier, Michel Rousseau, Antoine la Rive l'aîné, Antoine
« la Rive le jeune, Vincent Jullion l'aîné, Vincent Jullion le
« jeune, Jean le Roy, Louis Marotte, Didier Charton, Charles

Acte de l'indemnité donnée aux religieux gros décimateurs d'Orbaiz.

« Morel, Michel Sassier, Pierre des Troux, Nicolas Buffry,
« Charles Notton, Hubert la Rive, Jacques Tilloy, Michel...,
« Eustache Guillard, Vincent Baudoüin, Pierre Monnera, Claude
« Riverin, Nicolas Garand, Louis Thibaud, Hubert Mera, Jean
« Courtaillé, Louis le Roux, Jean Collin, Nicolas Litourneau,
« Louis Thibaud, Pierre Carpentier, Jean Chevallier, Jean
« Thomé, Nicolas Pasquet, Pierre le Long, et Jean Chalier.
« Tous faisans et représentans la plus grande et saine partie
« des habitans dudit Orbaiz, assemblez sous la halle dudit
« lieu au son du tambour, à la manière accoutumée, sur la
« requête dudit Tilloy, syndic, qui a représenté ausdits habi-
« tans que le changement du crucifix et de la fermeture du
« chœur de l'église parroissiale de Saint-Prix, qui a été jugé
« nécessaire, tant pour la décoration de ladite église que pour
« la commodité desdits habitans, ne s'étant pû faire à l'insçû
« des sieurs décimateurs de cette parroisse, ils y auroient for-
« mé opposition signifiée audit Tilloy par Mercier, sergent,
« le ...... des présens mois et an, avec assignation aux ha-
« bitans pardevant monsieur le bailly de Château-Thierry ou
« monsieur son lieutenant général et les gens tenans le siége
« présidial audit lieu, pour se voir condamner à remettre la
« ballustrade qui sépare le chœur d'avec la nef, et ensemble le
« crucifix qui est au-dessus, au même endroit, où ils ont été
« de tout tems, c'est-à-dire à l'endroit des deux premiers pil-
« liers vers l'autel, si mieux n'aiment lesdits habitans leur
« donner une indemnité pardevant notaires en bonne forme,
« avec protestation de tous dépens, dommages et intérests ;
« et qu'il s'agit présentement de résoudre à la pluralité des
« voix si l'on remettra ladite ballustrade et le crucifix au lieu
« où ils ont toujours été, ou si ils veulent donner présente-
« ment ausdits sieurs décimateurs une indemnité pardevant
« notaires, par laquelle la communauté des habitants déclare
« et reconnoisse que ladite ballustrade et le crucifix qui est
« posé dessus ont toujours été posez vis-à-vis les deux pre-
« miers pilliers du chœur vers l'autel, que le chœur de toute
« antiquité a toujours été terminé par lesdits premiers pilliers,
« et par conséquent tout l'espace qui se trouve au-delà des-
« dits premiers pilliers, dans lequel est le clocher, n'est point
« et n'a jamais été à la charge desdits sieurs décimateurs,
« mais bien à la charge desdits habitans. Lesquelz habitans
« et procureur syndic ont tous d'une commune voix dit et dé-
« claré que la vérité est l'exposé cy-dessus, et que si ils ont
« fait mettre les ballustrade et crucifix au droit des deux seconds

« pilliers vers l'autel de ladite église, où ils sont à présent, ce
« n'a été que pour la décoration de ladite église et pour leur
« commodité, que ledit reculement de ladite fermeture du
« chœur et du crucifix ne puisse nuire ni préjudicier en au-
« cune manière ausdits sieurs décimateurs, et que le clocher
« de ladite église n'est nullement à la charge desdits sieurs
« décimateurs, ains à celle desdits habitans, comme faisant
« partie de la nef conformément aux clauses et conditions cy-
« dessus, voulant et consentant que le présent acte serve de
« pleine et entière indemnité ausdits sieurs décimateurs pour
« leur servir et valoir en tems et lieu ce que de raison, et que
« copie leur en soit fournie incessamment par ledit syndic ou
« marguilliers de ladite église; dont et tout ce que dessus a été
« donné le présent acte par moy notaire susdit, ce requérants
« lesdits habitans, et dont etc... si comme etc... promettant
« etc... obligeant etc... renonçant etc... — Fait et passé à
« Orbaiz, les jours et an susdits, et ont lesdits syndic et
« habitans signé, ceux qui sçavent signer, et les autres dé-
« claré ne sçavoir signer, de ce interpellez en présence de Jean
« Coursean, laboureur, demeurant à Champ-Aubert, et Da-
« niel des Arsis, laboureur, demeurant à Coursemont, par-
« roisse de Suisy-le-Francq, témoins, qui ont signé au deffaut
« d'un connotaire en la minutte des présentes demeurées vers
« et en la possession dudit Gauvain, notaire royal soubsigné ;
« signé Gauvain avec paraphe. »

En mil sept cens, Messire Fabio Brulart de Sillery, évêque de Soissons, publia un mandement par lequel il ordonna que tous les ans, le jour de l'Assomption de la trés sainte Vierge, quinzième d'août, on fera après vépres une procession dans toutes les églises de son diocése pour les raisons reprises dans son mandement dont voicy la copie : {.sidenote}Etablissement d'une procession après vêpres le jour de l'Assomption de la sainte Vierge en 1700.

« Fabio Brulart de Sillery, par la miséricorde de Dieu évêque
« de Soissons, doyen et premier suffragant de la province de
« Reims, à tout le clergé séculier et régulier de notre diocése,
« Salut et Bénédiction. Après que le ciel a donné tant d'assu-
« rances de sa protection à ce Royaume, nous n'avons plus rien
« à craindre que de les oublier. Car si nous manquions à faire
« remonter par de continuelles actions de grâces les bienfaits
« que nous avons reçus jusqu'à leur source, nous la taririons
« pour nous cette source, toute intarissable qu'elle est par
« elle-même ; et destituez de ces secours si prétieux et si né-
« cessaires qui nous ont été donnez en toute rencontre, il n'y

« auroit sorte de malheurs dont nous ne dûssions nous atten-
« dre d'être accablez. Notre gratitude au contraire tiendra tou-
« jours ouverte sur nous la main de notre Pere céleste qui est
« riche en miséricorde, et nous attirera sans cesse de nouvel-
« les grâces et avec d'autant plus d'abondance que nous au-
« rons été plus soigneux de les rendre. C'est dans ces vües et
« ces sentimens de religion que notre monarque (Louis quatorze
« dit le Grand) nous ordonne de faire exécuter ponctuellement
« par tout nôtre diocése la Déclaration de mil six cens trente-
« huit par laquelle le feu Roy (Louis treize dit le Juste) [1] *se*
« *consacra, avec tout son royaume, à la grandeur de Dieu par*
« *Jésus-Christ son fils abaissé jusqu'à nous, et à ce fils adorable*
« *par sa mere élevée jusqu'à luy, sous la protection de laquelle*
« *il mit sa personne, ses Etats, sa couronne et ses sujets.* —
« Suivant donc les pieuses et saintes intentions de Sa Majesté,
« nous ordonnons que tous les ans, le jour et feste de l'As-
« somption de la Vierge, aprés vêpres, on fera une procession
« dans toutes les églises de nôtre diocése, soit collégiales,
« soit paroissiales, soit des monastéres, soit des communau-
« tés ecclésiastiques ou religieuses de l'un et de l'autre sexe ;
« qu'avant de commencer cette procession l'on chantera à ge-
« noux le *Veni sancte spiritus*, avec le verset et la collecte
« *Deus qui corda fidelium*, qu'ensuite on chantera debout
« l'antienne *Sancta Maria succurre miseris*, aprés quoi l'on
« commencera la procession, en chantant les litanies des
« Saints, ainsi qu'elles sont couchées dans le proces-
« sionnal de nôtre diocése, folio deux cens trente-deux ;
« qu'au retour on chantera dans l'église *Sub tuum præsidium*
« avec le verset *Dignare me*, et la collecte *Concede misericors*
« *Deus*, puis *Domine salvum fac regem* trois fois, le verset
« *Nihil proficiat*, et les collectes *Quæsumus omnipotens Deus*
« *ut famulus* et *Deus cujus imperium* et *Deus a quo sancta*
« *desideria*, etc... comme elles sont renseignées folio 352 du
« même processionnal. Donné à Soissons le seiziéme jour de
« juin mil sept cens. Signé Fabio Brulart de Sillery, évêque
« de Soissons, et plus bas, par monseigneur, du Quesnay. »

---

1. Le fameux pere Joseph de Paris (dit François le Clerc du Tremblay), capucin, engagea Louis XIII qui étoit alors à Compiègne à faire le 10° février 1638 une Déclaration par laquelle Sa Majesté met sa personne, sa famille et son royaume sous la protection de la Vierge et promet de construire le grand autel de l'église cathédrale de Paris. Louis XIV a fait travailler à cet autel en 1700, et les années suivantes.

Cette procession se fit aprés vêpres autour du chœur et dans notre cloître seulement par les religieux, mais, suivant les transactions, sentences et arrests cy-dessus citez les sieurs vicaires perpetuelz de Saint-Prix devroient y assister et marcher devant la croix des religieux et les accompagner non seulement dans leurs église et cloître, mais dans tout le bourg, et les reconduire chez eux. Le même se doit entendre des processions du Trés-Saint Sacrement, et toutes autres générales, comme dit la transaction du 27 janvier 1597.

La cure du village de la Chapelle-sur-Orbaiz

La cure du village de la Chapelle-sur-Orbaiz, dont saint Pierre apôtre, est patron titulaire, est à la nomination et présentation des abbez et religieux d'Orbaiz qui jouissent de la moitié de la grosse dixme et des deux tiers des menues dixmes en qualité de curez primitifs ; l'autre moitié de la grosse et le tiers des menues dixmes ayant été abandonnés au prêtre qui administre la cure en qualité de vicaire perpétuel.

La cure du village appellé la Ville-sous-Orbaiz

La cure du village de la Ville-sous-Orbaiz, dont saint Martin, archevêque de Tours, est patron titulaire, est à la nomination et présentation des abbez et religieux d'Orbaiz qui jouissent de la moitié des grosses dixmes, en qualité de curez primitifs, et des deux tiers des menues dixmes, à cause de l'office claustral de cellerier. Mᶜ Pierre Pougeois qui l'administre à présent, jouit de l'autre moitié de la grosse et d'un tiers des menues dixmes, en qualité de vicaire perpétuel, comme ses prédécesseurs aussi vicaires perpétuelz.

La cure de Suisy-le-Franc

La cure de Suisy-le-Franc, dont saint Remy, archevêque de Reims, est patron, est aussi à la nomination et présentation des abbez et religieux d'Orbaiz, qui jouissent à présent de toute la grosse dixme, et payent ou donnent trois cens livres de pension congrue à Mᶜ François Pinson, vicaire perpétuel et doyen rural du doyenné d'Orbaiz, qui a opté ladite pension congrue en vertu de la Déclaration du Roy du 29 janvier 1686 qui adjuge aux curez ou vicaires perpétuelz ladite somme de trois cens livres, en abandonnant aux gros décimateurs ou curez primitifs leur part et portion des grosses et menues dixmes de leur paroisse.

— Le thrésorier de l'abbaye a droit de prendre et recevoir les deux tiers des offrandes et oblations, les quatre jours notaux ou fêtes solennelles, de ladite église paroissiale de Suisy-le-Franc [1], comme il paroît par les procédures faites contre Mᵉ Claude Payen, vicaire perpétuel de Suisy, en mil six cens quarante-trois et quarante-quatre.

Nous n'avons trouvé aucun mémoire ni titre qui nous apprenne par qui, ni en quel tems les cures de Saint-Prix d'Orbaiz, de la Ville-sous-Orbaiz, de la Chapelle-sur-Orbaiz et de Suisy-le-Franc ont été données et laissées à la nomination de cette abbaye. Celles de la Ville-sous-Orbaiz et de Suisy-le-Franc ne sont qualifiées que comme des vicaireries dans le pouillé ou catalogue des bénéfices du diocèse de Soissons; elles étoient peut-être anciennemment, et dans leur première fondation, des annexes ou églises succursales dépendantes de l'église paroissiale de Saint-Prix d'Orbaiz, comme l'église de Mareuil proche d'Orbaiz, laquelle a été érigée en église paroissiale en mil sept cens..... par ledit Messire Fabio Brulart de Sillery, évêque de Soissons, (à la sollicitation de dame Françoise de Nargonne, dame dudit Mareuil, épouse en secondes nôces de Charles de Valois [2], duc d'Angoulême, fils

---

1. [La paisible paroisse de Suisy-le-Franc a été, au milieu du siècle dernier, le théâtre d'un crime tragique. Mᵉ Pierre Andrieu, écuyer, ancien avocat au Parlement, ancien échevin de la ville de Paris, seigneur de Suisy, Maucreux et autres lieux, fut assassiné le 9 septembre 1754 à la porte d'une ferme située à Courcemont, par Michel de Ruxton, gentilhomme d'origine irlandaise. L'évènement fit du bruit à raison de la qualité de la victime et de celle du meurtrier. L'avocat Barbier, dans son *Journal* (tome IV, p. 46 et s.) nous a conservé les détails du crime de Courcemont. Il en attribue la cause à une dispute de la part de Ruxton qui vouloit avoir le pain bénit avant le seigneur. Ruxton fut rompu vif en place de Grève. L'arrêt du Parlement de Paris, qui prononça sa condamnation, ordonna de placer dans l'église de Suisy-le-Franc une épitaphe commémorative du crime, de la sentence, et de la fondation d'un service annuel et perpétuel pour le repos de l'âme de Mᵉ Andrieu. Cette épitaphe existe encore aujourd'hui. Elle a été publiée par M. L. Courajod : *L'Inscription de l'église de Suisy-le-Franc*, Paris, Menu, 1875, in-8°.]

2. [L'exemple de Charles de Valois offre une preuve des abus causés par l'introduction des commendes. Il fut nommé abbé de la Chaise-Dieu, en Auvergne, à l'âge de treize ans. En 1599, quoique marié depuis longtemps, il touchait encore les revenus de l'abbaye de Saint-André de Clermont. — Charlotte de Montmorency, sa première femme, mourut en 1636, et il épousa Françoise de Nargonne en 1644.]

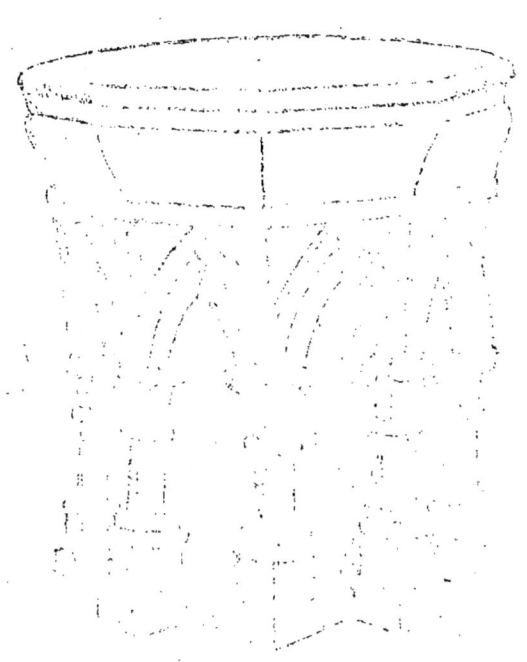

Fonts baptismaux de l'Église de Verdon

naturel de Charles IX, roy de France, et de Marie Touchet) d'église succursale de la paroisse de Coribert, qu'elle étoit auparavant, et l'église de Coribert a été réduite à la qualité d'église succursale dudit Mareuil.

La cure de Verdon

La cure de Verdon, dont saint Malo est patron, est aussi à la nomination et présentation des abbez et religieux d'Orbaiz qui en sont les curez primitifs, et jouissent de toute la grosse dixme, depuis que Me François Le Normand, vicaire perpétuel, a abandonné sa part de ladite dixme ausdits religieux, qui luy donnent trois cens livres de portion congrue depuis son option en vertu de la susdite Déclaration de 1686. Ils jouissent aussi des deux tiers des menues dixmes à cause de l'office de cellerier, et de l'autre tiers depuis l'option dudit vicaire perpétuel.

L'église du hameau de *Margny* est comme succursale et dépendante de celle de Verdon, et est administrée tantôt par le vicaire perpétuel de Verdon qui, en ce cas, bine les dimanches et fêtes, tantôt par un prêtre vicaire amovible *ad nutum episcopi*, résident à Margny. Lesdits religieux jouissent de toutes les dixmes, et donnent à celuy qui administre ladite église de Margny cent cinquante livres conformément à la dite Déclaration du 29 janvier 1686.

Les églises de Verdon, de Margny et de Montigny au-dessus de Condé, ont été données par échange aux abbez et religieux d'Orbaiz par les abbez et religieux ou chanoines réguliers de l'abbaye de Saint-Jean-des-Vignes de Soissons, en l'an mil deux cens quatorze, au mois de janvier, comme on voit dans la chartre ou acte d'échange approuvée par l'évêque de Soissons nommé Haymard, que nous rapporterons après l'article suivant.

Eglises ou cures données en échange avec d'autres droits, dixmes, etc.

La cure de Montigny

La cure du village de Montigny (au-dessus du petit bourg et principauté de Condé en Brie vers le midi) dont saint Eloi est patron, est de la nomination et patronage desdits abbez et religieux d'Orbaiz, qui en sont curez primitifs. Ils jouissoient aussi des dixmes ; mais M° de Fontaines, vicaire perpétuel, ayant fait signifier qu'il abandonnoit la part qu'il y avoit et demandoit qu'ils luy fournissent sa portion congrue, ils luy abandonnérent entiérement leur part desdites dixmes pour en jouir sa vie du-

rant, et acquiter toutes les charges et faire les réparations du chœur et autres charges ordinaires. On a dit cy-devant que cette église a été donnée par échange. Voicy l'occasion de cet accord ou échange, comme nous l'apprenons du *Livre des chroniques* de l'abbaye de Saint-Jean-des-Vignes, pages cent trente et cent trente et une, composé par M. Pierre le Gris [1], chanoine régulier de cette abbaye : « Orta est etiam
« contentio anno Domini millesimo ducentesimo decimo quarto
« inter abbatem de Orbaco et ecclesiam nostram super jure
« patronatus de Maregny et Vuardon. Talis fuit concordia :
« Abbas ille (Orbacensis) [2] patronatus jus quod habebat apud
« Courboüin et Morancelle cum redditibus eorum nobis reli-
« quit libere. — Cœnobium vero nostrum quidquid habebat in
« ecclesia de Condeto et jus patronatus in ecclesia de Montigny
« cum decimis et oblationibus ei concessit. Igitur post multas
« approbationes nobis à domino Haymardo impertitas, multa-
« que præclare ab eo gesta, inter quæ fundatio collegii sive
« hospitii Sancti Nicolai Suessionnensis corroborata anno Do-
« mini millesimo ducentesimo decimo quarto, confirmatur. »
Ce *Livre des chroniques*, d'où nous avons tiré et pris cet extrait, nous a été communiqué fort obligeamment par le Révérend Pere ou M. Daniel Aubry, chanoine régulier de Saint-Jean-des-Vignes et prieur-curé de Beaune.

Copie de l'acte d'échange faite entre les abbayes d'Orbaiz et Saint-Jean-des-Vignes de Soissons, et approuvée

Confirmation de cette échange par Haymard évêque de Soissons.

« Haymardus Dei gratia Suessionnensis episcopus, omni-
« bus in perpetuum. Noverint universi quod ecclesia sancti
« Johannis in vincis Suessionnensis, et ecclesia sancti Petri de
« Orbaco, de voluntate et assensu nostro hujusmodi commu-
« tationem fecerunt. Ecclesia sancti Petri de Orbaco quittavit
« ecclesiæ sancti Johannis jus patronatus quod habebat in
« ecclesia de Courboüin, et in ecclesia de Morencelles, et quid-
« quid habebat in majori decima cum grangia et tractu, et
« quidquid habebat in minutis decimis et oblationibus, et
« quidquid habebat in villa de Courboüin, in hospitibus,

---

1. [*Chronicon abbatialis canonicæ S. Johannis apud Vineas Suessionnensis* P. Petro Le Gris, 1619, Parisiis, L. Sevestre, in-8°.]

2. On ne sçait pas le nom de cet abbé d'Orbaiz qui fait cet échange. Gilles étoit abbé en 1220. Mais Saint-Jean-des-Vignes avoit alors, en 1214, pour abbé Raoul, premier de ce nom, selon la chronique de Saint-Jean, au lieu d'où cet extrait est tiré.

« censubus et costumiis et avena, et totam terram quam ibi
« habebat, et quidquid in omni jure videbatur habere in
« illis duobus locis. Ecclesia autem sancti Johannis quittavit
« ecclesiæ de Orbaco, quidquid habebat in decima et triagio [1]
« de parrochia de Condeto, et jus patronatus in ecclesia de
« Montigny, et in ecclesia de Vardon, et in ecclesia de Marre-
« gny, et quidquid habebat in majori decima et minori et
« oblationibus de Montigny et grangiam de Vardon, et quid-
« quid habebat in minori decima de Vardon, duas partes vide-
« licet, excepta illa sexta parte quam ab antiquo ecclesia de
« Orbaco tam in duabus partibus sancti Johannis, quam in
« parte presbyteri habebat et habebit in perpetuum. Quitta-
« vit etiam ecclesia sancti Johannis ecclesiæ de Orbaco quidquid
« habebat in minuta decima et oblationibus de Vardon. Quid-
« quid autem spectabat ad ecclesiam sancti Johannis de ma-
« jori decima de Marregny, et quidquid exspectabat habere
« seu auctoritate privilegiorum suorum, seu jure alio, vel aliis
« quibuslibet modis in terris cultis et colendis, quittavit ecclé-
« siæ de Orbaco in perpetuum.

« Nos autem hujusmodi commutationem laudamus et con-
« firmamus. Dictæ ecclesiæ de Orbaco et sancti Johannis sibi
« invicem promiserunt super istis garandiam portare contra
« omnes qui juri parere noluerint. Quod ut ratum et firma-
« tum permaneat, præsentes litteras sigilli nostri munimine
« fecimus confirmari. Actum Suessione, anno dominicæ In-
« carnationis millesimo ducentesimo quarto decimo, mense
« januario. » L'original de cette chartre se conserve encore en
parchemin dans le chartrier de St-Pierre d'Orbaiz.

CHAPITRE CINQUIÉME

Des fondateurs et bienfacteurs dont on a connoissance, et de leurs bienfaits.

SAINT RÉOLE, vingt-septième archevêque de Reims, a toujours été reconnu pour le premier autheur et fondateur de cette abbaye, puisque ç'a été luy qui, avec la permission du roy Thierry, premier du nom, et du consentement d'Ebroïn, maire du palais de ce roy, a fait jetter les premiers fondemens et édifier le monastere au lieu que ce roy luy avoit donné, comme

Saint Réole, premier fondateur d'Orbaiz.

---

1. [Triage ou terrage.]

nous l'apprenons de l'*Histoire* de Flodoard, livre second, chapitre dixième. « Hic venerabilis episcopus (Reolus) construxit « monasterium Orbacense in loco quem promeruit dono regis « Theodorici, per ipsius licentiam, suffragante Ebroïno majore « palatii. »

Thierry Ier donne le fond.

THIERRY, Ier du nom, roy de Neustrie ou de la France occidentale, dit Mezeray, donna le fond et domaine sur lequel saint Réole fit bâtir ce monastere, suivant la remarque de Flodoard : « Construxit monasterium Orbacense in loco quem « promeruit *dono regis Theodorici.* » Cette donation faite par Thierry a toujours fait considérer cette abbaye de fondation royale; elle est ainsi qualifiée dans la déclaration des biens, domaines, droits et revenus temporelz, présentée à la Chambre des Comptes de Paris le vingt et uniesme décembre mil cinq cens quarante-sept par dom Paquier Chatton, prévôt de St-Pierre d'Orbaiz, prieur d'Oiselct, et procureur d'Alexandre de Campegge, abbé commendataire, et des religieux d'Orbaiz.

Childebert II protége l'abbaye.

CHILDEBERT, IIe du nom, fils de Thierry premier, et roy de la France occidentale, honora cette abbaye de sa protection royale ; car le vénérable Leudemar, notre premier abbé, ayant été injustement dépossédé et chassé par force de cette abbaye par un certain Odon, après la mort de saint Réole premier fondateur, il le rétablit dans son abbaye et dans sa charge et dignité abbatiale. « Leudemarum nomine in eodem loco abbatem consti- « tuit, qui rexit idem monasterium, donec vixit : nam, licet ab « Odone quodam fuerit expulsus, *a Childeberto tamen rege* « *postea restitutus est.* » (Idem Flodoard, libro secundo, capite decimo, ubi supra.)

CHARLES LE CHAUVE, roy de France et empereur d'occident (suivant les paroles rapportées dans l'appendice ou supplément de Flodoard vers la fin, pages 408, 409, folio verso) donna vers l'an 860, la vingtième année de son régne, à l'abbaye d'Orbaiz le village, terre, ou seigneurie dite en latin *Noviliacum*, qu'il avoit fait confisquer sur Gozelin fils et Landrade, sa mere, et veuve d'un certain Donat à qui Charles l'avoit donnée en fief, ou par récompense [1], parce que cette veuve, Gozelin et ses au-

---

1. Charles ayant été vaincu par Louis le Jeune, son neveu, fils de Louis le Germanique, à la bataille de Meguin prez d'Andernac le 7 d'octobre 876, donna les bénéfices ou biens des églises à plusieurs seigneurs, surtout aux Lorrains, pour les attacher à son service. Dupleix, *Hist. de France*, tome I, page 488, n° VII, et page 489, n° 1. [Edit. 1639.]

tres enfans avoient manqué de fidélité à ce prince pour se jetter dans le parti des ennemis de l'Etat. « Dedit Carolus Do-
« nato in beneficium *Noviliacum*. Processu denique temporis
« commendavit Donatus filium suum Gozelum Carolo regi,
« cui in beneficium dedit Carolus *villam Noviliacum* cum ap-
« penditiis suis. Deinde Landrada, uxor Donati, sed et filii
« eorum, pergente Carolo rege ad obsidendos Nortmannos, qui
« in insula quæ dicitur Oscellus [1] residebant, cum aliis defe-
« cerunt. Quorum honores et proprietates à Francis auferri et
« in fiscum redigi judicatæ sunt. Unde Landrada et filii ejus
« eatenus auctoritatem Caroli regis non obtinuerunt. De
« quibus rebus anno vigesimo regni sui Carolus villam fisca-
« lem præcepto suo quod habemus, *Orbacensi monasterio*
« dedit. »

Mais il est à croire que l'abbaye d'Orbaiz ne jouit pas long-temps de cette donation, puisque cette Landrade, veuve de Donat, trouva moyen de s'emparer et d'usurper cette terre, et qu'après plusieurs chicanes de ce siécle, cette terre retourna par le grand crédit de Hincmar de Reims auprés de Charles, à l'église de Reims, c'est-à-dire à la cathédrale et à l'abbaye de Saint-Remy qui avoient et qui jouissoient de leurs biens en commun et par indivis, ce qui est bien à remarquer.

Orbaiz ne jouit pas longtems de cette donation. Landrade l'usurpe, et Notre-Dame et Saint-Remy en jouissent par indivis.

On ne connoît plus ni le nom de cette terre, ni le lieu de sa situation. M. Marlot dit que c'est *in pago Urtinsi*, mais cela ne fait connoître ni le nom françois, ni l'endroit de cette possession [2].

Vulfarius, archevêque de Reims, prélat d'éminente vertu, digne successeur et fidèle imitateur du zéle des saints Remy, Nivard, Réole etc., pour la fondation des monasteres, (sachant avec quel soin notre bienheureux pere saint Benoist ordonne dans sa sainte regle, chapitre 48, que ses religieux s'occupent aux travaux manuels, comme les apôtres) laissa par son testament des fonds, héritages et autres biens au monas-

Vulfarius donne des biens pour le travail des religieux d'Orbaiz.

---

1. Oissel, isle sur la riviére de Seyne. — [La ville d'Oissel est aujourd'hui dans le canton de Grand-Couronne (Seine-Inférieure), arr. de Rouen.]

2. [*Noviliacum* doit être Neuilly-Saint-Front, aujourd'hui chef-lieu de canton de l'arrondissement de Château-Thierry. Flodoard fait mention de cette localité dans son *Histoire de l'ég ise de Reims*, liv. II, ch. 17, et liv. III, ch. 10 : « *Villam Novilliacum in pago Urtinse sitam...* » Cf. Marlot, *Metropolis Remensis Historia*, t. I, p. 338 et 342. Le *pagus Urtinsis*, mieux désigné sous le nom de *pagus Urcensis*, ou Orxois, était voisin des *pagi Suessionicus* et *Vadensis* (Valois). Il tirait son nom de la rivière de l'Ourcq (*Urcus*). — Adrien de Valois, *Notitia Galliarum*, p. 624.]

tere d'Orbaiz suffisans pour y occuper ses religieux au travail des mains, suivant le témoignage de Flodoard, livre second, chapitre dix-huitième rapporté par Dom Guillaume Marlot, tome premier, livre troisième, chapitre dix-huitième, dont voicy les paroles : « Vulfarius 15 calendas septembris anno 816, « vel, ut alii volunt, obiit 5 junii 817. Antequam expiraret, « propriæ salutis memor, multa pauperibus in eleemosynam « distribuenda curavit, quæ leguntur apud Flodoardum, libro « 2, cap. 18 in fine : *Ad opus quoque fratrum Orbacensis cœ-* « *nobii quantum sufficeret eis. Unde datur intelligi in majo-* « *ribus quoque locis multo plura tunc fuisse dispensata.* »

On ne sçait aujourd'huy en quoy consistoit cette donation.

1147. Donation faite aux abbé et religieux d'Orbaiz par les doyen et chanoines de Châlons.

RADULFUS (Raoul), doyen de l'église cathédrale de Saint-Estienne de Châlons-sur-Marne, et les chanoines de la Sainte Trinité de la même ville donnerent à Baudouin abbé et aux religieux d'Orbaiz ce qui leur appartenoit au village d'Oiselet à certaines conditions reprises dans le titre en parchemin de l'an mil cent quarante-sept, rapporté cy-devant en traittant de la chapelle ou prieuré d'Oiselet, où il faut avoir recours pour sçavoir en quoy consiste la donation et à quelles conditions.

Donation de Thibaud, comte de Champagne.

THIBAUD, II° du nom, comte de Champagne et de Brie, célebre dans l'histoire de France, et grand ami de saint Bernard, remet aux religieux d'Orbaiz certaines coutumes et autres droits qu'il avoit accoutumé de prendre dans la ville d'Orbaiz, et les leur abandonne, à la charge de luy payer par chacun an, cent dix sols. Voicy une copie collationnée et vidimée des lettres ou de la charte de ce comte Thibaud :

« A tous ceux qui ces présentes lettres verront et oiront, « Pierre d'Essommes, garde du scel de la prévôté de Chastel-« Thierry, salut. Sçachent comme par nous, l'an de grâce mil « trois cent vingt et deux, le mercredi après les brandons venus, « vûes lettres scellées du scel du comte Thibaud, si comme il « aparoit par la teneur desdites lettres contenans cette forme :

« In nomine sanctæ et individuæ Trinitatis, ego comes « Tetbaldus notum volo esse omnibus tam præsentibus quam « futuris, quod monachi sancti Petri Orbacis deprecati sunt, « quod consuetudines quas in loco illo habebam illis dimit-« terem, scilicet dimidium telonei mercati illius villæ, et di-« midium wadimoniorum duellorum, et insuper decimam « partem consuetudinis carrorum silvæ et commendationem

« hominum supradictæ villæ atque medietatem bannorum,
« quorum petitionibus adquievi pro remedio animarum meo-
« rum antecessorum, meæque uxoris atque filiorum meo-
« rum, eo scilicet tenore ut nemo advena vel albanius in su-
« pradicta villa habitans hominium vel commendationem
« alicui nisi soli tantummodo ecclesiæ faciat, et ut nec ego,
« nec aliquis deinceps ex mea parte in loco illo vi aliquid ac-
« cipiat, sed, cum ibi pervenero, sponte in omnibus sumptibus
« me recipere debent præter annonam equorum ; et, ut in ini-
« tium quadragesimæ, per singulos annos centum et decem
« solidos mihi persolvant : centum scilicet pro debito supra-
« dictarum consuetudinum, et decem pro commendationibus
« hominum, salva mea advocatione ; et ut hoc ratum et incon-
« cussum in perpetuum permaneat, et ne ab aliquo successo-
« rum meorum in posterum violari potuisset, sigilli mei auc-
« toritate muniri et corroborari præcepi, subscriptis testibus
« laudantibus et confirmantibus. Signum † Tetbaldi comitis.
« Signum † Adelaïdis comitissæ. Hujus firmamenti testes
« sunt Engelianus archidiaconus Suessorum, Tetbaldus filius
« Milonis vice-comitis, Gilduinus de Blesis, Gaufridus de
« Castellodunis, Fulco de Basilicis, Gautherus de Luzarchiis,
« Arnulphus præpositus, Wido cubicularius. — En témoins de
« laquelle chose, nous Pierre d'Essommes dessus dit avons mis
« le scel de ladite prévôté de Chastel-Thierry en ce présent
« transcript qui fut fait l'an et jour dessus dits. » Au bas de cette
copie il y a la queue où pendoit le sceau qui est perdu. Il n'y
a point de signatures selon l'usage de ce tems-là et des autres
siecles précédens.

Cette charte icy vidimée n'étant point datée, ce n'est que
par conjecture qu'on l'attribue à Thibaud second, à cause
qu'Adélaïde ou Alix, comtesse de Crepi et de Valois, qu'on croit
avoir été son épouse, parce que ce nom se trouve dans ladite
charte, vivoit vers l'an onze cent. D'autres lui donnent pour
femme Mahaud ou Mathilde, fille d'Engilbert troisiéme duc de
Carinthie.

Notre Thibaud succéda aux Etats de Champagne et de Brie
en 1101 et les gouverna jusqu'en mil cent cinquante-
deux qu'il mourut. Ce prince est fort célebre pour sa vertu,
son grand courage et son attachement à saint Bernard, abbé
de Clairvaux, qui luy a écrit plusieurs lettres [1].

1. [On doit rejeter la conjecture par laquelle Dom Du Bout attribue à

Echange faite avec Henry Iᵉʳ, comte de Champagne.

HENRY, Iᵉʳ du nom, comte Palatin[1] de Champagne et de Brie, surnommé le Riche, le Large, ou le Libéral, qui se croisa l'an mil cent quarante-huit avec Louis septiéme, dit le Jeune, roy de France, passa avec luy en Palestine, et y mourut en 1173[2]. Avant sa mort, en mil cent soixante-cinq, il bailla et octroya aux religieux, abbez et couvent d'Orbaiz, droit d'usage par toute la forest de Vassy[3] à prendre bois vifs tant pour bâtir que pour le chauffage indifféremment, reconnoissant ledit comte Henry que lesdits religieux, abbez et couvent luy avoient cédé, quitté et abandonné une partie de ladite forêt de Vassy, qui leur appartenoit ; mais on ne sçait aucunement qui est le Roy de France, ou le comte de Champagne, ou autre prince qui avoit auparavant donné à cette abbaye cette partie de la forest de Vassy.

Cette échange faite entre le comte Henry et notre abbaye étoit reprise et expliquée dans un acte public, ou titre écrit en latin, qui ne se trouve plus. On sçait seulement que Christophe de Gomer, soy-disant chevalier seigneur du Breuil, maitre des eaux et forests de Château-Thierry et Châtillon-sur-Marne, dans sa sentence ou ordonnance du douziéme février mil cinq cens soixante et un dit, déclare et reconnoit *avoir vû certaines lettres et chartes écrites en latin* données par Henry, comte palatin de Champagne, de l'an mil cent soixante-cinq.

Ce Christophe de Gomer, ennemi irréconciliable de cette abbaye, réduisit par sa susdite ordonnance ou sentence du 12

Thibaut II la charte sans date dont le *vidimus* de 1322 nous a conservé la copie. Le Bénédictin a commis ici plusieurs erreurs. Thibaut II recueillit les Etats de Champagne et de Brie non pas, comme le dit le texte du manuscrit, en 1101, mais bien en 1125, à la suite de l'abdication de son oncle Hugues. Il naquit en 1093, et épousa en 1123 Mathilde, fille d'Engelbert, duc de Carinthie. Adélaïde ou Alix de Valois fut la seconde femme de son grand-père, Thibaut I (1063-1089) ; elle était déjà mariée à ce prince en 1061 et on croit qu'elle devait être morte dès 1100. Il faut donc reconnaître Thibaut I comme l'auteur de la libéralité faite à l'abbaye d'Orbais par la charte vidimée que rapporte Dom Du Bout, et dont la date pourrait se placer vers l'an 1080 ou environ.]

1. M. du Cange, dans ses notes sur Joinville, prouve que, comme les comtes rendoient la justice dans les villes, celui de Troyes, capitale de Champagne, étoit appellé Palatin, parce qu'il exerçoit la jurisdiction sur les officiers de la maison du Roy.

2. [L'auteur se trompe. Henri Iᵉʳ mourut à Troyes, le 16 mars 1181, au retour de sa seconde expédition en Terre Sainte.]

3. [Il ne s'agit pas de la forêt de Vassy (Haute-Marne), mais de celle qui se trouve contiguë à la forêt d'Enghuien, dans l'arrondissement d'Epernay, entre Igny-le-Jard, Orbais et le Baizil.]

février 1564 ce droit de l'abbaye, donné en échange par le comte Henry, à cent cordes de bois et à quatre milliers de fagots. En parlant de Nicolas de la Croix, abbé commendataire, on verra plus au long cette réduction qui se fit de son tems par Gomer.

CHARLES IX, Roy de France, confirma par ses lettres-patentes données à Saint-Maur des Fossez le quatriéme jour de may mil cinq cens soixante-sept et vingt-cinquiéme aoust soixante-huit, ce droit d'usage de notre abbaye réduit ainsi par ledit Gomer à cent cordes et quatre milliers de fagots. Dans lesdites lettres-patentes le Roy dit : « Les religieux et « abbez et couvent d'Orbaiz nous ont fait remontrer qu'en « l'année 1165, par accord fait avec Henry, comte de Champa- « gne, reconnoissant qu'ils luy avoient cédé et abandonné une « partie de la forest de Vassy, il leur avoit accordé droit d'u- « sage par toute ladite forest à prendre bois vifs tant pour « bâtir que pour le chauffage indifféremment, etc. » Voyez le reste dans lesdites lettres-patentes qui sont dans le chartrier, obtenues par Nicolas de la Croix, abbé commendataire, et deux fois ambassadeur en Suisse pour le roy Charles IX. *Confirmation de Charles IX.*

FRANÇOIS DE VALLOIS, duc d'Alençon, Château-Thierry, et d'Evreux, comte de Pruse, fils de Henry second et de Catherine de Médicis, confirma le même droit ainsi réduit à cette abbaye, par ses lettres-patentes du sixiéme jour de septembre et du dernier jour du même mois mil cinq cens soixante et onze. *Item du duc de Château-Thierry, etc.*

HENRI III, roy de France et de Pologne, suivant les traces de ses deux freres, confirma à l'abbaye le même droit d'usage ainsi réduit, par ses lettres-patentes du mois d'aoust 1583 et du premier décembre 1584. *Item du Roy Henri III.*

Tous ces titres se conservent dans le chartrier de cette abbaye. Cependant on verra dans la suite qu'au préjudice de tant de si bons titres, ce droit d'usage est diminué petit à petit, et a été réduit à rien, c'est-à-dire à vingt-quatre cordes de bois pour tout droit d'usage à prendre bois vifs tant pour bâtir que pour le chauffage indifféremment, ou à quatre-vingt-une livres douze sols, par une sentence ou ordonnance de Messieurs Nicolai, Chomalus, Choart, Godefroy, Coutenot et Beliu, commissaires députez par le Roy Louis XIV pour procéder à l'évaluation du duché de Château-Thierry, le douziéme février 1672.

Le R. P. Dom Felix Mauljean, premier superieur d'Orbaiz depuis son union à la congrégation Saint-Maur, ayant eu avis en 1671 que lesdits sieurs Nicolai, Chomalus, Choart, Godefroy, Coutenot et Belin, commissaires députez par Sa Majesté, procédoient à l'évaluation du duché de Château-Thierry, présenta requeste ausdits sieurs commissaires tendante à ce que cette abbaye fût maintenue dans le droit d'usage, de chauffage et bois-à-bâtir que cette abbaye a droit de prendre et percevoir dans la forest de Vassy dépendante dudit duché de Château-Thierry, suivant les donations à elle faites par les comtes Thibaud, Henry de Champagne et de Brie, et autres princes et puissants seigneurs, bienfacteurs, sur laquelle requête, après avoir communiqué les titres qui sont dans le chartrier, et dont on va rapporter des extraits, il intervint jugement desdits sieurs commissaires du douzième février 1672, par lequel, comme dit est, le chauffage fut réduit à vingt cordes de bois vif, et le bois-à-bâtir à quatre cordes de bois vif. Lesdites vingt-quatre cordes sont évaluées à quatre livres la corde, et se payent à présent sur ce pied-là par M. le duc de Bouillon, engagiste du duché de Château-Thierry donné, en échange des duchez et principautez de Sedan, de Bouillon et Raucourt, à Frédéric-Maurice de la Tour d'Auvergne, duc de Bouillon, par le Roy Louis XIII dit le Juste [1] en...; mais parce que ledit seigneur de Bouillon ou Buillon exige tous les ans certains droits en argent et en avoine sur cette abbaye, on compense ces deux redevances, et par cette compensation l'abbaye se voit aujourd'huy dépouillée entièrement de ses beaux droits d'usage, chauffage, bois-à-bâtir sur ladite forest de Vassy.

Production de plusieurs titres pour conserver le droit de l'abbaye.

Ledit R. P. Dom Felix pour conserver à cette abbaye les droits dont on vient de parler, d'usage, paissonnage [2] et pâturage, etc., produisit ausdits sieurs commissaires plusieurs titres, lettres-patentes cy-devant obtenues du Roy Charles IX, du duc d'Alençon, de Henri III, par Jean de Pilles, abbé commendataire d'Orbaiz et son aumônier : actes, sentences, ordonnances, etc., cy-devant rendus en faveur de cette abbaye,

---

1. [*Lisez* : Louis XIV. — Frédéric-Maurice de la Tour, duc de Bouillon, pair de France, comte d'Auvergne, lieutenant-général des armées du Roi, né à Sedan en 1605, mort à Pontoise en 1652. Il était frère aîné du grand Turenne. Les duchés-pairies d'Albret et de Château-Thierry lui furent cédés en échange des souverainetés de Sedan et Raucourt par contrat du 20 mars 1651 passé avec le roi Louis XIV. Le texte de ce contrat est rapporté par le P. Anselme, *Hist. généal.*, IV, 509.]

2. [Paisson (*pastio*). Droit de faire paître aux animaux les glands ou autres fruits des forêts.]

que l'on trouvera dans le chartrier, et qu'il faut lire pour s'instruire à fond de cette affaire.

La première pièce produite est la sentence ou ordonnance dudit Christophe de Gomer, maître particulier des eaux et forests, du 12 février mil cinq cens soixante et un, lequel, avant que de prononcer, reprend au commencement de sa sentence, dit et déclare « avoir vû et lû plusieurs pièces que lesdits reli-
« gieux, abbez et couvent avoient produites pour établir leur
« dit droit d'usage etc., entre autres la requête présentée par les
« vénérables religieux, abbé et couvent d'Orbaiz, tendante à
« ce qu'il leur fût marqué et délivré en les forests de Vassy et
« Barbillons la quantité de deux cens cordes de bois et dix
« milliers de fagots par chacun an pour leur chauffage par la
« marque et marteau du maître sergent de ladite forest sui-
« vant les chartes, titres et sentences de mainlevée par eux
« obtenües, certaines lettres et chartres écriptes en latin don-
« nées par Henry, comte palatin de Champagne, de l'an mil
« cent soixante-cinq, qui avoit baillé et octroyé ausdits reli-
« gieux, abbé et couvent le droit d'usage par toute la forest
« de Vassy à prendre bois vif tant pour bâtir que pour le
« chauffage de leur dite maison, reconnoissant ledit Henry,
« comte palatin, que lesdits religieux, abbé et couvent luy
« avoient quitté une partie de ladite forest de Vassy qui leur
« appartenoit. »

Sentence de Gomer.

Un juge équitable, religieux exécuteur des intentions de ces pieux comtes de Champagne, moins insatiable et moins passionné que ce Gomer pour s'aggrandir et s'enrichir aux dépens des biens de l'église et du peuple, et pour couvrir ses injustices, ses violences, ses rapines et ses malversations dans l'administration de sa charge par le retranchement injuste des droits le mieux établis, en lisant et pesant ce titre d'échange si ancien, si juste et si authentique, fait entre ledit Henry, comte palatin, et l'abbaye d'Orbaiz, l'auroit respecté fort religieusement et confirmé ; et, par son jugement du douzième février 1561, auroit maintenu cette abbaye dans tous ses droits d'usage, chauffage, et à prendre bois-à-bâtir et réparer, sans y rien retrancher ni le réduire, et en même tems sans faire tort au Prince. Mais l'injuste Gomer, étant l'ennemi déclaré et irréconciliable de Nicolas de la Croix, abbé, quoique son parent, et de l'abbaye d'Orbaiz, et toujours attentif à toutes les occasions de leur nuire, et pour cacher les dégradations qu'il commettoit dans la forest de Vassy à son profit, embrassa

Gomer injuste dans son jugement qui restreint et réduit le droit de l'abbaye.

avec joye cette occasion de faire éclater sa mauvaise volonté ; il ordonna pour cet effect « qu'il seroit seulement délivré aus-
« dits religieux et abbé d'Orbaiz par chacun an pour leur
« chauffage la quantité de cent cordes de bois et quatre mil-
« liers de fagots en bois mort, et mort bois et bois sec et
« entortillé, au lieu de bon bois » ; sans faire aucune mention du droit desdits religieux et abbé de prendre bois-à-bâtir dans ladite forêt de Vassy.

Mort tragique de Gomer le treiziéme octobre 1571.

Ce Gomer est le premier officier des eaux et forests qui ait donné une si grande atteinte ausdits droits des religieux si bien fondez et dont ils avoient joui si long tems sans interruption jusqu'à luy. Mais en parlant de Nicolas de la Croix, on verra que la mesure des injustices criantes de Gomer étant à comble, Dieu en tira la juste vengeance par une mort précipitée également funeste et tragique à la porte de cette abbaye, le treiziéme jour d'octobre mil cinq cens soixante et onze. Voyez cy-aprés.

Lettres-patentes de Charles IX.

La seconde piéce produite par Dom Felix Mauljean, sont les lettres-patentes du roy Charles IX données à Saint-Maur-des-Fossez, le 4e may 1567, obtenues par Nicolas de la Croix, abbé, et les religieux, qui n'étant point contents du jugement dudit Gomer, eurent recours à Charles IX qui confirma à la vérité leur droit en partie, en ajoutant au jugement ou sentence de Gomer le droit de prendre bois-à-bâtir, mais ne leur accorda que lesdites cent cordes de bois et quatre milliers de fagots. Quand une fois on a fait bréche et donné atteinte aux droits et privileges les plus justes et les mieux établis, on n'y revient jamais, on trouve assez de motifs et de faux prétextes pour frustrer les pieuses intentions des bienfacteurs et dépouiller ouvertement les plus légitimes possesseurs.

Extrait des lettres-patentes de Charles IX.

« Charles, par la grâce de Dieu Roy de France, à nos amez
« et féaux les gens de nos Comptes à Paris, grand maître en-
« quêteur et général réformateur des eaux et forests de nostre
« royaume, et maître particulier des eaux et forests de Vitry
« et prévôt de Château-Thierry et Châtillon-sur-Marne, ou
« leurs lieutenants et chacun d'eux, salut et dilection. Les
« religieux, abbé et couvent d'Orbaiz nous ont fait remontrer
« qu'en l'année mil cent soixante-cinq, par accord fait avec
« Henry, comte de Champagne, reconnoissant qu'ils luy

« auroient quitté une partie de la forest de Vassy qui leur
« appartenoit, iceluy comte leur auroit baillé et octroyé droit
« d'usage pour toute ladite forest de Vassy à prendre bois vif,
« tant pour bâtir que pour le chauffage de leur dite maison
« indifféremment ; suivant lequel octroy et concession au-
« roient lesdits religieux, abbé et couvent joüy dudit droit
« d'usage dés et depuis ledit tems de mil cent soixante-cinq,
« et auroient pris bois vif tant pour bâtir et pour toute autre
« sorte de bois vif et mort pour leur chauffage..... » et, rapportant la sentence dudit Gomer, dit que « si elle avoit lieu,
« ce seroit les frustrer totalement de la joüissance de leur dit
« usage et intention dudit comte de Champagne et autres fon-
« dateurs de ladite abbaye qui leur auroit été donné par dot
« et fondation d'icelle abbaye pour y entretenir le service di-
« vin, ce qu'ils ne pourroient faire si ils étoient frustrez dudit
« droit d'usage. A ces causes..... nous voulons et ordonnons
« être baillé et délivré ausdits religieux, abbé et couvent bois
« vif pour bâtir en leur dite maison et abbaye ; en outre qu'il
« leur soit baillé et délivré par chacun an pour leur chauffage
« la quantité de cent cordes de bois et quatre milliers de fa-
« gots en nôtre dite forest de Vassy, etc..... » Voyez le reste
desdites lettres-patentes qui furent ensuite vérifiées à la
Chambre des Comptes de Paris le seizième ou dix-huitième
jour de juin de la même année.

Dom Felix produisit encore plusieurs lettres-patentes tant de Charles IX (11 may 1568, 25 août 1568) que de François de Vallois (6 sept. 1571, 30 sept. 1571) duc d'Alençon, Château-Thierry, etc...... et de Henri III (août 1583, 1er décembre 1584)[1] roy de France, ses freres, qui tous ordonnoient que l'abbaye jouira paisiblement et sans trouble desdits droits d'usage, etc.... cy-dessus expliquez, nonobstant les fréquentes oppositions des eaux et forests. Cependant au préjudice d'une si ancienne, si longue et si juste possession sans interruption, lesdits sieurs Nicolai, Chomalus et autres commissaires députez réduisirent, comme on a déjà dit, le droit de l'abbaye par leur jugement du 12 février 1672, à vingt-quatre cordes de bois pour tout, sans rien accorder pour bâtir. Et l'on doit bien s'attendre qu'à la première réformation, on retranchera tout droit à cette pauvre petite abbaye, sous

Lettres du duc d'Alençon, Château Thierry, et de Henry III.

---

1. Toutes ces piéces se conservent dans le chartrier de l'abbaye, item la déclaration des biens, droits de l'abbaye présentée le 21 décembre 1547 au bailly de Vitry par Dom Pâquier Chatton.

prétexte que la forest de Vassy ne sera plus en état de fournir et accorder la jouissance desdits usages tant à l'abbaye qu'aux habitans des villages circonvoisins. Car enfin il n'y a point de droit si saint, si sacré et si bien établi auquel on ne donne atteinte en surprenant la religion et les meilleures intentions des souverains par le mauvais tour et les faux rapports que leurs officiers leur font de l'état des choses pour arracher d'eux le retranchement et l'abolition des droits les mieux établis accordez par leurs prédécesseurs ; et quand on les a une fois retranchés, on sçait par une expérience journalière en ce siècle, que l'on n'y rentre jamais. Ceux qui approchent des Princes trouvent assez de prétextes spécieux pour colorer leur injustice dans ces retranchemens.

THIBAUD III° du nom, comte de Champagne et de Brie, fit rebâtir l'église de cette abbaye de Saint-Pierre d'Orbaiz. Il n'y a plus aujourd'huy que le chœur, la croisée, le rond-point ou pourtour avec les chapelles, qui subsistent en leur entier. La nef, le portail et les deux tours a côté d'iceluy (supposé que ces parties ayent été achevées, car on n'en a aucune certitude) sont en désordre et presque ruinés par la faute et négligence des abbez commendataires, plus soigneux de recevoir les revenus et de les dissiper souvent en usages criminels que de les employer en réparations.

Thibaud III rétablit cette église vers l'an 1200.

On conjecture que ç'a été Thibaud III° du nom, comte palatin de Champagne et de Brie (qui commença de gouverner ses Etats en mil cent quatre-vingt-dix-sept, après la mort de son frere aîné Henri II dit le Jeune, mort en Palestine d'une chûte de fenestre en 1197,) qui a fait rebâtir ou du moins commencer cette église, parce qu'on lit dans un mémoire de notre chartrier intitulé : *Singularités d'Orbaiz* écrit par un ancien religieux, le vingt-cinquième jour de novembre mil six cens neuf, jour et fête de saint Réole, « qu'il y avoit quatre cens « neuf ans que le corps de cette église avoit été renouvellé « par un comte Thibaud. »

Si la supputation de ce mémoire est exacte, il s'ensuit que ce comte Thibaud qui fait commencer le rétablissement de notre église est Thibaud III° du nom qui, comme on a dit, commença de gouverner en 1197 et mourut en 1201, ce qui revient à l'année 1200 pour notre église, et qui auroit été commencée la troisième année des quatre de son gouvernement. Mais si la supputation de notre mémoire n'est pas tout-à-fait exacte, il faudra attribuer ce rétablissement ou continuation à son successeur Thibaud quatriéme du nom, aussi comte palatin de Champagne et de Brie, qui peut avoir fait achever ce que son prédécesseur n'auroit pas eu le tems de finir à cause de la briéveté de son gouvernement de quatre ans seulement. Les fenêtres de la croisée sont différentes de celle du rond-point et de la nef, ce qui marque une interruption ou changement de Prince, d'architecte et d'ouvriers.

Thibaud IV l'a peut-être commencée ou achevée.

Thibaud IVe du nom surnommé le Posthume ou le *faiseur de chansons*, comte palatin de Champagne et de Brie, et premier du nom roy de Navarre qu'il joignit à ses Etats vers l'an 1234 ou 1236 à cause de Blanche Ire de Navarre, son épouse [1], fille de Sanche VI dit le Sage, et sœur de Sanche VII dit le Fort ou l'Enfermé, roy de Navarre, mort sans enfans en 1234 ou 1236, et étant de retour de la Terre Sainte, il mourut à Troyes le dixiéme juillet 1254, aprés avoir gouverné ses Etats de Champagne et de Brie cinquante-trois ans, et la Navarre seize ou dix-huit ans. Il étoit fort affectionné à cette abbaye, marchant sur les traces de ses prédécesseurs, comme il paroît par la donation qu'il fait aux religieux, abbez et couvent d'Orbaiz de tous les droits, coutumes, servitudes, corvées qui luy étoient dues par trois fois l'an, serfs et servantes, poules et avoines et autres droits rapportez dans le titre de donation dont voicy la copie en latin, ladite donation datée du mois de février 1228 :

« Ego Theobaldus Campaniæ et Briæ comes notum facio uni-
« versis tam præsentibus quam futuris, quod ego attendens
« considerans que familiaritatem necnon amicitiam quam erga
« me et charissimam dominam meam, diu est, habuit ecclesia
« Orbacensis, et etiam pro remedio animæ meæ et inclitæ re-
« cordationis Theobaldi patris mei, donavi et concessi abbati et
« conventui Orbacensi omnia jura, consuetudines, servos,
« ancillas, et quorum seu omnium animalium trahentium die-
« tas tres in anno, quas habemus et possidemus apud Orba-
« cum et Villam quæ subtus Orbacum est vel alibi in villis
« meis, civitatibus sive castris, videlicet quod unusquisque

Donation de Thibaud IV du mois de février 1228.

---

1. [*Lisez* : sa mère. — Blanche de Navarre avait épousé Thibaut III. De ce mariage est issu le célèbre Thibaud le *Chansonnier*, dit aussi le *Posthume*, parce qu'il naquit après la mort de son père. En 1234, Thibaud IV succéda au trône de Navarre, comme héritier de Sanche VII, dit le Fort, son oncle maternel. Ce comte de Champagne fut marié trois fois. Il épousa successivement Gertrude de Dabo, Agnès de Beaujeu, cousine-germaine de Louis VIII, et Marguérite de Bourbon.]

« habitans dicti Orbaci solvet in perpetuum dictæ ecclesiæ in
« die nativitatis Domini unam gallinam cum uno solido turo-
« nensi. Et ad Villam quæ subtus Orbacum est, quolibet
« anno, eodem die, dictæ ecclesiæ solvent duas gallinas et tres
« boissarios avenæ de consuetudinibus quas illic habeo.
« Exceptis tantum nobilibus et clericis. Quorum habitantium
« Villæ ostia dependendi licentiam do et concedo dictæ eccle-
« siæ, neque ut possint dicti habitantes rependere dictum
« ostium sine licentia dictæ ecclesiæ, sub pœna trium libra-
« rum turonensium, si secus fecerint. Quod ut notum perma-
« neat et firmum teneatur litteris annotatum sigilli mei muni-
« mine roboravi. Actum anno Domini millesimo ducentesimo
« vicesimo octavo, mense februario. Et sigillatum magno si-
« gillo, in cera rubea cum duplici cauda pergamenea [1] impen-
« dente. »

Traduction de l'acte précédent en vieux françois.

« Nous Thibaud, comte de Champagne et de Brie [2], salut
« sçavoir faisons qu'en considération de la dévotion que nous
« et nôtre trés chére et trés honorée dame avons envers l'é-
« glise de l'abbaye d'Orbaiz, eu égard aussi à la grande
« démonstration d'amitiée et fervent zéle de bienveillance des
« abbez et religieux de ladite abbaye envers nous, et pour le
« salut de nôtre âme et de celle de trés heureuse mémoire
« Thibaud nôtre honoré pere, avons donné et accordé, don-
« nons et accordons à l'abbé et couvent de ladite abbaye d'Or-
« baiz tous les droits, coûtumes, servitudes, serfs, servantes
« et mêmement toutes corvées qui nous sont dûes par trois
« fois l'an audit lieu d'Orbaiz et en la Ville appellée soûs Or-
« baiz, et en toutes nos villes, cités et châteaux. Et seront
« aussi tous et un chacun d'iceux habitans dudit lieu d'Orbaiz
« tenus payer par chacun an à ladite abbaye d'Orbaiz une
« poulle et un sol tournois, et ce au jour de Noël ; et à ce mê-
« me jour et tous les ans un chacun des habitans de ladite
« Ville sous Orbaiz sera tenu payer à ladite abbaye d'Orbaiz
« deux poulles et trois boisseaux d'avoine. Les personnes
« nobles et clercqs en étant exempts. Donnons aussi par ces

1. [Pergamena.]
2. Thibaud IV ne prend icy dans cet acte que le titre de comte de Champagne en 1228, parce qu'il ne fut roy de Navarre par Blanche Ire de Navarre
qu'en 1234 ou 1236.

« présentes plain et entier pouvoir d'ôter et faire dépendre les
« huis des maisons des habitans de ladite Ville sous Orbaiz, et
« ce à ladite église et abbaye dudit Orbaiz, sans que nul des-
« dits habitans y puisse mettre empêchement, et où seroit
« trouvé ce faire sera mis à l'amende de trois livres tournois
« envers ladite abbaye, ni ne puisse rependre les huis de leurs
« maisons sans la permission, licence et congé de ladite
« église sous la même peine et amende envers ladite abbaye
« et église d'Orbaiz. Et à fin que cette présente fasse foy et
« donne entiére connoissance de nôtre susdite volonté, l'avons
« signée de nôtre propre main, y avons fait apposer nôtre
« grand séel en cire rouge pendant en double queüe en par-
« chemin. Fait l'an de Nostre Seigneur mil deux cens vingt-
« huit, au mois de février. »

L'abbaye d'Orbaiz ayant joui paisiblement, sans aucune interruption ni trouble de tous ces droits, et prérogatives rapportez dans les actes précédents pendant prez de deux siécles, un certain Oudin la Tresse, apparemment esprit brouillon, inquiet et seditieux, voulant secouer le joug de cette dépendance et servitude de l'abbaye, s'avisa, cent quarante ans aprés cette donation, de refuser de payer les droits, redevances annuelles, et satisfaire à tous les devoirs, corvées, servitudes ausquelles il étoit tenu et obligé envers ladite abbaye d'Orbaiz. Ce que voyant les religieux, abbé et couvent d'icelle, ils en portérent leur plainte et requête par devant les gens tenans et officiers des assises tenues à Château-Thierry, lesquelz ayant vu les titres desdits religieux, pezé et mûrement considéré et examiné leur droit et possession, les confirmérent, et condamnérent ledit Oudin de la Tresse à satisfaire entiérement aux demandes des religieux, par leur sentence du huitiéme janvier 1368 dont copie :

Un certain Oudin la Tresse refusant de satisfaire, y est condamné en 1368, le 8ᵉ janvier.

« A tous ceux qui ces présentes lettres verront et oiront,
« Symon Frizon bailly, Madame la Royne Jehanne royne de
« France et de Navarre [1], salut. Les religieux, abbé et couvent
« de l'église d'Orbaiz en Brie proposoient contre Oudin la
« Tresse que, à cause de leur église, ils étoient et avoient été

1368. Sentence qui confirme les droits cy-dessus et condamne un refractaire ou opposant à y satisfaire.

---

1. Cette princesse doit estre Jeanne de France, fille du roy Jean, laquelle naquit à Châteauneuf-sur-Loire le 24 juin 1343. Elle épousa au Vivier en Brie l'an 1351 [1353, *Art de vérifier les dates*] Charles le Mauvais, roy de Navarre. Elle mourut en 1373, cinq aprés la sentence dudit Symon Frison.

« en saisine et possession par long-tems, tel qu'il n'est mé-
« moire connue du contraire ou au moins suffisant à posses-
« sion et saisine avoir acquise, garder et retenir continüelle-
« ment, et demandoient d'avoir chacun an trois corvées à
« trois saisons, c'est asscavoir mars, versaines [1] et gain [2] de
« toutes personnes ayant bestes trayans [3] en leur ville et
« terroir d'Orbaiz pour icelles bestes traire et ouvrer un jour
« à chacune desdites saisons pour et au proffit d'iceux reli-
« gieux ; et aussi d'avoir de rente annuelle et perpétuelle pour
« chacune beste trayant six deniers au jour de feste Saint-
« Denis, chacun an, à toûjours perpétuellement; et ce nonobs-
« tant, ledit Odin avoit eu quatre bestes trayans en leur dite
« terre en l'an mil trois cens soixante quatre, et depuis con-
« tinüellement jusqu'à la Saint-Jehan-Baptiste l'an mil trois
« cens soixante-sept avoit contredit et refusé d'eux payer
« lesdites corvées et rente en leur troublant et empê-
« chant en leurs dites saisines et possessions à tort et de
« nouvel, si comme leur dit procureur disoit. Et pour ce
« avoient, par leur gardien, fait faire exploit en cas de
« nouvelleté contre luy et avoient prins et mis le débat et
« la chose contentieuse en la main de Madame, comme Sou-
« veraine, et jour assigné aux parties à certaines de nos assi-
« ses piéça [4] passées ausquelles par ces moyens et autres fût
« par lesdits religieux tendu afin qu'ils fussent tenus et gardez
« par nous en leurs dites saisines et possessions, ce nouvel
« trouble et empêchement en la main de madite Dame fus-
« sent ostez à leur proffit, et qu'il fût condampné et contraint
« à cesser d'iceulx nouveaux troubles et empêchemens, et à
« eux payer lesdites corvées et rente pour lesdites années
« passées et doresnavant tant comme il tenrroit bestes trayans
« en leur dite terre, et aussi qu'il fût condampné en leurs
« dépens faits et à faire en cette poursuite. Considérant
« ce que dit est et aussi certaines lettres de grâce à eux oc-

1. [Terre préparée pour la semence.]

2. [Automne, saison où l'on cueille les fruits appelés vayns ou gains.]

3. [Bêtes de trait. — On trouve, au XIVᵉ siècle, des exemples de formules semblables : « Les corvées de bestes traians..... c'est assevoir de « bestes trois fois en l'an... » — « Troiz croées de charrue... c'est assa-« voir à trois saisons, l'une en mars, l'autre en verseret et l'autre en « wayn. » — Chartes de 1320 et 1326 citées par Ducange, *Gloss.*, Vⁱˢ. « TREMISIUM et VERSANA.]

4. [Vieux mot qu'on a interprété par *pièce a*, il y a pièce (de temps), il y a longtemps. — *Dict.* de Littré.]

« troyées du Roy nôtre Sire et madite Dame par lesquelles ils
« étoient relevez du laps du temps qui avoit couru contre eux,
« et étoient reçus à faire poursuite en cas de nouvelleté, ou
« autre telle comme bon leur sembleroit, et en ce cas-cy et
« tout autre regard ce qu'ils n'avoient pas poursuy leurs droits
« pour l'occasion des guerres qui avoient été au pays. De par
« ledit Odin, à fin contraire furent proposées saisines et pos-
« sessions contraires, et furent les parties appointées [1] à bailler
« leurs faits et raisons par escript; et après plusieurs continū-
« ations en état et aux présentes assises, le dit Oudin a renoncé
« à son opposition, voulu et consenti être condampné en la
« demande desdits religieux. Sy faisons asscavoir que vüe et
« oüye la renonciation et consentement dudit Oudin, nous
« l'avons condampné et condampnons par nôtre sentence def-
« finitive et par droit en ladite demande desdits religieux et
« en leurs dépens faits en cette poursuite, la taxation d'iceulx
« réservée par devers nous. En témoins de ce, nous avons
« séellé ces présentes lettres de nôtre propre séel. Donné en
« nos assises de Château-Thierry commençeans le huictiéme
« jour de janvier l'an mil trois cens soixante et huit. »

Ces différens droits rapportez dans les actes précédens te- *Autre procédure contre des particuliers pour ces droits.*
nans fort à cœur aux habitans d'Orbaiz, Oudin la Tresse n'a
pas été le seul qui ait refusé d'y satisfaire exactement, puisqu'en l'an mil cinq cens trente six, les religieux, abbé et couvent d'Orbaiz présentérent leur requête (qui se conserve
encore dans le chartrier) au maire ou bailly d'Orbaiz, ou à
son lieutenant, contre les nommez Jean Le Fètre, Pierre Bonnet et autres vassaux, pour être par eux payé et satisfait desdits droits de coutumes, poulles, argent, corvées, etc........

Mais enfin tous ces beaux droits cédez et accordez à cette *Droits perdus et prescrits.*
abbaye par les comtes de Champagne et de Brié étant extrê-
mement seigneuriaux et onéreux, et par conséquent tout à
fait odieux aux habitans et vassaux qui y étoient obligez, ils
ont tâché petit à petit de secouer le joug et de s'en décharger,
profitant du malheur et du prétexte des guerres, de l'introduction des commandes, de la négligence des officiers et receveurs
de l'abbaye qui n'ont pas été soigneux de les faire rendre
exactement. De là vient que la plus-part de tant de si beaux
droits sont perdus et prescrits.

---

1. [Appointer (*adpunctare*, réduire à un point). C'était, dans l'ancien droit, soumettre une affaire à l'instruction par écrit, lorsque le juge la trouvait trop compliquée pour être débattue oralement.]

128   HISTOIRE DE L'ABBAYE D'ORBAIS

Donation de la terre de Champ-Renaud par Thibaud V, roy de Navarre et comte de Champagne, le 8ᵉ jour d'avril 1269.

THIBAUD dit LE JEUNE, second du nom roy de Navarre, et Vᵉ du nom comte de Champagne et de Brie, successeur de la piété et de l'affection de ses glorieux et illustres ancêtres et prédécesseurs pour cette abbaye, comme de leurs couronnes et de leurs Etats, voulut luy en donner des marques sensibles et qui subsistent encore et dont l'abbaye jouit encore aujourd'huy. C'est la donation de la terre, ou du moins de la plus grande partie de la terre et seigneurie de Champ-Renaud située dans la paroisse de la Ville sous Orbaiz, dans les bois, à une petite lieue de l'abbaye, dont voicy la copie tirée sur une copie en parchemin vidimée le douziéme jour de juin mil quatre cens et onze par Regnault Barbelée et Siméon Gaussart :

Acte de ladite donation vidimée et séellée le 12 juin 1411.

« A tous ceux qui ces présentes lettres verront, Renault
« Barbelée, garde, de par le Roy nôtre Sire, du séel de la pre-
« vôté de Châtillon-sur-Marne, salut. Sçavoir faisons que nous
« et Siméon Gaussart, juré du Roy nôtre Sire à ce faire establi
« en ladite prevôté, avons aujourd'huy vu et lu mot-à-mot cer-
« taines lettres saines et entiéres d'écriture et séellées du
« séel de cire vermeille pendant en lac de soye dont mention
« est faite en icelles, desquelles la teneur s'ensuit : Nos Theo-
« baldus Dei gratia rex Navarræ, Campaniæ et Briæ comes
« palatinus, universis præsentes litteras inspecturis notum
« facimus quod nos, ob remedium et salutem animæ nostræ
« et animarum parentum, antecessorum et successorum nos-
« trorum, damus et concedimus in puram et perpetuam elee-
« mosinam ecclesiæ Orbacensi Suessionnensis diœcesis terram
« et treffundum sex viginti arpentorum terræ essartandorum
« et assignandorum in nemoribus nostris de Vassy cum justi-
« tia eorumdem, videlicet per cheminum quo itur de Orbaco
« apud Igniacum-Jardi ¹.... contiguendorum et tenendorum
« a campis grangiæ de Campo-Renaudi ecclesiæ memoratæ ;
« quæ sex viginti arpenta supra dicta volumus et concedimus
« quod ecclesia supra dicta teneat, habeat et possideat perpe-
« tuo in manu-mortua, libere, pacifice et quiete, in his gardam
« nichilominus retinentes. In cujus rei testimonium et muni-

---

1. Il y a ici quelques mots effacés. — [« Usque ad *bateiz d'Igni.* » — *Bateiz* signifie enclos, territoire (La Curne de Sainte Palaye, *Gloss.*) — Ces mots sont ceux qui manquent dans le manuscrit de Dom Du Bout. Je les restitue d'après une copie de la charte de Thibaud V conservée à la Bibliothèque Nationale, Mss. *Collection de Champagne*, t. 135, p. 295. Cet acte a été catalogué par M. d'Arbois de Jubainville, *Hist. des comtes de Champagne*, sous le n° 3626, à la date du 8 avril 1269.]

« men perpetuum præsentes litteras sigillo nostro fecimus ro-
« borari et sigillari. Datum per nos apud Trecas, die martis
« post Ramos Palmarum, anno Domini millesimo ducentesi-
« mo sexagesimo nono, mense aprili.—En témoins de laquelle
« vision. nous garde desusdit avons séellé ces lettres du
« séel et contre-séel de ladite prévôté, sauf tous droits. Ce fut
« fait le douziesme jour du mois de juin l'an mil quatre cens
« et unze. Et plus bas signé S. Gaussart avec paraphe. »

Cette terre de Champ-Renaud a été augmentée depuis la donation précédente, soit par de nouvelles donations, acquisitions, soit par des réunions des terres cy-devant fieffées, et depuis réunies au premier domaine non fieffé donné par le comte Thibaud, faute d'hommes, droits et devoirs seigneuriaux non rendus par les vassaux, car elle contient présentement deux cents arpents de terre tant en terre à labour, prez et bois taillis dans lesquelz on devroit trouver à présent de beaux chênes et en grand nombre, si l'on avoit fidélement observé les Ordonnances de nos Roys. *La terre de Champ-Renaud augmentée.*

Jean de Pilles, abbé commendataire d'Orbaiz, fit et donna cette terre à bail emphytéotique, ou pour quatre-vingt-dix-neuf ans, à Robert Baudiére, soi-disant seigneur de la Chapelle-Monthaudon, à condition d'en payer et rendre par chacun an à l'abbaye cinquante livres de rente annuelle fonciére, à raison de cinq sols pour chaque arpent, et cinquante et quelques sols, et un chappon de rente seigneurialle, et d'y faire construire une maison, manoir, chambre, étables, écuries, grange, coulombier, comme il est plus au long marqué et déduit dans ledit bail fait et passé à Orbaiz au logis où pend pour enseigne l'*Ecus de France*, le sixiesme de septembre mil six cens trois, par Jacques Maraudez, fondé de la procuration de Jean de Pilles. *Donnée à quatre-vingt-dix-neuf ans.*

Cette terre de Champ-Renaud a passé des mains de Robert de Baudiére, aprés plusieurs mutations, en celles de Charles Denizet, marchand de Dormans-sur-Marne, qui l'avoit fait décréter[1] sur le sieur de Courtival, son débiteur; mais les enfans dudit feu Charles Denizet ont dû déguerpir et rendre ladite terre de Champ-Renaud à l'abbaye au mois de septembre 1702, y ayant dû auparavant faire construire une ferme, suivant ledit bail. — Il y a de gros dédommagements à demander pour les abatis et dégradations commises par les détempteurs de ladite terre. *Bail emphytéotique fini en 1702.*

---

1. [Vendre par arrêt de justice. — Anc. jurisp.]

Un petit mémoire de notre chartrier nous apprend qu'Elizabeth, converse, avoit donné aux religieux de cette abbaye le franc-alleu ou le bien et domaine de Clairfontaine en franc-alleu. *Obiit Elizabeth conversa quæ dedit nobis allodium Clarisfontére*. (Extrait d'un obituaire de ce monastère).

Nous apprenons du même endroit que Hélézindice, laïque, étant morte, Milon, abbé, donna pour le repos de son âme trente sols à cette abbaye à prendre sur une terre, plante ou vigne de Bayart. *Obiit Helezindix laïca, pro qua Milo abbas dedit nobis triginta asses super planta de Bayart.* — On ne sçait qui est cet abbé Milon, si c'est de l'abbaye d'Orbaiz ni en quel tems ces deux bonnes filles ont vécu.

Une dame, appellée communément dame Heleine [1], a donné à l'office de thrésorier un clos appellé communément le *Clos Dame-Heleine* situé dans l'enceinte des murs d'Orbaiz vers l'occident; on dit [pour elle] une grande messe tous les ans au commencement du mois de novembre. Ce clos a été fieffé moyennant une rente.

Bienfacteurs et leurs bienfaits inconnus ou envahis à présent faute de titres ou par différens accidens et usurpateurs.

On n'entreprend pas de faire icy l'éloge de ces pieux Roys de France et de Navarre, et Comtes de Champagne et de Brie; on renvoie les lecteurs aux historiens qui ont fait l'histoire de France, de Navarre et de Champagne [2], où on verra en détail leurs différentes actions en paix et en guerre, leur pieux empressement, leur libéralité à fonder des monastéres, leur zéle ardent et leurs infatigables travaux pour contribuer à arracher des mains des infidèles les saints lieux honorez de la présence de Jésus-Christ, pour les rendre à l'église.

On s'est contenté de rapporter icy une partie de leurs bienfaits et libéralitez envers cette abbaye dont on a pu avoir

---

1. On croit qu'elle a été inhumée le long du mur de la chapelle de la Sainte Vierge au-dessous de la fenêtre à droite vers le midi. On voyoit encore en 1700 un tombeau dans le gros mur et une grande tombe de pierre bleue-noire sur laquelle étoit gravée la figure d'une femme qu'on croit représenter cette dame Heleine. — [Il existe encore aujourd'hui, dans l'église d'Orbais, à gauche de l'entrée, près de la chapelle des fonts, une dalle funéraire représentant assez exactement un visage de femme. M. L. Courajod date ce monument de la fin du XIII° siècle ou du commencement du XIV°, et pense qu'on peut y voir le tombeau de dame Hélène. Il en a donné la reproduction, d'après un estampage, et la description dans *Pavage de l'église d'Orbais*, p. 6 (Extrait de la *Revue archéologique*), Paris, Didier, 1876.]

2. [On consultera surtout avec fruit la savante *Histoire des Ducs et des Comtes de Champagne*, par M. H. d'Arbois de Jubainville.]

connoissance (le reste faute de titres nous étant inconnu) pour en conserver et en faire passer le souvenir à nos successeurs et exciter leur piété, leur reconnoissance envers ces illustres bienfacteurs.

La perte de nos titres et anciens monumens, le défaut de mémoires causez par les différentes guerres et les incendies de cette abbaye en différens tems, les siécles qui se sont écoulez depuis sa fondation, c'est-à-dire prez de mille ans, et, si on l'ose dire, la négligence de nos prédécesseurs à écrire ce qu'ils ont vu et sçu, nous ont dérobé la connoissance des noms, qualitez, bienfaits, donations, fondations, libéralités de plusieurs grands Roys, Princes et Seigneurs qui se sont généreusement dépouillés pour enrichir cette abbaye de leurs domaines. De sorte que l'on ne sçait positivement aujourd'huy à qui l'abbaye est redevable en particulier du peu de bien qu'elle posséde encore (par rapport à son ancien domaine) qui a échappé à la fureur des guerres, à la rage des hérétiques et à la cupidité des différens usurpateurs anciens et modernes. Dieu conserve le reste !

EXTRAIT DE NÉCROLOGE DE L'ABBAYE DE SAINT-PIERRE-D'ORBAIZ CONTENANT LES NOMS DE QUELQUES BIENFACTEURS.

L'année de leurs donations et le jour de leur mort ne sont marquez, mais seulement leurs bienfaits :

Obiit Magister Renaldus et Emangardia mater ejus, qui dederunt nobis pratum quod dicitur Gohier.

Obiit Nicolaus dictus Pinot qui dedit nobis unum pratum apud la Planchette du Lohan.

Obiit Petrus dictus Triboul et Emelina uxor ejus qui dederunt nobis unam domum quæ dicitur la Cave.

Obiit Johannes dictus Moler, laïcus, et Emelina, uxor ejus, qui dederunt nobis pratum apud Capellam et unum stallum in foro.

Obiit Girardus de Festigny, miles, qui dedit nobis octo sextarios bladi et octo asses census.

Obiit Helisenda laïca, pro qua Milo abbas dedit nobis triginta asses super planta-de-Bayart. — Cette Hélisende étoit peut-être une esclave du monastere comme celles de Thomas abbé en 1243.

Obiit Gervasius, clericus, de Courbouin qui dedit nobis pratum à la Caze et duodecim denarios.

Obiit Johannes Marguot. et Johanneta uxor ejus, qui dederunt nobis et ecclesiæ nostræ unum pratum à la Chapelle contenant un arpent, tenant à Jean Gosse d'une part, et d'autre aux enfans.... Godard. Item une autre piéce contenaut trois quartiers à la Chapelle, au terroir des Déserts, tenant d'une part à Gilles Godard, et d'autre à Georges Gastelle Barbier de Montmirel.

Obiit Constantinus laïcus qui dedit nobis decem solidos supra unum hortum ad Sanctum Præjectum.

Obiit Petrus Blanchet et Isabel ejus uxor, qui dederunt nobis dimidium arpentum prati juxta pratum quod dicitur le Pré-l'Abbé.

Obiit Johannes Fossier qui dedit nobis decem solidos supra unum hortum ad Sanctum Præjectum.

Obiit Petrus, sacerdos necnon professor hujus loci [1], qui dedit nobis unam domum ad Sanctum Præjectum et mot[am] [2] quæ est retro domum.

Obiit Elizabeth, conversa, quæ dedit nobis allodium Clarisfontis, le fief, terre et seigneurie de Clairfontaine.

Obiit Petrus, laïcus, qui dedit nobis unum pratum dessous les Chancé.

Obiit Johannes Mathé, prior hujus loci, qui emit molendinum Richardi.

Obiit Petrus, miles, pro cujus anima dederunt nobis fratres ejus viginti asses ad procurationem fratrum ad pontem de

---

1. [Obiit Petrus sacerdos necnon *professor hujus loci*... Cet article de l'obituaire du couvent confirme la conjecture d'après laquelle il y a eu autrefois à Orbais une académie célèbre. Dom Du Bout en fait mention aux chapitres I et VIII de son *Histoire manuscrite*. « L'abbaye, dit-il, avoit des « écoles publiques où on enseignoit les belles-lettres, les hautes sciences et « la piété. »]

2. [Peut-être *motam*, élévation de terrain. — Le texte porte *mot* (sic).]

Dormant, et unum modium frumenti ad molendinum de Coublisi [1].

Guillaume de Pateisson, écuyer, et damoiselle Marguerite Massarde, sa femme, laquelle damoiselle authorisée de son mari, a donné en aumône à l'église de céans un arpent de pré séant en l'estang des Noës-le-Prévôt, au lieu dit aux Gravois, à la charge d'une haute-messe à toujours célébrer chacun an en ladite église.

Simon Buschez, chatellain-gouverneur ou seigneur d'Epernay, fait une donation à l'abbé et aux religieux de Saint-Pierre d'Orbaiz pour qu'ils prient Dieu pour ses ancêtres et pour luy aprés sa mort. L'acte de cette donation est du mois d'aoust mil deux cens dix-sept, et rapporté cy-aprés.

CHAPITRE SIXIÉME

De l'Eglise de l'Abbaye de Saint-Pierre d'Orbaiz ; des saintes Reliques, et anciens monumens qu'on y conserve.

§ Premier.

DE L'EGLISE [2]

L'église de l'abbaye St-Pierre d'Orbaiz, dédiée à Dieu sous l'invocation des princes des Apôtres St-Pierre et St-Paul, dont la principale partie se voit encore aujourd'huy, a été bâtie par le zéle et les libéralités de Thibaud IIIe du nom, comte palatin de Champagne et de Brie, vers la fin du douziéme siécle, ou au commencement du treiziéme siécle par Thibaud IV, successeur du précédent, qui joignit à ses Etats le royaume de Navarre en 1234 ou 1236, à cause de Blanche Ire du nom de Navarre, fille de Sanche VI dit le Sage, et sœur de Sanche VII dit le Fort ou l'Enfermé, mort sans enfans, comme on a remarqué dans le chapitre précédent.

Eglise de cette abbaye bâtie par Thibaud III ou par son successeur Thibaud IV, comtes palatins de Champagne.

Cette conjecture se tire d'un manuscript intitulé : *Singularités d'Orbaiz*, écript par un ancien Religieux, le vingt-cinquiéme jour de novembre mil six cens neuf, jour de la fête de St-Réole, qui marque « qu'il y a quatre cens neuf ans que le

---

1. [Aujourd'hui Comblizy, commune du canton de Dormans.]
2. [La belle église paroissiale d'Orbais est classée parmi les monuments historiques de France.]

« corps de l'église fut renouvellé par un comte Thibaud, et ne
« s'en voit aucun titre ni chartres, d'autant que l'Abbé Nicolas
« de la Croix avoit enlevé tous les papiers, titres et autres ren-
« seignemens qui ont été perdus depuis. »

Jour de la Dédicace inconnu.

On solennise la fête de la dédicace de cette église le trentiéme jour d'août; mais on ne sçait point en quelle année, par quel évêque, ni sous quel abbé la cérémonie de cette dédicace a été faite.

Cette église seroit une des plus belles du pays et tout à fait digne de la magnificence de nos pieux comtes palatins de Champagne, qui succédoient les uns aux autres à une sainte émulation et affection pour cette abbaye, comme on a dit cy-devant, si elle avoit esté achevée ou soigneusement conservée; mais on ne trouve rien qui prouve que ce grand dessein ait été achevé; et, s'il l'a été, on ne sçait pas en quel tems, à quelle occasion, par quel accident, ni par qui la plus grande partie de la nef, le portail ont été détruits et que la voûte du bas de la nef est tombée.

Il ne reste plus de ce beau monument de la piété de nos bienfacteurs que le chœur, la croisée, le rond-point ou pourtour, et sept chapelles autour dudit rond-point, dont l'une, qui est vers le dortoir, ou septentrion, sert de sacristie et thrésor pour y conserver les vases sacrés, les saintes reliques, l'argenterie, ornemens, etc...

Voûte de la nef tombée en 1651 qui brisa le jubé et les chaires du fond du chœur.

On voit encore, après le chœur, une partie de la nef dont la voûte tomba en mil six cens cinquante et un, du tems de Pierre de Séricourt, sieur d'Esclainvilliers en Picardie, chevalier de Malthe et abbé commendataire d'Orbaiz. La chûte de cette voûte fracassa le jubé de bois et les chaires du chœur voisines, et fit écarter le gros mur de ladite nef du côté du midi, ce qui est cause que les deux gros piliers surplombent de plus d'un pied vers les chapiteaux. On se contenta quelques années après,

Lambris au lieu d'une voûte en 1657.

de faire le lambris ou plafond qu'on voit encore aujourd'huy, aux dépens de l'abbaye, puisqu'il a fallu prendre des chênes dans le bois de la Croupiére qu'on a tout dégradé, quoique l'abbé dût faire ladite réparation à cause du troisième tiers dont il jouit pour acquiter toutes les charges. Ce lambris coûta pour la façon seulement, deux cens livres, suivant les quittances de Jean Heullier, charpentier de Mareuil, des septième et dix-huitième jours d'octobre 1657. Quelque temps après, le R. P. Dom Pierre Mougé a fait réparer les chaires du chœur rompues, sans rétablir le jubé.

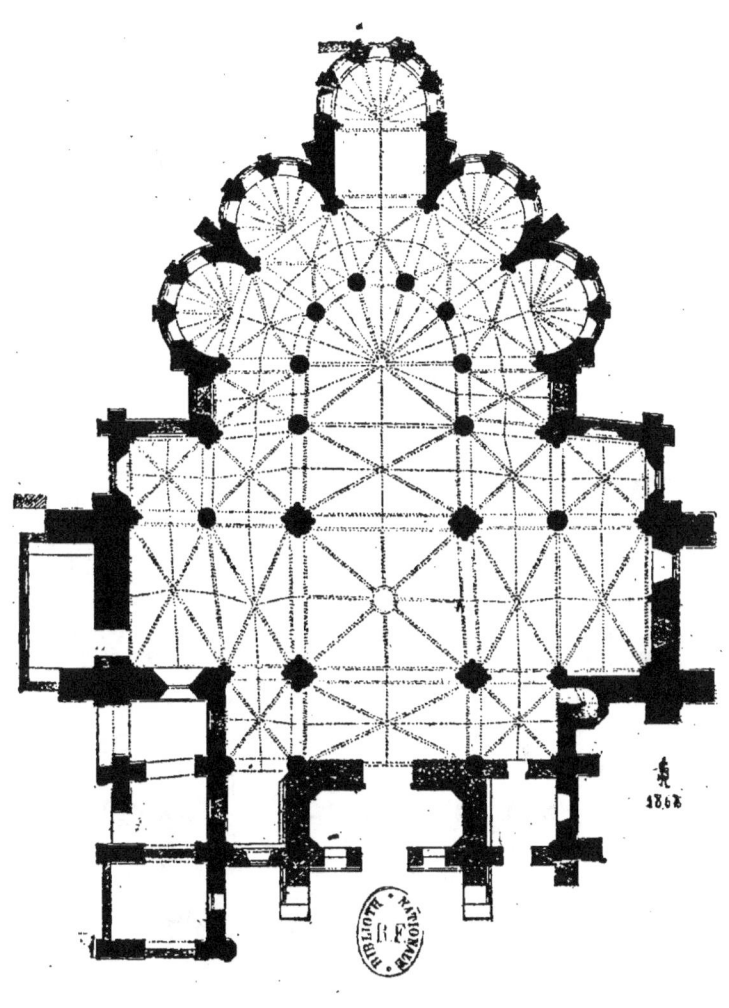

Plan de l'Église abbatiale d'Orbais
(Etat actuel)

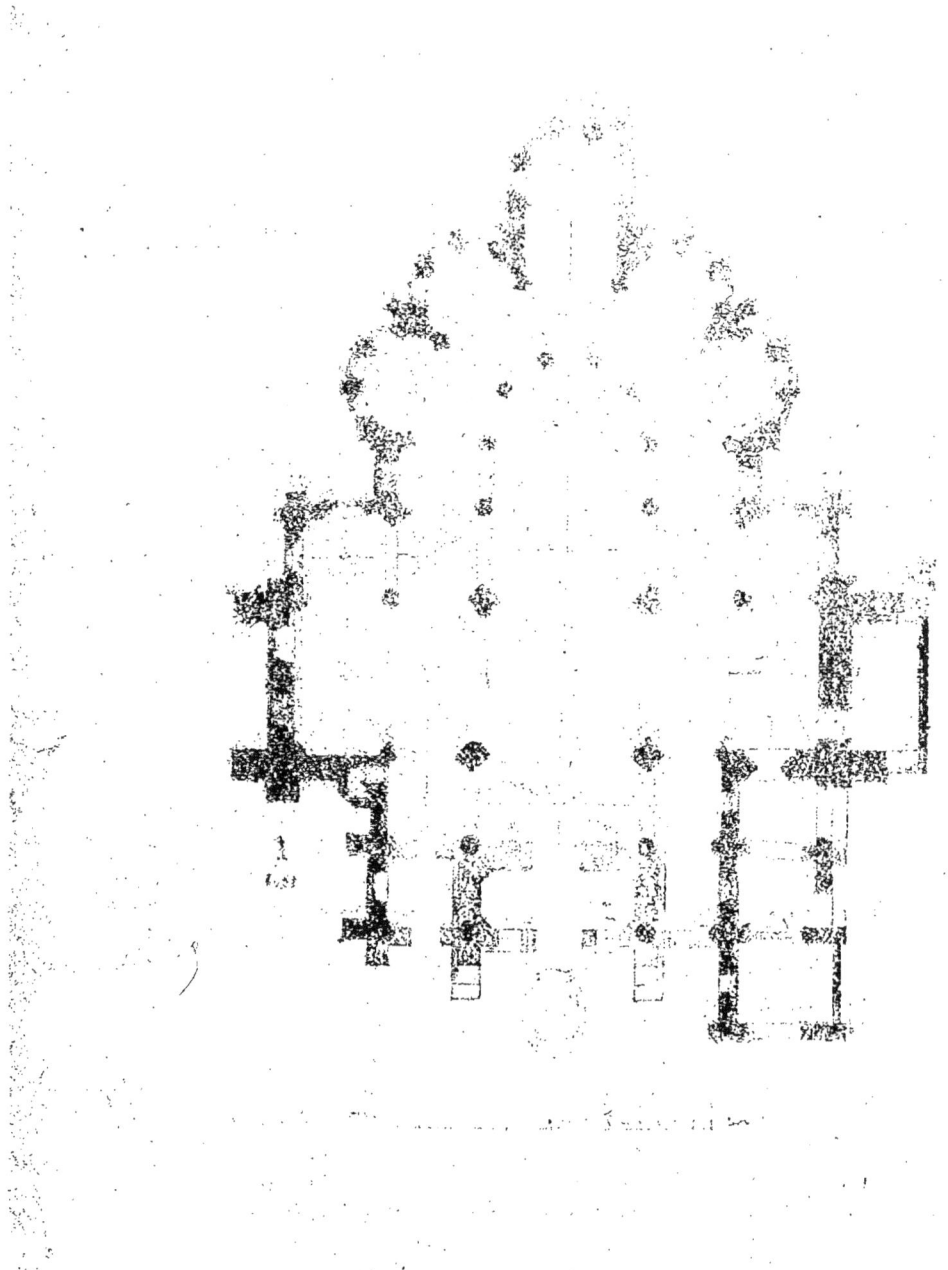

Au mois de may mil sept cent un, pour empêcher la ruine de la nef par la chûte du gros mur vers le midi, les Religieux firent placer et poser en travers, sur les chapiteaux des quatre piliers de ladite nef, deux grosses poutres, suivant l'avis des experts, nommez dans le procez-verbal fait par le sieur Hervé, conseiller au Grand Conseil, commissaire député en 1688, le 18 août, aprés une transaction du 3e mars 1687 suivie d'un arrest du 26e août 1687. Dans un autre procez-verbal, conservé dans le chartrier, fait au mois de décembre mil cinq cens quatre-vingt-un par Louis Duran, conseiller audit Grand Conseil, commissaire député pour visiter les réparations de l'abbaye après la mort de Nicolas de la Croix, à la requête de Jean de Pilles, son successeur dans cette abbaye, il y est dit qu'il n'y avoit que quelques ouvertures larges de quelques pieds à la voûte de cette partie de nef, lesquelles, n'ayant pas été rebouchées et réparées promptement par les soins de Messieurs nos commendataires, ont causé la ruine et la chûte de cette voûte. *Poutres posées en 1701 pour retenir les piliers et le mur de la nef.*

Le R. P. Dom P. Mongé pressant un jour Pierre de Séricourt de réparer l'église, il luy fit une réponse digne d'un abbé-soldat : « Laissons tomber l'église, nous ne serons plus obligez « à l'entretenir. La chapelle du Saint-Esprit suffira pour faire « l'office à si peu de moines. » Ledit R. P. Dom Pierre Mongé releva cette réponse impie avec toute sa force et son zéle ordinaires, ferma la bouche et chargea de honte et de confusion ledit P. de Séricourt, qui en fut tout interdit et ne sçut que repliquer. Mais, après tout, que devoit-on attendre d'un commendataire et d'un commendataire-soldat ? *Belle réponse d'un abbé, plus digne d'un soldat et d'un dragon, relevée avec force à la confusion de l'abbé.*

Les fenêtres de la croisée sont différentes de celles du rondpoint et de la nef, celles-cy étant plus larges et mieux travaillées que celles-là ; ce qui peut dénoter une interruption et discontinuation de travaux, un changement ou du bienfacteur, ou d'architectes ou d'ouvriers d'un dessein et d'un goût différens.

Les anciennes vitres étoient très belles, peintes et représentoient plusieurs évêques en habits pontificaux et autres grands personnages, et au bas de leurs figures leurs noms en gros caractéres gothiques, comme il en reste encore quelques-unes au rond-point, et comme on voit ailleurs dans les plus grandes et anciennes églises, selon l'ancien usage [1]. Mais à mesure *Vitres anciennes de l'église très belles.*

---

1. [L'usage suivi pour la décoration des édifices religieux du XIIIe siècle

qu'elles se cassent, on en met de blanches qui rendent l'église plus claire.

était de concentrer la richesse et l'art au sanctuaire. Il est vraisemblable que cette disposition a dû être adoptée dans l'église d'Orbais. Les fenêtres supérieures du chevet sont en forme de lancettes géminées surmontées de rosaces. Autrefois sans doute elles possédaient toutes des figures de saints évêques ou abbés, fondateurs et bienfaiteurs du monastère. Les sujets à personnages se trouvent aujourd'hui groupés, après la dernière restauration, dans deux fenêtres qui occupent le fond du chœur : — 1º La fenêtre placée dans l'axe du chevet, au dessus du maître-autel, comprend quatre panneaux historiés. Dans la lancette de droite (du côté de l'Evangile), en haut Notre Seigneur assis bénissant de la main droite ; au dessous la sainte Vierge assise tenant l'Enfant Jésus sur le genou gauche et une croix de la main droite. Ces deux premiers panneaux sont d'une bonne exécution. La lancette de gauche contient, dans sa partie supérieure, un personnage barbu, au front chauve, nu-tête, nimbé de jaune. Sa main droite est levée ; la gauche tient un livre. Au dessous est un personnage mitré également barbu ; il tient une crosse de la main gauche, et bénit de la droite. — 2º Dans la fenêtre qui, du côté de l'Epitre, fait suite à la précédente, on voit le buste d'un autre personnage mitré, ainsi que le haut de sa crosse. Le visage est jeune et imberbe. Une riche bordure de mosaïque encadre cette fenêtre. M. le comte de Mellet a appliqué des noms à ces personnages *(Bulletin du comité historique*, 1844-45, t. III, p. 135). Mais aujourd'hui les verrières ne portent plus trace de légende. Ces vitraux à personnages, après les remaniements successifs qu'ils ont dû subir, ne me semblent pas offrir des données suffisantes pour permettre de les interpréter d'une façon sûre. — Je dois insister seulement sur les deux rosaces bien conservées qui surmontent les fenêtres. La rosace disposée au-dessus de la fenêtre centrale représente un homme assis, ayant les bras étendus dans l'attitude du professeur qui enseigne. On lit à côté de lui le mot *Gramatica*. Dans la seconde rosace on voit un homme assis écrivant sur un pupitre élevé. La légende porte le mot *Retorica*. Ces deux médaillons à figure sont les seuls vestiges d'une série complète des Arts Libéraux qui a dû être représentée anciennement dans les sept rosaces couronnant le pourtour du chœur. A la fin du xiiº siècle ou au commencement du xiiiº, les Arts Libéraux occupaient une place importante dans les édifices religieux. Ici en particulier on est fondé à reconnaître le symbole des belles-lettres et des sciences qu'on enseignait alors à Orbais. — Un sujet allégorique d'un autre genre, mais d'un non moins bel effet que ceux des rosaces, se remarque, depuis la dernière restauration, dans une fenêtre basse de la chapelle de Saint-Prix au transsept septentrional. C'est l'*Eglise et la Synagogue*, autrement dit *la loi nouvelle opposée à l'ancienne*. Jésus-Christ est représenté sur la croix avec l'inscription : « *Jesus Nazarenus rex Judœorum*.» Son nimbe est crucifère. A droite de la croix, la religion chrétienne se montre sous les traits d'une femme nimbée de blanc, portant en tête la couronne royale ; elle tient de la main gauche une croix processionnelle et de la droite un calice. A gauche du Christ, la Synagogue est personnifiée par une autre femme, à la tête basse, sans couronne et sans nimbe, ayant

Les chaires du chœur, au nombre de quatorze supérieures et de neuf inférieures de chaque côté, sont d'un dessein et d'un goût ancien et gothique, et ont été faites apparemment sous Louis de Bourbon, cardinal de Vendôme, premier abbé commendataire d'Orbaiz vers l'an mil cinq cens vingt. — Ses armes y sont en relief aux dossiers de la première et [de la] dernière chaire du côté droit. — Il portoit de France à la bande [de gueule] chargée de trois lionceaux d'argent qui est de Vendôme, l'écus surmonté du chapeau de cardinal [1]. On rapprocha vers le maître-autel lesdites chaires au mois d'août mil six cens quatre-vingt-dix-neuf, pour rendre le chœur plus large, et réparer les deux maîtres-piliers au bas et derrière lesdites chaires, qui avoient été fort endommagez et sappez par la baze.

Nombre des chaires du chœur.

Il y avoit aussi un jubé de bois de même dessein et de même façon que les chaires, où on chantoit l'épitre et le saint évangiles aux messes des fêtes solennelles ; mais il fut aussi rompu et brisé en morceaux par les pierres de la voûte tombée en 1651 ; il n'a point été rétabli. On voit encore dans les chaires du côté gauche, la petite porte pour y monter.

Après la démission libre et volontaire de cette abbaye faite par Jacques Pouilly de Lançon, abbé-commendataire, sur la fin de l'année mil six cens quatre-vingt-seize, avec l'agrément du Roy, en faveur de Jean-Louis Fortia de Montreal, ledit

L'église réparée crépie et blanchie en 1697.

---

en mains une bannière à la hampe brisée. Ce sujet était un thème de prédilection au XIIIe siècle. Il existe notamment à la cathédrale de Bourges, sur un vitrail de cette époque, qui est assez comparable à celui d'Orbais. *Abécédaire d'archéologie* de M. de Caumont (5e édition, p. 475); cf. Viollet-le-Duc, *Dict. d'archit.*, v° Église. — Après la description des vitraux à personnages, une mention spéciale est due aux magnifiques grisailles de l'église d'Orbais. Non-seulement par la fermeté et la correction des dessins elles se distinguent entre les plus belles productions du genre au moyen-âge, mais elles témoignent aussi de l'habileté pratique des artistes de ce temps pour l'assemblage et la mise en plomb des verres. Il est probable qu'à l'origine les baies du transsept et de la nef ne devaient contenir que des vitraux en grisailles. Les fragments de ces grisailles qu'on a retrouvés ont été surtout utilisés pour la décoration des fenêtres du transsept, lors des travaux de restauration entrepris en 1880, sous la direction de M. Selmersheim, architecte.]

1. [Ces armoiries n'existent plus aujourd'hui aux dossiers des stalles. On les voit reproduites sur un des carreaux de terre cuite émaillée de l'église d'Orbais publiés par M. Courajod, *Le Pavage de l'église d'Orbais*, p. 23.]

R. P. Dom Pierre Mongé fit réparer ledit rond-point, croisées et chapelles en dehors, crépir et blanchir en dedans le chœur, croisées, chapelles, basses-voûtes des collatéraux, etc.

<small>Buffet d'orgues dans l'église, dont le fust a été démonté en 1669 pour y mettre une horloge.</small>

Il y a eu autrefois, dans cette église, un jeu d'orgues dont le fust ou buffet occupoit presque tout l'espace de la croisée septentrionale au-dessous de la grande rose ou vitre du côté du dortoir, et fut démonté par Nicolas David, couvreur, en 1669, par ordre du R. P. Dom Felix Mauljean, premier supérieur depuis l'introduction de la congrégation de St-Maur en ce monastére, pour y placer l'ancienne horloge, au lieu de laquelle on a placé la nouvelle au mois de juin mil sep cens. On voit encore une piéce de bois ou corbeau, qui avance à côté de ladite horloge, qui soutenoit ledit buffet, suivant l'*attestation des plus anciens habitans d'Orbaiz*, qui l'ont vu placé dans cette église. Voicy la copie de cette attestation dont l'original, daté du vingt-deuxiéme jour d'août 1699, est conservé dans le chartrier :

<small>Plusieurs attestations des plus anciens habitans d'Orbaiz qui ont vu ledit buffet. Lesdites attestations visées par le R. P. visiteur.</small>

« Nous soussignez, Dom François Pelletier, prêtre, ancien
« religieux de l'abbaye Saint-Pierre d'Orbaiz, au diocése de
« Soissons ; Jean et Vincent Jullion, pratticien ; Barthelemy
« Brochart, tisserand ; Robert Branslart, taillandier ; Charles
« Vatrin ; Christophle Loison, cabaretier ; Nicolas Buffry, cor-
« royeur ; Gabriel Cruchet ; Antoine de la Rive, cordonnier ;
« Oger Noël, tisserand ; et Thomas Jacob, maître d'échôle —
« tous habitans dudit Orbaiz — certifions à tous qu'il appar-
« tiendra avoir vû en l'église de ladite abbaye le bois des orgues
« peint en couleur rouge, que nous avons ouï dire à nos an-
« ciens avoir joüé, et lesquelles étoient posées où est aujour-
« d'huy la boëte de l'horloge de ladite église ; lesquelz bois
« formoient entiérement le buffet desdites orgues, et qui ont
« été démontés par l'ordre des Révérends Peres Religieux
« Bénédictins reformez, au commencement de leur établisse-
« ment en ladite abbaye, qui fut en l'an mil six cens soixante-
« huit. En foy de quoy nous avons signé le présent certificat
« pour servir à qui il appartiendra, ce vingt-deuxiéme jour
« du mois d'août mil six cens quatre-vingt-dix-neuf. Signé :
« D. Fr. Pelletier — B. Brochard — Charles Vatrin — Nico-
« las Buffry — Robert Branslard — V. Jullion — Jean Jul-
« lion — Th. Jacob — C. Loison — G. Cruchet — Oger
« Noël — A. de la Rive — Berthaut — avec chacun un para-
« phe. »

Attestation de Nicolas David qui a démonté ledit buffet d'orgues. — « Je soussigné, Nicolas David, couvreur de

« thuilles et d'ardoises, certiffie à tous qu'il appartiendra
« avoir vû et aidé à démonter par l'ordre de deffunts Reve-
« rends Peres Dom Felix Mauljean, prieur, et Dom Joseph
« de Canteleu, religieux de l'abbaye Saint-Pierre d'Orbaiz,
« le fust ou buffet d'orgues de l'église de ladite abbaye du
« lieu et place où est aujourd'huy l'horloge. En foy de quoy
« j'ay donné ce présent certificat pour servir ce que de raison,
« ce jourd'huy trentiéme d'aoust mil six cens quatre-vingt-
« dix-neuf. Signé : Nicolas David avec paraphe. »

Certificat du sieur Louis Linage, écuyer, sieur de Cramants.
« — Je soussigné, Louis Linage, écuyer, sieur de Cramants et
« autres lieux, âgé de quatre-vingt-trois ans, déclare me res-
« souvenir d'avoir vû dans ma jeunesse le buffet et quelques
« tuyaux d'étaim d'un orgue, placé dans l'église de l'abbaye
« Saint-Pierre d'Orbaiz, au-dessous de la grande rose ou grande
« vitre de la croisée du côté du septentrion, où est à présent
« l'horloge. En foy de quoy j'ay signé cette présente déclara-
« tion pour servir en tems et lieu ce que de raison, ce jour-
« d'huy deuxiéme de juillet mil sept cens. Signé : Linage de
« Cramants. » — Et plus bas est écrit l'avis du R. P. Dom
Charles Petey de l'Hostallerie, visiteur de la province de
France, en ces termes : « Vû les certificats cy-dessus, je suis
« d'avis qu'on peut rétablir lesdites orgues. Le septiéme mars
« mil sept cens un ; signé : Fr. Charles Petey de l'Hostallerie,
« visiteur. »

On dira icy par occasion que l'usage des orgues dans les églises, et même dans celles de nos monastéres, n'est pas nouveau ; pour en être persuadé il ne faut que lire la préface du R. P. Dom Jean Mabillon, pages 82, 83, 84, de la premiére partie du troisiéme siécle des *Actes des Saints de l'Ordre Saint-Benoist*, où il rapporte plusieurs témoignages des autheurs irréprochables qui l'assurent. On y lit, page 83, les louanges que le moine bénédictin anglois donne en vers à Elfege, évêque de [Winchester], pour avoir introduit et donné des orgues dans l'église de son monastére dans le dixiéme siécle [1] :

L'usage des orgues anciens dans nos églises de France, d'Italie, d'Angleterre dans le xe siècle. On en attribue l'établissement et l'usage dans l'église pour l'office divin au pape Vitalien en 657.

---

1. [Ces vers sont extraits du prologue de Wolstan, moine de l'abbaye de Winchester, dans son poëme sur la vie de saint Swithin : « Wols-
« tanus monachus Ventanus in prologo ad vitam metricam sancti Swithuni,
« laudat Elfegum Ventanum episcopum ob organa in Ventano monasterio
« constructa. » Mabillon, *loc. cit.* — Sur le célèbre monastère de Winchester Cf. Dugdale, *Le Monasticon Anglicanum*, vol. I, p. 189 et s., Londres, 1817.]

« Talia et auxistis hic organa qualia nusquam
« Cernuntur, gemino constabilita sono,
« Bisseni supra sociantur in ordine folles,
« Inferiusque jacent quattuor atque decem.
« Flatibus alternis spiracula maxima reddunt,
« Quos agitant validi septuaginta viri :
« . . . .
« Sola quadringentas quæ sustinet ordine musas,
« Quas manus organici temperat ingenii. »

Cet usage étoit aussi dans nos monastères d'Italie, suivant la remarque du même Dom Jean Mabillon, *ibid.*, page 83 : « De Italia vero testatur Gerbertus in epistola nonagesima prima ad Raimundum Aureliacensem abbatem, in qua dicit non habere se quod scribat *super organis in Italia positis, ac monacho dirigendo qui ea conducat.* »[1]

Orgues à Fécamp.

Baldricus, archevêque de Dôle[2], dans sa lettre aux religieux de Fécamp en Normandie, en parlant de leur église, dit que ce qu'il y avoit remarqué de singulier, et qui luy avoit extrêmement plû, étoit un certain instrument de musique, composé de flûtes d'airain ou de cuivre, et de soufflets, qui rendoient un son fort harmonieux. « Illa in ecclesia, inquit, unum erat quod
« mihi non mediocriter complacuit, quod ad Deum laudandum
« et excitandum David suis canticis inseruit : *Laudate*, inquit,
« *Dominum in chordis et organo*[3]. Ibi siquidem instrumentum
« vidi musicum, fistulis æreis compactum, quod follibus
« excitum fabrilibus, suavem reddebat melodiam. Organa illud
« vocant, certisque temporibus excitabant. »

Orgues improuvées par des esprits mal faits, grossiers, faux dévots, atrabilaires, traittez de médisans et de calomniateurs injustes par l'évêque Baldricus.

Le même Baldricus ajoute ensuite que cet instrument ne plaisoit pas à tout le monde, qu'il y avoit dans ce tems-là des humeurs et des esprits faits en dépit du bon sens, ennemis

---

1. [Lettre de 987, écrite par Gerbert (plus tard Sylvestre II), alors abbé de Bobbio, à Raymond de Vaur, abbé d'Aurillac, son ancien maître, ap. Dom Bouquet, *Historiens de France*, t. IX, p. 291. M. E. de Barthélemy en donne la traduction dans son *Etude sur Gerbert, sa vie et ses ouvrages*, couronnée par l'Académie de Reims, p. 186, Lecoffre, 1868, in-8°. — Cf. Le premier pape français, Gerbert, archevêque de Reims, par M. J. Chardron, *Revue de Champagne*, t. XV, p. 178 et 266.]

2. [*Lisez* évêque de Dol. « Dès le douzième siècle au plus tard les religieux du monastère de Fécamp avaient un orgue, instrument assez rare en ce temps-là. Plusieurs les en blâmaient, et Baudri, évêque de Dol, prit hautement leur défense. » D. Toussaint Du Plessis, *Description géogr. et hist. de la Haute-Normandie*, t. I, p. 95. — Epistola ad Fiscannenses monachos, ap. Dom Bouquet, *Historiens de France*, t. XIV, p. 224.]

3. [Ps. 150, 4.]

irréconciliables de tout ce qui peut élever nos cœurs et nos esprits à Dieu, les réunir et les récréer innocemment, plus farouches et plus brutaux que les brutes mêmes les plus stupides, lesquelles s'arrêtent, s'apprivoisent et se laissent enfin gagner par les charmes et les attraits de la musique, comme il y a encore aujourd'huy de ces esprits hétéroclites qui, bien moins par le motif d'une véritable piété et d'une sincére mortification de leurs sens extérieurs, que par envie, par une fausse idée de réforme, ou parce qu'ils ont l'intelligence trop épaisse et trop bouchée, et l'âme rampante, pour pouvoir s'élever et comprendre ce que les orgues insinuent agréablement à nos âmes, ne peuvent les souffrir, les condamnent, les censurent absolument, déchirent par leurs médisances aussi injustes que cruelles ceux qui sçavent s'en servir pour louer Dieu, comme le saint Roy David, élever et conduire insensiblement les hommes à la connoissance et aux désirs de posséder les plaisirs du ciel.
« Non tamen ignoro, quia sunt multi, qui tale quid in suis non
« habentes ecclesiis, eos qui habent murmurando dilapidant.
« Quos nos obloquentes et detrahentes audemus nuncupare,
« qui quod organa nobis innuant, nesciunt exponere. »

On convient aussi que, dans l'usage de cet admirable instrument, il faut observer trés exactement les régles si saintement prescrites par un concile provincial tenu à Sens en mil cinq cens vingt-huit : « Organorum usum Ecclesia a Pa-
« tribus ad cultum servitiumque divinum recepit. Nolu-
« mus itaque quod organicis instrumentis resonet in Ecclesia
« impudica aut lasciva melodia, sed sonus omnino dulcis, qui
« nihil præter hymnos divinos et cantica spiritualia repræ-
« sentet. » (Concil. Senonense, c. 17, anno 1528). *Quel doit être l'usage des orgues dans nos églises.*

En mil six cens quatre-vingt-dix-neuf, au mois d'août, on démonta un grand ouvrage de menuiserie et de sculpture, au milieu duquel il y avoit un grand tableau représentant Jésus-Christ ressuscité, les gardes du tombeau, et un religieux à genoux, qui étoit au grand autel et qui cachoit et bouchoit le fond du chœur, les basses voûtes du rond-point, la chapelle du Saint-Esprit dans le fond, celles de saint Jean-Baptiste et de la Magdelaine aux deux côtez. Les pieds d'estaux ou bazes, les colomnes, les chapiteaux, la corniche et un des frontons furent transportez et adossez contre les basses-chaires du chœur du côté de la nef, et le tableau posé contre le gros mur de ladite nef en bas et en dedans d'icelle. *Grand ouvrage de menuiserie démonté au grand autel.*

§ Second.

DES SAINTES RELIQUES CONSERVÉES DANS NOTRE ÉGLISE

Saintes reliques de St-Pierre d'Orbaiz.

On conserve dans cette église une particule ou morceau de la sainte ou vraye croix, enfermée dans une croix couverte de lames de cuivre doré enrichi de [filigranes] et de quatorze pierres précieuses.

Un chef, ou buste d'argent, haut d'environ deux pieds, représentant un évêque la mitre en tête, dans lequel sont enfermées des vertèbres de saint Réole notre fondateur. Il y a plusieurs pierres.

Deux châsses de bois noirci longues d'environ deux pieds, garnies de feuillages et ouvrages d'argent à quatre faces, remplies des ossemens du même saint Réole. Le reste est à Hautvillers.

Deux bras de cuivre doré enrichi de [filigranes] d'argent et de quelques rubis et autres pierres. Dans l'un est un os de saint Firmin, évêque et martyr d'Amiens ; dans l'autre un ossement du même saint Réole. Nous avons remarqué cy-devant, que ces saintes reliques avoient été mises avec cérémonies et solennités dans ces nouveaux reliquaires en l'année mil six cens quatre-vingt-six.

Reliques douteuses.

Outre les susdites saintes reliques, il y a encore quelques autres reliquaires de bois doré dans lesquelz on conserve encore quelques ossemens du même saint Réole, des SS. Apollinaire et Thimothée [1], martyrs de Reims, et autres saints ossemens, comme un ossement d'une mâchoire qu'on tient par tradition et suivant un inventaire du trésor, être de saint Joseph, des petits ossemens de St-Christophle, de St-Clément, St-Loup, et quelques ossemens de saints inconnus, suivant un procez-verbal fait par les RR. PP. Dom Pierre Mongé, prieur, et Dom Guillaume Jamet, religieux d'Orbaiz, le dernier jour de may 1681, copié au long cy-après.

---

1. Beatus Apollinaris, ossibus suis in Orbacense translatis monasterium, nonnullis inibi florere spectatur gratiarum insignibus. (Flodoard, lib. I, cap. 4.) *De primis Rem. martyribus.* [Guizot, *Mémoires relatifs à l'Histoire de France*, t. V, p. 13.]

ÉGLISE D'ORBAIS
Vue du Chœur

§ Troisième.

DE QUELQUES ANCIENS MONUMENS

Il est à présumer qu'il y a eu autrefois plusieurs anciens monuments dans cette église dont on n'a plus aujourd'huy aucune connoissance ; les guerres, les incendies et autres malheurs nous en ayant dérobé la connoissance, de sorte qu'il ne nous reste que peu de choses de l'antiquité. On voit encore néantmoins un ancien monument fort considérable et fort respecté des personnes également pieuses et sçavantes : c'est la pierre sépulchrale, ou tombeau soutenu d'une colonne de saint Réole, notre premier fondateur, placée contre le mur du collatéral méridional, au-dessous d'une fenêtre, entre la chapelle de la sainte Vierge et celle de saint Nicolas, dans laquelle on tient par une ancienne tradition, que le corps de saint Réole fut enfermé et mis en terre aprés sa mort[1]. Suivant cette pieuse tradition, il est certain que notre saint fondateur a été inhumé dans l'église de cette abbaye ; car il ne faut pas s'imaginer que l'on ait transporté cette pierre d'une autre église pour la mettre icy en depost.

Tombeau ou pierre sépulchrale où on croit que le corps de St-Réole a été enfermé et mis en terre après sa mort.

On ne trouve dans notre église que trois tombes de nos abbez réguliers. La première et la plus ancienne dans la chapelle de la sainte Vierge devant la croisée méridionale, joignant le marchepied de l'autel, est d'un abbé appellé Guillaume. Il y est représenté la tête en bas, nue, portant une grande tonsure ou couronne monachale, sans mitre, et les pieds tournez vers l'autel, selon l'ancienne pratique d'enterrer les morts, tenant sa crosse d'une main. On ne sçait ni le jour, ni le mois, ni l'année de sa mort ; on lit seulement ces vers autour de la tombe :

Tombe de l'abbé Guillaume.

> Abbas Willelmus quo nostra...
> A rebus mundi quæ causam dant pereundi
> Ad regnum cœli pervenit mente fideli.
> Hoc sub sarcophago requiescit vir venerandus
> Moribus et vita, cunctis qui mansit amandus.
> Hinc abiit, sed non obiit. Transivit ad esse.

---

1. [M. Courajod a démontré que cette pierre sculptée, portant un dessin d'ornement du treizième siècle, n'avait pu être le tombeau primitif de Saint Réole, *Le Pavage de l'Eglise d'Orbais*, p. 4 ; cf. suprà. chap. II.]

146 HISTOIRE DE L'ABBAYE D'ORBAIS

Tombe de Guy de Treveslay, abbé d'Orbaiz, mort en 1352.

La seconde pierrre ou tombe au bas du presbytére ou sanctuaire de notre église, au-dessous de la lampe, est de Guy ou Guillaume de Treveselay, abbé d'Orbaiz, mort au mois de septembre mil trois cens cinquante-deux, comme il est marqué sur cette tombe de pierre blanche, sur laquelle les paroles suivantes sont gravées : « CY GIST MESSIRE GUY (OU GUIL-« LAUME) DE TREVESELAY JADIS ABBÉS D'ORBÉS, QUI « TRÉPASSA L'AN DE GRACE MCCCLII OU MOIS DE SEPTEMBRE. « PRIEZ POUR L'AME DE LI EN DISANT REQUIEM ÆTERNAM « DONA EI DOMINE ET LUX PERPETUA LUCEAT EI CUM SANCTIS « TUIS IN ÆTERNUM QUIA PIUS ES ». Cet abbé est représenté revêtu des habits pontificaux, mitre en tête, anneau, gants, crosse en dehors, chaussures, etc..., la tête en bas, les pieds vers l'autel selon l'ancienne coutume de l'Eglise [1].

Tombe de Pierre de Chavigny, abbé, mort en 1421.

La troisiéme tombe au milieu de la chapelle dite du Saint-Esprit dans le fond de l'église, est de Pierre de Chavigny, abbé d'Orbaiz, mort le septiéme jour du mois d'août mil quatre cens vingt-et-un, comme on lit sur ladite tombe, où les paroles suivantes sont gravées : « CY GIST MESSIRE PIERRE DE CHAVIGNY « JADIS ABBÉ D'ORBAIZ QUI TRÉPASSA EN L'AN DE GRACE NOTRE-« SEIGNEUR MCCCCXXI LE SEPTIÉME JOUR DU MOIS D'AOUT. « PRIEZ DIEU POUR L'AME DE LUY ». Cet abbé est représenté comme le précédent, revêtu de tous ses habits pontificaux, les pieds vers l'autel, et la tête vers le bas, suivant l'ancien usage [2].

On voit encore la figure en relief, longue d'environ cinq pieds, d'un évêque ou abbé régulier sous une arcade au bas de la croisée méridionale, dans un coin ; mais on ignore le nom de celuy qu'elle représente, faute d'inscription. On l'a changée plusieurs fois de place ; en 1696 elle étoit à la porte par où on entre aujourd'huy au chœur, devant la sacristie, auparavant que l'on y eût fait la balustrade de bois.

La grande pierre qui est au bas du chœur à la porte, y fut apportée et posée au mois d'août 1699, lorsqu'on avança les chaires vers le maître-autel, pour élargir le chœur; mais il n'y a aucun corps inhumé dessous.

---

1. [Aujourd'hui, dans le bras droit du transsept, devant l'autel de l'ancienne chapelle de la Vierge. *Le Pavage de l'église d'Orbais*, pl. IV et p. 7.]

2. [Cette tombe a été déplacée. Elle est aujourd'hui adossée au mur qui sépare le bras gauche du transsept de la première chapelle de l'abside. *Le Pavage de l'église d'Orbais*, pl. V et p. 9.]

TOMBE DE GUY DE TREVESELAY, ABBE D'ORBAIS

TOMBE DE PIERRE DE CHAVIGNY, ABBÉ D'ORBAIS

Dix à douze pieds au-dessous, dans la nef, on voit la moitié de la tombe de Dom Jean Louveau, prieur claustral, et vicaire général de Nicolas de la Croix, abbé d'Orbaiz ; on ne sçait où est le reste. On croit que cette partie a été prise pour faire la marche [1].

On ne peut dire quand on a construit ce gros pignon qui sépare la nef en deux, ni si la partie inférieure de la nef, où il y a un second mur de séparation, et si les clochers ou tours et le portail ont été achevez ; ni quand la voûte et les clochers sont tombez, au cas qu'ils ayent été achevez ; ni en quel tems, ni sous quel abbé on a converti le bas de la nef et le portail en logis-abbatial, appellé ordinairement *le Château*, à cause des tours et des meurtriéres qu'on y voit encore [2]. *Portail de l'église converti en logis-abbatial.*

Il y a dans ce logis abbatial un autel : on voit encore au retable les armes de France modernes à trois fleurs de lys, celles de l'église métropolitaine de Reims, peut-être à cause que ses archevêques ont eu depuis la fondation de cette abbaye dont ils étoient les premiers fondateurs à cause de St-Réole, et longtems après, toute juridiction sur les abbez et religieux, et les armes des comtes de Champagne, qui ont fait bâtir cette église et fait plusieurs donations, comme on a vu cy-devant [3]. *Autel du logis-abbatial.*

Dans la grande arcade extérieure du portail, du côté de la place ou halle du bourg, au-dessus de la grande porte et au milieu, on voit la figure d'un archevêque revêtu de ses habits pontificaux avec le pallium fort long selon l'ancien usage. Ce qui reste du portail marque qu'il étoit beau et magnifique et ne cedoit en rien à ceux des plus belles églises. On en peut juger par l'entrée et la porte conventuelle qui conduisent aujourd'huy au cloître et dans l'intérieur du monastére, et par où on entroit anciennement dans les collatéraux de la nef : cette *Figure d'un archevêque au portail. Portail très-beau.*

---

1. [M. L. Courajod, *op. cit.*, donne la reproduction gravée et la description de toutes les pierres tombales, provenant de l'ancienne abbaye, qui se voyaient encore en 1876. — Les récents travaux d'assainissement du sol de l'église ont fait découvrir une nouvelle dalle funéraire. Cette dalle, postérieure au temps où écrivait Dom Du Bout, a été encastrée dans la piscine de la première chapelle de l'abside, à gauche. Elle porte : D. C. FRANQHOMME OBIIT 14 MAII 1770. Dom Charles Francqhomme était prieur de l'abbaye, ainsi qu'il résulte de baux souscrits par lui en cette qualité dans les années 1762 et 1767. *Archives départ. de la Marne*, Fonds d'Orbais, nos 4 et 35.]

2. [Le logis-abbatial ou *château*, avec ses tours ou meurtrières, est représenté dans l'estampe du *Monasticon gallicanum*.]

3. [Nous donnons ici la reproduction d'un curieux vitrail du XIIIe siècle

entrée est belle, noble, magnifique, élevée, bien voûtée, soutenue de belles colonnes d'une pierre extrêmement dure et polie, les ceintres enrichis de sculpture. Sur la droite du portail, il y a encore une entrée bouchée, mais semblable à la précédente.

Dans la tour du portail vers le septentrion, on voit à la voûte une grande ouverture ronde et de cinq à six pieds de diamétre pour monter des cloches. M^rs les anciens religieux prétendoient que les cloches qui sont aujourd'huy à St-Prix avoient été enlevées de notre tour, et vendues par les premiers commendataires. Ils ont bien vendu et dissipé d'autres biens et immeubles. Ce fait est digne de leur avarice et de leur insatiable cupidité à Orbaiz comme ailleurs.

La grandeur et beauté de l'église, preuve d'un grand nombre de religieux.

Enfin, en considérant la grandeur et la beauté de notre église, on peut conclure qu'il y a eu icy autrefois un nombre considérable de religieux, et que les assemblées pour les jubilez et *Te Deum* s'y faisoient.

Réparation de l'église en 1697.

Le R. P. Dom Pierre Mongé, prieur de ce monastére, (aprés la démission volontaire de cette abbaye, faite par Jacques de Pouilly de Lançon sur la fin de l'année mil six cens quatre-vingt-seize, avec l'agrément du Roy, en faveur de Jean-Louis de Fortia de Montreal, prêtre, docteur de la Maison et Société de Sorbonne et en droits) faisant réparer notre église en dehors et en dedans en 1697, en conséquence d'une transaction et bail de la manse abbatiale fait par ledit feu sieur de Lançon à notre communauté le troisième jour de mars mil six cens quatre-vingt sept, et voulant rendre les chapelles du rond-point plus

qui existait encore, il y a quelques années, dans l'église d'Orbais, à la première fenêtre du transsept septentrional, côté droit. Il est composé de deux écussons. Le premier est parti de Navarre et de Champagne, le second est de France plein. Quand ces deux écussons étaient enchâssés dans la fenêtre de l'église d'Orbais, celui qui dans la planche ci-contre est en haut se trouvait disposé à droite de celui qui, sur la gravure, est en bas. Ces armoiries ne peuvent être que celles du gendre de saint Louis, Thibaut V (1256-1270) qui, comme on l'a vu, a été l'un des bienfaiteurs de l'abbaye d'Orbais. L'écu de Champagne apparaît ici chargé de potences. Cette particularité offre de l'intérêt. Elle a donné lieu de croire, contrairement à l'opinion générale, que, dès avant la réunion de la Champagne à la France, les armoiries de cette province ont été fixées dans les mains des comtes de la maison de Blois. V. en ce sens une dissertation de M. L. Courajod, intitulée : *Les armoiries des comtes de Champagne au XIIIe siècle*, Mémoires de la Société des Antiquaires de France, tome XXXIV, quatrième série, tome IV, p. 382.]

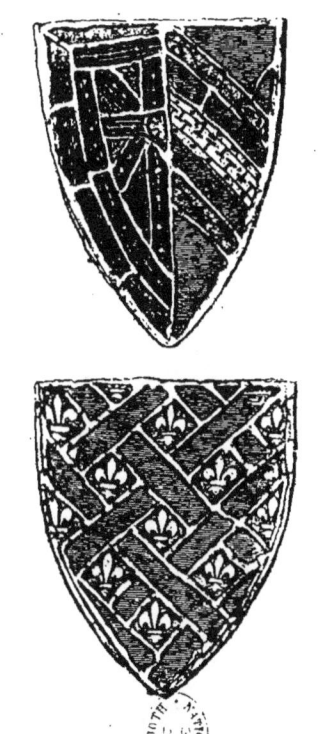

Vitrail de l'Église d'Orbais

XIII.e Siècle.

claires, plus commodes et en quelque manière plus belles et plus grandes, fit aussi démonter les grandes cloisons de bois et en fit mettre de plus basses pour les fermer. Il fit ôter les anciennes vitres peintes et fort épaisses, qui les rendoient fort sombres et obscures, et [poser] en leurs places des vitres blanches [1]. Il fit aussi démolir les petits autelz, et reculer et transporter la menuiserie, les retables, colonnes, corniches, frontons et les anciennes pierres auparavant consacrées, jusqu'au mur au-dessous des fenêtres sur une nouvelle maçonnerie.

Embellissement des chapelles.

Dés aussitôt que ces nouveaux autelz furent rétablis, on y célébra la sainte messe pendant plus de deux ans sans avoir fait consacrer de nouveau lesdites anciennes pierres d'autel, ni avoir mis dessus icelles des pierres-bénites ou autelz portatifs, soit que l'on crût que ces pierres cy-devant consacrées, n'ayant été reculées que de quelques pieds, un si petit changement ne pouvoit leur avoir fait perdre leur première consécration, selon cette maxime : *parum pro nihilo reputatur* ; ou, supposé qu'elles l'eussent perdue par ce changement, que par le premier sacrifice de la sainte messe qu'on avoit offert dessus de bonne foy après cette démolition et ce rétablissement, elles avoient été suffisamment consacrées. Mais, dans la suite, quelques religieux prétendans que lesdites pierres avoient perdu leur consécration par ce déplacement, et qu'elles ne l'avoient point recouvrée par la célébration plusieurs fois réitérée des divins mystères, on cessa d'y célébrer sans y avoir mis dessus une petite pierre bénite, et, pour un plus grand éclaircissement, on proposa la difficulté en 1700 à Messieurs les docteurs de la Maison de Sorbonne dans les termes suivans :

« On demande si la table-de-pierre d'un Autel, qui étoit fixe
« et tout d'une pièce, ayant été déplacée du lieu où elle étoit,
« et replacée dans un autre de la même église, a perdu sa con-
« sécration par ce changement ; et, supposé qu'elle l'ait

Difficulté touchant les pierres d'autel changées de place.

1. [La fenêtre placée dans l'axe de la chapelle absidale de l'église d'Orbais possède encore un vitrail qui offre un remarquable spécimen de la peinture translucide au XIIIe siècle. Ce vitrail a été signalé par Didron dans son *Iconographie chrétienne*, p. 447, Paris, 1843. Le coloris est d'un éclat harmonieux. On pourra juger de la hardiesse et de la pureté du dessin par les détails que nous reproduisons (fig. A. B. C. D.). Nous donnons aussi la partie correspondant à peu près à la moitié supérieure du vitrail qui seule est ancienne. Le complément de la verrière restaurée en 1880 est dû au pinceau de M. Oudinot, aidé des conseils du feu P. Cahier. Les panneaux ont été disposés de façon à figurer trois croix successives dont les bras interrompent la bordure formée d'une arcade autour de laquelle courent des feuilles de

« perdüe, si elle ne l'a recouvrée par la célébration de la sainte
« messe ?

vigne. — Le Sacrifice du Calvaire dissipe toutes les ombres qui l'avaient retracé avant la mort du Christ. — Telle est la pensée générale de l'œuvre.

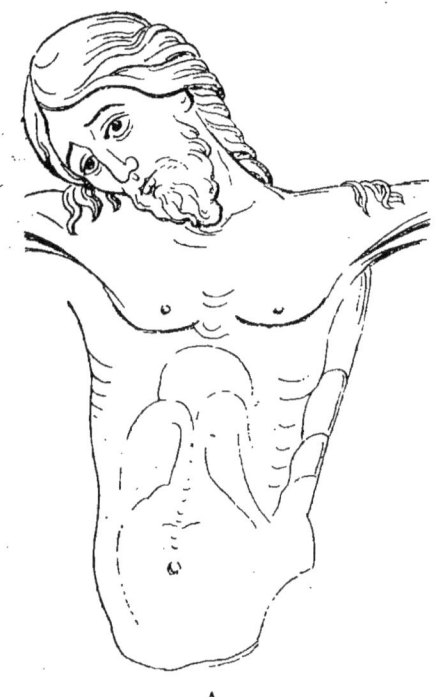

A.

Voici, avec les numéros d'ordre reportés sur le plan du vitrail, l'énumération des sujets dépeints ; nous tenons de l'obligeance de M. Oury, curé-doyen d'Orbais, la référence aux textes bibliques :

N° 1. — *Meurtre d'Abel par Caïn* (Genes. IV, 8).

N° 2. — *Les Lions*. Symbole de la force ; caractère de la tribu de Juda (Genes. XLIX, 8-10 ; Apocal. V, 5). Figure de la Résurrection affectionnée au moyen-âge. Le lion réveille son lionceau trois jours et trois nuits après sa naissance : « Nam Physiologus de catulo leonis hæc scribit quod, quum fuerit natus, tribus diebus et tribus noctibus dormiat, tum deinde patris fremitu vel rugitu tanquam tremefactus cubilis locus suscitet catulum dormientem..... » (Origène, Homil. XVII *in Genes.*).

N° 3. — *Le Pélican sur sa piété* qui s'arrache le sang pour ses petits. Emblème de la Rédemption (Hebr. IX, 12).

ÉGLISE D'ORBAIS

Ce qui existait de la lancette du vitrail absidal avant sa restauration.

« Il y a deux opinions sur la première question de l'exposé.
« La première est d'Ives de Chartres dans sa lettre soixante-
« douzième à l'abbé de Saint Vandrille, et dans sa lettre qua-
« tre-vingtième à Guillaume, abbé de Fécamp [1], et de plusieurs
« autres après luy, qui estiment que la table d'Autel dans ce
« changement perd sa consécration. Leur fondement est le ca-
« non *si motum fuerit*, de consecrationis distinctione prima, où
« il est dit : *Altare si motum fuerit, ecclesia denuo consecretur*.
« — L'autre opinion veut qu'un Autel, pour être changé de
« place, ne perde point sa consécration, à moins qu'il n'y soit
« arrivé une fraction notable et énorme. Le fondement de cette
« opinion est l'usage commun suivant lequel les Autelz por-
« tatifs sont souvent changez de place, sans qu'ils soient censez
« pour cela perdre leur consécration, et il n'y a pas plus de
« raisons qu'une grande table de pierre consacrée perde sa
« consécration lorsqu'elle est rémüée, qu'une plus petite, et
« les docteurs soubsignez sont d'avis qu'on peut suivre cette
« seconde opinion, parce que *usus est optimus canonum inter-*
« *pres*, et d'ailleurs le canon *si motum fuerit* qui est le fonde-
« ment de la première opinion veut que l'on reconsacre l'église,

---

N° 4. — *Moïse faisant jaillir l'eau du rocher avec sa baguette* (Exod. XVII, 6. — Numer. XX, 11). Symbole du baptême.

N° 5. — *Moïse et le Serpent d'airain* (Numer. XXI, 8 et 9). Figure du signe du salut (Joann. III, 14-16).

N° 6. — Médaillon inférieur. *Elie et la veuve de Sarepta* (Reg. III, XVII, 8-13). La croix est encore symbolisée dans ce panneau. La veuve de Sarepta, croisant devant elle deux morceaux de bois qu'elle vient de ramasser, figure la religion chrétienne. Elle rencontre Elie. Cette femme a auprès d'elle son enfant qui, pour rappeler d'avance que le prophète lui donna plus tard une nouvelle vie, est représenté avec deux têtes.

N° 7. — *La Résurrection du fils de la Sunamite par Elisée*. « Posuitque os suum super os ejus, et oculos suos super oculos ejus, et manus suas super manus ejus, et incurvavit se super eum, et calefacta est caro pueri... » (Reg. IV, iv, 34). C'est un symbole de la Résurrection du Christ. Pour éviter toute incertitude, le peintre a écrit *Eliseus* au dessus de la scène.

N° 8. — *Le prophète Sophonie*. On lit : proPHETAS APHONIAS. Sophonie, le 9° des petits prophètes, a surtout prédit les malheurs de Jérusalem.

N° 9. — *Le Prophète Malachie* (en hébreu *ange du Seigneur*). On lit : proPHETAS MALACHIAS. Malachie est le 12° et dernier des petits prophètes. Il a annoncé la venue du Messie.

---

1. [Abbé Migne, *Patrologie latine*, t. CLXII, col. 92 et 101.]

« lorsqu'un Autel est remüé, ce qui n'est point du tout en
« usage.

Peut-être ces deux prophètes ont-ils été figurés ici comme ceux qui ont prédit le plus clairement la ruine de l'ancienne loi et l'avénement de la nouvelle.

B.

Nº 10. — *Le Crucifiement*. Le Christ penche la tête à droite. La Vierge à droite ; saint Jean à gauche. Au dessus de la croix l'inscription : *Jesus Nazerenus rex Judæorum*. De chaque côté deux anges adorateurs.

Nº 11. — *Le sacrifice d'Isaac*. L'ange retient le couteau d'Abraham. Au dessous du bûcher la tête du bélier (Genes. XXII, 9-14).

Nº 12. — *Ephraïm préféré à Manassé* (Genes. XLVIII, 1-21). On doit lire sur le vitrail : *Ephraim, Jacob*. Bénédiction de Jacob, les mains croisées sur les têtes des enfants de Joseph. Sa main droite est placée sur celui de gauche et réciproquement. Symbole de la croix, ou vocation des Gentils substitués aux Juifs,

ÉGLISE D'ORBAIS
Vitrail de la chapelle absidale

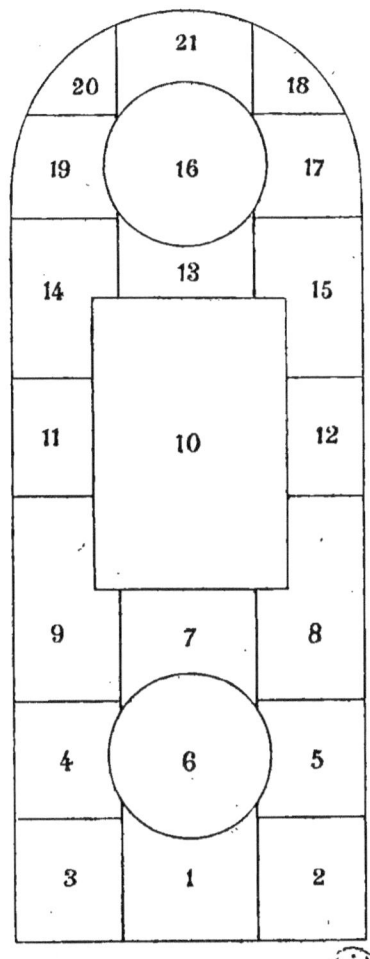

ÉGLISE D'ORBAIS

Vitrail dans l'axe de la chapelle du chevet (après la restauration).

« Sur la seconde question, qui est que, supposé que ladite
« table-de-pierre d'un Autel ait perdu sa consécration, si elle
« ne l'a pas recouvrée par la célébration de la sainte messe?
« Les mêmes docteurs soubsignez sont d'avis qu'un Autel
« non consacré reçoit une espèce de consécration très-prétieuse
« par celle du corps et du sang de Jésus-Christ qui se fait
« dessus, suivant la pensée de saint Augustin, *Enarratione in
« psalmum* 113, qui dit : « Instrumenta et vasa quæ habemus
« in usum celebrationis sacramentorum, ipso ministerio con-

N° 13. — *Immolation de l'agneau pascal* (Exod. XII, 1-14).

N° 14. — *Apposition du sang de l'agneau sur la porte des Israëlites* (Exod. XII, xii, 7).

N° 15. — *Inscription du signe Tau sur le front des vrais fidèles, dans la vision d'Ezéchiel.* Le T se voit très-distinctement au front de l'élu (Ezech. IX, 4 et 6).

C.

N° 16. — Médaillon supérieur. *Les filles de Jérusalem.* Le sujet est difficile à déterminer. Il représente trois personnages qui paraissent des femmes, dans une attitude humiliée ou surprise, dont l'une, celle de droite, adresse la parole aux deux autres. Une légende transversale porte les mots : *Doleo cor meum, filiæ Jerusalem.* On peut supposer que l'artiste a entendu reproduire la pensée, sinon le texte, d'un passage du dialogue de l'épouse de Salomon avec ses compagnes : « Adjuro vos, filiæ Jerusalem, si inveneritis dilectum meum, ut nuntietis ei quia amore langueo..... » (Cant. V, 8).

N°ˢ 17 et 18. — *Moïse* (Moyses) est représenté assis. D'une main il tient un phylactère sur lequel on lit : *Aquila provocans pullos.* De l'autre il désigne, dans le panneau supérieur un aigle qui apprend à son aiglon à voler. « Sicut aquila provocans ad volandum pullos suos, et super eos

« secrata, sancta dicantur »; et il est constant qu'un calice « non consacré, est censé l'être par la consécration du sang de

volitans, expandit alas suas, et assumpsit eum (*populum suum*) atque portavit in humeris suis. » (Deuter. XXXII, 11).

N°ˢ 19 et 20. — *Un roi couronné*, sans l'inscription ordinaire *David*, est assis et porte à la main gauche un phylactère sur lequel on lit : *Similis sum pellicano* (Ps. 101, 7). La main droite est levée vers l'angle supérieur où devrait figurer le pélican qui fait défaut.

N° 21. — *La grappe de la Terre promise, portée par les deux Hébreux*, avec l'inscription *botrus* (Numer. XIII, 24). Figure de la croix.

D.

Tous ces sujets, détachés çà et là dans les grandes cathédrales, ont été décrits maintes fois, à l'exception de celui des *Filles de Jérusalem*, qui ne se rencontre pas ailleurs, à notre connaissance. A Bourges ils sont reproduits, pour la plupart, dans une verrière de la même époque que celle d'Orbais et qui s'en rapproche beaucoup. La verrière de Bourges a été expliquée

« Jésus-Christ qui se fait dedans. Ils croyent cependant qu'il
« n'en faut pas juger tout-à-fait de même de l'Autel, parce
« qu'il ne touche pas immédiatement le corps et le sang de
« Jésus-Christ comme le calice, et ainsi ils estiment que ce
« seroit le mieux d'ajouter à cette premiére espéce de consé-
« cration qui vient de la célébration de la sainte Messe, l'ordi-
« naire prescrite par les régles de l'église. Délibéré à Paris, le
« septiéme mars mil sept cens. — Ainsi signé : Thomas Roul-
« land, Ancquetil, et Jean-Baptiste-Joseph Favart. »

CHAPITRE SEPTIÉME

De qui l'abbaye d'Orbaiz a dépendu originairement.

Cette abbaye, depuis sa fondation et plusieurs siécles aprés, a toujours été soumise à la juridiction et même à la conduite immédiate des archevêques de Reims, quoique située dans un autre diocése, suivant l'intention de saint Réole, son premier fondateur, qui se réserva ce droit, à l'imitation de saint Nivard, son prédécesseur, qui s'étoit réservé et à ses successeurs archevêques de Reims, toute juridiction sur le monastére de

L'abbaye d'Orbaiz soumise à la jurisdiction des archevêques de Reims.

---

avec les plus grands développements sous le titre de vitrail de la NOUVELLE ALLIANCE (*Monographie de la cathédrale de Bourges*, par les PP. Martin et Cahier, Paris, 1841-44, in-fol., fig. col.). Cet important ouvrage offre, au point de vue du symbolisme et de l'interprétation des textes sacrés, tous les renseignements possibles. Plusieurs des sujets figurés à Orbais se trouvent aussi au Mans (V. Eug. Hucher, *Calques des vitraux peints de la cathédrale du Mans*, 1865, grand in-fol., et du même auteur *Monuments funéraires et sigillographiques des vicomtes de Beaumont au Maine*, p. 84 à 89, Le Mans, Monnoyer, 1882 (Extrait de la *Revue histor. et archéol. du Maine*). Adde : Paul Lacroix, *Le Moyen-âge et la Renaissance*, t. V ; les PP. Martin et Cahier, *Sur quelques points de zoologie mystique dans les anciens vitraux peints*, Paris, Firmin-Didot, 1842, in-4°; Du Sommerard, *Les Arts au Moyen-âge*, t. II, p. 120). Ces ouvrages permettront de faire des rapprochements utiles à l'histoire de l'art. Il nous suffira de rappeler ici que l'idée de mettre en parallèle les scènes de l'Ancien et du Nouveau Testament remonte fort loin. Au VII° siècle, Benoît Biscop, fondateur et abbé du monastère de Saint-Paul de Jarrow, au comté de Durham en Angleterre, y apporta de Rome des peintures destinées à la décoration de son église. Le vénérable Bède, écrivant la vie de ce saint, dont il avait été le disciple, s'exprime ainsi : « Imagines quoque ad ornandum monasterium ecclesiamque B. Pauli Apostoli de concordia Veteris et Novi Testamenti summa ratione compositas exhibuit..... Item serpenti in eremo a Moyse exaltato filium hominis in cruce exaltatum comparavit. » (Montalembert, *Les Moines d'Occident*, livre XV, ch. II. — *Acta S. S. Ordinis S. Benedicti*, II, 1006.]

Hautvillers, comme on a vu cy-devant, chapitre second, dans la vie de saint Réole.

Flodoard nous apprend qu'après la mort du vénérable Leudemar, premier abbé d'Orbaiz, saint Rigobert, archevêque de Reims, obtint et gouverna ce monastére. « Post cujus (Leude« mari) obitum domnus Rigobertus archiepiscopus ipsum « monasterium recepit et rexit. » (Flodoard, l. 2, c. 10).

Marlot, t. I, l. 2, c. 43. adann., 687, p. 286.

Il est certain, dit M. Marlot, que le monastére demeura dans la suite, après sa fondation, sous la juridiction des archevêques de Reims, puisqu'il n'étoit point permis aux religieux de procéder à l'élection d'un nouvel abbé sans la permission de l'archevêque, et que celui qui avoit été élu à cette condition étoit obligé de prêter serment de fidélité à l'église de Reims, quoique ce monastére [fût] dans un autre diocèse.

Marlot, t. I, l. 4, c. 1, page 103.

Les religieux d'Orbaiz députoient et assistoient à l'élection des archevêques de Reims.

Mais aussi, en considération de cette dépendance de l'abbaye de l'église de Reims, les religieux avoient droit de députer quelques religieux de leur communauté pour assister en leur nom et concourir de leurs suffrages à l'élection d'un nouvel archevêque de Reims, comme il se pratiqua en huit cens quatre-vingt-deux, à l'élection de Foulques, successeur de Hincmar, à laquelle assistérent et souscrivirent cinq religieux d'Orbaiz, députez de l'abbaye, sçavoir : Rambradus, prévôt, Helimardus, doyen, Lautherus, Rodoardus et Sicfridus, diacres.

Le même Flodoard nous apprend que Hincmar de Reims, mort au mois de septembre en la susdite année huit cens quatre-vingt-deux, c'est-à-dire deux cens ans après la fondation de cette abbaye, étoit extrêmement jaloux de cette juridiction et toujours fort attentif afin que tout se fît et s'observât dans l'ordre à Orbaiz. Il entroit pour cet effect dans un grand détail et se faisoit rendre un compte exact de tout ; cela paroit évidemment dans sa lettre écrite à Ratramnne, prévôt de ce monastére : « Ratramno præposito monasterii Orbacensis », dit Flodoard, livre troisiéme, chapitre vingt-huitiéme, qui rapporte un fragment ou précis de cette lettre à Ratramne, par laquelle Hincmar luy ordonne de dresser un état exact et fidéle

Marlot, t. I, l. 2, c. 42, [p. 281.]

de tout ce qu'on avoit acquis et donné à ce monastére devant et depuis son ordination à l'épiscopat, qu'il fasse un catalogue exact du nombre des religieux et de leurs serviteurs, qu'il n'oublie pas de marquer en quel tems, à quels usages, pour quels sujets et à quelles personnes on aura distribué, donné et employé les choses, et surtout qu'il s'acquite si fidélement et si sincérement de tout ce qu'il luy ordonne que les juges, intendants et commissaires députez par le Roy, pour examiner et vérifier tous ces états et catalogues, n'y trouvent point de fausseté et d'erreur dans le compte qu'ils s'en feront rendre.

Il luy ordonne dans la même lettre de faire restituer tout ce qu'il a pris et de réparer tout le dommage qu'il avoit causé à Amalraüs, et il l'excommunie luy et tous ses complices, et leur enjoint de manger au pain et à l'eau jusqu'à ce qu'ils ayent fait restituer entiérement tout ce qui a été injustement enlevé. « Ratramno præposito monasterii Orbacensis præcipiens ut « describat....... quæ injuste abstulerat. » (Idem Flod. l. 3, c. 28, p. 303, Edit. Sirmundi).

Dans une autre lettre aux religieux d'Hautvillers, il leur ordonne d'administrer le saint viatique à Gottheskalque, religieux d'Orbaiz, renfermé chez eux, s'il fait paroître des marques assurées d'une véritable et sincére pénitence.

<small>Marlot, t. I, l. 2, c. 42.</small>

Cette juridiction des archevêques de Reims sur l'abbaye d'Orbaiz, quoique située dans le diocèse de Soissons, étoit même reconnue en Allemagne, puisque Raban-Maur, archevêque de Mayence, suivant les *Annales de Fulde*, en l'année huit cens quarante-huit, aprés avoir fait comparoître et entendu Gothescalque dans son assemblée tenue à Mayence, il le renvoia à Hincmar de Reims, qu'il considéroit comme son propre évêque : « Apud Mogontiacum rationabiliter, ut plurimis vi- « sum est, convictus, et ad proprium episcopum Hincmarum « Remis transmissus est [1]. »

Ces différents exemples et ce détail font voir que les archevêques de Reims avoient encore toute juridiction dans l'abbaye d'Orbaiz en huit cens quatre-vingt-deux.

En voicy encore une nouvelle preuve : Fulcricus, autrefois clerc de l'église de Reims, et depuis évêque de Troyes [2], ayant envoié à Hincmar quelques épîtres de saint Augustin, cet archevêque l'en remercia fort civilement, mais en même tems il l'advertit fort sérieusement qu'il ait à se bien donner de garde de faire aucune entreprise contre l'église de Reims, qu'il doit toujours considérer et honorer comme sa mere qui l'a élevé en la foy, et contre saint Remy son patron, en attentant

---

1. *Annales Fuldenses*, anno 848. [Pertz, *Monumenta Germaniæ historica*, Scriptorum, t. I, p. 365.] *Conciles*, t. VIII, p. 52, édit. [Labbe et Cossart, Paris, 1671, *Sacrosancta concilia*, 18 vol. in-f°].

2. [Fulcric ou Folcric, 862-869.]

sur leurs droits, et en s'attribuant, usurpant ou en molestant les églises appartenantes au monastére d'Orbaiz. « Fulcrico « Tricassino episcopo Ecclesiæ Remensis alumno, gratias refe- « rens pro epistolis quibusdam Augustini ab eo sibi missis, et « de Libro Didymi [1] quem sibi Fulcricus mitti petebat, ac de « *ecclesiis monasterii Orbacensis* [2], admonens eum ne con- « tra matrem suam Ecclesiam scilicet Remensem et patronum « suum sanctum Remigium aliquid perverse agere præsu- « meret [3]. »

Le soin que Hincmar prend d'avertir cet évêque de Troyes de ne rien entreprendre contre l'abbaye d'Orbaiz est une preuve que cet archevêque regardoit ce monastére comme un lieu qui étoit sous la juridiction et la protection de l'église de Reims.

D. J. Mabillon, Annales bénédictins, t. I, l. XVII, p. 565, n° 25.

Depuis le tems de Hincmar jusqu'en l'an mil deux cens trente-huit, on ne peut pas assurer, faute de mémoires et de titres, si les évêques de Soissons ont acquis, ou usurpé, ou exercé quelque acte de juridiction sur cette abbaye, ni quand ils ont commencé d'y en exercer ; on n'a trouvé ni lu aucun acte, titre ni chartre dans les Archives de cette abbaye qui marquent qu'avant l'année 1238, ces évêques de Soissons ayent remué, agi ni troublé l'église et les archevêques de Reims dans leur juridiction si ancienne sur ce monastére, ni qu'ils se soient plaints que lesdits archevêques usurpoient leur juridiction sur ce monastére dans leur diocèse. Il est pourtant à présumer et il y a lieu de croire que ces évêques s'attribuoient ou prétendoient avoir quelque authorité et quelque droit dans cette abbaye, comme étant dans leur diocèse, puisqu'on voit qu'en ladite année mil deux cens trente-huit il s'éleva un grand différend entre Henry de Braine, archevêque de Reims [4], et

---

1. [Didyme, célèbre docteur de l'église d'Alexandrie, vivait au IV° siécle. Il mourut en 396, âgé de plus de 85 ans. Saint Jérôme, Rufin, Pallade, Isidore, furent ses principaux disciples. Il a composé beaucoup d'ouvrages de théologie aujourd'hui perdus. Les écrits de Didyme parvenus jusqu'à nous sont : 1. *Liber de Spiritu sancto.* — 2. *Breves enarrationes in Epistolas canonicas.* — 3. *Liber adversùs Manichœos.* — 4. *De Trinitate libri tres.* — Ils ont été publiés par l'abbé Migne, *Patrologie grecque*, t. XXXIX, c. 139 et s.; *Patrologie latine*, t. XXIII, c. 101 et s.]

2. On ne sçait plus quelles ni où étoient ces églises appartenantes à notre église ou abbaye.

3. Flodoard, lib. III, cap. 23. Item *Gallia christiana*, t. III, p. 1079, in *Episcop. Trecens.* [Edition 1656, 4 vol. in-f°. — L'édition refondue du *Gallia* contient ce passage au tome XII, col. 492.]

4. [Henri de Dreux ou de Braine, 1227-1240.]

Jacques de Bazoches, évêque de Soissons[1], au sujet de la démission de Gilles, abbé d'Orbaiz.

Henry de Braine soutenoit que tous ses prédécesseurs avoient toujours reçu les démissions des abbez d'Orbaiz, qu'ils les avoient ou instituez, ou confirmez, ou destituez ; qu'ils avoient toujours exercé toute sorte de juridiction, droits de visite, de correction et autres dans ce monastére. Il se plaignoit encore que Jacques de Soissons luy avoit fait injure en suspendant et excommuniant les religieux qui reconnoîtroient et obéïroient à cet abbé Gilles, aprés que luy, Henry, avoit suspendu les religieux qui refuseroient de reconnoître et d'obéïr au même abbé.

Différend entre l'archevêque de Reims et l'évêque de Soissons pour cette abbaye.

Pour terminer ce grand différend à l'amiable, ces deux prélats firent le compromis suivant de s'en rapporter et de s'en tenir au jugement des deux archidiacres et du doyen de Reims choisis pour juges-arbitres :

« Omnibus præsentes litteras inspecturis Jacobus Dei
« gratia Suessionnensis episcopus, salutem in Domino. Nove-
« rint universi quod cum nuper orta discordia fuisset inter
« venerabilem patrem et dominum Henricum Dei gratia
« Remensem archiepiscopum ex una parte, et nos ex altera,
« super receptionem resignationis Egidii abbatis Orbacensis,
« quam dictus archiepiscopus in manu archiepiscopi Remensis,
« qui esset pro tempore, debere fieri asserebat, confirmatio-
« nem, destitutionem, institutionem dicti abbatis dicti monas-
« terii nihilominus se habere contendens, visitationem, cor-
« rectionem et alia quædam jura sibi vindicans in monasterio
« supradicto. Dicebat etiam dictus archiepiscopus nos graves
« injurias eidem irrogasse, ex eo videlicet quod, postquam
« dictus archiepiscopus suspenderat monachos Orbacenses qui
« nollent obedire dicto abbati, nos suspenderamus et excom-
« municaveramus illos qui obedirent dicto abbati, et eum pro
« abbate haberent, et ex eo quod communicaveramus cum
« magistro Radulpho officiali nostro scientes quem excommu-
« nicaverat archiepiscopus memoratus. Tandem mediati-
« bus bonis viris, pro bono pacis voluimus et consensimus
« quod venerabiles viri archidiaconi Remenses et decanus
« Remensis de prædictis injuriis, quas dicit idem archie-
« piscopus sibi fuisse illatas, et juribus superius nomi-
« natis, et aliis, si qua idem archiepiscopus proponere

Compromis fait entre l'archevêque de Reims et l'évêque de Soissons pour la juridiction sur l'abbaye d'Orbaiz en 1238.

[1] [1219-1241.]

« voluerit sibi competere in monasterio memorato, cognosce-
« rent, et, inquisita diligentius veritate, facerent, statuerent
« et ordinarent quod eis bonum et expediens videretur. Cog-
« noscent insuper de dictis injuriis quas dicit sibi illatas idem
« archiepiscopus, priusquam de principali cognoscant, et tam
« in principali quam super prædictis injuriis, sive in præsentia
« nostra, sive in absentia, si nos per contumaciam abesse con-
« tigerit, cognoscere de plano poterunt et finire. Si tamen dicti
« tres arbitri interesse nequiverint, duo nihilominus in causa
« procedent, et dictum duorum, dissentiente tertio, prævalebit,
« in istis omnibus tanquam meri arbitri procedentes, nulla
« alia jurisdictione suffulti. Ne tamen fiat derisorium quod
« dicetur et decernetur ab eis, volumus et consentimus quod
« dictus archiepiscopus, nonobstante eo quod causæ istæ [suæ]
« sunt propriæ et ecclesiæ Remensis, eorum dictum et arbitrium
« in iis quæ contra nos dictos arbitros proferre contigerit,
« potestate ordinaria exequetur, et nos nihilominus promitti-
« mus sub pœna mille marcharum argenti nos inviolabiliter
« observaturos quod a dictis arbitris dictum fuerit, statutum et
« etiam ordinatum, rato nihilominus manente arbitrio supra-
« dicto. Actum anno Domini millesimo ducentesimo trigesimo
« octavo, mense septembri [1]. »

On ne sçait pas quel fut le résultat de ce compromis, ni ce qui fut réglé par les deux archidiacres et doyen de l'église de Reims choisis par l'archevêque et l'évêque pour juges et arbitres de leurs différens. On sçait seulement qu'en l'année suivante mil deux cens trente-neuf, le samedi après Pâques, Henry, archevêque de Reims, et Jacques, évêque de Soissons, firent ensemble la transaction ou accommodement dont on va donner copie, où les droits de l'un et de l'autre sont expliquez et réglez touchant la juridiction sur cette abbaye :

Accommodement fait entre l'archevêque de Reims et l'évêque de Soissons pour régler leurs prétentions sur l'abbaye d'Orbaiz en 1239.

« Henricus Dei gratia Remensis archiepiscopus, et Jacobus
« eadem gratia Suessionuensis episcopus, omnibus præsentes
« litteras inspecturis in Domino salutem. Noverint universi
« quod cum discordia mota fuisset inter nos super resignatio-
« nem abbatis Orbacensis, confirmationem, institutionem, visi-
« tationem et correctionem ipsius ; tandem nos hujusmodi
« discordias sopivimus in hunc modum : quod monachi Orba-
« censes, cum monasterium suum vacare contigerit, licentiam
« eligendi ab archiepiscopo Remensi, qui pro tempore fuerit,

1. [G. Ch. X, *Instrumenta*, 136. — *Actes de la province ecclés. de Reims*, II, 383.]

« petere tenebuntur ; electione autem celebrata, electum præ-
« sentabunt eidem archiepiscopo, cujus electionis examinatio
« et confirmatio pertinebit in posterum ad archiepiscopum
« memoratum. Confirmatum tamen ab eo tenebitur archiepi-
« scopus remittere ad episcopum Suessionnensem, qui pro
« tempore fuerit, ad benedicendum et faciendam professionem,
« sicut facere consuevit. Cæterum licebit eidem archiepiscopo
« ad dictum monasterium, cum voluerit, accedere, et ad inqui-
« sitionem procedere contra abbatem, et eum, si sibi justum
« visum fuerit, amovere, negligentia Suessionnensis episcopi
« non probata. Si autem episcopum Suessionnensem primo ad
« monasterium prædictum accedere contigerit ad inquisitionem
« faciendam, contra abbatem procedere poterit; sed ipsam
« inquisitionem tenebitur remittere ad archiepiscopum Remen-
« sem, qui secundum inquisitionem factam tenebitur procedere
« et judicare, nisi ab abbate ad dictum archiepiscopum legitime
« et ex causa rationabili et evidenti fuerit appellatum. Abba-
« tem autem non poterit amovere dictus episcopus, nec
« etiam excommunicare, vel temporalia eidem subtrahere,
« sed alias poterit eum punire pro qualitate delicti. In
« monachos autem Orbacenses et alios ordinaria jurisdictio
« penes Suessionnensem episcopum libera in omnibus rema-
« nebit, salvo tamen metropolico jure Remensi archiepiscopo
« super prædictis. Resignatio autem abbatis Orbacensis, qui pro
« tempore fuerit, ad dictum archiepiscopum pertinebit, et in
« manu ejus fiet, cum fuerit facienda. Hanc autem composi-
« tionem volumus in perpetuum observari. Actum anno
« Domini millesimo ducentesimo tricesimo nono, sabbato post
« Resurrectionem Domini [1] ».

Cet accommodement fait entre ces deux prélats donne lieu de conjecturer que les successeurs de Hincmar ne furent pas si jaloux de leurs droits que luy, qu'ils s'étoient un peu relâchés et endormis, ou avoient négligé de soutenir leur authorité et leur ancienne jurisdiction sur l'abbaye d'Orbaiz, et que les évêques de Soissons, profitant adroitement de leur silence et de leur négligence, s'en étoient insensiblement emparés, et qu'après quelques siécles, croyant avoir acquis le droit de prescription contre eux, ils vouloient se l'attribuer toute entiére à leur exclusion Car enfin si ces évêques (qui portoient fort impatiemment sans doute qu'une abbaye située dans leur diocése ne leur fût pas soumise) n'avoient pas déjà

Raisons qui ont assujetti insensiblement cette abbaye aux évêques de Soissons surtout depuis l'introduction des commendes jusqu'à l'établissement de la réforme de la congrégation de Saint Maur en 1668 le 15 janvier

---

1. [Mabillon, *Annales bénédictines*, t. I, col. 698.]

longtems auparavant usurpé une espéce de jurisdiction sur elle, soit, comme on vient d'observer, par la négligence et le peu d'attention des archevêques de Reims, soit par une longue vacance du siége de Reims, ou quelque schisme arrivé dans l'Eglise durant lequel chacun pêche en eau trouble, et usurpe sur ses voisins ; ou par quelque guerre civile, toujours favorable aux usurpateurs ; ou par quelque autre occasion qu'on ignore ; si dis-je, ces évêques n'avoient pas déjà mis le pied dans cette abbaye, et la faucille dans la moisson d'autruy, Jacques de Soissons n'auroit pas été assez téméraire pour attenter tout d'un coup sur la jurisdiction des archevêques de Reims, en excommuniant les moines d'Orbaiz qui reconnoîtroient Gilles pour leur légitime abbé et supérieur et luy obéiroient. Il faut donc conclure que Jacques ou ses prédécesseurs avoient déjà fait quelques tentatives et quelques démarches pour s'assujettir notre abbaye, qu'ils y jouissoient de quelques droits qui donnérent lieu à l'accommodement cy-dessus rapporté, et que leurs entreprises réveillérent et firent ouvrir les yeux aux archevêques de Reims qui arrêtérent et mirent de justes bornes aux grands désirs que les évêques de Soissons avoient d'étendre leur authorité. On ne sçait pas quels furent les motifs qui portérent les archevêques à consentir à cette atteinte et à cette bréche faite à leur jurisdiction pleine et entiére sur cette abbaye, conformément à la volonté des fondateurs, confirmée, soutenue et authorisée par une possession et un exercice non interrompus de plusieurs siécles. Mais dans la suite, ces évêques y ont acquis toute jurisdiction surtout depuis l'introduction des commendes.

En conséquence de cet accommodement ou transaction, les religieux d'Orbaiz députérent en mil deux cens soixante-dix-sept, cinq de leurs confreres à Pierre Barbet, archevêque de Reims, pour luy demander et obtenir la confirmation d'Aymard qu'ils avoient élu pour leur abbé, le samedi aprés le dimanche que l'on chante *Misericordia Domini* (Dominica secunda post Pascha) 1277. — Si nous n'avions pas perdu nos titres, on trouveroit sans doute d'autres semblables requêtes qui nous apprendroient les noms de plusieurs abbez, les permissions des archevêques pour procéder aux élections. — Voicy leur requête :

<small>Requête et députation des religieux pour obtenir la confirmation de leur élection.</small>

« Reverendo patri ac domino per Dei gratiam Remensi « archiepiscopo [1], superior et conventus monachorum Orba-

---

1. Cet archevêque étoit et s'appelloit Pierre Barbet, selon Marlot. [Il a occupé le siége de Reims de 1274 à 1298.]

« censium totus, ordinis Sancti Benedicti, Suessionnensis
« diœcesis, ejus dilecti filii subjectionem et debitæ reverentiæ
« famulatum. Vestræ reverendæ paternitati tenore præsentium
« significamus quod nos viros religiosos fratres Joannem de
« Ruilliaco, Joannem dictum de Suessione, Ancelinum de
« Monte-Mauri, Guillinum thesaurarium, et Odonem de Cham-
« pinarbout, monachos monasterii nostri, exhibitores præsen-
« tium nos trosfacimus, et constituimus procuratores ad peten-
« dam confirmationem electionis canonice celebratæ in nostro
« monasterio de viro religioso fratre Aymardo, monacho et priore
« nostri monasterii supra dicti, ratum et gratum habituri quid-
« quid per procuratores nostros prædictos super præmissis
« actum fuerit seu etiam procuratum. In cujus rei testimonium
« præsentes litteras scribi fecimus et sigillo nostri capituli
« sigillari. Datum anno Domini millesimo ducentesimo sep-
« tuagesimo septimo, sabbato post Dominicam qua cantatur
« *Misericordia Domini.* »

Les originaux de ce dernier acte et des deux précédents se conservent dans le chartrier de l'abbaye de Saint Pierre [*lisez* Sainte Marie] de Mouzon[1], de la congrégation de Saint Vanne, dont les copies collationnées sur lesdits originaux et conservées dans notre chartrier, nous ont été communiquées fort obligeamment par le R. P. Dom Jérôme Pichon qui en étoit prieur, et visiteur de la province de Champagne, le dixiéme jour de juillet mil sept cens.

Voicy encore un acte de notre chartrier, qui a échappé à la fureur des flammes, ou qui a été méprisé par ceux qui se sont emparés de nos titres, ne jugeant pas cette piéce propre à colorer leur usurpation. Cet acte est encore une preuve de l'exécution de l'accord fait en 1239, entre Henry de Brayne, archevêque de Reims, et Jacques, évêque de Soissons. — Guy de Roye, archevêque de Reims en mil quatre cens deux[2], ayant reçû et agréé la démission que Pierre Morin avoit faite volontairement de cette abbaye, et les religieux, avec sa permission, ayant élû Pierre de Chavigny pour luy succéder, confirma ladite élection, reçut la profession de foy, le serment de fidélité et d'obéïssance de Pierre de Chavigny, et le renvoie à l'évêque de Soissons pour recevoir de ses mains la bénédiction solennelle, mais à certaines conditions reprises dans l'acte suivant, à la fin duquel se

Guy de Roye, archevêque de Reims, reçoit la résignation de Pierre Morin, confirme Pierre de Chavigny élu pour remplir sa place.

1. [Cf. *Ardennes* (les), France et Belgique, par Elizé de Montagnac, t. I, p. 92, 128-129, Paris, Rothschild, 1874, 2 vol. in-fol., fig. — Cf. Bibl. Nat. f. lat. n. 12681, f° 76.]
2. [1390-1409.]

trouvent le serment et profession de foy dudit Pierre de Chavigny.

Confirmation de P. de Chavigny.

« Guido[1] miseratione divina Remensis archiepiscopus dilecto
« nobis in Christo fratri Petro de Chavigny presbytero reli-
« gioso expresse professo monasterii Sancti Petri de Orbaco,
« ordinis Sancti Benedicti, Suessionnensis diœcesis, salutem in
« Domino. Cum electionem de persona vestra ad dictum
« monasterium vacans per resignationem fratris Petri Morin
« dicti monasterii ultimi abbatis, auctoritate nostra receptam et
« per nos admissam, per priorem et religiosos dicti monasterii
« factam confirmaverimus, et vos in abbatem et pastorem dicti
« monasterii præfecerimus, prout in litteris nostris super hæc
« confectis plenius continetur; cum ad nos, prædecessores et
« successores nostros, et nullum alium inferiorem, abbatis dicti
« monasterii correctio, punitio, institutio, destitutio, resigna-
« tionis ejusdem monasterii susceptio et admissio, electionis
« confirmatio et infirmatio, dum et quandocumque casus
« occurrit, pertinuerint et pertinere dignoscantur de antiqua
« consuetudine approbata et legitime præscripta, ut munus bene-
« dictionis a venerabili fratre nostro domino [Simone] episcopo
« Suessionnensi, infra instans festum Nativitatis Domini reci-
« pere valeatis, et eidem vobis illud impendendi, aliis arduis
« negotiis ecclesiam nostram tangentibus præpediti, et præ-
« missis vacare non valentes de præsenti, tenore præsentium
« licentiam impertimur. Vobis insuper ne præstetis, ob causam
« vel ratione præmissorum, promissionem sive juramentum
« aliquod sub quacumque verborum specie districtius inhi-
« bemus, et eidem ne exigat aut recipiat illud a vobis, a quo,
« dum professionem in manibus nostris fecistis, solita ratione
« monasterii prædicti juramentum, per abbates nobis subditos
« solitum præstari circa tempus receptionis ejusdem muneris,
« corporale recepimus per verba sub forma quæ sequitur:
« *Ego Petrus de Chavigny presbyter electus, et per te*
« *reverendissimum in Christo patrem et dominum Guidonem*
« *archiepiscopum Remensem confirmatus abbas monasterii*
« *Sancti Petri de Orbaco ordinis Sancti Benedicti, Suession-*
« *nensis diœcesis, promitto reverentiam, obedientiam, fidem*
« *et subjectionem matri meæ Ecclesiæ, et tibi præfato reve-*
« *rendissimo in Christo patri, tuisque successoribus canonice*
« *instituendis, et sic propria manu super hoc altare juro et*

Serment d'un abbé à un archevêque.

---

1. Guy de Roye, selon M. Marlot, en 1402.

« *firmo, et hîc propria manu mea subscripsi.* Decernimus irri-
« tum et inane quod secus factum fuerit. In cujus rei testi-
« monium præsentibus litteris sigillum nostrum ad causas
« duximus apponendum. Datum Remis in castro nostro Por-
« tæ-Martis, anno Domini millesimo quadringentesimo secundo,
« die noua [mensis] novembris [1]. » — Et plus bas est écrit par
forme de souscription du secrétaire « Guilloit » ou « Berilloit. »

On peut faire icy une remarque sur ce dernier acte ; c'est qu'il semble que, par les termes d'iceluy, Guy de Roye veuille se relever et déroger à la transaction rapportée cy-devant faite en mil deux cens trente-neuf, entre Henry de Brayne, son prédécesseur, et Jacques de Bazoches, évêque de Soissons, par laquelle transaction il est expressément dit et réglé qu'à l'avenir l'archevêque ayant examiné, approuvé et confirmé l'élection d'un abbé, faite avec sa permission par les religieux d'Orbaiz, il sera tenu et obligé ensuite de renvoier ledit élu pardevant l'évêque de Soissons, pour être par luy bénit solennellement et faire entre ses mains la profession de foy, comme on a accoutumé de faire. « Electione autem celebrata, electum
« præsentabunt eidem archiepiscopo, cujus electionis exami-
« natio et confirmatio pertinebit in posterum ad archiepiscopum
« memoratum. Confirmatum tamen ab eo tenebitur archiepis-
« copus remittere ad episcopum Suessionnensem, qui pro
« tempore fuerit, ad benedicendum et faciendam professionem,
« sicut facere consuevit. » — Cependant, et au préjudice de cette convention, Guy de Roye, déclarant qu'il est extrêmement embarrassé et appliqué aux affaires de son Eglise qui ne luy permettent pas de faire la cérémonie de la bénédiction solennelle de Pierre de Chavigny, élu abbé d'Orbaiz, et de recevoir sa profession de foy et son serment de fidélité, il luy permet de s'adresser à l'évêque de Soissons pour se faire par luy bénir. Mais il luy défend en même tems très expressément de faire aucune profession, ni promesse, ni serment en quelques termes et maniéres que ce puisse être, et à l'évêque aussi, ni de les exiger, ni de les recevoir absolument dudit Pierre de Chavigny élu, parce qu'il avoit déjà satisfait à tous ces devoirs envers luy, déclarant de plus que tout ce qu'il feroit au contraire, seroit nul et sans suite. « Ut munus benedictionis a venerabili
« fratre nostro... licentiam impertimur. Vobis insuper ne
« præstetis ob causam... Decernimus irritum et inane quod
« secus factum fuerit. »

Guy de Roye, archevêque de Reims, déroge à l'accord de 1239.

1. [G. Ch. X, *Instrumenta*, 145. — *Actes de la province ecclés. de Reims*, II, 623.]

La contradiction qu'on voit dans ces deux actes, dont le dernier déroge au premier, fait conclure que les archevêques de Reims s'étoient relevés de la susdite transaction de 1239 qui dérogeoit entièrement à leurs anciens droits sur cette abbaye, et qu'ils devoient, s'ils vouloient, benir nos abbez et recevoir leur profession de foy et le serment de fidélité entre leurs mains.

Quoiqu'il en soit, depuis le fameux Concordat fait en 1515 (et enregistré au greffe du Parlement de Paris en 1517 le vingt-deux mars [1]) entre Léon dixiéme et François premier, le Saint Siége et la France, pour abroger et supprimer les élections canoniques et substituer en leurs places les commendes, on ne trouve aucun titre icy, ni mémoire, ni acte qui marquent que les archevêques ayent exercé aucun acte de juridiction sur cette abbaye ; n'y ayant plus d'élections des abbez à faire et à confirmer, ils ont négligé leurs anciens droits, et se sont peu mis en peine du choix et de la confirmation des prieurs claustraux, et ainsi il y a lieu de croire que toute la juridiction sur ce monastére est restée enfin aux évêques de Soissons jusqu'à l'introduction de la Réforme dans ce monastére, et de son union à la congrégation de Saint-Maur par concordat passé entre Pierre de Séricourt, sieur d'Esclainvilliers, abbé commendataire, et les supérieurs majeurs de ladite congrégation, le vingt-neuviéme aoust mil six cens soixante-sept, et la prise de possession, le quinziéme janvier, fête de saint Maur, 1668, par le R. P. Dom Felix Mauljean, fondé de la procuration du trés R. P. Dom Bernard Audebert, supérieur général de la congrégation.

Depuis l'union de ce monastére à la congrégation de Saint-Maur, les évêques n'ont plus de droit sur l'intérieur des monastéres, excepté dans les cas snécifiez dans le droit et concile de Trente.

En conséquence et en vertu de cette union à ladite congrégation, les évêques de Soissons n'exercent et n'ont plus aucune juridiction pour la conduite et réglement intérieur, nomination et destitution des supérieurs et officiers, administration des revenus temporelz de ce monastére, toutes ces fonctions et prérogatives étant uniquement dévolues, du ressort et de la compétence des supérieurs majeurs réguliers et des Chapitres généraux de ladite congrégation qui y exercent toute sorte de juridiction, selon les occurrences, pour instituer et destituer les prieurs, officiers, y envoier et retirer les religieux, pour la correction des fautes, des mœurs, maintien de l'observance régu-

---

1. [Isambert et Decrusy, *Recueil général des anciennes lois françaises*, t. XII, p. 75.]

liére et l'administration du revenu temporel, dont les officiers ne rendent compte qu'aux supérieurs et senieurs réguliers et aux visiteurs nommez par les Chapitres généraux, dans le cours de leur visite annuelle ; toute autre personne en étant exclue, suivant les bulles et priviléges accordez par les Souverains Pontifes et autres aux réguliers qui sont unis en corps de congrégation, si ce n'est dans certains cas marquez et spécifiez par le droit et conformément à la disposition du saint Concile de Trente, session sixiéme [*De reformatione*], chap. 3 ; session septiéme [*De reformatione*], chap. 4 à 8 ; session vingt-cinquiéme [*De regularibus et monialibus*], chap. 8, 12 et 22, et à la Déclaration de Louis XIV, donnée à Versailles le vingt-neuviéme mars mil six cens quatre-vingt-seize, en interprétation de l'article dix-huitiéme de l'Edit du Roy du mois d'avril mil six cens quatre-vingt-quinze, concernant la juridiction ecclésiastique [1] ; cet Edit sollicité auprés de Sa Majesté avec de grands empressemens par les évêques de l'Assemblée du Clergé de 1695 qui vouloient prendre connoissance, se faire rendre compte de toute la conduite intérieure et de l'administration du temporel des réguliers, et les assujettir à leur juridiction et conduite immédiates au préjudice desdits priviléges et bulles reconnues et reçues par les Souverains, homologuées et enregîtrées aux greffes de leurs Parlements. On sera peut-être bien aise de trouver icy la susdite Déclaration du Roy dudit jour 29 mars 1696 [2].

Déclaration du Roy en interprétation de l'article dix-huitiéme de l'Edit concernant la juridiction ecclésiastique donnée à Versailles le vingt-neuviéme mars 1696, *regîtrée au Parlement le quatriéme jour d'avril* 1696.

« Louis, par la grâce de Dieu Roy de France et de Navarre, à tous ceux qui ces présentes lettres verront, salut. L'obligation dans laquelle nous sommes d'employer l'authorité qu'il a plû à Dieu de nous donner pour maintenir l'ordre et la discipline de l'Eglise par l'exécution des saints canons, dont nous tenons à honneur d'être le défenseur, nous a engagé, au mois d'avril de l'année mil six cens quatre-vingt-quinze, de faire rédiger dans un seul Edit les différentes Ordonnances [que les] Roys nos prédécesseurs et nous avons faites en différentes occasions en faveur et sur la réquisition du Clergé de nôtre royaume. *Et comme nous avons été averti que quelques* [*personnes*] *donnoient à l'article dix-huitiéme de*

Déclaration du Roy en faveur des Réguliers.

1. [Isambert, t. XX, p. 243.]
2. [Isambert, t. XX, p. 263.]

« cet *Edit une interprétation différente de nos intentions, et*
« *même que l'on avoit fait quelques procédures en certains dio-*
« *cèses qui pouvoient y être contraires,* Nous avons estimé
« nécessaire de déclarer si expressément nôtre intention au
« sujet dudit article dix-huitiéme qu'il ne reste plus aucun
« prétexte de difficultés à cet égard, et que le Clergé séculier
« et régulier, demeurant dans les bornes qui sont prescrites
« par les saints canons, ils concourent au service de Dieu et à
« l'édification de nos sujets dans la subordination et avec le
« respect qui est dû au caractère et à la dignité des Archevê-
« ques et Evêques, *et que les Réguliers joüissent aussi sous*
« *nôtre protection des exemptions légitimes qui ont été accordées*
« *à plusieurs ordres, congrégations et monastères particuliers.*

Concile de Trente, sess. XXV, [*De regular.*], c. 8, 11, 20.

« A ces causes et trés bonnes considérations à ce nous
« mouvants, de nôtre certaine science et pleine puissance et
« authorité royale, en interpretant en tant que besoin ledit
« article dix-huitiéme de nôtre Edit, Nous avons dit, déclaré et
« ordonné, disons, déclarons et ordonnons par ces présentes,
« signées de nôtre main, que nôtre Edit du mois d'avril 1695,
« et en particulier l'article dix-huitiéme d'icelui, soit exécuté
« *sans préjudice des droits, priviléges et exemptions des*
« *monastéres, et de ceux qui sont sous des congrégations, que*
« *nous prétendons avoir lieu ainsi et en la manière qu'ils l'ont*
« *eû et dû avoir jusqu'à présent*; que lorsque les Archevêques
« ou Evêques auront eu avis de quelques désordres dedans
« aucuns desdits monastéres exempts de leur juridiction, Nous
« voulons qu'ils avertissent paternellement les Supérieurs
« réguliers d'y pourvoir dans six mois, et qu'à faute d'y
« donner ordre dans ledit tems, ils y pourvoiront eux-mêmes,
« ainsi qu'ils l'estimeront nécessaire suivant les regles et ins-
« tituts de chacun desdits ordres et monastéres ; et qu'en cas
« que le scandale soit si grand et le mal si pressant qu'il y ait
« un besoin indispensable d'y apporter un remède plus prompt,
« lesdits Archevêques et Evêques pourront obliger lesdits
« Supérieurs réguliers d'y pourvoir plus promptement. —
« Voulons pareillement que les monastéres ou demeures des
« Supérieurs réguliers qui ont une juridiction légitime sur
« d'autres monastéres et prieurez desdits Ordres, soient exempts
« de la visite desdits Archevêques et Evêques, ainsi que les
« Abbez et Abbesses qui sont chefs et généraux desdits Ordres.

Concile de Trente, sess. VII, [*De reformat.*], c. 14; sess. VI, [*De reformat.*], c. 3.

Sess. XXV, [*De regular.*], c. 14.

« Si donnons en mandement à nos Amez et féaux conseillers
« les gens tenans nôtre cour de Parlement à Paris, que ces pré

« sentes ils ayent à enregitrer, et le contenu en icelles faire
« exécuter de point en point selon sa forme et teneur, pleine-
« ment et paisiblement, cessant et faisant cesser tous troubles
« et empêchemens contraires, ausquelz nous avons dérogé et
« dérogeons par ces présentes : car tel est nôtre plaisir. En
« témoins de quoy nous y avons fait mettre nôtre séel. Donné
« à Versailles le 29ᵉ jour de mars l'an de grâce 1696, et de
« nôtre régne le cinquante-troisième. Signé Louis, et sur le
« replis, par le Roy : Phelippeaux, et scellées du grand sceau
« de cire jaune. Regitrées, ouy et ce requerant le Procureur
« général du Roy pour être exécutées selon leur forme et
« teneur, et copies collationnées, envoyées dans les siéges,
« bailliages et sénéchaussées du ressort, pour y être lües,
« publiées et enregitrées. Enjoint aux substituts du Procureur
« général d'y tenir la main et d'en certifier la Cour dans un
« mois suivant l'arrest de ce jour. A Paris en Parlement, le 4
« avril 1696. Signé Dongois. »

Le susdit Edit du Roy du mois d'avril 1695 surpris par l'Assemblée du Clergé avoit fait concevoir contre l'intention de Sa Majesté de grandes espérances et de grands desseins sur et contre les réguliers à certains prélats (animez sans doute d'un autre esprit que celui des anciens évêques, vrays peres, protecteurs et fondateurs des monastéres) ; ils triomphoient, regardoient et appelloient cet Edit « *Le dernier coup de massüe qui devoit atterrer et écraser les moines, et les asservir tous à leur domination.* » {Le Roy explique son Édit en faveur des réguliers. Evêques peu favorables aux réguliers. L'Edit du Roy appelié la massüe qui assommeroit les moines.}

Mais Sa Majesté en ayant été avertie, prévoyant et faisant de sérieuses réflexions sur les suites fâcheuses des fausses explications et interprétations de son Edit, l'a voulu Elle-même expliquer par la Déclaration ci-dessus, et par elle maintenir tous les réguliers dans la longue jouissance et paisible possession de leurs anciens droits et priviléges, exemptions et immunités, et resserrer dans ses justes bornes l'authorité des évêques, et par ce sage tempérament laisser un chacun dans l'état qui luy convient.

Messire Charles de Bourlon, évêque de Soissons[1], qui a beaucoup contribué à l'union de cette abbaye à la congrégation Saint-Maur, et qui étoit parfaitement instruit et reconnoissoit les priviléges et exemptions des monastéres unis en corps de congrégation, n'a jamais voulu faire la visite du Trés-Saint- {Charles de Bourlon ne fait point de visite dans l'Abbaye.}

---

1. [1656-1685.]

176 HISTOIRE DE L'ABBAYE D'ORBAIS

Sacrement, ni aucun autre acte, étant à Orbaiz avec les sieurs du Tour et Moreau, ses grands vicaires, qui l'en sollicitoient fortement, mais les rebuta et leur dit qu'ils vouloient l'engager à faire une fausse démarche, que le monastére d'Orbaiz étant uni à la congrégation Saint-Maur, il n'y avoit plus de juridiction que dans certains cas dont il [ne s']agissoit pas aujourd'huy.

Ni Fabio Brulart de Sillery son successeur en 1697 ou 1698.

Messire Fabio Brulart de Sillery [1], son successeur, qui gouverne aujourd'huy ce diocése, étant à Orbaiz en mil six cens quatre-vingt-dix-huit, pendant l'octave du Trés-Saint-Sacrement, pour visiter la paroisse de Saint-Prix, ne se présenta pas pour faire aucun acte de juridiction dans notre église ni dans l'intérieur du cloître. Il entra dans notre église pour y célébrer une messe basse, *sans visiter le Saint-Sacrement*. Il y assista au Salut le soir, *à la bénédiction du Saint-Sacrement, donnée par le R. P. Mongé, prieur*, et à la prédication de R. P. Gachier [2], prêtre de l'Oratoire et théologal de l'Eglise de Soissons, qui l'accompagnoit. Il y donna la confirmation, parce que notre église étant au milieu du bourg, elle se trouva plus commode pour administrer ce sacrement.

---

1. [Sillery (Fabio Brulart de), arrière petit-fils du chancelier de ce nom, né au château de Pressigny, en Touraine, le 25 octobre 1655, mort le 20 novembre 1714 à Paris. Il assista à l'Assemblée du clergé de 1685. Il échangea l'évêché d'Avranches contre celui de Soissons dont il prit possession en 1692. Ce prélat d'esprit et de savoir a été de l'Académie française et de celle des inscriptions. On lui doit plusieurs écrits et des pièces de poésie.]

2. [*Plutôt* Gaichiés (Jean), prêtre de l'Oratoire, né à Condom en 1647. Voué d'abord à l'enseignement, il devint en 1684 supérieur de la maison de son ordre à Avignon. En 1692, il fut nommé théologal de Soissons. Il obtint des succès littéraires comme membre de l'Académie de cette ville ; mais il s'adonna surtout à la prédication. Le P. Gaichiés avait eu la confiance de M. de Libelli, archevêque d'Avignon, dont il fut l'exécuteur testamentaire. Il eût également celle de M. de Sillery, évêque de Soissons, qui l'emmenoit toujours avec lui dans la visite de son diocèse pour l'employer à l'instruction des pasteurs et des peuples. Après la mort de ce prélat, il se démit de sa théologale et se retira en 1723 dans la maison de l'Oratoire de Paris, rue S. Honoré, où il mourut le 5 mai 1731, âgé de 83 ans et demi. Le P. Gaichiés a fait honneur à sa congrégation par son talent et ses vertus. Son portrait est au collége de Juilly (Seine-et-Marne). — On a de lui les *Maximes sur le ministère de la chaire* (Paris 1743, et plus récemment, Paris et Besançon, 1822, in-12º). Cet ouvrage, devenu pour ainsi dire classique, fut attribué à Massillon, qui le désavoua en disant : « Je voudrais l'avoir fait. » Il a été traduit en allemand (1757). L'abbé de Lavarde en a publié à Paris en 1739 une édition enrichie de divers discours académiques du P. Gaichiés.]

Ce même prélat tint le synode de son diocése à Soissons, le mercredi vingt-sixiéme jour de may mil sept cens, dans l'octave de l'Ascension, auquel avoient été invitez par son mandement du neuviéme avril précédent, envoié dans toutes les abbayes, Messieurs les abbez d'icelles, selon l'ancien usage. Mais depuis l'introduction des commendes, les commendataires n'y assistent pas et n'y députent personne pour eux, non plus que les religieux qui, étans en congrégation, ne reconnoissent point l'authorité de ces sortes d'assemblées sur eux, si on y fait des statuts ou réglemens contraires à leurs priviléges et immunités; ces synodes diocésains n'étans que pour les prêtres séculiers et réguliers bénéficiers soumis aux évêques.

Synode de Soissons en 1700 : ni les commendataires ni les religieux n'y assistent plus. Pourquoy ?

Cette abbaye, depuis sa fondation jusqu'à ce jour, a toujours été possedée, remplie et gouvernée par les religieux de l'Ordre de S. Benoist qui s'y sont toujours maintenus nonobstant tant de fâcheux événemens causez par les courses des Normands, les desordres des Anglois, Calvinistes, guerres civiles, la dureté de Nicolas de la Croix, abbé commendataire, qui ont souvent forcé les religieux de céder à leur violence et d'abandonner l'abbaye pour un tems; mais ils y sont rentrez incontinent après l'éloignement des ennemis de l'Etat et de la religion et la mort des commendataires. Et ainsi cette abbaye n'a jamais été sécularisée, ni occupée par des clercs séculiers, ni chanoines réguliers ni séculiers, comme plusieurs autres enlevées à notre Ordre, sous prétexte du déréglement des moines.

L'abbaye d'Orbaiz a toujours été possédée par les enfans de S. Benoist.

CHAPITRE HUITIÉME

Des droits temporels de cette abbaye et de ses abbez.

On apprend quels étoient encore, il y a cent cinquante ans, les droits, les biens en fonds et domaines de cette abbaye par une Déclaration de tout son revenu temporel présentée au bailly de Vitry ou à son lieutenant général par dom Pâquier Chatton, religieux-prévôt d'Orbaiz, prieur de Notre-Dame d'Oiselet, et procureur général d'Alexandre de Campeggi, évêque de Boulogne en Italie[1], depuis cardinal, et abbé, et des religieux, prieur et couvent d'Orbaiz, le vingt-et-uniéme décem-

---

1. [1526-1553.]

bre mil cinq cens quarante-sept, laquelle se trouve à la Chambres des Comptes de Paris et dans notre chartrier.

Cette Déclaration dit expressément :

Droits, fonds et domaines de l'abbaye expliquez dans une déclaration du 21 décembre 1547.

« 1° L'abbaye Monsieur Saint-Pierre d'Orbaiz est fondée
« royallement, les abbés ont joüy du revenu d'icelle par temps
« immémorial, et n'est mémoire du contraire. — Cecy est fondé
« et tiré de la donation du Roy Thierry premier, faite à saint-
« Réole pour bâtir l'abbaye, suivant les paroles de Flodoard
« cy-devant citées : « Construxit monasterium Orbaci hic vene-
« rabilis præsul in loco quem promeruit dono regis Theodorici
« per ipsius licentiam. » (L. 2, c. 10, *Hist*. Flod.)

Toute justice dans Orbaiz et autres lieux.

« 2° La ville d'Orbaiz en laquelle est assise ladite abbaye a
« toute juridiction temporelle, haute justice, moyenne et
« basse, même droit de justice à quatre pilliers ; mais pour le
« present il n'y que la place, les vents les ayant fait tomber
« cy-devant.

« L'abbaye et toute la ville d'Orbaiz contiennent la quantité
« de trente-deux arpents ou environ, en partie duquel circuit
« quelques-uns des habitans dudit Orbaiz y ont fait faire et
« édifier plusieurs maisons desquelles leur a été fait bail à cens à
« quatre-vingt-dix-neuf ans. Auquel lieu il y a une grande
« salle en ruine et non en valleur, vulgairement appellée la
« *salle Saint-Michel*.

Officiers, plaids etc...

« Les religieux ont droit de toute justice haute, moyenne et
« basse, *vicomté* en ladite terre et seigneurie, officiers, prévôt,
« mayeur, lieutenant, greffier, sergeant exerçant ladite justice
« és villages et parroisses de la Ville-sous-Orbaiz, la Chapelle-
« sur-Orbaiz, Margny, et sont les plaids ordinaires les mardis
« de chacune semaine, avec marchez ordinaires audit Orbaiz
« les samedis, desquelz juges les appellations sortissent par-
« devant le bailly de Vitry ou son lieutenant à Château-
« Thierry.

Foires ou marchez d'Orbaiz.

« Ladite abbaye a trois foires en l'an en ladite ville d'Orbaiz
« assises : une le lendemain [du] jour [de la] Trinité, une autre
« [le] jour [de] saint-Clément, et l'autre le jour des Brandons [1]
« en carême (c'est le premier lundy de carême) — depuis la

---

1. [De l'allemand *Brand*, brandon, tison. — « Le dimanche des brandons
« est le premier dimanche de carême, auquel les jeunes païsans faisoient
« autrefois sur le soir des processions et autres cérémonies avec des flam-
« beaux de paille allumez, pour chasser le mauvais air de leurs vignes et de
« leurs terres. » *Dict*. de Furetière.]

« dite Déclaration on en a établi une quatriesme le jour de
« saint-Remy, premier jour d'octobre — ayants tous droits,
« foires et les profits qui en adviennent, comme fourage,
« roüage, hallage, aulnage. »

Tout cecy est tiré de la susdite Déclaration, présentée le 21 décembre mil cinq cens quarante-sept, conservée dans notre chartrier, où on pourra voir les autres droits de cette abbaye, les fiefs qui luy appartenoient, et les domaines qui en dépendoient, dont plusieurs sont aliénez par les abbez commendataires sous prétexte de subvention accordée à Charles IX, comme les terres et seigneuries de Verdon, Boursault, Crézancy et autres que l'on pourra voir dans le mémoire particulier desdites aliénations, telles que sont les terres de la Coûture, situées au-dessous du jardin de l'abbaye et de la porte de Notre-Dame d'Orbaiz.

La déclaration contient encore d'autres biens dont on ne jouit plus. Voyez la dite déclaration tout au long.

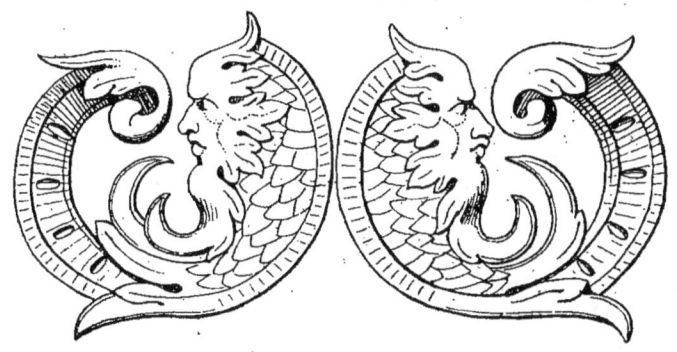

Bordure d'un vitrail de l'Eglise de Verdon
xvie siècle

On a remarqué cy-devant, chapitre septiéme, que l'abbaye d'Orbaiz avoit droit de députer des religieux pour assister en son nom et concourir par leurs suffrages à l'élection d'un nouvel archevêque de Reims, le siége étant vacant, comme il se pratiqua en 882 à l'élection de Foulques, chancelier de France, successeur du fameux Hincmar. Mais le susdit Concordat de Léon X et de François Ier ayant abrogé les élections canoniques si justes et si sagement établies par les pragma-

L'abbaye députoit à l'élection des archevêques de Reims de ses religieux qui y avoient droit de suffrage.

tiques-sanctions du roy saint-Louis, neuviéme de ce nom, faite au mois de mars mil deux cens soixante-huit ou neuf[1], et celle de Charles VII du nom, le septiéme jour de juillet mil quatre cens trente-huit à Bourges[2], le droit de députation des religieux demeurera suspendu jusqu'à ce qu'il plaise à Dieu (qui tient entre ses mains le cœur des Souverains de la terre pour en faire ce qui luy plaît) d'inspirer aux Souverains-Pontifes et à nos Roys trés chrétiens d'imiter la piété et le zéle du grand saint-Louis et de Charles VII, leurs prédécesseurs, pour l'honneur et l'avantage de l'Eglise de France.

Ce droit suspendu depuis le concordat.

Il y a eu autrefois dans cette abbaye des écoles publiques et une espéce d'academie ou seminaire où on enseignoit en même tems et avec la même application les belles-lettres, les hautes sciences et la piété, et c'étoit ce qui y attiroit de toute part les étrangers et les François pour y être instruits et élevez, entre autres le celebre Gotteschalk, alleman de nation, et, selon quelques autheurs, saint Rigobert, depuis archevêque de Reims, et plusieurs autres de différents endroits, dont les noms et les qualités nous sont inconnus faute de mémoires.

Ecôles publiques dans l'abbaye où grand nombre d'etrangers et François accouroient pour y être instruits dans la piété et dans toute sorte de sciences.

L'abbaye d'Orbaiz ayant reçu ses premiéres instructions et sa premiére forme et maniere de vie, d'observance et de regularité de celle de Rebaiz, il y a toujours eu une étroite union et correspondance et une sainte société entre elles. Le mémoire de 1609 intitulé : *Singularitez d'Orbaiz*, déjà cité cy-dessus, nous apprend que depuis la fondation de cette abbaye, pour entretenir cette bonne intelligence, on envoie tous les ans deux religieux pour assister à la procession des corps-saints qui se fait à Rebaiz le lundy de la Pentecôte ; et ces deux religieux en amenoient aussi deux autres de Rebaiz pour assister réciproquement à la procession des corps-saints qui se fait à Orbaiz le jour de la Sainte-Trinité. — Il y a peut-être eu d'autres associations avec d'autres abbayes, mais on n'en trouve point de mémoires.

Ancienne société entre les abbez d'Orbaiz et de Resbaiz.

Les abbez réguliers d'Orbaiz avoient droit de porter la mitre et tous les autres ornemens pontificaux, comme le marquent et prouvent les figures de Guillaume ou Guy de Treveselay inhumé au milieu de notre chœur, et celle de Pierre de Cha-

Les abbez avoient droit de mitre et autres ornemens pontificaux.

---

1. [Mars 1268. — *Recueil des Ordonnances des rois de France*, t. I, p. 97. — Isambert, t. I, p. 339.]

2. [*Recueil des Ordonnances des rois de France*, t. XIII, p. 267. — Isambert, t. IX, p. 3.]

vigny inhumé dans la chapelle dite du Saint-Esprit, qui les représentent tous deux la mitre en tête, et autres ornemens pontificaux : mais on ne trouve icy aucuns mémoires qui nous apprennent qui est l'abbé qui en a été honoré le premier, ni en quel tems, ni par quel Pape ce droit a été accordé à cette abbaye.

L'abbé Guillaume inhumé dans la chapelle de la Sainte-Vierge, est représenté sur sa tombe nue-tête, sans mitre, portant une grande tonsure ou couronne monachale, et la crosse seulement. — On ne sçait si ce dernier abbé est l'abbé Guillaume qui, en mil cent quatre-vingt, fit faire la consécration d'un autel et la translation du corps de saint-Réole dans une nouvelle châsse, comme on a rapporté cy-devant, chapitre deuxième. Mais si cet abbé Guillaume inhumé, et représenté sans mitre ni sur sa tête ni auprés de luy, est le même que celuy qui de son tems fit faire la consécration d'un autel et la translation des reliques de saint-Réole[1], il s'ensuivroit que nos abbez n'avoient pas encore obtenu le privilege et le droit de porter la mitre dans les grandes cérémonies en mil cent quatre-vingt ou du tems de ce Guillaume, puisqu'il ne paroît pas avec cet ornement sur sa tombe.

Le Révérend Pere dom Jean Mabillon, un des plus saints, des plus humbles et des plus sçavans religieux de notre congrégation et de son tems, dans ses notes sur le traitté de saint-Bernard *De officio episcoporum* (capite IX, num. 36), adressé par forme de sa lettre quarante-deuxiéme à Henry, archevêque de Sens, en l'an mil cent vingt-six, fait cette remarque dans ses notes marginales, tome Ier, page 476, édition seconde, touchant les ornemens pontificaux accordez aux abbez réguliers : « Ejus « modi ornamenta abbatibus primum concedi cœpta sæculo « decimo Paulus Langius noster in *Chronico* ad annum 1398[2], « itidem abbates arguit, qui hæc insignia captabant. Lucius III

Les ornemens pontificaux accordez aux abbez réguliers dans le dixieme siècle, selon D. J. Mabillon.

---

1. [Le *Gallia christiana*, IX, 424, admet l'identité entre les deux personnages.]

2. [*Chronicon Citizense* ab a. 968 ad a. 1515 (chronique de Zeitz, en lat. *Cisa, Citium*) insérée dans les *Script. rer. Germanic.* de Pistorius, éd. Struve, t I, p. 1223, Ratisbonne, 1726, 3 vol. in-folio. — Cette chronique a été écrite au début du XVIe siècle. Elle est l'œuvre la plus estimée de Paul Lange, disciple de Trithème, et moine bénédictin de l'ancien couvent de Bosau, près Zeitz, auj. prov. pruss. de Saxe, régence de Mersebourg.]

Accordez aux prêtres, diacres et soûdiacres.

« ea Lantelmo Casæ-Dei abbati *ex obedientia* imposuit [1],
« Sacerdoti, diacono, et subdiacono, usus mitræ, annuli, et
« sandaliorum concessus est a Leone IX in ecclesia Veson-
« tionensi ad quædam festa, ut legitur in probationibus *His-
« toriæ Tornutiensis*, pag. 358 et 362 [2]. » On peut voir dans la
grande lettre XLII ou traitté de S. Bernard, ce qu'il pensoit de
ces sortes d'ornemens si recherchez par les abbez, cap. IX,
num. 36. « Verum aperte indicant quidam horum quid cogi-
« tent, dum multo labore ac pretio apostolicis adeptis privi-
« geliis, per ipsa sibi vindicant insignia pontificalia, utentes
« [et] ipsi more Pontificum, mitra, annulo, atque sandaliis,
« etc... » S. Bernardus ad Henricum archiepiscopum Senonensem, *supra*.

On a rapporté jusqu'icy ce qui regarde ce monastére en général et confusément, suivant la qualité des matiéres et l'idée et le modéle envoiez dans une lettre-circulaire du trés Révérend Pere Dom Bernard Audebert, supérieur général de la Congrégation, le 17 décembre 1664. Mais on va rapporter, selon l'ordre des tems et sous le titre ou gouvernement de quelques abbez dont on a découvert les noms, ce qui s'est passé de remarquable de leur tems ou environ. On n'a trouvé que trés peu de choses et qu'un trés petit nombre d'abbez réguliers et peu de leurs actions et circonstances de leurs vies et de leur gouvernement, par la raison générale tant de fois répétée, qui est que les chartres, titres, cartulaires, nécrologes et autres papiers de cete abbaye ont été pris, enlevez, détournez, perdus ou brûlez. Et auparavant de faire le catalogue de quelques abbez dont on a eu connoissance, on pourroit appliquer icy et dire de notre monastére avec justice et autant de raison, ce que Dom Guillaume Marlot, religieux, grand-prieur de Saint-Ni-caise de Reims, administrateur du prieuré de Saint-Martin de

Paroles de M. Marlot appliquées au monastére d'Orbaiz.

---

1. [« Lantelme de Tolly, abbé de la Chaise-Dieu, étant allé en Italie visi-
« ter les abbayes qui lui étaient soumises, se rendit à Vérone où se trou-
« vaient l'empereur d'Allemagne, Frédéric Barberousse, et le pape Luce III
« (1184). Ce pontife, en célébrant la messe le Jeudi-Saint, fut surpris d'a-
« percevoir Lautelme tête-nue parmi la foule des prélats qui tous y assis-
« taient mitrés, et résolut alors de lui donner le droit de porter la mitre.
« Lantelme la refusa par humilité, mais le pape lui enjoignit de la porter
« en vertu de l'obéissance qu'il lui devait. » Dominique BRANCHE, *L'Auvergne au moyen-âge, les monastères*, p. 210.]

2. [*Histoire de l'abbaye royale et de la ville de Tournus*, avec les preuves, par le P. Pierre François Chifflet de la Compagnie de Jésus, Dijon, 1664, in-4°.]

Fives proche de Lille en Flandre, et docteur en théologie de la Faculté de Reims, a dit de la célébre abbaye des Dames bénédictines de Sainte-Berthe d'Avenay [1], diocése de Reims, dont est à présent abbesse Madame de Boufflers [2], sœur du maréchal de Boufflers. « Optassem hujus monasterii (Orbacensis)
« decora fusius referre, cum accuratiori abbatum indice ; at
« chartarum confusus ordo, ac plurium interitus, me ab [hoc]
« onere levant et eximunt; aliquorum tamen nomina hic pro-
« feram, quæ carptim ex variis monasteriorum cartophilaciis
« excerpsi. » (Marlot, t. I, l. 2, c. 44.)

1. [L'abbaye d'Avenay, près Ay, en Champagne, fut fondée au viie siècle, sous le vocable de Saint-Pierre, par sainte-Berthe qui avait épousé saint-Gombert (ou Gondebert), frère de saint-Nivard Cf. Louis Paris, *Histoire de l'abbaye d'Avenay*, 2 vol. in-8°, Paris, 1879.]

2. [Marguerite Françoise, nommée en 1687, morte en 1720.]

Carreau émaillé de l'Eglise d'Orbais

CATALOGUE

DES

ABBEZ DE L'ABBAYE S. PIERRE D'ORBAIZ

Leudemar premier abbé d'Orbaiz en 677 ou 680.

Flodoard, qui nous a appris la fondation de ce monastére par saint Réole, nous marque au même endroit que le saint fondateur demanda, obtint et fit venir six religieux de l'abbaye de Resbaiz pour observer icy et y enseigner à ceux qu'ils recevroient la sainte régle, et que l'un de ces six religieux nommé Leudemar fut étably par le saint archevêque, abbé de son abbaye d'Orbaiz, et la gouverna pendant toute sa vie; car encore qu'il en ait été injustement chassé par un certain Odon (on ne sçait qui étoit cet Odon, intrus ou usurpateur, ou quelque misérable moine ou un clerc ambitieux, ou quelque seigneur laïque qui chassa et deposseda le vénérable Leudemar soit pour s'emparer du bien de cette nouvelle fondation, ou pour y placer quelques amis), aprés la mort du même saint Réole notre fondateur et protecteur, il fut néantmoins rétably dans sa charge et dignité par le roi Childebert second, second fils du roy Thierry premier. (Flodoard, livre 2, chap. 10.)

LEUDEMAR

Premier abbé d'Orbaiz

En 671, selon le Pere Le Cointe, ou 680 selon d'autres.

« Impetravitque domnus idem Reolus a monasterio Resbacensi sex monachos, qui regimina sanctæ regulæ ibidem (Orbaco) tenerent et alios ea docerent. Ex quibus unum Leudemarum nomine in eodem loco abbatem constituit, qui rexit idem monasterium donec vixit. Nam licet ab Odone quodam fuerit expulsus, a Childeberto tamen rege postea restitutus est. » (Flodoardus, lib. 2, cap. 10).

Voilà tout ce que cet historien nous marque, et tout ce que

l'on a trouvé de notre premier abbé : on ne sçait ni le lieu de sa naissance, ni la qualité de ses parens, ni combien de tems il a gouverné ce monastére, ni l'année et le jour de sa mort, ni si l'abbaye eut un grand nombre de religieux dans ses commencements ; Flodoard a tû toutes ces circonstances et s'est contenté de remarquer que St-Rigobert luy succéda, aprés sa mort, dans la conduite de ce monastére. Mais auparavant de parler de ce saint archevêque, il faut examiner icy quelle étoit cette *sainte Regle* dont parle Flodoard et que le vénérable Leudemar et ses cinq compagnons apportérent avec eux, pratiquérent et enseignérent icy aux nouveaux religieux qu'ils reçurent.

Flod. l. 2, c. 10.

QUELLE RÈGLE FUT D'ABORD OBSERVÉE DANS L'ABBAYE D'ORBAIZ

La Régle de saint Benoist et les statuts de saint Colomban y furent d'abord observez.

Cette proposition ne souffrira point de difficultés en montrant que la regle de notre Bienheureux Pere saint Benoist étoit déjà observée en France au moins dés le commencement du septiéme siécle, et que la *sainte Regle* dont Flodoard fait mention, et que le premier abbé Leudemar et ses cinq compagnons apportérent avec eux et firent observer dans ce nouveau monastere, n'étoit autre que la regle de saint Benoist et les statuts de saint Colomban qu'ils avoient pratiquez et professez dans le monastere de Resbaiz, fondé en l'année six cens trente-quatre par saint Ouen [1], depuis archevêque de Rouen, et gouverné par saint Aile, ou Agile (Agilus) [2], qui en fut le premier abbé, qui les avoit apportez luy-même du célébre

La Regle de saint Benoist et celle de saint Colomban furent apportées et pratiquées ensemble d'abord, et ensuite celle de saint Benoist seule dans Orbaiz. On les observoit en France dés l'an 625.

---

1. [Saint-Ouen (Dadon) était référendaire de Dagobert Ier (622 à 638), lorsqu'il fonda le monastère de Rebais, au diocèse de Meaux, *G. ch.* VIII, 1679. Nous avons le diplôme donné par le Roi à cette occasion, le 1er octobre 635, ap. Pertz, *Diplomat.* I, 16. — Au temps où écrivait Dom Du Bout, l'abbaye de Rebais était gouvernée par François Caillebot de la Salle, évêque de Tournay. Sur l'état du monastère vers cette époque, cf. *Les Billets de monnaie et l'abbaye de Rebais en 1707*, par Ant. Héron de Villefosse, *Bulletin de la Société d'archéologie de Seine-et-Marne*, V[e] année (1868), p. 341.]

2. [*Vita S. Agili*, ap. Acta SS. O. S. B., t. II, p. 315, ap. Bolland. 30 aug., p. 575. — *Vie des Saints de Franche-Comté* par les professeurs du collége Saint François-Xavier (Besançon, 1854-56, 4 vol. in-8°), t. II, p. 347.]

monastere de Luxeuil¹, où il avoit été religieux sous saint Walbert, troisième abbé de Luxeux depuis l'année six cens vingt-cinq jusqu'en six cens soixante-cinq, et d'où saint Aile fut tiré en six cens trente-six pour être le premier abbé de Rebaiz. Or, il est certain que du tems que saint Aile fut abbé de Rebaiz et saint Walbert² de Luxeux, la regle de saint Benoist y étoit observée avec celle de saint Colomban, conformément au reglement du troisième concile de Mâcon, tenu en six cens vingt-cinq, qui ordonne expressement que ces deux regles seroient observées en France conjointement, selon les sçavantes observations et les preuves du R. P. Dom Jean Mabillon dans sa préface, nombre 14, du second tome ou siécle des *Actes des saints de l'Ordre saint Benoist*, page 9 et les suivantes, où on trouve ces mots : « At in Gallia post synodum « Matisconensem anno 625 habitam Columbani ritibus eam- « dem Regulam S. Benedicti accessisse nemo jure negaverit. » Voyez la suite *ibidem*.

{Preuves tirées du réglement du troisième concile de Mâcon en 625.}

Le même Dom Jean Mabillon, pour prouver que la regle de saint Benoist étoit déjà observée en France dés le septiéme siécle, cite le canon quinziéme du concile d'Autun tenu en 665 ou 670, sous saint Léger³, son évêque et depuis un trés saint martyr, où il est ordonné « de abbatibus et monachis, ut quid- « quid canonicus Ordo vel Regula sancti Benedicti edocet, et « implere et custodire in omnibus debeant. » Id. Mabillon, ead. præfat. n. 18, page 13.

{Du concile d'Autun, 665.}

Et dans la préface de la première [partie] du quatriéme siécle des mêmes *Actes des saints Bénédictins*, pages 81 et 82, n. 118, examinant ces paroles de Flodoard cy-dessus rapportées : « Impetravitque domnus idem Reolus a monasterio

---

1. [Luxeuil, au diocèse de Besançon. *G. ch.* XV, 144. Cette ancienne abbaye, fondée vers 590 par saint-Colomban, devint la capitale monastique de la Gaule et la premiére école de la chrétienté. Le livre IX des *Moines d'Occident*, par le comte de Montalembert, a pour titre « Saint-Colomban et les Irlandais en Gaule ». Il contient des reuseignements précieux sur les personnages et sur les questions dont s'occupe ici Dom Du Bout. La vie et la mission monastique de saint Colomban, l'histoire de ses successeurs ou disciples saint Eustaise, saint Walbert, saint Aile ou Agile, le séjour de ce dernier à Rebais, ont inspiré à l'auteur des pages éloquentes. On lira surtout avec profit la partie du chap. V qui s'applique aux colonies de Luxeuil fondées en Brie et en Champagne. Les chap. I!, IV et VII, relatifs aux destinées de l'institut de Luxeuil, montrent comment la règle de saint Benoît fut associée d'abord, puis substituée à celle de saint Colomban.]

2. [*Vie des Saints de Franche-Comté*, t. II, p. 326.]

3. [*Op. cit.*, t. I, p. 460.]

« Resbacensi sex monachos, qui regimina *sanctæ Regulæ* ibi-
« dem tenerent et alios ea docerent » [il] fait cette remarque :
« Per sæculum septimum *Regulæ sanctæ* nomine ita designa-
« tur Regula sancti Benedicti, ut tamen Regulam sancti Colum-
« bani, aliasque complectatur nonnunquam, ut patet confe-
« renti duplicem sancti Praejecti vitam. Nam in priori, quæ
« ab auctore æquali scripta est, Camelariensis [1] parthenon dici-
« citur fabricatus *ex Regula duntaxat virorum sanctorum, id
« est S. Benedicti, et S. Cæsarii, atque Columbani* ; in poste-
« riori auctoris item coætanei, *sub norma sanctæ Regulæ*. At
« sæculo octavo et insequenti *Regulæ sanctæ* vocabulum soli
« Benedictinæ tribuitur. Tametsi Frodoardus, sæculi decimi
« scriptor, Regulæ sanctæ nomen ac sensum ex sæculi septimi
« litteris atque usu aliquando usurpavit, nempe pro Regulis
« S. Benedicti et S. Columbani simul conjunctis. Cum igitur
« Reolus ex cœnobio Resbacensi monachos, qui regulæ utrius-
« que *regimina* sectarentur, Orbacum induxerit, consequens
« est utramque hanc Regulam jam tunc viguisse apud Resba
« censes. » Voyez les nombres et les pages suivantes de cette
préface, où on traitte le même sujet.

Les six religieux tirez de Rebaiz y avoient gardé les Regles de St. Benoist et St. Colomban.

Pour prouver que la regle de saint Benoist a été observée
dans les monasteres de France dans le septiéme siécle, on peut
encore employer le témoignage du même Flodoard, livre second,
chap. 7 de son *Histoire*, qui dit expressément que saint Nivard,
fait archevêque de Reims en six cens cinquante, et mort en
661 selon Sigebert [2], et selon Demochares en 668 ou 669, bâtit
et fonda le monastére de Hautvilliers à la priére de S. Ber-

---

1. Chemeliéres, abbaye de filles en Auvergne. [Aujourd'hui Chamalières (*Camelaria*), commune du canton de Clermont-Ferrand, au pied de la chaîne de montagnes que couronne le Puy-de-Dôme. Le comte Genès y fonda au VII° siècle un monastère de femmes. *G. ch.* II, 321. L'évêque de Clermont, saint Prix (665-674), leur donna la règle que saint Césaire d'Arles avait composée pour les religieuses, et il la modifia par celles de saint Benoît et de saint Colomban. Branche, *L'Auvergne au moyen âge*, p. 74 et 81. — Sur la vie de saint Prix ou Préject (*Præjectus*, patron d'Orbais) cf. *Hist. litt. de la France*, t. III, p. 615.]

2. [Sigebert, chroniqueur belge du XI° siècle. Il était moine de l'abbaye bénédictine de Gemblours (*Gemblacum*)), d'abord au diocèse de Liége, puis à celui de Namur. Il a laissé plusieurs ouvrages dont les principaux sont : *Chronicon ab anno 381 ad annum 1111*. — *Gesta abbatum Gemblacensium*. — *De viris illustribus, sive scriptoribus ecclesiasticis*. — Ses œuvres ont été publiées par Migne, *Patr. lat.*, t. CLX.]

chaire[1], qui fut d'abord religieux de Luxeux, et après premier abbé d'Hautvillers, qui lui avoit demandé un lieu proche de la riviére de Marne pour y vivre avec ses freres, ses religieux, *sous la regle de saint Benoist* et de saint Colomban. « Super

Les Regles de St. Benoist et de St Colomban observées ensemble à Hautvilliers en 660 ou environ.

« fluvium Maternam (Matronam, Marne) de rebus Remensis
« Ecclesiæ S. Nivardus construxit monasterium quod dicitur
« Altumvillare, petente Berchario abbate qui ab eo petierat
« locum sibi dari, ubi cum fratribus suis monachis sub Regula
« Patrum sancti Benedicti et sancti Columbani vivere posset. »
(Frod., l. 2, c. 7. Marlot, t. I, l. 2, page 278). C'est ce que le saint archevéque luy accorda, comme on voit par le privilége du même saint Nivard donné au monastére d'Hautvillers rapporté par M. Marlot, tome I, livre 2, chap. 41, page 277, dont voicy un petit extrait : « In nomine Patris et Filii et Spiritus
« Sancti, Amen. Ego Nivo seu Nivardus, etsi peccator, epis-
« copus, dum omnes episcopi fratres mei, et de viris chris-
« tianis… præcipui in unum convenissemus, petiit nos Ber-
« charius abbas, una cum fratribus suis, ut talem locum eis
« perquirere deberemus in nostra proprietate, ubi ipsi secun-
« dum Regulam Patrum sancti Benedicti et sancti Columbani
« vivere deberent, et pro nobis die noctuque Domini miseri-
« cordiam debeant deprecari, ut in futurum veniam de pecca-
« tis mereamur obtinere. » Voyez le reste dans M. Marlot et dans le 1er tome des *Annales Bénédictines* de Dom J. Mabillon, livre XV, page 467[2].

Notre St-Berchaire avoit été religieux de Luxeux sous St-Walbert, où, selon Dom Antoine Yepez[3] et autres écrivains, la regle de saint Benoist étoit déjà observée depuis le concile IIIe de Mâcon tenu en 625, comme on a remarqué cy-devant, avec les statuts de saint Colomban qui n'étoient qu'un supplément et une modification de notre sainte regle, de sorte que se voyant abbé d'Hautvillers, il y fit observer les mêmes regles de St-Benoist et St-Colomban qu'il avoit embrassées et pra-

---

1. [Adson, *Vita S. Bercharii*, ap. Acta SS. O. S. B., t. II, p. 831. *Vie des Saints de Franche-Comté*, t. II, p. 424. *Hist. de l'abbaye d'Hautvillers* par l'abbé Manceaux, t. I, p. 113.]

2. [*G. ch.* X, *instr.*, col, 1. *Actes de la province ecclés. de Reims*, I. 82. — *Hist. de l'abbaye d'Hautvillers*, t. I, p. 95.]

3. [Yepez (Dom Antoine d'), savant bénédictin Espagnol, né à Yepez (Nouvelle-Castille), mort vers 1621. Il appartenait à la congrégation de Valladolid dont il devint supérieur général. On lui doit un important recueil intitulé : *Coronica general de la Orden de S. Benito*, qui a été traduit en français et augmenté.]

tiquées à Luxeux, selon Frodoard cy-dessus cité, « ubi ipsi
« secundum Regulam PP. S. Benedicti et S. Columbani
« vivere deberent. »

L'autheur anonyme contemporain de la vie de sainte Salaberge, abbesse de l abbaye de St-Jean de Laon, (occupée aujourd'huy par les religieux de notre congrégation et possedée par des hommes depuis plusieurs siécles), vers l'an six cens cinquante-cinq, rapportée par Dom Jean Mabillon au deuxiéme siécle des *Actes des SS. Bénédictins*, page 425, dit que du tems de saint Walbert, abbé de Luxeux, contemporain et directeur de cette sainte abbesse de Saint-Jean de Laon, on fonda plusieurs monasteres de religieux et de religieuses qui observoient la regle de saint Benoist et de saint Colomban. « Hujus (Valberti)
« tempore per Galliarum provincias agmina monachorum ac
« sacrarum puellarum examina non solum per agros, villas,
« vicosque atque castella, verum etiam per eremi vastitatem
« ex Regula dumtaxat Beatorum Patrum Benedicti et Colum-
« bani pullulare cœperunt, cum ante illud tempus monasteria
« vix pauca illis reperirentur in locis. »

Les Peres Bollandus et Henschenius, jésuites, Charles Le Cointe et Louis Thomassin, prêtres de l'Oratoire, et autres écrivains interessez objectent que le moine Jonas[1], qui écrivoit en six cens quarante-quatre la vie de saint Colomban[2], son abbé, et de ses trois disciples et successeurs Attale[3],

Réponse à une objection contre la pratique ancienne de la Regle de S. Benoist.

---

1. [Jonas, bénédictin et hagiographe italien, né à Suse en Piémont vers 599, mort après 665. Il embrassa la vie monastique au couvent de Bobbio vers 618, et devint secrétaire de saint Attale, alors abbé de ce monastère. Il accompagna le nouvel abbé saint Bertulfe à Rome auprès du pape Honorius Ier en 628, et fit depuis différents voyages. Jonas habita quelque temps Eboriacum (Faremoutier), diocèse de Meaux. Il se trouvait à Réomé, diocèse de Langres, lorsque le roi Clotaire III et Bathilde, sa mère, l'envoyèrent en 659 à Châlon-sur-Saône pour y régler quelques affaires. On a de Jonas les vies de S. Colomban, de ses disciples S. Attale et S. Bertulfe, abbés de Bobbio, de S. Eustase, abbé de Luxeuil, et de Ste Fare, abbesse d'Eboriacum ou Faremoutier. On lui doit encore une revision de la vie de S. Jean de Réomé. Ses œuvres sont dans le recueil de Bollandus et dans les *Acta Sanctorum* de Mabillon. — Sur la vie de Jonas cf. *Hist. litt. de la France*, t III, p. 603-608.]

2. [*Vita S. Columbani abbatis*, auctore Jona, ap. ACTA SS. O. S. B. t. II, p. 5. *Vie des Saints de Franche-Comté*. t. II, p. 1.]

3. [*Vie des Saints de Franche-Comté*, t. II, p. 199.]

Eustase[1] et Walbert[2], ne parloit point de saint Benoist ni de sa regle. Mais on répond que l'on ne doit point avoir égard au silence de Jonas qui ne fait nulle mention de saint Benoist dans la vie de saint Colomban, parce que cet autheur n'a pas tout dit, qu'il a omis la contestation que saint Colomban eut touchant la fête de Pâques, quoiqu'il semble que ç'ait été un des principaux évenemens de sa vie[3], et que, parlant de la fondation du monastere des religieuses de Bezançon, il n'a rien dit de la regle de saint Benoist[4], bien qu'il soit constant qu'elle y a été observée conjointement avec celles de saint Césaire[5] et de saint Colomban[6], puisque dans cette regle du monastere de ces religieuses de Bezançon[7] composée de ces trois regles par saint Donat[8], archevêque de la même ville, il y en a plus de quarante chapitres tirez de celle de saint Benoist. On ajoute que si saint Colomban marque dans une de ses lettres qu'il ne reçoit point les regles des François, cela s'entend seulement des Tables paschales dont il étoit question. Enfin Jonas a voulu faire honneur à son maître dont il écrivoit la vie. Voyez M. Louis Bulteau, *Abrégé historique de l'Ordre de saint*

1. [Eustaise, second abbé de Luxeuil (610-625). Il opéra son premier miracle en Brie, à *Pipimisium* (peut-être Poincy), près de Meaux, en guérissant Fare ou Burgondofare, fille du seigneur Cagneric. *Vie des Saints de Franche-Comté*, t. II, p. 225 et 69. *Vita S. Eustasii*, auctore Jona, ap. BOLLAND. 29 martii, p. 784. Sur l'emplacement de *Pipimisium* on peut voir un article du vicomte de Ponton d'Amécourt, *Bullet. de la Soc. d'Archéol. de Seine-et-Marne*, 1re année (1864), p. 190.]

2. [S. Wulbert, successeur d'Eustaise à Luxeuil (625-665).]

3. [Sur les démêlés de S. Colomban avec le Saint-Siége et avec l'épiscopat au sujet de la célébration de la fête de Pâques, cf. *Vie des Saints de Franche-Comté*, t. II, p. 41 et s.; Montalembert, *Les Moines d'Occident*, 4e édit., t. II, p. 500 et s.]

4. [Règle de S. Benoît (73 chapitres) ap. MIGNE, *Patr. lat.*, t. LXVI, col. 215. — Montalembert, *Les moines d'Occident*, livre IV, ch. II.]

5. [Règle de S. Césaire pour les Vierges (Regula ad virgines) ap. MIGNE, *op. cit.*, t. LXVII, col. 1103. — Montalembert, t. I, p. 253.]

6. [Règle de S. Colomban (10 chapitres) ap. MIGNE, *op. cit.*, t. LXXX, col. 209 et 223.]

7. [Le monastère de Jussa-Moutier (*Jussanum monasterium*), situé au pied de la montagne qui domine Besançon. G. ch. XV, 131. Montalembert, t. II, p. 587 et s.]

8. [Règle de S. Donat pour les vierges (77 chapitres) ap. MIGNE, *op. cit.* t. LXXXVII, col. 273. Composée de passages tirés des règles de S. Benoît, de S. Césaire et de S. Colomban, elle est la fleur des pensées de ces saints Pères. On en trouve une traduction française dans la *Vie des Saints de Franche-Comté*, t. I, p. 212 et 601.]

Benoît[1], tome I, livre 3, ch. 14 et 17, page [431], 444 et suivantes, « ubi plura de hac materia. »

On rapportera icy en passant que ledit Pere Louis Thomassin de l'Oratoire, seconde partie de la *Discipline de l'Eglise*, livre premier, ch. 37, nombres 9, 10 et 11, dit que la regle de saint Benoist fut préférée aux autres regles « *parce* « *l'on reconnut qu'elle étoit la plus achevée de toutes, et qu'elle* « *étoit suffisante sans toutes les autres*[2] », et elle fut prescrite aux monasteres de France par les conciles ; honneur qui lui a été singulier jusqu'au tems de l'empereur Louis-le-Débonnaire que le concile d'Aix-la-Chapelle dressa une regle pour les personnes qui vivoient dans l'Ordre canonique. Il n'en dressa point une nouvelle pour les monasteres, car celle de saint Benoist y étoit observée longtems auparavant ce concile.

Enfin on peut dire que saint Réole, avant son episcopat, ayant embrassé et pratiqué, en qualité de religieux, la regle de N. B. P. saint Benoist apportée à Hautvilliers depuis peu par le saint abbé et martyr Berchaire, il voulut, pour marquer l'estime et le respect qu'il conservoit pour tout ce qu'elle ordonne, que le nouveau monastere qu'il avoit fondé à Orbaiz fût possedé et gouverné toujours par un abbé et des religieux du même institut ; c'est pourquoy il s'adressa à l'abbaye de Rebaiz comme étant voisine, plus ancienne, et apparemment plus nombreuse et mieux établie dans la pratique exacte de cette sainte regle et de celle de saint Colomban apportées à Rebaiz par saint Aile, son premier abbé, dés l'an 636, pour en obtenir six religieux, plutôt qu'à l'abbaye de Hautvilliers, qui ne faisoit que d'être fondée et s'établir, et ainsi moins en état de donner des religieux pour un nouvel établissement à Orbaiz.

Voilà une partie des preuves et des raisons qui font voir que la *sainte Regle* que Frodoard assure avoir été apportée, pratiquée et enseignée à Orbaiz par Leudemar et ses cinq compagnons, n'est autre que celle de N. B. Pere saint Benoist. Mais si on veut être pleinement convaincu de cette vérité, il faut lire les préfaces du R. P. Dom Jean Mabillon sur les *Actes des saints Bénédictins* des premier, second, troisième et quatrième

Témoignage glorieux rendu à la Regle de St. Benoist par Louis Thomassin, Discip. ecclésiast. partie II, l. I, c. 37, n. 9, 10.

---

1. [*Abrégé de l'Histoire de l'Ordre de S. Benoist*, 2 vol. in-4°, Paris, 1684, d'où ce passage est presque entièrement tiré.]

2. [*Ancienne et nouvelle discipline de l'Eglise touchant les bénéfices et bénéficiers*, divisée en quatre parties selon les quatre divers âges de l'Eglise, par le R. P. Louis Thomassin, prestre de l'Oratoire (Paris, 1678-81, 3 vol. in-f°), tome I, partie II, p. 115.]

siècles de l'Ordre, où il prouve invinciblement que la regle de saint Benoist a été reçue et observée dans les monasteres de France longtems avant le huitiéme siécle, et même dés le sixiéme siécle de l'Eglise. Voyez la préface de la premiére partie du quatriéme siécle de l'Ordre St-Benoist, section ou paragraphe cinquiéme, contre l'opinion nouvelle des Peres Bollandus et Henschenius, jésuites, Charles Le Cointe et Louis Thomassin, prêtres de l'Oratoire, et autres écrivains des nouveaux instituts qui (par je ne sçay quelle antipathie, quel mépris et quelle aversion de notre saint Ordre et quelle jalousie de son antiquité, de sa gloire et de son étendue, et voyant à regret revivre et refleurir le premier esprit, la vertu et les sciences de nos anciens Peres dans notre congrégation de Saint-Maur, laquelle par sa réforme a renversé tous les grands desseins de nos adversaires, et enfin pour colorer et authoriser leurs usurpations et invasions violentes et journaliéres qu'ils ont faites et qu'ils font de nos monasteres et de nos prieurez en France, en Flandre, en Allemagne [1] et partout où ils peuvent) ont inventé et débitent hardiment que la regle de saint Benoist n'a été reçue et observée en France que longtems aprés celle de saint Colomban, et que nos premiers religieux ont pris et envahi ses monasteres, appuyez de la faveur et sous l'authorité souveraine des roys et empereurs Charles-Magne et Louis le Débonnaire, grands et zélés protecteurs de l'Ordre et de la regle de saint Benoist. — On peut voir encore la dissertation du R. P. Dom Philippe Bastide, ancien supérieur de notre congrégation, sur le même sujet [2], laquelle se trouve à la fin de la seconde partie

---

1. Voyez un livre intitulé : *Astrum inextinctum*, par Dom Romain Hay, bénédictin allemand. [Ce livre est une réponse à l'ouvrage qu'avait écrit le P. Layman, jésuite, pour soutenir que les monastères allemands ne devaient pas recouvrer leurs anciens biens. Il a d'abord été publié par Scioppius à la suite de son *Astrologia ecclesiastica*, 1634, in-4°. Le P. Romain Hay en donna lui-même une édition beaucoup meilleure, Cologne, 1636, in-4°, sous le titre : *Astrum inextinctum, sive jus agendi antiquorum religiosorum ordinum*, etc... On a du même auteur : *Aula ecclesiastica*, etc..., et *Hortus Crusianus* Joannis Crusii e Societate Jesu Bremensis *Eclipsi, sive deliquio Astri inextincti*, speculi loco oppositus, auctore R. P. F. Romano Hay, ordinis S. Benedictini imperialis monasterii Ochsenhusani (Ochsenhausen) in Suevia presbytero theologo. Francofurti, Joannes Pressius, 1648, in-4°. (Biblioth. Sainte-Geneviève, E. 1931, 1951², 1953). — Ochsenhausen, bourg du Wurtemberg, Donaukreis (cercle du Danube), sur la route de Biberach à Memmingen ; autrefois riche abbaye impériale de Bénédictins, au diocèse de Constance, fondée en 1099 et supprimée en 1803. G. ch. V, 1071 ; MIGNE, *Dict. des abbayes*, col. 898.]

2. [*De antiqua Ordinis S. Benedicti intra Gallias propagatione dissertatio*.]

du troisième tome ou siècle des *Actes des SS. Bénédictins*. Il dit à la fin de sa petite préface sur sa dissertation, page 2, que le Pere Le Cointe, à qui il répond, n'a embrassé son opinion [que] « ex aliqua quorumdam præconcepta opinione, qui superio-
« rum temporum monachos institutis, vivendi modo, Regula a
« recentioribus sejungere vellent. *Qua de re nihil amplius
« dicam, ne nimium dicam.* » On entend ce qu'il sous-entend par là[1].

SAINT-RIGOBERT

Second abbé d'Orbaiz

Saint-Rigobert, vingt-huitième archevêque de Reims, gouverna ce monastére après la mort de Leudemar, comme le marque Frodoard, livre second, chapitre dixième. « Post cujus « obitum (Leudemari), domnus Rigobertus Archiepiscopus « ipsum monasterium recepit et rexit. » Les autheurs, sur l'authorité de Frodoard, [reconnoissent] que saint Rigobert a gouverné ce monastére, mais ils ne s'accordent pas en quelle qualité, si ç'a été comme archevêque de Reims, ou seulement comme abbé élu et nommé.

Les autheurs sont partagez en quelle qualité St. Rigobert a gouverné cette abbaye d'Orbaiz.

Dom Guillaume Marlot, tome Ier, livre second, chap. 43, croit qu'il est plus certain que saint Rigobert a gouverné ce monastére en qualité d'archevêque, suivant l'intention de saint Réole, son fondateur, qui voulut que ses successeurs exerçassent toute juridiction dans le monastère d'Orbaiz, à l'exemple de saint Nivard qui, à la prière du saint abbé et martyr Berchaire, avoit ordonné que le monastère d'Hautvilliers[2] fût toujours sous la juridiction des archevêques de Reims, et que c'est sur ce fondement que Hincmar, leur successeur, ordonnoit et régloit et se faisoit rendre un compte très exact de tout ce qui se passoit dans les deux monastéres d'Hautvilliers et d'Orbaiz, comme on a observé cy-devant chap. II et VII. « Beatus
« Rigobertus monasterium recepit et rexit, an ut Archiepis-
« copus haud satis compertum ; certius est prædictum Orba-
« cense cœnobium deinceps mansisse in providentia Remen-
« sis Archiepiscopi[3]. »

---

1. Voyez aussi monsieur Bulteau, *Abrégé historique de l'Ordre de saint Benoist*, tome premier, livre troisième, chap. 14 et chap. 17, n° 4, etc.

2. [Sur le gouvernement de ce monastère par S. Rigobert, archevêque de Reims, cf. *Hist. de l'abbaye d'Hautvillers*, par l'abbé Manceaux, t. I, p. 159.]

3. Marlot, t. I, liv. 2, chap. 43, [p. 286].

Mais le R. P. Dom Jean Mabillon croit que saint Rigobert a gouverné ce monastére en qualité d'abbé régulier, insinuant qu'il avoit fait auparavant profession de la vie monastique à Orbaiz. Il appuye ses conjectures sur l'authorité de deux sçavans autheurs non suspects, qui sont Anthoine de Mouchy, vulgo *Demochares*[1], et Colvenerius[2], qui n'étoient pas bénédictins, et qui mettent saint Rigobert au nombre des enfans de saint Benoist. Voicy les paroles de D. J. Mabillon tirées de la premiére partie du troisiéme siécle des *Actes des saints Bénédictins*, pages 529, 530 : « Sanctum Rigobertum nostris adnu-
« merant non solum fasti Benedictini, sed etiam Demochares
« et Colvenerius, viri docti : quibus ut subscribam non levia
« suadent argumenta. Rigobertus quippe abbas fuit Orbacen-
« sis monasterii Ordinis nostri post Leudemarum abbatem pri-
« mum. Id muneris quidem à Childeberto Rege obtinuit post
« adeptum pontificatum Ecclesiæ Remensis : ut constat ex
« litteris Bertoëndi Catalaunensis Episcopi pro monasterio
« Dervensi[3], datis anno secundo *Chlodovei Regis*, Childeberti
« fratris ac decessoris : quæ litteræ Spicilegii tomo decimo

---

1. [Mouchy (Antoine de), né en 1494 à Ressons en Picardie, docteur de la Maison et Société de Sorbonne, connu sous le pseudonyme de *Démocharès*. Il se signala par son zèle contre les hérétiques, comme inquisiteur de la foi en France. Il fut un des commissaires nommés par Henri II pour instruire le procès d'Anne du Bourg (1559). Il assista au colloque de Poissy (9 septembre 1561). Le cardinal de Lorraine, archevêque de Reims, l'emmena au concile de Trente. En 1564, il assista à celui de Reims. Il mourut à Paris, en 1574, doyen de la Faculté de théologie et séuieur de Sorbonne.]

2. [Colvener (George), théologien flamand, né à Louvain en 1564, mort en 1649. Il fut prévôt de la collégiale de St-Pierre de Douai et chancelier de l'Université de la même ville. Il a donné diverses éditions d'ouvrages, entre autres : *Historia Remensis Ecclesiæ* de Flodoard, avec des notes et la vie de Flodoard, Douai, 1617, in-8°. — *Rhabani Mauri opera*, Cologne, 1627, 6 vol. in-f°. — *Chronicon Cameracense et Atrebatense* (Chronique de Cambrai et d'Arras) de Balderic, Douai, 1615, in-8°.]

3. [Montierender (Haute-Marne), ch. l. de c., arr. de Vassy, sur la Voire, au midi de la Champagne. — On écrivoit autrefois Montier-en-Der (monasterium in Dervo), *G. ch.*, IX, 906. — Ce bourg doit son origine à une abbaye de Bénédictins, fondée vers 672 par saint Berchaire, premier abbé d'Hautvillers, sur un domaine royal du nom de *Puteolus* (aujourd'huy faubourg de Puisy), situé au milieu de la forêt du Der. La belle église abbatiale existe encore et sert de paroisse. Elle est classée parmi les monuments historiques. Cf. *Les Moines du Der*, par M. l'abbé Bouillevaux, Montier-en-Der, 1845, in-8°; *Diocèse ancien de Châlons-sur-Marne*, par M. E. de Barthélemy, *passim*.]

« editæ inscribuntur *Rigoberto metropolitano* et aliis [1]. Verum
« Childeberti junioris principatu moris erat ut monasteriorum
« prælaturæ non nisi monachis tribuerentur. Quod contra Carolo
« principe cognomento Martello actitari cœptum. Nec obstat
« quod in sancti Rigoberti Actis apud Surium et Bollandum
« monasticæ Rigoberti professionis expressa mentio non
« habeatur. Nihil enim de rebus ante pontificatum ab eo gestis
« rescribit auctor anonymus, qui Frodoardo paullo superior
« fuit. Frodoardus fere anonymum secutus est in libro 2, cap.
« 11 et seqq.; at dignitatis ejus abbatialis, de quâ siluerat
« anonymus, meminit capite 10, cujus verba expendenda hoc
« loco sunt : *Leudemarus Orbacensis abbas, licet ab Odone*
« *quodam fuerit expulsus, à Childeberto tamen Rege postea*
« *restitutus est. Post cujus obitum domnus Rigobertus Archi-*
« *episcopus ipsum monasterium recepit et rexit*. Atqui si abbas
« fuisset sæcularis, monachos certe aut monasterium rexisse
« non diceretur. Hinc colligas ea verba, quibus Rigobertus *ab*
« *ætatis primævæ tirocinio totum se cœlestibus mancipasse*
« *disciplinis* dicitur apud anonymum, non obscure monasticam
« ejus disciplinam designare. » Hæc D. J. Mabillon *loco superius citato.*

Madame Jacqueline de Blémur, prieure de l'abbaye royale de la Sainte Trinité de Caen et ensuite religieuse du couvent des Dames bénédictines de l'Adoration perpétuelle du Trés Saint Sacrement, au fauxbourg Saint-Germain à Paris, à qui on attribue l'*Année Bénédictine* [2], dit au quatriéme jour de janvier que Constantin, pere de notre saint abbé, originaire de Porçain [3], diocése de Reims, le fit élever dans l'abbaye d'Orbaiz, fondée par saint Réole, cousin germain de Rigobert, que ce fut dans cette Académie qu'il devint sçavant dans la science des saints, qu'il y fit profession de la regle de saint Benoist, que ses belles qualités luy procurerent l'élévation aux grandes

---

1. [D'Achery, *Spicilegium*, édit. in-4° (1671), t. X, p. 627; édit. in-f° (1723), t. III, p. 317. *Actes de la province ecclés. de Reims*, t. I, p. 90.— Constitution par laquelle Bertohcud (*Bertohendus*), évêque de Châlons sur-Marne, exempte de sa juridiction les religieux de Monticrender. Ce privilège est daté du 15 février 692, deuxième année du règne de Clovis III. Cf. Abbé Bouillevaux, *op. cit*, p. 63 et 319; M. E. de Barthélemy, *op. cit.*, t. I, p. 347.]

2. [7 vol in-4°, Paris, 1667-73.]

3. [S. Rigobert était fils d'un Franc ripuaire, nommé Constantin, qui avait pour épouse une Franque du Porcien. BOLLAND. I, 174.]

charges, et qu'il commença par le gouvernement du monastére d'Orbaiz, dont il fut abbé, qu'en l'an six cens quatre-vingt-seize il en fut tiré pour être sacré archevêque de Reims.

D. Jean Mabillon, tome 2, Annalium pag. 93, n. 16.

Ce dernier sentiment ne s'accorde pas avec celuy de Dom Jean Mabillon qui assure que saint Rigobert ne gouverna cette abbaye qu'aprés avoir été sacré archevêque de Reims. « Id « muneris quidem à Childeberto Rege obtinuit post adeptum « Ecclesiæ Remensis pontificatum, ut constat ex litteris « etc… » ut superiori pagina.

On ne se rend pas aussi garand de l'opinion et de la chronologie de cette bonne dame de Blémur.

Au reste, on s'est contenté de toucher icy les circonstances de la vie de saint Rigobert qui ont rapport à notre monastére. Pour sçavoir ses autres actions on pourra consulter Frodoard, l. 2, chap. 10, 11, et les suivants ; Surius, Bollandus au 4º janvier [1]; Dom Guillaume Marlot, t. I *Hist. metrop. Rem.*, l. 2, chap. 42, page 281, chap. 43, chap. 45 ; Dom Jean Mabillon, sæculi tertii parte I, pages 529, 530, 531, et même l'*Année Bénédictine*, au 4º janvier, avec la précaution cy-dessus.

On ne sçait pas positivement quand notre saint prélat commença de gouverner ce monastére, ni le jour de sa mort. Les autheurs ne s'accordent pas : les uns la mettent en 749, d'autres en 733. Mais Dom Guillaume Marlot croit qu'il est plus probable qu'il est mort le 4 janvier 743, devant le concile de Soissons tenu vers ce tems-là, où il n'est fait aucune mention de luy. Peut-être que ce silence vient de ce que Milon avoit usurpé son siége de Reims dont il avoit été dépossédé et chassé trés injustement par la violence de Charles-Martel.

C'est le premier archevêque de Reims qui a établi la vie commune et canoniale parmi les clercqs de sa cathédrale, afin que, n'ayant aucun soin de pourvoir à leurs besoins corporelz, ils fussent tous occupez du service divin. Mabillon, *ubi supra*.

Son corps transporté en différentes églises.

Ses sacrez ossemens ont été transportez en différentes églises. — Hincmar l'apporta de Saint Pierre de Gernicourt[2] dans

---

1. [La vie de S. Rigobert donnée par Bollandus offre des indications intéressantes au point de vue de l'histoire et de la topographie de la ville de Reims aux VIIIe et IXe siècles. Cf. Varin, *Archives administr. de Reims*, I, 26; L. Demaison, *Explication d'un passage de la vie de S. Rigobert*, Reims, imprim. coopér., 1881.]

2. [Gernicourt (*Germiaca curtis*), sur l'Aisne, canton de Neufchâtel, arrondissement de Laon.]

l'abbaye de Saint Thierry[1], vulgo *le Mont d'Or*, le 14 juin 864. Neuf ans après le même Hincmar le rapporta à Reims dans l'église de Saint Denis. Foulques, successeur d'Hincmar, la première année de son pontificat, le transféra dans la cathédrale, d'où il fut encore transporté dans une église du Vermandois, et enfin rapporté dans la susdite église de Saint [Denis] et en dernier lieu dans la grande église[2].

Il y a quelques années qu'on démolit un vieux bâtiment, creusé et voûté qu'on appelloit communément la Tour de S. Rigobert[3], joignant le palais archiépiscopal, où on croit que

Prison pour les clercs vitieux, appellée la Tour de Saint-Rigobert.

1. [Saint-Thierry au mont d'Or, abbaye de Bénédictins au N. O. de Reims. Aujourd'hui commune du canton de Bourgogne. — L'*Orense monasterium*, fondé au vi[e] siècle, prit le nom de son premier abbé, saint-Thierry, disciple de saint-Remi.]

2. [« Postea S. Rigoberti reliquiæ in pagum Veromandensem delatæ, inde relatæ Remos in S. Dionysii ecclesiam extramuranam ; demum in majorem basilicam ubi hactenus quiescunt. » Mabillon, *loc. cit.* — D'après Marlot, l'église primitive de Saint-Denis aurait été bâtie du temps de Tilpin (Turpin) ou d'Hincmar, tous deux moines de Saint-Denis en France, qui parvinrent à l'archevêché de Reims, le premier vers 753, le second en 845. Elle servait de lieu de sépulture aux chanoines de Reims. Hincmar y fit en 873 la seconde translation du corps de S. Rigobert. On dut la démolir en 883, l'année de l'avénement de l'archevêque Foulques, pour construire à la place une muraille que l'invasion des Normands rendait nécessaire. Flodoard nous apprend que l'église de Saint-Denis fut réédifiée *hors des murs* de la ville par les soins des chanoines de Reims. L'archevêque Hérivée y fit en 902 la dernière translation des reliques de S. Rigobert (Flodoard, l. II, ch. 15, et l. IV, ch. 13.) Gervais, archevêque de Reims, releva une seconde fois l'église de Saint-Denis en 1064, et l'érigea en abbaye. Le couvent où l'on plaça d'abord des religieux tirés de Saint-Nicaise, fut remis ensuite aux chanoines réguliers de Saint-Augustin qui l'ont occupé jusqu'à la Révolution. G. ch. IX, 288. *Actes de la province ecclés. de Reims*, II, 79. Tarbé, *Reims*, p. 355. L. Demaison, *Date de l'Eglise de Saint-Remi*, p. 13, note 1, Reims, imprim. coopér., 1883. Ce qui reste du monastère est aujourd'hui le grand séminaire de Reims.]

3. [La Tour dite de *S. Rigobert*, dont il ne reste plus aujourd'hui aucun vestige, se trouvait à Reims en avant de la cour du palais archiépiscopal, non loin de la porte d'entrée. Elle figure sur d'anciens plans de cette ville, en particulier dans la *Topographia Galliæ* de Mérian ; on la voit aussi sur une vieille gravure du portail de la cathédrale de Reims par De Son (1625), *Topographie de la France*, Bibl. Nat., département des Estampes. Il est difficile de préciser la date de sa construction. Cette Tour fut sans doute établie au moyen âge pour servir à la défense du palais : mais il est fort douteux qu'elle doive être attribuée à S. Rigobert. Sa dénomination peut seulement s'expliquer par le souvenir de cet archevêque qui était resté assez populaire à Reims.— Quoi qu'il en soit de son origine, la Tour de S. Rigobert existait déjà au milieu du xiie siècle. En effet, au témoignage de Robert de Torigny, Eon, hérétique condamné au concile de Reims en 1148,

l'on renfermoit les clercs ou chanoines vitieux et incorrigibles pour les rendre sages, conformément au concile d'Aix-la-Chapelle, chapitre 134, « ut sit locus intra claustra canonicorum, « sicut multis in locis noscitur esse, quo ad tempus retru- « dantur incorrigibiles. » Mabillon, *ubi supra*.

Depuis la mort de S. Rigobert, le 4 janvier 743 [1], faute de titres, de mémoires et de catalogue de nos abbez, nous ne sçavons qui a gouverné immédiatement cette abbaye pendant cent cinq ans, c'est-à-dire depuis la mort de S. Rigobert, le 4 janvier 743, jusqu'à huit cens quarante-huit que l'on trouve que Bovon ou Bavon en étoit abbé, qui en cette qualité assista à l'assemblée de Quierzi en 848, et à celle de Soissons en 853, comme on va le marquer.

BOVON ou BAVON

848. Bavon assisto à l'assemblée de Quierzi vers la fin de 848 ou 849.

Bavon étoit abbé d'Orbaiz en huit cens quarante-huit, comme nous l'apprenons de l'histoire du concile ou assemblée ou, selon Monsieur Gilbert Mauguin, président de la Cour des monnoies de Paris [2], du conciliabule tenu par Hincmar de Reims vers

---

y fut enfermé : «.... *in Turre archiepiscopi* retrusus. » (D. Bouquet, *Historiens de France*, t. XIII, p. 291.) Plusieurs écrivains Rémois, à cause de ce fait historique, ont appelé le monument *Tour d'Eon*. Mabillon déclare l'avoir vu détruire pendant qu'il faisait ses études à Reims. La démolition eut lieu en 1647, sous le pontificat de Léonor d'Etampes. « Haec turris « juxta portam palatii solo aequata est sub Leonorio archiep. an. 1647. » Marlot, *Metrop. Rem. historia*, t. II, p. 358. — Nous devons ces renseignements à l'obligeance de M. L. Demaison.]

1. [Sur la biographie de S. Rigobert, cf. *Vie des saints traitées au point de vue de la géographie historique*, par le vicomte de Ponton d'Amécourt (Extrait des Mémoires de la Société française de numismatique et d'archéologie), p. 79 et s., Paris, Jules Le Clère, 1875. — S. Rigobert fut-il abbé d'Orbais dans l'acception propre du mot, ou bien n'a-t-il eu que la surveillance du monastère en sa qualité d'archevêque de Reims? On a vu que Marlot et Mabillon ont différé d'avis sur ce point. Le problème reste encore aujourd'hui sans solution. M. le vicomte d'Amécourt ne l'a pas abordé dans sa récente étude sur S. Rigobert, surtout utile au point de vue des identifications géographiques des noms de lieux.]

2. Dont les ouvrages se trouvent en deux tomes in-4° dans notre bibliothèque intitulez : *Vindiciæ Prædestinationis et Gratiæ* (*Augustinianæ*). — [Sectateur zélé de Jansénius, le président Mauguin (m. en 1674) a recueilli dans ses volumes, composés pour la défense de sa doctrine, tous les monuments de la célèbre querelle de Gothescalque sur la prédestination. L'ouvrage se divise en deux parties : la première, *Veterum auctorum qui nono sæculo de prædestinatione et gratia scripserunt Opera et Fragmenta*, contient les nombreux écrits de Raban Maur, Prudence, Jean Scot Erigène,

la fin de cette année 848, en présence de Charles-le-Chauve dans son palais de Quierzi, (et non pas Crécy), proche de Noyon, pour examiner Gothescalque sur sa doctrine de la Prédestination, où il avoit été traduit, cité, entendu et déclaré hérétique, sa doctrine sur la Prédestination frappée d'anathêmes, parce que Hincmar et les autres ne l'entendoient pas : il fut de plus condamné à être battu de verges, dégradé du sacerdoce et enfermé dans une étroite prison dans l'abbaye de Hautvilliers. On verra, en parlant de ce pauvre moine en particulier, s'il méritoit un traittement si rigoureux et si infamant.

Notre abbé Bavon assista à cette assemblée avec Paschase Ratbert, abbé de Corbie, Halduinus, abbé de Hautvilliers, et Rigbold, chorévêque de Reims. Les ennemis de Gothescalque se prévalent contre luy du silence de Bavon, son abbé, de Rigbold, chorévêque de Reims, qui l'avoit ordonné prêtre, (qui acquiescérent et consentirent à sa condamnation forcée et violente), pour le croire coupable d'hérésie dans sa doctrine et dans sa foy, corrompu dans ses mœurs et brouillon dans sa conduite. Mais on leur répond que la présence du Roy, de tant de grands seigneurs prévenus et obsédez par les évêques et surtout par Hincmar, président, et son ennemi capital et irréconciliable, tout puissant auprès du Roy et à la cour, leur firent juger prudemment qu'il falloit alors céder au tems et à la violence, abandonner la défense de l'infortuné Gothescalque, son religieux, à une autre occasion plus favorable, après la mort de Hincmar, dans une assemblée plus libre. En parlant de Gothescalque on s'étendra sur cette assemblée.

Bavon assista encore au second concile de Soissons, tenu dans l'abbaye de Saint-Médard et Saint-Sébastien de Soissons[1], dans l'église ou chapelle de la même abbaye, dédiée à la Sainte-Trinité, par les archevêques et évêques des cinq provinces, le vingt-deuxiéme d'avril de l'an huit cens cinquante-trois, indiction première, la sixiéme année du pontificat du pape Léon quatriéme, la treiziéme du régne du roy

Bavon assiste au second concile de Soissons en 853. [Tome III des Conciles de France. — Edit. Sirmond 1629, p. 80.]

Loup de Ferrières, Ratramne, Flore, Saint-Remi de Lyon, Hincmar, etc... publiés pour ou contre l'Augustinien Gothescalque. La seconde, *Historica et Chronica Synopsis cum gemina Dissertatione*, etc... renferme une ample et savante dissertation du président Mauguin sur toutes les circonstances de la controverse qui divisa dès le neuvième siècle l'Eglise des Gaules en deux partis opposés.]

1. [Célèbre abbaye fondée au vi⁰ siècle par Clotaire 1ᵉʳ et enrichie des reliques de S. Sébastien en 826. *G. ch.* IX, 405.]

Charles-le-Chauve présent à ce concile, et la septiéme[1] du pontificat de Hincmar de Reims[2]. On examina dans ce concile : 1° l'affaire d'Ebbon, cy-devant archevêque de Reims, déposé dans l'assemblée tenue en huit cent trente-cinq devant le carême, dans le palais royal de Thionville, sous le pontificat du pape Grégoire IV, et sous le regne de l'empereur et roy Louis-le-Débonnaire ; 2° l'élection de Hincmar pour succéder à cet Ebbon ; 3° l'ordination des clercs faite par ledit Ebbon, et suspendus ou interdits depuis par le concile tenu à Meaux en huit cens quarante-cinq. — Tout ce qui se passa dans ce concile n'étant pas de notre sujet, il nous suffit d'avoir marqué icy que notre abbé Bavon y assista. On pourra s'instruire à fond du reste en lisant Flodoard, livre 3, chap. 2 et 11, le XXI° tome des *Conciles généraux*, édition du Louvre[3], page 661 et suivantes, Dom Guillaume Marlot, tome I, *Metrop. Remens.* [*Hist.*], livre 3, chap. 29, pages 422 et suivantes, et Dom J. Mabillon, première partie du troisiéme siécle des *Actes des SS. Bénédictins*, page 530.

On ne sçait ni à qui Bavon a succédé, ni la première ni la derniére année de son gouvernement, ni le jour et l'année de sa mort, ni le nom de son successeur immédiat. On conjecture que ce fut Ratramne.

On a jugé à propos de transcrire icy un catalogue des religieux de ce monastére (à la tête desquelz se trouve le nom de *Bavo abbas*) tiré d'un ancien manuscript de l'archimonastére de Saint-Remy de Reims, numeroté 303, qui, au jugement des connoisseurs, paroît avoir été écrit dans le neufviéme ou dixiéme siécle, où se lisent ces mots en forme de titre dudit catalogue.

---

1. [Plutôt la *huitième*, suivant la remarque de D. Bouquet, *Historiens de France*, VII, 213.—V. au sujet du concile les *Actes de la province ecclésiastique de Reims*, t. I, p. 224 à 232.]

2. « Hic venerabilis vir (Hincmarus), anno sui episcopatus septimo, syno-« dum habuit comprovincialem apud Suessionicam urbem in monasterio « Sancti Medardi, in ecclesia Sanctæ Trinitatis honore sacrata, cum Weni-« lone Senonensi..... Bavone abbate monasterii Orbacensis. » Flodoardus, lib. III *Hist.*; cap 11.

3. [*Conciliorum*, tome XXI (ab anno 817 ad annum 855), Paris, imprimerie royale, 37 vol. in-f°, 1644.]

HISTOIRE DE L'ABBAYE D'ORBAIS 201

NOMINA FRATRUM E CŒNOBIO ORBACENSI [1]

« *Bavo Abba.* — Otgincus — Gudinus — Ercanraus — Ado Catalogue des religieux d'Or-
« — Hunricus — Lantcarius — Hrotboldus (1) — Angelbertus baiz.
« — Odelricus — Vulfardus — Euregrimmus — Agenoldus
« — Deddo (2) — Irgobertus (3) — Marcomus (4) — Ermenar-
« dus — Gautbertus (5) — Eudo — Antramnus (6) — Siglulfus
« — Hrodericus (7) — Berilus — Magnoardus — Gauzsulfus
« — Haribernus (8) — Hadeboldus — Hrotgarius — Teude-
« ricus — Hainricus — Ercanradus — Erameradus (9) —
« Leutbertus — Siglehadus — Wureddradus (10) — Stadivius
« — Ratramnus (*a*) — Leutgarius — Berthelmus — Berin-
« gerius (11) — Hardoinus — Hartgarius — Hrotgarius —
« Dodo — Item Hraradus (12) — Willebertus (13) — Hrat-
« bertus — Beregrimus — Bertolmus (14) — Wido (15) —
« Wultegarius (16) — *Gottescalcus* — Florentius — Hrotlan-
« dus — Remegius — Hosmannus — Lantbertus — Item
« Florentius. » — Tous ces noms sont écrits de même main.
Ceux qui suivent sont écrits d'un caractère un peu différent,
et néantmoins fort approchant de ces premiers, tout de suite
et sans aucune marque de distinction. « Ranradus (*b*) [*Ms*
« (pr) es (b) yter] — Hildradus — Haimardus — Ratramnus
« — Bovo — Willælmus (17) — Dado — Rado — Teutbertus
« — Odo — Odelboldus — Avolo (18) — Eurus m[onachus] —
« Lanterus diaconus — Rodoardus diaconus — Adeloldus —
« Sigfridus — Rohulfus — Theodulfus subdiaconus — Mat-
« thæus — Hadeboldus — Ernoldus — Walterus (19) — In-
« gramnus (20) acolythus — Willebertus (21) — Boso —
« Rageinfredus (22) — Grimoldus — Henricus (23) — Willel-
« mus (24) — Nithadus (25) — Anselmus — Rigaudius
« Aderulfus — Sairardus (26). » — Ce qui suit est encore d'un
caractère un peu différent. [Ici le manuscrit de la Bibliothèque
Nationale porte en titre :

---

1. [Cf. à la Bibl. Nat. Mss. Fonds latin n° 9903. — *Ms.* 1 Hrotholdus —
2 Beddo — 3 Ingobertus — 4 *vel* Marcoinus — 5 Gautebertus — 6 Ans-
tramnus — 7 H... odericus — 8 Hairbernus — 9 ou Frameradus — 10
Vureddradus — 11 Beringerus — 12 Hranradus — 13 Vuillebertus — 14
Bertolnus — 15 Vuido — 16 Vulfeganus — 17 Vuillelmus — 18 Audo —
19 Vualterus — 20 Ingrannus — 21 Vuillebertus — 22 Ragemfredus — 23
Heinricus — 24 Vuillelmus — 25 ... lithadus m[onachus] — 26 Sainardus —

NOMINA VIVORUM]

« Ragenardus — Leutgardus (27) — Hugo item — Rage-
« nardus — Walo (28) — Odila — Airardus (29) — Leutgardis
« — Erleherus sen[ior] — Heluvuidis (30) — Dudo — Fulco
« — Transberga — Herbertus — Guntardus — Fulcricus —
« Fulco — Macarius (31) — Berta (32) — Eicbertus (33) —
« Ayrardus — 113.

NOMINA DEFUNCTORUM

« Odila — Warnerus (34) — Warinus (35) — Salaco —
« Warnerus (36) — Panto (37) — Gantbertus (38) — Alexan-
« — dra — Rithildis (39) — Theudericus — [Fulcricus —
« Ayrardus — Hildiardis.] (40) »

On ne sçait que conclure de ce catalogue d'un si grand nombre de religieux : car quoique le nombre ait dû y être à Orbaiz assez considérable avant l'introduction des commandes, la séparation, la vente, aliénation et dissipation des revenus et des fonds, on ne croit pourtant pas qu'il y ait jamais eu quatre-vingt-dix religieux en même tems dans ce monastére, comme le marque ce catalogue, en supposant que tous ces noms d'hommes soient les noms des religieux d'Orbaiz. On pourroit bien conclure qu'il y auroit eu icy cinquante religieux tout à la fois, en se fondant sur ce que Gottescalque, religieux sous l'abbé Bavon qui est à la tête de ce catalogue, y est placé le cinquante-et-uniesme, si les cinquante autres qui le précédent, vivoient en même tems que luy. D'un autre côté Gottescalque étant prêtre, il semble que ces cinquante qui le précédent dans ce catalogue, auroient dû l'être aussi, (à moins qu'on ne veuille dire qu'en ce tems-là, conformément à la regle de saint Benoist, les abbez n'élevoient au sacerdoce que les plus éclairez, les plus parfaits et les plus dignes de leurs disciples reli-

---

27 Leutgardi... —28 Vualo — 29 Airar... — 30 Heluviudis— 31 Macharius — 32 Berra — 33 Cicbertus — 34 Vuarnerus — 35 Vuarinus — 36 Vuarnerus — 37 Pante... — 38 Gontbertus — 39 Rothildis — 40 Ces trois derniers noms ne figurent que dans le manuscrit de la Bibliothèque Nationale.] — (a) Ratramnus, prévôt, à qui Hincmar ordonne de faire des états de tout. — (b) ou Rambradus, prévôt, qui assista à l'élection de Foulque en 882 avec Lautherus, Rodoardus et Sicfridus, diacres; mais le nom d'Helimardus, doyen, n'est point dans ce catalogue. [Cf. Marlot, t. I, l. 4, c. 1, p. 503.]

gieux, « si quis abbas sibi presbyterum vel diaconum ordinari « petierit, de suis eligat, qui dignus sit sacerdotio fungi », *Regula*, c. 62, sans avoir égard ni à la naissance, ni à l'antiquité, ni au rang et au tems de l'entrée dans le monastére.) Mais quelle apparence qu'il y ait eu dans l'abbaye d'Orbaiz cinquante prêtres en même tems dans le neuvième siécle? Le nombre des prêtres n'étoit pas encore si grand en ce tems là dans nos plus célébres monastéres qu'il l'a été depuis, selon la remarque du R. P. Dom Jean Mabillon qui assure dans sa préface sur la première partie du troisième siécle des *Actes des saints Bénédictins*, observation 34, nombre 108, que dans la célébre abbaye de Centule, à présent Saint Ricquier en Ponthieu, proche d'Abbeville [1], où il y avoit trois cens religieux sous la conduite de St-Angilbert, abbé du tems du saint roy et empereur Charles-Magne, il n'y avoit au plus que quatre-vingt-dix prêtres; dans le monastére de Saint-Gal en Suisse [2], il n'y avoit que quarante-deux prêtres, et dans un catalogue des religieux de l'auguste et royale abbaye de Saint-Denis en France [3], lieu de la sépulture de nos Roys, il n'y a que trente-trois prêtres, dix-sept diacres, vingt-quatre soûdiacres, sept acolythes, quarante-et-un moines, ce qui fait ensemble cent vingt-deux religieux. Or, il est certain que l'abbaye d'Orbaiz,

1. [Centule, au diocèse d'Amiens, aujourd'hui Saint-Riquier (Somme), du nom du saint qui a fondé l'abbaye en 640. *G. ch*. X, 1241. Une vue perspective des églises et du cloître construits en 799 par saint Angilbert se trouve dans l'*Architecture monastique* d'Albert Lenoir (2 vol. gr. in-4°) I, 27. Cf. Abbé Hénocque, *Hist. de l'Abbaye et de la ville de Saint-Riquier*, Amiens, Douillet, 1880, publ. dans les Mémoires de la Soc. des Antiqu. de Picardie. — Abbeville, ancienne capitale du Ponthieu, (*abbatisvilla*), provient d'un domaine de la riche abbaye de Centule.]

2. [La ville de Saint-Gall est aujourd'hui chef-lieu d'un des cantons de la Suisse. — La fameuse abbaye de Bénédictins qui porta ce nom, au diocèse de Constance, fut fondée vers l'an 613 par le moine Irlandais S. Gall, disciple de S. Colomban. *G. ch*. V, 945. Au temps des Carlovingiens, elle devint le principal foyer de la vie intellectuelle de l'Europe. Elle a été sécularisée en 1805. La bibliothèque du chapitre contient des manuscrits précieux. Les archives du couvent supprimé possèdent aussi un document graphique du plus réel intérêt pour l'architecture monastique du ixe siècle. C'est un dessin sur parchemin représentant le plan original de l'abbaye de Saint-Gall qui fut exécuté vers l'an 820. Il a été publié par Dom Mabillon, *Annales Benedictini*, II, 571, et reproduit plus tard à diverses reprises. V. notamment A. Lenoir, *Architecture monastique*, I, 24 ; Viollet-le-Duc, *Dictionnaire d'architecture*, I, 243, etc...]

3. [Fondée par Dagobert Ier, *G. ch.* VII, 332. L'*Histoire de l'abbaye de Saint-Denis* a été écrite par D. Michel Félibien, Paris, 1706, in-f°.]

dans sa plus grande splendeur, n'a pu être aussi nombreuse en religieux ni être mise en parallele avec ces anciennes et augustes abbayes ; il faut donc conclure que ce catalogue contient les noms des religieux qui ont vécù successivement dans ce monastére sous l'abbé Bavon. Ce qui peut confirmer cette conjecture, c'est que ce manuscript de Saint-Remy ou catalogue est écrit de différentes mains.

Associations aux priéres. Ces noms d'hommes et de femmes, insérez à la fin de ce catalogue des vivans et des morts, pourroient bien être les noms de quelques personnes séculiéres amies de ce monastére, associées aux priéres et aux bonnes œuvres des religieux, qu'on appelloit anciennement dans notre ordre *fratres et sorores ad succurrendum* ou *fratres conscripti*, suivant la remarque du même Dom Jean Mabillon dans sa préface de la premiére partie du III° siécle des *Actes des saints Bénédictins*, observation 26, nombre 100.

Cette association est encore en usage aujourd'huy dans notre congrégation de Saint-Maur, en faveur de ceux et de celles à qui nos Chapitres généraux accordent des *lettres* qu'on appelle *gratieuses* par reconnoissance de leur affection, attachement, bienveillance, et des services signalez qu'ils ont rendus et rendent à nos monastéres et congrégation, pour participer à toutes les bonnes œuvres qui se pratiquent dans notre congrégation, et pour qui on célébre pendant les Chapitres généraux et certains jours de l'année des messes solennelles, comme il est prescript dans les Déclarations, nombre dix-neufviéme sur le chapitre trente-sixiéme de la regle de S. Benoist.

Pour avoir un plus grand éclaircissement touchant les personnes qu'on nommoit *fratres ad succurrendum*, on peut lire les notes et les observations du R. P. Dom Luc d'Achery sur les ouvrages de Guibert, abbé de Nogent-sous-Coucy, page 634 et les suivantes [1] ; item les observations du R. P. Dom Hugues Menard sur le chap. 70 de la *Concordance des Regles*, page 1028 [2].

---

1. [Les écrits de Guibert ont été réunis par Dom Luc d'Achery sous le titre de *Venerabilis Guiberti abbatis B. Mariæ de Novigento opera omnia* etc..., Paris, 1651, in-f°. — MIGNE, *Patr. lat.*, t. CLVI, c. 1139 et s.]

2. [*Concordia regularum*, auctore S. Benedicto, Anianæ abbate, avec des notes et des observations par Dom Hugues Ménard, bénédictin, Paris, 1638, in-4°. — MIGNE, *Patr. lat.*, t. CIII, c. 1332.]

GOTHESCALQUE

Aprés avoir rapporté ce qu'on a pu recueillir de notre abbé Bavon, il est juste de mettre ensuite ce que l'on sçait de Gothescalque, son religieux si connu des sçavans, mais sous des idées bien différentes. Les uns l'envisagent comme un saint et sçavant religieux et l'un des plus zelez disciples de S. Augustin, et des plus invincibles défenseurs de ses sentimens et de sa doctrine sur la prédestination des élus et la réprobation des impies. Les autres au contraire, (parcequ'ils ne l'entendent pas, ou parce que leurs intérests et leurs vues humaines ne s'accordent pas avec la doctrine de saint Augustin qu'il défendoit, et qu'eux ne cessent d'attaquer), le regardent comme un impie, un infâme et opiniâtre hérétique frappé des foudres et des anathémes de l'Eglise dans deux différentes assemblées. Ce dernier sentiment a trouvé créance dans quelques esprits et a prévalu longtems ; mais il s'est trouvé depuis plusieurs sçavans, hommes désintéressez, et qui, par le seul amour d'éclaircir la vérité, ont pris sa défense, et l'ont entièrement justifié de tous ces différents chefs d'accusations. On va rapporter une partie de leurs raisons et de leurs preuves, et on citera aprés les autheurs qui luy sont favorables, afin qu'on puisse les lire à loisir, si on le juge à propos.

Sentimens différens de Gothescalk.

Plusieurs sçavans hommes prennent sa défense et le justifient, comme S. Remy, archevêque, et son église de Lyon, Lupus, abbé de Ferriéres, S. Prudence évêque de Troyes, M. Mauguin et autres.

Gothescalque, (qui signifie *serviteur de Dieu* car *Gott* veut dire Dieu, et *Schalk* serviteur en allemand), naquit en Allemagne au diocése de Mayence, au commencement du neufviéme siécle. Il fut élevé et instruit dans le monastére d'Augiela-Riche ou de Richenow [1], et eut pour maître dans l'étude des belles-lettres Taton [2]. Il y fit un si grand progrez qu'il mérita

Gothescalque, allemand de nation, élevé dans l'abbaye de Richenow, ordre S. Benoist.

---

1. [Reichenaw, *Augia dives*, aujourd'hui Reichenau, île agréable du Grand duché de Bade, sur le lac Inférieur. — Sa puissante abbaye de Bénédictins, au diocèse de Constance, fut fondée sous Charles-Martel, par S. Pirmin. *G. ch.* V, 981. Elle a été supprimée en 1799. L'Empereur Charles-le-Gros, détrôné en 887, est inhumé dans l'ancienne église de l'abbaye. — Cf. L. Spach, *L'île et l'abbaye de Reichenau*, avec une vue, Strasbourg, veuve Berger-Levrault, 1868, in-4° de 35 p.]

2. [Taton ou Tatton, moine célèbre par son savoir et l'éclat de sa vertu, occupa à Richenou les fonctions de modérateur de l'Ecole. Il fut le maître du fameux Walafride Strabon et l'ami de Grimald, abbé de Saint-Gall. Tatton avait été élevé, dans son enfance, à l'école du Palais de Charlemagne. *Hist. littér. de la France*, IV, 236 ; V, 402 ; 406.]

le nom de *Fulgence*. Il sortit de son pays, vint en France, et se retira dans ce monastére de St-Pierre d'Orbaiz où il continua, ou fit profession de la vie monastique : on ne sçait si ce fut entre les mains et du tems de l'abbé Bavon, ni pourquoy il préféra Orbaiz à l'abbaye de Richenow et à plusieurs autres en Allemagne fort célébres pour la regularité et pour les sciences, si ce n'est que ce fut pour se dérober à ses parens et à ses amis, et pour avoir plus de liberté de s'appliquer à la vertu et aux sciences. Il avoit beaucoup d'esprit et de subtilité. Parmi les exercices du cloitre, il s'appliqua aux lettres, qu'on enseignoit icy avec succez aux étrangers comme aux François, religieux et séculiers. Il eut liaison avec les plus sçavans hommes de son tems. Aprés s'être appliqué longtems dans la solitude à l'étude de l'Ecriture sainte et des saints Peres, surtout de saint Augustin, et avoir été ordonné prêtre à l'âge de quarante ans par Rigboldus, chorévêque de l'Eglise de Reims (ce qui rend son ordination un peu suspecte, si on en croit le sieur Dupin), il alla à Rome vers l'an huit cens quarante-six ou quarante-sept, pour visiter l'église des Apôtres, avec la permission de son abbé, par une dévotion assez commune en ce tems-là [1].

Aprés y avoir rendu ses vœux à Dieu et visité les lieux de piété, il partit de Rome pour revenir en son monastére d'Orbaiz. Repassant par la Lombardie, il logea chez le comte Eberard dont la maison étoit la retraite des pauvres pélerins; d'autres disent qu'il logea et demeura quelque tems dans un hôpital fondé par ce pieux comte Eberard.

Ce comte ayant reconnu l'érudition singuliére de Gothescalk, le retint et l'obligea de demeurer quelque tems chez luy. Pendant le séjour qu'il y fit, Notthingus élû pour remplir le siége épiscopal de Véronne, ou de Bresse [2], ou Verceil, eut un entretien avec luy sur la matiére de la prédestination, qu'il expliqua et prouva par plusieurs authoritez de saint Augustin. Notthingus ne comprenant pas le sens d'une proposition que Gothescalque avança, il en fut choqué ; et quelque tems aprés étant venu à la cour de Louis, roy d'Allemagne [3], et s'étant rencontré avec

1. [Mauguin, II, *Synopsis*, 2; *Dissertatio*, chap. I.]

2. [En vieux français *Bresse*, en latin *Brixia*, en italien *Brescia*. — Notingus, evêque de Verceil vers 830, de Vérone (840-844), de Brescia (844-865). Gams, *Series Episcop.*]

3. [Louis-le-Germanique, 817-876.]

Raban-Maur[1] qui venoit d'être fait archevêque de Mayence, il luy dit que Gothescalk soutenoit contre toute justice qu'il y avoit deux prédestinations, l'une *au repos*, qui est celle des élûs, et l'autre *à la mort*, qui est celle des réprouvez. Mais voicy la proposition avancée par Gothescalque dans son écrit adressé à Raban, et qui avoit choqué Notthingus : *Omnes reprobos qui in die judicii damnabuntur propter ipsorum mala merita, idem ipse incommutabilis Deus per justum judicium suum incommutabiliter prædestinavit ad mortem merito sempiternam.*

Proposition de Gothescalque mal entendue de ses adversaires.

Raban, à la sollicitation de Nothingue, promit qu'il composeroit quelque petit écrit, où il réfuteroit cette erreur prétendue par des témoignages de l'Ecriture et des saints Peres. C'est ce que fit Rhaban, en quelque maniére, dans une lettre qu'il adressa la même année à l'évêque Nothingus[2] ; mais, comme l'Eglise de Lyon l'a trés bien remarqué depuis, Rhaban ne comprit point le véritable sens de Gothescalque, s'étant imaginé faussement que ce religieux soutenoit que Dieu en avoit prédestiné quelques-uns au péché, en sorte que même ceux qui sont impies ne puissent être autres[3]. Ce que Gothescalk, ni aucun autre, n'a jamais ni dit ni enseigné[4].

Rhaban entreprend de le réfuter.

Rhaban écrivit aussi au comte Eberard[5] pour le porter à chasser ce religieux de sa maison ou à le contraindre à quitter son hérésie ; c'est ainsi qu'il appelloit la doctrine de Gothescalque qu'il n'entendoit pas. Ce religieux, sçachant cela et ne se sentant nullement coupable de l'hérésie dont on l'accusoit, sortit d'Italie et vint en Allemagne au commencement de l'année huit cens quarante-huit, et — parce que Rhaban, dans la lettre qu'il avoit écrite à Notthingue[6], avoit avancé qu'il falloit que Dieu a prévû, non pas prédestiné les méchans à la peine qu'ils méritent, et qu'il parloit de la volonté de Dieu, de la

Rhaban ecrit pour faire chasser Gothescalque.

Gothescalque sort d'Italie pour aller en Allemagne se défendre.

---

1. [Raban-Maur, célèbre théologien allemand, né vers 786, mort à Winfel, près de Mayence, le 4 février 856. Après avoir été disciple d'Alcuin à l'Ecole de Saint-Martin de Tours, Raban devint successivement abbé de Fulde (822) et archevêque de Mayence (847). Il fut le restaurateur de l'étude des lettres en Allemagne et l'un des pères de la philosophie scolastique. — Cf. Hauréau, *Histoire de la philosophie scolastique*, t. I, p. 138, Paris, Durand et Pedone-Lauriel, 1872-1880, 3 vol. in-8°.]

2. [Migne, *Patrologie latine*, t. CXII, col. 1530.]

3. [Ecclesia Lugdunensis *de Tribus epistolis*, ad tertiam, quæ est Rabani, epistol., Migne, CXXI, 1055 ; Mauguin, II, *Pars altera*, 136.]

4. [*Dissert.*, chap II.]

5. [Migne, *op. cit.* CXII, 1553.]

6. [*Rabani epist. ad Nothingum*, in fine.]

mort de Jésus-Christ, et du libre arbitre, comme en avoit parlé Gennade[1], prêtre de Marseille et demi-pelagien reconnu, — Gothescalque consulta sur ces questions[2] les plus sçavans théologiens de son tems, et leur proposa ses sentimens et sa doctrine, particuliérement à Loup-Servat, prêtre de Mayence (qui mourut en 851 suivant la *Chronique d'Hirsauge*, et fort estimé de Trythéme, mais différent de Loup[3], ce pieux et sçavant abbé de Ferriéres, mort en 865), à Jonas[4], et à Marcuvard,

---

1. [Gennade, gaulois de naissance, mort en 492. On ne s'accorde point sur son orthodoxie, et on pense qu'il fut engagé dans l'erreur des semi-pélagiens. Parmi les ouvrages de Gennade, deux seulement sont parvenus jusqu'à nous : — 1° *Liber de ecclesiasticis dogmatibus*. — 2° *Liber de scriptoribus ecclesiasticis*. Migne, LVIII, 979.]

2. [Gotescalc consulta sur ces trois questions : — Prédestination au mal, volonté et mort de Jésus-Christ, libre arbitre. — Nous ne possédons pas ses lettres aux personnages ici mentionnés. Il ne nous reste qu'une lettre en vers assez obscurs que Gotescalc écrivit de Germanie, sur le même sujet, à Ratramne, moine de Corbie. Elle a été découverte par le P. Sirmond et publiée, pour la première fois, en son entier, dans l'*Historia Gotteschalci* du P. Cellot :

    Estque Augustini his sententia missa beati,
    Quam liquido exponi, auctori quadrando poposci.
    Nempè tribus horum studui proprium indere sensum,
    Matcaudo, Jonæ, atque Lupo, rutilantibus ore,
    Poscens obnixe satagant ut vera referre...
    . . . .

Epist. Gothescalci ad Ratramnum, ap. Migne, CXXI, 370. Cf. *Hist. littér.*, V, 359.]

3. [Plusieurs auteurs, embarrassés par le mot *Servatus*, ont, à l'exemple de Dom du Bout, proposé de distinguer l'éminent théologien nommé dans les manuscrits *Servatus Lupus*, et *Lupus*, abbé de Ferrières en Gâtinais. Mais cette distinction n'a pas finalement prévalu. Suivant Mabillon, Loup de Ferrières, *sauvé* comme par miracle d'une grave maladie, reçut ou prit lui-même, par reconnaissance, ce surnom de Servatus. L'explication, selon M. Hauréau, n'a rien d'invraisemblable ; car au moyen-âge ces sortes d'appellations votives sont des plus fréquentes. — Né dans le diocèse de Sens vers l'année 805, Loup de Ferrières est mort après l'année 862. Il était d'une famille illustre qui a donné plusieurs personnages considérables à l'Eglise des Gaules, entre autres Héribold, évêque d'Auxerre, Marcuard, abbé de Prüm, etc... Après avoir fait profession dans l'abbaye de Ferrières, Loup fut envoyé à Fulde où il reçut les leçons de Raban-Maur et où il se lia avec Eginhard. A son retour en France, il fut appelé à la cour. Charles-le-Chauve le nomma abbé de Ferrières (841) et le chargea de la réforme des monastères de France. Loup, qui était en relation épistolaire avec les souverains et les savants de son temps, a laissé une grande réputation comme écrivain. Ses œuvres ont été éditées par Baluze. — Migne, CXIX, 423.]

4. [Les auteurs de l'*Histoire littéraire* (V, 20 et 359) supposent qu'il s'agit peut-être du célèbre Jonas, évêque d'Orléans. Mais ils n'ont pas ob-

célébre abbé de Prumiers ou de Prum[1] en Ardennes, à douze lieues de Treves, les priant instamment de les éclaircir conformément aux sentimens de saint Augustin[2].

Le premier jour d'octobre 848, indiction 12, Rhaban-Maur tint une assemblée à laquelle il donna le nom de Concile[3] où Gothescalk fut cité, comparut et présenta luy-même à Rhaban sa profession de foy touchant la Prédestination avec un petit écrit où il réfutoit ce que Rhaban avoit dit dans sa lettre à Notthingue en l'accusant d'erreur touchant ces questions. Voicy un extrait de l'écript et de la profession de foy de Gotthescalque :

Gothescalk se trouve à l'assemblée de Rhaban et y présente sa profession de foy.

[EX EJUS LIBELLO]

« Legi, inquit Gothescalcus, librum, venerande Pontifex,
« tuum, in quo positum reperi quod impii quoque sive reprobi
« non sint divinitus ad damnationem prædestinati. *Et post
« aliquanta.* Præscivit, inquam, illos pessimum habituros
« ortum, pejorem obitum ; prædestinavit autem eos ad luen-
« dum perenne tormentum, [et sempiternum interitum.] *Et
« iterum post aliquanta.* Quia revera sicut electos omnes præ-
« destinavit ad vitam per gratuitum solius gratiæ suæ benefi-
« cium, quemadmodum Veteris et Novi Testamenti paginæ
« manifestissimum præbent solerter[4] ac sobrie considerantibus
« indicium ; sic omnino et reprobos quosque ad æternæ mortis

servé que ce prélat était mort dès 843. Aussi leur conjecture se trouve-t-elle en désaccord avec le récit de Dom Du Bout qui, après le président Mauguin, assigne à la lettre de Gotescalc la date de 848. Il est possible que cette lettre ait été écrite à Jonas, évêque d'Autun, qui souscrivit en 853 au second concile de Soissons. Cf. Le P. Cellot, *Historia Gotteschalci*, p 40.]

1. [Marcuard, nommé abbé de Prüm en 829, mort en 853. Cf. *Hist. litt.*, IV, 238. — Prüm ou Pruim (*Prumia*), ville de Prusse, province du Rhin, chef-lieu du cercle (*Kreis*) de son nom, dans la régence (*Regierungsbezirk*) et au N. O. de Trèves. Son abbaye de Bénédictins fut fondée en 720 par Bertrade, grand'mère de la reine Berthe, femme de Pépin-le-Bref. Ce roi et son épouse confirmèrent la fondation en 762. *G. ch.* XIII, 589. L'empereur Lothaire Ier prit l'habit religieux à Prüm, après son abdication, et y mourut en 855. L'abbaye a été supprimée en 1801 par les Français.]

2. Voyez M. Mauguin, tome second *Vindiciar. Augustin.*, [Synopsis], page 3. [*Adde* même auteur, *Dissert.*, chap. III. — Si Jonas et Marcuard ont adressé des réponses à Gotescalc, elles se trouvent aujourd'hui perdues, comme celle de Ratramne. Nous ne possédons que la réponse de Loup de Ferrières au moine d'Orbais, qui est sa lettre 30. On voit par cette lettre que Gotescalc l'avait notamment consulté sur la question de savoir si les justes, après la résurrection, verront Dieu des yeux du corps. Migne, CIX, 491. *Hist. littér.*, IV, 267.]

3. [Concile de Mayence.]

4. [Ms. *probant.*]

« prædestinavit supplicium, per justissimum videlicet incom-
« mutabilis justitiæ suæ judicium¹. »

EX PROFESSIONE

Profession de foy de Gothescalque.

Inde et in chartula suæ professionis ad eumdem Rhabanum Archiepiscopum ita dicit : « Ego Gothescalcus credo et confi-
« teor, profiteor et testificor ex Deo Patre, per Deum Filium, in
« Deo Spiritu sancto, et affirmo et approbo coram Deo et sanc-
« tis ejus quod gemina est prædestinatio sive electorum ad
« requiem², sive reproborum ad mortem. *Quia sicut Deus
« incommutabilis ante mundi constitutionem omnes electos suos
« incommutabiliter per gratuitam gratiam suam prædestinavit
« ad vitam æternam*: similiter omnino omnes reprobos, qui in
« die judicii damnabuntur propter ipsorum mala merita, idem
« ipse incommutabilis Deus per justum judicium suum
« incommutabiliter prædestinavit ad mortem merito sempi-
« ternam³. »

Gothescalque et Rhaban avoient les mêmes sentimens, mais ils s'expliquoient diversement.

Gothescalk soutenoit dans sa profession de foy que les impies ne sont prédestinez à la damnation qu'à cause de leurs crimes, « *propter ipsorum mala merita* scilicet à Deo ab æterno præ-
« visa ». Rhaban avouoit que Dieu connoît ceux qui sont en état de péché, et qu'il a résolu de les punir de la mort éternelle à cause de leurs péchez, mais il ne pouvoit souffrir qu'on appellât cela *prédestination à la mort*, de peur qu'on ne croye que Dieu prédestine au péché. Et Gothescalque le soutenoit avec un peu trop d'opiniâtreté. Voilà à proprement parler tout son crime; car dans le fond Rhaban et luy croyoient le même dogme, et s'expliquoient diversement. Gothescalque se seroit épargné bien des chagrins et des souffrances, si au lieu du terme *prædestinatos*, il avoit dit *relictos*, comme vouloient Hincmar et Rhaban-Maur⁴.

---

1. [Mauguin, II, *Pars altera*, 3. — Migne, CXXI, 365.]
2. [Ms. *regnum*.]
3. Voyez M. Mauguin, tome premier *Vindiciar. Augustin.*, p. 6ᵉ. [*Adde* même auteur, t. II, *Synopsis*, p. 4. — Migne, CXXI, 368.]
4. [Gotescalc avait composé un écrit sur la double prédestination et l'avait, comme on l'a vu, présenté à Raban, archevêque de Mayence. A la suite était une profession de foi. Nous ne connaissons de cette œuvre que les fragments conservés par Hincmar dans son traité de la *Prédestination*. C'est apparemment le même écrit que l'auteur produisit l'année suivante au concile de Quiercy et qui fut livré aux flammes, ainsi que l'indique plus loin Dom Du Bout. Cf. Ellies Dupin, *Nouvelle bibliothèque des auteurs ecclésiastiques*, tome VII, chap. II, Paris, 1696, in-4°.]

Cette accusation d'erreur devoit, selon toutes les lois, empêcher Rhaban de se faire juger en la cause de Gothescalque; néantmoins il la dissimula, et il fit comparoître devant luy Gothescalque dans ce synode où il l'accusa de soutenir que la prédestination de Dieu contraint des hommes de se perdre, en sorte qu'ils ne sçauroient se retirer de leurs égaremens et de leurs péchez. Sur cette fausse accusation, quoique Gothescalque pût dire pour se justifier, il paroît par les *Annales de Fuldes* qu'il y fut condamné, parce que l'on ne comprenoit pas le sens de sa proposition, et que Rhaban le renvoia à Hincmar, archevêque de Reims et métropolitain de l'évêque de Soissons, dans le diocèse duquel est le monastère d'Orbaiz, où Gothescalque avoit demeuré et professé la vie monastique. « Apud « Moguntiacum rationabiliter, ut plurimis visum est, convictus, « et ad proprium Episcopum Hincmarum Remis transmissus « est[1]. »

Rhaban condamne Gothescalque dans son assemblée.

Gothescalque renvoié à Hincmar.

Rhaban écrivit en même tems à Hincmar une lettre qu'il appelle synodale où il imposa à Gothescalque les mêmes erreurs qu'il luy avoit déjà faussement attribuées, soit parce qu'il ne comprenoit pas sa doctrine ou parce qu'il s'imaginoit que ces erreurs en étoient une suite nécessaire. Cette lettre de Rhaban-Maur adressée à Hincmar de Reims se trouve dans le XXI° tome des *Conciles*, édition du Louvre ou royale, page 596, et commence par ces paroles. « Notum sit dilectioni vestræ quod quidam gyrovagus « nomine Gothescalcus... » Et pour luy rendre ce religieux plus odieux et l'animer contre luy, il finit sa lettre en assurant que plusieurs que Gothescalk avoit séduits, prenoient occasion de sa doctrine d'être moins appliquez à leur salut, s'étant mis ces pensées dans l'esprit : « Que me servira-t-il de travailler à « mon salut ? Si je suis prédestiné à la damnation, je ne puis « l'éviter ; et au contraire, quelque mal que je fasse, si je suis « prédestiné à la vie éternelle, je serai infailliblement sauvé. » — « Jam multos, ut audivi, seductos habet, et minus devotos « erga suam salutem, qui dicunt : Quid mihi proderit laborare « in servitio Dei ? Quia si prædestinatus sum ad mortem, « nunquam illam evadam : si autem male egero, et prædesti- « natus sum ad vitam, sine ulla dubitatione ad æternam « requiem vado[2]. »

Rhaban écrit à Hincmar une lettre contre Gothescalque.

Il luy impose des propositions impies et les mauvaises suites des propositions mal entendues, afin de le rendre plus odieux à Hincmar et au monde.

1. Ita *Annales Fuldenses*, anno 848 [Pertz, *Script.* I, 365] ; tomo VIII *Concilior.* [édit. Labbe], p. 52.
2. Ita *Rhab. epist. ad Hincmar.*, [Mauguin, II, *Dissert.*, 70. — *Concil. Gall.*, édit. Sirmond, t. III, p. 66. — *Conciles*, édit. Mansi, t. XIV, col. 914. — *Actes de la province ecclésiastique de Reims*, I, 203. — Migne, CXII, 1574.]

Hincmar de Reims prétendoit aussi faussement qu'il y avoit eu des hérétiques appelez Prédestinatiens, et il soutient qu'ils avoient quatre erreurs :

Erreurs imputées aux prétendus Prédestinatiens et inventées par les ennemis de la doctrine de St. Paul et de St. Augustin.

1° Que Dieu condamne les hommes pour des péchez qu'ils n'ont point commis, mais qu'ils auroient commis, si ils eussent vécu ;

2° Que le Baptême n'efface point le péché originel à ceux qui ne sont point du nombre des prédestinez ;

3° Qu'il n'y a point de différence entre la prescience et la prédestination ;

4° Que Dieu prédestine au péché et à la damnation. (Hincmar dans son traitté de la *Prédestination* [1].)

Hincmar se sert de l'affaire de Gothescalque pour plaire à la cour.

Hincmar, qui étoit alors un jeune archevêque et qui aimoit à plaire à la cour, crut que l'affaire de Godescalque étoit une belle occasion de se signaler. Ainsi, vers le commencement de l'année huit cens quarante-neuf, le roy Charles-le-Chauve tenant une assemblée dans son palais de Quierzi-sur-Oise (et non pas Crécy) à deux lieues de Noyon, Hincmar obligea Gothescalque d'y comparoître devant douze prélats archevêques et évêques, entre autres de Rhotadus, évêque de Soissons [2], de Rigbold, chorévêque de Reims, Radbert, abbé de Corbie, Bavon, abbé d'Orbaiz, et autres personnes constituées en dignité.

Gothescalque cité, entendu, condamné.

Gothescalque fut entendu, expliqua sa doctrine, et y persévérant, ces prélats, sans autre forme, par une cruauté inoüie, le condamnérent comme hérétique, luy interdirent l'usage des sacremens : il fut dégradé de l'ordre de prêtrise qu'il avoit reçu

Sa sentence jugée dure et cruelle par S. Remy de Lyon et autres SS. prélats.

des mains du susdit Rigbold, chorévêque de l'église de Reims, sans la participation de Rhotadus, évêque de Soissons, et condamné à [être] battu de verges et renfermé toute sa vie dans une obscure et étroite prison. Voicy la copie de la sentence qui a été découverte par le sieur Nicolas Camuzat, chanoine de Troyes, et communiquée au P. Jacques Sirmond, jésuite, qui l'a donnée au public [3], et qui se trouve à la fin dudit concile ou

---

1. [Dupin, t. VII, p. 24. — Le premier ouvrage d'Hincmar contre les Prédestinatiens, écrit en 856, est perdu. Il ne nous en reste que la préface sous forme de lettre à Charles-le-Chauve. Le second traité d'Hincmar contre Gotescalc et sa doctrine date de 859. Il est également dédié au roi Charles-le-Chauve et intitulé : *De Prædestinatione dissertatio posterior*. Ce traité se trouve au tome CXXV de la *Patrologie latine* de l'abbé Migne, parmi les autres œuvres du grand archevêque de Reims précédées d'une analyse empruntée à l'*Hist. littéraire*.]

2. [Rothade, évêque de Soissons depuis 833, ayant Orbais dans son diocèse, fut appelé au concile de Quierzy comme supérieur de Gotescalc.]

3. [Sirmond, *Concil. Gall.*, III, 680.]

assemblée de Quierzi-sur-Oise, *Concilium Carisiacum*, tome XXI des *Conciles généraux*, page 604, édition royale ou du Louvre, qui se trouve dans notre bibliothéque :

> « Frater Gotescalk, sacrosanctum sacerdotalis mysterii offi-
> « cium, quod irregulariter usurpasti, et in cunctis moribus ac
> « pravis actibus, atque perversis doctrinis eo hactenus abuti
> « non pertimuisti, judicio Spiritus sancti, cujus gratiæ munus
> « est sacerdotale officium, per virtutem sanguinis Domini.
> « nostri Jesu-Christi noveris tibi esse, si quo modo suscepisti,
> « sublatum, et ne ulterius eo fungi præsumas penitus inter-
> « dictum. Insuper quia et ecclesiastica et civilia negotia contra
> « propositum et nomen monachi conturbare contemnens jura
> « ecclesiastica præsumpsisti, durissimis verberibus te casti-
> « gari, et secundum ecclesiasticas regulas ergastulo retrudi,
> « auctoritate episcopali decernimus : et ut de cæterodoctrinale
> « tibi officium usurpare non præsumas, perpetuum silentium
> « ori tuo virtute æterni Verbi imponimus [1]. »

Sentence de Gothescalque.

Gothescalque en appella au pape Nicolas premier. Mais Hincmar fit arrêter celui qui portoit à Rome l'acte d'appel [2].

Gothescalque en appelle au Pape, mais Hincmar fait arrêter le porteur.

Saint Remy, archevêque de Lyon, se plaint de la dureté avec laquelle on avoit jugé Gothescalque et de la rigueur [avec laquelle] on avoit exécuté la sentence rendue contre luy. — Les ennemis de Gothescalque au contraire se prévalent contre luy du silence de Rotade, évêque de Soissons, de Rigbold, chorévêque de Reims, de Bavon, son abbé, et de ses confreres présents à cette assemblée des Etats de Quierzy, qui souffrirent qu'on le condamnât, sans dire un seul mot pour sa défense. Mais on peut répondre que la présence du Roy, des grands seigneurs de sa cour et de plusieurs archevêques et évêques, surtout d'Hincmar, ennemi déclaré de Gothescalque

S. Remy improuve et la sentence et la rigueur de l'exécution.

---

1. [*Actes de la province ecclésiastique de Reims*, I, 203. Labbe, VIII, 57. Mansi, XIV, 921. — Mauguin, II, *Dissert.*, 78.]

2. [Dom Du Bout anticipe sur l'ordre des faits. L'acte d'appel, d'ailleurs aujourd'hui perdu, date seulement de 866. Après 18 années de réclusion, pensant que l'heure de l'affranchissement était venue, Gotescalc envoya ses écrits au Pape par un religieux du cloître d'Hautvillers, nommé Guntbert. Le moine fugitif, dont le nom ne reparaît plus dans l'histoire, semble avoir été arrêté clandestinement par les émissaires d'Hincmar. Dans son inquiétude, ce prélat adressa à Egilon, archevêque de Sens, qui se disposait à aller à Rome, la lettre où se trouve le passage déjà cité par Dom Du Bout au chap. II de son *Hist. manuscrite*. « Nuntiatur de cella nostra, quæ vocatur « Altumvillare, monachum nostrum, nomine Guntbertum, aufugisse cum « libris, eo quod sæpius correptus quod se Gothescalco conjunxerit. » Mauguin, II, *Synopsis*, 24; *Dissert.*, ch. XLIX.]

et tout puissant auprés du Roy, fit juger prudemment à Rothadus, Rigbold, et à Bavon que toutes leurs remontrances et oppositions seroient alors inutiles, et qu'il falloit laisser la justification de Gothescalque à un autre tems, aux conciles de Valence en 855 et de Langres en 859, et aux Eglises de Lyon et de Sens, et à toutes les personnes pieuses et équitables et éclairées sans prévention, comme il est arrivé.

Sentence exécutée dans toute sa rigueur devant l'assemblée des Etats.

L'appel que Gothescalque avoit interjetté à Rome, ne luy ayant servi de rien par l'adresse de Hincmar, la sentence rendue contre luy fut exécutée avec toute la rigueur possible. On le fit fouetter en présence du roy Charles-le-Chauve et des évêques, pour luy faire renoncer sa foy et sa doctrine, et jetter au feu allumé devant luy un livre dans lequel il avoit recueilli des passages de l'Ecriture sainte et des saints Peres pour soutenir ses sentimens, jusqu'à le faire presque expirer plutôt que de luy engager[1].

On le conduit et renferme dans une étroite prison de Hautvilliers.

On le conduisit ensuite au monastere de Hautvilliers, diocèse de Reims, où il fut enfermé dans une sombre et étroite prison[2], Hincmar voulant l'avoir auprés de luy, pour en être plus assuré. Ce pauvre religieux souffrit patiemment tous ces outrages; il se plaignit seulement. « Dolorem hunc unum palam professus est, quod propter sui « nominis vilitatem, vilem hominibus esse videret veritatem, « et quod erga Deum, ut debuerant, non servarent charita- « tem. » (Gothescalcus *in prolixiori confessione* quam scripsit retentus in ergastulo Altivillariensi[3].)

1. [St-Remy de Lyon, *Liber de tribus epistolis*, chap. 25. — *Annales de S. Bertin*, ad ann. 849, ap. Pertz, *script.* I, 444.]

2. [Sur la réclusion de Gotescalc dans cette prison, cf. Abbé Manceaux, *Hist. de l'abbaye d'Hautvillers*, I, 238.]

3. [Gotescalc a composé dans sa prison deux confessions intéressantes. Elles ont été publiées pour la première fois par Jacques Usher (Usserius), archevêque d'Armagh, primat anglican d'Irlande, dans son ouvrage intitulé *Gotteschalci et prædestinatianæ controversiæ ab eo motæ historia*, Dublin, 1631, in-4°, et Hanau, 1662, in-8°. Le passage que cite Dom Du Bout a été emprunté à la seconde de ces deux confessions (*confessio prolixior*) qui est la plus longue et presque toujours en forme de prière à Dieu. Après avoir cherché à justifier sa doctrine théologiquement, Gotescalc exprime le vœu de pouvoir en faire l'épreuve en passant successivement par quatre tonneaux pleins d'eau bouillante, d'huile grasse et de poix, ensuite par un grand feu. « Atque utinam placeret tibi, omnipotentissime Domine..., ut *videlicet « quatuor doliis uno post unum positis, atque ferventi sigillatim repletis « aqua, oleo pingui, et pice, et ad ultimum accenso copiosissimo igne, « liceret mihi... ad approbandam... fidem catholicam, in singula introire, « et ita per singula transire donec... valerem sospes exire...* » Migne, CXXI, 362. — Les adversaires de Gotescalc l'ont accusé d'orgueil pour

Gothescalque mourut dans cette affreuse et noire prison vers l'an huit cent soixante-sept ou huit, un an après la mort du pape Nicolas Ier, son défenseur, mort en 868, après y avoir été enfermé prez de vingt ans, sans qu'on luy eût permis pendant un si long tems l'usage des sacremens, sinon qu'à la priére de S. Prudence[1], évêque de Troyes, on consentit qu'il en approchât à Pâques et à quelques autres jours de l'année 849. Mais Hincmar luy fit refuser le saint viatique et la sépulture ecclésiastique parce qu'il n'avoit [pas] voulu renoncer sa foy et sa doctrine et embrasser la sienne[2]. Une conduite si cruelle, dit M. Gilbert Mauguin, étoit digne des ennemis de la grâce, et surtout d'un archevêque qui fut capable de faire arracher les yeux à Hincmar, évêque de Laon, son propre neveu. Hincmar de Reims traitta ainsi Gothescalque après sa mort, parce qu'il n'avoit pas voulu souscrire à un papier, ou formulaire de croyance, qu'il luy avoit fait présenter par les religieux d'Hautvilliers, conçu en ces termes : « Sic crede de Prædesti-« natione a Deo electorum et *Relictione* reprobrum. » Gothescalque au contraire se servoit également pour les réprouvez comme pour les prédestinez du terme de *Prædestinatione*, mais il ne l'employoit à l'égard des réprouvez qu'en supposant la prescience de leurs crimes et leur impénitence finale ausquelz ils s'étoient abandonnez volontairement. Mais il n'a jamais ni cru, ni dit, ni enseigné, ni écrit que cette prescience ou prédestination necessitât ou portât les impies à pécher ; il a toujours cru que les impies péchoient trés librement. Voilà tout le crime de Gothescalque. Un peu trop d'attachement à un mot qu'il auroit pu suppléer par un autre qui auroit signifié la même chose, sans changer de doctrine.

Voicy les paroles de M. Mauguin, *Dissertation historique*, page 432 : In carcere « tamdiu ille miserabilis flagris et cædi-« bus trucidatus est, donec accenso coram se igne libellum, in « quo sententias Scripturarum sive sanctorum Patrum sibi « collegerat, quas in concilio Metensi quod indixerat Nicolaus « primus, offerret, coactus est jam pene emoriens suis mani-« bus in flammam projicere », ut inquit Ecclesia Lugdunensis

Mort de Gothescalque vers l'an 867.

On luy refuse le Saint-Viatique et la sépulture ecclésiatique.

Hincmar fait arracher les yeux à son neveu, évêque.

---

avoir fait appel au jugement de Dieu (*Rabani epist. IV ad Hincmarum*). Mais il ne faut pas oublier que le procédé barbare des *Ordalies* était le mode de preuve en faveur au moyen-âge et qu'il avait été approuvé par Hincmar lui-même.]

1. [On n'a pas la réponse de Prudence à Hincmar qui l'avait consulté à cette occasion, ainsi que nous l'apprend Flodoard, liv. III, ch. 21.]

2. [Mauguin, II, *Dissert.*, chap. L.]

in libello de *tribus epistolis*, cap. 25, ubi sævitiam illam vocat inauditum irreligiositatis et crudelitatis exemplum. — M. Mauguin ajoute au même endroit qu'il souffrit toutes ces cruautés avec une patience invincible, sans se plaindre ni murmurer contre ses ennemis et ses persécuteurs ; imitant au contraire le fils de Dieu, il le prioit instamment de leur pardonner.

Hincmar entreprit aussi d'écrire la doctrine de la prédestination et de la grâce[1] que Gothescalk soutenoit. Mais Ratramne, sçavant religieux de Corbie en Picardie (qu'on croit avoir été depuis abbé de St-Pierre d'Orbaiz), le réfuta[2]. Et saint Prudence, évêque de Troyes[3], composa un livre où il prouva par l'Ecriture sainte et par les saints Peres : 1° que Dieu avoit prédestiné les uns à la gloire, et les autres aux peines qu'ils avoient méritées ; 2° que Jésus-Christ n'est mort que pour les fidéles, et que Dieu ne veut pas sauver tous les hommes : cela doit s'entendre selon l'explication de saint Augustin ; 3° qu'à l'égard du libre-arbitre on devoit détester les sentimens de Gennade de Marseille. Il envoia cet ouvrage à Hincmar de Reims et à Pardule, évêque de Laon, après avoir demandé le sentiment d'un synode général de quatre provinces qui se tint à Paris, en huit cens quarante-neuf, vers l'automne[4].

Loup, abbé célèbre de Ferriéres, écrivant au roy Charles-le-Chauve ce qui s'étoit passé dans cette assemblée, n'oublia pas de luy parler de cet écrit de saint Prudence. Cela fut cause que le Roy donna ordre à cet abbé, qui étoit trés sçavant, de luy marquer son sentiment sur ces questions. Il le fit par une lettre, où il se déclare entièrement pour la doctrine catholique que saint Prudence avoit soutenue dans son livre, et que Gothescalk avoit avancée[5].

L'année suivante qui étoit l'année huit cens cinquante, Hincmar de Reims envoia à Rhaban les confessions de Gothes-

---

1. [Ecrit adressé par Hincmar aux moines et aux peuples de son diocèse (*ad reclusos et simplices*) pour les mettre en garde contre la doctrine de Gotescalé. Cet écrit ne nous est pas parvenu.]

2. [Il nous manque la lettre rédigée par Ratramne pour la réfutation de l'écrit d'Hincmar. Cette lettre (*epistola ad amicum*) était adressée à Gotescalc et fut saisie par les gardiens de sa prison qui la remirent à Hincmar. Cf. Mauguin, II, *Synopsis*, 10 ; *Dissert.*, ch. XI et XII.]

3. [Saint Prudence ou Galindon, évêque de Troyes, 846-861.]

4. [*S. Prudentii epistola ad Hincmarum et Pardulum*, ap. Migne, CXV, 971. — Mauguin II, *Synopsis*, 10 ; *Dissert.*, ch. XIII, et *Pars altera*, 6.]

5. [Lettre de Loup à Charles-le-Chauve, *epistola 128 ad dominum regem*, ap. Migne, CXIX, 601. — Mauguin, II, *Dissert.*, ch. XIV, p. 110, et *Pars altera*, 37.]

calk, qui sont seules plus que suffisantes pour justifier sa foy auprés de tous ceux qui ne sont pas prévenus et qui ont quelque connoissance de la science de l'Église. Il luy adressa aussi le livre qu'il avoit fait contre cette doctrine, et celuy que saint Prudence avoit écrit pour la défendre avec ce que Ratramne en avoit aussi écrit, — en le priant de luy dire son sentiment du livre qu'il avoit composé et d'écrire contre ceux de saint Prudence et de Ratramne, ne se croyant pas assez habile théologien pour leur répondre [1].

Rhaban trouva le livre de Hincmar fort à son goût, et les autres luy déplûrent beaucoup ; mais il n'osa entreprendre de les réfuter, s'excusant sur son grand âge et sur sa foiblesse [2].

Mais Lupus Servatus, prêtre de Mayence, qui avoit été présent au premier jugement que l'on y avoit rendu contre Gothescalk, fit en ce même tems et un peu avant sa mort l'excellent livre que nous avons, et où il prouve avec beaucoup d'ordre et de force par une foule de passages incontestables, tant de l'Écriture que des Peres, la doctrine que tenoit Gothescalk et que saint Prudence et Ratramne défendoient [3].

Loup, abbé de Ferriéres, outre la lettre où il avoit écrit au Roy ses sentimens, fit encore un recueil des passages des SS. Peres qui prouvoient la vérité de sa doctrine et de celle de Gothescalk [4].

Ratramne composa aussi par l'ordre du roy Charles-le-Chauve deux livres dans lesquelz il appuye la même doctrine,

Rhaban qui sentoit son insuffisance s'en excuse sur son grand âge.

Loup fait un recueil de passages des SS. Peres qui prouvoient la doctrine de Gothescalk.

Ratramne écrit par l'ordre du Roy et s'accorde avec Loup et Gothescalk.

---

1. [*Tertia Hincmari ad Rabanum epistola*. Le texte de cette lettre, qui accompagnait l'envoi d'Hincmar à Raban, ne nous est pas parvenu. Flodoard, liv. III, ch. 21, l'a seulement signalée en ces termes : « Item (Rabano Hincmarus scripsit) de doctrina et hæresi ejusdem (Gothescalci), et quid in « eum fecerit, postquam in synodo hæreticus comprobatus fuerat, nec cor- « rigi potuit ; et quid ipse contra doctrinam ejus sentiat, damnationemque « ipsius, quæve contra eumdem scripserit huic discutienda direxit....... » Nous voyons par cette lettre que Raban-Maur était alors le seul disciple survivant du célèbre Alcuin. — Mauguin, II, 112 ; *Hist. littér.*, V, 581.]

2. [Nous avons la réponse de Raban à Hincmar, *epistola IV ad Hincmarum Rhemensem*, ap. Migne, CXII, 1518. — Mauguin, I, 5 ; II, *Synopsis*, 11, et *Dissert.*, 113.]

3. [*Liber de tribus quæstionibus*, ap. Migne, CXIX, 619. Il est aujourd'hui reconnu que ce livre a eu pour auteur Loup, abbé de Ferriéres, et non pas Loup Servat, prêtre de Mayence. Dom Du Bout, après le président Mauguin, distingue à tort les deux personnages qui se confondent en un seul, ainsi que nous l'avons dit plus haut. Cf. Mauguin, II, *Dissert.*, ch. XV, et *Pars altera*, 13.]

4. [*Collectaneum de tribus quæstionibus*, ap. Migne, CXIX, 647. Mauguin, II, *Synopsis*, 11 ; *Dissert.*, ch. XVI, et *Pars altera*, 42.]

et fait voir que c'est celle des Peres et de saint Augustin que l'Eglise Romaine a toujours reconnu pour le docteur et le défenseur de la grâce de Jésus-Christ[1].

Hincmar fait écrire Jean Scot, dont l'ouvrage plein d'erreurs fut réfuté par S. Prudence et Flore, sçavant diacre de Lyon.

Hincmar, cherchant de tous côtez quelqu'un qu'il pût opposer à ces sçavants hommes et religieux bénédictins et qui entreprit sa défense, ne trouva qu'un misérable sophiste, nommé Jean l'Ecossois, parfaitement ignorant dans l'Ecriture sainte et les SS. Peres. Ce sophiste, prenant donc le parti d'Hincmar ou plutôt des Pélagiens dont il renouvelloit les erreurs, composa un livre dont tous les gens de bien eurent horreur aussitôt qu'il parut[2]. Vuenilon, archevêque de Sens[3], en envoia dix-neuf propositions ou articles à saint Prudence pour les réfuter; mais l'année suivante, c'est-à-dire en huit cens cinquante-deux, le livre entier tomba entre les mains de ce saint qui le trouva rempli des erreurs de Pélage, et qui le réfuta d'une maniére qui ne souffrit point de réplique[4].

La sçavante Eglise de Lyon, ayant reçu ces dix-neuf propositions, donna à Flore, un de ses diacres, la charge d'y

---

1. [Ratramni, Corbeiensis monachi, *de Prædestinatione Dei* libri duo ad regem Carolum Calvum, ap. Migne, CXXI, 11. — Mauguin, 1, 29; II, *Synopsis*, 12, et *Dissert.*, ch. XVII.]

2. [Liber Joannis Scoti seu Erigenæ *de Divina Prædestinatione* contra Goteschalcum monachum, Mauguin, I, 103, et II, *Dissert.*, ch. XVIII. Migne, CXXII, 347. — Jean Scot Erigène, célèbre philosophe Irlandais, né dans les premières années du IXᵉ siècle, mort vers 875. Il vint à la cour de France et fut admis dans la familiarité du roi Charles-le-Chauve. Il a été chef et professeur de l'école du Palais. Son principal ouvrage est le traité *De divisione naturæ*. On doit citer en second lieu son livre théologique *De prædestinatione*, écrit à la requête des évêques Pardule de Laon et Hincmar de Reims, afin de réfuter les erreurs de Gotescalc sur le libre-arbitre. Dans ce livre Jean Scot exposa résolument, comme Pélage, la thèse de l'absolue liberté. Ses opinions, contraires à l'orthodoxie religieuse, ont été condamnées par l'Eglise. Mais il a eu une véritable grandeur comme philosophe. S'attachant, sous ce rapport, à venger Scot Erigène de l'injustice de ses détracteurs, Saint-René Taillandier s'exprime ainsi : « ... Leibnitz dit, dans sa *Théodicée*, que le moine Gotteschalk a brouillé « tous les théologiens de son temps. Oui, il les a tous brouillés, il les a tous « armés les uns contre les autres, l'archevêque Remi contre Pardule de Laon, « Remi et Ratramne contre Hincmar de Reims, Prudence et Flore contre « Scot Erigène... Le malheureux moine d'Orbais expia cruellement ses « effrayantes doctrines. Au milieu de ces obscures et interminables luttes, « le livre de Scot Erigène est remarquable par son caractère élevé et « noble... » Saint-René Taillandier, *Scot Erigène et la philosophie scolastique*, p. 51 et 57, Strasbourg et Paris, 1843, in-8°. Cf. Hauréau, *Hist. de la philosophie scolastique*, Iʳᵉ partie, ch. VIII.]

3. [840-865].

4. [S. Prudentii episcopi Tricassini *de Prædestinatione* contra Joannem Scotum. L'une des éditions de cet ouvrage a été faite sur un manuscrit de

répondre¹. — Enfin, ce livre de Jean Scot ou l'Ecossois fut condamné dans le concile de Valence comme un *ouvrage rempli d'hérésies, de questions absurdes et de contes ridicules*². La même année 852, Hincmar fit faire des écrits supposez où il y avoit des erreurs, et il fit adresser finement cet écrit à Amolon, archevêque de Lyon, au nom de Gothescalk, comme si ce prisonnier eût voulu par là se justifier auprez de cet archevêque qui, l'ayant lu et y ayant remarqué quelques erreurs, en reprit aigrement Gothescalk, pensant qu'elles étoient de luy et ne se deffiant de l'artifice d'Hincmar³. Mais ce pieux archevêque écrivit en même tems et un peu avant sa mort une lettre à Hincmar, dans laquelle il marque les sentimens qu'il avoit touchant la prédestination, la liberté, et touchant la doctrine de saint Augustin qu'il appelle *le premier docteur de la prédestination et de la grâce, après l'Apôtre*⁴.

Ces sentimens d'Amolon qui étoient entièrement conformes à ceux que Gothescalk soutenoit, et tout contraires à ceux d'Hincmar, de Pardule et de Rhaban, ne furent pas fort bien reçus de ces prélats. Hincmar et Pardule voulant donc justifier leur foy et leur conduite à l'égard de Gothescalk, ou enga-

Livre de Scot condamné dans le concile de Valence.

Hincmar surprend Amolon par des écrits faussement attribuez à Gothescalk. Mais il avoit les mêmes sentimens que luy et une haute idée de S. Augustin.

l'abbaye d'Hautvillers. — Mauguin, I, 193, et II, *Dissert.*, ch. XIX. Migne, CXV, 1009.]

1. [Flori diaconi, sub nomine *Ecclesiæ Lugdunensis*, adversus Joannis Scoti Erigenæ erroneas definitiones liber, ap. Migne, CXIX, 101. — Mauguin, I, 575 et 738 ; II, *Dissert.*, ch. XX et XXI.]

2. [« Illud vero Joannis Scoti opus, *hæreses plurimas, ineptas quæstiunculas, et aniles pene fabulas plurimis syllogismis conclusas, Scotorumque pultes puritati fidei nauseam inferentes* continens, duobus conciliis damnatum fuit ; immo ex quo apparuit, piorum omnium judicio anathematizatum. » Mauguin, II, *Synopsis*, 12.)

3. [Les auteurs de l'*Hist. littéraire* partagent l'avis de Dom Dû Bout au sujet de l'artifice d'Hincmar. Ils ajoutent que la réponse d'Amolon à Gotescalc fut adressée à l'archevêque de Reims qui n'a pas dû en donner connaissance au moine d'Orbais. Cette lettre a été publiée pour la première fois par le P. Sirmond. *Epist. ad Gothescalcum*, ap. Migne, CXVI, 81. Mauguin, II, *Dissert.*, ch. XXIII.]

4. [Dans un manuscrit de Saint-Maximin de Trèves, immédiatement après la lettre d'Amolon à Gotescalc, on a trouvé un opuscule sans titre ni début, qu'on considère comme la réponse de l'archevêque de Lyon à Hincmar. « Alteram etiam (ut probabile est) præsul ille dignissimus ad Hincmarum ipsum epistolam... in qua *de gratia et præscientia Dei, deque prædestinatione et libero arbitrio, de spe item ac fiducia salutis, et de sententia sancti Augustini, tanquam post Apostolum præcipui prædestinationis et gratiæ prædicatoris*, breviter quidem et dilucide, ac saluberrime disseruit, paucis ante mortem diebus, quasi salutiferum cygni cantum emisit. » Mauguin, II, *Synopsis*, 14, et *Dissert.*, ch. XXIV. Migne, CXVI, 101. Cf. *Hist. littér.*, V, 107 et 108.]

ger l'Eglise de Lyon dans leur parti, ils écrivirent [deux lettres] à Amolon ou Amule, archevêque de cette Eglise, et luy envoiérent celle que Rhaban-Maur avoit écrite à Nothingue[1].

S. Remy de Lyon prouve que la doctrine de Gothescalk étoit orthodoxe.

Ces *trois lettres* furent lûes dans une assemblée de l'Eglise de Lyon, et saint Remy, qui avoit succédé à Amolon, fit un écrit où il montra que les quatre propositions qu'ils disoient être de Gothescalk et hérétiques, étoient très catholiques, rejettant la cinquième proposition qu'ils sçavoient que ni Gothescalk ni aucun autre ne soutenoit[2].

Le même saint Remy ajouta à cette réponse aux trois lettres, un autre écrit pour l'appuyer, en faisant voir comme les hommes ont justement mérité par le péché d'Adam la damnation éternelle[3].

Hincmar compose quatre propositions dans une seconde assemblée de Quierzy, qu'il fait signer aux évêques qu'il y avoit amenez de Soissons.

Au mois de may de l'année huit cens cinquante-trois, le roy Charles-le-Chauve étant dans son palais de Quierzy, et Hincmar s'y trouvant avec quelques évêques qu'il y avoit menés à la sortie du concile qu'on venoit de tenir à Soissons, s'avisa de composer quatre propositions ou chapitres contre les sentimens de Gothescalk[4], ou contre les erreurs qu'il s'imaginoit faussement en pouvoir naître, ausquelz il fit souscrire le Roy et ces Prélats, comme si c'étoient les définitions de quelque *concile*; c'est le nom que les ennemis de Gothescalk donnent à cette seconde assemblée de Quierzy. Mais M. Mauguin l'a traittée de conventicule d'évêques factieux tout dévouez à la passion d'Hincmar[5].

1. [*Epistolæ Hincmari, Parduli et Rabani*. Les deux premières lettres ne nous sont connues que par la réfutation qu'en a faite S. Remy de Lyon. Flodoard (liv. III, ch. 21) nous en signale d'autres qui avaient été écrites par Hincmar à différents prélats au sujet de la doctrine de Gotescalc, et qui sont également perdues. — Mauguin, II, *Dissert.*, ch. XXV à XXVII.]

2. [S. Remigii, sub nomine Ecclesiæ Lugdunensis, *de Tribus epistolis* liber, ap. Migne, CXXI, 985. Mauguin, II, *Synopsis*, 14, 15; *Dissert.*, ch. XXVII; *Pars altera*, 67. Cf. G. ch. IV, 61.]

3. [Ejusdem libri appendix, seu *Absolutio quæstionis de generali per Adam damnatione*, ap. Migne, CXXI, 1067. Mauguin, II, *Dissert.*, ch. XXXI, et *Pars altera*, 148.]

4. [*Annales Bertiniani* ad ann. 853, ap. Pertz, *Script.* I, 447.]

5. [« Denique nec *conventiculi* illius nec quatuor capitulorum in eo ab Hincmaro et *factionis suæ episcopis* præcipitanter nec libere editorum ulla mentio habita fuit in concilio apud Vermeriam (*Verberie*) tribus mensibus postea celebrato. »] Mauguin, tomo secundo cap. XI *prædestinatianæ fabulæ* [*confutationis*], pages 669 et 670. [Il s'agit ici d'une seconde dissertation insérée à la suite de la première et dans laquelle l'auteur s'applique à réfuter chapitre par chapitre l'*Historia prædestinatiana* du P. Sirmond qui avait paru deux années auparavant.]

Selon M. Mauguin, il faut remarquer avec soin que ces quatre propositions ou chapitres que l'on va rapporter icy, furent composez, fabriquez et signez avec précipitation et comme en cachette par Hincmar et ses adhérans, dans la seconde assemblée de Quiercy au mois de may huit cens cinquante-trois, et non pas dans la premiére à la fin de l'année huit cens quarante-huit, ou au commencement de quarante-neuf, comme le soûtiennent les ennemis de Gothescalk trés faussement pour donner plus de poids et d'authorité à ces propositions ou chapitres [1].

CAPITULUM I ab Hincmaro fabricatum.

Quod una tantum sit Prædestinatio Dei.

Deus omnipotens hominem sine peccato rectum cum libero arbitrio condidit, et in paradiso posuit, quem in sanctitate justitiæ permanere voluit. Homo, libero arbitrio male utens, peccavit et cecidit, et factus est massa perditionis totius humani generis. Deus autem bonus et justus elegit ex eadem massa perditionis, secundum præscientiam suam, quos per gratiam prædestinavit ad vitam, et vitam illis prædestinavit æternam. *Cæteros autem, quos justitiæ judicio in massa perditionis reliquit, perituros præscivit, sed non ut perirent* prædestinavit; pœnam autem illis, quia justus est, prædestinavit æternam. Ac per hoc unam Dei prædestinationem tantummodo dicimus, quæ aut ad donum pertinet gratiæ, aut ad retributionem justitiæ.

CAPITULUM II

Quod liberum hominis arbitrium per gratiam sanetur.

Libertatem arbitrii in primo homine perdidimus, quam per Christum Dominum nostrum recepimus; et habemus liberum arbitrium ad bonum, præventum et adjutum gratia, et habemus liberum arbitrium ad malum, desertum gratia. Liberum autem

---

1. [Le P. Sirmond (*Concil. ant. Gall.* III, 66) n'a pas distingué deux conciles de Quierzy au sujet de Gotescalc, et il a attribué à tort au premier les *quatre articles* arrêtés dans le second. Cette erreur n'a pas été suffisamment rectifiée dans les recueils postérieurs des conciles qui rapportent en général les fameux capitules à l'assemblée de 849, bien qu'ils appartiennent réellement à celle de 853, comme l'indiquent les Annales de S. Bertin. Cf. Edit. royale, XXI, 602; Labbe, VIII, 56 ; Mansi, XIV, 920 et 995. — *Hist. littér.*, V, 361.]

habemus arbitrium, quia gratia liberatum, et gratia de corrupto sanatum.

CAPITULUM III

Quod Deus omnes homines velit salvos fieri.

Deus omnipotens omnes homines sine exceptione vult salvos fieri, licet non omnes salventur. Quod autem quidam salvantur, salvantis est donum; quod autem quidam pereunt, pereuntium est meritum.

CAPITULUM IV

Quod Christus pro omnibus hominibus passus sit.

Christus Jesus Dominus noster, sicut nullus homo est, fuit, vel erit, cujus natura in illo assumpta non fuerit, ita nullus est, fuit, vel erit homo, pro quo passus non fuerit; licet non omnes passionis ejus mysterio redimantur. Quod vero omnes passionis ejus mysterio non redimuntur, non respicit ad magnitudinem et pretii copiositatem, sed ad infidelium, et ad non credentium ea fide, quæ per dilectionem operatur, respicit partem : quia poculum humanæ salutis, quod confectum est infirmitate nostra et virtute divina, habet quidem in se ut omnibus prosit; sed si non bibitur, non medetur [1].

Dans ces quatre propositions ou chapitres Hincmar et ses adhérans définissoient : — 1° Que Dieu n'a prédestiné personne à la peine ; — 2° Que le libre-arbitre qu'on avoit perdu par le péché du premier homme nous a été rendu par la grâce de Jésus-Christ ; — 3° Que Dieu veut que généralement tous les hommes soient sauvez ; — 4° Que le sang de Jésus-Christ a été répandu pour tous sans exception.

Les quatre prétendus canons de Hincmar rejettez et la doctrine de Gothescalk défendue par deux conciles et plusieurs sçavants personnages.

Mais le pauvre Gothescalk, que Hincmar avoit voulu noter une seconde fois d'hérésie en dressant et en publiant ces quatre chapitres ou propositions, eut d'illustres et de trés zélez défenseurs, non pas véritablement à l'égard de sa personne, car il fut abandonné comme un misérable, mais à l'égard de ses sentimens, car sa doctrine qu'on considéroit comme celle de saint Augustin, fut expliquée favorablement, et les quatre canons ou chapitres ci-dessus que Hincmar y avoit opposez furent rejettez et improuvez par l'Eglise de Lyon et par le concile

1. [*Actes de la province ecclés. de Reims*, I, 233. Migne, CXXV, 63. — Mauguin, II, *Dissert.*, 272, et *Pars altera*, 173, Pseudo-synodi Carisiacæ capitula quatuor.]

troisième de Valence de l'an huit cens cinquante-cinq, composé de plusieurs prélats des provinces de Lyon, de Vienne, d'Arles, et par le concile de Langres de l'an huit cens cinquante-neuf, comme on verra plus amplement cy-après.

Quelques-uns des évêques mêmes par qui Hincmar avoit fait signer ses quatre prétendus canons précipitamment et sans aucun examen, révoquérent sagement ce qu'ils avoient lâchement et imprudemment fait. De sorte que Hincmar fut obligé de se défendre contre cette censure de ces deux conciles, et de faire voir qu'il n'avoit rien décidé ou écrit qui ne fût conforme à la saine doctrine[1]. Quelques évêques rétractent ce qu'ils avoient fait.

Et saint Prudence ayant reconnu la malice de Hincmar et le venin qui étoit caché dans ces quatre propositions, il s'y opposa avec tant de vigueur que ne se pouvant trouver en personne, à cause de ses infirmitez, au concile qu'on devoit tenir à Soissons[2] pour donner un évêque à l'Eglise de Paris, il écrivit à cette assemblée une lettre dans laquelle il déclare qu'il ne consent nullement à l'ordination de cet évêque qu'à condition qu'il confesse et qu'il signe les quatre propositions par lesquelles l'Eglise catholique a renversé Pélage et tous ceux qui suivent ses erreurs, sçavoir : 1° Que le libre-arbitre nous est tellement rendu par Jésus-Christ que nous avons besoin de la grâce de Dieu pour chaque bonne action ; — 2° Que Dieu en a prédestiné quelques-uns à la peine, etc...; — 3° Que le sang de Jésus-Christ n'a été répandu que pour ceux qui croyent, etc... ; — 4° Que Dieu sauve tous ceux qu'il veut ; et quant à ceux qui ne sont point sauvez, Dieu n'a pas voulu qu'ils le fussent[3].

Cette lettre fut trés bien reçue de l'assemblée, et Enée même, qui y fut fait évêque de Paris, la présenta au Roy par l'ordre du métropolitain, et le Roy la donna à Hincmar, afin qu'il l'examinât[4].

---

1. [Hincmar, *de Prædestinatione*, cap. 23, 30, 34, et præfat. sub finem. — Mauguin, II, *Dissert.*, 275.]

2. M. Du Pin dit que ce fut à Sens, ce qui est plus probable, Paris étant alors suffragant de l'archevêque de Sens qui devoit présider à l'élection d'un évêque de Paris. [T. VII, p. 21.]

3. [S. Prudentii Trecensis episcopi *Epistola tractoria* ad Venilonem quam per vicarium misit ad ordinationem Æneæ Parisiensis, cum ipse adesse non posset..., ap. Migne, CXV, 1365.— Mauguin, II, *Synopsis*, 16, 17 ; *Dissert.*, ch. XXXIV ; Pars altera, 176. Cf. *Hist. littér.*, V, 249.]

4. [Hincmar, *de Prædestinatione*, cap. 5.]

L'année suivante qui étoit l'année huit cens cinquante-quatre, les propositions ou articles de Hincmar furent apportez à l'Eglise de Lyon, et l'archevêque saint Remy les réfuta avec le même zéle et la même force qu'il avoit répondu aux lettres de Rhaban, de Hincmar et de Pardule [1].

Le même archevêque présenta ces articles ou propositions avec les dix-neuf arguments de Jean l'Ecossois au concile de Valence que les évèques des trois provinces de Lyon, de Vienne et d'Arles tinrent au commencement de l'année huit cens cinquante-cinq, et, après qu'on les eût bien examinez, ils furent solennellement condamnez par ce concile qui fit de plus des canons qui leur étoient directement opposez [2].

« Nous confessons avec assurance, disent les Peres de ce concile dans le troisiéme canon, qu'il y a une prédestination par laquelle Dieu a arrêté de donner la vie éternelle aux élûs ; et qu'il y en a une par laquelle Dieu a arrêté de punir d'une mort éternelle les impies... ;

4° Que le sang de Jésus-Christ n'a été répandu que pour ceux qui croyent en luy ;

5° Que tous les baptisez sont régénérez et vraiment racheptez par le sang de Jésus-Christ ;

6° Que touchant la grâce et le libre-arbitre, il faut suivre ce qu'en ont tenu et cru les Conciles d'Afrique et d'Orange et les Peres qui ont tenu le siége apostolique [3]. »

Ces canons furent confirmez par le concile de Langres et par celuy de Tulle [4], qui se tinrent l'année huit cens cinquante-neuf ; et les canons du concile de Langres ayant été envoyez au pape Nicolas Ier, il confirma ce qui est défini touchant la

---

1. [S. Remigii sub nomine Eccles. Lugdun. libellus *De tenenda immobiliter scripturæ veritate*, ap. Migne, CXXI, 1083. — Mauguin, II, *Synopsis*, 17 ; *Dissert.*, ch. XXXV ; *Pars altera*, 178. Cf. *Hist. littér.*, V, 458.]

2. [Mauguin, II, *Synopsis*, 18 ; *Dissert.*, ch. XXXVI et XXXVII.]

3. [Les six premiers canons du concile de Valence furent consacrés aux questions de la grâce, du libre-arbitre et de la prédestination. Mansi, XV, 1 à 7. — Mauguin, II, *Pars altera*, 231 à 235. Cf. Dupin, t. VII, p. 22.]

4. [*Lisez* Toul, ou mieux Savonnières près Toul (concilium Tullense I apud Saponarias). L'assemblée, très brillante, se tint au mois de juin en présence de Charles-le-Chauve accompagné de ses deux neveux, Lothaire II, roi de Lorraine, et Charles, roi de Provence. On y approuva les canons arrêtés le 19 avril (selon l'*Histoire littéraire*) dans le concile de Langres. Mansi, XV, 525 et s. — Mauguin, II, *Synopsis*, 19 ; *Dissert.*, ch. XL, et *Pars altera*, 235 à 237.]

prédestination, la mort de Jésus-Christ, la grâce et le libre arbitre[1].

Vers la fin de l'année huit cens soixante-deux, Hincmar ayant appris que le pape Nicolas premier étoit bien informé de la manière dont il avoit traitté Gothescalk et la doctrine qu'il défendoit, envoia au Pape quelques écrits qu'il avoit composez pour se justifier et pour expliquer ses sentimens. Mais le Pape en fit si peu de cas qu'il ne voulut pas luy répondre un mot sur cela, comme Hincmar même s'en plaint[2].

Ce qui est bien plus, le Pape ordonna que Hincmar et Gothescalk comparussent au concile de Metz qui se tint l'année huit cens soixante-trois, afin qu'il y rendît compte de sa conduite à l'égard de Gothescalk et de sa doctrine; mais Hincmar ne voulut point obéïr à cet ordre, comme il le témoigne luy-même[3].

862. Nicolas Ier prend la défense de Gothescalk et improuve la conduite de Hincmar, et luy ordonne de comparoître au concile de Metz pour en rendre compte. Hincmar n'y obéit pas.

C'est ainsi que, malgré les artifices et les persécutions, la vérité a triomphé dans tous les siécles des erreurs des Semipélagiens, que la grâce de Jésus-Christ a été victorieuse de ses ennemis, et que la doctrine de saint Augustin est demeurée inébranlable et a toujours été en cette matière suivie de l'Eglise Romaine et de toutes les Eglises catholiques.

Hincmar eut encore une autre contestation avec Gothescalk et avec quelques autres, soûtenant contre eux que l'on ne devoit pas dire dans un hymne *Te Trina Deitas*, qu'il avoit défendu de chanter dans l'Eglise de Reims; mais Gothescalk ayant appris dans sa prison cette défense de Hincmar, il prouva que ces termes étoient orthodoxes, d'où Hincmar prit encore occasion de le diffamer comme hérétique, et il s'efforça de

Autre différend entre Hincmar et Gothescalk sur *Te Trina Deitas* de l'ancienne hymne des martyrs.

---

1. [Mauguin, II, *Synopsis*, 20; *Dissert.*, ch. XLI, et *Pars altera*, 239. *Annales Bertiniani* ad ann. 859, ap. Pertz, *Script.* I, 453. *Hincmari epist.* IX *ad Egilonem*, ap. Migne, CXXVI, 70.]

2. [« Cæterum Luido mihi dixit, quod cum eo rationem de damnatione « et reclusione Gothescalci habuissetis. Unde quoniam per alios jam audie- « ram ad sanctitatem vestram verba venisse, misi auctoritati vestræ quædam « ex verbis et catholicorum sensibus in rotula, qualiter contra ipsius pesti- « feri hominis sensum sentiam, per Odonem episcopum, et nihil inde res- « ponsionis accipere merui. » *Hincmari epist.* II *ad Nicolaum papam*, Flodoard, l. III, c. 14 et 15. — Mauguin, II, *Synopsis*, 21; *Dissert.*, ch. XLIII.]

3. [« De quo nihilominus ut redderem rationem, quidam episcopi, quorum « nihil de illo intererat... me ad conciliabulum nuper Metis habitum, « etc... » Flodoard, *loc. cit.* — Mauguin, II, *Synopsis*, 22; *Dissert.*, ch. XLVII, p. 400.]

réfuter l'écrit de Gothescalk par un livre entier auquel il donna pour titre *De non Trina Deitate*. Mais cette expression *Trina Deitas* que combattoit Hincmar, plus habile courtisan et sçavant canoniste que profond théologien, bien loin d'être trouvée mauvaise, fut jugée propre pour marquer la distinction des trois personnes dans la Sainte Trinité, et l'Eglise continue de s'en servir encore aujourd'huy dans l'hymne de Matines de l'office du Trés Saint Sacrement composé par saint Thomas d'Aquin, plus grand theologien que Hincmar[1].

<small>Gothescalque traitté comme tous les grands hommes.</small>

Il paroit évidemment par cet abregé et par tout ce que l'on vient de rapporter, que notre religieux Gothescalk a eu le même sort et la même destinée que la plûpart des hommes extraordinaires qui se sont un peu distinguez et qui ont fait du bruit dans le monde par leur doctrine et par leurs actions, comme le Sauveur du monde, si on peut faire quelque comparaison entre luy et eux. Les uns ont dit que sa doctrine étoit bonne, d'autres au contraire l'ont rejettée et condamnée comme étant capable de soulever et de corrompre les peuples. « Quidam « dicebant : Quia bonus est. Alii autem dicebant : Non, sed « seducit turbas. » Joannis, VII, v. 12.

En effect Gothescalk a eu de puissans adversaires dans la grand monde et parmi les ecclésiastiques. Il a trouvé Rhaban-Maur, archevêque, Nothingue, évêque de Verceil ou de Vienne[2], qui le dénonça comme autheur d'une nouvelle opinion trés pernicieuse, Hincmar de Reims, son métropolitain, à la tête d'onze ou douze évêques assemblez au palais ou château de Quierzy, en présence du roy Charles-le-Chauve, qui souscrivit à sa condamnation à la sollicitation de Hincmar. Pardule, évêque de Laon, Jean l'Ecossois ou Erigéne ont écrit contre luy. Floard[3], environ cent ans aprés, l'a traitté d'infâme et de pernicieux hérétique, d'impie blasphémateur, dans les 12e, 13e, 14e et 15e chapitres du troisiéme livre de son

---

1. [Hincmar, *De una et non Trina Deitate*, ap. Migne, CXXV, 473. Mauguin, II, *Synopsis*, 22, 23 ; *Dissert.*, ch. XLV. Hincmar nous a conservé le petit écrit de Gotescalc sur cette matière, en le réfutant par un grand ouvrage dont le P. Sirmond attribue la rédaction à l'année 857. Sur la dispute qui s'éleva à cette occasion entre Hincmar et Gotescalc cf. la IVe partie des *Vindiciæ veterum codicum confirmatæ* publiées à Paris en 1715 par D. Pierre Coustant contre un livre du P. Germon ; *Hist. littér.*, V, 350 et 555.]

2. [*Lisez* Vérone.]

3. [*Alias :* Frodoard, Flodoard.]

Histoire de l'Eglise de Reims. Mais il ne faut pas s'en étonner. Il avoit emprunté ces expressions outrées des écrits de Hincmar, qui dans sa vingt-quatriéme lettre à Egilon ou Venillon, archevêque de Sens[1], dit ces mots pour luy faire un portrait de Gothescalk de sa façon : « Plura vobis de ipso Gothescalko « scribere poteram, quam perniciosus sit, et multo magis « noxius erit multis, si ab ipsa custodia fuerit absolutus : quia « pro certo talia dicit et talia facit, in quibus evidenter cognos- « citur *aut dæmoniacus esse, aut maniaticus*, et scitis quo- « niam mania esse non solet absque dæmone[2]. »

Le cardinal Baronius ne le traitte pas plus favorablement, car aprés avoir copié tout ce que Hincmar avoit dit et écrit contre les sentimens de Gothescalk, sur la bonne foy de Flodoard, il finit par ces paroles trés désavantageuses à Gothescalk : « Ex quibus intelligas diu multumque decertandum Hincmaro « fuisse adversus *bestiam hanc*[3]. »

Les Jésuites de France n'ont pas envisagé Gothescalk d'un œil plus favorable. Il suffit qu'il ait été fidéle et zélé disciple de la doctrine de saint Augustin, et qu'il ait condamné par avance les nouveautés de Molina, leur fameux confrere espagnol, pour qu'ils se déchainent contre luy, et le traittent de moine vagabond qui répandoit une doctrine pernicieuse, et d'impudent hérétique frappé des anathémes de l'Eglise pour avoir renouvellé en France l'hérésie (imaginaire et supposée par les ennemis de la doctrine de saint Augustin) des anciens *Prédestinatiens*. Voicy leurs propres paroles tirées d'une thése soutenue publiquement dans leur collége de Caën en Normandie, par Jean-Baptiste du Hamel, natif de Bayeux, le mercredi 13 may 1699, position quatriéme :

« Exstitit aliquando in rerum natura Prædestinatianorum « hæresis, quidquid dicant Novatores. In eo maxime posita est « quod assererent Deum aliquos ita ordinare ad vitam æter- « nam, ut necessitet ad bene operandum ; alios ita excludere, « ut ad malum necessitet, quæ est opinio Calvini et Novato- « rum. Ex Augustini libris male intellectis sumpsit initium, « ut colligere possumus ex dissensione monachorum Adru- « meti.

---

1. [Egilon, 865-870, successeur de Wénilon.]
2. Voyez le reste dans M. Mauguin, tome II [*Pars altera*], page 239.
3. Baronius, *Annalium* tomo decimo ad annum Christi 848, pagina 63 in fine, editionis Plantinianæ [édit. Plantin d'Anvers], 1603, quæ asservatur in bibliotheca Orbacensi. [Édit. de Lucques, t. XIV, p. 365, 38 vol. in-f°, 1738-1759.]

« Duos in Galliis motus insignes excitavit hæresis ista. Prior
« fuit in causa Lucidi[1]; hunc tanquam Prædestinatianum
« Faustus nomine synodi Arelatensis[2] admonitum ut resipis-
« ceret, jussit priora dogmata damnare, quod et fecit, mittens
« ad Patres Concilii suam retractationem. Posterior tempestas
« mota est per Goteschalcum. Iste peragratis multis regioni-
« bus, exitiosa semina sator pessimus seminans, Moguntiæ
« primum damnatus est. Deinde ad Hincmarum ductus, in
« Concilio Carisiaco dejectus presbyteratu, et virgis tamdiu
« cæsus est, donec admoto igne collectionum suarum libellum
« absumeret, quæ castigatio pœna fuit secundum Canones
« Agathenses[3] et Regulam S. Benedicti *impudenti hæretico*
« [legitime] *inflicta.* »

Cette thèse et plusieurs autres des Jésuites sur la grâce sont rapportées en la page quatre cens quatre-vingt-dix-huit de la seconde partie de l'*Histoire des congrégations de Auxiliis*, in-folio, par le R. P. de Seri [*lisez* Serry], dominicain, docteur et professeur en théologie dans les Etats de Venise, qui s'est caché et déguisé son nom sous le nom emprunté d'*Augustin Le Blanc*, imprimé à Louvain en mil sept cens, et qui est dans notre bibliothèque[4].

Les Jésuites Jacques Sirmond, Cellot[5] et autres sont également opposez à Gothescalk. Ils sont trop attachez à la Société : cela suffit.

---

1. [Lucide, prêtre français du v° siècle, qu'on croit originaire de Provence. Il est connu par ses démêlés avec Fauste, évêque de Riez. Celui-ci l'assigna devant le concile d'Arles vers 475. On peut penser que l'acte de sa rétractation fut l'œuvre de Fauste. *Hist. littér.*, II, 454].

2. [Concile d'Arles. Mansi, VII, 1007.]

3. [Canons du concile d'Agde en 506. Mansi, VIII, 319.]

4. [*Historia Congregationum de Auxiliis divinæ gratiæ*, etc..., par le P. Jacques-Hyacinthe Serry, Appendice, col. 399, Anvers, 1709, in-f°. — On sait que le système de Molina sur la grâce consistait dans la recherche des moyens de concilier le libre arbitre de l'homme avec la prescience divine et la prédestination. Cette doctrine rencontra de nombreux adversaires. La cause fut déférée en 1597 au pape Clément VIII qui institua pour la juger la congrégation appelée *De Auxiliis*, parce qu'il s'agissait d'examiner la nature des secours de la grâce et la manière dont elle opère.]

5. [*Historia Gotteschalci prædestinatiani* etc..., par le P. Louis Cellot, de la Compagnie de Jésus, Paris, Cramoisy, 1655, in-f°. — Cet important ouvrage soutient la thèse opposée à celle que défend le président Mauguin. Dans la grande querelle qui agitait le xvii° siècle, les Molinistes prenaient parti pour Hincmar et les Jansénistes pour Gotescalc. Imbu des idées de ces derniers, Dom Du Bout tend à réhabiliter la mémoire du moine d'Orbais.]

Mais si on doit juger de la bonté d'une cause et de la pureté d'une doctrine par le nombre, la qualité, le rang, la piété, le mérite personnel et l'érudition de ses défenseurs, il faut conclure que la doctrine que soutenoit notre religieux Gothescalk étoit trés saine et trés orthodoxe, et que le nombre de ses protecteurs surpasse en toute manière celui de ses adversaires. Puisque on a vu cy-devant le saint pape Nicolas premier, dit *le grand*, le prendre luy et sa doctrine sous sa protection, et ordonner à Hincmar de se trouver au concile que Sa Sainteté avoit indiqué à Metz, pour y rendre compte de sa conduite à l'égard de Gothescalk qu'il n'approuvoit pas, et pour revoir et examiner sérieusement la sentence rendue contre ce pauvre religieux par ses ennemis dans l'assemblée premiére du château de Quierzy-sur-Oise.

Les plus grands et les plus sçavans personnages de ce tems-là s'opposérent et écrivirent contre les quatre chapitres que Hincmar avoit fabriquez et fait signer précipitamment par Charles-le-Chauve et quelques évêques dans la seconde assemblée de Quierzy en 853, et non pas dans la première en 848 ou 49, dans lesquelz quatre chapitres il reprenoit une proposition de saint Fulgence, et en combattoit d'autres de saint Augustin : Saint Prudence, évêque de Troyes ; Servatus Lupus, prêtre de Mayence ; Loup, abbé de Ferrières ; Ratramne, religieux de Corbie, et même toutes les Eglises du royaume d'Arles, particuliérement celle de Lyon au jugement de laquelle Hincmar s'étoit rapporté, et son saint archevêque Remy qui, pour sa doctrine et pour l'esprit ecclésiastique, étoit comparable aux anciens Peres. — Ce saint archevêque fit un petit traitté sur les questions agitées entre Hincmar et Gothescalk, intitulé : *Résolution de la question*[1], dans lequel il s'arrête à établir le principe de saint Augustin : « *Que toute la masse des hommes
« est corrompüe par le péché d'Adam, et sujette à la damnation,
« dont quelques-uns sont tirez par pure miséricorde, et dans
« laquelle les autres sont laissez par un juste jugement : les uns
« choisis par la volonté de Dieu toute gratuite pour la gloire ;
« et les autres prédestinez, à cause du premier homme, ou de
« leurs propres péchez, à la damnation.* »

Le troisiéme concile de Valence en Dauphiné tenu en 855, ceux de Langres et de Tulles en 859, approuvérent les sentimens et la doctrine avancez par Gothescalk, et censurérent les écrits de Hincmar et de son émissaire Jean l'Ecossois.

---

1. [*Absolutio quæstionis*, etc..., ap. Migne, CXXI, 1067. Cf. Dupin, t. VII, p. 21.]

<small>Hincmar n'a persécuté Gothescalk que parce qu'il n'entendoit pas sa doctrine; car c'étoit d'ailleurs un prélat d'un mérite extraordinaire, mais qui a eu son foible comme les autres hommes.</small>

Hincmar étoit d'ailleurs un prélat d'un grand mérite et qui passoit pour un homme rempli et éclairé d'une lumière toute divine, suivant le témoignage du saint pape Nicolas Ier dans une lettre qu'il luy adresse, d'autant moins suspect de flaterie qu'il n'avoit pas accoutumé de le flater moins qu'aucun autre. « *Docta divinitus Sanctitas tua valde novit.* » Cette lettre du pape Nicolas, d'où ces paroles sont tirées, est rapportée par M. Marlot, tome Ier, livre 3, chapitre 32, page 439. On peut ajouter à la louange de Hincmar qu'il estimoit si fort l'estat monastique qu'il se retira de la cour et renonça aux prétentions qu'il pouvoit avoir aux prélatures, pour embrasser la réforme et la vie régulière établie dans la royale abbaye de Saint-Denis en France par Hilduin qui en étoit abbé.

Hincmar, étant archevêque de Reims, continuoit l'abstinence du cloître et ne mangeoit point de chair s'il n'étoit malade, comme le témoigne Pardule, évêque de Laon, dans une lettre qu'il luy écrit : « Donec vobis a Domino reddita sanitas pluri« mum confirmetur, et sic ad siccos, et miseros, tardioresque « *monasticos cibos* redeatur[1]. »

Et ainsi tout ce que l'on peut dire pour excuser Hincmar et ses adhérans dans la conduite violente et outrée, pour ne pas dire cruelle, qu'ils ont tenue à l'égard de Gothescalk, c'est qu'ils ne comprenoient pas le sens des paroles de Gothescalk; ils s'effrayoient et s'effarouchoient par trop du mot mal entendu de *Prédestination à la peine éternelle*, s'imaginant faussement que Gothescalk enseignoit que Dieu *prédestinoit et nécessitoit infailliblement la volonté des impies au péché*; ce que ni Gothescalk, ni aucun autre, n'a jamais ni dit ni écrit de son tems[2].

<small>1. Pardulus, *Epistola ad Hincmarum*, tomo II operum Hincmari [Edit. Sirmond, 2 vol. in-f°, Paris, Cramoisy, 1645] page 839, et Bulteau [*Abrégé de l'Histoire de l'Ordre de S. Benoît*], tome II, page 565. [Pardule écrit à Hincmar pour le féliciter du rétablissement de sa santé et entre dans de curieux détails sur les aliments dont il lui recommande l'usage. Sa lettre a été insérée à la fin des œuvres d'Hincmar par le P. Sirmond qui l'a publiée le premier d'après un manuscrit de Saint-Remy de Reims. Cf. *Hist. littér.*, V, 572; Mauguin, II; Dissert., 269.]

2. Il est vray que Gothescalque auroit mieux fait d'écrire et de parler comme les autres que de s'opiniâtrer à vouloir se servir de termes qui offensoient les hommes, quoiqu'ils ayent un sens orthodoxe, étant bien expliquez et bien entendus, et on peut dire à son occasion ces belles paroles de saint Augustin, Libro *De dono perseverantiæ*, capite 16 : « Facile est enim « immo et utile ut taceatur aliquid verum propter incapaces....; maxime si</small>

Après l'autorité d'un Pape aussi célébre que Nicolas Ier, de tant de saintes assemblées et tant de saints et sçavans personnages qui ont approuvé et soutenu la doctrine de Gothescalk, n'est-il pas étonnant et avec quel front et quelle hardiesse les Jésuites de Caën et autres ont-ils osé le traiter, dans une thèse imprimée en 1699, de moine apostat vagabond, d'impudent hérétique et de ministre du démon qui répandoit partout une trés pernicieuse doctrine! V. *supra*.

On s'est contenté de rapporter icy en abregé l'affaire de Gothescalque comme étant religieux de cette abbaye. Mais pour s'instruire plus à fond de ce grand différend qui fit tant de bruit vers le milieu du neuvième siècle, il faut lire tout entier et avec une sérieuse application deux tomes ou livres in-4° intitulez : *Vindiciæ Prædestinationis et Gratiæ*, imprimez chez Billaine en 1650 [1], et donnez au public par Gilbert Mauguin, président en la Cour des monnoies à Paris; d'où on a tiré en partie ce que l'on vient de rapporter. On y trouvera toute l'histoire de Gothescalque, ses deux confessions ou professions de foy, tous les écrits de ses défenseurs et adversaires de son tems et de quelques autres postérieurs. — Item le chapitre second de la préface de Dom Jean Mabillon sur la seconde partie du quatrième siècle des *Actes des Saints de l'Ordre de St-Benoist*, page soixante-huit et les suivantes [2]. — Item M. Louis-Ellies Du Pin dans sa *Nouvelle bibliothéque des autheurs ecclésiastiques* du neuvième siècle, chap. II. Il n'est pas trop favorable à Gothescalque, parce qu'il a voulu se ménager et s'accommoder au tems pour ne se point faire d'affaires avec les RR. PP. jésuites et leurs partisans. — Voyez aussi les *Annales latines de l'Ordre Saint-Benoist*, tome second, pages 522 et suivantes; dudit Dom Jean Mabillon qui nous apprend que Gothescalk étoit saxon, fils du comte Bernus, et élevé dés sa jeunesse dans la célébre abbaye de Fulde [3] sous l'abbé Egile, et où dans la suite le

---

« timendum inde sit..... ne pejores faciamus eos qui non intelligunt, dum
« volumus eos, qui intelligunt, facere doctiores ; qui nobis aliquid tale tacen-
« tibus doctiores quidem non fiunt, sed nec pejores fiunt. » [*Hist. littér.*, IV, 262.]

1. [Bibl. nat. Imprimés, inventaire C. 1990.]
2. « Si animum tantisper continuisset [Gothescalcus], melius famæ, « melius saluti suæ consuluisset », inquit D. Joan. Mabillon in fine cap. 2 citati.
3. [Fulde, sur la rivière du même nom, régence (*Regierungsbezirk*) de Cassel, province prussienne de Hesse-Nassau. Son abbaye de Bénédictins, au diocèse de Mayence (*G. ch.* V, 604), fut fondée en 744 par S. Boniface. Les abbés de Fulde portaient le titre de « primats de toutes les abbayes de la Gaule et de l'Allemagne. » Le monastère a été sécularisé en 1803.]

fameux Raban, abbé, l'obligea de ratifier par sa propre profession ou engagement, l'oblation ou consécration que ses parens avoient faites de lui à Dieu dans son enfance, selon l'usage de ces tems, contre lesquelles il réclama depuis, et se plaignit dudit Raban, dans un concile de Mayence en 829 assemblé par Otgarius, archevêque, qui absout Gothescalk. — Item pages 681 à 686 [1].

RATRAMNE

Nous comptons entre les abbez d'Orbaiz le saint et sçavant Ratramne, religieux tiré de l'ancienne et célébre abbaye de Corbie, lequel fut si connu et si considéré des Roys, des princes et des sçavans du neuviéme siécle. Notre conjecture est fondée sur le témoignage et l'authorité du R. P. Dom Jean Mabillon qui dit ces paroles dans la premiére partie ou tome du troisiéme siécle des *Actes des Saints Benédictins*, en parlant du monastére d'Orbaiz, dans la vie de saint Rigobert, archevêque de Reims et le deuxiéme de nos abbez : *Creditur etiam inibi abbas fuisse Ratramnus Corbeïensis monasterii alumnus*, page 530, vers le milieu. Il rapporte les différents ouvrages et traittez que cet abbé a composez pour combattre et réfuter les différens adversaires qu'il a eus ; on en rapportera quelques-uns dans la suite de cet article. Voyez la préface de Dom Jean Mabillon sur la seconde partie du quatriéme siécle des *Actes des Saints Bénédictins*, chapitre premier, sections 6 et 7, chap. II et III.

Monsieur Du Pin en parle aussi dans sa *Nouvelle Bibliothèque des autheurs ecclésiastiques* : chapitre second, Histoire de la dispute touchant la grâce et la prédestination ; chapitre VII, Histoire de la controverse du neuviéme siécle sur l'Eucharistie ; chapitre VIII, Histoire de la dispute sur la maniére dont la

---

1. [M. Guizot a magistralement exposé la grave controverse que la doctrine de Gotescalc a soulevée entre les églises du Nord et du Midi de la Gaule (*Hist. de la civilisation en France*, 28e et 29e leçons). Un article intéressant de M. B. Hauréau intitulé « Histoire de la philosophie scolastique au IXe siècle » a paru sur le même sujet dans la *Revue du Nord* (juin 1837, p. 419 à 464). — Quant aux ouvrages spéciaux sur la matière, la liste complète s'en trouve dans le *Répertoire des sources historiques du Moyen-Age* par l'abbé Ulysse Chevalier, v° GODESCALC. Cf. notamment Franç. Monnier, *De Gothescalci et Joan. Scoti Erigenæ controversia*, thèse présentée à la Faculté des Lettres de Paris, Durand, rue des Grès, 1853, in-8°, où l'on trouve de curieuses poésies inédites de Gotescalc, etc... etc...]

Vierge Marie a mis Jésus-Christ au monde. — Et en disant que Paschase Radbert avoit écrit contre Ratramne « qui peut-être, dit M. Du Pin, n'étoit plus dans Corbie[1] », [cet auteur] semble insinuer qu'il étoit abbé d'Orbaiz, et appuyer la conjecture de D. Jean Mabillon qui dit que l'on croit qu'il avoit été abbé d'Orbaiz : *Creditur etiam inibi abbas fuisse Ratramnus*, etc...

On ne sçait si Ratramne, abbé, est le même que celuy à qui Hincmar écrivit et ordonna de faire un inventaire exact et fidéle de tout ce qu'il y avoit à Orbaiz. Voyez ci-dessus, chapitre second.

Notre abbé Ratramne, selon M. Du Pin, est né vers le commencement du neuviéme siécle et est mort en huit cens soixante-dix. Et il est probable qu'il a succédé à Bavon dans le gouvernement et la dignité d'abbé de Saint-Pierre d'Orbaiz ; mais on ne sçait pas précisément le mois ni l'année.

Le tems de sa naissance et de sa mort et de son gouvernement d'Orbaiz.

L'abbé Trythéme[2] dit de luy dans son livre *De scriptoribus ecclesiasticis* : « Claruit temporibus Lotharii Imperatoris anno 830. »

Le même autheur, dans le même livre des *Autheurs ecclésiastiques*, parle fort honorablement de Ratramne en ces termes : « Bertramus (sive Ratramnus), presbyter et mona-
« chus, in divinis scripturis valde peritus, et in litteris [*ms.* li-
« bris] sæcularium disciplinarum egregie doctus, ingenio sub-
« tilis, et clarus eloquio, nec minus vita quam doctrina insig-
« nis, scripsit multa præclara opuscula de quibus ad meam
« notitiam pauca pervenerunt : ad Karolum Regem fratrem
« Lotharii Imperatoris scripsit commendabile opus *De prædes-*
« *tinatione* lib. I, *De corpore et sanguine Domini* lib. I[3]. »

---

1. [Dupin, t. VII, p. 76.]

2. [Trithème ou Tritheim (Jean), en latin *Tritemius*, historien et théologien allemand, né le 1er février 1462 à Trittenheim, près de Trèves, sur la Moselle. Il fut successivement abbé du monastère de Spanheim et de celui de S. Jacques de Wurtzbourg où il mourut le 27 décembre 1516. Il a laissé des œuvres nombreuses. On lui doit notamment une vie de Raban-Maur, insérée dans les Bollandistes au 4 février.]

3. [*De Scriptoribus ecclesiasticis*, Cologne, 1531, in-4°, f° 57. La meilleure édition est celle qui fait partie de la *Biblioth. ecclesiastica* de J. A. Fabricius, Hambourg, 1718, in-f°. Cet ouvrage est une série chronologique de 963 articles, augmentée et continuée de 1494 à 1640 par Aubert Le Mire.]

Et dans sa *Chronique d'Hirsauge* il dit : « Bertrammus (Ra-
« tramnus) monachus in omni litteratura doctissimus[1]. »

On rapportera dans la suite les autres ouvrages de Ratramne
que l'abbé Trithéme n'avoit point lus.

Ratramne eut, en huit cens trente-et-un, un démêlé sur le
sujet de l'*Eucharistie* avec Paschase Radbert, son confrere, et
religieux de Corbie (dont Paschase ne fut élu abbé qu'en huit
cens quarante-quatre qu'il succéda au vénérable Isaac).

Le sçavant et judicieux Pere Jacques Sirmond, jésuite, donne
cet éloge à Paschase Radbert d'avoir si bien expliqué dans son
ouvrage sur l'*Eucharistie* la croyance de l'Eglise catholique
sur cet admirable mystère, qu'il semble avoir ouvert le chemin
à tous ceux qui en ont parlé depuis. « Genuinum Ecclesiæ
« catholicæ sensum *ita primus explicuit*, ut viam cæteris ape-
« ruerit, qui de eodem argumento multi postea scripsere. »
Jacobus Sirmundus *in vita Paschasii*[2].

---

[1]. [*Chronicon insigne monasterii Hirsaugiensis*, Bâle, 1559, in-f°, p. 22.
Ces annales, importantes pour l'histoire du moyen-âge, s'ouvrent à l'année 830.
Dans l'édition de Bâle, elles finissaient en 1370. Trithème les avait conduites
jusqu'en 1513. La partie qui manquait ayant été découverte par Mabillon
dans l'abbaye de Saint-Gall, les religieux de ce convent ont publié la chro-
nique tout entière, Saint-Gall, 1690, 2 vol. in-f°. — Hirschau, Hirsau, en latin
Hirsaugia, village paroissial de Wurtemberg, cercle de la Forêt-Noire
(*Schwarzwald-Kreis*), bailliage et au N. de Calw, sur la Nagold. L'ancienne abbaye de Bénédictins, au diocèse de Spire (G. ch. V, 763), a été
fondée en 830 par Erlafroy, comte de Calw, père de Notinge, évêque de
Verceil, qui y transféra d'Italie les reliques de l'évêque Arménien S. Aurèle.
On voit encore les ruines du monastère brûlé en 1692.]

[2]. [*Vie de Paschase Radbert* en tête de l'édition de ses œuvres donnée
par le P. J. Sirmond, Paris, Cramoisy, 1618, in-f°. — Radbert (Paschase),
né à Soissons, l'un des oracles de l'Eglise de France au IX° siècle. Il fit
profession au monastère de Corbie, sous l'abbé Adalard l'ancien. Après la
mort de ce saint abbé en 826, il fut mis en rapport avec l'empereur Louis-
le-Débonnaire qui l'employa dans diverses négociations. Paschase Radbert présenta plus tard à Charles-le-Chauve son fameux traité sur l'*Eucharistie*. Cet
ouvrage où se trouve établi le dogme de la présence réelle, fut composé pour
l'instruction des religieux de la Nouvelle-Corbie ou Corvey en Saxe encore
peu affermis dans la foi chrétienne (*De Sacramento corporis et sanguinis
Domini nostri J. C. ad Placidum liber*, ap. Migne, CXX, 1267). Sa qualité d'abbé de Corbie le fit appeler à plusieurs conciles. Il se démit de cette
dignité en 851, au bout de sept ans d'exercice. Après un séjour momentané
dans l'abbaye de S. Riquier, Paschase Radbert revint à Corbie poursuivre
le cours de ses travaux littéraires. Ce saint religieux mourut le 26 avril 865,
n'étant que diacre, et n'ayant pas voulu par humilité être ordonné prêtre.
Hist. littér., V, 287 — 314. G. ch. X, 1269.]

On dira et on remarquera icy par occasion que si ce bon jésuite rend un si glorieux et si juste témoignage à ce saint et sçavant abbé de Corbie, ce n'est pas gratuitement ; car les jésuites d'Amiens et autres ont attrapé une trés grande quantité d'excellens et de rares manuscripts de cette ancienne et célébre abbaye de Corbie, comme des autres, dont ils en ont fait imprimer depuis plusieurs, comme s'ils en eussent été les véritables autheurs. Mais, entre tous ces manuscripts de Corbie, le plus rare et le plus considérable dans un sens c'étoit le fameux et unique *manuscript des ouvrages de Pélage écrit de la propre main de cet hérésiarque, patriarche et porte-enseigne du Molinisme.* — Voicy de quelle maniére ce larcin se fit : Ledit Pere Sirmond, ou autre jésuite [1], vint à Corbie, et ayant aperçu le susdit manuscript de Pélage, qui apparemment n'étoit pas fort grand, pour faire ce coup de maître prémédité, trouvant l'occasion favorable parce qu'il n'y avoit ni papier, ni plume, ni encre dans la bibliothéque, feignit adroitement d'en avoir besoin pour faire quelques extraits et quelques remarques. Le Pere Bibliothécaire (qui ne se deffioit pas du bon Pere Jésuite qu'il croyoit aussi honnête homme que luy, parce qu'il ne le croyoit pas capable d'une telle perfidie), sortit pour aller en chercher de bonne foy dans sa chambre; mais, pendant son absence, le rusé jésuite s'empara du fameux manuscript de Pélage, et, pour cacher son larcin, mit un autre manuscript ou livre en sa place, prit congé du Bibliothécaire et sortit promptement du monastére pour aller à Amiens. Quelques heures aprés, le Bibliothécaire s'apperçut, mais trop tard, du vol du manuscript. On courut aussitôt à Amiens ; mais ou céla le voleur ; on dit qu'il en étoit déjà parti, et quelques instances qu'on ait faites, on n'a jamais pu recouvrer ce rare manuscript. C'est une perte irréparable, étant le seul et unique dont on ait eu jamais connoissance. Les jésuites ont toujours nié qu'un de leur compagnie l'ait pris, et n'ont jamais voulu le montrer, ni encore moins le faire imprimer en pays étran-

Larcin irréparable fait à Corbie du manuscript écrit de la main de Pélage contenant ses ouvrages et ses sentimens sur la grâce etc... par....

1. [« D'importantes communications avaient été faites au P. Sirmond ; « mais rien n'indique qu'il en ait jamais abusé... Lorsque la ville de Corbie « fut tombée au pouvoir des Espagnols (15 août 1636) la bibliothèque de « l'abbaye fut fréquemment visitée par des jésuites qui accompagnaient « l'armée victorieuse ; mais ils respectèrent la propriété des moines et ne « détournèrent aucun manuscrit. » Léopold Delisle, *Recherches sur l'ancienne bibliothèque de Corbie*, Mémoires de l'Académie des inscriptions, t. XXIV, 1re partie, p. 312 et 315. *Adde* du même auteur, Histoire générale de Paris, *Le Cabinet des manuscrits de la bibliothèque nationale*, t. II, p. 104 à 141, et *passim*.]

gers, sçachant bien qu'on y découvriroit la source funeste d'où Louis Molina, jésuite espagnol, et ses disciples ont puisé leurs sentimens sur la grâce, et que cette conformité de sentimens feroit retomber sur les disciples les anathémes qui ont été tant de fois fulminez par l'Eglise dans ses Conciles contre ce malheureux maître et hérésiarque.

Ce larcin, dont il n'y a que trop d'exemples[1], doit rendre prudens et saintement deffians nos Bibliothécaires, et les obliger à pourvoir les Bibliothéques de papier, plumes, encre, canifs, poussiére, siéges, tables, et autres choses nécessaires, pour n'en pas sortir, quand ils y introduisent des externes.

<small>Avis important aux Bibliothé- caires.</small>

Ce larcin de Corbie a sans doute été cause que dans les Regles communes et particuliéres des Bibliothéques de notre congrégation, section VI, nombres 6 et 7, il y est ordonné que le *Bibliothécaire demeurera dans la bibliothéque pour y prendre garde, et n'y laissera aucun externe seul* sans une permission expresse du Supérieur, et même on tâchera, tant qu'on pourra, de ne point accoutumer les externes à y venir étudier, pour la conséquence que cela tire aprés soy. Et nombre 7..... Il aura soin d'y tenir une écritoire avec de l'encre, des plumes et un canif, du papier blanc et de la poussière, pour n'être pas obligé d'en sortir.

Revenons à notre abbé Ratramne qui, comme nous avons commencé d'observer, composa un traitté sur l'*Eucharistie* contre Paschase Radbert. Quelques écrivains modernes ont voulu douter qu'il fût autheur de ce traitté; d'autres l'ont voulu censurer, prétendant qu'il contenoit des expressions peu orthodoxes. Mais les sçavans soutiennent aujourd'huy que notre sçavant abbé n'a eu que des sentimens trés catholiques à l'égard du Trés Saint Sacrement de l'Eucharistie, quoiqu'on ne

---

1. [On sait que la bibliothèque de Corbie était un des plus riches dépôts littéraires du Nord de la France. Malheureusement aux xvie et xviie siècles des déprédations nombreuses y furent commises. Après la Réforme de la congrégation de S. Maur, les religieux Bénédictins de Corbie accusèrent plusieurs savants d'avoir dilapidé leurs trésors. Ils se plaignaient surtout de Masson, de Pithou, du président Brisson, du P. Sirmond, d'André Duchesne et de Jacques-Auguste de Thou. Ils soutenaient notamment que ce dernier avait fait vider cinq ou six tonneaux de blé pour y entasser des livres et les enlever par fraude Le mérite de ces diverses accusations a été examiné par M. Léopold Delisle (*op. cit.*). Mais nous n'avons trouvé dans la savante étude de cet auteur aucune allusion au vol du manuscrit de Pélage raconté par Dom Du Bout. Nous ajoutons peu de foi à l'anecdote dont l'historien d'Orbais s'est fait l'écho.]

puisse pas nier qu'il ne se soit servi d'expressions un peu dures et embarrassées, qui n'étoient pas assurément du goût de Paschase, son confrere.

M. Mauguin, tome II, *Dissert. hist. et chron.*, chapitre XVII, pages 134 et 135, soutient que ce livre *De corpore et sanguine Domini*[1] est certainement de notre Ratramne, et le justifie de tout soupçon de sentimens contraires à la doctrine de l'Eglise catholique, et si il y a quelques termes et expressions un peu dures et embarrassées, les hérétiques qui ont fait imprimer les premiers cet ouvrage à Cologne en mil cinq cens trente-deux, les y ont insérées pour favoriser leurs faux dogmes. (Mauguin, *ubi supra*, page 134, où il employe les paroles de Miræus[2], doyen d'Anvers, pour justifier Ratramne.) Pour prouver que notre abbé est l'autheur de ce livre, et qu'il est orthodoxe dans sa doctrine, il employe l'aveu et le témoignage des *Centuriateurs de Magdebourg*[3], qui dans leur Centurie IX, chapitre 4, [de doctrina, col. 212], disent ces mots remarquables, qui marquent que Ratramne a crû sincèrement et enseigné la *Transsubstantiation* après la consécration du pain et du vin :
« Transsubstantiationis habet semina Bertramus, (id est
« Ratramnus), utitur enim vocabulis commutationis et conver-
« sionis » quod pluribus ipsius testimoniis confirmant. Et
« capite sexto, de ceremoniis et ritibus Ecclesiæ, columna
« 243 : « Bertramus, inquiunt, libro de corpore et sanguine,
« ostendit corpus Domini et sanguinem super altare seu men-
« sam poni, et inde populo distribui. »

Aprés un témoignage si authentique tiré de l'aveu et de la propre confession des hérétiques mêmes, M. Mauguin conclut par ces paroles : « Et sic nec levissima quidem pravæ doc-
« trinæ suspicio in Ratramnum cadere potest. »

Ratramne justifié par les Centuriateurs de Magdebourg.

---

1. [Migne, CXXI, 103.]
2. [Le Mire (Aubert), en latin *Miræus*, historien belge né à Bruxelles en 1573, mort à Anvers en 1640. Il professa quelque temps les Belles-Lettres à Louvain et fut ensuite chanoine d'Anvers. Pendant un séjour à Paris, il se lia avec les personnages les plus distingués de la cour de Henri IV et les principaux savants de France. Il fut nommé en 1617 bibliothécaire de l'archiduc Albert d'Autriche. En 1624, il devint doyen de la cathédrale d'Anvers et vicaire général de l'évêché de cette ville. Ses nombreux travaux manquent en général d'esprit critique.]
3. [Nom donné à des théologiens protestans de Magdebourg qui ont divisé l'histoire de l'Eglise en centuries ou périodes de cent années chacune. L'auteur du plan des *Conturies* fut Mathias Flacius (Illyricus), le fougueux adversaire de Mélanchton. Baronius a écrit ses *Annales* pour réfuter cet ouvrage.]

Et en effect, si ce livre n'étoit pas véritablement de Ratramne et qu'il ne fût pas diamétralement opposé à leur doctrine hérétique, ils ne l'auroient pas cité par forme d'objection qui contient et enseigne formellement la doctrine catholique que ces Centuriateurs hérétiques et leurs adhérans attaquoient.

Ce traitté de l'*Eucharistie* a été un sujet de dispute entre M. Antoine Arnaud [1], qu'on peut appeller le Pere du dix-septiéme siécle, autheur de plusieurs ouvrages admirables pour la défense de la doctrine et de la pure morale de l'Eglise, surtout de la *Perpétuité de la foy de l'Eucharistie*, et Jean Claude [2], fameux ministre protestant de Charenton proche de Paris. Ce dernier prétendoit que Ratramne avoit été dans les mêmes sentimens que les Calvinistes. Mais M. Arnaud luy a fait voir le contraire dans le huitiéme livre de la *Perpétuité de la foy* [3],

---

1. [Antoine Arnauld, surnommé le *grand Arnauld*, né à Paris le 6 février 1612, mort le 6 août 1694 à Bruxelles. Il comptait, avec son frère aîné, Arnauld d'Andilly, au nombre des plus illustres solitaires de Port-Royal. Il fut reçu docteur de Sorbonne en 1641. Ses ouvrages de controverse théologique et la part qu'il prit dans la défense du jansénisme lui ont acquis beaucoup de célébrité. Les œuvres d'Arnauld forment 45 vol. in-4°, Lausanne, 1775-83. La collection se termine par un catalogue chronologique et par une vie de l'auteur.]

2. [Claude (Jean), le plus célèbre des controversistes protestants du XVIIe siècle, né à La Sauvétat-du-Drópt dans l'Agenais en 1619, mort à La Haye, le 13 janvier 1687. Il commença par être professeur de théologie à Nîmes et pasteur à Montauban. On connaît la conférence que Bossuet et Claude eurent ensemble au sujet de la conversion de mademoiselle de Duras (1678). L'évêque de Meaux en fit paraître un récit plein d'égards pour la science et les vertus du ministre protestant. Claude prêchait avec habileté et fut pendant plusieurs années l'âme de la Réforme. — Ses démêlés sur l'Eucharistie avec l'Ecole janséniste de Port-Royal, naquirent à l'occasion du projet de conversion du maréchal de Turenne. Nicole avait écrit en vue de cette conversion. Claude publia sa *Réponse aux deux traitez* (de Nicole) intitulez : la (petite) *Perpétuité de la foy de l'Eglise catholique touchant l'Eucharistie*, Charenton, Ant. Cellier, 1665, in-8°. L'ouvrage est divisé en deux parties. La première, fort courte, n'est autre chose qu'un traité composé par Claude à la prière de madame de Turenne qui voulait empêcher son époux d'abjurer le protestantisme. La seconde, beaucoup plus étendue, contient la défense de la réponse faite au traité de la Perpétuité de la foi..... contre la prétendue réfutation de cette réponse par Nicole.]

3. [*La Perpétuité de la foi de l'Eglise catholique touchant l'Eucharistie* défendue contre le livre du sieur Claude, ministre de Charenton. — L'ouvrage parut successivement en 1669, 1672 et 1674, 3 vol. in-4°. Arnauld composa le premier volume et Nicole les deux autres. Les tomes 4 et 5 publiés en 1711 et 1713, sont de l'abbé Renaudot. — L'objet du traité de la *Perpétuité de la foi* est de démontrer que l'Eglise a cru de tout temps à la

imprimé en 1669, et dans une dissertation trés sçavante à la fin du même ouvrage, et enfin dans une réponse à la dissertation de Pierre Alix[1], ministre protestant.

Monsieur Mauguin donne ensuite ces beaux éloges à notre Ratramne, *ubi supra*, page 135. « Ut autem et morum probitate « et doctrina præcellebat, catholicæ veritatis assertor intrepi- « dus seu vindex acerrimus contra novatores omnes semper « exstitit. » Il ajoute après qu'il se joignit à Paschase Radbert, devenu son abbé, pour combattre et réfuter Héribald d'Auxerre et autres Stercoranistes [2] de ce même neuviéme siècle. — Et, pour donner des preuves éclatantes de son zéle intrépide à défendre la vérité, M. Mauguin assure qu'il s'éleva contre son

Eloges de Ratramne.

Transsubstantiation. Cette thèse fut combattue par Claude dans sa *Réponse au livre de M. Arnaud, intitulé : la* (grande) *Perpétuité de la foy de l'Eglise catholique touchant l'Eucharistie défendue,* Quevilly (Rouen), Lucas, 1671, 2 vol. in-8°, Biblioth. Ste-Geneviève, D. 7355 et 7356.]

1. [Allix (Pierre), théologien protestant, né à Alençon en 1641, mort à Londres en 1717. Il fut ministre à Charenton où il travailla avec le célèbre Claude à une version française de la Bible. La révocation de l'édit de Nantes l'obligea à chercher un refuge en Angleterre. — En 1671, Allix avait publié une *Réponse à la dissertation sur Bertram et Jean Scot ou Erigène qui est à la fin du 1er tome de la Perpétuité de M. Arnauld.* L'auteur de cette dissertation était le P. Anselme Paris. Dans sa *Créance de l'Eglise Grecque touchant la transsubstantiation,* il répliqua à la *Réponse* d'Allix qui avait paru à la fin du second volume du livre de Jean Claude contre l'ouvrage d'Arnauld. (V. cette réplique, au t. IV, col. 471 et s. de l'édition de *la Perpétuité de la foy* et de ses suites, donnée par l'abbé Migne en 4 vol. gr. in-8° à 2 col., Montrouge, 1841.) — On a encore d'Allix *Ratramne ou Bertram, prêtre, Du corps et du sang du Seigneur,* Lat. et franç., Rouen, 1672, in-12°. Allix fit précéder sa traduction d'un avertissement tendant à prouver que les idées du livre de Ratramne *De corpore et sanguine Domini* sont conformes à la doctrine calviniste sur l'Eucharistie. Ce livre important pour l'histoire des dogmes était depuis longtemps un sujet de perpétuelles discussions entre catholiques et protestants. On ne s'entendait ni sur son orthodoxie, ni sur le nom même de son auteur. Mais Mabillon découvrit dans l'abbaye de Lobbes, au diocèse de Cambrai, un manuscrit du IXe siècle qui prouva que l'ouvrage était de Ratramne. D'après les données fournies par cette découverte, Jacques Boileau, docteur de Sorbonne, a publié deux fois le traité sur l'*Eucharistie* : Paris, 1685, in-12°, avec une traduction française et des notes; 1712, in-12°, avec une dissertation, texte latin. Cette dernière édition est la meilleure. Cf. Migne, *Patr. lat.*, CXXI, 10 et 171.]

2. [« Il s'éleva dans ce siècle une autre question célèbre sur l'Eucha- « ristie. On s'avisa de demander si quelque partie de l'Eucharistie étoit « sujette à être rejettée comme une partie des autres alimens. Ceux qui « soutinrent l'affirmative furent appellez du nom odieux de Stercoranistes. » Dupin, *Nouv. Biblioth. des auteurs ecclésiastiques,* t. VII, p. 73.]

propre archevêque, Hincmar de Reims, tout puissant qu'il fût auprés du Roy et dans sa cour, qui, dans un écrit qu'il avoit adressé aux reclus et aux simples peuples de son diocése, avoit mal entendu et mal interprété le sentiment de saint Fulgence.

« Sed et proprium Episcopum Hincmarum Remensem, licet
« etiam regia auctoritate præcelleret, aliquantulum deviantem
« vel innovantem sine censura abire non est passus. Si quidem
« cum ille libello suo *ad reclusos et simplices* suæ parochiæ
« sententiam sancti Fulgentii male interpretatus esset, Ratram-
« nus *scripta ad amicum epistola*, illum inter reliqua ex hac
« corruptione liberrime reprehendit[1]; teste Rhabano, *Epis-
« tola ad Hincmarum*, page 10. »

On remarquera en passant que M. Mauguin appelle icy Hincmar le propre évêque de Ratramne pour deux raisons :

1° Parce qu'il étoit encore apparemment religieux de l'abbaye de Corbie sur laquelle les archevêques de Reims exerçoient leur juridiction comme on a vu cy-devant, chapitre deuxiéme, et comme il paroît par la sévére réprimende que Foulques, successeur de Hincmar, fit aux religieux de Corbie qui avoient injustement déposé, honteusement chassé et cruellement enfermé hors du monastére leur abbé dans un lieu fort infect, et avoient fait serment de ne luy point rendre visite et même de luy refuser la sépulture aprés sa mort. L'archevêque étrangement surpris et tous les gens de bien scandalisez d'une conduite si inhumaine et si peu religieuse, leur déclara que leur abbé ayant été élu canoniquement et établi par l'archevêque, ils n'avoient ni pû ni dû le déposer et en choisir un autre en sa place. Il leur remet devant les yeux la malédiction et le châtiment que Cam s'attira pour avoir déshonoré son pere Noë, et leur ordonne par l'authorité qu'il a reçue de Dieu qu'ils ayent à se repentir de leur désobéïssance, à aimer et honorer leur abbé jusqu'à ce que, sa santé étant rétablie, s'il ne peut plus remplir la charge d'abbé, il expose luy-même ses raisons au Roy, et que, par son ordre et l'authorité de l'archevêque, on en substitue un autre en sa place. Cecy est tiré de Flodoard, livre 4, chapitre 7, vers la fin. M. Marlot rapporte la même chose, tome I, livre 4, chapitre 3 à la fin.

2° La seconde raison pourquoy Hincmar est appellé le propre évêque de Ratramne, c'est que Ratramne étoit peut-être déjà abbé d'Orbaiz, sur qui les archevêques de Reims avoient encore

---

1. [Migne, CXII, 1522. — V. *suprà*, p. 216, ce que nous avons dit de ces écrits à propos de Gotescalc.]

du tems de Hincmar toute juridiction, comme on a vû cy-devant.

Ratramne signala encore son zéle contre Hincmar par un traitté qu'il publia contre cet archevêque qui avoit défendu que l'on chantât dans son Eglise cette derniére strophe de l'hymne fort ancienne des martyrs : *Te trina Deitas unaque poscimus* [1], s'imaginant faussement qu'on vouloit dire ou qu'on en pouvoit conclure qu'il y avoit trois divinités dans la Sainte-Trinité. *Second écrit de Ratramne écrit contre Hincmar.*

Mais notre sçavant abbé prouva par les livres de la Trinité de saint Hilaire de Poitiers et de saint Augustin, que ces termes *Te trina Deitas* n'ont rien d'erroné ni de dangereux, mais qu'ils sont trés orthodoxes et trés propres pour désigner et marquer la distinction des trois personnes dans la Sainte-Trinité [2]. Saint Thomas d'Aquin les a employez depuis dans l'hymne de Matines de l'office du Trés Saint Sacrement [3].

M. Mezeray dans son *Histoire de France*, tome I, livre X, page 661, [édit. de 1685], dit que « l'oisiveté produisit une question « qui divisa fort les cloîtres et qui ne se pouvoit guéres traitter « avec honnêteté : c'étoit de sçavoir de quelle maniére la sainte « Vierge avoit enfanté son divin fils unique, ou par la voie « ordinaire des autres femmes, ou par une opération miracu- « leuse qui eût mis son saint enfant dehors sans ouvrir le pas- « sage. » *Question sur la maniére dont Jesus-Christ est né.*

Cette question commença en Germanie, d'où elle fut apportée en France. « *Ratramne*, dit Mézeray, moine de Corbie, entre « autres, tenoit pour la voie naturelle, et en composa un petit « livre intitulé : *De la naissance de Jésus-Christ* » imprimé par notre révérend et sçavant Pere Dom Luc d'Achery en 1655, dans le premier tome de ses Spiciléges, page 318 [4]. Paschase Radbert son confrere combattoit pour le miracle, et en fit aussi

---

1.   [Te Trina Deitas unaque poscimus
Ut culpas abluas, noxia subtrahas,
Des pacem famulis, des quoque gloriam
Per cuncta tibi sæcula.

Dans cette strophe aux mots *Te Trina Deitas* Hincmar substitua ceux-ci : *Te Sancta Deitas*. Traité *De una et non trina Deitate*.]

2. [L'écrit de Ratramne sur ce sujet, dédié à Hildegaire, évêque de Meaux, a été perdu. *Hist. littér.*, V, 351. Cf. Dom P. Coustant, *Vindiciæ veterum codicum confirmatæ*, IVe partie.]

3. Voyez Mauguin, tome II, *Dissertat. histor. et chron.*, chap. XVII, page 133.

4. [*De eo quod Christus ex Virgine natus est Liber*. D'Achery, *Spicileg*, édit. in-f°, I, 52. — Migne, CXXI, 81.]

un livre[1] qu'il dédia à Théodrade, sœur de saint Adalard[2], et abbesse de Notre-Dame de Soissons[3]. M. Bulteau, tome II, livre 5, chap. 20, pag. 304, de son *Histoire de l'Ordre*, croit que Paschase composa ce petit ouvrage vers l'an 844.

Quoique le sentiment de notre Ratramne n'eut rien de mauvais, l'opinion de Paschase a néantmoins prévalu, et est aujourd'huy suivie des théologiens orthodoxes, par exemple d'Arnoul, évêque de Lizieux dans le douzième siècle, qui a suivi le sentiment de Paschase et qui dit dans ses vers *De Nativitate Dei*[4] :

> Nec reserat partus signati claustra pudoris,
> Absque viro genitus, editus absque via[5].

Ratramne fit encore un traitté contre un religieux de Corbie apparemment, qui soutenoit que *tous les hommes n'avoient qu'une même âme*. Ce traitté n'est pas encore imprimé, mais Dom Jean Mabillon dans sa préface sur le second tome des

---

1. [*De Partu virginis*. D'Achery, édit. in-f°, I, 44 ; édit. in-4°, XII, 1. — Migne, CXX, 1365.]

2. [S. Adalard, 9e abbé de Corbie (781-826), cousin-germain et conseiller de Charlemagne. Il était entré au monastère de Corbie en 773, à l'âge de 20 ans. En 796 il fut nommé ministre de Pépin, roi d'Italie. Louis-le-Débonnaire le disgracia avec sa famille. En 821, après sept ans d'exil à Noirmoutier, S. Adalard revint dans l'ancienne Corbie, berceau de sa vie religieuse, et il participa deux ans plus tard à la fondation en Saxe de la nouvelle abbaye du même nom. Sa vie a été écrite par Paschase Radbert. — Nous avons, en fait d'œuvres d'Adalard, un recueil de statuts rédigés pour son monastère (D'Achery, *Spicileg*., édit. in-f°, I, 586 ; édit. in-4°, IV, 1). Il a aussi composé un traité *De ordine palatii* destiné à faire connaître l'intérieur du gouvernement de Charlemagne et spécialement des assemblées générales. Ce traité est perdu. Mais Hincmar l'a reproduit presque en entier dans un livre écrit en 882 pour l'instruction du jeune roi Carloman. M. Guizot, dans ses *Essais sur l'Hist. de France*, donne une traduction partielle du traité d'Hincmar qu'il apprécie avec faveur. On est d'autant plus fondé à regretter la perte du livre d'Adalard qualifié dans un texte de *libellus vere aureus*. Cf. D. Benoît Cocquelin, *Hist. regalis abbatiæ Corbeiensis compendium* publié par M. Garnier dans les Mémoires de la Société des Antiquaires de Picardie, t. VIII, p. 399. — *Hist. littér.*, IV, 484 à 490 ; V, 562. — Vicomte de Ponton d'Amécourt, *Vies des Saints au point de vue de la géogr. hist.*, p. 24.]

3. [Théodrade, abbesse de Soissons, avait recueilli et fait élever Paschase Radbert. Elle est morte vers 845. Cf. *Annales du diocèse de Soissons* par l'abbé Pécheur, t. I, p. 316.]

4. [Migne, CCI, 195.]

5. Voyez la préface de Dom Jean Mabillon sur le second tome des *Actes des SS. Bénédictins* du IVe siècle, chap. III, n. 149 ; M. Du Pin, IXe siècle, ch. VIII.

Actes des saints Bénédictins du quatrième siècle de l'ordre, chap. troisième, pages 76, 77, etc., nombres 156 et les suivants, dit qu'il l'a vû et lû dans un ancien manuscript conservé dans notre monastère de Saint-Eloy de Noyon. Ratramne dit, dans ce traitté, que son confrere de Corbie appuioit son sentiment, ou son erreur, d'un endroit mal entendu du traitté de saint Augustin *De quantitate animæ*; et qu'il tenoit ce sentiment d'un certain Macaire Scot, c'est-à-dire Hibernois. Ratramne ajoute, dans la préface de son traitté, que ce moine devoit être plûtôt réprimé par l'authorité épiscopale que convaincu par raisons qu'il n'écoutoit pas. *Monachum hunc magis dignum esse auctoritate pastorali reprimi, quam disputatione convinci*[1].

M. Du Pin assure que Ratramne s'étoit acquis une si grande réputation dans le monde qu'il n'y avoit pas de question agitée en ce tems-là sur laquelle les plus sçavants hommes n'ayent souhaitté avec empressement qu'il écrivit. <small>Ratramne en si grande réputation qu'il étoit consulté de tous les sçavans.</small>

Il fut consulté par le roy Charles-le-Chauve, en huit cens cinquante selon M. Mauguin, touchant la Prédestination enseignée par Gothescalk. Il satisfit et répondit à la demande de ce Prince par un livre qu'il luy adressa[2], où il défend solidement et généreusement ce pauvre mais sçavant religieux contre ses adversaires si redoutables, plus par leur crédit et leur rang, que par leur solide doctrine et leurs bonnes raisons. <small>Par le roy Charles-le-Chauve.</small>

Le saint Pape Nicolas Ier, surnommé le Grand, ayant excommunié le fameux Photius, patriarche de Constantinople, et ses partisans, pour avoir condamné saint Ignace, son très digne prédécesseur, dans un conciliabule tenu en huit cens soixante-et-un, Photius en conçût tant de chagrin et de dépit qu'il se déchaîna contre le Pape et l'Eglise Latine, improuvant plusieurs points de sa discipline. Le Pape se voyant si vivement attaqué et pressé par ce schismatique et chef de parti, s'adressa et implora le secours des évêques et des théologiens de France, pour luy aider à répondre et à repousser les reproches des Grecs; il envoia pour cet effect à Hincmar de Reims et aux autres archevêques du royaume de Charles-le-Chauve les dix chefs principaux que Photius objectoit à l'Eglise Latine, afin que, les ayant examinez avec leurs suffragans, ils luy fournissent de solides réponses. <small>Par les Prélats de France pour réfuter les objections et les reproches de Photius, etc...</small>

---

1. [L'écrit de Ratramne sur ce sujet ne nous est pas parvenu.]

2. [*De Prædestinatione* libri duo ad Carolum Calvum. Déjà il a été question plus haut de cet ouvrage à propos de Gotescalc.]

Ce grand Pape finit sa lettre par ces mots rapportez par Flodoard, livre 3, chapitre 17, et aprés luy par Dom Guillaume Marlot, tome I, livre 3, chap. 32, page 439. « Tua, Hinc-
« mare, caritas, cum hanc epistolam legerit, mox ut etiam ad
« alios Archiepiscopos, qui in regno filii nostri Caroli gloriosi
« Regis consistunt, deferatur, summopere agere studeat, et
« ut de his singuli in diœcesibus propriis, una cum suffraga-
« neis suis, in cujuscumque regno sint constituti, convenien-
« ter tractare, et nobis quæ repererint suggerere curent, eos
« incitare non negligat ; ita ut eorum omnium quæ præsentis
« epistolæ nostræ circumstantia continet, tu et strenuus exse-
« cutor illic existas, et apud nos verax et prudens scriptorum
« tuorum serie relator inveniaris. »

Les évêques de la province de Reims chargérent nôtre sçavant abbé Ratramne de travailler sur le sujet proposé par le Pape, en répondant aux objections de Photius par un beau traitté composé de quatre livres[1]. Voicy en abregé les dix chefs ou articles d'objections de Photius contre l'Eglise Latine :

<small>Les dix chefs de reproches des Grecs.</small> Le premier chef de l'objection des Grecs est sur la procession du Saint-Esprit. Les Grecs demandoient aux Latins pourquoy ils soutenoient qu'il procédoit [du Pere] et du Fils et non pas du Pere seul. Comme ce chef est le principal, Ratramne le traitte fort amplement, et des quatre livres dont est composé son ouvrage, il y en a trois tout entiers sur ce seul point.

Le second article concerne la longueur du jeûne du Carême. Les Grecs se plaignoient de ce que les Latins ne jeûnoient pas huit semaines entiéres, pendant lesquelles il falloit s'abstenir de viandes, et pendant sept ne point manger d'œufs ni de fromage.

Le troisiéme article est sur le jeûne du samedy.

Le quatriéme article est de trés peu de conséquence. Ils se plaignoient de ce que les prêtres rasoient leur barbe. Ratramne fait voir que cela est de nulle conséquence et dépend entiérement de l'usage.

Le cinquiéme est sur le célibat des prêtres. Ratramne dit que si les Grecs paroissent superstitieux dans les autres reproches, ils sont ou bien aveuglez ou bien dignes de compassion dans celuy-cy : aveuglez, s'ils ne voient pas que la conti-

---

1. [*Contra Græcorum opposita libri quatuor*, ap. Migne, CXXI, 223. Ce traité passe pour le meilleur écrit de Ratramne.]

nence est louable dans les ministres des autelz ; dignes de compassion, si le sçachant, ils reprennent contre leur propre conscience ce qu'ils sçavent être digne de louange.

Le sixième est sur ce qu'il est défendu aux prêtres dans l'Eglise Romaine d'oindre de Chrême le front des baptisez. Ratramne dit que cette objection n'a pas plus de fondement que les autres, puisque le Grecs n'en ont point [d'autre] pour la faire que la coutume de leur Eglise, et non point aucune loy. Il soutient au contraire que la coutume des Romains est fondée sur l'Evangile et sur les Actes de Apôtres, où l'imposition des mains, pour donner le Saint-Esprit, est réservée aux Apôtres, et par conséquent aux Evêques qui sont beaucoup au-dessus des prêtres.

Le septième reproche des Grecs se trouve [faux] dans le fait. Ils accusoient les Latins d'ordonner *per saltum* Evêques des diacres, sans leur conférer auparavant l'ordre de la prêtrise. Ratramne nie absolument que cela se pratique en Occident. Il avoue que l'on y choisit des diacres pour les faire Evêques ; mais il fait voir que cela n'est pas contraire aux loix de l'Eglise, au lieu que les Grecs les violent en choisissant des laïques pour les faire Evêques.

La huitième objection des Grecs est contre la primauté du Patriarche de Rome, à laquelle ils vouloient préférer ou du moins égaler le Patriarche de Constantinople, parce que cette ville étoit devenue égale ou supérieure à celle de Rome. Ratramne défend cette primauté, parce que Jésus-Christ qui est le chef de toute l'Eglise a dit à saint Pierre : *Vous êtes Pierre et sur cette pierre je bâtiray mon Eglise*, et que saint Paul nous assure *qu'il a été parmi les nations comme saint Pierre parmi les Juifs ;* que ces deux Apôtres ayant reçu de Jésus-Christ le premier rang dans l'Eglise, *quos ambos Ecclesiæ principatum à Christo positos*, ont été envoyez à Rome, comme il paroit et par la vérité de l'histoire et par les monumens de leur martyre, etc.

Les Grecs faisoient encore deux reproches aux Latins, ausquelz Ratramne n'a pas daigné répondre parce qu'ils étoient trés faux :

Le premier est qu'ils se servoient d'eau de riviére pour faire le saint Chrême.

Le second, qu'ils offroient à Pâques un agneau paschal avec le corps et le sang de Jésus-Christ en la maniére des Juifs.

On s'est contenté de rapporter icy en abregé et les objections des Grecs et les réponses de Ratramne. Mais on renvoie le lecteur curieux à la lecture de M. Du Pin dans sa *Bibliothèque du neuvième siècle*, chapitre X[1], à la préface de Dom Jean Mabillon sur la seconde partie des *Actes des saints Bénédictins* du IV° siècle, chap. IV,[2] nombre 160; et à la lettre du pape Nicolas premier rapportée dans le sixième tome des Conciles de l'édition de Binius, pages six cens quatre et suivantes, — c'est la 70° lettre de ce Pape aux archevêques et évêques de France, — qui commence par ces mots : « Nicolaus Episcopus servus « servorum Dei RR. et SS. Hincmaro... Omnium nos portare « onera qui gravantur, immo hæc in nobis portare B. Petrum, « qui nos administrationis[3], etc... » Item M. Mauguin, tome second *Dissert. histor. et chron.*, chap. XVII, page 135, où il parle en ces termes de Ratramne : « Refutationis seu res- « ponsionis cura ab Episcopis Ratramno demandata, ille ex « Episcoporum auctoritate quatuor libris optimam et fortissi- « mam Romanæ seu Latinæ Ecclesiæ paravit defensionem[4]. ». M. Mauguin rapporte plusieurs autres choses sur ce sujet, au même endroit cité cy-dessus.

Ratramne finit son ouvrage ou sa réponse aux Grecs par ces paroles : « Egimus velut potuimus, respondentes ad ea quæ « nobis scripta misistis : quæ si placuerint, Deo gratias agimus, « sin vero displicuerint, vestræ correctionis censuram præs- « tolamur. » Paroles qui, suivant toutes les apparences, s'a- dressent aux évêques qui luy avoient donné la commission de répondre aux Grecs, selon la remarque du célèbre M° Jean de Launoy, Docteur de Paris, dans sa Dissertation *De ciborum delectu*[5], § 13.

On a voulu attribuer mais faussement cet ouvrage à Odon, évêque de Beauvais, auparavant abbé de Corbie, qui fut chargé par les évêques de la province de Reims de répondre aux objections des Grecs, parce qu'il reçût peut-être et adopta cet ouvrage de Ratramne et qu'il l'adressa, comme sa propre production, à Hincmar son métropolitain, qui luy marque dans

---

1. [« Histoire des controverses mues par Photius contre l'Eglise Latine », Dupin, t. VII, p. 110.]

2. [« De Græcorum discidio et objectis eorum adversùs Latinos. »]

3. [*Epist. ad Hincmarum et ceteros episcopos in regno Caroli constitu- tos*, ap. Mansi, XV, 355; Migne, CXIX, 1152.]

4. [Cf. Migne, CXXI, 223.]

5. [*De veteri ciborum delectu in jejuniis christianorum*, p. 13, Paris, 1649, in-8°.]

la réponse qu'il luy fit, qu'il rend grâces à Dieu de ce qu'ils avoient les mêmes sentimens. « Deo gratias agens quod se
« ipsumque uno spiritu potatos invenerit, et quid de his sibi videatur simul conferendum esse significat[1]. »

Mais Dom Luc d'Achery, en faisant imprimer cet ouvrage en 1657 dans le second tome de son *Spicilége*, a prouvé invinciblement que notre Ratramne en étoit le véritable autheur[2].

Dom Guillaume Marlot appuye ce sentiment, tome premier, livre 3, chap. 32, page 440 de sa *Métropole de Reims*.
« Ratramnus Corbeïensis [monachus] ad objecta quoque Græ-
« corum respondit insigni libello, quem nuper publici juris
« fecit dominus Lucas d'Achery[3]. »

On a marqué cy-devant que Ratramne étoit né au commencement du neuviéme siécle et mort en 870. Mais on ne sçait pas le nom des abbez ses successeurs dans cette abbaye[4] jusqu'à Mainard, abbé entre 1040 et 1050, comme on dira dans son lieu, aprés avoir rapporté icy le peu de faits remarquables arrivez dans ce grand intervalle d'environ 180 ans, et qui ont quelque liaison avec cette abbaye[5].

1. [Flodoard, liv. III, ch 23.]
2. [Édit. in-4°, 1 à 160; édit. in-f°, I, 63.]
3. M. Bulteau, tome second, *Abrégé de l'Histoire de l'ordre S. Benoist*, livre V, chapitre 20, pages 506, 513, 514.
4. [Usserius et David Blondel ont avancé que Ratramne avait été abbé d'Orbais. Leur opinion n'a d'autre fondement qu'un passage de Flodoard mal entendu. Elle se trouve contredite en ces termes par les auteurs du *Monasticon Gallicanum*: « Ratramnus eodem Hincmaro pontifice Orbacensis erat « præpositus, ad quem ex Frodoardo [l. III, c. 28] litteras misit Hincmarus « pro quadam præstaria quam Amalraüs canonicus habuit etc... Ratram-« num Orbacensem recentiores nonnulli cum Corbeiensi Ratramno, viro « longe doctissimo, perpetuoque Hincmari flagello, unum et eumdem faciunt. « At solo nomine conveniebant. Quis enim putet Ratramnum scriptis « Hincmarum impune vexaturum fuisse, si quidem is, uti Gotescalcus, « Hincmaro paruisset? Deinde Ratramnus Corbeiensis magister erat, lit-« teris ac theologicis rebus docendis scribendisque intentus; Orbacensis, « rei familiaris curam agebat. Quid? quod in Orbacensium monachorum 92 « syllabo, Ratramni duo monachi, Hincmaro pontifice, Bavone abbate recen-« sentur; quorum alter præpositus demum evaserit. » (Bibl. nat. ms. lat. 11, 818, f° 359.) — A ces observations nous devons ajouter que le *Gallia* ne comprend pas Ratramne au nombre des abbés du monastère d'Orbais. Nous en concluons, avec les auteurs de l'*Histoire littéraire* (V, 333) et contrairement à l'opinion de Dom du Bout, que le gouvernement de cette abbaye n'a jamais appartenu au célèbre religieux dont il s'agit.]
5. [Sur les questions religieuses agitées au ix° siècle, cf. Abbé Pécheur, *Annales du diocèse de Soissons*, t. I, p. 377 et suiv. — Sur Ratramne, cf. Fabricius, *Bibliotheca latina mediæ et infimæ ætatis*, v° BERTRAMUS.]

ANNÉE 882

Translation du corps de S. Remy de la ville d'Epernay dans l'église de l'Abbaye de Saint-Pierre d'Orbaiz[1].

Les Nortmands, peuples barbares, fourbes et cruels, étans entrés en France, et déjà dans le diocése de Laon, et menaçans la Champagne, tuans, massacrans, pillans et brûlans les villes, les habitans et les lieux par où ils passoient, Hincmar, archevêque de Reims, ayant appris que ces inhumains se disposoient à luy faire ressentir les effets de leur fureur, et voyant qu'il n'y avoit point de sûreté pour luy dans sa ville de Reims, laquelle se trouvoit sans murailles, sans fortifications et sans défense ; dans un si pressant danger il se résolut de céder à la violence, de se retirer et d'emporter secrétement avec soy, pour le sauver, ce que son Eglise avoit de plus prétieux, qui étoit le corps de saint Remy, pour ne le point exposer à la fureur et à l'impiété de ces sacriléges, et l'ayant tiré du tombeau, et étant fort âgé et infirme, il se fit porter en litiére, accompagné de ses chanoines ou clercs, des religieux, des religieuses, et de son peuple, marcha par des chemins écartez et détournez, pour éviter la rencontre des barbares, arriva enfin avec son prétieux trésor à Epernay où il le mit en dépôt et y garda quelque tems ce sacré corps[2]. — Quelques mois aprés, Hincmar affoibli et accablé d'années et de tristesse de voir les mœurs corrompues des François, la ruine et la désolation de sa patrie causées par ces infidéles, ministres de la colére de Dieu, il tomba malade à Epernay et mourut au mois de septembre de la présente année 882, ou, selon M. du Pin, le vingt et uniéme de décembre de la même année, aprés avoir gouverné l'Eglise de Reims trente sept ans, sept mois et quatre jours. Il étoit né en l'année huit cens ; il fut fait archevêque de Reims en huit cens quarante quatre. Son corps fut ensuite porté et inhumé dans l'église et proche du tombeau de saint Remy.

Durant sa derniére maladie il ne négligea point le soin de sa

---

1. [D. Bouquet, *Historiens de France*, t. IX, p. 58 — Deux translations antérieures des reliques de saint Remy avaient eu lieu en 635 et 852.]

2. [*Le Tombeau du grand S. Remy, apôtre tutélaire des François, ses translations miraculeuses*, etc... par Marlot, p. 80, Reims, Bernard, 1647, in-8°.]

province, il écrivit aux évêques ses suffragans, il les exhorta fortement à remplir leurs devoirs, à s'appliquer à l'étude des canons, à fuyr soigneusement les moindres apparences de simonie et à bien instruire et conduire saintement leur troupeau. (Flodoard, lib. 3, chap. 30 ; Marlot, tome I, livre 3, chap. 40.)

Après la mort de Hincmar, le corps de saint Remy n'étant pas jugé assez en assurance dans Epernay, pour en dérober la connoissance aux Normands, on l'apporta secrétement dans l'église de cette abbaye où on le crut plus en sûreté, ce lieu étant en ce tems là environné de forests épaisses dans lesquelles les barbares n'oseroient s'engager de peur d'y trouver des embuscades[1]. Mais les religieux d'Orbaiz ne furent pas longtems les gardiens et les dépositaires de ces sacrez ossemens : car le clergé séculier et régulier et le peuple de Reims ayant rendu les derniers devoirs à la mémoire de Hincmar, et s'étans assemblez, ils élurent d'un consentement unanime pour leur archevêque Foulque qui, selon Colvenerius, avoit été auparavant religieux et abbé de la célèbre abbaye de Saint-Bertin de Saint-Omer en Artois[2], si fameuse et si féconde en grands hommes, et ensuite abbé de St Vast d'Arras[3], et archevêque de Reims, et chancelier de France[4].

Translation du corps de S. Remy à Orbaiz en 882.

---

1. [« La châsse de S. Remy fut encore transportée après la mort d'Hincmar en l'abbaye d'Orbais fondée par S. Réol, dont le voisinage ressentit les bénédictions du ciel à son abord, car, bien que la Champagne et la Brie fussent en perpétuelles alarmes pour les courses des Normans, il n'en parut jamais aucun aux environs d'Orbais, et les saisons furent tellement favorables aux biens de la terre que les habitans eurent cette année une très abondante récolte. » Marlot, op. cit., p. 81.]

2. [Cette abbaye d'abord appelée Sithiu, doit son origine à S. Omer (612-667), évêque de Thérouanne, apôtre de la Morinie ; elle prit ensuite le nom de S. Bertin, l'un de ses abbés (659-709), parent et disciple d'Omer. « De tous les essaims sortis de la ruche inépuisable de Luxeuil, dit M. de Montalembert (Les Moines d'Occident, l. IX, ch. v), aucun ne fut plus fécond et plus brillant que le grand monastère qui a immortalisé le nom de S. Bertin et produit vingt-deux saints vénérés par l'Eglise. » Cf. G. ch. III, 484 ; Les abbés de Saint-Bertin, par Henri de Laplane, 2 vol. in-8°, Saint-Omer, 1854-56.]

3. [Edifié par l'évêque S. Aubert sur un fonds appelé le Château noble (Castrum nobiliacum), ce monastère fut enrichi par Thierry III, vers 673, de domaines considérables. S. Vaast, évêque d'Arras, catéchiste de Clovis, était enterré dans ce lieu et donna son nom à l'abbaye. Cf. G. ch III, 373 ; L'abbaye de Saint-Vaast, par A. de Cardevacque et Terninck, Arras, Brissy, 1865-68, 3 vol. in-4°.]

4. [Il n'est pas certain que Foulques ait été religieux du monastère de Saint-Bertin ; mais il en fut abbé deux fois de 878 à 883 et de 893 à 900. On con-

Les religieux d'Orbaiz assistent à l'élection de Foulques pour archevêque de Reims. Il fut aussi chancelier de France.

L'abbaye d'Orbaiz, suivant son droit, ou parce qu'elle étoit immédiatement soumise à l'archevêque et à l'Eglise de Reims, conformément à l'intention et détermination de St Réole, son premier fondateur, concourut à cette élection par les suffrages de cinq de ses religieux qui y furent députez, sçavoir : Rambradus, prieur ou prévôt, *præpositus*, Helimardus doyen, Lautherus, Rodoardus, et Sicfridus, tous trois diacres [1].

Foulques retire d'Orbaiz le corps de S. Remy et le fait reporter à Reims en 883.

Foulques massacré en 900.

Dés aussitôt que Foulques eût été sacré évêque de Reims, ses premiers soins furent de retirer et de faire rapporter dans sa cathédrale le sacré dépost que l'on venoit de confier aux religieux d'Orbaiz. Pour cet effect il fit d'abord environner sa ville de Reims de bonnes murailles, de tours, de fossés et autres fortifications en usage en ce tems-là pour repousser les attaques et en défendre l'entrée à ces peuples infidèles venus du Nord. La ville se trouvant en état de défense en huit cent quatre-vingt trois, première année du pontificat de Foulques, ce prélat, suivi et accompagné de tout le clergé séculier et régulier et d'une infinité de peuples accourus de tous côtez à cette cérémonie, vint à Orbaiz d'où il retira et reporta dans son église métropolitaine le corps de S. Remy. Les peuples barbares s'étoient éloignez et retirez du voisinage de Reims, ce qui fit prendre à Foulques la résolution de faire la cérémonie de la relation de ces saintes reliques [2].

Flodoard, dont nous rapporterons les paroles cy-après, nous marque toutes les circonstances de ces translations de Reims à Epernay, et de ce lieu à Orbaiz, et de cette abbaye à Reims. Il ajoute que dans cette derniere cérémonie, Dieu opéra un trés grand nombre de miracles et de prodiges par les chemins en faveur de ceux qui avoient une grande confiance dans les mérites et l'intercession du saint et premier apôtre des François.

---

naît le ferme appui qu'il prêta à Charles le Simple dans sa lutte contre les premiers Capétiens. Ce roi qu'il avait sacré, dont il était le ministre et l'ancien tuteur, lui donna en bénéfice, vers 899, l'abbaye de Saint-Vaast. Furieux de se voir ainsi frustré des biens ecclésiastiques qu'il convoitait, Baudouin II, comte de Flandre, partisan de Robert, frère du roi Eudes, fit assassiner Foulques le 17 juin 900. Les circonstances de ce crime sont rapportées par Flodoard (l. IV, ch. 10). V. aussi les *Annales de Saint-Bertin et de Saint-Vaast*, et la *Chronique* de Richer, publiés par la Société de l'histoire de France ; A. de Cardevacque et Terninck, *op. cit.*, I, p. 82 et s.; Guérard, *Cartulaire de l'Abbaye de Saint-Bertin*, préface, p. XLIII.]

1. Dom Guill. Marlot, tome I, livre 4, chap. 1, page 501. — [Sirmond, *Concil. antiq. Galliæ*, II, 644.]

2. [Marlot, *op. cit.*, p. 83. — Abbé Pécheur, *Annales du diocese de Soissons*, t. I, p. 496.]

« Post Hincmari pontificis obitum, desiderabilis hic sacrorum thesaurus membrorum (S. Remigii) *ad Orbacense perducitur monasterium*. Hic quoque beatissimi hujus patroni nostri suffragiis omnis commoditas aeris circumquaque degentibus attribuitur incolis, cum insolita fertilitate telluris.

« Post decessum vero supra[1] dicti præsulis Hincmari, cum pontificatus subiisset honorem Fulco, sui primo præsulatus anno referre decrevit alma beatissimi [hujus] nostri patris ossa. Quod ubi aggreditur, perveniente jam eo, cum coepiscopis et cleri plurimis, ad locum ubi pignus servabatur pretiosum, cum esset magna cœli serenitas, sed fervens admodum siccitas, subito se tantus infundit[2] imber, ut totius hujus superficiem terræ videretur ubertim irrigasse. In crastinum vero dum sacra referre promovent munera, cuncta clara, cuncta jucunda, cuncta mundanæ speciei redduntur amœna, prosperoque progressu confluentibus undique populis, etc. » (Flodoardus, *Historiæ* libro primo, capite 21).

Et libro 4, capite 8, *De iis rebus quibus episcopium (Fulco) auxit et cæteris bonis quæ egit*, hæc [habet] Flodoardus : « Venerabile beatissimi Remigii corpus *ab Orbacensi monasterio* Remensem revocavit ad urbem : in qua relatione multa et magna sunt ostensa miracula superius a nobis partim relata[3]. »

Voyez ce qu'on a dit cy-devant, chapitre premier, où il est parlé d'une dernière translation du corps de S. Remy faite en 901, le 29 décembre, par Hervé, successeur de Foulque, de la cathédrale dans l'église de l'abbaye royale de Saint-Remy, à laquelle assista le roy Charles le Gros, Richard, duc de Bourgogne, plusieurs princes et une infinité de peuples. Dieu y opéra des miracles[4]. — Depuis ce tems là cette prétieuse et

---

1. [*Alias* sæpe.]
2. [*Alias* effudit.]
3. [*Alias* declarata.]
4. [Marlot, *op. cit.*, p. 85. Flodoard, l IV, ch. 12. — *Les heureux commencements de la France chrestienne sous l'Apôtre de nos roys, S. Remy*, par René de Cériziers, de la compagnie de Jésus, Reims, Bernard, 1633, in-4°. Le chapitre VI de ce livre présente sous une forme touchante le récit des translations miraculeuses du corps de S. Remy. L'auteur dépeint l'enthousiasme du peuple qui affluait à la cérémonie célébrée par Hérivée: « Le ciel, dit-il, s'estoit obligé de faire autant de miracles que S. Remy « feroit de pas.... » — Les restes du bienheureux archevêque de Reims une fois rendus au lieu de leur première sépulture, on s'occupa vers l'an 1049

Un archevêque de Reims en [1650] veut séparer le chef de S. Remy d'avec son corps. Mais les religieux l'en empêchent par adresse.

inestimable relique s'y est toujours conservée toute entière, comme on le reconnut lorsqu'on la mit dans la grande châsse d'argent [1] du tems de Mr d'Estampes, [prédécesseur de] Henri de Nemours, archevêque de Reims, qui vouloit faire cette translation [2] et séparer le chef d'avec le corps pour en enrichir sa cathédrale; mais les religieux, informez sous main de son dessein, prévinrent le jour marqué et firent la nuit la translation [3].

---

d'agrandir son mausolée avec la basilique qui le contenait. Une charpente de bois taillée dans la forêt d'Orbais couronna les murs de l'édifice. « Deinde « — dit l'*Itinerarium* d'Anselme — trabibus de saltu juxta Orbacis monas- « terium sito, advectis, fastigia ejusdem conteguntur templi, sicque decen- « tissima domus tota apparuit in partibus suis. » L. Demaison, *Date de l'église de Saint-Rémy de Reims*, p. 11.]

1. [Cette châsse, en 1792, fut envoyée à la monnaie. Mgr de Latil, archevêque de Reims, en a fait faire une autre, qui est en cuivre argenté, ornée de 12 figures représentant les 12 apôtres. Tarbé, *Trésors des églises de Reims*, donne le dessin de la châsse actuelle de saint Remi.]

2. [Cette translation s'opéra le 19 août 1650. Quatre ans auparavant, en 1646, l'archevêque Léonor d'Etampes de Valençay (1642-1651) avait présidé à l'exhumation des reliques. Marlot (*op. cit.*, chap. x et xi) retrace tous les détails de cette cérémonie dont il fut l'un des témoins; il en donne le procès-verbal, avec la description de la nouvelle châsse. Le tombeau où reposaient alors les restes de S. Remi, avait été élevé par le cardinal Robert de Lenoncourt dans la première moitié du xvie siècle (V. *suprà*, chap. I). Il est gravé dans Baugier, *Mémoires historiques de la province de Champagne*, t. I, p. 299. Ce magnifique mausolée fut profané à la Révolution. Il a été rétabli en 1847 dans le style de la Renaissance, avec les statues anciennes pour ornement; mais on n'a pas reproduit scrupuleusement celui qui avait été érigé par Robert de Lenoncourt. Le tombeau actuel de saint Remi est gravé dans Taylor, *Voyages pittoresques et romantiques dans l'ancienne France*, Atlas, Champagne, t. II. Adde J.-J. Maquart, *Le tombeau de Saint-Remi de Reims*, Quentin-Dailly, Reims, 1847, in-fo de 5 pages avec 4 planches; Nicolas Bergier, *Le Dessein de l'Histoire de Reims*, Constant, Reims, 1635, in-4o; *Histoire de la vie de S. Remy*, par le P. Dorigny, de la compagnie de Jésus, Châlons, Bouchard, 1714, in-8o; *Gallia*, IX, 222; Tarbé, *Trésors des églises de Reims*, avec planches, chap. xxiv, Reims, 1843, in-4o; *Histoire et description de l'église de Saint-Remi de Reims*, par Lacatte-Joltrois (rééd. par l'abbé Cerf), Reims, Dubois, 1868, in-16, p. 72.]

3. [Il faut, pour être fidèle à l'ordre des faits, rappeler ici l'invasion d'Orbais par les Hongrois en l'année 937 (V. *suprà* chap. III). Tout travail dut périr. Les terribles agitations attestées par les *Chroniques* de l'époque contribuent sans doute à expliquer la lacune considérable que la liste des abbés d'Orbais présente du ixe siècle au xie. Dom Bouquet, *Histor. de France*, VIII, 191 D et 291 C; Pertz, *Scriptor*. III, 384, VIII, 359. — Cf. L. Courajod, *Recherches sur l'histoire de l'industrie dans la vallée du Surmelin*, p. 14.]

MAINARDUS[1].

On apprend que Mainard étoit abbé d'Orbaiz entre les années mille quarante et mille cinquante par l'extrait d'un ancien manuscript de l'abbaye royale et coëpiscopale de Saint-Médard de Soissons qui nous a été communiqué par le R. P. Dom Eustache Gilles, religieux de la même abbaye et curé de la paroisse de Saint-Laurent proche et de l'exemption de ladite abbaye de Saint-Médard, et cy-devant prieur de l'abbaye de Saint-Michel du Tréport[2]. C'est tout ce que l'on sçait de cet abbé[3]. — On ignore les noms de ses successeurs pendant un intervalle de cent cinquante ans ou environ et ce qui s'est assé de remarquable pendant tout ce tems là[4] jusqu'à Bau-

Mainard abbé entre 1040 et 1050.

---

1. [Voici un épisode relatif à un abbé d'Orbais dont le nom ne nous est pas parvenu, mais qui a dû gouverner l'abbaye peu de temps avant Mainard. Cet épisode est raconté par Richer dans sa *Chronique*. Richer, moine de Saint-Remy de Reims, avait quitté cette dernière ville pour aller à Chartres apprendre la doctrine d'Hippocrate. On était au mois de mars 991. «... Sans « argent, dit Richer, sans habit de rechange ni autres objets de première « nécessité, j'arrivai à Orbais, lieu renommé pour son hospitalité, *Orba-* « *tium perveni, locum multa caritate inclitum*. J'y fus ranimé par le « bon accueil de l'abbé D... qui me donna aussi des marques de sa muni- « ficence, et le lendemain je me remis en route pour Meaux. » *Chronique de Richer*, (édition Guadet), II, 217. Pertz, *Script.* III, 642.]

2. [Dom Eustache Gillès fut prieur du Tréport du 23 novembre 1684 au 24 mai 1687. Il avait été auparavant sous-prieur de Saint-Médard de Soissons, de Saint-Martin de Pontoise et de Saint-Nicaise de Meulan. *Cartulaire de l'abbaye de Saint-Michel du Tréport*, par P. LAFFLEUR DE KERMAINGANT, introd. p. CIV et CV, Paris, Didot, 1880, in-4°, avec album de planches.]

3. [La signature de Mainard, abbé d'Orbais (S. abbatis Mainardi de Orbaceo) est au bas d'une charte des comtes Thibaut Ier et Etienne II en faveur de la cathédrale d'Amiens, sous la date de 1042. D'Arbois de Jubainville, *Hist. des comtes de Champagne*, t. I, p. 482.]

4. [« *Circa ann.* 1091, ex Sylvæ-majoris necrologio — Saulve-Maj ure (la) ou La Seoube, diocèse de Bordeaux. *G. ch.* II, 866.
Commemorationes a Sylvæ-majoris monachis pro aliarum ecclesiarum alumnis fieri solitæ : 1... 2...17. Fratrum *Orbacensis* monasterii missa plena et vigilia... II maii. »
DD. Martène et Durand, *Thesaurus novus Anecdotorum*, t. I, col. 257 et 258. — *Adde* abbé Pécheur, *Annales du diocèse de Soissons*, t. II, p. 96 et 97.]

douin qui étoit abbé de ce monastére en mil cent quarante sept[1].

BALDUINUS

Baudoin abbé en 1147.

Baudouin, abbé de Saint-Pierre d'Orbaiz en l'an mil cent quarante sept, avoit été tiré de l'abbaye de Saint-Vincent de Laon[2], gouvernée alors par le célébre abbé Anselme qui avoit été religieux de Saint-Médard de Soissons et en fut tiré en mil cent trente et un[3].

Guibert, abbé de l'abbaye de Notre Dame de Nogent-sous-Coucy[4], voulant faire l'éloge et relever le rare mérite de Anselme, abbé de Saint-Vincent, se sert particuliérement de cette preuve que cet Anselme avoit un si grand discernement et une si grande pénétration dans le choix de ses disciples, et un si grand talent pour les former en toutes sortes de vertus et dans la conduite des âmes, qu'il en rendit plusieurs capables de gouverner les monastéres dont les religieux les choisi-

---

1. [Mainerd était le IV⁰ abbé d'Orbais et Baudouin le X⁰, d'après la liste du *Gallia*, (IX, 424). Entre ces deux abbés le *Gallia* place les suivants :

« V. HUGO abbas interfuit solenni inaugurationi Philippi regis anno 1059. [*Gall. christ.* X, *Instr.* col. 23.]

VI. WITERIUS subscripsit chartæ Reinoldi Remensis archiepiscopi altare de Valle-Monasteroli [*Vaux-Montreuil*] Fredesindi Remensi S. Petri abbatissæ concedentis anno 1090.

VII. PETRUS I adstitit recognitioni reliquiarum S. Helenæ an. 1095. [*G. ch.* X, *Instr.* col. 32. — Cf. Abbé Manceaux, *Hist. de l'abbaye d'Hautvillers*, I, 3 8.]

VIII. ODO subscripsit an. 1119 litteris Radulfi Remensis archiepiscopi transactionem inter Elizabetham S. Petri Remensis abbatissam et Gerbertum S. Quintini in Insula [*S. Quentin en l'Isle*] abbatem confirmantis, eodemque anno litteris ejusdem pro ecclesiis S. Symphoriani et Floriacensi [S. Symphorien, église collégiale de Reims, et Fleury ou Saint-Benoît sur Loire, *Floriacum*, dioc. d'Orléans. *G. ch.* X, *Instr.* col. 37 ; cf. *ibid.* VIII, col. 1556.] Memoratur in litteris Petri episcopi Bellovacensis pro S. Nicasio an. 1124. [Voir aux *pièces justificatives*.]

IX. GERVASIUS I quondam monachus S. Remigii et capellanus Odonis I abbatis S. Remigii ac fundatoris cartusiæ Montis-Dei [chartreuse du *Mont-Dieu*, Ardennes], chartæ subscripsit an. 1145 abbas Orbacensis. »]

2. [Monastère fondé vers 580 par Brunehaut, veuve de Sigebert I, roi d'Austrasie. *G. ch.* IX, 566.]

3. [1129 d'après le *Gallia*. — Anselme cessa de gouverner l'abbaye de Saint-Vincent en 1146 pour devenir évêque de Tournay.]

4. [Abbaye du diocèse de Laon, fondée dans la seconde moitié du XI⁰ siècle par Albéric I, seigneur de Coucy. Guibert la gouverna de 1105 à 1124, époque de sa mort. *G. ch.* IX, 602.]

rent pour leurs abbez, Guibert dit qu'il y avoit neuf des disciples d'Anselme qui estoient de très excellens et très dignes abbez, à la tête desquelz il place notre abbé Baudouin. Voicy les paroles de Guibert, page 552, ex Hermanno monacho [1] :
« In cœnobio Sancti Vincentii, quod situm est extra muros
« urbis Laudunensis... domnum Anselmum de cœnobio
« Sancti Medardi ascitum, abbatem ordinavit Bartholomæus
« episcopus Laudunensis. Cujus Anselmi probitas in hoc uno
« potest evidenter adverti, quod in diversis ecclesiis ex ejus
« monachis electos, novem hodie videmus abbates florere viros
« probatissimos. *In cœnobio namque Orbaciensi* [domnus] *Bal-*
« *duinus;* in Morimontensi [2] Guillelmus; in Sancti Sepulchri Ca-
« meracensis [3] Parvinus; [in] Sancti Andreæ de Novo-Castello [4]
« Adam ; in Hanoniensi [5] Fulco ; in Fidemensi [6] Gerardus ;
« in Virtutensi [7] Robertus ; in Sancti Nicolai prope Ribodi-
« montem [ou Ribemontem] [8] Guillelmus ; in Sancti Michaelis
« Terrasciensis [9] Johannes, venerabiles hodie consistunt ab-
« bates. »

Le nom de notre abbé Baudouin se trouve encore dans un un acte en parchemin de l'année mil cent quarante-sept, rap-

---

1. [Appendix ad librum III Guiberti de vita sua, *Hermanni monachi de miraculis S. Mariæ Laudunensis*, etc... l. III, ch. 20, ap. Migne, *Patr. lat.*, t. CLVI, col. 1003. — Dom Robert Wyard, *Histoire de l'abbaye de Saint-Vincent de Laon* publiée et continuée par les abbés Cardon et A. Mathieu, p. 342, Saint-Quentin, 1858, in-8°.]

2. [*Mauri-mons*, Moirmont, *olim* Miraumont ou Saint-Calocer, diocèse de Châlons, primitivement fondé par un comte Nanter pour des chanoines et relevé en 1074 par Manassès, archevêque de Reims. G. ch. IX, 931.]

3. [Saint-Sépulcre de Cambrai, fondé en 1064 par Lietbert, évêque de Cambrai. G. ch. III, 118.]

4. [Saint-André du Câteau-Cambrésis, fondé en 1020 par Gérard Ier, évêque de Cambrai, au diocèse de cette ville. G. ch. III, 137.]

5. [Hasnon (Saint-Pierre d'), au diocèse d'Arras, fondé en 670 par Jean, comte d'Ostrevant. G. ch. III, 399.]

6. Fémy [*Fidemium*, au diocèse de Cambrai, fondé en 1080 sous l'invocation de S. Etienne. G. ch. III, 140.]

7. Vertus [Saint-Sauveur de], diocèse de Châlons, [fondé dès le XIe siècle. G. ch. IX, 939.]

8. [Saint-Nicolas de Ribemont, ancien castel de Ribod (*Ribodi-mons*), monastère du diocèse de Laon fondé en 1083 par Anselme, comte de Ribemont. G. ch. IX, 614.]

9. [Saint-Michel en Thiérache (*S. Michaël in Teoracia*), au diocèse de Laon, fondé vers 940 par le comte Eilbert et son épouse, la comtesse Hersende, avec le concours du B. Maccalenus ou Malcalenus, Irlandais, qui en fut le premier abbé. G. ch. IX, 600.]

porté cy-dessus chapitre quatrième, § premier, qui commence par ces mots : « In nomine sanctæ et individuæ Trinitatis « Radulphus decanus sanctæ..... etc. » Cet acte est une donation de certains héritages, droits, revenus, oblations.... faite par le doyen de St Estienne et les chanoines de la Sainte Trinité de Châlons, à certaines charges et conditions spécifiées dans l'acte, à Baudouin et aux religieux d'Orbaiz. — On ne sçait ni la premiére ni la derniére année du gouvernement, ni le jour de la mort de Baudouin [1], ni si Guillaume, qui suit, a été son successeur immédiat [2].

1. [Voici la mention du *Monasticon* consacrée à Baudouin : « Balduinus..... circiter annum 1140 in tabulis S. Medardi semel et iterum testis adhibetur. » Bibl. Nat. ms. lat. 11818, fol. 357 v°. — Baudouin, abbé d'Orbais, est mort le 3 mai, d'après l'obituaire de Saint-Vincent de Laon qui faisait mémoire de son décès à cette date. Dom Robert Wyard, *op. cit.*, p. 343.]

2. [Le *Monasticon* et le *Gallia* nous révèlent l'existence d'un abbé d'Orbais appelé ARNULFUS (Arnoul) qui gouverna le monastère après Baudouin et avant Guillaume. Il a dû siéger entre 1151 et 1172 environ.

1151. — Arnoul d'Orbais (Ernulphus de Orbacho) est témoin d'une donation faite à l'abbaye de Saint-Médard de Soissons par Hugues, maire d'Igny. (D'Arbois de Jubainville, *Hist. des comtes de Champagne*, t. III, p. 440.)

1164-1165. — 13 février, Sens. — Lettre par laquelle le pape Alexandre III mande aux abbés de Saint-Remi de Reims et de Château-Thierry et à Léon, doyen de l'Eglise de Reims, d'apaiser un différend survenu entre l'abbé d'Orbais et Hugues, abbé d'Igny. — V. aux *pièces justificatives*. Cf. *Histoire de l'abbaye d'Igny* par M. Péchenard, p. 114, Reims, impr. coopér., 1883, in-8°. *Monographie de l'abbaye d'Igny* par M. J. Chardron, *Revue de Champagne*, t. VII, p. 103.

1165. — Arnoul, abbé d'Orbais, ratifie un acte par lequel les religieux de son monastère cèdent à ceux de l'abbaye d'Huiron la ferme qu'ils possédaient aux Rivières en échange de 40 septiers de grains à prendre sur les moulins de Damery — V. aux *pièces justificatives*. Cf. Dom P. Baillet, *Chronique de l'abbaye de Saint-Martin de Huiron*, publiée par le docteur Mougin, p. 22, Châlons-sur-Marne, Denis, 1879, in-8°. *Abbaye de Huiron* par M. Anatole de Barthélemy, *Revue de Champagne*, t. IV, p. 201.

1165. — L'abbé Arnoul cède, moyennant un cens perpétuel, à Pierre, abbé de Saint-Remy de Reims, des possessions qu'avait l'abbaye d'Orbais à Coulommes, territoire de Reims. Il reçoit en contre-échange Thecendis, femme appartenant à Saint-Remi de Reims, et ses trois fils qui demeurent avec leur mère à Orbais (V. aux *pièces justificatives*).

Vers 1172. — 1re partie du Rôle d'Henri Ier. — On lit ce qui suit : « Ce « sunt li fié de la chastelerie de Chastiau-Tierri..... Folques de Orbès. « Li fiez est à Glant et à Artenvrez. — *Arnox* de Orbez. — Symons de « Teci. Li fiez est à Orbez, VII l. et por la justice de Orbez etc... » A « Longnon, *Livre des vassaux de Champagne et de Brie*, p. 72.]

Dans le chapitre cinquiesme de ce recueil on a rapporté les noms des fondateurs et bienfacteurs dont les bienfaits et les donations nous sont connus, et on y a remarqué que Henry premier du nom, comte Palatin de Champagne et de Brie, surnommé le Riche, le Large ou le Libéral, qui se croisa en 1148 avec Louis septiéme, roy de France, passa avec luy en Palestine et y mourut en 1173 [1], mais « qu'avant sa mort, c'est-à-
« dire en mil cent soixante-cinq, il bailla et octroya aux reli-
« gieux, abbez et couvent d'Orbaiz droit d'usage par toute la
« forest de Vassy à prendre bois vifs tant pour bâtir que pour
« le chauffage indifféremment, reconnoissant ledit comte
« Henry que lesdits religieux, abbé et couvent luy avoient
« cédé, quitté et abandonné une partie de ladite forest de
« Vassy qui leur appartenoit. » Voyez le reste de cette échange cy-dessus, chap. V.

1165. Echange avec le comte de Champagne.

WILLELMUS

La solennité de la dédicace d'un autel et d'une nouvelle translation du corps de saint Réole, notre premier fondateur, (faites en mil cent quatre-vingt, rapportées tout au long dans un acte latin cy-devant transcript, chapitre second), nous apprend que l'abbé qui gouvernoit alors cette abbaye, et qui procura ces deux grandes solennités, s'appelloit Guillaume, qui nous en a luy-même fait l'histoire, comme le porte cet acte latin, dont voicy le commencement : « Anno millesimo cen-
« tesimo octuagesimo ab Incarnatione Dominicâ, regnante
« Philippo Ludovici regis filio.......... *mihi Willermo* Dei
« *gratia Orbacensi abbati* placuit altare quoddam quod cons-
« titutum erat...... etc. » Voyez le reste de cet acte ou relation cy-dessus, chapitre second [2].

Guillaume abbé en l'an 1180.

On ne sçait si cet abbé Guillaume, qui vient de nous rapporter les circonstances de la dédicace d'un autel et de la translation des reliques de St Réole, qu'il avoit fait faire dans cette

---

1. [Nous avons déjà relevé l'erreur de notre manuscrit au sujet de la mort d'Henri Ier survenue à Troyes le 16 mars 1181. Il fut enterré dans le chœur de l'église collégiale de Saint-Etienne de cette ville. Son magnifique tombeau, détruit à la Révolution, est gravé dans les *Annales archéologiques* de Didron, t. XX, p. 80, 91, et dans l'*Abécédaire d'Archéologie* de M. de Caumont (5e édition), p. 327, 328.]

2. [DD. Martène et Durand, *Veterum scriptorum et monumentorum* etc... *amplissima collectio*, t. VI, col. 1215.]

église, est le même que Guillaume, abbé, inhumé dans la chapelle de la trés Sainte Vierge [1] entre le marche-pied de l'autel et la balustrade vers la muraille, représenté sur sa tombe en habits sacerdotaux, tenant sa crosse ou bâton pastoral de la main gauche, portant une grande couronne ou tonsure monachale, sans mitre, les pieds vers l'autel, la tête en bas, suivant l'ancien usage de l'Eglise. On lit les vers suivants autour de sa tombe, dont quelques mots sont effacez :

> Abbas Willelmus quo nostra...
> A rebus mundi quæ causam dant pereundi
> Ad regnum cœli pervenit mente fideli.
> Hoc sub sarcofago requiescit vir venerandus
> Moribus et vitâ, cunctis qui mansit amandus.
> Hinc abiit, sed non obiit. Transivit ad esse [2].

On peut lire quelques petites réflexions cy-devant rapportées chapitre huitiéme sur les ornemens pontificaux accordez aux abbez réguliers par les Souverains Pontifes [3].

1. [M. L. Courajod, après le *Gallia*, reconnaît dans les deux abbés Guillaume un seul et même personnage. En effet la légende qui entourait le tombeau aujourd'hui disparu convient à l'épitaphe d'un abbé mort à la fin du XII° siècle. *Le Pavage de l'église d'Orbais*, p. 5.]

2. Il n'y a plus de tombe dans la chapelle de la Vierge parce qu'elle se mit tout en morceaux lorsqu'en 1713 on voulut la lever pour paver ladite chapelle. — [Note ajoutée au manuscrit après la mort de Dom du Bout, par une main étrangère.]

3. [L'abbé Guillaume, si l'on en juge par le récit de la translation de 1180 (*suprà* chap. II), était un personnage pieux et ne manquant pas d'un certain mérite littéraire. L'épitaphe gravée sur sa tombe vante la dignité de ses mœurs et son aménité à l'égard de tous. Il faut croire dès lors que Guillaume avait eu une juste cause de sévérité vis-à-vis d'un moine d'Orbais qui, sous l'empire d'un sentiment de crainte envers lui, se vit obligé de quitter le froc, obtint la permission d'aller en Terre-Sainte, et finit par implorer le secours du Saint-Siège pour rentrer en grâce. Le pape Alexandre III manda à Hugues de Champfleury, évêque de Soissons, d'avertir l'abbé d'Orbais de recevoir le religieux fugitif dans son monastère conformément à la règle de Saint-Benoît. Voici les termes de la lettre du Souverain-Pontife :

« Alexander episcopus servus servorum Dei, venerabili fratri [Hugoni]
« Suessionensi episcopo, salutem et apostolicam benedictionem.

« Latoris præsentium A... a Hierosolymis redeuntis nobis nuper relatio
« patefecit, quod timore W... abbatis sui perterritus, Dorbacense [*lisez*
« Orbacense*] monasterium, in quo monasticum habitum se asserit susce-
« pisse, irregulariter dereliquit. Postea vero ab abbate suo licentia, sicut
« dicitur, impetrata, terram quam Dominus corporaliter visitavit, intuitu
« devotionis petivit, et per nos rediens, apostolicæ sedis imploravit auxi-
« lium. Ideoque fraternitati tuæ per apostolica scripta mandamus, quatenus
« abbatem jamdicti monasterii diligenter commoneas et instanter ut memo-

GERVASIUS

Le manuscript de Saint-Médard de Soissons, cy-dessus cité, nous apprend qu'en mil cent quatre-vingt treize ou quatre-vingt quatorze, Gervais étoit abbé d'Orbaiz. Et Dom Guillaume Marlot, tome premier, livre 2, chap. 41, page 279, parlant des hommes illustres sortis de l'abbaye de Hautvilliers, archevêques de Reims, évêques de Châlons, abbez de différentes abbayes, assure que notre Gervais en fut tiré y étant religieux, pour être abbé d'Orbaiz [1]. C'est tout ce que l'on trouve de luy ; on ne sçait ni la première ni la dernière année de son administration, ni si ce fut de son tems que Thibaud III ou IV du nom firent rétablir notre église qui subsiste encore aujourd'huy et qui consiste dans le chœur, la croisée, rond-point, tour des chapelles et trois arcades de la nef seulement [2]. Voyez ce qu'on a observé cy-devant, chapitre cinquiéme, des fondateurs et bienfaiteurs.

Gervais abbé en 1193 ou 94.

1200

« ratum A... disciplina secundum regulam B. Benedicti et consuetudinem « ordinis ejusdem monasterii servata, in monasterium suum recipiat, et pa« terna illum caritate pertractet. — Datum Anagniæ, VII. Kal. Maii (an. « 1173 vel 1174, 25 aprilis. » Dom Bouquet, *Histor. de France*, XV, 933. Mansi, *Concil.*, XXI, 997. Migne, *Patr. lat.*, CC, 1043. Cf. Jaffé, *Regesta pontificum*, p. 764. *Gallia chr.*, IX, 124.]

1. [Cf. *Hist. de l'abbaye d'Hautvillers*, par l'abbé Manceaux, I, 416 ; *Annales du diocèse de Soissons* par l'abbé Pécheur, t. II, p. 129.]

2. [Nous pouvons citer quelques titres anciens qui révèlent diverses circonstances de la vie de l'abbé Gervais (Gervasius II d'après le *Gallia*) :

1192. Simon, abbé de Saint-Remy de Reims, et Gervais, abbé d'Orbais, font entre les deux monastères l'échange réciproque de deux serves et de leur postérité. (V. aux *pièces justificatives*.)

1193. Le nom de l'abbé Gervais figure dans des chartes des abbayes de Saint-Médard de Soissons et de Chelles, diocèse de Paris (*Gallia*, IX, 425.)

1195. Gervais, abbé d'Orbais, est témoin dans un acte par lequel l'abbé Jean du Reclus reconnaît la justice de l'abbaye de Faremoutiers pour la terre que son propre couvent possède sous la juridiction de cette abbaye.— La charte dont il s'agit est au dépôt des Archives départementales de la Marne. Elle a été signalée par le comte E. de Barthélemy dans une notice sur l'abbaye du Reclus (diocèse ancien de Troyes), *Mémoires de la Société académique de l'Aube*, tome XLIII (année 1879), p. 445. V. aussi un article du baron de Baye dans la *Revue de Champagne*, tome XIII, p. 434.

1201. Gervais, abbé d'Orbais, concède un fonds de terre à Renaud abbé et aux religieux d'Oyes, ancien diocèse de Troyes (V. aux *pièces justificatives*). — Cette pièce a de l'intérêt en ce qu'elle nous prouve que Gervais gouvernait le monastère en l'an 1200, quand fut commencée l'église d'Orbais.]

On ne sçait si cet abbé Gervais a contribué à faire l'échange dont on va faire mention, avec les abbé et religieux de Saint-Jean des Vignes de Soissons.

1214 [1]

1214.
Echange faite avec St-Jean des Vignes.

Au mois de janvier 1214, l'abbé et les religieux d'Orbaiz transigérent et firent une échange avec l'abbé et les religieux de Saint-Jean des Vignes de Soissons [2], ordre de Saint Augustin, avec l'agrément de Haymard, évêque de Soissons.

L'abbaye d'Orbaiz abandonne à celle de Saint-Jean des Vignes le droit de patronage de la cure de Courbouin et de Morencelles, comme aussi les grosses et menues dixmes, les offrandes et généralement tout ce qui luy pouvoit appartenir dans Courbouin et Morencelles. L'abbaye de Saint-Jean abandonnoit à celle d'Orbaiz le droit de patronage et de nomination aux églises ou cures de Verdon, Margny et Montigny, avec les dixmes grosses et menues, les offrandes et toutes ses prétentions et droits dans ces trois lieux, comme aussi ce qui luy appartenoit de la dixme de Condé. Voyez l'acte d'échange cy-dessus transcript, chapitre IV, et l'occasion de cette échange : « Haymardus, etc... » On ne sçait si cet accord s'est fait du tems de Gilles abbé, qui suit.

1217

Donation faite à cette abbaye en 1217.

L'acte suivant fait et passé par devant Thierry, abbé de l'abbaye de Saint-Martin d'Epernay [3], ordre de Saint Augustin, nous apprend que Simon Buschez, châtelain du même lieu, fit une donation à l'abbé et à l'abbaye de Saint-Pierre d'Orbaiz, du consentement de ses deux fils Milon et Simon :

1. [En 1210, sous le sceau de G[érard], évêque de Châlons, à la suite d'un compromis entre les religieuses d'Andecy et Pierre Le Chenu (Canutus) de Montmort, chevalier, l'abbé d'Orbais, nommé arbitre, décide que les religieuses susdites auront sur le Moulin-Neuf (à Montmort) un revenu annuel de six setiers de grains, quatre d'avoine et deux de seigle. *Archives de la Marne*, Fonds d'Andecy. L. Courajod, *Recherches sur l'histoire de l'industrie dans la vallée du Surmelin*, p. 35.]

2. [Abbaye fondée par Hugues de Château-Thierry et Thibaud, évêque de Soissons. Un diplôme du roi Philippe Ier de 1076 confirma cette fondation. *G. ch.* IX, 456.]

3. [L'abbaye de Saint-Martin d'Epernay, au diocèse de Reims, fut fondée en 1032 par Eudes II, comte de Champagne. Sous Etienne, son prédécesseur, elle avait été détruite par un incendie. *G. ch.* IX, 282. Cf. *Epernay et l'abbaye Saint-Martin*, par A. Nicaise, Châlons-sur-Marne, Le Roy, 1869. 2 vol. in-8°.]

« Ego Theodoricus Dei miseratione ecclesiæ Beati Martini
« de Sparnaco dictus abbas, omnibus præsentes litteras ins-
« pecturis in Domino salutem. Universitati præsentium et
« futurorum notum facio quod Simon Buschez, ejusdem castri
« miles, in præsentia mea constitutus, pro salute animæ suæ
« et antecessorum suorum donavit abbati et conventui Beati
« Petri de Orbaco in eleemosynam Feremburgem de Sancto
« Juliano cum generatione sua, videlicet sororem Odonis, tunc
« temporis ejusdem loci prioris. Hanc donationem laudaverunt
« duo filii supra dicti militis, Milo videlicet et Simon, tunc ar-
« migeri. Abbas vero et conventus Orbacensis dederunt jam
« dicto militi de caritate suæ ecclesiæ sexaginta et quinque
« solidos. Hujus rei testes sunt Henricus tunc prior et Ro-
« bertus Bos, canonici Sancti Martini de Sparnaco. Et ne hoc
« factum per successionem temporis a memoria hominum
« laberetur, præsentem paginam sigilli mei munimine roboravi.
« Actum est hoc anno Dominicæ Incarnationis millesimo du-
« centesimo decimo septimo, mense augusto. »

ÆGIDIUS [1]

Le manuscript de Saint-Médard dit qu'en l'année mil deux cent vingt, Gilles étoit abbé d'Orbaiz. Une chartre de ce monastère nous fait aussi connoître qu'en cette même année, au mois de février, Renoldus abbé et les religieux de Saint-Crépin-le-Grand de Soissons [2], firent une reconnoissance dont on va donner une copie, par laquelle ils déclarent que leur abbaye doit par chacun an à l'église et abbaye de Saint-Pierre d'Orbaiz vingt-cinq sols, payables le lendemain du jour des morts, et autres droits pour raison de certains droits que l'abbaye d'Orbaiz luy avoit cédez et abandonnez. Voicy la copie de cette reconnoissance dont l'original en parchemin se conserve dans notre chartrier :

Gilles abbé en 1220.

Acte de reconnoissance des abbez et religieux de St-Crépin de Soissons envers les abbez et religieux d'Orbaiz en 1220.

« Ego Renoldus dictus abbas Sancti Crispini Majoris Sues-
« sionnensis nosterque conventus omnibus tam præsentibus
« quam futuris in Domino salutem. Noveritis quod nos eccle-
« siæ Sancti Petri de Orbaco debemus viginti quinque solidos
« fortium in crastino Animarum annuatim reddendos pro hos-

1. [Egidius ou Gilles Ier, XIVe abbé d'Orbais, d'après le *Gallia*.]
2. [Vers le ve siècle, peut-être au temps du roi Childéric, on construisit une basilique sur les bords de l'Aisne, auprès du lieu où avaient été transportées les reliques des deux frères martyrs, saint Crépin et saint Crépinien. Placée sous l'invocation de S. Crépin-le-Grand, elle donna naissance à l'abbaye de ce nom. G. ch. IX, 394. Cf. *Annales du diocèse de Soissons* par l'abbé Pécheur, t. I, p. 75, 138 et *passim*.]

« tisiis quas habebat in burgo nostro sitas inter domum Ha-
« tonis Rufi et domum quæ fuit Feret, quam modo possidet
« Garinus filius Rogerii asinarii, et pro vinagio et censu cum
« justitia de Mengron, et pro vinagio de Chaufour. Concessit
« etiam nobis dicta ecclesia de Orbaco quidquid tunc temporis
« habebat terris, redditibus et justitiis et venditionibus in par-
« rochiis Sancti Petri de burgo nostro et Sancti Germani, et
« etiam nobis super supradictis rebus tenetur portare garan-
« diam adversus omnes juri et placito parituros. Quod ut fir-
« mum et stabile permaneat, præsentem paginam sigillorum
« nostrorum munimine fecimus roborari. Actum anno Domini
« millesimo ducentesimo vigesimo, mense februario [1]. » Cette
redevance est prescrite et ne se paye plus par Saint-
Crépin.

1228 [2]

Donation de Thibaud IV du nom, comte de Champagne, etc... 1228.

L'an mil deux cens vingt-huit au mois de février, Thibaud IV du nom, comte de Champagne et de Brie, et Ier de ce nom, roy de Navarre, donna à cette abbaye en reconnoissance de l'attachement et de la vénération que les abbez et religieux avoient pour luy et son illustre famille, et pour le repos de son âme aprés sa mort et de celle du comte Thibaud son pere, certains droits de corvées, d'avoine, de poulles et autres spécifiez dans l'acte de donation, à luy dubs et à prendre sur les habitans d'Orbaiz, de la Ville-sous-Orbaiz, dont néantmoins il veut et

Les clercs et les nobles exempts de corvées et autres sujettions.

entend que les clercs et les nobles soient exemts. On a rapporté cy-dessus la chartre au chapitre cinquiesme *des fondateurs et bienfacteurs*. Elle commence par ces mots : « Ego

---

1. [Cf. *Gallia*, IX, 400 et 425.]

2. [1221. Charte des abbés Raoul d'Hautvillers et Gilles d'Orbais au sujet d'une contestation entre lesdits abbés et le couvent d'Oyes d'une part, et Bauduin Branlart, chevalier, et Renaud son frère, de Damery, d'autre part. (V. aux *pièces justificatives*).

1223. Gilles, abbé d'Orbais, vend au monastère de Saint-Médard de Soissons quatre muids du vinage de Damery. *Gallia.*

1227. Une sentence d'arbitrage est rendue par Gilles, abbé d'Orbais, et Jean, prieur de Château-Thierry, constitués arbitres par l'abbé et les religieux de la Charmoye Gersias, recteur du prieuré de Montmort, et les religieux du même lieu, et Thomas, curé dudit Montmort, qui avaient fait un compromis au sujet d'une contestation sur la dîme d'une terre sise près le moulin de la Charmoye qu'on appelle le moulin Oudard, au-dessous de l'église de Saint-Pierre de Montmort. *Archives de la Marne*, F. de la Charmoye. *Recherches sur l'histoire de l'industrie dans la vallée du Surmelin*, p. 33.]

« Theobaldus, Campaniæ et Briæ comes, notum facio uni-
« versis tam præsentibus quam futuris, quod ego attendens
« consideransque familiaritatem nec non amicitiam quam erga
« me et charissimam dominam meam, diu est, habuit ecclesia
« Orbacensis... etc. » *ubi supra*.

1238 [1]

Notre abbé Gilles, dont nous venons de parler, eut vraysemblablement quelque différent et quelque démêlé avec ses religieux, dont on ne découvre point le sujet, qui cependant ne laissa pas de faire de l'éclat et grand bruit au dehors et qui brouilla pendant quelque tems Henry de Braine, archevêque de Reims, avec Jacques de Bazoches, évêque de Soissons, au sujet de la juridiction que ces deux prélats s'attribuoient sur cette abbaye : Henry, parce que St Réole l'avoit fondée, à condition qu'elle seroit toujours sous la juridiction de l'Eglise et des archevêques de Reims, ses successeurs, qui y avoient exercé tous les actes de supériorité immédiate ; Jacques, au contraire, prétendoit en devoir être le seul et unique supérieur immédiat, parce qu'elle est située dans son diocèse. — Ces contestations ne causèrent pas moins de désordres et divisions au dedans entre le chef et les membres, que de scandale au dehors. Les uns et les autres trouvèrent de l'appuy dans leur

Division entre l'abbé et les moines.

Henry suspend les moines rebelles et Jacques ceux qui obéiront à Gilles, abbé.

1. [En 1234 Gilles vend des serf à l'église de Coincy (Consiacum). *Gallia* IX, 425 ; cf. *ibid.* IX, 391.
La même année ou la suivante, l'abbaye d'Orbais renonce à ses droits d'usage sur la forêt de Vassy cédée par Thibaut IV à sa cousine germaine et rivale, Alix, reine de Chypre. Cette princesse déclare avoir reçu du couvent des lettres en ce sens. — « Année 1235. Avril, après Pâques, du 8 au 30.
« Aelis regina Cypri notum facit, a karissimo consanguineo suo Theobaldo
« rege Navarræ, Campaniæ et Briæ comite palatino, litteras ecclesiarum et
« aliarum personarum in charta scriptarum (*i. e.* decani et capituli Meldensium ; conventus S. Salvatoris de Virtuto ; ...... *conventus Orbacensis*,
« etc...) recepisse de quitatione ab eis facta usuagii quod habebant in nemo-
« ribus de Woissiaco (forêt de Vassy, auj. arr. d'Epernay) et de Meduuto
« (forêt de Maan ou de Mant, vulgairement du Mans, auj. cant. de Crécy,
« près Meaux), sibi a præfato rege assignatis pro duobus millibus libratis
« terræ, etc... etc.....» (Teulet, *Layettes du Trésor des chartes*, t. II,
p. 288). Moyennant une indemnité dans laquelle rentrait une rente de 2000 livres assignée en immeubles qui devaient dès lors être remis francs et quittes de droits d'usage, Alix, reine de Chypre, avait abandonné ses prétentions au comté de Champagne. Sur sa transaction à cet égard avec Thibaut IV, cf. D'Arbois de Jubainville, *Hist. des Comtes de Champagne*, t. IV, p. 262-264 et *passim*, et Catalogue des Actes, n° 2351.]

schisme auprés de ces deux évêques ; car Henry de Braine prit sous sa protection l'abbé, et suspendit tous les moines rebelles qui refusoient de reconnoître Gilles pour leur abbé, et en cette qualité de luy rendre tout le respect, l'amour et l'obéïssance qu'ils luy devoient indispensablement ; Jacques, évêque de Soissons, au contraire, suspendit et même excommunia tous les religieux qui reconnoîtroient Gilles pour leur abbé et luy obéïroient. — Les choses étant dans cette situation, l'abbé, (soit qu'il fût la véritable cause du trouble et de la division de son monastére, ou qu'il en fût innocent ; on ne sçait qu'en juger, faute de titres), prit le parti le plus sûr et d'un homme qui cherchoit Dieu, et qui vouloit contribuer au rétablissement de la paix, et par conséquent du bon ordre dans son abbaye, qui avoit été sans doute bien altéré et affoibli durant ces troubles. Il se démit de bonne grâce, généreusement et humblement, de son abbaye entre les mains de l'archevêque de Reims, qui, pour terminer tous les différens et toutes les prétentions que luy, archevêque de Reims, et ledit Jacques, évêque de Soissons, avoient touchant la juridiction et supériorité immédiates sur cette abbaye en ce tems là, firent un compromis entre les mains des deux archidiacres et du doyen de l'église cathédrale de Reims, choisis par ces prélats pour leurs arbitres qui décideroient définitivement et sans appel sur tous les points et sujets contestez, à peine d'une amende de mille marcs d'argent contre celuy qui ne s'en tiendroit pas à la décision desdits trois arbitres. Tout ce qui se passa dans ce démêlé est rapporté, en partie, dans l'acte de compromis cy-dessus transcript, chapitre septiéme : « Omnibus præsentes litteras inspecturis Jacobus Dei gratiâ Suessionnensis episcopus, etc... »

Gilles fait humblement sa démission.

1239

Accord fait entre lesdits Henry et Jacques en 1239.

L'année suivante mil deux cens trente-neuf; le samedi aprés la résurrection de Notre Seigneur, les mêmes prélats Henry de Braine et Jacques de Soissons firent la transaction et accord suivant entre eux : sçavoir qu'aprés la mort des abbez d'Orbaiz, les religieux seroient obligez de demander à l'archevêque de Reims la permission de procéder à l'élection d'un nouvel abbé, de présenter celui qui auroit été élu canoniquement audit archevêque qui l'examineroit, le confirmeroit et le renvoiroit ensuite à l'évêque de Soissons pour être par luy benit et recevoir sa profession de foy ; et autres points et articles réglez dans ce présent accord dont on trouvera une copie cy-dessus, cha-

pitre septiéme, qui commence par ces mots : « Henricus Dei
« gratia Remensis archiepiscopus, et Jacobus eadem gratia
« Suessionnensis episcopus, omnibus præsentes litteras ins-
« pecturis in Domino salutem, etc... » Chap. VII *suprà*.

1240
PIERRE

On sçait seulement que l'abbé de ce monastére en l'an 1240 se nommoit Pierre [1], par la lecture d'une chartre ou acte de ladite année par lequel cet abbé, en reconnoissance de l'estime, du respect et de l'attachement extraordinaires que ses religieux avoient pour sa personne, il leur abandonne certains biens, et la somme de trente-quatre livres, monnoye de Provins, à prendre et recevoir tous les ans sur la majorité ou mairerie d'Orbaiz par un religieux député à l'office de pitancier, pour dédommager sesdits religieux de la perte qu'ils souffroient ou du peu de profit qu'ils tiroient de plusieurs vignes qu'ils avoient dans les vignobles de Voussiennes, Sézanne, Orbaiz, et surtout à Pierri dont le vin est aujourd'huy d'un trés grand prix [2]. Cet acte est conçu en ces termes et fait au mois de septembre 1240 :

« Omnibus præsentes litteras inspecturis frater *Petrus*, di-
« vina permissione humilis minister monasterii de Orbaco,
« salutem in eo qui salus est omnium et salvator. Noverit
« universitas vestra quod nos videntes et considerantes, quod

Pierre abbé en 1240.

---

1. [Les archives de Saint-Médard révèlent encore le nom de Pierre, abbé d'Orbais (Petrus II, d'après le *Gallia*). — Il figure en cette qualité, sous la date de 1240, dans un ancien titre de l'abbaye de la Charmoye. — On sait aussi qu'il fut choisi pour arbitre dans un différend entre les moines de Saint-Remy de Reims et Rainald, prêtre de Corbeny. Cf. *Monasticon* et *Gallia*.]

2. [Ces lignes ont été écrites peu de temps après l'époque où un religieux bénédictin découvrit le moyen de donner au vin de Champagne les qualités qui en font le prix.

Fecundi calices quem non fecere disertum ?

« C'est, dit Paulin Paris, un économe de l'abbaye d'Hautviller, dom
« Pérignon, qui dans les dernières années du xviie siècle, trouva le secret
« de profiter des résultats particuliers de la fermentation des raisins d'Ay,
« etc..., pour obtenir ce vin mousseux, source inépuisable de richesses non
« seulement pour une province, mais pour la France entière. » Paulin Paris, *Notice sur un évangéliaire Carolingien de la Bibliothèque d'Epernay*, comptes-rendus de l'Académie des inscriptions et belles-lettres (1878), 4e série, t. VI, p. 102.]

« conventus noster multa habebat apud Pierri et exspectabat
« etiam se habere, videlicet vineas Philippi tunc prioris, et
« vineas fratris Tierrici conversi nostri quas acquisierunt ibi-
« dem ; apud etiam Voussiennes, Sezenniam, et unam vineam
« in territorio de Orbaco, quæ eidem parum proficiebant. Nos
« considerantes et attendentes amicitiam nec non benevolen-
« tiam quam erga nos habuit ipse conventus, pro dictis bonis
« quæ habebat in dictis locis triginta quatuor libras Pruvi-
« nienses præfato conventui assignavimus sine contradictione
« vel aliqua exactione in majora nostra de Orbaco recipiendas
« per singulos annos, per quemdam monachum ad officium
« pitentiarum per consilium nostrum deputatum, et volumus
« et ordinamus, ne dictus conventus aliquam ferat molestiam
« vel negligentiam, quod majores nostri, quando officium vil-
« licatiouis in[i]tiabunt, monacho pitentiario sufficientem cau-
« tionem præstabunt quod infra annum ad quatuor pagamenta
« a nobis prædicto conventui et pro nobis ordinata totam sum-
« mam dictæ pecuniæ monacho pitentiario persolvent pacifice
« et benigne. Et nos omnia quæ in dictis locis tunc temporis
« memoratus conventus habebat vel habere poterat, percipe-
« remus per singulos annos, et nos de dolio vini quod pro
« planta de Pierri eisdem reddere tenebamur, his medianti-
« bus, quitti et immunes. In cujus rei testimonium munimine
« sigilli nostri præsentes litteras fecimus roborari. Actum
« anno Domini millesimo ducentesimo quadragesimo, mense
« septembri. »

Cet acte nous apprend que cette abbaye avoit autrefois des vignes à Voussiennes, Sézanne, et Pierri, proche d'Epernay, dont elle ne jouit aujourd'huy [1] en aucune manière.

1243

THOMAS

Thomas abbé en 1243 ou 1244.

C'est encore par le secours du manuscript de Saint-Médard que l'on sçait que Thomas étoit abbé de Saint-Pierre d'Orbaiz en mil deux cens quarante-trois ou quarante-quatre [2].

---

1. [Au début du xviiie siècle, moment où écrivait Dom Du Bout, l'abbaye d'Orbais percevait de faibles rentes sur des vignes situées au terroir de Boursault et de Damery. *Archives départ. de la Marne*, Fonds d'Orbais, n° 1.]

2. [1243. — Thomas, abbé d'Orbais, échange *Maria*, serve de son église,

1254 ou 1255[1]

L'abbé d'Orbaiz, (on ne sçait si c'est Thomas cy-dessus marqué), s'adressa à Alexandre IV, nouvellement créé souverain pontife, pour obtenir dispense et permission de mitiger et d'adoucir quelques observances de son monastére, qui ne tireroient point de conséquences considérables et préjudiciables à l'essentiel de la profession monastique et à la substance des vœux; ce que le Pape luy accorda pourvu que, comme l'abbé l'avoit exposé à Sa Sainteté, ces adoucissemens, ces dispenses et ces mitigations ne fussent point de l'essence de la regle et des vœux, comme il est spécifié dans son rescript ou bulle expressément donnée à Naples, la premiére année de son pontificat, le onziéme des kalendes de Janvier, c'est à dire le vingt-deuxiéme décembre mil deux cens cinquante-quatre, dont voicy la teneur[2] :

Mitigation introduite dans Orbaiz en 1254.

contre *Auberta*, femme de même condition à Saint-Remy de Reims. (*Monasticon*).

1245. — Th[omas], abbé d'Orbais, constate que Jean, chevalier, seigneur d'Ablois, avec approbation de Mathilde, son épouse, a vendu à Thibaut IV, comte de Champagne, pour 20 livres, dont quittance, une rente de quinze setiers de vin, mesure de Sézanne, dans le vinage de Barbonne. — V. aux *pièces justificatives*. Cf. Teulet, *Layettes du Trésor des chartes*, t. II, p. 589 ; D'Arbois de Jubainville, *Hist. des comtes de Champagne*, Catalogue des Actes, n° 2735.

1245. — Juillet. — Thomas, abbé d'Orbais, déclare qu'en sa présence Thibaut de *Baacon*, chevalier, a promis d'amener le 1er novembre prochain au plus tard, Henri de *Mauni* et Anselme de *Poissi*, faire hommage à Thibaut IV du fief qu'ils tiennent dudit Thibaut de *Baacon*. — V. aux *pièces justificatives*. Cf. D'Arbois de Jubainville, *loc. cit.*, n° 2704.

La date de la mort de Thomas est restée inconnue. Le *Monasticon* nous apprend seulement que les nécrologes de Saint-Remy de Reims contiennent son nom avec ceux de ses prédécesseurs Gervais II et Gilles Ier]

1. [1246. — Janvier. — Par devant Arnoul, doyen de la chrétienté d'Orbais, Ade, femme de Leschelles, approuve la vente par son mari à Thibaut IV de la part que ledit Ansel avait du chef de sadite femme, Ade, dans le minage du marché de Château-Thierry. Prix, 85 livres, dont quittance (en français). — V. aux *pièces justificatives*. Cf. D'Arbois de Jubainville, *Histoire des comtes de Champagne*, Catalogue des Actes, n° 2775.]

2. [Alexandre IV, prenant en considération l'extrême rigueur de la règle de S. Benoît, dont les peines avaient été aggravées par son prédécesseur Grégoire et par quelques légats, autorise l'abbé d'Orbais à donner dispense à ses moines dans tous les cas où elle n'est pas interdite spécialement. Cf. Potthast, *Regesta pontificum*, II, 1287.]

« Alexander Episcopus, servus servorum Dei, dilecto filio
« abbati de Orbaco, ordinis Sancti Benedicti, Suessionensis
« diœcesis, salutem et apostolicam benedictionem.

« Ex parte tua fuit Nobis humiliter supplicatum ut, cum
« observantia tui ordinis ab ipsa sui institutione multum sit
« rigida, difficilis ac gravis, fuerintque postmodum per fœlicis
« recordationis Gregorium, p(a)p(am), prædecessorem nostrum,
« et quosdam alios, tam auctoritate sedis apostolicæ quam
« legatorum ipsius, superaddita statuta gravia, diversarum
« pœnarum adjectione vallata, [ne] contingat sub tantis one-
« ribus deficere oneratos, providere super hoc paternâ solliei-
« tudine [curaremus]. Attendentes igitur quod expedit cala-
« mum quassatum non conteri, et in erasione eruginis vas non
« frangi, devotionis tuæ precibus inclinati, præsentium tibi
« auctoritate concedimus ut super observatione statutorum
« ipsorum, quæ de tuæ substantia regulæ non existunt, tu ac
« successores tui, cum monasterii tui, ejusque membrorum
« monachis præsentibus et futuris, libere dispensare possitis,
« iis casibus duntaxat exceptis, super quibus in eadem regula
« est dispensatio interdicta, in quibus casibus dispensandi
« super pœnis adjectis et irregularitatibus, quas tui subditi
« hactenus incurrerunt vel incurre[nt] de cætero, eosque ab-
« solvendi ab interdicti, suspensionis seu excommunicationis
« vinculo, quo ipsos ob transgressionem præmissorum statu-
« torum involvi contigit, vel continget, injuncta sic absolutis
« pœnitentia salutari, libera sit tibi et eisdem successoribus
« tuis, de nostra permissione facultas ; suppriori nihilhominus
« monasterii tui ac ipsius successoribus concedendi tibi tuis-
« [que] successoribus hujusmodi dispensationis et absolutionis
« beneficium, si fuerit opportunum, indulgentes auctoritate
« præsentium potestatem, non obstantibus aliquibus litteris ad
« venerabiles fratres nostros, Remensem archiepiscopum, et
« ejus suffraganeos, vel quoscumque alios, ab apostolica sede
« sub quocumque tenore directis et processibus habitis per
« eosdem, de quibus forsitan oporteat fieri mentionem. Nulli
« ergo omnino hominum liceat hanc paginam nostræ conces-
« sionis infringere vel ei ausu temerario contraïre. Si quis
« autem hoc attemptare præsumpserit, indignationem omni-
« potentis Dei et beatorum Petri et Pauli apostolorum ejus
« se noverit incursurum. Datum Neapoli, XI kalendas januarii
« 1254, pontificatus nostri anno primo. » — Si cette date est
exacte, le Pape auroit accordé cette dispense le lendemain de
son élévation sur la chaire de St Pierre, puisqu'il fut élu ou

créé Pape le 21 décembre 1254 ; peut-être que c'est une faute de copiste, et qu'au lieu de XI januarii il faudroit dire XI februarii. M. Marlot, tome I*er*, livre 3, chap. 13, pages 348 et 349, rapporte une bulle du même Pape semblable à la précédente, expédiée et donnée à Naples le XI des kalendes de *février, la premiére année de son pontificat*, à l'abbé de St Remi de Reims pour le même sujet et en mêmes termes[1]. La nôtre est peut-être du même jour[2].

1265[3]

Thibaud, seigneur de Moret proche de Fontaine-bleau, dio-

---

1. [V. *Monographie de l'abbaye et de l'église de Saint-Remi de Reims*, par M. l'abbé Poussin, p. 47, Reims, Lemoine-Canart, 1857, in-8°. — Cet auteur présume, d'après Marlot, que les premiers Bénédictins introduits dans l'abbaye de Saint-Remi au VIII*e* siècle pouvaient être tirés d'Orbais. *Op. cit.*, p. 38 et 43.]

2. [1254. — 22 décembre. — Sous cette date qui est sa véritable, on trouve encore la même décision expédiée à Naples en faveur de deux abbayes de Belgique. M. A. Van Lokeren l'a publiée intégralement dans les ouvrages suivants : *Histoire de l'abbaye de Saint-Bavon et de la crypte de Saint-Jean à Gand*, Hebbelynck, Gand, 1855, in-4°, I, 213 ; cf. II, 34. *Chartes et documents de l'abbaye de Saint-Pierre au mont Blandin à Gand*, Hoste, Gand, 1868 et 1871, 2 vol. in-4°, t. I, p. 306, n° 649.

1258. — 8 février, Anagni. — Alexandre IV nomme l'abbé d'Orbais, diocèse de Soissons, et le doyen de Tudèle, diocèse de Tarragone, conservateurs des priviléges apostoliques accordés à Thibaut V. — V. aux *pièces justificatives*. Cf. D'Arbois de Jubainville, *Hist. des comtes de Champagne*, Catalogue des Actes, n° 3155. Potthast, *Regesta pontificum*, II, 1424.

1259. — 24 juin, Anagni. — Bulle du pape Alexandre IV semblable à la précédente. — V. aux *pièces justificatives*. Cf. D'Arbois de Jubainville, *loc. cit.*, n° 3171. Potthast, *op. cit.*, II, 1435.]

3. [1260. — Avril. — Par devant Gilles, doyen de la chrétienté d'Orbais, Guillaume Crochet, écuyer, vend à Thibaut V 60 arpents de bois près de Tréloup.

1260. — 9 janvier. — Par devant Gilles, doyen d'Orbais, Girard, Etienne et Pierre, frères de Guillaume Crochet, approuvent la vente faite par ce dernier. Thibaut V est ici représenté par Jacquet de Châtillon, son sergent.

1260. — Janvier. — Par devant Th. (sic), prieur d'Orbais, Guillaume, écuyer de Courcemont, vend à Thibaut V, pour 67 livres, 60 arpents de bois près de Tréloup.

1260. — Janvier. — Gui de Buzancy, chevalier, déclare que Guillaume Crochet, de Courcemont, a vendu à Thibaut V 60 arpents de bois, fonds et superficie, au-dessus de Tréloup. Prix de chaque arpent, 20 sous forts. Gui renonce à attaquer cette vente moyennant 60 sous tournois.

V. ces différents actes aux *pièces justificatives*. Cf. D'Arbois de Jubainville, *Hist. des Comtes de Champagne*, Catalogue des Actes, n°s 3190, 3214, 3215, 3216.]

cèse de Sens, vend au mois de juillet mil deux cens soixante-cinq tout ce qui luy appartenoit dans le moulin du Pont du Breüil et autres droits repris dans l'acte de vente cy-après transcrit, et ce en présence de Raoul de Ville-marie, clerc et notaire-juré et préposé dans le diocèse de Sens pour recevoir et faire tous actes et contracts requis et convenables, de l'aveu, agrément et consentement de noble dame Aveline, épouse, et de Guillaume, fils dudit Thibaud de Moret, ladite vente et aliénation faites à l'église de l'abbaye d'Orbaiz moyennant la somme de vingt-huit livres tournois comptées et payées audit Thibaud de Moret en présence dudit Raoul.

Vente faite d'une partie du moulin du Breüil à cette abbaye par acte de 1265 reconnu et vidimé par l'official de Sens.

« Omnibus præsentes litteras inspecturis officialis curiæ
« Senonensis in Domino salutem. Notum facimus quod coram
« Radulpho de Villa-maria, clerico jurato notario curiæ Seno-
« nensis statuto una cum quatuor aliis notariis ad audiendum
« contractus, conventiones et confessiones mandato nostro
« primitus procedente, et ad id audiendum et videndum quod
« in præsentibus litteris continetur à nobis specialiter desti-
« nato, qui nobis sub debito præstiti juramenti attestatus est
« esse vera et coram ipso dicta et facta ea quæ coram ipso
« dicta et facta præsens insinuat instrumentum, cujus Radul-
« phi manu præsentem litteram scriptam esse cognoscimus et
« testamur :

« Constitutus Theobaldus de Moreto miles, Senonensis diœ-
« cesis, recognovit se ad perpetuitatem vendidisse et nomine
« venditionis perpetuæ quittavisse ecclesiæ abbatiæ de Orbez
« quidquid idem miles habebat in molendino de Ponte du
« Breüil, videlicet tertiam partem, et quartam in parte tertia,
« salvis eleemosynis quæ in parte sua consueverunt persolvi :
« dans eidem ecclesiæ omne jus, actionem, possessionem et
« proprietatem quæ in præmissis habebat, et transferens pæ-
« nitus in eamdem pro viginti octo libris turonensibus eidem
« militi jam solutis et de quibus se tenuit integre pro pageato[1]
« in pecunia numerata, promittens idem miles fide in manu
« dicti Radulphi præstita corporali, quod contra hujusmodi
« venditionem per se vel per alium non veniet in futurum,
« immo prædicta sic vendita garantizabit et defendet et garan-
« tire tenebitur tanquam de allodio debite contra omnes. Hanc
« autem venditionem nobilis mulier Avelina ejus uxor, et
« Guillelmus militis filius armiger, coram dicto Radulpho

---

1. [Pagato.]

« constituti, spontanei non coacti voluerunt, laudaverunt et in
« perpetuum concesserunt, dicentes et asserentes quod hoc
« faciebant voluntate spontanea, non coacti, nec in aliquo cir-
« cumventi, promittentes fide data in manu dicti Radulphi
« dicti domina et Guillelmus quod contra hujusmodi vendi-
« tionem per se vel per alios non venient in futurum, renun-
« tiantes præsertim ad hoc per eamdem fidem penitus et ex-
« presse, tam dictus miles quam ejus uxor et Guillelmus, omni
« auxilio canonis et civilis et rebus quæ contra præsens ins-
« trumentum possent objici sive dici, et quod non possint
« dicere se fuisse deceptos et circumventos in præmissis vel
« aliquo præmissorum, et præcipue dicta domina exceptioni
« dotis seu dotalitii conquestus, et alii exceptioni cuicumque,
« se quantum ad præmissa jurisdictioni curiæ Senonensis
« supponentes ubicumque maneant vel existant. Datum anno
« Domini millesimo ducentesimo sexagesimo quinto, die lunæ
« ante festum Beatæ Mariæ Magdalenæ, mense julio [1]. »

1266

Thibaud, seigneur de Montmaur[2], vend avec l'agrément et consentement de Marie sa femme et de ses enfans, à l'abbaye d'Orbaiz, la quantité d'environ huit septiers d'avoine à prendre et percevoir tous les ans à Noël, dans le village de Mareuil proche de Suisy-le-Francq, et ce moyennant la somme de douze livres, monnoie de Provins, que ledit Thibaud reconnoît avoir reçüe comptant suivant l'acte cy-dessous rapporté du mois de février mil deux cens soixante-six :

« Universis præsentes litteras visuris, Theobaldus de Monte-

---

1. [*Recherches sur l'histoire de l'industrie dans la vallée du Surmelin*, p. 63.]
2. [Auj. Montmort, chef-lieu du canton auquel appartient Orbais. Sur cette localité, consulter notamment : « Le château de Montmort », monographie par Louis Paris, avec une vue, dans *La Chronique de Champagne*, in-8°; t. III (1838), p. 145 à 162. — Louis Courajod, *Recherches sur l'histoire de l'industrie dans la vallée du Surmelin*, p. 15, 16, 27 et s., et passim. — Baron J. de Baye, « Notes sur le château de Montmort », avec gravure, *Revue de Champagne*, t XV, p. 321, 437; t. XVI, p. 21. — « Rapport sur une restauration des vitraux à Montmort » (église), par le comte de Mellet, *Bulletin du comité historique des arts et monuments*, t. I (janvier 1849), p. 16 à 20. Voir aussi des communications du même auteur insérées dans la *Revue des Sociétés savantes*, 2° série, t. VI, p. 246, et t. VIII, p. 133. — Chalette, « Notice histor. et statist. sur le canton de Montmort », *Annuaire de la Marne*, 1827, p. 21, 99 et suiv.]

Vente de huit septiers d'avoine à l'abbaye d'Orbaiz en 1266.

« Mauri miles, salutem in Domino. Noverint universi quod ego
« laude et assensu Mariæ uxoris meæ ac liberorum meorum
« vendidi Orbacensi monasterio circa octo sextaria avenæ in
« Nativitate Domini quolibet anno, quandoque plus, quando-
« que minus apud Marolium juxta Susiacum percipienda, vi-
« delicet pretio duodecim librarum Pruviniensium quas accepi
« à dicto monasterio in pecunia numerata, promittentes tam
« ego quam dicta uxor mea ac liberi fide præstita corporali
« quod contra dictam venditionem non veniemus per nos vel
« per alios in futurum, promittentes nos super hoc ad usus et
« consuetudinem patriæ portare legitimam garantiam. In cujus
« rei testimonium præsentes litteras sigilli mei munimine ro-
« boravi. Actum anno Domini millesimo ducentesimo sexage-
« simo sexto, mense februario. »

1269.[1]

1269. Donation de Champ-Renaud à cette abbaye.

Thibaut II° du nom, roy de Navarre, et V° du nom, comte de Champagne et de Brie, donna au mois d'avril de l'année mil deux cens soixante-neuf à cette abbaye la terre ou seigneurie, ou du moins la plus grande partie de Champ-Renaud, suivant l'acte ou chartre de donation desdits mois et an expédiée à Troyes en Champagne, cy-dessus rapportée et transcrite tout au long, chapitre cinquiéme, et vidimée en mil quatre cens et onze par Renault Barbelée, garde-du-séel de la prévôté de Châtillon-sur-Marne, et Simon Gaussart, juré dudit lieu. Voyez au même endroit ledit acte dont l'original est dans notre chartier. Il y a aussi quelques remarques cy-dessus.

1277

AYMARDUS

Aymard abbé en 1277.

L'abbé d'Orbaiz étant mort au commencement de l'année mil deux cens soixante dix-sept, les religieux s'étant assemblez et ayant élu pour leur abbé Aymard, religieux et prieur de ce monastére, ils députérent cinq religieux de l'abbaye à Pierre

---

1. [1267. — 9 juin, Viterbe. — Clément IV notifie à l'abbé d'Orbais, avec charge de la faire respecter, une décision par laquelle il a mis sous la protection du Saint-Siège la personne de Thibaut V et celle des croisés qu'il emmènera avec lui, leurs familles, le royaume de Navarre, les comtés de champagne et de Brie et ses autres biens. — V. aux *pièces justificatives*. Cf. D'Arbois de Jubainville, *Hist. des Comtes de Champagne*, Catalogue des actes, n° 3422. Potthast, *Regesta pontificum*, II, 1615.]

Barbet, archevêque de Reims, pour obtenir la confirmation de leur élection de la personne d'Aymard, conformément à la convention faite auparavant en mil deux cens trente-neuf entre Henry de Braine, son prédécesseur, archevêque de Reims, et Jacques, évêque de Soissons, cy-dessus rapportée. — L'acte de députation des cinq religieux de cette abbaye audit Pierre Barbet, faisant foy de l'élection canonique dudit Aymard pour abbé, étoit conçue et exprimée en ces termes :

« Reverendo patri ac domino per Dei gratiam Remensi archiepiscopo, superior et conventus monachorum Orbacensium totus, ordinis S. Benedicti, Suessionnensis diœcesis, ejus dilecti filii, etc... » Voyez le reste cy-dessus, chapitre VII.

1283

ROBERTUS

Le manuscript de S. Médard qui nous apprend que cette abbaye a été gouvernée par un abbé nommé Robert en mil deux cens quatre-vingt-trois ou quatre, luy donne en même tems la qualité d'abbé de Longpont, abbaye de l'ordre de Cîteaux, à quatre lieues de Soissons, *Robertus abbas Longi-pontis* [1], sans rien expliquer davantage [2].

Robert abbé en 1283.

---

1. [L'abbaye de Longpont, au duché de Valois, fut fondée en 1131 près de la forêt de Villers-Cotterets, par Josselin, évêque de Soissons. Elle servit de lieu de sépulture aux comtes de Vermandois. Les monuments funéraires de l'abbaye de Longpont sont restés célèbres. On voit encore aujourd'hui les ruines grandioses de son église gothique consacrée en 1227 en présence de saint Louis. Cf. *Monographie de l'abbaye de Longpont*, par l'abbé Poquet, Paris, Didron et Dumoulin, 1869, in-8°, et du même auteur *Notice histor. et descript. de l'abbaye de Longpont*, 1870, in-8°. — Abbé Pécheur, *Annales du diocèse de Soissons*, passim.]

2. [Le *Gallia* donne pour successeur à Robert dans le gouvernement de l'abbaye d'Orbais un abbé du nom d'ANSELMUS qui n'est pas mentionné par Dom Du Bout.

1294. — 31 mai. — Anselme conclut, au nom du couvent d'Orbais, une association de prières avec les moines du prieuré de la Charité-sur-Loire alors dirigé par Simon d'Armentières. Les actes relatifs à ce contrat sont publiés dans le *Thesaurus novus Anecdotorum* de DD. Martène et Durand, t. I, col. 1268 et 1269. Cf. *Gall. christ.* XII, 408. — *Histoire littéraire*, t. XXI, p. 825. — René de Lespinasse, *Cartulaire de la Charité-sur-Loire*, nos 130 et 131.]

GARNERUS [1]
1300

1300
ÆGIDIUS [2]

Garnier abbé en 1300.

Gilles abbé en 1300.

On reconnoît qu'en l'année mil trois cens, l'abbé de ce monastére s'appelloit Gilles, par une transaction faite entre l'abbé et les religieux de cette abbaye d'une part, et l'abbé et les religieux du monastére du Valsecret, ordre de Prémontré, proche de Château-Thierry [3], d'autre part, au sujet d'une redevance annuelle, après la Saint-Martin d'hyver, payable en certaine quantité de bled-froment, seigle et avoine que lesdits abbé et religieux du Valsecret étoient obligez de fournir et livrer à l'abbé et aux religieux de l'abbaye d'Orbaiz sur la dixme de Marœuil proche de Coribert, que l'abbaye d'Orbaiz avoit cédée et abandonnée à cette charge et condition à l'abbé et [aux] religieux de Valsecret ; et comme apparemment il survint quelque différent entre les deux abbayes, pour les terminer et regler à l'amiable, ils firent l'accord qui suit, dont l'original se conserve dans le chartrier d'Orbaiz :

Accord fait entre les abbez et les religieux d'Orbaiz et l'abbaye de Valsecret pour la dixme de Mareüil en 1300.

« Ego Ægidius Dei patientia abbas Orbacensis et ejusdem
« loci conventus notum facimus universis præsentem chartu-
« lam inspecturis, quod cum querela verteretur inter nos ex
« una parte, et viros religiosos, abbatem et conventum Vallis-
« secretæ Præmonstratensis ordinis ex altera, super decimam
« de Marolio juxta Coribert, tandem de utriusque partis as-
« sensu inter nos et ipsos super eadem querela compositum
« fuit in hunc modum, videlicet quod dicti abbas et conventus
« Vallis-secretæ tenebuntur reddere nobis annuatim octo sexta

---

1. [XXe abbé d'Orbais, d'après le *Gallia*.]
2. [Egidius II, d'après le *Gallia*.]
3. [Val-Secret (*Vallis-Secreta*), au diocèse de Soissons, auj. com. de Brasles, cant. de Château-Thierry, Aisne. — Il exista primitivement à Château-Thierry une abbaye de l'ordre de Prémontré sous le vocable de Notre-Dame. En 1140 Thibaut II, comte de Champagne, donna à cette abbaye le Val-Secret, pour y transférer les moines loin du tumulte de la ville. *G. ch.* IX, 496. — Abbé Pécheur, *Annales du diocèse de Soissons*, t. II, p. 349 et suiv.]

« bladi hiemalis de blado dictæ decimæ non mutato, videlicet
« medietatem frumenti et medietatem siliginis ad mensuram
« de Virtuto, et octo sexta avenæ ad eamdem mensuram :
« percipiemus autem supra dictum bladum cum avena in
« grangia de Roseio quæ est abbatis Vallis-secretæ infra fes-
» tum Beati Martini hyemalis ad jam dictam mensuram. Nos
« vero quittavimus et concessimus in perpetuum dictis abbati
« et conventui Vallis-secretæ pro memorata perceptione bladi
« et avenæ quidquid habebamus in decima de Marolio supra-
« dicta. Quæ ut nota permaneant et secura, præsentem char-
« tulam sigillorum nostrorum communiter fecimus roborari.
« Actum anno Domini millesimo trecentesimo in crastino Do-
« minicæ Resurrectionis [1]. »

1368 [2]

L'abbaye de Saint-Pierre d'Orbaiz ayant joui paisiblement
et sans aucune interruption ni trouble de plusieurs droits,
prérogatives rapportez cy-devant pendant prez de deux siécles,
comme on peut voir dans le chapitre cinquiéme, un certain
Oudin de la Tresse, apparemment esprit brouillon, inquiet et
séditieux, voulant secouer le joug de cette dépendance de l'abbaye, s'avisa cent cinquante [ans] aprés la donation faite desdits droits par le comte de Champagne, de refuser de payer
lesdits droits, redevances annuelles, et de satisfaire aux devoirs, corvées, servitudes auxquelles il étoit obligé envers
l'abbaye ; ce que voyant les abbé et religieux d'Orbaiz, ils en
portérent leur plainte pardevant les gens tenans et officiers des

---

1. [1300. — Février et mars. — Séjour de Philippe-le-Bel à Orbais.
V. aux *pièces justificatives* deux actes du roi de France datés de cette
localité. Cf. D. Bouquet, *Historiens de France*, t. XXI, p. 438.

1302. — 7 mars, mercredi des cendres. — Présence de Jeanne de Navarre,
reine de France, à l'abbaye d'Orbais, attestée par une mention des tablettes
de cire de Jean de Saint-Just. D. Bouquet, *op. cit.*, t. XXII, p. 533.]

2. [1352. — Septembre. — Mort de GUY DE TREVESELAY, abbé d'Orbais. Les auteurs du *Monasticon* et du *Gallia* ne mentionnent pas ce personnage dont ils ont ignoré l'existence. On s'explique moins facilement pourquoi
Dom Du Bout ne l'a pas inscrit ici sur la liste des abbés d'Orbais, après avoir
donné la description de sa sépulture (V. *supra* ch. VI § 3). La pierre tombale de Guy de Treveselay, seul document qui nous reste sur cet abbé, est
la plus belle et la mieux conservée parmi celles de l'église d'Orbais.

1367. Remi, moine d'Orbais, est élu abbé de Saint-Jean-des-Vignes de
Soissons. *Gallia*, IX, 459. *Chronicon abbatialis canonicæ S. Johannis ap.
Vineas Suession.*, par P. Le Gris, p. 162.]

assises tenues à Château-Thierry, qui ayant vu les titres des religieux, examiné leur droit et possession, les confirmèrent, et condamnèrent ledit Oudin de la Tresse à satisfaire entièrement aux demandes des abbé et religieux, par leur sentence et jugement du huitiéme jour de janvier mil trois cens soixante-huit, dont voicy copie en françois :

« A tous ceux qui ces présentes lettres verront et oiront, Symon Frizon bailly-Madame la Royne Jehanne, royne de France et de Navarre, salut. Les religieux, abbé et couvent de l'église d'Orbaiz, etc... » Voyez le reste chap. V.

1377

PIERRE[1] MORIN

Pierre Morin abbé en 1377.

On apprend le nom de cet abbé par l'inscription en lettres gothiques de la plus grosse cloche de notre clocher « fondue et nommée Marie en mil trois cens soixante dix-sept, du tems de Pierre Morin, humble abbé d'Orbaiz. »

Pierre se démet de la dignité abbétialle.

Pierre Morin se démit de cette abbaye entre les mains de Guy de Roye, archevêque de Reims, suivant la convention faite en 1239 entre Henry de Braine et Jacques, évêque de Soissons, rapportée cy-devant chapitre VII.

Les religieux s'étant assemblez élurent pour luy succéder en la charge d'abbé Dom Pierre de Chavigny, comme il paroît par les lettres de confirmation de son élection ou de provision à luy données le neuviéme jour de novembre mil quatre cens deux par Guy de Roye, archevêque de Reims, et le serment de fidélité à luy prêté par ledit Pierre de Chavigny[2], dans lesquelles lettres conservées dans notre chartrier, en parchemin, il est fait mention expresse de la démission de Pierre Morin, son prédécesseur. Lesdites lettres de confirmation commencent par ces paroles :

« Guido miseratione divina Remensis archiepiscopus dilecto nobis in Christo fratri Petro de Chavigny presbytero religioso expresse professo monasterii Sancti Petri de Orbaco, ordinis S. Benedicti, Suessionnensis diœcesis, salutem in Domino, etc. » Chap. VII [*suprà.*]

---

1. [Petrus III, d'après le *Gallia.*]
2. [Varin, *archives administr. de Reims*, II, 248.]

1402

PIERRE DE CHAVIGNY

On a vu dans l'article précédent que cet abbé avoit été élu par les religieux de ce monastére, et confirmé et prêté son serment de fidélité à l'archevêque de Reims suivant les lettres cy-devant citées du neuviéme jour de novembre 1402. Depuis ce tems-là on ne trouve aucun mémoire qui parle de luy, ni de ce qui se passa icy sous son administration qui fut d'environ dix-neuf ans[1], car il mourut le septiéme jour d'aoust mil quatre cens vingt-et-un[2], et son corps fut inhumé dans la chapelle dite du Saint-Esprit, située dans le fond de notre église, au-dessous du marchepied et au milieu, sous une tombe de pierre, sur laquelle il est représenté revêtu de ses habits pontificaux, mitre en tête, anneau au doigt, crosse à la main, etc., les pieds vers l'autel, et la tête en bas, selon l'ancien usage de l'Eglise. On lit ces mots autour de la tombe : CY GIST MESSIRE « PIERRE DE CHAVIGNY JADIS ABBÉ D'ORBAIZ, QUI TRÉPASSA « EN L'AN DE GRACE NOTRE SEIGNEUR MIL QUATRE CENS « VINGT ET UN, LE SEPTIÉME JOUR DU MOIS D'AOÛT. PRIEZ « DIEU POUR L'AME DE LUY. »

Pierre de Chavigny, abbé en 1402, mort en 1421.

La famille de Chavigny subsiste encore aujourd'huy dans ce pays, dans Jean et Pierre de Chavigny, sieurs de Corrobert, qui demeurent à Margny, et N. de Chaviguy, sieur de Courtbois. On ne sçait si Pierre de Chavigny, notre abbé, et lesdits sieurs de Chavigny sont sortis de la même famille, laquelle n'est plus recommandable aujourd'huy que par sa noblesse et son antiquité[3].

---

1. [1411. — 12 février. — Acte passé devant Jean Jeannot et Jean Baillet par lequel le sieur abbé et les religieux d'Orbais donnent à loyer « une pièce de prez assize aux petits prez Ruton contenant trois arpents. » (Mention dans les anciens titres concernant la Chapelle-sur-Orbais), *Archives de la Marne*, F. d'Orbais, n° 38.]

2. [*Plus exactement* 1420. L. Courajod, *Le pavage de l'église d'Orbais*, p. 10.]

3. [« Dom Du Bout ne se trompait pas en supposant que la famille du vieil abbé d'Orbais était encore représentée dans le pays. Ces sieurs de Chavigny portaient au XVIIe siècle les mêmes armoiries, à peu de chose près, qu'on voit gravées aux quatre coins du tombeau. Cf. Armorial général de d'Hozier (généralité de Paris, t. IV, p. 82).... Les Chavigny ont un dossier dans le fonds Chérin au cabinet des titres de la Bibliothèque Nationale. On y voit figurer les membres de cette famille qui étaient contem-

1428 [1]

Héritages proche de Sézanne en Brie donnez à cens annuels.

Le troisiéme jour de may mil quatre cens vingt-huit, Dom Thibaud Hebert, religieux et chambrier d'Orbaiz, fondé des lettres de procuration de ses confreres les autres religieux, donna à cens annuelz et à la charge de lots et ventes [2] et amendes, certains héritages proche de Sézanne en Brie, à Laurent Noël et à sa femme. On ne jouit plus aujourd'huy de cette rente ; on ne sçait comment elle a été perdue, si ce n'est par négligence.

1435

REMIGIUS

Remy abbé en 1435 ou 1436.

Le dernier abbé, dont le manuscript de Saint-Médard de Soissons nous fournit le nom, est Remy qui gouvernoit cette abbaye en l'année mil quatre cens trente-cinq ou trente-six. On ne sçait ni la premiére année ni la derniére année de son administration, ni s'il a succédé immédiatement à Pierre de Chavigny [3], ni ce qui s'est passé icy de considérable de son tems.

1473 [4]

PIERRE

Pierre abbé en 1473.

On connoit que Pierre étoit abbé d'Orbaiz en mil quatre cens

porains et voisins de Dom Du Bout, et ces gentilshommes portaient en 1700 « d'argent à une croix de gueules endentée de sable et alaisée, et un « lambel à trois pendants de sable, posé en chef. » L'abbé d'Orbais était donc bien de leur maison. La famille tirait son nom du fief de Chavigny, paroisse de Saint-Cyr (Seine-et-Marne), qu'elle posséda avec la terre de Courtbois au moins jusqu'au xvii° siècle et dont elle rendait hommage au Roi « comme mouvant de lui à cause de son châtel et comté de Meaux. » *Le Pavage de l'église d'Orbais.* p. 11.]

1. [Le successeur immédiat de Pierre de Chavigny comme abbé d'Orbais s'appelait JEAN. « XXIV. Johannes I promisit obedientiam Nicolao (Nicolas Graibert) Suessionensi episcopo, qui obiit an. 1422 aut sequenti. » (*Gallia*). On ne sait pas autre chose sur cet abbé.]

2. [*Lods et ventes*, profit de mutation dû au seigneur en cas de vente d'une censive.]

3. [Le *Gallia* nous apprend, on vient de le voir, que Pierre de Chavigny fut remplacé par l'abbé Jean Ier. Il ajoute que Remy eut lui-même pour successeur un abbé nommé JEAN MAALOT (Joannes II Maalot) sur lequel manquent les renseignements.]

4. [C'est 19 ans avant cette date, en 1454, que Pierre, dont il va être question, fut tiré du monastère d'Hautvillers pour devenir abbé d'Orbais, après

soixante-treize, par l'acte d'union du prieuré ou chapelle de Notre-Dame d'Oiselet à l'office claustral de chambrier d'Orbaiz, du neuvième jour de mars mil quatre cens soixante-treize, en parchemin, et conservé dans notre chartrier. Voyez les remarques cy-dessus, chapitre IV.

Ce Pierre abbé est peut-être le même qui, en mil quatre cens quatre-vingt deux, donne à surcens à Pierre de Sestremont des prez et autres héritages proche de Coupigny, au dessous de la Pierrarderie, par acte du dixième mars audit an 1482, et en mil quatre cens quatre-vingt six fait un bail emphytéotique de quatre-vingt dix-neuf ans de la *Couture* de Suisy-le-Franc[1].

1497
PIERRE GAUTIER

L'abbaye d'Orbaiz étoit gouvernée en l'année mil quatre cens quatre-vingt dix-sept par Pierre Gautier, comme il paroit par l'accord fait entre luy abbé et sa communauté d'une part, et Nicolas Lesguise, écuyer, et Jeanne de la Val, sa femme, sei-

<small>Pierre Gautier abbé en 1497.</small>

---

la mort de Jean Maalot. Jean Juvénal des Ursins, archevêque de Reims, le mit à la tête des religieux à la suite d'une élection qui avait dû être déclarée contraire aux règles. Voici, à partir de Jean Ier, la série des abbés donnée par le *Gallia* : « XXV. Remigius præerat an. 1436....; XXVI. Johan-« nes II Maalot, quo defuncto, XXVII. PETRUS V GAULTIER ex mo-« nacho Altivillarensi Orbacensibus qui in electione peccaverant datus est « abbas ab archiepiscopo Remensi anno 1454... »]

1. [20 février 1486. — Pierre, abbé d'Orbez, baille « à Gillet le Bérat et « Jehannette, sa femme, demourans à Coursemont, preneurs pour eux et « leurs enffants nez et à naistre durant le mariage d'iceulx et le survivant « d'eulx à tiltre viagiers, une pièce de terre et pré séant à Suisy, contenant « envyron huyt arpens nommez la *Cousture*...... moiennant et parmi ce « que lesdits Gillet le Bérat, sa dite femme, etc... en seront tenus rendre « et paier... par chacun an au jour Sainct-Martin d'iver la quantité de « huit boissiaux de grain, moitié blef et l'autre avoine, à la mesure dudit « Orbez, et recevoir audit Coursemont. » *Archives de la Marne*, F. d'Orbais, n° 2.

10 novembre 1489. — Bail à cens par MM. les abbé et couvent d'Orbais à Jean Darnoult, écuyer, et autres, des maisons, terres et prez scitués à la rue du Val, à la Chapelle-sur-Orbais, moyennant 5 sols de cens, (Acte notarié indiqué par simple mention). *Archives de la Marne*, F. d'Orbais, n° 38.

5 février 1492. — Bail à cens de Pierre, abbé d'Orbais « à Jean Darnoult, « écuyer, et Jeanne de Taladuc, sa femme, demeurant à la Chapelle-sur-« Orbais, lieudit au Val... » au sujet des héritages situés en ce même lieu, dans la seigneurie du couvent. *Archives de la Marne*, ibidem.]

gneurs du Bailly-lez-Verdon d'autre part, pour régler à l'amiable les bornes et les limites des seigneuries de l'abbaye d'Orbaiz et du Bailly ; ledit accord fait et daté le dix-neuviéme avril mil quatre cens quatre-vingt dix-sept[1].

1500

PIERRE

Pierre. 1500.

Cet abbé est peut-être le même que les deux précédents de même nom. Il donne conjointement avec les religieux à cens perpétuel à Jean Tierson une piéce de terre au lieu dit les Molinots, au dessus de Suizy-le-Franc vers le midi, par acte du premier septembre mil cinq cens. On a fait depuis un nouveau [bail] de cet héritage sur lequel on a construit une maison et un petit moulin à bled. Le sieur de Bernier y demeuroit et en jouissoit en mil sept cens.

Et le premier jour de juin mil cinq cens un, ledit abbé et les religieux d'Orbaiz donnent à cens annuelz et perpétuelz trente arpents de terre au dessus des Roches de Coupigny à Pierre Brasseur.

Ces trois abbez nommez Pierre ne sont peut-être que la même personne : Tous ces différens actes, cy-dessus rapportez selon leurs dates, ayant peut-être été passez du tems et sous l'administration d'un abbé nommé Pierre, qui peut avoir gouverné cette abbaye pendant environ trente ans et plus[2].

---

1. [12 novembre 1498. — Bail à cens d'héritages sis au terroir de Verdon consenti par Pierre, abbé d'Orbais, à Gillet Boulloy et à Jehanne, sa femme. V. aux *pièces justificatives*.]

2. [Dans les trois abbés du nom de Pierre mentionnés ici par Dom Du Bout, on ne doit pas hésiter à reconnaître un seul et même personnage, Pierre Gautier, qui gouverna l'abbaye 48 ans (*Gallia*). Le 15 juillet 1501 Pierre fit, entre les mains du pape, sa résignation volontaire en faveur de Denis Bongnier, et il mourut le 17 octobre 1502. « In veteribus schedis sic « memoratur : Anno 1502, luce vero 17 mensis octobris, animam exhalavit « reverendus dominus Petrus Gaultier, quondam abbas hujus monasterii... « cujus anima, passionis merito, sit perpetuo cœlestibus visa... » *Monasticon*.]

1509 [1]

DENIS BONGNIER [2]

Le procés-verbal fait à Vitry le François en Parthois, daté du samedi sixiéme jour d'octobre mil cinq cens neuf pour la réformation de la coutume du bailliage dudit Vitry [3], marque que Denis Bongnier fut appellé à cette assemblée, convoquée pour ladite réformation, et qu'il y comparut en qualité d'abbé d'Orbaiz ledit jour sixiéme d'octobre 1509, par maître Pierre de la Rüe, son procureur spécial, comme il est expressément dit dans le premier tome des Coûtumes de France, page 355, colomne premiére, recueillies par M. [Charles du Moulin, augmentées et revues par Gabriel Michel Angevin, avocat au Parlement], imprimé à Paris, chez Jacques Daniel [4] en 1664, et se trouve dans notre bibliothéque [5].

Denis Bongnier abbé en 1509.

1510

JACQUES [6]

Par un bail à vie du huitiéme jour de février mil cinq cens

Jacques abbé en 1510 et 1517.

1. [En janvier 1508-1509 N.-S., Claude de Bièvres, écuyer, seigneur du Mesnil-lez-la Chapelle-Monthaudon, avoue tenir du roi sur la rivière de la Chapelle « deux molins à blé, l'ung appelé le molin neuf, l'autre le molin « Bardon, sur lequel molin neuf M. l'Abbé d'Orbès prent tous les ans qua-« rante sous tournois, une mine d'avoine et ung chapon. » Archives nationales, P. 179 (3), 180. — L. Courajod, Recherches sur l'histoire de l'industrie dans la vallée du Surmelin, p. 76.]

2. [Nommé abbé d'Orbais en 1501, après Pierre Gautier. « Dionysius de « Boynet [aliàs de Bougnet, Bougnier, Bougnies] resignationis jure sim-« pliciter per dictum Petrum dicto Dionysio sibi sponte coram summo ponti-« fice legitime facta, decima quinta luce mensis julii anno 1501. » Monasticon.]

3. [Cf. Hist. du bailliage de Vitry-le-François, par M. Bouchot, Revue de Champagne, t. X, p. 15.]

4. [Le catalogue de la bibliothèque conventuelle d'Orbais porte : à Paris, chez Jacques d'Allin. Catal. des manusc. de la biblioth. d'Epernay, n° 41.]

5. [« .... Frère Denis Bongnier, abbé d'Orbays, par maistre Pierre de « La Rue son procureur. » Nouveau Coutumier général de Richebourg, t. III, p. 329, édit. 1724, 4 vol. in-f°.]

6. [XXIX° et dernier abbé régulier d'Orbais, d'après la liste du Gallia. — Cette liste nous a servi de guide pour compléter celle de Dom Du Bout. Mais elle présente encore des lacunes et ses chiffres ne sont pas définitifs. Il est impossible aujourd'hui, en l'absence des documents plus précis, de dresser la nomenclature exacte des abbés réguliers d'Orbais dont plusieurs, parmi les plus anciens surtout, demeurent inconnus.]

dix on apprend que l'abbé d'Orbaiz s'appelloit Jacques ; et par un autre bail ou fieffée à cens perpétuel de terre de six arpents sous les terres du Tremblay sur le pendant des Roches, du quatriesme jour de décembre mil cinq cens dix-sept, on reconnoît que notre abbé Jacques vivoit encore. Il est apparemment le dernier qui a possédé cette abbaye en qualité d'abbé régulier, aprés et en vertu du droit que les religieux avoient de se choisir librement et canoniquement un abbé conformément à notre sainte regle, aux saints canons et au droit naturel, dont les religieux ont été entièrement dépouillez par le Concordat de Léon X et de François Ier fait à Boulogne en Italie en 1515, et enregitré le 22 mars 1517 au Parlement aprés bien des oppositions de sa part.

Milon abbé. — Notre nécrologe cy-dessus cité chapitre V. fait mention d'un abbé appellé Milon qui donne trente sols à prendre sur un fond ou vigne de Bayart pour le repos d'Helizende laïque. On ne sçait si Milon étoit abbé d'Orbaiz ou d'ailleurs, ni quand il vivoit ; on n'en trouve aucun mémoire [1].

---

1. [Sur les différentes phases de l'histoire de l'abbaye d'Orbais au moyen-âge, consulter : Abbé Pécheur, *Annales du diocèse de Soissons*, t. I, p. 221; t. II, p. 585 et s.; t. III, p. 373 et s.; t. IV, p. 497; et *passim*.]

Carreau émaillé de l'Église d'Orbais

ABBEZ COMMENDATAIRES

Les loix les plus sages et les plus discrétes, les usages les plus saints et les droits les plus sacrez établis sur des motifs trés justes et des fondemens qui paroissent inébranlables, ne sont pourtant pas à couvert des attaques, du caprice, de l'inconstance et encore plus de la cupidité des hommes. Cette vérité n'est que trop connue dans la révolution et l'abolition du droit, dont les clergez séculier et régulier avoient joui respectivement depuis leur institution, de se choisir eux-mêmes un chef et un supérieur d'entre eux jusqu'au commencement du xvie siécle qu'ils en ont été entiérement dépouillez contre toutes raisons. Qu'y avoit-il en effect de plus naturel, de plus juste et de plus conforme aux regles des saints instituteurs et à l'intention des pieux fondateurs que celuy qui devoit conduire, gouverner et instruire les autres, eût auparavant, pour apprendre cet art divin, mais si difficile, — Ars artium regimen animarum, S. Gregor. *in Pastorali*, parte I, c. 1 [1], — luy-même obéï, et pratiqué longtems, et pratiquât ensuite le premier ce qu'il devoit enseigner à ses inférieurs beaucoup plus par ses exemples que par ses paroles, et que par une longue expérience qu'il auroit acquise des maximes, des pratiques saintes et des observances de son état, par son exactitude précédente à les garder fidélement et à se remplir de l'esprit intérieur de sa profession, il fût jugé digne et choisi par ses seuls et propres confreres pour être leur chef et leur supérieur qui les gouverneroit chacun selon les regles et les loix de leur institut ? « Cum adversus SS. Patrum statuta
« venitur, non tantum illorum prudentiæ atque sententiæ, qui
« in ævum [*ms.* æva] victura sanxerunt, sed ipsi quodam
« modo fidei et catholicæ disciplinæ irrogatur injuria. Quid
« enim tam sanctum atque venerabile est, quam penitus non
« exorbitare ab itinere majorum, quorum canonica statuta
« [*ms.* instituta] veluti quædam fundamenta sunt ferendis
« fidei jacta ponderibus ? » S. Zozymus papa, epistola VI
[*alias* IV] ad episcopos Africæ, Galliæ, Hispaniæ [2].

1. [*Liber regulæ pastoralis*, ap. Migne, *Patr. lat.*, t. LXXVII, c. 14.]
2. [Migne, XX, 661.]

Le profond et religieux respect qu'on avoit eu pour les ordonnances des saints patriarches des ordres canonisées et confirmées par tant de conciles, de souverains pontifes, et par une suite non interrompue de plusieurs siécles, avoit maintenu le clergé de France dans ce droit d'élection si légitime. Mais l'Eglise gallicane, qui fait sonner si haut et qui se prévaut tant de ses libertés, qu'elle fait consister particuliérement à n'avoir point d'autres regles de sa discipline ecclésiastique que les définitions et les canons des conciles généraux, a vu ces mêmes libertés violées et comme anéanties en plusieurs articles, et voit encore tous les jours enlever de grosses sommes d'argent portées à Rome par les artifices, les entreprises, l'intrigue et l'avarice des officiers de la Cour romaine, qui surprirent la bonne foy et la religion de François Ier, roy de France, et l'obligérent par leurs importunités et leurs puissantes sollicitations réïtérées depuis longtems par leurs émissaires, d'abolir la pragmatique sanction (faite et publiée à Bourges le septiéme jour de juillet mil quatre cens trente-huit par le roy Charles VII avec les grands du royaume et les personnes les plus intelligentes dans les matiéres ecclésiastiques, et appellée par Genebrard *Pragmatica Sanctio libertatum Gallicarum palladium*, par laquelle Sa Majesté entend que, suivant les anciens canons renouvellez par un des décrets du concile de Bâle [1] tenu sous les pontificats de Martin V et d'Eugène IV, chaque église et chaque communauté aura droit d'élire son chef et son supérieur), ôtérent les élections des évêques et des abbez aux églises cathédrales et conventuelles et les transportérent au Roy par le fameux Concordat fait entre le pape Léon X et le roi François Ier, projetté et commencé dans une entrevue du Pape et du Roy à Boulogne le XI ou XIV de décembre mil cinq cens quinze, un peu aprés la bataille de Marignan, et conclu le seiziéme août 1516, et accepté à Rome au nom de François Ier, par Roger de Barme, son ambassadeur, et inséré dans les actes du concile V de Latran [2], session XI, sous Léon X.

Le premier article de ce Concordat parle des élections, et porte que les chapitres des églises cathédrales de France ne feront plus l'élection de leurs prélats [3], lorsque le siége sera

---

1. [1431.]
2. [1512-1517.]
3. Ce réglement nouveau déroge au canon IV° du 1er concile de Nicée en 325, qui dit : « Episcopum convenit maxime ab omnibus qui sunt in pro-
« vincia episcopis ordinari (*id est* eligi). »

vacant, mais que le Roy, comme patron de toutes les églises de son royaume, nommeroit au Pape pour pasteurs des églises vacantes des docteurs ou licentiez en théologie ou en droits, âgez de vingt-sept ans au moins, six mois après la vacation, pour en être pourvus par le Pape sur le brevet du Roy. Que les abbayes et prieurez conventuelz électifs seroient conférez de même que les évêchez, sinon que l'âge est réduit à vingt-trois ans, et que le Roy nommeroit un religieux profez expressément du même ordre. « Idem Rex illorum (monasteriorum) « occurrente hujusmodi vacatione, religiosum ejusdem ordinis « in ætate viginti trium annorum ad minus constitutum..... « nominare. » Si le Roy nommoit un sujet au dessous de vingt-trois ans, ou un prêtre séculier, ou un religieux d'un autre ordre, ou une autre personne inhabile, neuf mois étant écoulez depuis la mort du dernier pourvû, pour lors le Pape ou le Saint-Siége y nommeroit, comme aussi aux évêchez, abbayes et autres bénéfices consistoriaux vacants en cour de Rome, les titulaires y mourans, sans attendre la nomination du Roy. Que néantmoins ce Concordat ne déroge point aux droits et priviléges que quelques chapitres et couvents ont d'élire leurs évêques, abbez et prieurs.

Par le second article du Concordat on abolit les grâces expectatives, les spéciales ou générales, et les réserves pour les bénéfices qui vacqueront.

Le troisiéme article regarde les collations et le fait des graduez y est établi [1].

Le roy François Ier devoit faire ratifier le Concordat six mois aprés qu'il avoit été fait. Il alla pour cela en 1516 au Parlement de Paris, où le chancelier du Prat ayant expliqué les intentions de Sa Majesté, les chanoines de Notre Dame et les Docteurs qui s'étoient trouvez au Palais répondirent par la bouche du cardinal de Boisi que les affaires dont parloit le Concordat ne pouvoient être terminées que dans une assemblée générale du clergé de France.

Monsieur Le Liévre, avocat général, remontra avec tant de vigueur que le Concordat étoit contraire aux libertez de l'Eglise gallicane et aux véritables intérests du royaume, qu'il fut résolu qu'on n'enregitreroit point le Concordat.

Il y eut aussi beaucoup de difficultés de la part de l'Uni-

---

1. [V. le tome X des *Mémoires du clergé* publiés sous le titre de *Recueil des actes, titres et mémoires concernant les affaires du clergé de France*, Paris, 1716-1750, 12 vol. in-f°.]

versité de Paris. Elle appela du Concordat au futur concile légitime. Mais le Roy pressa tant et si vivement la Cour dudit Parlement que, l'authorité et l'intérest du Roy l'emportant sur toutes les remontrances, oppositions et appels, le vingt-deuxiéme de mars mil cinq cens dix-sept[1], elle fut contrainte d'enregitrer ledit Concordat[2], déclarant néantmoins et jugeant toujours selon la pragmatique sanction.

La Cour en effet s'opiniâtra de telle sorte à juger conformément à cette ordonnance que François Ier, en colére de cette fermeté, obtint un bref du Saint-Siége pour nommer aux bénéfices privilégiez[3]. Ainsi la liberté des élections canoniques fut entiérement détruite en France, et elle l'a toujours été depuis, et le Concordat fut publié et mis en exécution par toute la France[4]. C'est ainsi qu'aprés que tant de Papes, depuis l'an 1076 jusqu'à l'an 1150, avoient emploié les excommunications[5], les conspirations et les révoltes, et fait perdre la vie à tant de millions d'hommes, pour ôter aux princes temporels la collation des évêchez et en donner l'élection aux chapitres ; tout au contraire Pie II et cinq de ses successeurs Paul II, Sixte IV, Innocent VIII, Alexandre VI et Jules II,

---

1. [Isambert, t. XII, p. 97.]

2. Le Cardinal [de Lorraine] opinant au concile de Trente sur l'article de l'élection des évêques, dit que le Pape Léon X et François Ier avoient partagé entre eux la collation des bénéfices du royaume, comme les chasseurs partagent leur proye. (Fra-Paolo, à la fin du VIIe livre de l'*Histoire du concile de Trente*), [traduct. Amelot de la Houssaie, 2e édit., p. 681.]

Mais ce que Mézeray dit du Concordat est digne de remarque. « Léon X, dit-il, fit le Concordat avec François Ier par lequel il obtint l'abolition de la Pragmatique et s'assura les Annates payables à chaque mutation des évêques et des abbez. Cet accommodement à la vérité augmenta les revenus des Papes, mais ternit fort leur réputation, car on ne vit jamais d'échange plus bizarre. Le Pape qui est une puissance spirituelle prit le temporel pour luy, et donna le spirituel (c'est-à-dire la nomination des évêchez et des abbayes) à un prince temporel. »

3. [Bulle du pape Clément VII du 9 juin 1531. *Mémoires du clergé*, t. XI, c. 23.]

4. « Le clergé de France, dit le même Mézeray dans un autre endroit, les universitez, les Parlemens et tous les gens de bien y opposerent plaintes, remontrances, protestations, appels au futur concile. Toutefois, au bout de deux ans, il fallut céder à l'authorité absolue et enregîtrer le Concordat au Parlement. » — [Sur l'historique du concordat cf. Ellies Dupin, *Histoire de l'église et des auteurs ecclésiastiques du XVIe siècle*, chap. I, §§ VIII et IX.]

5. Depuis Grégoire VII jusqu'à Innocent IV, c'est-à-dire en 200 ans [1073-1254], il y eut sept empereurs excommuniez, sçavoir : Henry IV, Henry V, Fédéric I, Philippe I, Othon IV, Fédéric II et Conrad I.

ont combattu pour ôter cette élection aux chapitres de France et la donner aux Roys, comme fit enfin Léon X. Tant il est vray qu'on change de doctrine et de croyance selon que l'on change d'interests [1] ! Les spéculatifs ont cru que la raison qu'ont euë ces Papes, est que l'exemple des élections du Clergé tient en vigueur l'ancienne pratique et la doctrine universelle de l'Eglise, toute contraire à la moderne. Les autres sont d'opinion que les Papes en ont usé ainsi parce qu'il seroit plus facile de retirer la collation des bénéfices des mains de nos Roys qui auroient besoin du Pape, ou qui ne seroient pas d'une grande pénétration d'esprit, ou qui seroient d'une conscience trop timorée et scrupuleuse, que de celles des Evêques et du Clergé de France qui ont sçu en différentes occasions signaler leur fermeté et s'opposer généreusement aux entreprises des Papes ou des officiers de la Cour de Rome, sans s'écarter du respect et de l'obéïssance qu'ils devoient au Saint-Siége Apostolique ; témoin ce qui se passa lorsque Grégoire IV, voulant se rendre l'arbitre du différend survenu entre l'empereur Louis le Débonnaire et ses enfans, il menaça les évêques de France de les excommunier s'ils n'entroient dans ses sentimens. Nos Prélats, surpris d'un procédé si contraire aux canons, répondirent avec courage qu'ils n'obéïroient point à la volonté du Pape, *et que s'il venoit dans le dessein de les excommunier, il s'en retourneroit luy-même excommunié.* « *Si excommunicaturus veniret, excommunicatus abiret.* »

François Ier fit encore plusieurs loix pour regler le possessoire des bénéfices [2] et garda toujours le Concordat. Mais son fils Henry second en suspendit l'exécution durant quelques années qu'il fut en guerre avec le pape Jules III au sujet de Parme. Car ce Roy defendit, en 1551 [3], de recevoir de Rome aucune provision de bénéfices, voulant qu'ils fussent tous con-

---

1. Fra-Paolo dit mots pour mots : « C'est ainsi que le changement des interêts tire avec soy le changement et la contrariété de la doctrine. »

2. [V. les deux ordonnances d'octobre 1535 (chap. IX) et d'août 1539 (art. 46 et suiv.). Isambert, t. XII, p. 474 et 609. Cf. *Mémoires du clergé*, t. XI, c. 975 ; t. XII, c. 1623.]

3. [Edit du 3 septembre 1551, enregistré le 7 au Parlement. *Preuves des libertez de l'église gallicane* (3e édit., 1731, 2 vol. in-f°), II° partie, p. 211. — Isambert, t. XIII, p. 215. — Cf. Dupin, *Histoire de l'église et des auteurs ecclésiastiques du XVI° siècle*, II° partie, p. 327.]

férez par les ordinaires[1]. Mais quand la paix fut faite, le Concordat fut rétabli[2].

Les Etats d'Orléans, tenus l'an 1561 sous Charles IX, ne laissérent pas de le réformer en beaucoup de choses[3]. Mais le cardinal de Ferrare (Hippolite d'Este de la maison des ducs de Ferrare, petit-fils du pape Alexandre VI) étant venu légat en France dans un tems que le royaume étoit tout en combustion, il obtint la suspension des réglemens faits à Orléans [4], sous promesse que le Pape remédieroit au plûtôt aux abus qui avoient donné lieu à ces réglemens[5]. Mais cela ne s'étant point encore exécuté, le Concordat subsiste toujours. Et voilà comme les choses se sont passées en France.

Le concile de Trente fit beaucoup de décrets contre les abus

---

1. Il disoit dans son Edit qu'il n'étoit pas juste que la France fournît de l'argent au Pape pour en faire la guerre aux François, que par conséquent il défendoit absolument de porter or ni argent à Rome, ou en tout autre lieu de l'obéïssance du Pape, pour bénéfices, dispenses ou autres grâces, sous peine de confiscation aux ecclésiastiques et, outre cela, de punition corporelle aux séculiers, appliquant le tiers de la confiscation à ceux qui les dénonceroient. Et le Procureur général, en faisant vérifier l'Edit au Parlement, dit *que ce seroit une insigne folie aux François* de fournir à la cour de Rome de quoy faire la guerre à leur Roy. Outre qu'ils pouvoient se passer aisément des dispenses papales, qui aussi bien ne suffisoient pas pour acquiter la conscience devant Dieu. [*Preuves des libertez* etc..., *loc. cit.*, p. 213, 214. — Fra-Paolo, *op. cit.*, p. 302.]

2. [Edit du 21 mai 1552, enregistré au Parlement le 13 juin, qui révoque celui de 3 septembre précédent. *Preuves des libertez* etc..., *loc. cit.*, p. 215. — Isambert, t. XIII, p. 276.]

3. C'est dans ces Etats d'Orléans que le député du Clergé dit que l'on avoit remarqué *que l'hérésie de Luther étoit née dans la même année que le Concordat.* [Harangue de Jean Quintin. *Des Etats Généraux*, etc..., La Haye, 1789, t. X, p. 386. — Aux Etats de 1560-61, à Orléans, Jean Brigard, curé et doyen d'Orbais, était député du clergé du bailliage de Vitry. *Ibid.*, p. 447 ; cf. t. XII, p. 102.]

4. Il obtint la suspension des réglemens faits à Orléans, un desquelz défendoit de payer les annates et d'envoier aucun argent à Rome ni pour bénéfices ni pour dispenses. [Isambert, t. XIV, p. 64 ; cf. t. XII, p. 98.]

5. [« Au moment où s'ouvraient à Saint-Germain les conférences pour la « rédaction d'un édit de pacification (3 janvier 1561-1562), les difficultés avec « le légat prenaient un caractère si grave que le conseil crut nécessaire de « céder sur la question des annates. Aussi, le 10 janvier, le roi signait-il une « abolition des art. 2, 4 et 22 de l'ordonnance d'Orléans à la prière du Saint- « Père ; la seule réserve que contînt cet acte était l'engagement du cardinal « de Ferrare promettant au nom du Pape la révision des taxes pontificales « (lettres-patentes données à Chartres). » Picot, *Histoire des Etats-Généraux*, t. II, p. 85, note 1. — Le texte des lettres-patentes de Charles IX se trouve dans le *Recueil de jurisprudence canonique et bénéficiale* de Guy du Rousseaud de Lacombe, Paris, des Ventes, 1771, in-f°, appendice, p. 78.]

qui régnoient alors dans les matiéres bénéficiales. Il défendit les commendes à vie des bénéfices à cure ou à charge d'âmes comme étant une couverture pour en faire avoir et posséder deux ensemble[1]. Il commanda encore qu'à l'avenir les monastéres ne fussent plus mis en commende et que ceux qui y étoient alors fussent remis en titre, quand ils vacqueroient[2].

Nonobstant tous les décrets du concile de Trente, les différents édits de nos Roys, les reglemens des Etats assemblez à Orléans, la vigoureuse résistance et les constantes oppositions du Parlement, les remontrances du Clergé, des avocats et procureurs généraux du Roy, des Universitez et de tous les ordres interessez du royaume pour faire casser et annuller ledit Concordat et maintenir toujours la pragmatique sanction de Charles VII, faite à Bourges, le Concordat subsiste dans toute sa force et son étendue, et la Pragmatique [est] entiérement détruite[3]. L'on a appaisé les membres du Parlement et autres magistrats par les *Indults*[4] qu'on leur accorde sur des bénéfices ausquelz on leur a accordé de nommer, et leurs indultaires d'être préferez à tout autre en observant les formalités requises en telles occasions.

Les Universités sont aussi dédommagées, puisque les *graduez*[5] sont toujours préferez à tous autres requérans les bénéfices. Il n'y a que les chapitres séculiers et réguliers qui sont entiérement privez et dépouillez, non-seulement de leur

---

1. « Quicumque plura beneficia curata... sive per viam unionis ad vitam, seu *commendæ perpetuæ*... recipere, ac simul retinere præsumpserit, beneficiis ipsis..., præsentis canonis vigore, privatus existat. » Concil. Trident. capite 4, *De reformatione*, sessione VII.

2. « Confidit (sancta synodus Tridentina) sanctissimum Romanum pontificem pro sua pietate et prudentia curaturum ut monasteriis, quæ nunc commendata reperiantur, [et] *quæ suos conventus habent, regulares personæ ejusdem ordinis... præficiantur. Quæ vero in posterum vacabunt, non nisi regularibus conferantur.* » Chap. 21, *De la réformation des réguliers*, session XXV. [Montalembert, *Les moines d'Occident*, introduction, ch. VII.]

3. [Malgré les attaques dont il avait été l'objet, le concordat de Bologne resta en vigueur jusqu'à la Révolution, et ses règles ne cessèrent pas d'être appliquées. Au point de vue de l'annate notamment, c'est-à-dire de l'impôt dû à la cour de Rome pour les provisions d'un nouveau bénéficier, l'abbaye d'Orbais au xviii° siècle était taxée à une somme de 550 florins, soit 2933 livres. — Le florin de Rome valait cent six sols, huit deniers, en monnaie de France. — *Mémoires du clergé*, t. X, c. 709.]

4. [V. Chéruel, *Dictionnaire historique des institutions*, v° *Indult*. — *Mémoires du clergé*, t. XI, c. 1331 et s. — Picot, op. cit., t. III, p. 458.]

5. [V. Chéruel, op. cit., v° *Gradués*. — *Mémoires du clergé*, t. X, c. 195 et s. — Ferrière, *Dictionnaire de droit et de pratique*, v° *Gradué*.]

droit d'élection de leurs chefs et supérieurs, mais de leurs plus beaux et plus considérables revenus qui passent de leurs mains dans celles des étrangers, surtout ceux des réguliers, à qui on donne un chef d'un ordre différent, ce qu'un ancien autheur ecclésiastique appelle une espéce de monstre. *Regularis conventus accipiat Patrem regulari institutione formatum, ne statuœ aureœ caput œneum dicatur affixum.* Arnulphus, in sermone habito in synodo[1].

On reconnoîtra cy-après que cette abbaye a éprouvé autant qu'aucune autre les suites du Concordat, prévues et déplorées par avance par le Clergé, les Parlemens et tous les gens de bien, puisque la dissolution, le relâche et l'ignorance succédérent icy à la piété, à l'observance et à l'étude. Les religieux réduits à un trés petit nombre manquérent souvent du nécessaire, furent bannis et chassez même de ce monastére pendant dix ans par Nicolas de la Croix, et n'y rentrérent que par arrest à la main, après sa mort tragique. Les réparations négligées causérent la ruine et la chûte de la voûte de la nef de nôtre église, des lieux réguliers et des fermes; l'office divin, ou fait avec peu de décence, ou tout à fait abandonné; les titres, chartres et papiers enlevez et perdus par ledit de la Croix; les fonds et domaines vendus et aliénez à vil prix. On n'a arraché un tiers du revenu pour les religieux que par des procez et des arrests. Voilà les suites du Concordat. « Sed cum talibus « malis magis prolixi gemitus et fletus, quam prolixi libri « debeantur. » St-Augustin, epist. 122[2].

1520
LOUIS DE BOURBON

Louis de Bourbon premier abbé commendataire en 1520.

Le premier qui a joui du revenu de cette abbaye après le concordat de Léon X et de François Ier est Louis de Bourbon, connu sous le nom du cardinal de Vendôme. Il étoit fils de François de Bourbon, comte de Vendôme, et de Marie de

---

1. [Dom Du Bout et des auteurs contemporains croyaient à tort que le passage dont il s'agit était tiré du *Discours prononcé dans un Synode* par Arnoul, évêque de Lisieux au XIIe siècle. C'est une erreur qui a été rectifiée. (*Histoire littéraire*, XIV, 333 et 324. Cf. *Maxima bibliotheca veterum patrum* (30 vol. in-f°) Lugduni, Anisson, 1677, t. XXII, p. 1328.). — On sait aujourd'hui que l'extrait cité par l'historien d'Orbais appartient en réalité à une lettre d'Arnoul au pape Célestin II, *epist. 3 ad Cœlestinum papam*, ap. Migne, *Patr. lat.*, t. CCI, c. 20; *Gallia christ.*, t. XI, *instrum.* c. 162.]

2. [Migne, *op. cit.*, t. XXXIII, c. 422.]

Luxembourg, comtesse de St Paul, de Marle, etc... Louis naquit à Ham en Picardie le deuxiéme jour de janvier 1493, et il fut élevé au collége de Navarre de Paris pour y être instruit aux bonnes mœurs et aux belles-lettres. En quoy il fit de si heureux progrez qu'ayant meuri avant le tems, il fut pourvu avant l'âge, en 1510, de l'évêché de Laon, vacant par le décéds de Charles de Luxembourg, son grand-oncle. Le pape Léon X le fit cardinal du titre de Sainte-Sabine à vingt-quatre ans en 1518, et, comme son mérite étoit rare, il fit les délices de la cour de France et de celle de Rome; son mérite et sa naissance lui firent avoir des emplois importans en toutes les deux. Il succéda au cardinal du Prat, chancelier de France, un des principaux autheurs du concordat, dans l'archevêché de Sens, en 1536, et eut encore l'administration de diverses autres prélatures, comme celles du Mans, de Luçon, de Lantriguier [Tréguier][1], et des abbayes de Saint-Denis[2] en France, de Saint-Corneille de Compiégne, de Saint-Faron de Meaux, de Ferriéres et de celle de *Saint-Pierre d'Orbaiz*[3], comme il paroît par une procuration du quinziéme de novembre 1520[4], donnée à Me Guillaume de Le Févre, prêtre, procureur et receveur dudit Louis de Bourbon, pour donner à bail emphytéotique le clos communément appelé le *Clos Dame Heleine* situé dans Orbaiz le long des murs, vers le couchant. Il étoit encore abbé commendataire d'Orbaiz en 1524[5], comme on l'apprend

---

1. [Cf. Gams, *Series episcoporum*, passim.]
2. [*Histoire de l'abbaye de Saint-Denis*, par Dom Félibien, p. 379, 383 et 393. — *Histoire de l'abbaye de Saint-Denys en France*, par Jacques Doublet, livre I, chap. XXXVII, Paris, 1625, in-4°.]
3. [Le cardinal de Bourbon était encore évêque de Saintes et abbé commendataire de Corbie, d'Aisnay, de Saint-Crépin-le-Grand, de Cuissy, diocèse de Laon (1548 à 1554). Il posséda aussi les abbayes de Notre-Dame de Colombs, de Saint-Valery sur Somme, de Saint-Serge d'Angers, de Notre-Dame de Ham et de Saint-Amand en Pévèle. Cet évêque-cardinal ne borna point là ses dignités. En 1538 il fut pourvu de l'abbaye de Saint-Vincent de Laon qu'il agrandit et où il fixa sa résidence. Sur sa biographie, cf. *Histoire de l'abbaye de Saint-Vincent de Laon* par D. Robert Wyard, l. XII, chap. I, § I, p. 526 à 529 ; Fisquet, *La France pontificale*, (Métropole de Reims), Soissons et Laon, Paris, 1867, in-8°, p. 281 et 379.]
4. [V. aux *pièces justificatives*.]
5. [1522. — 15 juin. — Gilles Partois, vicaire de la cure de Suizy, prend à titre de cens et rente annuels et perpétuels des religieux d'Orbais « une « place à faire *molin à blé et à draps*, scituée et assise dessus la rivière de « Surmelain au-dessoubs et assez près du pont de Suezy. » *Recherches sur l'histoire de l'industrie dans la vallée du Surmelin*, p. 48.]

par un bail à cens perpétuel des bois ou terres joignant la Croupiére dessous le Tremblay, fait le seiziesme de may audit an 1524 à Pierre Frenot par ledit M° Guillaume de Le Févre, prêtre, fondé de son pouvoir et procuration à cet effect. On peut conjecturer qu'il a fait faire les chaires du chœur, ou qu'elles ont été faites de son tems, puisque ses armes se trouvent en sculpture à la premiére et à la derniére des chaires du côté du midi [1]. On voit encore ses armes peintes à la voûte du chœur autour de l'ouverture par où on monte les cloches et aux vitres du rond-point et de la nef au dessus des galeries [2]. En 1702 on voyoit encore dans notre clocher une cloche du poids d'environ huit cens de pezant, fondue en 1525 du tems de Louis de Bourbon, cardinal et abbé d'Orbaiz, suivant l'inscription en lettres gothiques. Il avoit quitté cette abbaye dans la même année 1525, puisque Laurent de Campegge, qui suit, en étoit déjà pourvu au mois d'octobre de ladite année 1525, comme on dira cy-aprés.

Notre premier abbé commendataire cardinal mourut à Paris le onziéme jour de mars mil cinq cens cinquante-six, et fut enterré dans l'abbaye royale de Saint-Denis, sépulture ordinaire de nos Roys, dans la croisée septentrionale, derriére les chaires du chœur, vis-à-vis du mauzolée de Louis XII et d'Anne de Bretagne, sous une colonne [3] au haut de laquelle il est représenté revêtu de sa pourpre, à genoux [4]. Janus

---

1. [Nous publions, comme appendice à notre travail, une description des stalles d'Orbais accompagnée de gravures. Ces stalles, ainsi que nous l'avons déjà dit, ne portent plus les armoiries de Louis de Bourbon.]

2. [Aujourd'hui les armoiries du cardinal Louis de Bourbon ne se voient plus à Orbais ; mais elles existent encore dans l'église du Grand-Tremblay (S.-et-O.) à la clef de la voûte du sanctuaire. De Guilhermy, *Inscriptions de la France*, t. III, p. 118. — M. Arthur de Marsy, dans son *Armorial des évêques de Laon* (Paris, Dumoulin, 1865), p. 17, décrit le blason de Louis de Bourbon-Vendôme ainsi qu'il suit : « D'azur à trois fleurs de lys « d'or, 2 et 1, à la cotice de gueules brochant sur le tout. (Jetons, tapisseries « du trésor de Sens, et livres imprimés en 1552.) Sur d'autres ouvrages de « 1554, la cotice est périe en bande. Le P. Anselme remplace la cotice par « une bande que les Sainte-Marthe chargent de trois lionceaux d'argent. « V. Julliot, *Arm. des Archev. de Sens.* »]

3. Le corps du cardinal L. de Bourbon est enterré dans la cathédrale de Laon, et son cœur à Saint-Denis, sous la colonne dont il est parlé dans cet article. [Note ajoutée au manuscrit postérieurement par une main étrangère.]

4. [La statue agenouillée, en marbre, du cardinal Louis de Bourbon a disparu à la Révolution. Arrachée seule à la destruction, la colonne qui lui

HISTOIRE DE L'ABBAYE D'ORBAIS

Vitalis, qui composa son éloge en vers, dit que toute la France considéroit ce cardinal comme son pere [1]. Pierre Gemel fit son oraison funèbre [2].

1525
LAURENT CAMPEGGE

Quoique le revenu de cette abbaye ne fût pas fort considérable, on ne laissa pas d'en gratifier des personnes de trés grande considération, puisque dés aussitôt que le cardinal de Vendôme, Louis, s'en fut démis volontairement, on la donna à Laurent Campègge, qui prend la qualité d'abbé commenda-

Laurent Campegge, second abbé commendataire en 1525

---

servait de support a repris place dans l'église de Saint-Denis, non pas à l'endroit où elle se trouvait primitivement, mais à côté de la porte du croisillon méridional. Pour la description de la colonne et de plus amples détails, V. la *Monographie de l'église royale de Saint-Denis* par le baron de Guilhermy, p. 41, 44, 93, 95 et 157, Paris, Didron, 1848, in-8°.]

1. [Janus Vitalis, célèbre ainsi la sagesse et les vertus de Louis de Bourbon :

Nestor consiliis, armis pugnabat Achilles :
  Consiliis Nestor plus metuendus erat.
Sic Romanus habet merito, Lodoïce, senatus
  Nestora, res magnas te suadente, suum.
Et quamvis virtute vales, et lumine claro
  Sanguinis illustras nobilioris avos,
Relligio tamen insignes superaddit honores,
  Teque vocat patrem Gallia tota suum.

Jani Vitalis Panormitani sacrosanctœ romanœ ecclesiœ elogia, p. 19, Romæ. 1553, in-8° (Biblioth. Mazarine, n° 21,253). — Frizon, *Gallia purpurata*, p. 562, Paris, 1638, in-f°. — Adde J. A. Petramellarius, *De pontif. et cardinal.*, p. 5 et 37, Bologne, 1599, in-4°.]

2. [La mort du cardinal Louis de Bourbon a inspiré les vers suivants qui se trouvent à la fin de son oraison funèbre :

Mœsta licet plores funestam Gallia mortem
  Borboni, lacrimis Gallia parce tuis.
Præsulis atque ducis sacro perfunctus honore,
  Pontifici summo proximus ille fuit.
Florentes inter proceres regnique monarchas,
  Si regem abstuleris, proximus ille fuit.
Altera pars potior celso consistit olympo :
  Altera pars istis clauditur exequiis.

Petri Gemellii de obitu illustriss. principis Ludov. Borbonii cardinalis oratio funebris, Paris, 1557, in-4°. — Auberi, *Histoire générale des cardinaux*, t. III, p. 259. — Ughelli, *Italia sacra*, t. I. c. 221.]

taire et d'administrateur, tant au spirituel qu'au temporel, de l'abbaye Saint-Pierre d'Orbaiz, dans la procuration par luy donnée à Boulogne en Italie, le cinquiéme jour d'octobre mil cinq cens vingt-cinq, indiction treiziéme, sous le pontificat de Clément VII, insérée dans un bail emphytéotique des prez appellez *les Prez-le-Comte;* ladite procuration donnée à Marc-Antoine Campegge, son frere, son procureur et vicaire général, clercq de l'église de ladite ville de Boulogne, et depuis évêque de Grossette, qui se trouva au concile de Trente.

Un mémoire de notre chartrier intitulé : *Singularités d'Orbaiz*, écrit en 1609 par un religieux de ce monastére, marque que « notre abbé Laurent Campegge, cardinal, fut envoié en « Angleterre il y a environ soixante ans, lorsque les Hugue- « nots commençoient à pulluler en Angleterre, et que ledit « Campegge, passant par ladite abbaye d'Orbaiz, qui étoit à « luy (ou qui avoit été à luy), il y dispensa les saints ordres. « *Ainsi le tenons-nous par tradition de nos peres religieux qui* « *étoient en ce tems-là.* » — Cependant il y a dans le chartrier un bail fait au mois d'août mil cinq cens vingt-sept à Jannin L'Abbé et Perrette sa femme, à cens perpétuelz, d'une piéce de terre en friche fermée de murs, tenant d'un côté aux Meulliers et à la piéce dite le Diable, par *Pierre abbé* et tout le couvent d'Orbaiz. Ce Pierre se dit *par la permission divine humble abbé de l'église Saint-Pierre d'Orbaiz, diocése de Soissons,* paroles dont ses prédécesseurs les abbez réguliers se sont servis dans les différens actes qu'ils ont faits, et desquelles les deux commendataires précédens ne se servent point. Il faut donc, ou que l'autheur du susdit mémoire se soit trompé en marquant que cette abbaye étoit encore possédée par Laurent Campegge quand, en passant par icy, il y dispensa les saints ordres avant que de passer en Angleterre en 1528, selon les historiens de ce tems-là [1], ou qu'il s'en soit démis avant le mois d'août 1527, puisqu'on trouve que Pierre prend la qualité d'humble abbé d'Orbaiz en la même année 1527.

Laurent Campegge naquit à Boulogne en Italie vers la fin du quinziéme siécle [2], et parut avec éclat dans le seiziéme,

---

1. [Guichardin, *Histoire d'Italie*, l. XIX, ch. II, dans le *Panthéon littéraire.*]

2. [En 1474.]

d'une famille en considération depuis plusieurs siécles [1]. Il étoit fils [ainé] de Jean Campeggi, sçavant jurisconsulte. Laurent s'avança aussi beaucoup dans la jurisprudence civile et canonique et fut même professeur en droit à Padoue. Il s'étoit marié avant qu'il embrassât l'état ecclésiastique. Il épousa Françoise Guasta-Villani, dont il eut trois fils et trois [*lisez* deux] filles : Rodolphe, qui fut général des Vénitiens ; Jean-Baptiste, évêque de Majorque, l'un des plus doctes prélats de son siécle ; et Alexandre, cardinal et abbé d'Orbaiz, dont on parlera icy dans la suite.

Laurent, aprés la mort de sa femme, s'étant fait ecclésiastique, il eut des emplois considérables, et fut enfin cardinal. Il contribua beaucoup à la réduction de la ville de Boulogne sous l'authorité du Saint-Siége [2], et Jules II luy en voulant témoigner sa reconnoissance, le fit pourvoir d'un office d'auditeur de rote, puis de l'évêché de Feltri, et ensuite l'envoia nonce en Allemagne et à Milan.

Léon X luy confia à luy et à Thomas Campeggi, son frere, le gouvernement des villes de Parme et de Plaisance, et le renvoia nonce en Allemagne. Ce fut en ce tems-là, c'est-à-dire le 1er juillet 1517, qu'il le créa cardinal du titre de Saint-Thomas ou de Sainte-Anastasie qu'il changea depuis avec celuy de Sainte-Marie de delà le Tibre, et pour les évêchez d'Albe, de Palestrine et de Sabine [3]. Il revint à Rome au mois de janvier de l'an 1518, et l'année d'aprés on l'envoia légat en Angleterre pour y lever les décimes contre les Turcs. Mais il ne réüssit pas en cette commission ; il obtint seulement l'évêché de Salisbury [4] pour luy. Depuis, sous le pontificat du pape Clément VII, il fut envoié légat en Allemagne contre Luther

---

1. [Cette famille très ancienne était originaire du Dauphiné. Elle s'établit en Italie à la suite de Charles, duc d'Anjou, frère de Louis IX, lorsque ce prince fit en 1265 la conquête du royaume de Naples. — *Armoiries*. Campegi di Bologna. « D'or au demy-aigle de sable, parti d'or au levrier de « sable. » Bibl. nat., Cabinet des titres, vol. 585, p. 9 et 83, avec dessin. Les armoiries des Campegge sont plusieurs fois gravées dans Ughelli, *Italia sacra*, notamment au tome II, col. 37 et 39.]

2. [Bologne expulsa Jean Bentivoglio et ouvrit ses portes au pape Jules II le 10 novembre 1506.]

3. [Laurent de Campegge, abbé d'Orbais, occupa successivement en Italie les évêchés de Feltre (1512-1523), de Bologne, sa patrie (1523-1525), d'Albano (1534-1535), de Palestrine, *Préneste* (1535-1537), de Sabine (1537-1539). Gams, *Series episcoporum*.]

4. [1524-1534.]

et ses sectateurs, en 1524, et il y fit des ordonnances pour la réforme des mœurs. Il se trouva à la diéte qui se tint à Nuremberg la même année, où il demanda l'exécution de la bulle du pape Léon X et de l'édit de l'empereur Charles V contre Luther, sans parler du concile que les Allemands avoient demandé dans la diéte précédente [1].

En mil cinq cens vingt-huit [le 8 juin] il fut envoié légat en Angleterre, pour être juge du divorce de Henry VIII qui vouloit faire déclarer nul son mariage avec Catherine d'Arragon et de Castille, pour épouser (comme il fit ensuite) Anne de Boulen, sa propre fille naturelle, qu'il avoit eue de la femme de Thomas de Boulen, pendant qu'il étoit son ambassadeur en France. Mais notre légat ne conclut pourtant rien, et le Pape le rappella l'année d'après, s'étant reservé cette affaire, et il revint à Rome en 1529 [2].

Il étoit évêque de Boulogné sa patrie depuis l'an 1523. Il se trouva en cette ville le 24 février 1530 au couronnement de Charles V empereur par Clément VII, de qui il reçut la couronne impériale. Aprés cette auguste cérémonie, Campegge repassa en Allemagne, il y assista à la diette d'Ausbourg [juin 1530] [3]. A son retour, le Pape étant mort, il donna sa voix

---

1. [« Le pape fit choix, pour le représenter à la diète, avec le titre de « *légat à latere*, du cardinal Campeggio, homme de tête et de caractère, théo- « logien habile, rhéteur exercé à la parole, admirateur et ami d'Erasme, etc. » Audin, *Histoire de la vie, des écrits et des doctrines de Martin Luther*, 3 vol. in-8°, 1846, t. II, p. 475 et s. Ailleurs le même auteur ajoute : « N'est-ce pas à Campeggi, dont Léon X récompensa magnifiquement la science, qu'Erasme écrivait, à propos d'une bague qu'il en avait reçue : « Le feu « brillant de l'or sera l'éternel symbole de votre sagesse cardinaliste ; la « lumière du diamant ne sera jamais qu'une pâle image de la gloire de « votre nom. » Audin, *Histoire de Léon X*, 2 vol. in-8°, 1844, t. II, p. 233. — Cf. Henri Martin, *Histoire de France* (4me édition), t. VIII, p. 32.]

2. [L'intervention de Campeggio dans le procès du divorce de Henri VIII avait été réclamée par Wolsey, grand-chancelier du roi d'Angleterre. La politique du cardinal italien dans cette affaire consista toujours à temporiser. Le 23 juillet 1529 eut lieu la dernière séance des commissaires-légats. Le conseil de Henri VIII demanda en termes insolents que la cour prononçât enfin son jugement. Campeggio répondit à l'injonction hautaine de l'orateur qu'il était trop vieux et trop malade pour craindre les menaces ; que, près de mourir, il voulait paraître la conscience sans tache devant le tribunal suprême. Presque en même temps le pape Clément VII évoqua le procès à Rome, et Campeggio regagna l'Italie. Audin, *Histoire de Henri VIII et du schisme d'Angleterre*, 2 vol. in-8°, 1847, t. I, p. 451, 456, 464 à 487 et *passim*. — Henri Martin, *Hist. de France*, t. VIII, p. 173 et s.]

3. [Henri Martin, *Hist. de France*, t. VIII, p. 163 et s. — Merle d'Au-

pour l'élection de Paul III[1], qui le nomma en 1538 pour se trouver en qualité de légat à Vicenze, où l'on devoit faire l'ouverture du concile qui s'est depuis continué et a fini à Trente. Mais Campegge mourut à Rome le dix-neuviéme [*lisez* 25e] jour de juillet mil cinq cens trente-neuf.

Il avoit composé quelques ouvrages de droit qui n'ont pas été publiez. Sponde parle de luy dans ses *Annales ecclésiastiques*[2] et autres.

1527

PIERRE

On conjecture que Pierre étoit abbé régulier en mil cinq cens vingt-sept, parce que dans un bail à cens annuels et perpétuels à Jehannin L'Abbé et Perrette sa femme, au mois d'avril [*alias* août] 1527, d'une piéce de terre en friche fermée de murs, tenant d'un côté à la piéce le Diable et aux Meulliéres, cet abbé Pierre se dit : *par la permission divine humble abbé de l'église Saint-Pierre d'Orbaiz de l'ordre Saint-Benoist au diocése de Soissons, et tout le couvent en ce même lieu.* Les deux précédens abbez qui étoient commendataires n'ont pas employé, ni les successeurs dudit Pierre n'emploient pas les mêmes termes dans les actes publics qu'ils ont faits ;

Pierre abbé en 1527.

---

bigné, *Hist. de la Réformation*, t. IV, p. 155 à 390. — Fra-Paolo, *Hist. du concile de Trente*, p. 49 et s. et *passim*. — Pallavicini, *Hist. du concile de Trente* (édit. Migne, 2 vol. in-4°, Montrouge, 1844), l. III, ch. III; V. *ibid.* l. II, ch. X et XV.]

1. [Alexandre Farnèse.]

2. [*Annalium card. Cœs. Baronii continuatio* (1197-1640) per Henricum Spondanum etc..., t. III, Paris, De la Noue, 1641. — L'Arioste appelle le cardinal Laurent Campeggio l'honneur et l'ornement du sénat romain. Audin dit qu'il était une lumières de son siècle. Il est certain que l'abbé d'Orbais eut, en diplomatie, un rôle particulièrement délicat. Il a été légat du Saint-Siège en Allemagne et en Angleterre, à l'époque où la Réforme tendait à s'introduire dans ces deux pays. L'insuccès de plusieurs de ses missions s'explique par la difficulté des circonstances. Laurent Campeggio n'en doit pas moins conserver la réputation d'un négociateur habile, recommandable par sa vie active, ses talents et son influence dans les affaires. On a de lui des lettres intéressantes pour l'histoire du temps, qui se trouvent dans le recueil intitulé : *Epistolarum miscellanearum ad Fridericum Nauseam Blancicampianum, episcopum Viennensem, etc... singularium personarum libri decem*, Bâle, 1550, in-f°. — Sur les missions diplomatiques de Laurent de Campegge, V. Ellies Dupin, Biblioth. ecclésiast., *Histoire de l'église et des auteurs ecclésiastiques du XVI° siècle*, Ire partie.]

il n'y a eu que les abbez réguliers qui s'en sont servis. — On ne sçait la premiére ni la derniére année de l'administration de cet abbé nommé Pierre.

Léon X et François Ier ayant abrogé et aboli par leur Concordat du 16 août 1516 la pragmatique sanction et par conséquent les élections canoniques, on ne sçait par quelles raisons cette abbaye fut encore confiée et gouvernée par cet abbé Pierre qu'on suppose toujours avoir été auparavant religieux bénédictin profez, aprés avoir été entre les mains de deux commendataires. Si les élections n'avoient pas été abolies par ce Concordat, on diroit que ces deux commendataires, quoique pourvus par la cour de Rome sur le brevet du Roy, étant cardinaux, sont censez réguliers et capables de posséder toutes sortes de bénéfices selon les prétentions de la cour de Rome; cette abbaye ne seroit pas encore ou n'étoit pas encore sujette à la commande, ni les religieux d'Orbaiz déchus et dépouillez de leur droit de se choisir eux-mêmes un abbé de leur ordre et profession, conformément aux saints canons et à leur regle. Mais comme les élections n'avoient plus de lieu dans la plûpart des abbayes de France et que le Roy nommoit aux bénéfices consistoriaux, tels que sont les évêchez, les abbayes, etc..., on ne sçait par quelles raisons cette abbaye fut donnée à Pierre qu'on croit avoir été abbé régulier. Si ce n'est qu'on veuille dire que — le revenu de cette abbaye n'étant pas assez considérable, ou que, le Concordat causant trop de plaintes et de murmures en France par rapport aux petites abbayes dont le nombre des religieux se trouvoit trop petit, aprés l'introduction des commendataires, pour faire décemment le service divin et acquiter les autres charges — le Roy permit encore aux religieux de se choisir eux-mêmes un abbé de leur corps, ou plutôt que le Roy, conformément à son Concordat, nomma un religieux profez de l'ordre âgé de vingt-trois ans.

Quoiqu'il en soit, si l'abbaye rentra dans ses droits d'élection, ou si on nomma un religieux de l'ordre pour abbé d'Orbaiz, afin de ne pas réduire d'abord le nombre des religieux à une trop petite quantité pour faire l'office divin avec la décence et l'édification convenables, ou pour temporiser et laisser tomber les plaintes et les murmures, il est certain que ce monastére ne jouit pas longtems de son droit, et qu'il retomba bientôt sous la domination des abbez commendataires [1] qu'il

---

1. [Le monastère d'Orbais avait à sa tête, au mois d'avril 1527, un abbé

n'a pu encore secouer, puisqu'après la mort de l'abbé Pierre, il tomba entre les mains d'Alexandre de Campegge qui suit, sans la participation des religieux, qui ne concour[ur]ent point de leurs suffrages à sa nomination, et qui eurent tout à souffrir, duretez, refus de pensions, expulsion, exil de leur monastére par Nicolas de la Croix, successeur d'Alexandre de Campegge.

1541

ALEXANDRE DE CAMPEGGE

L'abbaye d'Orbaiz ne profita pas longtems de l'avantage d'être soumise à la conduite immédiate d'un abbé régulier, puisqu'elle fut conférée à Alexandre de Campegge, clerc séculier, troisiéme fils de Laurent de Campegge et de Françoise de Guastavillain dont on a parlé cy-devant.

Alexandre Campeggi, abbé, IIIe commendataire en 1541.

Alexandre leur fils fut élevé avec beaucoup de soins, et eut pour maîtres les plus sçavans hommes de son siécle, comme Lazare Bonamici[1], Pierre Borrhano, et Antoine Bernardi, qui fut depuis évêque de Caserte[2]. Il répondit si bien à tous ces

---

régulier du nom de Pierre. Ce fait, qui semble inexplicable à Dom du Bout, se justifie peut-être par les résistances qu'a soulevées la mise en pratique immédiate du concordat. Il est certain qu'au début le système de la nomination royale et celui de l'élection entrèrent en lutte relativement au choix des abbés. L'ancienne tradition, chère au clergé, était plus forte que la loi nouvelle promulguée par François Ier. « On vit maintes fois encore, dit « Henri Martin, les chapitres et les couvents procéder aux élections comme « si le concordat eût été non advenu, et les parlements donner gain de « cause au candidat élu contre l'homme du roi. Cette étrange situation d'un « état régi par deux lois opposées se prolongea jusqu'à ce que le roi, déses- « pérant de vaincre la résolution du corps judiciaire, eût enlevé aux parle- « ments la connaissance des procès concernant les élections ecclésiastiques, « pour la transférer au grand conseil (1527). » *Hist. de France*, t. VII, p. 463. — La mesure en question résulte d'un édit des 23 juillet-6 septembre 1527. Il a été confirmé par un autre édit de Henri-II du mois de septembre 1552, enregistré le 3 octobre suivant, qu'on trouve inséré dans le recueil de Fontanon (4 vol. in-f°) t. I, p. 130.]

1. [Buonamici (Lazare), né à Bassano en 1479, mort à Padoue le 11 février 1552.]

2. [Antoine Bernardi, né à Mirandole en 1503, évêque de Caserte de 1552 à 1554, mort à Bologne le 19 juin 1565. MM. Ernest Nys et Guido Fusinato ont récemment consacré à la vie et aux travaux de ce savant une étude intéressante. *Revue de droit international et de législation comparée*, t. XVI (1884), p. 283 et 597. Bernardi fut enterré dans le chœur de la cathé-

soins qu'il fut bientôt en état de posséder les principales charges de la cour de Rome et puis les plus belles dignités de l'Eglise. En effet le pape Paul III le fit clerc de la Chambre, luy donna des employs, et en 1541 il l'éleva sur le siége épiscopal de l'église de Boulogne [1], sa patrie. Il étoit abbé commendataire de Saint-Pierre d'Orbaiz en la même année 1541, comme le marque sa procuration expédiée à Rome, le 14 de novembre audit an 1541, à Messire Jean Lumel, évêque de Sébastiane et abbé de Saint-Sébastien de Rome [2], par laquelle il l'établit et le constitue son vicaire général de Saint-Pierre d'Orbaiz, pour gérer et administrer en son nom ladite abbaye d'Orbaiz.

Le vingt et uniéme jour de décembre 1547, Dom Pâquier Chatton, religieux, prévôt de Saint-Pierre d'Orbaiz et prieur du prieuré Notre-Dame d'Oiselet, diocèse de Châlons, fondé de la procuration dudit Alexandre abbé, des prieur et couvent de ladite abbaye Saint-Pierre d'Orbaiz, présenta au baillif de Vitry-le-François la Déclaration des fonds, domaines, terres, fiefs, seigneuries et revenus temporelz de cette abbaye, et la mit au greffe dudit bailliage de Vitry ; elle est à présent à la Chambre des Comptes de Paris, d'où René de Rieux, évêque de Léon en Bretagne et abbé commendataire d'Orbaiz, en obtint une copie le premier jour d'août 1633, et le R. P. Dom Felix Mauljean, premier prieur de la Réforme, une autre copie en 1668 ou 1669, qui se trouvent dans notre chartrier d'Orbaiz.

Le 15e jour d'octobre 1548, indiction VI, la 14e année du pontificat de Paul III, Nicolas Barthelemy, citoyen Luquois résident à Paris, en vertu de la procuration expédiée à Rome lesdits jour et an et à luy donnée par ledit Alexandre de Campegge, donna à bail emphytéotique la *Coûture de Suisy-le-Franc* à Gilles Béra et Jehannette. L'abbaye est rentrée dans ce bien et en jouit présentement. — La procuration expédiée

---

drale de Mirandole où l'on voit encore aujourd'hui son buste en marbre et son épitaphe. Un portrait à l'huile, qui le représente revêtu de la toge et tenant un livre à la main, est à la bibliothèque municipale de la même ville.]

1. [D'après Gams, Alexandre Campegge occupa ce siège de 1526-27 à 1553.]

2. [A Rome, dans l'église de Saint-Sébastien hors les murs, on lit une inscription où le nom du personnage est orthographié Jo(hannes) LUNELIUS. Forcella, *Iscrizioni delle chiese e d'altri edificii di Roma*, t. XII, p. 150, n° 187.]

audit Nicolas Barthelemy et bail emphytéotique se trouvent en parchemin fort long dans notre chartrier, *au titre de Suisy* [1].

Le concile commencé à Trente ayant été transféré à Boulogne, les prélats s'assemblèrent chez Alexandre et Jean-Baptiste Campegge [2], et on y remarqua cinq prélats de cette famille de Campegge, proches parens du feu cardinal Laurent, sçavoir : Thomas, évêque de Feltri [3], Marc-Antoine de Grossette [4], Jean, évêque de Parento [5], son neveu, fils d'Antoine-Mary son frere, et ses deux fils, Jean-Baptiste évêque de Majorque [6], et Alexandre notre abbé, qui étoit évêque de Boulogne.

Alexandre fut aussi vice-légat à Avignon, où il étudia assez adroitement les desseins des Huguenots, qui cherchoient à s'y jetter sur les terres de l'Eglise. Il s'acquit tant de réputation par sa conduite que le pape Jules III le fit cardinal au mois de novembre 1551. Au mois de décembre suivant, il échangea cette abbaye avec Nicolas de la Croix, qui luy bailla celle de Boscaudon au diocése d'Ambrum [7]. Il mourut le 25 [*lisez* 21] septembre 1554, âgé de 48 ans [8].

Alex. Campegge permute l'abbaye de Boscaudon avec celle d'Orbaiz en 1551 à Nicolas de la Croix.

---

1. [V. aux *pièces justificatives*.]

2. [Cette translation eut lieu le 11 mars 1547, sous prétexte de la peste qui régnait à Trente. Une inscription commémorative a été placée à Bologne dans le palais des Campegge. — Ughelli, t. II, c. 40.]

3. [Thomas, évêque de Feltre (1520-1559), frère du cardinal Laurent, qu'il accompagna dans la plupart de ses missions. On a de lui des lettres et plusieurs traités de discipline ecclésiastique. Il s'associa comme coadjuteur Philippe-Marie Campeggi, son neveu, qui lui succéda dans l'évêché de Feltre (1559-1584). Mort à Rome, à l'âge de 64 ans, le 11 janvier 1564, Thomas y fut enterré dans l'église de Sainte-Marie d'*Ara cœli*. Son épitaphe est donnée par Ughelli, t. V, c. 377, et par Forcella, t. I, p. 176, n° 672.]

4. [Marc-Antoine, évêque de Grossetto (1528-1553), frère de Thomas, évêque de Feltre, et du cardinal Laurent. — Ughelli, t. III, c. 693.]

5. [Jean Campegge, évêque de Parenzo (Parentium) et Pola de 1537 à 1553, fils d'Antoine-Marie, sénateur. Il était cousin-germain d'Alexandre Campegge dont il fut le coadjuteur et le successeur dans l'évêché de Bologne en 1553 Jean mourut le 7 septembre 1563. — Ughelli, t. II, c. 40.]

6. [Jean-Baptiste, évêque de Majorque (1533-1560), orateur célèbre, qui ouvrit le concile de Trente, le 13 décembre 1545, par une harangue *De religione tuenda*. Labbe, *Conciles*, t. XIV, p. 1851.]

7. [*G. ch.* III, 1106.]

8. [La devise d'Alexandre de Campegge était une pyramide au sommet de laquelle se trouvait enroulée la tête d'un serpent avec cette inscription : *Per ardua virtus*. — Il fut enterré auprès du cardinal Laurent, son père, qui l'avait précédé dans la dignité d'abbé-commendataire d'Orbais. Leur

1551

NICOLAS DE LA CROIX

Nicolas de la Croix, IV⁰ abbé commendataire en 1551.

L'échange, par où on a fini l'article précédent, fit tomber cette pauvre petite abbaye sous la domination de Nicolas de la Croix qui en fut le quatrième abbé commendataire dez l'année mil cinq cens quarante et une, ou, selon d'autres mémoires, au mois de décembre 1551.

Nicolas de la Croix sorti de l'illustre maison des Ursins.

Le mémoire de ce chartrier, intitulé *Singularités d'Orbaiz*, dit que « Nicolas de la Croix étoit sorti de l'illustre et ancienne « famille des Ursins, célèbre dans l'Eglise et dans le siècle [1]. » Il fut conseiller d'Etat, aumônier du roy Charles IX, et deux

tombeau commun est à Rome, dans l'église de Sainte-Marie du Transtévère. On y lisait autrefois l'épitaphe suivante :

Laurentii tituli S. Mariæ Transtyberim
patris, et Alexandri S. Luciæ in Silice filii,
ex legitimo matrimonio ante
sacerdotium suscepti,
ex nobili Campegiorum Bononiensium familia
Sanctæ Romanæ Ecclesiæ
cardinalium
ossa ex eminenti loco
anno salutis MDLXXI huc translata
in unum requiescunt.

Les marquis Émile et Charles Malvezzi, héritiers de la famille Campeggi, ont fait récemment restaurer la sépulture des deux anciens évêques de Bologne. Depuis 1868 elle porte une épitaphe nouvelle substituée à l'ancienne et publiée dans le recueil de Forcella, t. II, p. 377, n° 1170 ; cf. *ibid.*, p. 345, n° 1063. — *Add*é Auberi, *Histoire générale des cardinaux*, t. III, p. 273, et t. IV, p. 304. — Sur les Campeggi et leurs contemporains, V. Tiraboschi, *Storia della letteratura italiana*, Milan, 1822-26, 16 vol. in-8°.]

1. [Les familles de La Croix sont nombreuses, et nous n'avons pu déterminer celle à laquelle appartenait l'abbé d'Orbais. Nous ignorons s'il se rattachait à la maison des barons de Plancy, vicomtes de Semoine en Champagne, dont était Claude de la Croix, qui fut député de la noblesse du bailliage de Sézanne aux Etats-Généraux de 1560 à Orléans (*Des Etats-Généraux*, etc...., t. XI, p. 96) et qui mourut en 1572. Cette maison portait : « D'azur à une croix d'or chargée en cœur d'un croissant de gueules. » Voir Bibl. Nat., Cabinet des titres, dossier bleu 5738, n°ˢ 1 à 100, avec dessin des armoiries.]

fois ambassadeur de Sa Majesté auprez des Suisses[1], où il fit bâtir l'hôtel des ambassadeurs de nos Roys à Solioure[2].

On peut dire, sans faire tort à sa mémoire, qu'il remplit entiérement (mais au grand préjudice de cette abbaye et de ses pauvres moines) l'idée et la signification de son surnom *de la Croix*, ét que jamais on n'a pu faire une plus juste application de ce vers pentamétre :

Conveniunt rebus nomina sæpe suis.

« Car dés aussitôt qu'il eut prit possession de cette abbaye,
« dit le mémoire cité cy-dessus, il voulut prendre connoissance
« de tout son revenu : pour cet effect, il prit, enleva et s'em-
« para par force et violence d'un grand coffre où étoient con-
« servez soigneusement par les religieux tous les titres, char-
« tres, papiers, renseignemens et remarques des biens, droits,
« domaines, seigneuries et possessions de cette abbaye, les-
« quelz titres et papiers depuis ce tems-là ont été perdus »
sans qu'on ait pu les retirer ou recouvrer, quelque diligence qu'on ayt faite, parce qu'avant son ambassade en Suisse, il les avoit confiez à Jean Aubry, son receveur, qui avoit intelligence secréte avec Christophe de Gomer, seigneur du Breuil, qui devint aprés, comme on verra, l'ennemy de cet abbé et de l'abbaye, et à qui, pendant l'ambassade de Nicolas de la Croix, il vendit et aliéna, le sixiéme avril 1564, la seigneurie, justice, cens et rentes de Verdon et Violaine, moyennant la somme de quatre mille cinquante livres, et divertit tous lesdits titres à luy confiez, ou peut-être les remit entre les mains dudit Gomer, et sont perdus.

Cette aliénation, et le refus que Gomer faisoit annuellement de fournir la prestation de 39 septiers de grains, partie bled, partie avoine, furent la cause principale de leurs grands différents et de la mort précipitée et également tragique desdits de la Croix et Gomer, comme on le rapportera dans la suite de ce recueil.

---

1. [La première ambassade de Nicolas de la Croix en Suisse remonte aux années 1562 à 1565. Sa correspondance diplomatique, pendant cette période, est conservée dans un manuscrit qui provient du couvent des Minimes de Paris et qui se trouve aujourd'hui à la Bibliothèque Mazarine, *Ms.* 1781 H. Cf. *Bibliothèque historique* du P. Lelong, t. III, n° 30104. On verra plus loin que la seconde ambassade de l'abbé d'Orbais auprès des cantons Helvétiques eut lieu de 1573 à 1577.]

2. [Soleure.]

La perte de ces titres et papiers, l'aliénation des seigneuries de Verdon et Violaine, ne furent pas les seuls dommages que cette abbaye eut à supporter ni les seules occasions que l'abbé de la Croix suscita et fournit aux religieux pour exercer leur patience, puisqu'en 1563 il avoit encore vendu, le 29° décembre, les prez de l'abbaye appellez *les Prez-le-Comte*, moyennant la somme de deux cens quatre-vingt livres tournois. Ils ont été depuis retirez par le soin, le zele et la bonne œconomie du R. P. Dom Pierre Mongé, en vertu de la Déclaration du Roy du [31] octobre 1675 pour les retraits des biens ecclésiastiques. — On verra encore dans son lieu les autres aliénations de nos biens par ledit abbé de la Croix.

<small>Arrest du Grand Conseil favorable aux religieux d'Orbaiz en 1575</small>

Nous rapporterons un peu plus bas un arrest du Grand Conseil du 2 avril 1574, en la pronontiation du 16 may 1575, où sont repris tout au long les griefs, duretés, mauvais traittemens, refus des pensions alimentaires aux religieux qui furent contraints de céder à la violence dudit de la Croix, de sortir, et d'abandonner leur monastére et de se pourvoir pardevant nos

<small>Violences et duretés de N. de la Croix.</small>

dits seigneurs dudit Grand Conseil qui prit sous sa garde et protection lesdits religieux, qui défend audit de la Croix et à ses domestiques d'user de rigueur et de mauvais traittemens, ains de porter affection paternelle ausdits religieux, et leur enjoint de rentrer et de vivre en commun en ladite abbaye, et condamne ledit abbé à cinquante livres d'amende. Mais le mémoire cité cy-dessus assure qu'ils ne rentrérent dans le monastére qu'aprés la mort dudit Nicolas de la Croix, arrivée le 23 juillet 1577, qui les en avoit chassez et tenus dix ans entiers bannis de sa propre authorité et par ses violences ; c'est pourquoy ils n'osoient seulement en approcher, tant la conduite de cet homme qui remplissoit si mal ses devoirs d'abbé et de pere étoit dure et inhumaine envers ces pauvres religieux, les avoit effarouchez et bannis de leur propre maison, obligez d'être errans, vagabonds, manquans souvent du nécessaire et exposez à tous les inconvéniens que traine aprés soy une extrême nécessité.

La mésintelligence de Mr de la Croix et de Christophe Gomer fut trés préjudiciable à cette abbaye. En 1560 on attaqua le droit d'usage dont l'abbaye jouissoit paisiblement depuis l'année 1165 en vertu de l'échange faite avec Henry Ier du nom, comte palatin de Champagne et de Brie, qui avoit accordé aux abbez et religieux d'Orbaiz tout droit d'usage et à prendre bois pour bâtir, réparations, chauffage indifféremment dans la forest de Vassy. Gomer, maître particulier des eaux et forests de Château-Thierry, profita de cette occasion pour signaler et faire éclater sa mauvaise volonté contre l'abbaye. Il rendit un jugement peu équitable, le douziéme jour de février mil cinq cens soixante et un, par lequel il ordonne qu'il seroit seulement délivré aux abbé et religieux par chacun an pour leur chauffage la quantité de cent cordes de bois et quatre milliers de fagots, sans faire aucune mention du droit de l'abbaye de pouvoir prendre bois-à-bâtir selon leurs besoins dans ladite forest de Vassy, et autres droits.— On appella de cette sentence, on obtint des lettres-patentes du roy Charles IX, du 4 may 1567, par lesquelles Sa Majesté confirma à la vérité en partie notre droit, en ajoutant à la sentence de Gomer le droit de prendre bois-à-bâtir, mais ne nous accordant que lesdites cent cordes de bois et quatre milliers de fagots. Ce droit est aujourd'huy perdu, ou compensé pour quatre-vingt et quelques livres avec Monsieur le duc de Bouillon, engagiste du duché de Château-Thierry. Voyez cy-dessus le commencement et la fin de cette affaire si préjudiciable à l'abbaye. Quand on a une fois fait bréche et donné atteinte aux droits les plus justes et les plus anciens, on trouve assez de faux prétextes pour en dépouiller les légitimes possesseurs (Chap. V). — On trouvera dans notre chartrier, au titre *des papiers communs aux abbez et religieux*, la sentence de Gomer, les lettres-patentes de Charles IX et ses successeurs en original, et dans un gros écrit en parchemin où toutes les piéces contenantes et concernantes notre droit d'usage sont transcriptes. Item toutes les procédures et diligences faites en 1672 par le R. P. Dom Felix Mauljean, premier prieur depuis la Réforme.

La mort de Dom Jean Louveau, religieux, prieur claustral de ce monastére, prieur du prieuré simple de Notre-Dame de Celle, diocése de Châlons-sur-Marne, suivant ladite Déclaration du 21 décembre 1547, et vicaire général et perpétuel de l'abbé de Saint-Pierre d'Orbaiz, arrivée le cinquiéme jour de novembre 1563, ayant obligé les religieux d'Orbaiz de se choisir un nouveau prieur, [ils] choisirent apparemment Dom Pierre Picot, qui, n'étant pas peut-être au goût de Nicolas de la Croix, ledit sieur abbé refusa de le reconnoître et de luy faire délivrer ses lettres et provisions de son vicaire général et perpétuel dans ladite abbaye et ses dépendances; ce qui donna lieu et fut l'origine de toutes les procédures, différens, mauvais traittemens des religieux par ledit de la Croix, ses officiers,

1563. Mort de Dom Jean Louveau.

Dom P. Picot élu prieur le 1er et 5 novembre 1563 par les religieux, comme on le voit dans l'arrest cy-aprés ecript.

receveurs et domestiques ; refus dudit abbé de fournir ausdits religieux leurs pensions alimentaires, vins, bois, vestiaire, vases sacrez, ornemens, linges, livres choraux, pour faire décemment le service divin, faire réparer l'église, dortoirs, cloîtres, réfectoir, infirmerie, et autres lieux dépendans de ladite abbaye.

La conduite peu raisonnable dudit abbé envers les religieux, les mauvais traittemens et les menaces qu'il leur faisoit, effrayérent et intimidérent tellement ces pauvres religieux que pas un ne voulut accepter la charge de prieur qui luy fut offerte, et qu'ils abandonnérent leur abbaye pour n'être point davantage exposez aux duretés du sieur de la Croix le reste de ses jours. Dom Pierre Picot n'accepta ladite charge de prieur (qui luy fut déférée par les prieurs des abbayes de Saint-Germain des Prez et Saint-Victor de Paris et Saint-Martin des Champs, commis par arrest du Grand Conseil du deuxiéme avril mil cinq cens soixante-quatorze pour faire choix d'un prieur d'Orbaiz) qu'aprés avoir obtenu ledit arrest du 2 avril 1574 contre ledit abbé, dans lequel arrest sont rapportez au long les griefs, plaintes, demandes faites par les religieux et à eux accordées, et ledit sieur de la Croix condamné à y satisfaire et à une amende de 50 livres, et ses receveurs à payer exactement aux religieux ce qui leur est adjugé, sous peine d'emprisonnement. Voicy une copie de cet arrest du Grand Conseil pour le réglement des religieux de l'abbaye d'Orbaiz du 2 avril 1574 et en la prononciation du 16 may 1575.

ARREST

Arrest du Grand Conseil. 1575.

« Henry, par la grâce de Dieu Roy de France et de Pologne,
« à tous ceux qui ces présentes lettres verront, salut. Comme
« procez et instance ayt évocquée, retenüe et intentée en
« nôtre Grand Conseil, entre nôtre amé et féal maître Nicolas
« de la Croix, abbé commendataire de l'abbaye de Saint-Pierre
« d'Orbaiz, appellant de la sentence donnée le troisiéme no-
« vembre 1570 par nôtre amé et féal conseiller en nôtre cour
« de Parlement à Paris Me Hiérôme Auroux, commissaire exé-
« cuteur d'un arrest donné en nôtre dite cour le 26 may audit
« an[1], procédures faites par ledit Auroux et par les Peres par

---

1. [*Alias* 26 may 1569.]

« luy appellez pour la réformation de ladite abbaye, d'une
« part, et nos chers et bien amez freres Pierre Picot, Jacques
« Odot, et Nicolas Maillard, religieux de ladite abbaye intimez,
« d'autre. — Et entre ledit de la Croix, Nicolas le Noble, et
« Jacques le Févre, fermiers de ladite abbaye, appellans d'au-
« tres sentences données par ledit Auroux les 2 et 17 novem-
« bre audit an 1570, exécutions et saisies faites en vertu
« d'icelles et de ce qui s'en est ensuivi, d'une part, et lesdits
« Picot, Odot et Maillard intimez, d'autre.—Et entre ledit de la
« Croix demandeur et requérant l'entérinement d'une requeste
« du 4 aoust 1573 tendant afin que ladite réformation soit exécu-
« tée pendant ledit procez pour le regard des mœurs et disci-
« pline régulière seulement, d'une part, et lesdits Picot, Odot et
« Maillard défendeurs, d'autre.— Et entre lesdits Picot, Odot
« et Maillard demandeurs et requérans l'entérinement d'au-
« tre requête du 22 septembre audit an, tendant afin
« qu'inhibitions et deffenses soient faites aux fermiers de ladite
« abbaye de payer aucune chose du prix de leur ferme audit
« de la Croix jusqu'à ce qu'il ait entièrement fait exécuter
« lesdits arrests et obéy à l'exécution d'iceux, d'une part, et
« ledit de la Croix défendeur, d'autre. — Et entre lesdits Pi-
« cot, Odot et Maillard *appellans de la vente et adjudication*
« *d'une maison, estables et dix-huit arpents de terre dépen-*
« *dantes de ladite abbaye*, faite par Mᵉ Jean Musquin, lieute-
« nant en la prévôté d'Orbaiz, le 26 avril 1569, d'une part, et
« ledit de la Croix intimé, d'autre.

« Sçavoir faisons que, veu par nôtre dit Grand Conseil les
« plaidoyerz et écritures desdites parties esdites instances,
« lesdites requêtes et arrests donnez en nôtre cour de Parle-
« ment de Paris le 18 septembre 1568, par lequel est ordonné
« qu'il sera procédé à la visitation et réformation de ladite ab-
« baye par le bailly de Vitry ou son lieutenant à Château-
« Thierry, appellez deux Peres réformateurs et nôtre procureur
« audit lieu, et que cependant Jehan Aubry, fermier de ladite
« abbaye, sera contraint à fournir aux religieux et couvent
« d'icelle les provisions et choses contenües en son bail à ferme
« fait audit Aubry du revenu de ladite abbaye du 22 juin 1561;
« autre bail à ferme ausdits le Févre et le Noble le 8 avril
« 1568. Ledit arrest de nôtre dite cour du 26 may 1569, par
« lequel est ordonné que ladite réformation sera faite par l'un
« des conseillers de nôtre dite cour, appellez deux Peres réfor-
« mateurs, et que lesdits religieux seront tenus rentrer en la-
« dite abbaye, (ils en avoient été ou chassez par les mauvais

Réforme à Or-
baiz ordon-
née.

Aliénation
d'une maison et
18 arpents de
terre.

« traittemens de l'abbé de la Croix, ou obligez d'en sortir à
« cause de ses menaces, et pour se mettre en état de deman-
« der justice aux juges séculiers sans en être empêchez par
« ledit abbé), et, en ce faisant, payez de ladite provision à eux
« adjugée. — Procez-verbal dudit Auroux, commissaire exé-
« cuteur dudit arrest, contenant ladite sentence du 3 novem-
« bre dont a été appellé. Procédures faites par lesdits Peres
« réformateurs dont aussi a été appellé. Autres sentences
« dudit Auroux des deux et dix-septiesme novembre audit
« an, par lesquelles est ordonné que lesdits le Noble et le
« Févre sont contraints à payer ausdits religieux la somme
« de douze cens quarante-cinq livres, cinquante-six septiers
« de froment et vingt poinçons de vin pour deux années de
« leur pension échües au jour Saint-Remy audit an, exploits
« des exécutions et contraintes faites en vertu desdites sen-
« tences, dont aussi a été appellé. Sentence donnée par ledit
« lieutenant de Château-Thierry entre Heloy de Bouge, par
« nous proveu (sic) d'une place de religieux lay en ladite ab-
« baye, et les fermiers d'icelle, le 4 août 1568. Lettres missives
« dudit abbé des 24 juin 1567, 8 février, dix-septiesme et
« 21 may, premier juin, dix-huitiesme novembre, 1ᵉʳ, 15ᵉ et
« 27ᵉ décembre 1568, et 17 février 1569. Procez-verbal de la
« reconnoissance d'icelles, *acte contenant l'élection de prieur*
« *dudit Picot par les religieux d'icelle des deux et cinq no-*
« *vembre* 1563. Informations des 13 et 20 octobre 1565, 28
« may, 24 juin et 4 juillet 1568, 15 février et 17 décembre
« 1569, 28 octobre 1570, 24 décembre 1570, et 12 janvier 1572.
« Autres arrests donnez en nôtre dite cour les 12 mars 1569,
« 5 janvier, 12 août, dernier septembre et 20 octobre 1570.
« Procez-verbal dudit Musquin, lieutenant d'Orbaiz, contenant
« la vente et délivrance par luy faites à Nicolas le Noble des-
« dits dix-huit arpens de terre pour la somme de six cens
« livres, et desdites maison et étables à Jacques de Touche
« pour la somme de trente-cinq livres, dont a esté appellé.
« Acte de Loïs Gibourg, notaire royal, du 19 dudit mois
« d'avril 1569. Sentences données par les députez du clergé
« les 13 juillet 1568 et 11 février 1569. Contract d'acquisition
« de soixante-treize livres, douze sols, onze deniers tournois
« de rente sur la ville de Paris au profit desdits abbé, religieux
« et couvent du 16 mars 1574. Arrests de rétention desdites
« causes en nôtre dit Conseil des 1ᵉʳ février et 6 septembre
« 1571. Autres arrests de nôtre dit Conseil des 29 novembre
« 1571, 21 janvier, 6 septembre 1572, 21 juillet et 21 octo-

HISTOIRE DE L'ABBAYE D'ORBAIS

« bre 1573, et 6 mars 1574. Conclusions de nôtre dit procu-
« reur général et tout ce qui par lesdites parties a été mis et
« produit par devers nôtre dit Conseil.

« Iceluy nôtre dit Grand Conseil par son arrest du deuxiéme
« jour d'avril 1574, du regne de feu nôtre trés cher seigneur
« et frere le Roy Charles IX, en faisant droit sur ladite requête
« du 4 aoust et appellation interjettée par ledit de la Croix de
« ladite sentence du 13 novembre[1] et procédures dudit Auroux
« et Peres réformateurs, a mis et met au néant ladite appella-
« lation et ce dont a été appellé au néant, en ce qu'il est or-
« donné que ledit Picot seroit prieur de ladite abbaye et que
« séparation seroit faite du revenu d'icelle entre l'abbé et les
« religieux à commencer au jour Saint-Remy 1570, et que
« cependant ledit de la Croix délivreroit ausdits religieux
« vingt cordes de bois, un millier de fagots et douze cens
« livres, et, en amendant le jugement, nôtre dit Conseil a
« ordonné et ordonne qu'il sera mis en ladite abbaye *un reli-*
« *gieux de bonne vie et doctrine, pour y être prieur perpétuel,*
« *lequel sera nommé, pour la premiére fois, par les prieurs de*
« *Saint-Martin des Champs, Saint-Germain des Prez et*
« *Saint-Victor-lez-Paris, ou par les soupriurs en leur ab-*
« *sence, auquel prieur ledit abbé sera tenu bailler vicariat*
« *irrévocable pour l'observance et correction réguliére*, et que
« lesdits Picot, Odot et Maillard et autres religieux de ladite
« abbaye rentreront en icelle, et avec eux et ledit prieur sera
« le nombre des religieux de ladite abbaye remply jusqu'à
« huit prêtres et quatre novices, l'un desquelz prêtres sera
« pris de doctrine suffisante pour enseigner les novices, aus-
« quelz sera baillé vingt livres par an par lesdits prieur et
« religieux pour avoir des livres, auxquelz prieur et religieux
« nôtre dit Conseil enjoint de demeurer et résider en ladite
« abbaye, y vivre en commun au réfectoir, coucher en dortoir,
« et observer en tout la régle saint Benoist, et ce qui a été
« ordonné par lesdits Peres réformateurs, aussi de porter
« honneur et révérence audit de la Croix, et audit de la Croix
« de porter affection paternelle ausdits prieur et religieux, luy
« faisant et à ses serviteurs et domestiques inhibitions et dé-
« fenses d'user de rigueur et mauvais traittemens envers les-
« dits prieur et religieux, lesquelz nôtre dit Conseil a mis et
« met en nôtre sauvegarde et de nôtre dit Conseil, et les a
« baillez en garde audit de la Croix. Et a iceluy nôtre dit Conseil

Nomination d'un prieur et vicaire perpétuel à Orbaiz par les prieurs de, etc... et pour la premiére fois seulement.

Les religieux chassez par La Croix, rappellez par la justice, qui les prend sous sa garde et ordonne à La Croix de les traitter paternellement.

Douze religieux dont l'un est établi maître des novices, et vivront en commun et coucheront aux dortoirs, etc.

1. [*Lisez* 3 novembre.]

« ordonné et ordonne que séparation sera faite par murs et clô-
« tures de pierres de la maison et logis dudit abbé d'avec les cloî-
« tres, dortoirs, réfectoir, infirmerie et autres logis desdits reli-
« gieux, faisant laquelle séparation sera baillée par l'exécuteur
« du présent arrest ausdits religieux portion commode de court,
« jardins et préclôtures de ladite abbaye, et seront faites deux
« portes et entrées diverses, l'une pour le logis dudit abbé, et
« l'autre pour celuy desdits religieux, sans que ledit abbé ayt
« aucune porte pour entrer de son logis en celuy desdits reli-
« gieux que par l'église. Et outre a nôtre dit Conseil ordonné
« et ordonne qu'il sera baillé chacun an par les fermiers de
« ladite abbaye ausdits prieur et religieux, pour leur nourri-
« ture et entretenement et de leurs serviteurs de cuisine, la
« somme de quatre cens livres tournois en argent, six muids
« huit septiers de bled-froment, mesure d'Orbaiz ou de Paris,
« au choix desdits religieux, quarante poinçons de vin bon et
« loyal, et encore un poinçon de vin pour célébrer les messes,
« et quarante cordes de bois et deux milliers de fagots faits et
« rendus au logis desdits religieux aux frais dudit abbé;
« plus pour le vestiaire desdits religieux, outre le même ves-
« tiaire que le chambrier est tenu de fournir, la somme de
« cent livres tournois par an, et pour les vivres, médicamens
« et nécessitez des religieux malades retirez en l'infirmerie,
« soixante livres par an. Tous lesquelz deniers, bled, vin et
« bois seront payez et délivrez en ladite abbaye par les fer-
« miers d'icelle ausdits prieur et religieux de six mois en six
« mois, par moitié et égale portion au premier jour desdits six
« mois, dont le premier payement sera et commencera au pre-
« mier jour du mois de may mil cinq cens soixante et quatorze,
« et de ce faire et payer lesdits fermiers s'obligeront ausdits
« prieur et religieux et couvent, et leur en bailleront bonne et
« suffisante caution pour, à faute de payement des choses des-
« sus dites ausdits jours, en estre lesdits fermiers et leur cau-
« tion et chacun d'eux seul et pour le tout contraint par toutes
« voyes et maniéres dües et raisonnables, même par empri-
« sonnement de leurs personnes, — le tout sans comprendre
« les deux estangs et leur reservoir dont par cy-devant les-
« dits religieux ont accoutumez de joüir, *ensemble les fonda-*

Revenu du petit couvent et des offices claustraux conservé aux religieux et couvent.

« *tions des anniversaires et autres menües rentes accoutumées*
« *d'être levées par lesdits religieux, et les biens et revenus*
« *affectez audit prieur, chambrier et autres officiers de ladite*
« *abbaye, dont lesdits religieux, officiers et couvent joüiront*
« *ainsi qu'ils avoient accoutumé du tems des précédens abbez.*

« Et à nôtre dit Conseil ordonné et ordonne que lesdits de-
« niers, bled et vin cy-dessus adjugez ausdits religieux pour
« leur nourriture seront employez par chacun jour par lesdits
« prieur et couvent pour faire les portions desdits huit reli-
« gieux prêtres et quatre novices qui seront au réfectoir ou
« malades en l'infirmerie et non ailleurs, et encore que ledit
« nombre des religieux ne se trouve en ladite abbaye, seront
« lesdites portions faites, pour être les portions des défaillans,
« ensemble les reliefs de table, par chacun jour portez et dis-
« tribuez aux pauvres à la porte dudit couvent, et les cent
« soixante livres destinées pour le vestiaire et infirmerie seront
« employées par lesdits prieur et couvent pour les habits des-
« dits religieux et nécessités de ladite infirmerie, et outre a
« condamné et condamne ledit abbé à faire refaire les église,
« cloître, dortoir, réfectoir, cuisine, infirmerie et autres bâti-
« mens de ladite abbaye, et les mettre en bon et suffisant
« état, et achepter les ornemens d'église et livres ordonnez
« par lesdits réformateurs et meubles nécessaires pour lesdites
« infirmerie et cuisine, et pour ce faire, ensemble pour fournir
« aux frais nécessaires pour faire lesdites séparations et clô-
« tures et exécuter ladite réformation, lesdits fermiers seront
« contraints par toutes voyes, même par emprisonnement de
« leurs personnes, de fournir et consigner promptement la
« somme de six cens livres sur le prix de leur ferme, sauf à
« ordonner de plus grande somme par l'exécuteur du présent
« arrést, et seront aussi lesdits religieux contraints de rap-
« porter en ladite abbaye les calices, croson[1] et autres orne-
« mens et meubles qu'ils ont emportés d'icelle, même ledit
« Picot le lit et livres qu'il a confessé avoir par devers soy, et
« néantmoins les détenteurs desdits calice, croson et autres
« choses dédiées pour le service de ladite église seront con-
« traints de les rendre et restituer promptement en ladite ab-
« baye par emprisonnement de leurs personnes, sauf leur
« recours contre qui ils verront être affaire pour le recouvre-
« ment des deniers qu'ils prétendront avoir donnez sur les-
« dites choses par forme d'engagement ou autrement; et pour
« l'advenir ledit abbé sera tenu de fournir toutes choses néces-
« saires pour l'entretenement de ladite église et bâtimens de
« de ladite abbaye, ensemble lesdits meubles et ornemens de
« ladite église, luminaire et autres choses requises pour le
« service divin, et faire les aumônes ordonnées par lesdits ré-

1. [Croison ou croix.]

« formateurs, et supporter toutes charges ordinaires et extraor-
« dinaires de ladite abbaye, sans préjudice toutefois des char-
« ges que les officiers d'icelle seroient tenus de porter ; et à
« faute de fournir par ledit abbé ou ses fermiers ce qui sera
« nécessaire pour l'entretenement desdits bâtimens et fourni-
« tures desdits ornemens, meubles et aumônes, lesdits fermiers
« y seront contraints par ordonnance du bailly de Vitry, ou
« son lieutenant à Château-Thierry, auquel nôtre dit Conseil
« enjoint de faire visiter lesdites réparations et autres choses
« susdites, et selon les rapports qui luy en seront faits, faire
« expédier mandemens ausdits prieur et couvent pour con-
« traindre lesdits fermiers de fournir les sommes qui auront
« été par luy ordonnées. Et a nôtre dit Conseil ordonné et or-
« donne que le surplus de ladite sentence dudit Auroux du
« troisiesme novembre et ordonnance desdits Peres réforma-
« teurs sortiront leur plein et [entier] effect et seront exécu-
« tez selon leur forme et teneur. — Et ayant aucunement
« égard à ladite requête du 22ᵉ septembre, nôtre dit Conseil
« enjoint audit de la Croix de faire exécuter le présent arrest
« et y obéïr, autrement, à faute de ce faire, il y sera con-
« traint par saisie du temporel de ladite abbaye et sera pro-
« cédé à la séparation et division du revenu d'entre lesdits
« abbé et religieux, ainsi qu'il appartiendra par raison. — Et
« pour le regard de l'appellation desdites sentences des
« deuxiesme et dix-septiéme novembre et de ce qui s'en est
« ensuivi, nôtre dit Conseil a mis et met lesdites parties hors
« de cour et de procez, sans répétition toutefois de ce qui
« auroit été payé en vertu desdites sentences ausdits Picot,
« Odot et Maillard. — Et quant à l'appellation interjettée par

Cassation des ventes d'une partie du bien faites en 1569 par N. de la Croix, abbé d'Orbaiz.

« lesdits religieux de l'adjudication desdites terres, maison et
« étables dépendantes de ladite abbaye, nôtre dit Conseil dit
« qu'il a été mal, nullement et abusivement procédé par ledit
« Musquin, bien appellé par lesdits religieux, a cassé et an-
« nullé, casse et annulle lesdites ventes et adjudication par
« luy faites, et a condamné et condamne ledit de la Croix à
« remettre au revenu de ladite abbaye lesdits biens vendus, a
« ordonné et ordonne qu'il exhibera dedans un mois les con-
« tracts des autres aliénations qui ont été faites de son tems
« du revenu de ladite abbaye, ensemble les taxes et cottiza-
« tions pour lesquelles lesdites ventes ont été faites et les quit-
« tances des payemens d'icelles, pour ce fait et rapporté par
« devers nôtre dit Conseil, estre fait droit sur les autres con-
« clusions prises par lesdits abbé et religieux pour le regard

« desdites aliénations ainsi que de raison, et a ordonné et or-
« donné que ledit Musquin sera adjourné à comparoir en per-
« sonne en nôtre dit Conseil, pour répondre à telles fins et
« conclusions que nôtre dit procureur général voudra contre
« luy prendre et élire, et a condamné et condamne *ledit de la*
« *Croix, pour les empêchemens par luy donnez* à l'exécuteur
« dudit arrest de nôtre dite cour de Parlement de Paris et
« autres causes résultantes dudit procez-verbal dudit Auroux,
« *en cinquante livres d'amende envers nous*, sans dépens de
« toutes lesdites instances, attendu la qualité des parties. Et
« le jour et date des présentes ledit maître Nicolas de la Croix,
« abbé d'Orbaiz, auroit présenté à nôtre dit Conseil requête
« narrative qu'en l'instance d'entre lesdites parties, par arrest
« du vingt-deuxiéme jour de mars 1575 a été ordonné que
« ledit arrest du deuxiesme jour d'avril dernier, pour raison de
« la réformation de ladite abbaye, seroit exécuté sur les lieux
« par l'un de nos amez et féaux conseillers en nôtre dit Con-
« seil, requérant qu'il plût à nôtre dit Conseil ordonner com-
« mission luy être délivrée, addressant au premier de nos
« conseillers en iceluy pour procéder à l'exécution dudit ar-
« rest ; sur laquelle nôtre dit Conseil auroit commis nôtre
« amé et féal maistre Loys Duran, conseiller en iceluy. Si
« donnons en mandement et commettons par ces présentes à
« nôtre amé et féal conseiller en nôtre dit Grand Conseil maistre
« Louis Duran, que, à la requête dudit maistre Nicolas de la Croix,
« abbé d'Orbaiz, ledit arrest du deuxiéme jour d'avril 1574, ap-
« pellez ceux qui pour ce seront à appeller, il mette et fasse met-
« tre incontinent et sans délay à deüe et entiére exécution
« réaulment et de fait, de point en point, selon sa forme et
« teneur, en ce que exécution y est ou sera requise, en con-
« traignant à ce faire, souffrir et obéïr tous ceux qu'il appar-
« tiendra, et qui pour ce seront à contraindre par toutes voyes
« dües et raisonnables, nonobstant oppositions ou appella-
« tions quelconques, et sans préjudice d'icelles pour lesquelles
« ne voulons être différé ; et outre mandons au premier nôtre
« huissier ou sergent royal sur ce requis, faire tous comman-
« demens, contraintes, assignations et exploits requis et né-
« cessaires pour l'exécution et accomplissement du présent
« arrest, de ce faire leur avons donné et donnons pouvoir.
« Mandons et commandons à tous nos justiciers, officiers et
« subjets que à eux et chacun d'iceux, sans pour ce demander
« aulcunes lettres de placet, visa ou pareatis, en ce faisant
« soit obéï. En témoing de quoy nous avons fait mettre et ap-

[marginalia:] L'abbé condamné à 50 liv. d'amende.

« poser nôtre scéel à ces dites présentes. Donné en Nôtre dit
« Grand Conseil à Paris, le seiziesme jour de may, l'an de grâce
« mil cinq cens soixante-quinze et de Nôtre régne le premier.
« Par le Roy, à la relation des gens de son Grand Conseil,
« signé de la Herbaudiére. »

En vertu et en exécution de l'arrest du Grand Conseil cy-devant transcript daté du 16ᵉ may 1575, les prieurs des abbayes de Saint-Germain des Prez et de Saint-Victor de Paris et le soûprieur de Saint-Martin des Champs s'assemblérent, et aprés plusieurs conférences et délibérations entre eux, — n'ayant pû porter aucuns des religieux d'Orbaiz cy-aprés nommez dans l'acte suivant à accepter l'office de prieur, intimidez par les menaces et mauvais traittemens et offenses qu'ils avoient déjà reçus et ausquels ils seroient encore plus exposez de la part dudit de la Croix abbé, ou parce que ni l'église ni les lieux réguliers n'étoient pas en état convenable, ou apparemment pour soutenir et maintenir l'élection qu'ils avoient faite depuis quelques années dudit Dom Pierre Picot pour leur prieur aprés la mort de Dom Jean Louveau, dernier prieur et vicaire général de ladite abbaye, — lesdits prieurs de Saint-Germain des Prez et de Saint-Victor et soûprieur de Saint-Martin des Champs, commissaires établis par ledit arrest, nommérent pour prieur dudit Saint-Pierre d'Orbaiz la personne dudit Dom Pierre Picot, et le présentérent à Mᵉ Louis Durand, conseiller audit Grand Conseil et commissaire en cette partie, pour être ledit Dom Pierre Picot mis en possession de ladite charge et office de prieur d'Orbaiz par ledit sieur Louis Durand, comme on voit par l'acte d'élection dudit Picot faite par lesdits prieurs et soûprieur commissaires, du.... 1576, dont voicy une copie tirée sur l'original en parchemin conservé dans le chartrier de ce monastére de Saint-Pierre d'Orbaiz :

Nomination de Dom Pierre Picot pour prieur d'Orbaiz.

« Frere Estienne Gonsard, prieur de l'abbaye Saint-Germain
« lez-la-ville de Paris, Guillaume du Bourg-l'Abbé, prieur
« de l'abbaye Saint-Victor, et François des Molins, soûprieur
« de Saint-Martin des Champs aussi lez-Paris, commis par
« arrest du Grand Conseil du Roy du deuxiéme avril mil cinq
« cens soixante-quatorze, donné entre Mᶜ Nicolas de la Croix,
« abbé commendataire de Saint-Pierre d'Orbaiz, et freres Pierre
« Picot, Jacques Odot, et Nicolas Maillard, religieux de ladite
« abbaye : A vous noble seigneur et sage Mᵉ Louis Durand,
« conseiller du Roy en son Grand Conseil et commissaire en
« cette partie. Aprés avoir vû ledit arrest à nous présenté de
« la part desdits religieux et aussi les lettres de vôtre commis-

« sion en datte du huitiéme aoust mil cinq cens soixante-
« quinze, par laquelle nous est mandé de vous nommer, choisir
« et élire pour prieur en ladite abbaye un religieux de bonne
« vie et mœurs, pour soy transporter en ladite abbaye, y de-
« meurer et vivre selon l'ordre de ladite abbaye, régir et gou-
« verner les religieux d'icelle selon leur regle et observance de
« religion de saint-Benoist, et à vous envoier par nous son
« nom avec nostre commission et mandement, pour par vous,
« procédant à l'exécution dudit arrest, sur les lieux estre ap-
« pellé afin d'être mis en possession suivant la forme et teneur
« dudit arrest. Avons aussi vû autre arrest dudit Grand Con-
« seil donné entre lesdites parties le onziéme avril dernier
« avec deux actes de nominations pour prieur de la personne
« dudit Picot, l'un desquelz actes est du vivant de Dom Jean
« Louveau, dernier prieur dudit Orbaiz, estant en son lit ma-
« lade, en datte du deuxiesme novembre 1563, l'autre de Dom
« Pierre Crespy, Pierre Oudiné, et desdits Odot et Maillard,
« représentans la plus grande et saine partie desdits religieux,
« estant ledit Louveau décédé, en datte du cinquiesme dudit
« mois de novembre 1563, — et que nous nous assemblerons
« pour nommer ledit prieur, — suivant lesquelz arrests nous
« soyons premiérement assemblez en l'abbaye dudit Saint-
« Victor-lez-Paris ; secondement en ladite abbaye Saint-Ger-
« main des Prez ; tiercement et d'abondant[1] en ladite abbaye
« dudit Saint-Victor; et es dites diverses fois et vacations fait
« diligence possible avec les religieux desdites abbayes de nous
« enquerir si aucuns d'eux vouloit accepter cette charge de
« prieur en ladite abbaye d'Orbaiz, lesquelz ni aucuns d'eux
« n'ont voulu prendre ladite charge, *tant pour crainte d'être*
« *offensez en leurs personnes, que pour plusieurs autres causes*
« *et raisons*, joint aussi que l'église et autres lieux réguliers
« de ladite abbaye ne sont réparez, ni en état pour y pouvoir
« vivre et garder l'observance de religion, suivant la réforma-
« tion et intention dudit Conseil. Tellement que délibérations
« par nous sur ce faites, et considéré ce qui a esté à nous pos-
« sible de considérer et regarder, vous avons envoié et envoyons
« cette présente nostre procédure par laquelle avons, confor-
« mément ausdites nominations desdits religieux de ladite ab-
« baye d'Orbaiz, nommé, choisy et élû, nommons, choisissons
« et élisons ledit frere Pierre Picot pour être en ladite abbaye
« prieur perpétuel, auquel ferez suivant lesdits arrests bailler

Plusieurs religieux refusent d'être prieur à cause des mauvais traitemens et offenses, etc.

1. [*En outre.* — Terme de palais.]

« par ledit Nicolas de la Croix, abbé, vicariat perpétuel irré-
« vocable pour l'observance et correction réguliére en icelle
« abbaye, remettant à vous le surplus de l'exécution dudit
« arrest dudit deuxiéme avril, ainsi que verrez appartenir. En
« foy de quoy avons respectivement signé ces présentes à
« Paris le............ jour de............ mil cinq cens
« soixante seize. Signé : frere Gonssard, prieur dudit Saint-
« Germain, et frere du Bourg-l'Abbé, prieur de Saint-Victor. »

Dom Pierre Picot, nommé prieur, et les autres religieux d'Orbaiz ayant obtenu et en main d'aussi bons titres et d'aussi fortes assurances de leur bon droit que cet arrest du Conseil et la nomination d'un prieur par lesdits commissaires, il semble qu'ils n'avoient plus à appréhender les menaces, les violences et les mauvais traittemens de l'abbé de la Croix, que la justice devoit avoir réduit et mis à la raison par ses arrests, et qu'en vertu d'iceux ils devoient retourner promptement, avec joye et comme en triomphe dans leur monastére, d'où il les avoit si injustement et si indignement chassez. Cependant le mémoire de notre chartrier cy-dessus cité et intitulé : *Singularitez d'Orbaiz*, assure qu'ils n'osérent encore y rentrer et qu'ils n'y retournérent qu'aprés la mort de cet abbé arrivée le 23 juillet 1577.

Il est encore à croire que ces pauvres religieux, quoique fondez en arrest, n'osérent ou ne purent obliger cet abbé à faire exécuter les principaux chefs et articles ausquelz il étoit condamné de mettre ordre et de satisfaire sans délay, puisqu'il négligea tellement les réparations de l'église et des lieux réguliers, que la voûte de la nef est tombée depuis, et que les dortoirs, cloîtres, infirmeries et autres lieux, ou n'étoient plus habitables, ou n'étoient plus propres qu'à servir de retraites à des hiboux, des serpens et à des bêtes, et non pas de logements à des hommes, des religieux de saint Benoist, et à des ministres des autels, tant ce lieu avoit peu la figure et la ressemblance d'un monastére, d'un lieu saint. Son rétablissement entier tant pour le spirituel, le bon ordre, la régularité, que pour l'éclaircissement des affaires temporelles, étoit un grand ouvrage réservé au zéle, à l'industrie, à l'œconomie, à la prudence, à la religion, à la frugalité, à la pénitence, à la vigilance, aux sueurs et aux travaux infatigables du Révérend Pere Dom Pierre Mongé, troisiéme prieur depuis l'introduction de la réforme de Saint-Maur dans ce monastére, et dont on ne sçauroit assez parler, en étant le *Restaurateur*.

On dira peut-être que Nicolas de la Croix avoit sujet de se

plaindre que ses religieux ne vivoient peut-être pas dans toute l'exactitude qu'il souhaittoit, et que leur conduite l'obligea à présenter sa requête pour porter la Cour à luy permettre d'y appeller des religieux pour y établir une espèce de bon réglement et de réforme, — comme on peut le conclure des différentes procédures faites entre ledit abbé de la Croix et les religieux, des procez-verbaux et ordonnances de deux Peres réformateurs commis, appellez et dénommez audit arrest du Grand Conseil du 16 may 1575. On ne sçait ni les noms de ces deux Peres réformateurs, ni de quelle abbaye ils furent tirez, ni précisément quel réglement ou observance ils établirent icy, ni s'ils y demeurérent longtems. On a trouvé dans le chartrier quelques réglemens pour rétablir la discipline et la régularité dans ce monastére. On ne sçait s'ils y furent établis par les susdits deux Peres réformateurs. On les rapportera ici dessous. Mais auparavant, pour répondre à la plainte de l'abbé de la Croix, il faut dire et avouer que si la discipline et l'observance réguliéres reçurent quelques atteintes et furent affoiblies dans Orbaiz, c'étoit une suite comme nécessaire (sans vouloir authoriser le relâche et le désordre, s'ils étoient introduits) et les fruits de l'introduction des commandes, qui est un malheur et une infortune pour les petites abbayes, sur lesquelz il vaut mieux verser des torrens de larmes et gémir amérement et continuellement, que de composer de gros volumes entiers dans l'espérance de porter les hommes à rétablir le droit des élections libres et canoniques, comme on a remarqué cy-devant que le saint concile de Trente l'avoit ordonné. « Confidit S.
« synodus Tridentina SS. Pontificem Romanum pro sua pie-
« tate et prudentia curaturum..... ut monasteriis quæ nunc
« commendata reperiuntur, [et] quæ suos conventus habent,
« regulares personæ ejusdem ordinis..... præficiantur. Quæ
« vero in posterum vacabunt, non nisi regularibus... conferantur. » Sess. XXV [*De regular. et monial.*], cap. 21.

Cette introduction, dis-je, des commendes, est un mal et un mal qui en introduit et qui devient la source de presque tous les désordres des petites communautés réguliéres ; c'est un si grand mal, et d'autant plus déplorable, qu'on le croit aujourd'huy incurable dans les grandes abbayes, plus exposées à la cupidité des hommes, comme dans les petites, qu'on peut dire de cette introduction dans les cloîtres ces belles paroles de St Augustin : « Cum talibus malis magis prolixi gemitus et « fletus quam prolixi libri debeantur. » « *Epist.* 122 [1]. C'est

---

1. [Migne, *Patr. lat.*, t. XXXIII, c. 422.]

donc à Messieurs les abbez commendataires, Nicolas de a Croix et ses prédécesseurs ou leurs agents, à qui il faut attribuer le relâche qui s'étoit dans cette abbaye glissé insensiblement, parce que ces Messieurs s'emparans et jouissans de presque tout le revenu des abbayes, et négligeans et laissans tomber par terre les bâtimens convenables et nécessaires pour la vie commune et régulière, les religieux ainsi réduits à un trés petit nombre, ne pouvant plus loger dans un même dortoir, mais séparez les uns des autres dans des maisons différentes et particuliéres, se trouvant comme dans la liberté de vivre chacun à sa maniére, — plus de réfectoir commun, plus d'exercices ensemble, excepté le service divin, — il leur étoit impossible dans de telles circonstances de pratiquer exactement la vie commune et régulière.

Quoique la nomination et élection de Dom Pierre Picot pour prieur d'Orbaiz eût été faite par les prieurs de St Germain des Prez et de St Victor de Paris, commissaires établis par le Grand Conseil pour cette élection, Nicolas de la Croix, qui ne trouvoit pas à son goût Dom Picot, à cause de son zéle et de sa fermeté à soutenir les droits et les interests de sa communauté, s'y opposa, et empêcha l'exécution de cet arrest, en sorte que Mᵉ Louis Durand, conseiller au Grand Conseil et son commissaire député, fut obligé de faire assembler en 1577 les trois prieurs commissaires cy-dessus nommez, en sa présence, qui élurent pour prieur d'Orbaiz Dom Michel Flamen, religieux du prieuré de Sainte-Marguerite de Lincourt [1], ordre de Cluny, qui, s'étant présenté en cette abbaye pour être reconnu, installé et faire les fonctions de la charge et office de prieur, six religieux de cette abbaye s'y opposérent fortement, ou parce que Flamen étoit étranger, ou pour maintenir l'élection de Dom P. Picot, de sorte que Dom Flamen fut obligé de se retirer et de s'en retourner, et ayant été ensuite fait prieur claustral de Lincourt par l'abbé de Cluny, on commit un religieux d'Orbaiz pour exercer par commission l'office de prieur jusqu'à ce qu'on eût procédé à l'élection d'un autre prieur.

Voicy les réglemens dont on a parlé [ci-dessus], qui furent peut-être publiez en 1575, ou en 1667 par Charles de Bour-

---

1. [Elincourt-Sainte-Marguerite, aujourd'hui commune du canton de Lassigny (Oise), arr. de Compiègne. — M. J. J. A. Peyrecave publie actuellement l'histoire d'Elincourt-Sainte-Marguerite et de son prieuré. La première partie a paru dans le *Bulletin de la Société historique de Compiègne*, (1884), t. VI.]

lons, évêque de Soissons, après son mandement du 19° octobre 1667.

RÉGLEMENS POUR LES RELIGIEUX DE L'ABBAYE SAINT-PIERRE D'ORBAIZ.

I

« Comme le service divin est l'une de leurs premiéres obli-
« gations, aussi auront-ils un soin particulier de s'en acquiter
« le mieux qu'il leur sera possible, en s'y trouvant toujours
« de bonne heure et avant qu'il soit commencé, et en y chan-
« tant les loüanges de Dieu avec toute la dévotion et toute la
« révérence que demande une action si sainte.

Réglemens pour rétablir l'observance.

II

« Ils ne s'en exempteront sans cause légitime, et ne sorti-
« ront pas même du chœur pendant le service sans en avoir
« permission du supérieur.

III

« Immédiatement aprés les matines et les vêpres, ils em-
« ploiront une petite demi-heure à quelque récollection et
« oraison mentale, ou à examiner leurs consciences, ou à dire
« leur chapellet et faire autres dévotions.

IV

« Sitôt complies dites, si elles se disent à sept ou huit heu-
« res du soir, ils se retireront dans leurs chambres, et depuis
« ce tems-là jusqu'aux primes du lendemain, ils se tiendront
« dans le silence qui leur est tant recommandé dans ce tems-là
« au 42° chapitre de leur regle.

V

« Tout le revenu de la maison sera reçu par le procureur
« qui en rendra compte tous les ans à la communauté par
« un compte général qu'il dressera de toutes ses receptes et
« mises.

VI

« Ils n'auront rien en leur possession comme leur apparte-
« nant en propre, mais par le consentement et sous le bon
« plaisir du supérieur. Ils pourront tenir les choses nécessaires
« à leurs usages, sans superfluité, desquelles ils donneront
« inventaire par chacun an au supérieur.

VII

« Ils tiendront communauté de vivres, beuvants et man-

« geans tous ensemble en un même réfectoir, dont personne
« ne se dispensera sans permission du supérieur, et se
« rendront fort exacts à se trouver à la bénédiction de cha-
« que repas, ainsi que l'ordonne le 43ᵉ chapitre de leur
« regle.

VIII

« La lecture se fera pendant tout le dîner, en la commençant
« par le latin et puis la continuant et l'achevant par le
« françois; et pour le souper, il n'y sera lû qu'au commen-
« cement, chacun gardant durant la lecture le silence qui
« est pour lors si étroitement recommandé par leur regle,
« chap. 38ᵉ.

IX

« Il feront abstinence de chair tout l'avent, tous les mer-
« credis de l'année, et toutes les veilles des principales fêtes
« de la Vierge.

X

« Ils se garderont de l'oisiveté comme de la mere de tous
« les vices, et partant seront fort soigneux d'employer en
« choses bonnes le tems qui leur reste hors des heures du
« service, suivant la regle, chap. 48ᵉ.

XI

« Le chapitre se tiendra une fois la semaine pendant l'avent
« et le carême, et es autres tems de l'année quand le trouvera
« bon le supérieur.

XII

« Nul ne sortira pour aller aux champs, ou hors la maison,
« sans permission du supérieur.

XIII

« Ne sera permis aux femmes d'entrer dans aucun des lieux
« qui seront censez réguliers, ni aux religieux de leur y don-
« ner entrée.

XIV

« Les portes de l'abbaye se fermeront tous les jours au soir
« à heure compétente, et les clefs en seront rapportées au su-
« périeur. »

Les différends survenus entre Nicolas de la Croix, abbé, et
les religieux d'Orbaiz sur plusieurs points et articles qui furent
reglez par le susdit arrest de may 1575 rapporté cy-dessus,
nous ont obligé de mettre icy de suite tout ce qu'on a trouvé
par écrit de cette affaire, et omettre plusieurs autres circons-

tances arrivées auparavant, durant et aprés ces grands démêlez, dont on va faire mention séparément et selon leur tems.

1552

Nicolas de la Croix ne fut pas plutôt pourvu de cette abbaye par l'échange qu'il avoit faite avec le cardinal Alexandre de Campegge, qu'il songea à grossir son revenu. Un des moyens qu'il jugea plus propre et plus prompt pour y réussir, ce fut de solliciter et d'obtenir du pape Jules troisiéme une bulle par laquelle Sa Sainteté luy permettoit de retirer les biens de l'abbaye aliénez ou donnez et fieffez à un cens au-dessous de eur juste valeur, et de les fieffer à un cens plus avantageux. Voicy une copie de ladite bulle datée du treiziéme jour de mars 1552, dont l'original est conservé en parchemin dans notre chartrier.

« Julius episcopus, servus servorum Dei, dilectis filiis An-
« tonio Lermitte canonico ecclesiæ Suessionnensis et officiali
« Suessionnensi salutem et apostolicam benedictionem. Ex
« injuncto nobis desuper apostolicæ servitutis officio, votis,
« per quæ ecclesiarum et monasteriorum quorumlibet utilita-
« tibus consuli possit, libenter annuimus, ac ea favoribus
« prosequimur opportunis. Exhibita siquidem nobis nuper pro
« parte dilecti filii Nicolai de la Croix qui, ut asserit, monas-
« terium Sancti Petri de Orbaco, ordinis sancti Benedicti, Sues-
« sionnensis diœcesis, ex concessione vel dispensatione apos-
« tolica in commendam obtinet, petitio continebat quod, si
« sibi plurimas arabiles et alias terras, prata, hortos, domos,
« sylvas, nemora, et alia bona immobilia, necnon census
« et jura in diversis locis consistentia et assignata, quorum
« aliqua et forsan omnia per diversas personas ecclesiasticas
« vel sæculares forsan sub colore locationum et concessionum
« eis de illis per abbates, qui fuerunt pro tempore dicti monas-
« terii, aut alios olim factarum *sub certis irrationabilibus cen-*
« *sibus annuis*, quorum plerique pro singulo arpento seu jugero
« duodecim denarios turonenses plerumque non excedunt,
« aut alias occupata et distracta existunt, detentoribus illorum
« aut aliis illa pro majori et potiori censu et recognitione con-
« ducere volentibus, in perpetuum locandi seu concedendi
« licentia et facultas concederetur, profecto utilitati dicti mo-
« nasterii non parum consuleretur. Quare pro parte ejusdem
« Nicolai commendatarii nobis fuit humiliter supplicatum ut
« sibi prata, hortos, domos, sylvas, nemora et plurimas ara-
« biles et alias terras, ac alia immobilia bona censusque et

Bulle de Jules III pour donner à plus haut cens les fonds de l'abbaye.

« jura locandi et alienandi, ac indebite alienata vel illicite dis-
« tracta ad proprietatem ipsius monasterii reduci permittendi
« licentiam et facultatem concedi mandare, ac alias in præ-
« missis opportune providere de benignitate apostolica digna-
« remur. Nos igitur de præmissis certam notitiam non haben-
« tes, ac terrarum et aliorum immobilium bonorum ac jurium
« prædictorum situs, confines, denominationes, qualitates,
« quantitates et valores etiam annuos de præsenti assignatos,
« nec non tenores instrumentorum et scripturarum etiam con-
« ficiendarum præsentibus pro sufficienter expressis haberi
« volentes, hujusmodi supplicationibus inclinati, discretioni
« vestræ per apostolica scripta mandamus quatenus si, et
« postquam vocatis ad hoc dilectis filiis conventus prædicti
« monasterii et aliis qui fuerint evocandi, ac specificatis prius
« coram vobis terris, pratis, hortis, domibus, nemoribus, silvis
« ac bonis et juribus prædictis de præmissis et aliis conside-
« randis in similibus, vos conjunctim procedentes diligenter
« informetis, et si per diligentem informationem, locationem
« et concessionem hujusmodi, si fiant, in evidentem prædicti
« monasterii cedere utilitatem repereritis, eidem Nicolao com-
« mendatario terras, prata, hortos, domos, silvas, nemora et
« alia bona ac census et jura hujusmodi sub potioribus et
« majoribus censibus quam illi qui hactenus a dictis detento-
« ribus soluti fuerunt et solvuntur, eisdem detentoribus aut
« aliis sibi benevisis personis, in perpetuum vel ad tempus de
« quo sibi videbitur locandi vel concedendi licentiam et facul-
« tatem auctoritate nostra concedatis ; et si aut postquam loca-
« tiones et seu concessiones vel alienationes hujusmodi factæ
« fuerint, illas ac omnia et singula in singulis instrumentis
« desuper conficiendis contenta ac inde secuta quæcumque
« approbetis et confirmetis, ac illis perpetuæ et inviolabilis
« firmitatis robur adjiciatis, omnesque ac singulos tam juris
« quam facti ac solemnitatum requisitarum defectus, si qui
« forsan in eisdem intervenerint, suppleatis, decernentes illa
« omnia subsistere ac perpetuo per eumdem Nicolaum, et suc-
« cessores suos pro tempore existentes abbates, seu commen-
« datarios, nec non superiores monasterii et domus prædicto-
« rum, observari, nec per eos emphyteotas seu censuarios
« quavis occasione præterquam ob non solutionem censuum
« hujusmodi ullo unquam tempore a terris, pratis, hortis, do-
« mibus, nemoribus, silvis ac bonis et juribus prædictis
« amoveri vel privari posse, sicque in præmissis per quos-
« cumque judices ecclesiasticos et sæculares quavis authori-

« tate fungentes, sublata eis et eorum cuilibet quavis aliter
« interpretandi, judicandi et diffiniendi facultate et authoritate,
« interpretari, judicari et diffiniri debere, nec non irritum et
« inane quidquid secus super his a quoquam quavis authori-
« tate scienter vel ignoranter contigerit attemptari ; nonobstan-
« tibus fœlicis recordationis Pauli papæ prædecessoris nostri
« etiam de rebus Ecclesiæ non alienandis et quibusvis aliis
« constitutionibus et ordinationibus apostolicis, nec non mo-
« nasterii et ordinis prædictorum juramento, confirmatione
« apostolica, vel quavis firmitate alia roboratis statutis et con-
« suetudinibus cæterisque contrariis quibuscumque, aut si
« aliquibus communiter vel divisim ab apostolica sit sede in-
« dultum quod interdici, suspendi, vel excommunicari non
« possint per litteras apostolicas non facientes plenam et
« expressam de verbo ab verbum de indulto hujusmodi men-
« tionem. Datum Romæ apud Sanctum Petrum anno Incarna-
« tionis dominicæ millesimo quingentesimo quinquagesimo
« secundo, tertio idus martii, pontificatus nostri anno quarto. »
Signé....... et scellé d'un sceau de plomb en forme de médaille pendant avec un cordon de soye rouge, représentant d'un côté les têtes de S. Pierre et de S. Paul avec une croix entre-deux, et de l'autre est escript : « Julius papa tertius. »

Si la permission de retirer les biens, fonds et héritages aliénez ou baillez à un cens modique et de les fieffer de nouveau à un cens plus haut et plus avantageux, obtenue par Nicolas de la Croix, procura quelque avantage à cette abbaye, elle n'a jamais été et ne sera jamais dédommagée des torts, préjudices, dommages et grands interests qu'il luy a causez par plusieurs aliénations qu'il a faites luy-même ou qui ont été faites de son tems, et au delà de ce qui étoit nécessaire d'aliéner, pour contribuer de sa côte-part aux taxes imposées par les députez du Clergé pour subvention accordée au roy Charles IX. Car, sous ce prétexte spécieux et apparent de *subvention*, il aliéna, — outre les prez appellez les *Prez-le-Comte*, aliénez ou vendus le 29 décembre 1563 et retirez depuis après 1676, en 1677, par le R. P. Dom Pierre Mongé, — item la terre, fief, seigneurie, justice, cens et rentes de Verdon et Violaine, qu'il aliéna encore en 1564, ou du moins Jean Aubry sous son nom, au profit de Christophe de Gomer, seigneur du Breuil.

Différentes aliénations.

On prétend que le Roy ayant permis en 1675 aux ecclésiastiques de rentrer dans leurs biens aliénez, en payant à Sa Majesté le huitiesme denier et les deux sols pour livre du prix des aliénations, [moyen par lequel] les ecclésiastiques pourroient rentrer dans lesdits biens, Pierre de Séricourt, connu sous le nom de monsieur d'Esclainvilliers, pour lors abbé commendataire d'Orbaiz, fit semblant de vouloir retirer, rentrer et réünir au domaine de l'abbaye lesdits fiefs, terres, seigneuries, cens, justice et dépendances de Verdon et Violaine, ce qu'ayant appris le sieur de Gomer de Luzancy, détenteur de Verdon et de Violaine, il alla au devant dudit Pierre de Séricourt, convint, traitta avec luy moyennant une somme d'argent, l'appaisa, luy fit lâcher prise, désister de ses poursuites, et fit un traitté ou contract par lequel on fait monter si haut les sommes qu'il faudroit rendre pour rentrer dans lesdits biens aliénez qu'on en perde l'envie d'y rentrer, parce que ce seroit rachepter son bien trois fois plus qu'il ne vaut. — On ajoute que ledit sieur Gomer de Luzancy s'étant assuré et mis à couvert de toutes les recherches, poursuites et demandes dudit Pierre de Séricourt, abbé, qui apparemment avoit renoncé à tous droits et prétentions sur lesdits biens, fiefs et seigneuries de Verdon et Violaine tant pour luy que pour ses successeurs, abbez d'Orbaiz, ledit de Gomer fit peu de tems [aprés] abattre une grande quantité d'arbres et de bois, qui le dédommagérent entiérement au delà de toutes les sommes qu'il peut avoir données secrètement audit Pierre de Séricourt et autres, sans que les religieux de l'abbaye d'Orbaiz ayent touché seulement un sol. — On veut aussi que le château du Breuil ayt été bâti en partie par Christophe de Gomer des démolitions de la maison seigneuriale et chef-lieu de Verdon bâti par les abbez et religieux de Saint-Pierre d'Orbaiz, et que ledit Gomer fit démolir promptement et transporter au Breuil.

Outre lesdites aliénations des prez appellez les *Prez-le-Comte*, et des terres, fiefs, seigneuries, justice, cens et rentes de Verdon et Violaine, il aliéna et vendit encore le sixiéme juin 1569 les fiefs, terres et seigneuries de Crézancy, Mollins et Faussoy, avec tous les droits en dépendans, lots et ventes, deffauts, amendes, etc..., sous prétexte de subvention au Roy.

Il faut en rapporter icy les motifs qui peuvent avoir coloré ces aliénations. Le sieur Mézeray, tome troisiéme de son *Histoire*, page cent dix-neuf, vers le milieu, assure avec sa liberté ordinaire que le roy Charles IX ou ses ministres sous son nom, au mois de juin 1563 [1], permirent d'aliéner et exigérent « avec

1. [« Ordonnance du roy sur l'exécution de l'édict d'aliénation de cent mil escus du temporel de l'Eglise..... Faict au conseil privé du roy tenu au boys de Vincennes, le tresiesme jour de juing 1563. » Paris, Jean Dallier, 1563. L'édit auquel se réfère cette ordonnance est le suivant : « Edit

« des rigueurs tout à fait extraordinaires pour neuf cens mille
« livres des biens et fonds de l'Eglise gallicane [1], sans avoir as-
« semblé le clergé et sans attendre le consentement et per-
« mission du Pape », ce qui ayant fait murmurer et crier
hautement le clergé et le peuple, le Roy, pour appaiser ces
bruits et ces murmures, s'adressa au pape Pie V, et obtint de
Sa Sainteté une bulle du vingt-quatriéme jour de novembre
mil cinq cens soixante-huit [2] par laquelle le Saint Pere permettoit aux bénéficiers du royaume de France d'aliéner jusqu'à
la valeur de cinquante mille écus de rente, pour le prix être
baillé audit Seigneur Roy, pour subvenir aux grands frais et
dépenses de la guerre qu'il étoit obligé de soûtenir contre les
hérétiques-calvinistes et autres puissans ennemis de la religion et de l'Etat.

L'abbaye de Saint-Pierre d'Orbaiz fut taxée et cottisée par
les députez et subdéléguez de Soissons à la somme de quarante
écus-sols [3], racheptable au denier vingt-quatre, montant ledit
rachapt à la somme de deux mille cinq cens quarante-quatre
livres.

Le Roy permit par son Edit du douziesme avril mil cinq
cens soixante-neuf ausdits bénéficiers de différer la vente et
adjudication des fonds et domaines de leurs bénéfices jusqu'à

du roy sur le faict de l'aliénation de cent mil escus soleil de rente et revenu
annuel, prins sur les terres, héritages et biens patrimoniaux des églises
cathédrales, leurs chapitres, abbayes, priorez, commanderies et autres digni-
tez, estans en son royaume, païs, terres et seigneuries de son obéissance....... Donné à Sainct Germain en Laye au moys de may, l'an de
grâce mil cinq cens soixante-trois ; enregistré au parlement de Paris le
17 du même mois. » Lyon, Benoist Rigaud, 1563. — Cf. Henri Martin,
t. IX, p. 162.]

1. [Pendant la seconde moitié du xvie siècle les besoins des guerres de
religion ont déterminé Charles IX et Henri III à demander au clergé des
subventions extraordinaires. Un certain nombre d'édits de ces rois ont en
conséquence permis d'aliéner les biens d'église dans une proportion qui,
comme le dit Mézeray, fut assez considérable. V. Henri Furgeot, *L'aliénation des biens du clergé sous Charles IX*, dans la *Revue des questions historiques*, avril 1881, p. 428.]

2. [Vérifiée en cour de parlement le 20 décembre suivant.]

3. Ecu-sol, espéce d'or pesant deux deniers quinze grains et valant
soixante sols du tems des roys Henry II et Charles IX, son fils. Voy. le
Dictionnaire de Richelet. — [Le diocèse de Soissons a payé au fisc
47,050,000 livres tournois dans l'espace de trente et un ans, sous Henri II,
François II, Charles IX et Henri III, au lieu de 5,119,000 levés durant les
seize années du règne de Louis XII. *Histoire de Soissons*, par Henri Martin
et Paul Lacroix, 2 vol. in-8°, 1837, t. II, p. 455.]

un an après la publication dudit Edit, et cependant leur permit de prendre argent à intérêt et constitution de rente [1].

L'abbé de la Croix, n'ayant pas ladite somme de 2544 livres, ou plutôt ne voulant pas l'avancer, ou retrancher de sa dépense ordinaire et se réduire à quelque chose de moins pour épargner ladite somme, vendit d'abord et aliéna le sixiéme jour de juin audit an 1569 la seigneurie de Crézancy [2], Mollins et Faussoy, pour fournir ladite somme de 2544 livres. Non content de cette aliénation, mais profitant de la permission du Roy de prendre les sommes demandées pour subvention, à intérêt, il emprunta et prit encore à constitution ladite et même somme de 2544 livres des nommez Jacques Le Févre et Nicolas Le Noble, de Château-Thierry, affectant et hypothéquant pour sûreté d'icelle les bois taillis de l'abbaye appellez la *Mainferme*, contenant cent-quarante arpens, et le grand-étang, appellé l'*Etang-des-Molinots*, joignant ledit bois. Le contract de cette constitution est daté du quatriéme juillet mil cinq cens soixante-neuf.

Le R. P. Dom Pierre Mongé éteignit et remboursa cette rente le premier jour de septembre mil six cens soixante dix-huit, suivant l'acte passé pardevant Gauvain, notaire à Orbaiz, ledit jour [3].

---

1. [« Ordonnance du roy sur le payement des cottizations des bénéficiez de ce royaume, suivant le département faict sur chacun diocése d'iceluy, procédant de la vente de leur temporel à perpétuité jusques à la somme de cinquante mil escuz d'or de rente au denier vingt-quatre sans aucune faculté de grâce ou rachapt..... Donné à Metz le douziesme jour d'avril 1569 ; enreg. au parlement de Paris le 5 may suivant. » Paris, Jean Dallier, 1569.]

2. [Sur cette localité, cf. *Recherches sur l'industrie dans la vallée du Surmelin*, p. 79.]

3. [Au milieu du xvie siècle, Orbais était encore une ville, et un centre d'industrie assez active. L'importance du revenu temporel de l'abbaye fut déterminé à cette époque par une déclaration que Dom Pâquier Chatton, religieux-prévôt d'Orbais, présenta à la Chambre des Comptes du roi en 1547, au nom du couvent. Ainsi qu'on l'a vu plus haut, le texte de cette déclaration est malheureusement perdu. Il nous reste néanmoins certains documents sur les années qui suivirent. (V. *Recherches sur l'histoire de l'industrie dans la vallée du Surmelin*, p. 49 et s.; *Archives départ. de la Marne*, fonds d'Orbais, n° 38). Nous nous bornerons à donner ici quelques indications :

1550. — 22 octobre. — Emeri Brigard d'Orbais fait, à l'âge de 23 ans, sa profession monastique à Saint-Jean des Vignes de Soissons entre les mains de l'abbé Pierre Bazin. Il mourut à la Chapelle-Monthodón (auj. cant. de Condé, Aisne). *Chronicon abbatialis canonicœ S. Johannis ap. Vineas Suession.*, par P. Le Gris, p. 207, Paris, L. Sevestre, 1619, in-8°.

Les arrests du Parlement et du Grand Conseil, et les sentences des conseillers-commissaires députez sur les lieux par ces deux cours souveraines, purent bien régler et terminer les différends survenus et les prétentions réciproques de l'abbé et des religieux d'Orbaiz. Mais les sujets de mécontentement et les griefs de Nicolas de la Croix contre Christophe de Gomer, et la mauvaise volonté et la haine implacable et irréconciliable de ce gentilhomme contre cet abbé, ne purent pas même être arrêtées, assoupies et éteintes par la mort également tragique et malheureuse de tous les deux, comme on verra dans la suite; puisque d'un côté il est trés certain que ce Christophe Gomer laissa à sa mort pour successeurs de sa haine contre Nicolas de la Croix, comme de ses héritages, ses quatre fils Christian, François, Pierre et Jacques de Gomer, dont Christian l'ainé fit cruellement assassiner cet abbé d'Orbaiz, et d'autre côté Jean Le Févre, soy-disant écuyer-seigneur de Verdon et du Bailly, avocat de la cour de Parlement de Paris, petit-neveu dudit Nicolas de la Croix par sa mere, et Charles de Gomer, sieur en-

1556. — 27 juillet. — Accord devant M⁰ˢ Delaleaue et Bera, notaires, entre l'abbé Nicolas de la Croix et les prieur et religieux d'une part, et Jean Ruby d'autre part, au sujet de sept arpents de terre aux environs de Suizy, terroir d'Orbais, lieu dit les Bornes de Saint-Loup. (Acte notarié indiqué par simple mention).

1557. — 21 juin. — Concession d'eau faite par l'abbaye à Nicolas Thoreau, marchand tanneur demeurant à Orbais. « Devant Claude Plouin et « Prix Delaleaue, notaires royaulx..., furent présents en leurs personnes « noble et scientificque personne Mᵉ Nicolas de la Croix, abbé commenda- « taire de l'église et abbaye Monseigneur St-Pierre d'Orbais, Domp Jehan « Louveau, prieur claustral delad. abbaye, Dom Jehan Parandis, prévost, « Domp Alpin Coiffy, trésorier, Dom Pierre Crespy, chambrier, Domp « Pierre Oudiné et Domp Pierre Picot, tous religieux en ladite abbaye « faisant et représentant tout le couvent d'icelle abbaye, etc.... »

1560. — 17 février. — Transaction devant Mᵉˢ Delaleaue et Plouin entre l'abbé Nicolas de la Croix, les prieur et religieux du couvent d'Orbais d'une part et les habitants de la Chapelle-sur-Orbais d'autre part, au sujet du droit pour ceux-ci de mener paître et d'abreuver leurs bestiaux « ès étangs de La Chapelle, Chaussée-Maillard et Petite Cense. » V. aux *pièces justificatives*.

1566. — 21 décembre. — Bail à rente de la cense de la Chapelotte moyennant quatre boisseaux de bled-froment et quatre boisseaux d'avoine, mesure d'Orbais, et quatre chappons payables au jour des Innocens et encore de payer la dixme, corvée et autres charges anciennes, comme les autres habitans de la Chapelle, et encore trois sols de cens par chaque arpent. (Acte. indiqué par simple mention).

1567. — 26 avril. — Devant Claude Plouin et Nicolas Divoire, notaires, bail à cens de cinquante arpents de terre à la Chapelle-sur-Orbais consenti, par l'abbé Nicolas de la Croix et les religieux à « Messire François de « Souflier, écuyer, seigneur du Ménil-lez-la-Caure, advocat à Chesteau- « Thierry. » V. aux *pièces justificatives*.]

gagiste de Marcharotte-Francsauge, petit-fils dudit Christophe Gomer, quoique parens ou alliez, fomentoient la mésintelligence de ces deux familles qui n'avoient pu encore se réconcilier ensemble depuis prez de cent ans.

Pour sçavoir la véritable cause de la mort de Nicolas de la Croix, notre abbé, et de Christophe de Gomer, il faut la chercher dans la copie d'une production conservée dans notre chartrier, fournie au bailly ou lieutenant général du siége présidial de Château-Thierry, dans un grand procez que ledit sieur Jean Le Févre, petit-neveu de Nicolas de la Croix, poursuivoit contre ledit Charles de Gomer, petit-fils dudit Christophe, en 1662. On voit dans cette production, qui et quel étoit ce *Christophe*, son [grand] pere, son humeur, ses inclinations, ses charges, ses alliances, ses biens, sa conduite, ses démêlez avec notre abbé, et autres circonstances de sa vie, et enfin sa mort funeste. On va copier mot-à-mot cette production pour la satisfaction de la curiosité de ceux qui voudront la lire.

Pierre de Gomer, seigneur du Breüil, d'où sortent MM. de Gomer de Luzancy.

« Pierre de Gomer [1], bisayeul du susdit Charles, et pere de
« *Christophe*, seigneur du Breüil, étant en grand procez pen-
« dant au Parlement de Paris contre damoiselle Jeanne de
« Gomer, sa sœur [2], touchant les bois du Breüil, et pour rai-
« son de ce, la Cour ayant commis au sieur des Roches, con-
« seiller en icelle, qui s'étoit transporté sur les lieux en la
« ville d'Orbaiz, en la maison de monsieur de Besche, pour y
« procéder à l'instruction du procez, auquel lieu ledit Pierre
« de Gomer ayant comparu, au mois de février 1534, à l'assi-
« gnation qui luy avoit été donnée pour cet effect par ledit
« sieur conseiller-commis, accompagné de François et *Chris-
« tophle de Gomer*, ses enfans, dont le dernier n'étoit encore
« âgé qu'environ seize à dix-sept ans, et s'y étant transporté
« de colère contre sa sœur, en sortit en la menaçant, et y
« laissa ses deux enfans avec leur tante qui y étoit aussi en
« ladite même maison, assistée d'un prêtre nommé maître
« Guillaume Corresmes, qui luy servoit aussi de solliciteur,—
« bel employ pour un prêtre que de solliciter des procez pour

---

1. [DE GOMER en Picardie, maison dont l'ancienneté paraît remonter au XIe siècle. *Armoiries* : « D'or au lambel à 3 pendants de gueules accompa-
« gné de 7 merlettes, 4 en chef posées en face et 3 en pointe posées 2
« et 1. »]

2. [Jeanne de Gomer, mariée à Guillaume de Voisins, écuyer, seigneur de Villiers-le-Bascle. — Pierre de Gomer plaidait contre son beau-frère et sa sœur en 1542, suivant un arrêt du Parlement du 4 novembre de ladite année. — Saint-Allais, *Nobiliaire universel de France*, t. XIII, p. 457, Paris, Bachelin-Deflorenne, 1876.]

« une femme, luy qui ne devroit penser qu'à prier Dieu pour
« le peuple, ou tout au plus à accommoder les procez ! — les-
« quelz François et Christophle, son cadet, sitôt que leur pere
« fut sorti, soit qu'ils en eussent eu ordre ou non, *montèrent*
« *tous deux en furie en la chambre haute où étoit le solliciteur*
« *de leur tante avec cinq ou six particuliers là présents pour la*
« *même affaire, et dés l'entrée ayant mis l'épée à la main,*
« *l'outragérent tellement, tant en présence de leur tante que*
« *dudit conseiller-commis aussi présent en la chambre-basse,*
« *qu'ils l'y laissérent pour mort*. En sorte que l'un et l'autre
« s'étant échappez de la mêlée au logis de leur pere, et de là
« en garnison tant à Landrecy qu'à Montreüil et ailleurs,
« leur procez leur fut fait par contumace, et par iceluy con-
« damnez à mort, pendant lequel François estant décédé hors
« son pays pendant treize années d'absence, sans jamais avoir
« osé se représenter.

Commencement des emportemens et des crimes de Christophle Gomer. Outrage [à] un prêtre.

On luy fait son procez; [il] est condamné à la mort. François meurt exilé de son païs.

« On chercha tous les moyens pour conserver les biens
« audit Christophle, survivant à son aîné, en luy sauvant la
« vie, tant qu'aprés avoir satisfait à partie-civile ou plutôt à
« Gilles de Grenelles [1], seigneur dudit lieu, qui en avoit pris
« les droits dits, on luy obtint l'entérinement des lettres de
« rémission [2], où le fait avoit été déguisé si adroitement,
« qu'aprés les avoir gardées pendant un an tout entier sans les
« avoir osé représenter, il luy fut aisé de succéder à son pere
« en ladite terre et seigneurie du Breüil, en vertu de l'arrest
« de la Cour du vingt-septiéme février mil cinq cens quarante-
« sept qui emporte l'entérinement.

« Cet entérinement ainsi fait en faveur dudit Christophle,
« qui par ainsi étoit rendu capable de succéder à son pere
« en la seigneurie du Breüil, on avisa, pour luy donner
« entrée au Louvre, de le pourvoir de l'office de pannetier
« ordinaire en la maison du Roy où ayant fait plusieurs habi-
« tudes, et le décéds de Pierre de Gomer son pere étant arrivé
« et survenu, se fit aussi pourvoir de l'office de maître parti-
« culier des eaux et forests au présidial de Château-Thierry,
« au moyen de quoy ayant tout pouvoir en la forest de Vassy,
« il se réserva les bois du Breüil et en ajoûta encore plusieurs
« autres à son domaine, en sorte que s'étant ainsi rendu fort

1. [Gilles, seigneur de Grenelles, était beau-frère de François et Christophe de Gomer dont il avait épousé la sœur Jeanne.]

2. [« Lettres de grâce que le roi accorde pour homicide commis involontairement ou à son corps défendant, dans la nécessité d'une légitime défense de sa vie. » Ferrière, *Dictionnaire de droit et de pratique*, v° LETTRE.]

« puissant au pays tant à cause de sa seigneurie du Breüil
« qu'il possédoit seul, que de ses deux offices de pannetier
« ordinaire et de maître des eaux et forests qui luy donnoient
« tout crédit en la maison du Roy et dans la forest[1], il ne
« luy fut pas difficile de se procurer la bienveillance de Mon-
« sieur de Thou, premier président au Parlement de Paris, qui
« luy fit épouser sa petite-niéce, Charlotte de Marle, qu'il
« tenoit lors en sa tutelle par le décéds de Mr de Marle[2], son
« pere, avocat en la cour.

Nicolas de la Croix, abbé, échange son abbaye de Notre-Dame de Boscodon contre celle d'Orbaiz. 1551.

« En ce même tems, Messire Nicolas de la Croix, aumônier
« du Roy et son ambassadeur en Suisse, ayant traitté de l'ab-
« baye d'Orbaiz contre son abbaye de Notre-Dame de Bosco-
« don, au diocèse d'Ambrum[3], par échange faite entre luy et
« le cardinal de Campegge, évêque de Boulogne, en décembre
« mil cinq cens cinquante et un, se trouva aussi voisin dudit

1. [Christophe, seigneur du Breuil, de Luzancy, Athis, Moncheton et Verdon. Il fut « homme d'armes de la compagnie du conestable « de Montmorency en 1546, puis chevalier de l'ordre du roy, gen- « tilhomme ordinaire de sa chambre, capitaine et gouverneur de la ville « de Reims, grand-maître des eaux et forests et capitaine des chasses « du duché de Château-Thierry, et prévôt de Châtillon-sur-Marne. » Louis de Bourbon, prince de Condé, lui accorda un acte de souffrance pour l'hommage de sa terre de Luzancy le 18 septembre 1559. L'influence que Christophe de Gomer réussit à acquérir dans son pays le fit nommer député de la noblesse du bailliage de Vitry aux Etats Généraux tenus en 1560 à Orléans. *Des Etats Généraux*, t. XI, p. 96. — Cf. Saint-Allais, *Nobiliaire universel*, v° Gomer. Le P. Anselme, *Histoire généal.*, t. I, p. 332.]

2. [DE MARLE, famille originaire de Paris et remontant à la fin du XIII° siècle. *Armoiries* : « D'argent, à la bande de sable, chargée de trois mo- « lettes d'éperon du champ. » — Christophe de Gomer épousa le 6 février 1546 Charlotte de Marle, dame de Luzancy, près la Ferté-sous-Jouarre, fille de Pierre de Marle, chevalier, seigneur d'Arcy-le-Ponsart, Luzancy, Versigny, Chaucouyn (Chauconin), etc... et d'Anne de Refuge. Pierre de Marle était mort en 1531, laissant, dit le manuscrit d'Orbais, sa fille Charlotte sous la tutelle du premier président Christophe de Thou (m. en 1582). Au contraire nous voyons ailleurs que cette tutelle aurait appartenu à Guy Karuel, commissaire ordinaire des guerres du roi, bailli et gouverneur de Beaumont-sur-Oise. Quoi qu'il en soit, il est certain que des liens de famille unissaient Charlotte de Marle à Christophe de Thou. En effet la mère de ce magistrat se nommait Claude de Marle, et était cousine-germaine de Jérôme de Marle, grand-père de Charlotte. Le P. Anselme, *Histoire généal.*, t. VI, p. 383. Cf. La Chenaye-Desbois, *Dictionnaire de la noblesse*, v° Marle. Cabinet des titres, *Carrés de d'Hozier*, v° Marle, f°° 313, 314 et 319.]

3. [V. *Abbaye de Notre-Dame de Boscodon près Embrun*, règle de saint-Benoit—chef d'ordre, par E. Pilot de Thorey, Grenoble, Drevet, 1873, in-8°. — Adde *Histoire géographique etc... du diocèse d'Embrun*, 2 vol. in-8°, 1783, t. II (Histoire ecclésiastique), chap. IV, p. 365 à 380.]

« Christophle de Gomer, seigneur du Breüil, qui, comme dit
« est, ayant épousé ladite Charlotte de Marle, sa cousine au
« troisiéme degré, se trouvérent doublement obligez de vivre
« l'un et l'autre en bonne intelligence, non seulement comme
« voisins, mais aussi comme on en doit user entre parens et
« alliez, comme ils estoient. Mais l'humeur jointe à l'habitude
« contractée de longue-main par ledit Christophle de Gomer
« de s'aggrandir aux dépens de son voisinage, ne leur permit
« pas de posséder longtems les bonnes grâces l'un de l'autre,
« tant que — quelques années s'estant écoulées sans avoir
« tenu compte de faire fournir à la recepte de l'abbaye d'Or-
« baiz les trente-neuf septiers de grains, partie bled, partie
« avoine, qu'il étoit obligé de fournir annuellement à cause du
« moulin du Breüil, provenant de l'abbaye d'Orbaiz, qui est
« encore de présent chargé de ladite redevance — tant qu'enfin
« l'abbé n'en pouvant tirer payement, intenta l'action contre
« ledit Christophle de Gomer, seigneur du Breüil, qui ne luy
« vouloit payer qu'à son mot.

Les différends de l'abbé et de Gomer viennent du refus de fournir la prestation de grains due à l'abbaye à cause du moulin du Breüil, qui est de 116 boisseaux de froment et 116 boisseaux d'avoine.

« Pendant leur différend, ledit Christophle de Gomer ren-
« contrant à Paris Jean de la Croix, seigneur du Pont de No-
« gent, frere de l'abbé d'Orbaiz, dans la rüe de Saint-Germain-
« l'Auxerrois, le trente et uniesme jour d'octobre mil cinq
« cens cinquante-cinq, sur ce qu'il ne luy faisoit pas un si bon
« accueil qu'à l'ordinaire, luy disant plusieurs mauvaises pa-
« rolles, mit pied à terre et l'épée à la main, et l'obligea d'en
« faire de même, à l'occasion de quoy, ledit de la Croix ayant
» aussi mis pied à terre et l'épée à la main, reconnut aussi-tôt
« que ledit Christophle de Gomer étoit muni d'une chemise
« de mail, son épée s'étant ployée contre à plusieurs reprises,
« ce qui l'obligea de le prendre au deffault, et le sçut si bien
« choisir qu'il luy porta un coup d'estoc dans l'estomac au-
« dessous de la mamelle, et un autre coup de taille à la tête
« qui l'obligérent de luy demander la vie en luy rendant
« l'épée. Ce qui s'estant passé de la sorte, Christophle de Go-
« mer n'eut pas plutôt ruminé sur la disgrâce qui luy étoit
« ainsi arrivée dans ce premier combat qu'il eût souhaité n'y
« avoir jamais songé, si son humeur altiére et violente luy eût
« permis d'en demeurer là. En sorte que son vainqueur ne l'eut
« pas si tôt remis en possession de son épée par l'entremise
« d'aucuns qui s'y rencontrérent qu'il luy fallut encore tenter
« si, dans un second combat, la fortune ne luy seroit pas plus
« favorable qu'au premier, et par un mouvement de désespoir

Jean de la Croix, frere de l'abbé d'Orbaiz, attaqué et outragé par Christophle de Gomer, le terrasse, le désarme, luy donne la vie, et par générosité luy rend son épée. Mais Gomer, au désespoir d'avoir été vaincu, court sur Jean de la Croix qui, étant surpris à l'imprévu, glisse et tombe à la renverse, et Gomer le perce de coups dont il mourut.

Mauvais caractére de Gomer, homme lâche, sans cœur et sans honneur.

« courant derechef l'épée à la main contre ledit Jean de la
« Croix, qui en avoit si bien usé envers luy que de luy sauver
« la vie, ayant eu le pouvoir de la luy ôter, le surprit si brus-
« quement au dépouvû qu'il le fit reculer plusieurs pas en
« arriére, même tomber par terre à la renverse, son pied luy
« ayant glissé pendant qu'il remettoit l'épée à la main pour se
« garantir d'une telle violence, tant qu'enfin par une lâcheté
« sans exemple l'ayant outragé en cet état, tant d'estoc que de
« taille, et l'y ayant laissé pour mort, ledit de la Croix en
« seroit décédé le jour de Chandeleur au mois de février sui-
« vant.

« Plusieurs émus d'une si grande lâcheté se rüérent sur
« ledit Christophle de Gomer et l'empêchérent de l'outrager
« davantage, puis menérent l'un et l'autre chez les chirurgiens
« du quartier, et de là chacun en sa maison. Mais comme les
« playes de Jean de la Croix étoient plus dangereuses que
« celles dudit Christophle de Gomer, aussi n'en ayant pû
« échapper, ledit Nicolas de la Croix, abbé d'Orbaiz, et da-
« moiselle Espérance de la Croix, frere et sœur dudit Jean de
« la Croix, procédérent criminellement contre l'homicide de
« leur frere pour leurs intérests civils, pour raison de quoy
« ledit Christophle de Gomer s'estant pourvû par lettres de ré-
« mission au mois de février mil cinq cens cinquante-six,
« même par lettres d'ampliation, attributi[ves] de jurisdiction
« pour procéder à l'entérinement d'icelles pardevant le prévôt
« de l'hôtel [1] ou son lieutenant, et — sur ce que par sentence
« portant entérinement d'icelles du dix-septiéme jour d'octo-
« bre mil cinq cens cinquante-sept il n'y avoit été condamné
« qu'à la somme de deux cens livres pour toute provision et
« intérests, ensemble à la somme de vingt-cinq livres pour
« être employées à faire prier Dieu pour l'âme dudit Jean de
« la Croix, dont quinze livres seroient distribuées aux pauvres
« de l'Hôtel-Dieu, cent sols à la parroisse du lieu de sa nais-
« sance, pour tout et sans dépens, — par arrest rendu au Par-

Procez intenté contre Gomer qui obtient encore des lettres de rémission entérinées.

---

1. [Le *prévôt de l'hôtel* avait juridiction sur le Louvre et sur toute la maison du roi. Il connaissait par lui-même ou par ses lieutenants de toutes les causes, tant civiles que criminelles, des officiers attachés à la cour. Le privilége de cette juridiction spéciale résultait pour Christophle de Gomer de sa qualité de pannetier ordinaire du roi. — Le prévôt de l'hôtel commença à porter le titre de *grand prévôt* à la fin du XVIe siècle (dernier jour de février 1578). V. Miraulmont (Pierre de), *Le prévost de l'hostel et grand prévost de France*, Paris, Chevalier, 1615, in-8°.]

« lement de Paris du dix-septiéme may mil cinq cens soixante,
« entre les héritiers dudit Jean de la Croix, appellans de ladite
« sentence, le Procureur général joint d'une part, la Cour, en
« tant que touche l'appellation interjettée par le Procureur
« général du Roy, l'a mise et met au néant ; et quant à l'ap-
« pellation interjettée par lesdits de la Croix, sans avoir égard
« aux fins de non-recevoir proposées par l'intimé, les déclare
« bien recevables comme appellans de ladite sentence donnée
« par ledit prévôt de l'hôtel ou son lieutenant, et, en faisant
« droit sur ladite appellation, qu'il a été nullement et mal jugé
« par ledit prévôt de l'hôtel ou son dit lieutenant, bien appellé
« par lesdits appellans, et néantmoins a entériné et entérine
« audit de Gomer lesdites lettres de rémission ou ampliation [1]
« selon leur forme et teneur, et iceluy condamné envers les-
« dits de la Croix en la somme de six cens livres parisis pour
« toutes réparations civiles, dommages et interests, et à tenir
« prison jusqu'à plein payement de ladite somme, et si le con-
« damnons és dépens tant de la cause principale que d'appel
« et de ce qui est aussi ensuivi tels que de raison, la taxation
« d'iceux réservée, et outre ordonne que le nommé La Lame,
« soy disant lieutenant dudit prévôt, qui a donné ladite sen-
« tence, sera ajourné à comparoir en personne en icelle à cer-
« tain jour pour répondre au Procureur général du Roy aux
« conclusions qu'il voudroit contre luy prendre et élire, et
« procéder en outre comme de raison.

« Ce n'estoit point assez à Christophle de Gomer d'avoir
« ainsi traité celuy de qui il tenoit la vie ; il ne fut pas plutôt
« sorti des prisons qu'il se résolut de s'en venger tant sur la
« personne de l'abbé son frere qui luy faisoit le plus d'obs-
« tacles, que sur les biens de son abbaye, le temps et l'occa-
« sion s'estans toûjours depuis montrez favorables en toutes
« ses entreprises. En effet si les troubles et les désordres des
« guerres civiles causez par les nouveautés d'une religion nais-
« sante avoient ouvert le chemin à Christophle de Gomer et
« autres factieux du pays, qui en faisoient profession, tant

---

1. [*Lettres d'ampliation de remission* ou « Lettres par lesquelles un homme qui a obtenu une remission pour un crime, représente qu'il a oublié quelque circonstance du fait exposé dans sa remission, laquelle circonstance omise causeroit la nullité de ses lettres ; mais pour en empêcher la nullité, sur l'exposition des circonstances omises, Sa Majesté, par les lettres d'ampliation, lui pardonne cette circonstance oubliée. » Ferrière, *Dictionnaire de droit et de pratique*, v° LETTRE.]

« pour entreprendre sur les biens des ecclésiastiques et des
« particuliers avec impunité, l'absence de l'abbé d'Orbaiz, qui,
« pendant tous les troubles, fut continuellement occupé
« pour le Roy Charles neuf en plusieurs ambassades et divers
« autres emplois pour son service, ne l'a pas moins favorisé à
« augmenter son patrimoine du Breüil, tant au moyen de la

Notre fief et seigneurie de Francsauge aliénée et usurpée par ledit de Gomer.

« seigneurie de Francsauge, dépendante de ladite abbaye
« d'Orbaiz, qu'il se fit adjuger pour la somme de trois mille
« trois cens soixante-quinze livres, à quoy ladite abbaye fut
« taxée en mil cinq cens soixante-trois, que des dégradations,
« qui se faisoient impunément dans la forest de Vassy, dont
« le seigneur du Breüil appliquoit la meilleure part à son pro-
« fit. — Pour raison de quoy ledit sieur abbé fait mention
« dans ses faits et articles par luy fournis au mois de juillet
« 1569 pour sur iceux faire ouïr et interroger Jean Aubry,
« son fermier audit Orbaiz, que ledit Aubry a servi de témoin
« au procez que ledit Du Breüil avoit lors contre le Roy pour
« les malversations par luy commises en la forest de Vuassy,
« important au procez plus de cent mille livres.

Nicolas de la Croix, ambassadeur en Suisse, y fait bâtir l'hôtel des ambassadeurs françois.

« Et de fait ledit sieur abbé d'Orbaiz n'eut pas plûtôt ter-
« miné ses négotiations à Soleure en Suisse [1], où il eut tout
« le loisir de faire bâtir l'hôtel des ambassadeurs pendant le
« séjour qu'il y fit, que — pour trouver les moyens de se pour-
« voir contre les aliénations que ledit de Gomer s'estoit fait
« ainsi adjuger pendant son absence si fort à son détriment, —

Il se plaint des aliénations.

« il se plaignit hautement de toutes les surtaxes qu'on avoit
« faites sur son abbaye, en sorte que pardevant les Directeurs
« du Clergé il en obtint une décharge considérable et commis-

Il récouvre des sommes considérables des surtaxes qu'il

« sion pour en faire le recouvrement contre Monsieur l'évêque
« de Soissons et son chapitre qui avoient surtaxé ladite abbaye
« d'Orbaiz à leur décharge propre, et mêmement de ce que

---

1. [A la fin de 1563, le maréchal de Vieilleville, Nicolas de la Croix, abbé d'Orbais, et Sébastien de L'Aubespine, évêque de Limoges, furent choisis pour aller, au nom de Charles IX récemment déclaré majeur, renouveler l'alliance française avec les Suisses. En 1565 l'abbé d'Orbais était encore à Soleure d'où il correspondait avec Catherine de Médicis. Voir : *Négotiations, lettres et pièces diverses relatives au règne de François II*, etc..., publiées par Louis Paris, préface, p. XXVII. *Lettres de Catherine de Médicis* publiées par le comte Hector de la Ferrière, t. II, p. 283 et 285, note. Ces deux ouvrages font partie de la Collection des documents inédits de l'Histoire de France. — Voir aussi une dépêche du 22 mai 1565 à M. d'Orbais (Nicole de la Croix) conservée à la Bibl. nat. Mss. fonds français, n° 17,832, f° 87 v°.]

« ledit de Gomer, son ennemy capital, s'estoit emparé de tous
« les titres de son abbaye par l'intelligence qu'il avoit avec
« ledit Jean Aubry, son receveur, qui étoit de la même fac-
« tion.

« Pendant ces nouveaux différens, lorsque Louis de Bour-
« bon, prince de Condé, grand protecteur de l'hérésie de Cal-
« vin, et grand ennemi de l'Eglise catholique, — tué à la
« bataille de Jarnac en Angoumois le 13 de mars 1569 par
« Montesquiou, capitaine des gardes du duc d'Anjou, depuis
« Henry III, — pendant, dis-je, que ce prince marchoit avec
« son armée contre la ville de Soissons pour l'assiéger[1], ledit
« de Gomer, ne voulant omettre aucune occasion pour accé-
« lérer la perte de l'abbé d'Orbaiz qu'il s'étoit conjurée, dés
« qu'il s'étoit vû hors de prison, se servit de l'occasion pour
« faire passer par Orbaiz les troupes du sieur de Jenlis qui les
« commandoit, et qui, l'ayant tenu assiégé dans le *château*
« (logis abbatial) de son abbaye pendant deux jours et demi,
« le contraignit enfin de se rendre et céder à la force, où l'abbé
« d'Orbaiz, outre la pêche des étangs de l'abbaye, qui y furent
« lâchez et mis au pillage, et dont la pêche fut estimée monter
« jusqu'à six mille livres[2], et y perdit toutes ses provisions,
« livres, linges, habits, tapisseries, vaisselle d'argent et autres
« meubles de grand prix, dont l'abbé et les siens furent ainsi
« dépouillez par la malice de son ennemy et de ses adhé-
« rans.

« Cette disgrâce ainsi avenüe à l'abbaye d'Orbaiz en l'année
« mil cinq cens soixante-huit[3] par la faction dudit Christo-
« phle de Gomer estoit sans doute trop sensible à l'abbé pour
« la laisser impunie, en sorte que les troupes étant éloignées

devoit employer à retirer les fonds par luy aliénez, Crézancy, etc... qui sont encore aliénez, et à rembourser les 2544 liv. prises par luy à constitution, remboursées en 1678 par les religieux.

Gomer fait assiéger l'abbé par les soldats huguenots qui pillent l'abbaye, lâchent et pêchent les étangs et commettent autres désordres en 1568.

---

1. [La prise de Soissons par les Huguenots sous la conduite de Genlis, de Bouchavannes, d'Hercourt, de Crécy et d'autres gentilshommes, eut lieu le 27 septembre 1567. Sur cet événement et sur les pillages d'abbayes qui en furent la conséquence, V. *Histoire de Soissons*, par Henri Martin et Paul Lacroix, t. II, p. 420 à 444.]

2. [Orbais, aux XVIe et XVIIe siècles, fut le centre d'un grand commerce de poissons. *Recherches sur l'histoire de l'industrie dans la vallée du Surmelin*, p. 26.]

3. [*Le 15 décembre* 1567, d'après une note ajoutée au manuscrit de Dom Du Bout. — Pendant les années 1567 et 1568 (seconde guerre de religion), les Huguenots infestèrent la Brie et y commirent des excès contre les Catholiques. V. à ces deux années les *Mémoires de Claude Haton*, 2 vol. in-4°, publiés par M. Bourquelot dans la Collection des documents inédits de l'Hist. de France.]

« du pays, comme l'abbé poursuivoit les moyens d'en tirer
« raison et de rentrer en même tems dans les aliénations de
« son abbaye, qu'il faisoit lors réparer, ledit Christophle de
« Gomer, plus animé que jamais contre l'abbé, armé d'une
« cuirasse et accompagné de Christian, son fils aisné, et d'une
« vingtaine de cavaliers pour le surprendre en son abbaye où
« il vint l'assaillir le treiziéme jour d'octobre mil cinq cens
« soixante et onze, sous prétexte d'une recherche ou visite
« simulée qu'il prétendoit y faire en qualité de maître parti-
« culier de la forest de Vassy, et y ayant trouvé plus de résis-
« tance qu'il ne se l'estoit promis, fut contraint d'y recevoir
« luy-même la punition exemplaire de son mauvais dessein
« avec les nommez Charles Gosset et Jean Bonnenfant, qui,
« d'entre les adhérans dudit Christophe Gomer, s'estoient le
« plus opiniâtrez pour ôter la vie à l'abbé d'Orbaiz. Ledit
« Christophle de Gomer y ayant perdu la vie avec lesdits
« Gosset et Bonnenfant, soit que ledit abbé l'ait tüé luy-
« même de sa propre main, ou les nommez Loüis Pigeon,
« Robert Boullard et autres, ses domestiques, par son or-
« dre. »

Christophle de Gomer reçoit à Orbaiz le juste châtiment dûb à ses différens crimes par sa mort funeste le 13 octobre 1571.

C'est ainsi que ce Christophle de Gomer finit malheureureusement sa vie, transporté d'un esprit de haine et de vengeance, et, ce qui est le plus déplorable, sans avoir eu le tems de se réconcilier et de se repentir de ses crimes, c'est ainsi qu'il finit sa vie qu'il avoit racheptée deux fois de la main d'un bourreau sur un échaffaut par son argent, le crédit de ses amis, et sur de fausses informations de ses deux assassinats commis sur un prêtre et sur Jean de la Croix, palliez aux yeux de ses juges. C'est ainsi que, par un juste jugement de Dieu, Christophle de Gomer perdit la vie dans Orbaiz même, où dans sa jeunesse il avoit outragé et laissé dans une chambre Me Guillaume Corresme pour mort ; assassinat qui l'exila longtems de son pays. Enfin ce fut dans l'abbaye d'Orbaiz que Dieu vengea sur sa personne tous les dommages, pertes, torts, intérests, usurpations de ses fiefs, terres et seigneuries, enlévement de ses titres et papiers, retranchemens de ses droits d'usages dans la forest de Vuassy, pillage de l'abbaye par les soldats du sieur [de] Jenlis corrompus et animez par ledit Gomer, et tous les maux et préjudices qu'il avoit causez à cette abbaye qu'il voulut ruiner.

« Cette rétribution si justement survenüe contre l'intention
« dudit Christophle de Gomer luy fut encore d'autant plus

« favorable que, quand il auroit survécu à cette action si
« odieuse, il n'en pouvoit attendre autre punition moins sévére
« que celle dont on punissoit lors tous les rebelles au Roy et
« les factieux de son royaume, d'entre lesquelz ledit seigneur
« du Breüil s'étoit le plus signalé suivant les faits et articles
« baillez par l'abbé d'Orbaiz pour faire interroger ledit Chris- *Nicolas de la Croix dénonce aux juges Christophle de Gomer et ses complices rebelles au roy Charles IX.*
« tophle de Gomer et aucuns de ses complices contre qui il
« avoit fait sa dénontiation pardevant les juges-commis par
« le Roy Charles IX, pour la recherche des rebelles et factieux
« du temps, mais particuliérement pour avoir suivi le parti
« des Huguenots qui s'étoient soûlevez contre les Edicts du
« Roy, pour avoir lieu de se venger contre l'abbé d'Orbaiz,
« sous prétexte de la guerre qu'ils avoient déclarée contre tous
« les ecclésiastiques du royaume ; pour s'estre trouvé à toutes
« les entreprises du prince de Condé, qui en estoit le chef, *Actions criminelles de Christophle de Gomer dénoncées par de la Croix, pendant sa vie.*
« mesmement à Amboise [1], à Orléans, à la bataille de Dreux [2],
« à la bataille de Saint-Denis, et assisté au brûlement des
« moulins de la ville de Paris [3]; pour avoir aussi esté de l'en-
« treprise de Meaux pour y surprendre le Roy [4], estant pour
« cet effect que, pour aller à Saint-Denis, avoir donné le ren-
« dez-vous à plusieurs gentilshommes en sa maison du Breüil;

---

1. [Conjuration d'Amboise en février et mars 1560. — Mentionnons aussi les réunions du parti protestant tenues chez Condé à La Ferté-sous-Jouarre. Le duc d'Aumale, *Histoire des princes de Condé*, t. I, p. 71 et 123.]

2. [Condé entra à Orléans avec les réformés le 2 avril 1562. Il fut fait prisonnier à la bataille de Dreux le 19 décembre suivant.]

3. [Cet incendie suivit immédiatement l'insuccès du coup de main que les chefs protestants avaient tenté pour enlever le roi du château de Monceaux près Meaux. Ils brûlèrent en une nuit tous les moulins qui alimentaient la partie septentrionale de Paris, de la porte du Temple à la porte Saint-Honoré. (Henri Martin, *Hist. de France*, t. IX, p. 218). Peu après, le 10 novembre 1567, eut lieu la bataille de Saint-Denis.]

4. [A la fin de septembre 1567, Charles IX et sa mère Catherine de Médicis furent pressés depuis Meaux jusqu'à Paris par les troupes protestantes de Condé et de Coligny. Les 6,000 Suisses à la solde du jeune roi assurèrent son salut. « Trois fois ils se retournèrent contre l'ennemi ; ils « lui lancèrent tout ce qui leur venait à la main, jusqu'à des bouteilles ; et, « baissant leurs piques, ils coururent sur lui comme des chiens enragés « tous en bon ordre, sans que l'un mît le pied avant l'autre, et animés d'un « tel désir de combattre que l'ennemi n'osa pas attaquer. Ainsi le roi put « se réfugier dans Paris. » Jean Correro, *Relations des ambassadeurs vénitiens*, etc.... publ. par Tommaseo, t. II, p. 187, dans la Collection des documents inédits de l'Hist. de France. — V. *La seconde guerre civile* par le comte H. de la Ferrière, dans la *Revue des quest. histor.*, janvier 1885, p. 128.]

« pour durant les premiers troubles avoir toujours entretenu,
« nourry et couché en sa maison le capitaine la Palice lors pri-
« sonnier en la conciergerie du palais, l'avoir envoié au châ-
« teau d'Esternay avec plusieurs soldats de son party pour y
« tenir bon contre le Roy ; pour, aprés que ledit la Palice eut
« tenu bon dans le château d'Esternay [1] contre le sieur de
« Forcy, et qu'il eut été contraint de rendre la place, la vie-
« sauve, luy avoir donné retraite en sa maison du Breüil jus-
« qu'au jour que, l'ayant mené avec luy à Paris, ledit la Palice
« y avoit été reconnu et en même tems constitué prisonnier en la
« conciergerie pour avoir porté les armes contre le Roy et par
« ainsi contrevenu à ses Edits ; pour avoir été de l'entreprise
« pour la reddition de la ville de Château-Thierry, qui se devoit
« faire entre les mains des rebelles du Roy; pour avoir pratiqué
« ordinairement avec le capitaine Marshault, les Vandiers, les
« Lemers, Heurtebize, Hartonges et le sieur d'Apremont, tous
« rebelles du Roy ; pour avoir pareillement entretenu en sa
« maison le nommé Marc Blanchard, député par ceux de son
« parti pour y recevoir leurs paquets et les faire tenir en An-
« gleterre, où la femme dudit Blanchard en faisoit la distri-
« bution,—plus avoir tenu en sa maison un nommé Remy d'I-
« vry, coûturier, qu'il sçavoit être fugitif des prisons d'Orbaiz;
« pour estre venu au bois de Vincienne pour y capituler avec
« le Roy ; finalement, pour avoir pleine grâce et pardon du
« Roy, promis et juré de ne porter jamais les armes contre Sa
« Majesté au voyage d'Orléans [2], et, au préjudice de ce, n'avoir
« tenu sa foy à son Prince, ains avoir derechef porté les armes

1. [Le château d'Esternay (auj. arr. d'Epernay), bâti en 1515, était à l'époque des guerres de religion le centre du mouvement calviniste dans la contrée. Le seigneur de ce château, Antoine Raguier (dit Esternay), fut, comme on le sait, l'un des plus fermes alliés du prince de Condé. Il mourut en 1569 « d'une fiebvre chaulde qui le pressa, avec le regret qu'il avoit d'avoir « habandonné ses maisons, qui estoient demeurez à la miséricorde du sieur « de Foissi. » *Mémoires de Claude Haton*, p. 556, 1147 et passim. — Cf. *Recherches histor., archéol. et statist. sur Esternay, son château*, etc... par l'abbé Boitel, Châlons, Boniez-Lambert, 1850, in-12. — Cf. Bibl. Nat. Mss. fonds français, n° 15545 f° 138 r°, n° 15547 f° 92 r° et f° 295 r°.]

2. [Le roi Charles IX fit son entrée à Orléans le 26 avril 1563, un mois environ après la paix d'Amboise qui avait terminé la première guerre de religion. L'année précédente, les succès du parti réformé avaient soulevé une crise assez générale. Mais dans la Champagne, la Picardie, l'Ile de France, les protestants s'étaient trouvés trop faibles pour s'emparer d'aucune grande ville. Cf. Henri Martin, t. IX, p. 123. — René de Bouillé, *Histoire des ducs de Guise*, t. II, p. 300.]

« contre son service, même avoir prêté argent aux Etrangers
« pour entretenir les troubles dans son royaume.

« Mais, comme il estoit aisé de juger que l'abbé d'Orbaiz
« ayant ainsi survécu à son ennemy, tous ses différens ne
« seroient pas encore terminez par la mort dudit Christophle
« de Gomer (quoique l'abbé et tous [ceux] qui luy avoient
« prêté secours en fussent pleinement déchargez par arrest du
« Grand Conseil du troisiesme décembre mil cinq cens soixante
« douze, portant l'entérinement des lettres de rémission que
« l'abbé et les nommez Loüis Pigeon, Robert Boullard, ses
« domestiques, Nicolas Droüet, lieutenant du juge d'Orbaiz,
« Nicolas Musquin, dit Pierron, et Sacré Masse, dit le grand
« Sacre, n'eurent pas grande peine à obtenir du Roy en no-
« vembre mil cinq cens soixante et onze), puisqu'il laissoit
« encore quatre garçons, Christian, François, Pierre et Jac-
« ques [1], qui ne pouvoient pas longtems demeurer en repos
« sans faire éclatter plus avant leur injuste ressentiment. »

Nicolas de la Croix obtient des lettres de rémission entérinées au Grand Conseil le 3ᵉ décembre 1572.

On tient communément dans le pays par une tradition populaire (dont on ne se rend point caution) que ladite Charlotte de Marles, dame du Breuil et de Luzancy, veuve dudit Christophle de Gomer, conserva soigneusement, après sa mort, la chemise et les habits tout ensanglantez et teints du sang de son mari, et qu'elle les développa et les exposa aux yeux de ses enfans, accompagnant cette cérémonie d'un torrent de ses larmes et d'un discours entrecoupé de soûpirs et de sanglots et de tout ce qu'elle put employer de plus touchant pour aigrir leurs esprits, envenimer leur cœur, irriter leur ressentiment, renouveller leur douleur et leur amertume par le ressouvenir de la mort tragique de leur pere, pour les animer à venger cette grande perte sur celuy qui en avoit esté l'autheur, quoiqu'en son corps défendant.

« Quoiqu'il en soit de cette tradition, il est toujours trés
« certain que Christian de Gomer, fils aîné de Christophle et
« propre oncle dudit Charles de Gomer [2], n'avoit-il à peine

---

1. [1º CHISTIAN ou Chrestien de Gomer, né vers 1552. — 2º FRANÇOIS, né vers 1554, chevalier, seigneur du Breuil, épousa le 5 avril 1583 Marie de Maniquet. — 3º PIERRE, né vers 1558, seigneur de Verdon et de Moncheton, de Luzancy et d'Athis, épousa le 12 avril 1602 Anne de Garges. — 4º JACQUES, chevalier, seigneur de Luzancy, de Courcelles-sur-Marne, d'Athis, de Condé près la Ferté-au-Col (*lisez* la Ferté-sous-Jouarre), etc... fit donation en 1631 et 1633 à Charles de Gomer, son neveu, de ses terres de Luzancy, de Courcelles et de Condé.]

2. [Charles de Gomer, chevalier, seigneur de Verdon, puis de Luzancy,

« atteint l'âge de dix-neuf à vingt ans, qu'ayant eu avis du
« retour de l'abbé d'Orbaiz (qui peu de tems ensuite de l'ob-
« tention dudit arrest du Grand Conseil du troisiéme de dé-
« cembre 1572, avoit retourné en son ambassade pour le Roy
« Charles IX, et y avoit encore séjourné plus de quatre ans à
« Soleure en Suisse en la même qualité d'ambassadeur, où il
« avoit travaillé à renouveller les derniéres alliances [1] et luy
« avoit procuré grand secours de ses confédérez), il luy avoit
« dressé une si forte embuscade en trois divers endroits du
« grand chemin de Condé audit Orbaiz le vingt-deuxiéme jour
« de juillet mil cinq cens soixante dix-sept, que l'abbé s'y
« voyant enveloppé et poursuivi d'un parti d'environ quarante
« cavalliers de sa faction, fut contraint de se réfugier en la
« maison des Marshault joignant le cimetiére dudit village de
« Verdon, son cheval s'y étant abatu à la descente d'iceluy,
« où enfin il auroit esté cruellement assassiné avec son suisse
« nommé le Petit-Jean, qui l'y avoit deffendu jusqu'à l'extrêmité
« contre Christian de Gomer et les autres assassins, qui arra-
« chérent et tirérent par force l'abbé de la maison des Mar-
« shaults, les menaçant de les brûler tous vifs, s'ils ne le chas-
« soient et ne le leur livroient. »

Nicolas de la Croix tombe dans une embuscade de Christian de Gomer qui l'assassine le 22 juillet 1577 à Verdon, d'où son corps fut apporté et inhumé dans l'église de l'abbaye; mais on ne sçait le lieu de sa sépulture.

Ainsi finit ses jours notre abbé, le fameux Nicolas de la Croix, dans des circonstances à peu prez aussi funestes que Christophle de Gomer, n'ayant pas eu non plus que luy le tems de se préparer à la mort et au compte qu'il avoit à rendre à Dieu de sa conduite envers ses religieux. En effet, sans vouloir trop approfondir les secrets et les jugemens de Dieu, on peut dire que ces oracles de l'Evangile s'accomplirent en sa personne : « Vous serez mesurez de la mesure et vous serez
« traittez comme vous aurez traitté et mesuré les autres », et que « celuy qui frappe de l'épée périra par l'épée », puisque Nicolas de la Croix, ayant autrefois maltraitté et obligé par ses menaces, ses refus et ses rigueurs, ses religieux de sortir et

de Courcelles, de Condé-lès-la Ferté et du Bois-Larcher. Il fut enseigne au régiment de Normandie par provisions du 14 juin 1628, puis lieutenant audit régiment en 1633, ensuite capitaine au régiment d'Effiat par commission du 6 août 1635. Il était fils de Pierre de Gomer et d'Anne de Garges. Le 5 juin 1634 il épousa en premières noces Marie Anthonis de Perreux, fille d'un gouverneur de Laval. Il eut comme seconde femme Madeleine de La Haye.]

1. [On a vu plus haut que l'abbé d'Orbais avait déjà rempli une mission semblable dans sa première ambassade en Suisse auprès des cantons catholiques.]

d'abandonner leur abbaye, et ayant tué de sa propre main, ou par celles de Louis Pigeon, Robert Boullard, ses domestiques, ou autres par son ordre, Christophle de Gomer, comme on a vu cy-devant, il eut le même sort, il fut poussé et jetté hors de la maison des Marshaults, où il s'étoit réfugié, et ensuite cruellement massacré et mis à mort par le fils aîné de Christophle de Gomer et ses complices. Si on a fait cette réflexion par occasion, c'est sans avoir jamais voulu approuver cet horrible assassinat.

« Car après cet assassinat, y en peut-il avoir de plus odieux ?
« Lequel ayant été commis contre l'abbé d'Orbaiz dont la per-
« sonne s'estoit rendüe nécessaire à l'Estat par toutes les
« grandes intelligences qu'il avoit acquises avec les Etrangers
« pendant ses divers emplois pour le service de son Roy et de
« la patrie[1], non seulement ses héritiers par la perte d'un
« homme si illustre dans leur famille, mais même l'authorité
« du Roy dont il avoit esté dépositaire en tant d'occasions
« pour son service, et les priviléges du Clergé dont il portoit
« le caractére en qualité d'aumônier du Roy et d'abbé com-
« mendataire de ladite abbaye Saint-Pierre d'Orbaiz, s'en trou-
« vérent si sensiblement offensez que ledit Christian de Gomer,
« propre oncle dudit Charles de Gomer, n'ayant pu trouver
« aucune retraitte, azile ni protection en France, ni même en
« obtenir aucune abolition, il auroit été obligé pour l'énormité
« de son crime de se réfugier parmy les ennemis ou étrangers
« pour y passer le reste de ses jours sous leur protection dans
« sa fuite à Dinan, où, par occasion du siége qui fut mis dé-
« vant cette ville, où Christian s'estoit réfugié, ladite damoi-
« selle Charlotte de Marles[2] sa mere, et ses trois freres, moyen-
« nérent tant, que l'un des articles de [la] capitulation présentez

---

1. [Nicolas de la Croix, sieur de Nogent, etc., signa le 7 décembre 1564 le renouvellement d'alliance de Fribourg. Dumont, *Corps diplomatique.* Zurlauben, *Histoire militaire des Suisses*, t. I, p. 88, t. IV, p. 329. Théod. Godefroy, *Cérémonial français*, t. II, p. 901. A. Ph. de Segesser, *Ludwig Pfyffer und seine Zeit*, Berne, Wyss, 1880-82, t. I, p. 70, 75, 305-412, etc ; t. IV, p. 338. Ed. Rott, *Inventaire sommaire des documents relat. à l'histoire de Suisse*, Berne, Collin, 1882, gr. in-8°, p. 79-86, 108, 297, et s., 304, 334, 346, 360, et *Henri IV, les Suisses et la Haute-Italie*, Paris, Plon, 1882, p. 152, note 1. — Le chiffre dont usait l'abbé d'Orbais dans sa correspondance diplomatique a été publié par L. Paris, *Négociations relatives au règne de François II*, etc., préface, p. XVI-XVII. On conserve aussi diverses quittances (1564-67) se rattachant à son ambassade en Suisse. Rott, *Inventaire sommaire*, etc., p. 374 et s. — V. aux *pièces justificatives*.]

2. [Charlotte de Marle vivait encore au mois d'avril 1602. Elle a été enterrée avec son mari dans l'église du Breuil.]

« pour la reddition de la ville [1], iceluy concernant l'abolition
« dudit Christian, ayant esté coulé en sa faveur, fut accepté
« par le Roy, sauf toutefois et sans préjudice aux intérests
« des parties civiles, qui depuis furent réglez à la somme de
« trente mille livres pour toute réparation ou dépens, dont le
« tiers fut payé à damoiselle [N. de la maison des Ursins],
« veuve de cet homme illustre et fameux Denis Lambin [2],
« dont ledit Jean Le Févre, sieur du Bailly, est issu, et le sur-
« plus aux héritiers dudit sieur abbé d'Orbaiz. En sorte que
« la succession de Christophle de Gomer, son pere, décédé dez
« le treiziéme d'octobre mil cinq cens soixante et onze, n'auroit
« depuis esté partagée à cette occasion qu'en octobre mil six
« cens deux [3], entre François, Pierre et Jacques ses puisnez,
« à l'exclusion dudit Christian leur aîné, tant pour ce que
« l'employ de ces dix mille écus qui avoient esté distribüez
« aux héritiers dudit sieur abbé d'Orbaiz pour les intérests
« civils et plusieurs autres grands [frais] en avoient altéré la
« meilleure partie, que pour ce que, s'en estant rendu indigne
« par l'énormité de son crime et l'infamie de sa contumace,
« ses cohéritiers n'avoient encore trouvé alors leurs assu-
« rances pour s'immiscer en la joüissance de son préciput
« et des biens qui estoient acquis au Roy par droit de confis-
« cation. »

On apprend par ce grand récit que l'on vient de rapporter,
qui et quel a esté ce Christophle de Gomer, seigneur du
Breuil, et à ce sujet grand ennemi de l'abbaye et de l'abbé
d'Orbaiz. On a vu comme le frere aisné et le fils aisné de ce
Christophle avoient esté aussi violents et emportez que
luy, et que leurs crimes les avoient chassez et bannis de la
France pour en éviter la juste punition.

Toutes ces grandes sommes d'argent employées et consumées en procez criminels, en intérests civils et autres folles

---

1. [La ville de Dinan, qui avait été au pouvoir de la Ligue, rentra en 1598 sous l'autorité du roi Henri IV. La capitulation est du 2 février. *Histoire ecclésiastique et civile de Bretagne,* par DD. Morice et Taillandier, t. II, p. 473 et suiv., et appendice, p. CCCXIII et suiv. (Mémoires de Montmartin). — De Thou, *Histoire universelle,* l. CXX.]

2. Natif de Montreuil-sur-Mer en Picardie, fort connu sous le roy Charles IX. Voyez Moreri.

3. [Le 21 octobre 1602 François de Gomer obtint en partage la seigneurie du Breuil... » *Recherches sur l'industrie dans la vallée du Surmelin,* p. 69. — Pour les renseignements généalogiques, V. le dossier GOMER, p. 22, au *Cabinet des titres* de la Biblioth. Nation.]

dépenses, que les Gomer furent obligez de débourser pour se rachepter du dernier supplice et appaiser les parties civiles, sont apparemment la cause qui, pour satisfaire à tous ces différens engagemens, les ont forcez à vendre et faire passer de leur famille la terre et seigneurie du Breuil en celle de messieurs de Janson de Forbin de Provence, dont est issu Toussaint de Forbin-Janson, cy-devant évêque de Digne [1656-68], puis de Marseille [1668-79], et enfin de Beauvais en 1679 [1]. Il a été fait cardinal en 1690 par Alexandre VIII. Il a été ambassadeur auprés de Jean Sobieski Roy et de la République de Pologne, et auprés des papes Alexandre VIII, Innocent XII et Clément XI.

Messieurs de Janson-Forbin ont ensuite vendu la terre du Breuil à Antoine Le Grain, chevalier, seigneur de Lilebec, gentilhomme ordinaire de la Chambre du Roy, qui, appuyé du crédit et de la faveur de Michel Le Tellier, marquis de Louvois, secrétaire d'Estat, a tâché de faire ériger en titre de marquisat ladite terre et seigneurie du Breuil, qui releve en partie du duché de Chasteau-Thierry, et en partie de la baronnie de Mareuil, proche de Suisy-le-Franc [2]. Antoine Le Grain, pour réüssir dans son dessein, a fait passer et qualifié comme autant d'arriére-fiefs relevans de la seigneurie du Breuil, ses fermes de Brocherons, L'Huys et autres; mais cette affaire n'a pas été consommée. Antoine Le Grain est mort vers la Toussaint de l'année mil sept cens et un, et a laissé par son testament la terre du Breuil à N. Le Grain, son neveu.

1579

JEAN DE PILLES

Aprés la mort tragique de Nicolas de la Croix, Jean de Pilles, natif d'Autun [3], bachelier en droit, prêtre, chanoine de Notre-

Jean de Pilles, 1579.

---

1. [Voir pour les détails biographiques sur ce prélat : Abbé Albanés, *Armorial et Sigillogr. des évêques de Marseille*, p. 164, Marseille, Marius Olive, 1884, in-4°. A. de Marsy, *Armorial des évêques de Beauvais* (Paris, Dumoulin, 1865), p. 20. — *G. Ch.* IX, 769.]

2. [La seigneurie du Breuil dépendait pour deux tiers du roi de France et pour un tiers de la seigneurie de Mareuil. V. *Recherches sur l'industrie dans la vallée du Surmelin*, p. 63 et s.]

3. [De l'avis de M. Auguste Bernard, Jean de Piles, abbé d'Orbais, référendaire du pape, etc..., naquit à Saulieu, auj. arr. de Semur, Côte-d'Or. *Procès-verbaux des Etats-généraux de 1593* (collection des documents inédits de l'Hist. de France), 1842, préface, p. XIV. Le savant archiviste de la Côte-d'Or, M. Joseph Garnier, croit cette opinion fondée.

Dame de Paris, pourvu du bénéfice simple de Perthe au diocèse de Reims, doyen de la collégiale et chapitre de Carennac[1], prieur-commendataire des prieurez de Luvry-le-Bourg, ordre de Cluny[2], et du Pressy ou Plessy-les-Moines, ordre Saint Benoist[3], prévôt de la cathédrale et chapitre de Reims[4], conseiller du roy Henry III, secrétaire ordinaire de sa chambre[5], aumônier ordinaire de Louise de Lorraine de Vaudemont[6], son épouse, et secrétaire de Louis de Guise de Lorraine, cardinal, archevêque-duc de Reims[7], fut encore pourvu de cette abbaye

En effet, à défaut des registres de l'état-civil de Saulieu qui ne remontent point au-delà de 1589 (Invent. des Arch. municip., GG. 1), M. Garnier a découvert aux Archives de la Chambre des Comptes de Dijon, B. 11519, un rôle de tous les habitants du bailliage d'Auxois (dont Saulieu dépendait), dressé en 1543 pour l'assiette de la taille votée par les Etats. La ville de Saulieu y figure au folio 185. On y mentionne maître *Pierre de Pilles*, chanoine du chapitre de Saint-Andoche, et au folio 186, parmi les habitants de la ville proprement dite, *Jacques de Pilles*. Ce sont du reste les deux seuls représentants de ce nom. — Nous devons cette communication à la bienveillante obligeance de M. Garnier.]

1. [Carennac, sur la Dordogne, auj. cant. de Vayrac (Lot), arr. de Gourdon. — Le doyenné de Saint-Pierre de Carennac, ordre de Cluny, au diocèse de Cahors, fut plus tard possédé en bénéfice par Fénelon.]

2. [Prieuré sous le vocable des SS. Gervais et Protais, au diocèse de Nevers. — Auj. Lurcy-le-Bourg (Nièvre), arr. de Cosne, cant. de Prémery.]

3. [Nous n'avons pu identifier cette localité. Il n'est pas prouvé qu'elle corresponde à Précy-sous-Thil, auj. chef-lieu de cant. (Côte-d'Or), arr. de Semur, où se trouvait autrefois un prieuré de Bénédictins relevant de l'abbaye de Flavigny.]

4. [Lorsque Philippe du Bec choisit Louis de Lorraine pour son coadjuteur dans l'archevêché de Reims (1601), « il délivra sa procuration à « Jean de Piles, prévost de la cathédrale, pour l'envoyer à Rome. » — Marlot français, l. XII, ch. 39 (édit. de l'Académie de Reims), t. IV, p. 502.]

5. [De Piles était secrétaire ordinaire de la Chambre du Roy et de messeigneurs les déléguez sur le faict des aliénations du temporel des églises de France. En cette double qualité, il a contresigné un édit du 20 septembre 1576 relatif à la vente de cinquante mille écus de rente des biens ecclésiastiques. — Recueil de Fontanon, t. IV, p. 568. Cf. Bibl. nat. mss. f. fr. 20896, f° 74.]

6. [Il existe deux quittances originales du 15 juillet 1582 souscrites par Jean de Piles, avec mention de sa qualité d' « aulmosnier ordinaire de la « Royne. » — V. aux *pièces justificatives*.]

7. [Jean de Piles avait été investi du secrétariat de l'archevêché de Reims par le cardinal Charles de Lorraine. Le fait est rappelé dans une de ses lettres à la sœur de ce prélat, Renée de Lorraine, abbesse de Saint-Pierre de Reims : « ...Je n'ay voulu importuner d'aucune chose pour

de Saint-Pierre d'Orbaiz, sur la nomination du roy Henry III, par le pape Grégoire XIII, suivant ses bulles datées de la huitiéme année de son pontificat et du trentiéme jour de novembre mil cinq cens soixante et dix-neuf.

Il est certain que cette multitude exorbitante de bénéfices entassez les uns sur les autres dans un seul sujet, et dont chacun en particulier auroit pu récompenser les différens services que plusieurs personnes auroient rendus à l'Eglise, n'étoit guéres conforme au canon quinziéme du second concile de Nicée tenu en 787, qui dit en propres termes et défend cette pluralité : « Clericus non collocetur in duabus ecclesiis ; « negotiationis enim est hoc et turpis lucri (commodi) proprium. « Audivimus enim ex ipsa Dominica voce, quia nemo potest « duobus dominis servire ; aut enim unum sustinebit et alte- « rum contemnet. Unusquisque ergo secundum Apostolicam « vocem, in quo vocatus est, in hoc debet remanere, et in « una collocari ecclesia. Quæ enim per turpe lucrum in eccle- « siasticis rebus efficiuntur, aliena consistunt a Deo [1]. »

Pluralité des bénéfices défendue.

mon particulier. Mais bien prendray-je la hardiesse de vous supplier tres humblement, Madame, d'avoir souvenance que feu Monseigneur le cardinal votre frere [m. en 1574] mon bon seigneur et maître qui est avecques Dieu, m'avoit honnoré du secretariat de l'arcevesché et de la place d'ung de ses chanoines, pour gaigner franc ma prébende. Feu Monseigneur le cardinal de Guise son nepveu et le vostre [assass. à Blois en 1588] me continua ceste grace en laquelle vous supplie tres humblement, Madame, me maintenir et conserver.... De Rome, 9 juin 1592. » — Bibl. nat. mss. f. fr. 3366, f° 130. — « ...Je n'ay plus gueres que faire, dit Jean de Piles dans la même lettre, apres que je auray fait depescher les bulles des abbayes de Lire et de St Michel pour monseigneur de St Denys, votre petit-nepveu...» Ces bulles concernaient Louis de Lorraine, fils de Henri de Guise, tué à Blois, qui le 4 mai 1592 avait été nommé abbé du monastère de Lyre, au diocèse d'Evreux. Jean de Piles fut son vicaire général dans l'administration de cette abbaye. A ce titre il présenta le 3 mars 1593, au nom de Louis de Lorraine, le titulaire de la paroisse de Saint-Gilles de la Jeune-Lyre. *Gall. christ.* XI, 651 ; cf. *ibid.* IX, 426. — Cf. *Correspondance du duc de Mayenne*, Reims, Dubois, 1860-62, 2 vol. in-8°, t. II, p. 163 et 382.]

1. Guillaume de Paris semble envisager par avance Jean de Piles, chargé de tant de bénéfices, quand il dit : « Hujusmodi autem monstruositates in seipsis horribiliter effigiant, qui uno officio vel dignitate non contenti, et interdum nec uni sufficientes, vel idonei, multa in se conjungunt. Dum enim aliquis decanus est in una ecclesia, præpositus in alia, cantor in tertia, archidiaconus in quarta, quid est nisi monstrum spirituale in corpore universalis Ecclesiæ ? Assueti autem hujusmodi monstris, vel potius horrificam eorum monstruositatem non videntes, ad ea expavescere jam nescimus. » (Guill. Paris. *De vitiis et peccatis*, cap. 9). [*Guilielmi Alverni episcopi Parisiensis etc... opera omnia*, édition Féron, 2 vol. in-f°, 1674, t. I, p. 284. Cf. *Hist. littér.*, t. XVIII, p. 365. Cf. *Guillaume d'Auvergne, évêque de Paris*

Tous les bénéfices et charges possédez par Jean de Piles sont rapportez dans les bulles de ce Pape ; et comme si ils ne suffisoient pas pour l'entretien honnête et frugal d'un simple prêtre, le Saint Pere touché de compassion, et plein de tendresse et de miséricorde pour soulager la prétendue misére du pauvre Jean de Piles, pourvu déjà de cinq bénéfices et de deux ou trois charges considérables à la Cour, aprés luy avoir permis fort généreusement de retenir tous lesdits bénéfices, dispensé et absous de toutes censures, luy donne et confére encore l'abbaye de Saint-Pierre d'Orbaiz pour luy aider à vivre et subsister plus commodément, suivant le stile ordinaire de la Cour romaine. « Ut commodius sustentari valeas, de alicujus « subventionis auxilio providere ac præmissorum meritorum « tuorum intuitu specialem gratiam facere volentes » ; — et parce que Jean de Piles étoit prêtre séculier contre la disposition expresse et les termes formels du fameux Concordat fait entre Léon X et François Ier, qui ordonne expressément que celuy qui sera proposé par le Roy au Pape pour une abbaye doit être actuellement un religieux profez du même ordre, sinon qu'il sera refusé et rejetté par le Pape, ce qui causoit de fâcheux et incommodes scrupules à Jean de Piles et violentoit la délicatesse de sa conscience, le Pape tout plein de charité pour luy, pour le tranquilliser et calmer tous ses troubles et ses peines intérieures, luy déclare et l'assure qu'il déroge pour cette fois seulement ausdits concordats. « Hac vice duntaxat spe-
« cialiter et expresse derogamus, quod tu presbyter secularis
« existens juxta concordata prædicta quoad nominationem
« hujusmodi *qualificatus non sis.* »

Prend posses-
sion en 1580.

Jean de Piles, ayant obtenu ses bulles et prêté le serment de fidélité, fut mis en possession de cette abbaye le troisiéme jour de février mil cinq cens quatre-vingt par Me Jean Gillet, prêtre et notaire apostolique de Château-Thierry.

Le neuviéme jour de décembre 1581, il présenta requête au Grand Conseil tendante à ce qu'il luy plût de députer un de ses conseillers pour faire procéder à l'exécution de ses arrests cy-devant par luy rendus et obtenus par les religieux de cette

(1228-1249, *sa vie et ses ouvrages*, p. 28-39, thèse présentée à la Faculté des lettres de Paris par Noël VALOIS, Paris, Alph. Picard, 1880, in-8°.]— Si Guillaume de Paris condamnoit quatre bénéfices dans un seul homme, qu'auroit-il dit d'en voir six, et trois offices ou charges, dans un seul prêtre ? Voy. le Pere Thomassin, tome III, *Discipline de l'Eglise*, partie IV, lib. II, chap. 57 et les suivans, [p. 244 et s. — Paris, 1681, in-f°.]

abbaye en 1574 et 1575 contre ledit Nicolas de la Croix, ce qui n'avoit [pu] être encore achevé et exécuté jusqu'alors à cause des oppositions et de la mort dudit de la Croix arrivée le 22 ou 23 juillet 1577.

Le Grand Conseil, répondant à la susdite requête, nomma et députa Mre Louis Durand, l'un de ses conseillers, qui vint icy le vingt-sixième décembre 1581 ; et pour procéder à l'exécution desdits arrests, il fit appeler ledit de Piles abbé, les religieux, leurs procureurs et conseils, en présence desquelz on fit la lecture desdits arrests, le jeudy vingt-huitième dudit mois de décembre, et on en examina tous les chefs sur lesquelz le Grand Conseil avoit prononcé en faveur des religieux, pour y être fait droit et satisfait incessamment et exactement par ledit de Piles abbé. La procédure de Mr Durand est rapportée tout au long dans le chartrier parmi les papiers ou traittez avec les abbez. Ledit sieur Durand commit pour prieur d'Orbaiz, jusqu'à ce qu'on y eût pourvu, Dom Jacques Odot, et ordonna à l'abbé de Piles de luy faire expédier les lettres ou provisions du grand vicariat conformément ausdits arrests et comme aux prieurs précédens depuis la commande.

Les officiers des eaux et forests de Château-Thierry ayant refusé aux abbez et religieux d'Orbaiz les bois d'usage dont ils avoient besoin pour leur chauffage, bâtir et réparer, et à prendre dans la forest de Vuassy, il en portèrent leur plainte au Conseil privé du roy Henry III qui confirma tous les priviléges, droit d'usage et autres de l'abbaye par ses lettres-patentes du [mois d'] août 1583, enregitrées à la Table de marbre de Paris le 22e septembre 1585. *Droits attaquez et maintenus en 1583, 84, 85.*

Sur l'opposition et avis donnez contraires à l'exécution desdites lettres-patentes, le roy Henry III donna d'autres lettres-patentes du 1er décembre 1584 qui ordonnent [que les] abbé et religieux jouiront nonobstant l'opposition et les avis à ce contraires. Voyez cy-devant [chap. V] [1]. *Aliénations cy-[dessus.]*

---

1. [L'ordre des faits présentés par Dom Du Bout, en ce qui touche Jean de Piles, va sortir maintenant du cadre des événements purement locaux. Les dix années qui se sont écoulées de 1585 à 1595 peuvent être mises au nombre des plus agitées de notre histoire. Pendant cette période de troubles civils, Jean de Piles, abbé d'Orbais, a joué, comme agent de la Ligue, tantôt à Rome, tantôt en France, un rôle d'une grande importance politique qui doit arrêter l'attention.

Le 9 septembre 1585 le pape Sixte-Quint avait lancé contre Henri de Navarre et le prince de Condé la bulle qui les excommuniait et les déclarait inhabiles à régner, en leur qualité d'hérétiques. Cette mesure ranima les

Le sieur de Mézeray rapporte dans le 3ᵉ tome de son *Histoire de France*, page 762, qu' « après la mort de Louis, cardinal, et de Henry, duc de Guise, son frere, arrivée aux
« Etats de Blois, le vendredi 23ᵉ de décembre 1588, Henry III
« envoia à Rome au commencement du mois de janvier 1589,
« Claude d'Agennes, évêque du Mans, vers le pape Sixte V,
« pour demander instamment et obtenir de Sa Sainteté l'abso-
« lution du Roy : et que Charles de Guise-Lorraine, duc de

espérances de la Ligue. L'abbé d'Orbais partit pour Rome où l'envoyait le duc de Guise. Voir « Instruction minutée par [Jean] de Piles,... et veue et corrigée par Louis de Gonzague, duc de Nevers », pour traiter auprès du pape Sixte Quint des affaires de la religion catholique en France. « Soissons, 23 septembre 1585 ». Bibl. nat. mss. f. fr. 3994, fᵒˢ 161 et s. Notre abbé arriva à Rome le mercredi 4 décembre 1585. « J'eus audience le cinquieme en présence de Monseigneur le cardinal d'Este, écrit Jean de Piles au duc de Nevers. Sa Sainteté me fist tout le bon accueil que j'eusse sceu désirer et promist tout le secours que l'on sçauroit demander, à Sa Majesté, pour une si sainte querelle, et qu'elle se feroit plus tost escorcher pour engager ou vendre sa peau et ses os, comme elle avoit plusieurs fois dit à mondit seigneur le cardinal.... De Rome, le 18 décembre 1585. » (Cf. f. fr. 16042, fᵒ 241, le cardinal d'Este à Villeroy, de Rome, 28 décembre 1585).
— On sait aujourd'hui que le Pape désapprouvait les intrigues des Guises et que, sauf la bulle *privatoire* lancée contre Henri de Navarre et qui avait pour but principal de combattre l'hérésie, il prêchait avant tout la réconciliation aux deux camps catholiques et l'accord des ligueurs avec le roi Henri III en vue d'une action commune contre les Huguenots.
« Les Guises étaient-ils sans reproche, dit le comte Henri de L'Epinois, dans une étude récente sur « La politique de Sixte-Quint en France » ? Leur intention était-elle pure et leur conduite désintéressée ? Le Pape craignait qu'il n'en fût pas ainsi... Il lui semblait, et il le disait à leur agent l'abbé d'Orbais, que l'on ne marchait pas de bon pied. Le bien de la religion n'était point à ses yeux le seul but poursuivi, et l'intérêt particulier se laissait trop découvrir. C'était pour lui un grand sujet de peine..... « Tout s'en allait en fumée », car le duc de Guise n'avait pas su profiter de l'occasion offerte par les événements et à présent perdue. S'il avait marché en avant, le Pape l'aurait publiquement aidé, franchement secouru, en réunissant les princes catholiques dans une ligue générale. A présent qu'il avait abandonné la partie, le Pape ne pouvait plus rien pour lui. Un secours envoyé de sa part ne pouvait rester ignoré, et, une fois connu, précipiterait les affaires dans la confusion. La défiance gardée par le Roi à l'égard du duc de Guise et les soupçons éveillés par tous ses actes, empêchaient entre eux, malgré toutes les apparences, un rapprochement sincère. Que faire donc en cette circonstance ? Tenir bon toujours, occuper le plus de villes qu'il serait possible, mais les maintenir toujours sous l'obéissance du Roi, tel était l'ordre du Pape, disait l'abbé d'Orbais, etc..... » (Lettre de l'abbé d'Orbais au duc de Guise, de Rome, 25 février 1586. Bibl. nat. mss. f. fr. 3363, fᵒˢ 110 et s.). *Revue des quest. histor.*, janvier 1880, p. 166 et 167.
Les lettres de Jean de Piles sont conservées en partie à la Bibliothèque nationale, mss. f. fr. 3363, 3364, 3366, 3398, 3413, etc... Notre sujet ne comporte pas l'examen détaillé de ces lettres qui appartiennent à l'histoire

« Mayenne, frere des deux Guises, morts à Blois, et chef de la
« Ligue, y avoit aussi dépêché de son côté, Jacques de Diou,
« commandeur de l'ordre de Saint-Jean de Jérusalem, et puis
« quelques jours après trois notables personnages, Lazare
« Coqueley, conseiller au Parlement, homme de bel esprit et
« judicieux, Pierre Frison, doyen de l'église de Reims, et
« *Jean de Piles, abbé d'Orbaiz*, attaché d'obligation à la mai-
« son de Guise, à cause qu'autrefois *étant accusé à Rome*
« *d'avoir fait une fausseté, le cardinal de Lorraine l'avoit tiré*
« *de ce mauvais pas* [1]. » Ce sont les propres termes de Mézeray, qui s'est trompé sur son nom, l'appellant Nicolas, car il
est partout ailleurs appelé *Jean de Piles*. Cela se voit dans
la susdite bulle du pape Grégoire XIII, dans le serment de
fidélité qu'il prêta au Roy, dans l'acte de sa prise de possession
de cette abbaye, et surtout dans plusieurs actes conservez
dans notre chartrier où il a signé luy-même de sa propre main
Jean de Piles, abbé d'Orbaiz.

Jean de Piles député à Rome par les chefs de la Ligue en 1589.

« Ces députez de la Ligue étant arrivez à Rome prés d'un
« mois devant l'évêque du Mans, dit Mézeray, préoccupérent
« entièrement les esprits du Pape et de sa Cour d'une grande
« opinion de la puissance de la Ligue et de la foiblesse du
« Roy, de sorte que l'ayant fait passer pour un prince perdu

générale. Les correspondances diplomatiques de l'époque sont surtout curieuses à étudier en ce qu'elles offrent le tableau des rivalités et des intrigues qui s'agitaient alors de tous côtés autour du trône pontifical. Ainsi, pour n'en citer qu'un exemple, le cardinal de Sens (Pellevé) — qui n'avait pas la réputation d'être bien véridique, dit M. de Hübner, — rapporte les propos que le pape a tenus ou qu'il lui prête. Il raconte qu'il a été dans le temps témoin de l'audience de congé d'un agent du duc de Guise, l'abbé d'Orbais, qui partait pour la France. Le pape se serait exprimé ainsi : « Dites à *Sa Majesté* le duc de Guise de se tenir prêt. Tantôt nous romprons avec le Roi. » Le comte d'Olivarès, ambassadeur de Philippe II à Rome, a soin de recueillir et d'enregistrer dans ses rapports au roi d'Espagne tout ce que le cardinal lui raconte. — *Sixte-Quint* par le baron de Hübner, nouvelle édition, Hachette, 1882, t II, p. 202.]

1. On ne sçait pas en quelle occasion Jean de Piles manqua de bonne foy et de sincérité pour être traitté de faussaire par Mézeray. [« De Thou, (*Hist.* liv. XCIV), rapporte d'une manière très vague que, pendant son séjour à Rome, de Piles fut accusé de faux et n'évita le châtiment dû à son crime que par la protection du cardinal de Lorraine, « qui voulait employer cet homme aux desseins de sa maison. » (Remarques de la Satyre Ménippée, édit. de Ratisbonne, t. II, p. 170). Cette assertion, qui n'est basée sur rien, a tout l'air d'être une invention de l'esprit de parti. Je ne m'y arrêterai pas...... » Bernard, *Procès-verbaux des Etats Généraux de 1593*, préface, p. XV.]

« et sans espérance de rétablissement, l'évêque y trouva trés
« peu d'amis et les choses bien plus altérées que la Cour de
« France n'avoit cru.[1]. »

Toutes les raisons, les instances et les remontrances de notre abbé Jean de Piles et de ses collégues, ambassadeurs auprez du Pape, se trouvent dans leur harangue rapportée dans l'*Histoire des troubles de France* depuis Henry II, écrite en italien par Henrico Catherino d'Avila et traduite en françois par Jean Baudoin (année 1589), page 674, en ces termes qui sont le précis et la fin de cette harangue[2] :

« Ensuite de la mort violente du duc de Guise et du cardinal son frere, le Roy envoie Claude d'Agennes de la maison de Ramboüillet, évêque du Mans, à Rome, où il s'abouche avec les ambassadeurs de France. Le Pape leur donne audience, l'évêque du Mans demande l'absolution du Roy à Sa Sainteté qui la promet sous condition. Le Pape ne peut se laisser fléchir.

« Pendant ces difficultés l'*abbé d'Orbaiz* est envoié à Rome par le duc de Mayenne, la duchesse de Nemours, Madame de Montpensier et les autres chefs [de la Ligue] à deux fins : La premiére, pour vanter hautement les forces de l'Union où estoient entrées presque toutes les plus considérables villes de France, et avec elles un nombre incroyable de noblesse et de peuples, par où le Roy se trouvoit désormais démis et dépoüillé de la couronne non pas en écrit, mais en effet. La seconde pour se plaindre de l'inclination que le Pape témoignoit avoir à absoudre Henry de Valois, (c'est ainsi qu'ils nommoient le Roy). « Qu'estant chef de l'Eglise catholique, auquel
« il appartenoit plus qu'à tout autre de pourvoir à l'avancement
« de cette Sainte Union, pour la défense de la religion, de la

---

1. [Le P. Daniel, *Histoire de France*, t. XI, (année 1589). — Varillas, *Histoire de Henri III*, 1. XI. — René de Bouillé (*Histoire des ducs de Guise*, t. III, p. 125, note), appelle l'abbé d'Orbais « Jean de Piles de Villemur. » Voir même ouvrage, t. III, p. 182, et t. IV, p. 149, 208, 226, 242, 244, 262, etc.]

2. [Claude d'Angennes, représentant du roi Henri III, arriva à Rome le 23 février 1589 (Hübner, t. II, p. 209 et 222). De son côté, le duc de Mayenne que le Conseil de l'Union nomma peu de jours après (4 mars 1589) lieutenant général du royaume, avait envoyé au pape ses délégués parmi lesquels étaient Jacques de Dieu, commandeur de l'ordre de Saint-Jean de Jérusalem, et l'abbé d'Orbais qui prononça la harangue devant le pape. Voir le texte de cette harangue dans l'*Histoire des guerres civiles de France* sous les règnes de François II, Charles IX, Henri III et Henri IV, traduite de l'italien de Henri Caterin Davila par l'abbé Mallet, liv. X, Amsterdam, 1757, 3 vol. in-4º, t. II, p. 435 et s.]

« liberté et de la dignité du Saint-Siége, il montroit par là
« néantmoins qu'il ne s'en soucioit guéres ; Que tous ces cri-
« mes de rebellion et de leze-majesté, dont on luy faisoit des
» contes, estoient pures calomnies, qu'on imputoit méscham-
« ment à la mémoire du duc et du cardinal de Guise; Qu'ils
« n'avoient jamais pris les armes contre le Roy, ny tramé
« aucune chose à son désavantage, mais toujours défendu et
« appuyé la religion catholique contre la faction Huguenote,
« avec tout le respect et toute l'obéissance qu'on sçauroit ren-
« dre à la dignité royale ; *Qu'il n'y avoit celuy* qui ne sçût
« que le duc François leur pere estoit mort au service de la
« couronne et de l'Eglise de Dieu, et le duc d'Aumale, sous
« les murailles de la Rochelle, en y combattant pour la foy
« catholique; Qu'on ne pouvoit ignorer non plus les maux
« soufferts par le duc de Guise pour la querelle du Roy et de
« la religion, ny les blessures par luy reçues, en soutenant
« l'effort des reîtres pour la défense des provinces et des con-
« fins du royaume; Qu'il en avoit porté les cicatrices sur son
« visage toute sa vie ; Que luy-même, au tems que les Hu-
« guenots tenoient Poitiers assiegé, avoit délivré la ville, et
« luy-même encore gagné la victoire, combattant contre
« eux, à la tête de l'armée, en la bataille de Jarnac; Qu'à
« Montcontour il s'estoit exposé avec une poignée de gens
« contre les effroyables troupes des Luthériens d'Allemagne
« qu'il avoit vaincues et dissipées pour le bien universel du
« royaume et de toute la chrétienté, sans se proposer jamais
« d'autre but en tous ces dangers et en toutes ces fatigues que
« de servir le Roy et défendre les catholiques de la violence
« des Huguenots; Que si le Roy estoit sorti de Paris à cause
« de la rebellion des habitans, il s'en devoit prendre à luy-
« même, pour avoir voulu mettre garnison dans une ville qui
« n'en avoit jamais eu, et oster la vie aux principaux chefs du
« peuple ; Que cette émeute ne se pouvoit qu'à tort imputer
« au duc de Guise, qui tout au contraire avoit appaisé les
« bourgeois et arrêté le tumulte; Que le Roy s'en estoit éclairci
« depuis, et que même il s'estoit fait ensuite un traitté de paix
« par qui les seigneurs de Lorraine n'avoient demandé ny
« obtenu autre chose, sinon qu'on fît défense aux Huguenots
« de porter les armes, et qu'on les prît contre eux ; *Qu'au
« reste, quand même le Roy auroit conçu quelque soupçon
« contre l'innocence de ces Princes, il devoit bien l'avoir oublié
« après tant de sermens par luy faits parmy les ceremonies
« sacrées*, et non pas le faire assassiner sous la foy publique,

« non pour autre chose que pour fomenter les forces des
« Huguenots, et pour opprimer la religion et le parti catholi-
« que ; Qu'avec cela, quand ainsi seroit que le duc et le car-
« dinal de Guise se fussent trouvez coupables, devoit-on s'en
« prendre au cardinal de Bourbon ? Falloit-il se saisir de la
« personne de ce bon vieillard qui ne demandoit qu'à vivre en
« paix ? Falloit-il le traitter en criminel, quoiqu'il fût inno-
« cent, et le tenir en prison ? Que toutes ces choses n'estoient
« qu'artifices et violences pour oster encore cet appuy au parti
« catholique, et faire eschoir la succession du royaume à des
« princes Huguenots excommuniez et relaps ; Que le Pape
« devoit opposer son authorité à une violence si manifeste,
« châtier les choses passées, pourvoir aux futures, et ne point
« manquer à tant de peuples qui s'estoient unis ensemble pour
« employer leurs vies à défendre la religion et pour rétablir
« l'honneur de la Sainte Eglise qu'on fouloit indignement aux
« pieds ; Qu'il estoit aussi raisonnable que luy, en qualité
« de pasteur, guidât son troupeau, et animât tout le monde à
« une œuvre si religieuse et si sainte, comme il estoit malséant
« qu'en un tems où tous les autres prenoient si hardiment les
« armes, luy seul éloigné des dangers eût plus peur que
« pas un. »

« C'étoient, poursuit d'Avila, les raisons qu'alléguoient au Pape les chefs de la Ligue afin de l'encourager à la défense de leur parti. Mais luy, à qui venoient de toutes parts des avis tumultuaires touchant la rebellion de la France, et qui, pour n'estre accoûtumé au maniment des affaires d'Estat, ne sçavoit point qu'il n'est pas si difficile qu'on diroit bien, d'arrêter les émotions populaires, estimant déjà le Roy perdu, ne vouloit point paroître fauteur du parti le plus foible, avec peu d'honneur pour luy et pour le Saint-Siége, comme l'ambassadeur d'Espagne et les agens de la Ligue luy remontroient à toute heure.[1] »

Il n'est plus parlé davantage en cet endroit de notre abbé d'Orbaiz[2]. On ignore les motifs et les sujets qu'il prétendoit

---

1. [Davila, traduction Baudoin, édit. de 1657, t. II, p. 20.]

2. [Cependant l'abbé d'Orbais poursuivait à Rome le cours de ses négociations auprès du Saint-Siège. Le 3 avril 1589 une trêve est conclue entre les rois de France et de Navarre. La réception de cette nouvelle décide Sixte-Quint à rédiger contre Henri III un monitoire qui est publié le 24 mai (Hübner, t. II, p. 223). Les représentants que la Ligue avait à Rome, Jacques de Dieu, de Piles, Coquelei et Frison reçoivent, de leur côté, des ins-

avoir eus pour se détacher de la fidélité et de l'obéissance inviolables qu'il devoit au roy Henry III, son légitime souverain, de qui il avoit reçu tant de signalez bienfaits, et les raisons de son attachement si étroit à la Ligue, si ce n'est à cause de la protection qu'il avoit reçue à Rome du cardinal de Lorraine [1].

Il est certain qu'après son retour de Rome où son étroite liaison à la Ligue l'avoit conduit, il ne prit plus depuis, comme auparavant, la qualité de conseiller du Roy et secrétaire ordinaire de sa Chambre [2], soit qu'il en ait été dépouillé pour punir son atta-

tructions. On a encore le mémoire qu'ils furent chargés de remettre au Saint-Père de la part du Conseil de l'Union ; il est en trente articles rédigés par l'évêque de Senlis, et daté du 25 mai. On a également les lettres adressées par le même Conseil au pape Sixte-Quint, à son petit-neveu le cardinal de Montalto, secrétaire d'Etat, au cardinal de Santa-Severina, et aux autres membres du sacré collège. *Mémoires de la Ligue*, t. III, p. 309 et s. — Pierre Matthieu, *Histoire de France*, 1631, 2 vol. in-f°, t. I (Henri III), liv. VIII, p. 752 et s.]

1. [Cette dernière circonstance est relevée avec passion dans les lettres que le marquis de Pisany, ambassadeur de France, adressait de Rome au roi Henri III. «... Il y a icy un tres mauvais et tres pernicieux instrument de la Ligue, Pilles, abbé d'Orbais et chanoine de Nostre-Dame de Paris. Il y est, à ce qu'il dit, au nom et comme agent de monsieur le cardinal de Guise........ Le cardinal de Sens [Pellevé] et luy sont de concert pour faire tout le mal qu'ils pourront. J'ay prié Sa Sainteté de reprimer l'audace de l'un et de l'autre, et de leur deffendre de se mesler des affaires de Vostre Majesté. Elle me l'a toujours promis. Mais il seroit à propos que Vôtre Majesté y donnast nouvel ordre de son costé, et obligeast les maistres de Pilles à le retirer d'icy. Je sçay de certitude qu'il a des audiences particulieres fort frequentes. .... » (Lettre au roy, 8 septembre 1586). — «..... Piles, abbé d'Orbais, se produit icy comme agent du cardinal de Guise. Il n'y a nouvelles de France qu'il ne scache et qu'il ne deguise à l'advantage de ses maistres, encore que ce soit en decriant les affaires de Vostre Majesté. » Pisany termine ses invectives en disant qu'il s'oppose auprès du pape « aux cabales et aux menteries de cet imposteur... » (Lettre au roy, 7 avril 1587). — *Mémoires du duc de Nevers*, 2 vol. in-f°, Paris, 1665, t. I, p. 753 et 755; cf. *ibid.* p. 753 et 794. — Cf. Bernard, *Procès-verbaux des Etats généraux de 1593*, préface. — Dans un livre récent, le vicomte Guy de Bremond d'Ars a bien mis en relief la figure de Jean de Vivonne, seigneur de Saint-Gouard, marquis de Pisany. On y trouve de très utiles renseignements sur les affaires du temps et sur les diverses négociations auxquelles a pris part l'abbé d'Orbais. Toutefois nous ne partageons pas la sévérité du jugement porté par l'auteur contre Jean de Piles, d'après le témoignage de Pisany et de l'historien de Thou, ses adversaires politiques. BREMOND D'ARS, *Jean de Vivonne, sa vie et ses ambassades*, etc..., Paris, Plon, 1884, p. 243 et s. ; V. *ibid.* p. 220, 223, 246, 307, etc... — Cf. Bib. nat. mss. f. Bricnne, 354, *passim* ; f. fr. 16045, f°s 231 v° et 307].

2. [La qualité de « secrétaire du roy » est attribuée à Jean de Piles par un écrit en date du « 27 août 1580 » qui parait être la suscription

chement aux ligueurs, ou que Henry III étant mort à Saint-Cloud le 2ᵉ jour d'août 1589 [1], il ayt perdu ces charges et employs, ou que Henry IV étant monté sur le trône, contre qui il s'estoit déclaré ouvertement pendant la Ligue, ne luy ait pas continué les mêmes prérogatives et honneurs, ou que luy-même se soit retiré de la Cour [2].

d'une lettre adressée à Rome où l'abbé d'Orbais fit de fréquents séjours entre les années 1580 et 1596. Bibl. nat. mss. f. fr. 20896, f° 74. Voir *Lettres du cardinal d'Ossat* (édit Amelot de la Houssaie, Amsterdam, 1732, 5 vol. in-12), t. I, p. 177, et t. II, p. 108. — Aubery, *Histoire du cardinal-duc de Joyeuse*, Paris, 1654, in-4°, Preuves, p. 43, 64 et s., 72, 89, 96, 146, 193, 236. — Cf. dans Aubery, *Histoire générale des cardinaux*, t. V, p. 619, un passage où l'abbé d'Orbais est appelé par erreur l'abbé d'*Orléans*.]

1. [Lors de l'assassinat de Henri III, le 2 août 1589, l'abbé d'Orbais était de retour en France. La nouvelle officielle du meurtre parvint au pape par un courrier du grand-duc de Toscane « qui arriva icy, écrit-on de Rome à Jean de Piles, le 20ᵉ sur le soir, et s'adressa à l'ambassadeur dudit grand-duc lequel aussi tost s'en alla treuver Sa Sainteté pour luy en donner l'advis, et lui monstra la lettre originale que monsieur de Lorraine avoit receüe du sieur Bardiu, qui est son agent à Paris, en date du 8ᵉ d'aoust, laquelle lettre portoit ces motz : Le Roy a esté tué, et s'est le roy de Navarre qui l'a faict faire ; l'on a proclamé Roy à Paris monsieur le cardinal de Borbon, et au mesme temps le roy de Navarre s'est aussi faict appeller Roy par ceux de sa secte....... . Du lieu que vous scavez, ce 23ᵉ d'aoust. » (Lettre avec chiffre adressée à monsieur l'abbé d'Orbais, conseiller au conseil establye à Paris pour la Sainte Union). Bibl. nat. mss. f. fr. 3413, f° 126. Cf. Hübner, t. II, p. 226. — Après la mort de Henri III, s'ouvrit la mission du cardinal Caëtani comme légat en France. Au mois de décembre 1589, le duc de Mayenne envoya au devant de lui à Dijon M. de la Bourdaisière, évêque d'Agen, et l'abbé d'Orbais. Les péripéties du voyage sont retracées dans un article de M. H. de L'Epinois sur « La légation du cardinal Caëtani en France », *Revue des quest. histor.*, octobre 1881, p. 477 et s.]

2. [Le roi de la Ligue, le cardinal de Bourbon, était mort le 9 mai 1590. La vacance du trône ranima l'ambition des ligueurs. Nous avons la correspondance de Jean de Piles pendant les cinq années qui suivirent (Bibl. nat. mss. f. fr. 3980 à 3994). On le voit toujours, soit à Reims ou à Paris, soit à Rome, prendre une part des plus actives dans les évènements de cette époque si troublée.

En 1591-92 le commandeur de Diou, le secrétaire Desportes et l'abbé d'Orbais se rendent à Rome. Ils ont pour mission de solliciter très humblement du pape, au nom du duc de Mayenne, des secours en argent, en hommes et en munitions. De Croze, *Les Guises, les Valois et Philippe II*, t. II, p. 205, 2 vol. in-8°, Paris, Amyot, 1866. — M. de Maisse, ambassadeur de France à Venise, dépêche au roi Henri IV (7 juin 1592). Dépêche du roi datée du camp d'Espernay (dernier juillet 1592). Bibl. nat. mss. Dupuy, vol. CCXLV, f° 37 r° et f° 42 v°.

Un homme aussi influent que de Piles ne pouvait être oublié lorsqu'il s'agit des Etats-Généraux de la Ligue (janvier-août 1593). Il fut élu député

« Cependant, [poursuit Davila] [1], le cardinal de Joyeuse et le baron de Senesçay envoiez tous les derniers au Pape, comme aussi l'*abbé d'Orbois* que le duc de Guise y avoit dépêché, arrivérent à Rome le vingt-deuxiéme de janvier [1594]. Dans la premiére audience qu'ils eurent de Sa Sainteté, aprés luy avoir déduit toutes les choses passées, dont ils attribuérent le sinistre succez au mauvais conseil et à la convoitise trop évidente des Espagnols, ils la suppliérent d'entendre la derniére volonté et la constante résolution du roy Philippe, et qu'il luy plût même, comme avoient fait ses prédécesseurs, tirer la religion du danger où elle estoit exposée, et par un secours d'hommes et d'argent subvenir à la pressante nécessité de la Ligue. Le Pape leur ayant dit ce qui s'estoit passé avec le duc de Nevers, fit réponse à leurs propositions : qu'il tâcheroit de sçavoir l'intention du Roy Catholique, et que pour la sienne ils se pouvoient assûrer qu'elle n'estoit autre que de défendre la foy et de soutenir la Ligue [2]. »

par le clergé de Paris et par celui d'Auxerre (février 1593). Plus tard il fut nommé secrétaire de la chambre ecclésiastique et, en cette qualité, il joua un grand rôle dans l'assemblée. Le 2 avril, le duc de Feria, ambassadeur extraordinaire de Philippe II, fut introduit aux Etats par Jean de Piles. « Le vendredi à trois heures, écrit-il, l'abbé d'Orbaix me vint prévenir que j'étais attendu. Je me rendis au palais qu'ils nomment le Louvre..... » (Le duc de Feria au roi d'Espagne). A plusieurs reprises de Piles eut à signer ou à lire des déclarations importantes. C'est aussi à lui qu'est attribuée la rédaction du *registre du clergé*. Ce curieux document, publié par M. Aug. Bernard dans son volume (p. 408-556), commence au 7 avril et se termine au 13 juillet. Le manuscrit est à la Bibliothèque de Reims. — Bernard, *Procès-verbaux des Etats généraux de* 1593, préface, p. X et suiv., p. 3, 14, 378, 646, etc... — H. Forneron, *Histoire de Philippe II*, Paris, Plon, 1882, 4 vol. in-8°, t. IV, p. 197 ; cf. *ibid.*, p. 369. — Palma Cayet, *Chronologie novenaire*, l. I et V (ap. collect. des mémoires pour serv. à l'hist. de France par Michaud et Poujoulat, 1re série, t. XII, p. 130, 434, 436, 440, et ap. Panthéon littéraire). — *Mémoires de Pierre de Lestoile*, registre-journal de Henri IV, p. 129, ap. collect. Michaud et Poujoulat, 2e série, t. I. — Cf. Capefigue, *Hist. de la Réforme et de la Ligue*, t. VI, p. 223.]

1. [Davila, liv. XIV ; traduct. Baudoin, édit. de 1657, t. II, p. 411 ; traduct. de l'abbé Mallet, t. III, p. 465.]

2. [Après l'abjuration de Henri IV, le duc de Nevers était parti pour Rome comme ambassadeur du roi. L'abbé d'Orbais fut alors envoyé de nouveau par la Ligue auprès du pape avec le cardinal de Joyeuse et le baron de Senecey, afin de contrebalancer l'influence du duc de Nevers. « M. d'Orbès, écrit un contemporain, passa à Dijon en ce temps (novembre 1593), depputé de la part de M. de Guise pour aller à Rome. L'on tient qu'il n'a pas l'esprit disposé à la paix et qu'il n'y va que pour attiser le feu. » — « Monseigneur, mande l'archevêque de Lyon, d'Espinac, au duc

1607

JACQUES DE BEUIL ou BUEIL

Jacques de Beuil, 1607.

Jacques de Beüil, sorti d'une illustre famille de Bretagne [1], succéda à Jean de Piles incontinent après sa mort, comme il est marqué dans le mémoire de notre chartrier intitulé : *Singularités d'Orbaiz* [2]. Il étoit encore abbé d'Orbaiz en 1617,

de Mayenne, nous avons icy entendu que... vous estes entré en quelques nouvelles esperances... Ceste nouvelle nous a esté premicrement apportée par M. d'Orbays, etc... » — *Analecta Diviononsia*, Journal du conseiller Breunot publié par M. Joseph Garnier, Dijon, Rabutot, 1866. 3 vol. in-8°, t. I, p. 397 ; cf. t. II, p. 370. Pierre Matthieu, *Histoire de France*, t. II (Henri IV), liv. I, p. 156.

Arrivés à Rome, les trois députés de la Ligue eurent audience de Clément VIII le 28 janvier et le 9 février [*alias* 24 janvier et 8 février] 1594. De Thou (*Hist.*, liv. CVIII) nous a laissé de leurs entrevues avec le pape un récit détaillé où il a fait ressortir le caractère spécial de la mission de Jean de Piles. « L'abbé d'Orbays, dit-il, fit un long discours où il pria Sa Sainteté de prendre en main les intérêts du duc de Guise, qui imploroit sa protection, et d'envoyer un légat ou un nonce en Espagne pour sonder les intentions de Philippe. » (Bibl. nat. mss. 500 de Colbert, vol. 33). Les agents de la Ligue furent accueillis avec faveur par Clément VIII. Ils parvinrent même à faire renvoyer de Rome le duc de Nevers et parurent d'abord l'emporter auprès du pape. Mais finalement ils échouèrent dans leur mission. En effet, le 22 mars 1594, Henri IV se rendait maître de Paris, et sa politique habile ne tardait pas à déjouer les derniers efforts de la Ligue. — H. de l'Epinois, « Les derniers jours de la Ligue », *Revue des quest. histor.*, juillet 1883, p. 34 et suiv. Brémond d'Ars, *Jean de Vivonne*, etc..., p. 343. — Voir : « Instruction à l'abbé d'Orbais de ce qu'il doibt en toute humilité remoustrer à nostre Saint-Pere (Clément VIII) de la part de M. le cardinal de Bourbon et autres princes catholicques de France qui l'envoyent pour cest effect. » Octobre 1594. — Deschiffrement d'ung discours de [Jean de] Pilles, au-dessus duquel y a : pour monsr de Guyse..... « ..... C'est de Lyon, ce XXIV novembre (1594), et demain nous devons partir et le cardinal samedy. » Bibl. nat. f. fr. 3991, fos 114 et s. et fos 211 et s.

Dans le cours des années 1595 et 1596 le ligueur Jean de Piles résida encore à Rome. Ensuite il rentra en France où il mena désormais une vie retirée. On a conservé deux quittances originales des 7 février 1600 et 4 février 1606 souscrites par l'abbé d'Orbais « au cloistre de l'esglise de Paris, « en sa maison canonialle. » (V. aux *pièces justificatives*). De Piles mourut le 27 septembre 1607 et fut enterré dans l'église Notre-Dame de Paris où on lui fit une épitaphe.]

1. [Les armes de la famille de Bueil (Touraine) étaient : » Ecartelé, aux « 1 et 4 d'azur, au croissant montant d'argent, accompagné de six croix « recroisettées, au pied fiché d'or. »]

2. [Jacques de Bueil pouvait avoir environ quinze ans quand il devint abbé d'Orbais en 1607. L'année suivante il était élève de seconde au collège

suivant un bail qu'il fit du revenu de cette abbaye à Robert Dordos et Louis Nacquart, marchands, demeurans à Montmirel, le 6 may 1617.

Ses receveurs ou luy n'étoient pas fort soigneux de payer les pensions et fournir exactement ce qu'ils devoient aux religieux, puisque l'on trouve encore plusieurs sentences du Présidial de Château-Thierry qui condamnent l'abbé et ses receveurs à satisfaire les demandes des religieux pour leurs pensions et autres choses à eux dues.

La maison des seigneurs de Büeil, comtes de Sancerre, de Marans, etc..., est noble, ancienne et célèbre dés le quatorziéme siécle. Notre abbé Jacques de Büeil en est sorti ; il étoit second fils de Claude de Büeil, sieur de Courcillon, etc., et de Catherine de Montecler, et frere de Jacqueline de Büeil, comtesse de Moret, maîtresse du roy Henry IV, et depuis femme de René du Bec, marquis de Vardes[1]. — On compte dans la

---

royal de Navarre où il participa, avec dix de ses condisciples, à un exercice de déclamation littéraire qui consistait dans le simulacre du procès de Jeanne d'Arc. Le jeune Jacques de Bueil, abbé d'Orbais, soutint l'accusation de sortilége contre la vierge d'Orléans, dans un discours intitulé : *Ab improbis maleficis exerceri magicas artes*. Il récita ensuite trois pièces de vers, en forme d'éloges ou de compliments adressés au duc de Bellegarde, grand-écuyer du roi, à Adrien d'Amboise, évêque de Tréguier, et à Pierre Cagnyé, proviseur du collège de Navarre (1607-1619). L'élève Louis Nicolay siégeait comme juge du procès fictif. Il était fils de Jean Nicolay, premier président de la Chambre des Comptes, auquel avaient été dédiés les morceaux oratoires et poétiques entendus dans ce tournoi littéraire qui paraît avoir eu lieu à l'occasion du jour de l'an 1609. Tous ces morceaux, composés en langue latine par le régent Jacques Joly, ont été imprimés, avec d'autres œuvres du même professeur, dans un livre curieux ayant pour titre : *Puellæ Aurelianensis causa adversariis orationibus disceptata*, etc..... auctore Jacobo Jolio ; (accesserunt ejusdem Jolii varia poëmata). Parisiis, apud Julianum Bertaut, 1608-1609, in-12°.]

1. [Claude de Bueil, seigneur de Courcillon et de la Marchère, s'était marié à Catherine de Monteclerc, fille de René de Monteclerc, seigneur de Bourgon, et de Claude des Hayes. Ces deux époux qui moururent en 1596 avaient eu six enfants, dont les quatre premiers furent : 1° Louis de Bueil...; 2° Jacques de Bueil, seigneur de la Perrière, abbé d'Orbais; 3° Claude de Bueil...; 4° Jacqueline de Bueil, comtesse de Moret, maîtresse de Henri IV (1604-1610), qui épousa en 1617 René du Bec-Crespin Grimaldi, marquis de Vardes. En 1640 elle fonda, de concert avec son mari, le couvent des Bénédictines de Moret. Elle devint aveugle, alors qu'elle était encore belle, et la poésie lui consacra ce distique :

famille de Jacques de Büeil un archevêque de Bourges[1], un évêque d'Angers[2], deux prélats fort estimez dans leur siécle ; un admiral de France[3] ; deux ou trois maréchaux de France ; trois grands-échansons de France ; des gouverneurs et des lieutenants généraux de provinces et des principales villes, de grands capitaines, des grands-maîtres des arbalêtriers de France, des chevaliers des ordres du Roy, etc.

On ne sçait ni le jour de la mort, ni le lieu de la sépulture de cet abbé[4]. — Jean de Büeil IVe du nom, grand-maître des arbalêtriers de France, faisoit la même fonction que les grands-maîtres de l'artillerie et les colonels de l'infanterie de France. En 1377 le roy Charles V le nomma son lieutenant général des provinces de Guienne, de Languedoc, de Rouergue, de Quercy, d'Agennois, de Bigorre et de Bazadois. Il fut enfin tué l'an

Cum longas noctes ab amore Moreta rogaret,
 Favit Amor votis, perpetuasque dedit.
« Prolonge, dieu d'amour, ces nuits !... ces nuits si belles !... »
 L'Amour entend Moret et les fait éternelles.

Jacqueline de Bueil mourut empoisonnée, dit-on, par accident en 1651. Sa pierre tombale à demi effacée existe encore dans le chœur de l'église Notre-Dame de Moret. Aufauvre et Fichot, *Les Monuments de Seine-et-Marne*, in-f°, p. 91. Malte-Brun, *La France illustrée*, t. II (S.-et-M.), p. 21, Paris, Jules Rouff, 1881.]

1. [François de Bueil, archevêque de Bourges (1520-1525). Son épitaphe est donnée par Moreri.]

2. [Hardouin de Bueil, évêque d'Angers (1374-1439) et baron de Châteaux, a joué un rôle assez considérable dans le monde religieux de son époque. Il fut le chancelier et l'un des exécuteurs testamentaires de Louis II, duc d'Anjou, roi de Sicile (m. en 1417). Le portrait de ce prélat existe au cabinet des estampes de la Bibliothèque nationale dans la collection iconographique. C'est un dessin au crayon qui le représente de 3/4 en habits de chœur. V. une notice de M. Nobilleau dans le *Bulletin de la Société archéologique de Touraine*, t. III, p. 172 et s., année 1874.]

3. [Jean V de Bueil, mort le 7 juillet 1477.]

4. [Nous ignorons si cet abbé d'Orbais a été enterré auprès de ses illustres ancêtres à Bueil (auj. Indre-et-Loire, arr. de Tours, caut. de Neuvy-le-Roy). A la fin du xive siècle, les sires de Bueil avaient fondé dans la localité de ce nom une collégiale destinée à recevoir leurs restes mortels. Les sépultures furent violées à l'époque de la Révolution. Il paraît qu'il existait alors dans l'église onze tombes seigneuriales d'une exécution remarquable. Les statues qui en proviennent sont aujourd'hui conservées en partie au musée de Tours. Voir à ce sujet : Eug. Hucher, *Monuments funéraires, épigraphiques, sigillographiques, etc... de la famille de Bueil, antérieurs à l'époque de la Renaissance*, avec gravures, dans le *Bulletin monumental*, année 1878, p. 109-128, 338-357, 509-565.]

1415, le 25 octobre, entre les François et les Anglois, du tems de Charles VI, roy de France, et de Henry V, roy d'Angleterre [1]. Les historiens remarquent une circonstance bien particuliére et bien glorieuse à la famille de Mrs de Büeil et en même tems bien funeste, qui est qu'il y eut jusqu'à seize personnes du nom de Büeil prises ou tuées dans la bataille d'Azincourt si préjudiciable à la France [2].

1626

RENÉ DE RIEUX

René de Rieux obtint cette abbaye par la nomination du roy Louis XIII, dit le juste, sur son brevet du 26 juillet 1626, et de l'arrest du Grand Conseil du 7 novembre 1626, et en prit possession le 18 novembre suivant par Estienne Cordier de Launay, fondé de sa procuration spéciale.

René de Rieux, 1626.

Notre abbé est issu d'une trés noble et trés ancienne maison de Bretagne [3], alliée par les femmes, que les seigneurs de Rieux ont épousées depuis l'onzième ou douzième siécle, aux premiéres familles de France et autres, sçavoir à l'auguste maison de Bourbon, Bourbon-Montpensier, Alençon, Aragon-Sicile, Lorraine, Rohan de Guimené, issus des princes souverains de Bretagne, d'Aumale, d'Harcourt, Coligny, et autres cy-aprés rapportées.

La famille de Rieux alliée aux premiéres maisons.

Roland, sire de Rieux, étoit fort estimé dans le XIIe siécle. Il fut un des seigneurs qui s'assemblérent en mil deux cens deux [1203] à Vannes pour venger la mort d'Artus, comte de Bretagne et d'Anjou, que Jean roy d'Angleterre, son oncle, dit *sans terres*, avoit fait mourir d'une manière barbare. — Jean Ier du nom, sire de Rieux, chevalier-banneret, épousa Isabeau de Clisson, sœur d'Olivier, connétable de France, dont il eut Jean II du nom, maréchal de France, qui rendit de bons services à Charles VI [et] défit les Anglois qui ravageoient la Bretagne en 1404.—De Jean II et de Jeanne, dame de Roche-

---

1. [Sur Jean IV de Bueil et les membres de sa famille, voir Hucher, *loc. cit.*]

2. [Dom Du Bout a emprunté cette assertion à Moreri (article de Jean IV) qui parait l'avoir reproduite lui-même d'après l'*Histoire de la noblesse de Touraine* de l'Hermite Souliers. — Le P. Anselme, *Hist. généal.*, VII, 852. — Bibl. nat. mss. *Pièces originales*, dossier *Bueil*, f°s 286 et 297.]

3. [Le P. Anselme, *Hist. généal.*, t. VI, p. 763 et s.]

fort, sortirent Jean III, sire de Rieux, qui suit, [et] Pierre de Rieux, sire de Rochefort, maréchal de France. Ce Pierre servit Charles VII avec beaucoup de fidélité et de bonheur. Il défendit vaillamment la ville de Saint-Denis contre les Anglois en 1435, il leur reprit peu après Dieppe, et leur fit lever le siége de Harfleur en 1438; il s'acquit beaucoup de réputation. — Jean III, sire de Rieux et de Rochefort, épousa en 1414 Jeanne, comtesse d'Harcourt, seconde fille et héritiére de Jean VII du nom, comte d'Aumale, et de Marie d'Alençon, et mourut le 4 [*lisez* 8] janvier 1431, ayant eu de son épouse François, sire de Rieux, comte d'Harcourt [1], qui épousa Jeanne de Rohan, dont il eut Jean V [*lisez* Jean IV] qui suit, et Louise de Rieux, mariée à Louis de Rohan IIe du nom, sieur de Guimené. La maison de Rohan en Bretagne est l'une des plus anciennes et des plus illustres du royaume, et qui s'est toujours maintenue dans un grand éclat par elle-même et par ses grandes alliances. Ceux de cette maison ont rang de princes en France ; elle tire son origine des anciens princes souverains de Bretagne. — Jean V [*lisez* Jean IV] du nom, sire de Rieux, maréchal de Bretagne et de France, épousa en troisiémes nôces Isabelle de Bretagne [*lisez* de Brosse], fille puînée de Jean de Brosse dit de Bretagne, IIIe du nom, dont il eut Claude Ier du nom, sire de Rieux-Rochefort, comte d'Harcourt et d'Aumale, qui mourut en 1532. [Claude] avoit épousé en premiéres nôces Catherine de Laval, fille puînée [*lisez* aînée] de Guy XV [*lisez* XVI] du nom, comte de Laval, et de Charlotte [*lisez* Catherine] d'Aragon-Sicile, et en secondes nôces Susanne de Bourbon, fille de Louis de Bourbon, prince de la Roche-sur-Yon, et de Louise de Bourbon-Montpensier. De sa premiére femme, Catherine de Laval, il eut Renée de Rieux, comtesse de Laval, mariée à Louis de Sainte-Maure, marquis de Nesle, et Claude de Rieux, premiére femme de François de Coligny, seigneur d'Andelot, colonel-général de l'infanterie de France; et de sa seconde épouse, Susanne de Bourbon, il eut Louise de Rieux, dame d'Ancenis, et femme de René de Lorraine, marquis d'Elbœuf, général des galéres de France.

François II du nom, duc de Bretagne, qui avoit une confiance toute particuliére au courage et à la conduite de Jean V [*lisez* Jean IV] du nom, sire de Rieux, l'institua par son testa-

Maison de Rohan trés illustre, a rang de princes.

---

1. [François de Rieux] mourut en 1458. [Son père Jean III épousa successivement Béatrix de Montauban et Jeanne d'Harcourt. Nous ignorons de laquelle de ses deux femmes naquit François.]

ment gardien et comme tuteur de ses filles Anne et [Isabeau][1].
Après le mariage d'Anne de Bretagne, l'aînée, avec Charles VIII roy de France, il accompagna ce prince dans la conquête du royaume de Naples, où par sa valeur il facilita l'entrée aux troupes françoises. Depuis il commanda l'armée avec le maréchal de Gié, sur les frontiéres d'Espagne, et le roy Louis XII luy témoigna toujours beaucoup de bienveillance.

Jean de Rieux, seigneur de Châteauneuf, troisiéme fils de Jean V [*lisez* Jean IV], eut entre autres enfans, René de Rieux, seigneur de Sourdeac, marquis d'Oixant, gouverneur de Brest, etc... Ce dernier servit fidélement le roy Henry III et puis Henry IV qui le fit chevalier de ses ordres en 1595 [*lisez* 2 janvier 1599]. — René épousa Susanne de Sainte Mélaine, dame de Boulevesque, dont il eut Gui, marquis de Sourdeac, premier écuyer de la reine Marie de Médicis, marié à Louise de Vieuxpont, dame de Neubourg, *René de Rieux, notre abbé*, et Marie [*lisez* Anne] de Rieux, religieuse bénédictine et supérieure générale de l'ordre du Calvaire, morte le 15 avril 1663[2].

On s'est contenté de rapporter icy les principales familles avec lesquelles celle des seigneurs de Rieux s'est alliée. On trouvera les autres dans Argentré, *Hist. de Bretagne*, Du Pas, *Maisons de Bretagne*, et autres historiens. Cette famille compte dans ses sujets un connétable de France, trois maréchaux de France et autres grands personnages.

René de Rieux, dans plusieurs actes de notre chartrier, surtout dans une commission de la Table de Marbre qu'il avoit obtenue le 6e mars 1638, pour faire informer contre ceux qui chassoient sur les terres et qui pêchoient dans la riviére d'Or-

---

1. [D. Morice, *Mémoires pour servir de preuves à l'histoire de Bretagne*, t. III, col. 602.]

2. [Le portrait de cette religieuse (dite Magdeleine de la Passion) « tiré depuis sa mort qui ariva la 64me année de son aage » est à la Bibliothèque nationale où l'on conserve aussi l'image gravée de son père et celle de leur ancêtre Jean de Rieux, maréchal de France, mort en 1417. (Fonds Clairambault, n° 1125, fos 84 à 87). Avenel, *Lettres, instruct. diplomat. et papiers d'Etat du cardinal de Richelieu*, t. V, p. 498. Cabinet des titres, *Pièces originales*, Dossier Rieux, fo 70 — V. aussi une quittance du 28 mai 1612, souscrite par René de Rieux, gouverneur de Brest, pour 4,000 livres de pension tenue du roi « suivant le brevet de Sa Majesté du neufviesme septembre mil six cens unze. » Cabinet des titres, Dossier *Rieux*, fo 66. — La branche des seigneurs de Sourdéac, à laquelle appartenait l'abbé d'Orbais, avait pour armoiries : « D'azur, à 10 besants d'or, 3, 3, 3 et 1. »]

baiz, est qualifié évêque et comte de Léon en Bretagne, marquis d'Oixant, baron de Montmartin, abbé-commendataire des abbayes du Relec [1], Doulas [2] et d'Orbaiz, conseiller du Roy en ses Conseils d'Estat et privé, et grand-maître de son Oratoire [3]:

Peu de tems après sa prise [de] possession de cette abbaye, il voulut avoir connoissance de tout le revenu temporel de cette abbaye et en retirer les domaines et fonds aliénez par ses prédécesseurs ; pour cet effet il obtint des lettres de terrier à la Chancellerie scellées du sceau de cire jaune le cinq mars 1638, qui furent enregîtrées au Présidial de Château-Thierry le 14 may suivant. Il présenta aussi sa requête le 1er aoust 1638 à la Chambre des Comptes de Paris et obtint une copie de la déclaration du revenu temporel de l'abbaye d'Orbaiz, présentée par Dom Pâquier Chatton, religieux-prévôt d'Orbaiz, prieur de Notre-Dame d'Oiselet, et procureur d'Alexandre de Campegge, abbé, du prieur, religieux et couvent d'Orbaiz, le 21e décembre 1547. Cette déclaration se voit dans nôtre chartrier.

Il se fit aussi délivrer plusieurs copies, extraits et mémoires des fonds et biens aliénez, ou donnez à baux emphytéotiques ou à cens perpétuelz, par Jullion et autres notaires, qui sont dans nôtre chartrier, au titre des *aliénations*. Il intenta et soutint plusieurs procez pour conserver le bien de cette abbaye, ou retirer les fonds aliénez [4].

---

1. [Auj. Le RELEC, Finistère, commune de Plounéour-Ménez, arrondissement de Morlaix, canton de Saint-Thégonnec. — L'abbaye du Relec (B. Maria de Reliquiis), ordre de Citeaux, au diocèse de Léon, paraît avoir été fondée en 1132. René de Rieux en prit possession comme abbé en 1606. — *Gall. christ.* XIV, 990 et s.]

2. [Auj. DAOULAS, Finistère, arrondissement de Brest, chef-lieu de canton. — Cette abbaye (B. Maria de Daoulas), située au diocèse de Quimper, fut fondée en 1173 par Guyomarch, vicomte de Léon. René de Rieux en était abbé depuis l'année 1600. — *Gall. christ.* XIV, 891 et s.]

3. [« René de Rieux, évêque de Léon, etc..., maître de l'oratoire du roi et son aumônier ordinaire, l'un des prélats du royaume *le plus splendide et le plus éloquent*, fort aimé du roi, mais qui eut beaucoup de disgrâces à essuyer pour son attachement au service de monsieur le duc d'Orléans... » — Le P. Anselme, VI, 773. — Cf. *Histoire ecclésiast. et civ. de Bretagne*, par D. Taillandier, t. II, (1756), Catalogue histor. des évêques, p. XLII, CXXXII et CXXXIX.]

4. [Voici l'indication de plusieurs actes intéressant René de Rieux : Bulles du pape Clément VIII pour les provisions de l'abbaye du Relec (13 août

Le 30 avril 1642, M^rs les anciens religieux élurent Dom Pâquier du Ferrier, religieux-profez et thrésorier d'Orbaiz, pour leur prieur pour un an seulement, suivant l'acte capitulaire dudit jour conservé au chartrier. Cette élection d'un prieur pour un an seulement, déroge et est contraire à l'arrest du Grand Conseil du 16 may 1575, cy-dessus transcript sous le titre de Nicolas de la Croix, où il est expressément ordonné « qu'il sera mis en ladite abbaye un religieux de bonne vie et « doctrine pour y être prieur perpétuel etc... »

Le douziéme jour de février 1649, les Révérends Peres Dom Boniface Péronne et Dom Pierre du Bois, religieux-profez de la congrégation de Saint Vanne et de Saint Hidulphe, ordre de Saint Benoist, fondez de la procuration du trés révérend Pere Dom Jean Perud, président de ladite congrégation, traittérent avec Messieurs les anciens religieux d'Orbaiz pour l'introduction de la réforme et observance de ladite congrégation de Saint Vanne dans ce monastére ; ils accordoient ausdits anciens religieux trois cens livres de pension annuelle, et, outre cette somme, celle de cent cinquante livres d'augmentation à Dom Pâquier du Ferrier, prieur d'Orbaiz, qui résigna à l'un desdits religieux de Saint Vanne son office de chambrier, sous le bon plaisir et du consentement de René de Rieux, abbé-commendataire d'Orbaiz ; mais ces concordats faitz entre lesdits religieux de Saint Vanne et les anciens de cette abbaye n'ont pas été exécutez. L'observance et la réforme de la congrégation de Saint Maur y ont été introduites en 1667 ou 1668, comme on verra cy-aprés sous le titre de Pierre de Séricourt, successeur de René de Rieux.

Le vingt et uniéme jour d'avril mil six cens cinquante, Dom Nicolas Petel, religieux-profez, prêtre et thrésorier de l'église et abbaye d'Orbaiz, intenta procez au Grand Conseil et y obtint un arrest qui condamne ledit abbé René de Rieux à payer six mille livres pour être employées tant à la réparation de la nef

Arrest qui condamne René à 6,000 l.

1603). — Quittance de 1200 livres pour les gages de la charge de maître de l'Oratoire du Roi pendant l'année 1623 (1er février 1624). — Exécutoire de 1248 livres en vertu d'un arrêt du Grand Conseil, pour « messire René de « Rieux, évesque de Léon et abbé commendataire des abbayes du Rellec, « Dollas et Orbois, grand maistre de l'oratoire du roi » (30 septembre 1636). — Bibl. nat. Cabinet des titres, *Pièces originales*, Dossier Rieux, f°s 56, 68 et 84. — Requête de René de Rieux au lieutenant de la justice d'Orbais pour l'exécution de la transaction faite le 17 février 1560 avec les habitants de la Chapelle-sur-Orbais (août 1639). V. aux *pièces justificatives*.]

et autres endroits de l'église qui menaçoient ruine, qu'à fournir ornemens, vases sacrez, linges, livres et autres choses nécessaires pour faire décemment le service divin, reprises dans ledit arrest, ensemble à tous les dépens faits par Dom Petel pour obtenir cet arrest, qui ne fut exécuté que quelques années ensuite, à cause de la mort de René de Rieux, qui mourut d'apoplexie le huitiéme jour de mars mil six cens cinquante et un [1]. Et par ce delay de fournir ladite somme de six mille livres à Dom Nicolas Petel, la réparation de la nef, où il n'y avoit qu'une ouverture de la largeur de trois à quatre pieds, ayant été négligée, la voûte tomba vers l'an 1651 ou 1652, qui n'a pas été rétablie, quoique peu de tems aprés sa chute Alexandre de Rieux, marquis de Sourdeac, neveu et héritier de René de Rieux, ait fourni à Pierre de Séricourt ladite somme de six mille livres, qui se contenta de toucher et de disposer de cette somme comme il jugea à propos durant sa vie ; il est vray qu'aprés sa mort ses héritiers donnérent trois mille livres à Jacques de Poüilly de Lanson, son successeur, pour être employées en réparations.

{René meurt d'apoplexie le 8 mars 1651, âgé de soixante-trois ans.}

On dira icy par occasion que si notre commendataire René avoit eu le même zéle pour cette abbaye, et s'il avoit imité l'exemple de Guillaume second, sire de Rieux, l'un de ses ancêtres, qui fonda le monastére de la Sainte Trinité de Rieux, et fut tué à la bataille de la Roche-sur-Yon [*lisez* la Roche-Derrien] en 1347 [2], il n'auroit pas attendu que les religieux eussent intenté des procez et obtenu des arrests contre luy, pour le contraindre par ces voyes et ces moyens si indignes d'un évêque, à réparer notre nef que nous regrettons et qui subsisteroit encore aujourd'hui, si luy ou ses officiers avoient été aussi exacts à la réparer promptement qu'avides et impatiens à recevoir le revenu de cette pauvre petite abbaye pendant plus de vingt-cinq ans.

{L'affaire des Carmélites de Morlaiz fâcheuse à René de Rieux.}

René de Rieux, en qualité d'évêque de Léon, eut une grande affaire vers l'an 1624 ou 1625 et qui dura jusqu'en 1650, ce

---

1. [René de Rieux, évêque de Léon, mourut à l'abbaye du Relec et fut enterré près du grand autel de sa cathédrale. — Le P. Anselme.]

2. [Guillaume de Rieux, tué au siége de la Roche-Derrien le 20 juillet 1347, en défendant le parti de Charles de Blois, fut enterré dans l'église de la Trinité de Rieux que son frère Jean Ier avait fondée en 1345. — Rieux, diocèse de Vannes, près Redon, auj. cant. d'Allaire, Morbihan.]

qui luy causa bien du chagrin. Ce fut apparemment au sujet des Carmélites établies à Morlais, diocése de Léon [1].

Le pape Urbain VIII nomma commissaires apostoliques les cardinaux de la Roche-Foucaud et de la Vallette pour l'exécution de son bref. Estienne Loüytre, doyen de Nantes, subdélégué desdits sieurs commissaires, le déclara interdit apparemment pour avoir voulu exercer quelque acte de juridiction dans le couvent desdites Carmélites de Morlaix qui est dans le diocése de Léon [2].

Mais l'assemblée du Clergé de France écrivit au pape Innocent X le 27 octobre 1645 pour supplier Sa Sainteté de rece-

---

1. René de Rieux fut déposé par sentence définitive de l'archevêque [lisez du coadjuteur] de Tours et de trois autres évêques déléguez du Saint Siége apostolique. Charles Talon, curé de Saint-Gervais de Paris, fut nommé évêque en sa place par Louis XIII le 18 [lisez 28] août 1635, mais il renonça à cette nomination en 1637 [alias 1639], « bullis non acceptis. » — Vie anonyme du pere Josef de Paris, [Le véritable Pere Joseph], capucin, page 274, note, imprimée en 1704. [Danjou, Archives curieuses de l'Histoire de France, 2me série, t. IV, p. 238, note 3.]

2. [René de Rieux obtint l'évêché de Saint-Pol-de-Léon en 1619. Quatre ans après, surgit l'affaire des Carmélites de la réforme de Sainte Thérèse qui résidaient à Morlaix. Un bref du pape Urbain VIII du 20 décembre 1623 avait soumis les religieuses du Carmel établies en France à l'autorité de la congrégation de l'Oratoire dont le supérieur général était alors Pierre de Bérulle. Les Carmélites de Morlaix, ayant refusé d'obéir à ce bref, s'étaient réfugiées dans un faubourg de leur ville dépendant de l'évêché de Saint-Pol-de-Léon. Au mois de mai 1624, sur l'ordre des cardinaux, commissaires du pape, M. Louytre les avait excommuniées et avait interdit le manoir épiscopal où M. de Rieux, évêque de Saint-Pol, leur donnait asile. Sans se déconcerter, ce prélat assura aux Carmélites une retraite dans le château de Brest dont son père, le marquis de Sourdéac, était gouverneur, et il s'y transporta pour administrer les sacrements aux religieuses et donner l'habit à deux novices. M. Louytre rendit alors une seconde sentence, en date du 12 avril 1625 (alias 25 avril), par laquelle il excommuniait nommément les neuf Carmélites, les privait des secours de la religion, prohibait l'accès de la chapelle du château de Brest, et frappait en même temps d'interdit l'évêque de Saint-Pol-de-Léon et le clergé de son diocèse. René de Rieux refusa de se soumettre, et considérant la procédure de M. Louytre comme un « attentat », il la dénonça à l'assemblée du clergé qui siégeait alors à Paris. Inquiets des entreprises toujours croissantes des religieux des divers ordres contre leur juridiction, les évêques réunis au couvent des Grands Augustins cassèrent, par une déclaration du 16 juin 1625, la sentence antérieure de M. Louytre. Celui-ci donna satisfaction à l'assemblée du clergé le 29 décembre suivant. — V. pour les détails : Abbé Houssaye, La vie du cardinal de Bérulle (second prix Gobert en 1876), Paris, Plon, 3 vol. et un appendice in-8°; t. III (Le cardinal de Bérulle et le cardinal de Richelieu), p. 73-85; ibid. t. II, p. 315-321, 458 et suiv., et passim.]

voir Monsieur de Rieux, évêque de Léon, appellant d'une sentence rendue contre luy le dernier may 1635 par les commissaires nommez par Urbain VIII le 8 [octobre] 1632, qui le privoit de son évêché. Cette sentence fut cassée [1].

On peut voir tous les actes de cette affaire dans le premier tome des *Actes du clergé de France*, Ire partie, Des personnes ecclésiastiques, chapitre I, et dans le *Recueil en abregé des*

---

1. [Etant commendataire du Relec, René de Rieux avait fixé sa résidence dans cette abbaye, où il exerçait ses fonctions épiscopales, en faisant remplir l'office de vicaires généraux par des moines Cisterciens. Cet état de choses déplut aux chanoines de Saint-Pol-de-Léon qui parvinrent à le faire cesser judiciairement au moyen d'actes dont le texte nous a été conservé (26 mars et 22 octobre 1626, 10 mars 1628). Plus tard René de Rieux fut impliqué dans l'affaire des prélats rebelles du Languedoc. On l'accusa d'avoir procuré l'évasion de la reine-mère, Marie de Médicis, qui venait d'être disgraciée et qu'il avait suivie en pays étranger. (Cf. *Marie de Médicis dans les Pays-Bas* (1631-1638), par Paul Henrard, p. 486, Bruxelles, Muquardt, 1876.) Son procès lui fut fait par quatre prélats français, commissaires du pape Urbain VIII, au nombre desquels était l'archevêque d'Arles. Dom Du Bout fait mention de la sentence des commissaires apostoliques, rendue en 1635, qui priva René de Rieux de son évêché. Sur les réclamations de l'assemblée du clergé, le pape Innocent X, par un bref du 23 décembre 1645, nomma sept nouveaux commissaires pour juger l'appel de l'évêque de Saint-Pol. Ils rendirent, le 6 septembre 1646, une sentence qui infirma celle de 1635 : René de Rieux fut absous et rétabli dans son évêché. Le P. Daniel, *Hist. de France*, t. XIV, p. 396 et suiv. D. Vaissette, *Hist. génér. du Languedoc*, t. V, p. 604. *Mémoires de Richelieu* et *Mémoires de Montrésor* (année 1634).

En droit, le clergé gallican triomphait dans ses efforts pour empêcher que les évêques de France ne fussent jugés en première instance par des commissaires du pape. Mais, en fait, que s'était-il donc passé pendant ces interminables procès? René de Rieux, une fois privé de son siége épiscopal, le roi Louis XIII nomma à sa place Charles Talon, curé de Saint-Gervais de Paris. Celui-ci, comme on l'a vu, n'ayant pas reçu ses bulles, ne prit point possession de l'évêché dont il se démit. Le roi éleva alors sur le siége de Léon Robert Cupif, vicaire général de Quimper-Corentin, qui fut sacré à Paris le 25 mars 1640 dans l'église de Saint-Germain des Prés. Cependant René de Rieux luttait sans relâche. Nous avons une lettre de lui écrite de Paris au cardinal de Richelieu, le 9 juin 1635, peu de jours après sa condamnation. Dans cette lettre il supplie Richelieu de lui rendre sa bienveillance et de lui faire recouvrer les bonnes grâces du roi. (Archives des Aff. étrang., France, t. 72, pièce non cotée et placée avant le fol. 607). Après la mort de Louis XIII et sous la régence d'Anne d'Autriche, le succès couronna enfin ses espérances. On a vu qu'il obtint la revision de son procès en 1646. Mais alors Robert Cupif résista à son tour, et un arrêt du Conseil du 22 octobre le maintint en possession de l'évêché. Le diocèse de Léon devint, à partir de ce moment, le théâtre de démêlés continuels entre les représentants des

actes du clergé de France, Ire partie, chapitre I, Des archevêques et évêques, nombre XIV, pages 6 et les suivantes [1].

Notre abbé sçavoit fort bien qu'il étoit sorti d'une des plus illustres familles de Bretagne, dont il se prévalut tant qu'il ne voulut jamais fléchir et faire sa cour au fameux cardinal Jean Armand de Richelieu qu'on pouvoit appeler Roy de France, sous le nom de premier ministre d'Estat. René égaloit au moins sa famille à celle du cardinal ; aussi on prétend que cette Eminence (qui n'étoit pas accoutumée à trouver de la fierté et de la résistance dans aucun François et qui vouloit primer par-tout et voir tout le monde, grands et petits, rechercher et achepter chérement sa bienveillance, sa protection et jusqu'à ses moindres regards) fit à notre illustre abbé tout le mal qu'il put, suscitant les religieux d'Orbaiz à luy faire des procez [2] qu'il leur

---

deux prélats qui se disputaient le pouvoir ecclésiastique. Nous avons encore le procès-verbal d'une scène tumultueuse qui eut lieu le 22 octobre 1648 dans l'église cathédrale de Saint-Pol. Pour mettre fin à ces désordres sans nom, le roi Louis XIV transféra Robert Cupif sur le siége de Dol, et René de Rieux rentra dans sa ville épiscopale le 24 décembre 1648. — V. pour les détails : Bibl. nat. f. franç. 15720, f°s 264 à 320. — *Lettres, instructions diplomatiques et papiers d'Etat du cardinal de Richelieu*, publiés par Avenel, t. IV, p. 653 (Collection des documents inédits de l'Hist. de France, Paris, 1861). — *Gall. christ.* XIV, 983 à 985 ; cf. *ibid.* 841.]

1. [*Recueil des actes, titres et mémoires concernant les affaires du clergé de France*, etc... par Jean Le Gentil, Paris, Vitré, 1673, 6 vol. in-f°, t. I, p. 28 et suiv. — *Recueil en abrégé des actes, titres et mémoires concernant les affaires du clergé de France*, etc... par Thomas Regnoust, Paris, Josse, 1677, in-4°. — Adde *Recueil des actes, titres et mémoires concernant les affaires du clergé de France*, etc... (par MM. Lemerre), Paris, Ve Muguet, 1716-1750, 12 vol. in-f°, t. II, col. 415 à 486. — Bibl. nat., Imprimés, Ld5 n°s 9, 10 et 12.]

2. [Les raisons politiques qui avaient entraîné, pour René de Rieux, la perte de l'évêché de Léon, le firent déposséder également de l'abbaye d'Orbais. En effet vers 1634 nous voyons un clerc du diocèse de Nantes, messire Henry de Bruc, obtenir, à la nomination du roi, « l'abbaye de « Saint-Pierre d'Orbays... vaccante... par... *habandonnement d'icelle*. » Nous avons la lettre que Louis XIII écrivit à cette occasion, le 23 janvier 1634, à son agent diplomatique à Rome, M. Gueffier, pour le charger de solliciter l'expédition des bulles apostoliques en faveur du nouveau titulaire (V. aux *pièces justificatives*). René de Rieux ne se tint pas pour battu. Il plaida, touchant le possessoire de l'abbaye d'Orbais, contre messire Henry de Bruc qui d'ailleurs ne fut point confirmé dans son bénéfice, « n'ayant esté « qu'un simple *dévolutaire* jugé par arest n'avoir eu aulcun droict en ladite « abbaye. » Dans une requête du 7 avril 1639 adressée au Grand Conseil relativement à son procès avec de Bruc, René de Rieux se qualifie encore « evesque de Léon, abbé de l'abbaye de Saint-Pierre d'Orbais. » V. aux *pièces justificatives*.]

fit gagner. Il mit aussi des étapes à Orbaiz pour le passage des troupes afin de le ruiner. Ces étapes ont duré jusqu'à Monsieur d'Esclainvilliers qui les fit ôter par le credit de Messire Timoléon Charles de Séricourt, son frere aîné.

Etappes mises et ôtées à Orbaiz.

1651
PIERRE DE SÉRICOURT

Pierre de Séricourt, 1651.

Pierre de Séricourt, chevalier de Saint Jean de Jérusalem, ou de Malthe, seigneur et marquis d'Esclainvilliers, proche de Mondidier en Picardie, brigadier des armées du Roy, commandant le régiment du marquis de Tilladet, sorti d'une illustre famille de Picardie, (comme on verra cy-après), fut pourvu de l'abbaye d'Orbaiz en commende, après le décèds de René de Rieux, par brevet du roy Louis XIV, du vingt-septiéme jour de mars 1651, en vertu duquel brevet il jouit de cette abbaye jusqu'au jour de sa mort arrivée le quinziéme jour d'août 1678, après la bataille de Saint-Denis proche de Mons en Hainault, comme on dira dans son lieu.

Famille de M.rs de Séricourt d'Esclainvilliers.

Notre abbé Pierre de Séricourt, connu dans le monde sous le titre de M.r le marquis d'Esclainvilliers, tire son origine d'une famille considérable de Picardie [1], comme on le découvre de quelques mémoires tirez du chartrier de l'abbaye de Saint-Fuscien-aux-Bois, proche d'Amiens [2], qui nous apprennent que Jean de Séricourt, écuyer, sieur d'Esclainvilliers, vivoit en 1499. Philbert, fils de Jean, vivoit en 1521. Jacques de Séricourt, écuyer, seigneur d'Esclainvilliers, vivoit en 1569; il avoit épousé [en 1554] Magdelaine d'Amberval [*alias* Amerval, Merval], dont il eut : Messire Antoine de Séricourt, seigneur d'Esclainvilliers, Folleville, Dancourt et autres lieux, lieutenant de Rue pour le Roy; il vivoit en 1598 [3]; il avoit

---

1. [SÉRICOURT D'ESCLAINVILLIERS, en Picardie, famille paraissant remonter à la fin du XIIIe siècle. *Armoiries* : « d'argent, à la croix de gueules, « chargée de 5 coquilles d'or. »]

2. [Saint-Fuscien, auj. cant. de Sains, arr. d'Amiens. — L'abbaye paraît avoir été fondée, ou au moins restaurée, vers la fin du XIe siècle, par Ingelran, comte d'Amiens, *Gall. christ.* X, 1302.]

3. [« Hommage d'heritages mouvans des terres et seigneuries de Gaucourt et d'Argicourt, fait le 29e de septembre de l'an 1598 à François de Conti ecuyer seigneur d'Argicourt, de Gaucourt, de Montgival et de Sauvillers, par Antoine de Sericourt ecuyer sr d'Atilli, auquel ces terres étoien echûes par la mort de René de Sericourt, son pere, vivant sr d'Atilli. » Cabinet des titres, *Carrés de d'Hozier*, V° Séricourt.]

épousé [le 2 février 1585] Marie de Neuville, fille d'Adrien de Neuville, seigneur des terres de [Neuville, d'Andrennes et d'Escales prés Calais], et niéce de haute et puissante dame Marie de Lannois. — Antoine de Séricourt et Marie de Neuville eurent pour fils Charles de Séricourt, seigneur d'Esclainvilliers, Folleville, Dancourt et autres lieux, capitaine d'une compagnie de chevaux-légers [au régiment de Longueval], tué à l'âge de trente-sept ans à Chaumont en Bassigni. Il avoit épousé Charlotte de Trion ou Theon, fille de messire Pierre de Trion, commandant le régiment de Navarre et gouverneur de Roye, qui eut le bras emporté dans un combat à l'âge de vingt ans au service du Roy, et de Louise de Rogues, fille de Jean de Rogues et de Marie de Brouilly [1]. Jean de Rogues eut un frere chevalier, commandeur de Malthe et grand-prieur de France, et seigneur de la terre de Ville.

Charles de Séricourt et Charlotte de Trion eurent plusieurs enfants : I. Timoléon Charles de Séricourt, qui suit. II. François et Pierre, et trois filles, Isabelle, Charlotte et Jeanne. 1° Isabelle fut premiérement religieuse et prieure de Saint-Nicolas de Breteuil et ensuite abbesse de l'abbaye de Doullens [2]. 2° Charlotte a épousé [le 22 mars 1644] messire Louis de Vandeuil [3], capitaine de cavalerie [au régiment de Grand-

1. [« Contrat de mariage de Charles de Sericourt, ecuyer, fils de messire Antoine de Sericourt, chevalier, seigneur d'Esclainvilliers, le Plis, Oudeulle et autres lieux, lieutenant pour le Roy au gouvernement des ville et citadelle de Rue, et lieutenant des gardes de Monsieur frere du Roy, et de dame Marie de Neufville son epouse, ses pere et mere, d'eux assisté, demeurant audit Esclainvilliers,... accordé le 8 octobre 1617 avec demoiselle Charlotte de Trion, fille de Pierre de Trion, ecuyer, seigneur de Dancourt, capitaine d'une compaguie de gens de pied au regiment de Navarre, ecuyer de la petite ecurie du Roy, et de demoiselle Louise de Rogues sa femme, ses pere et mere, demeurant audit Dancourt, d'eux assistée, etc... » Le texte de ce contrat de mariage est au Cabinet des titres de la Bibliothèque nationale, dossier Séricourt, f° 19.]

2. [Abbaye de Saint-Michel de Doullens, au diocèse d'Amiens. — Isabelle de Séricourt d'Esclainvilliers succéda à l'abbesse Gabrielle de Forceville dont elle avait été nommée coadjutrice en 1674. Elle mourut le 11 août 1712. *Gall. christ.* X, 1325. — On trouve une quittance de sept livres et demie de rente, écrite et signée par Isabelle, en sa qualité de coadjutrice, le 30 décembre 1675. Bibl. nat., Cabinet des titres, dossier Séricourt, f° 10.]

3. [Dans deux actes de 1703 et 1704 on voit figurer dame Charlotte de Séricourt en qualité de « veuve de messire Louis de Vandeuil, chevalier, seigneur du Crocq, Cormeille et autres lieux, maréchal des camps et armées du Roy et son lieutenant au gouvernement des ville et citadelle de Doullens et capitaine-lieutenant de la compagnie du commissaire général de la caval-

mont], maréchal de camp et lieutenant de Roy des ville et citadelle de Doullens; il fut blessé à la tête à la bataille de Rocroy, et eut le bras percé en Allemagne. 3° Jeanne épousa Galois de Blécour, seigneur de Tincourt, capitaine d'une compagnie de cavalerie, tué à Arras en 1654.

Extrait d'un manuscript du prieuré de Cluny de Montdidier.

« Messire *Timoléon Charles de Séricourt*, seigneur d'Es-
« clainvilliers et autres lieux, fils aîné de Charles et de Char-
« lotte de Trion, passa pendant sa vie pour un grand heros et
« un foudre de guerre. Monsieur d'Esclainvilliers son pere
« étoit capitaine de chevaux-légers. Il le donna au Roy
« (Louis XIII) à l'âge de quatorze ans, pour être page de sa
« Chambre ; il servoit Sa Majesté, non pas pendant trois mois
« comme les autres pages, mais pendant toute l'année. Trois
« ans aprés, son pere fut tué à Chaumont en Bassigni. Le Roy
« l'envoia servir en qualité de cornette dans la compagnie de
« feu son pere avec les chausses de page au siége de Corbie
« (vers l'an 1635 ou 1636) [1]; il y perdit son manteau de page:
« on offrit de l'argent aux ennemis pour l'avoir, mais en vain.
« Le Roy luy donna la compagnie de son pere qui étoit la
« treiziéme de France; il alla en Allemagne où elle étoit, et se
« fit recevoir capitaine. Le cardinal de Richelieu luy donna
« mille écus pour la rétablir et la faire revenir en France.
« Depuis, il se fit distinguer dans tous les siéges et batailles
« depuis l'année 1636 jusqu'à l'année 1657 qu'il mourut.

« A la bataille de Sedan [2] il fut blessé d'un coup de pistolet
« à la cuisse et pris prisonnier par les Suisses qui, ne pouvant
« s'accorder à cause de sa rançon, voulurent le tuer, et tirérent
« quatre ou cinq coups de mousquets pour terminer leur dif-
« férent, mais heureusement ils ne portérent pas. Le chevallier
« de Méziéres qui passoit, le reconnoissant, paya sa rançon
« de mille écus, et il demeura dans la ville de Sedan jusqu'à ce
« qu'il les eût rendus audit chevallier de Méziéres.

« A la bataille de Rocroy [3] il fut blessé de treize coups tant

---

leric de France. » Cabinet des titres, *Carrés de d'Hozier*, V°, Gomer, f°˚ 178 v° et 180 °, Arm´rial général de d'Hozier, *Picardie*, p. 849. Cabinet des titres, *Pièces originales*, dossier Vandeuil, f° 29.]

1. [Les Espagnols prirent Corbie le 15 août 1636.]

2. [Combat de la *Marfée*, près Sedan (6 juillet 1641), où périt le comte de Soissons, commandant une armée rebelle qui mit en déroute les troupes royales sous les ordres du maréchal de Châtillon.]

3. Le 19 may 1643, cinq jours aprés la mort de Louis XIII, le 14 may.

« de pistolets que de sabres, dont il reçut cinq trés dangereux
« à la tête, il eut aussi la cuisse percée et le poignet à demi-
« coupé. Son frere François y reçut un coup de mousquet au
« travers du corps. Ils furent conduits en leur terre de Folle-
« ville et abandonnez des chirurgiens. La Reyne les envoia visi-
« ter et leur fit donner cent pistoles pour leur marquer sa
« bienveillance.

« Au premier siége de Graveline [1] il eut la cuisse emportée
« d'un coup de canon, allant visiter les travaux avec Monsieur
« de Vatimont. Il eut l'autre cuisse percée à Retelle d'un coup
« de pistolet, au combat qui s'y donna en 1650 [2], ce qui ne
« l'empêcha pas de mettre l'ordre à la bataille, sous Monsieur
« le maréchal du Plessis. Monsieur le cardinal Mazarin le vint
« visiter à Reims, luy donna deux mille livres, luy disant *qu'on*
« *ne pouvoit acquérir tant de gloire sans verser du sang*. —
« Aprés, vint la seconde guerre de Paris, où il fut blessé d'un
« coup de pistolet à la bataille de Saint-Antoine, pris prison-
« nier [3], et Monsieur le Duc d'Orléans luy donna son palais [4]
« pour prison, en 1652 le 2º juillet.

« Le Roy (Louis XIV) créa en sa faveur une nouvelle charge
« de commissaire général qui ne s'est jamais vûe en France [5].

1. [Mai-juillet 1644.]
2. [Le 15 décembre 1650, Turenne qui commandait les troupes espagnoles fut battu à Réthel par le maréchal du Plessis-Praslin. La relation imprimée du combat se trouve à la Biblioth. nation., mss. collection Fontanieu, t. 492. Cf. *Revue de Champagne*, juillet 1885, p. 94.]
3. [Au combat de la porte Saint-Antoine (2 juillet 1652), « le maréchal « de camp d'Esclainvilliers, qui commandait la cavalerie sous les ordres de « Navailles, voulut s'avancer jusqu'à la place où étaient concentrées les « troupes de Condé ; mais il fut repoussé et fait prisonnier. » Cheruel, *Histoire de France sous le ministère de Mazarin*, t. I, p. 212, 3 vol. in-8º, Hachette, 1882. — Sur les événements contemporains, voir, du même auteur, *Histoire de France pendant la minorité de Louis XIV* (prix Gobert), 4 vol. in-8º, Hachette, 1879-80.]
4. [Gaston d'Orléans habitait alors le palais du Luxembourg, qui était appelé de son nom « Palais d'Orléans. »]
5. [Timoléon de Séricourt d'Esclainvilliers « avoit mérité qu'on créât « exprès pour lui la charge de commissaire général de la cavalerie qui fut « formée du régiment qui portoit son nom. » Le commissaire général était en France le troisième officier de la cavalerie, et son régiment était aussi le troisième. Cet officier se trouvait précédé dans la hiérarchie par le colonel général et le mestre de camp général. Voy. *Maximes et instructions sur l'art militaire*, ap. Quincy, *Histoire militaire du règne de Louis le Grand*, t. VII, 2ᵉ partie, p. 255, Paris, 1726, in-4º. Cf. *Dictionnaire de l'armée de terre* par le général Bardin, vº Commissaire.]

« Etant commandé pour aller en Roüergue faire reconnoitre
« l'authorité du Roy, plus de quinze cens hommes voulurent
« l'assassiner ; mais il se sauva.

« On a oublié de remarquer qu'après le premier siége de Gra-
« veline dont on a parlé cy-dessus, le Roy le fit mestre-de-
« camp[1] d'un régiment de cavalerie ; c'est pourquoy il fut
« obligé de quitter le régiment royal dans lequel il étoit entré
« du vivant du cardinal de Richelieu.

« La campagne après celle de Graveline, il fut fait comman-
« dant [*lisez* commissaire général] de la cavalerie légére de
« France, du tems du maréchal de Ranceau [*lisez* Rantzau[2]]
« qui l'aimoit tendrement.

« Le Roy voulant châtier la ville de Brie-Comte-Robert
« [1649], il y envoia son régiment composé de dix compagnies,
« avec ordre de vivre à discrétion ; mais bien loin d'irriter les
« habitans, par sa conduite, sa sagesse et sa douceur il captiva
« leur amitié, et leur ménagea par son credit auprez du Roy le
« retour de l'ancienne bienveillance de Sa Majesté.

« Ensuite il vint à la guerre de Paris, d'où le roi Louis XIV
« sortit. Voulant suivre le Roy, il fut arrêté par des bourgeois
« dans le carrosse de Madame la maréchalle d'Hoquincourt[3],
« et, sans le Prévôt des marchands de Paris qui le connoissoit,
« il auroit été taillé en piéces. — Il refusa de servir contre le
« Roy en plusieurs autres rencontres, et, voyant qu'il ne
« pouvoit sortir de Paris, il se déguisa en pauvre mendiant et
« alla en cet équipage trouver leurs Majestez à Saint-Germain-
« en-Laye en 1652. Il fut fait ensuite lieutenant général des
« armées du Roy[4].

« Au second siége d'Arras par les Espagnols, en 1654, com-
« mandez par Monsieur le prince de Condé, Louis de Bourbon,
« qui s'estoit jetté dans le parti d'Espagne, ne pouvant souffrir
« le trop grand pouvoir du fameux cardinal Mazarin et d'autres
« à son préjudice, Monsieur d'Esclainvilliers, ayant été com-
« mandé pour aller visiter les lignes, il eut un cheval tué sous
« luy et sa cuisse de bois emportée d'un boulet de canon. Il
« contribua beaucoup par sa prudence et par sa bravoure, sous

---

1. [Grade autrefois analogue à celui de colonel.]
2. [Rantzau (Josias), maréchal en 1645.]
3. [Hocquincourt (Charles de Monchy), maréchal en 1651.]
4. [Timoléon de Séricourt d'Esclainvilliers, qui était maréchal de camp depuis 1649, fut nommé lieutenant général le 10 juillet 1652.]

« la conduite de Henry de la Tour, vicomte de Turenne, et
« Maréchal de France, à faire lever le siége aux Espagnols et
« au Prince de Condé qui fit une belle et glorieuse retraitte,
« et qui depuis rentra dans son devoir et dans l'obéïssance au
« Roy[1].

« Au siége de Valenciennes en [juillet] 1656, par le susdit
« Mareschal de Turenne et le Mareschal de la Ferté Senne-
« terre, que Dom Jean d'Autriche, soutenu de Monsieur le
« prince de Condé, fit lever, Mr de Séricourt y tomba malade,
« après y avoir demeuré cinquante-deux nuits tout habillé ;
« ensuite il mourut de ses blessures qui s'étoient rouvertes
« vers la fin du mois d'août [*alias* janvier] 1657, regretté des
« François et des étrangers. Il mourut sans avoir été jamais
« marié. Pendant sa vie il fit vingt-deux campagnes. Sa civi-
« lité envers les officiers étoit sans pair et sa libéralité envers
« les soldats sans pareille, accompagnées d'une grande douceur.
« On rapporte cette circonstance avec d'autant plus de certi-
« tude qu'on l'a apprise des officiers dignes de foy qui ont
« servi sous luy. Il avoit pris naissance au château de Folle-
« ville, village à deux lieues de Montdidier en Picardie[2]. — La
« terre de Folleville appartient encore à Messieurs de Séricourt
« d'Esclainvilliers et leur vient des comtes de Lannoys, soit
« qu'ils l'ayent acheptée d'eux, ou que Marie de Neuville,
« femme d'Antoine de Séricourt, l'ait héritée de dame Marie

Mort [en] août 1657.

---

1. [Voici comment les événements ci-dessus sont racontés dans la généalogie de la maison de Séricourt : « Ce fut lui (Timoléon) qui, à la journée de Saint-Antoine, où il servoit le Roi sous les ordres du maréchal de Turenne, son général et son ami, repoussa les ennemis jusqu'à la place de Baudoyères, et ayant été fait prisonnier à cette même journée, il trouva le moyen de se sauver sous l'habillement de garçon boucher, et regagna le quartier du Roi, où la Reine qui le vit dans ce déguisement, le combla d'éloges et de marques de bonté. Ce fut enfin lui-même, qui se voyant emporter par un boulet aux lignes d'Arras, une jambe de bois substituée à celle qu'il avoit perdue dans quelques autres affaires, dit sans s'émouvoir : « *Te voilà bien attrapé, car j'en ai une autre dans mon chariot.* » Cette anecdote qui a passé dans la bouche de tout le monde et qu'on a mise sur le compte de divers personnages, comme il arrive de tout ce qui est singulier, plaisoit si fort à Louis XIV qu'il l'a rappellée souvent,..... ajoutant qu'il avoit connu peu d'hommes qui joignissent autant de bravoure et de sang-froid. »]

2. [Folleville, auj. commune du départ. de la Somme, cant. d'Ailly-sur-Noye, arr. de Montdidier. — Nous hésitons à croire que Charles-Timoléon de Séricourt soit né au château de Folleville qui n'a été acquis par son père qu'en 1634.]

« de Launois sa tante, ou autres, et l'ait ensuite portée dans
« la famille de Messieurs d'Esclainvilliers [1]. »

On voit encore dans l'église de Folleville les mausolées des comtes de Lannoys où leurs figures sont représentées en marbre blanc, qui méritent d'être vües et qui font foy que cette terre leur appartenoit autrefois. Il y a même encore écrit sur la porte du château et ailleurs ces mots par forme de devise : *Crains Lannoys, et bien t'en prendra* [2].

1. [Le château de Folleville, qui paraît dater du commencement du xv⁰ siècle, appartint d'abord à la famille de ce nom, puis ensuite aux maisons de Poix-Séchelles, Lannoy-Morvilliers, Silly et Gondy. Par un acte du 19 août 1634, dont le texte a été conservé, Charles de Séricourt, chevalier, seigneur d'Esclainvillers (père de l'abbé d'Orbais), acheta Folleville à Philippe Emmanuel de Gondy, père du célèbre cardinal de Retz. La terre de Folleville, avec celles de Sérévillers, de Gannes et de Saint-Martin, produisait alors 13000 livres de revenu. Les Séricourt d'Esclainvillers la possédèrent jusqu'en 1751.]

2. [Le village de Folleville possède une belle église classée au nombre des monuments historiques. Entre autres curiosités elle renferme des fonts baptismaux en marbre ornés des armoiries de la famille de Lannoy. Mais la même église, « véritable musée de la Picardie, offre surtout à la vue, dit M. Palustre, l'un des plus merveilleux assemblages de sculptures que le xvi⁰ siècle nous ait légués, l'œuvre la plus admirable de tout le nord de la France. » Cette œuvre, due en grande partie au ciseau du sculpteur milanais Antonio della Porta, est le tombeau de RAOUL DE LANNOY et de sa femme Jeanne de Poix. Raoul de Lannoy, sire de Folleville, ancien gouverneur de Gênes, mourut le 4 avril 1508 ; sa femme décéda le 16 juillet 1524. Deux statues en marbre, couchées sur le sarcophage, représentent Raoul et Jeanne en costume du temps. Dans le soubassement, à droite et à gauche de l'épitaphe, des amours en pleurs soutiennent les écussons des époux. Le mausolée est surmonté d'un élégant pavillon dont les courtines sont relevées par deux anges qui protègent un groupe de la vierge mère. Autour du pavillon on lit : *Tota pulchra es amica mea*, Cant., IV, 7. Sur les côtés sont deux portraits qu'on croit être ceux de Louise de Lannoy et de Claude de Créquy, la fille et le petit-fils des défunts. Enfin la devise des armoiries des Lannoy : *Craindrons Lannoy, mieulx en aurons*, a été changée, à la partie supérieure, en une autre plus conforme au sujet, qui est celle-ci ; *Craindrons la mor, mieulx en aurons*.

Dans le fond du chœur de l'église de Folleville on remarque aussi le tombeau de messire François de Lannoy (m. le 13 juillet 1548) et de Marie de Hangest, sa femme, avec les statues agenouillées des deux époux. Mais ce mausolée est moins remarquable que le précédent. Pour de plus amples détails et la reproduction des sujets, voir : Léon Palustre, *La Renaissance en France*, t. I, p. 45 et s., Paris, Quantin, 1879, in-f⁰, fig. — Bazin, *Description historique de l'église et des ruines du château de Folleville*, Amiens, 1849, in-8⁰, avec planches (extrait du tome X des Mémoires de la Société des antiquaires de Picardie). — Goze, *Notice sur le village, le château, les seigneurs, l'église et les tombeaux de Folleville*, Montdidier,

« Messire François de Séricourt, second fils de Charles et
« de Charlotte de Trion ; seigneur de Dancourt, mestre-de-
« camp d'un régiment de cavalerie, il reçut un coup de mous-
« quet à la bataille de Sedan, dans la bouche, qui luy perça
« la langue.

« A la bataille de Rocroy, le 19 may 1643, il reçut un coup
« de mousquet au travers du corps ; on a observé cy-devant
« qu'il fut transporté avec son frere aîné au château de Fol-
« leville, et que la Reyne Anne d'Autriche les envoia visiter
« et leur fit donner cent pistoles pour leur marquer sa bien-
« veillance.

« Aprés la bataille de la rüe (ou fauxbourg) Saint-Antoine
« de Paris, donnée le 2º juillet 1652, entre l'armée du Roy, où
« il servoit, et celle des Princes mécontens, Mr de Séricourt
« [d'abord capitaine de cavalerie au régiment de son frère] fut
« fait mestre-de-camp, et son frere aîné lieutenant général des
« armées du Roy [10 juillet].

« Au second siége ou au secours d'Arras en 1654, il y
« fut blessé et mourut de sa blessure qui se rouvrit en 1656.

« Il avoit épousé [le 27 mars 1649] Marie de Hangest dont
« il a eu Charles de Séricourt, seigneur d'Esclainvilliers, Folle-
« ville, Martincourt, Lannoys, qui a épousé Charlotte de Blé-
« court[1] dont il a eu quatre garçons : l'aîné qui étoit capitaine

---

Mérot-Radenez, 1865, in-8º de 48 pages, blasons color. et figures. — Taylor
et Nodier, *Voyages pittoresques et romantiques dans l'ancienne France*,
Picardie, t. II, gravures et texte.]

1. [Messire Charles Timoléon de Séricourt, chevalier, seigneur d'Esclainvilliers, Folleville, Tincourt, Saint-Marc, Grouart, Campany et autres lieux,
naquit vers 1651. A la mort de son père, François, en 1656, il resta sous
la curatelle de son oncle, Pierre de Séricourt, abbé d'Orbais. Il épousa Charlotte Gallois de Blécourt (Armorial général de d'Hozier, Paris, t. I, p. 257).
Il eut de brillants états de service militaire : « Charles Timoléon de Séricourt, chevalier de Saint-Louis, colonel du régiment de Roquelaure, cavalerie en 1691, défit un parti de 500 hussards en Allemagne en 1695, brigadier
de cavalerie et servit en Allemagne en 1696, maréchal de camp en 1702,
servit à la défaite du général Visconti en Italie en 1703, commanda au siége
de la Mirandole en 1705. » (Cabinet des titres, *Pièces originales*, dossier
Séricourt, fº 24 rº). Charles d'Esclainvilliers devint ensuite commandant à
Mantoue, et il mourut en 1708, après avoir fait passer à son fils, avec l'agrément du roi Louis XIV, le régiment dont il était colonel. Sur sa conduite
pendant les campagnes d'Italie, voir ; Général Pelet, *Mémoires militaires
relatifs à la succession d'Espagne*, t. III, p. 297, 303 ; t. IV, p. 352, 358,
366 ; t. V, p. 263, 320, etc..., dans la Collection des documents inédits de
l'hist. de France. — Cf. Cabinet des titres, *Carrés de d'Hozier*, Vº Gomer,
fº 179 rº.]

« dans le régiment de son pere et qui s'appelloit le chevallier
« d'Esclainvilliers est mort en 1702, en revenant de l'armée
« de France en Italie. Il ne reste plus à Charles de Séricourt
« qu'un fils qui est abbé [1].

« Messire Pierre de Séricourt, troisiéme fils de Charles et
« de Charlotte de Trion, etc...., abbé commendataire d'Or-
« baiz, comme on a remarqué au commencement de cet article, etc. [2] »

1. [On retrouve effectivement la trace de deux des fils issus du mariage de Charles de Séricourt et de Charlotte de Blécourt. Ces deux fils furent : 1° Jean-Baptiste; 2° Charles-Timoléon.

1° Jean-Baptiste de Séricourt « vivant claire du diocese d'Amiens, che-
« vallier de Saint-Lazare et de Mont-Carmelle, pourveu d'une pension viager
« à luy donnée par Sa Majesté sur l'abbaye de Saint-Aubert à Cambray par
« lettre de provision en datte du 30 du moy de may 1681. » Il mourut le
26 octobre 1702.

2° Charles Timoléon de Séricourt « frere et unicque héritier » du précédent. Il naquit le 30 juillet 1683. Il était « *marquis d'Esclainvilliers*, seigneur de Folleville, Saint-Marcq, Marigny et autres lieux, mestre de camp
d'un régiment de cavalerie de son nom, chevallier de l'ordre militaire de
Saint-Louis et brigadier des armées du Roy. » Il avait épousé dame Marie
Michelle de Court de Bonvillers. Il mourut le 28 février 1751. (Nous devons
la communication de ses actes de baptême et de décès à l'obligeance de
M. le maire de Folleville).

Du mariage du marquis d'Esclainvilliers avec Michelle de Bonvillers sont
issus deux enfants, savoir : 1° Charles Timoléon Denis Berthélemy de
Séricourt. 2° Damoiselle Marie Charlotte Michelle de Séricourt née le 16
juin 1713, mariée le 28 février 1737 au comte de Mailly d'Haucourt. L'épitaphe
de la comtesse de Mailly, morte le 28 septembre 1778, et celle de son père,
sont dans l'église de Folleville. — Bibl. nat., Cabinet des titres, dossier Séricourt, f°* 11 à 17. — Bazin, *Description histor. de Folleville*, p. 34.]

2. [Pierre de Séricourt, abbé-commendataire d'Orbais, naquit vers 1635.
Il était « seigneur d'Esclainvilliers, y demeurant au bailliage de Mondidier
le 2 avril 1667; [lors]qu'il déclara au greffe de la généralité d'Amiens qu'il
étoit en droit et possession de prendre la qualité de chevallier. » On le dési-
gna dès lors sous le titre de chevalier d'Esclainvilliers. Nous reviendrons
plus loin sur son principal exploit militaire. Disons dès à présent que Pierre
de Séricourt, abbé d'Orbais, fut regardé par Louvois comme un officier de
premier ordre. Aussi ce ministre lui avait-il réservé un rôle important dans
son beau projet de la campagne et du siége de Gand, qui est resté comme
un des modèles du genre. «... Sa Majesté désire, écrivait le secrétaire d'Etat
à la guerre, que vous vous serviez de M. de Rannes et de M. de la Trousse
pour lieutenans généraux, et de MM. de Quincy, Rosen, Chamilly et le
chevalier de Tilladet pour maréchaux de camp. Elle désire aussi que le
chevalier d'Esclainvilliers reste commandant sous M. de Nancré, des corps
de cavalerie qui, après avoir investi Mons, doivent se retirer sous Leuze,
etc...» (Le marquis de Louvois au maréchal d'Humières,—De Saint-Germain

Tout ce que l'on vient de rapporter de la famille de Messieurs de Séricourt d'Esclainvilliers est tiré mot-à-mot des extraits et mémoires tirez du chartrier du prieuré de Cluny de Montdidier, et des archives de cette famille, qui ont été obtenus et communiquez par le Révérend Pere Dom Antoine de Courteville[1], religieux et soûprieur de l'abbaye de Notre-Dame de Breteuil, ordre Saint-Benoist et congrégation Saint-Maur[2].

Auparavant de marquer icy ce que l'on sçait de cet abbé commendataire, on se croit obligé de déclarer d'abord que le souvenir que l'on conservera toujours et que la reconnoissance qu'on luy doit pour avoir contribué (peut-être par intérest et ne pouvant plus résister aux instances réïtérées de Charles de Bourlons, évêque de Soissons) à l'union de ce petit monastére à notre congrégation, sembleroient nous engager à taire et à passer sous silence sa conduite peu équitable envers l'abbaye et ses religieux, et par conséquent peu honorable à sa mémoire en plusieurs rencontres, si d'ailleurs les véritables régles de l'Histoire ne nous obligeoient d'être fidéles, désintéressez, exacts, et de rapporter simplement et sans passion et sans exaggération ce que l'on sçait de ceux dont on a entrepris de parler. Aprés cette précaution, on croit pouvoir transcrire icy les mémoires trouvez dans ce chartrier, et ce que l'on a appris de vive voix des témoins oculaires d'ailleurs irréprochables et désintéressez.

Monsieur d'Esclainvilliers ne fut pas plutôt pourvu de cette abbaye en commende qu'il eut d'abord de grands démêlez avec Messieurs nos anciens réduits à quatre ou cinq fort âgez, sçavoir : Dom Jean Le Gendre chambrier, Dom Jean Richard prévôt, Dom Michel Trabit thrésorier, Dom François Pelletier cellerier, tant pour le payement de leurs pensions, fourniture de différentes espéces, bled, vin, bois, que pour les répa- *Procez entre l'abbé et les religieux pour leurs pensions et réparations.*

---

le 4 février 1678). — Le P. Griffet, *Recueil de lettres pour servir d'éclaircissement à l'histoire militaire du règne de Louis XIV*, t. IV, p. 329, La Haye, 1761, in-12. — *Œuvres de Louis XIV*, t. IV, p. 139.]

1. [Dom Antoine de Courteville, né à Doudeauville, auj. cant. de Samer, arr. de Boulogne (Pas-de-Calais), fit profession dans l'abbaye de Corbie, le 27 octobre 1683, à l'âge de 20 ans. Il mourut le 6 février 1726, prieur de Saint-Nicolas aux Bois.]

2. [Notre-Dame de Breteuil, au diocèse de Beauvais. Les Normands ayant ruiné cette abbaye, elle fut rétablie vers l'an 1050 par Gilduin, comte de Breteuil. *Gall. Christ.* IX, 799. — Auj. Breteuil-sur-Noye (Oise), arr. de Clermont, ch. l. de canton.]

rations des lieux réguliers en desordre et presque ruinez, et notamment de la nef de notre église, où il n'y avoit qu'une ouverture de quelques pieds ; et quoiqu'il eût reçu six mille livres de Mʳ le marquis de Rieux de Sourdeac, héritier de René de Rieux, son prédécesseur en cette abbaye, pour être incessamment employées ausdites différentes réparations, il les négligea de telle sorte que peu de tems après la voûte de la nef tomba, et par sa chûte fracassa le jubé de bois fort délicatement travaillé et les chaires du fond du chœur voisines, et fit écarter par le haut le gros mur de la nef du côté du midi ; ce qui est cause que les deux gros pilliers surplombent en dedans de plus d'un pied vers les chapiteaux. — Au lieu d'employer ladite somme de six mille livres à réparer ladite voûte, on s'est contenté de rétablir les chaires du chœur brisées, sans jubé, et de faire le lambris ou plafond qu'on voit encore aujourd'huy, et cela aux despens de l'abbaye, puisqu'il [a] fallu prendre de beaux chênes dans le bois de la Croupiére. On prétend que les religieux anciens se chargérent de cette réparation, qu'ils obtinrent une coupe de bois, qui ayant été plus que suffisante pour faire ledit plafond, ils profitérent du reste. Ce plafond coûta deux cens dix livres de façon, suivant les quittances données audit Dom Jean Richard, les 7 et 15 octobre 1657, par le nommé Heullier, charpentier, demeurant à Mareuil proche de Suisy-le-franc. L'abbé d'Esclainvilliers se contenta de toucher les six mille livres et les employa à tout autre usage qu'à celuy auquel elles avoient été destinées, comme on a remarqué cy-devant, et laissa aux moines d'Orbaiz le soin de réparer leur nef comme ils pourroient, et aux dépens de qui il appartiendroit. Il est vray qu'après sa mort Mʳ de Lanson, son successeur en l'abbaye, toucha trois mille livres seulement de ses héritiers ; mais les trois autres mille livres sont restées à Mʳˢ d'Esclainvilliers, Mʳ de Lanson s'en étant contenté et évitant les procez. — Pour prévenir la ruine totale de ladite nef de notre église, en mil sept cens et un les religieux firent préparer deux grandes poutres qui furent posées, les jeudy douziéme et jours suivants du mois de may audit an 1701, en travers de la nef sur les chapiteaux des quatre gros pilliers d'icelle, suivant l'avis des experts du procez-verbal fait le 26 aoust 1688 par Mʳ Hervé, conseiller et commissaire député du Grand Conseil par arrest du 27 [*al.* 26] aoust 1687, après une transaction entre Mʳ l'abbé de Lanson et ledit R. P. Mongé du 3 mars 1687.

En 1653, Messieurs les anciens religieux d'Orbaiz s'adressérent au Pape pour obtenir des indulgences au jour de Saint-

Benoist. Innocent X, par sa bulle ou bref donné à Sainte Marie-Majeure, sous l'anneau du pêcheur, le 29 novembre 1653, la dixiéme année de son pontificat, accorde tous les ans indulgence pleniére et rémission de tous leurs péchez à tous ceux et celles qui vrayment pénitens, s'estant bien et dûment confessés et communié, fait quelques aumônes, visité l'église Saint-Pierre d'Orbaiz et y auront prié depuis les premiéres vêpres jusqu'au soleil couché du jour de la feste de saint-Benoist, pour l'union et concorde des princes chrétiens, l'extirpation des hérésies et l'exaltation de notre mere la Sainte Eglise. Cette bulle fut lue, verifiée à Orbaiz et permis d'être publiée et affichée dans tout le diocése de Soissons par Messire Jean Du Tour, docteur de la faculté de théologie de Paris, vicaire général de Messire Charles de Bourlons, ou de Simon Le Gras son prédécesseur, le 15º jour d'octobre 1654 [1], et se conserve dans le chartrier de cette abbaye.

Le douziéme may 1664, Dom Jean Richard, prévôt, Dom Jean Le Gendre, chambrier et prieur du prieuré simple de Saint-Germain sur le Breuil, et Dom Jean Babillon, religieux d'Orbaiz, signérent et présentérent leur requeste au trés révérend Peré Dom Bernard Audebert [2], troisiéme supérieur géné-

Les anciens religieux sollicitent le R. P. général de la congrégation S. Maur de mettre la Réforme dans Saint-Pierre d'Orbaiz en 1664, ce qui est differé.

---

1. [« *Simon le Gras* fut aumônier de Henry IV à dix-sept ans et devint évêque de Soissons le 17 novembre 1624. Il sacra Louis XIV à Reims, et mourut le 28 octobre 1656, au château de Sept-Monts. Il portait : « d'azur, à trois roseaux d'or, avec leurs queues et feuilles, surmontés chacun d'un besant de même, au chef vairé d'or et d'azur. » (*Rech. de Champagne* de Caumartin, etc...). *Charles Bourlon* était devenu son coadjuteur, sous le titre d'évêque de Césarée, en 1652. » A. de Marsy, *Notes pour servir à un armorial des évêques de Soissons*, p. 14 et 15, Paris, Dumoulin, 1866. — Cf. Douët d'Arcq, *Collection de sceaux*, nº 6878.]

2. [Dom Jean Bernard Audebert naquit en 1600 à Bellac, auj. ch.-l. d'arr. de la Haute-Vienne. Il fit profession le 11 novembre 1620 dans le monastére de Saint-Junien de Nouaillé, au diocèse de Poitiers. Il fut prieur de plusieurs abbayes, notamment de Saint-Denis en France et de Saint-Germain des Prés. Après avoir été assistant du R. P. Dom Jean Harel, il lui succéda en 1660 dans la charge de supérieur général de la congrégation de Saint-Maur qu'il remplit jusqu'en 1672. D. Audebert mourut simple religieux à Saint-Germain des Prés le 29 août 1675. Son corps fut inhumé dans la nef de la grande chapelle de la Sainte-Vierge. — Sur sa biographie, voir : *Les prieurs claustraux de Sainte-Croix de Bordeaux et de Saint-Pierre de La Réole depuis l'introduction de la Réforme de S. Maur*, par Aut. de Lantenay, p. 39 et s., Bordeaux, librairie de l'Œuvre des bons livres, 1884, gr. in-8º de 191 p. — *Histoire de l'abbaye royale de Saint-Germain des Prés*, par D. Bouillart, p. 269 et s., 1724, in-fº. — *Gall. christ.* VII, 483 et 484.]

ral de notre congrégation Saint-Maur, tendante à ce qu'il unît leur monastére à notre dite congrégation. Mais le T. R. P. Général ne jugea pas encore d'accorder la demande de ces bons anciens religieux ; il se contenta d'approuver leur zéle, de leur promettre d'y avoir égard dans son tems, et leur fit entendre qu'il falloit auparavant s'adresser à Messire Charles de Bourlons, évêque de Soissons, leur supérieur, et obtenir ou du moins demander l'agrément de Mr leur abbé, ce qui étant fait, on traitteroit avec eux.

D. J. Richard élu prieur malgré Mr l'abbé. Environ le même tems ledit Dom Jean Richard, religieux et prevôt, ayant été élu prieur de son monastére par le consentement unanime de ses confreres, contre le sentiment dudit sieur abbé, ennemi déclaré de la réforme et congrégation Saint-Maur par intérest, — laquelle Dom Jean Richard et ses confreres vouloient y introduire, pour y rétablir l'observance réguliére, le bon ordre dans l'administration du temporel qui dépérissoit de jour en jour par la mauvaise œconomie des commendataires ou de leurs officiers, et le service divin fort négligé ou fait avec peu de décence et de respect à cause du petit nombre de religieux âgez et infirmes, — Monsieur l'abbé nomma et y fit établir en qualité de prieur claustral par Messire Charles de Bourlons, évêque de Soissons, supérieur de cette abbaye avant son union à notre congrégation Saint-Maur, Dom Claude de Vandeuil, religieux-profez et prévôt de l'abbaye Notre-Dame de Breteuil, diocése de Beauvaiz (frere de Louis de Vandeuil, époux de Charlotte de Séricourt, seconde sœur de notre abbé, comme on a remarqué cy-devant), suivant les lettres d'institution à luy données par ledit seigneur évêque de Soissons le quinziéme jour de décembre 1664, en vertu desquelles Dom Claude de Vandeuil prit possession de la charge de prieur claustral de Saint-Pierre d'Orbaiz[1], et reçut ensuite trois novices trés incapables de faire profession, qui ne sçavoient presque ni lire ni écrire, enfans des fermiers en Picardie de l'abbé, en haine et pour empêcher absolument l'établissement de la Réforme que Dom Richard, prieur, et ses religieux vouloient introduire dans ce monastére. Ce prieur intrus, ou plutôt ce fantôme de supérieur, étoit du goût et tel que l'abbé le souhaittoit pour l'exécution de ses desseins. Son séjour, sa présence et son assistance au chœur causérent du trouble et du

---

1. [28 décembre 1664. — Inventaire de meubles et état des lieux réguliers dressés à la requête de D. Cl. de Vandeuil. V. aux *pièces justificatives.*]

scandale, Dom Richard, supérieur légitime, soutenant son élection, Vandeuil faisant valoir son intrusion par la force, l'authorité et les violences de l'abbé son patron. Mais Dom Jean Richard, prieur légitime, ne se rebuta point de tous les mauvais traittemens, indignités et violences qu'il eut à essuyer; au contraire, ranimant son courage, il forma généreusement opposition et protesta juridiquement et en bonne forme contre la présentation, nomination, institution dudit de Vandeuil pour prieur, sa prise de possession de cette qualité et réception à l'habit desdits trois pitoyables et indignes novices. Aprés ces premiéres démarches pleines de zéle et de vigueur, il fit assigner ledit sieur abbé et Dom de Vandeuil au Grand Conseil, et se vit obligé de sortir de son monastére pour n'être point exposé à de nouvelles violences et insultes de l'abbé, de Dom Claude de Vandeuil son concurrent, et de leurs domestiques, et de se retirer à Paris, pour être en état de deffendre son bon droit et celuy de son monastére avec plus de liberté. Il présenta sa requête au Grand Conseil tendante à ce que Monsieur l'abbé eût à quitter, abandonner et sortir, luy, ses domestiques, ses chevaux et ses chiens, des cloîtres et autres lieux réguliers et intérieurs du monastére dont il s'étoit emparé par force et beaucoup de violence, malgré lesdits prieur et religieux, et à se retirer, luy et ses domestiques et suite, dans le logis abbatial, pour ne point empêcher et troubler les religieux dans leurs observances et service divin, à faire exécuter incessamment les arrests rendus contre les abbez ses prédécesseurs, et ledit de Vandeuil à se retirer du monastére et ne plus s'immiscer dans aucunes fonctions de l'office de prieur, et autres fins et conclusions reprises et énoncées tout au long en sa dite requête.

Enfin aprés plusieurs débats, contestations et procédures de part et d'autre, Dom Jean Richard prieur obtint un arrest audit Grand Conseil le trentiéme jour de décembre mil six cens soixante-quatre, par lequel « il fut maintenu dans la charge et
« dignité de prieur de l'abbaye d'Orbaiz ; la nomination, pré-
« sentation, institution et prise de possession dudit office par
« Dom Cl. de Vandeüil cassées et déclarées nulles, et iceluy
« de Vandeüil condamné à sortir et vuider incessamment de
« corps et de biens ladite abbaye ; et ledit sieur abbé condamné
« aussi de faire faire incessamment toutes les réparations et
« autres charges de l'abbaye, de se retirer et se loger avec ses
« domestiques en sa maison abbatialle, et que tous les arrests
« cy-devant rendus entre les abbez ses prédécesseurs et les

<small>Arrest rendu en faveur de Dom J. Richard contre l'abbé et Vandeuil, et exécuté dans tous ses chefs.</small>

« religieux seroient déclarez exécutoires contre luy, qu'il seroit
« tenu de les exécuter sans délay avec deffense d'y contreve-
« nir, même de renvoier lesdits trois novices, comme étant du
« tout incapables de faire profession, et de plus que ledit sieur
« abbé seroit tenu de consentir à l'introduction et établisse-
« ment de la Réforme, pour laquelle il sera enjoint au Pere
« Général de la congrégation Saint-Maur d'y envoier incessam-
« ment des religieux pour remplir les places vacantes qui doi-
« vent estre de huit, suivant ledit arrest : Et cependant et
« jusqu'à ce qu'autrement par ledit Grand Conseil en ait été
« ordonné, fait en jugement inhibitions et deffenses aux par-
« ties de se pourvoir ni faire poursuites ailleurs qu'audit Grand
« Conseil pour raison de ce que dessus, circonstances et dépen-
« dances, et audit évêque de Soissons et à tous autres juges
« d'en connoître à peine de nullité, cassation de procédures et
« quinze cens livres d'amende. »

Dom Jean Le Gendre élu prieur et fait démission aussitôt.

Le vingt-huitième jour de juillet mil six cens soixante-cinq, Dom Jean Le Gendre, religieux-chambrier de Saint-Pierre d'Orbaiz, en fut élu prieur-claustral par lesdits Dom Jean Richard, prévôt et cy-devant aussi prieur-claustral, et Dom François Pelletier. Dom Jean Le Gendre consentit d'abord à son élection ; mais M⁰ l'abbé et Dom Claude de Vandeuil, sa créature, y ayant formé leur opposition et cité ledit Le Gendre élu pardevant l'official de Soissons, ils surprirent l'official, comme ils avoient cy-devant surpris Messire Charles de Bourlons, et ils en obtinrent une sentence ou jugement qui annulloit l'élection de Dom Le Gendre, dont luy et ses confreres interjettèrent incontinent appel. Cependant, ennemi des procez et du trouble et du scandale, pour le bien de la paix [il] déclara le quatriéme jour d'août suivant pardevant M. Gauvain et Claude Jullion, notaires à Orbaiz, et avec l'agrément desdits Dom Jean Richard et Dom François Pelletier, qu'il renonçoit de son plein gré et sans contrainte à ladite charge de prieur de Saint-Pierre d'Orbaiz et qu'il ne prétendoit ni vouloit en faire aucune fonction, laissant au surplus pleine et entiére liberté d'en élire et s'en choisir un autre selon leur droit et ancien usage de l'abbaye.[1]

Seconde élection de Dom J. Richard pour prieur.

Le lendemain cinquiéme jour d'août 1665, Dôm J. Richard, D. Antoine Du Val, D. Jean Le Gendre et D. François Pelletier, composans la plus saine partie ou même la communauté de Saint-Pierre d'Orbaiz, « s'estant assemblez capitulairement
« — dit l'acte capitulaire signé Pelletier secrétaire, — pour

---

1. [V. aux *pièces justificatives*.]

« élire un supérieur d'entre eux pour la conduite de leur vie
« claustrale tendante *à la gloire de Dieu et édification du*
« *public, déclarent qu'après avoir selon la coûtume imploré les*
« *grâces du Saint Esprit et ensuite requis les suffrages et*
« *voix d'un chacun d'entre eux, et éclairez de la lumière du ciel*,
« ils ont d'un même consentement et avis pour leur salut, fait
« élection de Dom Jean Richard cy-dessus exprimé, comme
« celuy à qui ils desirent voüer toute leur obéïssance et humi-
« lité religieuse, ainsi que leur régle et constitutions d'icelle
« le desirent, afin que sous ses bons exemples de vie et pré-
« ceptes qu'ils desirent avoir de luy, ils pûssent exactement
« pratiquer la vie religieuse, le tout pour la gloire de Dieu, de
« leur salut et édification du public ; laquelle élection ils
« veulent luy être continuée pour l'espace de trois ans, con-
« formément à leurs constitutions », à laquelle élection ledit
Richard acquiesça à la priére et instances réïtérées de ses
confreres, aprés leur avoir exposé ses difficultés et causes
de s'excuser à cause du sieur abbé. L'original de cet acte se
trouve encore dans notre chartrier.

Le même jour cinquiéme d'août 1665, aprés l'élection et
acquiescement de Dom Richard pour prieur, ses confreres
ayant éprouvé son zéle et affection pour l'abbaye, luy donnerent procuration pour solliciter à Paris en leur nom leurs affaires contre ledit de Vandeuil qui s'opposa encore à cette seconde
élection, mais qui fut encore confirmée, et luy débouté de son
opposition qu'il n'avoit formée qu'à l'instigation de l'abbé, son
protecteur et unique appuy. Dom Claude de Vandeuil mourut
quelque tems aprés et fut inhumé dans le collatéral du chœur
entre la porte dudit chœur et la chapelle de la sainte Vierge.
Toutes ses démarches et sa conduite dans ce lieu font assez
connoître son éloignement pour l'union de ce monastére à notre
congrégation, par complaisance aux vues intéressées de M^r
l'abbé ; cela paroît évidemment par les différentes lettres qu'il
écrivit aux RR. PP. Dom Bernard Audebert, supérieur général, Dom Placide Choucquet [1], visiteur de la province de France,
et autres supérieurs, dont on voit encore les réponses dans ce
chartrier, par lesquelles, pour calmer son inquiétude, ils luy

D. Cl. de Vandeuil. Son éloignement pour la Réforme ; sa mort, sa sépulture.

---

1. [Dom Pierre Placide Choucquet naquit en Normandie, à Breteville, ancien diocèse de Séez (auj. Bretteville-le-Rabet ou Bretteville-sur-Dives, Calvados). Il fit profession dans l'abbaye de Sainte Marie du Bec le 25 septembre 1632, à l'âge de 17 ans. Le chapitre général de 1663 le nomma visiteur de la province de France. Il mourut le 14 août 1674 au monastère de Saint-Etienne de Caen.]

témoignent qu'il ne doit point appréhender si fort qu'ils s'établissent dans l'abbaye d'Orbaiz, qu'on les sollicite tous les jours avec instance d'unir à la congrégation des monastères plus commodes et plus considérables qu'Orbaiz.

Les anciens religieux, en 1666, s'adressent aux supérieurs de la congrégation St-Maur pour y unir Orbaiz.

Mais pendant que ce religieux étranger mettoit tout en usage, ou plutôt l'abbé d'Esclainvilliers se servoit de luy pour empêcher et troubler l'ouvrage de la Réforme, les véritables enfans de la maison avoient des desseins et des vues toutes contraires et dignes d'eux et conformes à leur état et aux différens pressants besoins de leur monastére; de sorte que la communauté des anciens religieux composée alors desdits Dom Jean Richard, prieur-claustral, D. Jean Le Gendre, chambrier, D. Michel Trabit, D. François Pelletier, âgez et infirmes, et de frere Adrien de Lye[1], novice ou jeune profez, se voyans dans l'impuissance de continuer le service divin avec décence, exactitude et édification, et de rétablir et maintenir la régularité dans leur monastére, résolurent unanimement de s'adresser une seconde fois audit trés révérend Pere Dom Bernard Audebert, supérieur général, pour le supplier d'unir cette abbaye ou monastére à sa congrégation, comme il avoient déjà fait le 12 may 1664, suivant qu'il est marqué cy-dessus, ou du moins qu'il leur accordât trois de ses religieux pour les aider à faire décemment l'office divin. Le trés R. P. Général par sa réponse leur conseilla encore de s'adresser à M^r leur abbé pour obtenir son consentement; ils suivirent ce sage conseil, ils proposérent leur dessein audit sieur abbé qui les rebuta et menaça même de chasser les religieux réformez s'ils venoient pour les aider.

En 1666, sur le refus de l'abbé, ils ont recours à l'évêque de Soissons qui ordonne d'appeller trois religieux réformez.

Sur et en conséquence de ce refus injuste et si déraisonnable, M^{rs} nos bons anciens eurent recours audit Messire Charles de Bourlons par une requête du seiziéme jour de septembre mil six cens soixante-six, tendante à ce que, pour les causes cy-dessus déclarées il leur permît d'appeller lesdits Peres de la congrégation St Maur, et que, cependant comme le service ne se faisoit point dans cette église à cause que les religieux supplians étoient âgez ou infirmes, il leur permît d'associer trois religieux réformez de la susdite congrégation pour les aider à faire le service divin, ce qu'il leur accorda par son ordonnance signée de sa main et scellée du sceau de ses armes[2]

---

1. [V. aux *pièces justificatives.*]

2. [« D'or, à une bande d'azur, chargée de trois annelets ou *bourlets* d'or. (Gaudreau, *Notice sur l'église Saint-Eustache*, où se trouvait la sépulture de la famille des Bourlon, etc...) — *Charles Bourlon*, fils

ledit jour seiziéme de septembre 1666, et pour cet effect [il fut] à eux permis de s'adresser au révérend Pere Dom Jean-Baptiste de Mouly[1], prieur de l'abbaye Saint-Médard de Soissons, exempte de la juridiction dudit seigneur évêque et immédiate au Saint Siége Apostolique, ou à d'autres supérieurs de la même réforme et observance, jusqu'à ce que ladite réforme fût établie dans l'abbaye d'Orbaiz.

Dom François Pelletier, fondé de la procuration de ses autres confreres, s'adressa et présenta ladite ordonnance dudit seigneur évêque de Soissons audit Dom Jean-Baptiste de Mouly qui demanda un delay de quinze jours pour la communiquer au R. P. supérieur de ladite congrégation et sçavoir son sentiment et suivre ses ordres.

Cependant ledit Messire Charles de Bourlons, évêque de Soissons, qui quelques années auparavant, à l'instigation et par le mauvais conseil et violentes impressions dudit Maître Jean du Tour et autres, ses vicaires généraux ou conseillers, avoit inquiété et voulu troubler les abbé et religieux de l'abbaye Saint-Médard de Soissons dans la possession et jouissance de leur ancienne et légitime exemption de l'évêque diocésain, et de leur juridiction comme épiscopale sur le chapitre de Sainte-Sophie[2], plusieurs églises, chapelles et parroisses dont ils jouissent paisiblement et sans interruption de tems immémorial, ou plutôt depuis leur fondation, de l'aveu et comme l'a trés bien reconnu saint Grégoire le Grand, pape premier du nom, dans une de ses lettres, voulant aucunement réparer ledit seigneur évêque ses fausses démarches, qui n'avoient tourné qu'à sa confusion, à la honte et au mépris de ceux qui les luy avoient fait faire, crut en trouver une occasion favorable en concourant et appuyant par son authorité le pieux et juste dessein des anciens religieux d'Orbaiz de rétablir le divin service dans leur église et de faire revivre le premier esprit de

Charles de Bourlons, qui avoit attaqué l'exemption et juridiction de Saint-Médard, presse la Réforme d'Orbaiz.

---

de Matthieu Bourlon, maître des requêtes, et de Christine Bailly ; né vers 1613, mis en possession de l'évêché de Soissons le 31 octobre 1656, mort le 26 octobre 1685, et inhumé à la cathédrale près de son prédécesseur. » A. de Marsy, *Notes pour servir à un armorial des évêques de Soissons*, p. 15.]

1. [Dom Blaise Jean-Baptiste Mouly, né à Puy-Haubert, auj. commune de Saint-Martial de Gimel, arr. de Tulle (Corrèze), fit profession au monastère de Saint-Augustin de Limoges le 22 juin 1624, à l'âge de 20 ans. Il mourut le 3 juillet 1689 à l'abbaye de Jumièges.]

2. [Chapitre de Sainte-Sophie, fondé à Saint-Médard de Soissons en 568.]

notre bienheureux pere S. Benoist dans l'intérieur de leur monastére ; et comme ce bon prélat s'aperçut et reconnut que Monsieur l'abbé l'amusoit par des promesses feintes d'y consentir, pendant que d'ailleurs il s'opposoit de toutes ses forces au rétablissement du bon ordre dans cette petite abbaye, il luy écrivit la lettre suivante remplie de piété et d'un zéle ardent et vrayment épiscopale, digne de son autheur, le lendemain de son ordonnance pour associer trois religieux réformez aux anciens. Voicy une copie de sa lettre conservée dans notre chartrier :

« Monsieur,

<small>Belle lettre d'un saint évêque à un abbé commendataire sur ses devoirs.</small>

« J'ai été persuadé jusqu'à présent, et votre réponse à ma
« lettre m'y confirmoit, que vous desiriez autant que moy et
« vos religieux d'Orbaiz, la Réforme de votre abbaye ; mais je
« crains fort que quelqu'un vous empêche de coopérer à ce
« bon œuvre d'obligation, puisque je n'ay point de réponse
« précise de vous ; cependant tout y est en désordre, particu-
« liérement l'office divin est delaissé, dans l'impossibilité où
« sont réduits les religieux, qui me pressent sans relâche, au
« lieu que vous et moy les devrions presser, puisque nos cons-
« ciences nous obligent, moy comme pasteur, et *vous comme*
« *en tirant le meilleur du revenu.* Je vous avoüe que je ne
« puis plus souffrir les remords de ma conscience, et la con-
« fusion que je reçois devant Dieu et les hommes qui voyent
« la nécessité de vôtre abbaye et des religieux qui font ce
« qu'ils peuvent de leur part et crient contre moy aussi bien
« que contre vous en tous lieux avec justice ; c'est pourquoy
« j'ay répondu leur requeste et permis d'appeler trois reli--
« gieux de la congrégation Saint-Maur pour leur aider en
« attendant que vous aurez contracté avec eux, ce que je vous
« exhorte de faire au plûtôt, vû la nécessité urgente qui ne
« souffre point de delay. Je me suis promis cela de vous et en
« ay assuré lesdits Peres de Saint-Maur qui sont prests à con-
« tribuer de leur part, ainsi qu'ils vous feront paroitre aprés
« qu'ils auront assurance de vôtre agrément par mon moyen
« que je leur ay promis et me le promets de vôtre zéle par un
« mot d'escrit que Monsieur le cellerier (Dom François Pelle-
« tier), porteur de la présente, s'est offert de m'apporter, ce
« qui me sera une trés grande satisfaction, et à vous du mé-
« rite et de la gloire, en faisant de bonne grâce ce qui ne se
« peut ni doit éviter en bonne justice et conscience. Cette

« voye de justice seroit honteuse pour vous et pour moy qui
« suis, Monsieur,

  « Votre trés humble et affectionné serviteur,
     « CHARLES, évêque de Soissons.

 « Ce dix-septiéme septembre 1666. »

 Le troisiéme jour de novembre suivant ledit seigneur évêque ordonna que ladite requête des anciens religieux d'Orbaiz par luy répondue, seroit communiquée audit sieur abbé, et iceluy assigné à comparoir en personne pour être oüy sur icelle et sur les procez-verbaux de visite en son palais épiscopal de Soissons en dedans huit jours. Ladite ordonnance fut signifiée le sixiéme jour dudit mois de novembre au domicile dudit abbé à Orbaiz en parlant au sieur Mathurin Gauvain, son procureur fiscal, qui promit de luy en donner avis. *L'abbé assigné à comparoir en personne devant l'évêque de Soissons.*

 Dans ce même tems et en conséquence de l'ordonnance et consentement dudit seigneur évêque, ledit trés R. P. Dom Bernard Audebert, supérieur général, de l'avis et consentement des RR. PP. Dom Marc Bastide[1] et Dom Benoist Brachet, senieurs assistans, nomma et institua le révérend Pere Dom Félix Mauljean supérieur, par commission de Dom Henry Jobart et Dom Claude Gérard, qu'il envoioit à Orbaiz pour aider Messieurs les anciens religieux à faire le service divin, comme ils l'avoient demandé et obtenu la permission de Mr l'évêque de Soissons, au bas de leur requête par luy répondue, et par son ordonnance dudit jour seiziéme septembre 1666. *Les RR. PP. Dom Félix Mauljean supérieur et Dom Henry Jobart et Dom Claude Gérard nommez pour Orbaiz.*

 Monsieur l'abbé ne se soucioit pas beaucoup de cette assignation ou ajournement personnel. Aprés qu'on le luy eût notifié, au lieu d'y déférer, il s'en mocqua, refusant de comparoir en personne ou de faire comparoir son procureur en son nom au jour marqué.

 Pendant toutes ces procédures et ces remises dudit abbé pour l'établissement de la Réforme dans cette abbaye, Messieurs les anciens religieux non contents que les RR. PP. supérieurs majeurs eussent choisi et nommé trois religieux pour les aider à faire l'office divin, ils firent encore de nouvel-

---

1. [Dom Léonard Marc Bastide, né à Saint-Benoît du Sault, auj. ch.-l. de cant. de l'Indre, fit profession à Saint-Augustin de Limoges le 21 avril 1626, à l'âge de 19 ans. Elu en 1666 assistant du R. P. général, il mourut à l'abbaye de Saint-Denis en France le 7 mai 1668. — Dom Tassin, *Histoire littéraire de la congrégation de Saint-Maur*, 1770, in-4°, p. 775.]

les instances tant auprés dudit trés R. P. supérieur général, que des RR. PP. ses assistans, visiteur de la province, et dudit R. P. prieur de Saint-Médard de Soissons, qui marquoient le desir sincére et l'empressement qu'ils avoient d'unir leur petit monastére à notre congrégation, ausquelz ledit trés R. P. supérieur général et lesdits RR. PP. assistans, visiteur et prieur de Saint-Médard répondirent qu'ils consentiroient et travailleroient efficacement à l'union de leur monastére à notre congrégation, dez aussitôt que lesdits anciens religieux auroient obtenu le décret dudit seigneur évêque de Soissons qui ordonnât la Réforme de leur monastére.

M^{rs} les anciens religieux associent trois religieux de la congrégation Saint-Maur à leur communauté.

De sorte que lesdits anciens religieux ayant agi fortement et obtenu enfin le seiziéme jour dudit mois de septembre dudit seigneur évêque permission d'appeller et d'associer trois religieux de la congrégation Saint-Maur, et le vingt-quatriéme jour de novembre suivant son decret qui leur permettoit d'introduire la Réforme dans leur monastére pour parvenir à son union à notre congrégation, lesdits Dom Jean Richard, Dom Jean Le Gendre, Dom François Pelletier et autres associérent à leur communauté lesdits Dom Félix Mauljean, supérieur, Dom Henry Jobard et Dom Claude Gérard qui leur avoient été envoiez par les supérieurs de notre congrégation pour les aider, comme dit est, à faire le divin service et autres fonctions ; ausquelz trois religieux associez Messieurs les anciens religieux promirent d'abandonner la moitié du revenu de leur manse conventuelle, les dortoirs, réfectoir, cloistres, cuisine, court, jardins : à condition neantmoins que lesdits anciens religieux n'auroient aucune juridiction sur lesdits trois religieux associez qui demeureroient toujours [sous] la juridiction des supérieurs majeurs de notre congrégation, et dudit R. P. Dom Félix Mauljean, ou tel autre qui seroit en sa place, ni lesdits associez sur lesdits anciens religieux qui auroient en toutes les assemblées du chœur et des processions les préséances sur lesdits associez. Cette association se fit par une assemblée et délibération capitulaires, le premier jour de decembre mil six cens soixante-six, où lesdits anciens religieux et trois associez se trouvérent. L'acte en original, signé des uns et des autres, se conserve encore dans notre chartrier.

L'évêque de Soissons ordonne que la Réforme sera introduite incessamment dans l'abbaye d'Orbaiz, et pour y parvenir il permet la dite association de trois réformez.

Les anciens religieux résignent leurs offices claustraux aux trois associez, ce qui irrita l'abbé d'abord, et l'ébranla pour consentir à l'union d'Orbaiz à notre congrégation.

Monsieur l'abbé d'Orbaiz ayant appris cette association de trois religieux réformez, il s'en offensa extrêmement et menaça de les faire sortir de cette abbaye, prétendant qu'elle étoit nulle et irréguliére, attendu qu'elle avoit été faite sans son ordre ou consentement. Ce qu'ayant sçu lesdits anciens, pour éluder toutes les chicanes et les oppositions de l'abbé à l'introduction de la Réforme, cimenter plus fortement ladite association, la rendre stable et permanente, et par le moyen d'icelle obliger ledit sieur abbé à consentir enfin à l'union perpétuelle et irrevocable de cette abbaye à ladite congrégation de Saint-Maur, ils se démirent, et résignérent, sous la réserve de pensions créées en Cour de Rome, leurs offices claustraux ausdits religieux associez, sçavoir : Dom Jean Richard, le dernier decembre audit an mil six cens soixante-six, son office de prévôt audit Dom Henry Jobart[1] ; Dom Jean Le Gendre, la chambrerie le même jour audit R. P. Dom Félix Mauljean, supérieur des deux autres associez ; et Dom François Pelletier, la cellererie ledit jour audit Dom Claude Gérard, dont ils prirent ensuite possession en vertu des provisions obtenues en Cour de Rome.

Cette dernière démarche des anciens religieux en faveur des trois associez étourdit étrangement Mr l'abbé et l'ébranla un peu, sans pourtant le porter encore à consentir à l'union de ce monastère à notre congrégation.

<small>Deux circonstances determinent enfin Mr l'abbé à introduire les Péres de la congrégation Saint-Maur dans cette abbaye.</small>

Mais deux circonstances imprévues, ausquelles il ne s'attendoit pas, arrachérent enfin son consentement pour ladite union.

La première fut un arrest du Parlement de Paris rendu le quatriéme jour d'avril mil six cens soixante-sept à la requête et sur les remontrances de Maître Denys Talon, avocat général du Roy, qui requéroit « *qu'attendu les desordres, dissolu-* « *tions, dissipations, scandales* que causoient la plûpart des « maisons religieuses, sur tout les quatre mandians et autres « non unies en congrégations ; et les abus des maisons de « filles dans la reception des novices pour de l'argent, — la « Cour remédiât à tous ces desordres et abus et ordonnât par « ses arrests qu'il seroit procédé incessamment à la Réforme « desdits religieux mandians et autres non unis en congré- « gations, et que l'on retrancheroit les abus des couvents des « filles dans la reception des novices. » La Cour ayant égard aux remontrances dudit avocat général, prononça et rendit le susdit arrest conformément à sa requête. Cet arrest commence

<small>1° Un arrest du Parlement qui ordonne la Réforme des monastéres.</small>

---

1. [Dom Henri Jobart, natif de Reims, avait fait profession au monastère de Saint-Remi de cette ville le 14 février 1646, à l'âge de 21 ans. Il y mourut le 8 mai 1673. — Bibl. nat. ms. lat. 12794.]

par ces mots : « *Ce jour, les gens du Roy*[1], etc... » On trouvera dans notre chartrier une copie de cet arrest qui est trés beau et extrêmement glorieux et honorable aux religieux attachez à leur devoir, aux communautez et aux congrégations réformées et bien réglées.

Cet arrest si juste et si sagement rendu eut tout le succez qu'on s'étoit promis. Plusieurs communautez réguliéres firent revivre le premier esprit de leurs saints fondateurs, et les évêques mêmes, jaloux de voir refleurir la pieté et le bon ordre dans les monastéres de leurs diocéses, firent et publiérent leurs mandemens pour l'exécution de cet arrest. Messire Charles de Bourlons, évêque toujours attentif aux occasions pour signaler son amour et son zéle pour le retranchement des desordres et des abus que le malheur des tems avoit introduits, et le rétablissement du bon ordre, publia le mandement suivant :

Mandement de l'évêque de Soissons pour la Réformation des..., etc.

« Charles, par la grâce de Dieu évêque de Soissons, conseil-
« ler du Roy en ses Conseils d'Estat et privé. A tous ceux qui
« ces présentes lettres verront, salut en Nôtre Seigneur. Nostre
« charge épiscopale nous obligeant d'apporter tous nos soins
« pour faire observer dans tous les monastéres de nôtre diocése
« la discipline réguliére, la rétablir autant qu'il sera possible
« dans son ancienne pureté et faire exécuter les saintes et
« pieuses intentions des fondateurs qui les ont enrichis de
« leurs bienfaits, nous avons reconnu que les principales causes
« de la décadence et de la déchéance qui y peut être remar-
« quée, sont que dans aucuns des monastéres le nombre des
« religieux et des religieuses porté par les fondations n'est
« point rempli ; dans d'autres et particuliérement dans les
« monastéres des filles et des mandians, ils sont chargez d'un
« si grand nombre qu'à peine peuvent-ils subsister et qu'ils
« sont à charge au public et à eux-mêmes ; et l'esprit d'ava-
« rice qui se glisse dans les choses les plus saintes, autorisé
« par la nécessité, a introduit un usage vicieux non seulement
« dans les monastéres de filles, mais aussi dans plusieurs

---

1. [« Ce jour les gens du Roy entrez, M⁰ Denis Talon advocat dudit
« seigneur portant la parolle, ont dit que les plaintes qu'ils reçoivent tous
« les jours du déreglement de plusieurs monasteres, et du peu de soins
« qu'aportent les Superieurs ordinaires d'y establir la discipline, etc..... »
Arrest de la Cour de Parlement ordonnant qu'il sera procédé à la Reforme des quatre ordres des Religieux ordinairement appellez Mendians, et faisant deffences aux superieurs et superieures de tous les monasteres de recevoir aucunes choses pour la reception des Novices à l'habit ou à la profession, etc..., du 4 avril 1667 ; à Paris, par les imprimeurs et libraires ordinaires du Roy, 1667, avec privilege de Sa Majesté.]

« autres, de prendre de l'argent pour les vêtures et professions
« des religieux et religieuses. Et sçachant que le concile de
« Latran tenu sous Innocent III, déclare les vêtures et profes-
« sions en vûe desquelles il a été donné et reçu de l'argent,
« nulles et simoniaques, et prononce même contre les supé-
« rieurs qui en auront usé de la sorte, la privation de leurs
« charges ; ce qui est conforme au premier esprit de l'Eglise,
« dans lequel les Apôtres ont témoigné tant d'horreur contre
« ceux qui mettoient les choses saintes en commerce : et pour
« les ordres des mandians, le concile général de Vienne tenu
« sous Clément V, ayant prescrit que le nombre des religieux
« qui seront présentez aux évêques n'excede point ce que peut
« desirer *l'honneur et l'avantage de l'Eglise et la nécessité des*
« *peuples ;* et le concile de Trente, que le nombre des religieux
« rentez ou mandians soit tel qu'ils puissent vivre du revenu
« des monastéres, ou des aumônes ordinaires, dont il renvoie
« la connoissance à l'Evêque diocésain, avec défenses de faire
« aucuns nouveaux établissemens sans sa permission et sans
« que la subsistance en soit assurée ; les sentimens que nous
« avons eus de faire observer dans nôtre diocése des ordres si
« sages et si saints ont été les motifs de nos statuts publiez
« en 1658, et de celuy de 1666, au titre des religieux, par les-
« quelz nous avons, pour la décharge de nôtre conscience,
« publié les défenses portées par le concile de Latran de ne
« prendre aucun argent pour les vêtures et professions, qui
« déclare lesdites vêtures et professions ainsi faites nulles et
« simoniaques, prononce contre les supérieurs la privation de
« leurs charges, ordonne qu'ils seront chassez de leurs mo-
« nastéres et envoiez en d'autres pour y faire pénitence ; et
« par les mêmes statuts nous avons fait défenses de recevoir
« plus grand nombre de religieux et de religieuses qu'il n'est
« porté par la fondation, sinon que le revenu pût suffire pour
« y subsister honnêtement. Mais comme ces sortes d'abus et
« de désordres ne se peuvent déraciner que par le tems et
« avec beaucoup de diligence et de sévérité, et surtout quand
« ils sont authorisez par l'exemple des autres lieux où ils sont
« soufferts, nous avons appris avec déplaisir que ces ordon-
« nances n'ont pas été exécutées en plusieurs lieux de nôtre
« diocése ; que même dans les monastéres de religieux on
« exige des sommes considérables pour les habits et meubles
« des novices ; qu'aux monastéres de religieuses on prend de si
« grosses sommes d'argent pour les vêtures et professions que
« les pauvres qui en seroient fort capables n'y peuvent avoir
« entrée ; et qu'on reçoit plus facilement celles qui y apportoient

« de l'argent, sans avoir aucune autre marque certaine d'une
« véritable vocation, et que par ce moyen partie des monas-
« téres demeurent dénüez et ne sont pas remplis du nombre
« suffisant pour faire le divin service, et acquiter les charges
« des fondations : dans les autres l'argent y apporte l'avarice,
« le desir d'acquerir et tous les autres vices du siécle ; et
« même il y en a quelques-uns où les sommes qui sont reçues
« se dissipent et s'employent en des choses superflües, et font
« tomber les maisons en nécessité ; que le nombre des man-
« dians est si grand, que les supérieurs sont bien souvent
« obligez de permettre à leurs religieux d'aller vicarier en des
« cures, à d'autres de demeurer ou de vaguer en des maisons
« séculiéres, au mépris de leur institut, au peril de leur salut
« et au scandale de l'Eglise, soit pour y vivre en particulier,
« soit pour faire des quêtes pour la subsistance de leurs mo-
« nastéres. Et comme tous ces abus ont été si publics dans
« toute l'étendüe du royaume, que les plaintes en ont été por-
« tées au Roy, il nous a fait entendre par sa lettre du sixiéme
« du present mois, qu'il vouloit appuyer de son authorité les
« soins que nous avons déjà pris et que nous voulons con-
« tinüer pour faire cesser ces désordres. — A ces causes,
« Nous, après avoir invoqué le nom de Dieu et pris conseil,
« avons ordonné et ordonnons à tous supérieurs et supérieu-
« res, abbez et abbesses, prieurs et prieures des maisons reli-
« gieuses de nôtre diocése, soy-disans exempts, ou non
« exempts, de nous faire apporter et représenter dans un mois
« l'estat du bien qu'ils possédent, des charges, réparations,
« titres et piéces justificatives, et même du nombre des reli-
« gieux et religieuses de leur communauté ; et aux supérieurs
« des mandians, l'état des aumônes ordinaires, biens et fon-
« dations qui se doivent et s'acquitent en leurs dits monasté-
« res, comme aussi du nombre des religieux qu'ils y ont. Et
« en outre que les SS. decrets et constitutions des conciles
« généraux et provinciaux, et nos statuts qui ont défendu aux
« supérieurs et supérieures des monastéres de l'un et l'autre
« sexe d'exiger ny de prendre aucune somme de deniers, ny
« aucuns présens ou bienfait temporel sous prétexte de fon-
« dation, ou quelque autre que ce soit, en considération de la
« reception des novices à l'habit et à la profession, seront exé-
« cutez selon leur forme et teneur, à peine d'être procédé
« selon la rigueur des canons allencontre des supérieurs et
« supérieures qui contreviendront à l'avenir ausdits decrets,
« constitutions et statuts. Et en attendant les advis de Sa
« Majesté sur les estats que nous envoirons de tous lesdits

« monastéres de nôtre diocése, Nous faisons défenses d'y rece-
« voir aucunes personnes à vêture ou à profession religieuse,
« sur peine d'excommunication et de nullité desdites vêture et
« profession. Mandons à nôtre promoteur de veiller à l'exécu-
« tion des présentes ; au premier prêtre, notaire apostolique,
« ou appariteur de nôtre Cour spirituelle, et autre personne
« publique, de les signifier à qui il appartiendra : de ce faire
« donnons pouvoirs. Fait à Soissons en nôtre palais épiscopal,
« ce dix-neuviéme jour d'octobre mil six cens soixante-sept.
« Ainsi signé Charles, évêque de Soissons. Et plus bas, Par
« commandement de mondit seigneur, Maublan, avec paraphe.
« Et ensuite est écrit : signifié par moy Thomas du Barry,
« huissier audiencier royal au grenier à sel de Fere-en-Tar-
« denois, y immatriculé, demeurant audit lieu, aux vénérables
« abbé et religieux de l'abbaye d'Orbaiz, parlant au Révérend
« Pere prieur des Réformez (Dom Felix Mauljean) de ladite
« abbaye, à domicile à ladite abbaye, à ce qu'ils n'en ignorent
« et ayent à y satisfaire. Fait comme pour les propres affaires
« de Sa Majesté le vingt-uniesme jour de janvier mil six cens
« soixante-huit. Signé du Barry avec paraphe. »

La seconde circonstance qui détermina Mr l'abbé à consentir à la Réformation de ce monastére fut qu'on prit la recepte de la manse abbatiale. Il ne s'étoit opposé jusqu'alors à l'introduction de la Réforme que par pur intérêt temporel, appréhendant sur toute chose que cette introduction ne diminuât notablement son revenu ; mais pour lever cette difficulté et le faire résoudre à l'établissement du bon ordre dans cette abbaye, on luy proposa plusieurs moyens d'accommodement. Le plus efficace comme le plus conforme à ses inclinations intéressées, fut que ledit R. P. Dom Felix Mauljean consentit de prendre et de se charger de la recepte de la manse abbatiale pour la vie dudit sieur abbé, et de luy en rendre par chacun an la somme de quatre mille quatre cens livres, et d'acquiter les autres charges expliquées dans le bail à vie, qui en fut fait immédiatement aprés le concordat d'union de cette abbaye à notre congrégation. L'abbé trouvant son compte dans cette proposition, il l'accepta incontinent, et le vingt-neuviesme jour d'août mil six cens soixante-sept, ledit sieur abbé pour luy et ses successeurs, et ledit R. P. Dom Felix Mauljean, fondé de la procuration spéciale du trés Révérend Pere Dom Bernard Audebert, supérieur général de notre congrégation, firent le concordat et le traitté par lesquelz ledit sieur abbé pour luy et ses dits successeurs abbez, consent et veut que cette abbaye soit unie,

2° [La seconde] circonstance qui détermina enfin l'abbé à introduire la Réforme dans Orbaix fut qu'on se chargea de la recepte de la manse abbatiale.

Concordat fait le 29 août 1667 pour réformer l'abbaye d'Orbaiz.

aggrégée et incorporée à notre congrégation pour être regie et gouvernée par les supérieurs majeurs et locaux et les Chapitres généraux d'icelle, et ledit Dom Felix Mauljean, audit nom dudit trés Révérend Pere général, accepte lesdits abbaye et monastére et promet de faire ratifier le présent concordat par ledit trés R. P. supérieur général.

Aprés que lesdits concordat d'union et bail à vie du revenu de la manse abbatiale furent faits et signez par lesdits sieur abbé et Dom Felix Mauljean, pardevant Le Moine, Le Secq et de Launay, notaires au Châtelet de Paris, ledit Dom Jean Richard, prieur de Messieurs les anciens religieux d'Orbaiz, en vertu et fondé de leur procuration du vingt-troisiéme jour d'aoust précédent, et ledit Dom Felix Mauljean, au nom dudit trés R. P. supérieur général, firent ledit jour vingt-neuviesme du mois d'août pardevant les susdits notaires, le concordat d'union de leur monastére à ladite congrégation Saint-Maur, pour être administré, regi et gouverné par les Chapitres généraux et supérieurs d'icelle, à condition que lesdits anciens religieux et lesdits religieux réformez de Saint-Maur n'auroient aucun droit ni jurisdiction respectivement les uns sur les autres, et que lesdits anciens religieux auroient en toutes les assemblées du chœur et des processions les préséances sur lesdits Peres réformez, que l'on donneroit à chacun desdits sieurs anciens religieux trois cens cinquante livres de pension, et qu'à l'égard dudit Dom Jean Richard, outre la susdite somme, on luy donneroit encore cent livres plus qu'à ses autres confreres pour des raisons particuliéres et à cause de sa qualité de prieur, et ce par un traitté particulier fait avec luy. Ces concordats et la ratification au bas sont au chartrier.

Concordat entre M.rs les anciens et les réformez.

Ratification des deux concordats par le R. P. supérieur général.

Le dernier jour du même mois d'août 1667, ledit trés R. P. Dom Bernard Audebert, supérieur général, étant en l'abbaye royale de Saint-Denis en France, ratifia pardevant lesdits Le Moine, Le Secq et de Launay notaires, lesdits deux concordats faits, l'un avec M.r l'abbé et l'autre avec Dom Jean Richard et ledit Dom Felix Mauljean, pour unir cette abbaye à notre congrégation¹. Mais ni ledit trés R. P. supérieur général, ni aucun des religieux d'Orbaiz n'ont jamais ratifié ledit bail à vie du revenu de la manse abbatiale. Dans la suite, ce bail à vie de la manse abbatiale étant devenu extrêmement à charge à notre communauté, on voulut se prévaloir de ce défaut de

1. [*Gall. christ.* VII, 484.]

ratification dudit bail ; mais ce fut inutilement, comme on observera cy-aprés.

L'un des principaux et des plus pressans motifs qui portérent Messire Charles de Bourlons, évêque de Soissons, à faire tant de demarches dignes du zéle d'un grand évêque et à employer même toute son authorité pour avancer l'établissement de la Réforme dans ce monastére, fut de procurer des secours spirituels à Messieurs les curez, en suppléant pour eux dans les occasions et aux pauvres peuples d'Orbaiz et du voisinage, qu'ils attendoient et espéroient recevoir des religieux confesseurs et prédicateurs que l'on y envoiroit. Ce fut aussi pour correspondre à l'intention de Mr de Soissons que le dix-huitiéme jour d'août mil six cens soixante-sept, ledit trés R. P. Dom Bernard Audebert étant à Saint-Denis permit aux trois religieux nouvellement établis à Saint-Pierre d'Orbaiz de se faire approuver par Mr de Soissons pour prêcher, catéchiser et entendre les confessions des peuples de son diocése. Ce que ce bon évêque et ses vicaires généraux firent et ont toujours fait depuis avec des démonstrations d'une estime et d'une confiance toutes particuliéres en la probité, sagesse, zéle et charité des religieux qu'on leur a présentés pour exercer ces saints ministéres.

<small>Confesseurs des séculiers choisis entre les religieux réformez d'Orbaiz.</small>

Messire Fabio Brulart de Sillery, son successeur, a témoigné plusieurs fois « qu'il se faisoit un mérite de confier tout son « pouvoir aux religieux confesseurs d'Orbaiz et qu'il souhait- « teroit qu'il y eût des religieux de nôtre congrégation dans « toutes les parroisses considérables de son diocése. » Ce digne prélat parfaitement informé du grand discernement du Révérend Pere Dom Pierre Mongé, prieur d'Orbaiz pendant vingt-six ans, a fait bien davantage, car non content de l'approuver pour confesser, il luy donna plein pouvoir de nommer confesseurs des séculiers ceux de ses religieux qu'il en jugeroit capables. Voicy la permission qu'il luy en donna par une lettre que Mr Vuillaume, son secrétaire, luy écrivit par son ordre :

« Mon tres Révérend Pere,

« Monseigneur ne pouvant vous écrire présentement luy-
« même, il m'ordonne d'avoir l'honneur de vous écrire que
« vous pouvez, quand vous le jugerez à propos, donner per-
« mission à vos Religieux que vous jugerez capables d'admi-
« nistrer les sacremens et de prêcher, sauf aprés cela d'obtenir

« permission par écrit. Je suis parfaitement et plus que per-
« sonne du monde, mon tres Révérend Pere,

« Vôtre tres humble et tres obéïssant serviteur,

« VUILLAUME.

« A Paris, ce 4 août 1698.

« Et pour adresse, au Révérend Pere, le tres Révérend Pere
« prieur de l'abbaye d'Orbaiz, à Orbaiz. »

Messieurs de Boursonne, doyen, Rousseaux et Le Bon, ses
grands vicaires, en ont usé avec les mêmes témoignages d'estime et de confiance envers le successeur du R. P. Dom Pierre
Mongé. On a toujours continué depuis les mêmes fonctions et
à secourir Messieurs les curez de plusieurs parroisses voisines
avec beaucoup d'édification et l'approbation du public, sans
que Nosseigneurs les évêques, leurs archidiacres et vicaires
généraux ayent jamais reçu aucune plainte que quelques religieux ayent abusé des permissions qu'ils avoient d'eux pour
le sacré ministére.

Stalle de l'Église d'Orbais

Vue pittoresque de l'Eglise d'Orbais

INTRODUCTION DE LA RÉFORME ET DES OBSERVANCES DE LA CONGRÉGATION DE SAINT-MAUR DANS L'ABBAYE DE SAINT-PIERRE D'ORBAIZ ET LA PRISE DE POSSESSION PAR LE REVEREND PERE DOM CLAUDE FELIX MAULJEAN.

CHAPITRE PREMIER

PREMIER TRIENNAL

On a rapporté jusqu'à présent toutes les démarches et toutes les instances qui ont été faites tant par Monsieur l'évêque de Soissons que par les anciens religieux d'Orbaiz et les supérieurs et religieux de la congrégation Saint-Maur pour rétablir le bon ordre, la discipline régulière, et faire revivre le premier esprit de notre Pere saint Benoist dans cette abbaye.

Pour finir et consommer ce grand ouvrage, jusqu'icy ébauché, et si propre à procurer la gloire de Dieu, l'honneur de l'ordre et de notre congrégation, de grands secours spirituels et beaucoup d'édification au public, il ne restoit plus que de prendre possession juridiquement et dans toutes les formes ordinaires de ce monastére, ce qui fut exécuté.

Prise de possession le 15 janvier 1668.

Car le quinziéme jour de janvier mil six cens soixante-huit[1], jour et fête de saint Maur, patron de notre congrégation, ledit R. P. Dom Claude Felix Mauljean, assisté de Dom Lambert Thomas L'Espagnol et de Dom Claude Gérard, ses deux associez, fut mis et prit possession réelle, corporelle et actuelle de cette abbaye de Saint-Pierre d'Orbaiz, étant conduit par Dom Jean Richard, prieur des anciens religieux, accompagné de Dom Jean Le Gendre, Dom François Pelletier et Dom Michel Trabit[2], anciens religieux d'Orbaiz, en présence des sieurs Mathurin Gauvain et Jean Jullion, notaires royaux d'Orbaiz, en vertu du decret et ordonnance dudit seigneur évêque de Soissons, des deux concordats cy-dessus, faits le vingt-neuviéme jour d'aoust mil six cens soixante-sept entre lesdits sieur abbé, D. J. Richard et Dom Felix Mauljean, confirmez et ratifiez par ledit R. P. supérieur général, et de sa procuration spéciale, dont on fit lecture, sans que personne ait formé aucune opposition à ladite prise de possession suivant l'acte d'icelle desdits jour, mois et an, conservé dans notre chartrier avec lesdits deux concordats.

Conditions requises pour les nouveaux établissements.

Le roy Lous XIV a ordonné depuis par sa Déclaration du [mois de juin] mil six cens soixante et onze [*ms.* 1672], qu'outre l'ordonnance des évêques diocésains, les concordats, traittez et consentemens des religieux, abbez et couvents, il faudroit encore obtenir les lettres-patentes de Sa Majesté vérifiées et enregistrées au greffe du Parlement, pour pouvoir faire de pareilles introductions et nouveaux établissemens.

On prétend que ce qui donna lieu à cette Déclaration ce furent les desordres et les différentes oppositions arrivées à l'introduction des RR. PP. chanoines réguliers de la congré-

[1. 2 janvier 1668. — Acte par lequel les religieux donnent à bail le greffe d'Orbais à Jean Simon, praticien et sergent de la justice dudit Orbais. « Fut présent en personne vénérable et discrette personne Dom Michel « Traby, prestre relligieux benedictin et prevost clostral de l'abbaye, etc... » — Dom Michel Trabit avait été investi de la prévôté de l'abbaye d'Orbais en 1665, par suite de la démission de D. Henry de Rocquemont. — V. aux *pièces justificatives*.]

2. [En février 1668, Jeanne Baptiste de Bourbon, abbesse de Fontevrault, présenta requête au Grand Conseil à l'encontre de D. Michel Trabit, prévôt d'Orbais, pour obtenir l'arriéré d'une pension annuelle qu'elle avait droit de prendre sur les fruits de l'abbaye. — V. aux *pièces justificatives*.]

gation gallicane ou de Sainte Geneviéve de Paris dans l'abbaye et parroisse de St-Léger de Soissons, où un ancien chanoine régulier de ladite abbaye de St-Léger [1], l'un des opposans, fut tué. Certains politiques, ennemis des réformes et du rétablissement du bon ordre et de la pieté, firent servir cet accident fâcheux à leur fin, faisant entendre au Roy que les mêmes inconvéniens arriveroient partout ailleurs en pareilles occasions, à cause de l'éloignement et de l'aversion que tous les anciens réguliers et les peuples mêmes avoient conçus et formez contre les religieux réformez, qui, étant trop intéressez, trop éclairez et trop vigilans, selon la fausse idée qu'ils s'en formoient, troubloient plusieurs familles de toutes conditions dans la jouissance des biens aliénez et peut-être usurpez des abbayes, par les retraits qu'ils en faisoient.

Quoi qu'il en soit, les peuples d'Orbaiz et de tout le pays témoignérent et continuent de témoigner une extrême joye de notre établissement dans ce monastére à cause du bon exemple, édification, différens secours corporels et spirituels qu'ils en reçoivent dans leurs différens besoins.

Au mois de may de la présente année 1668, Messieurs les anciens religieux d'Orbaiz s'adressérent aux trés RR. PP. Dom Bernard Audebert, supérieur général, Dom Benoist Brachet, Dom Marc Bastide, séniors assistans et visiteurs des six provinces, assemblez à Saint-Denis en France pour la diéte annuelle, afin d'obtenir qu'aprés leur décedz on fît par tous les monastéres de notre congrégation les mêmes priéres et suffrages que pour nos confreres décedez, s'obligeant réciproquement de faire le même pour les nôtres ; ce qui leur fut accordé le vingt-quatriéme jour dudit mois de may audit an 1668, suivant la promesse par écrit à eux envoiée et signée par Dom Grégoire Bodin [2], secrétaire, et par ordre dudit T. R. P. supérieur général ; ce qui s'est pratiqué exactement de part et d'autre. *Suffrages demandez et accordez aux anciens religieux.*

Ledit jour vingt-quatriesme may 1668, ledit R. P. Dom Felix Mauljean supérieur emprunta quinze cens livres à constitution de rente du sieur Moet de Brouillet, conseiller au *Emprunt de 1,500 l. remboursé par Dom P. Mongé.*

---

1. [Abbaye de Saint-Léger (Génovéfains) fondée en 1139. *Gall. christ.* IX, 467.]

2. [Dom Robert Grégoire Bodin, originaire du diocèse de Nantes, (*Joviniacum à monasteriis ?* — diœceses Nannetensis), fit profession dans l'abbaye de St-Melaine de Rennes le 2 avril 1640, à l'âge de 21 ans. Il fut prieur de St-Florent-lez-Saumur (1666) et de St-Sauveur de l'Evière à Angers (1672). Il mourut le 24 ou 29 mai 1697 au monastère de Saint-Vincent du Mans.]

Présidial de Reims[1], pour payer la pension dudit sieur abbé et autres debtes pressantes. Ladite rente et sort principal ont été depuis remboursez par les soins et l'économie du R. P. Dom Pierre Mongé, le quinziéme jour de may mil six cens soixante dix-neuf.

Papier terrier. Le dix-neufviesme jour de décembre 1668, le R. P. Dom Félix obtint des lettres délivrées en la chancellerie au nom dudit sieur abbé d'Esclainvilliers, lesquelles furent enregîtrées au Présidial de Château-Thierry et publiées partout où il étoit nécessaire, ensuite de quoy tous les censitaires, vassaux et tenanciers des terre et seigneuries d'Orbaiz fournirent leurs déclarations és mains du sieur Mathurin Gauvain, notaire royal, et commis pour recevoir lesdites déclarations et confection dudit terrier, qui fut achevé à la réserve des ébornemens avec les seigneurs-riverains.

1669

CHAPITRE SECOND

SECOND TRIENNAL

1669. Le dixiesme jour de juin 1669, le chapitre général tenu au monastére de Saint-Benoist-sur-Loire approuva, loua et ratifia le traitté ou concordat fait entre ledit sieur abbé et Dom Felix Mauljean le vingt-neuviesme août 1667 pour l'union de ce monastére à perpétuité à notre congrégation Saint-Maur, comme aussi celui fait entre Dom Jean Richard, au nom des anciens religieux, et ledit Dom Felix pour le même sujet.

Les RR. PP. président et définiteurs dudit chapitre général ayant laissé audit T. R. P. Dom Bernard Audebert, continué supérieur général, la disposition et nomination d'un supérieur à Orbaiz, il institua et continua, le vingt-neuviéme du présent mois de juin, supérieur par commission ledit R. P. Dom Felix

---

2. [Ce magistrat était sans doute « Nicolas Moet, escuyer, seigneur de Brouillet, conseiller du Roy au baillage et siege presidial de Reims, fils de Jean Moet. Par contrat du 23 may 1659 Nicolas Moet avait epousé damoiselle Marie Cocquebert. » La famille Moët, honorablement connue en Champagne, portait : « De gueule à deux lyons d'or adossez, les testes tournées, pour supports deux cignes d'argent, couronnés d'or, membrez et bequez de sable, pour cimier un cigne naissant de mesme. — Devise : Tacere aut recte loqui. » Caumartin, *Recherches sur la noblesse de Champagne*, in-f°, t. II.]

Mauljean avec le consentement des RR. PP. D. Benoist Brachet et Dom Claude Martin [1], ses séniéurs assistans.

Le 17 juillet 1669, Dom Claude Gérard mourut et fut inhumé dans le cloître, le long de la nef, assez proche des degrez pour y descendre.

Le 9 septembre suivant, Dom Lambert Thomas L'Espagnol mourut et fut inhumé au même endroit. Leur mémoire est en bénédiction icy. Voyez le livre des défuncts [2].

Le R. P. Dom Felix Mauljean supérieur ayant eu avis en mil six cens soixante et unze que Messieurs Nicolai, premier président, Chomalus, Choart, Godefroy, Coutenot et Bélin, maîtres de la Chambre des Comptes de Paris et commissaires députez par le Roy, procédoient à l'évaluation du duché de Château-Thierry, présenta sa requête ausdits sieurs commissaires tendante à ce que cette abbaye fût maintenue et conservée dans les *droits d'usage, paissonnage et pâturage*, à prendre tous bois dans la forest de Vassy pour bâtir, édifier, réparer, et chauffage, que ladite abbaÿe a toujours eu droit de prendre, percevoir, et dont elle avoit toujours joui jusqu'alors dans ladite forest de Vassy dépendante dudit duché de Château-Thierry, suivant les donations à elle faites par les comtes de Champagne et de Brie, ou autres pieux et puissans princes et bienfacteurs. Pour appuyer sa requeste il produisit plusieurs titres, lettres-patentes, actes, sentences et ordonnances données et rendues en faveur de cette abbaye. Aprés cette production, il intervint un jugement desdits sieurs commissaires du douziéme jour de février mil six cens soixante-douze, par lequel le droit d'usage et chauffage est réduit à vingt cordes de

1671.
Droits d'usage et bois à bâtir réduits et perdus.

---

1. [Dom Claude Martin, né à Tours le 2 avril 1619, fit profession à la Sainte-Trinité de Vendôme le 3 février 1642, et séjourna successivement dans les abbayes de Tiron, de Jumiéges, de Saint-Martin de Séez. Le Chapitre général de 1654 le nomma prieur des Blancs-Manteaux de Paris. Il remplit aussi la même charge à Saint-Nicaise de Meulan, à Saint-Corneille de Compiègne, à Saint-Serge d'Angers, à Bonne-Nouvelle de Rouen et à Saint-Denis en France. Il fut pendant seize années assistant de plusieurs généraux de la congrégation. Claude Martin devint en 1690 prieur de l'abbaye de Marmoutiers-lès-Tours où il mourut le 9 août 1696. On a de lui plusieurs ouvrages. — D. Martène, *Vie du vénérable D. Claude Martin*, Tours, 1697, in-8°. D. Tassin, *Histoire littéraire de la congrégation de Saint-Maur*, p. 163-76.]

2. [Dom Claude Gérard, né à Heiltz-le-Maurupt, auj. ch. l. de canton de la Marne, arr. de Vitry, avait fait profession à l'abbaye de Saint-Denis le 25 juin 1655, à l'âge de 23 ans. — Dom Lambert Thomas L'Epagnol, natif de Reims, avait fait profession à l'abbaye de Saint-Faron de Meaux le 26 décembre 1639, à l'âge de 19 ans. — Bibl. nat. ms. lat. 12794.]

bois, et le bois à bâtir à quatre cordes de bois vif, pour tout droit dans ladite forest de Vassy.

Lesdites vingt-quatre cordes de bois furent évaluées par lesdits sieurs commissaires par le même jugement à quatre livres la corde, qui font pour le tout quatre-vingt seize livres, et se payent à présent sur ce pied-là par Godefroy Maurice de la Tour d'Auvergne, duc de Bouillon, pair et grand chambellan de France, engagiste dudit duché de Château-Thierry, donné en échange des souverainetés de Sedan et Raucourt par le roy Louis XIII en..... [*lisez* Louis XIV, en 1651[1],] à Fréderic Maurice de la Tour d'Auvergne, duc de Bouillon, etc..., son pere. — On a rapporté cy-dessus chapitre cinquiéme, des fondateurs et bienfacteurs, l'abrégé des productions, titres, actes, sentences, ordonnances, lettres-patentes, et sous le titre de Nicolas de la Croix, abbé commendataire, où on pourra avoir recours pour s'instruire de cette affaire si préjudiciable à cette pauvre petite abbaye.

Recepte de la manse abbatiale incommode aux religieux.

Par le traitté ou bail de la recepte de la manse abbatiale pour la vie dudit sieur abbé fait avec luy le vingt-neuviéme jour d'août 1667, immédiatement après le concordat ou traitté d'union de ce monastére à notre congrégation, les religieux estoient chargez du rétablissement des lieux réguliers, à la réserve de l'église, ce qu'on ne put néantmoins exécuter du vivant dudit sieur abbé, parce qu'encore qu'au tems de la passation dudit bail-à-vie, il y eût environ mille livres à profiter par an pour lesdits religieux, les revenus néantmoins, comme les dixmes, bois, étangs, diminuérent entiérement de prix dans la suite par la desertion des fermiers fatiguez par l'augmentation des subsides et impôts et stérilité. La plus grande partie des terres de ces quartiers demeurérent en savarts et incultes, ce qui fut cause que les religieux perdoient notablement sur cette recepte. Ce qui obligea le R. P. Dom Felix prieur de presser instamment Monsieur l'abbé de casser ledit bail, attendu qu'on ne pouvoit plus luy payer les quatre mille livres et autres charges dudit bail ; mais il n'y voulut jamais consentir, à moins que les religieux ne fissent annuller réciproquement le concordat d'union de ce monastére à notre congrégation, et n'en sortissent en même tems. Il s'emporta et usa même de menaces de les chasser honteusement de cette abbaye si on ne satisfaisoit de point en point aux clauses dudit

Duretés de l'abbé envers les religieux.

---

1. [V. *supra*, chap. V.]

bail-à-vie. — Ces duretés de cet abbé réduisirent nos pauvres religieux à une misère et une indigence extrêmes, jusqu'à être obligez de se priver même du nécessaire pour satisfaire l'abbé et les autres charges.

Les lettres des Révérends Peres supérieurs, dont on va donner des copies fidéles, marquent combien ils estoient persuadez et touchez des misères et souffrances de nos trés chers confreres d'Orbaiz ; ce qui les détermina à consentir enfin contre leur pratique et leur coutume que ledit R. P. prieur intentât procez au Grand Conseil en 1671 contre ledit sieur abbé pour faire résoudre et annuller ledit bail-à-vie de la manse abbatiale.

Copies des lettres des supérieurs majeurs au R. P. prieur.

« P[ax] C[hristi]. Mon Révérend Pere,

« Je suis bien déplaisant de voir la misère à laquelle vous
« me mandez qu'est réduit vôtre monastére. J'estime qu'il
« est plus à propos de faire signifier à Mʳ vôtre abbé que les
« misères du tems continuans et augmentans, vous ne pouvez
« plus continüer la ferme. Si je pouvois faire quelque chose
« pour vôtre monastére et vôtre soulagement particulier, je le
« ferois bien volontiers, étant véritablement,

Lettres des supérieurs majeurs.

« Mon Révérend Pere,

« Votre trés humble et affectionné confrere,

« Fr. Benoist BRACHET, M. B.

« A Paris, ce 18ᵉ mars 1671. »

Autre lettre du même écrite audit R. P. prieur dés le 25 septembre 1670.

« P. C. Mon Révérend Pere,

« Je ne vois pas que puissiez satisfaire à ce que demande
« Mʳ vôtre abbé, et il faudra vous décharger du bail et luy
« remettre. Cet exemple, comme celui des monastéres de
« Saint-Pere et de La Grasse, nous obligent d'être plus réservez
« en cette nature d'affaires. Je me recommande à vos saints
« sacrifices et suis,

« Mon Révérend Pere,

« Votre trés humble et affectionné confrere,

« Fr. Benoist BRACHET, M. B.

« A Paris, ce 25 septembre 1670[1]. »

---

1. [27 octobre 1670. — Inventaire, à la suite d'un décès, fait pour les religieux d'Orbais, à la diligence de D. Félix Mauljean. — Etude de Mᵉ Charlot, notaire à Orbais.]

Autre lettre du même audit R. P. prieur du 29 avril 1671.

« *Pax Christi.* Mon Révérend Pere,

« J'ay communiqué à nôtre R. P. général — Dom Bernard
« Audebert — celle que vous m'avez écrite *au sujet des me-*
« *naces et emportements de Monsieur vôtre abbé.* Il m'a ordonné
« de vous écrire qu'il ne falloit pas s'[inquiéter] davantage mais
« seulement réïtérer à mondit sieur abbé, que s'il veut con-
« sentir la résolution du prétendu bail, il vous permettra
« d'emprunter pour payer ce que luy devez ; mais que de
« continuer plus longtemps il n'y a point d'apparence ; *et je*
« *veux croire que luy avez fait signifier la résolution dudit*
« *bail; et si cela n'étoit fait, il le faudroit faire.* Vous nous
« ferez sçavoir ce qu'aura fait Monsieur vôtre abbé, et comme
« vous aurez terminé avec luy. Je me recommande à vos
« saints sacrifices et suis,

« Mon Révérend Pere,

« Vôtre trés humble, etc... *ut suprà*.

« A Paris, ce 29 avril 1671. »

Autre lettre du T. R. P. Dom Bernard Audebert, supérieur général de notre congrégation, audit R. P. prieur Dom Felix.

« *Pax Christi.* Mon Révérend Pere,

« Pour réponses à vos deux lettres, vous prendrez la peine
« de voir et de saluer de ma part Monsieur vôtre abbé, et le
« prier de surseoir la ratification de son bail à cause que nôtre
« chapitre général [se réunira] bientôt, et qu'on y examinera
« si on doit ratifier ledit bail, et les raisons qui peuvent porter
« à le faire suivant sa demande, et que j'ay donné ordre
« à frere Georges Petit de ne pas poursuivre l'instance com-
« mencée au Grand Conseil pour la cassation du bail. Je crois
« qu'il ne refusera pas ce que je luy demande, rien ne pres-
« sant, puisque vous ne refusez pas de luy payer le terme de
« Pâques prochain. Vous ferez bien d'envoier à la diéte, au
« R. P. visiteur, les raisons pour et contre, touchant la ratifi-
« cation du bail de M^r l'abbé, afin qu'il en parle au chapitre
« général. Je suis en Nôtre Seigneur,

« Mon Révérend Pere,

« Vôtre trés humble et affectionné confrere,

« Fr. Bernard Audebert, M. B.

« A Paris, ce 12° mars 1672. »

HISTOIRE DE L'ABBAYE D'ORBAIS

Le R. P. Dom Felix prieur s'acquita fidélement de la commission du T. R. P. général ; il vit, salua l'abbé, et luy exposa toutes les raisons susdites, mais bien loin de s'y rendre, il demanda et plus fortement et plus opiniâtrement qu'auparavant la ratification dudit bail, et ne fit aucun quartier pour le payement des termes échus. Ses menaces mêmes de nous chasser d'Orbaiz continuérent, comme on l'infére d'une lettre dudit R. P. Dom Benoist Brachet au Révérend Pere Dom Pierre Mongé que l'on transcrira cy-aprés dans son lieu. De sorte que ledit Dom Felix étant sur les lieux, et par cette raison sentant de plus prez et plus vivement les misères du monastére d'Orbaiz que ceux qui en étoient éloignez, quelque persuadez et touchez qu'ils en parussent, se trouvant d'ailleurs âgé et infirme, en envoyant au chapitre général qui se tint en la présente année le mémoire suivant, qui contenoit les raisons pour faire casser ledit bail-à-vie, avec les réponses de M[r] l'abbé, sollicita avec tant d'instance sa décharge, que le chapitre général la luy accorda quoiqu'avec peine, et aprés avoir encore vécu quelques années, il alla finir ses jours dans l'abbaye de Saint-Faron de Meaux le vingt-huitiéme jour de novembre mil six cens quatre-vingt-six, âgé de soixante-douze ans et de profession cinquante et un [1].

Pendant les derniéres années de l'administration du R. P. Dom Felix, c'est-à-dire en 1671 ou 1672, le sieur de Faviére, demeurant à la Blandinerie, décéda, et, comme ses debtes excedoient de beaucoup la valeur de son bien, sa succession fut abandonnée, ce qui obligea ledit R. P. prieur de faire créer un curateur à ladite succession vacante et de procéder contre luy pour le payement de plusieurs années de censives, et n'ayant ledit curateur de quoy payer, on obtint le quatriéme jour d'avril mil six cens soixante-douze une sentence de réunion de ladite ferme au domaine seigneurial de l'abbaye, dont on a depuis payé l'amortissement [2] au Roy.

1672.
Ferme de [La Blandinerie] réunie à l'abbaye en 1672.

---

1. [Dom Claude Félix Mauljean, né à Eclaron, auj. cant. de Saint-Dizier (Haute-Marne), avait fait profession dans le monastère de Saint-Remi de Reims le 29 janvier 1635, à l'âge de 21 ans.]

2. [L'amortissement était le droit que les gens dits de *mainmorte*, c'est-à-dire les confréries, les églises, les communautés religieuses, etc..., étaient autrefois tenus de payer au Roi pour obtenir la permission de posséder des immeubles. Ce droit a pris de nos jours la forme d'une contribution annuelle dite *taxe des biens de mainmorte*. Cette taxe remplace sur les biens des personnes morales les droits de mutation entre-vifs ou

Mort de Dom Jean Le Gendre.

Sur la fin du mois de mars audit an 1672, Dom Jean Le Gendre, ancien religieux, chambrier, prieur-claustral d'Orbaiz, et prieur du prieuré simple de Saint Germain-sur-le-Breüil, mourut icy, et fut inhumé dans la croisée méridionale assez proche du dossier des chaires du chœur, au-dessous des marches de la porte de la balustrade du collatéral, aprés avoir reçu les sacremens. Voyez le livre quatriéme contenant les noms des religieux décédez dans ce monastére depuis son union à notre congrégation Saint-Maur.

Mort de Dom Michel Trabit.

En la même année 1672 [1], Dom Michel Trabit, aussi ancien religieux, prévôt et thrésorier de cette abbaye, étant fort infirme, se fit conduire chez les bons freres de la charité de Château-Thierry en qualité de pensionnaire pour s'y faire traitter, y mourut et y fut inhumé. Le petit nombre des religieux réformez et leur pauvreté extrême ne leur permettant pas de retenir et de solliciter ce bon ancien religieux icy, ils consentirent à leur trés grand regret et une sensible douleur à son transport à Château-Thierry. Voyez le livre cy-dessus où sont écrits les noms des religieux décédez.

Réparation d'un clocher.

Ce fut aussi en cette même année 1672 que le chambrier d'Orbaiz fut condamné avec le prieur de l'Abbaye-sous-Plancy à réparer le clocher de Fere-Champenoise. Voyez cy-dessus au titre de la Chambrerie, chapitre IV, § 3e. [2]

Mémoire des raisons exposées au chapitre général de 1672, *pour lesquelles les religieux de Saint-Pierre d'Orbaiz demandoient la cassation du bail que M^r l'abbé leur avoit fait du revenu temporel d'icelle abbaye en* 1667.

par décès que ces biens n'ont point à subir, puisque leurs propriétaires ne meurent pas, ne vendent que très rarement, tendent toujours à augmenter et ne diminuent jamais un patrimoine qui entre leurs mains est *mort* pour la circulation.]

1. [Voici l'indication de plusieurs actes se rapportant à l'année 1672. — 20 juillet : Bail des dismes de Boursault par les religieux d'Orbais à Nicolas Godard. — 3 novembre : Prise de possession du prieuré de Saint-Germain du Breuil par « le R. P. D. Felix Mauljean comme procureur fondé de « Domp Bonnadventure Le Coq, prebstre, religieux benedictin reformé, « etc..... » — 10 novembre : Baux des moulins du Pont et de la Halle. — Etude de Me Charlot.]

2. [19 décembre 1672. — Deux marchés pour la réparation du clocher de Fère-Champenoise passés par les religieux d'Orbais avec François Guinet et Charles Rocher. « Entre Domp Felix Mauljean, se portant fort pour les religieux, et Messire Jacques Le Fort, prestre du diocèze d'Amiens, résident au prieuré de l'Abbaye-soubs-Plancy, agent des affaires de monsieur de Montmignon, prestre, curé de Saint-Nicolas des Champs à Paris et prieur dudit prieuré, de luy fondé de pouvoir spécial pour l'effect du présent, ainsy qu'il est dit, d'une part ; etc..... » Etude de Me Charlot.]

« 1° Parce que ce bail avoit été fait par Dom Felix Mauljean *Raisons pour casser le bail.*
« seul, sans faire paroître aucun pouvoir ni procuration des
« autres religieux qui ne l'ont pas ratifié, non plus que le trés
« R. P. supérieur général de la congrégation, desquelz il s'est
« fait fort d'obtenir la ratification d'icelui.

« 2° Parce que depuis la passation dudit bail presque tous
« les sous-baulx sont diminuez de moitié, et il y a même plu-
« sieurs fermes abandonnées ne pouvant trouver de fermiers
« qui en veullent, et nonobstant ledit sieur abbé ne veut faire
« aucune diminution, au contraire il en exige les payemens
« fort rigoureusement aux termes et dés le jour même de
« l'échéance, ce qui donne bien de la peine ausdits religieux
« qui ne peuvent tirer payement des sous-fermiers que bien
« à la longue.

« Enfin parce que ledit sieur abbé n'ayant point donné de
« ceüillerets [1] des censives en bonne forme, l'on ne peut con-
« traindre au payement d'icelles ceux qui les doivent, en sorte
« qu'il en [est] dûb plus de mille livres. »

Réponses de M^r l'abbé aux raisons cy-dessus.

« 1° Qu'ayant passé ce bail à Dom Felix Mauljean, ç'a été *Réponses aus-*
« pour toute la communauté dont il prenoit la qualité de supé- *dites raisons de l'abbé.*
« rieur, et s'est obligé de le faire ratifier par icelle commu-
« nauté, même par le trés R. P. supérieur général : La ratifi-
« cation desquelz ledit sieur abbé a toujours demandée et
« demande encore à présent, soutenant qu'ils ne s'en peuvent
« pas dispenser, attendu que ledit Dom Felix n'a rien en ce
« bail qu'il ne leur ayt communiqué, et ont eu parfaite con-
« noissance de toutes les charges, clauses et conditions d'icelui
« bail, et demande le serment desdits R. P. supérieur général
« et religieux.

« 2° Que la diminution du revenu dudit bail ne le doit point
« faire casser, attendu qu'il est fait pour toute la vie dudit
« sieur abbé, et que le bien pourra rehausser et revenir au
« prix qu'il estoit au tems de la passation d'iceluy, et que ce
« *futur remont* pourra recompenser les pertes que les religieux
« [subissoient] alors, qui ne montoient qu'à quatre ou cinq
« cens livres ou environ par an, attendu que les soûbaulx que
« lesdits religieux ont faits et qui subsistoient encore alors,

---

1. [CUEILLERETS. On nomme *papiers cueillerets, papiers terriers, papiers censiers, liéves, recens et manuels*, les registres de recette que le seigneur d'une terre, ou son fermier, tient des cens et redevances qui lui sont payés.» *Répertoire de jurisprudence* de Guyot.]

« étoient (au sentiment de l'abbé) capables d'acquiter toutes
« les pensions et charges dudit bail général, à cinq cens livres
« prez. Joint que les trois premiéres années dudit bail général,
« lesdits religieux y avoient fait un profit fort considérable, et
« même en renouvellant le bail des étangs de l'abbaye dépen-
» dans dudit bail général, ils avoient tiré des admodiateurs
« desdits étangs deux mille livres de pot de vin.

« 3° Il soutenoit en troisiéme lieu qu'il n'étoit pas obligé
« de bailler ausdits religieux un ceüilleret de censives en
« bonne forme, mais bien eux de luy en rendre un de cette
« qualité, quand il leur en aura donné, et que ne leur en don-
« nant point, il ne leur en demandera point.

« Enfin il consent la cassation dudit bail pourvu que le con-
« cordat de l'union de son abbaye à la congrégation soit pareil-
« lement cassé, et que lesdits religieux voulussent sortir et
« remettre les choses en l'estat qu'elles estoient auparavant
« nôtre introduction en icelle, n'ayant jamais consenti à cette
« union qu'en considération de ce bail en vüe duquel il dit
« nous avoir relâché beaucoup de ses intérests, entre autres
« les cottes-mortes[1] de nos anciens, dont lesdits religieux en
« avoient déjà eu une considérable, de laquelle il demandoit
« la restitution, ou la ratification du susdit bail, qui avoit été
« fait et passé au même jour et à la même heure que le susdit
« concordat, soutenant que l'un ne devoit pas être plûtôt cassé
« que l'autre. »

Ce mémoire avec les réponses ayant été présentez audit chapitre général et par son ordre lus et examinez par les RR.

---

1. [On appelait autrefois *cotte-morte* la succession laissée par un religieux. « Quelques arrêts du Grand Conseil, dit Denisart, ont adjugé les *cotes-mortes* des moines aux abbés commendataires, à l'exclusion des religieux de l'abbaye..... Mais le plus grand nombre des arrêts de ce tribunal paroît être en faveur des religieux contre les abbés ou prieurs commendataires ; et cela paroît conforme à la droite raison. En effet, tout ce qu'acquiert un religieux, il l'acquiert pour son monastere, parce que sa profession le rend incapable d'acquérir pour lui-même ; en même temps qu'elle opere cette incapacité, elle assujettit ses supérieurs à lui fournir le nécessaire, et à prendre soin de lui, tant en santé qu'en maladie. Au contraire, l'abbé commendataire est en quelque sorte étranger aux religieux. Il n'a sur eux aucune espèce de jurisdiction, et ce n'est point entre ses mains qu'ils font vœu de pauvreté : Quel droit pourroit-il donc avoir à leur pécule, qui est une suite de ce vœu ? » *Collection de décisions nouvelles*, etc., relatives à la jurisprudence], v° *Cote-morte*, t. I, 1771, in-4°.

PP. Dom Benoist Cocquelin, Dom Marc Rivard[1] et Dom Claude Boistard[2], auditeurs des causes, ils donnérent leur avis en cette maniére : « Les auditeurs des causes du chapitre
« général tenu en 1672, n'estiment pas qu'il y ait lieu de se
« pourvoir allencontre dudit bail. En foy de quoy lesdits audi-
« teurs ont signé ce trentiéme may mil six cens soixante-douze.
« Signé Fr. Benoist Cocquelin, Fr. Marc Rivard et Fr. Claude
« Boistard, auditeurs, avec chacun un paraphe. »

Conformément à cet avis desdits PP. auditeurs, on désista de poursuivre ledit abbé au Grand-Conseil pour faire casser ledit bail, qui continua jusqu'à la mort dudit sieur abbé arrivée le 15 ou 16 août 1678, aprés le sanglant combat de St-Denis, proche de Mons en Haynault, comme on le rapportera cy-aprés.

CHAPITRE TROISIÉME

TROISIÉME TRIENNAL

Le chapitre général ayant eu égard aux instances réïtérées du R. P. Dom Felix Mauljean, premier supérieur de cette abbaye depuis son union à notre congrégation, luy donna pour successeur le Révérend Pere Dom Damien Raulin, qui avoit été auparavant prieur de Saint-Pierre de Melun [1663] et de Saint-Pierre de Châlons-sur-Saône[3] [1669].

Le R. P. Dom Damien Raulin nommé prieur en 1672.

---

1. [Dom Laurent Marc Rivard naquit à Signeulle en Lorraine, diocèse de Toul [al. Verdun]. Il fit profession au monastère de la Sainte-Trinité de Vendôme le 20 avril 1637, à l'âge de 20 ans. Il mourut à Saint-Vanprille (Fontenelle) le 14 juillet 1693.]

2. [Dom Evroul Claude Boistard (ou Boitard) naquit à Ingrande, au diocèse d'Angers, et fit profession à Saint-Augustin de Limoges le 19 décembre 1640, à l'âge de 20 ans. Après avoir été prieur de plusieurs monastères, il devint en 1663 visiteur de la province de Toulouse, et en 1666 visiteur de celle de France. Il fut prieur de Saint-Germain des Prés de 1678 à 1684. Il exerça la charge de supérieur général de la congrégation de Saint-Maur de 1687 à 1705, et mourut à Saint-Germain des Prés le 26 mars 1709. Sur sa biographie, voir : *Les prieurs claustraux de Sainte-Croix de Bordeaux et de Saint-Pierre de la Réole*, etc..., p. 71 et s.]

3. [Saint-Pierre ou Saint-Père de Melun, monastère fondé au VIe siècle. *Gall. christ.* XII, 170. — Saint-Pierre de Chalon-sur-Saône, monastère fondé au VIe siècle par Flavius, évêque de Chalon-sur-Saône, ancien référendaire de Gontran, roi de Bourgogne. *Gall. christ.* IV, 961.]

Le chapitre général approuvant les avis desdits PP. auditeurs des causes et n'ayant pas jugé à propos que l'on poursuivît l'instance pendante au Grand-Conseil pour faire annuller ledit bail, les religieux, obligez de continuer ladite recepte et l'abbé exigeant fort rigoureusement les payemens aux jours de l'échéance, restérent pendant la vie dudit sieur abbé dans un grand embarras et une extrême misére, comme on le voit par l'état suivant du temporel envoié, cette même année 1672, audit T. R. P. général par D. D. Raulin.

Etat sommaire du temporel de la communauté de Saint-Pierre d'Orbaiz.

Etat du temporel d'Orbaiz en 1672.

« Tout le revenu tant de la manse conventuelle que du petit convent et des offices claustraux, en argent et en espéces évaluées selon l'état envoié au dernier chapitre général [en] 1672, monte à trois mille quatre-vingt-dix livres, cy .... 3,090 l.

« La subsistance de la congrégation accordée audit monastére par le chapitre général, à prendre sur le monastére de Saint-Remy de Reims, est de cinq cens livres, cy .... 500 l.

« Somme totale..... 3,590 l.

« Toutes les charges, tant perpétuelles, comme décimes, dons gratuits, etc..., que racheptables, interests de rentes constitüées et viagéres, pensions de M^rs les anciens religieux, etc., montent à la somme de deux mille cinq cens vingt-cinq livres, cy .... 2,525 l.

« La perte que ladite communauté fait annuellement sur la recepte de M^r l'abbé est de mille livres, cy .... 1,000 l.

« Somme totale des charges .... 3,525 l.

« Partant reste seulement de bon pour nourrir trois religieux et leur entretien, soixante-cinq livres, cy.. 65 l.

Nécessités présentes et pressantes du monastére.

Nécessités pressantes.

« Le monastére a besoin présentement de la somme de neuf cens livres, pour le moins, pour achepter des habits, du linge, des couvertures, de la vaisselle et autres meubles pour les religieux .... 900 l.

« Item il a encore besoin de cinq cens livres pour

[Report].... 900 l.

« faire quelques accommodemens absolument né-
« cessaires pour la régularité et la santé des reli-
« gieux, cy .... 500 l.

« Item la communauté ayant été condamnée, à
« raison de la chambrerie, conjointement avec le
« sieur Nicolas de Mommignon, curé de Saint-Ni-
« colas-des-Champs de Paris et prieur commanda-
« dataire du prieuré simple de Notre-Dame de l'Ab-
« baye-sous-Plancy, à la réparation totale du clocher
« et cancelles de l'église parroissiale de Saint-Timo-
« thée de Fére-Champenoise, a besoin présentement
« d'environ quinze cens livres, pour payer sa part
« tant desdites réparations que des frais et dépens
« du procez intenté contre eux et ledit de Mommi-
« gnon, cy.................................. 1,500 l.

« Item est à noter que, quoique les debtes acti-
« ves et passives du monastére soient presque égal-
« les, néantmoins la plûpart de ceux qui doivent
« audit monastére estant insolvables à raison de leur
« pauvreté et de la misére du tems, il faut faire état
« que ledit monastére doit au moins mille livres plus
« qu'il ne luy est dûb .... 1,000 l.

« Somme totale : trois mille neuf cens livres, cy.   3,900 l.

« Item est à remarquer qu'il n'y a dans ce monastére aucune
« provision, ni argent pour en achepter et fournir ausdits pres-
« sans besoins.

« La fin de cet état est de faire voir au trés R. P. supérieur
« général et aux RR. PP. assistans et visiteur de la province
« que lesdites soixante-cinq livres restans bon, les charges
« acquitées, n'estant rien pour la nourriture et entretien des
« trois religieux, il y a une nécessité absolue et indispensable
« d'augmenter la subsistance que la congrégation luy donne
« annuellement, au moins de douze ou quinze cens livres.

« Item que ladite communauté ayant présentement besoin
« d'une somme de trois mille neuf cens livres pour des néces-
« sités urgentes, et n'y ayant pas d'apparence qu'on lui
« permette d'emprunter ladite somme, attendu sa pauvreté
« extrême, il y a nécessité de lui procurer la susdite somme
« de 3,900 l. par quelque autre moyen que l'on jugera plus à
« propos et plus conforme à l'état dudit monastére. »

Nous ne sçavons pas quel effect produisit ce mémoire sur l'esprit du R. P. général et des RR. PP. sénieurs assistans. On ne trouve pas non plus qu'il se soit passé ni fait rien de remarquable icy pendant cette année ; la misére étoit trop générale pour entreprendre quelque chose. Apparemment que le R. P. D. Damien Raulin[1] demanda sa sortie, puisque la diéte annuelle tenue à St-Denis en France en may 1673, le nomma prieur de St-Vincent de Laon en la place du R. P. Dom Pierre Mongé. Il a été depuis prieur de St-Valery, de St-Médard de Soissons, de St-Vulmer de Samer[2] et de St-Fuscien proche d'Amiens, et est mort simple religieux à Corbie le 24 novembre 1699.

Institution du Révérend Pere Dom Pierre Mongé pour prieur de l'abbaye de Saint-Pierre d'Orbaiz en 1673.

1673.

Lieu de la naissance du R. P. Dom Pierre Mongé, né le 24 d'août 1631.

Il étudie à Paris.

On ne craint pas d'être accusé de flatterie en avançant icy que le choix et la nomination que le trés Révérend Pere Dom Vincent Marsolles, supérieur général, fit le dix-septiéme jour de juin mil six cens soixante-treize du Révérend Pere Dom Pierre Mongé pour supérieur de ce monastére, doit être regardé comme un des plus signalez et des plus rares bienfaits dont la divine Providence ait favorisé cette petite abbaye depuis longtems. — Mais auparavant de prouver en détail ce que nous avançons par des faits avérez et connus d'un chacun, nous dirons que le R. P. Dom Pierre Mongé estoit natif du Plessis-Gassot[3], diocèse de Paris, et d'une fort honneste famille, craignant Dieu et fort accommodée des biens de la fortune dont ils emploioient une bonne partie à soulager la miséredes pauvres, et particuliérement des familles honteuses. Ses parens n'épargnérent rien, et eurent un trés grand soin de le faire bien élever dans la crainte de Dieu et dans les sciences. Quand il fut en âge, ils l'envoiérent étudier dans la fameuse université de

---

1. [Dom Louis Damien Raulin, né à Donchery, diocèse de Reims, avait fait profession dans cette derniére ville, à l'archimonastère de Saint-Remi, le 29 septembre 1644, à l'âge de 20 ans.]

2. [Abbaye fondée en 688 par saint Vulmer et rebâtie à la fin du XIe siècle. *Gall. christ.* X, 1593. — Auj. SAMER (Pas-de-Calais), arr. de Boulogne-sur-Mer, ch. l. de canton.]

3. [Le Plessis-Gassot (Seine-et-Oise), arr. de Pontoise, cant. d'Ecouen.]

Paris ; il y vécut toujours avec beaucoup de sagesse et de retenue, évitant les compagnies qui auroient pu l'engager et corrompre la pureté de ses mœurs. Après avoir fini son cours de philosophie, il en fit un de théologie sous M. [Jacques] de Sainte-Beuve [1], l'un des plus sçavans et des plus vertueux docteurs de la maison et societé de Sorbonne du dix-septiéme siécle, comme nous l'apprenons d'une lettre par forme de consultation sur plusieurs difficultez proposées et résolues au mois de janvier 1673, dans laquelle lettre le R. P. Mongé se dit *son écolier*. Après trois ou quatre années de théologie, il fit un cours de droit ; il étoit sur le point de prendre les degrez dans ces deux facultez, lorsque Dieu luy inspira le généreux dessein de renoncer au monde. Il obéït promptement à la voix du ciel ; il étoit alors âgé d'environ vingt-six ans ; il entra dans le noviciat de l'abbaye de Saint-Faron de Meaux [2] en 1657, et y fit profession le quinziéme jour de février mil six cens cinquante-huit.

Il entre au noviciat et fait profession à St-Faron en 1658.

Après les années du séminaire, il recommença sa théologie dans l'abbaye royale de Saint-Denis en France, sous le R. P. Dom Gabriel Gerberon [3], pendant que le R. P. Dom Jean Harel [4] en étoit prieur, après avoir rempli très dignement la charge de supérieur général.

Ses études achevées, et étant ordonné prêtre, il fut zélateur à Saint-Remy. L'année suivante [1665], le monastére de Saint-

Ses études achevées, on commence à l'employer.

1. [Jacques de Sainte-Beuve, professeur de théologie en Sorbonne, né le 26 avril 1613 à Paris où il est mort le 15 décembre 1677. Il passa pour le plus habile casuiste du temps. Son refus de souscrire à la censure portée le 31 janvier 1656 par la Sorbonne contre deux propositions d'Arnauld lui fit perdre sa chaire, sur l'ordre du Roi, le 26 février suivant.]

2. [Abbaye fondée au VIIe siècle par saint Faron, évêque de Meaux. *Gall. christ.* VIII, 1688. Cf. Montalembert, *Les Moines d'Occident*, liv. IX, chap. IV et V.]

3. [Dom Gabriel Gerberon, né le 12 août 1628 à Saint-Calais, diocèse du Mans, fit sa profession monastique dans l'abbaye de Saint-Melaine de Rennes le 11 novembre 1649. Il mourut à Saint-Denis en France le 28 ou 29 mars 1711. La liste des ouvrages de Dom Gerberon est fort étendue. — V. D. Tassin, *Histoire littéraire de la congrégation de Saint-Maur*, p. 311 et suiv.]

4. [Dom Théodore Jean Harel, né à Jumiéges, diocèse de Rouen, fit profession aux Blancs-Manteaux de Paris le 7 janvier 1620, à l'âge de 29 ans. Après avoir été nommé assistant en 1639 et 1642, il fut élu supérieur général en 1648, au chapitre de Vendôme. Il était alors prieur des Blancs-Manteaux. Déchargé de la supériorité en 1660, il devint la même année prieur de Saint-Denis en France où il mourut le 14 mars 1665 (al. 1664). *Gallia*, VII, 482.]

Il est nommé soûprieur de St-Lucien.

Lucien de Beauvais [1] ayant été uni à notre congrégation, il fut choisi pour en être le premier soûprieur, sous le R. P. Dom Michel Maillet [2], premier prieur, et un des plus sçavans prédicateurs de son tems. Comme Messieurs les anciens religieux de St-Lucien étoient encore au nombre de douze ou treize, ils vivoient encore d'une maniére fort réglée sous la conduite de Messieurs Dom Yves Mulot et Dom N. de la Croix, grands-prieurs successivement. Il falloit sans doute que les supérieurs de la congrégation fussent bien persuadez que notre nouveau soûprieur soutiendroit parfaitement par sa régularité, son exactitude, sa pieté et sa vie laborieuse, austére et exemplaire, la haute idée que les anciens religieux avoient conçue de nos religieux et qui les avoit portez à les appeller chez eux et à incorporer leur monastére à notre congrégation.

De St-Remy.

De St-Faron.

Le R. P. Mongé y répondit si parfaitement qu'il en fut tiré et fait soûprieur et pere-maître des novices de l'archimonastére de Saint-Remy de Reims, sous le R. P. Dom Claude de Bretagne [3], et ensuite soûprieur de Saint-Faron, à la priére et instance du R. P. Dom François Douay, prieur, son ancien ami et condisciple en Sorbonne et à St-Denis, mort à Saint-Pourcin, visiteur de la province de Chezal-Benoist, le dix-huitiéme d'octobre 1701 [4].

Ce bon supérieur et ami luy fit pressentir de loin et adroitement les vues des supérieurs majeurs sur sa personne, qu'ils avoient dessein de le nommer supérieur au chapitre général prochain de 1669, ce qui arriva effectivement, car il fut élu prieur ou administrateur de Saint-Vincent de Laon en ladite année 1669.

---

1. [Abbaye probablement fondée au vi[e] siècle et restaurée vers 580 par le roi Chilpéric I. *Gall. christ.* IX, 778.]

2. [Dom Francois Michel Maillet, né à Bar, diocèse de Toul, fit profession à Saint-Faron de Meaux le 10 mai 1638, à l'âge de 19 ans. Il mourut le 8 janvier 1684 au monastère de Saint-Sauveur de Redon. Cf. *Histoire de l'abbaye de Saint-Germain des Prés*, par D. Bouillart, p. 261.]

3. [Dom Claude Bretaigne, natif de Semur, diocèse d'Autun, fit profession à Moutiers-Saint-Jean, diocèse de Langres, (auj. cant. de Montbard, Côte-d'Or), le 6 novembre 1644, à l'âge de 19 ans. Il devint prieur de Saint-Remi de Reims en 1666, et mourut le 13 (*al.* 23) juillet 1694 à Bonne-Nouvelle de Rouen. On lui doit plusieurs écrits. D. Tassin, *op. citat.*, p. 156 et suiv.]

4. [Dom François Douay, né à Saint-Riquier, diocèse d'Amiens, avait fait profession le 19 juillet 1657, à l'âge de 24 ans, au monastère de Saint-Faron de Meaux dont il fut nommé administrateur en 1666.]

Sur cet avis, le P. soûprieur de St-Faron forma une résolution qui marquoit évidemment son prodigieux éloignement et la sainte horreur qu'il avoit dés lors et qu'il a toujours conservée pour les supériorités, qui confondra éternellement l'ambition et les démarches criminelles de ceux qui les recherchent et qui s'y jettent avec autant d'ardeur et d'empressement (parce qu'ils n'en connoissent ni les perils, ni la pezanteur, ni les difficultez), qu'il les regardoit avec frayeur et qu'il évitoit avec soin tout ce qui pouvoit les luy procurer contre l'ordre de Dieu et de la religion, — résolution, dis-je, qui auroit privé la congrégation des grands services qu'il luy a rendus depuis, le reste de sa vie, s'il l'eût exécutée, puisque son dessein étoit de présenter sa requête au prochain chapitre général de 1669, tendante à ce qu'on se relâchât habituellement de l'abstinence et que l'on introduisit l'usage ordinaire et journalier de la viande dans tous les monastéres de nôtre congrégation, prétendant par cette démarche se faire déclarer par le chapitre *eo ipso* privé et déchu de voix active et passive, et exclu à perpétuité de toutes sortes de charges, offices, dignités et employs quelconques, suivant les déclarations sur nôtre sainte régle, chapitre 39e, nombre 5e. C'étoit là la vue de Dom Pierre Mongé dans une démarche si extraordinaire, car il étoit infiniment éloigné de vouloir introduire le relâche et le desordre dans la congrégation, luy qui fut toujours fort austére, pénitent, mortifié et dur à son corps.

Résolution étrange qui marque son humilité et son éloignement des charges.

Cependant le R. P. prieur de Saint-Faron ayant eu connoissance de cette résolution de son soûprieur, se crut obligé de l'en reprendre fortement, de luy en faire concevoir un grand scrupule, de luy faire sentir les dangereuses suites et le mauvais exemple qu'il donneroit, et le porter enfin à s'abandonner absolument aux ordres de la Providence et à la disposition entière de ses supérieurs, de sorte qu'il se désista de son dessein, et au chapitre général de 1669 il fut élu et nommé administrateur de Saint-Vincent de Laon dont il remplit parfaitement tous les devoirs pendant quatre ans.

Son supérieur le détourne de son dessein.

Dom P. Mongé nommé prieur de St-Vincent.

Quelque canonique et légitime que fût son élection, elle ne put jamais charmer ses peines, ni tranquilliser son trouble intérieur, ni luy-même se familiariser avec la supériorité, comme le R. P. Dom Vincent Marsolles l'insinue dans sa lettre du 23 may 1673, que nous transcrirons cy-aprés. De sorte qu'à toutes les diétes suivantes et au chapitre général de 1672, il sollicita avec de pressantes instances sa décharge, — mais

Il sollicite fortement sa décharge, l'obtient enfin aprés 4 ans.

il ne put l'obtenir qu'après quatre ans de sollicitations réïtérées, c'est-à-dire à la diéte annuelle tenue à Saint-Denis en France en may 1673.

<small>Qualités du R.P.D.P. Mongé.</small>

Le R. P. Dom Pierre Mongé ayant ainsi fait violence aux supérieurs et arraché d'eux par force sa décharge de la supériorité, se croyant libre et rendu à luy-même, ne songeoit plus qu'à s'appliquer entiérement dans la retraitte aux exercices intérieurs, à la mortification et aux travaux de la pénitence. Mais Dieu, qui luy avoit mis dans l'esprit et dans le cœur cette généreuse résolution, se contenta de son détachement intérieur et de ses instances réitérées pour obtenir sa décharge, car, comme il ne luy avoit donné un esprit vif, actif, intelligent, industrieux, œconome, un courage intrépide, un zéle infatigable à ne se rebuter de rien et à se roidir contre toutes les difficultés, une bonne et forte santé, de l'amour pour le travail et toutes les autres qualités et talens nécessaires à un supérieur, que pour qu'il les employât et consacrât à son service, et comme un autre Jérémie pour arracher, défricher, planter, édifier et rétablir entiérement ce petit monastére, et que ç'auroit été priver notre congrégation des grands services qu'il luy a rendus, si on l'avoit laissé entiérement vacquer à luy seul, — Dieu, dis-je, qui l'avoit enrichi de ses dons, pour accomplir les vues qu'il avoit sur luy, ne permit qu'on le déchargeât de la conduite d'un monastére plus considérable, où il étoit estimé, chéri et honoré, et où il pouvoit vivre plus doucement et plus à son aise, qu'afin qu'on le chargeât en même tems du soin et de l'administration d'un autre trés petit, pauvre, délabré, et où l'amour-propre le plus délié ne trouveroit aucun azile ni aucun retranchement pour se dédommager de la perte des commodités et des avantages qu'il quittoit à St-Vincent.

<small>Le R. P. Dom Vincent Marsolles choisit D. P. Mongé pour rétablir Orbaiz en 1673.</small>

Ce fut aussi pour seconder ces desseins de Dieu sur luy que le T. R. P. Dom Vincent Marsolles, supérieur général de la congrégation[1], homme d'un mérite distingué et d'un grand discernement, s'il en fut jamais, sans avoir tout à fait égard à

---

1. [Dom Vincent Marsolles, natif de Doué, auj. ch. l. de cant. de Maine-et-Loire, fit sa profession monastique dans l'abbaye de Saint-Melaine de Rennes le 7 septembre 1643, à l'âge de 27 ans. Il fut supérieur général de la congrégation de Saint-Maur depuis 1672 jusqu'à son décès survenu à Saint-Germain des Prés le 5 septembre 1681. — Sur sa biographie, voir : *Circulaire du F. Simon Bougis du 12 septembre 1681 relative à la mort de D. Vincent Marsolle*, etc..., in-4°, Bibl. nat. Imprimés, Ln 27, n° 13577. *Gall. christ.* VII, 484.]

l'éloignement du R. P. Mongé pour les charges, jetta les yeux sur luy pour le charger de la conduite et du rétablissement entier de ce monastère de Saint-Pierre d'Orbaiz, et pour le disposer à se rendre et à entrer dans ses intentions, il luy écrivit le vingt-troisième jour de may mil six cens soixante-treize la lettre suivante conservée en original dans notre chartrier, laquelle est toute remplie de cet esprit de pieté, de religion et de foy qui animoit toutes les actions de ce grand supérieur, et glorieuse à D. P. Mongé.

Copie de la lettre du T. R. P. Dom Vincent Marsolles, supérieur général, au R. P. D. P. Mongé, du 23 may 1673.

<small>Belle lettre du R. P. Dom Vincent Marsolles à D. P. Mongé.</small>

« *Pax Christi*. Mon Révérend Pere,

« On vous a enfin accordé *ce que vous demandiez il y a si
« long tems, et on vous décharge de la supériorité*. Comme
« néantmoins vous avez des forces et du zéle pour rétablir la
« maison de Dieu, mandez-moy si vous pourriez travailler à
« Orbaiz, comme a fait Dom Benoist Cocquelin au Tréport,
« et si vous pourriez concourir avec Dom Guillaume Jamet,
« son compagnon, pour entreprendre ce grand ouvrage à la
« gloire de Dieu ; il n'y a rien d'insurmontable à un cœur for-
« tifié de la foy, et j'espere du vôtre cette disposition pour la
« gloire de Nôtre-Seigneur, en qui je suis,

« Mon Révérend Pere,
« Votre trés humble et affectionné confrere
« et serviteur,

« Fr. Vincent Marsolles, M. B.

« A St-Denis, le 23 may 1673. »

Le R. P. Dom Pierre Mongé reçut cette lettre avec tout le respect qu'elle méritoit et qu'on devoit attendre d'un religieux parfaitement soumis, et comme il étoit bien informé de l'embarras des debtes, de la misére extrême et de l'état déplorable de ce petit monastére, et qu'il n'y trouveroit que des croix, des peines et de grands travaux de corps et d'esprit, mille duretés et contradictions à moissonner de la part de l'abbé ; aprés avoir consulté Dieu, il crut sans hésiter qu'il luy déclaroit manifestement ses volontés et ses desseins sur luy par l'organe et l'ordre d'un supérieur si éclairé et si bien intentionné, et ainsi il acquiesça et obéït aveuglément, soumettant ses lumiéres et ses vues particuliéres au mérite de l'obéïssance, préfé-

418   HISTOIRE DE L'ABBAYE D'ORBAIS

rant pour le bien commun les travaux les plus pénibles à la douceur du repos qu'il avoit si long-tems sollicité ; et enfin calmant ses peines intérieures et sa répugnance pour la supériorité, il s'abandonna entiérement à la divine Providence.

<small>Institution du R. P. D. Pierre Mongé pour prieur d'Orbaiz le 17 juin 1673.</small> Le Révérend Pere général charmé et trés édifié de sa disposition, luy envoia une obédience datée du dix-septiéme jour de juin mil six cens soixante-treize par laquelle il l'établit prieur de ce monastére de St-Pierre d'Orbaiz.

Le Révérend Pere Dom Pierre Mongé trouvant dans cet ordre l'assurance d'une vocation et d'une mission légitimes, vint à Orbaiz. Il n'y fut pas plûtôt arrivé qu'il y trouva ce qu'il <small>Etat déplorable de l'abbaye d'Orbaiz à l'arrivée du R. P. D. P. Mongé.</small> s'étoit bien attendu d'y trouver, croix, miséres, pauvretés, embarras de debtes, contradictions, oppositions, duretés inflexibles de la part de l'abbé ; un lieu dans un état déplorable qu'on pouvoit appeller alors *locus horroris et vastæ solitudinis*, un lieu qui ne conservoit presque plus aucuns vestiges d'une abbaye de l'ordre S. Benoist, une église mal entretenue, mal propre, toute nue, menaçant ruine de tous côtez, dépourvue de vases sacrez, d'ornemens et de linges et autres choses nécessaires pour faire décemment le service divin ; on n'y trouvoit plus que quelques vieux vestiges de lieux réguliers tout en desordre et inhabitables, plus propres à servir de retraittes aux hiboux et aux bêtes qu'à loger des religieux et des ministres des autels : point d'infirmerie pour y solliciter les malades; point de chambres d'hôtes pour y exercer l'hospitalité si fortement recommandée dans nôtre sainte régle.

Les religieux réformez n'avoient d'abord à leur introduction pour tout logement que quelques vieilles maisons en trés mauvais état, situées au bout du jardin potager, lesquelles leur tenoient lieu de dortoir, d'infirmerie, de chambres d'hostes, de refectoir, de cuisine, et fort éloignées de l'église. Pour y aller la nuit et le jour pendant les chaleurs de l'esté et les rigueurs de l'hyver, il falloit faire un long trajet à découvert.

<small>Suites de la négligence des commendataires à réparer.</small> Enfin jamais lieu ne prouva plus évidemment les suites funestes de la négligence de Messieurs les commendataires à faire réparer promptement les différens édifices, jouissant pour cet effet de tout le revenu et se contentant de donner avec assez de peine et de difficultés, comme on a vu dans Nicolas de la Croix, des pensions fort modiques aux religieux, qui par cette raison ne pouvoient et ne devoient faire les réparations et autres charges.

Cependant on ne voioit point de jour à pouvoir y remedier

sitôt ,— l'abbé étoit dans la fleur de son âge, n'ayant alors qu'environ quarante ans, — la recepte de la manse abbatiale continuant d'être toujours extrêmement préjudiciable à la communauté pour les miséres publiques qui augmentoient de jour en jour.

Le R. P. Dom Pierre Mongé, prieur, à son arrivée, mit d'abord tout en usage auprés de M^r l'abbé pour le porter à consentir à la résolution dudit bail ; il luy remontra que, pendant qu'il subsisteroit, il seroit impossible à la communauté de le payer exactement et de satisfaire aux autres charges, ni même d'éviter sa ruine, sans espérance de pouvoir s'en relever de long-tems. Mais toutes ces raisons si justes furent inutiles ; l'abbé y ferma toujours les oreilles et ne voulut point entendre à d'autre accommodement que de faire casser en même tems le concordat d'union avec ledit bail. Il se fit toujours payer exactement et continua toujours ses menaces de nous chasser si on continuoit de luy faire de semblable propositions. Il fallut patienter et souffrir jusqu'à sa mort.

Démarches inutiles auprés de M. l'abbé.

Le R. P. prieur ne manqua pas de donner avis aux RR. PP. supérieurs majeurs des dispositions de M^r l'abbé et de l'état du monastére. Nos RR. PP. en furent fort touchez, et le R. P. Dom Benoist Brachet[1] assistant luy fit la réponse suivante le dix-neufviéme jour de février mil six cens soixante-quatorze.

« *Pax Christi.* Mon Révérend Pere,

« Je suis fort persuadé des misères qui sont en vôtre pays ;
« elles sont universelles, et il y a peu d'apparence qu'elles
« finissent si tôt. Nos Révérends Peres n'estiment pas que
« vôtre monastére et moins encore les autres se ruinent par

*1674.
Lettre du R. P. D. B. Brachet.*

---

1. [Dom (Michel dit) Benoît Brachet naquit à Orléans le 14 mai 1610. En 1622 il prit l'habit religieux à Saint-Benoît-sur-Loire, et fit profession à Saint-Faron de Meaux le 6 juin 1627. Le chapitre général le nomma successivement prieur du monastère de Saint-Martin des Champs de Paris (1636) et prieur de Saint-Germain des Prés (1639). D. Brachet rendit en plusieurs circonstances des services importants à l'Eglise et à l'Etat. Il remplit pendant de longues années les fonctions d'assistant du supérieur général dont il avait été investi dès 1642. Il succéda en avril 1682 à Dom Marsolles dans la dignité du généralat qu'il conserva jusqu'à son décés survenu à Saint-Germain des Prés le 7 janvier 1687. — Sur sa biographie, voir : *Circulaire de Dom Fr. George Louvel au sujet de la mort de Dom Benoît Brachet* (datée de Saint-Germain-des-Prés le 18 janvier 1687), in-4°; Bibl. nat. Imprimés, Ln 27, n° 2914. *Gall. christ.* VII, 485.]

« des emprunts pour donner à Mʳ l'abbé ce qu'il ne peut
« prendre dans la justice ; et partant, s'il ne veut pas se mettre
« à la raison, faut luy remettre sa ferme pour en disposer
« comme il voudra, et ne faut pas appréhender qu'il nous
« mette dehors. *La justice empêchera cette violence.* Je me
« recommande à vos SS. sacrifices et de nos confreres,
« étant,

          « Mon Révérend Pere,

« Vôtre trés humble et affectionné confrere,

          « F. B. BRACHET, M. B.
« Ce 19 février 1674. »

Derniers efforts inutiles animent le zéle du R. P. Mongé.

Ayant reçu cette réponse, il fit encore une derniére tentative auprés de l'abbé, mais toujours aussi inutile que les précédentes. Il fut toujours inflexible. L'intérest temporel avoit trop de force sur son esprit. Un autre sans doute moins résolu et moins constant que notre R. P. prieur se seroit rebuté de toutes ces oppositions et ces déboires qui mettoient d'abord son courage à de si rudes épreuves. Mais ce qui auroit rebuté un autre ne servit qu'à exciter son zéle, animer sa foy, et à fortifier sa confiance en Dieu. Cette disposition intérieure luy fit trouver des ressources à tous ses différens et pressans besoins dans ses abstinences du nécessaire, dans ses rudes et pénibles travaux, sa vigilance et son application continuelles, dans son industrie, son œconomie, et dans le credit et les bourses des amis dont il concilia la bienveillance au monastére par sa droiture, sa probité et les bons offices qu'il rendit à un chacun en différentes occasions.

Secours donnez à ce monastére.

Les supérieurs majeurs compatissans aussi à ses peines, et voulans concourir avec luy au rétablissement de ce pauvre petit monastére, luy aidérent autant qu'ils purent, soit en luy procurant quelques petits secours des autres monastéres plus puissans et plus accommodez, comme Saint-Denys, Saint-Remy, Saint-Faron, etc…, soit en réduisant pendant douze à quinze ans cette communauté à deux religieux.

Dom Guillaume Jamet travaille à Orbaiz pendant quinze ans. Ses belles qualités.

Nous ne pouvons nous dispenser de remarquer icy que l'un des religieux qu'on luy donna pour compagnon fidéle et infatigable de ses différens travaux pendant plus de quinze ans, ce fut le R. P. Dom Guillaume Jamet, religieux fort intérieur, spirituel, pénitent, austére, œconome et laborieux, mais d'ailleurs d'une douceur et d'une modestie angeliques, silencieux, retiré, qui entra dans tous les sentimens de son supérieur. Il avoit concouru pendant dix à douze ans avec le Révérend Pere Dom Benoist Cocquelin, célèbre supérieur de notre congrégation, ayant été [successivement prieur de Saint-Laumer de Blois en 1645], abbé [régulier] de Saint-Martin de Séez [1648], prieur de Saint-Germain d'Auxerre [1654], de Saint-Michel du Tréport dont il a été le restaurateur, ensuite de Corbie, et enfin de Fécamp où il finit ses jours le douzième jour d'avril 1682, âgé de 70 ans[1], — il avoit, dis-je, concouru avec cet excellent supérieur au rétablissement du monastère de Saint-Michel du Tréport, qu'ils avoient trouvé dans un état aussi délabré et aussi déplorable que celuy-cy, et qu'ils ont rendu et laissé fort riant et fort accommodé et commode par leurs travaux, leur œconomie, leur industrie et sur tout par leur genre de vie austére et pénitent, ne s'accordant que le nécessaire le plus indispensable. Leurs noms et leur mémoire y sont et y seront toujours en vénération et profondément gravez dans le cœur et l'esprit des peuples ausquelz ils rendoient toutes sortes de bons offices corporelz et spirituelz pendant leur séjour.

Les RR. PP. D. B. Cocquelin et D. G. Jamet restaurateurs de l'abbaye du Tréport où leur mémoire est en vénération.

Le monastére du Tréport, — où on écrit actuellement ce qu'on vient de rapporter de la conduite si édifiante de ces deux grands religieux[2], dont on a été témoin oculaire autrefois et où on profite encore aujourd'huy de leurs veilles, de leurs tra-

---

1. [Dom Jean Benoit Coquelin, natif de la Trinité, diocèse de Saint-Malo, fit profession au monastère de Saint-Melaine de Rennes le 2 novembre 1632, à l'âge de 20 ans. Au chapitre général de 1660 il fut élu prieur de l'abbaye de Saint-Michel du Tréport (dioc. de Rouen), où la réforme venait d'être introduite. A partir de 1667 il s'attacha à écrire l'histoire de cette abbaye. (Son œuvre est actuellement publiée par M. C. Lormier pour la Société de l'Histoire de Normandie ; Rouen, Métérie, tome I, 1879). Le chapitre général de 1672 nomma D. Coquelin prieur du monastère de Corbie où il passa six ans au bout desquels il alla à Fécamp. Sur la biographie et les ouvrages de ce religieux de mérite, voir : P. Laffleur de Kermaingant, *Cartulaire de l'abbaye de Saint-Michel du Tréport*, introd. p. VII, LXXXV et suiv.; Ch. de Lama, *Bibliothèque des écrivains de la congrégation de Saint-Maur*, p. 51, imp. Monnoyer du Mans, 1882, in-18.]

2. [Le chapitre général de Marmoutier en juin 1702 avait nommé Dom Nicolas Du Bout prieur du monastère de Saint-Michel du Tréport. Ainsi qu'on l'a vu plus haut (préface), c'est dans cette localité que l'auteur de l'Histoire de l'abbaye d'Orbais exécuta la rédaction définitive de son manuscrit. — Les lignes relatives à D. Coquelin et à D. Jamet ont été écrites en 1704. — Le séjour de Dom Du Bout au Tréport semble d'ailleurs n'avoir offert aucune particularité intéressante à noter. Nous savons seulement qu'il souscrivit, dans l'intérêt du couvent, un emprunt de mille livres à constitution de rente, suivant contrat sous seing privé délivré le 2 mars 1703. Laffleur de Kermaingant, *loc. citat.*, p. CXII et CXVIII.]

vaux et de leurs sueurs, et où on entend souvent et dans toutes les occasions le bourg, la ville d'Eu et tout le pays retentir de leurs éloges et des bénédictions qu'on donne à leur conduite si réguliére, — étant bien rétabli, Dom Guillaume Jamet, qui ne pouvoit être oisif, et qui étoit encore dans la vigueur de son tempérament, plein de zéle, de bonne volonté, de courage et de forces, embrassa avec joye la proposition qu'on luy fit et l'ordre qu'il reçut pour aller à Orbaiz, ravi d'y trouver un lieu qui avoit besoin de son secours et d'y pouvoir continuer sous un supérieur, qui symbolisoit avec luy d'inclinations et de desseins, le même genre de vie pénitente et laborieuse qu'il avoit pratiqué déjà assez long-tems sous D. Benoist Cocquelin.

{D. Guillaume envoié à Orbaiz par le R. P. supérieur général.}

Les RR. PP. Dom Pierre Mongé et Dom Guillaume Jamet vécurent aussi toujours dans une parfaite union et concorde ; ils agirent toujours de concert dans leurs généreuses mais pénibles entreprises, travaillant avec une sainte émulation à l'envi l'un de l'autre plus rudement, plus fortement et plus assidûment que les plus robustes de leurs ouvriers et de leurs manœuvres, et vivant aussi pauvrement qu'eux, les animant par leurs exemples, et se retranchant même souvent le nécessaire, (Dom Guillaume se contenta toujours de boire de fort mauvais cidre, qui ne se fait à Orbaiz qu'avec de méchantes pommes sauvages), afin de contribuer par leurs travaux, leurs épargnes et leur vie pauvre au payement des charges et au prompt rétablissement du monastére.

{Rendent service au public par les fonctions ecclésiastiques.}

Le zéle et l'inclination charitables et bienfaisants de nos deux Révérends Peres ne se bornérent pas au rétablissement des temples matériels et des édifices du monastére ; ils les répandoient encore au dehors, secourant Messieurs les curez du lieu et des parroisses voisines dans leurs différens besoins, suppléant pour eux en cas d'absences ou de maladies, et écoutant les confessions du pauvre peuple avec fruit et édification.

Aprés que Dom Guillaume eut observé une vie si opposée à la nature pendant plus de douze ans (qui le fera toujours vivre dans l'esprit des habitans et considérer icy comme le second restaurateur du monastére d'Orbaiz aussi bien que de celui du Tréport), les supérieurs majeurs le voyans âgé et infirme, l'envoyérent demeurer dans la célébre et ancienne abbaye de Saint-Médard de Soissons, où il a toujours esté l'exemple de la communauté par son profond silence, sa grande

retraite, son parfait éloignement du monde, sa vie cachée en Dieu, son application continuelle aux exercices intérieurs et son assiduité à toutes les observances régulières de nuit et de jour, dont il ne s'est jamais dispensé que par nécessité et toujours avec l'approbation de ses supérieurs jusqu'à sa mort prétieuse aux yeux de Dieu, arrivée le samedi premier jour de mars de la présente année mil sept cens quatre, âgé de soixante-neuf ans et six mois, et de profession quarante-neuf et demi [1]. — On se croit obligé, pour l'édification de nos successeurs et pour les exciter à imiter les bons exemples de cet excellent religieux, d'ajouter icy qu'un ancien supérieur, qui a été le témoin oculaire de sa conduite pendant les douze ou quinze dernières années de sa vie à Saint-Médard, et qui a reçu ses derniers soupirs, nous a mandé que « Dieu voulant
« éprouver la fidelité et l'attachement à son devoir de son ser-
« viteur, et pour épurer et consommer ses autres vertus pré-
« cédentes, l'avoit exercé, pendant tout le tems qu'il avoit
« vécu avec lui, par plusieurs continüelles, trés aigües, trés
« fâcheuses et trés humiliantes infirmités, durant lesquelles
« il ne lui échappa jamais le moindre mouvement d'impa-
« tience, ni la moindre parole de murmure, de plainte et de
« mécontentement contre qui que ce soit ; au contraire, tou-
« jours résigné aux ordres de la Providence dont il adoroit la
« conduite sur lui, toujours paisible et tranquille, souffrant
« ses différens maux, non seulement avec beaucoup de pa-
« tience, mais avec une joye intérieure qui rejaillissoit sur
« son visage ; se contentant d'exposer son mal avec simplicité,
« et de remonstrer ses besoins les plus pressans avec humi-
« lité, une grande douceur, un visage serain, et toujours avec
« une grande résignation et dépendance, et sans inquiétude et
« trop d'empressement pour estre promptement soulagé. Et ce
« qui est le plus remarquable et le plus édifiant, c'est que,
« nonobstant toutes ses différentes incommodités, il fut tou-
« jours assidu à l'office divin, d'où souvent il falloit le rapporter
« dans l'infirmerie à cause des foiblesses et défaillances qui luy
« prenoient. *Enfin il est mort in Domino.* »

Le R. P. Dom Pierre Mongé secondé par D. Guillaume Jamet, et Dieu répandant ses bénédictions sur ses desseins,

Mort de Dom Guillaume (au premier jour du mois de mars 1704) trés édifiante.

Entreprises du R. P. D. P. Mongé. — Son succez.

---

1. [Dom Guillaume Jamet, natif de Rouen, avait fait profession dans l'abbaye de Saint-Denis, le 31 août 1654, à l'âge de 20 ans. (Bibl. nat. ms. lat. 12794.) A partir de 1674, la signature de ce digne religieux se trouve à côté de celle du prieur D. Pierre Mongé, sur les actes notariés relatifs à l'abbaye. Etude de M° Charlot.]

ses entreprises, ses travaux et sur les fonds de l'abbaye, non seulement il satisfit entièrement aux différentes charges de la communauté, mais même on verra dans la suite de cet écrit que quelques années après, sur tout après la mort de Monsieur l'abbé d'Esclainvilliers, il se vit en état de décharger le monastére de plusieurs rentes et autres debtes ou charges contractées par ses prédécesseurs. Il retira petit à petit plusieurs fonds et héritages aliénez par Messieurs les abbez commendataires, comme bois, prez, terres, étangs, maisons, fermes, qu'il rétablit et sur lesquelz il fit faire des améliorations et accommodemens pour les mettre en valeur, les rendre fertiles et plus avantageux au monastére. — Il entreprit et acheva le grand ouvrage du rétablissement des bâtimens de ce monastére.

Eglise mise en bon état.

Il trouva icy une église en trés mauvais ordre et fort peu convenable à sa fin ; il l'a rendue trés propre et fort décente. Les sacrez ossemens de saint Réole, nôtre fondateur, et autres saints, que l'on conserve dans le thrésor de cette église, étoient enfermez dans de vieux reliquaires percez de vers et plus propres à en inspirer du mépris qu'à exciter et attirer le respect et le culte qui leur sont dus. Pour réparer avantageusement cette espéce de profanation, il inspira à Dom Jean Richard, prieur des anciens, [le dessein] de contribuer [à] luy aider et d'employer les petites épargnes qu'il avoit faites à de beaux reliquaires pour y renfermer ces prétieux ossemens. — Dom Richard, qui n'avoit fait des réserves que dans le dessein de les remettre à nos religieux, entra avec joye dans une si louable résolution, aimant bien mieux consacrer ses épargnes à en faire des vases sacrez que de les laisser à un abbé commendataire qui, non content de jouir de plus des deux tiers du revenu de l'abbaye, se seroit encore emparé de sa côte-morte après sa mort.

Beaux reliquaires et autres piéces d'argent.

Le R. P. prieur aidé de ce secours, fit faire incontinent une trés belle chapelle composée d'un beau calice, un bassin, deux burettes, six chandeliers, un ciboire, un grand chef ou buste d'argent, deux autres reliquaires ou châsses de bois noirci enrichies de lames et plaques d'argent. Il fournit la sacristie d'ornemens de toutes les couleurs, de livres, de linge, etc. Il débarrassa le chœur et les chapelles de vieilles clôtures, et il les fit fermer et environner de balustrades plus dégagées pour leur sûreté, clarté et décoration. Pour la rendre moins humide et plus saine, il fit tirer et transporter les terres qui étoient fort hautes en dehors ; réparer plusieurs piliers-boutans et entre autres un pilier en

Réparations dans l'église.

L'Église et la Synagogue (Vitrail de l'église d'Orbais.)

Inscription du vitrail (agrandie).
(Page 425, note 1.)

dedans de l'église joignant la chapelle Notre-Dame, tout ruiné à cause des eaux d'un vilain fondoir au-dessus ; la crêpir et blanchir en dedans ; changer les vitres des bas-côtez et autres endroits pour luy donner plus de jour[1] ; réparer la charpente du clocher[2], et autres accommodemens. Si M[r] l'abbé d'Esclain-

1. [On ne peut trop déplorer la destruction des anciens vitraux effectuée par D. Pierre Mongé, sous prétexte que l'église manquait de jour. « Le « clergé des XVIIe et XVIIIe siècles, dit M. de Caumont, a été plus vandale, « sous ce rapport, que les protestants dans leurs luttes acharnées et que « les iconoclastes les plus zélés de 1793. » Beaucoup de chefs-d'œuvre des siècles antérieurs ont ainsi péri ! Le sanctuaire de l'église d'Orbais en particulier, si l'on en juge d'après les fenêtres respectées, devait présenter un ensemble de vitraux exécutés avec perfection. Nous avons déjà signalé (chap. VI) le beau vitrail de *l'Eglise et de la Synagogue* qui subsiste seul aujourd'hui dans les bas-côtés, au transsept septentrional. « Ce sujet, dit « Mgr Crosnier, se reproduit souvent aux XIIe et XIIIe siècles avec des « variétés de détail dont le génie de chaque artiste se plaisait à l'orner. « Un des vitraux de l'ancienne église abbatiale d'Orbais (Marne) nous « montre la sainte Vierge et saint Jean au pied de la croix ; à « droite, dans le panneau voisin, l'Eglise est figurée sous les traits « d'une femme nimbée, une couronne d'or orne sa tête, elle est « revêtue d'un riche manteau et tient en main une croix triomphale; « sur le panneau opposé, c'est la Synagogue, sans nimbe, car le nimbe « est l'attribut de la puissance ou de la sainteté ; elle baisse la tête et « tourne le dos au signe du salut. Un vitrail de la cathédrale de Bourges « reproduit le même sujet, etc... » *Iconographie chrétienne*, p. 218, Tours, Mame, 1876, in-8°. V. *Bulletin monumental*, t. XIV, p. 161 ; t. XI, p. 558 et suiv.; t. XVI, p. 128.]

2. [Ce clocher est un admirable modèle d'élégance et un type précieux de la charpenterie du XIVe siècle. Voulant montrer comment les artistes de cette époque ont su élever, à peu de frais, jusque sur les églises de village, des aiguilles du plus heureux goût, Viollet-Le-Duc n'a pas trouvé dans toute la France un monument plus digne que la flèche de l'église d'Orbais de servir d'exemple à sa démonstration. L'éditeur des œuvres de l'éminent architecte a bien voulu nous autoriser à reproduire le passage relatif à ce monument et il a mis obligeamment à notre disposition son propre cliché du dessin gravé dans le *Dictionnaire raisonné de l'architecture française*.

« Alors comme aujourd'hui, dit Viollet-Le-Duc (tome V, p. 461 de son ouvrage), l'occasion d'élever des flèches de charpente importantes ne se présentait pas souvent. Le plomb était plus cher autrefois qu'il n'est aujourd'hui...; sur de petites églises de bourgades, de villages ou d'abbayes pauvres, on ne pouvait penser à revêtir les flèches de charpente que d'ardoise. Il fallait, dans ce cas, adopter des formes simples, éviter les grands ajours et bien garantir les bois contre la pluie et l'action du soleil.

« Nous donnons un exemple de ces flèches entièrement revêtues d'ardoise, élevées, comme celle de Notre-Dame de Paris, à la rencontre des combles sur le transsept ; c'est la flèche de l'église d'Orbais (Marne), autrefois dépendante d'une abbaye. Excepté les extrémités des poinçons, qui sont revêtues de chapeaux de plomb très-simples, toute la charpente est couverte d'ar-

426   HISTOIRE DE L'ABBAYE D'ORBAIS

villiers avoit voulu seconder son zéle, il auroit fait réparer la nef de notre église. Il avoit bien d'autres sentimens, car le R. P. Dom Pierre Mongé le pressant un jour et l'exhortant de faire réparer ladite nef, de peur qu'elle ne tombât et que sa chûte n'attirât la chûte et la ruine de la croisée, du chœur et du clocher, il luy fit cette réponse peu convenable à un abbé, c'est-à-dire à un pere de religieux : « *Croyez-moy, Dom prieur, laissons tomber la nef et le chœur ; la petite chapelle du Saint-Esprit suffira au petit nombre de moines qu'il y aura icy pour y faire l'office ; nous épargnerons des réparations. Hé ! que voulez-vous faire d'une si grande église pour si peu de moines ?* » On laisse à ceux qui liront ces paroles à faire les réflexions qu'elles méritent au jugement des sages. On dira seulement que le R. P. prieur les releva d'une maniére qui ferma la bouche et couvrit de confusion l'abbé.

Belle idée et belle réponse d'un abbé commendataire relevées vigoureusement.

Il ne trouva icy ni place de bibliothéque, ni anciens manuscripts, ni livres. Il en a ménagé une qu'il a ornée d'une trés belle menuiserie et y a mis de bons livres, des bibles, les conciles généraux, des commentaires et interprétes de la Sainte Ecriture, des Peres grecs et latins, des théologiens scholastiques et moaux, livres de pieté, chronologistes, historiens, et autres, pour commencer une bibliothéque [1].

Bibliothéque formée.

Avant son arrivée, les lieux réguliers étoient presque détruits, et il en a rétabli de fort beaux, solides et commodes qu'il a trés bien meublez.

doise. On voit, en A, la moitié d'un des pans de bois de la souche ; CD est l'arbalétrier du comble. Comme toujours, cette souche est diminuée, ayant 4m 88 à sa base et 4m 66 à son sommet au niveau de l'enrayure de la pyramide. Celle-ci est octogone et pose ses angles sur les milieux des pans de bois, ainsi que le fait voir le tracé B. Les arêtiers E sont soulagés par des contre-fiches G assemblées dans les poteaux d'angle H, et sur les angles F sont posés quatre petits pinacles, visibles sur le tracé perspectif. Le corps de la flèche, la pyramide, les pinacles et les lucarnes sont couverts d'ardoises petites, épaisses, clouées sur de la volige de chêne. Il y a des lames de plomb dans les noues. Cet édifice, si simple, est d'un effet charmant, à cause de ces saillies, et surtout à cause de l'heureuse proportion de l'ensemble ; il date du xive siècle. Le beffroi est indépendant de la charpente de la flèche, et repose seulement, comme celle-ci, sur les quatre piles du transsept. » — Cf. L. Courajod, *Lettres à M. Noël Boucart sur la restauration de la flèche d'Orbais*, en juillet et août 1869, Epernay, Noël Boucart, 1869, 20 p. in-8°.]

1. [Rappelons ici que la bibliothèque de la ville d'Epernay conserve aujourd'hui le catalogue de la bibliothèque conventuelle d'Orbais (V. *suprà*, préface). C'est un manuscrit in-folio portant la date de 1714. D'après l'état qui figure en tête de ce catalogue, on voit que, lorsqu'il fut composé, la bibliothèque d'Orbais comprenait environ 3,904 volumes ainsi répartis :

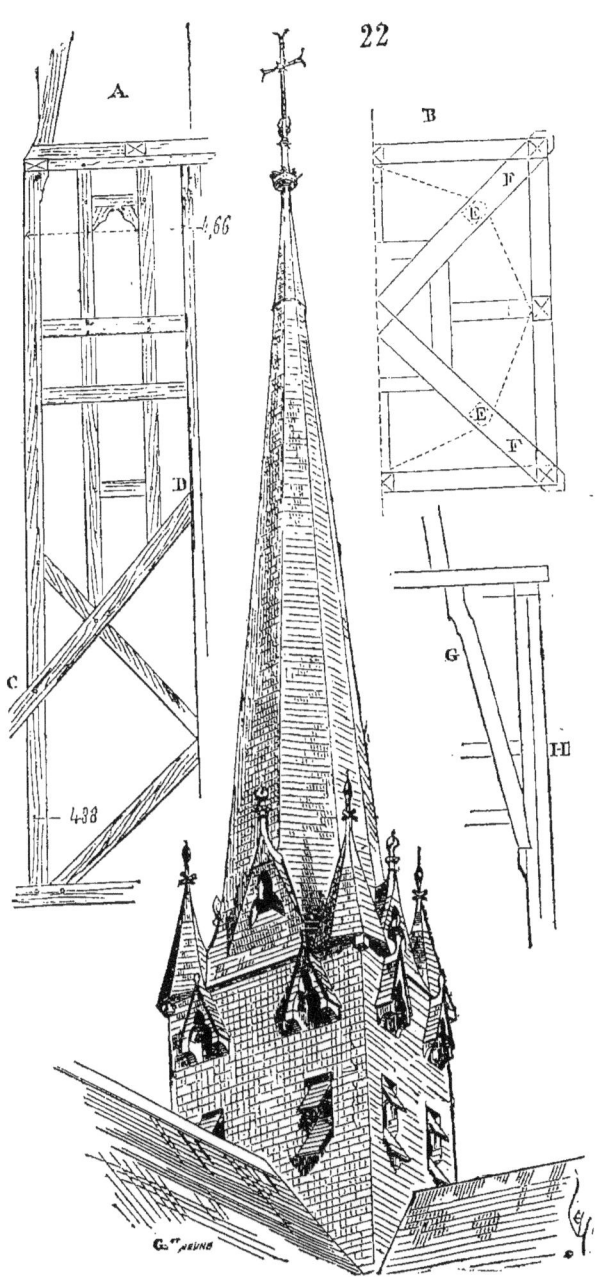

Flèche de l'église d'Orbais.
(D'après Viollet-Le-Duc.)

La place devant le dortoir des religieux, où est aujourd'huy leur jardin, étoit fort irrégulière, haute, basse, impraticable. Là tout y étoit couvert d'épines, de ronces, de broussailles ; icy étoient de grands creux où il se faisoit de grands amas d'eau qui s'y corrompoit et engendroit mille vilains animaux ; par tout enfin un fond inculte et sterile. Mais par son travail assidu, par son industrie, arrachant, défrichant, remuant et transportant luy-même la terre, applanissant les hauteurs, comblant les creux, arrosant la terre de ses sueurs, il en a fait un jardin fort beau et fort fertile.

Jardin ménagé.

La belle fontaine de Saint-Prix, dont l'eau est excellente, ne communiquoit plus ses eaux dans le monastére depuis plus

Fontaine de Siaint-Prix.

Biblia sacra	103 volumes.
Biblici et concordantiæ	40 —
Interpretes S. Scripturæ	235 —
Concilia	82 —
SS. patres et scriptores ecclesiastici græci	74 —
Id. id. latini	168 —
Bibliotheca patrum et bibliothecarii	76 —
Theologi scholastici et dogmatici	451 —
Id. morales ceu casuistæ	226 —
Id. polemici ceu controversistæ	178 —
Id. mystici	215 —
Id. ascetici	38 —
Concionatores	144 —
Jus canonicum	94 —
Jus civile	58 —
Libri ecclesiastici	122 —
Historici ecclesiastici	381 —
Id. monastici	72 —
Id. profani	504 —
Cosmographi, mathematici et astrologi	48 —
Philosophi	72 —
Medici	34 —
Oratores et poetæ	141 —
Grammatici et humanistæ	104 —
Philologi, critici, miscellanei	212 —
Heterodoxi	32 —
Total général	3.904 volumes.

L'aperçu qui précède montre qu'au début du xviii° siècle l'abbaye bénédictine d'Orbais était un centre d'études assez important. Dans l'inventaire de sa bibliothèque, la part numérique la plus large est celle qui est faite aux ouvrages d'histoire profane (504 vol.). Aussi est-ce à juste titre que M. Louis Paris a pu citer la riche et savante abbaye d'Orbais parmi celles qui, dans la province de Champagne et de Brie, ont laissé les plus nombreux témoignages de leur zèle pour les études historiques, en nous léguant d'importantes et précieuses collections..... (Lettre au Maire, p. xviii), en tête du *Catalogue des imprimés de la bibliothèque d'Epernay*, t. I, Epernay, Bonnedame, 1883.]

de cent cinquante ans, comme nous l'apprenons d'un procez-verbal fait au mois de décembre mil cinq cens quatre-vingt-un, du tems de l'abbé Jean de Pilles ; mais notre R. P. prieur là fit conduire au mois de may mil six cens quatre-vingt-dix-neuf dans le jardin, où elle forme un trés beau jet d'eau, et dans les officines du monastére.

Procez suscitez. Tous ces différens travaux exerçoient le zéle infatigable du R. P. prieur au dedans ; mais on luy donna de l'occupation au dehors par les injustes procez que des personnes puissantes luy suscitérent en attaquant et disputant plusieurs droits et possessions de l'abbaye dont elle jouissoit justement et paisiblement depuis plusieurs siécles. Il les termina toujours neantmoins avec avantage et avec honneur, soit par des arrests des Cours souveraines, ou des transactions faites à l'amiable qui confirmoient l'abbaye dans ses anciens droits et possessions.

Prestation de Mareüil maintenue à l'abbaye par une transaction en 1689, le 9 décembre, pardevant Pâquier, notaire à Paris. Louis Eléonor Hennequin de Charmont, fils et frere de procureurs généraux au Grand Conseil, et abbé commendataire de l'abbaye du Valsecret [1], ordre de Prémontré, vouloit réduire à la moitié la prestation que notre abbaye s'est réservée anciennement et a droit de prendre tous les ans aprés la Saint-Martin d'hyver en bled-froment, seigle et avoine, sur les dixmes de la parroisse de Mareüil proche d'Orbaiz, comme ayant abandonné lesdites dixmes à cette condition. Aprés avoir soutenu un long procez audit Grand Conseil, l'affaire fut accommodée et l'abbaye maintenue dans son ancienne et légitime possession par une transaction du neuviéme jour de décembre mil six cens quatre-vingt-neuf, entre ledit Hennequin, abbé, Jacques de Pouilly de Lançon, abbé d'Orbaiz, et le R. P. Dom Pierre Mongé, au nom de notre communauté. Cette transaction est dans le chartrier. Voyez cy-dessus au titre de Gilles, abbé d'Orbaiz en 1300, et cy-aprés en 1689, au titre de Jacques de Pouilly de Lançon.

Dame Françoise Croiset, abbesse de l'abbaye d'Andecy [2],

1. [Louis Léonor Hennequin de Charmont, fils aîné de Louis François Hennequin, procureur général au Grand Conseil, et de Marie Marguerite l'Hoste de Beaulieu, docteur de la faculté de Paris et seigneur de Coribert, tenait l'abbaye du Valsecret en commende depuis le mois de juillet 1681. Il mourut à Paris le 23 février 1735, à l'âge de 65 ans. *Armoiries* : « Vairé d'or et d'azur ; au chef de gueules, chargé d'un lion léopardé d'argent. »]

2. [Françoise Croiset, fille de Charles Croiset, contrôleur général de la grande chancellerie, et de Marie Damon, prit possession de la charge d'abbesse d'Andecy le 25 janvier 1673. Elle fit rebâtir presque entièrement le monastère. Elle mourut vers 1717.]

ordre de Saint-Benoist, prétendoit qu'une bonne partie des dixmes de Fére-Champenoise luy appartenoit. L'affaire étant sur le point d'être jugée au profit de notre abbaye, les amis et conseil de ladite dame abbesse luy conseillérent de s'accommoder, ce qui se fit par une transaction, par laquelle notre communauté, à cause de notre office de chambrier, et le prieur du prieuré Notre-Dame de l'Abbaye-sous-Plancy [1], ausquelz appartient chacun la moitié des dixmes dudit lieu de Fére-Champenoise, s'obligérent de donner chacun quatre livres dix sols pour toutes choses par chacun an à ladite abbaye d'Andecy à perpétuité. Voyez cy-aprés [2].

Transaction avec l'abbaye d'Andecy, le 9e d'août 1697, pardevant Desnots, notaire à Paris.

Antoine Le Grain, seigneur du Breüil, homme rusé et de fortune, s'avisa de vouloir refuser de fournir et livrer la redevance annuelle de cent seize boisseaux de froment et cent seize boisseaux d'avoine, que l'abbaye a droit de prendre tous les ans sur le moulin du Breüil qui luy appartenoit cy-devant, comme on peut voir par la vente qui nous en fut faite en 1265 par Thibaud, seigneur de Moret. (Voyez ci-dessus). — Le R. P. Mongé l'attaqua et obtint un arrest [3] qui maintient l'abbaye dans son droit.

Redevance sur le Breüil conservée par plusieurs sentences de Château-Thierry, des Requêtes du Palais et arrest du Parlement de Paris dans le chartrier.

Mais un des plus grands et des plus signalez services que le R. P. prieur ait rendus à la communauté, c'est d'avoir par ses soins infatigables et par de fortes raisons, comme arraché des mains et obtenu des abbez commendataires un partage et le tiers du revenu de l'abbaye pour en jouir séparément par les religieux. Il y avoit plus de cent ans que les anciens religieux avoient demandé le partage d'un bien dont le total leur appartenoit. Le Grand Conseil, sur la requête desdits religieux, avoit ordonné et condamné, par son arrest du deuxième [jour] d'avril 1574, Nicolas de la Croix à faire faire le partage et séparation des biens et revenus de cette abbaye et de leur en abandonner et laisser jouir d'un tiers franc et quitte de toutes charges généralement quelconques, sans que jamais lesdits anciens religieux, en vertu même dudit arrest cy-dessus rapporté au long, ayent jamais pu obtenir, ni leurs successeurs, des abbez suivants ladite séparation et partage desdits biens, Messieurs les commendataires voulans toujours être les maîtres d'un bien qui n'a jamais été donné que pour l'entretien honnête des religieux et des pauvres, et dont neantmoins les-

Partage des biens obtenu par le R. P. D. P. Mongé, cy-aprés en 1682 ou 1683.

---

1. [*Gallia christ.* XII, 533.]
2. [La transaction, qui est du 9 août 1697, se trouve rappelée plus loin, à sa date.]
3. [La date de cet arrêt n'est point indiquée.]

dits religieux ont trés souvent des peines et des difficultés incroyables pour en arracher la moindre partie pour une subsistance simple et frugale.

Le succez d'une demande si ancienne, si juste et si avantageuse à la communauté, étoit réservé à la vigilance et à la fermeté du R. P. Dom P. Mongé; on luy en a toute l'obligation.

Il a fait rétablir et remettre en bon état la chaussée et le petit étang du Pré-au-Chêne qui sert de réservoir pour y conserver pendant l'hyver le poisson et l'alvain de la communauté.

Allée de charmille plantée en 1674.

Il fit aussi et aida à planter la belle allée de charmille qui est au bout du pré au delà du jardin des religieux, le long du grand mur de clôture du côté de l'église Saint-Prix; ce fut en cette année mil six cens soixante-quatorze.

Enfin pour rendre toute la justice convenable au R. P. Dom Pierre Mongé, il faut avouer qu'il a eu part et qu'il a été le principal instrument dont Dieu s'est servi depuis le mois de juin mil six cens soixante-treize jusqu'au dernier mars mil sept cens, pour le rétablissement entier et parfait du spirituel et temporel de ce monastére. Cette vérité paroîtra dans tout son jour en rapportant icy en détail, de suite et selon l'ordre des tems, tout ce qu'il a entrepris, fait et exécuté pour l'avantage de cette abbaye, et on reconnoîtra qu'il a non-seulement répondu à tout ce qu'on attendoit de son zéle, de son affection, de son œconomie, soins, habileté, etc., mais même qu'il a porté et conduit toutes ses entreprises à un succez et une perfection au delà de toute espérance. Quand on mettra en paralléle l'état où il a trouvé ce monastére avec celui où il l'a laissé, on ne peut comprendre, on admire et on admirera toujours comment avec un si petit revenu il ait pu exécuter si heureusement tant de si différentes entreprises et laisser à sa sortie en trés bon état.

1675

1675.

Rente remboursée.

Le dixiesme jour de janvier mil six cens soixante et quinze on remboursa une rente, dont l'intérest étoit de vingt-cinq livres par an, au sieur Gonel, bourgeois de Reims, cy-devant créée par Nicolas de la Croix, abbé, pour subvention accordée au roy Charles IX en 1569; et comme notre communauté avoit emprunté l'argent en son propre et privé nom de nos RR. PP. de l'abbaye de Chezy pour faire ce remboursement audit sieur

Gonel, dont Mr l'abbé profitoit des deux tiers dudit intérest, ne le payant plus audit Gonel ni autre, il a été condamné depuis à payer deux tiers de ladite rente qui sont dix-sept livres dix sols constituées au profit desdits religieux de Chezy, aux nom et droit desquelz notre communauté d'Orbaiz est à présent par le remboursement qu'elle a fait ensuite de ladite rente de vingt-cinq livres, en 1678, le 1er septembre [1].

CHAPITRE QUATRIÈME

QUATRIÈME TRIENNAL

Le chapitre général tenu à Saint-Benoist de Fleury ou sur-Loire, au mois de juin de la présente année mil six cens soixante-quinze, continua le Révérend Pere Dom Pierre Mongé en qualité de prieur de ce monastére [2].

Le R. P. Mongé continué prieur.

En cette même année mil six cens soixante-quinze, cette petite abbaye fut taxée à neuf cens vingt livres de don gratuit accordé au Roy par l'assemblée du clergé de Soissons, aprés l'assemblée générale du clergé de France tenue auparavant en la présente année. Mais cette sorte de taxe ou imposition a été depuis dans les assemblées beaucoup augmentée, comme on a remarqué cy-devant en rapportant les différentes taxes imposées sur cette abbaye, chef et membres, abbé, couvent et

Don gratuit de 920 l. payable en cinq termes.

---

1. [9 février 1675. — « Par devant les conseillers du Roy, notaires gardenotes de Sa Majesté au Chastelet de Paris... fut présent en sa personne Messire Pierre de Séricourt, chevalier, seigneur d'Esclainvilliers, abbé commendataire de l'abbaye Saint-Pierre d'Orbais, ordre de S. Benoist, demeurant à Paris rue de la Monnoye à l'hostel de Mantoue, parroisse Saint-Germain l'Auxerrois, lequel.......... donne pouvoir et puissance de pour luy et en son nom bailler à Sa Majesté ou à ceux qui sont en ses droicts engagistes et propriétaires des domaines de Chasteau-Thierry et principauté de Condé, une déclaration et recognoissance des redevances dont ladite abbaye d'Orbais peut estre tenue envers lesdits seigneurs ayant-cause de ses domaines... » A la suite et en vertu de cette procuration intervint un acte du 11 mars 1675 portant reconnoissance par les religieux d'Orbais à Madame la princesse de Condé. Lesdits religieux « recognoissent vollontairement qu'à cause de la vicompté de Violleine appartenant et despendant de ladite abbaye d'Orbais, ils doibvent envers la recepte et principauté de Condé par chacun an le jour Saint-Estienne, lendemain de Noël, six septiers d'avoine mesure dudit Condé, six poulles et dix-huict deniers d'argent, etc... A ces causes, usant de bonne foy, passent recognitive hipotèque et tiltre nouvelle au profict de Madame la princesse de Condé... Signé fr. Pierre Mongé et fr. Guillaume Jamet. » — Etude de Me Charlot.]

2. [*Liber continens electiones superiorum*, Bibl. nat. ms. lat. 17690, f° 69 v°.]

offices claustraux. Voyez cy-dessus, chapitre quatriesme, Des bénéfices de cette abbaye, paragraphe troisiéme.

1676 [et 1677]

1676.

1677.

Les Prez-le-Comte et huit boisseaux de froment sur le moulin Musquin retirez en 1677.

Le quinziéme jour de may [1676][1] le Roy donna un arrest du Conseil privé pour faire payer le huitiesme denier par les détenteurs des biens ecclésiastiques, fabriques et communautez. A la faveur de cet arrest, le R. P. prieur, aprés avoir satisfait à l'intention et aux clauses dudit arrest, retira et rentra en possession, en 1677, de la piéce de huit arpens de prez appellez communément les *Prez-le-Comte*, vers Suisy-le-Franc, et en la rente de huit boisseaux de froment à prendre sur les possesseurs ou détenteurs du moulin Musquin et ses dépendances, aliénez par ledit Nicolas de la Croix, abbé, le vingt-neuviesme jour de décembre mil cinq cens soixante-trois pour subvention moyennant la somme de deux cens quatre-vingt livres de principal. Il paya aussi deux fois le huitiéme de cette somme, sçavoir celui ordonné par ce présent arrest, et celui qui avoit été payé par lesdits détenteurs en 1642, et autres faux fraiz qu'il fut obligé de rembourser pour parvenir ausdits retraits.

La communauté, ayant fait seule lesdits retraits de ses deniers et épargnes, avoit droit d'en jouir seule jusqu'à ce que Messieurs les abbez luy eussent rendu les deux tiers du déboursé. Mais comme ladite communauté avoit reçu en ce même tems prez de cinq-cens livres pour remboursement du sort principal de trente-cinq livres et quelques sols de rente à prendre par l'abbaye sur l'hôtel de ville de Paris pour une pareille somme de cinq-cens livres payée cy-devant au Roy pour une taxe par luy imposée sur les bois de cette abbaye, et dont Sa Majesté a payé l'intérest jusqu'au jour du susdit remboursement dudit sort principal de cinq-cens livres ; la communauté, ayant, dis-je, touché seule ledit remboursement d'environ cinq-cens livres dont Mr l'abbé avoit droit de recevoir les deux tiers, l'on est convenu avec luy que les deux tiers dudit remboursement fait par le Roy resteroient entre les mains desdits religieux et leur tiendroient lieu de remboursement, de la part de Mr l'abbé, des fraiz, déboursez et avances

---

1. [*Dictionnaire des arrêts ou Jurisprudence universelle etc.*, par P. J. Brillon, t. 1, p. 137, Paris, 1727, in-f°.]

faits pour les retraits desdits huit arpens de prez et desdits huit boisseaux de froment, et réciproquement que Monsieur l'abbé jouiroit des deux tiers desdits huit arpens de prez et huit boisseaux de froment, comme il jouissoit des deux tiers de ladite rente sur l'hôtel de ville de Paris.

En la même année, pour obvier aux disputes et querelles des différents meûniers, on démolit le moulin à eau du village de la Ville-sous-Orbaiz[1], du consentement de Mʳ l'abbé. Les meules et autres ustensiles d'icelui servirent ensuite aux moulins de la Halle et du Pont d'Orbaiz. *Démolition du moulin de la Ville-sous-Orbaiz.*

Le vingt-deuxième jour de juin de la présente année, on prit en payement et les religieux réunirent au domaine de leur petit couvent la ferme du Tremblay, parroisse [d'Orbaiz], provenant des héritiers des Verroüillards, qui, étans redevables de plusieurs sommes considérables et ne pouvans y satisfaire, abandonnérent ladite ferme et consentirent à une sentence de réunion audit domaine du petit couvent desdits religieux qui se chargérent en même tems de deux rentes constituées : l'une de quatre-vingt dix livres de sort principal, due au sieur Richard de Château-Thierry par lesdits héritiers ou les Verroüillards, et remboursée par lesdits religieux le vingt-deuxième jour de décembre 1692, l'autre rente de cent soixante livres due par les mêmes héritiers au nommé Rondeau et remboursée par lesdits religieux ladite année mil six cens quatre-vingt douze. *La ferme du Tremblay retirée et donnée à rente.*

Cette ferme a esté depuis [en 1687] donnée à rente racheptable de la somme de quatorze cens livres une fois payée, à Pierre d'Autroy qui l'a prise pour luy, ses hoirs et ayant cause, moyennant la somme de soixante-dix livres payables au petit couvent[2].

Au mois de juillet de la présente année 1677, on commença le rétablissement du dortoir, suivant la permission par écrit du T. R. P. Dom Vincent Marsolles, supérieur général de notre congrégation, du vingt-sixième jour de juin mil six cens soixante dix-sept, et fut achevé à la fin de 1679. *Rétablissement du dortoir.*

[1. Sur cette localité voir *Recherches sur l'histoire de l'industrie dans la vallée du Surmelin*, p. 60 et suiv.].

2. [Les anciens titres de propriété et les baux relatifs à la ferme du Tremblay se trouvent aux *Archives départ. de la Marne*, f. d'Orbais, nᵒˢ 3, 10, 16 et 33.]

1678

1678.

Bataille de St-Denis, aux environs de Mons en Hainault, le 15 août 1678.

Pendant que notre R. P. prieur travailloit icy avec beaucoup de zéle et d'assiduité, d'ardeur et de succez au rétablissement des affaires temporelles, des bâtimens et du culte de Dieu, Monsieur l'abbé d'Esclaïnvilliers qui travailloit de son côté à conserver les frontiéres du royaume et à étendre les conquêtes du Roy, reçut sur le soir une blessure mortelle au défaut des côtes, s'étant trouvé à la tête du régiment de Tilladet qu'il commandoit alors en chef, en qualité de commandant, à la bataille de Saint-Denis proche de Mons en Haynault, donnée le quatorze ou quinziéme jour d'août mil six cens soixante et dix-huit entre l'armée de France commandée par François Henry de Montmorency, duc de Luxembourg, pair et maréchal de France, chevalier des ordres, l'un des quatre capitaines des gardes du corps du Roy et général des armées de Sa Majesté etc., et l'armée d'Espagne, des Hollandois et de leurs alliez commandée par Guillaume Henry de Nassau, prince d'Orange, stathouder ou généralissime des armées de Hollande, neveu et gendre de Jacques second, roy de la Grande-Bretagne, mort au château royal de Saint-Germain en Laye, le [16°] de [septembre] mil sept cens un, dont ce perfide et dénaturé neveu et gendre usurpa le trône, aprés l'en avoir chassé et d'Angleterre, et l'avoir obligé par sa trahison et perfidie luy, la reyne Marie d'Este son épouse, et son fils unique le prince de Galles, héritier légitime et présomptif des couronnes d'Angleterre, d'Ecosse et d'Irlande, âgé seulement de six mois au mois de décembre mil six cens quatre-vingt-huit, de se retirer en France, l'azile ordinaire des princes et souverains persécutez et abandonnez. Guillaume par ses fourberies et ses pratiques criminelles fut proclamé et couronné Roy à Londres dans l'église de Westmunster avec Marie Stuart son épouse, fille aînée, mais trés perfide et dénaturée, de Jacques second, roy d'Angleterre, et de Anne Hyde, sa premiére femme, fille de Mylord Edouard Hyde, grand chancelier d'Angleterre et depuis comte de Clarendon. Le couronnement desdits Guillaume et Marie se fit le vingt-uniéme jour d'avril mil six cens quatre-vingt-neuf, et [ce prince fut] reconnu depuis par la France Roy de la Grande-Bretagne, sous le nom de Guillaume troisiéme, dans le traitté fait pour la paix générale, dans le palais de Riswic en Hollande en mil six cens quatre-vingt-dix-huit[1]. Il mourut le troisiéme dimanche de

---

1. [*Lisez* 20 septembre 1697.]

carême, dix-neufviéme jour de mars mil sept cens deux, âgé de cinquante et un ans et quatre mois, étant né le quatorziéme jour de novembre mil six cens cinquante, aprés la mort de Guillaume de Nassau X[e] de ce nom, prince d'Orange, mort le sixiéme de novembre de la même année mil six cens cinquante, âgé de vingt-quatre ans, laissant son épouse Henriette Marie d'Angleterre (fille de Charles Ier et de Henriette Marie de France, roy et reyne d'Angleterre) grosse de Guillaume, l'ennemy de la France.

Monsieur l'abbé — que nous venons de quitter par une petite digression — avoit actuellement la fiévre quarte (selon le rapport du sieur Louis Marotte, son valet de chambre et procureur fiscal de la justice d'Orbaiz), et ayant été surpris par l'attaque inopinée des ennemis, à laquelle on ne devoit nullement s'attendre si on avoit eu affaire à un ennemi de bonne foy,— mais le prince d'Orange en a-t-il jamais eu ? moins en cette occasion, puisqu'il y avoit un traitté de paix fait et signé réciproquement de part et d'autre[1], — ayant été, dis-je, surpris et n'ayant pu prendre sa côte d'arme, qui auroit paré le coup fatal qui luy fut porté, il monta précipitamment sur le premier cheval qu'il trouva à la main, plus attentif à son devoir qu'aux violentes ardeurs de la fiévre, et se rendit à son poste pour recevoir les ennemis. Monsieur de Luxembourg se reposant sur la bonne foy de ce traitté dans sa poche, se delassoit de ses fatigues précédentes et se divertissoit à table avec les officiers généraux dans le logis abbatial de Saint-Denis[2], lorsqu'on vint luy dire jusqu'à trois fois que les ennemis étoient à la portée du canon, et que même son arriére-garde commandée par Monsieur de Choiseul étoit aux prises avec le prince d'Orange, qui, chagrin et au désespoir de ce traitté qui lui ôtoit les armes des mains, finissoit une guerre qui le faisoit considérer des alliez et avançoit un repos trop préjudiciable à ses intérests, feignit malicieusement et contre sa propre conscience d'ignorer ce traitté de paix dont luy-même

---

1. [La paix avait été signée à Nimègue entre la France et la Hollande le 10 août 1678, à onze heures du soir.]

2. [« Le maréchal de Luxembourg, qui bloquait Mons, venait de rece« voir la nouvelle de la paix ; il était tranquille dans le village de Saint-Denis, et dînait chez l'intendant de l'armée. » (Voltaire, *Siècle de Louis XIV*, chap. XIII.) La *Gazette de France* dit qu'il « entendoit la messe. » — L'abbaye de Saint-Denis se trouvait à une lieue et demie environ au nord-est de Mons. C'était dans cette abbaye que le maréchal de Luxembourg avait placé son quartier général en avant et sur la droite de son armée.]

étoit porteur, et commença dés lors à agir dans toutes les occasions avec cette mauvaise foy, les fourberies et les perfidies qui ont fait son véritable caractére et reglé toute sa conduite jusqu'au dernier soupir de sa vie.— Notre général toujours présent à soy et sans s'embarrasser de la supercherie de Guillaume de Nassau, monte à cheval, met son armée en état de recevoir et de repousser vigoureusement l'ennemy autant que le tems et la situation du terrain où il étoit campé le permettoient, et par sa contenance, sa prudence et son courage, il fit éprouver dés cette première occasion où ils mesuroient leurs armes ensemble, au prince d'Orange que, soit qu'il eût dans la suite le courage de venir à luy en brave et de bonne guerre, ou plutôt que, dépouillant tout honneur et toute honte et se faisant un front à toute épreuve, il vînt à luy en fourbe et en lâche, il luy apprendroit toujours qu'il n'étoit qu'un jeune homme et un petit apprentif dans le métier de la guerre. Le prince d'Orange a bien fait l'expérience de cette espéce de prophétie dans les batailles de Steenkerck, de Nervinde[1], d'où il ne se retira du champ de bataille qu'aprés la perte de toute son artillerie et avec les tristes debris de ses armées, redevable luy-même de son salut à la bonté et à la course de ses chevaux.

Mais laissons là cet infortuné politique qui est allé rendre compte, il y a plus de trois ans[2], à un juge aux lumiéres et à la justice duquel rien n'échappe, pour dire que Monsieur d'Esclainvilliers se trouvant au milieu du plus grand feu des ennemis[3], il choisit et coucha en joue un des premiers de leurs officiers ; mais son pistolet ayant manqué, son adversaire, ayant échappé par ce défaut, luy tira son pistolet dont les balles l'ayant percé au défaut des côtes, renversé sur son cheval et se sentant hors d'état de combattre et blessé à mort[4],

M. l'abbé blessé à mort.

1. [Le maréchal de Luxembourg vainquit Guillaume III à Steinkerque le 3 août 1692, et à Nerwinde le 29 juillet 1693.]

2. [Dom Du Bout a dû écrire ces lignes en 1705.]

3. [Il paraît qu'à la bataille de Saint-Denis-sous-Mons le prince d'Orange faillit être pris par d'Esclainvilliers qui le serra de fort près. De Quincy, *Hist. milit. du règne de Louis le Grand*, t. I, p. 594. Sur Timoléon d'Esclainvilliers, frère aîné de l'abbé d'Orbais, cf. *ibid.* p. 157 et 198. — V. la relation du « Combat près de Mons, le 14 août 1678, » imprimée dans le *Mercure Hollandois*, Amsterdam, 1680.]

4. [« Pendant que les bataillons français rectifient leur ligne sous le com-
« mandement de leurs officiers, un escadron du régiment de Tilladet, con-
« duit par le chevalier d'Esclainvilliers, défile rapidement entre les inter-
« valles, se déploie en avant et charge ; deux escadrons des gardes du roi

il se retira et se fit porter au quartier de Monsieur de Montalte auprés de Mons[1], pour faire mettre le premier appareil à sa blessure, et de là dans l'abbaye de Saint-Ghislain, à trois lieues de Mons[2] ; où estant arrivé il pensa d'abord sérieusement à mettre ordre aux affaires de son salut par la reception des saints sacremens, témoignant un grand regret d'avoir offensé Dieu, des différens qu'il avoit eus, et de la conduite qu'il avoit tenue à l'égard des religieux d'Orbaiz, et pour marques du regret sincére qu'il en ressentoit et de la confiance entiére qu'il avoit en leur amitié pour luy, nonobstant ce qu'il avoit fait contre eux, et en leurs priéres et leur credit auprez de Dieu, il témoigna qu'il auroit fort souhaitté que son corps fût inhumé dans l'église de cette abbaye, afin que sa présence les engageât à prier Dieu pour luy plus assidûment et plus longtems. Mais comme il se trouvoit arrêté dans une abbaye du même ordre, et qu'il étoit trop éloigné d'Orbaiz, il aima mieux qu'on emploiât en aumônes et en priéres la dépense qu'on auroit faite pour transporter son corps de Saint-Ghislain à Orbaiz ; il demanda avec beaucoup d'instance et par grâce aux religieux de Saint-Guislain d'être inhumé dans la petite chapelle du même saint devant le milieu de l'autel, proche le marche-pied ; ce qui luy fut accordé. Il pria aussi qu'on donnât avis aux R. P. prieur et religieux de son abbaye de sa mort promptement, et qu'il mouroit avec la douleur de n'avoir pas toujours vécu en parfaite intelligence avec eux. Il fut assisté dans les derniers momens de sa vie par le R. P. Dom

« d'Espagne viennent à sa rencontre, ils sont renversés ; les chevaux-légers
« lancés à fond de train traversent encore deux lignes d'infanterie, et, leur
« charge fournie, reviennent par le même chemin ; malheureusement, le
« chef audacieux qui les avait entraînés, le chevalier d'Esclainvilliers,
« tombe frappé à mort.... » *Histoire de Louvois* par Camille Rousset, 4ᵉ
édition, t. II, p. 526.]

1. [Le comte de Montal, l'un des deux commandants du corps de blocus de Mons, avait son quartier au Nord de la ville, vers la rivière de la Haisne. Les troupes françaises se replièrent en avant de ce quartier pendant la nuit qui suivit la bataille de Saint-Denis.]

2. [Saint-Ghislain ou Saint-Guillain, petite place du Hainaut entre Mons et Condé, prise par les Français le 10 décembre 1677, rendue à l'Espagne après la paix de Nimègue. Elle tire son nom de l'abbaye qui y fut fondée vers le milieu du VIIᵉ siècle (*Gallia christ.* III, 90) et définitivement démolie en 1798. Les *Annales de Saint-Ghislain*, composées par D. Baudry, se trouvent publiées en grande partie au t. VIII des « Monuments pour servir à l'histoire des provinces de Namur, de Hainaut et de Luxembourg », ap. *Collection des chroniques belges.*]

Antoine Bougier[1], prieur du monastere de Saint-Martin de Fives[2], faux-bourg de Lille en Flandre, et supérieur de ladite abbaye de Saint-Guislain par ordre de la cour de France, à cause des intelligences et de l'attachement de Dom Jérôme des Maziéres, abbé de ce lieu, aux intérests des Espagnols, parmi lesquelz il s'étoit retiré ; par le R. P. Dom André Chevrier[3], procureur de l'abbaye de Corbie pour les affaires de Flandre, et par le R. P. Ficier, religieux dominiquain du couvent de Velly[4], françois et aumônier dudit régiment de Tilladet[5]. Il mourut enfin vingt-quatre heures aprés sa blessure, entre huit et neuf heures du soir du quinziéme jour d'août mil six cens soixante dix-huit, âgé de quarante-six ans ou environ.

Mort de Mr l'abbé le 14 ou 15 août 1678.

Ledit Pere Ficier fit faire le lendemain ses obséques et paya pour tous les fraiz funéraux dix-neuf patagons de quarante-huit patarres ou sols chacun, monnoie de Flandre, qui font à notre monnoie de France dix-neuf écus à soixante sols, ou cinquante-sept livres, — et vingt sols, monnoie d'Haynault, ou vingt-cinq sols de France, pour les fossoyeurs, suivant la quittance donnée audit Pere Ficier le seiziéme jour d'août audit an 1678 par Dom Ildefonse du Belloy, religieux et maître d'hôtel de Saint-Guislain, et ensuite abbé aprés la mort dudit Dom Jérôme des Maziéres[6], dont voicy copie de l'original donnée à Dom Nicolas du Bout par ledit sieur Louis Marotte et laissée dans le chartrier :

1. [D. Antoine Bougier, né à Guise, diocèse de Laon, avait fait profession dans l'archimonastère de Saint-Remi de Reims le 19 juin 1656, à l'âge de 22 ans. Il mourut à l'abbaye de Saint-Pierre de Corbie le 1 avril 1690.]

2. [Saint-Martin de Fives (Nord), ancien prieuré bénédictin fondé vers 1104 par Herman, chanoine de Lille, et dépendant de l'église Saint-Nicaise de Reims. Migne, *Dict. des abbayes*, col. 501.]

3. [D. André Chevrier, natif de Saint-Dizier, diocèse de Châlons, fit profession à Saint-Remi de Reims le 17 août 1646, à l'âge de 19 ans. Il mourut en Flandre le 9 avril 1702.]

4. [VAILLY (Veilly, Vesli, Vaesli, etc...), auj. ch. l. de cant. (Aisne), arr. de Soissons, possédait autrefois un couvent de Jacobins qui ne comptait plus qu'un religieux à l'époque de la Révolution. — Melleville, *Dictionn. histor. du départ. de l'Aisne*, in-8°, t. II, p. 242.]

5. [Sur l'historique du régiment de Tilladet consulter l'*Histoire de la cavalerie française* par le général Susane (3 vol. in-12, Hetzel, 1874), t. III, p. 228 et suiv.]

6. [Sous cet abbé (1649-1681) ailleurs dénommé Marlière ou Marlior, la communauté eut beaucoup à souffrir des maux de la guerre. V. *Histoire de la ville de Saint-Ghislain* par G. J. de Boussu, p. 197 et 273, Mons, Michel Varret, 1737, in-12.]

« Je soubsigné, maître d'hostel de l'abbaye de Saint-Ghis-
« lain, atteste d'avoir reçû du Révérend Pere Ficier, bachelier
« de la sainte theologie et aumônier de Monsieur Tilladé, la
« somme de dix-neuf patagons pour les exéques de M^r de
« Clainvilliers. Fait audit Saint-Ghislain, ce seiziéme aoust
« 1678. Signé Dom Ildefonse du Belloy.

« Sy a été aussi payé par ledit Révérend Pere Ficier au fos-
« sier de Saint-Ghislain vingt sols monnoie de Haynault. Signé
« Dom Ildefonse du Belloy. »

On dira icy par occasion que Dom Ildefonse du Belloy étant abbé et allant à Mons, le cheval, qui le portoit, s'abatit sous luy et le tua [1].

Dez aussi-tôt que le R. P. prieur et les religieux anciens et réformez d'Orbaiz apprirent la mort de leur abbé, ils s'acquitérent avec toute la diligence et toute la solennité qu'ils purent des devoirs, offices et priéres ordinaires et qu'il s'estoit promis de leur charité.

On n'a pu découvrir par quel motif il en avoit agi un peu durement pendant sa vie avec ses religieux d'Orbaiz : on ne veut pas croire que ç'ait été par des vues et des interests temporelz, puisqu'on sçait de plusieurs personnes trés dignes de croyance qui l'ont pratiqué longtemps, qu'il estoit extrêmement généreux, desintéressé, se faisant un vray plaisir de servir et d'obliger tout le monde, refusant toujours généreusement les présens qu'on luy offroit pour obtenir de luy des grâces, ou pour reconnoître celles qu'il avoit déjà accordées, et rebutant fiérement ceux qui insistoient pour les luy faire enfin accepter.

Ces mêmes personnes nous ont aussi dit que quoique Monsieur le marquis d'Esclainvilliers [2] fût chargé ordinairement de la conduite d'un régiment, il se déroboit neantmoins adroitement aux compagnies des officiers pour assister exactement et dévotement à la sainte messe, aussi bien que pour réciter son office ou breviaire, ce qu'il faisoit fort exactement autant que

Vacance du siége abbatial. 1678.

---

1. [D. Ildefonse de Belloy, mort d'une chute de cheval le 9 septembre 1687, était abbé de Saint-Ghislain depuis l'année 1681.]

2. [Sur les services militaires de plusieurs membres de la famille d'Esclainvilliers et sur le régiment qui portait ce nom, voir : Général Susane, *Histoire de la cavalerie française*, t. I, p. 54, 109 et s., 138, 152; t. II, p. 26 et s., 46 et s., 123 et s.; t. III, p. 134, 173, 206. *Chronologie historique-militaire* de Pinard (Paris, 1760-1778, 8 vol, in-4°), t. IV, p. 152 et suiv. ; t. VI, p. 251 et 543, 544. — Pour la généalogie, voir à la Bibl. nat., Cabinet des titres, dossier bleu (Séricourt), n°⁸ 16109 et 16110.]

sa santé, le devoir de sa charge et le métier de la guerre le luy permettoient.

Se souvenant toujours qu'estant abbé, il étoit clerc, il ne voulut jamais assister aux conseils de guerre, qui se tiennent à l'armée, où il s'agissoit d'infliger quelques châtimens ou de conclure à la mort de qui que ce fût, ces sortes d'occasions répugnant extrêmement à sa bonté et à son humeur bienfaisante.

On ajoute enfin qu'il étoit grand, bien fait, brave, généreux, intrépide dans les actions les plus perilleuses, éloquent, persuadant facilement ce qu'il vouloit, agréable dans la conversation, et fort honnête envers tout le monde.

CHAPITRE CINQUIÈME

CINQUIÉME TRIENNAL

Continuation du R. P. Mongé pour supérieur par commission.

Le trés R. P. Dom Vincent Marsolles, supérieur général de notre congrégation, de l'avis et consentement des RR. PP. senieurs assistans, continua le R. P. Dom Pierre Mongé supérieur de ce monastère par commission suivant ses lettres datées du huitiéme jour de juillet mil six cens soixante dix-huit.

Rentes remboursées.

Le premier jour de septembre 1678, la communauté remboursa de ses propres deniers et épargnes une rente de seize livres quelques sols d'intérest au denier douze, créée par ledit Nicolas de la Croix ou Jean de Pilles, abbez, pour subvention au Roy, au profit d'un nommé Berthault.

Voyez cy-dessus en 1675.

Ledit jour premier septembre 1678, ladite communauté remboursa encore à nos RR. PP. de l'abbaye de Chezy le sort principal d'une rente de vingt-cinq livres par an d'intérest dont M^{rs} les abbez nous payent les deux tiers, de dix-sept livres dix sols, ledit remboursement fait de nos épargnes suivant le contract passé pardevant Gauvain, notaire royal à Orbaiz, ledit jour 1er septembre 1678.

1679

Vacance du siége abbatial. 1679.

Présentation de Me Claude Millsant à la cure d'Orbaiz par les religieux.

Le siége abbatial de l'église de Saint-Pierre d'Orbaiz étant vacant par la mort de Pierre de Séricourt, et Maistre Jean Caillet, prêtre et vicaire perpétuel de la paroisse de Saint-Prix d'Orbaiz, étant décédé sans avoir disposé du bénéfice, la communauté des religieux réformez nomma et présenta à Monseigneur l'évêque de Soissons, ou à Messieurs ses vicaires généraux, pour remplir et administrer ladite cure

1.

Signature apposée au bas d'une quittance de l'année 1565

2.

Quittance du 15 juillet 1582

3.

Quittance du 1er février 1624

Procuration du 9 février 1675

FAC-SIMILE DE SIGNATURES
d'Abbés commendataires d'Orbais

1. Nicolas de La Croix (1551-1577). — 2. Jean de Piles (1579-1607).
3. René de Rieux (1626-1651). — 4. Pierre de Séricourt d'Esclainvilliers (1651-1678).

Maistre Claude Milsant[1], prêtre du diocèse de Soissons, suivant les lettres de présentation du dix-septième jour de janvier mil six cens soixante dix-neuf cy-dessus transcriptes tout au long, chapitre quatriéme, Des bénéfices dépendans de cette abbaye, paragraphe quatriéme, *Des cures.*

Nota. Il faut faire attention à cet acte de présentation à un bénéfice par notre communauté, *sede abbatiali vacante*, pour se maintenir dans le droit de nommer aux bénéfices tant réguliers que séculiers en pareilles occurrences, parce que plusieurs évêques prétendent qu'un siége abbatial vacant, le droit de nommer ausdits bénéfices qui en dépendent, leur est dévolu. Le fait précédent prouve le contraire. Les Cours souveraines y maintiennent les communautez, pourvu qu'elles puissent prouver par des actes de présentation en bonne et due forme qu'elles ont joui et exercé ce droit quand le cas s'en est présenté.

1679

FRANÇOIS LOUIS GOSSELIN ou GUISCHELIN

Écuyer seigneur de la Barre

Aprés la mort de Monsieur Pierre de Séricourt, marquis d'Esclainvilliers, François Louis Gosselin, écuyer, seigneur de la Barre, fut pourvu de cette abbaye en commande par le Roy en mil six cens soixante dix-neuf. Il étoit parent de son prédécesseur[2]; mais on ne sçait pas précisément en quel tems il fut nommé, ni quand il prit possession de cette abbaye, on sçait seulement que ce fut en la présente année 1679.

François Louis Gosselin. 1679.

Le quinziéme jour de may 1679, la communauté remboursa une rente de quinze cens livres de sort principal, cy-devant créée en 1668, le 24 may, par le R. P. Dom Felix Mauljean au profit du sieur Moet de Brouillet, conseiller au Présidial de Reims, suivant l'acte de racquit et décharge expédié ledit jour 15 may 1679.

Rente éteinte.

En la même année 1679, ladite communauté acquit de ses

---

1. [7 septembre 1680. — Testament de M⁰ Claude Milcen, prêtre, curé d'Orbais; aux minutes de Louis Gauvain. Etude de M⁰ Charlot.]

2. [DE GUISLAIN, seigneurs de la Barre, de la Viérüe, etc..., originaires de Flandre et établis en Vermandois. *Armes* : « d'azur, à un chevron d'argent, accompagné en chef de deux étoiles d'or et en pointe d'une merlette de même. » — François Louis de Guislain était issu d'un second mariage contracté le 18 septembre 1656 par dame Marie de Hangest, veuve de Fran-

Bois acquis. deniers les bois des Roches-Jean-Vache, au-dessous du Tremblay, et font partie du revenu de leur petit convent [1].

Le dortoir dont on avoit commencé le rétablissement au mois de juillet 1677, fut achevé à la fin de cette année 1679. Il y a huit chambres en bas et autant au second étage destinées à différens usages.

1680

1680. Maître Germain Nicolas Poirier, vicaire perpétuel de l'église de Suisy-le-Franc, fit assigner ledit sieur abbé à Château-Thierry pour obtenir sa pension-congrue ; il obtint le vingt-quatriéme de juin 1680 [une sentence] qui condamne l'abbé à payer audit Poirier deux cens livres de pension-congrue par an.

1681

1681. Démission de L. Gosselin. François Louis Gosselin se démit de cette abbaye en 1681. On ne sçait ce qu'il est devenu depuis sa démission. [V. la note 2 de la page précédente.]

1681
JACQUES POUILLY DE LANÇON

Jacques Pouilly de Lançon. 1681. Après la démission de cette abbaye faite par François Louis Gosselin de la Barre, [clerc du diocèse d'Amiens], Jacques Pouilly de Lançon, [clerc du diocèse de Reims], fut pourvu de cette abbaye en 1681 par le brevet du Roy, et en prit possession sur un arrest du Conseil le vingt-unième mars de la présente année 1681 [2]. Il n'obtint ses bulles en Cour de Rome que le septiéme jour de may mil six cens quatre-vingt-quatre [3].

çois de Séricourt (v. *suprà*). Il fut baptisé le 20 mars 1663. Destiné comme cadet à l'état ecclésiastique, François Louis se démit rapidement de l'abbaye d'Orbais pour s'attacher au service de l'Empereur ; il épousa le 5 avril 1705 demoiselle Louise de Crécy dont il n'a eu que des filles. *Armorial général de d'Hozier*, registre V, partie I ; (typogr. Firmin-Didot, 1867). Cf. La Chenaye-Desbois, *Dict. de la noblesse.*]

1. [23 décembre 1679. — Déclaration et abandon par Jean Boudaast, vigneron, demeurant à Chouilly, et Margueritte Prevost, sa femme, au profit des religieux d'Orbais, de sept arpents et demi de terres, bois et roches au terroir de la Ville-sous-Orbais, lieu dit les Roches-Jean-Vaché (Jean-le-Vacher). *Archives départ. de la Marne*, f. d'Orbais, n° 25.]

2. [V. les lettres (cop.) du Roi, de Saint-Germain-en-Laye, 21 mars 1681 ; *Archives des affaires étrangères*, France, vol. 942, f° 192 et suiv. et f° 212 v°.]

3. [8 novembre 1684. — Acte de prise de possession de l'abbaye d'Orbais par M° Jacques de Pouilly « pourveu par Sa Sainteté suivant ses bulles du quatriesme (*al.* 9°) may. » Etude de M° Charlot.]

HISTOIRE DE L'ABBAYE D'ORBAIS 447

« Jacques de Poüilly de Lançon, abbé commendataire Ancêtres de Mr l'abbé de Lançon.
« d'Orbaiz, étoit fils puîné de Jean de Poüilly et de Charlotte
« de Ligny, issus l'un et l'autre de deux illustres maisons.

« Celle de Poüilly tire son origine des comtes d'Ardennes,
« qui sont proprement les comtes de Chiny, alliez ensuite
« aux ducs de Bourgogne, où ils ont fait longtems leur rési-
« dence. Plusieurs branches en sont descendües : l'une s'est
« établie en Lorraine, l'autre en Picardie, et une troisiéme en
« Champagne. C'est de cette derniére qu'est sorti ledit Jean de
« Poüilly qui a servi dans les armées de France sous le nom
« de seigneur et marquis de Lançon, de même que son pere
« Claude de Poüilly, qui avoit pris et portoit le nom de la terre
« de Lançon[1], et mourut à Cazal, où il avoit été laissé pour y
« commander la garnison françoise, aprés que le roy Louis XIII
« l'eut prise vers l'an 1629.

« Jean de Poüilly, son fils, [né en 1625], mourut en 1684,
« âgé de cinquante-huit ans. Il avoit été gouverneur des ville
« et citadelle de Méziéres, maréchal de camp des armées du
« Roy [1677]. Il donna aussi en plusieurs occasions de gran-
« des marques de sa valeur en commandant la maison du Roy.
« Il eut un bras cassé proche de Saint-Quentin en Verman-
« dois en 1675 ou 76, où il commandoit un corps de troupes,
« et battit la garnison de Cambray qui couroit la campagne,
« mettoit sous contributions et ravageoit le pays de Verman-
« dois et la Tierrarche. Il sortit de cette action avec beaucoup
« de gloire[2].

« Jean de Poüilly eut de son mariage[3] quatorze enfans

1. [Lançon (Ardennes), canton de Grandpré, arr. de Vouziers.]
2. [D'abord officier de cavalerie dans le régiment de La Ferté et dans celui du Plessis-Praslin, Jean de Pouilly de Lançon fut, en 1667, nommé lieutenant de la première compagnie des gardes du corps du Roi, sous le duc de Tresmes. Il acheta le 10 décembre 1673 le régiment (devenu plus tard Royal-Navarre) auquel il donna son nom et qu'il commanda l'année suivante à la bataille de Senef. Il eut le grade de brigadier de cavalerie (1674) et de la gendarmerie (1676). Il fut gouverneur d'abord de Sainte-Menehould du 23 juin 1672 au 8 avril 1676, et ensuite de Mézières du 15 avril (al. 7 octobre) 1677 jusqu'à sa mort. — Pour le détail de ses actions militaires, voir : *Abrégé chronologique et historique de l'origine, du progrès et de l'état actuel de la maison du Roi et de toutes les troupes de France* par Simon Lamoral Le Pippre de Noeufville, (Liége, 1734-35, 3 vol. in-4°), t. I, p. 95, 137 et suiv., 360, 363. *Hist. de la cavalerie française* par le général Susane, t. II, p. 138 et suiv.; t. III, p. 175 et 251. *Chronologie historique-militaire* de Pinard, t. IV, p. 311 et suiv. ; t. VI, p. 444.]
3. [Jean de Pouilly de Lançon épousa à Château-Thierry, le 28 avril 1659, Charlotte Françoise de Ligny. — Sur sa biographie et sa généalogie,

« dont plusieurs moururent jeunes. Ceux qui ont vécu plus
« longtems sont Henry de Poüilly, Jacques, deux filles reli-
« gieuses du monastére du Charme, ordre de Fontevraud,
« proche de Château-Thierry [1], et Henriette de Poüilly.

« Henry de Poüilly mourut en mil six cens quatre-vingt-
« seize, âgé de trente ans, au camp de Marsin [*lisez* Maclein [2]]
« en Flandre ; il étoit mestre de camp de cavallerie, enseigne
« des gardes du corps dans la premiére compagnie, chevallier
« de l'ordre militaire de Saint-Louis établi par Louis XIV dit
« le Grand.

« Il avoit toutes les belles qualités d'un honnête homme et
« d'un brave seigneur ; aussi estoit-il dans l'estime générale de
« de tous ceux qui le connoissoient [3].

« Jacques de Poüilly fut nommé par le Roy avec des témoi-
« gnages d'une bonté particuliére à l'abbaye d'Orbaiz qu'il a
« possédée depuis l'année mil six cens quatre-vingt-un [4],
« et qu'il n'a quittée qu'après la mort de son frere aîné, c'est-
« à-dire vers la fin de mil six cens quatre-vingt-seize, pour
« prendre sa place dans le service du Roy, à l'imitation de ses
« illustres ancêtres, et par déférence et considération pour sa
« famille.

Belles quali-
tés de Monsieur
l'abbé de Lan-
çon.

« Mais en changeant d'estat il ne changea point de mœurs,
« car quoiqu'il fût d'un naturel assez prompt et cholére, il de-
« voit à sa modération et à son attention sur soy-même les

voir : Cabinet des titres de la Bibl. nat., *Pièces originales*, dossier Pouilly,
f°s 47 et s., 65, 109 v°, 129 v°, 143 et s., et *passim*. Caumartin, *Recherches
sur la noblesse de Champagne*, t. II.]

1. [Prieuré conventuel de l'ordre de Fontrevault, fondé sous le vocable de
Notre-Dame en 1098. — Le Charme (Aisne), com. de Grisolles, cant. de
Neuilly-Saint-Front.]

2. [Auj. Machelen-lez-Deynze (Flandre orientale), sur la Lys, à 22 kilo-
mètres de Gand.]

3. [« Henri de Pouilli-Lançon, fils de Jean de Pouilli, seigneur de Lan-
« çon, ci-devant lieutenant dans la compagnie de Villeroy et lieutenant-
« général, étoit exempt de la compagnie dès 1682. Il servit pendant les
« campagnes de 1689, 1690 et 1691 en cette qualité ; se trouva cette der-
« niére année au siége de Mons, ensuite au combat de Leuze où il se distin-
« gua beaucoup, y reçut deux blessures en se mêlant avec les ennemis ;
« assista l'année suivante au combat de Steinkerke. En 1693 le Roi le
« nomma à une enseigne par l'avancement de Mr de la Motte-Vateville, com-
« batit vaillamment à la bataille de Nervinde, et mourut de la petite vérole
« au camp de Maclein en 1696. » (Chronologie des enseignes de la compagnie des gardes du corps écossois.) Le Pippre de Noeufville, *op. cit.*, t. I,
p. 82.]

4. [Jacques de Pouilly pouvait avoir environ dix ans quand il fut nommé
abbé d'Orbais en 1681.]

« mœurs réglées et cet éxtérieur de douceur qui le rendoient
« aimable à tout le monde. Il étoit d'un jugement solide et
« d'un bon conseil, quoiqu'il n'eût pas toute la facilité de l'ex-
« pression.

« Mais ce qui fait plus à sa louange, est qu'ayant quitté
« l'état ecclésiastique pour prendre celui des armes, pour les
« considérations cy-dessus rapportées, il a bien fait voir par sa
« conduite que ce n'estoit point pour joüir des plaisirs du
« siécle, ayant donné des preuves sensibles de l'aversion qu'il
« avoit pour les vices si communs parmi les jeunes gens de
« cette profession.

« Sa mort a cecy de tout singulier que le même jour qu'il
« arriva dans son château de Mélimé[1], où il avoit fait pré-
« parer ses équipages pour la campagne, — il estoit guidon des
« gens d'armes[2], et devoit partir la même semaine, — aprés
« qu'il eut vû les chevaux qu'on luy avoit acheptés en son
« absence, les tentes qu'on avoit dressées dans sa cour, et
« les autres choses nécessaires dont il parut content, il entra
« dans sa chambre, et deux heures aprés se trouvant mal, il
« donna ordre que le lendemain de grand matin on allât cher-
« cher un prêtre en qui il avoit confiance. — C'estoit appa-
« remment maître Thomas Charlier, curé de Voncq[3], ami de la
« famille. — Aussitôt qu'il l'approcha, il luy dit qu'il sentoit
« bien qu'il ne pouvoit pas relever de sa maladie, qu'il souhai-
« toit se confesser, ce qu'il fit, reçût le Saint Viatique avec un
« respect qui édifia ceux qui étoient présens ; et son mal aug-
« mentant toûjours, *il dit qu'il adoroit l'ordre de la Divine*
« *Providence qui lui donnoit les moyens de se préparer à la*
« *mort dans le même tems qu'il ne pensoit qu'à aller s'exposer*
« *aux dangers de la guerre pour le service de son Prince*, et
« mourut ainsi le cinquiesme jour de sa maladie, le vingt-
« cinquiéme jour d'avril mil sept cens et un, âgé de vingt-neuf
« à trente ans, sans paroître pourtant trop regretter la vie,
« quoiqu'il se vît presque seul héritier du nom et des biens
« considérables de sa famille, n'ayant point été marié, et ne

Beaux senti-
ments de Mr de
Lançon.
Sa mort.

1. [Mélimée (Ardennes), com. de Montgon, canton du Chesne, arr. de Vouziers.]

2. [« Jacques de Pouilly de Lançon, après la mort de Henri, son frere aîné, enseigne des gardes du corps de la compagnie ecossoise, traita de ce guidon et y fut reçû le 2 décembre 1697. » (Chronologie des guidons de la compagnie des gendarmes anglois.) Le Pippre de Noeufville, *op. cit.*, t. II, p. 381. — Le Roi lui délivra le 4 mars 1698 un brevet de 3000 l. de pension.]

3. [Voncq (Ardennes), arr. de Vouziers, cant. d'Attigny.]

« laissant plus dans le siécle qu'une seule sœur Dame Hen-
« riette de Poüilly, comtesse de Lançon, âgée de vingt-quatre
« ans au jour du décéds de son frere, qui a en quelque ma-
« niére renoncé aux vanités du siécle en se faisant chanoi-
« nesse dans la noble, illustre et ancienne église de Remire-
« mont en Lorraine[1], — autrefois et originairement remplie et
« occupée par des dames abbesses et religieuses bénédictines
« qui se sont relâchées de leur ferveur et dégénérées en chanoi-
« nesses séculiéres[2], — et qui paroît encore aujourd'huy vou-
« loir persévérer dans les mêmes sentimens de piété, de déta-
« chement et de dégoût pour les grandeurs du monde, quoi-
« qu'elle soit restée seule et unique héritiére des biens de cette
« noble famille. »

Ce qu'on vient de rapporter de la famille de Messieurs de
Pouilly, marquis de Lançon, est tiré des archives de cette
famille[3], et nous a été fort obligeamment communiqué par

1. [Remiremont, *Romarici mons*, (Vosges), célèbre abbaye fondée en 620 par saint Romaric, seigneur de la cour de Clotaire II, qui, converti par saint Amé, avait pris l'habit religieux à Luxeuil. Il y avait à Remiremont deux monastères, l'un de moines et l'autre de religieuses. *Gallia christ.* XIII, 1407. Nous reviendrons plus loin sur la biographie d'Henriette de Pouilly qui mourut à Remiremont en 1734. A. Guinot, *Etude historique sur l'abbaye de Remiremont*, p. 419, Paris, Douniol, 1859, in-8°.]

2. Voyez la préface du second siécle des *Actes des Saints Bénédictins*, § III, nos 34 et suivans, pages 26-27. [*Ibid.* p. 415 et suiv. — Montalembert, *Les moines d'Occident*, liv. IX, chap. VI. — Hélyot, *Histoire des ordres monastiques*, t. VI, p. 402 et suiv.]

3. [Voici, en regard du texte du manuscrit d'Orbais, l'extrait généalogique que le comte Gabriel de Pouilly a consacré à sa famille dans la *Notice historique sur Cornay et son ancien château*, p. 15 et 32, Mézières, Devin, 1865, in-8°. (Extrait de la Revue historique des Ardennes):

« La maison de Pouilly doit son nom à l'ancien château de Pouilly-sur-Meuse, à trois lieues de Stenay (en Barrois)... Armes : D'argent, au lion d'azur, couronné, armé et lampassé de gueules ; Cimier : un pélican d'argent, ailé d'azur, avec sa piété ; Devise : *Fortitudine et caritate.* Couronne : de Marquis ; Supports : deux griffons.

« Louis de Pouilly, mort en 1606, à l'âge de cinquante-un ans, laissa de Françoise de Lameth, sa seconde femme,..... 1° Antoine, né en 1582, qui continua les barons de Cornay...... 2° Claude, tige des marquis de Lançon, éteinte en 1734, et dont la succession revint à cette époque à la branche aînée de Cornay. Claude de Pouilly, né en 1595, fut seigneur de Lançon, de Binarville, de Marcq ; il fut maréchal des camps et armées du roi, commandeur de son ordre, gouverneur de Casal, en Italie, où il fut tué en 1633. Il avait épousé, en 1620, [le 18 mai], Marie d'Estivaux, dame et héritière de Mélimé, de Montgon, de Neufville, de Châtillon-sur-Bar, qu'elle lui apporta en dot, qui le rendit père de Jean de Pouilly, marquis de Lançon par lettres-patentes de 1680, lieutenant-général des armées du

M⁰ Thomas Charlier, prêtre et curé de Vonc au diocése de Reims, intime ami de M' de Lançon et parfaitement honnête homme, en qui Messieurs de Lançon avoient une pleine et entiére confiance.

Peu de tems aprés que Monsieur de Pouilly de Lançon eut pris possession de cette abbaye, il fit assigner M' de Séricourt, marquis d'Esclainvilliers, neveu et héritier dudit feu Pierre de Séricourt, abbé d'Orbaiz, pour se voir condamner à remettre la nef de notre église en bon état et à faire toutes les réparations de l'abbaye, attendu que ledit sieur abbé, son oncle, avoit touché six mille livres des héritiers de feu Messire René de Rieux, son prédécesseur en cette abbaye, pour faire faire toutes les réparations d'icelle, et en avoit déchargé M' le Marquis de Sourdeac, héritier dudit René de Rieux, comme dit est cy-devant, sous le titre de René de Rieux et de Pierre de Séricourt.

Procédures contre les héritiers de Pierre de Séricourt.

Sur cette assignation, les parties firent quelques procédures au siége de Château-Thierry. Mais comme Monsieur le marquis

roi [1678], mestre de camp du régiment de cavalerie de son nom (créé en 1673), grand cordon de Saint-Michel, gouverneur de Mézières, où il mourut en 1685, veuf depuis 1683 de Charlotte Françoise de Ligny, fille de François, vicomte du Charmel, [Jaulgonne], etc., sénéchal de Lorraine, et d'Henriette de Gournay, et sœur, entre autres, de Marie de Ligny, femme d'Antoine Egon, prince de Furstenberg. — Il fut inhumé, avec sa femme, au pied du maître-autel de l'église paroissiale de Mézières, sous une tombe de marbre noir portant cette inscription : « Cy gissent les corps de noble et puissant « seigneur messire Jean de Pouilly, chevalier, marquis de Lançon, Neuf- « ville, Mélimé, Montgon, Binarville, etc..., maréchal des camps ès armées « du roi, gouverneur des ville et citadelle de Mézières, lequel décéda le 23 « février de l'an 1685, àgé de cinquante [*lisez* soixante] ans, et de noble et « puissante dame Charlotte de Ligny, son épouse, laquelle décéda le 25 « août de l'an 1683, âgée de quarante et un ans. — Priez Dieu pour leurs « âmes. »

« Henri de Pouilly, marquis de Lançon, son fils aîné, naquit en 1662 [*al.* 1663], et mourut au camp de Maclein, près de Gand, des suites de ses blessures, le 15 juillet 1696, à l'âge de trente-quatre ans, étant mestre de camp de cavalerie, enseigne des gardes du corps (compagnie écossaise), avec rang de brigadier, et gouverneur de Sainte-Ménehould [depuis 1676], sans laisser de postérité. Son corps repose dans le chœur de l'église paroissiale de Crux-Hontheim [Cruyshautem, Fl. or.], d'après ses dispositions testamentaires. — Jacques, frère d'Henri, marquis de Lançon après son frère, né en 1671 [*al.* 1668], d'abord chanoine-comte de Lyon, abbé commendataire d'Orbais, puis guidon des gendarmes de la garde du roi, mestre de camp, blessé mortellement au siége [*lisez* lors de l'occupation par surprise] d'Ath en Hainaut, en 1701, transporté dans son château de Mélimé, y mourut peu après, le 24 avril, à l'âge de trente ans, sans avoir été marié. — Henriette de Pouilly, marquise de Lançon, leur sœur, chanoinesse-comtesse de Remiremont, fondatrice en 1718 du couvent de Lançon, mourut en 1734,

de Lançon, pere de notre abbé, et Monsieur le marquis d'Esclainvilliers n'aimoient pas les procez, ils s'accommodérent ensemble, en sorte que moyennant une somme de trois mille livres des deux tiers de la pêche des étangs qui appartenoit à feu Mr d'Esclainvilliers, que Monsieur de Lançon avoit fait saisir, Monsieur de Lançon pere, agissant pour son fils abbé, déchargea pleinement et absolument ledit sieur d'Esclainvilliers, héritier dudit défunt abbé, de toutes les réparations généralement quelconques de cette abbaye dont ledit défunt abbé, son oncle, étoit tenu pour avoir touché ladite somme de six mille livres des héritiers de René de Rieux. Cet accord entre Messieurs les marquis de Lançon pere, au nom de son [fils] abbé, et d'Esclainvilliers neveu et héritier, ne fut pas fait par écrit, mais seulement de vive voix en présence de Mr de Vandeuil, lieutenant des gardes du Roy et parent de Monsieur d'Esclainvilliers[1], qui l'a dit audit R. P. Dom Pierre Mongé, prieur, et autres personnes de qualité; et ainsi Monsieur l'abbé de Lançon étoit entré dans les obligations de feu Monsieur l'abbé d'Esclainvilliers et de son neveu touchant les réparations et entretiens de notre église et autres de cette abbaye, ayant ledit sieur abbé de Lançon touché ladite somme de trois mille livres pour les faire faire incessamment, ce qu'il n'a pourtant jamais fait, comme on verra cy-après[2].

Maison acquise.   Le unziéme jour de juin [*lisez* avril] 1681, la communauté acquit de ses deniers et épargnes la maison de la veuve Gilles Garand, qui étoit au bout du cellier des religieux, la derniére de

laissant tous ses biens à Charles Adrien de Pouilly, son cousin, de la branche de Cornay. » — Pour les détails, voir à la Bibl. nat., Cabinet des titres, *Pièces originales*, dossier Pouilly, fos 90 et suiv., etc..., et *Carrés de d'Hozier*, dossier Pouilly, fos 127, 131, 137, 139 et s., 154 et *passim*.]

1. [On a déjà vu plus haut que Charlotte, sœur de Pierre de Séricourt d'Esclainvilliers, abbé d'Orbais, avait épousé Louis de Vandeuil.]

2. [Deux ans plus tard, à l'occasion d'un procès intenté par l'abbé de Lançon au marquis d'Esclainvilliers, les religieux d'Orbais touchèrent de ce dernier une somme de 400 l. pour se charger à sa place des réparations de l'abbaye. V. le texte de la transaction intervenue à ce sujet le 5 avril 1683 entre « Messire Charles Thimoleon de Sericourt, chevallier, seigneur et marquis d'Esclainvilliers, Folville et autres lieux, demeurant ordinairement en son chasteau dudit Folville,... au nom et comme heritier par benefice d'inventaire de deffunt Messire Pierre de Sericourt, chevallier, seigneur d'Esclainvilliers, en son vivant abbé commandataire de l'abbaye Saint-Pierre d'Orbais, d'une part, et les venerables relligieux, prieur et couvent de l'abbaye dudit Orbais comparans par le R. P. Dom Pierre Mongé, prêtre et prieur en icelle, et Dom Guillaume Jamet, aussy relligieux de ladite abbaye, faisant et representant tout le couvent, d'autre part... » Etude de Me Charlot.]

1.

*Signature apposée au bas d'un réglement
du 5 décembre 1667*

2.

Acte du 27 juin 1673

3.

Acte du 27 juillet 1687

4.

Acte du 19 décembre 1696

FAC-SIMILE DE SIGNATURES
de Prieurs ou Religieux réformés d'Orbais

1. D. Félix MAULJEAN, prieur (1666-1672)
2. D. Pierre MONGÉ, prieur (1673-1699)
3. D. Guillaume JAMET, sacristain (m. en 1704)
4. D. Simon CHAMPENOIS, procureur (m. en 1718).

la rue aux Arches, proche la grande porte de la court, et fut démolie en 1701[1].

CHAPITRE SIXIÈME
SIXIÈME TRIENNAL

Le chapitre général tenu en 1681, au monastére de Saint-Benoist-sur-Loire, continua le R. P. Dom Pierre Mongé en qualité de prieur de ce monastére, suivant les lettres de son institution du vingt-huitiéme may audit an 1681.

Continuation du R. P. Mongé prieur.

Sur la remonstrance faite par le R. P. Dom Pierre à la diéte précédente et au R. P. Dom Silvestre Morel, visiteur, dans l'acte de sa derniére visite de ce monastére, qu'il y avoit icy quelques saintes reliques dont les reliquaires n'estoient pas assez décents, les supérieurs majeurs permirent audit R. P. prieur d'en faire la visite et translation dans deux petites châsses de bois doré, comme il paroît par le procez-verbal de visite dont voicy copie.

Visite des saintes reliques le 31 may 1681.

Procez-verbal de visite des saintes reliques

« L'an mil six cens quatre-vingt-un, le dernier jour de may
« aprés midi, nous frere Pierre Mongé, humble prieur de
« l'abbaye Saint-Pierre d'Orbaiz, assisté de Dom Guillaume
« Jamet, religieux en ladite abbaye, certifions qu'en exécution
« de l'ordre à nous donné par Dom Silvestre Morel, visiteur
« de la congrégation Saint-Maur en la province de France[2],
« nous avons fait ouverture de quatre petits reliquaires de
« bois tout vermoulu et en desordre trouvez dans le thrésor de
« ladite abbaye : dans le premier desquelz avons trouvé un
« ossement d'une mâchoire que l'on tient par tradition et sui-
« vant un inventaire dudit thrésor, être de saint Joseph ; dans
« le second avons trouvé des fragmens d'ossemens de saint
« Christophle, de saint Loup et de saint Clément, suivant les

Procez-verbal.

---

1. [« Contrat d'acquest de la maison de la veuve Gilles Garend du 11 « avril 1681. (Cette) maison (située en la) rue aux Arches a été abbatue « pour y bâtir la grange à blé dans notre courre (sic). » *Archives départ. de la Marne*, f. d'Orbais, n° 13, Petit couvent.]

2. [Dom Silvestre Morel, natif de la Chaise-Dieu, au diocèse de Clermont, fit profession à Saint-Augustin de Limoges le 18 mai 1643, à l'âge de 18 ans. Il fut successivement visiteur des provinces de Normandie (1675), de France (1678), de Chezal-Benoît (1681). *Gallia christ.* VII, 485. Ce religieux fut aussi prieur de la Trinité de Vendôme (1660), de Saint-Allyre de Clermont (1669-1669), de Saint-Augustin de Limoges (1684-1690, et 1696). Il mourut le 26 septembre 1704 au monastère de Saint-Jean d'Angély dont il était prieur depuis 1699.]

« inscriptions et écriteaux en lettres gothiques trouvez sur les-
« dits reliquaires ; dans le troisième avons trouvé des frag-
« mens d'os de saint Apollinaire, martyr, suivant l'inscription
« aussi marquée en lettres gothiques sur ledit reliquaire ; et
« dans le quatrième avons trouvé des fragmens d'ossemens
« des saints dont on ignore le nom avec cette inscription
« aussi en mêmes lettres gothiques, *Reliquiæ incognitæ.*
« Toutes lesquelles saintes reliques ont été décemment mises
« et enfermées par nous, assisté comme dessus, en deux pe-
« tites châsses de bois doré, après qu'elles ont été benites et
« doublées d'étoffes prétieuses. En foy de quoy ont été par
« nous mis des écriteaux contenans les noms sur chacun
« desdites saintes reliques avec copie du présent procez-verbal
« en chacune desdites châsses, deüment signé de nous sus-
« nommez, les jour et an susdits. Ainsi signé au bas Fr.
« Pierre Mongé, prieur, et Fr. Guillaume Jamet, avec chacun
« un paraphe. »

Rente de 100 l. sur la maison de Charton. Le huitième jour de juillet audit an 1681, la communauté acquit de ses deniers une rente de cent livres de sort principal sur la maison de Didier Charton joignant le portail de notre église ; on l'a acheptée depuis cinq cens cinquante livres qui ont été payées en décembre 1699. Les droits d'amortissement et de nouveaux acquêts ont été payez à Soissons en 1701.

1682.

1682

Le deuxiesme jour de janvier de 1682 la communauté remboursa une rente créée cy-devant au profit de Monsieur de Daverdoüin.

Revenus partagez. Tous les revenus de cette abbaye, qui doivent entrer en partage pour les années 1681 et 1682, furent partagez, sçavoir deux tiers pour ledit sieur abbé et un tiers pour les religieux. Et sur la sommation faite, à la requête desdits religieux, audit sieur abbé ou au sieur Christophe Le Camus, son œconome, de payer ausdits religieux les pensions dont jouissoient Messieurs les anciens religieux avant la Réforme, ledit sieur abbé, au nom dudit œconome à Orbaiz, offrit un partage, et quoiqu'il ne pût contraindre lesdits religieux de l'accepter, un œconome n'étant pas partie capable, ils acceptèrent neantmoins ce parti, sçachant que ce partage seroit dans peu ratifié par l'abbé qui attendoit ses bulles de Rome. On avoit obligé l'abbé à cette offre à cause de plusieurs demandes tendantes à cette fin qui l'y déterminèrent.

1683

Le dernier jour de mars de la présente année mil six cens quatre-vingt-trois ledit partage des biens de cette abbaye fut conclu et signé et ensuite ratifié par les parties [1].

Partage des biens fait.

Le quatorziéme jour de juillet de la présente année, la communauté acquit de ses deniers, sous le nom de François Aubert, sergent de la justice d'Orbaiz, le bien et héritage de Nicolas Godard et sa femme de Boursault-sur-Marne, redevables de plusieurs sommes considérables à la communauté ; lequel fut ensuite donné à rente à plusieurs particuliers dont la communauté retire par an soixante-seize livres, seize sols, six deniers, de rente foncière [2].

Biens retirez et donnez à rente aprés.

La même année mil six cens quatre-vingt-trois on fit un côté du cloître ; les trois autres ont été achevez en 1684.

Côté de cloître fait.

Le clergé séculier et régulier du diocése de Soissons, étant

---

1. [31 mars 1683. — Partage du temporel de l'abbaye d'Orbais entre les religieux et M. Le Camus. « Mercredy, dernier jour du mois de mars 1683, sont comparus en personnes Mr Cristophle Le Camus, conseiller du Roy, commissaire des guerres...., œconome nommé pour la direction du revenu temporel de l'abbaye de Saint-Pierre d'Orbais suivant la lettre d'œconomat donné par Sa Majesté en datte du douziesme mars...., d'une part, ledit sieur œconome nommé pour Messire Jacques de Pouilly de Lançon, chevallier, seigneur dudit Lançon, abbé nommé par le Roy, etc...., les RR. PP. religieux benedictins reformez en ladite abbaye, comparans par D. Pierre Mongé.... et D. Guillaume Jamet..... faisant et représentant les couvent et communauté regulliere desdits relligieux, d'autre part, etc... » Trois lots égaux furent tirés au sort et attribués, savoir : le 1er au sieur économe ; le 2e aux religieux ; le 3e au sieur économe.

5 avril 1683. — « Bref estat de compte que rend le R. P. Dom Pierre Mongé, prieur de l'abbaye Saint-Pierre d'Orbais, du revenu temporel de ladite abbaye tant en deniers qu'en especes pour les années 1681 et 1682, à Mr Cristophle Le Camus, commissaire des guerres, au nom et comme œconome de ladite abbaye, ledit compte reçeu par Messire Jean de Pouilly, chevallier, seigneur de Lançon, mareschal des camps et armées du Roy, gouverneur des ville et citadelle de Mezieres, en quallité de pere et tuteur légitime de Messire Jacques de Pouilly, nommé par le Roy à ladite abbaye, et se portant fort pour ledit œconome..... 1° Ensuit le revenu en argent desdites deux années :

Le revenu en argent de l'année 1681 monte à..... 3769 l. 2 s. 6 d.
Celui de l'année 1682 monte à.................. 3541 l. 10 s.
Somme totale desdites deux années........... 7310 l. 12 s. 6 d. »

2° Vient ensuite le compte des espèces. (Signé : Lançon ; Le Camus ; Mongé ; Jamet.) — Etude de Me Charlot.]

2. [Pièces relatives aux religieux d'Orbais ayant les droits par transport de François Aubert, marchand, demeurant à Orbais (Baux des 6 septembre et 30 octobre 1683, etc...). *Archives départ. de la Marne*, f. d'Orbais, n° 1.]

depuis plusieurs années excessivement surchargé dans la répartition et imposition de sa côte-part du don gratuit, présenta la requête suivante à l'Assemblée générale du clergé de France. On ne sçait pas précisément l'année ; mais il faut que ç'ait été avant mil six cens quatre-vingt-trois, dans laquelle M^ro Charles de Bourlons, évêque, est mort [1].

Requête à Nosseigneurs de l'Assemblée générale du clergé.

<small>Requête présentée pour obtenir diminution du don gratuit.</small>

« Charles de Bourlons, conseiller du Roy en ses Conseils, « évêque de Soissons, les doyen, chanoine et chapitre et le « syndic du clergé du diocèse, supplient et représentent « qu'encore que vôtre usage dans la répartition des sommes « qui doivent être imposées pour le don gratuit dans les dio- « cèses du royaume, soit de les distribuer eu égard au nombre « des paroisses, à celui des bénéfices du diocèse et à leur « juste valeur, cependant on a crû dans les précédentes As- « semblées se pouvoir dispenser de cette régle générale pour « soulager les évêchez situez sur les frontiéres pendant les « derniéres guerres, ce qui ne s'est pû faire sans surcharger « les évêchez du dedans du royaume de ce que — cette consi- « dération cessante — ces diocèses auroient dû supporter de « plus. Soissons est de la province de Reims, et la plus-part des « autres évêchez estans plus étendus du côté de la Flandre, il « a presque seul supporté la surcharge de tout ce qu'on a crû « devoir diminuer aux autres. Les effets en ont été très « fâcheux, et les bénéficiers tellement accablez qu'étans pour- « suivis rigoureusement pour le payement de leurs taxes, les « uns ont été réduits à abandonner leurs bénéfices, et les « autres à remettre leurs titres et rendre leurs provisions par « impuissance d'y pouvoir subsister et remplir leurs devoirs ; « ce qui ne s'est pû — quelque ordre qu'on y ait apporté — « sans un délaissement du service et du soin des âmes, et « même sans quelque sorte de scandale pour le public et de « douleur pour les exposans. Ce sont de ces extrémitez fâ- « cheuses causées par les circonstances des tems et de la « situation des affaires qu'on a tâché de tolérer dans l'espé- « rance d'un changement prochain. Il est enfin arrivé ; et Sa « Majesté ayant glorieusement assûré par la paix qu'il a don- « née à ses ennemis, et qu'il s'étoit acquise par ses armes, a « mis, en reculant bien avant sa frontiére, les autres évêchez « de la province aussi à couvert que celui de Soissons ; en « sorte que n'y ayant plus de raisons de différence, il es-

---

1. [On a vu plus haut que ce prélat est mort le 26 octobre 1685.]

« père n'estre pas différemment traitté, et que sans se régler
« sur les répartitions précédentes, par celle qui sera faite en
« vôtre Assemblée du don gratuit qui y a été arrêté, non
« seulement vous proportionnerez la part qu'il en doit sup-
« porter au nombre et au revenu des bénéfices qu'il com-
« prend, qui vous est connu, et dont le mémoire peut être vé-
« rifié sur le poüillié général, mais encore que vous seconde-
« rez les desseins qu'ont les supplians de rétablir le diocèse
« par une diminution qui aide à réparer le tort qu'il a souf-
« fert par les surcharges passées.

« Ce considéré, Nosseigneurs, il vous plaise en procédant
« à la répartition des sommes que doivent supporter les dio-
« cèses de la province pour le don gratuit, accorder au diocèse
« de Soissons, non seulement son également aux autres à pro-
« portion du nombre et du revenu des bénéfices dont il est
« composé, mais encore une diminution qui puisse par l'im-
« position particulière qui sera faite sur le diocèse, opérer
« quelque soulagement à ceux qui en auront le plus pressant
« besoin, sans opprimer le reste, et rétablir dans les cures
« abandonnées des personnes capables de les servir avec édifi-
« cation en leur facilitant les moyens d'y pouvoir subsister ;
« et ferez bien.

*Mémoire du nombre des cures des diocèses de la province de
Reims suivant le poüillié de l'année 1649, et des taxes ausquelles elles sont imposées pour le don du Roy.*

	CURES	TAXES		
Reims....	a 675 cures	36.253 l.	5 s.	10 d.
Châlons...	a 350 cures	43.957	19	3
Soissons..	a 472 cures	69.434	6	5
Noyon....	a 470 cures	25.490	0	0
Laon.....	a 380 cures	28.495	6	1
Beauvais..	a 480 cures	67.434	7	8
Amiens...	a 777 cures	40.798	7	8
Boulogne.	a 250 cures	7.841	12	0
Senlis....	a 177 cures	1.913	14	3

« D'où il résulte que le diocèse de Beauvais qui est plus
« grand que celui de Soissons, est cottisé à 2000 l. moins.
« Que celui d'Amiens, qui a le double de paroisses et d'éten-
« due, est cottisé à un tiers moins. Que les cottes de Laon et
« de Noyon, qui sont aussi vastes et aussi étendus, ne montent
« pas tous deux ensemble à plus des deux tiers de la taxe de
« celui de Soissons. Qu'enfin celui de Reims qui a le plus du

« double des parroisses de celui de Soissons, n'est pas cottisé
« à proportion, ni aucun des autres diocéses de la province. »

La requête et le mémoire cy-dessus transcripts ne produisirent pas apparemment grand chose, puisque dans la suite le diocése de Soissons et consequemment cette abbaye ont toujours été et seront fort surchargez et taxez, comme on l'a déjà observé cy-devant, chap. IV, § 3, *des offices claustraux*.

1684

1684.

Comme par le partage du dernier jour de mars 1683[1] dont on a parlé cy-dessus, Monsieur l'abbé de Lançon s'étoit obligé de mettre le lot ou tiers des religieux en bon état, lesditz religieux le firent sommer d'y satisfaire, (à cause qu'il l'avoit negligé jusqu'alors), sinon et à faute de le faire incessamment, que ledit partage demeureroit nul et sans effect. Et ledit sieur abbé ne s'étant mis en devoir de faire faire lesdites réparations, les religieux présentérent leur requête au Grand Conseil tendante afin d'obtenir commission d'y faire assigner ledit sieur abbé pour s'y voir condamner à faire faire toutes les réparations de l'abbaye et lieux en dépendans, que, pour en connoître, procez-verbal de visite en seroit fait, et consigner une somme de six mille livres pour être employée ausdites réparations, et que, pour sûreté de ladite somme, le revenu dudit sieur abbé de Lançon seroit saisi à la requête de M. le Procureur général, ce qui fut fait et ordonné par arrest de mil six cens quatre-vingt-quatre[2].

Sommation faite à l'abbé pour les réparations de l'abbaye.

Monsieur l'abbé de Lançon ayant formé son opposition à l'exécution dudit arrest, avant faire droit sur ladite opposition on ordonna par arrest du [22 août] mil six cens quatre-vingt-cinq que visite desdites réparations seroit faite par un conseiller commissaire député du Grand Conseil. Monsieur Hervé, conseiller commissaire député dudit Grand Conseil, se transporta à Orbaiz avec son secrétaire et les avocats et procureurs des parties, lequel fit et dressa son procez-verbal de visite en novembre 1685. Cette accédence[3] coûta douze cens livres en dix jours de tems. Aprés ce procez-verbal on fit de part et

Procez-verbal qui coûta 1200 l.

---

1. [9 novembre 1684. — Acte par lequel Antoine de Villelongue ratifie le partage du 31 mars 1683, au nom et comme procureur fondé de Jacques de Pouilly, abbé d'Orbais. (Procuration du 1ᵉʳ novembre 1684 annexée à l'acte.) V. aux *pièces justificatives*.]
2. [La date de cet arrêt ne se trouve pas indiquée.]
3. [Vieille locution qui signifiait *événement*.]

d'autre beaucoup de procédures pendant un tems considerable et de grands fraiz.

Ledit sieur abbé, pour retenir et tourner à son profit les trois mille livres qu'il avoit touchées des héritiers de son prédécesseur et s'exempter en même tems de faire faire toutes lesdites réparations de l'abbaye, s'avisa — à la sollicitation de son conseil et de quelques esprits malintentionnez d'Orbaiz et ennemis de la réforme de l'abbaye — d'accuser le R. P. Dom Pierre Mongé d'avoir commis plusieurs dégradations dans les bois de la Mainferme et de la Croupiére, espérant par cette chicane faire diversion, et obliger le R. P. prieur à quitter prise et se désister de ses poursuites, et qu'ainsi il seroit déchargé desdites réparations sans en être jamais inquiété, et profiteroit luy seul desdites trois mille livres. *Fausses accusations.*

Monsieur l'abbé demanda pour cet effect que visite fût faite des susdits bois. Monsieur Hervé étant encore à Orbaiz, on nomma des experts pour visiter lesdits bois; ils trouvérent trois sortes de dégradations : *Visite des bois.*

La premiére avant l'année mil six cens soixante-huit, où on trouvoit une trés grande quantité de chênes abatus.

La seconde depuis 1668 jusqu'en mil six cens soixante-dix-huit. *Dégradations de nos bois.*

La troisiéme depuis 1678 jusqu'au jour de la présente visite. Dans les deux derniéres coupes dans lesquelles on avoit laissé fort peu de baliveaux, on faisoit monter ces dégradations à des sommes immenses dont l'abbé rendoit les religieux responsables.

Mais notre R. P. prieur prouva et fit voir évidemment que ni luy, ni les RR. PP. Dom Claude Felix Mauljean et Dom Damien Raulin, ses prédécesseurs, et premiers supérieurs depuis notre introduction dans cette abbaye, n'étoient point autheurs desdites dégradations. Il se justifia pleinement de cette accusation et en auroit [fait] retomber toutes les suites fâcheuses sur ledit sieur abbé de Lançon, à qui il en auroit coûté une trés grosse somme d'argent, s'il ne se fût accommodé, comme on verra cy-aprés. *Le R. P. Mongé réfute solidement les fausses accusations et embarrasse l'abbé.*

Le R. P. prieur, pour se justifier et ses deux prédécesseurs, soutint que la première dégradation ayant été faite avant notre introduction, les religieux réformez n'en étoient ni coupables ni responsables, et qu'on s'en devoit prendre aux héritiers de feu Claude Jullion — c'est-à-dire à Jean Jullion, dit du Maine, et à Vincent Jullion, dit Rombois, ses deux fils — lesquelz avoient donné ce pernicieux conseil audit sieur abbé de Lançon, pour se mettre à couvert des recherches desdites dégradations commises par ledit Claude Jullion, leur pere, qui pendant plus de vingt-cinq années qu'il avoit été receveur comptable de Messieurs René de Rieux et d'Esclainvilliers, abbez, avoit sous leurs noms, mais à leur insçu et contre leur intention, fait abattre par chacun an plus de cent ou six-vingts des plus beaux chênes de la Main-ferme, qu'il faisoit conduire et debiter furtivement dans sa maison et dont il disposoit ensuite à son profit particulier. On nous a dit, et le R. P. Mongé, présent audit procez-verbal de visite desdits bois, voioit ledit Jean Jullion qui cherchoit et faisoit luy-même observer audit sieur Hervé, commissaire, les souches et places des arbres abatus. Il falloit que sa passion et sa mauvaise volonté l'aveuglassent bien alors, ou que sa conscience lui reprochât continuellement les malversations de son pere, puisque, pour s'en mettre à couvert, il les faisoit faire observer, et par là il déclaroit son pere coupable desdites dégradations. Sa pauvreté l'a obligé depuis à en avoir bien du regret avant sa mort arrivée en 1701.

Quant à la seconde dégradation, qu'il étoit vray que les officiers dudit feu sieur abbé d'Esclainvilliers marquoient aux religieux par chacun an des arbres suffisans pour faire quarante cordes de gros bois qu'il étoit obligé de fournir par chacun an ausdits religieux pour leur chauffage, dont les religieux devoient l'acquiter à condition qu'ils prendroient lesdites quarante cordes de bois dans les bois de l'abbaye en les faisant marquer par lesdits officiers, — l'abbaye ayant son garde-marteau particulier (ce marteau se conserve encore dans l'abbaye), — ce qu'il avoit toujours observé; et en tout cas qu'il étoit son garant, demandant permission de le sommer pour cet effect.

Quant aux baliveaux que l'on n'avoit pas laissez dans les deux derniéres coupes, il soutint que c'étoit ledit sieur abbé de Lançon qui les avoit fait faire par M° Louis Gauvain, son receveur comptable, comme cela étoit très vray et que ledit R. P. prieur le prouvoit par les comptes que ledit Louis Gauvain luy avoit rendus desdites deux derniéres coupes de bois.

Cette réponse et défense étourdirent tellement ledit sieur abbé de Lançon et son avocat qu'ils priérent ledit R. P. prieur de ne leur point faire signifier ses défenses, et dirent qu'ils ne s'opposeroient point à sa décharge de ces prétendues dégradations, desquelles effectivement l'arrest du Grand Conseil du vingt-sixième jour d'août mil six cens quatre-vingt-sept déchargea lesdits religieux. — On voit par là que l'accusation de la dégradation desdits bois étoit plus contre M‍r l'abbé de Lançon que contre les religieux, et que pour luy faire plaisir, après avoir fait l'accord du troisième mars 1687 dont on va parler, ledit R. P. Mongé fit mettre dans ses défenses, pour la décharge de M‍r l'abbé de Lançon, que ces dégradations de baliveaux avoient été commises en 1678 et 1679, du tems de M‍r l'abbé de Gosselin de la Barre, son prédécesseur ; ainsi tout se pacifia de cette façon.

Pour revenir aux procédures faites de part et d'autre touchant toutes les réparations de l'abbaye et ses dépendances, comme le procez étoit instruit et en estat d'être jugé, M‍r l'abbé se voyant sur le point d'estre condamné proposa un accommodement.

On fit pour cet effect diverses propositions réciproques, après lesquelles on convint et on transigea le troisiéme jour de mars mil six cens quatre-vingt-sept, aux conditions portées en la transaction dudit jour, dont les principales sont que la communauté desdits religieux jouiroit de tout le revenu dudit sieur abbé pendant sa vie abbatiale en acquitant les charges, excepté les réservées en ladite transaction faite sous signatures privées dudit sieur abbé, de Henry de Pouilly de Lançon, son frere et conseil, et du R. P. Dom prieur, au nom de la communauté, et en donnant par an deux mille cinq cens livres de pension audit sieur abbé, au lieu de trois mille livres que les religieux lui avoient offertes avant le procez ; — de plus que sur la première année de ladite pension les religieux retiendroient la somme de douze cens livres pour dépens ausquelz ledit sieur abbé de Lançon avoit été condamné par l'arrest interlocutoire du vingt-deuxiéme jour d'août mil six cens quatre-vingt-cinq ; — et en troisiéme lieu, qu'en cas que ledit sieur abbé quittât son abbaye autrement que par décéds, soit par démission ou permutation, il donneroit ausdits religieux la somme de trois mille livres pour les indemniser des réparations dont ils se chargeoient par la présente transaction du 3º mars 1687.

Transaction pour terminer les procez ; et la recepte de M‍r l'abbé.

Par cette même transaction les parties estoient convenues qu'elles solliciteroient à fraiz communs un arrest du Grand Conseil pour valider ladite transaction. Cet arrest fut rendu le vingt-sixiéme jour d'août audit an mil six cens quatre-vingt-sept, et décharge Monsieur l'abbé de Lançon du rétablissement de la nef de l'église de l'abbaye et de plusieurs autres choses et réparations, parce qu'on avoit déclaré que l'on consentoit qu'il en fût déchargé comme de réparations de vétusté ; mais il le condamne à faire ragréer les pierres saillantes des arrachemens de ladite voûte, et de la remettre dans la décence, et ensuite de l'entretenir en bon état.

On ne peut l'entretenir sans assurer auparavant les deux gros pilliers de ladite nef qui surplomblent en dedans, en les retenant avec des ancres de fer et des poutres (sans s'embarrasser d'un peu de difformité) conformément au procez-verbal dudit sieur Hervé.

On n'a pas agi contre ledit sieur abbé pour l'obliger à exécuter ledit arrest du 26 [*al.* 27] août 1687, parce qu'il promettoit toujours de le faire à l'amiable. On conserve encore ses lettres dans notre chartrier, par lesquelles il promet de faire les réparations dont il sçait qu'il étoit tenu. Il fit réparer le pillier presque ruiné joignant l'autel de la Sainte Vierge.

On n'a rapporté icy tout de suite les différentes procédures faites contre Mr de Lançon, quoyque faites en différens tems, qu'afin qu'on comprit plus facilement de quoy il s'agissoit. Et nous avons remis à marquer dans son tems la continuation du R. P. Dom Pierre Mongé en qualité de prieur d'Orbaiz, pour ne point interrompre le cours et le fil desdites procédures.

CHAPITRE SEPTIÉME

SEPTIÉME TRIENNAL

Continuation du R. P. D. P. Mongé.

Le chapitre général tenu en 1684 au monastére de Saint-Benoist-sur-Loire continua le R. P. Dom Pierre Mongé en qualité de prieur de ce monastére, suivant les lettres de son institution du vingt-septiéme jour de may 1684.

1685.

1685[1]

Don gratuit excessif.

L'assemblée générale du clergé de France s'étant tenue cette année, et ensuite l'assemblée particuliére du diocése de Sois-

---

1. [20 janvier 1685. — Adjudication des réparations à faire à l'abbaye d'Orbais. « Est comparu Messire Jacques de Pouilly de Lançon, abbé commandataire de l'abbaye,... par Messire Charles Chevallier, procureur en la justice d'Orbais, son procureur constitué, etc. ». »

25 mai 1685. — Marché de charpente de l'abbaye d'Orbais. « Furent presens en leurs personnes Messire Henry de Pouilly, chevallier, seigneur marquis de Lançon,... au nom et comme procureur fondé de procuration de Messire Jacques de Pouilly, abbé commendataire, ... d'une part, et Huber Le Grand, marchand charpentier, demeurant à Condé-en-Brye, d'autre part, etc. »

2 juin 1685. — Bail des dîmes de Boursault consenti à Jean Moreau,

sons, pour accorder au Roy une somme d'argent par forme de don gratuit, l'abbaye d'Orbais fut taxée à seize cens livres pour sa part dudit don gratuit, non compris dans ladite somme les taxes particulières imposées séparément sur chaque office claustral, qui furent si exorbitantes que les religieux d'Orbaiz les refusérent et formérent opposition à ladite imposition, comme on marquera dans l'année suivante.

Le septiéme jour de décembre mil six cens quatre-vingt-cinq Dom Jean Richard, prieur des anciens religieux d'Orbaiz, remit entre les mains dudit Révérend Pere prieur toute son argenterie et l'argent nécessaire pour en faire faire un calice bien travaillé, un ciboire, un bassin et deux burettes, six chandeliers d'argent, un chef ou buste de saint Réole, deux châsses de bois noirci en forme d'ébéne, garnies de lames d'argent, deux bras de cuivre doré ornez de cartouches et [filigranes] d'argent. Item une chasuble, une chappe, un parement ou devant d'autel et un voile d'étoffe dite et appellée communément gros de Tours. Item un ornement de brocart rouge à fleurons d'or et d'argent, et des chasubles et voiles de satin à fleurs de toutes les couleurs. *Dom Jean Richard donne à l'abbaye ses épargnes qu'on employe en vases sacrez et ornemens.*

Cette dépense revient au moins à quatre mille livres.

Dom Jean Richard avoit épargné cette somme, et encore celle de mille à douze cens livres qu'il donna à notre communauté un peu avant sa mort, en vivant d'une manière extrémement frugale et pauvre. Mʳ l'abbé qui se flattoit d'avoir sa côte-morte, luy ayant dit un jour « qu'il seroit son héritier », — il luy répondit généreusement « qu'il y mettroit bon ordre, et que « ce qui venoit de l'autel retourneroit et seroit rendu à « l'autel ». Il mourut le 5 may 1690. On parle de lui dans le livre des religieux morts icy.

Lesdits chef d'argent, châsses et bras garnis de lames et de cartouches d'argent ayant esté faits et achevez par le sieur Guillaume Jacob, célébre orfévre de Paris, et en estat de recevoir lesdites saintes reliques de saint Réole et autres qu'on vou-

curé de cette localité. « Fut present en sa personne Messire Henry de Pouilly, chevallier, seigneur marquis de Lançon, Mellimée et autres lieux, exempt des gardes du corps du Roy, demeurant ordinairement à Paris, au nom et comme procureur fondé de procuration generale et speciale, ainsy qu'il a dit, de Messire Jacques de Pouilly de Lançon, abbé commandataire de l'abbaye Saint-Pierre d'Orbais... » (Le loyer annuel de 250 livres est payable en deux termes égaux à Noël et à la Saint-Jean-Baptiste.)

Les minutes de ces trois actes sont conservées en l'étude de Mᵉ Charlot.]

466 HISTOIRE DE L'ABBAYE D'ORBAIS

Nouvelle translation des reliques de St-Réole, etc...

loit y enfermer, ledit Révérend Pere prieur présenta requête à Messieurs Moreau et Rousseau, chanoines et vicaires généraux du chapitre, le siége épiscopal de Soissons étant vacant depuis la mort de Mre Charles de Bourlons, tendante à ce qu'il fût permis de tirer des anciennes châsses et reliquaires le chef ou autres reliques de saint Réole et autres saintes reliques déclarées dans la requête dudit R. P. Mongé, prieur, et la commission desdits sieurs Moreau et Rousseau cy-dessus transcripte, chapitre second, — pour en faire la translation, les remettre et enfermer dans lesdits chef, châsses, bras et reliquaires d'argent, ce que lesdits sieurs vicaires généraux luy accordérent par leurs lettres en forme de commission du vingt-huitiéme de may 1686, laquelle commission commence par ces mots : « Les vicaires généraux etc.... » Voyez chapitre second [1].

1686

1686. Opposition à la taxe du don gratuit sur les offices claustraux comme exorbitante.

Le vingt-huitiéme jour de janvier 1686 les religieux donnérent procuration passée pardevant Mathurin Gauvain, notaire royal à Orbaiz, à Me N. Quinquet, procureur au Présidial de Soissons, pour, en leurs noms, former opposition par requête pardevant Messieurs de la chambre du clergé de Soissons, à la taxe excessive du don gratuit fait l'année derniére par lesdits sieurs du clergé sur les offices claustraux de ladite abbaye, et notamment sur la cellérerie, la prévôté et thrésorerie, taxez sçavoir : la cellérerie à soixante livres, la prévôté à seize livres, et la thrésorerie à quarante-huit livres, quoique lesdits offices claustraux n'ayent d'autres revenus que ce qui suit, sçavoir : la cellérerie que cinquante-sept livres, la thrésorerie vingt-trois livres dix sols, et la prévôté unze livres dix sols.

Portion congrüe aux curez et vicaires.

Le vingt-neuviéme jour dudit mois de janvier 1686, le Roy fit une Déclaration, sur la remontrance de Louis Boucherat, chancelier et garde des sceaux de France, portant que les curez ou vicaires perpétuelz auroient chacun trois cens livres de portion congrue et leurs vicaires amovibles cent cinquante livres, qui leur seroient payées par les gros décimateurs à qui ils abandonneroient leurs parts des dixmes par une signification en forme d'option de ladite portion congrue et de l'abandon de

---

1. [7 Juin 1686. — Procès-verbal de la translation des reliques de l'abbaye d'Orbais. (Minute de Me Mathurin Gauvain le jeune). Etude de Me Charlot.]

leur part desdites dixmes aux gros décimateurs. Les cent cinquante livres accordées aux vicaires amovibles supposoient que leurs messes, casuelz, assistances et autres rétributions ne pouvoient suffire pour leur subsistance honnête.

Cette Déclaration a extrêmement préjudicié aux chapitres séculiers et réguliers et autres bénéficiers gros décimateurs. Il est vray que le Roy a depuis modifié et expliqué cette Déclaration, [en] ordonnant que lesdits curez ou vicaires perpétuelz payeroient les décimes quand elles n'excéderoient pas la somme de cinquante livres, exhortant aussi les évêques à les taxer modérément[1]. {Déclaration modérée.}

Le huitiéme jour de mars audit an 1686, on obtint une commission de la Table de Marbre de Paris pour faire informer contre plusieurs particuliers qui chassoient sur les terres et seigneuries et pêchoient dans la riviére d'Orbaiz sans l'aveu et permission des religieux, abbé, prieur et couvent d'Orbaiz qui en sont les seuls seigneurs. {Informations contre les chasseurs, etc.}

Le dixiéme jour de novembre audit an 1686, on emprunta à constitution de rente deux mille quatre cens livres de Madame Payen, remboursées depuis apparemment avec un emprunt de pareille somme fait au sieur Estienne Cousin, frere uterin du R. P. Dom Pierre Mongé et bourgeois de Paris, qui a été remboursé à ses héritiers en 1699, au mois d'août ou septembre. {Emprunt de 2,400 l.}

1687

Le seiziéme jour de janvier audit an 1687, Godefroy Maurice de la Tour d'Auvergne[2], duc de Bouillon, pair et grand chambellan de France, engagiste du duché de Château-Thierry donné en échange, comme dit est cy-devant[3], intenta procez et obtint ensuite condamnation contre les religieux, abbé et couvent d'Orbaiz, pour un muid d'avoine et vingt livres d'ar- {1687. Redevance au duché de Château-Thierry.}

---

1. [*Recueil de jurisprudence canonique et bénéficiale* par Guy du Rousseaud de Lacombe, (Paris, des Ventes, 1771, in-f°), v° *Portion congrue*. Le texte des deux déclarations des 29 janvier 1686 et 30 juin 1690 se trouve dans le même ouvrage, appendice, p. 164 et 169. *Adde* Néron et Girard, *Recueil d'édits et d'ordonnances royaux*, (Paris, 1720, 2 vol. in-f°), t. II, p. 201 et 224.]

2. [Godefroy Maurice de la Tour, II° du nom, mourut le 26 juillet 1721 à l'âge de 81 ans. Il avait épousé le 20 avril 1662 Marie Anne Mancini, nièce de Mazarin.]

3. [Chapitre V, *Des fondateurs et bienfacteurs, etc...*, et chapitre II, *second triennal.*]

gent payables par chacun an. Les religieux prétendoient ne devoir rien du muid d'avoine, parce qu'il n'est dûb qu'à cause des dixmes de Crézancy que l'abbaye d'Orbaiz a possédées autrefois, et dont elle ne jouit plus à présent depuis un tems immémorial, et de ne devoir que dix livres pour le droit de lettres gardes-gardiennes[1] dont lesdits religieux ne jouissent plus depuis longtems, ainsi qu'il est porté dans la Déclaration du revenu temporel de cette abbaye présentée par Dom Pâquier Chatton, au nom d'Alexandre de Camppegge, abbé d'Orbaiz, en 1547, tirée de la Chambre des Comptes de Paris, dont il y a plusieurs copies dans notre chartrier.

Transaction. Le troisiéme jour de mars de la présente année mil six cens quatre-vingt-sept, on fit la transaction ou accord, dont on a parlé cy-dessus par avance, sous signatures privées entre ledit sieur abbé de Lançon et ledit R. P. Dom Pierre Mongé, prieur, au nom de la communauté. Recours à icelle.

CHAPITRE HUITIÈME

HUITIÈME TRIENNAL

Continuation du R. P. Mongé. Le Révérend Pere Dom Pierre Mongé ayant été continué prieur de ce monastére pendant six années consécutives par nos chapitres généraux, fut continué encore trois ans supérieur par commission de ce même monastére jusqu'au chapitre de 1690, par le trés Révérend Pere Dom Claude Boistard, supérieur général de notre congrégation, du consentement des RR. PP. Dom Placide Chassinat[2] et Dom Claude Martin, sénieurs assistans dans cette année 1687.

1. [Les lettres de garde-gardienne étaient des lettres du grand sceau accordées autrefois par les rois de France aux communautés, chapitres, colléges, abbayes, prieurés, églises, pour les soustraire à la justice des seigneurs et leur donner le droit de porter leurs procès devant un tribunal spécial. Le nom de *garde-gardienne* venait de ce que le roi, par ces lettres, prenait les établissements religieux sous sa garde et protection.]

2. [Dom Antoine Placide Chassinat, né à Soissons, fit profession à la Trinité de Vendôme le 26 septembre 1637, à l'âge de 19 ans. Il devint administrateur de l'abbaye du Mont-Saint-Michel en 1654. Le chapitre de 1687 le nomma assistant du supérieur général (*Gall. Christ.* VII, 485). — A partir de 1657 Dom Chassinat gouverna à plusieurs reprises et pendant longtemps les abbayes de Saint-Pierre de la Couture au Mans et de Saint-Vincent de la même ville. Il mourut dans ce dernier monastère le 22 décembre 1697.]

Le cinquième jour de juillet audit an 1687, la communauté emprunta à constitution de rente six cens livres de Jeanne de Court dont on luy a payé vingt-cinq livres de rente par an jusqu'au remboursement fait par acte du dixième de septembre 1697[1].

<small>Emprunt de 600 l. remboursé en 1697.</small>

1689

Le treizième jour d'août mil six cens quatre-vingt-neuf, la communauté acquit de ses deniers la huitième partie du moulin Minette, sous le nom du sieur Estienne Cousin, frere uterin dudit R. P. Mongé et bourgeois de Paris, moyennant la somme de cent cinquante livres, par contract passé ledit jour à Paris[2]. On en a payé les droits d'amortissement et de nouveaux acquêts en 1701.

<small>Acquisition d'un huitième du moulin Minette.</small>

Le neuvième jour de décembre audit an 1689, on fit une transaction entre notre abbaye d'Orbaiz et Louis Eléonor Hennequin de Charmont, abbé commendataire de l'abbaye du Valsecret, ordre Prémontré.

<small>Transaction touchant la redevance en grains sur les dixmes de Mareuil.</small>

Frere Michel Colbert, abbé et général dudit ordre de Prémontré, avec les religieux dudit Valsecret, disputoient la moitié de la redevance ou prestation en grain qu'ils doivent tous les ans à cette abbaye d'Orbaiz sur les dixmes de Mareuil,

---

1. [27 juillet 1687. — « Ratiffication par les religieux d'Orbais à Jeanne de Court... de certainne constitution de rente faite par ledit Reverand Pere Dom Pierre Mongé, prieur, au profit de Jeanne de Court, fille majeure, usant et jouissant de ses droitz, demeurant à Paris, cloistre et parroisse de Saint-Germain de Lauxerrois, de la somme de vingt-cinq livres de rente au denier vingt-quatre rachetable de six cens livres en principal.... Signé D. Guillaume Jamet. » Etude de Me Charlot.]

2. [13 août 1689.— Vente par Chesnebenoist à Etienne Cousin. « Furent presens en leurs personnes Jean Chesnebenoist, marchand chapellier demeurant à Charly, et Françoise Musnier, sa femme..., lesquelz ont recognu volontairement avoir vendu... à messire Estienne Couzin, marchand bourgeois de Paris,... c'est asçavoir la huitiesme partye ausditz vendeurs apartenant... d'un moulin à blé situé à Orbais vulgairement apellé le moulin Minette... pour en joüir par ledit sieur Estienne Couzin, ses hoirs et ayanscauze, dés maintenant et à tousjours en tous fraiz, profitz, revenus et esmolumens quelconques, à la charge de la portion de cens et surcens que doibt ladite portion de moulin et ses dependances envers l'abbaye d'Orbais par chacun an..., moyennant le prix et somme de cent cinquante livres.... » Etude de Me Charlot.

7 décembre 1689.— (Moulin Minette). Procuration donnée par M. Estienne Cousin, marchand bourgeois de Paris, rue Saint-Denis. *Archives départ. de la Marne*, f. d'Orbais, n° 10; cf. *ibid.*, n° 12.]

proche de Suisy-le-Franc. Aprés avoir soutenu un grand procez au Grand Conseil pour être maintenus dans la jouissance de ladite prestation, lesdits frere Michel Colbert, Hennequin, et religieux de Valsecret reconnurent enfin que le total de ladite prestation nous étoit légitimement dû, par la susdite transaction passée entre ledit Hennequin d'une part, et Jacques de Pouilly de Lançon, abbé, et ledit R. P. Dom Pierre Mongé, prieur, d'autre ; laquelle transaction a été depuis ratifiée tant par lesdits frere Michel Colbert et religieux du Valsecret que par les religieux de l'abbaye d'Orbaiz. On a compensé tous les dépens ; et comme on a stipulé que l'on feroit homologuer ladite transaction audit Grand Conseil aux fraiz communs des parties, presque tous les papiers du procez sont restez au greffe dudit Grand Conseil, (où le procez n'a point été jugé), d'où on ne les avoit pas encore retirez en mil sept cens deux.

Nota. — Ladite transaction et quelques autres papiers concernans cette affaire sont dans un sac de notre chartrier au titre et armoire des *papiers communs aux abbez et religieux*. Voyez cy-dessus au titre de Gilles abbé en 1300, et en 1674, au titre de Pierre de Séricourt [1].

CHAPITRE NEUVIÈME

NEUVIÉME TRIENNAL

1690. [1690]

Continuation du R. P. Dom P. Mongé, prieur.

Ledit Révérend Pére Dom Pierre Mongé ayant gouverné ce monastére par commission pendant les trois derniéres années, le chapitre général tenu au monastére de Marmoutier-lez-Tours l'institua et le continua en qualité de prieur de ce monastére suivant les lettres de son institution du vingtiéme jour de may mil six cens quatre-vingt-dix [2].

Mort de Dom Jean Richard le 5 may 1690.

Le cinquiéme jour desdits mois et an, Dom Jean Richard, ancien prieur et prévôt de ce monastére, décéda à Orbaiz dans

---

1. [V. aux *pièces justificatives.*]

2. [*Liber continens electiones superiorum,* fᵒˢ 96 vº et 103 rº, Bibl. nat. ms. lat. 17690.]

de grands sentimens de pieté, un grand regret d'avoir offensé Dieu, après avoir reçu les derniers sacremens avec une grande foy et une singuliére dévotion. Son corps fut inhumé dans la croisée méridionale devant la chapelle de la Sainte Vierge, entre le gros mur de ladite croisée et Dom François Pelletier[1]. On parle de luy plus au long dans le livre quatriéme assigné par nos Déclarations sur le chapitre troisiéme de la Régle, nombre 9°, pour y inscrire les noms des religieux décédez. Recours à icelui.

Les habitans et parroissiens de la parroisse de Saint-Prix d'Orbaiz, ayant pris la résolution entre eux et sans la participation ni consentement des religieux, abbé et couvent et de M⁰ Remy Prud'homme, vicaire perpétuel de Saint-Prix, et fait reculer plus avant dans la nef de ladite parroisse le crucifix, les bancs et fermeture du chœur d'icelle pour la décoration de ladite église et leur commodité particuliére, — ce qui devenoit et seroit dans la suite tout à fait préjudiciable et d'une trés fâcheuse conséquence pour lesdits gros décimateurs, attendu que le clocher et une partie de la couverture deviendroient à la charge desdits religieux et vicaire perpétuel gros décimateurs, — lesdits gros décimateurs formérent leur opposition audit changement fait dans ladite parroisse, et firent assigner au mois de novembre ou décembre de la présente année mil six cens quatre-vingt-dix par Nicolas Mercier, huissier royal à Orbaiz, Hubert Tilloy, procureur syndic, et tous les habitans dudit Orbaiz et lieux dépendans de ladite parroisse Saint-Prix, pardevant le bailly de Château-Thierry, ou son lieutenant général, pour se voir condamner à remettre lesdits crucifix, bancs, balustrades et fermetures qui séparent la nef d'avec le chœur aux lieux et places où ils ont été de tout temps, c'est-à-dire à l'endroit et entre les deux gros maîtres-piliers vers et proche le maître-autel Saint-Prix, — si mieux n'aiment lesdits syndic et habitans donner ausdits gros décimateurs une bonne décharge et indemnité pardevant notaires par laquelle ils déclarent que lesdits clocher et partie de la couverture de la nef Saint-Prix seront et demeureront toujours à perpétuité à la charge desdits syndic et habitans parroissiens de Saint-Prix.

Indemnité donnée par les habitans d'Orbaiz pour avoir fait reculer la fermeture du chœur de St-Prix.

---

1. [Dom François Pelletier mourut dix ans plus tard. V. inventaire pour les religieux d'Orbais dressé après décès de « Messire François Peltier, entien religieux bénédictin non reformé de ladite abbaye, deceddé dans l'infirmerie de ladite abbaye cejourd'huy (11 juin 1700).... » Etude de M⁰ Charlot.]

Sur lesdites oppositions, protestations et assignations faites et données ausdits syndic, bailly et habitans, ils s'assemblérent au son du tambour sous la grande halle, lieu et maniére accoutumez, délibé[ré]rent et résolurent de donner ausdits gros décimateurs lesdites décharge et indemnité par eux demandées ; ce qui fut à l'instant exécuté par un acte public et authentique passé le dimanche seizième jour de décembre mil six cens quatre-vingt-dix, pardevant Mathurin Gauvain, notaire royal audit Orbaiz, en présence de Jean Courjean [*al.* Coursean] demeurant à Champ-Aubert, et Daniel des Arsis demeurant à Coursemont, témoins, qui ont signé avec lesdits syndic et habitans qui sçavent écrire, en la minute restée entre les mains dudit Gauvain et dont il y a une copie au chartrier. Elle est aussi rapportée toute entière cy-dessus, chap. IV, § 4 [1].

Acquisition de 34 l. de rente par an au Bézil.

Le trentiéme jour de décembre audit an 1690, Antoine Pinart et sa femme reconnurent une rente de trente-quatre livres par an au profit de notre communauté, remboursable par ledit Pinart et sa femme laboureurs demeurans au Bezil, ou leurs ayants-cause, de six cens quatre-vingt livres. Lesdites trente-quatre livres dues et payables audit jour trentiéme décembre de chacun an, suivant le contract de constitution passé lesdits jour, mois et an pardevant Mathurin Gauvain, notaire royal audit Orbaiz [2].

1691.

1691

[Le 2 janvier 1691] on donna par bail emphytéotique, ou

---

1. [La minute de l'acte en question est conservée dans l'étude de M⁰ Charlot, notaire à Orbais. On y trouve aussi celle d'un traité du 30 décembre 1697 conclu sur le même sujet entre Jean Louis Fortia de Montréal, abbé commendataire, et Pierre d'Avaux, curé d'Orbais, d'une part, et les habitants de cette localité d'autre part. — La délibération dont le texte a été rapporté plus haut par D. Du Bout fut prise en conformité d'une règle de l'ancien droit qui mettait la réparation du chœur des églises à la charge des gros décimateurs, les paroissiens n'étant obligés qu'à entretenir la nef. Cette règle, déjà inscrite dans un arrêt du Conseil du 16 décembre 1684, fût consacrée par les art 21 et suiv. de l'édit d'avril 1695 sur la juridiction ecclésiastique. On en retrouvera l'application plus loin, sous l'année 1700, à propos de la réparation du chœur de l'église de Mareuil-en-Brie.]

2. [30 décembre 1690. — « Constitution par Antoine Pinard, laboureur, demeurant aux Bastis, paroisse du Bezil, et Jeanne Chabrison, sa femme, de 34 livres de rente annuelle et perpétuelle au profit des religieux, rachetable de six cens quatre-vingt livres. » La ratification de l'acte par Jeanne Chabrison est du 10 janvier 1691. Etude de M⁰ Charlot.]

pour quatre-vingt-dix-neuf ans, au nommé Estienne Convers, jardinier de sa profession, la moitié du Pré-au-Chêne situé au delà du grand enclos de l'abbaye et proche Saint-Prix, moyennant la somme de quarante livres par chacun an ; et parce qu'on luy a fait bâtir une maison, étable et écurie, il donne pour le tout joint ensemble cinquante livres par an [1]. — *Bail emphytéotique de la moitié du Pré-au-Chêne.*

Le unziéme jour d'avril mil six cens quatre-vingt-unze Madame de Courcelles fit transport à notre communauté de six livres de rente par an à prendre sur les fonds et héritages de Mademoiselle de Saint-Germain à Coribert, pour demeurer quitte et déchargée envers notre communauté de six-vingt[s] livres qu'elle nous devoit, par acte dudit jour, passé pardevant ledit Gauvain [2]. — Cette rente a été depuis reconnue par le sieur de Maucreux qui jouit à présent desdits héritages de ladite damoiselle de Saint-Germain, dont il est neveu et héritier. — *Acquisition de 6 l. de rente à Coribert.*

Le bâtiment qui comprend les chambres des hostes, la cuisine au premier étage, et au second les infirmeries, la chapelle d'icelles, et la chambre commune ou de la conférence, fut commencé et achevé à la fin de la présente année 1691. — *Hôtelleries et infirmeries bâties, etc...*

Au mois de décembre de la présente année 1691, le Roy donna un Edit portant création d'un conseiller de Sa Majesté, œconome sequestre dans chaque diocèse du royaume pour administrer le revenu temporel des archevêchez, évêchez, abbayes et prieurez conventuelz vacans, qui sont à la nomination de Sa Majesté, pour en rendre compte [3]. — *Création d'un œconome des bénéfices.*

1692

Le seiziéme jour de may 1692, la susdite dame de Cour-

---

1. [2 janvier 1691. — Bail emphytéotique pour 99 ans par les Révérends Peres religieux d'Orbais à Estienne Couvert et sa femme demeurant audit lieu, du jardin du Pré-au-chesne et bâtiments en dépendants, aux charges y énoncées et outre moyennant 50 livres de loyer par an. *Archives départ. de la Marne*, f. d'Orbais, nᵒˢ 14 et 36.]

2. [11 avril 1691. — Vente par madame de Courcelle aux religieux d'Orbais. « Furent presentz en leurs personnes madamme Guillemette de Salmatory, veuve de defunt Daniel de Guillaume, vivant escuyer seigneur de Courcelle, damme dudit Courcelle, etc..... »
20 septembre 1691. — Constitution de cent livres de rente par les religieux d'Orbais à Estienne Cousin. — Etude de Mᵉ Charlot.]

3. [Edit portant création en titre d'office des économes sequestres dans chaque diocèse. *Recueil de jurisprudence canonique et bénéficiale* par Guy du Rousseau de Lacombe, appendice, p. 175.]

474   HISTOIRE DE L'ABBAYE D'ORBAIS

Acquisition de 25 l. de rente.

celles et ses enfans constituérent et créérent une rente de vingt-cinq livres par chacun an au profit de notre communauté, remboursable de cinq-cens livres[1] ; et parce que lors de la passation dudit contract de constitution, Monsieur de Courcelles, fils de ladite dame, étoit à l'armée, il l'a depuis ratifié par acte passé pardevant ledit Mathurin Gauvain[2].

Rente éteinte.

Le vingt-deuxiéme jour de décembre audit an, on remboursa quatre-vingt-dix livres pour quatre livres dix sols de rente annuelle au sieur Richard de Château-Thierry[3], à luy due sur une partie des fonds et héritages compris dans la ferme du Tremblay, réunie à notre petit-couvent, et fieffée depuis à Pierre d'Autroy, comme on a observé cy-devant au 22 juin 1677.

Rente éteinte.

On remboursa aussi en la même année 1692 cent-soixante livres au sieur Rondeau pour une rente de huit livres[4] à luy due sur ladite ferme du Tremblay réunie et fieffée.

Vigne défrichée par les pauvres d'Orbaiz.

Au commencement de l'Avent de la présente année 1692, on commença à faire travailler les pauvres gens d'Orbaiz à défricher le bord de la partie de la vigne appartenante aux religieux, où est la nouvelle plante, le long du grand chemin d'Orbaiz à Dormans[5], pour leur faire éviter l'oisiveté qui leur est assez ordinaire, et gagner leur vie. On y occupa pendant trois mois environ quarante personnes.

---

1. [16 mai 1692. — Transaction entre madame de Courcelle et les religieux d'Orbais. « Furent presents en leurs personnes le Reverand Pere Dom Pierre Mongé, etc.... d'une part, et damme Guillemette de Salmatory, veuve de defunt Daniel de Guillaume, vivant escuyer seigneur de Courcelle, tant en son nom que comme ayant la garde noble de messieurs et damoiselles ses enfans mineurs et dudit défunt, et se portant for pour les majeurs par lesquels elle s'oblige de faire agreer et ratifier.... et par les mineurs aussitôt qu'ils auront ataint l'aage de majorité, etc...» Etude de Me Charlot.]

2. Cette rente a été remboursée en billets de banque par le sieur de Courcelles en 1720. [Note ajoutée au manuscrit par une main étrangère, après la mort de Dom Du Bout.]

3. [22 décembre 1692. — Quittance de remboursement de la rente de quatre livres dix sols due à M. Richard de Château-Thierry. *Archives départ. de la Marne*, f. d'Orbais, n° 16.]

4. [27 décembre 1692. — Quittance par Michel Rondeau à Messieurs les religieux d'Orbais. « ..... Michel Rondeau, laboureur, demeurant à Chacun, parroisse de Margny,.... reconnoît avoir reçu des religieux 160 livres pour le sor principal de huit livres de rente.... » Etude de Me Charlot. Cf. *Archives de la Marne*, f. d'Orbais, n° 10.]

5. [Le clos de vigne appelé « vigne des religieux » était situé au-dessus du hameau de l'Echelle, au N. d'Orbais, auprès du chemin de Dormans. V. les titres de propriété de cette vigne. *Archives départ. de la Marne*, f. d'Orbais, n° 6.]

ABBAYE DE SAINT-PIERRE D'ORBAIS
(MARNE)

Légende explicative

A. Basilica.
B. Domus abbatis.
C. Ingressus monasterii.
D. Claustrum.
E. Dormitorium.
F. Bibliotheca.
G. Capitulum.
H. Exhedra colloquii.

K. Cella communis et cellæ hospitum.
L. Cellæ infirmorum nec non cellæ atque refectorium servorum.
M. Chors sive area.
N. Hortus religiosorum.
Z. Cellæ procuratoris et depositarii.

(Orbais, de 1693 à 1699, d'après le Monast. Gallic.).

CHAPITRE DIXIÉME

DIXIÉME TRIENNAL

1693

Le chapitre général tenu au monastére de Marmoutier-lez-Tours continua le Révérend Pere Dom Pierre Mongé prieur de ce monastére, suivant les lettres de son institution du quatorziéme jour de may 1693.

Continuation du R. P. D. P. Mongé.

Pendant le Carême de la présente année, on commença à transporter, à disposer et applanir les terres devant le dortoir pour faire le jardin potager, et en même tems on fit les grands murs dudit jardin proche les pressoirs, pour soutenir les terres et rendre le jardin plus régulier : pour cet effet on continua de faire travailler tous les pauvres d'Orbaiz et du voisinage, jusqu'au nombre de cent par jour, jusqu'au mois de juin de la présente année. On donnoit dix sols aux hommes, cinq aux femmes et aux moyens garçons, et trois aux petits ; et on leur fournissoit les instrumens à remuer et transporter la terre. Quoiqu'on donnât peu de chose, vu la grande cherté du bled, on sauva pourtant la vie par ce travail à plus de deux cens personnes, qui, sans ce secours du R. P. prieur, seroient mortes de miséres et de faim.

Jardin et murs faits.

Travail qui occupe et empêche les pauvres d'Orbaiz de mourir de faim.

Charité du R. P. Mongé.

Le vingt-quatriéme jour de février audit an 1693[1], le Roy

---

1. [Conformément aux ordonnances précédentes, l'édit d'août 1669 sur les eaux et forêts avait prescrit aux communautés ecclésiastiques, bénéficiers et autres gens de main-morte qui exploiteraient des bois et forêts dans l'étendue du royaume « de reserver seize baliveaux dans chacun arpent de « bois taillis, et dix par arpent de fustaye, sur les peines... de dix livres « d'amende pour chaque baliveau de taillis, et cinquante livres pour chaque « baliveau de fustaye non reservez.... » La plus grande partie des communautés ne firent pas ces réserves dans l'exploitation de leurs bois. De ce chef, elles avaient encouru des amendes très élevées que la déclaration du 24 février 1693 eut précisément pour but de réduire à la somme de dix livres par chaque arpent, plus deux sous par livre. V. « Déclaration du Roy qui décharge les beneficiers, communautez ecclesiastiques, et autres gens de main-morte qui possedent des bois dans l'étendüe du royaume, de toutes recherches et des peines portées par l'Ordonnance du mois d'aoust 1669. » Néron et Girard, *Recueil d'édits* etc..., t. II, p. 242. — *Actes royaux* (Edits, déclarations et arrêts, 1690-1693), p. 272, in-4º, Bibl. nat.,

donna une Déclaration suivie d'un arrest du Conseil d'Estat du dix-septiéme mars[1], et le treiziéme dudit mars il en donna une seconde, suivie aussi d'un arrest du Conseil d'Estat du trente-et-uniéme du même mois[2], pour obliger tous les ecclésiastiques, bénéficiers, communautez ecclésiastiques et autres gens de main-morte qui possédent des forests, bois et buissons, à payer les taxes qui leur furent imposées. — L'abbé et les religieux d'Orbaiz, pour la quantité de deux cens soixante-quinze arpents de bois dépendans de cette abbaye, sçavoir : le bois de la Main-ferme contenant deux cens dix arpents ; le bois appellé la Croupiére, quarante arpents ; deux autres petits bois, l'un appellé les Roches-Jean-Vache, l'autre le Bourseau ; et les bois dépendans de la ferme de Champ-Renaud ; lesdites trois derniéres piéces contenans ensemble vingt-cinq arpents. Pour lesquelz deux cens soixante-quinze arpens de bois ou buissons, lesdits abbez et religieux furent taxez à la somme de deux mille sept cens quatre-vingt[s] livres, à raison de dix livres pour chaque arpent, dont cependant ils ne payérent que huit cens trente-quatre livres, à raison de trois livres pour arpent, suivant la quittance de Bertherand, commis ou procureur de Louis Giraud, du cinquiéme jour de novembre de la présente année 1693[3].

Taxe pour les bois de 2780 l. réduite à 834 l. dont le Roy a payé l'intérêt quelque tems et remboursé ensuite le sort principal.

Imprimés, F. — La déclaration du 24 février 1693 dont le texte est aux Archives nationales, (Reg. de la Chambre des Comptes P. 2393, fol. 283), a été révoquée en partie par une déclaration du 20 décembre suivant qui se trouve aux mêmes Archives, O¹ 37, fol. 234 v°.]

1. [«.... S. M. en son Conseil a ordonné et ordonne qu'à la diligence de Maistre Jean-Louis Girau, bourgeois de Paris, les ecclesiastiques, beneficiers et autres gens d'église qui possedent des bois ou forêts dans l'étendüe du royaume etc..., payeront incessamment les sommes pour lesquelles ils seront employez dans les rôlles qui seront arrestez au Conseil, conformément à la Déclaration du 24ᵐᵉ fevrier dernier.... Fait au Conseil d'Etat du Roy, tenu à Versailles le 17ᵐᵉ jour de mars 1693. » *Conseils du Roi* (janvier-avril 1693), in-4°, Bibl. nat., Imprimés, F 3444 f. 84.]

2. [31 mars 1693.—Arrest du Conseil d'Etat du Roy portant que les ecclesiastiques, beneficiers, communautez ecclesiastiques, et autres gens de main-morte, seront tenus de fournir leurs declarations des forests, bois et buissons dépendans de leurs benefices, sur les peines portées par ledit arrest (*Actes royaux* etc..., loc. cit., p. 297. *Conseils du Roi*, etc..., loc. cit.). Cet arrêt ne fait aucune allusion à la Déclaration du 13 mars précédent que nous n'avons pu retrouver aux Archives nationales. Dom Du Bout a peut-être commis ici une erreur de date ou une confusion.]

3. [V. arrest du Conseil d'Estat du Roy qui ordonne que ceux des ecclesiastiques, beneficiers, communautez ecclesiastiques, et autres gens de main-morte, qui n'auront point payé dans le quinze du mois de decembre prochain

Le Roy a depuis remboursé cette somme, dont Sa Majesté payoit la rente, ausdits abbé et religieux d'Orbaiz, comme à tous les autres particuliers et communautez qui avoient payé ladite taxe, suivant ce qui a esté observé cy-dessus en 1677, sous le titre de Pierre de Séricourt, en parlant du retrait des Prez-le-Comte et de huit boisseaux de froment.

Le Roy a depuis remboursé cette somme de 834 l.

Le cinquième jour de septembre, le Roy donna une Déclaration[1] pour contribuer au soulagement de ses sujets, et faciliter la subsistance des pauvres qui furent en trés grand nombre dans toute la France et pays voisins, à cause de la stérilité de l'année, de la guerre, taxes, impositions, et autres misères publiques dedans et hors du royaume[2].

Déclaration pour le soulagement des pauvres pendant une espèce de famine.

Et en conséquence de cette Déclaration envoiée à tous les évêques de France, Messire Fabio Brulart de Sillery, évêque de Soissons, donna et fit expédier le mandement suivant :

« Fabio Brulart de Sillery, par la miséricorde de Dieu évê-
« que de Soissons, à tous décimateurs, curez, vicaires, et
« autres prêtres desservans les cures des paroisses de nostre
« diocèse, salut. Le Roy ayant par sa Déclaration du cin-
« quiesme septembre dernier, pour contribuer au soulagement
« de ses sujets et faciliter la subsistance des pauvres en pro-
« curant le bon marché des bleds, ordonné qu'il sera fait des
« visites exactes dans toutes les granges et greniers, tant des
« communautés que des particuliers de son royaume, pour
« sçavoir la quantité de grains qui s'y trouvera, afin d'obliger
« ceux qui les ont à en porter la moitié aux marchez publics,
« et desirant concourir aux bonnes intentions de Sa Majesté,
« et faire qu'elles ayent tout l'effect qu'Elle en peut attendre,
« et en même tems de satisfaire à la lettre qu'il luy a plû de

Mandement de l'évêque de Soissons.

és mains de Maistre Jean-Loüis Girau, ou de ses procureurs ou commis, la somme de trois livres pour chacun arpent des bois dependans de leurs benefices, employez dans les rolles arrestez au Conseil, seront contraints au payement de vingt sols pour chacun arpent desdits bois, outre et pardessus lesdits trois livres, etc... Fait au Conseil d'Etat du Roy, tenu à Fontainebleau le vingt-neuviéme jour de septembre mil six cens quatre-vingt-treize. — *Conseils du Roi* (septembre-décembre 1693), in-4°, Bibl. nat., Imprimés, F 3444 f. 86.]

1. [Declaration du Roy portant reglement pour la police des bleds dans tout le royaume. Versailles, 5 septembre 1693. — *Actes royaux* (Edits, déclarations et arrêts, 1693-1695), p. 8. — Isambert, *Recueil général des anciennes lois françaises*, t. XX, p. 198.]

2. [Cf. A. Babeau, *Le village sous l'ancien régime*, 3ᵉ édit., p. 326.]

« nous faire écrire sur ce sujet : — Nous vous mandons de
« nous envoier dans quinzaine de la reception de nôtre présent
« mandement, une déclaration de vous signée et certifiée,
« contenant au vray la quantité de bled et avoine que vous
« avez recüeillie de la dixme de cette année dans l'étendüe
« de vos parroisses, sur quel pied vous l'avez levée et perçüe,
« et d'observer la quantité des gerbes de grains que vous avez
« déjà fait battre, et celles qui vous restent à battre ; et com-
« bien de grains vous jugez en conscience qu'elles peuvent
« produire ; comme le nombre de vos parroissiens, les noms
« de ceux de qui vous percevez les dixmes ; ensemble le nom
« du marché le plus proche de vos parroisses, et de quelle
« mesure on y sert. Et à l'égard des gros décimateurs, ils
« distingueront aussi ce qu'ils en auront recüeilli dans chaque
« parroisse. Donné à Soissons en nôtre palais épiscopal le
« cinquiéme jour d'octobre 1693. Signé Fabio Brulart de Sil-
« lery, évêque de Soissons, et plus [bas] par Monseigneur,
« Vuilleaume. »

Ce mandement étoit accompagné d'une table et d'un mémoire imprimez pour servir de modéles à la déclaration requise,
et à laquelle on a satisfait ponctuellement.

Ces réglemens si sagement et si charitablement faits et
publiez pour le soulagement et la subsistance des pauvres
sont conformes aux réglemens du concile second de Tours,
tenu en cinq cens soixante-sept, chapitre ou canon cinquiéme,
où on lit ces mots : « Unaquæque civitas pauperes et egenos
« incolas alimentis congruentibus pascat secundum vires, ut
« tam vicani presbyteri, quam cives omnes, suum pauperem
« pascant ; quo fiet ut ipsi pauperes per civitates [alias] non
« vagentur. » Item au concile de Cologne de 1536, [partie XI],
canon [ou chap.] 5e[1] : « Sint mendicantibus validis non solum
« hospitalia clausa, sed et publice ac ostiatim mendicare peni-
« tus interdictum. Et qui secus agere comperti fuerint, arcean-
« tur, ac legalibus... pœnis subdantur, etc. » Item au concile
d'Aquilée de 1596, qui dit [2] : « Ecclesiam, in qua fiunt sacra

---

1. [« Mendicantibus validis hospitalia clausa, et mendicitatem interdictam
« esse oportere. » Labbe et Cossart, *Sacrosancta concilia*, Paris, 1672,
in-f°, t. XIV, col. 556.]

2. [Rubrique XVI, « De ecclesiis, et pio in eis versandi modo, etc..... »
Labbe et Cossart, *op. cital.*, t. XV, col. 1516.]

« et cultus divinus peragitur, externis impedimentis vacare
« convenit ; idcirco concursationes pauperum, quorumcumque
« etiam miserabilium, qui celebrantibus et orantibus in eccle-
« sia impedimento sunt, ab omnibus ecclesiis, cum sacra fiunt,
« arcendæ sunt. »

1694

Le vingt-huitiesme jour d'avril de cette année 1694, la communauté réunit au domaine du petit-couvent la maison des héritiers Claude Langelin, assise à Orbaiz proche l'abbaye, rue Perdue [1], — laquelle on a fieffée depuis et donnée à rente fonciére avec les aines [2] du pressoir à Guillaume Le Grand, charpentier, et N. David, sa femme, moyennant vingt-cinq livres de rente par chacun an [3].

1694.

Acquisition d'une maison.

---

1. [Au XVIIe siècle, Claude Langelin était marchand tanneur à Orbais, et son moulin à tan avec cours d'eau se trouvait situé près l'Hostel-Dieu de cette ville. Cf. *Recherches sur l'industrie dans la vallée du Surmelin*, p. 56. — Le 29 juillet 1692, Juguin, bailli d'Orbais, rendait une sentence condamnant les héritiers de défunt Claude Langelin à payer aux religieux les droits de lods et ventes des acquisitions faites par ledit Claude Langelin. Voici ce que le P. Mongé, prieur, écrivait à cette occasion à l'un de ses confrères de Paris, dans une lettre du 31 juillet datée d'Orbais : «.....Je vous envoye cy-incluse, disait-il, une sentence de nôtre juge, pour la faire signifier..... Je ne sçay pas où demeure Louise Langelin; mais Simon des Aire dénommé en ladite sentence est le cocher de Mr le Président de Lesville [*lisez* Le Clerc de Lesseville; v. *La Chenaye-Desbois*], et Anne Langelin, sa femme, est fille de chambre dans la même maison au cloistre Saint-Médéric où faut signifier ladite sentence avec commandement d'y satisfaire incessamment, etc...» — Le 28 avril 1694, les héritiers Langelin vendaient la maison de la rue Perdue aux religieux d'Orbais pour la somme de 400 livres. Les titres de propriété de cette maison sont conservés aux *Archives départ. de la Marne*, f. d'Orbais, no 21.]

2. [« Aisne, esne, aesne, aiesne, ainsne, etc..., rafe ou rafle de raisin qui a été pressée, marc... *Aine* s'est conservé dans la Beauce avec le sens de résidu de vin. Dans la Brie, dans une partie de la Champagne et dans la Picardie, on appelle *vin de l'esne* la vendange que l'on retire de la cuve pour la mettre sur le pressoir. » Frédéric Godefroy, *Dictionnaire de l'ancienne langue française*, t. I, p. 199, Paris, Vieweg, 1881.]

3. [31 décembre 1697. — (Maison et jardin de Langelin). Contract de bail à rente perpétuelle pour Messieurs les religieux d'Orbais de 27 livres par an le 1er janvier, contre Guillaume Le Grand ensaisiné le 12 juillet 1700. Ce bail comprend « les lieux..., ausdits sieurs religieux apartenant à cause de l'aquisition qu'ils en ont faite de Simon des Hayr, bourgeois de Paris, et Anne Langelin, sa femme, demeurant à Paris au cloistre et parroisse Saint-

Acquisition d'un étang.

Le dixiéme jour de juin [*alias* 3 juin] audit an, ladite communauté acquit de ses épargnes le petit étang de la Linarderie des héritiers de feu Blauy [ou Blauje?], vivant marchand de poissons d'eau douce de Paris, moyennant la somme de cinq cens livres. Il a bien encore coûté trois cens livres pour le faire rétablir, labourer et mettre en état. Le contract d'achapt n'est que sous signatures privées.

Droit de franc-fief et franc-alleu de 20 l. payé.

En conséquence d'un Edit du Roy du mois d'août de l'année 1693 [*lisez* 1692] et d'un arrest du Conseil d'Estat du 29ᵉ septembre pour le recouvrement des droits de francs-fiefs et franc-alleu [1], la communauté paya vingt livres pour les héritages en franc-fief et biens allodiaux situez au village de Boursault-sur-Marne, suivant la taxe et la quittance de Henry, commis de Jacques Royhier traittant, du treiziéme août 1694.

Réunion d'une maison.

En la même année 1694, la communauté s'est mise en possession des maisons situées à Orbaiz rue Saint-Prix, comme des héritages abandonnez. Pour les mettre en estat d'estre habitées, on y a fait pour soixante livres de réparations, et on en retiroit en 1702 onze livres de loyer par chacun an.

Mort de Dom Robert Le Gastellier.

Le 21ᵉ décembre, Dom Robert Le Gastellier mourut icy. Son corps fut inhumé dans le cloître, au bas du petit degré par où on y descend de la nef pour les processions. C'estoit un saint

---

Medericq, par contract passé par devant Thouin et Guyot, notaires au Chastelet de Paris, le vingt-huit avril mil six cens quatre-vingt-quatorze ; item avecq ce vendent, ceddent, quittent et abandonnent lesdits sieurs religieux audit Legrand *tous les aysnes des rezins et fruis* quy en presureront par chacun an dans leur pressoir situé pres leur maison conventuelle,... à la charge de payer par chacun an à la recepte de Monsieur l'abbé d'Orbais au jour accoutumé quatorze sols tant cens que surcens que ladite maison, grange, cour et jardin sont chargés envers l'abbaye d'Orbais sans autre charge..... Cette presente vente, ce prise à rente, faite ausdites charges et outre moyennant le prix et somme de vingt-sept livres tournois de rente fonciere et de bail d'héritage annuelle et perpetuelle.....» *Archives de la Marne*, f. d'Orbais, n° 21.]

1. [Edit portant confirmation du franc-alleu. — Edit pour l'affranchissement des droits de francs-fiefs.— Août 1692.—Néron et Girard, t. II, p. 239 et 240. Isambert, t. XX, p. 164 et 166. — Arrest du Conseil d'Estat du Roy qui confirme les habitans de la province de Champagne, ensemble les communautés ecclesiastiques et religieuses, dans la possession et joüissance de leurs francs-alleux nobles et roturiers, pour en joüir à perpetuité, suivant et conformément à l'Edit du mois d'aoust 1692, en payant à Mᵉ Jean Fumée, chargé de l'execution d'icelui, la somme de 175000 livres, et les deux sols pour livre..... Fait au Conseil d'Estat du Roy, tenu à Fontainebleau le vingt-neuviéme septembre mil six cent quatre-vingt-treize... *Conseils du Roy* (septembre-décembre 1693), *loc. cit.*]

religieux. On parle de lui amplement dans le 4ᵉ livre qui contient les noms des religieux décédez icy depuis la Réforme [1].

1695

Maison acquise.

Le vingt-sixiéme jour de février de la présente année, la communauté acquit de ses deniers la maison d'Hocquigny, scize à l'Echelle au-dessous de notre vigne, moyennant la somme de soixante-dix livres. On y a fait depuis quelques accommodemens et réparations pour la mettre en état d'estre louée [2].

Rente acquise.

Le trentiéme jour d'octobre audit an on acquit une rente foncière de cent sols dudit feu Jean Jullion, dit du Maine, et [de Marie] Rossignol sa femme, à prendre et recevoir du nommé Luc de Crahange à cause de sa maison scize à la Ville-sous-Orbaiz.

Taxes pour les eaux.

En exécution d'un Edict du Roy donné au mois d'octobre 1694 [3] et d'un arrest du Conseil d'Estat du 21ᵉ juin de la présente année 1695 [4], cette abbaye, pour être conservée en la

---

1. [Dom Robert Le Gastelier, né aux Courbons, auj. commune de Chevru (Seine-et-Marne), avait fait profession dans l'abbaye de Saint-Faron de Meaux le 27 février 1665, à l'âge de 19 ans. — On trouve dans l'Armorial général de d'Hozier (Généralité de Paris, t. IV, p. 94, bureau de Coulommiers) que « Jean Baptiste Gaston Le Gastelier, escuyer, seigneur des Courbons, porte d'or à trois tourteaux de gueules, 2 et 1, et une bordure de sinople. »]

2. [Titres de propriété de la maison, cour et jardin situés au lieu dit l'Echelle vis-à-vis Orbais et sur le chemin de la vigne des religieux. *Archives départ. de la Marne*, f. d'Orbais, n° 32.]

3. [Edit du Roy qui ordonne que toutes les communautez regulieres et seculieres, mesme les particuliers qui ont detourné des eaux des rivieres navigables, sources et fontaines publiques, sans la permission de Sa Majesté, payeront les sommes ausquelles ils seront taxez au Conseil pour estre confirmez à l'avenir dans la possession et jouissance desdites eaux...... Donné à Fontainebleau au mois d'octobre, l'an de grace mil six cens quatre-vingt-quatorze. *Actes royaux* (Edits, déclarations et arrêts, 1693-1695), p. 216. Cet édit, enregistré au Parlement de Paris, se trouve aux *Archives nationales* où sa cote actuelle est X1a 8689.]

4. [Voici ce que porte l'arrêt obtenu par la généralité de Soissons : « Les habitants, usiniers, usagers, communautés, seront tous confirmés dans la propriété de leurs eaux, pourront jouir de leur propriété en payant, d'après leur offre, 72,000 livres et 2 sous par livre. » A la suite d'une recherche aussi heureuse qu'intelligente, M. Thiénot, ancien notaire à Montmirail, a retrouvé aux *Archives nationales* (E. 640, n° 40) le texte de cet arrêt qui a

possession et jouissance des eaux, fut taxée, sçavoir pour la seigneurie d'Orbaiz à quarante livres, quatorze sols, huit deniers; pour celle de la Ville-sous-Orbaiz à huit livres, dix-sept sols, quatre deniers ; pour Margny à cent-dix sols, dix deniers ; suivant les significations faites par Prioul et Millet des douze et treize octobre et 13 novembre 1695.

Taxe appellée capitation imposée sur [les] laïques et subvention sur le clergé.

En la présente année 1695, on imposa la capitation ou taxe par têtes par tout le royaume et sur toutes sortes de personnes ecclésiastiques et laïques, pour la première fois depuis l'établissement de la monarchie, pour aider le Roy à soutenir la guerre qu'il avoit entreprise pour rétablir Jacques second, roy de la Grande-Bretagne, injustement détrôné et dépouillé de ses Estats par Guillaume Henry de Nassau, son gendre et son neveu. Voyez cy-dessus.

La communauté, qui n'estoit alors composée que de trois religieux, y compris le supérieur, fut taxée à cinq cens livres en particulier. M^r l'abbé fut taxé aussi séparément. Voyez cy-dessus.

CHAPITRE ONZIÈME

ONZIÈME TRIENNAL

1696.

1696

Continuation du R. P. D. Pierre Mongé supérieur d'Orbaiz.

Le Révérend Pere Dom Pierre Mongé ayant achevé six années de supériorité en vertu des institutions des deux derniers chapitres généraux, il fut encore continué supérieur de ce monastére pour trois ans par commission du trés Révérend Pere Dom Claude Boistard, supérieur général, avec le consentement des RR. PP. Dom Simon Bougis [1] et Dom Matthieu

---

été publié par l'*Echo Sparnacien* du 9 décembre 1863. Il y a vingt ans, la ville d'Orbais luttait, pour conserver la propriété de ses eaux, contre l'administration municipale de Paris. Les énergiques défenseurs des intérêts locaux ont, à cette époque, tiré de l'édit d'octobre 1694 et de l'arrêt du 21 juin 1695 un argument qui a contribué au succès de leurs revendications. Voyez l'intéressante discussion qui a eu lieu sur ce sujet au Sénat dans la séance du 8 avril 1864 (*Moniteur* du 9). L. Courajod, *Recherches sur l'histoire de l'industrie dans la vallée du Surmelin*, p. 56, 57, 83 à 127.]

1. [Dom Simon Bougis, né à Séez en 1630, prononça ses vœux solennels au monastère de la Trinité de Vendôme le 6 juillet 1651. Il fut sous-prieur de Marmoutiers-lez-Tours (1660), ensuite prieur de Lagny (1665), de Saint-Denis en France et de Saint-Ouen de Rouen. Après avoir été visiteur de

HISTOIRE DE L'ABBAYE D'ORBAIS 485

Gilbert [1], sénieurs assistans, suivant les lettres d'institution du 20ᵉ septembre 1696 [2].

En cette présente année, vers la Saint-Jean-Baptiste, un grand débordement d'eaux, presque universel en France, ayant rompu les chaussées de plusieurs étangs de cette abbaye, que la communauté tenoit à titre de bail de Mʳ l'abbé par la susdite transaction du 3 mars 1687, tout le poisson en fut perdu; et cet accident causa une perte de trois mille livres et plus aux religieux, qui en ont esté fort incommodez et s'en sont ressentis longtems, l'abbé n'ayant jamais voulu faire aucune diminution sur la pension ou redevance de deux mille cinq cens livres qu'on s'étoit obligé de luy donner tous les ans par la susdite transaction de 1687, à cause que c'étoit la dernière année dudit bail, comme on va marquer

Débordement préjudiciable aux religieux d'Orbaiz.

Fac-simile d'une signature apposée au bas d'un bail du 2 juin 1685
Henry de pouilly de Lancon

la province de Normandie (1684), il devint en 1690 assistant du R. P. Dom Claude Boistard à qui il succéda lui-même en 1705 dans la charge de supérieur général. Dom Simon Bougis se fit décharger de la supériorité en 1711 et il vécut encore trois ans simple moine. Il mourut à 84 ans, le 1ᵉʳ juillet 1714, au monastère de Saint-Germain des Prés, et fut inhumé dans la grande chapelle de la Sainte-Vierge. Ce religieux a laissé plusieurs ouvrages. Dom Tassin, *Histoire littéraire de la congrégation de Saint-Maur*, p. 368 et suiv. — Ch. de Lama, *Bibliothèque des écrivains de la congrégation de Saint-Maur*, p. 106. — *Gallia*, VII, 485 et suiv.]

1. [Dom Mathieu Gilbert, natif de Pontoise, fit profession à la Trinité de Vendôme le 7 février 1666, à l'âge de vingt ans. Il fut successivement administrateur de Sainte-Colombe de Sens (1681), prieur de Saint-Seine en Bourgogne (1684), de la Trinité de Vendôme (1687), de Bonne-Nouvelle de Rouen (1690), de Saint-Germain des Prés (1699), de Saint-Benoît-sur-Loire (1705). Il avait été élu assistant du supérieur général en 1696. Dom Gilbert mourut le 9 avril 1710 au monastère de la Trinité de Fécamp dont il était prieur depuis 1708. Cf. *Gallia*, VII, 486.]

2. [Cf. *Liber continens electiones superiorum*, f° 114 r°, Bibl. nat. ms. at. 17690.]

dans peu, parce qu'il se démit de l'abbaye sur la fin de 1696.

Acquisition de la ferme de la Bufferie.

Le dix-neuviéme décembre 1696, la communauté acquit ou prit en payement des enfans de Pierre Prévôt la ferme de la Bufferie, parroisse de la Ville-sous-Orbaiz, avec tous les héritages qui en dépendent. On a fait beaucoup de dépense tant pour réparations aux anciens bâtimens, construction de nouveaux, que pour faire marner les terres, fournir des chevaux, bœufs, vaches et autres choses au nouveau fermier. Toutes lesquelles dépenses faites sur ladite ferme et ses dépendances depuis ledit jour 19° décembre 1696 jusqu'en 1702, revenoient à plus de deux mille livres ; outre une rente de cent deux sols remboursable de cent deux livres à un desdits enfans dudit Prévôt, mineur lors de l'achapt, qu'il a dû ratifier étant âgé [1].

Jacques de Poüilly se démet de l'abbaye aprés la mort de son frere, et meurt en 1701.

Henry de Poüilly, marquis de Lançon, exempt ou enseigne des gardes et frere ainé de Jacques, abbé d'Orbaiz, étant mort cette année au camp de Marsin [*lisez* Maclein] en Flandre, comme a été dit cy-devant, ledit sieur abbé fit sa démission de cette abbaye, sur la fin de la présente année 1696, entre les mains du Roy, et mourut le 25 avril 1701, âgé de vingt-neuf à trente ans. Les religieux d'Orbaiz, sçachant sa mort, firent un service solennel pour lui.

Fac-simile d'une signature apposée au bas d'une transaction du 9 décembre 1689

---

1. [La vente du 19 décembre 1696 est faite par « Anne et Pierre les Prevost heritiers chacun pour moitié de la succession de defunt Pierre Prevost leur pere, vivant laboureur demeurant à la Bufrye, parroisse de la Ville-sous-Orbais....., les religieux acceptant par le Reverand Pere Dom Simon Champenois, prestre religieux et procureur de l'abbaye d'Orbais...» Pierre Prévost qui, à cette époque, était mineur, céda ses droits au sieur de Saluce auquel le R. P. Dom Louis Nattin, procureur de l'abbaye, paya le 16 juillet 1700, au nom de la communauté, « la somme de cent deux livres dix sols d'une part de principal et cinquante une livres cinq sols pour les rentes et interests de ladite somme. » La quittance de cette somme, qui fait suite à l'acte de vente de la Bufferie, est signée par « François de Saluce escuyer....., demeurant à la rue des Meullieres, paroisse de la Chapelle-sur-Orbais, au nom et comme ayant les droits cedés par transport de Pierre Prevost, son domestique. » (Etude de M° Charlot). Cf. *Archives départ. de la Marne*, f. d'Orbais, n°s 3, 19 et 33.]

[1697]

JEAN LOUIS FORTIA DE MONTREAL

Jean-Louis Fortia de Montréal, natif d'une noble famille [1] et prêtre du diocèse d'Avignon, licentié en théologie et en droits des facultés de Paris, vicaire général et official de Messire Léon Potier de Gévres [2], archevêque-primat ou patriarche de Bourges, [1694-1729], et ensuite de Messire Jacques-Nicolas Colbert [3], archevêque de Rouen [1691-1707] et primat de Normandie, fut pourvu de cette abbaye [4], après la démission volontaire de Jacques de Poüilly, par la nomination du Roy, et en prit possession le vingt-septiesme jour de juin mil six cens quatre-vingt dix-sept par ledit R. P. Dom Pierre Mougé, prieur, et fondé de sa procuration spéciale, assisté et conduit par le sieur Pottier, advocat et notaire apostolique de Soissons, en vertu des bulles du pape Innocent XII, datées du treiziéme jour de may 1697, qui sont du style ordinaire de la cour de Rome en pareil cas et toutes remplies des sentimens qui doivent animer toutes les actions du Vicaire de Jésus Christ. Le Saint Pere Innocent XII y paroît en effet tout pénétré de pieté envers Dieu, de zéle pour conserver le bon ordre et soutenir l'observance réguliére

Jean Louis Fortia de Montreal. 1697.

Prise de possession.

---

1. [Jean Louis de Fortia, connu sous le nom de l'*abbé de Montréal*, naquit vers 1663. Il était issu du mariage que Gaspard de Fortia, Ier du nom, seigneur de Montréal et de la Garde, avait contracté le 8 février 1655 avec Françoise de Louet-Nogaret de Calvisson.]

2. [Léon Potier de Gesvres, né le 15 août 1656, était le second fils du duc de Gesvres, premier gentilhomme de la chambre du Roi et gouverneur de Paris. Il avait été longtemps à Rome camérier du Pape. Le 29 mai 1694 le Roi lui donna l'archevêché de Bourges, et « tout le monde, dit un contemporain, approuva ce choix, car on estimoit fort l'abbé de Gesvres. » (*Mémoires du marquis de Sourches* publ. par le comte de Cosnac et E. Pontal, t. IV, p. 337). Léon Potier de Gesvres devint cardinal en 1719, sur la nomination du Roi de Pologne. Il fut abbé de Bernay, de Saint-Géraud d'Aurillac, de Saint-Amand en Pévèle, de Saint-Nicolas d'Arouaise (1723), de Saint-Pierre de Crespin (1725) et de Saint-Remi de Reims (1729). Il mourut à Paris le 12 novembre 1744 et fut inhumé dans le tombeau de sa famille aux Célestins. — Sur sa biographie, voir : *Mémoires de Saint-Simon* (édition de Boislisle, t. II, p. 347, note ; édition Chéruel, t. XVI, p. 369 et suiv. et *passim*). Dictionn. de Moreri.]

3. [Jacques Nicolas Colbert, second fils du grand *Colbert*, et l'un des plus illustres évêques de son temps, membre de l'Académie française, abbé du Bec et prieur de la Charité-sur-Loire, etc., mort à Paris, à 53 ans, le 10 décembre 1707.]

4. [Jean Louis de Fortia de Montréal, abbé d'Orbais, était aussi titulaire du prieuré d'Ambierle (ancien diocèse de Lyon), auj. arr. de Roanne (Loire), cant. de Saint-Haon-le-Châtel.]

dans cette abbaye, d'estime, de bienveillance et de tendresse paternelle pour contribuer à la subsistance honnête de Jean-Louis de Fortia de Montréal. Ces bulles se trouvent dans notre chartrier. Recours à icelles.

Mr l'abbé accepte le partage des biens et en jouit par un receveur.

Monsieur l'abbé de Montréal tint et se contenta du partage des revenus de cette abbaye, fait avec Mr de Lançon le dernier jour de mars 1683, et jouit du revenu de la manse abbatiale par les mains du sieur Mathurin Gauvain, notaire royal, et son receveur comptable pendant les deux années 1697 et 1698, durant lesquelles le bled fut extrêmement cher.

Réparations après la démission de M^r l'abbé de Lançon et faites en 1697.

Monsieur de Pouilly de Lançon s'estant démis de cette abbaye, la communauté fut obligée de faire faire dans notre église, dans celles des églises et parroisses qui en dépendent et dont on perçoit les dixmes, aux étangs[1], fermes, maisons, halles, moulins et autres bâtimens qui luy appartiennent les réparations nécessaires, et les mettre en bon estat conformément à ladite transaction du 3e mars 1687, faite entre lesdits sieur de Pouilly de Lançon, pour lors abbé commendataire, et le R. P. Dom Pierre Mongé, prieur, au nom de la communauté. Lesquelles réparations coûtèrent au moins trois mille livres à ladite communauté. Voyez cy-devant chapitre sixième, paragraphe premier.

Taxe de 56 l. 10 s. pour les armoiries.

En conséquence d'un Edit du Roy du mois de novembre 1696[2] et d'un arrest du Conseil d'Estat du vingtiesme desdits

1. [9 octobre 1697. — Bail des étangs de l'abbé d'Orbais consenti à Louis Chaillot. « Fut present en sa personne Messire Jean Louis de Fortia de Montréal, abbé comandataire de l'abbaye Saint-Pierre d'Orbais, viquaire général de Monseigneur l'archevesque de Bourges, demeurant ordinairement à la ville de Bourges, estant de present à son abbaye dudit Orbais, lequel a récognu volontairement avoir baillé et délaissé à tiltre de ferme et prix d'argent, comme sera cy-apres declaré, promis faire jouir à Louis Chailliot, marchand de poissons, demeurant à Paris sur le quay des Ormes, parroisse Saint-Paul, estant de present en cette ville d'Orbais,.... c'ost asçavoir les sept estangs et les deux fourcieres apartenant audit sieur abbé d'Orbais situés sur les terroir et seigneurye d'Orbais, Margny et la Chapelle-sur-Orbais, cy-apres nommés savoir l'estang des Moulinos, Laboulloys, Heurtebise, la Petite Cense, les Anglous, Chacun et le Plessis, la fourciere des Tomasses et celle de la Noue-Madamme, etc...... » Etude de Me Charlot. Cf. *Archives départ. de la Marne*, f. d'Orbais, n° 36.]

2. [Edit du Roy portant création d'une grande maistrise generale et souveraine, avec un armorial general ou depost public des armes et blazons du royaume, et de plusieurs maistrises particulieres..... Donné à Versailles au mois de novembre 1696. *Actes royaux* (Edits, déclarations et arrêts de 1696), p. 270. Isambert, t. XX, p. 280.]

mois et an [1] pour la taxe des armoiries imposée sur tous ceux qui ont droit d'en porter et de s'en servir, l'abbé et les religieux de cette abbaye payérent cinquante livres, item cent sols pour les deux sols pour livre, et trente sols pour les fraiz du blazon, suivant la taxe sur eux imposée et la quittance à eux délivrée par Trudel, commis du traittant, le treiziéme jour de may mil six cens quatre-vingt dix-sept [2].

ARMOIRIES DE L'ABBAYE DE SAINT-PIERRE D'ORBAIS.

Le procez que Dame Françoise Croiset, abbesse, et les religieuses de l'abbaye d'Andecy, ordre Saint Benoist, diocése de Châlons, avoient intenté contre le chambrier de Saint-Pierre d'Orbaiz et le prieur de Notre-Dame de l'Abbaye-sous-Plancy, prétendant qu'une portion des grosses dixmes de Fére-Champenoise leur appartenoit allencontre desdits chambrier et prieur, fut terminé à l'amiable par une transaction faite entre les parties intéressées le neuviéme jour d'aoust audit an 1697 [3], par laquelle lesdits sieurs chambrier d'Orbaiz et prieur dudit prieuré s'obligérent de payer chacun an ausdites dames abbesse et religieuses d'Andecy [4], chacun quatre livres dix sols au jour

Transaction pour les dixmes de Fére-Champenoise entre les religieux d'Orbaiz, le prieur de l'Abbaye-sous-Plancy et les religieuses d'Andecy pour 9 l., passée à Paris le 9 août 1697 par devant Desnots, notaire à Paris.

---

1. [*Conseils du Roi* (juillet-décembre 1696), in-4°, Bibl. nat., Imprimés, F 3444 f. 93.]

2. [L'abbaye de Saint-Pierre d'Orbay, ordre de Saint-Benoist, congrégation de Saint-Maur (50 liv.; fleur de lis). « Porte d'azur à deux clefs d'or passées en sautoir, une épée d'argent la pointe en haut posée en pal et brochant sur les clefs accostée en chef de deux fleurs de lis d'or et en flanc de deux larmes d'argent. » De l'état du 6 juin 1698. — Armorial de d'Hozier, *Généralité de Soissons*, p. 448.]

3. [V. aux *pièces justificatives*.]

4. [« L'abbaye de filles de N. D. d'Andecy de l'ordre de S. Benoist, dont est abbesse Françoise Croiset, composée de 33 religieuses qui ont de revenu

de Saint-Martin d'hyver à perpétuité, comme on leur avoit toujours auparavant payé, moyennant laquelle somme de neuf livres lesdites dames abbesse et religieuses renoncérent pour toujours à toutes leurs prétentions sur lesdites dixmes de Fére-Champenoise.

<small>Soleil d'argent pour exposer le Saint Sacrement.</small>

Vers le mois d'août ou septembre de cette présente année 1697, le Révérend Pere Dom Pierre Mongé fit faire le soleil d'argent pour exposer publiquement le Trés Saint Sacrement. Cette dépense revient à six cens livres, sçavoir trois cens cinquante et une livres quatorze sols d'argent monnoié donné comptant, avec l'ancien soleil, un vieux calice, quelques cuilliers et autres piéces d'argent.

<small>Procuration donnée pour obtenir une coupe de bois, sans effect.</small>

Le treiziéme jour d'octobre de cette présente année, les religieux donnérent procuration audit sieur abbé de Montréal pour poursuivre tant en son nom qu'en celui desdits religieux une coupe des bois de la Main-ferme jusqu'à la somme de dix mille livres, à la charge et condition que les fraiz pour obtenir ladite coupe, estans payez des premiers deniers provenans d'icelle, on employeroit le restant à rétablir la nef de notre église, et qu'en cas que ladite somme fût plus que suffisante pour ledit restablissement, l'on sépareroit moitié par moitié avec ledit sieur abbé le restant pour être mis au plûtôt en fond, pour en jouir chacun de son costé.

<small>L'évêque de Soissons visite Saint-Prix et confirme dans l'église de l'abbaye, mais sans exercer aucun acte de juridiction sur l'abbaye.</small>

En cette même année 1697 ou 1698, ledit seigneur évêque de Soissons, Mre Fabio Brulart de Sillery, faisant la visite de son diocése et étant à Orbaiz, il visita seulement l'église Saint-Prix ; mais il ne se présenta pas pour faire ni pour demander aucun acte de juridiction. Il logea dans le monastère, y dit une basse messe ; *il assista même au Salut et à la bénédiction du Trés Saint Sacrement donnée en sa présence par le R. P. Dom Pierre Mongé, prieur.* Il demanda seulement d'administrer le sacrement de confirmation dans notre église comme étant plus grande et plus commode, se trouvant au milieu du bourg. Voyez cy-dessus chapitre septiéme.

<small>plus de 6000 l. Elle a esté fondée en 1131 par Simon de Broyes en qualité de seigneur de Baye dont ce seigneur champenois possedoit la terre dans l'étendue de laquelle cette abbaye se trouve située, et les seigneurs de cette terre de Baye ont esté déclarez fondateurs de cette abbaye par arrest du Parlement de Paris du mois de juin (*lisez* 19 juillet) 1687 contradictoire avec l'abbesse et les religieuses qui se prétendent de fondation royale. » (Extrait du *Mémoire des Intendants sur la généralité de Champagne* dans l'enquête ouverte en 1697). — Sur l'abbaye d'Andecy, V. *Revue de Champagne*, t. IX, p. 109 et s., 118 et s. (article du baron de Baye), et t. XIII, p. 181.]</small>

1698

Le........ jour de mars de cette présente année 1698, le
R. P. Dom Pierre Mongé, prieur, après plusieurs conférences
avec Mᵉ Jean Jolly, prêtre de Paris et frere de feu Messire
Claude Jolly [1], autrefois curé de Saint-Nicolas-des-Champs et
ensuite évêque-comte d'Agen [1665-1678], porta enfin ledit
sieur Jean Jolly à résigner le prieuré simple de Notre-Dame
de l'Abbaye-sous-Plancy, diocèse de Troyes, et membre de
Molême [2], dont il estoit prieur commendataire, au R. P. Dom
Nicolas Doé, ancien supérieur de notre congrégation, et pour
lors dépositaire de ladite congrégation [3], sous la réserve de deux
mille quatre cens livres payables par chacun an de trois en
trois mois ; lesdites deux mille quatre cens livres de pension
viagère créée en cour de Rome, franche et quitte de toutes
sortes de charges, comme décimes, dons gratuits, subvention ou
capitation, pensions congrues des curez, rétributions et hono-
raires pour les messes qui se doivent dire deux ou trois fois par
chaque semaine de l'année dans la chapelle dudit prieuré, réparations et toutes autres charges généralement quelconques.

Dez aussitôt que ledit R. P. Dom Pierre Mongé, fondé de la
procuration dudit R. P. Dom Nicolas Doé, prieur dudit prieuré, et
en vertu des provisions obtenues en cour de Rome, en eût pris
possession, il fit réparer tout à neuf un côté de l'église de Saint-

M⁽ʳ⁾ Jolly rési-
gne le prieuré
de Nôtre-Dame
de l'Abbaye-
sous-Plancy, à
la persuasion
du R. P. Mon-
gé, à D. N.
Doé.

---

1. [Joly (Claude), né en 1610 à Buri-sur-l'Orne, au diocèse de Verdun,
fut le prêtre qui assista Mazarin à ses derniers moments. Il se fit une grande
réputation dans l'éloquence de la chaire. « M. Vincent de Paul, dit son bio-
graphe, ne souffrait qu'avec peine que les Lazaristes entendissent d'autre
prédicateur que M. Joly. » D'abord évêque nommé de Saint-Pol de Léon,
il fut ensuite désigné pour l'évêché d'Agen le 1ᵉʳ mai 1664, et sacré dans
l'église Saint-Martin-des-Champs de Paris le 15 mars 1665 ; il mourut le
21 octobre 1678. Ce pasteur zélé s'appliqua toute sa vie à instruire les peuples et à faire fleurir la discipline ecclésiastique. Ses œuvres ont été imprimées. Abbé Barrère, *Histoire religieuse et monumentale du diocèse d'Agen*
(1855-56, in-4°), t. II, p. 398 et suiv. Cf. Chantelauze, *Portraits historiques* (Les derniers jours de Mazarin), p. 317 et suiv., Paris, Perrin et Cie,
1886, in-8.]

2. [Abbaye-sous-Plancy (L'), auj. cant. de Méry-sur-Seine (Aube).
Prieuré fondé au plus tard en 1080 par très noble dame Gilie de Plancy.]

3. [Dom Nicolas Doé, natif de Troyes, fit profession à Saint-Rémi de
Reims le 13 juin 1659 à l'âge de 19 ans. Il fut successivement prieur de
Saint-Nicaise de Meulan (1681), de Saint-Martin de Pontoise (1684), de
Saint-Corneille de Compiègne (1687-1693). Il exerça de 1696 à 1711 la
charge de dépositaire de la congrégation. Il mourut le 23 janvier 1728 au
monastère de Saint-Denis en France.]

Martin, parroisse dudit village de l'Abbaye-sous-Plancy[1], dont ledit prieur est patron, seigneur temporel et gros décimateur.

Emprunt de 2400 l. pour faire les réparations dudit prieuré et dépendances.

Il fournit aussi ladite chapelle d'ornemens, de linges, et fit d'autres accommodemens dont elle manquoit, ayant été laissée en pitoyable état, suivant la pratique ordinaire de Messieurs les commendataires, plus soigneux d'en toucher tous les ans deux à trois mille livres que d'en réparer les bâtimens et satisfaire à toutes les autres charges. Ces réparations et accommodemens absolument nécessaires, se montérent à prés de deux mille livres suivant les différentes quittances des ouvriers et marchands. L'on prit à constitution de rente du sieur Maillefer[2], prêtre de Reims, deux mille quatre cens livres dont notre communauté s'est faite caution et paye 96 l. de rente par an, à cause qu'elle jouit de tout le revenu dudit prieuré, avec la permission du trés R. P. général et le consentement dudit Dom Nicolas Doé, titulaire, pour contribuer à entretenir un nombre de religieux plus considérable à Orbaiz aprés la mort dudit sieur Jolly, à qui on a payé exactement ladite pension jusqu'au jour de sa mort arrivée le...... jour de...... 170.. (*sic*).

On met six religieux, y compris le supérieur, dans Orbaiz.

Le trés Révérend Pere Dom Claude Boistard, supérieur général, avec les RR. PP. sénieurs assistans et visiteurs des six provinces de notre congrégation, assemblez au mois de may de cette présente année dans l'abbaye Saint-Germain-des-Prez de Paris pour la diéte annuelle, croyant que ce monastére étoit en estat de recevoir et entretenir commodément une petite communauté, ordonnérent que dans la suite il y auroit six religieux, et dez lors on commença à chanter la grande messe et vêpres tous les jours, et à observer exactement les statuts et reglemens de notre congrégation Saint-Maur; ce qu'on n'avoit pu exécuter jusqu'alors, à cause du petit nombre des religieux, et que les lieux réguliers n'estoient pas encore en état. On a reconnu depuis que l'on s'étoit un peu trop pressé d'augmenter icy le nombre des religieux ; aussi a-t-on

---

1. [Eglise de Saint-Martin (xvi⁰ siècle), à l'Abbaye-sous-Plancy. D'Arbois de Jubainville, *Répertoire archéologique de l'Aube*, col. 15.]

2. [*Peut-être* Philippe Maillefer, prêtre, docteur en théologie de la faculté de Reims et chanoine de l'église métropolitaine de cette ville, décédé le 18 avril 1720. *Armes* : « D'azur à un chevron d'or accompagné de trois estoiles de même, deux en chef et une en pointe. » D'Hozier, Armorial. *Champagne*, p. 49. Cf. Bibl. nat., Cabinet des titres, *Pièces originales*, dossier Maillefer, fᵒˢ 18 et suiv. Cf. *Bulletin histor. et philolog. du Comité des Travaux historiques*, année 1885, p. 92.]

été obligé de les diminuer à cause des taxes, impositions et charges publiques et particuliéres de ce monastére, et de remettre à un autre temps plus favorable l'achevement du reste des édifices, décoration de l'église, fourniture de bibliothéque, fonte de cloches, remboursement de rentes constituées.

1699

1699.

Le septiéme jour de mars de cette présente année, la communauté prit et se chargea de la recepte dudit sieur abbé de Montréal pour sa vie abbatiale, à la charge de luy en donner par chacun an deux mille cinq cens livres de pension aux termes marquez et aux charges, clauses et conditions spécifiées fort au long dans le bail fait sous les signatures privées dudit sieur abbé et dudit R. P. Dom Pierre Mongé, prieur, au nom des religieux. Recours audit bail dont il y a une copie signée dans notre chartrier.

La communauté prend la recepte de la manse abbatiale.

Vers la fin du mois d'avril de cette même année, la communauté fit travailler à ses dépens à faire conduire une partie des eaux de la fontaine de Saint-Prix dans le jardin où elle forme un trés beau jet d'eau de vingt-cinq pieds de haut, et dans les officines du monastére. Le jet d'eau commença à jouer le quatorziéme jour de juin, jour et fête de la Trés Sainte Trinité fort célébre dans notre église de toute antiquité, où il se fait une procession publique et solennelle avec les saintes reliques, aprés laquelle il y a prédication au milieu de la grande-messe. — La dépense faite pour conduire cette eau dans notre monastére revient à environ neuf cens livres. Il y avoit plus de cent cinquante ans que cette belle fontaine ne communiquoit plus ses eaux dans ce monastére. Elles se perdoient toutes en sortant de leur source, parce que les canaux, bassin et conduits en avoient esté négligez depuis longtems, comme on l'apprend d'un procez-verbal de visite de cette abbaye, faite le jeudy vingt-huitiesme jour de décembre mil cinq cens quatre-vingt-et-un, par Louis Duran, conseiller du Roy au Grand-Conseil, commissaire député par iceluy pour l'exécution de son arrest du deuxiéme jour d'avril mil cinq cens soixante-quatorze, pendant lequel procez-verbal ou visite les religieux de cette abbaye demandérent audit sieur commissaire que Jean de Pilles, abbé commendataire, présent aussi en personne audit procez-verbal de visite, fût condamné à rétablir, remettre en estat, entretenir bien et dûment à l'avenir et faire couler ladite fontaine dans ce monastére pour les nécessitez et commodité desdits religieux.

La fontaine de Saint-Prix conduite dans l'abbaye.

Ledit sieur commissaire, faisant droit sur leur requête, prononça en leur faveur en ces termes : « Sur quoy nous avons condamné ledit abbé à faire refaire et racoûtrer[1] ladite fontaine, et à ces fins avons ordonné aux experts accordez entre les parties de visiter ladite fontaine et d'en faire mention dans leur rapport, ensemble de l'estimation à laquelle se trouvera monter la réparation d'icelle. »

Lesdits experts firent leur visite et rapport et déclarèrent que « par cy-devant il y avoit une fontaine au cloître qui est à présent ruinée, et parce que nous n'avons connoissance si les cors et conduits qui servoient à faire fluer l'eau d'icelle y sont encore à présent, nous n'avons fait aucune évaluation des réparations de ladite fontaine. »

Ainsi elle demeura abandonnée jusqu'audit mois d'avril 1699. En ouvrant les tranchées pour y placer les cors ou canaux de bois d'aulne, on en trouva plusieurs de terre et de grez revêtus d'un ciment ou mastic extrêmement dur; on en voioit encore quelques-uns dans la court derrière la chapelle du Saint-Esprit en 1702, et quand on creusa la terre au pied du gros mur de l'église en 1700, pour y faire descendre les poids de la nouvelle horloge, on y trouva encore un cor ou tuyau de poterie, ce qui fait conjecturer qu'anciennement les eaux de ladite fontaine avoient passé par l'église pour se rendre audit cloître et autres lieux du monastère.

Cette grande réparation et cette inestimable commodité, si long tems négligées, étoient réservées au zèle et à l'industrie de nôtre R. P. prieur Dom Pierre Mongé, qui finit tous ces travaux icy par cet accommodement également utile et agréable et que l'on ne sçauroit assez estimer ni payer.

Nota 1º.   1º Il est à propos d'observer icy que cette fontaine sort d'un roc qui environne de tous côtez le bassin (profond de cinq à six pieds, et large de trois à quatre), excepté vers l'entrée de la petite porte à gauche, de sorte que si dans la suite des tems on s'appercevoit que l'eau fût moins abondante, et qu'elle se perdît en terre, en ce cas il faudroit ouvrir la terre et la maçonnerie à gauche de ladite petite porte de la fontaine vers l'orient, où on a mis et paîtri une grande quantité de limon appellé vulgairement icy *conroy*[2] pour empêcher que l'eau ne pénétre,

1. [Réparer.]
2. [«... Les séparations épaisses que l'on fait entre les eaux...... se nomment *conrois*. Elles sont vraisemblablement appelées ainsi parce qu'elles sont faites d'un mortier *conroié*, c'est-à-dire bien battu. » La Curne de Sainte-Palaye, *Glossaire*, vᵒ CONREIZ et CONRAER.]

ne transpire et ne se perde, et faire un nouveau *conroy* plus épais et une maçonnerie plus forte et mieux cimentée pour empêcher l'eau de se perdre.

2° On remarquera aussi que l'eau de notre fontaine, à quelque distance de sa source et au delà du chemin qui conduit au cimetière, coule et passe par le coin d'un petit pré ou héritage du fief et de la ferme du Jard aliéné et relevant de notre abbaye [1], appartenant à présent aux filles du feu sieur de Fourches et d'Elizabeth Laguette [2], leurs pere et mere, laquelle consentit de bonne grâce que l'on ouvrit la terre et que l'on y plaçât quelques tuyaux de bois d'aulne pour conduire ladite eau dans le pré-au-chêne, et de là dans notre jardin et dans les officines du monastére. — Si dans la suite les propriétaires dudit petit pré ou héritage s'avisoient, par fantaisie ou mauvaise humeur, de refuser ou de rompre ledit passage de notre eau, il faudroit retirer ladite petite portion de pré appartenant anciennement et aliénée de l'abbaye pour peu de chose et la rembourser. On a obtenu quelque sentence ou jugement qui en adjuge le retrait. Il ne s'agit que de les exécuter. Le R. P. Dom Pierre Mongé, prieur, auroit pris cette voye, si ladite dame de Fourches en eût usé moins raisonnablement. Il avoit ses titres en main tout prests; on les trouvera dans notre chartrier.

Nota 2°.

Le neuviéme jour de may de la présente année 1699, ou peu auparavant, la communauté acquit en son propre et privé nom et de ses deniers la maison de Didier Charton, marchand drappier, joignant le monastére, proche le portail de notre église, et située dans la rue aux Arches, moyennant cinq cens livres payées aux créanciers dudit Charton sur la fin du mois de décembre audit an 1699. Le contract de vente et d'achapt fait

Acquisition de la maison de Didier Charton.

---

1. [A l'époque où écrivait Dom Du Bout, l'abbaye d'Orbais avait sous sa mouvance huit fiefs, savoir : Le Jard, La Tour près Orbais, Les Aulnois, Le Hazeau, Montifeau, Le Bois l'Hermite, Clairefontaine, et une partie de la seigneurie de Boursault. Bibl. nat. ms. lat. 11818, f° 355 v°. — Cf. *Archives départ. de la Marne*, f. d'Orbais, n° 38.]

2. [Dans les minutes de Mathurin Gauvain le jeune (étude de M° Charlot), on trouve un contrat de vente passé, à la date du 12 octobre 1705, entre « Charles Chevailler et damme Eslisabeth Genevisve de La Guette, veuve de defunt messire Jaque Charles Mailliard, vivant escuyer seigneur de Fourche, Janlis (auj. Genlis) et autres lieux, demeurant en son château audit Fourche... » L'ancien fief de *Fourche* est aujourd'hui un écart de la commune de Baulne (Aisne), cant. de Condé.]

pardevant ledit Mathurin Gauvain lesdits jour, mois et an [1]. Les droits d'amortissement et de nouveaux acquêts ont été payez en 1701 à Soissons.

Aprés avoir rapporté exactement jusqu'icy les grands avantages et les grands biens que le Révérend Pere Dom Pierre Mongé a procurez et les grands services qu'il a rendus à ce monastére, qui doivent persuader et faire sentir à toutes les personnes équitables et non prévenues, qu'il a non seulement répondu entiérement à tout ce que l'on attendoit de son zèle, de son application, industrie, constance, travaux, œconomie, etc., mais qu'il a même porté les choses plus loin et au delà de toute espérance, qu'on doit toujours admirer comment avec un revenu si modique il ait pu exécuter si heureusement tant de si différentes entreprises, et le regarder comme le véritable et infatigable *restaurateur* de ce monastére ; aprés, dis-je, ce détail si connu d'un chacun, ce seroit icy le lieu de découvrir et de faire connoître une infinité de bonnes actions qu'il a pratiquées dans le secret, qui n'ont eu que Dieu pour témoin, parce qu'il n'en attendoit et n'en vouloit de récompense que de sa main, si sa modestie et son humilité profondes et ingénieuses ne nous en avoient dérobé la connoissance, si on n'appréhendoit pas de faire violence à ses deux vertus favorites, — car il est ennemi et ne peut souffrir les louanges et les applaudissemens qui luy sont dubs et qu'on luy donne, — et si enfin on n'espéroit que ces obstacles étant levez par sa mort, quelques religieux, pour rendre justice à sa mémoire et inspirer à nos successeurs dans ce monastére une reconnoissance proportionnée à tout ce qu'il a fait pour eux et pour nous, rendra public ce que l'on découvrira avec le tems.

Bonnes œuvres secrétes du R. P. Dom P. Mongé.

Mais on ne peut omettre icy les actes héroïques de la charité du R. P. Dom Pierre Mongé ; on n'en rapportera que quelques-uns.

Sa charité envers les pauvres.

Il sauva la vie à un trés grand nombre de pauvres d'Orbaiz et du voisinage en les occupant utilement pour gagner leur vie et celle de leurs familles, réduites aux derniéres extrémités pendant une espéce de famine qui, jointe aux taxes, impositions, levées de sommes considérables et autres charges publi-

---

1. [9 mai 1699. — Vente consentie aux religieux d'Orbais par Didier Charton et sa femme. (Etude de Mᵉ Charlot). Cf. *Archives départ. de la Marne*, f. d'Orbais, n° 13, Petit couvent.]

ques pour subvenir aux fraiz de la guerre, désola toute la France et autres royaumes en mil six cens quatre-vingt-treize et les années suivantes.

Combien d'autres pauvres a-t-il soulagés dans leurs différentes miséres ? Mais sur tout combien d'honnêtes familles, mais pauvres et qui, par leur condition n'osoient découvrir leur extrême pauvreté, souffroient tout ce qu'on peut bien s'imaginer, que son cœur et son esprit également éclairez et charitables déterroient adroitement, qu'il assistoit et soulageoit doublement puisqu'il les secouroit dans leurs pressants besoins par l'entremise de personnes prudentes et fideles et qu'il leur épargnoit par sa vigilante charité la honte et la confusion de se déclarer, en prévenant leur demande ? *Pauvres honteux.*

N'a-t-il pas empêché la ruine inévitable de plusieurs pauvres fermiers en leur faisant des remises considérables à cause de la stérilité des années ou du vil prix des espéces, ou en leur donnant du tems pour payer et satisfaire à leur debte ? *Pauvres fermiers.*

Ne sçait-on pas dans tout le pays que par son credit et ses assistances secrétes il a fait rompre et briser les fers et les chaines et sortir des prisons de Châtillon-sur-Marne Charles Chevalier, huissier royal, où il auroit long tems croupi et gémi, ou s'il en étoit sorti plus promptement, peut-être que ç'auroit esté pour éprouver par l'animosité dudit Jean Jullion dit du Maine, son ennemi, quelque supplice plus rigoureux et plus infamant, si le R. P. Dom Pierre Mongé ne luy eût tendu sa main bienfaisante, et s'il n'eût fait sa paix avec son adversaire, avec lequel il s'est bien réconcilié par sa médiation ? On souhaitte que ledit Charles Chevalier et sa famille s'en ressouviennent. *Un prisonnier.*

La droiture, la bonne foy et la probité du R. P. prieur étoient si universellement reconnues qu'on le choisissoit ordinairement pour l'arbitre des différens, et quand il avoit une fois prononcé, on s'en tenoit à son avis comme à des arrests. Quand il avoit aussi donné sa parole, on en estoit aussi assuré que si on avoit traitté avec luy pardevant notaires ; et quoiqu'il ait eu de grands procez à soutenir contre différentes personnes de toutes conditions, qu'il a toujours ou gagnez par des arrests des Cours souveraines ou terminez à l'amiable par des transactions avantageuses à la communauté, cependant pas une de ses parties adverses n'a jamais douté de sa bonne foy et ne lui a jamais reproché d'avoir produit aucune fausse piéce, ni employé aucune chicane pour obtenir un jugement favorable. Il a tou- *Sa droiture et sa bonne foy.*

jours vécu même en bonne intelligence avec ceux contre qui il plaidoit qui n'ont rien diminué de l'estime et de la vénération qu'ils avoient pour luy.

<small>Sa fermeté à défendre les droits de l'abbaye ne luy a pas fait perdre l'estime et l'amitié de ses parties, ayant la justice et le bon droit de son côté.</small>

On sçait assez qu'il n'arrive que trop souvent que s'il y a des mécontents, à qui le respect ou la crainte qu'ils [ont] pour certaines personnes, imposent le silence pendant que ces personnes considérables sont sur les lieux, ils se déchainent contre elles lorsqu'ils n'ont plus rien à en espérer ou à craindre. Le R. P. Dom Pierre Mongé, chargé et obligé de conserver ou de rétablir les interests de cette pauvre petite abbaye, a eu icy des affaires à démêler avec toutes sortes de personnes ; il n'a point eu de foiblesses ni de respect humain, il a soûtenu les droits de son monastére avec vigueur et avec fermeté et constance, mais aussi avec honneur, prudence et justice, de sorte que quand ses adversaires ont succombé, ils ont toujours conservé pour sa personne le même respect qu'auparavant, persuadez que la raison, le bon droit et la justice étoient de son côté.

Celuy qui a eu l'honneur de luy succéder, pour rendre justice et un témoignage public à la vérité, assure que depuis le départ de son trés digne prédécesseur, on n'a ni vu, ni entendu, ni appris que qui que ce soit ait témoigné le moindre mécontentement, ni proféré la moindre parole désobligeante contre ses mœurs, sa conduite et sa réputation. Son nom et sa mémoire y sont et y seront toujours en bénédiction et en bonne odeur ; mais quand les hommes se tairoient, Dieu fera parler les pierres. *Si hi tacuerint, lapides clamabunt.* Lucœ, XIX, v. 40.

<small>Sa profonde humilité.</small>

Et parce que les plus belles qualités et les plus solides vertus ne sont telles devant Dieu que lorsqu'elles ont pour fondement une véritable et profonde humilité, il en donna deux preuves autentiques, qui ont mis le sceau à tout ce qu'il a fait icy pour la gloire de Dieu, l'honneur de la congrégation et le rétablissement de cette abbaye. *Fœlix clausula totius itinerarii.* S. Bernardus.

<small>Il sollicite si fortement sa décharge qu'on fut obligé de la luy accorder.</small>

La premiére fut de solliciter sa décharge de la supériorité auprés des RR. PP. président et définiteurs du chapitre général tenu à Marmoûtier-lez-Tours, au mois de juin de la présente année. On luy avoit proposé avant ledit chapitre de le continuer supérieur à Saint-Pierre de Chezy [1], ou dans un autre

---

1. [Chézy (*Casiacum*), abbaye de bénédictins, au diocèse de Soissons, fondée vers le VIIIe siècle. Auj. Chézy-sur-Marne (Aisne), cant. de Charly.

semblable monastére, qui avoit besoin d'un homme de son zéle et de son courage pour commencer et entreprendre leur rétablissement ; mais il persista toujours avec tant d'instances réïtérées à demander sa décharge que l'on fut obligé de la luy accorder avec beaucoup de difficultés.

La seconde fut qu'estant déchargé, il voulut bien encore rester icy à la priére de son successeur, plus jeune que luy de trente ans, en qualité de soûprieur. Cette action est d'autant plus louable qu'elle est presque sans exemple dans notre congrégation. Aussi chacun en fut trés édifié. Pendant qu'il y resta en cette qualité, on ne vit jamais de simples religieux ni même de novices plus soûmis et agir avec plus de dépendance que luy : on ne pouvoit rien voir de plus édifiant et de plus touchant que le Révérend Pere Dom Pierre Mongé qui, aprés avoir gouverné pendant vingt-six ans trés sagement et avec un si heureux succez qu'il tient du miracle, demandoit néantmoins permission à chaque action, ne voulant rien faire que par obeïssance, quoique son successeur en arrivant l'eût prié instamment de continuer de prendre soin des affaires et d'agir comme auparavant en différentes occasions ; cependant il ne voulut jamais [faire] aucune démarche sans en avoir communiqué.

Aprés sa décharge il reste icy soûprieur et vit dans une grande dépendance sous son successeur.

Il resta icy aprés sa décharge jusqu'à ce que les RR. PP. supérieurs majeurs, voulant que l'on commençât incessamment le rétablissement de l'abbaye de Saint-Nicolas-aux-Bois, au diocése de Laon[1], et ayant besoin pour exécuter ce grand dessein d'un religieux également régulier, industrieux, œconome, laborieux et intelligent, ils jettérent les yeux sur luy, trouvant en sa personne toutes ces qualités nécessaires. Il partit d'Orbaiz le dernier jour de mars mil sept cens, regretté universellement de tout le monde, pour se rendre à Saint-Nicolas-aux-Bois, où il est encore au moment que l'on écrit cecy, en qualité de soûprieur, cellerier et directeur des bâtimens ; et quoiqu'il soit à présent, c'est-à-dire en mil sept cens quatre, âgé de plus de soixante-douze ans et de profession plus de quarante-six, cependant [il poursuit] ses travaux avec

Il fut envoié à Saint-Nicolas-aux-Bois en 1700.

— *Gall. christ.* IX, 427. Cf. R. de Lasteyrie, *Bibliographie des travaux historiques et archéologiques*, etc., Paris, imprimerie nationale, 1885, n°s 464, 467, 487, 495, 889 et 1016.]

1. [Saint-Nicolas-aux-Bois (*S. Nicolaus in Bosco vel de Nemore*), abbaye de bénédictins fondée vers 1080. — *Gall. christ.* IX, 610. Cf. *Bibliographie des travaux historiques et archéologiques*, etc., n° 1378.]

la même assiduité, le même zéle et la même ferveur qu'il faisoit il y a vingt-cinq à trente ans [1]. Le récit de la conduite du Révérend Pere Dom Pierre Mongé [2] dans ce monastére ne sera pas ennuyeux à ceux qui seront sensibles et reconnoissans des avantages qu'il leur a procurez icy, et on n'en peut mieux finir le récit qu'en luy faisant cette heureuse et juste application des paroles de l'autheur de la vie de saint Arnoul, évêque de Metz : « Hæc nos pauca de pluribus viri (D. P. Mongé) « virtutibus vel operibus bonis, ut valuimus, scriptis indidi- « mus. Ceterum si omnia bona quæ egit stilo persequentes « membranis inserere studuissemus, enorme volumen et « magnum legentibus adfuisset. Elegimus namque de multis « saltem aliqua narrare, ne audientium auribus fastidium face- « remus, auxiliante Deo omnipotente. » Auctor vitæ S. Arnulfi, episcopi Mettensis, sæculo II *Actorum ordinis S. Benedicti*, pagina 157, num. 30. — « Si hi (homines seu monachi) « tacuerint, lapides clamabunt. » Lucæ, XIX, v. 40.

CHAPITRE DOUZIÈME

DOUZIÉME TRIENNAL

Dom Nicolas Du Bout succéde au R. P. Mongé.

Le Chapitre général tenu au monastére de Marmoûtier-les-Tours au mois de juin de la présente année, ayant déchargé le Révérend Pere Dom Pierre Mongé à sa sollicitation, luy donna pour successeur le Révérend Pere Dom Nicolas du Bout [3], qui estoit auparavant religieux du monastére des Blancs-Manteaux de Paris, suivant les lettres de son institution du seiziéme jour de juin audit an mil six cens quatre-vingt dix-neuf.

Le vingt-deuxiéme jour d'août audit an, on prit deux mille

---

1. [Les lettres du P. Mongé pendant son séjour à Saint-Nicolas-aux-Bois, prouvent l'activité que, malgré ses soixante-dix ans, il déployait encore dans les affaires. Le 16 mai 1700, écrivant à Dom Louis Nattin, procureur de l'abbaye d'Orbais, il entretient ce religieux de l'acquisition d'une moitié de la ferme de la Croix-Marotte et du différend avec Plancy. Dom Du Bout, de son côté, a mentionné deux lettres en date des 13 février 1701 et 20 juillet 1702 que Dom Mongé lui adressa à lui-même. — V. *suprà* chap. IV, § 1, et *infrà*, sous l'année 1701.]

2. [Dom Pierre Mongé mourut au monastère de Saint-Remi de Reims le 25 décembre 1713.]

3. [*Liber continens electiones superiorum*, f° 118 v°.]

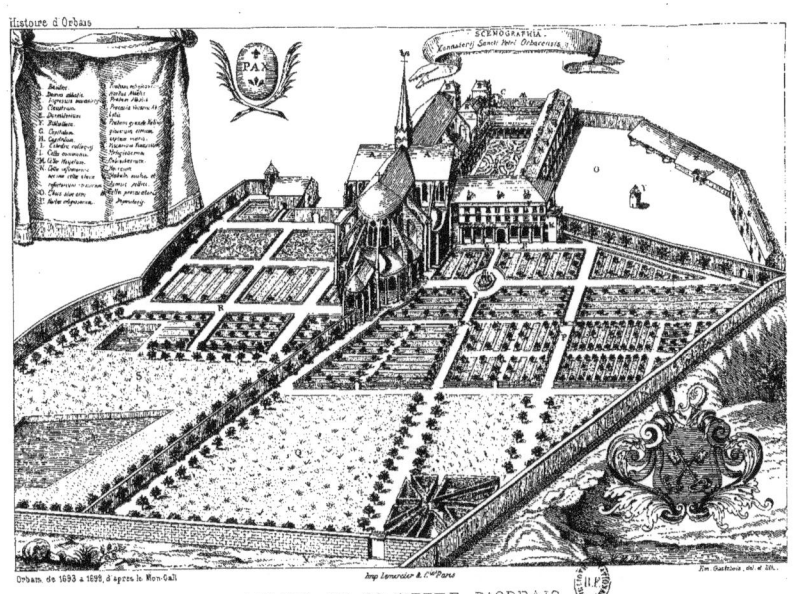

ABBAYE DE Sᵗ PIERRE D'ORBAIS.
Marne.

quatre cens livres à constitution de rente au profit du sieur Cocquebert, élu de Reims[1], à qui on paye annuellement quatre-vingt seize livres d'intérêt, pour rembourser une pareille somme [2] cy-devant prise aussi à constitution de Mr Estienne Cousin, frere uterin dudit R. P. Dom Pierre Mongé, de qui on l'avoit prise auparavant pour rembourser Madame Payen d'une semblable somme et rente constituées à son profit dés le dixiéme jour de novembre 1686.

Emprunt pour rembourser les héritiers de Estienne Cousin.

Pendant le même [mois] d'août on releva et avança les chaires du chœur vers le maître-autel, et on les replaça entre les quatre gros piliers, ce qui rend ledit chœur plus large, et donna lieu de relever et exhausser le pavé du chœur [3] et de réparer par la baze les deux gros piliers qui sont derriére le fond desdites chaires vers la nef.

Dans ce même tems on pava le cloître, le refectoir et le parloir.

Le vingt-septiéme jour de septembre audit an, la communauté acquit de ses deniers la maison dite *Turaterie*, située rue des Arches, joignant le monastére, moyennant cent livres, de la fabrique de la parroisse Saint-Prix d'Orbaiz, par contract passé pardevant ledit M. Gauvain lesdits jour, mois et an. Les droits d'amortissement et de nouveaux acquêts ont été payez en 1701 à Soissons.

Acquisition d'une maison dite Turaterie.

Le samedi vingt-quatriéme jour d'octobre suivant, Augustin Fraguier, chevalier, baron de Batilly, propriétaire de la ferme

---

1. [Peut-être « François Coquebert, conseiller du Roy esleu en l'élection « de Reims », portant de gueules à trois coqs d'or. Armorial de d'Hozier, *Champagne*, f° 100. — Cf. *Revue de Champagne*, t. III, p. 382 et t. XXI, p. 123.]

2. Cette somme a été remboursée en 1720 au sieur Coquebert, et ainsi cette rente est éteinte. [Note ajoutée au manuscrit après la mort de D. Du Bout.]

3. [A l'époque dont il s'agit, le sanctuaire de l'église d'Orbais fut entièrement carrelé à l'aide d'une mosaïque de marbre, et bientôt après le reste du chœur reçut des dalles de pierre de liais à compartiments blancs et noirs. Auparavant, le pavage, comme dans la plupart des églises du moyen-âge, consistait en carreaux de terre cuite émaillée qui peu à peu, du XIIe siècle au XVIe, s'étaient substitués au mode primitif de revêtement du sol adopté par les constructeurs. Pour les détails et la reproduction de plusieurs sujets, voir : *Le pavage de l'église d'Orbais* par Louis Courajod (Extrait de la *Revue archéologique*), Paris, Didier, 1876, 27 p. in-8°, et un article de M. E. de Barthélemy dans la *Revue archéologique*, nouvelle série, t. VI (1862), p. 46 et suiv. *Adde* Viollet-Le-Duc, *Dictionnaire raisonné de l'architecture française*, t. V, p. 19.]

Déguerpissement et retrait faits de douze arpents de terre.

de Coupigni, parroisse d'Orbaiz, en conséquence d'une signification à luy faite par Charles Chevallier, sergent royal [à Orbaiz], le vingt-neuviéme jour de juillet de la présente année, à la requête des religieux, abbé, prieur et couvent d'Orbaiz, déclara par acte passé pardevant ledit Mathurin Gauvain, notaire, ledit jour vingt-quatriéme, qu'il déguerpissoit, abandonnoit et cédoit ausdits sieurs religieux, abbé, prieur et couvent, dez maintenant et à toujours, douze arpents et demi ou environ de terre labourable en plusieurs piéces, situées sur le terroir du village de la Ville-sous-Orbaiz, vulgairement appellées les terres du Moulin Hardoüin [1], cy-devant données à baulx emphytéotiques par les abbez et religieux d'Orbaiz, sçavoir : le dix-huitiéme jour de may mil cinq cens onze à Jean Le Tierce dit Regnault et à sa femme, et le vingt-troisiéme jour dudit mois de may mil cinq cens quatre-vingt dix-huit à Valentin Chabrison par ledit Jean de Piles, abbé commendataire, et les religieux d'Orbaiz.

Bail desdits arpents fait audit sieur de Batilly pour neuf années seulement.

Ledit jour vingt-quatriéme d'octobre, lesdits religieux donnérent lesdits douze arpents et demi de terre audit sieur de Batilly à titre de loyer et prix d'argent pour un bail de neuf années et neuf dépouilles entiéres et consécutives seulement, moyennant la somme de neuf livres par chacun an, et aux autres charges, clauses et conditions énoncées audit bail fait et passé pardevant ledit Gauvain lesdits jour, mois et an, 24ᵉ octobre 1699 [2].

Acquisition d'une maison rue des Arches.

Le 28ᵉ jour de novembre audit an 1699, lesdits religieux acquirent de leurs épargnes la maison de Charles Georgin, serrurier d'Orbaiz, située rue des Arches et joignant le monastére, moyennant la somme de quatre cens livres, par contract passé pardevant ledit sieur Mathurin Gauvain lesdits jour, mois et an [3]. Ladite somme de 400 l. a été employée par ledit C. Georgin à rembourser et éteindre une rente constituée sur une maison

---

1. [Cf. *Archives départ. de la Marne*, f. d'Orbais, nº 18.]

2. [24 octobre 1699. — Bail par les religieux d'Orbaiz à M. Augustin Fraguier, « chevallier et baron de Batilly, de Grange-sur-Aube et de l « Tour de Sainct (auj. Saints en Brie, près Coulommiers), y demeurant, « estant de present en ce lieu d'Orbais, …moyennant le prix et somme de « neuf livres, cinq solz, etc… »]

3. [28 novembre 1699. — Contract de vente… par Charles Georgin et Jeanne Coustanst sa femme aux sieurs religieux d'Orbaiz, « s'obligeans les- « dits vendeurs de faire agréer et ratifier le present contract par lesditz les « Georgins, leurs enfants, aussy tôt qu'ils auront ataint l'auge de majo-

à luy appartenante à Ville-Nôce [1], laquelle est demeurée hypothéquée envers lesdits religieux pour sûreté de leur acquisition, et ont esté subrogez aux nom et droits du créancier dudit Georgin, comme il est porté dans le contract de remboursement fait de la rente sur ladite maison qui provenoit du chef de sa femme qui a ratifié lesdits contracts.

Sur la fin du mois de décembre 1699, on paya aux créanciers de Didier Charton cinq cens livres pour le prix de sa maison [2].

Nota. Il faut observer que cette dernière maison et toutes les autres du même rang, sont de l'ancien domaine du monastère, lesquelles ont été données à baulx emphytéotiques, que des receveurs comptables ou autres ont supprimez ou déchirez et arrachez des registres des minutes et originaux des notaires, comme le R. P. Dom Pierre Mongé nous a assuré positivement l'avoir vu et reconnu dans lesdits anciens registres de minutes qui sont dans l'étude dudit sieur Mathurin Gauvain [3] : ainsi, faute desdits titres, il a fallu racheter lesdites maisons.

Titres supprimez qui sont cause qu'on n'a pu rentrer dans des maisons aliénées qu'en les acheptant comme étrangères.

1700

Le neuviéme jour d'avril de la présente année mil sept cens, Messire Fabio Brulart de Sillery, évêque de Soissons, indiqua par son mandement dudit jour le synode général de tout son

---

« rité, etc... » La ratification du présent contract a esté faite par lesdittes Marie Madelainne et Agnes les Georgins pardevant Naudé, notaire royal audit Orbais, le 23e juillet 1728. — Cf. *Archives départ. de la Marne*, f. d'Orbais, n° 13.]

1. [Auj. Villenauxe (Aube), ch.-l. de cant. de l'arrond. de Nogent-sur-Seine.]

2. [19 décembre 1699. — Quittance de Morel aux religieux d'Orbais, avec une procuration annexée. Par cette procuration, en date du 10 décembre 1699, « les sieurs Anselme Dureteste et Pierre Cliquot, marchands demeu-
« rants à Reims, ont fait et constitué leur procureur general et special le
« sieur Charles Morel, demeurant à Orbays, auquel ils ont donné et donnent
« par ces presentes plein pouvoir de pour et au nom desdits sieurs consti-
« tuans recevoir de qui il appartiendra les sommes qui leur sont deües, tant
« en principaux intérêts que frais, par le sieur Charton, marchand demeurant
« audit Orbays, et à eux adjugées par la sentence d'ordre qui a esté faite
« et rendüe par le sieur bailly en la justice dudit Orbays, etc... »]

3. [Les différents actes notariés qui viennent d'être cités pour l'année 1699, sont conservés aujourd'hui dans l'étude de Me Charlot, au nombre des minutes de Me Mathurin Gauvain le jeune, notaire à Orbais de 1685 à 1719.]

504   HISTOIRE DE L'ABBAYE D'ORBAIS

Le 26 may synode tenu à Soissons auquel nos abbez et prieurs, quoiqu'invitez, refusent de se trouver.

diocése pour le mercredi dans l'octave de l'Ascension, vingt-sixiéme jour de may suivant. Ledit mandement fut envoié à toutes les abbayes réguliéres et en commendes pour y inviter Messieurs les abbez selon l'ancienne coutume. Mais depuis l'introduction desdites commendes, les abbez commendataires n'y assistent point, ni les supérieurs desdites abbayes qui sont unies et aggrégées en congrégation, telle qu'est celle de Saint-Maur, qui ne reconnoissent point l'authorité desdits synodes ; on n'y députe personne de leur part, quoique l'évêque y invite toujours. Ces synodes ne sont que pour les curez et autres prêtres séculiers et autres réguliers soumis aux evêques, si ce n'est en certains cas marquez dans le droit, lorsqu'il s'agit du bien public de l'Eglise ou de l'Etat en général, comme jubilez, etc...

Messes du prieuré Saint-Germain reglées.

On a fait remarquer cy-devant, chapitre IV°, Des bénéfices etc., paragraphe premier, II, que cette communauté jouit du petit prieuré simple ou chapelle de Saint-Germain, évêque d'Auxerre, situé au-dessus et dans la parroisse du Breuil, dont est à présent titulaire Dom Eustache L'Ecuyer[1]. On a accoutumé de dire de quinze en quinze jours une messe basse dans ladite chapelle, de tems immémorial, et les autres messes dans l'église de cette abbaye, pour les fondateurs et bienfacteurs dudit prieuré[2]. *Vide* suprà chap. IV°.

Quelques religieux particuliers, au commencement de cette année, firent difficulté et eurent du scrupule de dire lesdites messes dans notre église, prétendant que l'on étoit obligé en conscience de les dire dans la chapelle dudit prieuré. Pour calmer et tranquilliser le trouble intérieur de ces consciences si délicates et si timorées, on proposa la difficulté aux Docteurs de Sorbonne qui donnérent la résolution cy-dessus rapportée, chap. IV°, à laquelle on s'est depuis inviolablement attaché. Vide suprà, *ibid.*

---

1. [Dom Eustache Lescuyer, né à Beauvais, avait fait profession au monastère de Saint-Faron de Meaux le 26 octobre 1687, à l'âge de dix-sept ans. Le chapitre général de 1714 le nomma prieur de l'abbaye d'Orbais.]

2. [Voici les noms de quelques prieurs de Saint-Germain-sur-le-Breuil relevés dans les minutes des anciens notaires d'Orbais au XVIII° siècle :

1707. — Dom Louis Lescuyer qui fut aussi prieur des abbayes de Rebais (1696), de Saint-Bâle (1705), de Breteuil (1708).

1750 et 1768. — Dom Augustin Legault.

1785. — Dom Abel Cazé, dernier prieur de l'abbaye d'Orbais avant la Révolution.]

Les mêmes religieux formèrent encore une autre difficulté au sujet des pierres bénites des petits autelz que ledit R. P. Dom Pierre Mongé avoit fait démolir et reculer d'un pied ou deux jusqu'au mur pour rendre les chapelles plus grandes et plus commodes, et sur lesquelles pierres ainsi transférées et reculées on avoit célébré de bonne foy plusieurs fois la sainte messe, sans que lesdites pierres ayent été ni bénites ni consacrées depuis leur rétablissement. Ces religieux prétendoient que ces pierres, quoique demeurées en leur entier, avoient perdu leur consécration par la démolition desdits autelz, quoique le changement ne fût qu'un à deux pieds plus loin, et qu'ainsi on ne pouvoit ni devoit licitement y célébrer la sainte messe, sans les avoir auparavant fait consacrer tout de nouveau. On proposa cette difficulté aux mêmes Docteurs, qui donnérent la résolution cy-dessus rapportée tout au long, chap. VIe, § 3e.

Pierres bénites d'autel transférées.

Le vingt-sixiéme jour d'avril audit an 1700, la communauté consentit à l'échange que ledit sieur Mathurin Gauvain fit de quatre à cinq arpents de terre de sa ferme de Marlay, pour pareil nombre de terre aussi labourable, avec Pierre d'Autroy, laboureur, qui tient de ladite communauté la ferme du Tremblay à rente ; lesdits arpents de terre échangez respectivement étant pour la bienséance, proximité et avantages respectifs desdits sieur Gauvain, notaire, et d'Autroy, fermier.

Echange de 4 arpents de terre de la ferme du Tremblay avec le sieur Gauvain.

En cette année 1700, on fit et on posa la nouvelle horloge. Voyez cy-aprés.

Horloge.

Le vingt-cinquiéme jour de may de cette année 1700, Messire Pierre d'Avaux, vicaire perpétuel de ladite paroisse Saint-Prix, aprés avoir prié et pressé avec instances le R. P. prieur, et même s'être adressé au R. P. Dom Charles Petey de l'Hostallerie [1], visiteur de la province, pour qu'on nommât icy des confesseurs des externes pour l'aider aux grandes fêtes et dans d'autres occasions, en cas d'absence, de maladie, etc.., et n'en ayant pu obtenir, il demanda luy-même et de son propre mouvement audit seigneur Fabio Brulart de Sillery, évêque de Soissons, les permissions de prêcher et confesser, lesquelles ledit seigneur évêque accorda aux RR. PP. prieur et soûprieur d'Orbaiz de la manière la plus honnête et la plus obligeante, témoignant qu'il se faisoit un mérite de confier son pouvoir

Approbations pour confesser données aux religieux par M^r l'évêque à l'instance de M^r le curé.

---

1. [L'article biographique de ce religieux est dans Moreri.]

aux religieux de la congrégation Saint-Maur, parce qu'il sçavoit par une longue expérience qu'ils en faisoient un bon et saint usage pour le soulagement de ses curez et l'édification de ses diocésains.

Conduite des curez à l'égard des réguliers.

La conduite de Messire Pierre d'Avaux est bien différente de celle de la plûpart des curez, qui, bien loin de solliciter eux-mêmes des approbations et des permissions pour des religieux, quels qu'ils soient, et qui les aideroient dans le besoin, ne les voyent et ne les souffrent qu'avec peine, jalousie et une extrême indignation dans leurs églises, lors même qu'ils y sont envoiez par l'ordre exprez de nos seigneurs les évêques. Mais si Mr d'Avaux en usoit bien avec les religieux d'Orbaiz, s'il les voyoit exercer leurs droits, prérogatives et prééminences de curez primitifs, donner les bénédictions aux prédicateurs en sa présence dans la parroisse, présider aux processions, luy en indiquer l'heure et faire autres actes, sans qu'il en témoignât jamais la moindre peine, chagrin ni jalousie, il est très certain que les religieux eurent toujours pour sa personne tous les égards et toute la considération possibles; il trouva en eux toute l'assistance et tous les secours dont il avoit besoin, en santé, en maladies, absent, empêché, ou présent; ils suppléoient à toutes ses fonctions et obligations, la nuit comme le jour, au loin et auprès, sans que l'on se soit jamais apperçu de ses maladies, ni de ses absences. Il faut aussi luy rendre ce témoignage qu'il en avoit toute la reconnoissance convenable, publiant partout, surtout à Monsieur son évêque et à Messieurs ses vicaires généraux, archidiacres, dans leurs visites, les soins, la peine que l'on prenoit, et les bons offices que lesdits religieux luy rendoient, ausquelz Mr de Soissons et ses officiers en faisoient de grands remerciemens dans les occasions.

On souhaitte, bien plus que l'on espére, que ses successeurs soient autant appliquez à remplir leurs ministéres, aussi amateurs de la paix et de la bonne intelligence que luy ; ils trouveroient toujours dans les religieux d'Orbaiz de bons et charitables voisins toujours disposez à leur rendre service, et les peuples, édifiez de cette concorde et union, des secours pour leurs différens besoins.

Au mois de juin de la présente année 1700, les habitans de Mareuil[1], proche d'Orbaiz, — dont l'église, qui (n'ayant été

---

1. [Sur cette localité voir *Recherches sur l'histoire de l'industrie dans la vallée du Surmelin*, p. 45 et s.]

HISTOIRE DE L'ABBAYE D'ORBAIS 507

jusqu'alors depuis sa fondation et érection qu'une chapelle, ou tout au plus qu'une église succursale dépendante de la paroisse de Coribert), a été depuis peu érigée en cure, et l'église de Coribert est devenue chapelle ou succursale dudit Mareuil par l'authorité, ordonnance et disposition dudit seigneur Fabio Brulart de Sillery, évêque de Soissons, à la sollicitation de dame Françoise de Nargonne[1], dame de Mareuil[2], etc., épouse en secondes nôces de Charles de Valois, duc d'Angoulesme, fils naturel et reconnu de Charles IX, roy de France, et de Marie Touchet, dame de Belleville, — les habitans, dis-je, de Mareuil, qui jusqu'alors n'avoient, ni leurs peres, depuis l'érection de leur chapelle, jamais inquiété ni sommé ni les abbez et religieux du Valsecret, gros décimateurs, ni les abbez et religieux d'Orbaiz qui ont une prestation annuelle sur lesdites dixmes de Mareuil, s'avisèrent néantmoins cette année de menacer de citer en justice lesditz religieux, abbez et couvent d'Orbaiz et du Valsecret, pour les faire condamner à réparer incessamment le chœur, cancelle et le clocher posé sur ledit chœur,

Les habitans de Mareüil importunent les abbayes du Valsecret et d'Orbaiz pour réparer le chœur de leur église, laquelle, de succursale, fut érigée en paroisse en 1700 ou environ.

1. [Françoise de Nargonne, née vers 1621, était d'une famille champenoise, originaire du Gâtinais (Caumartin, Noblesse de Champagne, in-f°, t. II, p. 302; Bibl. nat. Imprimés, Lm2-37, exemplaire en place). Sous cette dame, veuve d'un prince du sang, le château de Mareuil devint au xviie siècle une somptueuse résidence.—Voir Une bru de Charles IX, Françoise de Nargonne, duchesse d'Angoulême, etc..., par le comte Edouard de Barthélemy, dans la Revue Britannique, mars 1879, p. 197 et suiv. Adde Revue de Champagne, septembre 1882, p. 218 et suiv., et janvier 1884, p. 22.]

2. [Le château de Mareuil-en-Brie, qui appartient aujourd'hui à M. Orville, était pendant la Révolution et le Directoire la propriété d'Aimée de Coigny, duchesse de Fleury, la jeune captive immortalisée par une élégie d'André Chénier. Au début de son manuscrit, Dom Du Bout a déjà vanté la beauté des jardins de ce château. Une lettre du chevalier de l'Isle au prince de Ligne, datée du 16 septembre 1783, nous offre du même site la charmante description que voici : «...Nulle part on n'y peut voir le travail des hommes; il semble que ce soit depuis mille ans qu'une source abondante mugit, bouillonne et s'échappe d'un amas de rochers, pour tomber, s'étendre et couler, pure comme le cristal, dans un lit dont le gazon qui forme les bords à la finesse, la douceur et le lustre du velours..... Une multitude d'arbres vénérables, encore pleins de vigueur, semblent donner aux habitants de cet asile ce doux espoir d'être, comme eux, respectés par le temps ; et la végétation des quatre parties du monde, rassemblée dans cette terre hospitalière, s'y développe avec tant de complaisance, que Salomon, qui connaissait tout, depuis le cèdre jusqu'à l'hysope, ne pourrait, s'il revenait occuper le trône d'Israël depuis si longtemps vacant, faire un voyage plus intéressant que celui de Mareuil, etc...» Lettres de la marquise de Coigny publiées par Paul Lacroix, Jouaust, 1884, in-8°; préface, p. III, et p. 181 et suiv., 194 et suiv., 314 et suiv.]

et les entretenir dans la suite à perpétuité, bien et düement en bon état de toutes réparations. — Ils écrivirent pour cet effect plusieurs fois à Louis Eléonor Hannequin [*lisez* Hennequin] de Charmont, abbé commendataire de Valsecret, et importunèrent les religieux d'Orbaiz, chargeant de leur négotiation un certain Chantereau, greffier de son village, et maître d'échole de la paroisse, homme hardi, turbulent, brouillon, entreprenant, vain, présomptueux, aussi mal fait d'esprit que de visage.

Ledit sieur Hennequin, fatigué par ces paysans, écrivit plusieurs lettres fort honnêtes au prieur d'Orbaiz pour le prier de visiter et faire lesdites réparations, assurant qu'il avoit consulté l'affaire à Paris et qu'on luy avoit répondu qu'on y seroit condamné dans une justice réglée, (quoique ni ses prédécesseurs ni les abbayes de Valsecret et d'Orbaiz n'y ayent jamais fait aucunes réparations), y ayant plusieurs édits, déclarations et arrests[1] qui condamnent tous gros décimateurs à réparer et entretenir les chœurs des églises dont ils perçoivent les dixmes, nonobstant tout usage et coutume à ce contraires. D'ailleurs par la transaction faite entre ledit sieur Hennequin et l'abbaye d'Orbaiz le 9ᵉ décembre 1689, dont on a parlé cy-devant, où s'estoit obligé de faire les réparations dans la suite, au cas qu'on y fût contraint par lesdits habitans, à l'amiable et à proportion de ce que ledit abbé Hennequin ou ses successeurs, et notre abbaye, retireroient desdites dixmes. Et ainsi, pour éviter d'entrer en procez avec lesdits habitans, on fit réparer trois côtez du clocher et quelques endroits de la couverture du chœur de ladite église de Mareuil[2], ayant néantmoins fait auparavant signifier aux syndic, marguilliers et habitans de Mareuil que l'on ne prétendoit pas que lesdites réparations qu'on alloit faire tirassent à conséquence pour servir de titres contre lesdites abbayes d'Orbaiz et du Valsecret ausdits habitans.

On répare le clocher, etc., de Mareüil. On proteste néantmoins auparavaut par Louis Gauvain, huissier.

1. [Nous avons rappelé plus haut (sous l'année 1690), au sujet de l'église de Saint-Prix d'Orbais, quel était, à la fin du xviiᵉ siècle, le droit en vigueur relativement à l'entretien des édifices religieux. Sur la question voir : A. Babeau, *Le village sous l'ancien régime*. 3ᵉ édition, p. 119 et suiv. Cf. De Tocqueville, *L'ancien régime et la Révolution*, 7ᵐᵉ édition, p. 368 et 383.]

2. [L'église de Mareuil possède un rétable de la fin du xiiiᵉ ou du commencement du xivᵉ siècle. Nous publions ici la gravure de ce curieux bas-relief qui est classé parmi les monuments historiques. Pour la description détaillée, voir : *Le rétable de l'église de Mareuil-en-Brie* par Louis Courajod (Extrait de la *Revue de Champagne et de Brie*), Paris, Menu, 1878, 1 n-8ᵒ de 15 p.]

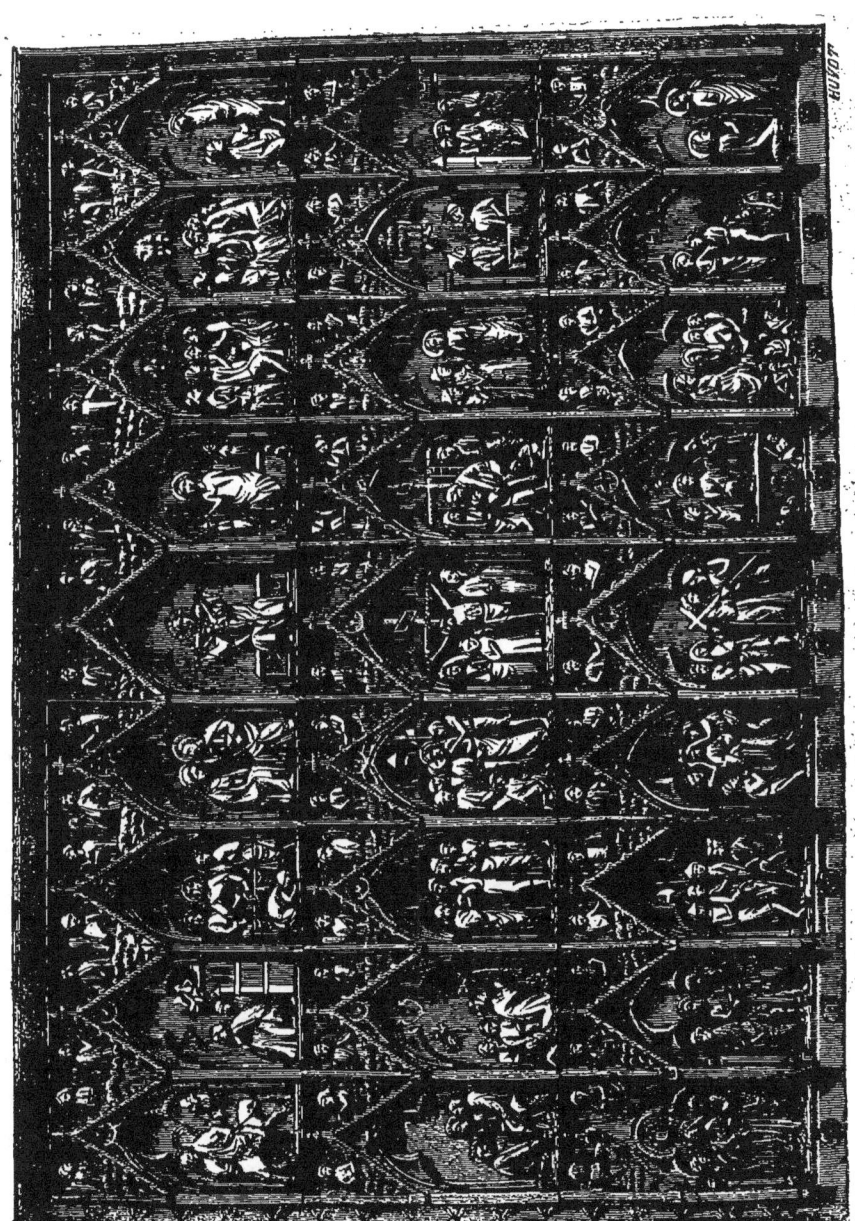

Le rétable de l'église de Mareuil-en-Brie

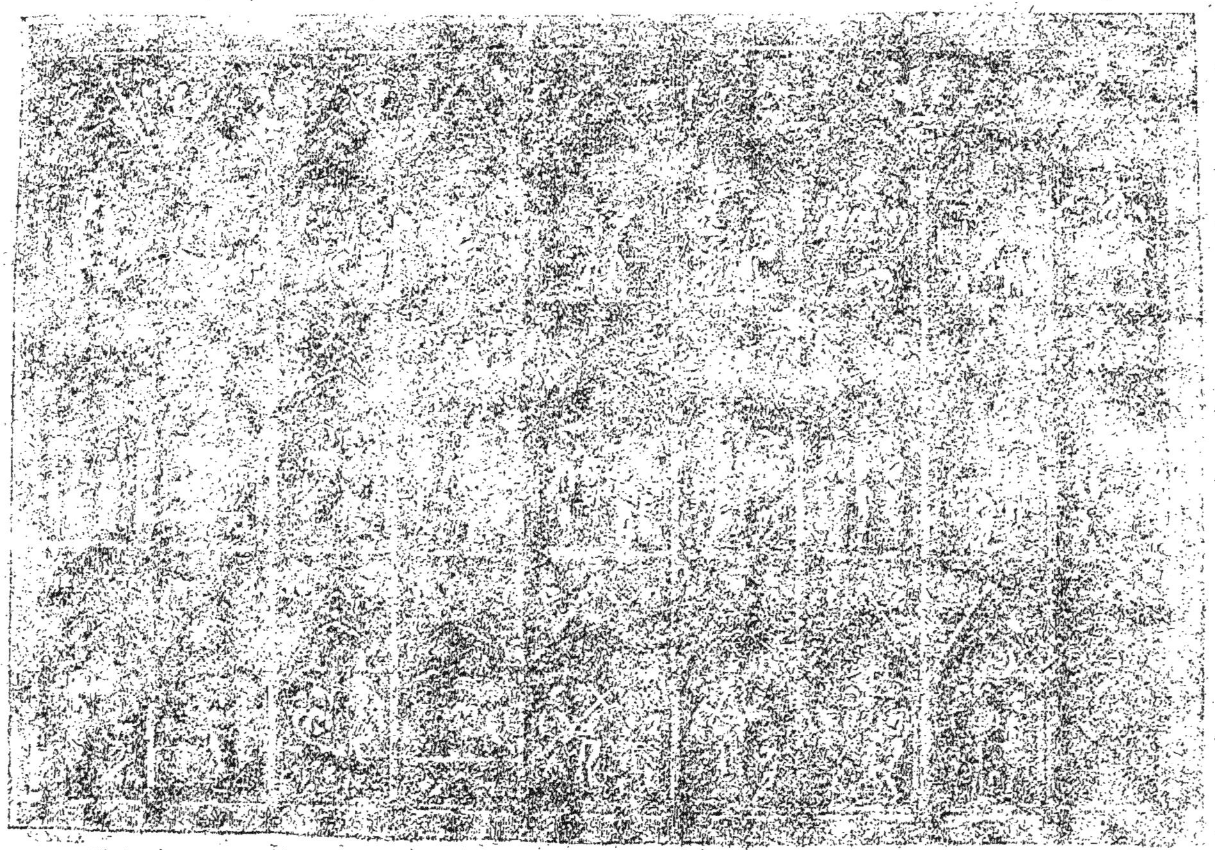

Détails du rétable de l'église de Mareuil-en-Brie

A. La descente de croix.
B. La descente de Jésus aux enfers.

Le vingt-cinquième jour de juillet de cette année 1700, le Roy fit une Déclaration registrée au greffe du Parlement le 29° suivant [1] pour renvoier les pauvres chez eux. Cette Déclaration est conforme à un réglement du concile provincial de Cologne tenu l'an mil cinq cens trente-six, [partie XI], chap. 5 : « Sint [autem] mendicantibus validis non solum hospitalia « clausa, sed et publice ac ostiatim mendicare penitus inter- « dictum. Et qui secus agere comperti fuerint, arceantur, ac « legalibus.... pœnis subdantur. Utilius enim esurienti panis « tollitur, si de cibo securus justitiam negligat, quam eidem « frangitur, ut seductus injustitiæ acquiescat. » Et à ces autres paroles du second concile de Tours, chapitre 5, tenu l'an cinq cens soixante-sept : « Unaquæque civitas pauperes « [et] egenos incolas alimentis congruentibus pascat secundum « vires, ut tam vicani presbyteri, quam cives omnes, suum « pauperem pascant; quo fiet ut ipsi pauperes per civitates « non vagentur. » Et à ces autres paroles du concile III de Tours de l'an huit cent treize, c. 36 : « Omnibus commu- « niter intimetur, ut unusquisque omni tempore suam familiam, « et ad se pertinentes inopes alere ac vegetare studeat : quo- « niam impium est, et Deo odibile eos, qui divitiis affluunt, « nimiisque opibus abundant, non adjuvare miseros et indi- « gentes. »

Pauvres renvoiez chez eux.

L'assemblée générale du clergé de France s'étant tenue à Paris ou au château de Saint-Germain-en-Laye aux mois de juillet, août et septembre de la présente année 1700, à laquelle présida d'abord Charles Maurice Le Tellier, archevêque-duc de Reims [1668-1710], le Roy nomma ensuite pour y présider en sa place Louis Antoine de Noailles, archevêque de Paris [1695-1729], duc de Saint-Cloud, et fait cardinal depuis quelques semaines par Innocent XII [2]. Les prélats assemblez accordérent à Sa Majesté par forme de don gratuit la somme de quatre millions, comme il est marqué et expliqué plus au long cy-devant, chap. IV, § 3. Voyez aux mêmes endroits pour les années suivantes.

Don gratuit de 4 millions accordé au Roy.

La nouvelle horloge dont le marché et prix avoient été faits, conclus et signez le seiziéme jour de septembre de l'année mil

Horloge faite en 1700.

---

1. [Déclaration du Roy contre les mandians et vagabonds ; Paris, François Muguet, 1700. *Actes royaux* (Edits, déclarations et arrêts, 1700), p. 190 et s., Bibl. nat. Imprimés, F. — Isambert, t. XX, p. 366.]

2. [Ce prélat fut nommé cardinal le 21 juin 1700. Gams, *Series episcoporum.*]

six cens quatre-vingt dix-neuf, avec Florent Laguille, maitre-horlogeur de Châlons-sur-Marne, moyennant la somme de quatre cens livres à tout fournir, excepté les deux ou trois timbres, fut posée et commença à régler la communauté le mercredi vingt-neufvième jour de juin mil sept cens, jour et fête de Saint Pierre et Saint Paul, princes des apôtres, et patrons de cette église et abbaye [1].

Ledit Laguille s'estant [aperçu] qu'il avoit perdu dans ce marché, on donna encore vingt-cinq livres à Jean et Sebastien Laguille, ses deux fils, pour récompense et dédommagement de quinze jours qu'ils employérent à poser ladite horloge, timbres, quadrants et leurs accompagnements.

Cette dépense, y compris les deux timbres qui pézent ensemble cent soixante douze à treize livres, et qui ont coûté deux cens quatre livres, à raison de vingt-quatre sols la livre de métal façonné par le sieur Langlois, fondeur de Châlons ; les deux quadrans dont on a payé quarante livres au sieur Revelle, peintre de Château-Thierry, qui a fourni les couleurs ; les salaires de Ponce Olier, menuisier, et dudit Guillaume Le Grand, charpentier, qui ont fait la boëte ou loge de l'horloge et le dôme où sont les trois timbres ; les salaires du serrurier pour avoir fourni quelques ferrures et sa forge ausdits Laguille horlogeurs, item des maçons en plâtre, item pour le plomb achepté dont on a fait les poids, et autres fraiz et avances, voitures desdits timbres et horloge, etc.; cette dépense, dis-je, revient à plus de mille livres, mais elle estoit absolument nécessaire pour vivre icy réguliérement.

1701.

1701

Traitté fait avec Mr l'abbé pour réparer notre nef le 6e mars 1701.

Le sixiéme jour de mars mil sept cents-un on fit à Paris un traitté sous signatures privées avec ledit sieur abbé de Montréal pour la réparation de la nef de cette église, dont on rapportera cy-aprés la copie. Pour l'intelligence d'icelui il faut remarquer que par un arrest obtenu à fraiz communs au Grand-Conseil le vingt-sixiéme jour d'aoust mil six cens quatre-vingt-sept par feu Monsieur l'abbé de Lançon et le R. P. Dom Pierre Mongé, prieur, ledit sieur de Lançon étoit obligé à plu-

---

1. [Les vieillards du pays ont encore vu cette horloge qui était placée dans le transept septentrional, au-dessous de la rosace, du côté du dortoir de l'abbaye. V. *supra* chap. VI, § 1, *De l'église*.]

sieurs choses, entre autres à faire ragréer les pierres saillantes de la voûte de ladite nef jusqu'au gros mur, et à entretenir à l'avenir ladite église en l'état qu'elle seroit après que lesdites réparations auroient été faites. — Monsieur de Lançon promit toujours d'y faire travailler, comme il paroît par plusieurs de ses lettres conservées dans notre chartrier, où il marquoit qu'il viendroit à Orbaiz et prendroit les mesures nécessaires pour faire faire à l'amiable les réparations dont il estoit tenu. Le R. P. Dom Pierre Mongé de son costé ne voulut pas l'y contraindre par les voies de la justice, mais faire toutes choses à son ordinaire, par les voies de douceur et d'honnêteté, espérant que Mr de Lançon tiendroit sa parole.

Cependant Mr de Lançon se démit de cette abbaye, comme dit est cy-dessus, après la mort de son frere aîné, sans avoir fait travailler à ladite nef, et peu de tems après sa démission il prit toutes ses assurances et toutes ses précautions pour n'être point inquiété ni recherché, ni luy ni ses héritiers, par les abbez ses successeurs et religieux d'Orbaiz. Pour cet effet il se fit donner une décharge générale, pure, simple, absolue et sans aucune restriction, par Monsieur Fortia de Montréal, son successeur, dont voicy une copie collationnée par Messire Thomas Charlier, prêtre et curé de Vonc, sur l'original écrit et signé de la main dudit sieur de Montréal, resté entre les mains de Madame Henriette de Poüilly de Lançon, sœur et unique héritière de Mr de Lançon : « Je soussigné promets à Monsieur « de Lançon de faire toutes les réparations ausquelles ledit « sieur de Lançon, comme abbé d'Orbaiz, peut être tenu, sans « l'inquiéter ni lui demander jamais aucune chose pour cela, « dont je le décharge et promets l'en faire tenir quitte. Fait à « Paris, ce quatriesme jour de mars mil six cens quatre-vingt « dix-sept. Signé L'abbé de Montreal. » Et plus bas est écrit : « Délivré pour copie aux RR. PP. religieux d'Orbaiz par moy « soussigné, curé de Vonc, qui certifie qu'elle est en tout con- « forme à l'original, ce jourd'huy dix-septième novembre « 1701. T. Charlier, avec paraphe [1]. »

Décharge de Mr de Montréal donnée à Mr de Lançon.

On assure et avec assez de fondement que M^r l'abbé de Montréal, en donnant la décharge de l'autre part à feu Mr de Lançon, reçut en même tems de lui une somme d'argent pour faire lesdites réparations de la nef et autres, et l'en décharger,

---

1. Outre cette décharge, Mr de Montréal en donna encore une seconde le 30 novembre 1700. [On en trouvera le texte plus loin, sous l'année 1702.]

de même que ledit sieur de Lançon ou feu Mʳ son pere pour luy, avoient touché trois mille livres des héritiers dudit feu sieur d'Esclainvilliers, abbé, et ledit d'Esclainvilliers six mille livres de Mʳ le marquis de Sourdeac, héritier dudit feu Messire René de Rieux, abbé d'Orbaiz.

Toutes les fois qu'on a dit audit sieur abbé de Montréal qu'il avoit donné cette décharge à son prédécesseur, et que même il en avoit reçu et touché une somme d'argent, comme lesdits sieurs d'Esclainvilliers et de Lançon avoient reçu respectivement de leurs prédécesseurs pour faire faire lesdites réparations, dont il le déchargeoit en s'en chargeant luy-même, il s'est toujours récrié bien haut là contre, et a toujours nié absolument d'avoir jamais donné aucune décharge, ni d'avoir reçu aucun argent, parce qu'il se persuadoit que ladite somme avoit été donnée si secrétement que qui [que] ce soit que luy et feu Mʳ de Lançon, n'en avoit eu aucune connoissance; mais il se trompoit: car feu Mʳ de Lançon et celui qui avoit dressé et minuté ladite décharge l'avoient dit et découvert en confidence audit R. P. Dom Pierre Mongé, de qui on l'a appris depuis, et auparavant qu'on en eût eu une copie collationnée par ledit sieur Charlier, laquelle se conserve dans nôtre chartrier.

Et certes feu Monsieur de Lançon auroit été bien mal conseillé et auroit bien peu pourvû a ses affaires et au repos de ses héritiers, de se démettre purement et simplement de cette abbaye sans réserve d'aucune pension sur icelle, avec l'agrément du Roy, et sans se faire décharger en même tems, ou peu après, par son successeur, de toutes les réparations et autres charges généralement quelconques dont il étoit tenu par ledit arrest du 26 aoust 1687, et pour lesquelles faire à la décharge de Mʳ d'Esclainvilliers, il avoit reçu des héritiers dudit d'Esclainvilliers trois mille livres ; et d'un autre côté ledit sieur de Montréal auroit agi aussi trop imprudemment de décharger son prédécesseur « de toutes lesdites réparations, de « promettre de les faire, et de l'en faire tenir quitte, sans l'in- « quiéter ni luy demander jamais aucune chose », comme il dit positivement dans la susdite décharge, s'il n'avoit pas touché une somme considérable pour les faire faire à la décharge de Mʳ de Lançon. Cette conjecture ne paroîtra pas mal fondée à ceux qui, faisant attention que Monsieur de Montréal n'estoit qu'un cadet de Provence, (d'une famille noble et ancienne à la vérité)[1], et qui n'avoit que peu ou point de patrimoine, et avoit

---

1. [Fortia. Maison originaire de Catalogne et établie en Provence depuis

HISTOIRE DE L'ABBAYE D'ORBAIS

besoin de tout le revenu de la manse abbatiale d'Orbaiz pour subsister, ne le croiront pas avoir esté assez généreux et désintéressé pour porter sa générosité jusqu'à se charger de faire gratuitement et à ses dépens des réparations dont son prédécesseur, plus riche que luy, étoit tenu.

Quoiqu'il en soit de ce qui s'étoit passé entre Messieurs de Lançon et de Montréal, dés aussi tôt qu'il eût pris possession de cette abbaye et qu'on eût appris qu'il avoit déchargé son prédécesseur, on le sollicita fortement de vive voix et par plusieurs lettres de faire travailler aux réparations de la nef et autres lieux. Mais il reculoit et s'en défendoit toujours, alléguant que l'état présent de ses affaires ne luy permettoit pas de rien entreprendre encore, n'ayant pas encore esté remboursé par le revenu de l'abbaye des avances ou emprunts qu'il avoit faits pour obtenir ses bulles et la prise de possession ; tantôt en disant qu'il n'estoit pas obligé à réparer ladite nef, soutenant sans fondement que la communauté avoit consenti que feu Mr de Lançon et les abbez ses successeurs en fussent décharchez comme d'une réparation de vétusté.

Cette réponse absolument parlant étoit captieuse et fausse, car la communauté n'avoit pas déchargé feu Mr de Lançon, mais tout au plus avoit comme consenti qu'il se fît décharger, — s'il pouvoit, et si Monsieur le procureur général du Grand Conseil y consentoit, — du rétablissement de la voûte de notre nef, des fermes de Heurtebise, de la Petite Cense, de la Chapellote, de Saint-Thibaud, et autres, comme de réparations fort anciennes et de vétusté, dont effectivement ledit arrest du Grand Conseil du 26 août 1687, obtenu à fraiz communs, l'avoit déchargé, ses successeurs et tous autres ; — mais il l'avoit condamné en même tems à faire ragréer les pierres saillantes de ladite voûte jusqu'au gros mur, et d'entretenir à l'avenir ladite église en l'état qu'elle seroit après qu'il auroit fait faire et recevoir à ses fraiz et dépens lesdites réparations.

La communauté des religieux, agissant de bonne foy, ne demandoit pas que Mr de Montréal fît rétablir la voûte de notre

Demandes des religieux d'Orbaiz à leurs abbez.

la fin du xive siècle. *Armes* : « D'azur, à la tour d'or, crénelée et maçonnée de sable, posée sur un rocher de sept coupeaux de sinople, mouvant du bas de l'écu. Couronne ducale. Supports : deux lions. Devise : Turris fortissima virtus. » *Généalogie de la Maison de Fortia*, par Loiné, Paris, 1829, in-8° ; extrait du t. II des Archives généalogiques et historiques de la noblesse de France.]

nef, ni les quatre fermes cy-dessus, mais qu'il fit ragréer lesdites pierres saillantes et qu'il entretint en bon état ladite nef et église conformément audit arrest de 1687 ; ce qu'il ne pouvoit faire solidement qu'en faisant retenir avec de bonnes grosses poutres et de grosses barres de fer les piliers de ladite nef qui surplombent en dedans de beaucoup, et en réparant le pignon du bas de la nef depuis les galeries jusqu'en haut.

Mais Monsieur l'abbé de Montréal reculant toujours, et les religieux appréhendant que, faute de retenir lesdits piliers, la nef ne tombât et n'entraînât par sa chûte la ruine du reste de l'église, s'adressèrent audit très Révérend Père Dom Claude Boistard, supérieur général, qui permit par écrit, le dixième jour de janvier de cette présente année, ausdits religieux de faire sommer ledit sieur abbé de faire travailler incessamment à ladite nef et église, souhaittant néantmoins qu'on écrivit encore audit sieur abbé pour le mettre tout à fait dans son tort. Et ainsi, pour satisfaire à l'intention dudit très R. P. supérieur général, on luy écrivit et on luy fit entendre que c'estoit pour la dernière fois qu'on luy écriroit, et que, si dans peu il ne donnoit ses ordres pour faire travailler au plûtôt à ladite nef, il devoit compter et s'attendre qu'on n'emploiroit plus les voyes de remontrances et de prières, mais celles que l'on jugeroit plus propres et plus convenables pour l'y contraindre incessamment.

L'abbé, effrayé par ces lettres du prieur d'Orbaiz, accourut et vint au-devant et proposa un rendez-vous à Paris au carême suivant. Il s'y trouva effectivement, et la communauté des religieux donna procuration passée pardevant Claude Chevallier, notaire royal à Orbaiz, audit Dom Nicolas Du Bout, prieur, pour traitter en leur nom avec ledit sieur abbé. Étant arrivé à Paris, on eut de grandes conférences ensemble, en particulier et devant ledit très R. P. supérieur général. L'abbé rebattoit et répétoit toujours les raisons cy-dessus rapportées, qu'il n'estoit pas en état, qu'il n'estoit obligé à rien, que la communauté avoit consenti que feu Monsieur de Lançon, ses successeurs abbez et tous autres, fussent déchargez desdites réparations comme de réparations de vétusté.

On lui répondoit qu'on ne lui demandoit pas le rétablissement de la voûte et des quatre fermes et autres bâtimens cy-dessus marquez, mais seulement qu'il empêchât ladite nef de tomber, qu'il l'entretint en bon état et conformément audit arrest du 26 août 1687. L'abbé, ne sçachant que répliquer à cette réponse, offrit trois cens livres d'abord, et alla jusqu'à cinq cens livres, sçavoir trois cens livres à prendre et retenir sur les redevances des années 1701 et 1702 de la recepte de la mause abbatiale, et deux cens livres sur la dernière année du bail à vie de ladite recepte. Ledit prieur rejetta bien loin ces offres de Mʳ l'abbé, et dit qu'il ne se contenteroit pas même de douze cens livres, et voulut rompre les conférences et se retirer sans rien conclure, ajoutant que si Mʳ l'abbé croyoit qu'on luy demandât trop, qu'il pouvoit faire faire luy-même lesdites réparations.

Mais ledit trés R. P. général, présent à toutes ces contestations, — et qui deux mois auparavant, de l'avis des RR. PP. Dom Louis Trochon et Dom Robert Marcland, sénieurs-assistans [1], avoit permis, par sa lettre dudit jour dixiéme janvier, audit prieur de faire sommer ledit sieur abbé de faire faire lesdites réparations, — retracta ladite permission, et protesta hautement en présence dudit abbé qu'il ne souffriroit jamais que les religieux luy intentassent procez pour lesdites réparations, et s'adressant audit prieur, il lui ordonna de s'accommoder et d'accepter lesdites offres dudit sieur abbé qui luy paroissoient suffisantes, et fit mille honnêtetés audit abbé, lequel, se voyant ainsi soutenu, devint plus ferme et plus fier et n'offrit pas un sol davantage. Ledit prieur voulut renoncer à sa procuration et s'en retourner, mais le Pere général luy ordonna de faire affaire.

L'affaire étant en cette situation, ledit prieur consulta les plus habiles personnes qu'il pût trouver dedans et dehors Saint-Germain-des-Prez, qui toutes unanimement lui conseillèrent d'accepter lesdites offres de l'abbé et de finir une bonne fois cette affaire. Trois circonstances l'y déterminèrent :

Raisons qui déterminèrent à traitter avec Mʳ l'abbé et [à] accepter ses offres de 500 l.

1º L'opposition et le refus perpétuelz et insurmontables de la part dudit trés Révérend Pere général qui ne consentiroit

---

1. [D. Louis Trochon, né à Château-Gontier, diocèse d'Angers, fit profession à Saint-Melaine de Rennes le 7 novembre 1643, à l'âge de vingt ans. Il fut prieur de Saint-Pierre de la Couture au Mans, visiteur de la province de Bretagne (1684) et assistant du supérieur général (1699). Il mourut le 25 mars 1701 au monastère de Saint-Germain-des-Prés. — D. Achille Robert Marcland, né à la Chaise-Dieu, diocèse de Clermont-Ferrand, fit profession à Saint-Augustin de Limoges le 23 novembre 1657, à l'âge de dix-sept ans. Visiteur de la province de France en 1696, il remplit plusieurs fois, à partir de 1699, les fonctions d'assistant du supérieur général. De 1708 à 1714 il fut prieur de Saint-Germain-des-Prés où il mourut le 31 mars 1724. *Gallia* VII, 485 et s.]

jamais qu'on mît en justice ledit abbé qui avoit agi auprez dudit Léon Potier de Gévres, archevêque de Bourges et abbé commendataire de l'abbaye de Bernay[1], pour terminer les différens[2] qu'il avoit avec les religieux d'icelle.

2° Les sentimens unanimes de tous ceux que ledit Dom prieur avoit consultez, qui luy firent entendre que l'on dépenseroit bien de l'argent de part et d'autre à plaider, et qu'après avoir consumé beaucoup d'argent et de tems, on seroit peut-être trop heureux d'accepter lesdites offres que ledit sieur abbé faisoit à présent, lequel n'ayant que peu ou point de patrimoine, et le revenu de la manse abbatiale n'étant que de deux mille [livres] ou deux mille cinq cens au plus, toutes charges faites et déduites, on ne devoit pas s'attendre qu'il fût jamais en état de faire d'autres offres. D'ailleurs qu'il seroit odieux et en quelque maniére de mauvaise foy de vouloir faire casser et revenir contre ladite transaction faite entre ledit feu Monsieur de Lançon et le R. P. Dom Pierre Mongé, prieur, le troisiéme mars 1687, confirmée par ledit arrest du vingt-sixiéme d'août suivant, sollicité et obtenu à fraiz communs par lesdits de Lançon et R. P. Mongé. — Mais ce qui étoit le plus à considérer, c'est qu'il étoit à craindre que, pendant le cours d'un long procez, ladite nef, faute de réparation, ne vint à tomber et par sa chûte causer celle du chœur, de la croisée et du reste de l'église, ou que l'abbé vînt à mourir promptement, (comme il arriva le 9 mars 1704)[3], qu'il valoit mieux employer l'argent qu'on dépenseroit en procez, à contribuer avec ledit sieur abbé à réparer ladite nef promptement et solidement.

Mort de Mr de Fortia-Montréal.

3° Que le R. P. Dom Pierre Mongé n'avoit jamais demandé audit sieur abbé de Montréal que cinq ou six cens livres pour réparer et remettre ladite nef en assurance, (ce qu'il marque encore dans sa lettre audit Dom Nicolas Du Bout, son successeur, écrite de Saint-Nicolas-aux-Bois, le treiziéme jour de

---

1. [Léon Potier de Gesvres était âgé de dix ans seulement lorsqu'il fut pourvu en 1666 de l'abbaye de Bernay qui avait alors 22,000 livres de revenu. Par suite d'un concordat passé en 1667, on fixa à 8,000 l. la part des religieux, et tout le surplus revint à l'abbé. *Histoire de Bernay et de son canton,* etc., par A. Goujon, p. 219, Evreux, Hérissey, 1875, in-8°. *Gallia* XI, 834.]

2. [Au XVIIIe siècle Léon Potier de Gesvres soutint de longs procès au sujet de l'abbaye de Bernay. Voir : Bibl. nat. Imprimés, *Recueil de Factums,* 4° F 3, n{os} 13,624 et suiv.]

3. [Louis Fortia de Montréal, abbé d'Orbais, mourut d'apoplexie au séminaire de Saint-Magloire de Paris où il s'était retiré.]

février audit an 1701, répondant aux défaites dudit abbé contenues dans sa lettre du 26° janvier 1701, envoiée audit R. P. Mongé, et conservées dans le chartrier), l'intention des religieux d'Orbaiz ayant toujours été de contribuer ausdites réparations de la nef, avec Monsieur l'abbé, d'une somme considérable.

Toutes ces circonstances et raisons firent consentir ledit Dom prieur, au nom de la communauté, au traitté suivant, sous signatures privées, dont on va donner une copie, — les religieux ayant mieux aimé se charger de faire faire eux-mêmes lesdites réparations plus solidement que de les laisser faire par un commendataire, ou son agent, qui les auroit fait faire superficiellement pour en être quitte à peu de fraiz, selon la coutume de ces messieurs, sans s'embarrasser de l'avenir et des suites.

Copie du traitté fait sous signatures privées le 6 mars 1701.

« Nous soussignez, pour éviter toutes contestations parmi
« nous et entretenir la paix et l'union parmi nous, sommes
« convenus de ce qui ensuit : à sçavoir que moy abbé, quoique
« je ne prétende être tenu en aucune maniére des réparations
« de la nef de l'église de mon abbaye, je promets cependant
« de payer ausdits prieur et religieux de mon abbaye la somme
« de cinq cens livres, dont ils retiendront trois cens par leurs
« mains sur l'année mil sept cens échue et mil sept cens-un à
« écheoir, aux termes portez par le bail à vie fait entre nous, et
« deux cens livres sur la derniére année dudit bail, moyennant
« quoy moy prieur, protestant que Monsieur l'abbé est tenu
« desdites réparations, m'oblige cependant par les motifs cy-
« dessus exprimez, aux réparations cy-après, sçavoir de
« réparer les deux pilliers de la nef de ladite église et de ragréer
« les pierres saillantes de la voûte, et de faire enduire et blan-
« chir la nef, le tout conformément au procez-verbal dressé par
« Monsieur Hervé, conseiller au Grand Conseil, en l'année mil
« six cens quatre-vingt-huit. Bien entendu que les choses
« réparées cy-dessus, et reçues par le sieur abbé, seront par
« lui entretenues. Fait double entre nous ce sixième mars mil
« sept cens-un, et avons signé. » — Ainsi signé : « Fortia de
« Montreal, abbé d'Orbaiz ; Nicolas du Bout, prieur d'Orbaiz »,
fondé de la procuration de la communauté, demeurée entre les
mains dudit sieur abbé [1].

---

[1]. NOTA que ce traitté n'a été ratifié ni par le R. P. général, quoique sur les lieux, ni par les religieux d'Orbaiz ; s'ils le trouvent préjudiciable, ils s'en peuvent relever.

On place deux poutres avec des semelles et liens dans la nef pour la retenir.	En conséquence du susdit traitté, les religieux firent préparer deux grandes poutres, qui furent posées par Guillaume Le Grand, charpentier, le jeudi douziéme et vendredi treiziéme de may de la présente année mil sept cens-un [1], en travers sur les chapiteaux des deux gros piliers de chaque côté de la nef pour les retenir en état, suivant l'avis des experts nommez audit procez-verbal fait par ledit sieur Hervé, conseiller au Grand Conseil, ledit jour 26° août ou octobre 1688, en conséquence de ladite transaction du 3 mars 1687, suivie d'un arrest dudit Grand Conseil du 26 août audit an.
Nomination d'un procureur fiscal.	Le samedi dix-neuviéme jour de mars de cette présente année 1701, veille du dimanche des Rameaux, le sieur Pierre Monnera, *boucher de son métier*, procureur fiscal de la seigneurie et justice d'Orbaiz, étant mort, Monsieur l'abbé de Montréal pourvut dudit office Mᵉ Louis Gauvain, maire et juge royal du village et seigneurie de la Chapelle-Mont-Haudon, et adressa les provisions dudit office audit Dom prieur des religieux de l'abbaye, pour concourir par leur agrément et consentement, conjointement avec luy, à la nomination dudit sieur Gauvain en qualité de procureur fiscal, dont les provisions luy furent délivrées le jeudi cinquième jour de may 1701, fête de l'Ascension.
Ouverture du jubilé.	Le quinziéme jour desdits mois de may et an, jour et fête de la Pentecôte, on fit à Orbaiz l'ouverture du jubilé accordé par Nostre Saint Pere le pape Clément XI, créé souverain pontife le vingt-troisiéme jour de novembre mil sept cens, pour luy obtenir du Ciel les grâces et les puissans secours pour gouverner saintement l'Eglise catholique dans des conjonctures si difficiles, à cause des guerres et divisions entre les princes chrétiens. Cette ouverture se fit en conséquence d'un mandement de mondit seigneur Fabio Brulart de Sillery, évêque de Soissons.
Ce que l'on doit observer pour les Te Deum, processions et autres solennités.	Les religieux de cette abbaye firent en leur particulier leurs cérémonies pour l'ouverture dudit jubilé, la procession autour du chœur et dans le cloître seulement, et les stations dans leur église. Mais autrefois et avant l'introduction de la Réforme de nostre congrégation Saint-Maur, Messieurs les anciens religieux de cette abbaye appelloient les vicaires perpétuelz de l'église Saint-Prix et ils luy [*lisez* leur] indiquoient le jour et

1. [« Deux travées de la grande nef ont été retranchées depuis 1701 et probablement en 1735, d'après les traditions locales.... » Abbé Musart, *Notice historique sur l'abbaye et l'église d'Orbais*, p. 26.]

l'heure pour les Te Deum, processions générales et autres solennités publiques et extraordinaires, où lesdits vicaires perpétuelz venoient trouver les supérieurs pour recevoir l'heure desdites cérémonies eux-mêmes, comme ils font encore à présent pour les processions du jour saint Marc et des trois jours des Rogations. Il y a dans notre chartrier plusieurs sentences, actes, transactions faites entre les religieux et lesdits vicaires perpétuelz d'Orbaiz, une entre autres faite avec Messire Pierre Vinnot, vicaire perpétuel de Saint-Prix, du vingt-septiéme jour de janvier mil cinq cens quatre-vingt dix-sept, et une avec Messire Nicolas Chevallier, aussi vicaire perpétuel de l'église dudit Saint-Prix et doyen rural d'Orbaiz, du vingt-huitiéme jour de juin mil six cens trente-huit, confirmée par une sentence des Requêtes du Palais de Paris le onziéme jour de septembre 1646, obtenue par lesdits religieux contre ledit Chevallier, qui vouloit résilier de ladite transaction, portant fort impatiemment le joug de la dépendance de l'abbaye, et qui fit mille chicanes et bien de la peine à Messieurs nos anciens religieux, comme on le reconnoît par les procédures conservées dans notre chartrier, au titre des Papiers avec les curez ou vicaires perpétuelz d'Orbaiz. Voyez aussi ce que l'on a observé cy-devant au chapitre IV, § 4, des droits et processions, etc...

Le dix-huitiéme jour des présens mois et an, en creusant la terre dans la court derriére l'église, proche la chapelle de la Sainte-Vierge vers le midi, pour y faire éteindre de la chaux vive, on trouva plusieurs ossemens d'hommes confondus ensemble. *On trouve plusieurs ossemens d'hommes.*

On en avoit encore cy-devant trouvé une fort grande quantité en ce même endroit et aux environs, en ôtant les terres qui étoient le long du tour des chapelles pour les rendre moins humides.

Tous ces ossemens font conjecturer qu'il y avoit eu autrefois un cimetiére, ou qu'à l'occasion de quelques combats ou guerre, on y avoit inhumé plusieurs corps ensemble. Peut-être étoit-ce le cimetiére des religieux?

Le douziéme [*lisez* onziéme] jour de juin de cette année 1701, les religieux d'Orbaiz acquirent de Sebastien Crépin et de Jeanne Deceds, sa femme, la moitié de la petite ferme de la Croix-Marotte de la seigneurie d'Orbaiz et de la parroisse de la Chapelle-sur-Orbaiz, moyennant la somme de dix-sept livres dix sols de rente annuelle, racheptable en deux payemens égaux de la somme de trois cens cinquante livres de sort principal, par contract passé pardevant ledit sieur Mathu- *Acquisition de la moitié de la ferme de la Croix-Marotte.*

rin Gauvain, notaire, ledit jour douziéme [*lisez* onziéme] de juin 1701[1].

La communauté desdits religieux avoit, quelques années auparavant, acquis ou réuni à son domaine seigneurial l'autre moitié de ladite ferme, faute de payemens des cens et rentes seigneuriales et autres droits, devoirs, hommages et aveus non rendus[2].

fr Louis Nattin

Signature apposée au bas d'un acte du 16 juillet 1700

Aprés cette seconde acquisition, on y fit commencer au mois de juillet suivant une belle grande grange, l'ancienne étant trop petite pour resserrer tous les grains des terres que l'on

---

1. [11 juin 1701. — Vente par Sebastien Crepin à Messieurs les religieux d'Orbais. « Furent présentement ou leurs personnes Sebastien Crespin, laboureur, demeurant aux Fourneaux, paroisse de Corobert, et Jeanne Deceds, sa femme, dudit Crespin son mary pour l'effet des présentes subséquemment licentiée et authorizée, etc... Signé Du Bout prieur. » En marge est écrit : « Par acte passé pardevant ledit Gauvain, notaire, le deuxiéme décembre mil sept cens treize, la rente esnoncée au présent contract a esté remboursée... » — Etude de Me Charlot.]

2. [Les circonstances de l'affaire sont exposées dans une lettre du R. P. Mongé dont voici le texte :

                Au R. P. Dom Louis Nattin.
                A Saint-Nicolas [aux Bois] le 16 may 1700.
Pax Christi.
    Mon Révérend Père,

La moitié de la ferme de la Croix-Marotte.... estant demeuré vacante et nous estant deub sur icelle 4 livres d'une part pour des bois, et beaucoup de censives à raison de 29 sols et un chappon par an, pour ne pas laisser tout perdre, je l'ay louée, avec Crespin à qui l'autre moitié appartient, au fermier qui y demeure. Il n'y a point eu de sentence de réunion rendue, car elle n'en valoit pas la peine. Je ne croy pas qu'il y ait d'héritiers ; s'il y a des créantiers, il faut qu'ils la fassent vendre, et en ce cas faudra vous opposer à la vente, pour payement des arrérages, des cens et surcens, et pour le remboursement des réparations que vous y avez fait fere. Il y en a bien pour 66 livres au moins dans un mémoir que j'ay laissé à Orbais dans le portefeuille de notre chambre, si je ne vous l'ay pas donné. Ce mémoir contient en détail ce que nous avons fourny tant en matériaux que pour la façon ; je croy que le couvreur s'en souviendra bien, car nous avons dressé ce mémoir ensemble. — Quant à la pièce qui manque dans le sac des Messieurs de Plancy, etc... — Mes baise-mains à tous nos confrères

défrichoit tous les ans. — Cette acquisition donnera lieu de faire valoir une grande partie des terres de l'ancienne ferme de la Chapellotte qui sont en savarts depuis long-tems. C'est dans cette vue que l'on a fait ladite acquisition [1].

Le vingt-huitième jour desdits mois de juin et an 1701, on signifia ausdits religieux la taxe des droits d'amortissemens et nouveaux acquêts faits par lesdits religieux, ladite taxe montant à la somme de cinq-cens soixante et quelques livres, suivant la quittance du sieur Denisot, commis au recouvrement desdits droits résident à Château-Thierry, en date du trentiesme jour de juin suivant. Lesdites nouvelles acquisitions sont reprises au long dans ladite signification conservée dans notre chartrier avec ladite quittance.

Droits d'amortissemens payez.

En la présente année mil sept cens-un on laissa à sec l'étang de Mont-Libôt, qui avoit été pêché au mois d'octobre ou novembre de l'année précédente; et Daniel Denizart, fermier des fermes du Jard et de la Tour, paroisse d'Orbaiz, laboura ledit étang et y sema de l'avoine au mois de mars. Vers le tems de la moisson ledit Messire Pierre d'Avaux, vicaire perpétuel de ladite paroisse Saint-Prix, prétendit que c'estoit une novalle [2] et que luy, ou Pierre Le Pape à qui il avoit affermé sa part des dixmes d'Orbaiz, devoit lever luy seul la dixme, cette année, sur ledit étang.

L'étang de Mont-Libôt labouré. Différent pour la dixme.

Mais on luy fit voir : 1° Que ledit étang de Mont-Libôt et tous les autres étangs de l'abbaye situez dans l'étendüe de la dixme d'Orbaiz et autres avoient accoutumé d'être labourez et ensemencez de douze ans en douze ans ou environ pour être remis en valeur; — 2° Que ses prédécesseurs les plus animez

---

et à tous nos bons amis, même de Plancy, et souvenez-vous en vos saints sacrifices,

Mon Révérend Père,
De votre très humble et affectionné confrère,
Frère Pierre MONGÉ M. B.

Lettre originale conservée aux *Archives départ. de la Marne*, f. d'Orbais, n° 19; cf. *ibid.*, n° 4.]

1. On a échangé aussi en 1702 quelques arpents de terre de ladite ferme de la Chapellotte avec un nommé Claude Le Clercq, habitant et laboureur demeurant audit village de la Chapelle-sur-Orbaiz, pour un pareil nombre d'arpents de terre qui sont dans la bienseance et plus proche de ladite ferme de la Croix-Marotte, étans proche du bois de la Chapellotte. [V. *infrà* sous l'année 1702.]

2. [On appelait *Novales* les terres nouvellement mises en culture et dont les dîmes, d'après le droit commun, appartenaient aux curés ou aux vicaires perpétuels, préférés ainsi aux gros décimateurs.]

Point de novalle reconnue dans le dixmage d'Orbaiz.

contre les droits de l'abbaye et les plus attachez à leurs intérests, tels qu'étoient Nicolas Chevallier, Remy Prud'homme et autres, n'avoient jamais prétendu qu'il y eût aucune novalle dans toute l'étendue dudit dixmage d'Orbaiz, qu'il n'y en avoit aucune de reconnue, qu'il devoit se contenter que l'abbaye ou ses fermiers de ladite dixme donnoient trois piétons, et luy ou son fermier deux, comme on a toujours fait, et partager toutes les grosses dixmes par moitié, suivant l'ancien usage qui s'est toujours icy pratiqué ; — 3° Que le droit de novalle n'est dû que sur une terre nouvellement défrichée et qui n'a jamais été cultivée ; mais dés qu'on peut montrer que la dixme a été autrefois levée et payée dans un champ, quel qu'il soit, si dans la suite on en change la superficie, il doit toujours la dixme. Il y a une Déclaration du Roy Louis XIV du [mois de février 1657, article 4][1], et un arrest du vingt-neuf° d'aoust 1689 du Parlement de Paris [2], rendu en faveur de l'abbaye Saint-Germain-des-Prez-lez-Paris, qui sont formels pour cela, et dont on trouvera des copies imprimées ou manuscrites dans notre chartrier, parmi plusieurs autres arrests imprimez ensemble chez Jean-Baptiste Langlois à l'Ange Gardien en 1700.

La grange proche de l'abbaye appartient uniquement aux abbé et religieux.

Ledit sieur d'Avaux prétendoit aussi que lui ou ledit Le Pape, son fermier, avoit droit d'engranger et resserrer ses dixmes conjointement avec les dixmeurs ou fermiers de l'abbaye dans la grange de ladite abbaye. Mais on lui fit voir que ladite grange appartenoit uniquement aux religieux, ayant été par eux ou leurs prédécesseurs construite et étant par eux seuls entretenue ; qui ni lui, ni pas un de ses prédécesseurs curez ou vicaires perpétuelz n'y avoient jamais fait faire pour un sol de réparations ; qu'elle avoit été autrefois abandonnée à Dom Jean Richard, prieur des anciens religieux, pour y retirer la dixme de la parroisse du village de la Ville-sous-Orbaiz que les religieux réformez lui avoient abandonnée pour sa pension monachale et viagère.

Ledit sieur d'Avaux, persuadé par toutes ces raisons, y acquiesça, et Vincent Jullion dit Rond-Bois et Charles Garand,

---

1. [Dans le silence du Dom Du Bout, nous donnons cette date avec d'autant plus de réserve que la déclaration de février 1657, n'ayant pas été enregistrée en Parlement, n'a jamais eu force de loi. V. notamment : Louis de Héricourt, *Les loix ecclésiastiques de France dans leur ordre naturel*, v° Dixmes; Néron et Girard, *Recueil d'édits et d'ordonnances royaux*, II, 53.]

2. [Nous avons vainement recherché cet arrêt aux Archives nationales. Peut-être y a-t-il erreur dans l'indication donnée ici par Dom Du Bout.]

dixmeurs ou fermiers de l'abbaye, levérent et prirent la dixme moitié par moitié sur ledit étang de Mont-Libôt et par tout ailleurs, et partagérent sur les champs les gerbes allencontre dudit Pierre Le Pape; mais ils engrangérent seuls dans ladite grange de l'abbaye, à l'exclusion dudit Le Pape, comme il s'est toujours pratiqué.

<small>Tous les fonds de terre, soit en prez, soit en labeur, doivent dixme à l'abbaye, soit que la superficie ait changé.</small>

Il faut observer icy que la plûpart des clos d'Orbaiz n'ont pas toujours été clos, et les prez sont tantôt en terres labourables et tantôt en herbes ou prez. Quand on met des terres labourables en prez ou en clos, si dans la suite on y séme du grain, lin ou chanvre, ce n'est point une novalle, de sorte que les nouveaux enclos et les nouveaux prez doivent toujours la dixme à l'abbaye comme les autres terres dudit dixmage d'Orbaiz.

Si dans la suite quelques curez ou vicaires perpétuelz, moins raisonnables que Messire Pierre d'Avaux, veulent plaider et chicaner contre l'usage établi icy, il faudra qu'ils commencent par faire reconnoître à leurs fraiz et dépens les prétendues novalles, car il n'y en a aucune de reconnue jusqu'à présent, — et alors on les leur contestera. Les Déclaration et arrests cy-dessus citez sont de grands préjugez contre eux.

<small>C'est aux curez à faire reconnoître et prouver les novales d'Orbaiz.</small>

Ces remarques paroîtront peut-être fort minces ou inutiles et de peu de conséquence par rapport audit étang de Mont-Libôt; mais elles peuvent servir pour les autres, à cause du grain que l'on y séme lorsqu'on fait reposer et labourer lesdits étangs, à cause de la dixme que les vicaires perpétuelz y prétendent lever. Ils n'ont point non plus la dixme des pêches desdits étangs.

Au commencement du mois d'août de la présente année 1701, la communauté étant redevable et se trouvant pressée de payer plusieurs sommes considérables tant à Monsieur l'abbé pour le terme échu à la Saint-Jean-Baptiste dernière de la recepte de la mause abbatiale, qu'à Messieurs les curez pour leurs portions congrues échues dez le premier juillet dernier, et n'ayant point de quoy y satisfaire, soit par son revenu et ses épargnes, soit par le secours et assistance de quelque ami, on fut obligé d'emprunter deux mille livres à constitution de rente au denier vingt de Mademoiselle Magdelaine Vertus, demeurant à Château-Thierry; ladite somme de deux mille livres remboursable en quatre payemens[1]. Les taxes extra-

<small>Emprunt de 2000 liv.</small>

<small>Raisons et nécessité de cet emprunt.</small>

---

1. [Constitution de rente pour madame de Vertus contre les RR. PP. relligieux d'Orbais (contrat sur parchemin). — « Par devant les notaires

ordinaires, capitations, décimes, dons gratuits, droits d'amortissement et nouveaux acquêts, taxes pour les armoiries, pour les eaux et les bois, et autres nouvelles impositions que la communauté fut obligée de payer; la non-valeur et le peu de rapport des terres et étangs dont la plupart ne produisirent rien à cause d'un grand débordement d'eaux sauvages qui renversérent les chaussées et firent périr et perdre pour trois mille livres de poissons ; le vil prix des grains et autres espéces qui ôtoit aux fermiers les moyens de payer les propriétaires; l'exactitude avec laquelle Monsieur de Montréal et Monsieur Jolly, pensionnaire sur le prieuré de l'Abbaye-sous-Plancy, vouloient être payez et se faisoient payer aux premiers jours des termes et quartiers échus, et autres fâcheuses conjonctures obligérent lesdits religieux à emprunter ladite somme de 2000 livres.

Procession aprés vêpres le jour de l'Assomption de la Sainte-Vierge.

Le quinziéme jour d'août audit an 1701, jour et feste de l'Assomption de la trés sainte Vierge, en conséquence d'un mandement du seiziéme de juin précédent publié par ledit seigneur évêque de Soissons, Fabio Brulart de Sillery [1], et transcrit tout au long cy-dessus, chapitre IV, § 4, on fit pour la premiére fois par tout le diocése la procession générale aprés vêpres pour le vœu du feu Roy trés chrétien Louis treiziéme du nom, dit le Juste, fait le dixiéme jour de février 1638 à Compiégne, à la sollicitation du fameux Pere Joseph de Paris, capucin, — ce qui étoit déjà établi dans les autres diocéses.

Les religieux font leur procession en particulier.

Les religieux de cette abbaye firent ladite procession en particulier dans leurs église et cloître aprés vêpres : mais suivant lesdites transactions, sentences et autres actes cy-dessus

---

royaux à Château-Thierry..... Dom Robert Le Nain, prebstre relligieux, procureur et celairier de l'abbaye Saint-Pierre de Chezy, fondé de procuration des relligieux, prieur et couvent de l'abbaye Saint-Pierre d'Orbaiz, passée devant Gauvain et Chevallier, notaires audit Orbais, le trentiesme juillet dernier, ...lequel audit nom a recongnu avoir vendu et constitué... envers dame Magdelaine de Vertus, fille marchande demeurant audit Château-Thierry, ... c'est asçavoir la somme de cent livres de rente annuelle et perpetuelle sauf le rachapt au denier vingt, ...à icelle rente avoir, prendre et recevoir speciallement sur la ferme..... de la Croix-Marotte scituée proche Orbais........»'Fait et passé à Château-Thierry, le 5 août 1701. (Minute de Rimbert, notaire à Château-Thierry). Signé Carrier et Rimbert. — *Archives départ. de la Marne*, f. d'Orbais, n° 4.]

1. [*Fabius* ou *Fabio Brulart*, fils de Louis Brulart, marquis de Sillery, et de Marie-Catherine de la Rochefoucauld, portait : de gueules, à une bande d'or, chargée d'une traînée de sable, accompagnée de cinq caques ou barils de poudre de même (Chevillard, *France chrétienne*). A. de Marsy, *Notes pour servir à un armorial des évêques de Soissons*, p. 15.— *Gallia*, IX, 434.]

citez chap. IV, § 4, les vicaires perpétuelz, le clergé et la parroisse Saint-Prix devroient accompagner lesdits religieux dans cette procession et toutes autres publiques et générales établies et à établir, ausquelles lesditz religieux auroient le premier rang et y présideroient, comme dit expressément ladite transaction faite le 27 janvier 1597 entre lesdits religieux et Messire Pierre Vinnot.

Si on n'a point conservé ce droit et cet usage pendant un tems considérable, c'est parce que le nombre des religieux tant anciens que réformez a été réduit pendant plus de soixante ans à un très petit nombre de religieux âgez et infirmes ; mais on peut et on doit présentement rétablir l'ancien usage, puisque les religieux de chœur sont au nombre de six.

Le vingtiéme jour de juin de cette présente année le clergé de France s'étant assemblé extraordinairement à Paris par ordre du Roy, accorda à Sa Majesté par forme de subvention à lever sur le clergé séculier et régulier de France la somme de quinze cens mille livres payables au premier octobre suivant. Voyez ce qui a été dit cy-dessus chap. IV, § 3, Des offices claustraux, au sujet des taxes, impositions, subventions pour les années précédentes, la présente et les suivantes. *Subvention de 1500000 liv. accordée au Roy en 1701.*

Ledit clergé accorda de plus à Sa dite Majesté pendant les années 1702 et suivantes quatre millions par chacun an par forme de subvention, tant que la guerre durera. *Vide* ibid. ubi suprà. *4 000 000 l. accordez au Roy pour 1702 et suivantes.*

Le dernier jour de septembre de cette présente année, les religieux consentirent à l'échange de deux arpents de terre de la ferme de Marlaix avec pareil nombre ou environ de la ferme du Tremblay, faite entre ledit sieur Mathurin Gauvain, propriétaire de Marlaix, et ledit Pierre d'Autroy, fermier du Tremblay, pour leurs commodité et avantages réciproques. *Echange de deux arpents de terre.*

En conséquence d'une commission obtenue à la Table de Marbre de Paris dez le septiéme jour de juin mil six cens quatre-vingt-dix-huit, à la requête dudit sieur abbé de Montréal, on fit informer au mois de décembre 1700 contre plusieurs particuliers qui chassoient et pêchoient dans l'étendue de la seigneurie et de la riviére d'Orbaiz. Et au mois d'octobre et de novembre de l'année présente 1701, en vertu d'une commission nouvelle de la Table de Marbre de Paris, du neuviéme jour de mars audit an 1701, adressée au sieur de La Haye, prévôt royal de Château-Thierry et maître particulier des bois et forests du duché de Château-Thierry, on fit assigner par Nicolas Mercier, huissier royal, les nommez Jean de Villongue *Information contre les chasseurs.*

[*lisez* Villelongue], Antoine d'Esteuf[1], Antoine de Laitre, s[eigneu]r de Beaufort[2], Paul Ferrand, s[eigneu]r des Bouleaux[3], cy-devant capitaine du régiment de Guyenne, N. et N. [de] Chavigny[4], Charles Chevallier, sergent royal, et Jean Chevallier, fermier des Angloux[5], à comparoître personnellement devant ledit sieur de La Haye.

Lesdits de Villongue [*lisez* Villelongue] et d'Esteuf s'accommodérent pour les fraiz. Lesdits de Chavigny obtinrent un arrest de défense à ladite Table de Marbre sur un faux exposé de plusieurs nullités et défauts de formalités dans ledit ajournement personnel.

Lesdits de Laitre, sieur de Beaufort, Ferrand et Charles Chevallier obtinrent aussi un arrest de défense de la Cour du Parlement de Paris du dix-huitiéme jour de novembre audit

---

1. [Antoine d'Esteffe (*al.* de Stef, Estef, Esteufle, Déteuffle), écuyer, demeurant à la Chapelle-sur-Orbais, avait épousé Élisabeth Charlotte de Villelongue, fille majeure, demeurant à Corrobert, sœur de Jean de Villelongue. (Contrat de mariage du 28 mai 1701). Etude de M° Charlot.]

2. [« Antoine de Laistre, escuyer, sieur de Beaufort, demeurant à La Corre [auj. La Caure], seigneurie de Montmort », fit le 1 juillet 1675, au profit des religieux, une déclaration des logis et héritages à lui appartenant et situés sur la seigneurie d'Orbais, terroir de la Chapelle-sur-Orbais. *Archives départ. de la Marne*, f. d'Orbais, n° 38.]

3. [Paul Ferrand était fils d'un gentilhomme de la maison du roi, Pierre Ferrand, qui, le 15 juin 1685, avait acheté la terre des Bouleaux à Jacques Lefebvre, écuyer, seigneur de Maurepas. V. aux *pièces justificatives*.]

4. [Voir sur les gentilshommes de ce nom, contemporains et voisins de Dom Du Bout, ce qui a été dit plus haut au sujet de Pierre de Chavigny, abbé régulier d'Orbais en 1402. — A la fin du xvii° siècle, le principal représentant de la famille dans le pays était Antoine de Chavigny (fils de Nicolas de Chavigny et de Blanche de Sapincourt), qui avait été baptisé à Verdon le 14 décembre 1646. Il épousa, le 29 septembre 1673, « damoiselle Caterine de Lestre [de Laistre], fille de Nicolas de Lestre, écuyer, seigneur de la Motte, et de damoiselle Charlotte de Tassin. » De cette union naquirent trois fils : 1° François; 2° Antoine; 3° Louis, — qui furent baptisés à Orbais, dans l'église Saint-Prix, les 14 mars 1683, 24 avril 1685 et 16 février 1688. En effet, à l'époque dont il s'agit, « Antoine de Chavigni, « ecuyer, seigneur de Chavigni et de Courbois-les-Dezers et dame Cate- « rine de Laistre, sa femme, » résidaient en leur terre de « Montlibault, « paroisse d'Orbais. » (Actes des 10 août 1675, 28 avril 1693, 27 novembre 1698, etc...) Etude de M° Charlot. — Bibl. nat. Cabinet des titres, f. Chérin, dossier Chavigny.]

5. [« Charles Chevallier, huissier royal, demeurant à Orbais..... » — « Jean Chevallier, laboureur, demeurant aux Angloux... » (Actes des 7 mars et 11 octobre 1700. Etude de M° Charlot). Cf. *Archives départ. de la Marne*, f. d'Orbais, n° 10.]

an 1701, qu'ils firent signifier le vingt-quatriéme jour suivant du même mois.

Cette procédure n'alla pas plus loin, parce que tous différens particuliers promirent de se désister de chasser, et employérent plusieurs personnes puissantes et amis de l'abbaye qui sollicitérent si instamment en leur faveur, que l'on ne put honnêtement et raisonnablement ne pas avoir toutes sortes d'égards et de déférences à leurs puissantes recommandations, tant à cause du rang distingué qu'ils ont dans le pays, qu'en vue des bons offices qu'ils ont rendus à notre communauté en différentes occasions, comme aussi pour ne pas engager plusieurs pauvres gentilshommes et autres en de grands fraiz qui les auroient fort incommodez s'ils avoient été contraints de les payer, ou plutôt que nous aurions avancez et perdus, plusieurs se trouvants insolvables. Cette procédure les a intimidés.

On accommode cette affaire.

1702

Par la transaction ou bail à vie du revenu de la manse abbatiale d'Orbaiz faits le troisiéme jour de mars mil six cens quatre-vingt-sept sous signatures privées entre feu Messire Jacques de Pouilly, marquis de Lançon, pour lors abbé commendataire d'Orbaiz, et le R. P. Dom Pierre Mongé, prieur, fondé de la procuration des autres religieux dudit Orbaiz, ledit sieur de Lançon, abbé, s'étoit obligé de payer ausdits religieux la somme de trois mille livres pour dommages et intérests des réparations et autres sujets déclarez et expliquez dans ladite transaction ou bail à vie, au cas qu'il vint à quitter cette abbaye soit par permutation, démission, ou autrement que par mort, lequel cas est arrivé par sa démission libre et volontaire de ladite abbaye, le dernier jour de décembre mil six cens quatre-vingt-seize, en faveur de Jean Louis de Fortia de Montréal, avec l'agrément du Roy. En vertu de ladite transaction et après ladite démission, les religieux retinrent par leurs mains, du consentement dudit feu sieur de Lançon, lors vivant, et mort depuis, la somme de deux mille cinq cens livres d'une part, à lui due pour la derniere année de redevance de ladite manse abbatiale, et cent soixante-quinze livres d'autre part, reçue par lesdits religieux des mains dudit sieur Mathurin Gauvain, notaire, provenant d'un remboursement d'une taxe à lui fait pour ledit sieur de Lançon, — de sorte qu'il n'étoit plus dûb ausdits religieux de reste desdites trois mille livres que la somme de trois cens vingt-cinq livres par la succession dudit feu sieur marquis de Lançon.

1702.

Il étoit dûb 3000 l. aux religieux par Mr de Lançon s'il quittoit cette abbaye.

Madame Henriette de Pouilly, comtesse de Lançon, chanoinesse de Remiremont, sa sœur et unique héritière [1], offrit de payer ladite somme de 325 livres restans des trois mille livres, et de plus de donner ausdits religieux d'Orbaiz une quittance et décharge desdites deux sommes de deux mille cinq cens livres d'une part, et de cent soixante-quinze livres d'autre, avec une quittance et décharge générales et absolues de tous les arrérages et redevances de toutes les années précédentes dudit bail à vie de ladite manse abbatiale fait ausdits religieux par ledit feu sieur de Lançon, son frere, ledit jour troisiéme mars 1687, pourvû que lesdits religieux d'Orbaiz luy donnassent aussi une quittance de ladite somme de trois mille livres, et une décharge générale et absolue pour elle, ses hoirs, héritiers ou ayants cause, de toutes les réparations dont lesdits religieux étoient tenus et chargez à la décharge dudit feu sieur abbé de Lançon, son frere, par la susdite transaction du 3 mars 1687, en sorte que ni ladite dame de Lançon, ni ses héritiers, ne pussent jamais être recherchez ni inquiétez pour lesdites réparations dont nous étions tenus à la décharge de son dit feu frere abbé, et qu'enfin lesdites quittances et décharges, étans données sous les signatures privées desdits religieux, fussent transcriptes et insérées mot à mot dans le registre des délibérations capitulaires, ensuite de l'acte capitulaire fait en conséquence de la délibération faite pour accepter ou rejetter les susdites offres de ladite dame de Lançon, pour y avoir recours en cas de besoin. — Lesdits religieux délibérèrent entre eux et furent conseillez d'accepter les offres de ladite dame de Lançon aux conditions qu'elle proposoit ; et pour obtenir le payement de ladite somme de trois cens vingt-cinq livres, outre les quittances de ladite somme de trois mille livres et la décharge absolue de toutes les réparations, ils avoient encore besoin d'une décharge des mêmes réparations de la part de Mr l'abbé de Montréal pour mettre à couvert de toutes recherches Mr de Lançon ou ses héritiers. Ledit sieur abbé de Montréal donna cette décharge en ces termes :

« Je soussigné, abbé d'Orbaiz, consens que Mr le marquis
« de Lançon, cy-devant abbé d'Orbaiz, soit déchargé des répa-
« rations que les religieux d'Orbaiz étoient tenus de faire à sa

1. [Henriette de Pouilly-Lançon, née en 1669, sœur cadette de Jacques de Pouilly, abbé d'Orbais, a laissé quelques souvenirs au sein du chapitre noble de chanoinesses séculières dont elle faisait partie. Voir : Destrayes, *Une élection au chapitre de Remiremont en 1706*, p. 13, 21, 27, 38, 40, 41, etc..., Remiremont, 1876, in-8°.]

« décharge par le traitté du troisième mars mil six cens
« quatre-vingt-sept. Fait à Bourges ce trentième novembre
« mil sept cens. Signé Fortia de Montreal, abbé d'Orbaiz. »
L'original est dans le chartrier; on en a donné une copie collationnée à Madame de Lançon.

Fortia de Montreal abbé d'Orbay

Signature apposée au bas d'un acte du 27 juin 1702

Cette affaire étant enfin amenée et conduite à ce point d'accommodement, Maître Thomas Charlier, prêtre et curé de Vonc, fondé de la procuration à luy donnée par Henriette de Pouilly, comtesse de Lançon [1], dame chanoinesse de Remiremont, et passée le 4 juillet 1701 à Mélimé [2] en Champagne pardevant Misset, notaire royal résident au Chêne, en présence des sieurs Jean Arnoult et Jean Aubert, témoins, paya ausdits religieux d'Orbaiz ladite somme de trois cens vingt-cinq livres restant de trois mille livres à eux dues par M^r le marquis de Lançon cy-devant abbé, pour avoir quitté cette abbaye autrement que par mort ; de plus ledit sieur Charlier, audit nom, donna une quittance et décharge générale ausdits religieux de toutes les redevances des années de jouissance de la manse abbatiale par eux dues audit sieur de Lançon, ladite quittance dudit sieur Charlier, procureur, du 31e mars 1701. Et en conséquence de ce payement de trois cens vingt-cinq livres et de la quittance absolue et générale des redevances dudit bail à vie de la manse abbatiale, les religieux de leur

Madame de Lançon paye 325 l. aux religieux, et leur donne une quittance générale de toutes les années de jouissance du bail à vie fait le 3 mars 1687.

---

1. [Lançon (*Lancium, Lansum, Lansson*), sur le ruisseau de Balderauge. — La propriété de Lançon, d'une étendue de trois cents arpents, fut achetée, suivant contrat du 25 novembre 1718, à Henriette de Pouilly, moyennant la somme de trente-huit mille francs, par des chanoinesses régulières de Saint-Augustin, qui, chassées de Hollande en 1717, s'étaient réfugiées à Charleville. (Leur maison avait été fondée en 1471, sous le titre de Notre-Dame-de-Nazareth, à Walvirck, mairie de Bois-le-Duc). Le couvent de Lançon a existé jusqu'à la Révolution. Les cellules et les bâtiments principaux d'habitation ont été détruits en 1861. Voir pour les détails : E. de Montagnac, *Ardennes illustrées* (les), t. II, 2me partie, p. 75.]

2. [La maison seigneuriale de Mélimée, vers 1717, avait servi de retraite aux chanoinesses régulières de Saint-Augustin, expulsées de Hollande pour cause de religion. Elles y étaient restées jusqu'au moment où elles allèrent s'établir à Lançon. — Hubert, *Géographie historique du département des Ardennes*, p. 460, Charleville, 1855, in-12 ; cf. *ibid.*, p. 469.]

côté donnérent à ladite dame de Lançon, le vingtiesme jour de may suivant de la même année 1701, une quittance de ladite somme de trois mille livres, sçavoir : deux mille cinq cens livres, pour la dernière année dudit bail à vie, dues audit sieur de Lançon aux termes de Pâques et Saint-Jean-Baptiste de l'année 1697, et cent soixante-quinze livres reçues dudit sieur Gauvain, l'une et l'autre [somme] retenue avec l'agrément dudit feu sieur marquis de Lançon lors vivant, et lesdites trois cens vingt-cinq livres payées par ledit sieur Charlier audit nom.

<small>Les religieux donnent à Madame de Lançon une quittance de 3000 l. et une décharge des réparations.</small>

Lesdits religieux donnérent aussi à ladite dame de Lançon une décharge absolue et générale de toutes les réparations dont ils étoient tenus et obligez à la décharge de feu M^r son frere par ladite transaction du 3 mars 1687, — lesquelles décharge desdites réparations et quittance de la somme de trois mille livres, données sous signatures privées à ladite dame de Lançon, sont insérées et transcriptes mot à mot dans le registre des délibérations capitulaires, après l'acte de ce jour vingtième de may mil sept cens deux. Recours à iceux.

On n'exigea point de Madame Henriette de Pouilly, dame comtesse de Lançon, ni dudit sieur Charlier, son procureur, une décharge des réparations dont les religieux étoient tenus par ladite transaction du 3 mars 1687, pour plusieurs raisons :

<small>Les religieux ne demandent point de décharge des dites réparations. Pourquoy ?</small>

1° Parce qu'après la démission dudit feu sieur abbé de Lançon et prise de possession de cette abbaye par Mr de Montréal, ledit R. P. Dom Pierre Mongé, prieur, pour satisfaire audit traitté du 3 mars 1687, fit promptement en 1697 faire toutes lesdites réparations, qui furent aussi-tôt reçues et approuvées par ledit sieur abbé de Montréal, et en a donné, comme dit est, sa décharge audit sieur de Lançon le 30 novembre 1700.

2° Parce que, par le nouveau bail à vie du revenu de ladite manse abbatiale fait ausdits religieux par M^r l'abbé de Montréal le septième jour de mars mil six cens quatre-vingt-dix-neuf, lesdits religieux se sont obligez tout de nouveau et d'abondant à faire toutes les réparations pendant la vie abbatiale de Monsieur de Montréal, et ainsi il est évident que lesdits religieux (en donnant le 20 may de la présente année 1702 à ladite dame de Lançon, une décharge des seules réparations dont ils étoient tenus à la décharge dudit feu sieur abbé de Lançon par ladite transaction du 3 mars 1687), n'ont rien risqué et ne se sont exposez à aucunes fâcheuses suites à l'ave-

<small>Les religieux n'ont rien risqué en déchargeant Mr de Lançon. Pourquoy ?</small>

nir, puisque Monsieur l'abbé de Montréal, les trouvant bien et dûment faites, les a reçues, et en a déchargé feu Mr de Lauçon, son prédécesseur, et que lesdits religieux s'y sont obligez d'abondant par ledit nouveau bail à vie fait ledit jour septiéme de mars mil six cens quatre-vingt-dix-neuf, entre Mr de Montréal et les religieux.

Environ ce même tems, la communauté des religieux d'Orbaiz se trouvant pressée par plusieurs créanciers pour le payement de leurs créances et n'étant pas en état d'y satisfaire pour les mêmes raisons rapportées au commencement du mois d'août de l'année précédente, fut encore obligée d'emprunter la somme de cinq cens livres de Mademoiselle Chiarry, demeurant alors au bourg de Chezy, pour subvenir ausdits pressans besoins et payer les debtes les plus pressées. *Emprunt de 500 l. sans intérest.*

En la même année ou environ on échangea huit arpents de terre pour pareil nombre avec le nommé Claude Le Clercq, laboureur, demeurant au village de la Chapelle-sur-Orbaiz. Lesdits huit arpents de terre qu'il a donnez en contre-échange sont situez joignant le bois de la Chapellotte et dans la bienséance de la ferme de la Croix-Marotte nouvellement acquise[1]. *Echange de huit arpents de terre.*

Le seiziéme jour du mois d'avril de la présente année mil sept cens-deux, jour de Pâques, on publia dans tout ce diocése de Soissons le grand jubilé de l'année sainte de cent ans en cent ans, accordé par Notre Saint Pere le pape Clément onziéme le dix-huitiéme jour de juillet de l'année précédente 1701, suivant la bulle de Sa Sainteté desdits jour, mois et an. Et ce en vertu du mandement spécial de Messire Fabio Brulart de Sillery, évêque de Soissons, donné à Paris le vingt-quatriéme jour de mars de la présente année mil sept cens-deux. *Grand jubilé de l'année sainte.*

L'ouverture s'en fit dans Orbaiz le lundi dix-septiéme jour dudit mois d'avril 1702, et dura jusqu'au lundi douziéme jour de juin suivant, lendemain de la fête de la Trés Sainte Trinité, feste trés solennelle dans l'église de cette abbaye à cause de la procession générale des saintes reliques. Les religieux de cette abbaye firent en leur particulier leurs cérémonies pour l'ouverture dudit grand jubilé de l'année sainte, comme pour *Ouverture du jubilé.*

---

1. [Le contrat d'échange est du 20 août 1702. Les huit arpents qui, d'après ce contrat, étaient cédés à l'abbaye d'Orbais par Claude Le Clerc, venaient à celui-ci d'un échange antérieur avec les Ferraud, seigneurs des Bouleaux. V. aux *pièces justificatives*.]

536 HISTOIRE DE L'ABBAYE D'ORBAIS

celui de l'année derniére 1701. Mais il faut appliquer icy les observations qu'on y a faites pour tâcher de rétablir l'ancien droit de l'abbaye sur les vicaires perpétuelz et sur la parroisse Saint-Prix.

<small>Clôture du jubilé.</small>

La clôture de ce grand jubilé s'en fit dans l'église de l'abbaye, après complies, ledit jour de lundi douziéme de juin ; le R. P. Dom Antoine Le Marquant[1], religieux et thrésorier de l'archimonastére de Saint-Remy de Reims, qui remplit fréquemment les premiéres chaires de Reims, et qui avoit préché la veille, jour et fête, et l'année derniére, la fête des saintes reliques, avec une approbation universelle, prêcha sur le sujet du jubilé avec un succez toujours égal et se fit admirer icy comme à Reims.

Après le sermon, on fit la procession au tour du chœur et du cloître. Maître Pierre d'Avaux étant en surplis et son clergé aussi, avec toute la parroisse Saint-Prix, y assistérent. On finit cette grande et sainte cérémonie par le *Te Deum,* les versets et les oraisons convenables.

Copie de la bulle de N. S. P. le Pape Clément XI pour le grand Jubilé de l'année sainte pour la ville et diocèse de Soissons.

<small>Bulle de Clément XI pour la ville et diocése de Soissons.</small>

Clément XI, pape, pour servir de mémoire à la postérité.

« Nôtre Seigneur et Sauveur Jésus-Christ fils de Dieu,
« dont nous sommes le vicaire sur la terre, sans l'avoir me-
« rité, a voulu nous donner la puissance de lier et de délier,
« afin que, veillant continuellement sur son troupeau avec
« toute l'application possible, nous nous employions avec un
« soin et un amour paternel à lui procurer le salut. C'est
« pourquoy considérant que les fidéles de la ville et du diocése
« de Soissons n'ont pû venir en nôtre bonne ville, à cause de
« la distance des lieux, ou d'autres empêchemens qu'ils ont
« eus, pour y acquérir les trésors célestes du jubilé de l'année
« passée, qui avoit été accordé par Innocent XII, d'heureuse
« mémoire, nôtre prédécesseur, et désirant pourvoir à leur sa-
« lut, et ayant égard aux humbles priéres de *nôtre vénérable*
« *frere l'Evêque de Soissons,* nous confiant en la miséricorde
« de Dieu tout-puissant et en l'authorité de ses bienheureux

1. [Dom Antoine Le Marquand, natif de Lisieux, avait fait sa profession monastique dans l'abbaye de Saint-Faron de Meaux, le 6 juillet 1689, à l'âge de 21 ans.]

« apôtres Pierre et Paul, Nous de nôtre autorité apostolique
« octroyons et accordons par ces présentes à tous et [à] chacun
« des fidéles de l'un et de l'autre sexe desdites ville et dio-
« cése de Soissons, qui étant véritablement pénitens, s'estant
« confessez et ayant reçû la sainte communion, visiteront
« pendant quinze jours de suite ou interrompus quatre églises
« ou chapelles ou lieux pieux qui leur seront une fois dési-
« gnez par ledit ordinaire de Soissons, et là réciteront avec
« piété cinq fois l'oraison dominicale et cinq fois la salutation
« angélique pour le pardon de leurs péchez, pour la paix entre
« les Princes chrétiens, pour l'extirpation de l'hérésie et pour
« l'exaltation et les besoins présens de la Sainte Eglise nôtre
« mere, qu'ils gagnent pour une fois seulement la remission et
« l'indulgence pléniére de tous leurs péchez accordée pour la-
« dite année du jubilé, comme s'ils avoient personnellement
« visité les quatre églises désignées de nôtre dite bonne ville
« de Rome, aux jours marquez pendant ladite année du jubilé
« pour gagner ledit jubilé, et comme s'ils avoient accompli les
« autres choses à ce requises.

« Voulant que ledit ordinaire puisse, selon qu'il le jugera
« à propos, réduire lesdits quinze jours à un moindre nombre
« pour les pauvres, les infirmes, les vieillards, les femmes
« enceintes, les filles, les veuves et [autres] personnes qui au-
« ront quelque empêchement légitime, comme aussi pour les
« chapitres, congrégations tant séculiéres que réguliéres,
« communautez, universitez et confrairies qui visiteront pro-
« cessionnellement lesdites églises, et pour autres causes que
« le même ordinaire trouvera raisonnables.

« Et pour l'effet de ce jubilé nous accordons aux personnes
« susdites le pouvoir de choisir pour confesseurs tels prêtres
« qu'il leur plaira séculiers ou réguliers, de quelque ordre
« qu'ils soient, entre ceux qui seront députez nommément
« par ledit ordinaire pour ledit jubilé dans les églises par lui
« ordonnées, lesquels ayant entendu avec soin leurs confes-
« sions et leur ayant enjoint une pénitence salutaire, pour-
« ront les absoudre et chacun d'eux de toutes sortes de pé-
« chez, crimes, excez et délits, quelque griefs et énormes
« qu'ils puissent être, même réservez au Saint Siége Aposto-
« lique et contenus dans la bulle *in coena Domini*, et des
« censures et peines ecclésiastiques, à l'effet seulement de ga-
« gner le jubilé.

« Nous accordons aussi le pouvoir de gagner encore une

« fois ce jubilé, selon la teneur des présentes, à ceux qui sont
« venus à Rome et qui l'ont déjà gagné en quelque manière
« que ce soit.

« De plus nous voulons qu'à l'égard des religieuses de
« quelque ordre qu'elles soient, des communautez d'orphelins
« et d'autres femmes qui vivent en commun, ledit ordinaire
« puisse leur prescrire les conditions, la manière et le tems,
« ainsi qu'il le jugera à propos, pour qu'ils puissent gagner le
« jubilé dans leurs monastères ou maisons. Enfin que ledit
« ordinaire puisse en toutes les choses susdites et chacunes
« d'icelles, faire, ordonner, pourvoir et apporter tels remèdes
« qui lui paroîtront propres et convenables, ainsi qu'il le ju-
« gera expédient pour le salut des âmes.

« Les présentes ne devant avoir force et valeur que pour
« deux mois seulement, à commencer du jour de la publica-
« tion d'icelles. Voulant aussi qu'on ajoûte la même foy aux
« copies des présentes, etc.

« Donné à Rome à Sainte Marie Majeure, sous l'anneau du
« pescheur, le 18 juillet 1701, la première année de notre pon-
« tificat. Signé Oliverius. »

Mandement de Monseigneur l'Evêque de Soissons pour la publication du Jubilé.

« Fabio Brulart de Sillery, par la miséricorde divine évêque
« de Soissons, doyen et premier suffragant de la province de
« Reims, à tous les fidèles de notre diocèse, salut et bénédic-
« tion. Voicy des richesses abondantes. Notre très saint Pere
« vous fait part *de tout ce qu'il y a de meilleur dans Israël*. Il
« ne vous distingue pas d'avec ceux des fidèles qui lui doivent
« être les plus chers, qui sont tous les jours sous ses yeux et
« qu'il élève, pour ainsi dire, dans son sein. Il vous ouvre les
« thrésors célestes du jubilé de l'année sainte. Il vous accorde
« des indulgences pour lesquelles vous auriez dû faire le
« voyage de Rome[1]; et cette grâce vous doit être très pré-
« tieuse: mais comment la recevrez-vous cette grâce si insigne,
« si nouvelle ? Quelle idée avez-vous des dispositions qu'elle

---

1. Quelques évêques de France, ou leurs grands vicaires, ont obligé tous les peuples de chaque paroisse de venir en procession générale dans leur ville épiscopale et dans leur église cathédrale, pour y faire une fois leurs stations. Cela s'est ainsi pratiqué dans le diocèse de Beauvais, à cause,

« demande de vôtre part ? Si vous regardiez ce jubilé comme
« un moyen de vous purifier sans passer par le baptême la-
« borieux de la pénitence, si vous croyiez, après avoir satisfait
« aux pratiques que nous allons vous prescrire, vous être ac-
« quitez pleinement envers la justice de Dieu, vous seriez
« dans une erreur grossiére. L'Eglise ne prétend pas par les
« indulgences qu'elle donne de tems en tems favoriser la
« lâcheté et l'impénitence des pécheurs ; mais elle veut con-
« descendre charitablement à la foiblesse et à l'impuissance
« de ceux qui sont véritablement contrits et humiliez. Ne
« vous flattez donc pas ; vous ne joüirez de la grâce qui vous
« est présentée qu'autant que vous détesterez sincérement
« vos péchez, et que vous tâcherez de les expier par des satis-
« factions proportionnées à leur énormité et à vos forces.
« Nous vous exhortons à concevoir ces sentimens, et à
« prendre une résolution généreuse *de vous juger vous-mêmes,*
« *afin que vous ne soyez pas jugez de Dieu et que vous ne re-*
« *ceviez pas en vain ses grâces.* Vous sentez l'interest que
« vous avez de vous hâter de fléchir sa miséricorde ; vous
« voyez le trouble où est toute l'Europe ; et qui ne sçait que
« tant et de si horribles guerres sont les fruits de nos iniqui-
« tez ? Convertissez-vous donc à Dieu de tout vôtre cœur dans
« les pleurs, dans les jeûnes et dans les gémissemens. *Déchi-*
« *rez vos cœurs et non vos vêtemens : convertissez-vous au Sei-*
« *gneur vôtre Dieu, puisqu'il est bon et compatissant, qu'il est*
« *patient et riche en miséricorde et qu'il peut se repentir du*
« *mal dont il nous a menacés.* Et afin que l'on sçache tout ce
« qu'il faut faire pour cette grande indulgence, de l'avis et
« conseil de nôtre vénérable chapitre, auquel nous avons fait
« communiquer la bulle du jubilé par nos vicaires généraux,
« voicy l'ordre qui sera gardé....

(Aprés les instructions cy-dessus et en l'autre page suit
l'ordre pour le jubilé et ce qu'il faut faire pour le gagner) :

« 1° On fera la publication du jubilé le premier dimanche
qui suivra le jour auquel on aura reçû le susdit mandement.

« 2° L'ouverture du jubilé se fera le lundi dix-septiéme
« avril, lendemain de Pâques, dans l'église cathédrale et dans

---

dit-on, que Toussaint Janson de Fourbin [Forbin], évêque, étoit cardinal de Rome. Les religieux bénédictins de l'abbaye de Breteüil y allérent en procession avec le curé et la parroisse du même lieu. Les religieux de l'abbaye Saint-Germer de Fley [*Gallia*, IX, 787] firent le même.

« toutes les autres églises de notre diocèse par une procession
« générale, au retour de laquelle on célébrera dans nôtre
« église une messe solennelle du Saint-Esprit, et ledit jubilé
« durera jusqu'au lundi douziéme juin, lendemain de la feste
« de la Trinité, inclusivement.

« 3° Le Saint Sacrement ne sera pas exposé dans au-
« cune église de nôtre diocèse au sujet du jubilé. On y expo-
« sera seulement la sainte croix et les reliques, et les autels
« demeureront parez selon la qualité du tems et du jour. »

S'ensuivent plusieurs autres [instructions] ordinaires et usitées en pareil cas pour le réglement des jeûnes, prières, aumônes, confessions, communions, confesseurs, stations et autres qu'on peut voir dans tout autre mandement en pareille rencontre. Il y est aussi parlé, comme dans la susdite bulle, des religieuses et autres personnes qui vivent en clôture, des femmes, vieillards, infirmes, etc. Enfin le mandement finit par ces paroles remarquables et presque ordinaires dans tous les mandemens de *Messieurs les évêques de France*. « Donné à Paris — ou à Versailles, à Fontainebleau, à Saint-Germain-en-Laye, à Marly, à Chambor, sejours ordinaires de nos Roys — où nos affaires nous retiennent, le vingt-quatriéme jour de mars mil sept cens-deux. Signé : Fabio Brulart de Sillery, évêque de Soissons ; et plus [bas] : par Monseigneur, Vuillaume. »

<small>Permission de confesser, et de faire confesser les autres religieux que le supérieur jugeroit capables.</small>

Le vingt-sixiéme jour de may de la présente année M. Le Bon de Moisemont, archidiacre et vicaire général dudit Mre Fabio Brulart de Sillery, permit audit Dom prieur d'Orbaiz, ou plutôt renouvella et continua les approbations de confesser, d'absoudre de tous les cas réservez audit seigneur évêque, et même pria ledit Dom prieur de faire confesser les religieux qu'il jugeroit à propos et capables de s'en bien acquitter dans des nécessités et cas imprévus pour la commodité des peuples et des pélerins. Il faut remarquer que ces permissions doivent être renouvellées de tems en tems selon la discipline nouvellement établie dans la France par les évêques.

<small>M^r l'abbé demande la permission de manger de la viande dans l'intérieur du monastére.</small>

Au mois de may de la présente année 1702, Monsieur de Montréal, abbé commendataire de cette abbaye, souhaittant d'y venir passer tous les ans quelques mois, s'adressa au chapitre général de notre congrégation assemblé actuellement dans le monastére de Marmoutier-lez-Tours, pour obtenir la permission de manger habituellement de la viande dans l'infirmerie, ou même dans les chambres des hostes de la communauté ; mais le définitoire chargea le Révérend Pere Dom Arnoul de Loo [1], prieur de Saint-Denys en France et l'un des neuf définiteurs [2], d'écrire la lettre suivante audit Dom Nicolas du Bout, prieur d'Orbaiz, où on marque un expédient que l'on ne put exécuter, les lieux n'estans plus habitables.

Pax Christi. Mon Révérend Pere,

« La loy de ne pas manger de viande pour les séculiers dans nos monastéres est si étroite, que le chapitre ne peut pas permettre à Monsieur vôtre abbé d'en user dans vos lieux réguliers. Le définitoire me charge de le mander à Vôtre Révérence, afin qu'elle s'en excuse auprés de Monsieur l'abbé. On m'ordonne en même tems de vous dire que vous tâchiez de lui accommoder et faire meubler le logis [3] qu'occupoit autrefois son receveur, où on dit qu'il y a une chambre commode, afin que là il puisse faire gras. C'est la commission qu'on donne à celui qui est de cœur en Nôtre Seigneur,

Le Chapitre général la refuse.

« Mon Révérend Pere,
« Vôtre trés humble et trés affectionné confrere,
« F. Arnoul DE LOO,
« Moine Bénédictin.

« A Tours, ce 20 may 1702. »

CHAPITRE TREIZIÈME

TREIZIÉME TRIENNAL

Le chapitre général assemblé dans ledit monastére de Mar-

Institution du R. P. Dom Laurent Vasse prieur d'Orbaiz.

---

1 [Dom Arnoul de Loo, né à Rouen, fit profession dans l'abbaye de Jumiéges, le 2 mai 1663, à l'âge de 19 ans. Il fut administrateur de Saint-Germer de Flaix (1678), prieur de Saint-Père de Chartres (1681), abbé régulier de Saint-Martin de Séez (1687), prieur de Saint-Germain des Prés et de Saint-Denis en France. Nommé supérieur général en 1711, il mourut à Saint-Germain des Prés le 9 août 1713, et fut inhumé auprès de ses prédécesseurs, dans le chœur de la grande chapelle de la Vierge. *Gallia*, VII, 487. Dom Bouillart, *Histoire de l'abbaye royale de Saint Germain des Prés*, p. 291, 324.]

2. [Les *définiteurs* dont la réunion formait un Conseil appelé *Définitoire*, étaient neuf religieux choisis parmi les supérieurs des divers monastéres de la Congrégation de Saint-Maur assemblés pour le Chapitre général qui se tenait tous les trois ans. Ce conseil administrait les affaires de l'ordre, et chacun devait se soumettre à ses *définitions*.]

3. C'est le *Château* qui n'est plus habitable depuis plusieurs années par la faute de Messieurs les commendataires; c'est la retraitte des hiboux et chathüans, etc...

moutier proche de Tours aux mois de may et de juin de cette présente année mil sept cens-deux [1], ayant nommé et institué ledit Dom Nicolas du Bout prieur de l'abbaye Saint-Michel du Tréport dans le comté d'Eu [2], luy donna pour successeur le Révérend Père Dom Laurent Vasse [3], souprieur de Saint-Médard de Soissons ; il avoit été auparavant d'abord prieur [lisez administrateur] de Saint-Bâle [4], proche de Reims, pendant trois ans [1684], puis six ans prieur de l'abbaye de Nogent-sous-Coucy [1687-1693], et enfin six ans prieur de Saint-Vulmer de Samer proche de Boulogne [1696].

Signature apposée au bas d'un acte du 19 mars 1703

Lettres gratieuses accordées à Monsieur et à Madame de Louvigny, en considération de leurs bons offices.

Le même chapitre général accorda des lettres gratieuses à Monsieur Roland de Louvigny et à Madame Françoise Tallerand [lisez Tarlant], son épouse, demeurans à Igny-le-Jard [5], en considération de leur amitié, affection, attachement, et des secours qu'ils ont donnés à ce monastère pendant un tems considérable, dans ses plus pressans besoins, à l'instance et sollicitation desdits prieur et religieux d'Orbaiz, pour marque de leur reconnoissance.

1. [27 juin 1702. — Bail à surcens entre les religieux d'Orbais et Philippe Mirgault. *Recherches sur l'histoire de l'industrie dans la vallée du Surmelin*, p. 57.]

2. [Ce fut l'envoi de Dom Nicolas du Bout à Saint-Michel du Tréport en 1702, qui lui fit brusquement interrompre à cette époque l'histoire de l'abbaye d'Orbais. Le chapitre général de 1705 le nomma prieur de Saint-Nicolas-aux-Bois, et il mourut l'année suivante au monastère de Saint-Remi de Reims à l'âge de 53 ans.]

3. [Dom Laurent Vasse, natif de La Boutillerie, auj. commune d'Amiens (Somme), fit profession à Saint-Remi de Reims, le 9 septembre 1665, à l'âge de 21 ans. Il mourut le 28 décembre 1704 au monastère de Saint-Pierre d'Orbais.]

4. [Monastère de Saint-Bâle, près de Verzy (Marne), fondé probablement dans la première moitié du VIe siècle. *Gallia*, IX, 195.]

5. [« Furent presents Roland de Louvigny, marchand, demeurant au Lohan-au-Bois, et Françoise Tarlant, sa femme... » Vente à Pierre Jeannel (13 décembre 1698). Etude de Me Charlot.]

Déclarations du Roy pour rentrer dans les biens aliénez depuis 1556, en payant le huitiéme denier.

Le deuxiéme jour de juillet mil sept cens-deux les commissaires du Roy et les députez du clergé de France, assemblé extraordinairement pour accorder à Sa Majesté quelques secours considérables dans les besoins pressants de l'Etat, firent un contract pour l'aliénation à perpétuité des biens de l'Eglise autrefois vendus ou aliénez pour cause de subvention, ou tout autre sujet, depuis l'année mil cinq cens cinquante-six. Lesdits sieurs députez du clergé consentirent que les taxes qu'il plairoit à Sa Majesté d'imposer sur les possesseurs et détenteurs desdits biens aliénez ou vendus de l'Eglise depuis ladite année mil cinq cens cinquante-six, pour demeurer propriétaires paisibles et incommutables à perpétuité desdits biens aliénez de l'Eglise, — retourneroient au profit de Sa Majesté, lesquelles taxes ont été arrêtées au sixième denier du prix desdites aliénations, ou de la juste valeur desdits biens, au cas que le prix desdites aliénations ne puisse être justifié par les contracts, et les deux sols pour livre.

Le Roy permettoit néantmoins ausdits ecclésiastiques et bénéficiers qui voudroient rentrer dans lesdits biens aliénez de payer par préférence lesdites taxes que Sa Majesté réduisoit et modéroit en faveur dudit clergé au huitiéme denier, au lieu du sixiéme, à la charge par eux d'en faire leurs déclarations expresses aux greffes des sieurs intendans et commissaires départis pour l'exécution des ordres de Sa Majesté dans les provinces où se trouvoient situez lesdits biens, et ce, dans le tems et espace de deux mois, du jour que la notification desdites taxes aura été faite au greffe de chacun des diocéses, et de payer actuellement, lors desdites déclarations, un tiers de ladite taxe dudit huitiéme denier, et les deux autres tiers en deux payemens égaux de trois en trois [mois] comme cy-dessus, faute de quoy faire dans ledit tems, *et icelui passé, ils en demeureront déchus sans aucun retour.* Ces derniers mots sont icy employez pour faire payer aux laïques ou clergé lesdites taxes promptement ; mais à la première occasion, on permettra encore au clergé de rentrer dans les mêmes biens dont les laïques auront payé ledit sixième denier. On trouvera toujours assez de prétextes pour réhabiliter ledit clergé.

Pour l'exécution du susdit contract entre lesdits sieurs commissaires du Roy et les députez du clergé, Sa Majesté donna deux Déclarations : l'une du dix-huitiéme jour de juillet, et

Marginalia:
- Permission de rentrer dans les biens aliénez des églises depuis 1556, en payant le huitiéme denier par le clergé.
- Les laïques payeront le sixième denier.
- On a déclaré les biens aliénez dans le greffe d'où dépendoit l'abbaye, c'est-à-dire à Soissons, résidence du sʳ Samson, intendant.
- Déclarations du Roy pour les retraits des biens aliénez.

l'autre du vingt-deuxième du même mois mil sept cens-deux[1], dont l'adresse a été faite au Grand Conseil avec toute attribution de juridiction pour en connoître ; lesquelles Déclarations furent enregistrées par arrest du vingt-troisième août suivant 1702[2].

[1704 PIERRE CUVIER DE MONTSOURY]

Pierre Cuvier de Montsoury, né à Versailles, étoit fils de Pierre Cuvier [ecuyer, sieur] de Montsoury, [conseiller du roy], maître particulier de la maîtrise [des eaux et forêts] de Saint-Germain-en-Laye, et de Louise Millet[3]. Le Roy le nomma à l'abbaye d'Orbais en 1704[4], et il en prit possession le 11 avril 1705, par Mr Daveaux, curé et doyen d'Orbais.

Cuvier de monsoury

Signature apposée au bas d'un acte du 14 septembre 1705.

Mr de Montsoury, se trouvant mal logé dans l'ancienne maison abbatiale, fit bâtir en 1709 celle qu'on voit aujourd'huy[5] : elle ne fut finie qu'en 1712. Il tomba malade le 12 mars 1751 et est mort le 17 du même mois ; il a été inhumé dans la chapelle du Saint-Esprit, aujourd'hui la chapelle de la Vierge, derrière le chœur.

Monsieur de Montsoury a été pendant sa vie le pere des

---

1. [Guy du Rousseaud de Lacombe, *Recueil de jurisprudence canonique et bénéficiale*, appendice, p. 196. — Cf. Isambert, *Recueil général des anciennes lois françaises*, t. XX, p. 413.]

2. [Ici s'arrête la rédaction de Dom Du Bout.—Les lignes qui vont suivre ont été ajoutées au manuscrit, après la mort de l'auteur, par D. Abel Cazé, dernier prieur.]

3. [« Pierre Cuvier de Montsoury, cy-devant capitaine de cavalerie et ayde de camp des armées du Roy, et Loüise Millet, sa femme, femme de chambre de Messeigneurs les enfans de France et de feüe Madame la Dauphine et à présent de Madame la duchesse de Bourgogne. » *Armoiries*: « D'argent à une souris de sable passante sur une montagne de sinople. — A côté, d'azur à un epy de millet d'or. » Armorial général de d'Hozier, *Versailles*, p. 306. Cf. Cabinet des titres, *Pièces originales*, dossier Cuvier, f° 10 ; dossier bleu (Cuvier), n° 5815, f° 3.]

4. [M. de Montsoury, prêtre de Paris, fut nommé abbé d'Orbais par le roi le 22 mars 1704. *Gallia. Journal de Dangeau*. Cf. Bibl. nat. mss. f. fr. 20896, f° 72.)

5. [Cette maison, qui était située dans un enclos attenant à l'église, au midi, n'existe plus aujourd'hui.]

peuples, le sincere ami des religieux à qui il donna 1800 l. pour l'embellissement de l'église, enfin un prodige de bon cœur, d'urbanité et de science.

[1751 CHARLES - ALEXANDRE DU BOURG]

Messire Charles-Alexandre Du Bourg, gentilhomme du diocèse de Troyes[1], succéda à Mr de Montsoury en 1751 et est mort à Paris le 17 janvier 1788.

Signature apposée au bas d'un acte du 6 octobre 1752

[1788 JOSEPH - JEAN - FRANÇOIS DE LAGRANGE GOURDON DE FLOIRAC]

L'abbaye est en économat pour six ans.

Malgré le bail passé pour six ans, le Roy a nommé à l'abbaye d'Orbais, le 23 novembre 1788, Monsieur l'abbé de Floirac[2], chanoine et vicaire général de Paris, qui a pris possession, le

---

1. [« Extrait des registres des batemes de la parroisse de Saint-Martin de Savieres, diocese de Troyes en Champagne, portant que Charles-Alexandre, fils de messire Alexandre du Bourg, ecuier, seigneur de Blives, paroisse de Savieres, et de dame Marie de Bercy, sa femme, né le 27 janvier 1716, fut batisé le 4 fevrier suivant... » L'abbé d'Orbais (dont les père et mère s'étaient mariés le 22 novembre 1712) fut diacre du diocèse de Paris en 1744, et plus tard vicaire général de l'évêché de Cahors. (Cabinet des titres, *Carrés de d'Hozier*, t. 122, f{o} 309 et suiv. *Dict.* de Moreri). A sa mort, il institua comme légataire le sieur Pierre-Charles de Bercy, ancien officier, chevalier de Saint-Louis, son parent.]

2. [« Lorsque la Révolution amena la suppression du monastère d'Orbais, il comptait une série de 44 abbés tant réguliers que commendataires. Le dernier fut Joseph-Jean-François de Lagrange Gourdon de Floirac, né en 1754 à la Vercantière (Lot) d'une ancienne et noble famille, chanoine de l'Église de Paris, en 1783, vicaire général de Mgr Leclerc de Juigné, archevêque de cette ville, nommé en 1788 abbé d'Orbais, mort le 6 juillet 1804 aux eaux de Bourbonne, chanoine honoraire de Paris. » Fisquet, *La France pontificale*, Métropole de Reims (Soissons et Laon), 1867, in-8°, p. 155.]

26 janvier 1789, par D. Pierre-François-Abel Cazé[1], prieur de ladite abbaye.

F. pierre francoy Abel Cazé
prieur

Signature apposée au bas d'un acte du 30 décembre 1773

L'abbaye d'Orbais supprimée par les décrets de l'Assemblée nationale, comme tous les chapitres et maisons religieuses de France, a cessé de faire l'office le trois avril 1791, jour où on a achevé de dépouiller l'église et de vendre tous les meubles du monastère. Cette histoire a été sauvée des ruines et du pillage par moi soussigné, prieur de ladite abbaye,

Fr. Pierre-François-Abel CAZÉ.

[Une main étrangère a ajouté] :

Le Frère Prieur Pierre-François-Abel Cazé, qui a terminé et souscrit ce manuscrit, a été particulièrement connu de beaucoup de personnes actuellement existantes à Orbais,

22 janvier 1840.

[Et d'une autre écriture] :

Ce manuscrit a été découvert à Orléans par M. Loriquet, principal du Collège d'Épernay, qui me l'a envoyé, sachant que je faisais des recherches sur l'abbaye d'Orbais.

Signé : LÉTOFFÉ, curé-doyen d'Orbais.

Aujourd'hui, premier octobre 1875, jour où je cesse d'être curé-doyen de la paroisse d'Orbais, je laisse à mon départ ce manuscrit à la fabrique de l'église à qui j'en fais don. Mon intention est que ce manuscrit ne soit jamais aliéné et qu'il soit conservé à la cure.

Orbais, 1er octobre 1875.

Signé : LÉTOFFÉ,
Ch. hon. c.-doyen d'Orbais.

---

1. [Dom Pierre-François-Abel Cazé fut d'abord maître des novices à Saint-Faron de Meaux (1770 et 1771), ensuite prieur d'Orbais (1772) et du Tréport (1775). En 1781 il résidait à Corbie. Le chapitre de 1783 lui conféra de nouveau la charge de prieur d'Orbais qu'il remplit jusqu'à la Révolution. Il fut aussi prieur du prieuré de Notre-Dame de Beaulieu, diocèse de Noyon (1784), et de celui de Saint-Germain du Breuil, près Orbais.]

ARMOIRIES D'ABBÉS COMMENDATAIRES D'ORBAIS

Louis de Bourbon-Vendôme
(1520-1525)

De France à une bande de gueules, chargée de trois lionceaux d'argent.

Laurent et Alexandre de Campegge
(1525 et 1541-1551)

D'or au demy-aigle de sable, parti d'or, au levrier de sable.

Jacques de Bueil
(1607-1617)

D'azur, au croissant montant d'argent, accompagné de six croix recroisettées, au pied fiché d'or, rangées trois en chef et trois en pointe.

René de Rieux
(1626-1651)

D'azur, à 10 besants d'or, 3, 3, 3 et 1.

Pierre de Séricourt d'Esclainvilliers
(1651-1678)

D'argent, à la croix de gueules, chargée
de 5 coquilles d'or.

François-Louis de Guislain
(1679-1681)

D'azur, à un chevron d'argent, accompagné en chef
de deux étoiles d'or et en pointe d'une merlette de même.

Jacques de Pouilly de Lançon
(1681-1696)

D'argent, au lion d'azur, couronné, armé et lampassé de gueules.

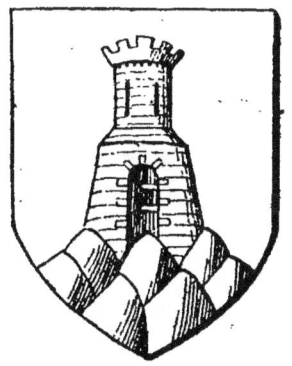

Jean-Louis Fortia de Montréal
(1697-1704)

D'azur, à la tour d'or, crénelée et maçonnée de sable,
posée sur un rocher de sept coupeaux de sinople, mouvant
du bas de l'écu.

L'ABBAYE DE SAINT-PIERRE D'ORBAIS
AU XVIIIᵉ SIÈCLE

Après avoir publié le manuscrit de Dom Du Bout, il nous reste à présenter les renseignements que nous avons pu recueillir sur l'Histoire du monastère d'Orbais jusqu'à la Révolution.

Nous devons citer en premier lieu un document conservé aux Archives nationales (L. 815)[1] et intitulé : *Mémoire pour l'abbaie d'Orbais pour servir à l'histoire de la congrégation Saint-Maur* (1664-1734). — En ce qui touche les dernières années du XVIIᵉ siècle, ce mémoire n'est qu'un résumé des pages écrites par Dom Du Bout[2]. On se rappelle les trois années de laborieuses négociations à la suite desquelles la réforme de la congrégation de Saint-Maur fut introduite à Orbais en 1667. Les efforts persévérants du Père Mongé, prieur, aboutirent, trente ans plus tard, à la complète restauration du monastère. Sur ce dernier point, voici comment s'exprime le Mémoire que nous venons de signaler : « Le Pere Mongé estant arrivé à Orbais accompagné de Dom Guillaume Jamet, etc...., s'employent tous deux avec beaucoup de peines et fatigues à rétablir l'eglise et les lieux reguliers d'Orbais, et qui firent en quinze années qu'ils ont demeuré ensemble en vivant d'une maniere fort pauvre, se privant mesme du necessaire et avec l'assistance de la congregation. On peut dire que c'est *une des jolies maisons de la congregation*. Ils fournirent de beaux ornements à la sacristie, terminerent beaucoup de procés à leur avantage et obtinrent partage avec M. l'abbé, après avoir plaidé longtemps ensemble.

En 1696 jusqu'en 1699, on a commencé à respirer et jouir de ses travaux.

Depuis 1699 jusqu'en 1724, on a fait les jardins, fait venir une fontaine dans les jardins et lieux reguliers. On a acheté

---

1. Nous devons l'indication de ce document à la bienveillance de M. Longnon, membre de l'Institut.
2. V. *suprà*, p. 379 et suiv.

beaucoup de livres pour la bibliotèque, on a ragréé la nef de l'eglise qui estoit fort endommagée, on a restabli une ferme considérable qui estoit en masure et une autre petite ferme qui estoit fort délabrée, depuis lequel temps on a acquitté beaucoup de deptes qu'on avoit esté obligé de contracter à cause desdits baptismes, on a acquis plusieurs maisons qui convenoient pour parfaire la closture du monastere. On a acquis aussy trois petites fermes. »

Le mémoire se termine par une indication assez intéressante qui est la *liste des prieurs d'Orbais* donnée en ces termes :

« Le premier prieur fut Dom Felix Mauljean esleu en 1667, etc...

Dom Damien Raulin [1] luy succeda, estant esleu au chapitre 1672. Il ne resta qu'un an, car à la diette de 1673 on l'eschangea avec Dom Pierre Mongé, pour lors prieur de Saint-Vincent de Laon.

Ledit Dom Pierre Mongé resta en qualité de prieur et commissaire alternativement jusqu'au chapitre 1699 qu'il demanda sa deposition.

Dom Nicolas Du Bout luy succeda et resta troix ans prieur auquel succeda au chapitre 1702

Dom Laurent Vasse qui resta jusque vers le chapitre de 1705 auquel temps il mourut et fut enterré à Orbais.

Au chapitre de 1705 fut eleu prieur Dom Yves Du Ros [2] qui resta jusqu'au chapitre de 1708.

Au chapitre de 1708 fut eleu Dom Henri Bouzenet [3] qui n'y resta que jusqu'à la diette de 1709, aiant demandé sa deposition.

---

1. Sur ce religieux voir *Supplément à l'histoire littéraire de la congrégation de Saint-Maur*, par Ulysse Robert (Paris, Alph. Picard, 1881), p. 86.
2. Dom Yves du Roz Le Lart, né au village du Roz, diocèse de Quimper, avait fait profession à Saint-Faron de Meaux, le 2 mai 1689, à l'âge de 29 ans. Il mourut le 17 janvier 1711 à l'abbaye de Saint-Malo.
3. Dom Henri Bouzenet, natif de Reims, fit profession à Saint-Faron de Meaux, le 8 novembre 1679, à l'âge de 19 ans, et mourut le 23 mars 1719 au monastère de Saint-Germain des Prés. Avant de venir à Orbais, il était prieur de Saint-Valery. En donnant la biographie de ce religieux, le *Nécrologe de Saint-Germain-des-Prés* (1632-1792) s'exprime ainsi : « Un an environ après que D. Bouzenet fut sorti d'Orbais, la place de souprieur de ce monastere vaqua par la mort de D. Jacques Guilbert en 1710, et les superieurs le firent venir pour la remplir, ce qu'il a fait jusqu'à sa mort avec edification et beaucoup de regularité, etc... » Bibl. nat., ms. fr. 16861, f° 67.

A la diette de 1709 fut eleu Dom Guillaume Bretenet qui y resta 5 années de suite jusqu'au chapitre de 1714.

Au chapitre de 1714 fut eleu Dom Eustache Lescuyer [1] qui n'y resta qu'un an jusqu'à la diette de 1715.

A la diette de 1715 fut remis Dom Guillaume Bretenet [2] qui y resta jusqu'au chapitre de 1720.

Au chapitre de 1720 fut eleu Dom Pierre Nicolas [3] qui n'y resta que deux ans jusqu'à la diette de 1722.

A la diette de 1722 fut eleu Dom Guillaume Grüel [4] qui y resta trois ans jusqu'à la diette de 1725.

A la diette de 1725 fut eleu Dom François Rampenoux (al. Rempenoux, Rempnoux) [5] qui n'y resta qu'un an jusqu'au chapitre de 1726.

Au chapitre de 1726 fut eleu Dom Denis Benoismont [6] qui n'y resta que 3 ans jusqu'au chapitre de 1729.

---

1. Dom Eustache L'Escuyer fut aussi prieur de l'abbaye de Saint-Fuscien-aux-Bois (1708) et du prieuré de Saint-Martin de Fives près Lille (1717). — Sur ce religieux v. *suprà*, p. 504.

2. Dom Guillaume Bretenet, natif de Chalon-sur-Saône, fit profession à la Trinité de Vendôme, le 18 mai 1692, à l'âge de 19 ans. Étant prieur de Saint-Jean de Laon, en 1722, D. Guillaume Bretenet fit signifier à M. de Saint-Albin, évêque de cette ville, un acte d'opposition au mandement par lequel ce prélat avait recommandé l'acceptation de la bulle Unigenitus. Exilé pour ce fait au Mont-Saint-Michel, il y tomba malade, et fut transféré à N.-D. du Bec où il mourut le 16 décembre 1725. *Histoire de la constitution Unigenitus en ce qui regarde la congrégation de Saint-Maur* (Utrecht, 1736, in-12), p. 62, 113, 316. *Nouvelles ecclésiastiques* (année 1722).

3. Dom Pierre-Charles Nicolas, natif de Paris, avait fait profession à Saint-Faron de Meaux, le 12 juillet 1679, à l'âge de 23 ans. Il mourut au monastère de Saint-Denis en France le 24 décembre 1736.

4. Dom Guillaume Gruel, né à Bernay, fit profession à l'abbaye de N.-D. de Lyre, le 8 juillet 1691, à l'âge de 21 ans. Il quitta Orbais pour devenir successivement prieur de Saint-Pierre de Conches (1726) et de Saint-Taurin d'Évreux (1729).

5. Dom François Rempnoulx (ou Rempenoulx), né à Reims, fit profession à Saint-Faron de Meaux, le 14 décembre 1701, à l'âge de 21 ans. Il fut prieur de Saint-Pierre de Lagny (1720), de Saint-Pierre de Rebais (1723), d'Orbais (1725), de Saint-Nicolas-aux-Bois (1729).

6. Le talent et les vertus de Dom Denis Benoîmont sont mis en relief dans une lettre du 7 décembre 1707, adressée par un Bénédictin de Fécamp à Dom Martène, alors occupé du dessein d'écrire la vie des principaux religieux de la congrégation : « Un de nos jeunes confreres, dit cette lettre, qui ont fini ici [à Fécamp] leur cours cette année est frere Denis Benoîtmont (prêtre à présent). Il a demeuré assez de tems pensionnaire dans le séminaire de Reims pour y faire ses études (aussi étoit-il déjà bon theolo-

Au chapitre de 1729 fut eleu Dom Mathieu Joret [1] qui n'y resta que 4 mois jusqu'à la Saint-Martin 1729,

Laquelle année 1729 fut eleu Dom Omer Delville [2] qui y resta jusqu'à la diette de 1732.

A la diette de 1732 fut eleu Dom Pierre Delacroix [3] qui y resta jusqu'à sa mort qui arriva la veille de la Trinité de 1734 [4]. »

Pendant la première moitié du xviii° siècle, aucun événement important ne paraît avoir troublé la paisible existence

gien quand on l'a envoié étudier ici en theologie, il s'en seroit bien passé), sans pourtant avoir voulu s'y engager dans aucun ordre sacré, prendre l'ordre de soudiacre par l'apprehension des saintes obligations des ministres de la Ierarchie, et qui, pour les éviter, nonobstant que les superieurs et, ce me semble, Mgr de Reims même, le pressassent de recevoir l'ordre de soùdiacre, prit la résolution de se faire religieux benedictin dans notre congregation, où il a plusieurs parents, etc.... ; ce bon jeune religieux donc qui a demandé d'aller étudier les langues saintes à Bonne-Nouvelle, où il est à présent, etc...... Il ne faudroit que voir un discours qu'il fit avant de soutenir un jour des theses, pour juger de ses dispositions selon l'axiome « loquere ut videam te ». Il y a la maniere dans les choses (et ici dans les paroles) ; et puis nous l'avons bien vû par la suite que c'est un autant excellent religieux que bon theologien. — Il avoit déjà fait et bien fait 5 ans de theologie dans le seminaire de Reims qu'il commença par consequent à 18 ans, ayant fait profession [à Saint-Faron de Meaux] à 24 ans, le 5° may 1702 ; ainsi est âgé de 29 ans quelques mois. — Les talens de son esprit (vif, solide, judicieux) me font concevoir du regret qu'il ait si peu de voix, car il seroit habile prédicateur, et, sans doute, professeur, etc.... » (Lettre conservée aux *Archives nationales*, L. 814). Dom Denys-François Benoîmont qui était né à Mézières, diocèse de Reims, mourut le 28 novembre 1731 au monastère de Saint-Denis en France, étant prieur de Saint-Fiacre.

1. Dom Mathieu Joret, natif de Noyon, avoit fait profession dans l'abbaye de Saint-Lucien de Beauvais, le 19 novembre 1711, à l'âge de 21 ans.

2. Dom Omer Delville, né à Bapaume, diocèse d'Arras, fit profession à la Trinité de Vendôme, le 30 novembre 1712, à l'âge de 18 ans. Il fut prieur de Saint-Quentin en l'île (1742), puis (vers 1744) secrétaire du R. P. général dont il devint plus tard sénieur assistant (1754). Son frère Jean-François avait été mêlé aux débats soulevés, dans l'ordre bénédictin, par la bulle Unigenitus. V. *Histoire de la constitution Unigenitus en ce qui regarde la congrégation de Saint-Maur*, p. 134, 244, 322 et passim. Cf. Bibl. nat., ms. fr. 16861, f° 149.

3. Dom Pierre de La Croix, né à Attigny, diocèse de Reims, avait fait profession à Saint-Faron de Meaux, le 23 novembre 1683, à l'âge de 20 ans. Il mourut à Orbais le 19 juin 1734 et y fut inhumé.

4. Voici, à partir de 1734, les noms des prieurs d'Orbais que nous avons pu retrouver, avec l'indication des années auxquelles correspond leur exercice :

1734. Dom Louis Nattin, né à Paris, avait fait profession à Saint-Faron

des moines d'Orbais. Les efforts du R. P. prieur D. Pierre Mongé avaient, comme on l'a vu, relevé le niveau du temporel de l'abbaye. Ses successeurs s'appliquèrent surtout à consolider son œuvre et à conserver le patrimoine acquis. En 1763, les biens qui composaient ce patrimoine, d'ailleurs modeste, furent, ainsi qu'on le verra plus loin, l'objet d'un partage entre l'abbé et les religieux, en exécution de deux arrêts du Grand Conseil. Malheureusement la décadence s'ensuivit, et, malgré la bonne administration de ses prieurs, le monastère, — dans la sphère des intérêts matériels, — dépérissait graduellement, lorsqu'éclata la Révolution française qui amena sa suppression.

Pour cette dernière période de l'Histoire de l'abbaye d'Orbais, voici, dans l'ordre chronologique, les faits que nous avons à mentionner :

1705. — L'abbé de Montsoury obtient du roi la permission de couper dans les bois de l'abbaye les arbres dont il a besoin. Le procès-verbal de la visite de ces bois est envoyé au contrôleur général des finances (Michel Chamillart) par M. d'Ormesson, intendant à Soissons, avec la lettre suivante :

---

de Meaux, le 3 (*alias* 30) juin 1686, à l'âge de 18 ans. Il paraît être entré de bonne heure au monastère d'Orbais où il exerça 36 ans les fonctions de procureur (1698-1734) et où il mourut prieur le 20 juin 1738.

1742. Dom Thomas MATHIEU, né à Bourg-en-Bresse, diocèse de Lyon. Profession à la Trinité de Vendôme, le 20 septembre 1722, à l'âge de 17 ans.

1745. Dom Guislain HARDUIN, né à Arras. Profession à Saint-Faron de Meaux, le 19 novembre 1708, à l'âge de 19 ans.

1748. Dom Jean JOLIVET, né à Pléchâtel, diocèse de Rennes. Profession à Saint-Melaine, le 2 août 1721, à l'âge de 21 ans. Prieur du Tréport (1756). Mort le 7 juillet 1771 à l'abbaye de Saint-Nicolas-aux-Bois.

1752. Dom Antoine-René CHABOT, né à Strasbourg. Profession à la Trinité de Vendôme, le 1er avril 1717, à l'âge de 23 ans. Mort le 18 avril 1762 au monastère de Saint-Denis en France.

1757. Dom Vincent BOSQUILLON, né à Mons?, diocèse de Saint-Pol de Léon. Profession à Saint-Remi de Reims, le 16 avril 1727, à l'âge de 20 ans. Prieur de Saint-Michel du Tréport (1748) et de Saint-Nicaise de Meulan (1756), avant de remplir la même charge à Orbais.

1760. Dom Etienne-Hyacinthe TROUVAIN, né à Amiens. Profession à Saint-Faron de Meaux, le 4 février 1734, à l'âge de 17 ans. Prieur de Saint-Lucien de Beauvais (1769), de Saint-Thierry (1774) et de Saint-Médard de Soissons (1772 et 1783).

1763. Dom Etienne-Alexandre SEMILLIARD, né à Paris. Profession, le 7 septembre 1739, à Saint-Faron de Meaux, à l'âge de 19 ans.

Monsieur,

J'ai l'honneur de vous envoyer le procez-verbal de la visite que j'ai fait faire suivant vos ordres des bois dépendants de l'abbaye de Saint-Pierre d'Orbais, dont le sr Cuvier de Montsoury, abbé, demande permission de couper les balivaux, pour en estre le prix porté au trésor royal et employé en rentes sur la ville; ce procez-verbal rend compte de tout ce que vous avés souhaité. J'adjouterai cependant que les personnes de confiance que j'ai employées pour cette visite m'assurent que tous les arbres qui sont dans les deux cens vingt-cinq arpents peuvent estre coupés sans aucun inconvénient. Ce ne sont que de mauvais chaisnes anciens et sur le retour, qui ne sont propres que pour du bois à brusler et pour faire quelques planches; on les estime cent livres l'arpent, ils sont à près de cinq lieues de la rivière de Marne, et trop éloignés pour faire tort aux ventes ordinaires des bois de Sa Majesté. Il n'i a aucuns arbres propres pour la marine, ni qui puissent le devenir, et on propose seulement d'en laisser 40 ou 50 de la plus belle venue pour les réparations qui pouront survenir à l'abbaye et aux bastimens qui en dépendent, comme aussy de conserver dans cha-

Prieur de Saint-Michel du Tréport (1769). Mort à Champeaux (auj. départ. de Seine-e' Marne) le 25 septembre 1775. Sur sa biographie v. Bibl. nat., ms. fr. 16861, f° 189.

1765. Dom Charles FRANCQHOMME, né à Béthune, au diocèse d'Arras. Profession, le 5 avril 1726, à Saint-Remi de Reims, à l'âge de 22 ans. Mort le 14 mai 1770 à Orbais où il était prieur. V. *suprà*, p. 147, note 1.

1770. Dom Emmanuel-Maximilien-Joseph DELPORTE (*al.* DE LA PORTE), né à Perwez ou Péruwez (Belgique), au diocèse de Cambrai. Profession à Saint-Faron de Meaux, le 18 mai 1744, à l'âge de 20 ans. Après avoir été prieur de Rebais (1769), il fut nommé en la même qualité à Orbais, le 7 juin 1770, par la diète annuelle. Il prit part au chapitre tenu à Saint-Denis en France en 1783 et mourut le 7 mai 1784 au monastère de Saint-Germain-des-Prés dont il était sous-prieur. Bibl. nat., ms. fr. 16861, f° 197.

1772. Dom Joseph-Romain GOUDEMANT (*al.* GOUDMAN), né à Saint-Amand, diocèse de Tournai. Profession à Saint-Faron de Meaux, le 21 novembre 1742, à l'âge de 21 ans. Nommé en juin 1772 prieur de Saint-Pierre de Chézy.

1772. Dom Pierre-François-Abel CAZÉ, né à Cornay, diocèse de Reims. Profession à Saint-Médard de Soissons, le 6 avril 1753, à l'âge de 17 ans. Sur ce religieux v. *suprà*, p. 546.

1775. Dom Charles-Michel HADDIQUER, né à Eu, diocèse de Rouen. Profession à Saint-Faron de Meaux, le 12 juillet 1741, à l'âge de 17 ans. Prieur de Nogent-sous-Coucy (1774).

1778. Dom Claude-Pierre TEMPÊTÉ, né à Paris. Profession à Saint-Faron de Meaux, le 22 juin 1746, à l'âge de 20 ans. Prieur de Saint-Corneille de Compiègne (1783).

1781. Dom Pierre-Joseph WAGON, né à Saint-Amand, au diocèse de Tour-

cun arpent un certain nombre de baliveaux, énoncés à la fin du procez-verbal [1].

Je suis avec respect,
Monsieur,
Votre très humble et très obéissant serviteur,
D'Ormesson.

A Soissons, le 1er avril 1705.

Au mois de mai 1712, le monastère reçut la visite de deux savants bénédictins, les Pères D. Edmond Martène et D. Ursin Durand, qui parcouraient la France pour recueillir des renseignements en vue de compléter le *Gallia christiana*. « De Chézy, disent-ils dans leur *Voyage littéraire*, nous allâmes à Orbais, monastere de nôtre congregation, plus renommé par la profession du fameux Godescalque, que par ses grands biens. Saint Rieul, archevêque de Reims, en est fondateur, et l'a choisi pour le lieu de sa sepulture. On voit encore dans l'église son tombeau, et à la porte sa figure, où il est représenté avec une mitre ronde en pointe comme un pain de sucre [2]. Nous trouvâmes dans la bibliotheque qui est assez jolie, un ancien rituel manuscrit qui contient les prieres qu'on faisoit autrefois sur le prieur et sur le cellerier, lorsqu'on les déchargeoit de leur office. Comme il est rare de les trouver dans les manuscrits, je croy qu'on ne sera pas fâché de les voir icy.

  nai. Profession, le 25 mars 1750, à Saint-Faron de Meaux, à l'âge de 20 ans.
1783. Dom Jean-Baptiste Houssart, né à Reims. Profession à Saint-Faron de Meaux le 10 septembre 1749, à l'âge de 19 ans. Sous-prieur de Saint-Médard de Soissons (1770); nommé prieur du Tréport par le chapitre de 1783.
1783. Dom Pierre-François-Abel Cazé. Nommé prieur d'Orbais par le chapitre général du mois d'octobre 1783 et maintenu dans les mêmes fonctions par celui de 1788.

Cette liste des prieurs d'Orbais au XVIIIe siècle n'est qu'*approximative* et pourra être rectifiée au point de vue des dates et des noms. Nous en avons puisé les premiers éléments dans les anciennes minutes conservées en l'étude de Me Charlot, notaire à Orbais. Nous y avons ajouté quelques renseignements biographiques tirés surtout des registres matricules encore existants des moines de la congrégation de Saint-Maur. Bibl. nat., mss. lat. n° 12794 à 12797, et lat. nouv. acq. n° 1275 ; Archives nationales, L. 814 et 816.

1. V. aux *pièces justificatives*. Cf. A. de Boislisle, *Correspondance des contrôleurs généraux des finances*, t. II, p. 192.
2. La statue de saint Réole et tout le portail de l'église d'Orbais ont disparu. Cf. L. Courajod, *Le pavage de l'église d'Orbais*, p. 4.

Benedictio super priorem qui remittitur a prioratu, vel super cellerarium, etc. »

(Suit le texte de la prière [1].)

Les années suivantes nous offrent une foule d'actes authentiques (conservés aujourd'hui dans l'étude du notaire d'Orbais) qui sont relatifs à la gestion des biens de l'abbaye. Nous nous bornerons à en citer quelques-uns :

30 avril 1719. — Les religieux donnent à bail à Louis David « c'est asçavoir la part et portion apartenant ausditz sieurs religieux d'Orbais des grosses dixmes de Ferebriange à cauze de l'ofice de chambrerie de ladite abbaye..... » Signé : D. Bretenet, prieur, D. Nattin, D. Vuatigny [2].

30 décembre 1725. — Bail de la ferme de la Bufferie consenti par les religieux à Jean Adam et à sa femme, moyennant 165 liv. de loyer par an.

4 juillet 1727. — Bail pour neuf années des grosses et menües dixmes de Suizy-le-Franc, dépendant de l'abbaye, consenti pour 400 liv. par an à Charles Courdoux, prêtre, curé de Suizy. Signé : « D. Denys Benoimont, prieur ; D. Simon Saint-Gery, sous-prieur ; D. Louis Nattin, procureur ; D. Louis Gelu et D. Jean Guérin [3], — tous prestres religieux profés, etc.... »

22 mars 1728. — Reconnoissance d'un surcens de quarante septiers de grains par an faite par messieurs les abbé et religieux de l'abbaye Saint-Pierre d'Orbais au proffit de messieurs du chapitre de l'église cathédrale de Soissons sur les dixmes de Boursault, « le tout pris au dit Boursault suivant et ainsy qu'il paroistra par la sentence de nos seigneurs et requestes du palais à Paris le vingt-trois mars mil cinq cent cinquante-sept rendüe au proffit desdits sieurs dudit chapitre de Soissons contre messieurs les abbez, religieux et convent de l'abbaye dudit Orbais..... Signé : Montsoury ; fr. Denys Benoimont, prieur ; fr. Simon Saint-Gery ; fr. Louis Nattin ; fr. Adrien Bourée. »

11 février 1730. — Bail pour six ou neuf années de la moitié des grosses dixmes et des deux thiers des menües dixmes de la paroisse de la Ville (-sous-Orbais) moyennant 450 livres de loyer

---

1. DD. Martène et Durand, *Voyage littéraire* (2e partie, p. 75), Paris, 1717, in-4°.

2. Dom Louis Wattigny, né à Beauvais, avait fait profession à Saint-Faron de Meaux, le 25 novembre 1688, à l'âge de 21 ans. Il fut sacristain à Orbais où il est mort le 25 août 1719 et où il a été inhumé.

3. Dom Jean Guérin, prédicateur, né à Reims, avait fait profession à Saint-Faron, le 22 mars 1692, à l'âge de 19 ans. Il mourut le 4 (al. 3) octobre 1727 à Orbais et y fut inhumé.

par au fait par les religieux à messire François d'Auvergne, curé de la Ville [1].

10 novembre 1752. — Bail de la ferme de la Croix-Marotte consenti à Jean Cousin par les religieux, savoir « DD. René Chabot, prieur ; Mathias De Moulins, sous-prieur ; Jean-Baptiste Sandras, procureur ; Joseph Rempnoulx [2] et Medard Conoy, sacristin, — tous prêtres.... »

Nous arrivons maintenant à l'époque où des différends survenus entre l'abbé et les religieux d'Orbais amenèrent l'estimation et le partage des biens du monastère. — On commença par l'inventaire des pièces et titres du chartrier. Claude Henry, « notaire du roy au baillage et siege presidial de Chateau-Tierry, resident à Orbais », fut chargé par arrêt du Grand Conseil de la confection de cet inventaire auquel il procéda le 11 octobre 1753 [3].

---

1. Les religieux, pendant les vingt années qui suivirent, continuèrent à administrer leurs biens en donnant à loyer les dîmes ou les biens-fonds de l'abbaye. Les actes sur ce sujet n'ont guère d'intérêt que par les noms de personnes ou par le taux souvent minime des redevances qu'ils mentionnent : 25 novembre 1731. Bail de la Couture de Suizy (55 livres par an) par Louis Nattin, procureur. — 28 mars 1734. Bail pour trois, six ou neuf années de la ferme du Tremblay, moyennant 100 livres de loyer par an, fait par les religieux à Jean Rossignol et Marie Le Sœur, sa femme. — 24 juillet 1738. Bail du moulin Minette par D. Michel Savoye, procureur, moyennant 220 boisseaux de bled-froment à Nicolas Vivier, meusnier, demeurant au moulin de la Halle. — 30 juin 1740. Bail à Antoine Fenet et à Nicolas Euvrard par D. Louis Armand Petit, procureur, « c'est asçavoir les deux tiers des menües et vertes dixmes à prendre et percevoir tous les ans dans toute l'etendüe du terroir et seigneurye de Margny-en-Brye, apartenants ausdits sieurs religieux à cause de l'office de celerier de ladite abbaye reünie à leur mence monnacalle.... », moyennant 130 livres de loyer par an. — 17 décembre 1742. Bail de la ferme du Tremblay consenti par « D. Thomas Mathieu, prieur ; D. Ambroise Thiboust, sous-prieur ; D. Louis Gelù et Dom Nicolas Benoist, procureur, — tous prestres,... » à Jacques Le Sœur et Jean Rossignol (230 livres de loyer par an). — 21 octobre 1743. Bail à messire François Saguet, curé de Condé, de la portion des grosses et menues dixmes de Condé appartenant aux religieux, « consistant ladite portion de dixmes au quart dans le total, dependant de l'office de la chambrerie.... » — 27 juillet 1745. Bail à Melchior Simon Pitre, curé de Verdon, des deux tiers des menues dixmes appartenant aux religieux dans ladite paroisse à cause de l'office de cellerier.

2. Dom Joseph-Pierre Rempnoulx, né à Reims, fit profession à Saint-Faron de Meaux, le 12 juillet 1708, à l'âge de 26 ans. Il mourut à Orbais le 16 mai 1754.

3. Inventaire très volumineux contenant 39 subdivisions et plus de 400 pages. V. Table pour servir à l'inventaire du chartrier de l'abbaye d'Orbais, fait en 1753 et 1754, le 3 janvier (acte conservé en l'étude de Me Charlot).

La question de la conservation et de la garde du chartrier fut l'objet d'un acte du 15 novembre 1757, passé par le même notaire, en présence de « Charles Alexandre Du Bourg, prêtre, vicaire général de l'évesché de Cahors, abbé commendataire de l'abbaye royale de Saint-Pierre d'Orbais, etc... », d'une part, et de « DD. Vincent Bosquillon, prieur ; Medard Conoy [1], ancien ; Jean-Baptiste Sandras, procureur ; Antoinne La Branche et Jean Gobreau, — composant le corps entier de la communauté, etc... », d'autre part. Cet acte constata le déplacement de l'armoire contenant le chartrier, « l'application des deux serrures sur la porte qui la ferme et la remise de la clef de la plus grosse desdittes deux serrures entre les mains dudit seigneur Abbé et de celle de la plus petite entre les mains dudit Dom Sandras, procureur... »

Procès-Verbal du partage de l'abbaïe de Saint-Pierre d'Orbais

commencé le premier aoust et fini le vingt-deux septembre mil sept cent soixante-trois, (enthériné et homologué par arrêt du Grand Conseil du Roy le trente-un mars mil sept cent soixante-quatre).

Ce procès-verbal fut dressé par Claude Lomet, ingénieur des ponts et chaussées, demeurant à Château-Thierry, expert des religieux, et Claude-Joseph Demariez d'Olon, aussi ingénieur des ponts et chaussées, demeurant à Ablois, expert de M. Du Bourg, abbé-commendataire.

Les experts accomplirent leurs opérations « en exécution, dit le procès-verbal, des arrêts du Grand Conseil des 30 septembre 1756 et 30 septembre 1762, rendus entre le seigneur Du Bourg, abbé, et les srs prieur et relligieux, par lesquels le Grand Conseil a ordonné :

Sçavoir par celuy de 1756, que par experts etc...., il sera procédé dans trois mois à la visite et estimation, article par article, des biens, droits et revenus partageables de ladite abbaïe d'Orbais, eu égard à leur situation, nature, qualité et état actuel, déduction faitte des charges réelles dont lesdits biens peuvent être tenus, autres néanmoins que les décimes ordinaires et extraordinaires, dont et du tout lesd. experts dresseront leur procès-verbal lors duquel les parties feront tels dires, réquisitions et observations qu'elles aviseront, et ensuitte procéderont lesdits experts à la composition de trois lots dont l'un sera choisy par la partie de

---

1. Dom Médard Conoy, né à Reims, fit profession à Saint-Lucien de Beauvais, le 27 mai 1716, à l'âge de 19 ans. Il mourut à Orbais le 3 février 1762.

Brousse, Mʳ l'abbé, un autre par les parties de Cochin, Mʳˢ les relligieux, et le troisième demeurera à ladite partie de Brousse pour l'acquit des charges ; remettront les parties auxdits experts sur leur récépissé tous les titres, papiers, enseignemens concernant lesdits biens et droits de ladite abbaïe etc..., et après ledit partage lesdits titres et papiers seront remis au chartrier de ladite abbaïe ;

Et par ledit second arrest du 30 septembre 1762, ledit Conseil faisant droit sur le tout, ensemble sur les conclusions de Mʳ le procureur général, a déclaré que les *Offices claustraux* [1] de cellerier, chambrier et prévost de ladite abbaïe de Saint-Pierre d'Orbais existent en titre de bénéfices ; ce faisant, a ordonné qu'il sera fait distraction au proffit desdits sieurs prieur et relligieux : à cause dudit office de *cellerier*, des deux tiers des vertes dixmes des paroisses d'Orbais et de Margni, des deux tiers des menües dixmes seullement de la paroisse de la Ville-sous-Orbais, des deux tiers des menües dixmes du terroir et paroisse de Montigni, des deux tiers des menües dixmes de Verdon, des deux tiers des menües dixmes de la paroisse de la Chapelle-sur-Orbais et des deux tiers des menües dixmes de la paroisse de Suizy-le-Franc ; — à cause dudit office de *chambrier*, de la portion des dixmes tant grosses que menües appartenant audit office dans la paroisse de Saint-Thimothée de Fère-Champenoise avec les raports des terroirs circonvoisins, ensemble la portion appartenante audit office de chambrier dans les dixmes de la paroisse de Gros Morin, et le préciput à prendre sur les dixmes de Coursemain, avec les raports des terroirs circonvoisins, comme aussy des quatre neuvièmes des grosses dixmes de Ferrebriangé, des deux arpents et demy de bois vulgairement appellé la garenne du Bois Bonnot, et de la portion des droits de dixmes dans la paroisse de Condé dépendant dudit office de chambrier ; — à cause dudit office de *prévost*, d'une pièce de terre appellée le Clos du Prévost scituée derrière l'église de Saint-Prix, ainsi qu'elle se poursuit et comporte, franche et exempte de dixmes, et d'une pièce de vigne appellée la Vigne du Prévost, scituée sur le terroir de la Ville-sous-Orbais, ainsi qu'elle se poursuit et comporte ; — ensemble du droit de nommer à l'office de sergent-priseur dépendant de ladite abbaïe ;

Ordonne que lesdits prieur et relligieux seront tenus d'acquitter toutes les charges dont lesdits offices claustraux peuvent être tenus ;

Ordonne que pareillement il sera fait distraction au proffit des sieurs prieur et relligieux à cause du *Petit Couvent* [2] : d'une maison couverte de paille avec un clos, le tout sis à Orbais, conformément

---

1. V. *suprà*, p. 90 et suiv.
2. V. *suprà*, p. 85 et suiv.

audit contrat d'acquisition du 28 avril 1694 ; de la ferme ou cense scize au lieu de la Bufferie, paroisse de la Ville-sous-Orbais, cour, jardin, clos et chennevière, avec soixante-deux arpens ou environ tant terres labourables que prés, bois-taillis et buissons en dépendans, etc... ; d'une maison située à Orbais, rue des Arches, avec un petit jardin contenant environ quatre perches ; d'une autre maison située à Orbais, sur la place, au coin de la rue des Arches, etc... ; de la huitième partie du moulin à bled sis à Orbais, appellé le moulin Minette, circonstances et dépendances, etc.... ; de cinq quartiers de vigne scis au terroir de la Ville-sous-Orbais, lieu dit de la Chaudâtre ; de la ferme ou cense scise au lieu du Tremblay, paroisse d'Orbais, prés, terres et bois en dépendans, etc... ; de la moitié seulement de la ferme nommée la Croix-Marotte située paroisse de la Chapelle-sur-Orbais, suivant et conformément au partage du 10 juin 1679, etc... ; de l'étang de la Linarderie, — le tout à la charge par lesdits sieurs prieur et relligieux.... de payer à l'avenir à la manse commune les cens et surcens et d'acquitter toutes les charges dont lesdits héritages peuvent être chargés, etc... (suit l'énumération des rentes sur divers particuliers, desquelles il doit être fait distraction au profit des prieurs et religieux à cause du petit-couvent). — En ce qui touche les demandes desdits prieur et relligieux concernant les biens retirés par eux, ordonne qu'il leur sera fait distraction des deux parties de grange et aisances situées au Bouloie, paroisse d'Orbais, et héritage énoncé en la déclaration de Marie Langot du 29 aoust 1674, ensemble de la maison à Léchelle, paroisse d'Orbais, à eux adjugée par retrait féodal par ladite sentence du 6 (*al.* 26) février 1695, portés ès article 1er et 3e des retraits, etc..., comme aussi que les sept arpens et demi ou environ de terre, roches, bois-taillis et buissons scis au lieu appellé les Roches retirés féodalement par lesdits prieur et relligieux en 1679 et portés en l'article 2e dudit état [des retraits] et les soixante-douze arpens tant terres que prés et bois-taillis situés à la Blandinerie, réunis au domaine de ladite abbaye par sentence du 14 (*al.* 4) avril 1672 et portés en l'article 4e dudit état des retraits, seront compris dans la masse partageable à la charge par ledit sieur Du Bourg de paier et rembourser auxdits prieur et relligieux les deux tiers des cinquante et une livres dix sols portés audit acte du 23 décembre 1679 et les deux tiers des frais et loyau coust que lesdits prieur et relligieux justifieront avoir déboursés [1]. »

1. En remboursant aux prieur et religieux les 2/3 du prix principal et des frais et loyaux coûts d'acquisition, l'abbé Du Bourg pouvait même, d'après l'arrêt de 1762, entrer en partage de certains biens, — tels que le 1/8 du moulin Minette et la maison de l'Echelle, etc..., — qui en principe appartenaient au petit couvent. L'option et le remboursement effectif devaient avoir lieu avant la confection des lots de partage, moyennant quoi l'abbé et ses successeurs auraient la propriété définitive des 2/3 de ladite acquisition à compter du jour du remboursement. L'exercice par l'abbé Du Bourg de cette faculté d'option lui attira plus tard des difficultés avec les religieux.

Après avoir prêté serment devant le lieutenant général de Château-Thierry le 22 juillet 1763, les experts se rendirent à l'abbaye d'Orbais et commencèrent les opérations du partage 1er août suivant, en présence de « messire Charles Alexandre Du Bourg, abbé, Dom Etienne Alexandre Semilliard, prieur, accompagné de Dom Michel Marion, procureur. » Les parties sus-nommées produisirent les titres, papiers et documents qu'elles avaient entre les mains. Plusieurs jours furent consacrés par les experts à l'examen de ces pièces, en vue de parvenir à la formation du tableau général des biens de l'abbaye et à leur estimation. — Le 11 août et les jours suivants, une contestation s'élève entre l'abbé Du Bourg et les religieux au sujet de l'arpentage des terres. Ceux-ci soutiennent que, dans la saison où l'on se trouve, l'opération aurait l'inconvénient de nuire aux récoltes dont le sol est encore couvert. Ils ajoutent que l'arpentage des terres et bois étant nécessaire seulement pour faire les lots de partage, il est inutile de mesurer les fonds à distraire à leur profit, lesquels n'entrent point dans la masse à partager. L'abbé répond que « lesdites parties de distraction se trouvent mêlées avec d'autres parties des anciens fonds de l'abbaïe qui demandent qu'il y ait un mesurage dont les frais doivent être supportés au moins par moitié entre les parties. » Les religieux répliquent que « ces distractions sont une suitte essentielle et indivisible du partage, Mr l'abbé leur devant livrer leur distraction et faire tous les frais du partage suivant les arrêts de 1756 et de 1762, pourquoi n'entendent lesdits religieux être tenus en aucune façon desdits arpentages et distraction, et font toutes protestations contre les dires de mondit sieur abbé. » Lesdits sieurs prieur et religieux offrent au surplus de montrer *au doigt et à l'œil*, avec les tenans et aboutissans, toutes les pièces de terres et bois à distraire à leur profit. Ils « s'opposent conséquemment audit arpentage des terres et bois à distraire à moins que ledit sieur abbé ne veuille se charger de tous les frais, dommages et intérest qui pourront être occasionnés par ledit arpentage [1]. »

Le vendredi 19 août, on s'occupa de résoudre d'autres difficultés. On convint que les deux moulins de la Halle et du Pont d'Orbais, n'étant pas commodément partageables, resteraient indivis entre les parties. On divisa au contraire le clos

---

1. Nous ignorons comment fut en définitive réglée la question des frais de l'arpentage dont les opérations furent faites, à partir du 23 août, par les sieurs Jacques Bournon et Jean Brion, arpenteurs royaux au bailliage de Château-Thierry.

du Pré au chêne [1] dont l'abbé et la communauté des religieux s'étaient respectivement disputé la propriété exclusive. On décida que la pièce de quatre arpents, tant en vignes que savarts, dite la vigne de l'abbaye, sise à Orbais, n'entrerait pas dans la masse partageable, mais appartiendrait aux seuls religieux, et qu'il en serait de même de « la maison scise à Léchelle, dont ledit sieur abbé avoit droit de faire le retrait auquel il a présentement renoncé, ayant au contraire fait l'option et accepté de retraire tous les autres objets portés par l'arrêt du 30 septembre 1762, etc... »

Les experts eurent aussi à procéder en personne à la visite des biens et héritages de l'abbaye [2] pour en apprécier la situation, la nature et la valeur. Il serait trop long de donner ici un relevé complet de tous les objets composant la propriété commune de l'abbé et des religieux. Il nous suffira de constater que, dans le procès-verbal de partage, la *masse générale de tous les biens dépendans de l'abbaïe de Saint-Pierre d'Orbais* est répartie en 135 articles, avec estimation et description sous les rubriques suivantes : 1° *Droits utiles* (greffe, aubaines, déshérences, bâtardises, épaves, confiscations, défauts, amendes, reliefs et profits de fiefs, chasse et pêche, cens et surcens et tous autres droits de seigneurie, dîmes, etc...), 2° *Etangs*, 3° *Moulins*, 4° *Prés*, 5° *Terres et Fermes*, 6° *Vignes*, 7° *Redevances annuelles*, 8° *Bois*. Tous ces biens composent la masse totale « en iceux, dit le procès-verbal, non compris les bâtimens de ladite abbaïe, les cours, jardins et le pré au chesne y attaché ; tous lesquels biens produisent un revenu annuel de treize mille cent quatre livres dix sols neuf deniers, non compris les

Revenu général : 13,104 l. 10 s. 9 d.

---

1. « Lesdites parties sont convenues que ledit sieur abbé restera en cette qualité propriétaire de tous les bâtimens, cours et jardins du côté méridional de l'église et que le mur actuel séparatif des jardins de l'abbatialle [nouvelle] et jardins des lieux réguliers subsistera pour séparation, et que ledit sieur abbé jouira d'une partie dudit *clos au chesne*, à prendre ladite partie aussi du côté du midi jusqu'au mur du château du Jard et à commencer au bout dudit mur de séporation desdits deux jardins dudit sieur abbé et des sieurs religieux, tirant droit au clocher de la paroisse de Saint-Prix; et pour laquelle nouvelle séparation il sera fait telle clôture qu'avisera mondit sieur abbé, etc..., au moyen de ce que dessus le surplus dudit *pré au chesne* vers le septentrion appartiendra auxdits sieurs religieux, etc.... » La portion du Pré au chêne, attribuée à l'abbé par cet arrangement, était d'environ deux arpents.

2. Dans l'église dépendant de l'abbaïe on trouve une chapelle appelée Saint-Benoist, une de Saint-Réole, une du Saint-Esprit, une de la Sainte-Vierge (Visite des lieux réguliers).

bois en aménagement[1] et les *moulins*, ces deux objets étant restés *indivis* du consentement des parties et dont les revenus et les charges seront partagés chaque année à raison de deux tiers à un tiers, pourquoi ne seront portés dans aucun lot, etc... »

De la masse générale ainsi composée il a fallu distraire, en conformité de l'arrêt du Conseil du 30 septembre 1762, les revenus afférents aux offices claustraux et au petit couvent, savoir :

« *Offices claustraux* : Au proffit de l'office de cellerier les 2/3 des menues et vertes dixmes d'Orbais, Margni, la Ville-sous-Orbais, Montigni, Verdon, la Chapelle-sur-Orbais et Suizy, montant à 292 l. ; au proffit de l'office de chambrier une portion des grosses et menues dixmes de Saint-Thimothée de Ferre-Champenoise avec les rapports ; une portion des dixmes de Gros Morin et préciput sur les dixmes de Coursemain avec les rapports ; 4/9 des grosses dixmes de Ferrebriange ; le 1/4 des dixmes de Condé ; 2 arpens 1/2 de bois scis à Orbais, lieu dit le Bois Bonnot, le tout montant au revenu annuel de 1246 l. ; au proffit de l'office de prévôt le clos du prévôt derrière l'église Saint-Prix à Orbais, exempt de dixmes ; la vigne du prévôt scize à la Ville-sous-Orbais ; le droit de nomination du sergent-priseur, le tout estimé 16 l. de revenu.

Petit couvent : Au proffit du petit couvent l'étang de la Linarderie et pâtures ; la petite maison avec 5 arpens de terre et prés au petit Lohan de la Ville ; les bâtimens de la ferme de la Croix-Marotte avec les terres et prés en dépendans contenans ensemble 43 arpens 80 perches ; la ferme du Tremblai avec les héritages en dépendans contenant environ 80 arpens ; la ferme de la Buffrie avec les héritages en dépendans contenant 63 arpens ; la vigne de l'abbaïe scize à Orbais, tant en culture que savarts, contenant 4 arpens, cédée aux sieurs religieux ; la vigne de la Chaudâtre scize à la Ville-sous-Orbais ; le surcens sur la veuve Condoré ; le clos de dame Hélène ; rente due sur les représentans Eloy Clémenceau ; rente due sur les représentans Dominique Louviau ; rente sur les représentans Simon Donnette et Barbe d'Auterive ; rente sur les représentans Etienne Louviau ; rente sur les représentans Thomas Montant et Jean Roger ; la maison Langelin avec

---

1. « Le sieur abbé Du Bourg et les sieurs prieur et religieux n'ayant rien plus à cœur que de vivre en paix et bonne intelligence et éviter les frais etc..., sont convenus que le bois de la Main-ferme, de la Croupière et du moulin Hardouin resteront indivis et en commun de deux tiers à un tiers, ainsi qu'ils étoient cy-devant, et conformément à l'aménagement qui en a été fait par la maîtrise de Crécy en 1750 et conformément à l'arrêt du Conseil du 2 mars 1751, etc... » Accommodement pour les bois (procès-verbal du 2 septembre 1763).

le clos ; maison rue des Arches, à Orbais, avec le petit jardin de 4 perches, et une autre maison et grange au coin de ladite rue des Arches formant aujourd'hui les granges et cours de l'abbaïe ; la maison du vigneron seize à Léchelle.

Les articles cy-dessus produisans au petit couvent un revenu annuel de 673 livres [6 deniers], joints au montant des revenus des offices claustraux, forment le total de deux mille deux cent vingt-sept livres six deniers, cy.. 2.227 l.   6 d.

Ladite somme distraitte du revenu de la masse généralle, ce revenu ne reste plus que pour la somme de dix mille huit cent soixante-dix-sept livres dix sols trois deniers, cy.............. 10.877 l. 10 s. 3 d.

Ce qui fait pour chacun des trois lots le revenu annuel de la somme de trois mille six cent vingt-cinq livres seize sols neuf deniers, cy............... 3.625 l. 16 s. 9 d.

Confection des Lots

Premier lot. Il appartiendra à ce premier lot la seigneurie d'Orbais avec le titre de vicomté, haulte, moyenne et basse justice commune avec les deux autres lots et sera exercée au nom desdits sieurs Abbé et Religieux, appartenant audit sieur Abbé[1] seul la nomination d'icelle, excepté seulement à l'office de sergent-priseur, laquelle nomination de sergent-priseur est accordée à l'office de prévôt de ladite abbaïe par l'arrêt du Conseil du 30 septembre dernier.

Aura également le premier lot les droits de relief et proffits des fiefs de la Tour et du Jard, de Coupigny et Clairefontaine, la chasse et pêche dans l'étendue de tout le territoire dudit Orbais, les grosses et menues amandes, les droits de greffe, aubaines, déshérances, bâtardises, épaves, confiscations, deffaut et amandes, les cens et surcens, lots et ventes, vins, vêtures et saisines, droit de hallage, minage, étalage, foires et marchés et tous autres droits de seigneurie et directe, le présent article estimé net de revenu annuel 300 l. ; la moitié des grosses dixmes de la paroisse dudit Orbais 860 l. ; les grosses dixmes de Suisi le Franc 72 l. ; la portion des dixmes de la paroisse de Cuille[2] 145 l.; la portion des dixmes de Chouilly 80 l. ; l'étang de la petite cense avec les pâtures 218 l.; l'étang d'Heurtebise sans pâture 100 l.; l'étang de la Boulloie avec les pâturages 146 l.; l'étang des Anglous sans pâtures

---

1. Cet article a été réformé par l'arrêt du 31 mars 1764.
2. Cuisles, cant. de Châtillon (Marne).

80 l.; l'étang de Mont-Libeau avec les pâtures 235 l.; les terres de la ferme d'Heurtebise et prés en dépendans avec les prés et pâtures des étangs d'Heurtebise et des Anglous 650 l.; les terres et prés de Mont-Rabot et du Moulin Richard 60 l.; l'arpent de terre sur le ravin du Moulin Minette 2 l.; la portion de terre près la Marquerie 2 l.; le huitième du revenu du Moulin Minette avec la redevance en grain ou surcens sur ledit moulin pour le cours d'eau 62 l.; les 4 arpens de prés lieu dit les grands prés scis à Orbais 85 l.; les 2 arpens du pré Satin 40 l.; les 2 arpens du pré Musquin 36 l.; le surcens sur les terres de la fontaine au col long 20 l.; la redevance en grain sur la terre et seigneurie du Breuil 173 l.; les 2 arpens de vignes scizes au Mesnil-sur-Oger 40 l.; 2 arpens de terre et un petit jardin scis au Mesnil-sur-Oger 9 l.; les terres de la Couture de Suisy 60 l.; la rente sur les maisons de Bocquet et la Rive 18 l.; la rente sur 2 maisons rue Saint-Prix 6 l.; rente sur Claude Hennequin pour 20 perches à la forge Balhan 2 l.; rente due par M. de Renti pour Coupigni 10 l. 15 s.; rente due par Robert du Moncel au lieu du s' Poupot 4 l. 10 s.; rente due par Beaudouin du Chapeaufort et consors 5 l. 12 s.; le tiers de 81 livres dû sur la forêt de Wassi[1] compensé avec la charge, pour mémoire[2]; surcens ou droit de feu de la Thuillerie 2 l.; les 4 arpens ou environ du bois d'Heurtebise et de la Boulloie 12 l.; autre arpent de bois à la Boulloie 3 l.; les 20 arpens de bois de la Buffrie appellé le clos Lorette 60 l.; le tiers de la rente d'indemnité due par M^{rs} les religieux 12 l. 13 s. 8 d.; le tiers de la rente due à la masse par M^r l'abbé Du Bourg pour rapport 14 l. 1 s. Total du premier lot. . . . . 3625 l. 11 s. 8 d.

Second lot. Aura ce second lot et luy appartiendra les seigneuries de la Ville-sous-Orbais et de Margni avec le droit commun de haulte, moyenne et basse justice, ainsi qu'il est dit au premier lot[3], sans nomination d'officiers réservée au sieur Abbé, les reliefs et proffits des fiefs du Bois l'Hermitte et Montifau, la chasse et la pêche sur l'étendue desdites deux seigneuries de la Ville et de Margni, les cens, lots et ventes et tous autres droits de seigneurie et directe dans l'étendue desdits deux territoires, évalué le tout ensemble 200 l.; les grosses dixmes de la Ville-sous-Orbais 450 l.; les grosses dixmes et le tiers des menues dixmes de Margni 640 l.; la portion des dixmes d'Eguisi et de Bertenai 130 l.; la moitié des

---

1. Surcens ou rente sur la forêt de Vassy, dû par Mgr le Duc de Bouillon, de la somme de 81 livres pour le chauffage de l'abbaïe, sur quoy il est dû à Mgr le Duc de Bouillon 20 livres en argent pour la garde de l'église et un muid d'avoine sur les dixmes de Crézency dont ne jouit point l'abbaïe d'Orbais, partant cet article n'étant point éclairci sera tiré seulement icy pour mémoire.
2. Réformé par l'arrêt du 31 mars 1764.
3. Réformé par l'arrêt du 31 mars 1764.

grosses dixmes de Montigni[1] compensée avec les charges, pour mémoire ; l'étang des Molinots, prés et pâturages 525 l.; l'étang et pâtures de Chacun 235 l. ; l'étang du Plessis sans pâtures 115 l. ; l'étang des Thomassets sans pâture 45 l. ; les terres et prés distraits de la ferme de la Croix-Marotte 300 l. ; les terres distraittes de la ferme du Tremblay 100 l. ; les terres distraittes de la ferme de la Buffrie 100 l. ; les savarts de la petite cense 30 l. ; les terres du moulin Hardouin 12 l. ; 5 arpens de terre à la fosse au foulon 2 l. 10 s. ; un arpent et demi sur le territoire de la Ville-sous-Orbais accensé au s' Deniset suivant sa déclaration du 16 aoust 1709, 2 l. 10 s. ; les terres du clos Pouillart 4 l. ; le demi-arpent du pré Culveau 6 l.; un arpent de pré, lieu dit le pré Moreau, 30 l. ; un demi-quartier de pré aux Maisières 2 l. ; le pré-le-compte avec le morceau de terre y tenant 120 l. ; un demi-arpent de terre sous la vigne de l'abbaïe 1 l. 5 s. ; sur le moulin des Aunettes cens et redevances 7 l. 10 s. ; surcens sur la ferme de Champ-Renaut 200 l. ; surcens sur les terres de Saint-Thibaut 75 l. ; surcens sur la Hussonnerie 3 l. 8 s. ; surcens sur Jean Laucelet 5 l. ; surcens sur le nommé Lasne 11 s. ; la maison à rente sur Sébastien Fourche, seize au petit Lohan, territoire de la Ville, 2 l. ; l'emplacement de l'ancien moulin de la Ville 2 l. ; la redevance en grains sur Corribert 168 l. ; les coutumes de Margni en avoine, argent et chapons, 23 l. 3 s. ; les 33 sols 3 deniers dubs sur la ferme de la Buffrie (restant des 11 l.) 1 l. 18 s. 3 d. ; le tiers de 81 l. dû sur la forêt de Vassi compensé avec les charges, mémoire [2] ; un arpent et demi de bois au Chanet 4 l. ; les accrus de la Bufferie au-dessus du clos Lorette 20 l. ; le quartier de bois à la fontaine Couture Prot 15 s. ; le bois des roches Jean Vacher 24 l. ; le bois des vieilles vignes près du Tremblai 9 l. ; l'aulnaie à la queue du moulin Hardouin 2 l. 5 s. ; le tiers de la rente d'indemnité due par M^{rs} les Religieux 12 l. 13 s. 8 d. ; le tiers de la rente due par rapport à la masse par M^r l'abbé Du Bourg 14 l. 1 s. Total du second lot. . . . . 3.625 l. 9 s. 11 d.

Troisième lot. Le troisième lot aura et luy appartiendra la seigneurie de la Chapelle-sous-Orbais et celle de Verdon avec haulte, moyenne et basse justice pour ledit lieu et territoire de la Chapelle sans nomination d'officiers, ainsi qu'il est dit au premier lot, avec la haulte, moyenne et basse justice sur le fief des Hazeaux et moyenne et basse justice sur le fief des Aulnois, les reliefs et proffits desdites seigneuries de Verdon et desdits fiefs du Hazeau

---

1. La moitié des grosses dixmes et les 2/3 des menues dixmes de la paroisse de Montigni affermées 200 l., partant compensées avec les charges dues par moitié de la portion congrue du s' curé et avec la redevance due à la seigneurie de Condé et autres charges, partant mis seulement icy pour mémoire.

2. Réformé par l'arrêt du 31 mars 1764.

et des Aulnois, la chasse sur l'étendue du territoire desdites seigneuries, les cens, lots et ventes et tous autres droits de seigneurie et directe desdits lieux cy-dessus évalués ensemble de revenu annuel 160 l.; la moitié des grosses dixmes de la Chapelle-sur-Orbais 775 l.; les grosses dixmes et le tiers des menues dixmes de Verdon 190 l.; la moitié des grosses dixmes de Boursaut 420 l.; la portion des dixmes d'Antenay 45 l.; l'étang de la Noue-Madame et pâtures 70 l.; l'étang de la Chapelle et pâtures 335 l.; l'étang Maillart et pâtures 70 l.; l'étang de la Blandinerie et pâtures 120 l.; les terres et prés de la Chapelotte 380 l.; les terres de la Boulloie 140 l.; surcens sur les terres jointes à la ferme de Marlais et sur les prés et pâtures des étangs des Thomassets et du Plessis 190 l.; surcens sur les terres et prés de la cure de Margni 40 l.; les terres de la Noue-Bazin 12 l.; les terres de la Blandinerie ou Favière 30 l.; pour le cours d'eau des Molinots de Suisi 12 l; 3 arpens 1/2 de prés près la petite cense 38 l.; les deux arpens du pré de l'Etang 50 l.; l'arpent et demi du pré Chaillet 40 l.; la rente sur l'hôtel de ville de Paris 348 l. 2 s.; le boisseau de froment sur le moulin Musquin 1 l. 2 s.; sur la ferme de la Marlière et sur celle de Chacun, redevance tant en grain, argent que chapon, y compris les prés et bois de la Royère des Molinots, 28 l. 10 s.; le tiers de 81 livres dû sur la forêt de Vassi compensé avec les charges, mémoire [1]; surcens sur les Le Blonds de la Chapelle 20 l.; le bois de la bordure de la Main-ferme vers l'étang des Molinots 20 l.; les bois de la Blandinerie de 14 arpens 25 perches en 7 pièces 45 l.; les bois de la Chapelotte 20 l.; le tiers de la rente d'indemnité due par Mrs les religieux 12 l. 13 s. 8 d.; le tiers de la rente dû par rapport à la masse par Mr l'abbé Du Bourg 14 l. 1 s. Total du troisième lot. . . . . 3.626 l. 8 s. 8 d.

Le premier lot monte à la somme de revenu annuel de.............................. 3.625 l. 11 s. 8 d.

Le deuxième lot monte à la somme de revenu annuel de............... 3.625 l. 9 s. 11 d.

Le troisième lot monte à la somme de revenu annuel de............... 3.626 l. 8 s. 8 d.

Total égal à la masse partageable. 10.877 l. 10 s. 3 d. » [2]

---

[1]. Franc et net par l'arrêt du 31 mars 1761.

[2]. Le jeudi 22 septembre 1763 fut clos le procès-verbal de partage « auquel, disent les experts, nous avons vacqué pendant 40 jours, lesquels font 94 vacations de 3 heures chacune non compris le tems employé à la visitte des réparations non plus que les jours de transport, séjour et retour, etc... » On taxa chacun des experts à 12 livres par vacation. — Les documents du partage de 1763 et 1764 sont conservés aux *Archives départementales de la Marne*, f. d'Orbais, n° 3.

Le 22 juin 1769 [1] et les jours précédents, Le Louvier, notaire et arpenteur royal à Orbais, dresse un procès-verbal d'abornement entre les seigneuries du Menil et de la Chapelle-sur-Orbais, à la réquisition de M. de Montmort et de Messieurs les prieur, procureur et religieux de l'abbaye royale de Saint-Pierre d'Orbais, seigneurs desdits lieux.

Le 12 novembre 1770, M. le marquis de Montmort fait une déclaration au terrier d'Orbais des biens qu'il possède sur le terroir de la Chapelle [2].

Seigneurs de la Chapelle depuis le partage de 1764, les religieux d'Orbais procédaient alors à la confection de leur papier terrier. Toute la seigneurie de la Chapelle fut arpentée. À la suite de cet arpentage, les religieux, en 1771, firent placer des bornes de chaque côté du grand chemin qui conduisait d'Orbais à la Chapelle-sur-Orbais. Ainsi qu'il arrivait autrefois pour la commodité des pâturages, ce chemin en certains endroits avait jusqu'à 80 pieds de largeur. Sur ses bords étaient une haie vive et des arbres qui, comme dépendances de la voie publique, semblaient appartenir aux religieux, seigneurs du lieu. Cependant, deux propriétaires riverains, le sieur Paul Hilarion de Roquette, écuyer, seigneur des Bouleaux, « demeurant en son château des Boullaux, paroisse de la Chapelle-sur-Orbais », et le sieur Le Clerc, s'avisent de revendiquer ces plantations en alléguant que le chemin où elles se trouvent empiète sur leurs terres [3]. Ils veulent, nous

---

1. 21 juin 1769. — Bail des dîmes de Ferebriange passé, au nom des religieuses d'Andecy, par les bénédictins d'Orbais, D. Charles Francqhomme, prieur ; D. Jean-Baptiste Vaucher, sous-prieur ; D. Charles Follain, doyen ; D. Toussaint Florimond de La Grange, procureur ; D. Jean Ignace Joseph de Mercier, secrétaire, — tous prêtres. Au bail est annexé un acte sous seing-privé par lequel les religieuses d'Andecy donnent « pouvoir à D. Delagrange, procureur de l'abbaye d'Orbais, de traiter devant notaire du neuvième au total à elles apartenant dans les grosses dixmes de la paroisse de Ferbriange avec M. Dauvergne, prestre, curé actuel de ladite paroisse ...... Pouvoir signé : Sœur Charlotte d'Hacqueville, abbesse ; — Sœur Raffelin, prieure ; — Sœur de Quennemont, souprieure ; — Sœur de La Grange, dépositaire. » Etude de M. Charlot.

2. *Revue de Champagne*, t. XVI, p. 31. — Sur la Chapelle-sur-Orbais, voir *Diocèse ancien de Châlons-sur-Marne* par Edouard de Barthélemy, t. II, p 335.

3. Les terres en question dépendaient primitivement d'une ferme de l'abbaye dite la Chapellotte. Celle qui faisait l'objet de la contestation entre le sieur de Roquette et les religieux était une pièce de 38 arpents située entre l'étang de la Chapelle et le grand chemin d'Orbais à la Chapelle.

dit un acte, que les bornes établies par les religieux pour séparer le chemin des terres contiguës « soient replacées en dedans du chemin pour comprendre et joindre aux terres qu'ils possedent de l'un et l'autre côté du chemin la haye et les chesnes qui se trouvent répendus tout le long et des deux costés du chemin... » Nous ignorons la solution définitive de ce différend sur lequel les religieux obtinrent plusieurs consultations écrites d'avocats. Nous savons seulement que le procès fut retardé par suite de la dissolution du Parlement [1]. Cette curieuse particularité nous est révélée dans une lettre de l'avocat Vernet à Dom Florimond Toussaint de La Grange, procureur de l'abbaye d'Orbais, dont voici le texte :

« Paris, 16 aoust 1771.

Mon cher procureur,

M. Landier est du nombre des procureurs qui n'ont pas voulu faire leur soumission et qui sont supprimés ; cette suppression tiendra-t-elle ? C'est ce qu'on ignore.

. . . .

Quant à la contestation que vous avés avec M. de Roquette, vous me demandés une consultation. Vous ignorés peut-être que tous les avocats sont muets : que nous n'avons plus que des procureurs metamorphosés en avocats ; et que je ne sçaurois prendre confiance dans des avocats de cette trempe. J'ay lû le mémoire que vous m'avés envoyé. Vos moyens me paroissent bons. Il ne faut pas vous laisser intimider par les menaces de M. de Roquette. Je ne connois pas le parent qu'il a icy. J'auray peut-être connoissance des plaintes qu'il portera aux superieurs, et j'y repondray. Il ne faut pas entreprendre de mauvais procés, mais il ne faut pas abandonner ses droits à la première réquisition d'un quelqu'un qui veut envahir, etc.

Ces terres avaient été aliénées par l'abbaye en 1567 au profit des auteurs des sieurs de Roquette et Le Clerc moyennant un cens et surcens de 3 sols par arpent.

1. « Qui aurait dit que ce corps antique, écrit Voltaire, qui venait de détruire en France l'ordre des jésuites, éprouverait, bientôt après, non seulement un exil rigoureux, mais serait détruit lui-même ? C'est une grande leçon aux hommes, si jamais les leçons peuvent servir. » Rappelons à ce propos que quand Louis XV eut supprimé les jésuites, les bénédictins de Saint-Maur reçurent la direction de six collèges ou écoles militaires : Sorèze, Pont-Levoy, Tiron, Rebais, Beaumont et ensuite Auxerre. Vers la même époque Saint-Maur tenait environ trente écoles secondaires. *Les études classiques avant la Révolution* par l'abbé Sicard, Paris, Perrin, 1887, p. 448.

, Je vous renouvelle les assurances des sentiments respectueux avec lesquels j'ay l'honneur d'être,

Mon cher procureur,

Votre très humble et très obéissant serviteur,

F. Vernet.

Au Révérend Père

Dom De La Grange, procureur de l'abbaye d'Orbais, à Château-Thierry, route de Reims [1]. »

L'assemblée générale du clergé de 1765 avait jeté les bases d'une réforme des communautés monastiques. Un arrêt du Conseil d'État du 6 juillet 1766 obligea la congrégation de Saint-Maur à entretenir dix religieux [2] au moins dans chaque monastère. Il fallait aussi réunir périodiquement les assemblées ou conseils, tenir état des translations ou changements, en un mot observer plus de régularité dans le régime administratif des communautés. Les procès-verbaux des chapitres généraux et diètes annuelles de 1767 à 1788 [3] nous montrent la situation de la maison conventuelle d'Orbais depuis l'époque de la réforme [4].

Voici plusieurs extraits de ces procès-verbaux :

« *Procès-verbal de la diette de* 1770... Les RR. PP. visiteurs ont presanté la repartition par eux faite de 200 l. par chaque province pour pensions accordées de nouveau ou autrement aux pauvres parens de nos confrères ainsi que s'ensuit.... dans la province de France, la maison d'Orbais payera 25 l...

Le 10 juin, le P. visiteur a proposé de donner une subsistance à la maison de Rebais, veû qu'elle se trouve dans de

---

1. *Archives départ. de la Marne*, f. d'Orbais, n° 38.

2. L'édit de mars 1768 substitua une conventualité de 9 à celle de 10 ordonnée par l'arrêt du 6 juillet 1766. Cette disposition entraîna la suppression d'un certain nombre de maisons monastiques. « M. l'abbé d'Orbais (en 1769) demande qu'on détruise la sienne, et on ne conçoit pas comment la congrégation s'y refuse... » *Commission des Réguliers*, ms. fr. 13816, Bibl. nat. — Cf. Laffleur de Kermaingant, *Cartulaire de l'abbaye de Saint-Michel du Tréport*, introd., p. CXXII et suiv.

3. Ces procès-verbaux sont conservés aux *Archives nationales*, L. 811 et 812.

4. Au moment de l'édit de 1768, qui est comme le code de la réforme des ordres monastiques, Orbais avait 5 religieux et 6040 livres de revenu. Peigné-Delacourt, *Tableau des abbayes à l'époque de l'édit de 1768*, p. 60.

grands embarras, comme aussi à celle de Saint-Eloy de Noyon, attendu qu'on augmente le nombre des religieux qui y ont été placés par le chapitre, à quoy l'assemblée ayant consenti, il a été arrêté que les maisons d'Orbais et de Saint-Fuscien payeroient, la première sur les revenus de Ribbemont[1] deux mille livres à celle de Rebais et 500 livres à celle de Noyon...

On décide qu'il est à propos de transporter D. [Achille] Jean-Baptiste Fournier de Saint-Nicaise à Orbais ; D. Charles-François Frémont de Corbie à Orbais...

Procès-verbal de la diette de 1771.... Vû les inconvéniens resultans de la demande formée par la maison d'Orbais pour l'arrantement[2] d'un terrain appartenant à celle de Ribbemont, la diette n'a cru devoir y donner son consentement....

[En fait de changements de résidence, on envoie] : D. Louis Blémont de Saint-Nicolas à Orbais ; D. Jacques-Nicolas Leroux d'Orbais à Saint-Fuscien...

Procès-verbal de la diette de 1773 (tenue à Saint-Germain-des-Prés). — Seance du 20 may. A l'égard de la somme de 280 livres dûe par le monastère d'Orbais, la diette, vu l'embaras actuel dudit monastère d'Orbais, exhorte celuy de Rebais à luy accorder du temps pour le payement de ladite somme......

Sur la requête du monastère d'Orbais tendant à obtenir des subsistances, la diette, vu la multiplicité des subsistances imposées sur la province, a jugé que pour soulager ledit monastère, il suffiroit de reduire le nombre des religieux et de le diminuer de deux.... »

En exécution de cette décision le nombre des bénédictins d'Orbais qui légalement devait être de neuf, fut réduit pour l'année 1774 aux sept religieux que voici : D. Pierre-François-Abel Cazé prieur ; D. Jean-Baptiste Vaucher, sous-prieur ; D. Charles Fontaine ; D. Jean-Ignace de Mercier ; D. Antoine-Jacques Lachèze ; D. Gérard Le Duc ; D. Louis Robin. — Bien que porté à huit un au plus tard, le nombre des religieux en résidence à Orbais ne tarda pas à diminuer de moitié[3]

---

1. L'abbaye de Saint-Nicolas de Ribemont fut réunie à Saint-Vincent de Laon en 1767, puis à Orbais, et recouvra son indépendance en 1779. Abbé Ledouble, *Etat religieux ancien et moderne des pays qui forment aujourd'hui le diocèse de Soissons*, p. 66, un vol. in 8°, Soissons, 1880.

2. Bail à rente.

3. *Résidence de* 1775 : D. Charles-Michel Haudiquer, prieur ; D. Jean-Baptiste Vaucher, sous-prieur ; D. Jean-Ignace-Joseph de Mercier, sénieur ;

par suite de l'état de détresse de l'abbaye que les procès-verbaux des dernières assemblées de la congrégation constatent en ces termes :

Subsides à Orbais.

« *Procès-verbal de la diette de* 1780[1] : ...... Ce jourd'huy 3e jour de mai 1780...., en considération des dettes urgentes que les religieux d'Orbais ont contractées avant que la conventualité fût retablie à Ribemont, et pour rembourser aux religieux de Saint-Jean [probablement Saint-Jean-Baptiste de Laon] la somme de 2000 l. que ces derniers ont prêtées à Orbais, il a été décidé que Ribemont rembourseroit la dite somme et seroit dechargé pour l'avenir de tout subside envers Orbais....

Orbais, 600 l. subsistances.

Procès-verbal du chapitre general de 1781[2] : ...... Vu la requête de l'abbaye d'Orbais expositive de ses dettes et embarras, accordé, de l'avis et au desir du R. P. visiteur de la province, six cents livres de subsistances.

Pour une fois imposition de 3000 l. sur la province de France en faveur de la maison d'Orbais.

Procès-verbal de la diette de 1785 : ..... On est convenu que la somme de 3000 l. seroit imposée une fois sur la dite province de France en faveur de la maison d'Orbais dont la requête a été lüe à la diette, et dont l'extrême besoin est connu, ainsi que la bonne administration qui regne dans ladite maison, et que le R. P. visiteur prendroit les mesures les plus convenables pour lui faire toucher au premier jour au moins partie de ladite somme.....

Procès-verbal de la diette de 1786 : ... L'assemblée s'est occupée de subsides qu'elle a jugé à propos d'accorder à différentes maisons de la province de France, et elle a arrêté qu'il seroit imposé sur la ditte province de France une somme de 1,600 l. en faveur d'Orbais... »

D. Charles Fontaine ; D. Claude-Joseph Bertrand ; D. Antoine Bouché ; D. Pierre Heudicourt ; D. Marie-Procope Paucher. — *Résidence de* 1781 : D. Pierre-Joseph Wagon, prieur ; D. Charles Fontaine, doyen (mort à l'abbaye d'Orbais le 29 novembre 1781, âgé de 81 ans); D. Claude-Joseph Bertrand, sénieur ; D. Jean-Ignace-Joseph de Mercier, procureur, tous prêtres. — D. de Mercier, né à Mons (Belgique), au diocèse de Cambrai, avait fait profession à Saint-Faron de Meaux le 10 octobre 1757, à l'âge de 20 ans.

1. Du 9 novembre 1779, procès-verbal de visitte de 38 arpens 2 perches des bois dependans de la manse abatialle d'Orbais (V. aux *pièces justificatives*).

2. Du 7 décembre 1781, quittance de M. le procureur de l'abbaye d'Orbais pour les censives dues à ladite abbaye jusqu'à la Saint-Remy 1781 par M. le marquis de Montmort, à cause des biens qu'il possède sur le terroir de la Chapelle-sur-Orbais (*Revue de Champagne*, t. XVI, p. 32).

Il n'est pas sans intérêt de faire connaître ici la situation administrative d'Orbais à la veille de la Révolution[1] :

« ORBAIS, *Orbacum*..... Ce monastère a cinq cures[2] du diocèse de sa dépendance. L'abbé présente à quatre de ces cures (Orbais, la Ville-sous-Orbais, Montigny-sur-Condé-en-Brie, Suizil-le-Franc) ; les religieux nomment à celle de Verdon depuis le partage de 1762. Cinq religieux. Abbé, M. Du Bourg.....

Orbais, bourg de la Brie, situé dans la vallée qui de la Charmoye descend à Crésancy, entre les villages de la Ville-sous-Orbais et de Suizil-le-Franc, à 5 gr. lieues d'Espernay et de Château-Thierry, 3 gr. [lieues] de Dormans et de Montmirel, 2 et demie de Condé-en-Brie, et 13 lieues S. S. E. de Soissons.

Généralité de Soissons, élection, subdélégation, grenier à sel et direction de Château-Thierry, département de Montmirel, maîtrise de Crécy, mesure du lieu[3].

Bailliage non royal, ou Prévôté, relevant du bailliage de Château-Thierry. Siége présidial de la même ville ; coutume de Vitry : Seigneurs, les abbés et religieux d'Orbais, justice haute, moyenne et basse. La prévôté d'Orbais est composée d'un lieutenant, d'un procureur fiscal, d'un greffier, de 2 huissiers royaux, de 2 sergents de justice et 2 notaires royaux.

Cure séculière et chef-lieu du doyenné, troisième de l'archidiaconé de Brie, onzième du diocèse. Patron, saint Prix, évêque et martyr de Clermont en Auvergne, 25 janvier. Présentateur, l'abbé du lieu ; décimateur, le même, et le curé par moitié ; quant aux grosses dixmes, le curé n'a que le tiers des menues et vertes dixmes, l'abbé les 2 autres. 150 feux, 450 communians. Clocher sur le chœur, depuis que ce dernier a été allongé ; il est à la charge des habitans et renferme 4 fortes cloches. Taxe, 6 livres. Cure médiocrement bonne.

Productions. Bled et autres grains, peu de vin. — *Chemins*. On va de Breuil-en-Brie à Orbais par la Ville-sous-Orbais ; on écrit par Château-Thierry. — Point de vicaire. — Une abbaye. — Une chapelle bénéfice-simple. — Une petite charité établie par M. de Sillery, évêque de Soissons : elle n'a d'autres fonds

---

1. *Etat ecclésiastique et civil du diocèse de Soissons* (p. M. Houllier, chanoine de Soissons), p. 31, 452, 457 et 315, 504 et s., 514, 520, 533 et s., 541, etc.... Compiègne et Paris, un vol. in-8°, 1783.

2. V. *Suprà*, p. 95 et suiv.

3. *Orbais* (pour le bled) 30 à 35 livres le boisseau (comble). — Le muid vaut 96 boisseaux.

que les quêtes. — 4 foires par an, le premier lundi de carême, le lundi de la Trinité, celui d'après la fête de Saint-Remi, et le jour de Saint-Clément, 23 novembre. — Marché tous les samedis. »

Une fois l'abbaye d'Orbais supprimée par les décrets de l'Assemblée nationale, le Gouvernement s'occupa de la liquidation qui devait suivre cette mesure. Sur ce sujet, voici les documents officiels extraits du registre des arrêtés du Directoire du département de l'Aisne pour 1791[1] :

« Séance du 8 avril 1791. — Vu la pétition du conseil général d'Orbais[2] qui demande la conservation de la maison religieuse établie dans cette commune, le Directoire du département ...... arrête, conformément à l'avis du district de Château-Thierry (du 9 mars précédent), qu'il n'y a lieu, quant à présent, à délibérer, et invite le Directoire du district à lui adresser l'état des maisons religieuses qui a été demandé, etc....

Séance du 12 avril 1791. — Vu la pétition des habitants d'Orbais tendante à faire l'échange de leur église paroissiale avec celle des religieux d'Orbais à cause que les chemins qui conduisent à celle paroissiale sont très mauvais ; — vu aussi l'avis du district (du 29 mars précédent) portant qu'il est à propos d'accéder à cette demande, etc..., le Directoire du département arrête que la pétition de la municipalité d'Orbais sera présentée et adressée à l'Assemblée nationale qui sera suppliée de la prendre en considération[3].

1. Ce registre est actuellement conservé aux *Archives Départementales de l'Aisne* (Régime ecclésiastique, domaines nationaux) — Le canton d'Orbais (qui comprenait Orbais, le Breuil, Corribert, Corrobert, Margny, Suizy-le-Franc, Verdon et la Ville-aux-Bois) faisait partie, sous la Révolution, du département de l'Aisne dont il fut détaché par la loi du 28 décembre 1798 pour être réuni au département de la Marne. Aug. Matton, *Dictionnaire topographique du département de l'Aisne*, introduction, p. 24. Réimpression de l'ancien moniteur, t. XXIX, p. 591 bis (1799). Aujourd'hui Orbais n'est plus le chef-lieu d'un canton et appartient au canton de Montmort (Marne).

2. Sous l'empire du décret du 14 décembre 1789, les notables élus en nombre double de celui des membres du corps municipal, formaient avec celui-ci le conseil général de la commune appelé à délibérer dans les cas extraordinaires.

3. Vu la nouvelle pétition de la municipalité d'Orbais demandant l'abandon de l'église de la cy-devant abbaye pour église paroissiale,...... ensemble l'avis du Directoire de district de Château-Thierry du 7 juin der-

Le sieur Le Cointe demande le paiement d'une pension de 405 livres à lui accordée par le Roi sur la maison religieuse d'Orbais. — Le Directoire du département, ouï le procureur-général-sindic, arrête que le pétitionnaire ayant un bénéfice à Paris où il réside, il doit aux termes de l'article 4 du décret des 6 et 11 aoust 1790, s'adresser au Directoire du district du chef-lieu de la cure dont il est titulaire (Arrêté du 3 juin 1791).

Vu la délibération en datte du 10 mars dernier du conseil général de la commune d'Orbais tendante à obtenir pour la paroisse contenant 900 âmes et plus, et habituée d'avoir une basse-messe à cause des villages voisins, un vicaire qui la dise et puisse aider le curé dans le temps pascal et dans d'autres fonctions que remplissoit cy-devant un religieux de la cy-devant abbaye d'Orbais; — vu aussi l'avis du Directoire de district de Château-Thierry du 22 avril dernier portant, considérant la grande proximité de la Ville-sous-Orbais dont la réunion sera proposée indispensablement à Orbais, etc...., le Directoire du département estime que la place de vicaire d'Orbais appartiendra au curé de la Ville-sous-Orbais (Arrêté du 2 juillet 1791).

SÉANCE DU 20 JUILLET 1791

Compte des Religieux de la cy-devant Abbaye d'Orbais [1]

Vu le compte présenté par les cy-devant religieux de la maison d'Orbais, les pièces justificatives d'icelui et l'avis du Directoire de district de Château-Thierrry du 9 avril dernier,

Le Directoire du département de l'Aisne, etc....., examen fait dudit compte, l'arrête ainsy qu'il suit :

---

nier qui estime que l'église n'étant pas encore supprimée, il n'y a pas lieu à délibérer quant à présent,..... le Directoire du département adopte l'avis cy-dessus (Arrêté du 20 aoust 1791).

Sur second avis favorable du district du 13 décembre 1791, le Directoire du département arrête que la pétition de la municipalité d'Orbais sera présentée à l'Assemblée nationale qui sera suppliée de la prendre en considération ; en conséquence, surseoit à la vente jusqu'au décret à intervenir pour ce qui concerne l'objet de la pétition (Arrêté du 18 décembre 1791). — Sur l'église de l'abbaye d'Orbais devenue paroissiale depuis la Révolution française, voir *Bulletin monumental*, t. XVI (année 1850), p. 122 et suiv. article du comte de Mellet).

1. Cet intéressant document m'a été indiqué par le savant archiviste de l'Aisne, M. Matton, à qui je dois des remerciements pour le secours qu'il a bien voulu me prêter dans mes recherches sur l'état d'Orbais et de ses religieux à l'époque révolutionnaire.

Recette

La recette depuis la Saint-Martin 1789 jusqu'au 1er avril 1791 se trouve monter à 13752 livres 4 sols 5 deniers.

Dépense

La dépense contient 15 chapitres.

Le premier chapitre comprend les *pensions* pour 1790 des 4 religieux composant la cy-devant communauté d'Orbais qui sont :

Pierre-François-[Abel] CAZÉ, cy-devant prieur (v. *supra*, p. 560), âgé de 53 ans, mille livres... cy	1000	
Jean-Ignace Joseph MERCIER (*al.* de Mercier, ancien procureur, v. *supra*, p. 578), âgé de 54 ans, mille livres............ cy	1000	3575 l.
Jean-Baptiste-François LABATY [1], âgé de 48 ans, pour 9 mois de pension, étant sorti le 1er octobre, six cent soixante-quinze livres.......................... cy	675	
Jean-François MISSAHAY [2], âgé de 42 ans, neuf cent[s] livres.......... cy	900	

Le second chapitre causé par les *décimes*, etc.

(Suit le détail des autres chapitres du compte).....

Dépense totale de la cy-devant maison d'Orbais fixée à la somme de 13069 livres 13 sols 8 deniers.

Recette 13752 livres 4 sols 5 deniers.

Les cy-devant religieux de la maison d'Orbais seront redevables à la nation de la somme de 682 l. 10 s. 9 d., laquelle somme sera par le receveur du district de Château-Thierry

---

1. Dom Jean-Baptiste-François Labaty (*al.* Labatie), né à Paris, avait fait profession à Saint-Faron de Meaux, le 4 octobre 1764, à l'âge de 19 ans. La diète de 1771 l'envoya en résidence de Saint-Nicaise à Corbie.

2. Dom Jean-François Missahay, né à Reims (*al.* Paris), le 3 janvier 1747, avait fait profession à Saint-Faron de Meaux le 5 avril 1768, à l'âge de 21 ans. En 1771 il fut transféré de Beauvais à Saint-Thierry. Ce religieux touchait encore, sur les fonds du trésor public, à l'âge de 70 ans, 267 francs de pension annuelle. *Tableau général et alphabétique des pensions à la charge de l'État inscrites au trésor royal à l'époque du 1er septembre* 1817 (Paris, imprimerie royale, 1817, 10 vol. in-4°), t. VIII.

retenue sur les quartiers des pensions[1] desdits **cy-devant** religieux échus ou à échoir. »

[1]. Les religieux d'Orbais ayant touché chacun leur pension depuis le 1er janvier 1790, à partir de cette époque toutes les viandes qu'ils ont consommées sont à leur charge (Arrêtés du Directoire du département de l'Aisne du 9 septembre 1791). — V. décrets du 8-14 octobre 1790 et du 7-16 août 1792.— La question des pensions ecclésiastiques donnait lieu parfois à des difficultés. Telle est celle que souleva la demande du sieur Duclos, curé de Collonge, près Genève, à l'effet d'obtenir le paiement d'une pension de 1,000 livres qui lui avait été assignée sur l'abbaye d'Orbais par un brevet du Roi en date du 23 novembre 1788. On décida que le sieur Duclos, comme fonctionnaire public étranger, ne pouvait être astreint, pour toucher ses fonds, à remplir les formalités que la loi du 24 juin 1791 imposait aux seuls Français. On se contenta d'exiger de lui la production d'un certificat de vie. A un autre point de vue, on considéra le sieur Duclos comme restant soumis au droit commun des pensionnaires de la nation : à ce titre, sa pension dut être l'objet d'une reconnaissance particulière de l'Assemblée nationale, aux termes de l'article 20 du décret du 24 juillet 1790 (Délibération du Directoire du district de Château-Thierry du 29 novembre 1791. — Arrêtés du Directoire du département de l'Aisne des 28 septembre et 5 décembre 1791).

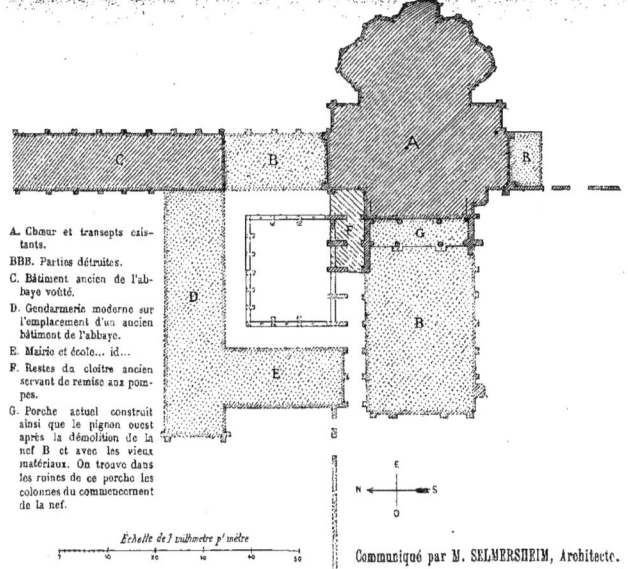

PLAN D'ENSEMBLE DES PARTIES EXISTANTES ET DÉTRUITES DE L'ABBAYE D'ORBAIS

APPENDICE

LES STALLES DE L'ÉGLISE ABBATIALE D'ORBAIS

BAS-RELIEF DES STALLES D'ORBAIS
(ENTRÉE DU CHŒUR)

ARBRE DE JESSÉ

Panneau A
Jessé, David et Salomon

BAS-RELIEF DES STALLES D'ORBAIS
(ENTRÉE DU CHŒUR)

ARBRE DE JESSÉ

Panneau B
La Vierge, saint Joseph et saint Joachim

LES STALLES DE L'ÉGLISE D'ORBAIS

Le chœur de l'église d'Orbais contient des stalles en bois sculpté qui existent encore aujourd'hui au nombre de 46 ; mais elles ont été remaniées et déplacées plusieurs fois. Bien que leurs hauts dossiers aient disparu[1], elles forment une des principales richesses de la vieille église de l'abbaye. Dans l'excellente monographie des *Stalles de la cathédrale d'Amiens* (un vol. in-4°, Amiens, 1843, p. 34 et 347), MM. Jourdain et Duval citent les stalles d'Orbais parmi les plus intéressantes d'Europe. Ces auteurs rééditent la description qu'en a faite M. le comte de Mellet et qui est insérée au *Bulletin archéologique* (publié par le comité historique des arts et monuments), t. II (1842-43), p. 249 et 365 [2]. Nous donnons nous-même ici la reproduction de certains détails des stalles d'Orbais dont plusieurs sont déjà gravés dans les volumes suivants : Taylor, *Voyages pittoresques et romantiques dans l'ancienne France*, Atlas, *Champagne*, t. II. *Recherches sur les antiquités du département de la Marne*, publ. par les soins de M. Bourlon de Sarty, Châlons, Boniez-Lambert, 1844, in-8°.

---

1. Les stalles supérieures avaient autrefois des dossiers élevés qui sont aujourd'hui détruits. Sur les dossiers de la première et de la dernière des stalles, du côté du midi, on voyait encore, au temps de D. Du Bout, les armes de Louis de Bourbon, cardinal de Vendôme, premier abbé commendataire d'Orbais. V. *suprà*, p. 139 et 292.

2. Cf. *Bulletin monumental*, t. XII, p 135, t. XV, p. 336, t. XVI, p. 128.

Les stalles d'Orbais sont à double rangée, stalles hautes et stalles basses, disposées dans le carré du transept : elles occupent les deux côtés du chœur et le devant de la nef. Auprès de personnages empruntés à l'histoire religieuse, l'artiste, donnant carrière à son imagination, s'est plu, suivant l'usage de l'époque, à sculpter des figures grotesques. Pourquoi ces sujets bizarres ? Pourquoi le costume du moine ridiculisé, même au pied de l'autel ? Peut-être voulait-on combattre ainsi les abus et le relâchement qui s'étaient glissés dans l'intérieur des cloîtres. En regard de l'image des vertus on montrait celles des passions et des vices que la religion condamne. L'esprit de discussion, au début de la Renaissance, se manifestait dans les arts par la hardiesse des contrastes. — Voici quelques renseignements sur ces stalles :

Apôtre tenant une équerre

I. *Panneaux.* — Douze panneaux sont placés soit aux extrémités des stalles, soit aux ouvertures ou passages qui donnent accès du rang inférieur au rang supérieur. Les deux panneaux d'entrée A et B (stalles du haut) présentent l'arbre de la généalogie du Christ : à droite, en regardant l'autel (côté de l'épître), le père de David, Jessé, duquel sort la tige symbolique; à gauche (côté de l'évangile), la Vierge entre deux personnages dont l'un peut être saint Joseph et l'autre saint Joachim. Les autres panneaux (C D E F G H I K R S) appartiennent aux stalles basses, à l'exception des deux derniers qui font partie des stalles hautes : on y voit

STALLE DE L'ÉGLISE D'ORBAIS

sculptés dix apôtres sous forme de personnages en pied, portant en général, avec leurs attributs ordinaires, le livre de la doctrine. On reconnaît la clef de saint Pierre, le glaive de saint Paul, l'aumônière, le bourdon et le chapeau de pèlerin de saint Jacques le majeur, la croix en sautoir de saint André. Nous ne nous arrêterons pas aux noms des autres apôtres parce que, dans l'art, plusieurs d'entre eux ont parfois le même attribut. Tel est, par exemple, à Orbais, le personnage qui porte une équerre et qui pourrait être saint Matthieu ou saint Thomas[1].

II. *Angles, accoudoirs et cloisons des stalles.* — Chacun des angles L M N O offre sur l'une et l'autre de ses faces des profils de moines. — Les stalles sont séparées par 36 cloisons surmontées d'accoudoirs. Devant chaque cloison se dresse une colonnette dont le fût est généralement orné de feuilles imbriquées et de la base de laquelle se détache une tête humaine. « Ces têtes, variées dans leur type, dit M. le comte de Mellet, « sont chauves ou garnies de cheveux, nues ou couvertes en « partie d'un voile ou capuchon. Les figures sont calmes et « méditatives, ou grimaçantes et montrant les dents ; quel-« ques-unes sont bouffies et d'autres ouvrent la bouche « comme pour chanter, etc. »

III. *Miséricordes* ou *Patiences*. — Les 46 consoles, qui portent ce nom[2], ont pour soutiens des figures ou des attributs souvent grotesques. Voici quelques-uns des motifs qui les décorent et qui expriment des idées assez disparates. CÔTÉ DU MIDI : *Stalles hautes*... Un personnage a dans les mains un livre et une fiole (11) ; un autre tient une fiole et une coupe (12). *Stalles basses*... Un gourmand contemple un jambon (21). Un buveur tient une coupe (22). CÔTÉ DU NORD : *Stalles hautes*... La mort, sous la forme d'un squelette drapé, a dans la main une marotte à tête de mort (31). Un individu à oreilles de porc, la tête couverte d'un capuchon, considère avec complaisance un jambon qu'il tient des deux

---

1. Les stalles très remarquables de la cathédrale de Lausanne qui datent de 1509 et sont l'œuvre des Montfaucon, évêques et princes de cette ville, présentent la série des douze apôtres en pied. Les figures et les attributs de chacun se trouvent nettement déterminés. *Souvenir de Lausanne, sa cathédrale, ses monuments*, par Louis Dupraz, p. 48 et suiv., Lausanne, impr. Howard Guilloud et Cⁱᵉ, 1882.

2. On appelle *miséricorde* ou *patience* le petit siège, en forme de console, rattaché au siège principal de la stalle et destiné à être relevé de telle façon qu'on s'y trouve assis en paraissant presque debout.

mains (36). *Stalles basses...* Un homme porte un écusson (43). Un personnage coiffé d'un chapeau à bords relevés tient en mains l'équerre et le compas d'architecte (45).

Les sculptures des miséricordes n'offrent en général les individus que jusqu'à la ceinture. Les types sont très variés. Personnages religieux, gens de professions diverses dont l'un

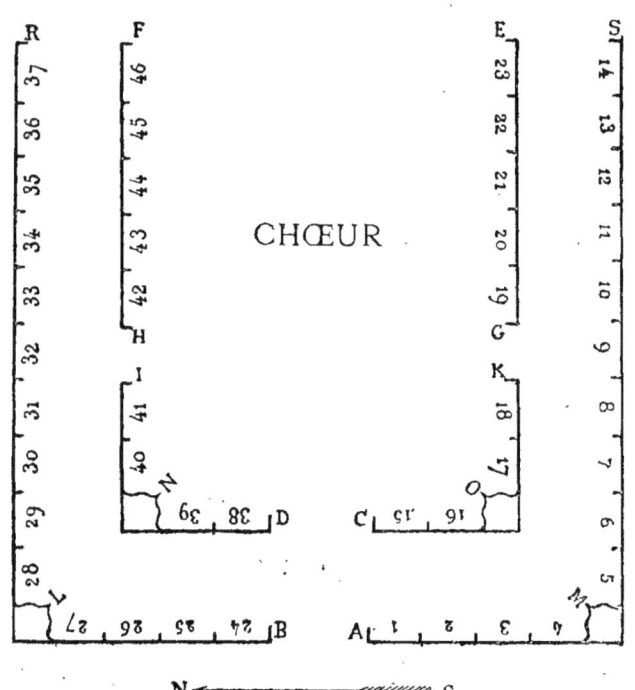

PLAN des STALLES D'ORBAIS

paraît tenir une règle (25), l'autre un instrument de musique (33). On voit un guerrier coiffé d'un casque (15). On remarque des animaux (9, 42), des plantes (3). Les postures diffèrent comme les physionomies. Tel personnage a les mains croisées (41), tel autre est agenouillé, les yeux à terre, dans l'attitude du religieux qui dit sa coulpe (18), plusieurs ont les regards levés (1, 5, 6, 22, 26, 37)... Sans prolonger cette énumération fastidieuse, constatons seulement que l'œuvre se caractérise par l'absence d'un plan d'ensemble. C'est en vain que le visiteur y chercherait des allégories d'un caractère suivi ou d'un dessein exclusivement pieux. L'église n'a pas inspiré au sculpteur plus de circonspection qu'un autre édifice. Passant avec un égal succès du profane au sacré, du sérieux au bouffon, l'artiste ne coordonne pas ses sujets [1] qui d'ailleurs s'harmonisent bien, tout en répondant par leur aspect aux témérités de l'époque à laquelle appartiennent les stalles d'Orbais [2].

[1]. Dans beaucoup de ces sujets l'intention satirique est évidente. « Les sculpteurs de cette époque, dit l'auteur de la description des stalles de Lausanne, ont usé du ciseau comme les prédicateurs de la parole, sans scrupule, sans ménagement et parfois sans pudeur. La caricature grotesque devient comme la manifestation du bon sens trivial et gouailleur dont l'artiste s'est fait le porte-voix. » *Souvenir de Lausanne*, loc cit. — Cf. une étude sur les stalles de l'ancienne collégiale de Champeaux (XVIe siècle), dans Aufauvre et Fichot, *Les monuments de Seine-et-Marne*, 1858, in-f°, p. 46.

[2]. « Les chaires du chœur, au nombre de 14 supérieures et de 9 inférieures de chaque côté, sont d'un dessein et d'un goût ancien et gothique, et ont été faites apparemment vers l'an 1520..... Il y avoit aussi un jubé de bois de même dessein et de même façon que les chaires, où on chantoit l'épître et le saint évangile aux messes des fêtes solennelles ; mais il fut rompu et brisé en morceaux par les pierres de la voûte tombée en 1651 ; il n'a point été rétabli. » V. *suprà*, p. 139.

STALLES DE L'ÉGLISE D'ORBAIS

MISÉRICORDES

STALLES DE L'ÉGLISE D'ORBAIS

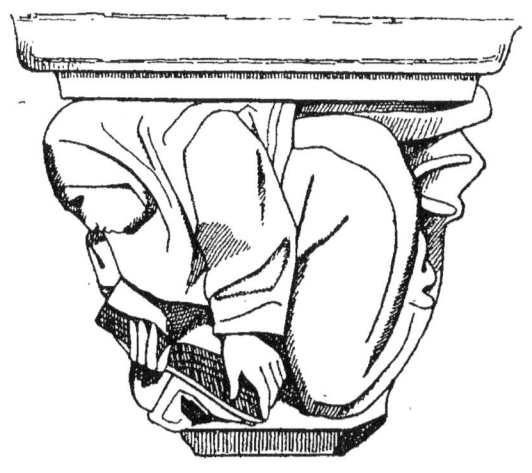

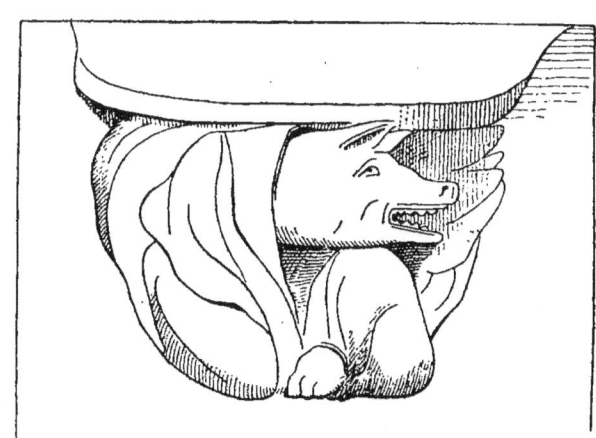

MISÉRICORDES

STALLES DE L'ÉGLISE D'ORBAIS

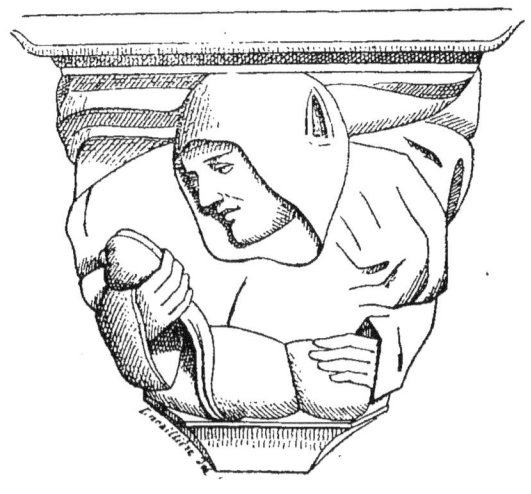

MISÉRICORDES

PIÈCES JUSTIFICATIVES

I. Page 25.

Lettre de D. Simon Champenois, procureur de l'abbaye d'Orbais, à D. Jean Mabillon sur l'étymologie du mot Surmelin.
Pax Christi.

Mon Reverend Pere,

Le petit ruisseau qui passe à Orbais se nomme Surmelin. Il prend son origine à une portée de mousquet de l'abbaye de la Charmoise de Bernardins reformez à deux lieues d'icy et tout proche d'un village nommé Montmaur, dans la cour d'un fief ancien et noble appellé Merlu où il y a une fonteine abondante qui forme un petit abbreuvoir dans la cour mesme, et un autre au sortir de la cour, et delà descend dans le fond qui est à quelques pas delà et un peu aprés fait moudre un moulin et aussitost aprés forme un petit ruisseau. Un autre petit ruisseau pareil descend des bois de la Charmoise et se vient joindre à l'autre. Mais ce second, provenant des eaux sauvages des bois, tarit et cesse de couler pendant les secheresses de l'esté.

Ce fief du Merlu [1] est sur le coin d'une petite montagne couverte de bois qui fait un demy-cercle autour et tout proche de l'abbaye de la Charmoise qui est dans le fond, et dans les anciens tiltres de l'abbaye de la Charmoise ce bois s'appelle Merluvii regii au genitif, de sorte que Mr l'abbé de la Charmoise estime que nostre petite riviere se nomme la riviere de Surmelin par corruption, parce qu'il n'y a aucun lieu qui s'appelle Melin ny à la source ny aux environs. Mais il estime qu'elle se doit appeller la Riviere soub Merlu, et en latin Merlu, Merluvium.

Je fais gloire d'estre incapable de rendre autre service au grand D. Jean Mabillon. Je me glorifie dans mes bassesses et dans mes

---

1. Le Merlu, fief, aujourd'hui ferme, dépendant de la commune de Montmort. Cf. *Cartulaire de l'abbaye Saint-Pierre d'Oyes* par le comte Ed. de Barthélemy, Châlons-sur-Marne, Thouille, 1882, in-8° de 42 pages, p. 26, 30, 31.

infirmitez. Priez pour un pauvre moyne. J'ay actuellement tout presentement à la visitte demandé une grande communauté pour y vivre en moyne. Si l'on me refuse, aprés le chapitre, j'auray recours au credit de D. Jean.

        Mon Reverend Pere,
         Vostre humble confrere :
           Fr. Simon CHAMPENOIS [1] M. B.

A Orbais, ce 12 décembre 1695.

Au reverend Pere Dom Jean Mabillon, religieux benedictin en l'abbaye de Saint-Germain des Prez, Paris.

Bibl. nat. mss. f. franç. 19651, f° 85.

II. Page 254, note 1.

1119.

Odon, abbé d'Orbais, souscrit à une charte de Raoul le Vert, archevêque de Reims, qui apaise un différend survenu entre Elisabeth, abbesse de Saint-Pierre de Reims, et Gilbert, abbé de Saint-Quentin, relativement à la terre et aux dîmes de Mont-Saint-Martin près Blanzy. Il souscrit aussi à une charte du même prélat donnant l'autel de Sorbonne à Boson, abbé de Fleury. V. Mabillon, *Annales benedictini*, t. VI, p. 35. Cf. *Gallia*, IX, 272 et 273.

III. Page 254, note 1.

Jugement de Pierre, évêque de Beauvais, en faveur de l'abbaye de Saint-Nicaise de Reims.

1123.

Controversia extitit inter abbatem Sancti Nychasii et monachos Sancti Theobaldi de Castello [2] et canonicos de Calvomonte [3] de banno et de justicia et de aliqua re inventa et de corvaticis que in

---

1. Dom Simon Champenois, né à Reims, fit profession dans l'abbaye de Saint-Remi de sa ville natale, le 29 septembre 1662, à l'âge de 18 ans, et mourut, le 20 octobre 1718, à Saint-Nicaise de Reims. En 1698, il cessa de remplir la charge de procureur d'Orbais. Il a collaboré aux travaux entrepris en vue d'une édition des œuvres de saint Anselme. Sur ce religieux, voir : Ulysse Robert, *Supplément à l'Histoire littéraire de la congrégation de Saint-Maur*, p. 28. Cf. *suprà*, p. 453, et *infrà*, sous l'année 1697.

2. Saint-Thibaut de Château-Porcien (Ardennes). Prieuré fondé en 1087 par le comte Roger et dépendant de l'abbaye de Saint-Hubert. *Revue de Champagne*, t. XXII, p. 5 et suiv. (art. de M. O. de Gourjault). J. Hubert, *Géographie historique du département des Ardennes*, p. 253, 256, Charleville, 1855, in-12. Cf. E. de Montagnac, *Ardennes illustrées* (les), t. II, deuxième partie, p. 35.

3. Chaumont-Porcien (Ardennes). Il y avait en cet endroit un collège de chanoines séculiers auquel succéda une abbaye de Prémontrés en 1147. Marlot, *Metropolis Remensis historia*, t. II, p. 879. J. Hubert, *op. cit.*, p. 266.

altari et in ecclesia de Romoldicurte[1] monachi et canonici usurpare sibi volebant. Adjudicatum fuit judicio Petri Belvacensis episcopi, assentientibus Hugone Altvilarensi abbate et Odone Orbacensi abbate, quod in his omnibus nihil juris aliqua persona debet habere preter monasterium Sancti Nychasii cujus altare et ecclesia supradicta esse dinoscitur. Hoc idem judicium corroboratum est a personis Remensis ecclesie Nycholao videlicet archydiacono, Hugone archydiacono, Guidone Laudunensi thesaurario, Blihardo Laudunensi cantore, magistro Albrico, Symone, Leone, Johanne.

Actum Remis, anno incarnati Verbi millesimo centesimo XX°III°, indictione XV^a, regnante Ludovico rege Francorum anno XV°, archyepiscopatus autem domni Rodulfi archyepiscopi anno XV°. Fulchradus cancellarius recognovit, scripsit et subscripsit.

<small>Reims. Archives, fonds de Saint-Nicaise, Original, parchemin ; sceau de Raoul, archevêque de Reims, en cire brune, sur lacs de cuir. — Biblioth. de la ville, cartulaire de Saint-Nicaise (xiiie siècle), ms. N 863/834, f° 14 r°. — Marlot, *Metropolis Remensis historia*, t. II, p. 281. Cf. Varin, *Archives administratives de Reims*, I, 277.</small>

IV. Page 256, note 2.

13 février 1164-1165.

Lettre du pape Alexandre III aux abbés de Saint-Remi et de Château-Thierry, et à Léon, doyen de l'Eglise de Reims, à l'occasion d'un différend survenu entre l'abbé d'Orbais et Hugues d'Igny.

<small>DD. Martène et Durand, *Veterum scriptorum et monumentorum etc....., amplissima collectio*, t. II, col. 701. Jaffé, *Regesta pontificum romanorum*, 1re édition, p. 701, 702. Migne, *Patr. lat.*, t. CC, col. 330.</small>

V. Page 256, note 2.

Chartes d'échange entre les abbayes de Huiron et d'Orbais.

1161 et 1165.

Thibaut II, comte de Champagne, avait donné à l'abbaye d'Orbais des biens situés sur le territoire des Rivières[2]. Ils consistaient en maisons, terres et autres possessions qui ne procuraient que peu de profit à ce monastère à cause de leur éloignement. Henri Ier dit le Libéral, fils de Thibaut II, les retira pour les donner en aumône à l'abbaye de Huiron, et, en échange, il attribua à celle d'Orbais vingt septiers de froment et vingt septiers de trémois à prendre sur ses moulins de Damery. L'acte, fort mutilé, est de l'an 1161 :

---

1. Remaucourt (Ardennes), arr. de Rethel.
2. Rivières-Henruel (Les), canton de Saint-Remy-en-Bouzemont (Marne).

Ego Henricus, Trecensium comes Palatinus, universis presentibus et futuris.

Notum facio quod quicquid Orbacensis ecclesia apud villam quæ dicitur Riveria tam in domibus quam..... ecclesiæ beati Martini Oriensis in perpetuam eleemosinam donavi..... Orbacensi ecclesiæ in escambium dedi XL sextarios annonæ in molendinis meis de Damery, videlicet XX sextarios frumenti et XX sextarios tremissis..... etiam præfatæ eleemosinæ meæ....... in prædicta villa habebam....... servos et ancillos..... omnibus.....

Odo de Pugiaco ; Drogo de Pruvinc ; Geraldus de Mutreio ; Artaudus camerarius ; Dudo de ..... ; Actum est hoc anno incarnati Verbi 1161 ; traditum per manum Willenni cancellarii [1].

Quatre ans après, Gui, abbé de Huiron, se rendit à Orbais pour faire agréer cet échange par l'abbé Arnoul. Voici l'acte de ratification d'Arnoul, tel qu'il nous a été conservé :

In nomine sancte et individue Trinitatis, ego, frater Arnulfus, Orbacensis ecclesie humilis minister. Accepti a nobis propositi ratio nos ammonet ut religiosis quibusque et maxime Deo servientibus pro posse et nosse in necessitatibus suis succurrere festinemus. Sicut enim rationis expers omnino est abnuenda peticio, ita in his que rationabiliter expetuntur effectui congruo contrairi non convenit. Nos itaque quod justum est voluntarie prosequentes, nec tantum que nostra sunt, sed que aliorum querentes, necessarium duximus notum facere tam presentibus quam futuris, domum illam quam ecclesia Orbaci in confinio Riverie in elemosina quondam a comite Theobaldo jure hereditario susceperat..... is terris et karta veteri a nobis Henrico comiti esse redditam, in ratione annualis redditus..... nobis conlati quadraginta sextariorum annone ad molendinos suos qui sunt apud Damerium, ad mensuram ejusdem ville, medium videlicet frumenti, et medium tremissis, de quo etiam redditu kartam ipsius ad testimonium suscepimus. Qui venerabilis princeps salutis sue providus domum prefatam a nobis, ut dictum est, reciproca vicissitudine susceptam, quia illi vicinior erat, Oriensi ecclesie in elemosinam in censu annuo unius sextarii avene, reliquis quatuor dimissis, in perpetuum possidendam tradidit. G[uido] abbas qui tunc temporis Oriensi cenobio preerat a domino comite donum suscipiens, et jussu..... ad nos veniens ne aliquid contra nos agere videretur, assensum et benevolentiam nostram..... nus expetivit quatinus donum quod susceperat scripto et sigillatione nostra ad posterorum m.... Nos vero assensu capituli nostri scripto et sigillatione nostra eandem investituram [illis fecimus].

---

1. Dom P. Baillet, *Chronique de l'abbaye de Saint-Martin de Huiron*, publiée par le docteur Mougin, p. 22-24, 28, 31.

Hujus actionis testes sunt : Petrus tunc temporis prior, Rogerus secundus prior, Robertus camerarius, [Theobaldus cape]llanus, et scliqui fratres. Auctum (sic) est hoc anno incarnati Verbi M° C° LX°V°, regnante Ludovico Francorum rege, Henrico fratre ejus Remensi archiepiscopo existente. — Le sel tombé par la caducité du tiltre, néant. On ne possède plus la cession d'Orbais. Y est joint ledit eschange en datte de l'an 1161 ? (devenu complètement illisible) [1].

Archives départ. de la Marne. Série H : fonds de l'abbaye d'Huiron, carton 1, Original. — Cartulaire d'Huiron (xviii° siècle), p. 21 et 22.

VI. Page 256, note 2.

Echange entre Arnoul, abbé d'Orbais, et Pierre, abbé de Saint-Remy de Reims.

Charte sans date (de 1162 à 1173 environ).

In nomine sancte et individue Trinitatis, ego Arnulfus Orbacensis abbas, notum facio et presentibus et futuris quod laude et assensu capituli nostri concessi ecclesie beati Remigii Francorum apostoli ad quinque solidos census Remensis monete, in ipsius beati Remigii festivitate a monachis ipsius loci annuatim in manso Orbacensi [2] in perpetuum reddendos, et quicquid habebamus in censu et vinagiis apud villam Columpnas [3] nuncupatam in Remensi territorio sitam. Domnus vero Petrus prefate ecclesie tunc venerabilis abbas laude et assensu capituli sui dedit et concessit ecclesie Orbacensi quandam feminam Thecendim nuncupatam, apud Orbacum commorantem, cum tribus filiis suis Johanne videlicet, Gervasio et Odone, ut sicut de jure et familia ecclesie beati Remigii antea fuerant, sic de jure et familia Orbacensis ecclesie amodo existant. Actum est hoc in capitulo Remensi prenominato domno Petro abbate residente, et me Arnulfo Orbacensi existente abbate laudante, et per presens scriptum hoc ipsum confirmante. Quod ut ratum et inconvulsum in perpetuum permaneat, sigilli

---

1. Bulle confirmative des biens de l'abbaye d'Huiron. — Vérone, 4 des calendes de mai (28 avril), ind. V, année 1187, troisième du pape Urbain III :

..... Domum Riverie cum omnibus appenditiis suis ex donatione Henrici comitis, qui pro ipsa domo dedit in escambium (la copie porte *estambium*) Orbacensi cenobio viginti sextaria frumenti et viginti grosse annone in molendinis Dameriaci, quoscunque etiam dedit vobis idem comes in servis et ancillis et omnibus utilitatibus apud prefatam Riveriam..... (Cartulaire d'Huiron, p. 211).

2. Le mez d'Orbais. A. Longnon, *Etudes sur les pagi de la Gaule*, 2° partie, p. 28 (Biblioth. de l'école des hautes études), Paris, 1872. V. *infrà*, p. 653 et suiv., aux additions et corrections, sous l'année 1296.

3. Coulommes, aujourd'hui commune du canton de Ville-en-Tardenois, arrondissement de Reims.

capituli Orbacensis impressione signatum est et subscriptorum testium astipulatione corroboratum.

Hujus rei testes sunt. — De monachis : Petrus prior, Rogerus subprior, Robertus camerarius, Theobaldus capellanus. De laïcis : Guillelmus major Orbaci, Guillelmus major de Capella, Rainaudus patricius, Petrus, nepos meus, Theobaldus famulus.

Reims. Archives, f. de Saint-Remy, Cartulaire B, f° 93-94. Cartulaire C, f° 38 v°.

VARIANTES. Arnulfus B, Arnulphus C. — manso Orbacensi B, maso C. — reddendos et B, reddendos C. — prefate ecclesie B, deest C. — Thecendim B, Jhecendim C. — inconvulsum B, inconcussum C. — Guillelmus (d'après une abréviation) B, Guillermus C.

VII. Page 259, note 2.
1192.

A cette date, il intervint entre Simon, abbé de Saint-Remy de Reims, et Gervais II, abbé d'Orbais, un échange dont le texte est donné par le *Monasticon Gallicanum*. Bibl. nat., ms. lat. 11818, f° 357 v°.

VIII. Page 259, note 2.
Charte de Gervais, abbé d'Orbais, concédant un fonds de terre au couvent d'Oye.
16 octobre 1201.

Ego Gervasius, Dei gratia abbas Orbacensis, totusque conventus omnibus presentem paginam inspecturis notum facimus quod venerabili Renaudo abbati et fratribus Oyensibus olchiam [1] quam habebamus juxta horreum predictorum fratrum de Oya concessimus in perpetuum possidendam, ea videlicet conditione quod totam costumiam quam debebat supradicta olchia ipsi fratres nobis singuli anni reddent. Quod ut ratum et inconcussum permaneat sygillorum nostrorum tam abbatis quam capituli appositione confirmamus. Actum anno Domini M° CC° I°, XVII kalendas novembris.

IX. Page 262, note 2.
Charte de Gilles, abbé d'Orbais, relative à une contestation avec Bauduin Branlart.
1221.

Nos frater Radulphus de Altovillari et frater Egidius de Orbaco Dei patientia dicti abbates, et Guido miles, dominus de Monte-Mauro, omnibus notum facimus quod cum discordia verteretur inter abbates et conventum de Oya ex una parte, et Bauduinum Branlart, militem, et Renaudum fratrem ejus de Damerico ex

---

1. OLCHIA (de *occare*), terre à labeur (Du Cange).

altera, super quadam procuratione quam ipsi in ecclesia Oyensis se habere dicebant......... Actum anno gratie millesimo ducentesimo vicesimo primo [1].

X.

Charte par laquelle Thibaut IV, comte de Champagne, confirme les droits que sa mère, Blanche de Navarre, a accordés à Hugues de Corbeny.

8 décembre 1222.

Theobaldus, Campanie et Brie comes palatinus, baillivo, prepoposito, cellerario Castri-Theodorici salutem. Sciatis quod quatuor modios avene quos karissima mater mea Blancha, comitissa Trecensis palatina, contulit dilecto meo Hugoni de Corbin[iaco] cantori Cathalaunensi, et ei assignavit apud Orbacum ad mensuram Orbaci ad vitam suam, ipsi similiter in eodem loco et ad eandem mensuram quamdiu vixerit concessi. Mando itaque vobis, volo modis omnibus et firmiter precipio quatinus dicto Hugoni dictos quatuor modios avene sine contradictione aliqua sicut persolvere consuevistis annis singulis persolvatis. Actum Pruvini, t[este] me ipso, anno gratie M° CC° vicesimo secundo, die jovis post octabas sancti Andree apostoli.

Archives nationales, Liber principum KK 1064, f° 327 v°.

XI. Page 266, note 2.

1245.

Charte constatant que Jean, seigneur d'Ablois, a vendu à Thibaut IV, comte de Champagne, une rente annuelle de quinze setiers de vin dans le vinage de Barbonne.

Archives nationales, J 203, Champagne, XI, n° 54. Original. Traces de sceau pendant sur double queue. Le sceau de Thomas, abbé de Saint-Pierre d'Orbais, qui avait été apposé sur l'acte, n'existe plus aux Archives. — Bibl. nat., ms. lat. 5993 A (cartularium Campaniæ), f° 267 v° r°.

XII. Page 266, note 2.

Juillet 1245.

Thomas, abbé d'Orbais, déclare que Henri de *Mauni* et Anselme de *Poissi* doivent faire hommage à Thibaut IV du fief qu'ils tiendent de Thibaut de *Baacon*.

Bibl. nat., ms. lat. 5993 A, f° 267 r°.

XIII. Page 267, note 1.

Janvier 1246.

Par devant Arnoul, doyen de la chrétienté d'Orbais, Ade, femme

---

1. Je regrette de publier cette charte et la précédente sans indication de provenance. Elles m'ont été signalées comme faisant partie du cartulaire d'Oyes, aux Archives de l'Aube, où je les ai vainement recherchées.

d'Ansel de Leschelles, approuve une vente faite par son mari à Thibaut IV.

Bibl. nat., ms. lat. 5993 A, f° 485 r°.

XIV et XV. Page 269, note 2.
1258 (8 février) et 1259 (24 juin).

Deux bulles datées d'Anagni, par lesquelles le pape Alexandre IV nomme l'abbé d'Orbais, diocèse de Soissons, et le doyen de Tudèle, diocèse de Tarragone, conservateurs des privilèges apostoliques accordés à Thibaut V.

Bibl. nat., ms. lat. 5993 A, f°' 71 v° et 70 r°.

XVI. Page 269, note 3.
1260.

Sous cette année figurent les quatre actes relatifs à la vente de 60 arpents de bois près de Tréloup, consentie par Guillaume Crochet de Courcemont, à Thibaut V. Nous croyons inutile d'en reproduire ici le texte, attendu qu'ils sont catalogués par M. d'Arbois de Jubainville. La copie des trois premiers de ces actes existe à la Bibl. nat., ms. lat. 5993 A, f°* 485 r° et 404 r°. Pour le quatrième (déclaration de Gui de Buzancy), voir : Archives nat., J 197, n° 71 (original). Bibl. nat. (Registr. principum t. III), mss. 500 de Colbert, vol. 58, f° 230 r° v°.

XVII. Page 272, note.
9 juin 1267.

Le pape Clément IV notifie à l'abbé d'Orbais, avec charge de la faire respecter, une décision par laquelle il a mis sous la protection du Saint-Siège la personne de Thibaut V et celle des croisés qu'il emmènera avec lui, etc.

Original, parchemin ; sceau en plomb du pape Clément IV. Archives nat., J 198, n° 144. — Bibl. nat., ms. lat. 5993 A, f° 63 v° r°.

XVIII.

Charte par laquelle Haimard, abbé d'Orbais, échange avec Gaucher de Châtillon, sire de Crécy[1]*, deux femmes de corps de son abbaye.*

Avril 1280.

A tous ceus qui ses présentes lettres verront et orront, nous, Haimars, par la grâce de Dieu humiles abbés de l'église d'Orbais,

---

1. Gaucher IV de Châtillon, comte de Crécy et de Porcéan, né en 1250, connétable de Champagne (1285) et connétable de France (1302), mort en 1329.

salut en nostre Seigneur. Nous faisons asavoir à tous que nous avons bailié et donné en non d'eschange et preste à homme noble monsigneur Gauchier de Chatillon, signeur de Crecei, chevalier, deus fammes dou cors de ladite église d'Orbais, si l'est asavoir Enmelot, famme Thiébaut Sacrel, file Thomas le Masson de Vaucueil, et Jehenete file Jehan Titart de Chatillon ; liques messires Gauchiers ou si hoir ou si successeur doient et sont tenu à randre à nous et à l'église devant dite, à nos volantés et à nos requestes, toutes les heures qui nous plaira, deus fammes si comes ausis souffisans comme le deus deseur nommées, par tele condition que se il ne les nous randoit et bailloit ausis souffisans à nos requestes toutes les heures que il en seroit requis de par nous, que nous pouriens repanre nos fammes deseur nommées et leurs pour sainte. Et pour ce que ce soit chose ferme et estable, nous avons scelées ces présentes lettres de nostre propre seel, qui furent faites l'an de grâce mil CC quatre vins, en mois d'avril.

Archives nationales, J 383, n° 56. Sceau ogival, de 55 mill. L'abbé debout, vu de face, la tête surbaissée, de trois quarts à droite, tenant un livre de la main droite et une crosse de la gauche. Contre-sceau. Un bras tenant une crosse adextrée d'une fleur de lys et sénestrée d'une étoile. Sigillum Haimardi, abbatis de Orbaco. Douët d'Arcq, *Collection de sceaux*, n° 8892.

XIX. Page 275, note 1.

Donation par le roi Philippe le Bel à son échanson Renier de Senlis d'une rente annuelle de vingt livres tournois à prendre dans les revenus provenant de la commune de Senlis.

Février 1300.

Apud Orbacum.

Philippus Dei gratia Francorum rex notum facimus universis tam presentibus quam futuris quod nos considerantes attente gratum devotum et fidele nobis diucius impensum obsequium a dilecto scancione nostro Renero de Silvanecto, dicto de Porta, graciose dedimus et concessimus eidem viginti libras turonensium parvorum annui et perpetui redditus supra nostram Silvanectensem comuniam de redditu quas habemus in illa capiendas ; videlicet medietatem ad festum Ascensionis dominice et aliam medietatem ad festum omnium Sanctorum, annis singulis, in futurum ab ipso Renero et heredibus suis habendas tenendas et in hereditatem perpetuam possidendas. — Damus autem baillivo nostro Silvanectensi moderno et aliis qui pro tempore fuerint, tenorem presentium in mandatis, ut prefato R. et heredibus suis de redditu quod in dictam Silvanectensem comuniam habemus dictas XX libras turonensium reddituales ad predictos terminos absque difficultate quacumque tradi et delibari faciat, nullo alio mandato a nobis aut successoribus nostris super hec expectato, et de dictis viginti libris turonensium reddituabilus predicto R. et heredibus suis, **ut premittitur, concessis exhoneramus comuniam supradictam.** Quod ut firmum et stabile perpetuo perseveret, sigillum nostrum fecimus presentibus litteris apponi. Actum apud Orbacum anuo Domini M°CCC° mense februario.

Archives nationales, JJ 38, n° 55.

XX. Page 275, note 1.

Letre q[ue] li Roy Ph[ilippe-le-Bel] vend à mess[ire] de Valois toute la segnorie qu'il avoit en la forest de Rest [1].

Mars 1300 (1301).

Philippus Dei gracia Francorum rex. Notum facimus universis tam presentibus quam futuris nos infra scriptas litteras in hec verba vidisse :

A touz ceux qui ces lettres verront et orront Hues [Hugues], cuens[2] de Soissons et sires de Cimay, salut. Nous faisons à savoir que nous avons vendu ottroié et quité des orandroit hereditablement et perpetuelmant à noble home mon seigneur Charles, filz de roi de France, conte de Valois, d'Alençon, de Chartres et d'Anjou, à ses hoirs et à ceux qui auront cause de lui tout le droit et toute la seignourie que nous avions et nous apartenoit et devoit apartenir en la forest de Rest, fûst en la chace etc......... cest a savoir pour le pris de mil livres de tournois petiz etc....... Et renonçons en bone foi à tout ce qui aidier nous porroit contre la teneur de ces lettres et souplions a tres haut prince et tres noble notre chier seigneur Phelipe, roi de France par la grâce de Dieu, que il la dite vente ou le dit contrait et toutes les choses dessus escriptes et chascune dicelles weille loer et aprouver et par l'auctorité roial confermer. En tesmoignaige de ce nous avons ces lettres scelées de notre propre seel. Ce fu fait en l'an de grace mil trois cenz ou mois de fevrier.

Nos igitur premissa omnia et singula in dictis litteris contenta rata habemus et firma laudamus, volumus et approbamus et auctoritate regia confirmamus, salvo in aliis jure nostro et in omnibus alieno. Quod ut firmum permaneat in futurum presentibus litteris nostrum fecimus apponi sigillum. Actum Orbaci mense martio anno Domini millesimo trecentesimo.

Sceau du Roi. — Archives nat. Trésor des chartes (Valois), J 163, n° 18.

XXI.

Adhésion du couvent d'Orbais au procès de Boniface VIII.

7 septembre 1303.

Universis presentes litteras inspecturis, prior et conventus

---

1. Forêt de Retz ou de Villers-Cotterets (Aisne).
2. Comte (Du Cange).

monasterii beatorum Petri et Pauli Orbacensis, Suessionensis dyocesis, salutem in Domino. Noveritis quod nos, anno Domini millesimo trecentesimo tercio, die sabbati ante festum Nativitatis Beate Marie Virginis in nostro capitulo congregati, auditis expositisque nobis per venerabilem virum magistrum Petrum de Lauduno, archidiaconum Balgencensem in ecclesia Aurelianensi, et plenius intellectis provocationibus et appellationibus ex parte excellentissimi principis domini Philippi, Dei gratia Francorum regis illustris, ac reverendorum in Christo patrum dominorum archiepiscoporum, episcoporum, abbatum et priorum ac baronum regni Francie, quorum nomina in publicis instrumentis super hoc confectis plenius continentur, ex certis causis et sub certis modis in eisdem seriosius expositis et attentis, ad sacrum congregandum generale concilium vel ad futurum verum et legitimum Summum Pontificem vel ad illum seu ad illos ad quem vel ad quos de jure foret appellandum pro se et sibi in hac parte adhibentibus seu adhibere volentibus, contra Bonifacium nunc papam octavum interjectis. Ne dictus B. motus seu provocatus ex hiis contra predictum dictum Regem prelatosque et ecclesias subditas et adhibentes, parentes et amicos quoque modo procederet aut procedi faceret, excommunicando, suspendendo, interdicendo, deponendo, privando, vel alias quovis modo colore, quocumque quesito, sua aut alia auctoritate quacumque, prout in eisdem instrumentis publicis plenius continetur, provocationibus et appellationibus, predicta deliberatione super hoc prehabita diligenti, adhesimus, et nos omnibus premissis consensimus, et ex habundanti ex eisdem et sub eisdem modis et verbis similiter appellavimus, salva nostri ordinis obedientia reverentiaque et honore Ecclesie Romane ac fidei catholice veritate, supponentes nos nostra et statum nostrum protectioni dicti sacri congregandi concilii et predicti veri et legitimi futuri Summi Pontificis, non recedendo ab appellationibus supradictis sed eis potius adhibendo. In cujus rei testimonium, sigillum nostri conventus presentibus litteris duximus apponendum. Datum et actum anno, loco et die predictis.

Archives nationales, J. 482, n° 195. Fragment de sceau ogival, de 50 mill. Saint Pierre assis. Sigillum conventus ecclesie beati Perti *sic* de Orbacio. Douët d'Arcq, *Collection de sceaux*, n° 8316.

XXII. Page 280, note 1.

Bail à cens d'héritages sis au terroir de Verdon, consenti par Pierre, abbé d'Orbais, à Gillet Boulloy et à Jehanne, sa femme.

12 novembre 1498.

A tous ceulx qui ces présentes lettres verront ou orront, Pierre par la permission divine humble abbé de l'esglise Sainct-Pierre d'Orbaiz, de l'ordre Sainct-Benoît en diocese de Soissons, et tout le couvent de ce mesme lieu, salut en nostre Seigneur. Savoir faisonz que pour le cler et evident prouffit et utilité de nous et nostre dicte esglise, recongnoissons avoir baillé et délaissez et par ces présentes baillons et délaissons dès maintenant à tousjours à tiltre de vray cens annuelz et perpétuelz portanz lotz vins ventes saisine et amende, quant le cas y escherra, à Gillet Boulloy, liégois, et à Jehanne, sa femme, demourans à Vardon, preneurs de bonne foy au dict tiltre pour eulx, leurs hoirs et ayans cause au temps advenir, cest assavoir une piece de terre en bois et en frisches contenant trente-deux arpens et demy séant au terroir dudict Vardon, tenant d'une part ausdicts preneurs et d'autre part à Jaquet Le Bretton, aboutissant sur le pré apellé le pré Gérin et d'autre part à nostre dicte esglise. Item une aultre piece de terre séant audict terroir contenant environ sept arpens et demy, tenant d'une part à Jannot Bruneau et d'autre part à nostre dicte esglise. Pour joyr d'iceulx héritages par lesdiz preneurs, leurs hoirs et ayans cause en tous prouffiz et esmolumens quelzconques, sauf et réservé que nous et nostre dicte esglise retenons la tonssure du bois [1] pourveu que les dicts preneurs en pourront prandre pour édiffier, moyennant et parmy ce qu'ilz en sont et seront tenus randre et payer à nous et à nostre dicte esglise pour chascun arpent la somme de quatre deniers tournois de vray cens portant comme dit est, payant chascun an jour de feste Sainct-Remy chef d'octobre, premier terme commençant à payer audict jour Sainct-Remy que lan dira mil cinq cens et ung, en continuant d'an en an audict jour à tousjours. Sont et seront tenus lesdicts preneurs, leurs hoirs et ayans cause, de mettre en valleur iceulx héritages et faire valloir tellement que lesdicts cens y puissent estre prins et parceuz par chascun an audict jour à tousjours enssamble l'amende par faulte de payer. Promettant en bonne foy soubz l'obligation des biens et temporel de nous et nostre dicte esglise présens et advenir, tenir entretenir garandir le contenu en icelles sans jamais contrevenir en quelque maniere que ce soit [2], sur peinne de rendre et payer tous frais et dommaiges ausdicts preneurs et leurs dicts hoirs qui sen pourroient enssuyr par nostre faulte au contraire d'icelles. En tesmoing de ce, nous abbé et couvent avons scellé ces présentes de noz seaulx qui furent faictes et données en nostre dicte esglise [3] le douziesme jour du mois de novembre lan mil quatre cens quatre vingts dix-huit.

Original, parchemin. Bibl. nat., mss. f. franç. 20896, f° 74.

1. Tonsure. — *Tonsura nemorum* (Du Cange).

2. Souvent la formule de l'obligation de garantie, dans les baux de l'époque, est ainsi complétée : « ... et renonçons en ce fait à toutes exceptions, déceptions, fraudes, cautelles, cavillations, etc.... » (Baux de Pierre, abbé d'Orbais, des 20 février 1486 et 5 février 1492).

3. Autrefois, c'était souvent dans l'église que se faisaient les transactions et que se traitaient les affaires locales. A. Babeau, *Le Village sous l'ancien régime* (3ᵉ édition), p. 45 note 1, et p. 122.

XXIII. Page 291, note 4.
Bail emphytéotique de la moitié du clos de Dame-Hélène.
1520.

« Loys cardinal de Bourbon, évesque de Laon (et du Mans), pair de France, conte d'Anisy[1], abbé commandataire de l'abbaye et monnastaire Sainct-Pierre d'Orbais, ordre sainct Benoist, ou diocese de Soissons,.... savoir faisons que nous à plain informé de la suffisante loyaulté et bonne diligence de notre cher et bien aymé Pierre Danglebernier, chevalier, seigneur de Laigny[2] (et de la Malle Maison[3], maistre d'ostel ordinaire de monsieur le duc de Vendomois), icellui pour ces causes et aultres.... avons commis et depputé et par ces présentes commectons et depputons notre procureur général et gouverneur de toutes et chacunes les terres et seigneuries appartenantes et deppendantes de notre dicte abbaye de Sainct-Pierre d'Orbais et par ces dites présentes lui donnons povoir, auctorité et mandement espécial de et sur les dictes terres et seigneuries, etc.... » (Procuration du 15 novembre 1520, donnée à La Fère). — En vertu de cette procuration, P. Danglebernier donna à bail pour 99 ans à Guillaume de Lambourg, maître de forges, demeurant à Orbais[4], la moitié du jardin et *clos de Dame Hélène*, « contenant icelluy jardin pour le tout environ six quar-« tiers, quatre perches moins. » Le bail en question, daté du 1er janvier 1520 (1521), est fait « à la charge de deux sols six deniers tournois de cens paiables par chacun an au jour de sainct Remy chef d'octobre, et vingt-cinq sols tournois de rente avec demye livre de cire et deux sols six deniers tournois pour une messe de *obiit*, duquel *obiit* est chargé le dit héritage, paiant par chacun an au jour et feste sainct Martin d'iver envers la dicte église, etc. [5]. »

Archives départ. de la Marne, f. d'Orbais, n° 30 (Acte sur parchemin).

1. Auj. ANIZY-LE-CHATEAU (Aisne), arrond. de Laon, ch.-lieu de canton. Les évêques-ducs de Laon possédaient la terre en question depuis saint Remi qui l'avait reçue en don du roi Clovis. Toutefois le titre de comtes d'Anizy ne leur fut confirmé qu'au xive siècle par lettres-patentes de Charles VI. C'est probablement vers 1527 que Louis Ier, cardinal de Bourbon-Vendôme, évêque de Laon, abbé-commendataire d'Orbais, commença à élever les superbes constructions du château d'Anizy qui ont dû exercer une salutaire influence au point de vue de la renaissance de l'art architectural dans la contrée environnante. Palustre, *La renaissance en France*, t. I, p. 98 note 2, 102, 108 et suiv.

2. Laigny (Aisne), commune du canton de Vervins.

3. *Peut-être* La Malmaison (Aisne), commune du cant. de Neufchâtel, arrond. de Laon.

4. Les actes du xvie siècle mentionnent des maîtres de forges demeurant à Orbais et des industriels de toutes sortes. L. Courajod, *Recherches sur l'histoire de l'industrie dans la vallée du Surmelin*, p. 56.

5. Le 9 avril 1554, Pierre de Lambourg, demeurant à Orbais, reconnaît

XXIV. Page 301, note 1.
Bail du pré de la Couture de Suizy-le-Franc conclu avec les consorts Bérat, pour 99 ans.
6 juin 1550.

Ce bail fait suite à celui que les religieux d'Orbais avaient consenti le 20 février 1486 au profit de Gillet le Bérat et de Jeannette, sa femme (v. *suprà*, p. 279, note 1). Il s'agit d'une « pièce de terre et prez assize au village de Suisy, ou lieu dict *La Cousture*,... tenant d'une part aux jardin et presbitaire dudict lieu de Suisy, d'autre part au terroir de Maucreux, abutant d'un bout par hault au chemain tendant dudict Orbais audict Suisy et par bas à la rivière de Surmelain..... Ce bail faict tant moiennant deux sols six deniers tournois de cens, portans lods, vantes, saisines et amandes, quant le cas y escherra, que huict boisseaux de grain, moictié bled et l'aultre moictié avoyne, mesure dudict Orbais, payables par chacun an, etc.... » Le bail en question est passé devant « Remond Dorléens et Guilleaume de Netz », notaires au Châtelet de Paris, par « Nicolas Barthélemy, citoyen de la ville de Lucq, à présent demeurant à Paris, au nom et comme procureur de Révérend Pere en Dieu messire Alexandre de Campegio, évesque de Boulongne en Italie et abbé de l'abbaye de Sainct-Pierre d'Orbais, diocèse de Soissons, suffisamment fondé de lettres de procuration passées en la ville de Rome le 15e jour d'octobre 1548, signées Jacques Anthoine Ricobonni et scellées sur scel rouge, etc... » (Suit la teneur en latin desdites lettres de procuration¹).

Archives départ. de la Marne, f. d'Orbais, n° 2.

XXV. Page 327, note.
Bail consenti par les religieux d'Orbais à François de Souflier.
26 avril 1567.

« A tous ceux qui ces présentes lettres verront Nicolas de la Croix, conseiller du Roy, nostre sire, abbé commandataire de

---

avoir donné à Regnier Dimanche, fils de Pierre Dimanche, la part et portion qui peut lui appartenir dans le clos de Dame Hélène « assis derriere la maison dudit Dimanche. » (Mention au dos du bail du 1er janvier 1520).

1. Outre cette procuration, d'ailleurs conçue dans un style assez burlesque et trop longue pour être reproduite ici, on trouve un second pièce annexe qui est la ratification du bail par les religieux d'Orbais intervenue à la date du 11 juin 1550. « Par ces présentes, disent-ils, agréons et confirmons ledit bail à la charge que ledit Bérat promettroit payer et rendre à nous et à notre commis par chacun an au jour et terme de Noël un chappon ou trois solz tournois pour l'estimation dudit chappon... Signé : Domp Jean Louveau, prieur clostral et celerier de l'abbaye et monastere de Sainct-Pierre d'Orbais, Domp Jean Paradis, prévost, Domp Alpin Coiffy, trésorier, Domp Pierre Crespy, soubprieur, Dom Pierre Oudinet, Domp Pierre

l'abbaye Saint-Pierre d'Orbais, Domp Pierre Crespy, procure [ur] et chambrier de laditte abbaye, Domp Pierre Oudiné, prévost, Domp Pierre Picault, cellerier, Domp Jacques Oudot, trézorier, et Domp Nicollas Maillard, tous prestres, Estienne Jacob et Remy Martin Nominé, tous religieux de laditte abbaye, faisant et représentant tout le couvant d'icelle, lesquels...... par ces présentes baillent, ceddent, quittent et transportent dés maintenant et pour tousjours à tiltre de vray cens et surcens portant loz et vente, etc..... à noble homme et sage messire François de Souflier, écuyer, seigneur du Ménil-lez-la Caure, advocat à Chasteau-Thierry et y demeurant,.... c'est à sçavoir la quantité de 50 arpans de terre et pré assis et scitué au terroir de la Chapelle-sur-Orbais en trois piéces,..... moyennant.... la somme de trois sols tournois pour chacun arpant,.... et moyennant ce ledit preneur poura faire et envoyer paistre son bestial blanc, bestes à cornes et autres, fors et excepté les porcques, audit grand estang et autres estangs proche dudit lieu apartenans ausdits bailleurs, et ce aux charges et comme les autres habitants de la Chapelle, suivant la transaction[1] faite avec lesdits de la Chapelle, si comme tout ce lesdites partyes avouent estre vray, etc..... »

Archives départ. de la Marne, f. d'Orbais, n° 38.

XXVI. Page 341, note 1.

Lettre de Nicolas de La Croix, abbé d'Orbais, ambassadeur du roi Charles IX en Suisse, à M. de L'Aubespine au sujet du renouvellement de l'alliance de Fribourg[2].

29 novembre 1564.

Monseigneur, il me semble vous avoir satisfaict et assez amplement escript du succez de la journée de Lozane touchant le faict de Monseigneur de Savoye, et maintenant je vous envoye la demande de Son Altesse sur Geneve, et la responce desdits de Geneve, ensemble une lettre que Mons' Colladon (que vous

Picault, tous relligieux prestres de ce mesme lieu; Jacques Oudot, Nicolas Thieffay, novices de ladite abbaye. »

1. Il s'agit de la transaction du 17 février 1560 dont le texte est conservé aux *Archives départ. de la Marne*, f. d'Orbais, n° 38. Nous reviendrons sur cet acte en parlant de la requête que René de Rieux, abbé d'Orbais, dut adresser à la justice pour son exécution en août 1639 (V. *infrà*, p. 625).

2. Pour les détails historiques, voy. notamment A. Ph. de Segesser, *Ludwig Pfyffer und seine Zeit*, t. I, p. 362 et suiv. On consultera très utilement cet intéressant ouvrage où le rôle diplomatique de Nicolas de La Croix, abbé d'Orbais, est étudié d'après des documents inédits tirés des Archives de Lucerne. L'assemblée pour la discussion définitive du traité d'alliance Franco-Suisse se tint à Fribourg le 2 décembre 1564, au lieu du 22 novembre, date primitivement fixée. *Op. cit.*, p. 392.

congnoissez bien) m'a escripte, par laquelle vous verrez de quelles armes ilz se veullent deffendre et ne m'estendray davantaige à vous discourir de l'estat où nous sommes à présent, m'en remettant sur la depesche commune que nous en faisons à Sa Majesté. Bien vous diray-je que pour la perfection de ce negoce et pour eviter une grand honte que nous sommes autrement en dangier de receveoir, il est plus que besoing de pourveoir à l'argent qui a esté promis, car de la partye que debvoient fournir les Camus de Lyon, l'on a retenu 35,655 livres 16 sols et pour les 160,000 livres qu'il nous failloit et qui ont esté ordonnez de reste, il n'en a esté receu que 110,000 livres, tellement que desd. deux partyes, il est retenu la somme de 85,655 livres 16 sols. Il vous plaira doncques y tenir la main affin que ce qui est si bien commencé preigne le chemyn et yssue que nous esperons au contentement de Sa Majesté. Vous verrez aussy par notred. depesche comme quelques empeschemens et traverses qu'ayt donné le conte d'Anguisan, neantmoings l'alliance a esté accordée à Ury et à Schwytz à la barbe de tous les ambassadeurs et du Pappe et de Milan, estimant que quelques empeschemens qu'ilz sçauront donner aux Grisons, qu'ilz suyvront le chemyn des autres, et comme vous congnoistrez par la depesche de Mr Bellievre, les Grisons demandent à faire les nopces comme les autres[1]. J'espère, mais que nous soyons secouruz d'argent, que les affaires du Roy se porteront fort bien, et, à vous dire la vérité, c'est bien grand faulte à ceulx qui l'ont receu de le faire tant retarder, vous suppliant que vous avez tousjours bien faict de favoriser ceste affaire affin que l'yssue en soit telle, estant bien commencée, comme vous la desirez. Pryant Dieu,

Monsieur, qu'il vous doi[n]t en parfaicte santé, heureuse et longue vye,

De Fribourg, le XXIX° jour de novembre 1564,

Votre tres humble et ancien serviteur,   DELACROYX.

A Monseigneur Monsieur de l'Aubespine, chevalier, conseiller du Roy en son conseil privé, secrétaire d'Estat et de ses finances.

Bibl. nat. mss. f. franç. 6619, f° 96 orig., f° 98 cop.[2].

---

1. François de Scépeaux, comte de Duretal, maréchal de Vieilleville, Sébastien de l'Aubespine, sieur de Bassefontaine, évêque de Limoges, ambassadeurs extraordinaires ; Nicolas de la Croix, abbé d'Orbais, ambassadeur ordinaire pour la Suisse. — Pomponne de Bellièvre, lieutenant du bailliage du Vermandois, ambassadeur ordinaire pour les Grisons. Les négociations de ces quatre ambassadeurs sont conservées à Paris, à la Biblioth. nat. f. français mss. 16012, 23609, 16013, 1604 (ces trois derniers en original), années 1563-1566, f. Brienne, ms. 119 (en copie), 1550-1587, et aux Archives du Ministère des affaires étrangères, série Grisons ms. I (en copie). Ed. Rott, *Henri IV, les Suisses et la Haute-Italie*, p. 152, note 1.

2. Ed. Rott, *Inventaire sommaire des documents relatifs à l'Histoire de Suisse* Ire partie (vol. I), p. 82. On tirera le plus grand profit des nombreuses sources indiquées par cet auteur sur l'ambassade de l'abbé d'Orbais.

XXVII et XXVIII. Page 341, note 1.
Deux quittances de Nicolas de la Croix, abbé d'Orbais.

A. 12 juillet 1565.

Nous Jehan de la Croix, abbé d'Orbex, ambassadeur pour le Roy en Suisse, confessons avoir receu comptans de M⁰ Jehan Debaillon, conseiller dudict seigneur et tresorier de son espargne, la somme de deux mil quatre cens livres tournois,... à nous ordonnée par le dict seigneur pour..... despense et entretenement en nostre dicte charge d'ambassadeur durant demye année finissant le dernier jour de decembre 1565 prochain venant, qui est à raison de quatre cens livres par moys, etc.... En tesmoing de ce nous avons signé la presente de nostre main et à icelle mis le scel de noz armes, etc... DELACROYX.

(Le cachet en cire rouge a été enlevé).

B. 4 février 1565.

Nous Nicolas de la Croix, abbé d'Orbais, ambassadeur pour le Roy aux Ligues, confessons avoir receu de M° Jehan Debaillon, etc...., la somme de neuf cens cinquante-trois livres tournois en ung mandement en parchemin signé de sa main, dacté du jourd'huy, etc.... Icelle somme de neuf cens cinquante-trois livres à nous ordonnée par le dict seigneur pour nostre paiement et ranboursement de semblable somme par nous fournye et advancée de noz deniers pour plusieurs frais et parties.... par nous faictz et qui se sont presentez en nostre dicte charge pour le service de Sa Magesté depuis le VIII° jour de juillet jusques au dernier jour de decembre ensuivant 1564 dernierement passé, etc.... DELACROYX.

Originaux. Bibl. nat., mss. f. français 25978, n⁰ˢ 3490 et 3491.

XXIX et XXX. Page 344, note 6.
Deux quittances de Jean de Piles, abbé d'Orbais.

15 juillet 1582.

Nous, Jean Depiles, abbé commendataire de l'abbaie monsieur Sainct-Pierre d'Orbais, diocese de Soissons, aulmosnier ordinaire de la Royne et chanoine de l'eglise Notre-Dame de Paris, aiant droict par declaration des cent livres tournoiz de rente.... de messire Nicolas Auroux, aulmosnier ordinaire de Monseigneur frere du Roy, etc....., confessons avoir eu et reçu comptant de Mʳᵉ François de Vigny, recepveur de la ville de Paris, la somme de seize escuz deux tiers d'escu-sol pour demye année escheue le dernier jour de decembre mil cinq cens quatre-vingtz [1], à cause

---

[1]. « Pour deux quartiers escheuz le dernier jour de juin mil cinq cens quatre vingtz un... », dit ici la seconde quittance de Jean de Piles que nous avons annoncée et qui, sauf ces quelques mots, est identique à la première dont nous donnons une partie du texte.

desdictes cent livres tournoiz de rente evaluées suivant l'ordonnance à trente trois escuz et un tiers d'escu [de rente], etc..... De laquelle somme de seize escuz deux tiers d'escu nous nous tenons pour bien contens par la presente signée de nostre main et en avons quicté et quictons le dict de Vigny, recepveur, et tous autres. Faict à Paris le XV° jour de juillet l'an mil cinq cens quatre-vingtz deux.   DEPILES.

Bibl. nat. Cabinet des titres, *Pièces originales*, Dossier de Piles, n°˚ 2 et 3.

XXXI et XXXII. Page 355, note 2 *in fine.*
Deux autres quittances de Jean de Piles, abbé d'Orbais.
A. 7 février 1600.

Noble et scientificque personne M° Jehan Depiles, abbé de l'abbaye S⁴ Pierre d'Orbais, ordre de saint Benoist, diocese de Soissons, chanoine en l'eglise de Paris, confesse avoir eu et receu.... la somme de six escus-sol, huict solz, deux deniers obolle.... pour ung quartier escheu le dernier jour de juing mil cinq cens quatre-vingtz-dix-huict à cause de soixante-treize livres douze solz unze deniers tournoiz de rente vendue et constituée par Messieurs les Presvost des marchans et eschevins de ceste ville de Paris aux venerables relligieux, abbé et couvent de la dicte abbaye d'Orbais dés le seiziesme mars mil cinq cens soixante-quatorze sur les aydes et impositions etc..... et generallement sur tous les biens patrimoniaulx de la dicte ville.... Faict et passé au cloistre de la dicte eglise, en la maison canonialle dudict s' Depiles[1], l'an mil six cens le lundy septiesme jour de febvrier et a signé   DEPILES.

B. 4 février 1606.

Noble et scientificque personne M° Jehan Depiles, abbé de l'abbaye S⁴ Pierre d'Orbais, chanoine en l'eglise de Paris, confesse avoir eu et receu.... la somme de vingt-cinq livres tournoiz pour ung quartier escheu le dernier jour de decembre mil six cens à cause de cens livres tournoiz de rente au dict sieur Depiles appartenant au moyen de la declaration de ce faicte à son prouffict par noble homme M° Nicolas Auroulx, etc.... Faict et passé au cloistre de la dicte eglise, en la maison canonialle dudict sieur Depiles, l'an mil six cens et six, le quatriesme jour de febvrier. Et a signé

Jean DEPILES.

Originaux. Bibl. nat., mss. f. français 25978, n°˚ 3492 et 3493.

---

1. Le cloître de Notre-Dame de Paris renfermait 37 maisons canoniales. Pour les détails, voir le remarquable ouvrage intitulé *Paris à travers les ages*, 2° édit. (2 vol. in-f°, Paris, Firmin-Didot, 1885), t. I, NOTRE-DAME, chap. II, p. 41 et s. On y trouve deux vues du cloître prises en 1590 et 1595, c'est-à-dire à une époque tout à fait voisine de celle où Jean de Piles habitait sa maison canoniale.

XXXIII. Page 362, note 4 *in fine.*

Requête de René de Rieux, abbé d'Orbais, tendant à obtenir en justice l'exécution des charges dues par les habitants de la Chapelle-sur-Orbais pour le pâturage de leur bétail aux étangs de l'abbaye.

Août 1639.

A Monsieur le lieutenant juge ordinaire de la justice d'Orbais,

Remonstre tres illustre seigneur M**re** René de Rieux, evesque et comte de Leon et abbé dudit Orbais, disant qu'en ladite qualité luy est deub par les habitants paroissiens de la Chappelle-sur-Orbais et chacun d'iceux par an la somme de deux sols et une livre de beure pour chacun cheval, jument, poullain et beste omaille au dessus de l'aage de deux ans, payables le dernier jour de septembre en consequence d'une transaction faicte avecq eulx par le prédécesseur abbé dudit Orbais dès le XVIIe février mil cinq cent soixante [1] par laquelle iceux habitants sont tenus et obligés de venir faire déclaration de la quantité de bestiaux qu'ils auront, dans les huict jours prochains apres le jour de Pasques, et en fournir déclaration par escript au recepveur du lieu préposé pour la perception desdits droicts ; ce que lesdits habitants ont refuzé et resfuzent faire depuis vingt-neuf ans, ença au préjudice dudit seigneur abbé qui desireroit se pourvoir allencontre deulx tant pour le payement des arrerages desdits droictz quy sont deubz depuis ledit temps, ensemble des amandes a faucte d'avoir satisfaict, lesquelles ils sont tenus tant par la coustume que par l'expresse stipulation portée par ladicte transaction, etc.... Ce considéré, mondit sieur, il vous plaise permettre au suppliant faire appeler lesdits habitans aux fins susdites en parlant à leur procureur saindicq et ferez justice. [Signé] Jullion.

Soit faict comme il est requis. Faict ce deuxiesme jour d'aoust mil six cens trente-neuf. [Signé] Decorroy.

(Suit le texte d'une assignation donnée aux défendeurs « le quatriesme jour du moys d'aoust 1639 » par le sergent de la justice d'Orbais. Signé Simon).

Archives départ. de la Marne, f. d'Orbais, n° 38.

XXXIV. Page 367, note 2.

Lettre du roi Louis XIII à son agent diplomatique à Rome pour faire accorder à Henry de Bruc les bulles apostoliques de provision de l'abbaye d'Orbais.

23 janvier 1634.

Monsieur Guefier, vous presenterez à Nostre Saint Pere le Pape

---

1. Dans cette transaction les parties décident que « comme procés étoit mû et intenté entre elles en la cour des requétes du palais à Paris,..... au

la lettre que je luy escriz, et ferez en sorte qu'à ma nomination M⁰ Henry de Bruc, clerc du diocese de Nantes, bachellier en theollogie, soit pourveu de l'abbaye de Saint-Pierre d'Orbays, ordre de saint Benoist, diocese de Soissons, a present vaccante par la mort du paisible pocesseur (habandonnement d'icelle) ou en quelque aultre sorte et maniere de vaccance que ce puisse estre, afin qu'il lui en soit expedié toutes les bulles, dispenses et provisions apostoliques necessaires conformement aux memoires qui vous en seront baillez, et vous me ferez plaisir bien agreable ; sur ce je prie Dieu, Monsieur Guefier, vous tenir en sa sainte garde : escritte à Saint-Germain en Laye le 23⁰ jour de janvier 1634. Signé Louis, et plus bas De Lomenie.

Et au dos est escrit : à Monsieur Guefier, conseiller en mon conseil d'Estat, ayant charge de mes affaires en court de Rome.

Bibl. nat. mss. f. français 20896, f⁰ 72.

XXXV. Page 367, note 2 *in fine*.

Requête adressée au Grand Conseil par René de Rieux, abbé d'Orbais, dans son procès avec Henry de Bruc relativement à la jouissance des fermes de l'abbaye.

7 avril 1639.

Nosseigneurs du Grand Conseil,

Suplie humblement René de Rieux, conseiller du Roy en ses Conseils, evesque de Léon, abbé de l'abbaye de Saint-Pierre d'Orbais. Disant que sur l'instance cy-devant pendante au Conseil pour raison du possessoire de ladicte abbaye entre le supliant demandeur et complaignant d'une part, — et M⁰ Henry de Bruc deffendeur et opposant d'autre part, — arrest seroit intervenu le xvii⁰ septembre 1637 portant maintien et au proffit du supliant main levée à lui faicte des fruicts sans despens, domages et interests ny restitution de fruicts. En exécution duquel arrest ledict supliant auroit été mis en possession et jouissance, procès-verbal faict et dressé de l'estat des lieux et des réparations nécessaires, et les nommés Charles et Langelin, fermiers préposés par ledict de Bruc, obligés et contraincts de rendre compte du prix de leur ferme et de vuider leurs mains en celles du supliant d'une année entiére des fruicts qui n'avoient esté touchés par ledict de Bruc et qui ne luy pouvoient appartenir, n'ayant esté qu'un simple

moyen de ce lesdits [religieux] d'Orbais ont permis par ces présentes et permettent ausdits habitants acceptans de mener paître et abreuver tous leurs bestiaux tant vaches, bœufs, chevaux, juments, poulains es étangs, etc..., en tout tems fors et excepté depuis la my avril jusqu'à la fin du mois de may et depuis le commencement du mois d'aoust jusqu'à la my septembre, qui fait trois mois en l'an, etc... » V. *suprà*, p. 326 note 3, et p. 621.

dévolutaire jugé par le susdict arest n'avoir eu aulcun droict en ladicte abbaye ; faisant lequel payement ledict Charles et Langelin auroient prétendu plusieurs diminutions et rabais pour des non-jouissances suivant un estat par eulx fourny sur lesquelles ledict supliant auroit reservé de faire droict après en avoir esté plus particulièrement informé. Au contraire ledict de Bruc prétendant que tous les fruicts de ladicte abbaye luy appartenoient jusques au jour dudict arrest, auroit faict exécuter lesdicts fermiers en leurs meubles, faulte de payement de la somme de 1800 livres pour une année escheue au jour de Pasques 1637 ; à laquelle exécution ayant formé opposition, ledict de Bruc, pour procéder sur icelle, les auroit faict assigner par devant le prévost de Paris, dont le supliant adverty il auroit présenté requeste au Conseil aux fins d'evocquation de ladicte instance comme prenant le faict et cause desdicts fermiers et faict assigner audict Conseil ledict de Bruc avec deffense de procéder ailleurs ; au préjudice de quoy ledict de Bruc de son autorité privée fist mettre et constituer prisonier ledict Langelin, l'un desdicts fermiers, au Grand Chastelet de Paris, duquel emprisonement s'estant ledict supliant plaint au Conseil, par arrest du xiiii° décembre audict an 1637 auroit esté ordonné que ledict Langelin seroit eslargy et permis d'assigner ledict de Bruc sur la cassation par luy requise de la procédure faicte au préjudice de la jurisdiction du Conseil; où ayant ledict de Bruc esté assigné et comparu, au lieu de deffendre sur ladicte cassation, il se seroit pourveu par lettres en forme de requeste civille contre ledict arest de mainlevée et, affaucte de voulloir conclure, débouté d'icelles par arrest du cinquième juillet 1638, condemné en l'amande et aux despens; contre lequel arest s'estant ledict de Bruc pourveu derechef par lettres en forme de requête civille, les parties ayant esté ouyes sur icelles par trois diverses auditions, le Conseil les auroit remises en tel estat qu'elles estoient auparavant ledict arest de débouté dudict jour cinquième juillet 1638, et sur les précédentes lettres de requête civille contre ledict arest de mainlevée dudict jour xvii° septembre 1637 mis lesdictes parties hors de cour et de procès et sans despens. Après la prononciation duquel arrest ayant ledict de Bruc ou son advocat suplié le Conseil de le voulloir entendre et recepvoir à plaider sur l'opposition qu'il formoit à l'exécution du susdict arrest dudict jour quatorzième décembre 1637, et faisant droict sur icelle qu'il pleust au Conseil adjuger audict de Bruc les fruicts de ladicte abbaye jusques au jour du susdict arrest de mainlevée, et oultre de condemner ledict supliant de luy payer et rembourser les frais de ses bulles, le Conseil, après avoir ouy les parties, ayant aulcunement[1] esgard à ladicte opposition, auroit adjugé audict de Bruc la demye année escheue à Pasques audict an 1637, et sur le

1. En partie (vieux mot).

surplus des instances mis les parties hors de cour et de procès et sans despens, lequel arrest pour raison de ladicte demye année ledict de Bruc s'efforce de faire exécuter allencontre desdicts fermiers pour lesquels le supliant a prins le faict et cause, ce que ne seroit raisonable au moyen du payement que lesdicts fermiers ont faict audict supliant de ladicte somme, et pour empescher qu'ils ne soient contraincts et forcés de payer deux foys, vexés et inquiétés de la part dudict de Bruc, le supliant offre de conciner ladicte somme de 1800 l. pour estre dellivrée audict de Bruc, se faire se doibt, en faisant cesser les saisies faictes sur les fermiers de ladicte abbaye, à la requeste du substitut de Monsieur le Procureur général, sur les lieux et les relligieux de ladicte abbaye pour les réparations, et faisant aussy cesser les demandes desdicts Charles et Langelin pour raison de leurs non-jouissances, diminutions et rabais dont ledict supliant s'estoit rendu responsable, prétendant que ladicte année 1637 luy deust apartenir toutte entiére, et n'est à présent tenu au moyen du susdict arrest. — A considérer, Nosseigneurs, il vous plaise de vos grâces permettre audict supliant de conciner ladicte somme de dix-huict cents livres entre les mains d'un notable bourgeois de ceste ville de Paris duquel ledict supliant demeurera pleige et caultion, pour estre dellivrée audict de Bruc, en faisant lever les saisies faictes entre les mains des fermiers pour les réparations de ladicte abbaye, et faisant aussy cesser les prétentions desdicts Charles et Langelin concernant lesdictes diminutions par eulx prétendues, et cependant faire inhibitions et deffenses audict de Bruc de faire mettre à exécution ledict arrest dudict jour seizième mars dernier allencontre desdicts Charles et Langelin, et à tous huissiers et archers de les contraindre au payement de ladicte somme de XVIII cents livres tant en vertu dudict arest que dudict bail afferme faict par ledict de Bruc, jusques à ce que aultrement en ayt esté ordonné par le Conseil, à peine de deux mil livres d'amande, despens, domages et interests. René DE RIEUX, é[vêque] de Léon.

Bibl. nat. mss. f. franç. 26451, f°s 247 et suiv.

XXXVI. Page 380, note 1.

Inventaire des meubles et état des lieux réguliers de l'abbaye d'Orbais dressé à la requête de D. Claude de Vandeuil, prieur claustral.

28 décembre 1664.

.... Nous notaires roiaux à Orbais soubsignez, à la prière et mandement de venerable et relligieuse personne Dom Claude de Vandeuil, prevost de l'abbaye royalle de Bretheuil, à present relligieux prieur cloistralle de l'abbaye d'Orbais, etc..... sommes transportés en l'esglise de ladicte abbaye d'Orbais où estans ledict sieur de Vandeuil, prieur, nous a dict et declaré en la présence de Dom Jean Legendre, chambrier, et François Peltier, sellerier, relligieux de ladite abbaye d'Orbais, que comme il a esté par eux nommé et esleu en ladicte charge de prieur cloistralle de ladicte abbaye d'Orbais, il a intherest de congnoistre l'estat auquel il trouve l'esglise de ladicte abbaye et lieux en deppendans et de faire faire description en forme d'inventaire de tous les ornemens, callisses, nappes et aultres meubles servans à la descoration de ladicte esglise, etc... (suit l'état des objets consacrés au culte. Passant ensuite à la visite des lieux réguliers, l'acte notarié s'exprime ainsi):

Dans le refectoire de ladicte abbaye s'est trouvé quatre plats, douze assiettes et une salliere, le tout d'estain, deux petits chaudrons d'arrin (airain), une broche et une poille à rotz, deux moiennes marmittes garnyes de leurs couvercles, une cullier à pot, une escumoir, une fourchette et une poille à frire, le tout de fer avecq deux reschotz de cuivre. Item quatre nappes de cuisaines, deux vieilles tables de cuisaines et un vielz coffre en bois fermant à clef.

Duquel lieu sommes transportez avecq ledict sieur de Vandeuil, prieur cloistralle, et lesdictz sieurs relligieux dans les cloistres, chappitre, dortoir et lieux reguliers de ladicte abbaye lesquelz nous avons trouvés estre en tres mauvais ordre et ny avoir aulcunes apparences ny marques de regullaritté où ce que soit par un mespris ou negligence de Dom Jean Richard, relligieux et se disant cy-devant prieur de ladicte abbaye, qui auroit pris l'administration et conduitte de ladicte esglise et lieux reguliers susdictz de son propre mouvement, les auroit comme habandonnés etc..., mestant dans le dortoir quelque quantité de foing qu'il recueilloit tous les ans, [resserrant] dans les cloistres et y faisant bastre les grains qu'il recueilloit aussy par chascun an, en telle sorte que... ledict sieur de Vandeuil..... a esté obligé de faire nettoyer et restablir lesdictz lieux au mieux que faire etc..., dont et de tout ce que dessus nous avons faist et dressé le présent inventaire et proces-verballe et d'icelluy baillé acte audict sieur de Vandeuil ce requerant, pour luy servir en ce que de raison, en foy de quoy ces présentes ont esté signées de luy et desdictz sieurs relligieux susnommés et de nous notaires soubsignez...: De Vandeuil, D. J. Le Gendre, D. F. Pelletier. Jullion. Gauvain.

Extrait des minutes de Mᵉ Mathurin Gauvain [1].

Fac-simile d'une signature de Dom Claude de Vandeuil
Etude de Mᵉ Charlot, notaire à Orbais.

1. Mᵉ Mathurin Gauvain, notaire à Orbais de 1630 à 1672, eut pour successeur immédiat Mᵉ Louis Gauvain qui exerça la même charge jusqu'en 1685.

XXXVII. Page 382, note 1.

4 août 1665.

Acte notarié par lequel D. Jean Le Gendre, élu le 28 juillet précédent prieur claustral de l'abbaye d'Orbais, déclare à ses confrères qu'il entend se démettre de cette charge et n'en remplir aucune fonction.

Extrait des minutes de Claude Jullion le jeune, notaire à Orbais de 1654 à 1666 (Etude de M° Charlot).

XXXVIII et XXXIX. Page 384, note 1.

30 juillet 1665

Acte de profession par Adrien de Lye.

4 novembre 1665

Acte capitulaire des religieux d'Orbais pour la réception d'Adrien de Lye à la profession.

Minutes de Cl. Jullion (Etude de M° Charlot).

XL et XLI. Page 398, note 1.

25 septembre 1665.

« Dom Henry de Rocquemont, prestre religieux de l'ordre sainct Benoist et prieur de Sainct-Thibault[1] et prevost titulaire de l'abbaye Sainct-Pierre et Sainct-Paul d'Orbais, etc..., remect.... entre les mains de messire Pierre de Sericourt de Clinvilliers, abbé commandataire dudict Saint-Pierre d'Orbais, l'office de prevost de ladicte abbaye avec ses droicts, etc.... »

3 octobre 1665.

Pierre de Séricourt d'Esclainvilliers, abbé d'Orbais, investit Dom Michel Trabit de la prévôté de l'abbaye vacante par la démission de D. Henry de Rocquemont.

Actes en latin au nombre des minutes de Cl. Jullion (Etude de M° Charlot).

XLII. Page 398, note 2.

Requête de l'abbesse de Fontevrault à [Nosseigneurs du Grand Conseil].

Février 1668.

... Humblement Jeanne-Baptiste de Bourbon, abbesse de Fontevrault, disant qu'ayant faict procedder par saisie entre les mains de Jacques Niver, marchand de poisson et fermier des estangs de l'abbaye d'Orbais, es touts et chacuns les deniers par luy deubs à messire Pierre de Sericourt, abbé de ladite abbaye, faulte de

---

[1]. Ce religieux cessa d'être prieur de Saint-Thibaut en 1670. V. *supra*, p. 84.

payement de la somme de deux mil cinq cents livres pour les arrerages de mil livres de pension que ladite dame a droict de prendre sur les fruictz de ladite abbaye par chacun an, etc., etc. (Suit la réponse aux objections soulevées contre cette saisie par D. Trabit, prévôt de l'abbaye d'Orbais). Ce considéré..., il vous plaise de vos grâces,... condamner ledict Nyver à vuider ses mains en celles de la suppliante jusques à la concurrence de ladite somme de deux mil cinq cents livres et aux despens et vous ferez justice.

Bibl. nat. Cabinet des titres, *Pièces originales*, Dossier de Séricourt, f° 9.

XLIII. Page 460, note 1.

Ratification par Antoine de Villelongue, mandataire de Jacques de Pouilly, abbé d'Orbais, du partage intervenu le 31 mars 1683 entre les religieux et M. Le Camus, économe nommé par le Roi pour la direction du revenu temporel de l'abbaye.

9 novembre 1684.

Ce jourd'huy neuf novembre mil six cens quatre vingt-quatre... est comparu en personne en l'estude par devant nous Louis Gauvain,... Mre Antoine de Vilelongue, chevalier, seigneur de Novion, grand bailly du duché et pairye de Mazarin [Rethel], capitaine major de la ville et citadelle de Mezieres, y demeurant, lequel au nom et comme procureur fondé de procuration generale et speciale au cas de Mre Jacques de Pouilly, abbé comandataire, etc..., passée... le 1er du présent mois, ainsy qu'il est aparu audit notaire, et demeurée annexée à la présente [1],.... après que lecture luy a esté.... faite par le notaire soubzigné, les tesmoins présents, de certaine transaction en forme de partage fait et passé entre les venerables religieux... et M^ro Cristophle Le Camus, cy-devant œconome dudit seigneur d'Orbais,... le dernier mars 1683, que ledit s^r de Vilelongue a dit avoir bien entendu, a déclaré qu'il a ledit partage pour agreable en toutes ses circonstances et dependances et comme tel l'agré, ratiffye et approuve et, en temps que besoing est ou seroit, s'oblige de satisfaire à toutes les charges, clauses et conditions dudit partage, sans jamais aller au contraire... Signé : A. de Villelongue-Nouvion ; Gauvain.

(Etude de M° Charlot).

XLIV. Pages 469 et 470.

Transaction entre les abbés du Valsecret et d'Orbais au sujet de la redevance en grains sur les dîmes de Mareuil.

9 décembre 1689.

« Furent présents Mrs Louis Léonor Hennequin, abbé comman-

---

1. Procuration par laquelle Jacques de Pouilly donne à Antoine de Villelongue... pouvoir de sa personne representer tant en jugement que dehors, partout où besoin sera, et par spécial agreer, corroborer et ratiffier, pour et

dataire de l'abbaye Nôtre-Dame de Valsecret en Champagne, ordre de Prémontré, demeurant à Paris, au cloistre Notre-Dame, chez Monseigneur le procureur général au Grand Conseil, son pere [1], tant en son nom que se faisant et portant fort de Mre Michel Colbert [2], abbé chef général dudit Prémontré et pere immédiat de ladite abbaye de Valsecret, et aussy se faisant fort desdits religieux, prieur et couvent de ladite abbaye de Valsecret, ausquels il promet faire ratiffier ces présentes et en fournir acte aux parties cy-après nommées dans un mois, d'une part, — et Mre Jacques de Pouilly de Lançon, abbé commandataire de l'abbaye St Pierre d'Orbais de la congrégation de Saint-Maur, ordre de Saint-Benoist, demeurant à Paris, rue Christine, parroisse Saint-André des Arts, et frere Dom Pierre Mongé, prieur de ladite abbaye d'Orbais, tant pour luy que pour les religieux d'icelle abbaye, par lesquels religieux ledit sieur abbé d'Orbais, ledit Pere prieur s'obligent sollidairement de faire aussy ratiffier cesdites présentes et en fournir acte audit sieur abbé de Valsecret dans ledit temps d'un mois, d'autre part,— disant les parties qu'elles estoient en instance pardevant Nosseigneurs du Grand Conseil en laquelle ledit seigneur abbé Colbert et lesdits religieux de Valsecret estoient demandeurs à ce que, conformément à une transaction de l'année mil trois cens [3] faite entre les abbé et religieux de Valsecret et les abbé et religieux d'Orbais, iceux abbé et religieux d'Orbais fussent tenus de se contenter de seize septiers de grains, sçavoir moitié froment et seigle, et l'autre moitié avoyne, à la petite mesure de Vertu, qui est de huict boisseaux par septier de redevance annuelle deübe ausdits sieur abbé et religieux d'Orbais par lesdits sieur abbé et religieux de Valsecret pour raison des dixmes de Mareuil ; comme aussy à ce que lesdits sieur abbé et religieux d'Orbais fussent tenus de leur restituer ce qu'ils pourroient avoir exigé de leurs fermiers au surplus de ladite redevance à la petite mesure ; et encorre lesdits religieux de Valsecret demandeurs à ce que lesdits religieux d'Orbais fussent condamnez, à cause de ladite redevance qu'ils ont à prendre sur ladite dixme de Mareuil, à contribuer à proportion de ladite redevance au payement de la portion congrüe du curé de Coribert et de son vicaire establiy à Mareuil, et de rendre et restituer aux religieux de Valsecret la part et portion des arrerages dont lesdits religieux d'Orbais estoient tenus et que

---

au nom dudit seigneur constituant, certain acte de partage passé entre Mrs Christophe Le Camus, en qualité d'œconomme, etc... et les Reverands Peres prieur et religieux du monnestere.... Faict et passé au chasteau de Lançon le 1er novembre 1684....

1. V. *suprà*, p. 430.
2. Théologien de la famille du grand Colbert, né vers 1633. Il devint abbé général de l'ordre des Prémontrés en 1670 et mourut à Paris le 29 mars 1702. Il a laissé plusieurs écrits.
3. V. *suprà*, p. 274.

lesdits religieux de Valsecret ont payée seuls audit curé et son
vicaire ; dans laquelle redevance de seize septiers de grains, moitié
froment et seigle et l'autre moitié avoyne, les prieur et religieux
d'Orbais concluoient, sans s'arrester ausdites demandes desdits
sieur abbé Colbert et religieux de Valsecret, d'estre maintenus et
gardez dans la possession et jouissance de ladite redevance et de
lappercevoir[1] sur le pied et à raison de trente-deux septiers de
grains à la petite mesure de Vertu, sçavoir soixante-quatre boisseaux de bled-froment, soixante-quatre boisseaux de bled-seigle
et cent vingt-huict boisseaux d'avoyne, avec condamnation de six
années d'arrerages de ladite redevance en deniers ou quittances
escheües à Noël mil six cent quatre-vingt-six, suivant l'extraict des
appretiations au plus hault prix de ce que chacune année a vallue,
et continuer à l'advenir ; et auroient aussy conclu à ce que
Mre Charles Thimoleon de Sericourt, marquis d'Esclainvilliers,
heritier de Mre Pierre de Sericourt et cy-devant abbé dudit Orbais,
fût tenu de faire cesser la demande en restitution desdits religieux
de Valsecret pour raison de ladite redevance, et condamné en tout
cas les en indemniser, pareillement que ledit sieur de Lançon, à
présent abbé d'Orbais, fût tenu de se joindre à eux pour deffendre
aux demandes et prétentions desdits religieux de Valsecret ; et
ledit sieur de Sericourt estoit aussy demandeur en folle assignation contre lesdits religieux d'Orbais ; et ladite instance estant
preste à juger, lesdites parties, pour entretenir la bonne intelligence entr'elles, sont convenues de ce qui ensuit, sçavoir que ledit
sieur abbé Hennequin esdits noms payera et continuera à l'advenir ladite redevance dont est question ausdits sieur abbé et religieux d'Orbais, deübe à cause desdites dixmes de Mareuil qui ont
esté antiennement en contestation entre lesdites deux abbayes, et
ce à raison de seize septiers de grains, moitié froment et seigle et
l'autre moitié avoyne, à la grande mesure de Vertu qui est de
seize boisseaux pour chacun septier, et d'en payer les arrerages,
sçavoir l'année courante escheante à Noël prochain en espece, lesdites six années escheües à Noël 1686 avec les années 1687 et 1688
[en] quittances ou deniers, suivant l'appreciation qui en sera faite
sur les extraicts des marchez suivant le prix médiocre de chacune
desdites années, auquel effet les parties compteront ou feront
compter ensemble ; et où il se trouveroit que la grande mesure de
Vertu, ainsy qu'elle est speciffiée cy-dessus, seroit moins forte que
la mesure d'Orbais, ledit sieur de Lançon, abbé, et ledit Pere
prieur d'Orbais esdits noms pour lesdits religieux, ont consenty et
consentent par ces présentes de tenir compte ausdits s^r abbé et
religieux de Valsecret de l'excedant de la mesure d'Orbais sur la
grande mesure de Vertu pour les années que lesdits religieux de
Valsecret justiffiront avoir payé ladite redevance à la mesure

1. Le percevoir.

d'Orbais, au lieu de la grande mesure de Vertu, depuis l'année 1667 que la réforme a esté introduicte audit convent d'Orbais, sauf ausdits sieur abbé et religieux de Valsecret leur recours pour les précédentes années contre les précédans abbez ou leurs héritiers et les religieux antiens dudit Orbais, comme aussy lesdits sieur abbé et prieur d'Orbais esdits noms ont consenty et accordé de contribuer avec ledit sieur abbé et religieux de Valsecret, à cause de ladite redevance qui leur tient lieu de partie desdites dixmes de Mareuil, au payement de la portion congrüe dudit curé de Coribert et de son vicaire establÿ à Mareuil, ensemble aux charges dont ledit sieur abbé et religieux de Valsecret peuvent être tenus à cause et pour raison desdites dixmes, mesme de tenir compte ausdits sieur abbé et religieux de Valsecret de la part et portion dont ils peuvent être tenus pour les arrerages du passé desdites portions congrües payez par lesdits sieurs de Valsecret seuls depuis l'abandonnement pour prendre portion congrüe fait par les curez de Coribert, et ce à proportion de ladite redevance et de la totalité desdites dixmes de Coribert et de Mareuil, desquelles redevances et dixmes sera fait vintilliation[1] et estimation à l'amiable entre les parties, et lesdits sieur abbé et religieux de Valsecret tiendront compte sur lesdits arrerages de ladite portion congrüe de ce qui se trouvera avoir esté par eux touché de fruicts et revenus des biens abbandonnez par lesdits curez de Coribert, promettant lesdits sieur abbé et Pere prieur d'Orbais de faire en sorte que ledit sieur de Sericourt ne pourra prétendre aucuns despens, dommages et interests contre lesdits sieur abbé et religieux de Valsecret au subjet de ladite instance, et en tout cas il les en garentiront et indemniseront en sorte qu'ils n'en soient inquiettez, sans préjudice audit sieur abbé de Valsecret son recours contre ses fermiers de Coribert pour les arrerages de ladite redevance et contre son receveur general nommé Freret, et aussy sans préjudice ausdits prieur et religieux d'Orbais de reprises contre ledit sieur de Sericourt de se dont il peu[t] estre tenu pour la restitution qu'il eschera avoir ledit sieur abbé et religieux de Valsecret au cas que la mesure d'Orbais fût plus forte que la grande mesure de Vertu, — et moyennant tout ce que dessus lesdites parties se sont mises et mettent sur ladite instance hors de cour et de procés sans despens, dommages et interests de part ny d'autre, et ont consenty respectivement l'omologation, cy besoing est, des présentes pardevant nosdits seigneurs du Grand Conseil, constituant et donnant pouvoir à leurs procureurs qui ont occuppé en l'instance de poursuivre ladite homologation aux frais communs des parties, car ainsy et pour l'exécution des présentes lesdites parties ont esleu leurs domiciles sçavoir ledit sieur abbé de Valsecret chez Mᵉ Bonnier, procureur au Grand Conseil, au cloistre Sᵗ Germain l'Auxerrois, et ledit sieur

---

1. Ventilation.

abbé d'Orbais chez Mᵉ Voyer, procureur audit Grand Conseil, rue St Honnoré, et ledit Pere prieur d'Orbais esdits noms chez Mᵒ de Gamache, aussy procureur audit Grand Conseil, audit cloistre St Germain l'Auxerois, ausquels lieux nonobstant promettant, obligeant chacun en droit soy esdits noms, renonçant. Fait et passé à Paris es estudes, l'an mil six cens quatre-vingt neuf le neufviesme jour de decembre, heure de midy, et ont signé la minutte des présentes demeurée à Pasquier, notaire[1]. Signé : Hennequin. J. de Pouilly de Lançon. Fr. Pierre Mongé. Desnots et Pasquier avec paraphes. »

La transaction ci-dessus a été ratifiée : 1ᵒ Le lundi 23 janvier 1690 par les bénédictins d'Orbais, savoir D. Nicolas Dumont et Dom Etienne La Fleur[2], représentant, — avec le R. P. Dom Pierre Mongé, prieur, — toute la communauté des religieux de l'abbaye (minute de Mᵉ Gauvain) ; 2ᵒ le 19 février 1690 par les religieux du Valsecret (minute de Mᵉ Huet, notaire royal à Château-Thierry); 3ᵒ le 2 mars 1690 par « Mʳᵉ Michel Colbert, abbé et chef général de l'ordre de Prémontré et pere immédiat de l'abbaye de Valsecret, demeurant à Paris, rue Haulte-feuille, en son hostel.... » (minute de Mᵉˢ Desnots et Pasquier, notaires au Châtelet de Paris).

XLV. Page 489, note 3[3].

Transaction pour les dîmes de Fère-Champenoise entre les religieux d'Orbais, le prieur de l'Abbaye-sous-Plancy et les religieuses d'Andecy.

9 août 1697.

« Furent présens Mʳᵉ Louis Allexandre Croiset, conseiller du Roy en ses conseils d'honneur, en ses cours, et président aux Enquestes du parlement de Paris, au nom et comme se faisant et portant fort de dame Françoise Croiset, sa sœur, abesse de l'abaye de Nostre-Dame d'Andesy, et des religieuses, prieure et couvent de laditte abaye, par lesquelles dittes dames abbesse, religieuses et prieure d'Andesy ledit seigneur président promet faire agréer et rattiffier ces présentes, et en fournir acte vallable en bonne et due forme passé capitulairement en la manière ordinaire par devant notaires d'huy en un mois prochain, à peine de nullité des pré-

---

1. Nous devons la reproduction de ce document à l'obligeance de Mᵉ Godet, notaire à Paris, successeur actuel de Mᵉ Pasquier, qui conserve en dépôt, parmi les anciennes minutes de son étude, la transaction du 9 décembre 1689 et les actes de ratification qui l'ont suivie.

2. D. Nicolas Dumont, né à Abbeville, fit profession à Saint-Farou de Meaux, le 3 octobre 1663, à l'âge de 22 ans, et mourut à Saint-Remi de Reims le 2 novembre 1714. — D. Etienne Lafleur, né à Bellac, fit profession à Saint-Remi de Reims, le 17 octobre 1666, à l'âge de 24 ans, et mourut à l'abbaye de Saint-Nicolas-aux-Bois, le 8 février 1711. Bibl. nat., ms. lat. 12794, nᵒˢ 2183 et 2447.

3. V. *suprà*, p. 92.

sentes qui demeureront annéantyes de plain droit sy bon semble aux parties cy-après denommées seullement sans qu'il soit besoin d'aucun acte judiciaire, et de tous dépens, dommages et interests, et que ces présentes puissent estre tirées à conséquence contre eux, ledit seigneur président, demeurant en son hostel sciz en cette ville de Paris rue Neuve Saint-Augustin, parroisse Saint-Eustache, à ce présent d'une part, — et Mre Jean Jolly, prestre, docteur de Sorbonne, prieur du prieuré de l'Abaye-sous-Plancy, et Dom Pierre Monget, relligieux de l'ordre de Saint-Benoist, prieur de l'abaye Saint-Pierre d'Orbais, tant en son nom que comme se faisant et portant fort de la communauté des relligieux de laditte abaye par laquelle ledit Dom Monget promet aussy de faire agréer et rattiffier ces présentes et d'en fournir acte vallable en bonne et due forme passé capitulairement et en la maniére ordinaire par devant notaires dans le pareil temps d'huy en un mois prochain, à peine de nullité des présentes qui demeureront annéantyes de plain droit si bon semble ausdittes dames abesse et relligieuses d'Andesy et sieur abé Joly, après touttefois qu'elles auront rattiffié ces présentes, et de tous dépens, dommages et interests, ledit sieur abé Joly demeurant en cette ditte ville de Paris, rue des Fontaines proche des filles de la Madeleine, parroisse Saint-Nicolas des Champs, et ledit Dom Pierre Mongé résident ordinairement en laditte abaye d'Orbais, estant de présent en cette ville de Paris, en l'abaye Saint-Germain des Prez-lez-Paris dudit ordre de Saint-Benoist, d'autre part.

Lesquelles partyes pour assoupir, terminer et annéantir entierement les demandes, prétentions et contestations qui sont entre elles qui donnent lieu à une instance pendante aux Requestes du palais dudit parlement de Paris, au raport de monsieur d'Espinoy, conseiller, dans laquelle lesdittes abbesse et relligieuses d'Andesy ont d'abord prétendu que la dix-huitiesme partye des grosses dixmes en grains qui se perçoivent dans toute l'estendue de la parroisse de Saint-Thimotée de Fére-Champenoise leur appartenoit, desquelles elles avoient fait un bail au nommé Mathieu Buxerollies? le onze juillet mil six cens quatre-vingt onze, et ensuitte ayant augmenté leur prétention jusqu'au tiers que lesdittes relligieuses ont soutenu leur apartenir sur le fondement d'une donnation qui leur en avoit esté faite par dame Elisabeth, femme du sieur Gaubert, et dont confirmation de laditte donnation par Geoffroy, evesque de Châlons, et encore sur le fondement de plusieurs baux qu'elles avoient faits desdittes dixmes pendant tous les temps jusqu'en l'année mil six cens vingt-un, depuis laquelle année elles rapportoient des quittances des années mil six cens quarantequatre, mil six cens cinquante-huit, mil six cens soixante, mil six cens soixante-cinq et mil six cens soixante-onze, et comme il leur avoit esté payé une somme de neuf livres par le nommé Nicolas Merat pour raison dudit droit de dixmes qu'elles luy avoient affermé par ledit bail de mil six cens vingt-un, ce qui étoit encore soustenu par le livre journal contenant la recepte du revenu de leur ditte abaye où lesdits payemens estoient insérés, dans laquelle tierce partye ou dit droit de dixmes lesdittes dames abbesse et relligieuses d'Andesy demandoient d'être maintenues et gardées, avec restitution des arrerages dudit droit pendant les vingt-neuf années dernières que ledit prieur abé Joly et lesdits prieur et relligieux de ladite abaye d'Orbais l'avoient perçeu à leur préjudice, aux dommages-intérests et dépens.

Et de la part desdits sieurs abé Jolly, le prieur et religieux soutenant au contraire que lesdittes dames abbesse et relligieuses n'ont aucun droit de dixme, de quelque quantité qu'il soit, à prendre ny lever dans laditte parroisse de Saint-Thimotée de Fére-Champenoise, que la totalité de touttes lesdittes dixmes leur a de tous temps apartenu comme elle leur appartient encore aprésent, sçavoir la moitié audit sieur abé Jolly, accause de son dit prieuré de l'Abaye-sous-Plancy, et l'autre moitié, lesdittes deux moitié[s] faisant le total, ausdits relligieux de ladite abaye d'Orbais, accause de l'office claustral de chambrier qui est présentement uny à leur manse conventuelle, auquel office laditte moitié de dixmes appartient et fait partye du revenu, que ces prétendus tiltres et baux, dont lesdittes dames et relligieuses se servoient, que les uns n'avoient aucun raport au droit soit de la dix-huitiesme, soit de la tierce partye des dixmes qu'elles prétendoient, que les uns étoient mesme infirmés et les autres sans aucune consideration, d'ailleurs que quand bien ses prétendus tiltres et piéces qui sont raportées seroient en bonne forme et qu'elles eussent une juste aplication au droit prétendu, qu'ils ne pourroient encore produire aucun effet parce que ledit sieur abé Joly et lesdits relligieux estoient dans une possession publique et paisible depuis plus de quarente années de lever et percevoir, eux et leurs fermiers, la totalité desdittes grosses dixmes chacun moitié, par moitié, laquelle possession de plus de quarente années estoit prouvée par le témoignage uniforme des témoins qui avoient estez entendus dans les enquestes qui ont esté faites par devant le lieutenant general de Châlons les six juin et jours suivans mil six cens quatre-vingt seize, en exécution de la sentence interlocutoire rendue ausdittes Requêtes du palais dans le cours de la poursuitte de laditte instance le neuf may de laditte année mil six cens quatre-vingt seize, tant à la requête dudit sieur abé Joly et desdits relligieux, prieur et couvent de laditte abaye, que mesme à celles faites à la requête desdittes abesse et relligieuses d'Andesy, dans lesquelles tous les anciens du païs avoient esté entendus, contre lesquelles lesdittes abesse et relligieuses d'Andesy ont soutenu au contraire qu'ainsy cette possession formellement establye estoit un tiltre authentique et legitime qui leur assuroit leur droit, sans qu'il leur fût mesme besoin de raporter les autres piéces qu'ils raportoient, et que, quant aux neuf livres contenues ausdittes quittances dont elles se servoient, que c'estoit des piéces sous seing privé faites à l'insceu dudit sieur abé Joly et desdits religieux qui ne pouvoient leur faire de préjudice, n'ayant point interrompu leur possession, puisqu'ils avoient sans discontinuation annuellement perceu par moitié la totalité desdittes dixmes, en sorte qu'il falloit conclure que, suposé que lesdittes abesse et relligieuses eussent eu autrefois quelque portion dans lesdittes dixmes, cela auroit esté changé ou aunéauty par divers accommodemens.

Lesquelles prétentions de part et d'autre fondées sur lesdittes raisons et plusieurs autres qu'ils ont expliquées en laditte instance, voyant lesdittes partyes que cela va à les jetter dans une longue suitte de procés qui acheveroient de les consommer en frais, ont, aprés plusieurs assemblées qui se sont faites entre lesdittes partyes, assistées de leurs conseils, où, estant entrez dans une discussion exacte et parfaite de tous les droits, demandes et prétentions d'un chacun, fut arresté et convenu entre elles de ce qui suit :

C'est assçavoir que sur la totalité desdittes grosses dixmes de la parroisse de Saint-Thimotée de Fére-Champenoise appartenant sçavoir pour moitié audit sieur abé Joly, en qualité de prieur de laditte Abaye-sous-Plancy, et pour l'autre moitié appartenant ausdits relligieux, prieur et couvent de laditte abaye d'Orbais, accause de l'office claustral de chambrier uny à leur manse, auquel office ledit droit de dixme appartient, ainsy qu'il a esté cy-devant dit, il sera pris et doresnavant payé annuellement au jour de Saint-Martin d'hiver par moitié par lesdits décimateurs, sans aucune charge, la somme de neuf livres ausdittes dames abesse et relligieuses de laditte abbaye Notre-Dame d'Andesy, dont la premiére année echerra au jour Saint-Martin d'hiver prochain, et ainsy continueront d'année en année à pareil jour les arrerages de laditte rente à toujours, non racheptable laditte rente, et leur tenànt lieu desdittes dixmes, ce qui a esté consenti par ledit sieur abé Jolly, tant pour luy que pour ses successeurs prieurs dudit prieuré de laditte Abaye-sous-Plancy, et par ledit Dom Monget, prieur de laditte abaye d'Orbais audit nom, et ce qui a esté accepté par ledit seigneur président Croiset audit nom, au moyen de quoy il s'est désisté et désiste par ces présentes de toultes demandes, actions et prétentions que lesdittes relligieuses ont et pourroient jamais avoir sur toutes lesdittes dixmes de laditte parroisse Saint-Thimotée de Fére-Champenoise de quelque sorte, de quelque nature et qualité que ce soit, sans rien excepter et y réserver; et au moyen de ce demeure laditte instance, demandes, prétentions et contestions qui y ont donné lieu, esteintes, assoupies et terminées sans dépens, dommages-interests de part ny d'autre, et a esté accordé entre lesdittes partyes que la présente transaction sera homologuée au parlement de Paris à frais communs, à la poursuitte de celle des partyes qui sera la plus diligente pour le voulloir faire, dont les frais luy seront remboursez par les autres partyes pour leurs portions, car ainsy etc..... Et pour l'exécution des présentes et dépendances ont lesdittes parties eslu domicilles irrevocables, sçavoir ledit seigneur président pour lesdittes abesse et relligieuses d'Andesy en la maison de M. Darguzes, leur procureur audit parlement de Paris, scise rue Poupée, parroisse Saint-André des Arts, ledit sieur abé Joly en sa maison susdesignée, et ledit Dom Monget audit nom en laditte abaye Saint-Germain des Prez, ausquels lieux promettant, etc... obligeant, etc... renonçant, etc... — Fait et passé à Paris es estudes des notaires soussignez, l'an mil six cens quatre-vingt-dix-sept, le neufviesme jour d'aoust. Ont signé : Croiset, J. Joly, Fr. Pierre Mongé, Levesque, Desnots [1]. »

A la suite de la transaction du 9 août 1697 se trouvent les ratifications faites par les communautés intéressées, savoir :

1° *Ratification par les religieux de l'abbaye Saint-Pierre d'Orbais.* « Par devant Mathurin Gauvain, notaire royal, tabellion garde-notte hereditaire au bailliage de Chasteau-Thierry, residant à Orbais soussigné, es présence des témoings cy-après nommés furent présents en leurs personnes les Reverands Peres Dom Simon Champenois [2], procureur, Dom Estienne des Hays [3], sacristin, et Dom Louis Natin, depositaire, tous prestres et religieux de l'abbaye Saint-Pierre d'Orbais, faisant et représentant avec le Reverand Pere Dom Pierre Mongé, prestre religieux prieur de ladite abbaye, la communauté entiere des religieux d'icelle abbaye capitulairement assemblé[e] au son du timbre à la maniere accoutumée, etc.... (suit le texte de la ratification)..... Fait et passé audit Orbais, au logis conventuelle desdits sieurs religieux, le vingtiesme jour du mois d'aoust mil six cens quatre-vingt-dix-sept après midy, et ont lesdits sieurs religieux signé en présence de Charles Morel et Didier Charton, marchands, demeurant audit Orbais, tesmoings requis... au default d'un connotaire, etc... Signé : Morel avecq paraphe. Charton. Gauvain [4]...»

2° *Ratification par les religieuses de l'abbaye de Notre-Dame d'Andecy.* « Par devant moy Robert Hecart, nottaire royal demeurant à Chaalons, estant de présent en l'abbaye d'Andecy, et en présence des tesmoins cy-bas nommez soubsignez furent présentes en leurs personnes dame Françoise Croiset, abbesse de ladite

---

1. La minute de la transaction du 9 août 1697 est conservée, avec ses ratifications, dans l'étude de M° Lavoignat, notaire à Paris, successeur actuel de M° Desnotz le jeune.

2. Sur la biographie de ce religieux voir : *Vie des justes de la congrégation de Saint-Maur*, par Dom Martène, Bibl. nat. ms. fr. 17671, f° 278. *D. Thierry Ruinart* par H. Jadart (un vol. in-8°, 1886), p. 51. Cf. *suprà*, p. 608.

3. D. Etienne Deshayes, né à Issoudun, diocèse de Bourges, fit profession à Saint-Remi de Reims le 27 juillet 1671, à l'âge de 21 ans, et mourut le 17 avril 1719 à l'abbaye de N.-D. d'Ambronay.

4. Acte conservé en minute dans l'étude de M° Charlot.

abbaye d'Andecy, diocése de Chaalons en Champagne [1], etc.....
(suit l'énumération des dames bénédictines signataires de l'acte,
v. *infrà*),.... toutes religieuses professes de ladite abbaye, ordre de
Saint-Benoist, capitulairement assemblées en leur grand parloir
au son de la cloche en la manière accoutumée, faisantes et representantes tout le corps et communauté du monastere de ladite
abbaye d'Andecy, etc... (suit le texte de la ratification)... Fait
et passé en ladite abbaye, en présence de messire Jacques de Chuyes,
prestre et confesseur de ladite abbaye y demeurant, et de messire
Estienne Ruau, chapelain aussy de ladite abbaye y demeurant,
qui ont signez comme temoins, au deffaut d'un connottaire, avec
esdites dames abbesse et religieuses, le deuxiesme septembre avant
midi mil six cens quatre-vingt et dix-sept, et ont signé :

Sœur Françoise Croiset, abbesse d'Andecy.
Sœur Lucie de Lambert, soub-prieure.
Sœur Antoinette Du Fresne, scelleriere.
Sœur Claude de Sainte-Palaye, maitresse des novices.
Sœur Louise de Carcavy, depositaire.
Sœur Margueritte Cordelier, sacristine.
Sœur Anne de Saint-Esprit, infirmiere.
Sœur Marie-Louise Du Lut, soub-scelleriere.

Sœur Anne Pellé, maîtresse des pentionnaires et chantre.
Sœur Estiennette Du Perray, soub-maitresse des novices.
Sœur Françoise Du Mesnil, touriere.
Sœur Marie-Anne de Gauville, soub-touriere et soub-chantre.
Sœur Louise Potet, portiere.
Sœur Gabrielle-Geneviefve Croiset, soub-sacristine.
Sœur Margueritte Petit, lingere, et Sœur Marianne Croiset.

J. de Chuyes. Estienne Ruau. Hecart...»

XLVI. Page 530, note 3.

Par acte passé le 15 juin 1685 devant Lavallette et Lange, notaires à Paris, Pierre Ferrand avait acheté la terre des Bouleaux. Cette terre était située dans la paroisse de la Chapelle-sur-Orbais et, à ce titre, elle relevait féodalement de l'abbaye. Aussi une reconnaissance ou déclaration d'héritages fut-elle faite au profit des religieux d'Orbais, le 5 décembre 1692, par « Pierre Feran, l'un des cent gentilshommes de la maison du Roy, dem[t] à Paris, rue du Pan, paroisse Saint-Estienne du Mont, Paul Feran, capitaine d'infanterye dans le regiment de Guienne [2], et Jean Ferrand, lieu-

---

[1]. Cf. *Diocèse ancien de Châlons-sur-Marne* par E. de Barthélemy, t. I, p. 376. *Etude sur l'abbaye d'Andecy* par l'abbé Millard.

[2]. Sur l'historique du régiment de ce nom, voir *Histoire de l'infanterie française* par le général Susane (5 vol. in-18, Dumaine, 1876), t. III, p. 195, t. V, p. 228, 305, etc.

tenant d'infanterye au même regiment,... heritiers de defunt Pierre Feran, vivant l'un des cent gentilshommes de la maison du Roy, seigneur des Bouleaux, etc...»

Archives départ. de la Marne, f. d'Orbais, n° 38.

XLVII. Page 535, note 1[1].
Echange de terres entre l'abbaye d'Orbais et Claude Leclerc.
20 août 1702.

Je soussigné religieux procureur de l'abbaye Saint-Pierre d'Orbais, reconnois avoir fait echange de huit arpens de terres scitués à la Chapellotte, paroisse de la Chapelle-sur-Orbais, avec M° Claude Le Clerc, laboureur, demeurant à la Chapelle, conformement à l'acte capitulaire passé dans notre chapitre le quinze juin 1702, savoir ledit Le Clerc nous a abandonné huit arpens situés et contigus au bois de la Chapelote qu'il a eus de M' Ferrand par echange[2], pour en jouir par nous à toujours et perpetuellement, et nous luy abandonnons huit arpens desdites terres de la Chapellotte contigue à sa piece qui est au-dessous sur le bord des prez de Martin qui sont à la queue de l'etang de la Petitte cense, pour en jouir par luy à toujours et perpetuellement, ainsy qu'il jouissoit des huit arpens qu'il nous a abandonnés, en continuant de paier par luy les cens et surcens qu'il a accoutumés de payer pour lesdits huit arpens. En foy de quoy nous avons signé ce vingt aoust mil sept cens deux. Fait double. Signé en fin Louis Nattin et Le Clerc[3].

Archives départ. de la Marne, f. d'Orbais, n° 38.

1. Cf. *suprà*, p. 525, note 1.
2. 3 juin 1692. — Echange entre « Pierre Ferrand, gentilhomme hordinaire du Roy, dem' à Paris, seigneur des Boulleaux et autres lieux d'une part, et Claude Le Clerc, laboureur, demeurant à La Chapelle-sur-Orbais, d'autre part :... c'est à savoir que moy Ferrand ay baillé audit Le Clerc la quantité de sept arpens vingt-six perches tant terres que pasture, haye et buissons sis à la Chapelote, terroir d'Orbais, à prendre dans une piece de trente-neuf arpens cinquante et une perches etc.. , et avec ce un arpent de terre ou environ etc... Fait et passé au château desdits Bouleaux... Signé : Ferrand et Leclerc. » — Paul Ferrand, seigneur des Bouleaux, frère de Pierre, reconnut par acte du 7 novembre 1698 l'échange précédent. — *Archives départ. de la Marne*, f. d'Orbais, n° 38.
3. 19 mars 1703. — Les religieux d'Orbais donnent à bail à Claude Le Clerc, laboureur, demeurant-à La Chapelle-sur-Orbais... « c'est à savoir les deux tiers des menues dixmes du terroir et parroisse dudit lieu de la Chapelle-sur-Orbais ausditz sieurs religieux... apartenant à cauze de l'ofice de cellerier de ladite abbaye... » (Etude de M° Charlot). Cf. *suprà*, p. 91 et 92.

XLVIII. Page 556.

Lettre de D. Henri Bouzenet, prieur d'Orbais, à D. Thierri Ruinart[1].

P[ax] C[hristi].

Mon Reverend Pere,

Vous me faites trop d'honneur de vouloir bien seulement penser à moy. Je n'ay garde de mon côté de vous oublier. Je ne le pourrois sans m'oublier moy-mesme. Je vous ay trop d'obligation par bien des endroits pour ne pas penser souvent à vous. Je voudrois seulement que mon souvenir pût vous servir à quelque chose et que notre pauvre petit monastere d'Orbais me donnât lieu de pouvoir vous fournir quelque memoire pour la continuation de vos Annales[2]. Mais je crois que vous sçavez qu'il n'y est rien noté d'antique qu'une vieille nefve d'église qui menace ruine de tout côté. Il n'y a point de chartrier ny rien de plus ancien en matiere de tiltres qu'un certain manuscrit qu'on dit être à Saint-Remy et qui n'a point été renvoyé à Orbais. Je ne scay ce que [ce] pourroit être; je m'en informeray lorsque j'auray occasion d'aller à Reims. Tout ce que nous pouvions avoir un peu d'ancien a été brûlé, à ce qu'on dit, avec tout le greffe de Château-Thierry où étoient nos affaires, si bien que nous n'avons rien et ne pouvons rien retrouver; ce qui fait que la maison d'Orbais diminuera toujours, comme elle est d'un bien petit revenu et encore bien embarassée et bien endettée partie par les charges et les taxes exorbitantes qu'elle a, ou partie par la faute et le peu d'économie de quelques confreres.

J'eus l'honneur de voir ces jours passez au monastere de l'Amour-Dieu deux de vos proches parentes. Elles voudroient bien que vous leur envoyassiez le portrait et la vie du R. P. Dom Jean Mabillon[3]. Nous ne l'avons pas encore à Orbais, et, si vous trouvez occasion de nous les faire avoir, cela me feroit beaucoup de plaisir. J'aurois soin de vous faire rendre ce qu'il faudra...... Faites-

---

1. Cette lettre, qui ne porte pas de date, a été écrite à la fin de 1708 ou au commencement de 1709.

2. Depuis la mort de Mabillon, D. Thierri Ruinart s'occupait de l'achèvement de ses *Annales bénédictines*.

3. D. Mabillon était mort le 27 décembre 1707 à Saint-Germain des Prés. Son portrait existait notamment à Saint-Germain en Laye chez l'un des principaux officiers de la petite cour de Jacques II d'Angleterre, le duc de Perth, qui permit d'en prendre des copies pour faire honneur à la mémoire de l'illustre défunt. *Mabillon et la société de l'abbaye de Saint-Germain des Prés à la fin du dix-septième siècle* (1664-1707) par Emmanuel de Broglie, 2 vol. in-8°, Paris, Plon, 1888, t. II, p. 291. Sur la vie de ce grand religieux, v. aussi D. JEAN MABILLON (1632-1707) par H. Jadart (extrait du t. 64 des travaux de l'Académie de Reims), 1879, in-8. Cf. *Revue de Champagne*, t. V, p. 103, et t. VI, p. 349.

moy, je vous prie, l'honneur de vous souvenir aussi quelquefois de moy dans vos saints sacrifices et prieres, et de croire que je suis avec tout l'attachement et le respect possibles,

Mon Reverend Pere,

Votre tres humble et tres affectionné confrere,

Fr. Henri B[ouzenet M. B.].

Je prie le R. Pere prieur d'agreer que je l'assure de mes tres humbles respects.

Au Reverend Pere Dom Thierry Ruinart [1], religieux benedictin de l'abbaye de Saint-Germain des Prez, à Paris.

Bibl. nat. mss. f. franç. 19,666, f° 277.

XLIX. Page 561, note 1.

Procès-verbal de visite des bois de l'abbaye d'Orbais.

18 mars 1705.

Ce jourd'huy mercredy dix-huitiesme jour du mois de mars 1705, nous, Jaques Jossé de Bressay, conseiller du Roy, président au présidial de Château-Thiery, subdélégué de Mgr d'Ormesson, intendant de la généralité de Soissons, en exécution de l'ordonnance de mondit seigneur du 5° dudit mois de mars, portant qu'il seroit par nous procédé à la visite des bois dependans de l'abbaye de Saint-Pierre d'Orbais, diocèse de Soissons, élection de Château-Thiery, avec l'assistance de gens à ce connoissans qui seroient par nous nommez d'office, sommes transportez à Orbais et de là audit bois, où étant arrivez sur les sept heures du matin, accompagnez et conduits par François Aubert, garde dudit bois pour les sieurs abbé et religieux, il nous a dit que le bois s'apeloit le bois de la Mainferme, et contenoit environ deux cent vingt-cinq arpens à la petite mesure; où, estant assisté de François Huat, marchand demeurant à Chezy-l'Abbaye, et de Louys Rouillon, notaire et arpenteur royal demeurant à Condé, par nous nommez d'office et mandez pour ladite visite, après avoir pris leur serment, serions entré dans le dit bois scitué sur une montagne par raport audit Orbais, nous aurions trouvé le terrain froid et humide, et près des étangs; et, après avoir traversé environ dix arpens faisans une pointe du côté de l'orient, nous sommes sortis du côté du septentrion, et, ayant fait le tour du bois et considéré les lisières, nous y serions rentrez entre le septentrion et l'occident du côté des terres labourables dépendants d'une ferme appartenante à ladite abbaye; après quoy nous aurions traversé iceluy bois et sorty sur l'autre bout du côté du midy, nous y serions encor rentrez, et l'aurions

---

1. Sur ce savant religieux, v. D. Thierry Ruinart (1657-1709) par H. Jadart (Paris, Champion; Reims, Michaud), 1886, in-8. Cf. *Revue de Champagne*, t. V, p. 104.

traversé entier depuis l'orient jusqu'à l'occident qui regarde sur un grand étang appartenant audit abbé et religieux ; ainsy nous aurions vu ladite pièce de bois de toutes parts, dans laquelle nous avons reconnu y avoir une grande quantité de chesnes anciens de plusieurs âges, dont une partie sur le retour ou gastez en teste, le grand nombre empêchant le taillis de profiter d'autant que lesdits chesnes ont presque tous pommiers garnis de grans branchages qui couvrent ledit taillis ; nous avons encor remarqué qu'il n'y a aucun d'iceux qui puisse servir à la marine ou à autres ouvrages, en ayant seulement reconnu dans la quantité desdits chesnes environ deux cent cinquante qui peuvent porter cinq toizes de pile sur douze à quinze pouces de face d'écarissage ; c'est pourquoy nous estimons chacun arpent desdits bois, attendu l'éloignement de la rivière de Marne de quatre lieues et demy, mauvais chemins et rudes en tout tems, la somme de cent livres, pour être aussy ledit bois éloigné de tout débit, la coupe duquel ne poura en aucune façon préjudicier à la vente des bois de Sa Majesté.

Dans la quantité d'arbres nous croyons qu'il est nécessaire d'en laisser quarente de la plus belle venûe dans l'étendûe dudit bois, pour fournir aux réparations qui pouroient survenir à ladite abbaye, église, maisons et moulins dépendants d'icelle, comme pareillement laisser aussy dans chacun arpent desdits bois jusqu'à la quantité d'une demy douzaine de modernes qui pouront porter vingt-quatre à trente pouces de tour par le pied, et tous les modernes et baliveaux qui se trouveront du premier âge. Dont et de quoy nous avons dressé le présent procez-verbal pour servir ce que de raison, et ont lesdits Huat et Rouillon signé avec nous, lesdits jour, mois et an : Huat, Rouillon, Jossé de Brissac.

Archives nationales G⁷ 513.

L. Page 578, note 1.

Procès-verbal de visitte de 38 arpents 2 perches des bois dépendans de la manse abatialle d'Orbais.

9 novembre 1779.

L'an mil sept cent soixante-dix-neuf, ce mardi neuf novembre et jours suivants, nous Phillippes Toussains Dumoulin du Lys, écuyer, conseiller du Roy, maître particulier de la maîtrise des eaux et forêts de Crécy-en-Brie, suivi de Pierre François Desagneaux, garde général de cette maîtrise pour l'exécution des ordres de Monsieur Duvaucel, grand maître enquêteur et général réformateur des eaux et forêts au département de Paris et Isle de France, en date du vingt-cinq septembre dernier, nous nous sommes transportés en la paroisse d'Orbais à l'effet de constater l'état, âge, qualité et nombre des baliveaux étans sur trente-huit arpens deux perches de bois en neuf pièces :

	Arpents	Perches	
[1°] La première appellée la Bufferie ou le Clos Loret de vingt-cinq arpens cinquante-quatre perches, cy.......	25	54	
2° Le bois des Chenus d'un arpent vingt-neuf perches trois dixièmes, cy. ...	1	29	3/10
3° Le bois des Roches Jean Vacher de quatre arpens huit dixièmes, cy. ...	4		8/10
4° Le bois des Vielles vignes de trois arpens, cy.................	3		
5° Le bois d'Heurtebise de deux arpens quarante-six perches, cy........	2	46	
6° Les accrues d'Heurtebize de dix-huit perches deux dixièmes, cy........		18	2/10
7° Une pièce au même lieu appelée le bois Boclois [de] quatre-vingt perches, cy.		80	
8° Une pièce aussi au même lieu de trente-trois perches huit dixièmes, cy....................		33	8/10
9° Et dernière également au même lieu [de] six perches et demie, cy......		6	1/2
Total : trente-huit arpens deux perches, cy..................	38 arp. 2 perches[1]		

dépendant de la manse abatialle de l'abbaye dudit Orbais.

Indépendamment de deux cens trente-neuf arpens trente-cinq perches dont l'abbé avec les religieux jouissent par indivis, lesquels trente-huit arpens deux perches ont été aménagés suivant notre procès-verbal du quinze juillet dernier, et le quart de neuf arpens cinquante perches distrait pour demeurer en réserve et pris dans la première pièce, et le surplus divisé en huit coupes, pour en être coupé une de trois ans en trois ans à l'âge de vingt-quatre ans, dont la première à prendre dans ladite première pièce, le quart en réserve, ainsi que les trois autres ensuivantes et partie de la cinquième couppe, ne pourra être faite qu'en l'année 1787, attendu que le taillis de la totalité de ladite pièce a été coupé en l'année 1777, et le surplus desdites coupes à prendre dans les autres pièces. Nous avons trouvé que le taillis de ladite première pièce de vingt-cinq arpens cinquante-quatre perches où sont assis le quart de réserve et les premières coupes et partie de la cinquième, est actuellement âgé de deux ans, qu'il est deux tiers bois dur et bien venant, que les baliveaux étant dessus y sont au nom-

---

1. Nous donnons ce total, tel qu'il est indiqué, bien qu'il ne corresponde pas à la somme des mesures partielles énoncées dans l'acte.

bre de cinquante par arpent et âgés depuis vingt-six jusqu'à soixante ans, dont dix par arpent sont pommiers et dépérissans, et dans le cas de nuire au recru des taillis, lesquels nous estimons une somme de deux mille cinq cens cinquante-quatre livres; que le taillis des huit autres pièces de bois est âgé d'un an, que les baliveaux étant dessus y sont au nombre de quarante par arpent, bien venans et dans le cas de profiter.

Dont et de tout ce que dessus nous avons fait et rédigé le présent procès-verbal et ledit Desagneaux a signé avec nous. Ainsi signé en fin de la minute des présentes : Desagneaux et Dumoulin du Lys avec paraphes. Et ensuitte est écrit : Déposé au greffe de ladite maîtrise le douze novembre 1779.

Ces présentes expédiées conforme[s] à l'original déposé au greffe de la maîtrise des eaux et forêts de Crécy et délivrées par moy, greffier au chef d'icelle, soussigné, ce jourd'hui douze novembre mil sept cens soixante-dix-neuf.

MORIN.

Archives nationales Q¹ 683.

ADDITIONS ET CORRECTIONS

Page 10, note 2, ligne 19, *au lieu de* optimi *lisez* opimi.
Page 11, note 1, ligne 8, *au lieu de* 1724 *lisez* 1714.
Page 13, ligne 9, *au lieu de* Letoffé *lisez* Létoffé.

Page 23. Nous n'avons pas retrouvé dans la correspondance de D. Bernard Audebert la lettre circulaire du 17 décembre 1664 qui arrête un plan uniforme pour l'histoire des monastères. Nous ne pouvons que renvoyer sur ce point au programme tracé de la main de D. Michel Germain et inséré par lui dans une lettre à son ami Roger de Gaignières. Cette lettre a été publiée dans l'étude de M. L. Courajod sur le *Monasticon Gallicanum*, p. 12. Cf. *Le cabinet des manuscrits de la bibliothèque impériale* par Léopold Delisle, t. I, p. 337. Peigné-Delacourt, *Monasticon Gallicanum* (Préface), Paris, Palmé, 1871, in-4°. Voyez aussi un « avis pour ceux qui travaillent aux histoires des monastères » inséré dans les *Ouvrages posthumes* de D. Jean Mabillon et de D. Thierri Ruinart (Paris, 1724, 3 vol. in-4°), t. II, p. 91.

Page 23, note 3, ligne 1, *au lieu de* a donné *lisez* a été donné.
Page 24, ligne 3, *supprimez* du.

Page 34. D. Paul-Yves Pezron abdiqua en 1702 la charge d'abbé régulier de la Charmoye qu'il avait reçue du roi le 4 avril 1697 [1]. Il mourut le 10 octobre 1707, à l'âge de 66 ans, au château de Chessy, près Lagny (aujourd'hui département de Seine-et-Marne). Son épitaphe, qui se voit encore à Chessy, dans l'église paroissiale de Saint-Nicolas, est donnée par M. de Guilhermy, *Inscriptions de la France*, t. IV, p. 503 et 504. Sur le séjour de ce religieux à la Charmoye cf. Chalette, *Annuaire de la Marne*, 1827, p. 105 et s. Sur ses travaux, voir *Lettres de divers savants à l'abbé Claude*

---

1. *Mémoires du marquis de Sourches* publiés par le comte de Cosnac et E. Pontal, t. V, p. 258.

Nicaise, publiées par E. Caillemer, Lyon, 1885; p. 32, 72, 75, 76, 79, 80, 272.

Page 34, note 1, ligne 17, *au lieu de* du Duhamel *lisez* de Duhamel.

Page 40, ligne 9, *au lieu de* Flodard *lisez* Flodoard.

Page 45, ligne 17, *au lieu de* monastario *lisez* monasterio.

Page 47, note 4. La localité qui fut appelée primitivement *Ecry* et plus tard *Avaux, Asfeld*, a été le sujet d'une étude historique de M. Jadart, publiée dans la *Revue de Champagne*, t. IX (1880), p. 353 et suiv. Voir D. Mabillon, *De re diplomatica*, livre IV.

Pages 58 *et* 59. « Anquetil, *Histoire de Reims*, t. I, p. 72, dit qu'on ne fait pas la fête de saint Réole dans le diocèse de Reims. Cette fête ne se trouve pas en effet dans les anciens missels, mais elle est marquée au 7 septembre dans le bréviaire de 1759, dans le missel de 1770 et les livres postérieurs. » Marlot, *Histoire de la ville, cité et université de Reims*, publiée par l'académie de Reims, t. II, p. 303 (note de l'éditeur).

Page 65, première manchette, *au lieu de* t. I Annales des bénédictins *lisez* t. I des Annales bénédictins.

Page 65. Flodoard, qui est mort le 28 mars 966, s'était retiré, à la fin de sa vie, dans un des monastères voisins de Reims dont il fut abbé. Quel a été ce monastère? Ce problème historique n'est pas nouveau, bien qu'il n'ait jamais été résolu. « On hésite, dit M. Guizot dans sa notice sur Flodoard, entre les monastères de Saint-Remi, de Saint-Thierry, de Saint-Basle, d'Hautvillers et d'Orbais. » (*Collection des mémoires relatifs à l'histoire de France*). Mais aucune preuve n'existe en faveur du monastère d'Orbais, quoique Moreri avance à tort qu'il a été bâti par Flodoard [1]. « Si nous examinons, dit M. Lejeune, les vacances qui eurent lieu à l'époque où Flodoard embrassa la vie monastique, on peut supposer avec quelque vraisemblance qu'il succéda soit à Rotmarus, qui siégeait à Hautvillers en 957, soit à Odoléus, abbé de Saint-Basle en 954. C'est à cette supposition que s'arrête Marlot. » *Histoire de l'Eglise de Reims* par Flodoard (édit. de l'académie de Reims, 1854), t. I, notice biographique, p. XIII. Cf. abbé Manceaux, *Histoire de l'abbaye d'Hautvillers*, t. I, p. 289.

Page 66, ligne 19, *au lieu de* retusæ *lisez* relisæ.

Page 75. D. Du Bout présente à tort Anne de la Veusve (*lisez* de la Vefve) et N. de Mitiercelin (*lisez* Meixtiercelin) comme deux personnages distincts; ils se confondent en un seul, ainsi que l'a établi M. Millard, *Revue de Champagne*, t. XXII (1887), p. 252.

---

1. Cette assertion de Moreri (v° Orbais) est le résultat d'une erreur matérielle. Il cite, en le reproduisant mal, un passage de la *Notitia Galliarum* d'Adrien de Valois qui dit que le monastère d'Orbais fut, *d'après le témoignage de Flodoard*, bâti par saint Réole, archevêque de Reims.

Pages 101 *à* 103. L'étude du notaire d'Orbais conserve la minute de l'acte authentique du 16 décembre 1690 sur laquelle nous avons collationné la copie donnée par D. Du Bout. Voici, par suite, quelques mentions à rectifier : Page 101, lignes 41 et 42, *au lieu de* Antoine la Rive *lisez* Antoine de la Rive. Page 102, ligne 2, *au lieu de* Michel... *lisez* Michel Cotton; ligne 5, *au lieu de* Litourneau *lisez* Lestourneau; ligne 6, *effacez* Louis Thibaud et *au lieu de* Carpentier *lisez* Charpentier ; ligne 26, *au lieu de* en bonne forme *lisez* en bonne et deue forme ; ligne 42, *au lieu de* est l'exposé *lisez* est en l'exposé. Page 103, ligne 12, *au lieu de* fournie incessamment *lisez* fournie en bonne forme incessamment; ligne 22, *au lieu de* au deffaut *lisez* pour l'absence.

Page 113. Parmi les *Opuscula varia* de Hincmar[1] se trouve une dissertation intitulée *De villa Noviliaco* (probablement Neuilly-Saint-Front), qui nous confirme le fait de la concession en bénéfice de la terre de ce nom à l'abbaye d'Orbais par le roi Charles le Chauve. Migne, *Patrologie latine*, t. CXXV, col. 1123. Cf. D. Bouquet, *Histor. de France*, VII, 215 B.

Page 113. Une étude géographique sur le *Pagus Urcensis* ou Orxois a été publiée par le docteur Aug. Corlieu dans les *Annales de la Société historique et archéologique de Château-Thierry*, année 1882, p. 41.

Page 114. Thibaut (comes Tetbaldus) remet [aux religieux de cette] abbaye tous les droits de coutume qu'il avoit au lieu d'Orbais, moyennant la somme de cent dix sols qu'ils payront annuellement. Biblioth. nat. mss. Collection de Champagne, t. 135, p. 294.

Page 125, note, ligne 4, *au lieu de* cinq aprés *lisez* cinq ans aprés.

Page 131, ligne 20, *au lieu de* Extrait de Nécrologe *lisez* Extrait du Nécrologe.

DIMENSIONS GÉNÉRALES DE L'ÉGLISE D'ORBAIS.

(Page 135).

De l'axe de la dernière colonne conservée dans le mur du bas-côté septentrional de l'église[2], au fond du cul de four de la chapelle de la Vierge, la distance est de 49 m. 35 c.

Entre les deux pignons des transepts, il y a 29 m. 57 c.

Entre les murs des bas-côtés de la nef, 18 m. 80 c.

L'écartement transversal des colonnes de la nef est de 10 m. 02 c. mesuré d'axe en axe; et de 4 m. 74 c. dans le sens longitudinal de l'édifice.

---

1. Sur Hincmar et ses ouvrages, v. *Revue de Champagne*, t. XVIII (1885), p. 454.
2. La démolition de la nef a laissé subsister trois travées à peu près intactes à partir du transept Nord.

Les bas-côtés de cette nef ont desdits axes aux parements intérieurs des murs : 4 m. 11 c. au nord et 4 m. 67 c. au midi.

Le rayon de la partie circulaire du chœur est de 4 m. 56 c. mesuré du centre des colonnes.

Ceux des culs de four des chapelles absidales ont 2 m. 55 c., 2 m. 60 c., et 2 m. 65 c.

La plus grande dimension des piliers du transept est de 2 m.

Le diamètre des colonnes de la nef, du transept et du chœur, est de 1 m. 10 c.

Celui des colonnes engagées dans les piliers et sur les têtes de mur séparant les chapelles absidales est de 0 m. 35 c.

Les colonnettes supportant les arcs-ogives ont 0,17 c. 1/2.

Celles des arcs-formerets ont 0,13 c. 1/2.

L'épaisseur des murs des bas-côtés et des chapelles varie de 0 m. 90 c. à 0 m. 97 c., et celle des murs des transepts de 1 m. 50 c. à 1 m. 95 c.

Enfin, les arcs-boutants du chœur ont 0 m. 41 c. d'épaisseur et les piles qui en reçoivent les retombées, 0 m. 96 c. à 0 m. 97 c. 1/2.

L'intrados des voûtes de la grande nef est à 19 m. environ au-dessus du pavé.

Page 147, note 1, ligne 9, *au lieu de* dans les années 1762 et 1767 *lisez* à partir de 1767.

Page 156, ligne 6 de la note, *au lieu de* Nazerenus *lisez* Nazarenus.

Page 162, ligne 32, *au lieu de* Ratramnne *lisez* Ratramne.

Page 176, *note* 1. Sur Fabio Brulart de Sillery, évêque de Soissons, on pourra consulter les *Mémoires de Saint-Simon* (édit. de Boislisle), t. IV, p. 57 et 92.

Page 176, note 2, ligne 1, *au lieu de* 1647 *lisez* 1648. — Le P. Gaichiés (Jean), prêtre de l'Oratoire, résida successivement à Avignon, Saumur, Notre-Dame-des-Vertus, etc... Il fut l'ami du janséniste Quesnel. Le P. Bougerel, de l'Oratoire, lui a consacré une notice manuscrite intéressante. V. *Supplément à l'essai de bibliographie oratorienne*, par le R. P. Ingold, Paris, G. Téqui, 1882, in-4°. (Bibl. nat. réserve, MQ 33).

Page 181. Sur les ornements pontificaux accordés aux abbés réguliers des monastères, nous avons à signaler un article intitulé : « Les Abbés au moyen-âge », par D. François Chamard, bénédictin, dans la *Revue des Questions historiques*, 1er juillet 1885, p. 71 et suiv.

Page 209, ligne 22, *au lieu de* præbent solerter ' *lisez* praebent ' solerter.

Page 231, ligne 12, *au lieu de* entier *lisez* entiers.

Page 234, *note* 2. Avant d'aller en Saxe gouverner la Nouvelle-Corbie où il était lorsque Paschase Radbert lui dédia son livre sur l'*Eucharistie*, Warin Placide aurait été, paraît-il, écolâtre ou maître des écoles de l'abbaye d'Hautvillers. C'est là que, suivant Mabillon, il aurait exécuté pour Ebon, archevêque de Reims, sous le règne de Louis le Débonnaire, le somptueux évangéliaire conservé aujourd'hui à la bibliothèque d'Epernay. M. Paulin Paris a reproduit l'opinion du savant bénédictin (*Revue de Champagne*, t. VII, p. 87-90 ; cf. t. V, p. 167) ; mais elle a été depuis contredite par M. Edouard Aubert dans sa monographie intitulée : *Manuscrit de l'abbaye d'Hautvillers dit évangéliaire d'Ebon* (Extrait des *Mémoires de la Société nationale des Antiquaires de France*, t. XL).

Page 236, ligne 13. V. *Règles communes et particulières pour la congrégation de Saint-Maur*, p. 92, un vol. in-8°, 1663 ; Bibl. nat. L d¹⁶ 344.

Page 247, note 4. Nous avons pensé, avec les auteurs de l'*Histoire littéraire*, que Ratramne, prévôt d'Orbais, et le fameux Ratramne de Corbie devaient être deux religieux différents. Cette opinion est aussi celle qu'adopte D. Grenier dans sa collection manuscrite (t. XLVII, f° 154) conservée à la Bibliothèque nationale.

Page 253, *note* 3. Fulco, évêque d'Amiens, obtient des deux comtes Theobaldus et Stephanus un alleu situé dans le *pagus ambianensis*, sur le fleuve *Sere* (la Selle), et nommé *Crisciacum* (Croissy, Oise), dont les revenus doivent servir à célébrer un obit anniversaire pour l'âme du comte Odo leur père. La charte de donation est signée par les deux comtes avec leur mère Ermengardis et, entre autres personnages, par *Mainardus*, abbé d'Orbais. Cette pièce, qui appartient au cartulaire du chapitre d'Amiens, est publiée par M. d'Arbois de Jubainville sous l'année 1042. Au contraire, dans le *Nécrologe de l'église d'Amiens*, p. 11, 73 et 181, un volume in-8°, Amiens, Douillet, 1885 (Extrait du t. XXVIII des Mémoires de la Société des Antiquaires de Picardie), M. l'abbé Roze lui assigne la date de 1034. D'ailleurs, ce dernier auteur se trompe en disant que le nom de Mainard, abbé d'Orbais, n'est pas donné par le *Gallia*.

Page 256, note 2, ligne 22, *au lieu de* moyennant *lisez* avec.

Page 257. Une bulle du pape Alexandre III du 13 avril 1179 [1] confirme le droit de patronage de l'église de Reims sur l'abbaye d'Orbais. Varin, *Archives administratives de Reims*, I, 382 et 929. Jaffé et Potthast, *Regesta pontificum romanorum*.

Pages 257 *et* 258. L'*Histoire littéraire de la France*, t. XV, p. 615, contient une notice sur Guillaume, abbé d'Orbais en l'an 1180.

Pages 261 *et* 262. Le cartulaire de l'abbaye Saint-Crépin-le-Grand de Soissons (XVIII° siècle) contient une copie de la charte par laquelle Gilles, abbé d'Orbais, et son monastère cèdent à la

---

1. Renouvelée par une bulle de Grégoire X du 30 août 1274.

dite abbaye des hostises de vinage, de cens et de justice qu'ils avaient dans les paroisses de Saint-Pierre du bourg de Saint-Crépin et de Saint-Germain (février 1220-1221, f° 246). « Ego Egidius Dei miseratione dictus abbas et conventus Orbacensis ecclesie presentibus et futuris presentes litteras inspecturis in Domino salutem (suit la continuation du texte latin qui reproduit, avec quelques variantes [1], la charte de reconnaissance de l'abbé Renoldus transcrite par D. Du Bout)... In cujus rei testimonium presentes litteras fieri voluimus sigillorum nostrorum munimine roboratas. Actum anno gratie millesimo cc° vicesimo mense februario. » (Le sceau est perdu). *Archives départementales de l'Aisne*, série H. 455, inventaire imprimé, t. III, clergé régulier, p. 70.

Page 273. Le 14 mai 1287, Sibille, feme de Jehan la Pance, citoien de Reims, choisit pour exécuteurs testamentaires son mari et son frère qui devront agir avec l'assistance d'*Odon d'Orbais* [2], de l'ordre des frères prêcheurs. Varin, *Archives administratives de Reims*, I, 1023.

Page 273, note 2. Le traité d'association de prières conclu entre les religieux d'Orbais et ceux de la Charité-sur-Loire est daté de

---

1. Haconis Rufi *au lieu de* Hatonis Rufi ; Mequeron *au lieu de* Mengron, etc...

2. Orbais fut sans doute aussi la patrie d'un célèbre architecte qui a été l'un des auteurs de la cathédrale de Reims au XIIIe siècle. Nous voulons parler de JEAN D'ORBAIS dont la biographie est du reste fort obscure... « Ce personnage, nous écrit M. L. Demaison, archiviste de Reims, n'est connu que par une figure et une inscription qui étaient gravées dans un des compartiments du labyrinthe de la cathédrale de Reims détruit en l'année 1778. Je ne crois pas qu'on ait sur lui d'autres documents, et la signature qui figure sur un acte de 1259 cité par Varin (*Archives administratives de Reims*, I, 789) ne doit pas être la sienne. Le chanoine Lacourt, qui vivait au XVIIIe siècle, nous a fait connaître, avec plus ou moins de fidélité, le texte de l'inscription qui concernait Jean d'Orbais ; elle était ainsi conçue : *Cette image est en remembrance de maistre Jehan d'Orbais, qui fu maistre de l'église de ceans*. (Cf. *Annuaire de l'institut des provinces et des congrès scientifiques*, Caen, 1857, t. IX, p. 238). Il semble résulter d'un renseignement fourni par le chanoine Cocqueault (XVIIe siècle), dans son Histoire manuscrite conservée à la bibliothèque de Reims (t. III, pl. 26), que l'inscription attribuait de plus à Jean d'Orbais le commencement « de la coiffe de l'église », c'est-à-dire vraisemblablement la voûte centrale du transept et le clocher qui devait la surmonter. Or, cette portion de la cathédrale remonte au XIIIe siècle ; donc Jean d'Orbais vivait à cette époque ; mais on ne saurait préciser davantage. » — Ces renseignements, puisés aux sources les plus sûres, nous font regarder comme arbitraires les dates (1382 à 1412) données, relativement à l'époque où vivait Jean d'Orbais, dans un article du *Nouveau Dictionnaire biographique et critique des Architectes français*, par Ch. Bauchal, p. 188, Paris, librairie générale de l'architecture, André, Daly fils et Cie, 1887. Du reste, rien n'autorise à supposer, comme le fait l'auteur du même article, que Jean d'Orbais ait construit l'église du lieu de sa naissance.

1294, le second jour de la férie après l'Ascension, *feria secunda post Ascensionem*, dit le texte latin. Ces mots, en langage-ecclésiastique, signifient le lundi de la semaine après l'Ascension, c'est-à-dire le 31 mai (pour 1294). Il ne s'agit donc pas du vendredi 28 mai ou lendemain de l'Ascension, comme l'a écrit à tort, suivant nous, M. René de Lespinasse dans son *Cartulaire du prieuré de la Charité-sur-Loire* (Paris, Champion, 1887), p. 274, note 1 ; cf. introduction, p. XIII.

Page 273. Ann. 1296. Li jugement de ceste année...

Plais estoit meus entre Evrart le Blanc d'une part et Fourquet [de] Trois-Puis et sa femme d'autre, de un mur qui est en *mez d'Orbais*, seur le chemin entre la maison ledit Evrart d'une part et le jardin celui Fourquet d'autre, etc... VARIN, *Archives administratives de la ville de Reims*, t. I, p. 1109.

Le mez d'Orbais était un édifice existant autrefois à Reims. On manquait jusqu'ici de données précises sur son emplacement[1]; mais la solution de ce problème topographique vient d'être trouvée par le savant archiviste de Reims, M. L. Demaison, qui a bien voulu nous adresser sur le mez d'Orbais la notice suivante :

LE MEZ D'ORBAIS

« Il y a dans les archives de l'Hôtel-Dieu de Reims quelques chartes du XIV° siècle relatives à des maisons situées dans le voisinage du mès d'Orbais :

« ... Tres domos parvas contiguas... sitas Remis in vico qui dicitur *en mes d'Orbois*,.. que quidem tres domus seu domuncule contigue site sunt inter domum Colardi dicti as Grenons, civis Remensis, ex una parte, et domum Remigii dicti de Tuiseyo, civis Remensis, ex altera... » (1310). — Série B. 55, l. 3, n° 1.

« ... Duas domos seu domunculas contiguas, sitas in vico qui dicitur *mesus de Orbaco*... » (1311). — Ibid., n° 2.

« ... Deux maisons jointes ensemble, sceans a Reins en lieu que on dit *devant le meis d'Orbays*, tenant à Pierre de Tuisy, d'une part, et Regnaudin Leroy, d'autre part... » (1372). — Ibid., n° 3.

« ... Parvam domum sitam Remis ante vel prope *mesum de Orbaco*... » (1382). — Ibid., n° 4.

« ... Domum sitam Remis in quodam vico quo itur a vico scu-

---

1. Quant à sa destination, il est facile de s'en rendre compte. A Reims, on appelait *Mez* des maisons que les principales abbayes de la région possédaient dans l'intérieur de la ville et qui servaient de lieux de refuge aux moines en cas de guerre et d'invasion. Il y avait le mez de Saint-Thierry, de Saint-Basle, d'Hautvillers, de Mouzon, de la Valroy, de Saint-Gilles, d'Igny, et bien d'autres encore. Plusieurs de ces propriétés ont duré jusqu'à la Révolution, mais alors elles étaient louées et avaient perdu leur caractère primitif. Cf. Varin, *Archives administ. de Reims*, I, 806.

tellarie versus vicum Judeorum, videlicet prope *mesum de Orbaco*... » (1382). — Ibid., n° 5.

Le *vicus Judeorum* mentionné ici est aujourd'hui la *rue des Elus*. C'est donc dans ce quartier qu'il faut chercher le mès d'Orbais. Il n'est point cité dans le registre de la taille du sacre de Philippe VI (1328), l'un des documents les plus complets que nous possédions sur la topographie de Reims au moyen-âge ; mais un autre cahier de la taille d'une date plus récente (1413), qui se trouve aussi dans nos archives municipales, indique « *le quarrel du mez d'Orbais*. » Ce « quarrel » figure entre « le quarrel de la grant boucherie » et « le quarrel du cerf. » On peut déterminer sa position grâce à ces données et par la comparaison avec d'autres documents. C'est le pâté de maisons compris aujourd'hui entre les rues des Elus, de l'Ecrevisse, des Tapissiers et des Deux-Anges. Quant au « quarrel du cerf », il existe aussi encore et n'est autre que le groupe limité par les rues des Elus, des Deux-Anges et de La Salle.

Les maisons dont il est question dans les chartes de l'Hôtel-Dieu, étaient sises en face du mès d'Orbais, de l'autre côté de la rue par conséquent, et dans un « quarrel » voisin. Ce « quarrel » était celui du *cerf*. En effet, Colart as Grenons et Remi de Thuisy, dont les maisons étaient limitrophes des maisons susdites d'après la charte de 1310, sont notés comme habitants de ce quartier, le premier dans un cahier de la taille de 1319, le second dans le registre de 1328.

Il résulte de tous ces renseignements que le mès d'Orbais était situé dans la rue qui séparait le « quarrel » auquel il donnait son nom du « quarrel du cerf », et qui aboutissait à la rue des Juifs, aujourd'hui rue des Elus. La rue actuelle des Deux-Anges répond bien à ces conditions. Le mès d'Orbais s'y trouvait à gauche, quand on suivait cette rue dans la direction de la cathédrale.

La rue des *Deux-Anges* s'appelait auparavant rue de la *Serrurerie*, et au xiv° siècle rue du *Mes d'Orbais* [1], ainsi qu'on le voit par les chartes de 1310 et 1311.

---

[1]. « Voici, par ordre chronologique, des textes concernant le mez d'Orbais, qui sont antérieurs ou postérieurs au xiv° siècle : 1. Charte sans date (de 1162 à 1180) souscrite par Arnould, abbé d'Orbais, et déjà citée *supra*, p. 256 et 611 (Arnould fait savoir qu'il a cédé à l'abbaye de Saint-Remy de Reims régie alors par l'abbé Pierre, cinq sous rémois de cens que son monastère percevait annuellement à la Saint-Remy, au Mez d'Orbais, ainsi que ce qu'il possédait en vinage *apud villam Columpnas nuncupatam*, etc...) — 2. « ... Quandam domum quam habebant, ut dicebant, Remis, sitam in vico qui dicitur *Emmeis d'Orbais*, juxta domum Johannis, in pinaculo dicti vici. » 1262. (Acte de vente d'une maison appartenant aux religieux du Val des Ecoliers, Archives de la Marne, f. de Saint-Etienne de Reims, cart. 1). — 3. La même maison est dite « ... in vico qui dicitur *Meiz d'Erbais*. » 1272. (*Ibid.*). — 4. « ... En la rue de la *Serrurerie* faisant le

Le *vicus scutellarie*, cité dans l'une des chartes de 1382, était en français la rue de la *Fourberie*; c'était le quartier des fourbisseurs, fabricants d'écuelles, plats et autres objets en métal. Cette rue est devenue la rue des *Tapissiers*.

Telles sont les principales notes que j'ai pu recueillir sur le quartier du mès d'Orbais. Je ne sais s'il reste encore des traces de cette maison et si l'on pourrait déterminer sa situation d'une manière plus précise. Je ne crois pas que l'abbaye d'Orbais la possédât à l'époque de la Révolution, car elle ne figure pas dans les listes de biens nationaux. »

Page 276, seconde manchette, *au lieu de* abbétialle *lisez* abbatialle.

Page 276. En 1402, Guy de Roye, archevêque de Reims, reçut dans la chapelle de son palais le serment de Pierre de Chavigny, abbé du monastère d'Orbais, dont il eut à confirmer l'élection. Ce prélat et ses prédécesseurs avaient aussi le droit de visite [1] et de procuration (gîte) dans le même monastère (Varin, *Archives administratives de Reims*, II, 634). Ces privilèges découlent de la juridiction spéciale que les archevêques de Reims exerçaient au

---

coing de la rue du *Mez de Rebeys*. » 1485. (*Ibid.*). — (Ces quatre citations sont empruntées à l'étude de M. Longnon sur les *Pagi de la Gaule*, 2ᵉ part., p. 28). — 5. « Congié est donné à Jehan Moet d'advencer son mur de sa closture au *mez d'Orbais* de XII piedz deux doigtz de sa longueur, en entrant dedans le dit mez, et retirant droit au coing de son jardin joignant de son huisserie, en restoupant le puys qui est emmy le dit mez, et en faisant ung neuf dedans le dit mur, retirant au dit coing pour servir à la chose publique. » Mardi 25 septembre 1487. (Arch. de Reims, Conclusions du Buffet de l'échevinage, t. II, fol. 157 v°).

Le nom de rue du *Mez d'Orbais* a dû tomber en désuétude vers le commencement du XVIᵉ siècle. Je n'en connais pas d'exemple postérieur à cette date. La rue de la *Serrurerie* est déjà mentionnée en 1485, ainsi qu'on le voit dans la citation n° 4. Je la trouve indiquée aussi dans un bail du 24 août 1546. (Arch. de Reims, f. du Chapitre, lay. 49, liasse 124, n° 1).

Le nom de la rue des *Deux-Anges* est assez récent et provient de l'enseigne de la « maison des deux anges », citée dès l'année 1630 (Archives de Reims, Comptes des pavés, t. XXI, fol. 239 r°). Les documents que j'ai étudiés établissent d'une façon certaine l'identité de cette rue et de la rue du *Mez d'Orbais*. Quant à la rue de la *Serrurerie*, elle paraît être distinguée de celle-ci dans la pièce de 1485 que j'ai citée plus haut (n° 4). Cependant, dans l'inventaire des Archives du Chapitre de Reims, rédigé par Lemoine de 1785 à 1787, la rue de la *Serrurerie* et la rue des *Deux-Anges* sont considérées comme une seule et même voie.

1. Il est à remarquer que le couvent d'Orbais se trouvait également soumis à la visite de l'évêque de Châlons, quoiqu'il fît partie du diocèse de Soissons (Pouillé manuscrit dressé en 1630 par le chanoine Nicolas Laficquet. Bibl. nat. mss. Collection de Champagne, t. VII, f° 10 v°). E. de Barthélemy, *Diocèse ancien de Châlons-sur-Marne*, t. I, p. 92 et t. II, p. 379.

moyen-âge sur l'abbaye d'Orbais [1], bien qu'elle fût située hors de leur diocèse (V. *suprà*, chap. VII, p. 161 et suiv.).

Page 281, note 6, ligne 4, *au lieu de* des documents *lisez* de documents.

Page 297, note 2, ligne 4, *au lieu de* une lumière *lisez* une des lumières. — *La Vie du cardinal Laurent Campège*, traduite du latin de Sigonius, fait suite à l'*Histoire du schisme d'Angleterre* de Sanderus (Saunders) mise en français par Maucroix, chanoine de Reims, Paris, 2 vol. in-12 (1678-85).

Page 301, ligne 12, après le mot : Avignon *ajoutez* [de 1542 à 1544, *Gallia Christ.* I, 845].

Page 302, *note* 1. Sur la famille à laquelle appartenait peut-être Nicolas de la Croix, abbé d'Orbais, cf. *Revue de Champagne*, tome XXII (1887), p. 250 et 251.

Page 309, ligne 30, *au lieu de* auxquelz *lisez* ausquelz.

Page 327, note, lignes 25 et 26, *au lieu de* Acte indiqué par simple mention, *lisez* Acte conservé aux *Archives départementales de la Marne*, f. d'Orbais, n° 38. Il s'agit d'un bail de 50 arpents tant terres que prés, faisant partie de la cense de la Chapelotte, qui a été consenti à Jehan Musquin, lieutenant-général de la justice d'Orbais, par l'abbé Nicolas de La Croix et ses religieux.

Page 343, *note* 3. La référence indiquée dans cette note au sujet de la Chambre des Comptes de Bourgogne est empruntée à l'*Inventaire sommaire des Archives départementales de la Côte-d'Or antérieures à* 1790, par Joseph Garnier, t. V.

Page 353, *note* 1, *ligne* 6. Après le décès du cardinal Nicolas de Pellevé, archevêque de Reims, son corps, nous dit Marlot, fut conduit dans cette ville, au mois de septembre 1598, pour y être inhumé conformément à sa volonté testamentaire. Les restes mortels du défunt étaient accompagnés par son neveu, Philippe de Pellevé, seigneur d'Orbais. Le 14 octobre suivant, Philippe du Bec, successeur du prélat décédé, vint à Reims pour prendre possession en personne de l'archevêché, et il fut reçu le 18 du même mois

---

[1]. A côté des prérogatives de l'autorité ecclésiastique, mentionnons celles du pouvoir civil :

Il existait d'abord un droit régalien. Au milieu du XIII° siècle « toutes fois « que le corps dou Roy va en guerre en quelque lieu que ce soit,... l'abbaye « d'Orbez (de la prevosté de Chastel-Thierri) doit un chariot tout attelé. » Dom Bouquet, *Histor. de France*, t. XXIII, p. 732. *Revue de Champagne*, t. XVI (1884), p. 245 (article de M. l'abbé Lalore).

En second lieu, les comtes de Champagne avaient le droit de garde sur l'abbaye d'Orbais qui leur payait en retour, au début du XIII° siècle, une redevance annuelle de 20 livres. Il est possible que le droit d'autoriser l'élection des abbés et celui de gite aient appartenu à ces princes comme conséquence de la garde dont il s'agit. D'Arbois de Jubainville, *Histoire des comtes de Champagne*, t. III, p. 284, t. IV, p. 618 et 620.

par le chapitre des chanoines qui avaient à leur tête Jean de Pilles, prévôt de la cathédrale. Marlot français, l. XII, ch. 39 (édit. de l'Académie de Reims), t. IV, p. 500 et 501 ; cf. t. I, p. 654 (l. IV, chap. 32).

Page 355, *note* 2. Nous avons dit dans cette note : « Les agents de la Ligue (abbé d'Orbais, cardinal de Joyeuse et baron de Senecey) furent accueillis avec faveur par Clément VIII. Ils parvinrent même à faire renvoyer de Rome le duc de Nevers, etc... » Cette assertion, telle que nous l'avons formulée, après M. Auguste Bernard[1], pourrait sembler un peu inexacte au point de vue du fait matériel. La vérité est que le départ du duc de Nevers (14 janvier 1594) coïncida avec l'arrivée des ligueurs[2].

Page 355, *note* 2 *in fine*. Nous voyons dans un nécrologe de l'église de Reims qu'une messe d'*obit* était célébrée le 18 juillet de chaque année pour le repos de l'âme de Jean de Piles. Varin, *Archives législatives de la ville de Reims*, IIe partie, statuts, Ier vol., p. 118.

Page 356, note 1, lignes 1 et 2, *supprimez les mots* Écartelé aux 1 et 4.

Page 358, *notes* 3 *et* 4. On voit à Paris, au musée de sculpture comparée du Trocadéro (Catalogue (édit. 1883), nos 227 à 229), les moulages de plusieurs tombes seigneuriales (xve siècle) provenant de l'église de Bueil (Indre-et-Loire), entre autres la statue funéraire de Jeanne de Montejean, première femme de Jean V de Bueil.

Page 371, *ligne* 11. Consulter la *Gazette de France* du 29 décembre 1650[3], p. 1685 et 1695.

Page 371, *note* 5. « En 1654, — écrit le général Susane, — et par l'influence de Turenne qui trouvait avec raison que ce n'était pas assez de 2 généraux de cavalerie dans une guerre qui exigeait

---

1. *Procès-verbaux des États-généraux de* 1593, préface, p. XVI.
2. Le duc de Nevers, ambassadeur d'Henri IV, venu pour demander au Pape l'absolution du Roi récemment converti, quittait Rome afin « de ne plus perdre son temps » lorsque le cardinal de Joyeuse, le baron de Senecey (Beauffremont) et l'abbé d'Orbais (Jean de Piles) y arrivaient. *La ligue et les papes*, par le comte Henri de l'Epinois, p. 613, Paris, Victor Palmé, 1886, un vol. in-8°. Cet ouvrage sera lu avec intérêt par les personnes qui voudraient étudier la figure originale et jusqu'ici peu connue de Jean de Piles. C'est d'après des documents inédits, tirés en partie des Archives du Vatican, que l'auteur a retracé le détail des diverses missions diplomatiques remplies par l'abbé d'Orbais auprès du Saint-Siège. (V. p. 15, 327 note 1, 329, 337, 338 note, 372, 454, 600, 604, 630 note, etc., etc...) — Cf. *Paris et la ligue* sous le règne de Henri III, par Paul Robiquet, p. 502 note, Paris, Hachette, 1886, un vol. in-8°.
3. Voir aussi la *Gazette de France* du 10 juillet 1655, p. 733, sur la défaite que d'Esclainvilliers, alors lieutenant général, infligea, le 2 de ce mois, à un parti ennemi, près de Landrecies.

5 ou 6 armées différentes, fut créée à titre permanent la charge de commissaire général de la cavalerie[1]. Nous donnons ici le récit de Bussy-Rabutin, qui, pour venir d'un homme difficile à vivre et très intéressé dans l'affaire comme mestre de camp général, n'en fournit pas moins des détails curieux :

« Au commencement de 1654, dit-il, le mareschal de Turenne, voulant reconnoistre le devoüement d'Esclainvilliers[2] et peut-estre diminuer la consideration de ma charge, avoit proposé en sa faveur à la Cour, comme un grand avantage au service, de faire un commissaire general dans la cavalerie[3], ainsi que cela se pratiquoit dans les armées d'Allemagne. Ce mareschal, qui commandoit une des armées du Roy en Flandres, et qui prevoyoit que son employ ne finiroit pas si tost, estoit bien aise d'avoir une creature aussi considerable que le commissaire general dans le corps de la cavalerie, etc... Pour moy, que la chose interessoit..., je m'y opposay. Je craignois que cette charge (dont la fonction parmi les Etrangers estoit de commander non seulement la cavalerie, mais encore d'en faire les reveüës et de donner les quartiers d'hyver) n'eust plus de consideration que la mienne, quoyqu'elle luy fust subalterne. Mon opposition empeschant l'établissement d'Esclainvilliers, il me vint faire tant de prieres de ne pas ruiner sa fortune m'asseura tant de sa reconnoissance et mesme de son attachement, en me disant qu'il m'apporteroit le projet de sa commission pour y changer ce qui me choqueroit, que je consentis à ce qu'il voulut... Il m'apporta deux jours après un projet de sa commission dans

1. La charge du commissaire général n'est devenue permanente que le 15 octobre 1654.

2. « Le mareschal de Turenne avoit de l'amitié pour Timoleon de Sricourt sieur d'Esclainvilliers, qui commandoit depuis quelques années la cavalerie de son armée par ancienneté. Celuy-ci estoit un bon et brave gentilhomme fort capable de cet employ, soigneux et vigilant au dernier point, mais une de ses qualitez qui avoit autant gagné le cœur du mareschal, c'estoit un tres grand attachement qu'avoit pour luy Esclainvilliers... » *Mémoires de Bussy-Rabutin*, sous l'année 1653.

3. « Un brevet du 25 mai 1654 établit le marquis d'Esclainvilliers commissaire général de la cavalerie, à titre provisoire et sans préjudice de l'avenir..... Le marquis d'Esclainvilliers devient commissaire général définitif par brevet d'avril 1656, érigeant cette charge en office de la couronne comme celles du colonel général et du mestre de camp général. D'Esclainvilliers mourut en décembre, « perdu de débauches de vin et de femmes », prétend Bussy-Rabutin, et il fut remplacé, le 7 février 1657, par La Cardonnière, « une creature du cardinal Mazarin », toujours d'après le même témoignage. Il ne faisait pas bon dans ce temps-là plus qu'aujourd'hui se trouver sur le chemin de certains ambitieux atrabilaires. Le fait est que d'Esclainvilliers avait perdu une jambe au service de son pays et n'en montait pas moins à cheval, et que La Cardonnière était un excellent officier de fortune etc..., » Général Susane, *Histoire de la cavalerie française*, t. II, p. 27 et 28.

laquelle j'adjoûtay quelques mots qui estoient qu'il n'auroit point en mon absence d'autre fonction que la mienne[1]... »

Ce qu'on vient de lire montre une fois de plus de quel poids pesaient alors les prétentions personnelles. Ajoutons que Bussy, qui eut probablement la main forcée, ne céda pas sans obtenir une compensation. » Général Susane, *Histoire de la cavalerie française*, t. I, p. 54, 109 et 110.

Page 373, note 1, lignes 4 et 5. « M. d'Esclainvilliers, à la journée du fauxbourg Saint-Antoine, ne repoussa point les ennemis jusqu'à la place Baudoyers qui est près Saint-Gervais. Tout le monde sçait que le combat du fauxbourg Saint-Antoine se donna dans la grande rue de ce fauxbourg, que les portes de Paris étoient fermées, qu'aucune des troupes du Roi n'entra dans la ville, et qu'il n'y eut que les débris de celles du prince de Condé qui entrerent dans Paris par la porte Saint-Antoine que Mademoiselle, favorisée par le canon de la Bastille, fit ouvrir pour sauver le prince de Condé. » (*Chronologie historique-militaire* de Pinard, t. IV, p. 154, note. V. *suprà*, p. 441, note 2).

Page 375. « Le sieur de Dancourt [François de Séricourt], maréchal de camp, frere du baron d'Esclainvilliers, défend courageusement la ville de Roye, en Picardie, contre les Espagnols joints au prince de Condé, qui avoit établi son quartier au village de Carepuis. » *Gazette de France* du 22 août 1653, p. 851.

Page 375, note 1, ligne 9, *au lieu de* en 1702 *lisez* le 10 février 1704, et ligne 13, *au lieu de* et il mourut en 1708 *lisez* où il mourut de maladie en février 1707. — Nous avons à compléter ici les renseignements relatifs aux services militaires de Charles-Timoléon de Séricourt, marquis d'Esclainvilliers. « Cornette au régiment de cavalerie de Tilladet (depuis Souvré) en 1678, il se trouva aux siéges de Gand et d'Ypres, à la bataille de Saint-Denys, près Mons, la même année, et obtint une compagnie dans le même régiment en 1683, etc... Mestre de camp d'un régiment de cavalerie de son nom par commission du 10 mai 1691 [2], il le commanda au combat de Leuse la même année, au siége de Namur et au combat de Steinkerque en 1692, à la bataille de Néerwinde, au siége de Charleroy en 1693, à l'armée d'Allemagne en 1694 [3] et 1695. Brigadier de cavalerie par brevet du 3 janvier 1696 [4], il ser-

---

1. *Mémoires de Bussy-Rabutin*, sous l'année 1654 ; cf. *ibid.*, passim.
2. Sur l'historique et les campagnes de ce régiment, voir : Général Susane, *Histoire de la cavalerie française*, t. II, p. 125.
3. Le duc de Saint-Simon nous a laissé le souvenir d'une dispute que, pendant la campagne d'Allemagne, en 1694, il eut avec « Esclainvilliers, mestre de camp de cavalerie... C'étoit, dit-il, un brave homme, épais mais bon homme et galand homme, et qui savoit fort bien mener une troupe de cavalerie. » *Mémoires de Saint-Simon* (édition de Boislisle), t. II, p. 162.
4. *Mémoires du marquis de Sourches* publ. par le comte de Cosnac et E. Pontal, t. V, p. 91.

vit à l'armée du Rhin cette année et la suivante, etc.... Employé à l'armée d'Italie par lettres du 21 février 1702, il combattit à Luzzara, entra ensuite dans Mantoue, etc... Il se démit de son régiment en faveur de son fils au mois de janvier 1704, etc... Il se trouva au siège de Turin en 1706 et mourut peu après de maladie. » (*Chronologie historique-militaire* de Pinard, t. VI, p. 543 et 544. V. *suprà*, p. 441, note 2). Cf. *Gazette de France* du 10 novembre 1703, p. 566 et suiv.

Page 385, *note* 1. Sur D. Jean-Baptiste Mouly, voir la *Vie des Justes de la congrégation de Saint-Maur* par D. Martène [1], Bibl. nat. ms. fr. 17671, f° 141.

Page 389, *note* 1. « Dom Henri Jobart, écrit D. Martène, etoit de Reims ; il fut deux fois novice et fit profession, comme je crois, à Vendôme (quoyque le matricule le fasse profes de Saint-Remy) [le] 14 de fevrier 1646, âgé de vingt-un ans. Il a tousjours vecu en tres bon religieux. Il etoit interieur et penitent. Lorsque j'etois novice, il etoit sacristain à Saint-Remy de Reims, et j'ay remarqué que dans les recreations il nous parloit tousjours de Dieu, etc... » Bibl. nat. ms. fr. 17671, f° 99.

Page 394, lignes 9 et 10 et lignes 32 et 33, *au lieu de* Le Moine, Le Secq et de Launay, notaires, *lisez* Le Moine et Le Secq de Launay, notaires [2].

Page 397. « En 1667, la congrégation de Saint-Maur entra dans l'abbaye d'Orbais. En 1649, les anciens religieux avoient traité avec les Pères de Saint-Vanne [3] ; mais il y eut opposition de la part de l'évêque de Soissons, et une sentence rendue en 1650 par son official qui leur donna l'exclusion. Depuis ce temps-là, on fit plusieurs tentatives pour y faire entrer les Pères de Saint-Maur sans rien conclure. Enfin, en 1666, les anciens se trouvant réduits à trois, dont il y en avoit un plus que septuagénaire et un occupé aux affaires temporelles de la maison, ils présentèrent à l'évêque

---

1. Ce manuscrit, comme l'indique son titre, contient la biographie des principaux membres de la congrégation. Nous avons spécialement mis à profit les passages du recueil qui intéressent les religieux d'Orbais.

2. Avec une bienveillance dont nous lui savons le meilleur gré, M⁰ Félix Morel d'Arleux, actuellement notaire à Paris, a bien voulu, sur notre demande, faire rechercher dans les archives de son étude les deux concordats et le bail à vie reçus par M⁰ Philippe Le Moyne qui fut son prédécesseur de 1640 à 1676. Malheureusement, les minutes de ces actes ont disparu. Nous devons donc nous contenter de reproduire ici les mentions que nous avons relevées sur l'ancien répertoire de l'étude et qui sont les suivantes : « 29 aoust 1667. *Concordat*. P. de Séricourt, abbé d'Orbais, et les religieux de la congrégation Saint-Maur. *Bail*. P. de Séricourt, abbé d'Orbais, aux religieux d'Orbais. *Concordat*. Les antiens religieux d'Orbais et ceux de la congrégation. » On voit que ces mentions sont exactement d'accord avec les indications fournies par D. Du Bout.

3. V. *suprà*, p. 363.

une requête dans laquelle ils lui remontroient que depuis cinq ans ils avoient fait toutes les diligences possibles auprès de leur abbé pour l'engager à unir leur monastère à la congrégation de Saint-Maur, seule capable d'en rétablir les ruines, que l'abbé ne s'étoit aucunement remué et que cependant ils étoient hors d'état de faire l'office divin. L'évêque ordonna que dans huit jours la requête seroit communiquée à l'abbé[1]. C'étoit Mre Pierre de Sericourt, chevalier et seigneur d'Eclainvillier, qui, étant un homme d'épée, ne se pressa pas de répondre. L'évêque alors donna son consentement pour traiter avec la congrégation de Saint Maur qui en prit possession. L'abbé alors, voyant les choses déjà faites, consentit à passer un concordat qui fut signé le 29 d'août 1667. On y envoya deux religieux pour aider les anciens à faire l'office. Deux petites chambres leur servoient de dortoir, de réfectoire, de cuisine, d'infirmerie et de chambre d'hôte… Ils n'avoient point de domestique pour les servir, ils ne vivoient que de fruits et des légumes de leur jardin qu'ils cultivoient eux-mêmes. Toute leur journée étoit partagée entre le travail des mains et l'office divin qu'ils disoient de jour et de nuit, aux heures ordinaires de la congrégation. Après huit ans d'établissement, ils y menoient encore la même vie, autant par pénitence que par besoin. Ils sont enfin venus à bout de bâtir une petite maison régulière à la vérité, mais où le peu de facultés empêche de mettre un nombre suffisant de religieux[2]. »

Page 399, note 2, ligne 2, *au lieu de* diœceses *lisez* diœcesis.

Page 401, *note* 2. Sur Dom Lambert-Thomas L'Espagnol, voir Ulysse Robert, *Supplément à l'Histoire littéraire de la congrégation de Saint-Maur*, p. 41. Sur la famille Lespagnol de Reims, cf. *Revue de Champagne*, t. XXII (1887), p. 319.

Page 405, *note* 1. « Dom Felix Mauljean etoit d'Esclaron, dans le diocese de Châlons en Champagne, etc. Il a beaucoup travaillé à la restauration du monastere[3] de Corbeny ? et il est difficile d'exprimer ce qu'il y souffrit dans la privation de toutes les choses les plus necessaires à la vie. Lorsque le monastere fut entierement bâti et qu'il commença d'être un peu plus au large, il pria les superieurs de l'envoyer dans un noviciat pour s'y preparer à la mort dans la prattique exacte des regles. Il mourut à Saint-Faron, etc… » Bibl. nat. ms. fr. 17671, f° 171.

Page 406, *note* 1, *ligne* 3. Au sujet de l'acte du 3 novembre 1672, v. *suprà* au bas de la page 81.

---

1. V. *suprà*, p. 387.
2. Extrait du tome II de l'*Histoire de la congrégation de Saint-Maur*, par D. Martène (ouvrage inédit conservé en copie à la bibliothèque de l'abbaye de Solesmes).
3. Sur le prieuré de Corbeny, reconstruit en partie à la fin du xviie siècle, v. *infrà*, p. 671, note 2.

Page 408, note 1, dernière ligne, *reportez* le crochet après le mot : in-4°.

Page 409, note 1, ligne 3, *au lieu de* Saint-Vanprille *lisez* Saint-Vandrille.

Page 414, *note* 2. Dom Michel Maillet a laissé un grand nombre de sermons inédits qui sont conservés à la Bibliothèque nationale. Ulysse Robert, *Supplément à l'histoire littéraire*, etc..., p. 67.

Page 418-422. « ... L'abbaye d'Orbais, — dit D. Martène en retraçant le portrait de D. Pierre Mongé, — est tres peu de chose par elle-même, mais en ce temps-là [1673] elle etoit dans un etat pitoyable. Il y avoit une eglise assez mal ornée, et à peine y voyoit-[on] des vestiges de lieux reguliers. Il n'y avoit que trois anciens lorsqu'on y mit la reforme, dont il n'en restoit [qu']un. Elle n'avoit rien d'agreable, on n'y voyoit que des croix à porter. Et c'etoit justement ce que cherchoit le R. P. Dom Pierre Mongé. Il trouva un religieux[1] de son genie, qui avoit autrefois aidé le R. P. Dom Benoist Coquelin à bastir le Treport ; il le demanda pour compagnon et on le luy accorda. Ces deux saints religieux, animez de l'esprit de penitence, [vivoient] à Orbais comme ils auroient [vecu] dans un palais et dans un lieu de delices. Ils avoient un petit baptiment où il y avoit deux petites chambres à peu pres de la grandeur de nos chambres du dortoir, l'une leur servoit de cuisine et l'autre leur servoit de refectoire et de chambre d'hostes ; ils avoient un lieu separé où ils couchoient. Le jour etoit occupé depuis le matin jusqu'au soir au travail des mains, sur lequel ils ne prenoient que le temps de dire leurs messes, de reciter au chœur leur office et de faire quelques lectures de pieté. Apres avoir travaillé comme des manœuvres à cultiver leur jardin et à demolir de vieux baptimens, ils n'avoient pour toute nourriture que des legumes de leurs jardins et des fruits. Ils faisoient le dimanche du potage pour toute la semaine qu'ils faisoient rechaufer un quart d'heure avant que de se mettre à table. Leurs legumes la pluspart du temps n'avoient point d'autre assaisonnement que du sel et un peu de vinaigre, car par un principe de pauvreté et de penitence ils n'avoient pas coutume d'y mettre du beure. Ils mangeoient à la vinaigrette tout ce qui se pouvoit manger de la sorte. Ils n'avoient point de domestique et faisoient eux-mêmes leur menage, avoient soin de l'ecurie et de tout ce qu'on fait faire au valet. Ils alloient quelques fois dire la messe à une lieüe ou une lieüe et demie tant par charité que par un esprit de pauvreté. Enfin toute la depense de ces sains religieux alloit à peine à environ cens livres ; le reste du revenu etoit employé à bâtir le monastere... » *Vie des Justes*, etc., Bibliothèque nationale, ms. fr. 17671, f° 263.

---

1. Dom Guillaume Jamet

Page 424, *note* 1. « Dom Benoist Coquelin etoit Breton…. C'etoit un homme fort penitent et interieur et tres humble. Il avoit toutes les bonnes qualitez qu'on peut souhaiter dans un religieux, etc… Neanmoins Dieu luy laissa un defaut qui fut le contrepoids de ses grandes vertus… Saint Gregoire rapporte du bon abbé Isaac, qui etoit un grand saint, que Dieu, pour le tenir dans l'humilité, luy avoit laissé une facilité extraordinaire de rire qu'il n'avoit jamais pu vaincre, etc… Le grand defaut du P. Dom Benoist Coquelin etoit d'être goguenard et d'avoir tousjours quelques mots pour rire, et cela luy arrivoit dans les choses les plus serieuses, comme dans ses conferences.

Comme il effaçoit ce defaut par une infinité de belles qualitez, on ne laissa pas de le mettre superieur. Je ne scay pas bien les premiers postes qu'il a occupés dans la congregation. Je scay seulement qu'il a été prieur de S. Laumer de Blois et abbé de S. Martin de Sais [Séez]…

… Il y avoit à S. Laumer un voûte de la nef qui etoit à bas. Un jour que Dom Benoist s'entretenoit avec un ancien qui avoit la reputation d'être riche, et qu'ils consideroient cete voûte, l'ancien uy dit : « Il vous faudroit, mon Pere, quelque bon saint du Paradis pour faire venir l'eau au moulin ; votre voûte seroit bien tôt raccommodée. » Le P. Dom Benoist, avec ses manieres enjouées, se mit à genoux devant luy, et luy dit : « Grand saint du Paradis, regardez cete voûte d'un œil de compassion. » L'ancien ne put pas tenir contre ce bon mot et il en fut si joyeux qu'il luy donna dix-huit cens livres qui en ce temps-là etoient une somme tres considerable et qui suffirent pour refaire la voûte.

Lorsqu'il etoit abbé de Sais, il eut en recollection le R. P. Dom Claude Martin, et il etoit si charmé de ses vertus et de celles qu'il remarquoit dans les lettres que ce saint religieux recevoit de sa mere, la mere de l'Incarnation, premiere superieure des Ursulines dans le Canadas[1], qu'il voulut entretenir un commerce de lettres avec elle. En effet, il luy ecrivit, mais comme sa lettre ne contenoit que des louanges du fils, elle ne luy fit pas de reponse, ou si elle luy en fit une, elle fut fort superficielle.

Lorsque les superieurs mirent Dom Benoist Coquelin en charge, ils esperoient que ses employs luy feroient faire des efforts sur luy pour se defaire de tous ses bons mots, — luy-même en voyoit l'importance, — et j'ay ouï dire au R. P. Dom Claude Martin qu'il avoit fait des efforts extraordinaires pour cela, beaucoup de prieres et de grandes penitences pour obtenir du ciel la grâce d'être delivré de ce defaut, etc… Etant deposé, on l'envoya demeurer à S. Germain des Prez, etc… Un jour que Dom Benoist Coquelin passoit

---

1. Morte à Québec le 30 avril 1672, après 33 ans de séjour au Canada. *La vie du vénérable père Dom Claude Martin*, par D. Martène, Tours, 1697 (un vol. in-8°), p. 124.

sa recreation avec le Reverend Pere General, il luy demanda quant on feroit donc l'introduction de la reforme au Treport. Le R. P. General luy repondit qu'il n'y avoit pas de moyen, etc..., qu'on auroit de la peine à trouver des religieux qui [y] allassent demeurer. « Et vous, mon Pere, luy dit-il, voudriez-vous y aller ? » Aussi tôt Dom Benoist Coquelin, avec ses manieres agreables, se mit à genoux et luy demanda sa benediction. C'est ainsy que Dieu dispose tout à ses desseins, etc... Le P. General, le voyant de bonne volonté, le prit au mot, et on luy chercha un saint religieux[1] de son humeur pour aller ensemble metre la reforme dans ce monastere.

Lorsqu'ils y arriverent, ils ne se trouverent point de bastimens, etc... Dom Benoist Coquelin ayant examiné l'etat du monastere, il entreprit de le bâtir entierement, etc..., il se consacra, luy et son compagnon, à une tres rigoureuse penitence, etc... Toute la journée etoit occupée au travail manuel, et ces deux saints religieux servoient de manœuvres aux massons qui bâtissoient la maison, portant la pierre et le mortier et faisant tout ce qu'il y avoit de penible dans la construction de l'edifice... La vie de ces deux solitaires se repandit bien tôt dans le pays et leur acquit la reputation de saints. Mademoiselle de Monpensier, qui etoit dame de la ville d'Eu, avoit une estime particuliere du Pere Coquelin. Elle venoit le voir et prenoit un singulier plaisir dans sa conversation... Les bâtimens etans finis, on y mit une communauté et on en retira le R. P. pour le faire prieur de Corbie, etc... Apres six ans de superiorité à Corbie, il fut fait prieur de Fecamp, etc... Il fit faire plusieurs ornemens et decorations à l'eglise, il fit accommoder le mausolée du bienheureux Guillaume, premier abbé de Fecamp, rehausser la tombe[2] de Richard Ier et de Richard II, ducs de Normandie[3], qui est sous les goutieres de l'eglise, où ils voulurent être enterrez[4], fondre les cloches, etc... Il avoit un grand soin de faire les visites de l'exemtion de Fecamp[5], et celuy qui luy servoit

---

1. D. Guillaume Jamet, dont nous donnons la notice biographique *infrà*, p. 655.

2. Sur les tombeaux dont il est ici question, voy. *Essai historique et littéraire sur l'abbaye de Fécamp* par Leroux de Lincy, p. 215 et suiv., Rouen, 1840, in-8°.

3. Ces deux princes furent les véritables fondateurs de l'abbaye de Fécamp dont la nouvelle église fut dédiée par Richard Ier en 990. *Gallia christ.* XI, 204.

4. « Je veux, — avait dit Richard Ier mourant à son fils Richard II, — que tu déposes ma dépouille mortelle dans l'église de la Sainte-Trinité, non dans l'intérieur, mais en dehors, sous la gouttière du porche, afin que l'eau qui tombera du toit de cette sainte demeure, lave toutes les souillures de mon corps. » Leroux de Lincy, *op. cit.*, p. 9.

5. On sait que beaucoup de monastères s'étaient fait exempter de la juridiction de l'*ordinaire* ou évêque diocésain. Hugues d'Amiens, archevêque de Rouen au XIIe siècle, confirma l'exemption de Fécamp par une charte dont le *Dictionnaire* d'Expilly donne le texte.

de secretaire a assuré depuis qu'il scroit difficile de mieux reussir qu'il faisoit, car par ses manieres enjouées et agreables, il tournoit tellement les curez qu'il les faisoit venir à son point, etc...

... Je l'ay tousjours vu député aux chapitres generaux : lors même qu'il etoit au Treport, il l'emporta sur les prieurs de S. Remy et de S. Germain des Prez. » D. Martène, *Vie des Justes*, etc., Bibl. nat. ms. fr. 17671, f°s 134 et s. Cf. Ulysse Robert, *Supplément à l'histoire littéraire*, etc..., p. 32. Cf. *suprà*, p. 242, note 2.

Page 421, note 1, ligne 11, *au lieu de* p. VII *lisez* p. VII, X; note 2, ligne 7, *au lieu de* Neus *lisez* Nous.

Page 423, note 1. « Dom Guillaume Jamet fut l'un des plus saints et des plus pénitents religieux de la congrégation...

On ne sait rien de ses premières années de religion, mais il y a bien de l'apparence qu'il jeta dès lors les fondements de cette haute perfection à laquelle il s'éleva depuis et de cette affreuse pénitence qu'il pratiqua le reste de sa vie. Nous ne commençons à le connaître qu'en 1666. D. Vincent Bourdonnet étant encore cette année au Tréport où il avoit mis la réforme avec D. Benoît Coquelin, il fallut chercher à ce dernier un compagnon qui fût animé du même esprit de pénitence. On jeta les yeux sur D. Guillaume Jamet qui fut ravi d'aller s'ensevelir dans ce lieu où, inconnu aux hommes, il pût mener une vie d'ange [1]. Nous avons déjà fait mention de leur vie pénitente en parlant de l'établissement de la réforme au Tréport et dans la vie de D. Benoît Coquelin, etc...

Lorsque le monastère du Tréport fut achevé de bâtir,... on élut D. Coquelin prieur et D. Guillaume fut envoyé à Orbais [2] où D. Pierre Mongé, qui en étoit prieur, entreprit avec lui une vie à peu près semblable à celle que ces deux saints solitaires avoient menée au Tréport. Ils n'avoient pour tout logis que deux chambres dont l'une servoit de cuisine et l'autre de réfectoire et de chambre

---

1. « Sa penitence, — dit ailleurs D. Martène, — avoit cela sur celle du P. D. Benoist Coquelin qu'elle etoit accompagnée de l'obeissance, faisant tout avec soumission, n'etant qu'un simple religieux, au lieu que le P. Coquelin etoit prieur... Il vecu[t] de la sorte quatre ou cinq ans avec Dom Benoist Coquelin jusqu'à ce qu'ils eussent achevé de bâtir le monastere à la sueur de leur front. »

2. « Le Treport etant fini, D. Benoist fut employé dans les premieres charges et Dom Guillaume resta dans l'obscurité. Peu apres Dom Pierre Mongé ayant entrepris de bâtir le monastere d'Orbais, prit avec luy D. Guillaume Jamet... J'y passay en ce temps-là et je fus temoin de leur penitence et de leur charité à recevoir les hôtes. Le P. Dom Guillaume etant tombé malade,... on l'envoya à S. Remy de Reims pour se retablir et de suite à S. Crespin. Mais D. Pierre Mongé l'ayant redemandé, il retourna à la charge et continua comme auparavant jusqu'à ce que le monastere fût achevé. Apres cela [il] se retira à S. Medard de Soissons où il passa le reste de ses jours, etc... » D. Martène, *Vie des Justes*, etc..., Bibl. nat., ms. fr. 17671, f° 332.

d'hôtes. Ils ne mangeoient ni œufs ni poissons; ils ne vivoient que des herbes de leur jardin qu'ils cultivoient eux-mêmes et qu'ils mangeoient souvent sans assaisonnement par esprit de pénitence et de pauvreté; ils n'avoient aucun domestique et faisoient tout eux-mêmes... On ne peut être plus mort au monde, plus détaché des créatures, plus uni à Dieu, plus solitaire que l'étoit D. Guillaume, toujours occupé au travail ou à la contemplation des divines perfections. Telle fut la vie qu'il mena durant 16 ans dans l'abbaye d'Orbais[1]. Après qu'elle fut entièrement bâtie, meublée et fournie d'ornemens pour le service divin et d'une bibliothèque pour occuper les religieux, on les sépara. D. Pierre Mongé fut envoyé à Saint-Nicolas-aux-Bois et D. Guillaume Jamet à Saint-Médard où il acheva sa course dans une austère pénitence, ne mangeant point de poisson et gardant un perpétuel silence. Il y mourut le 1er de mars 1704, muni de ses derniers sacrements qu'il reçut avec une piété qui répondoit à la sainteté de sa vie. » Extrait du tome III de l'*Histoire de la congrégation de Saint-Maur*, par D. Martène[2].

Page 426, ligne 22, *au lieu de* moaux *lisez* moraux.

Page 435, note 1, *au lieu de* [1. *lisez* 1.[.

Page 448, notes 2 et 3, et page 450, note 3, dernier alinéa. « Le 16 juillet 1696 on apprit que le comte [Henri] de Lanson[3], enseigne des gardes du corps de la compagnie de Noailles, étoit fort mal de la petite vérole dans le camp du maréchal de Villeroy[4], et qu'il auroit bien de la peine à en revenir[5]... *Mémoires du marquis de Sourches*, publ. par le comte de Cosnac et E. Pontal, t. V, p. 164.

Page 483, note 1. « Le R. P. Dom Robert Le Gastelier etoit des Courbons dans le diocese de Sens... Il avoit la reputation d'un saint, etc... Il etoit fort charitable. Il ne se recouchoit pas aprez Matine et, pour vaincre le sommeil, il faisoit quelque travail de charité. Je me souviens qu'etant passé un jour à Lagni où il etoit

---

1. Cf. *supra*, p. 555.
2. Cette notice manuscrite sur D. Jamet m'a été communiquée par les RR. PP. Bénédictins de l'abbaye de Solesmes que je dois remercier ici du bienveillant empressement avec lequel ils ont consenti à mettre à ma disposition les renseignements inédits qu'ils possèdent au sujet du monastère d'Orbais et de ses religieux.
3. « Gentilhomme de Champagne d'un grand mérite, il étoit le premier auquel le Roi avoit donné une commission de mestre de camp n'étant encore qu'exempt. Son père [Jean de Pouilly de Lançon] étoit lieutenant général des armées du Roi, lieutenant de ses gardes et gouverneur de Sainte-Menehould ». Sur Jean de Pouilly de Lançon, voir la *Gazette de France* des 18 juin 1653, 24 avril 1677 et 20 août 1678.
4. « Mackelem proche de Deinse. »
5. Henri de Pouilly de Lançon était chevalier de Saint-Louis depuis le 8 février 1694 (*Gazette de France* du 13).

depositaire, on me dit qu'aprez Matine il alloit cu[e]illir des fraises pour la communauté. Il auroit été à souhaitter que quelqu'un eût recu[e]illi ses actions de vertu. Voilà tout ce que j'ay pu en savoir. Il mourut à Orbais, etc... » D. Martène, *Vie des Justes*, etc..., Bibl. Nat., ms. fr., 17671, f° 183.

Pages 484 et 485. Dans les derniers jours d'août 1696, au moment même où elle entrait dans la période de prospérité due à sa complète restauration[1], l'abbaye d'Orbais reçut la visite de D. Mabillon et de D. Ruinart qui se rendaient en Lorraine et en Alsace. « Orbacum advenimus, — dit le récit du voyage écrit en latin par D. Ruinart, — ubi monasterium est ordinis et congregationis nostræ, celebre magis quam magnum. Ecclesia tamen ampla et loca regularia commoda nitidaque... Ad majorem ecclesiæ januam visitur antiqua effigies lapidea sanctum Petrum repræsentans vestibus pontificalibus indutum cum dalmatica, tunicella et pallio, mitram vero habet rotundam quidem, sed absque coronis. Encolpium ex ejus collo pendet supra pectus. Intra ipsam ecclesiam aliquot tumuli habentur antiqui : ex his est beati Reoli cum tumba ejus sepulchrali è terra super columnas elevata... Exstat et ex parte Evangelii juxta altare, sepulcrum cujusdam episcopi aut abbatis infulati, sed absque inscriptione... Orbaci vivebat Gothescalcus monachus... Habetur ad muros ecclesiæ versus septentrionem parva cellula quam nostri Orbacenses Gothescalci carcerem appellant, sed immerito, cum nusquam legamus Gothescalcum Orbaci inclusum in carcere fuisse[2]... » *Iter litterarium in Alsatiam et Lotharingiam*, ap. *Ouvrages posthumes* de DD. Mabillon et Ruinart, t. III, p. 416 et s.

Page 491, note 3. Dom Nicolas Doé, qui fut secrétaire général de la Congrégation de Saint-Maur, mourut le 22 (*al.* 23) janvier 1728. Cf. Ulysse Robert, *Supplément à l'histoire littéraire*, etc..., p. 38. Bibl. Nat. ms. fr. 17671, f° 342.

Pages 496 à 500. « Le R. P. Dom Pierre Mongé, — dit Dom Martène, — resta à Orbais jusqu'à ce qu'il eût entierement bâti de ses epargnes et par ses soins et son travail le monastere, qu'il l'eût meublé proprement, qu'il eût mis à l'eglise tous les ornemens necessaires pour faire l'office decemment et qu'il fût en etat de nourir une communauté. Apres cela il demanda d'aller à Saint-Nicolas-aux-Bois pour y faire la même chose, mais il y avoit déjà une communauté et un prieur. On ne laissa pas de l'y envoyer pour avoir soin du temporel. Il y etoit comme dans son centre

---

1. Cf. *suprà*, p. 555. — Le revenu de l'abbaye d'Orbais en 1698 s'élevait à environ 7000 livres. (Mémoire de la Généralité de Soissons); Bibl. nat. mss. f. fr. 22219, f° 28 r°.

2. Cette déclaration détruit la légende d'après laquelle Gotescalc aurait été emprisonné à Orbais.

parce que c'est une grande solitude où l'on entend plus tôt dix loups qu'un homme[1]. Il s'occupoit au travail des mains auquel il passoit tous les jours des temps considerables jusqu'à ce que, venant sur l'âge, les superieurs le mirent dans un monastere où il pût avoir tous les soulagemens dont les vieillards ont besoin. On l'envoya pour ce sujet à S. Remy de Reims où il vecu[t] dans une grande regularité, avec une grande edification, jusqu'à une profonde vieillesse, ne quittant point dans son âge avancé le travail des mains, cultivant encore le jardin à l'âge de quatre-vingts ans passez comme [il] faisoit à quarante ans. On voulu[t] le dispenser de faire [l'office de] lecteur et serviteur, mais c'etoit faire injure à son zele. Il crut que, travaillant tous les jours plusieurs heures au jardin, le service de la table ne seroit pas au-dessus de ses forces. Mais le temps que le Seigneur vouloit recompenser ses vertus et le faire passer des travaux au repos eternel etoit venu. Il succomba sous le poid[s] du service, et en deux ou trois jours de maladie il fut enlevé de la terre pour aller jouir de la gloire que Dieu a promise à ses serviteurs. Il mouru[t] âgé de 82 ans. Sa mort fut la recompense d'une si sainte vie. Elle arriva le saint jour de Noel au monastere de S. Remy de Reims l'an 1713. » *Vie des Justes*, etc..., Bibl. Nat. ms. fr. 17671, f° 264.

Page 501, *note* 1, ligne 3, après les mots : t. III, p. 382, *ajoutez* ceux-ci : t. XI, p. 437.

Page 504, *note* 2, *lignes* 3 *et* 4. Dom Louis Lescuyer, né à Beauvais, fit profession à Saint-Remi de Reims le 5 décembre 1663, à l'âge de 19 ans. Il mourut à Corbie le 25 juillet 1712. On a de lui *Monasterii S. Nicolai de Vedogio historica epitome.* Ulysse Robert, *Supplément à l'histoire littéraire*, etc..., p. 63.

Page 557, *note* 4. « Dom Guillaume Gruel, natif de Bernay, etc..., etoit zelateur à S. Ouen lorsque le P. Duprey? etoit sou-prieur. Je n'ay jamais vu un religieux plus egal à luy-même, plus exemp[t] de passion et plus aimable et plus prompt à rendre service à tout le monde. Il contentoit tellement ses superieurs qu'on le continua zelateur durant trois ans apres lesquels il fut zelateur et souprieur au noviliat où il prit tant sur luy qu'il ruina sa santé. On le tira du noviliat pour le faire prieur dans deux petites maisons de Normandie, puis à Orbais et enfin à Conches. » D. Martène, *Vie des Justes*, etc..., Bibl. nat. ms fr. 17671, f° 367.

Page 558, *note* 4. Bertin du Rocheret, érudit qui vivait à Epernay au siècle dernier, nous a laissé, dans deux lettres adressées par lui à Lévêque de la Ravallière, le souvenir de la correspondance qu'il échangea avec D. Jean Jolivet, prieur d'Orbais, pour connaitre la véritable situation du *Pagus Otinensis*. Voici des extraits

---

1. Saint-Nicolas-aux-Bois est situé dans la forêt de Saint-Gobain (Aisne). On y voit encore des vestiges de l'ancienne abbaye.

de ces deux lettres : « *Epernay, ce 12 janvier* 1749... Je n'entends point parler des moines à qui j'ay écrit ou fait écrire sur le *Pagus Otinensis*. Ceux... d'Orbais ne répondent pas, apparemment qu'ils n'en savent pas davantage que leurs confrères. — Il y a dans Boursault une masure et quelques terres incultes contigues, qui se nomme l'Abbaye ; mais il y a des siècles que cela appartient à la seigneurie. Les moines d'Orbais ont quelques rentes dans Boursault[1]. Ces deux articles me font présumer que ce sont les terres données en échange par les comtes de Champagne aux religieux de Montier-en-Der, lesquelles étant passées à ceux d'Orbais, ceux-cy pourroient les avoir alienées aux seigneurs de Boursault... » — « *D'Epernay en Champagne, ce 19 mars* 1749... Tout cecy, comme vous voyez, Monsieur, ne nous dit rien, sinon que cela nous éloigne... d'*Otinensis*... D. Jean Jolivel, prieur d'Orbais, me renvoye à Flodoard et à l'*Hist. eccl. Remensis* de Marlot ;... le prieur m'ajoute que Charles le Chauve donna vers l'an 860 à l'abbaye d'Orbais *villam Nobiliacum in pago Urtensi*[2], etc... Vous pouvez cependant consulter le supplément de Flodoard. — Les moines d'Orbais ont fourny en 1547 à la Chambre des Comptes, un dénombrement fort étendu de leurs possessions. Le Père prieur me marque qu'il l'a très exactement relu pour me répondre, et qu'il n'y a rien qui approche d'*Otinensis*. Ils jouissoient encore en cette année de la seigneurie de Boursault : mais elle a été peu après aliénée par Nicolas de la Croix, l'un de leurs abbez comand., sous prétexte d'une subvention à Charles IX pour les guerres de la Religion. Cette époque s'accorde assez bien avec mes mémoires qui marquent que Louis Prudhomme, trésorier de France, et Marie Luillier de Boullancourt sa femme, ont donné la terre de Boursault à Claude Prudhomme, leur fille, en la mariant [en] 1574 à Nicolas Brulart, seigneur de Sillery, c'est le chancelier : lequel la donna en dot (1601) à Jeanne Brulart de Sillery, sa fille, et de ladite Prudhomme, en la mariant à Gaspar Dauwet des Marais, chancelier des ordres, dont la postérité l'a conservée jusqu'en 1748[3]... — Le Père prieur pense avec quelque raison, que la mazure de Boursault apelée encore aujourd'huy l'Abbaye dont je vous ai parlé, étoit la maison seigneurialle de leur temps, car les Prudhomme, Brulart et Dauwet n'y ont jamais eu qu'une vaste maison de fermier un peu fortifiée. Il y a pourtant une espèce de logement de maître assez commun qui peut avoir servi aux Prudhomme, car les Brulart ny les Dauwet ne l'ont jamais habité par eux-mêmes : au contraire, les deux derniers grands fauconniers l'ayant laissé tomber en ruine. Quant aux rentes que les moines d'Orbais ont aujourd'huy à Boursault, elles ne provien-

---

1. V. *suprà*, p. 266, note 1, et p. 562.
2. V. *suprà*, p. 112 et 113.
3. *Revue de Champagne*, t. XVII (1884), p. 417.

nent que de reliquats de comptes des particuliers qui ont tenu les dixmes, que les Rois n'ont acquis qu'en 1683. Ainsi il ne leur reste rien de l'ancienne seigneurie[1] ».

Page 558, *note 4 in fine.* Dom Charles Michel Haudiquer [al. Haudiquier] est l'auteur de l'*Histoire du vénérable Dom Didier de la Cour*, réformateur des Bénédictins de Lorraine et de France, par un religieux bénédictin de la Congrégation de Saint-Maur[2], Paris, 1772, in-8° (il a signé la lettre de dédicace). C'est probablement ce même religieux qui fut frère de Dom Jean-Baptiste Haudiquier[3] et qui travailla avec lui au *Recueil des Historiens des Gaules et de la France* dont ils ont publié les tomes IX et X. (D. Tassin, *Histoire littéraire de la Congrégation de Saint-Maur*, p. 699 et 700). En 1790 il était prieur des Blancs Manteaux de Paris.

Page 574. Prix Louis Martin Jullion, huissier royal demeurant à Orbais, d'une part, et Marie Françoise Deremond, veuve de Martin Naudé, cy-devant notaire royal à Orbais, d'autre part, réclament un dégrèvement de la taille qui leur a été imposée pour 1768. Par ordonnances des 19 et 27 novembre 1769 l'intendant de la généralité de Soissons[4] renvoie les requêtes respectives de ces deux personnes à l'examen du commissaire vérificateur du rôle de leur paroisse. *Archives départementales de l'Aisne*, série C, 241 (intendance de Soissons).

Page 576, *note* 2. On lira avec profit un article intéressant de M. Charles Gérin sur « Les Bénédictins français avant 1789, d'après les papiers inédits de la Commission des réguliers », *Revue des questions historiques*, t. XIX (janvier-juin 1876), p. 478 et suiv.

Page 577. Le 30 décembre 1772 Dom Gérard Le Duc[5], procureur de l'abbaye d'Orbais, souscrivit la reconnaissance de 180 l. de rente perpétuelle, au principal de 4,000 l. (4 1/2 0/0), constituée

---

1. *La Chronique de Champagne* (1837-38), t. IV, p. 237 et 241-242.

2. V. le compte-rendu de cet ouvrage dans le *Mercure de France* d'août 1772, p. 85.

3. Dom Jean-Baptiste Haudiquier était prieur de Saint-Remi de Reims lors de l'incendie qui éclata, le 15 janvier 1774, dans ce monastère où se trouvait également à la même époque Maximilien-Emmanuel Delporte, ancien prieur d'Orbais. *La Chronique de Champagne*, t. I, p. 105 et 113.

4. Cette généralité avait été instituée par un édit de novembre 1595 daté du camp de la Fère. A. Matton, *Dictionnaire topographique du département de l'Aisne*, introduction, p. XVII.

5. Dom Gérard Le Duc avait fait profession à Saint Faron de Meaux le 10 février 1762, à l'âge de 21 ans. Il remplit plusieurs offices temporels dans des abbayes de la province de France. Il était dépositaire de Saint-Germain-des-Prés lorsqu'il mourut au lieu même de sa naissance, à Aire, diocèse de Reims, le mardi 11 décembre 1781. Bibl. Nat. ms. fr. 16861, f° 193.

par ladite abbaye au profit du sieur Jean Peron[1], maître-maçon, entrepreneur de bâtiments à Paris.

Page 577. Le 11 février 1776 mourut à Saint-Pierre d'Orbais Dom Jacques Michel du Puy. (Né à Amiens, il avait fait profession à Saint-Médard de Soissons le 17 novembre 1756, à l'âge de 20 ans.) — Le 27 janvier 1777 mourut également à Orbais[2] Dom Jean-Baptiste Vaucher[3], sous-prieur de l'abbaye.

Page 580. Orbais. *Marché.* Il y a dans cet endroit un marché par semaine; mais il n'est pas considérable. Il ne paraît pas nécessaire d'en créer d'autres (Délibération de l'assemblée de l'élection de Château-Thierry certifiée par le greffier le 9 novembre 1787).

Poste aux lettres. Le 5 septembre 1788 les députés composant la Commission provinciale du Soissonnais[4] adressèrent aux administrateurs généraux des postes une lettre leur exposant le désir que les habitants de Condé, Orbais et Saint-Martin-d'Ablois avaient de voir établir un service de poste pour ces localités. Cette lettre faisait suite à un mémoire, rédigé trois ans auparavant par le curé de Condé, dans lequel on lit le passage suivant :

---

1. L'héritière du crédi-rentier, la dame Marie-Anne-Marguerite Peron, épouse du sieur Baudouin, demanda, après la Révolution, que cette rente fût déclarée dette nationale; mais les pouvoirs publics rejetèrent sa requête. *Archives départementales de l'Aisne* (Régime ecclésiastique, domaines nationaux). Registre des arrêtés du Directoire du département. District de Château-Thierry, 1791 (5e comité), n° 102, f° 149 r°.

2. Deux religieux qui moururent aussi à Orbais, — D. Joseph-Pierre Rempnoulx (V. *suprà*, p. 563) et D. Charles Fontaine (V. *suprà*, p. 578), — étaient, dès 1716, le premier sous-prieur et le second procureur du prieuré de Corbeny, diocèse de Reims, où ils se trouvaient encore en 1748. D. François Rempnoulx, élu prieur d'Orbais en 1725 (V. *suprà*, p. 557), avait lui-même résidé à Corbeny en 1715. Abbé Ledouble, *Notice sur Corbeny, son prieuré et le pèlerinage à Saint-Marcoul*, p. 132, un vol. in-8°, Soissons, 1883. Cf. Edouard de Barthélemy, *Le prieuré de Saint-Marcoul de Corbeny*, in-8°, Paris, Champion, 1876.

3. D. Jean-Baptiste Vaucher, né à Reims, avait fait profession à Saint-Faron de Meaux, le 23 décembre 1733, à l'âge de 18 ans.

(*Extrait des matricules conservés à la bibliothèque de l'abbaye de Solesmes*).

4. « Le roi Louis XVI créa, au mois de juin 1787, des assemblées de province, d'élection et de paroisse. Celle du Soissonnais tint sa dernière séance le 17 décembre 1787; sa Commission intermédiaire se réunit le 22 du même mois et seconda, autant qu'elle put, l'intendance jusqu'au 13 juin 1790, époque de la cessation de ses travaux. » A. Matton, *Dictionnaire topographique du département de l'Aisne*, introduction, p. XX. Cf. *Bulletin de la Société archéolog., histor. et scientif. de Soissons*, t. VI (1852), p. 75. Cf. *Bulletin du comité des travaux histor. et scientif.* publ. par le ministère de l'instruction publique, Section des sciences économiques et sociales, année 1884, p. 89, mémoire du comte de Luçay.

« .., Orbais, bourg composé d'environ 150 feux, à six lieues de Château-Thierry, renferme plusieurs gentilshommes[1], a une communauté de Bénédictins de l'ordre de Saint-Maur, au nombre de 4, des notaires, des marchands, etc... Un messager deux fois par semaine, le mardi et le vendredi, porte et rapporte les lettres... » (Extrait du projet d'un établissement d'un courrier aux lettres, autrement appellé *savate*[2], dans les bourgs de Condé-en-Brie, Orbais et Saint-Martin-d'Ablois). Malgré les raisons invoquées à l'appui de la demande, l'administration des postes la repoussa et fit connaître aux députés, dans une réponse en date du 19 décembre 1788, « que les bourgs d'Orbais et de Condé ne méritoient ni par leur population ni par leur commerce qu'on y formât des bureaux... »

Archives départementales de l'Aisne, série C, 928 (assemblée provinciale du Soissonnais).

1. « Un particulier d'Orbais, M. Desauteux, envoye d'Orbais 3 à 4 fois par semaine à Château-Thierry pour avoir les lettres; M. Le Noir, aumônier des aumônes du Roi, seigneur du Breüil, village situé sur la route d'Orbais à Condé, est aussy obligé d'envoyer. M. Duroux de Varennes, commandeur de Malte, seigneur de Verdon, village situé à 5/4 de lieües d'Orbais, est réduit à la même position. — M. le comte de Coigny, seigneur de Mareüil, village situé à 3/4 de lieües d'Orbais, est réduit à la même position pendant son séjour à sa terre, etc... »

2. « *Savate*, anciennement, dans le service de la poste, celui qui va à pied porter les lettres dans les endroits éloignés des grandes routes ; on dit aujourd'hui piéton. » *Dictionnaire* de Littré.

Au moment où je termine la publication du manuscrit de D. Du Bout sur Orbais, je suis heureux de témoigner ma reconnaissance à toutes les personnes qui, depuis six ans, ont bien voulu m'aider dans cette œuvre. Les érudits de Paris ou de la province que j'ai consultés, — et dont plusieurs sont mes amis, — m'ont toujours renseigné avec une bonne grâce parfaite. Si je ne puis nommer ici tous ceux qui m'ont rendu service, qu'il me soit au moins permis de les remercier collectivement. — Dans le travail que j'ai entrepris il fallait surtout remonter aux sources et rechercher les pièces originales destinées soit à justifier les assertions de D. Du Bout, soit à compléter, dans la mesure du possible, l'histoire de l'abbaye d'Orbais. Cette partie de ma tâche avait ses difficultés : je n'ai pu m'en acquitter que grâce au concours dévoué de M. Pélicier, archiviste de la Marne, et à la grande obligeance de Me Charlot, notaire à Orbais, qui ont droit à mes remerciements tout particuliers.

E. H. DE V.

Paris, 24 avril 1889.

**Liste des prieurs connus de l'abbaye d'Orbais
avant la réforme de 1667.**

Années :

Sans date. Johannes Mathé, prior hujus loci.
Vers 850. Ratramne.
882. Rambradus.
1161-1173. Petrus.
1217. Odon ?
1240. Philippus.
1260. Th.....

1547. D. Jean Craureau.
1550. D. Jean Louveau.
1er et 5 novembre 1563. D. Pierre Picot.
1577. D. Michel Flamen.
1581. D. Jacques Odot.
1619. D. Remy Martin.
30 avril 1642. D. Pâquier du Ferrier.
1648. D. Jean Le Gendre.
1664. D. Jean Richard.
28 juillet 1665. D. Jean Le Gendre.
5 août 1665. D. Jean Richard.

La liste des prieurs connus de l'abbaye d'Orbais depuis la réforme de 1667 se trouve ci-dessus aux pages 556 à 561.

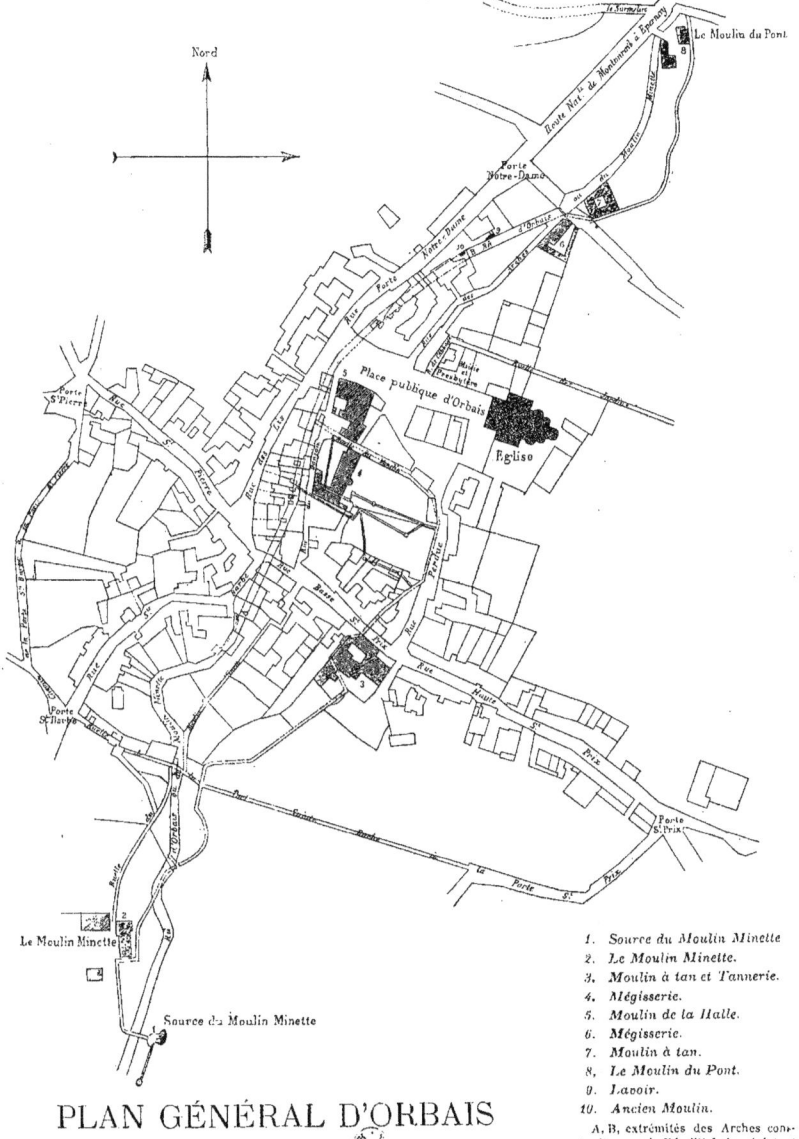

PLAN GÉNÉRAL D'ORBAIS

1. Source du Moulin Minette
2. Le Moulin Minette.
3. Moulin à tan et Tannerie.
4. Mégisserie.
5. Moulin de la Halle.
6. Mégisserie.
7. Moulin à tan.
8. Le Moulin du Pont.
9. Lavoir.
10. Ancien Moulin.

A, B, extrémités des Arches construites sur le Rû d'Orbais, et datant de plusieurs siècles.

TABLE DES MATIÈRES

	Pages.
AVANT-PROPOS	5
PRÉFACE	7

Recueil de quelques actes, bulles, chartres, extraits, pièces, titres pour servir à l'histoire de l'abbaye de Saint-Pierre d'Orbaiz-en-Brie, ordre de Saint-Benoist, congrégation de Saint-Maur.

AVERTISSEMENT	21

Chapitre I
Où il est parlé d'Orbaiz, de son antiquité, situation, et lieux circonvoisins 25

Chapitre II
Où l'on traitte de la fondation de cette abbaye de Saint-Pierre d'Orbaiz et de saint Réole, son premier fondateur. 39

Chapitre III
Des différents accidents et événements arrivez à ce monastère 63

Chapitre IV
Des bénéfices dépendans de l'abbaye de Saint-Pierre d'Orbaiz............................ 72

§ I. — *Des prieurez simples qui sont à la nomination et collation de l'abbé d'Orbaiz.*

1°. — Le prieuré ou chapelle de Notre-Dame d'Oiselet. . 72
                  Prieurs réguliers. 75
                  — commendataires...... 75

Copie de la donation faite à l'abbé et aux religieux d'Orbaiz par le doyen de Saint-Estienne et les chanoines du chapitre de la Sainte-Trinité de Châlons-sur-Marne, de certains héritages et offrandes pour la chapelle ou prieuré d'Oiselet............. 75

2°. — Le prieuré ou chapelle de Saint-Germain, évêque d'Auxerre, situé au-dessus du village du Breuil. 77

Noms de quelques prieurs de Saint-Germain trouvez dans les papiers de cette abbaye. 81

3°. — Le prieuré ou chapelle de Saint-Thibaud, confesseur 82

Noms de quelques prieurs de Saint-Thibaud ou de Marlaix dont on a connoissance. . . 85

§ II. — *Petit couvent*. 85
§ III. — *Offices claustraux* 90
     La thrésorerie 91
     La prévôté 91
     La cellererie 91
     La chambrerie 92
§ IV. — *Des curés dépendantes de cette abbaye*. 96
     La cure d'Orbaiz. 96
     — de la Chapelle-sur-Orbaiz. 105
     — de la Ville-sous-Orbaiz. . 105
     — de Suisy-le-Franc 105
     — de Verdon 109
     — de Montigny 109

Copie de l'acte d'échange faite entre les abbayes d'Orbaix et Saint-Jean-des-Vignes de Soissons, et approuvée. 110

Chapitre V

Des fondateurs et bienfacteurs dont on a connoissance et de leurs bienfaits 111

Extrait de lettres patentes de Charles IX (1567). 120
Traduction en vieux françois d'un acte de 1228. 124
Extrait du nécrologe de l'abbaye de Saint-Pierre d'Orbaiz. 131

Chapitre VI

De l'église de l'abbaye de Saint-Pierre d'Orbaiz ; des saintes reliques et anciens monumens qu'on y conserve . 133

§ I. — De l'église. 133
§ II. — Des saintes reliques conservées dans notre église. 144
§ III. — De quelques anciens monumens. 145

Chapitre VII

De qui l'abbaye d'Orbaiz a dépendu originairement. . . 161
Déclaration du Roy en interprétation de l'article 18 de l'Edit concernant la juridiction ecclésiastique du 29e mars 1696. 173

Chapitre VIII

Des droits temporels de cette abbaye et de ses abbez. . 17~

CATALOGUE DES ABBEZ DE L'ABBAYE S. PIERRE D'ORBAIZ

677-696?. **Leudemar**, 1er abbé d'Orbaiz	184
Quelle règle fut d'abord observée dans l'abbaye d'Orbaiz. (La règle de saint Benoist et les statuts de saint Colomban y furent d'abord observez).	185
696-749?. **Saint Rigobert**[1], second abbé d'Orbaiz	193
844-853. **Bovon** ou **Bavon**	198
Catalogue des religieux d'Orbais	201
Noms des vivants	202
Id. des défunts	202
Gothescalque	205
Ecript de Gothescalque sur la prédestination . .	209
Sa profession de foy	210
Les quatre propositions d'Hincmar sur la prédestination	221
Ratramne	232
Année 882. Translation du corps de S. Remy de la ville d'Epernay dans l'église de l'abbaye de Saint-Pierre d'Orbaiz	248
D..., abbé d'Orbais en 991.	253
1040-1050. **Mainard**	253
1059. **Hugues**.	254
1090. **Witerius**.	254
1095. **Pierre I**	254
1119-1124. **Odon**	254
1145. **Gervais I**.	254
1147. **Baudouin**	254
1151-1172. **Arnoul**	256
1173-1180. **Guillaume**	257
1192-1201. **Gervais II**	259
1220-1238. **Gilles I**.	261
1240. **Pierre II**.	265
1243.1245. **Thomas**.	266
1277. **Aymard**.	272
1283.1284. **Robert**	273
1294. **Anselme**	273
1300. **Garnier**.	274
1300. **Gilles II**	274

1. V. *Vie de saint Rigobert, archevêque de Reims*, par l'abbé Poquet, Reims, 1876, in-8° de VIII-175 pages.

1352.	Guy de Treveselay..........	275
1377.	Pierre III Morin..........	276
1402-1420 ou 1421.	Pierre IV de Chavigny......	277
1422 ou 1423.	Jean I...............	278
1435 ou 1436.	Remy...............	278
	Jean II Maalot...........	278
1454-1501.	Pierre V Gaultier.........	278
1501-1509.	Denis Bongnier..........	281
1510-1517.	Jacques..............	281
	Milon, abbé?..............	282
	ABBÉS COMMENDATAIRES.......	283
1520-1525.	Louis de Bourbon-Vendôme...	290
1525.	Laurent de Campegge........	293
1527.	Pierre[1]...............	297
1541-1551.	Alexandre de Campegge......	299
1551-1577.	Nicolas de la Croix........	302
	Arrêt du Grand Conseil du 16 may 1575 ...	306
Règlements pour les religieux de l'abbaye Saint-Pierre d'Orbaiz.........................		319
1579-1607.	Jean de Pilles............	343
1607-1617.	Jacques de Beuil ou Bueil....	356
1626-1651.	René de Rieux...........	359
1651-1678.	Pierre de Séricourt d'Esclainvilliers................	368

INTRODUCTION DE LA RÉFORME ET DES OBSERVANCES DE LA CONGRÉGATION DE SAINT-MAUR DANS L'ABBAYE DE SAINT-PIERRE D'ORBAIZ ET LA PRISE DE POSSESSION PAR LE R. P. DOM CLAUDE FÉLIX MAULJEAN.

CHAP. I. — 1er triennal (1667-1669)............	397
CHAP. II. — 2e triennal (1669-1672)............	400
Copie des lettres des supérieurs majeurs au R. P. prieur.......	403
Mémoire des raisons exposées au chapitre général de 1672 pour lesquelles les religieux de Saint-Pierre d'Orbaiz demandoient la cassation du bail que Mr l'abbé leur avoit fait du revenu temporel d'icelle abbaye en 1667..........................	406
Réponses de Mr l'abbé aux raisons cy-dessus................	407
CHAP. III. — 3e triennal (1672-1675)..........	409
Etat sommaire du temporel de la communauté de Saint-Pierre d'Orbaiz...........................	410
Nécessités présentes et pressantes du monastère..............	410
Institution du R. P. Dom Pierre Mongé pour prieur de l'abbaye de Saint-Pierre d'Orbaiz en 1675......	412

1. Abbé régulier.

Copie de la lettre du T. R. P. Dom Vincent Marsolles, supérieur général, au R. P. D. P. Mongé, du 23 may 1673............ 417

Chap. IV. — 4e triennal (1675-1678).............. 433

Chap. V. — 5e triennal (1678-1681).............. 442

1679-1681. **François-Louis Gosselin ou Guischelin,** écuyer, seigneur de la Barre........ 445

1681-1696. **Jacques de Pouilly de Lançon.**..... 446

Chap. VI. — 6e triennal (1681-1684)............ 455

    Procez-verbal de visite des saintes reliques................... 455

    Requête à Nosseigneurs de l'assemblée générale du clergé..... 458

    Mémoire du nombre des cures des diocèses de la province de Reims suivant le poüillié de l'année 1649, et des taxes ausquelles elles sont imposées pour le don du Roy....................... 459

Chap. VII. — 7e triennal (1684-1687).......... 464

Chap. VIII. — 8e triennal (1687-1690).......... 468

Chap. IX. — 9e triennal (1690-1693).......... 470

Chap. X. — 10e triennal (1693-1696).......... 477

Chap. XI. — 11e triennal (1696-1699)......... 484

1697-1704. — **Jean-Louis Fortia de Montréal**.... 487

Chap. XII. — 12e triennal (1699-1702).......... 500

    Copie du traitté fait sous signatures privées le 6 mars 1701.... 521

    Copie de la bulle de N. S. P. le Pape Clément XI pour le grand jubilé de l'année sainte pour la ville et diocèse de Soissons....... 536

    Mandement de Monseigneur l'évêque de Soissons pour la publication du jubilé.................................. 538

Chap. XIII. — 13e triennal (1702)............ 541

    Déclarations du Roy pour rentrer dans les biens aliénez depuis 1556, en payant le huitième denier...................... 543

1704-1751. **Pierre Cuvier de Montsoury**...... 544

1751-1788. **Charles-Alexandre Du Bourg.**..... 545

1788-1804. **Joseph-Jean-François de Lagrange Gourdon de Floirac.**.......... 545

L'ABBAYE DE SAINT-PIERRE D'ORBAIS AU XVIIIe SIÈCLE............. 555

Procès-verbal du partage de l'abbaïe de Saint-Pierre d'Orbais (1763)............................ 564

    A. Offices claustraux....... 569

    B. Petit couvent......... 569

    C. Confection des lots....... 570

Situation du couvent d'Orbais, d'après les procès-verbaux des chapitres généraux et diètes annuelles de 1767 à 1788..................................... 576

Suppression de l'abbaye d'Orbais........... 580

Compte des religieux de la cy-devant abbaye d'Orbais (1791). Recette et dépense. 581

Liquidation de la pension accordée par l'Etat depuis le 1er janvier 1790 aux religieux dépossédés 582

APPENDICE

Les stalles de l'église abbatiale d'Orbais. 587

TABLE DES PIÈCES JUSTIFICATIVES

	Pages.
I. Lettre de D. Simon Champenois, procureur de l'abbaye d'Orbais, à D. Jean Mabillon (1695).	607
II. Actes par lesquels Odon, abbé d'Orbais, souscrit à deux chartes de Raoul le Vert, archevêque de Reims (1119)	608
III. Jugement de Pierre, évêque de Beauvais, en faveur de l'abbaye de Saint-Nicaise de Reims (1123)	608
IV. Lettre du pape Alexandre III relative à un différend survenu entre l'abbé d'Orbais et Hugues d'Igny (1164).	609
V. Chartes d'échange entre les abbayes de Huiron et d'Orbais (1161 et 1165).	609
VI. Echange entre Arnoul, abbé d'Orbais, et Pierre, abbé de Saint-Remy de Reims (1162 à 1173)	611
VII. Echange entre Simon, abbé de Saint-Remy de Reims, et Gervais II, abbé d'Orbais (1192)	612
VIII. Charte de Gervais, abbé d'Orbais, concédant une terre au couvent d'Oye (1201).	612
IX. Charte de Gilles, abbé d'Orbais, relative à une contestation avec Baudouin Branlart (1221)	612
X. Charte de Thibaut IV, comte de Champagne, confirmant les droits accordés par sa mère, Blanche de Navarre, à Hugues de Corbeny, chantre de Châlons, sur des terres situées à Orbais (1222).	613
XI. Charte constatant la vente par Jean, seigneur d'Ablois, à Thibaut IV, comte de Champagne, d'une rente annuelle dans le vinage de Barbonne (1245)	613
XII. Thomas, abbé d'Orbais, déclare que Henri de *Mauni* et Anselme de *Poissi* doivent faire hommage d'un fief à Thibaut IV (1245).	613
XIII. Par devant Arnoul, doyen de la chrétienté d'Orbais, Ade, femme d'Ansel de Leschelles, approuve une vente faite par son mari à Thibaut IV (1246).	613

XIV et XV. Deux bulles du pape Alexandre IV nommant l'abbé d'Orbais conservateur des privilèges apostoliques accordés à Thibaut V (1258 et 1259). 614

XVI. Quatre actes relatifs à la vente de 60 arpents de bois près de Tréloup, consentie par Guillaume Crochet de Courcemont, à Thibaut V (1260) 614

XVII. Le pape Clément IV notifie à l'abbé d'Orbais une décision mettant sous la protection du Saint-Siège la personne de Thibaut V et celle des croisés, ses compagnons (1267). 614

XVIII. Echange entre Haimard, abbé d'Orbais, et Gaucher de Châtillon, sire de Crécy (1280). 614

XIX. Donation par le Roi Philippe-le-Bel, à son échanson Renier de Senlis, d'une rente annuelle de vingt livres tournois (acte passé à Orbais) (1300) 615

XX. Vente par le roi Philippe-le-Bel à son frère Charles, comte de Valois, d'Alençon, de Chartres et d'Anjou, de sa seigneurie dans la forêt de Retz (acte passé à Orbais) (1301) 616

XXI. Adhésion du couvent d'Orbais au procès de Boniface VIII (1303). 616

XXII. Bail à cens d'héritages sis au terroir de Verdon, consenti par Pierre, abbé d'Orbais, à Gillet Boulloy et à Jehanne, sa femme (1498) 617

XXIII. Bail emphytéotique de la moitié du clos de Dame-Hélène consenti par Louis, cardinal de Bourbon-Vendôme, abbé d'Orbais (1520) 619

XXIV. Bail emphytéotique du pré de la Couture de Suizy-le-Franc consenti aux consorts Bérat par Alexandre de Campegge, abbé d'Orbais (1550). 620

XXV. Bail consenti par les religieux d'Orbais à François de Soufflier (1567). 620

XXVI. Lettre de Nicolas de La Croix, abbé d'Orbais, ambassadeur de Charles IX en Suisse, à M. de l'Aubespine, secrétaire d'Etat, au sujet du traité d'alliance franco-suisse conclu à Fribourg (1564). 621

XXVII et XXVIII. Deux quittances de Nicolas de La Croix, abbé d'Orbais (1565). 623

XXIX et XXX. Deux quittances de Jean de Piles, abbé d'Orbais (1582) 623

XXXI et XXXII. Deux autres quittances de Jean de Piles, abbé d'Orbais (1600 et 1606). 624

XXXIII. Requête de René de Rieux, abbé d'Orbais, tendant à obtenir l'exécution de certaines charges dues à l'abbaye par les habitants de la Chapelle-sur-Orbais (1639). 625

XXXIV. Lettre de Louis XIII à son agent diplomatique à Rome pour faire accorder à Henry de Bruc les bulles apostoliques de provision de l'abbaye d'Orbais (1634). . 625

XXXV. Requête adressée au Grand Conseil par René de Rieux, abbé d'Orbais, dans son procès avec Henry de Bruc relativement à la jouissance des fermes de l'abbaye (1639). 626

XXXVI. Inventaire des meubles et état des lieux réguliers de l'abbaye d'Orbais dressé à la requête de D. Claude de Vaudeuil, prieur claustral (1664) 628

XXXVII. Acte par lequel D. Jean Le Gendre, élu prieur claustral de l'abbaye d'Orbais, déclare ne pas accepter ces fonctions (1665) 630

XXXVIII. Acte de profession religieuse par Adrien de Lye (1665). 630

XXXIX. Acte capitulaire des Bénédictins d'Orbais pour la réception d'Adrien de Lye à la profession religieuse (1665) 630

XL. D. Henry de Rocquemont se démet, entre les mains de Pierre de Séricourt, abbé d'Orbais, de son office de prévôt du monastère (1665). 630

XLI. Pierre de Séricourt, abbé d'Orbais, investit D. Michel Trabit de la prévôté du monastère vacante par la démission de D. Henry de Rocquemont (1665). 630

XLII. Requête adressée au Grand Conseil par Jeanne-Baptiste de Bourbon, abbesse de Fontevrault, à raison du non-paiement des arrérages d'une pension à elle due sur les fruits de l'abbaye d'Orbais (1668). 630

XLIII. Jacques de Pouilly, abbé d'Orbais, ratifie par mandataire le partage intervenu le 31 mars 1683 entre les religieux et M. Le Camus, économe nommé par le Roi pour la direction du revenu temporel de l'abbaye (1684). 631

XLIV. Transaction entre les abbés du Valsecret et d'Orbais au sujet de la redevance en grains sur les dimes de Mareuil-en-Brie (1689). 631

XLV. Transaction pour les dimes de Fère-Champenoise entre les religieux d'Orbais, le prieur de l'Abbaye-sous-Plancy et les religieuses d'Andecy (1697). 635

XLVI. Déclaration d'héritages faite au profit des religieux d'Orbais par les consorts Ferrand pour la seigneurie des Bouleaux (1692) 640

XLVII. Echange de terres entre l'abbaye d'Orbais et Claude Le Clerc, laboureur (1702). 641

XLVIII. Lettre de D. Henri Bouzenet, prieur de l'abbaye d'Orbais, à D. Thierri Ruinart (1708 ou 1709) 642

XLIX. Procès-verbal de visite des bois de l'abbaye d'Orbais (1705)........................ 643
L. Procès-verbal de visite de 38 arpents 2 perches de bois dépendants de la manse abbatiale d'Orbais (1779).... 644

ADDITIONS ET CORRECTIONS 647

Dimensions générales de l'église d'Orbais......... 649
Le mez d'Orbais...................... 653
Liste des prieurs d'Orbais 675

TABLE ALPHABÉTIQUE

DES PRINCIPAUX

NOMS DE PERSONNES CONTENUS DANS L'OUVRAGE

A

Ablois (Jean d'), 267, 613.
Achery (Dom Luc d'), 204, 241, 242, 247.
Adalard, abbé de Corbie, 234, 242.
Adam (Jean), 562.
Adam, abbé de Saint-André du Câteau-Cambrésis, 255.
Ade, 267, 614.
Adélaïde (ou Alix) de Valois, 115, 116.
Adon, 59.
Ægilbert, évêque de Paris, 46 à 48, 50, 51.
Aile ou Agile (saint), 185, 186, 191.
Aire (des), 481.
Albricus, 609.
Alexandre III, pape, 256, 258, 609, 651.
Alexandre IV, — 267 à 269, 614.
Alix, reine de Chypre, 263.
Allix (Pierre), 239.
Amalraüs, 163, 247.
Amathilde, 40, 41.
Amolon, archevêque de Lyon, 219, 220.
Ancelin de Montmort, 169.
Ancquetil, 161.
Andrieu, 106.
Angennes (Claude d'), 348, 350.
Angilbert (saint), 203.
Anguisan (d'), 622.
Annales, 286, 288, 289.
Anne d'Autriche, 366, 375.
Ansel de Leschelles, 267, 614.
Anselme, abbé d'Orbais, 273.
— abbé de Saint-Vincent de Laon, 254, 255.
— moine d'Hautvillers, 45.
— de Poissi, 267, 613.
— (itinéraire d'), 252.
Apollinaire (saint), 144.
Apôtres (les), 597.
Arnauld (Antoine), 238, 239.
Arnoul, abbé d'Orbais, 256, 610 à 612, 654.
Arnoul, doyen de la chrétienté d'Orbais, 267, 613.
Arnoul, évêque de Lisieux, 242, 290.

Arnoult (Jean), 533.
Arsis (des), 103, 472.
Artaudus, 610.
Attale (saint), 189.
Aubert (François), 87, 457, 643.
— (Jean), 533.
Aubespine (de L'), 334, 621, 622.
Aubry (Daniel), 110.
Aubry (Jean), 303, 307, 323, 334, 335.
Audebert (Dom Bernard)[1], 23, 71, 172, 182, 379, 383, 384, 386, 392, 394, 395, 399, 400, 404, 647.
Augustin (saint), 159, 163, 164, 205, 206, 209, 216, 218, 219, 222, 225, 227, 229, 230, 241, 243, 290.
Auroux (Jérôme), 306 et s.
Auroux (Nicolas), 623, 624.
Auterive (d'), 569.
Autroy (Pierre d'), 87, 435, 474, 505, 529.
Avaux (Pierre d'), 98, 472, 505, 506, 525 à 527, 536, 544.
Aymard, abbé d'Orbais, 168, 169, 272, 273, 614, 615.

B

Babillon (Dom Jean), 379.
Baillet (Jean), 277.
Barbelée (Regnault), 128, 272.
Barbet (Pierre), archevêque de Reims, 168, 272-73.
Barbier (Georges-Gastelle), 132.
Barthélemi, évêque de Laon, 255.
Barthélemy (Nicolas), 300, 301, 620.
Bastide (Dom Marc), 387, 399.
— (Dom Philippe), 192.
Baudicart (Dom Jean), 73, 75.
Baudière (Robert), 129.
Baudouin, abbé d'Orbais, 72, 73, 75, 76, 114, 253 à 256.

---

1. V. D. *Thierry Ruinart*, par H. Jadart, 1886, p. 87.

Baudouin, 671.
Baudri, évêque de Dol, 142.
Bavon (ou Bovon), abbé d'Orbais, 198 à 202, 204 à 206, 212 à 214, 233, 247.
Beaufort (de), 530.
Bec (Philippe du), archevêque de Reims [1597-1605], 344, 656.
Belin, 117, 118, 401.
Bellièvre, 622.
Belloy (Dom du), 440, 441.
Benoîmont (Dom Denis), 557, 562.
Benoist (Dom Nicolas), 563.
Bérat (Gillet le), 279, 300, 620.
Berchaire (saint), 41, 54, 187-88, 191, 193, 194.
Bercy (de), 545.
Bernard (saint), 24, 54, 70, 114, 115, 181, 182, 498.
Bernardi (Antoine), 299.
Bernier (de), 280.
Bernus (le comte), 231.
Berthaire (ou Berthier), 51, 52.
Bertherand, 478.
Bertin du Rocheret [1], 668.
Bertohend, évêque de Châlons-sur-Marne, 194, 195.
Bertrand (Dom Cl. Joseph), 578.
Bièvres (Claude de), 281.
Blanche de Navarre, 123, 124, 133, 613.
Blécourt (Gallois de), 370, 375.
Blémont (Dom Louis), 577.
Blémur (Jacqueline de) [2], 195, 196.
Blihardus, 609.
Blondel (David), 247.
Bodin (Dom), 399.
Bois (Dom Pierre du), 363.
Boistard (Dom Claude), 409, 468, 484, 492, 518.
Bollandus (le P.), 189, 192, 195, 196.
Bongnier (Denis), abbé d'Orbais, 280, 281.
Boniface VIII, pape, 616, 617.
Bonnet (Pierre), 127.
Borrbano (Pierre), 299.
Bos (Robert), chanoine de Saint-Martin d'Épernay, 261.
Boson, abbé de Fleury, 608.
Bosquillon (Dom Vincent), 559, 564.
Bouché (Dom Antoine), 578.
Boudaast (Jean), 416.
Boufflers (Marguerite-Françoise de), 183.
Bougier (Dom), 440.
Bougis (Dom Simon) [3], 484.

Bouillon (ducs de) [1], 118, 305, 402, 571.
Boulloy (Gillet), 280, 617.
Bourbon (Charles de), cardinal, 354, 356.
— (Jeanne-Baptiste de), 398, 630.
BOURBON-VENDÔME (Louis de), abbé d'Orbais, 28, 69, 139, 290 à 293, 547, 593, 619.
Bourdaisière (de la), 354.
Bourdonnet (Dom Vincent), 665.
Bourée (frère Adrien), 562.
Bourg (Ch.-Alex. du), abbé d'Orbais, 545, 564, 566, 567, 569, 571 et s.
Bourg l'Abbé (frère Guillaume du), 314, 316.
Bourlon (Charles de), évêque de Soissons, 64, 71, 81, 175, 319, 377, 379, 380, 382, 384 à 388, 390, 392, 393, 453, 466.
Bournon (Jacques), 567.
Bout (Dom Nicolas du), 5, 6, 14, 15, 17, 18, 63, 421, 440, 500, 518, 520, 521, 524, 541, 542, 555, 556, etc.
Bouzenet (Dom Henri), 556, 642, 643.
Brachet (Dom Benoît), 387, 399, 401, 403, 405, 419, 420.
Brauche (Dom Antoine La), 564.
Braulart (Bauduin) et Renaud, son frère, 262, 612.
Brasseur (Pierre), 280.
Bressuy ou Brissac (Jossé de), 643, 644.
Bretaigne (Dom Claude) [2], 414.
Bretenet (Dom Guillaume), 557, 562.
Brigard (Jean), curé d'Orbais, 289.
— (Emeri), 326.
Brion (Jean), 567.
Broyes (Simon de), 490.
Bruc (Henri de), 367, 625 à 628.
Bury-Bignicourt (de), 34.
BUBIL (Jacques de), abbé d'Orbais, 28, 83, 356 à 359, 549.
— (famille de), 357 à 359, 657.
Buffry (Nicolas), 102, 140.
Bulteau (Louis), 48, 190, 191, 247, etc.
Buonamici (Lazare), 299.
Buschez (Simon), châtelain d'Épernay, 133, 260, 261.
Bussy-Rabutin, 658, 659.

C

Caillet (Jean), 99, 100, 412.

---

1. V. *Œuvres choisies, mémoires et correspondance de Bertin du Rocheret*, publ. par Aug. Nicaise, in-12, Châlons-sur-Marne, 1865.
2. V. Emm. de Broglie, *Mabillon et la Société de l'abbaye de Saint-Germain des Prés* (Paris, Plon, 1888), t. I, p. 261 et s.
3. V. Emm. de Broglie, *Mabillon et la Société de l'abbaye de Saint-Germain des Prés*, t. II, p. 380.

1. La Tour d'Auvergne. — Dom Du Bout a parlé plusieurs fois du duché de Château-Thierry que le duc de Bouillon reçut du roi (1651) en échange des principautés de Sedan et de Raucourt. Sur cet échange cf. d'Avannes, *Des droits d'usage*, etc. (Paris, Thorel, 1837, in-8°), p. 30 et s.
2. V. D. *Thierry Ruinart*, par H. Jadart, p. 84. — *Mabillon et la Société de l'abbaye de Saint-Germain des Prés*, par E. de Broglie, t. II, p. 380.

CAMPEGGE (Alexandre de), abbé d'Orbais, 26, 28, 30, 53, 74, 112, 177, 295, 299 à 302, 362, 468, 547, 620.
— (Laurent de), abbé d'Orbais, 28, 292 à 297, 299, 301, 302, 547, 656.
— (famille de), 294, 295, 301, 302.
Camus de Lyon (les), 622.
Camus (Christophe Le), 26, 456, 457, 631, 632.
Camuzat (Nicolas), chanoine de Troyes, 212.
Cautelcu (Dom Joseph de), 141.
Carcavy (sœur de), 640.
Cardonnière (La), 658.
Cezé (Dom Abel), 504, 544, 546, 560, 561, 577, 582.
Célestin II, pape, 290.
Cellot (le P.), 208, 209, 228.
Césaire (saint), 187, 190.
Chabot (Dom René), 559, 563.
Chabrison, 472, 502.
Chailliot, 73.
Chailliot (Louis), 488.
Champenois (Dom Simon), 82, 453, 486, 607, 608, 639.
Chantereau, 508.
Chapeaufort (Baudouin du), 571.
Charles le Chauve, 21, 46, 112, 113, 199, 200, 208, 212, 214, 216 à 218, 220, 224, 226, 229, 233, 234, 243, 244, 649, 669.
Charles de France, comte de Valois, 616.
Charles-Martel, 49, 50, 58, 195, 196.
Charles IX, roi de France, 28, 37, 38, 109, 117, 118, 120, 121, 179, 288, 302, 305, 323 et s., 337, 338, 432, 507, 621.
Charlier (Thomas), 449, 451, 515, 516, 533, 534.
Charmont (Hennequin de), 430, 469, 470, 508, 631, 633, 635.
Charton (Didier), 89, 101, 456, 495, 496, 503, 639.
Chassinat (Dom Placide), 468.
Chatton (Dom Pâquier), 30, 53, 74, 75, 91, 112, 121, 177, 300, 326, 362, 468.
Chavigny (Pierre de), 146, 169 à 171, 180-81, 276 à 278, 530, 655.
— (famille de), 277, 278, 530.
Chenu (Pierre Le), 260.
Chesnebenoist, 469.
Chevallier (Charles), 464, 495, 497, 502, 530.
— (Claude), 518, 528.
— (Jean), 102, 530.
— (Nicolas), 96, 98, 523, 526.
Chevrier (Dom André), 440.
Chiarry, 535.
Childebert III, 54, 112, 184, 194 à 196.
Choart, 117, 118, 401.
Chomalus, 117, 118, 121, 401.
Choucquet (Dom Placide), 383.
Christophle (saint), 144, 455.

Chuyes (Jacques de), 640.
Claude (Jean) 238, 239.
Clémenceau (Eloi), 569.
Clément IV, pape, 272, 614.
Clément VII, 286, 294 à 296.
Clément VIII, 356, 362, 657.
Clément XI, 522, 535, 536.
Clément (saint), 144, 455.
Clerc (Claude Le), 525, 535, 574, 575, 641.
Cliquot, 503.
Clovis II, 53.
Clovis III, 194, 195.
Cocquebert (François), 501.
— (Marie), 400.
Coiffy (Dom Alpin), 620.
Coigny (Aimée de), 507.
— (comte de), 672.
Cointe (Le), 581.
Colart as Grenons, 653, 654.
Colbert (Jacques-Nicolas), archevêque de Rouen, 39, 487.
Colbert (Michel), 469, 470, 632, 635.
Colladon, 621.
Colomban (saint), 41, 53, 203. — Ses statuts, 183 à 192.
Concordat de Léon X et de François Ier, 28, 172, 179, 282, 284 à 291, 298, 299.
Condé (prince de), 34, 68; 337, 347, 371 à 373, 659.
— (princesse de), 433.
Condoré (veuve), 569.
Conflans (Eustache de), 34.
— (Hugues de), 34.
— (famille de), 37.
Conoy (Dom Médard), 563, 564.
Constant (Dom Charles), 14.
Convers (Etienne) 473.
Coquelei, 349, 352.
Coquelin (Dom Benoît), 13, 242, 409, 417, 421, 422, 662 à 665.
Cordelier (sœur), 640.
Corroy (Dom Michel du), 81.
Corroy (Pierre du), lieutenant-juge à Orbais, 84, 625.
Cotton (Michel), 649.
Courcelles (de), 87, 88, 473, 474.
Courdoux (Charles), 562.
Coursean (Jean), 103, 472.
Court (Jeanne de), 469.
Courteville (Dom Antoine de), 377.
Courtival (de), 129.
Cousin (Etienne), 87, 467, 469, 501.
— (Jean), 563.
Coustanst (Jeanne), 502.
Coustant (Dom Pierre), 226, 241.
Coutenot, 117, 118, 401.
Crahange (Luc de), 88, 483.
Craureau (Dom Jean), 74, 75.
Crépin (Sébastien), 90, 523, 524.
Crespy (Dom Pierre), 620.
Crochet (Guillaume), 269, 614.
Croiset (sœur Françoise), 35, 92, 430, 489, 635, 639.
— (Gabrielle-Geneviève), 640.
— (Marianne), 640.

Croiset (Alexandre), 93, 635, 638, 639.
Croix (Nicolas de la), abbé d'Orbais[1], 22, 26, 28, 68 à 70, 86, 90, 117, 119, 120, 134, 137, 147, 177, 290, 299, 301 à 318, 320 à 342, 363, 402, 418, 431, 620 à 623, 656, 669. — Sa famille. 302. — Son frère (Jean), 331 et s., 336.
Croix (D. N. de la), 414.
Croix (D. Pierre de la), 558.
Cruchet (Gabriel), 140.
Cupif (Robert), 366, 367.

D

Dadon (saint-Ouen), 48, 59, 185.
Dampierre (N. de), 75, 77.
Danglebernier, 619.
Darnoult (Jean), 279.
Dauvergne (et d'Auvergne), 563, 574.
Dauwet des Marais, 669.
Daverdouin (de), 456.
David (Claude), 98.
— (Louis), 562.
— (Nicolas), 140, 141.
— (N.), 481.
Décéds (Jeanne), 90, 523, 524.
Déclaration des biens de l'abbaye d'Orbais, 26, 29, 53, 73, 74, 77, 112, 121, 177 à 179, 300.
Delporte (Dom Emmanuel), 560, 670.
Delville (Dom Jean-François), 558.
— (Dom Omer), 558.
Demariez d'Olon, 564.
Démocharès, 187, 194.
Deniset, 572.
Denizart (Daniel), 525.
Denizet (Charles), 129.
Dequen, 65.
Déremond, 670.

1. Lettre de M. d'Orbais à M. de Gonnor du onziesme jour du mois d'aoust 1563 : « Monseigneur, — il y a vingt ans et plus que j'ay commancé à faire service au Roy durant lequel temps ce que j'ay peu proffiter ça esté une abaye qui vault *deux mil francs* au diocese et sur la frontiere de Soissons, et aiant entendu que l'on veult prendre 1,000 fr. de rente sur madite abbaye pour l'alienation que l'on faict du domaine de l'eglise, je ne seray jamais celuy qui y contredira, mais je vous prie considerer, n'aiant autre ou bien peu de bien que cesluy-là, si la raison veut qu'on m'en oste la moictié. Je sçay la grandeur du Roy et que sa liberalité se peut estendre bien loing, mais cependant je vous supplieray bien humblement de me vouloir favoriser, c'est-à-dire user de moderation que j'aye moien de vivre et de faire service comme je vous feray particulierement toute ma vie etc. » Bibl. nat. mss. f. franç. 7116, f° 28.

Desagneaux, 644, 646.
Desauteux, 672.
Desbayes (Dom Etienne), 639.
Desportes, 334.
Dimanche (Pierre et Regnier), 620.
Diou (Jacques de), 349, 350, 352.
Doé (Dom Nicolas), 491, 492, 667.
Donat, 112, 113.
Donat (saint), archevêque de Besançon, 190.
Donnette (Simon), 569.
Dordos (Robert), 357.
Douay (Dom François), 414.
Doué (Dom Mathurin), 74, 75, 81.
Drogo (de Pruvine), 610.
Drouet (Nicolas), 339.
Duc (Dom Gérard Le), 577, 670.
Duclos, 583.
Dudo, 610.
Dumont (Dom Nicolas), 635.
Dumoulin du Lys, 644, 646.
Du Pin (Louis-Ellies), 210, 231 à 233, 239, 242 et s., etc.
Duprey (le P.)? 668.
Durand (Louis), 137, 313, 314, 318, 347, 493.
Dureteste (Anselme), 503.
Duroux de Varennes, 672.
Duvaucel, 644.

E

Ebbon, archevêque de Reims, 27, 200, 651.
Eberard (le comte), 206, 207.
Ebroïn, maire du palais, 39, 40, 47 à 53, 111, 112.
Egile, abbé de Fulde, 231.
Egilon, archevêque de Sens, 44, 45, 213.
Elfège, évêque de Winchester, 141.
Elizabeth, abbesse de St-Pierre de Reims, 254, 608.
Elizabeth, converse, 130, 132.
Emme, 44.
Enée, évêque de Paris, 223.
Engelianus, archidiacre de Soissons[1], 115.
Epagnol (Dom Thomas L'), 398, 401, 661.
Ermeufrède, 51, 53.
Ermengardis, 651.
Espinac (d'), archevêque de Lyon, 355.
Esprits (André des) de Viterbe, 73.
Este (Hippolyte d') dit le *cardinal de Ferrare*, 288.
Este (Louis d'), cardinal[2], 348.
Esteffe (Antoine d'), 530.
Etampes (Léonor d'), archevêque de Reims, 198, 252.

1. Cf. d'Arbois de Jubainville, *Histoire des comtes de Champagne*, t. I, p. 498.
2 Protecteur des affaires de France à Rome.

Etiennot (Dom Claude), 82.
Eustaise (saint), 186, 190.
Euvrard (Nicolas), 563.
Evrart le Blanc, 653.

F

Fare (sainte), 189, 190.
Favart (Jean-Baptiste), 161.
Favière (de), 405.
Fenet (Antoine), 563.
Feremburgis, 261.
Feret, 262.
Ferrand (famille), 530, 535, 640, 641.
Ferrier (Dom Pâquier du), 363.
Fêtre (Jean Le), 127.
Fèvre (Guillaume Le), 291, 292.
— (Jacques Le), 307 et s., 326.
— (Jean Le), 327, 328, 342.
Ficier (le P.), 440, 441.
Firmin (saint), 144.
Flamen (Dom Michel), 318.
Fleur (Dom Etienne La), 635.
Flodoard, 23, 53 et s., 184 et s., 226, 648, etc.
FLOIRAC (J. J. Fr. de Lagrange Gourdon de), abbé d'Orbais, 545.
Flore, diacre de Lyon, 199, 218, 219.
Follain (Dom Charles), 574.
Folques de Orbès, 256.
Fontaine (Dom Charles), 577, 578, 671.
Fontaines (de), 109.
Forbin-Janson (Toussaint de), 343, 539.
Forcy (de), 338.
Fossier (Jean), 132.
Foulques, abbé de St-Pierre d'Hasnon, 255.
Foulques, 27, 55, 162, 179, 197, 202, 240, 249 à 251.
Fouquet (le surintendant), 9, 10.
Fourche (Sébastien), 572.
Fourches (de), 493.
Fournier (Dom Jean-Baptiste), 577.
Fourquet de Trois-Puis, 653.
Fraguier (de), 501, 502.
Francqhomme (Dom Charles), 147, 560, 574.
Frédégaire, 46 et s.
Frédésinde, 251.
Frémont (Dom François), 577.
Frenot (Pierre), 292.
Fresne (sœur du), 640.
Frison (Pierre), 349, 352.
Frizon (Symon), 125, 276.
Fulchradus, 509.
Fulco de Basilicis, 115.
Fulco, évêque d'Amiens, 651.
Fulcramne, prévôt de l'abbaye de Corbie, 55.
Fulcric (ou Folcric), évêque de Troyes, 163, 164.
Fulgence (saint), 229, 240.

G

Gaichiés (le P. Jean), de l'Oratoire, 176, 650.

Garand (Charles), 526.
— (Gilles), 89, 452, 455.
— (Nicolas), 102.
Garinus, 262.
Garnier, abbé d'Orbais, 274.
Gastelier (Dom Robert Le), 482, 483, 666.
Gaucher de Châtillon, 614.
Gaufridus de Castellodunis, 115.
Gaussart (Siméon), 128, 129, 272.
Gautherus de Luzerchiis, 115.
Gauvain (Mathurin), notaire à Orbais [1650-1672], 382, 387, 398, 400, 629.
Gauvain (Louis), notaire à Orbais [1672-1685], 84, 100, 445, 462, 522, 629, 631.
Gauvain le jeune (Mathurin), notaire à Orbais [1685-1719], 84 et s., 93, 101 et s., 326, 442, 466, 472 et s., 488, 495, 496, 501 et s., 524, 528, 529, 531, 534, 631, etc.
Gauville (sœur de), 640.
Gelu (Dom Louis), 562, 563.
Gennade, 208, 216.
Georgin (Charles), 89, 502, 503.
Geraldus de Mutreio, 610.
Gérard (Dom Claude), 71, 387 à 389, 398, 401.
Gérard, abbé de Fémy, 255.
Gérard, évêque de Châlons, 260.
Gerberon (Dom Gabriel), 413.
Gerbert (ou Gilbert), abbé de Saint-Quentin, 254, 608.
Gerbert (plus tard Sylvestre II, pape), 142.
Germain (Dom Michel), 10, 11, 647.
Gervais I, abbé d'Orbais, 254.
Gervais II, abbé d'Orbais, 259, 260, 612.
Gilbert (Dom Mathieu), 485.
Gilduinus de Blesis[1], 115.
Gilles (Dom Eustache), 253.
Gilles Ier, abbé d'Orbais, 110, 165, 168, 260 à 264, 612, 651, 652.
Gilles II, abbé d'Orbais, 274, 430, 470.
Gilles, doyen de la chrétienté d'Orbais, 269.
Gillet (Jean), 346.
Girard de Festigny, 131.
Gobreau (Jean), 564.
Godard (Gilles), 132.
— (Nicolas), 87, 457.
Godefroy, 117, 118, 401.
Gomer (Christophe de), 22, 68, 69, 78, 79, 116, 117, 119 à 121, 303 et s., 323 et s., 327 à 343.
— (famille de), 39, 327, 339 et s.
Gondebert, 43, 44, 183.
Gonel, 432, 433.
Gonsard (frère Etienne), 314, 316.
Gosse (Jean), 132.
GOTHESCALQUE[2], 9, 29, 45, 163, 180, 198, 199, 201, 202, 205 à 222, 225 à 232, 240, 243, 247, 561, 667.

---

1. Cf. d'Arbois de Jubainville, *loc. cit.*
2. V. *Revue de Champagne*, année 1889, p. 461-62.

Goudemant (Dom Romain), 530.
Gozelin, 112, 113.
Graibert (Nicolas), évêque de Soissons, 278.
Grain (Antoine le), 39, 78, 82, 343, 431.
Grange (Dom Florimond Toussaint de la), 574 à 576.
Grange (sœur de la), 574.
Gras (Simon le), 379.
Grenelles (Gilles de), 329.
Gruel (Dom Guillaume), 557, 668.
Gueffier, 367, 625, 626.
Guérin (Dom Jean), 562.
Gui, abbé de Huiron, 610.
Gui de Buzancy, 269, 614.
— de Roye, archevêque de Reims, 169 à 171, 276, 655.
Guibert, abbé de Nogent-sous-Coucy, 204, 254, 255.
Guido Laudunensis, 609.
— miles, 612.
Guilbert (Dom Jacques), 556.
Guillaume (Daniel de), 473, 474.
Guillaume, abbé de Fécamp, 664.
— de Moirenont, 255.
— d'Orbais, 61, 145, 181, 256 à 258, 651.
— de Saint-Nicolas de Ribemont, 255.
Guillaume III d'Orange, 67, 94, 436 et s., 484.
Guillaume d'Auvergne, 345.
— aux blanches mains, archevêque de Reims, 61.
Guillelmus, major de Capella, 612.
— Orbaci, 612.
Guillinus, 169.
Guise (Charles de)[1], cardinal de Lorraine, archevêque de Reims [1538 1574], 194, 286, 344, 345. — Sa sœur, Renée, abbesse de Saint-Pierre de Reims, 344, 345.
Guise (Louis II de Lorraine, cardinal de), archevêque de Reims [1574-1588], 344, 345, 348 et s., 353. — Son frère, Henri, duc de Guise, 345, 348 et s., 356.
Guise (Louis III de Lorraine, cardinal de), archevêque de Reims [1605-1621], abbé de Saint-Denis en France[2], 315.
GUISLAIN (François Louis de), abbé d'Orbais, 445, 446, 463, 551.
Guntbert, moine d'Hautvillers, 45, 213.

H

Hacqueville (sœur Charlotte d'), 574.
Haimard, évêque de Soissons, 109, 110, 260.
Halduinus, abbé d'Hautvillers, 199.
Hangest (de), 374, 375, 445.

---

1. *Revue de Champagne*, t. I (1876), p. 285.
2 *Gallia*, VII, 412.

Harduin (Dom Guislain), 559.
Harel (Dom Jean), 413.
Haton Rufus, 262, 652.
Haudiquer (Dom Charles-Michel), 560, 577, 670.
— (Dom Jean-Baptiste), 670.
Hay (Dom Romain), moine d'Ochsenhausen, 192.
Haye (de la), 529, 530.
Hébert (Dom Thibaud), 278.
Hélène (Dame), 130, 291, 619, etc.
Hélézindice (ou Hélisende), 130, 131, 283.
Helimardus, doyen de l'abbaye d'Orbais, 162, 202, 250.
Henri I, comte de Champagne [1152-1181], 60, 61, 116 à 120, 256, 257, 304, 609 à 611.
Henri II [1181-1197], 122.
Henri de Braine, archevêque de Reims, 164 à 166, 169, 171, 263 à 265, 273, 276.
Henri de France, archevêque de Reims, 611.
Henri de Mauni, 267, 613.
Henri Sanglier, archevêque de Sens, 181, 182.
Henri, prieur de Saint-Martin d'Epernay, 261.
Henri II, roi de France, 287.
Henri III, 117, 118, 121, 306, 344 et s., 350, 352 à 354, 361.— Ses démêlés avec Henri de Navarre, 347 et s.
Henri IV, 354 à 357, 361.
Héribold, évêque d'Auxerre, 208, 239.
Hérivée, 27, 251.
Hervé, 137, 378, 460, 461, 464, 521, 522.
Heudicourt (Dom Pierre), 578.
Heullier (Jean), 134, 378.
Hilaire (saint) de Poitiers, 241.
Hildebaud, évêque de Soissons, 46.
Hildegaire, évêque de Meaux, 241.
Hilduin, abbé d'Hautvillers, 44.
— abbé de Saint-Denis en France, 230.
Hincmar, 27, 44 à 46, 55, 113, 162 à 164, 179, 193, 196 à 200, 202, 210 à 230, 233, 240 à 244, 246 à 249, 251, 649.
Hincmar, évêque de Laon, 215.
Hocquiny, 88, 483.
Houssart (Dom Jean-Baptiste), 561.
Huat (François), 643, 644.
Hucholde, 66.
Hugo, abbé d'Orbais, 254.
— archidiacre de Reims, 609.
Hugues, abbé d'Hautvillers, 609.
— abbé d'Igny, 256, 609.
Hugues de Corbeny, 613.
— comte de Soissons, 610.
Hugues de Champfleury, évêque de Soissons, 258.

I

Innocent X, pape, 365, 366, 379.
Innocent XII, 487, 513, 536.

J

Jacob (Etienne), 621.
— (Guillaume), 465.
— (Jean), substitut du procureur fiscal d'Orbais, 100.
— (Thomas), 140.
Jacques, abbé d'Orbais, 69, 281, 282.
Jacques de Bazoches, évêque de Soissons, 165, 166, 168, 169, 171, 263 à 265, 273, 276.
Jacques II d'Angleterre, 94, 436, 484, 642.
Jacquet de Châtillon, 269.
Jamet (Dom Guillaume), 13, 84, 85, 100, 144, 417, 420 et s., 433, 452, 453, 455 à 457, 555, 662, 664 à 666.
Jean (Ier), abbé d'Orbais, 278, 279.
Jean, abbé du Reclus, 259.
— de St-Michel en Thiérache, 255.
Jean (II) Maalot, abbé d'Orbais, 278, 279.
Jean d'Orbais, architecte, 652.
Jean, prieur de Château-Thierry, 262.
Jeanne de France, reine de Navarre, 125 à 127, 276.
Jeanne de Navarre, reine de France, à Orbais, 275.
Jeannot (Jean), 277.
Jehannin l'Abbé, 294, 297.
Jenlis (de), 68, 335, 336.
Jessé (arbre de), 594.
Joannes de Ruilliaco, 169.
— dictus de Suessione, 169.
Jobart (Dom Henri), 71, 387 à 389, 660.
Jolivet (Dom Jean), 559, 668, 669.
Joly (Claude), 491.
— (Jean), 491, 492, 528, 636 à 639.
Jonas, moine de Bobbio, 189, 190.
— évêque d'Autun, 209.
— évêque d'Orléans, 208.
Joret (Dom Mathieu), 558.
Joseph (saint), 144, 455, 594.
Joseph (le P.), François Le Clerc du Tremblay, 104, 528.
Joyeuse (cardinal de), 355, 657.
Juguin (Jérôme), bailli d'Orbais, 100, 101, 481.
Jules II, pape, 295.
Jules III, 287, 301, 321.
Jullion (Claude), notaire à Orbais [1654-1666] et receveur des abbés, 362, 382, 461, 462, 625, 629, 630. — Ses deux fils : *a* Jullion (Jean) dit du Maine, 88, 140, 398, 461, 462, 483. *b* Jullion (Vincent) dit Rondbois, 101, 140, 461, 526.
Jullion (Louis), 101.
Jullion (Louis-Martin), huissier à Orbais [1768], 670.

L

Labaty (Dom François), 582.
Lachèze (Dom Jacques), 577.
Laguette (Elizabeth), 495.
Laguille (Florent), 514.
Laistre (famille de), 530.
Lambert (sœur de), 640.
Lambourg (de), 619.
Lancelet (Jean), 572.
Landel, 88.
Landrade, 112, 113.
Lange (Paul), 181.
Langelin, 569, 626 à 628.
— (Anne), 481.
— (Claude), 88, 481.
— (Louise), 26, 481.
Langot (Marie), 566.
Lannoy (de), 373, 374.
Lantelme de Tolly, abbé de la Chaise-Dieu, 182.
Lasne, 572.
Latil (Mgr de), archevêque de Reims, 252.
Launay (Etienne Cordier de), 359.
Launoy (Jean de), 246.
Lautherus, 162, 202, 250.
Le Blanc (Augustin), v. Serry.
Le Blond, 573.
Le Cocq (Dom Bonaventure), 81, 82.
Le Cointe (le P. Charles), 49, 189, 192, 193, etc.
Lefebvre (Jacques), seigneur de Maurepas, 530.
Legault (Dom Augustin), 504.
Le Gendre (Dom Jean), 71, 72, 81, 92, 377, 379, 382, 384, 388, 389, 398, 406, 628 à 630.
Le Grand (Guillaume), 88, 481, 482, 514, 522.
Le Gris (Pierre), 110.
Le Guay (Joachim), 98.
Le Noir, 672.
Lenoncourt (Robert de), 28, 252.
Lenormand (François), 64, 109.
Léon X, pape, 295, 296, etc.
Léon, doyen de l'église de Reims, 256, 609.
Lequeux (Dom Charles), 14.
Leroux (Dom Nicolas), 577.
Leroy (Regnaudin), 653.
Lescuyer (Dom Eustache), 82, 504, 557.
— (Dom Louis), 504, 668.
Lesguise (Nicolas), 279.
Lesseville (Le Clerc de), 481.
Le Tellier (Charles-Maurice), archevêque de Reims, 59, 94, 513.
— (Michel), 343.
Létoffé, 12 à 14, 546, 647.
Leudemar, 22, 53, 54, 65, 112, 162, 184, 185, 191, 193 à 195.
Leudésie, 47.
Lévêque de la Ravallière, 668.
Linage de Cramants (Louis), 141.
Lomet (Claude), 564.
Loo (Arnoul de), 541.
Loriquet[1], 546.

---

1. Sur la biographie de M. Loriquet v. Victor Fiévet, *Histoire de la ville d'Epernay*, t. III (1868), p. 62.

Lorraine (Louise de), épouse de Henri III, 344.
Louis XII, roi de France, 292.
Louis XIII, 365, 366, 370, 402, 528, 625, 626.
Louis XIV, 118, 371 et s., 398.
Loup (saint), 144, 455.
Loup (Servat)[1], abbé de Ferrières, 199, 205, 208, 209, 216, 217, 229.
Louveau (Dom Jean), 147, 305, 314 et s., 327, 620.
Louviau (Dominique), 569.
— (Etienne), 569.
Louvier (Le), 574.
Louytre, 365.
Lucide, 228.
Luido, 225.
Luillier de Boullancourt (Marie), 669.
Lumel ou Lunel (Jean), 300.
Lut (sœur du), 640.
Luxembourg (maréchal de), 436 à 438.
Lye (Adrien de), 384, 630.

M

Mabillon (Dom Jean), 11, 12, 14, 23, 24, 141, 142, 181, 231, 232 à 234, 239, 607, 608, 642, 667 et *passim*.
Macaire Scot, 243.
Maillard (Dom Nicolas), 307, 309, 312, 314 et s., 621.
Maillefer, 492.
Maillet (Dom Michel), 414, 662.
Mailliard Charles, 495.
Mainard, abbé d'Orbais, 247, 253, 254, 651.
Mallet (frère Claude), 81, 82.
Maraudez (Jacques), 129.
Marcland (Dom Robert), 519.
Marcuard, abbé de Prüm, 209.
Marguot (Jean), 132.
Marion (Dom Michel), 567.
Marle (de), 330, 331.
— (Charlotte de), 339, 341.
Marlot (Dom Guillaume), 23, 182, etc.
Marotte (Louis), 81, 100, 101, 437, 440.
Marquand (Dom Antoine Le), 536.
Marshault, 341.
Marsolles (Dom Vincent), 412, 415 à 417, 419, 435, 442.
Martène (Dom), 557, 561, 639, 660 et s., 665 et s.
Martin (Dom Claude), 401, 468, 663.
— (Dom Remi), 81.
Martin, prince d'Austrasie, 46 à 52.

Massarde (Marguerite), 133.
Massart (Pierre), notaire à Orbais, 84.
Mathé (Jean), prieur d'Orbais, 132.
Mathieu (Dom Thomas), 559, 561 à 563.
Mathilde (ou Mahaud), fille d'Engelbert, duc de Carinthie, 115, 116.
Maucreux (sieur de), 87, 473.
Maucroix, chanoine de Reims, 656.
Mauguin (Gilbert), 198, 199, 206, 209 à 211, 213, 215 à 228, 230, 231, 237, 239 à 241, 243, 246.
Mauguy (Dom Jean de), 73, 75.
Mauljean (Dom Félix), 71, 72, 81, 84, 85, 117, 118, 120, 121, 140, 141, 172, 300, 305, 387 à 389, 392, 394, 397 à 407, 445, 453, 461, 556, 661.
Mayenne (duc de), 345, 348 à 350, 354 à 356.
Mazarin (le cardinal), 371, 372, 467, 491, 658.
Mazières (Dom Jérôme des), 440.
Médicis (Marie de), 361, 366.
Meleti (Godefroy), 73.
Ménard (Dom Hugues), 204.
Merat (Nicolas), 636.
Mercier (Dom Joseph), 574, 577, 578, 582.
Mercier (Nicolas), huissier à Orbais, 101, 102, 471, 529.
Mesnil (sœur du), 640.
Millet (Louise), 544.
Milo, armiger, 260, 261.
— vice-comes, 115.
Milon, abbé d'Orbais? 130, 131, 282.
Milon, usurpateur de l'archevêché de Reims, 196.
Milsan (Claude), 99, 100, 442, 445.
Milsan (Louis), 98.
Mire (Aubert Le), 233, 237.
Mirgault (Philippe), 542.
Missahay (Dom François), 582.
Mitiercelin[1] (N. de), 74 à 77, 648.
Moët (de Brouillet), 399, 400, 445.
Moët (Jehan), 655.
Molins (François des), 314.
Moncel (Robert du), 571.
Mondet, 82.
Monge (Dom Pierre), prieur d'Orbais, 14, 15, 33, 63, 72, 76, 77, 82, 86 à 89, 98, 100, 101, 134, 137, 140, 144, 148, 176, 304, 316, 323, 326, 378, 395, 396, 399, 405, 412 et s., 433, 442, 452 et s., 461 à 464, 466 à 470, 474, 477, 481, 484, 487 et s., 503, 505, 514 et s., 531, 534, 555 et s., 632, 635, 636, 638, 639, 662, 665 à 667, etc.
Monnera (Pierre), 522.
Montant (Thomas), 569.
Montmignon (Nicolas de), 92, 406, 411.
Montmorency (Charlotte de), 38, 106.
Montmort (marquis de), 574, 578.
— (Garsias et Thomas de), 262.

---

1. V. *Lettres de Servat Loup*, éditées par G. Desdevises du Dezert, Paris, Vieweg, 1888 (Bibliothèque de l'école des hautes études). L'éditeur dit à tort (p. 141) que l'abbaye d'Orbais était au diocèse de Sens. Cf. *Bulletin critique*, année 1888, p. 457. Cf. *supra*, p. 212, note 2.

1. Lisez Meixtiercelin. V. *Revue de Champagne*, année 1889, p. 133.

Montpensier (Mlle de), 659, 664.
MONTRÉAL (J.-L. Fortia de), abbé d'Orbais, 84, 139, 148, 472, 487 et s., 514 à 521, 528, 531, 532 à 535, 540, 553. — Sa famille, 516.
MONTSOURY (Pierre Cuvier de), abbé d'Orbais, 544, 545, 559, 560, 562.
Moreau (Jean), 464.
Moreau (P.), 64.
Morel (Charles), 503, 639.
— (Dom Silvestre), 455.
Moret (comtesse de), 357, 358.
Morin (Pierre), abbé d'Orbais, 169, 170, 276.
Mouchy (Antoine de), v. Démocharès.
Moulins (Mathias de), 563.
Mouly (Dom Jean-Baptiste de), 385, 660.
Mulot (Dom Yves), 414.
Musquin (Jean), lieutenant de la justice d'Orbais, 307, 308, 312 et s., 656.
— (Nicolas), 339.

N

Nacquart (Louis), 357.
Nain (Dom Robert Le), 528.
Nargaudus, abbé d'Hautvillers, 44.
Nargonne (Françoise de), 37, 38, 106, 507.
Nattin (Dom Louis), 14, 486, 524, 558, 562, 563, 639, 641.
Naudé (Martin), 670.
Nemours (Henri de), archevêque de Reims, 252.
Nevers (le duc de), 348, 353, 355, 657.
Nicolaï (Jean et Louis de), 357.
— (Nicolas de), 117, 118, 121, 401.
Nicolas (Dom Pierre), 557, 563.
Nicolas Ier, pape, 213, 215, 224, 225, 229 à 231, 243, 246.
Nivard (saint), 40 à 44, 52, 54, 55, 113, 161, 183, 187, 188, 193.
Nivellon, évêque de Soissons, 61, 62.
Niver (Jacques), 630, 631.
Noailles (de), 94, 513.
Noble (Nicolas le), 307 et s., 326.
Noël (Laurent), 278.
Nominé (Martin), 621.
Nothingue, évêque de Verceil, 206, 207, 209, 220, 226, 234.
Novales, 525.
Nycholeus, archidiaconus remensis, 609.

O

Odille, 40, 41.
Odo, prior, 261.
Odo de Champinarbout, 169.
Odo de Pugiaco, 610.
Odoléus, 648.
Odon, 53, 54, 112, 184, 195.
Odon, abbé d'Orbais, 254, 608, 609.
— d'Orbais, 652.
Odon, évêque de Beauvais, 225, 246.

Odot (Jacques), 307 et s., 312, 314 et s., 347.
Olier (Ponce), 514.
Orléans (Gaston d'), 371.
Ormesson (d'), 559, 561, 643.
Ossat (cardinal d'), 354.
Otgarius, archevêque de Mayence, 232.
Oudinet (Dom Pierre), 85, 315, 327, 620, 621.
Oudot (Dom Jacques), 621.

P

Pance (Jehan la), 652.
Pape (Pierre le), 525 à 527.
Papes (les) et les élections canoniques, 286 et s.
Paradis (Dom Jean), 327, 620.
Pardule, évêque de Laon, 216 à 219, 224, 226, 230.
Partois (Gilles), 291.
Parvinus, abbé du Saint-Sépulcre de Cambrai, 255.
Pateisson (Guillaume de), 133.
Paucher (Dom Procope), 578.
Paul III, pape, 297, 300.
Payen (Claude), 91, 106.
— (madame), 467, 501.
Pélage, 218, 223, 235, 236.
Pellé (sœur), 640.
Pelletier (Dom François), 71, 72, 140, 377, 382, 384 à 386, 388, 389, 471, 628, 629.
Pellevé (Nicolas de), archevêque de Reims [1592-1594], 349, 353, 656.
— (Philippe de), 656.
Pépin d'Héristal, 46 et s., 58.
Pérignon (Dom), 265.
Peron, 671.
Péronne (Dom Boniface), 363.
Perray (sœur du), 640.
Perud (Dom Jean), 363.
Petel (Dom Nicolas), 363, 364.
Petey de l'Hostellerie (Dom Charles), 141, 505.
Petit (Dom Armand), 563.
— (sœur), 640.
Petrus prior [Orbaci], 611, 612.
Petrus de Lauduno, 617.
Pezron (Dom Paul Yves), 13, 34, 35, 647.
Philippe Ier, roi de France, 254.
Philippe-le-Bel, 275, 615, 616.
Philippe II d'Espagne, 349, 355, 356.
Philippus, prieur d'Orbais, 266.
Picaut (Dom Pierre), 81, 305 et s., 312, 314 et s., 318, 327, 620, 621.
Pichon (Dom Jérôme), 169.
Pierre, prêtre et professeur à Orbais, 132.
Pierre I, abbé d'Orbais, 254.
Pierre II, — 265.
Pierre, abbé d'Orbais (1527), 294, 297 à 299.
Pierre, abbé de Saint-Remi de Reims, 256, 611, 654.

Pierre de Dammartin, évêque de Beauvais, 254, 608.
Pierre d'Essommes, 114, 115.
Pierre Gautier, abbé d'Orbais, 278 à 281, 617.
Pierre de Sestremont, 279.
Pierre (saint), patron de l'abbaye d'Orbais, 70, 597, 667, etc.
Piles (Jean de), abbé d'Orbais, 118, 129, 137, 343 à 356, 430, 442, 443, 493, 502, 623, 624, 657.
Pillet (Dom Augustin), 75.
Pinart (Antoine), 87, 472.
Pinson (François), 105.
Pisany (marquis de), 353.
Pitre (Simon), 563.
Plancy (barons de), 302.
Plouin (Claude), 26, 327.
Poirier (Nicolas), 446.
Potet (sœur), 640.
Potier de Gèvres, archevêque de Bourges[1], 487, 520.
Pougeois (Pierre), 64.
Pouilly de Lançon (Jacques de), abbé d'Orbais, 139, 148, 378, 430, 446 et s., 457, 460 et s., 486 et s., 514 et s., 531 à 535, 553, 631 à 633, 635. — Sa famille, 447, 450. — Son père, Jean de P.[2], 447, 452, 457, 516, 666. — Son frère, Henri de P., 448 et s., 451, 463 à 465, 485 et s., 666. — Sa sœur, Henriette de P., 450, 514, 532 à 534.
Pragmatiques-sanctions, 180, 284, 286, 289, 298.
Prévost (Marguerite), 446.
— (Pierre), 89, 486.
Prix (saint), évêque de Clermont et patron d'Orbais, 29, 187.
Prudence (saint), évêque de Troyes, 198, 215 à 218, 223, 229.
Prud'homme (Remi), 98, 471, 526.
— (Louis), 669.
Puy (Dom Michel du), 671.

Q

Quennemont (sœur de), 574.
Quinquet, 93, 466.
Quintin (Jean), 288.

R

Raban-Maur, 163, 198, 206 à 211, 216, 217, 219, 220, 224, 226, 232, 233, 240.
Radbert (Paschase), abbé de Corbie, 199, 212, 233, 234, 236, 237, 239, 241, 242, 650.

Raffelin (sœur), 574.
Raguier (Antoine), dit Esternay, 338.
Rambradus, prévôt d'Orbais, 162, 201, 202, 250.
Raoul, abbé d'Hautvillers, 262, 612.
— doyen de Saint-Étienne de Châlons, 75, 76, 114, 256.
— official de Soissons, 165.
Raoul de Ville-marie, 270, 271.
Raoul-le-Vert, archevêque de Reims, 254, 608, 609.
Ratramne, prévôt de l'abbaye d'Orbais, 45, 162, 163, 201, 202, 247, 651.
Ratramne, moine de Corbie, 199, 200, 208, 209, 216 à 218, 229, 232 à 247, 651.
Raulin (Dom Damien), 72, 409, 410, 412, 461, 556.
Raymond de Vaur, 142.
Raynald du Bellay, archevêque de Reims, 254.
Remi, abbé d'Orbais, 278, 279.
— moine d'Orbais, 275.
Remi (saint), archevêque de Lyon, 199, 205, 212, 213, 218, 220, 224, 229.
— (saint), archevêque de Reims, 27, 163, 164, 179, 248 à 252, etc.
Rempnoulx (Dom François), 557, 671.
— (Dom Joseph), 563, 671.
Renoldus, 131.
Renaud, abbé d'Oye, 259, 612.
Renaud de Damery, 262, 612.
Renier de Senlis, 615.
Renoldus, abbé de Saint-Crépin de Soissons, 261, 652.
Renoult (Dom Blaise), 83.
Renti (de), 571.
Réol ou Rieul (saint), 22, 24, 27, 30, 39 à 65, 68, 111 à 113, 144, 147, 161, 162, 178, 181, 184, 186, 187, 191, 193, 195, 249, 250, 257, 263, 465, 561, 648, 667. — Sa chapelle, 568. — Sa fête, 58, 122, 133, 648. — Sa sépulture, 59, 145.
Richard, 86, 435, 474.
Richard I et II, ducs de Normandie, 664.
Richard (Dom Jean), 10, 63, 71, 75, 84, 377 à 384, 388, 389, 394, 398, 400, 424, 465, 470, 526, 629.
Richelieu, 366, 367, 370.
Richer, moine de Saint-Remi de Reims, 253.
Ricobonni (Antoine), 620.
Rieux (René de), abbé d'Orbais, 28, 74, 300, 359 à 367, 443, 462, 549, 621, 625, 626, 628. — Sa famille[1], 359 et s. — Son père, René de R., gouverneur de Brest, 361, 365. — Sa sœur, Anne de R., 361. — Son neveu, Alexandre de R., 364, 378, 451, 516.

---

1. V. A. Flandrin, *Inventaire des pièces dessinées ou gravées dans la collection Clairambault* (Paris, Hachette, 1887), p. 560.
2. Sur Jean de Pouilly, v. *Revue de Champagne*, année 1889, p. 114, note.

1. V. A. Flandrin, *Inventaire des pièces dessinées ou gravées dans la collection Clairambault*, p. 561.

Rigbold, chorévêque de Reims, 199, 206, 212 à 214.
Rigobert (saint). 22, 162, 180, 185, 193 à 198. — *Tour de Saint-Rigobert (ou tour d'Egn) à Reims*, 197.
Rivard (Dom Marc), 409.
Robert, abbé d'Orbais, 273.
— abbé de St-Sauveur de Verlus, 255.
— chambrier d'Orbais, 611, 612.
Robin (Dom Louis), 577.
Rodoardus, 162, 202, 250.
Roger, sous-prieur d'Orbais, 611, 612.
Roger (Jean), 569.
Rogerius, 262.
Roland de Louviguy, 542.
Rondeau, 86, 435, 474.
Roquemont (Dom Henri de), 84, 85, 398, 630.
Roquette (Hilarion de), 574, 575.
Ros (Dom Yves du), 556.
Rossignol (Jean), 563.
— (Marie), 88, 483.
— conseiller au parlement, 93.
Rothade, évêque de Soissons, 212 à 214.
Rotmarus, abbé d'Hautvillers, 648.
Rouillon (Louis), 643, 644.
Roulland (Thomas), 161.
Rousseau (L), 64.
Ruau (Etienne), 640.
Rue (Pierre de la), 281.
Ruinart (D. Thierri) [1], 58, 642, 643, 667.
Ruxton (de), 106.

S

Saguet (François), 563.
Saint-Albin (de), évêque de Laon, 557.
Saint-Benoît (ordre de), 177.
— (règle de), 27, 36, 41, 53, 55 à 57, 113, 185 à 193, 195, 202, 204, 228, 258, 259, 267.
Saint-Esprit (sœur de), 640.
Saint-Germain (d^{lle} de), 87, 473.
Saint-Gery (Dom Simon), 562.
Saint-Maur (règles de la congrégation de), 651.
Sainte-Beuve (Jacques de), 413.
Sainte-Palaye (sœur de), 640.
Salaberge (sainte), 24, 189.
Salle (Caillebot de La), 185.
Salmatory (de), 473, 474.
Saluce (François de), 486.
Samson, 543.
Sandras (Dom Jean-Baptiste), 563, 564.
Saussay (André du), 58.
Savoye (Dom Michel), 563.
Sceau des abbés d'Orbais, 613, 615.
— *du couvent d'Orbais* [2], 70, 617.

Scot Erigène [1], 198, 218, 219, 224, 226, 229, 239.
Semilliard (Dom Alexandre), 559, 567.
Senesçay (baron de), 355, 657.
Séricourt d'Esclainvilliers (Pierre de), abbé d'Orbais, 10, 13, 71, 81, 84, 99, 134, 137, 172, 324, 363, 364, 368, 369, 376 et s., 384 et s., 400 et s., 424, 425, 433, 436 à 445, 452, 462, 470, 479, 516, 551, 630, 633, 660, 661. — Sa famille, 368 et s. — Ses frères : *a* Timoléon-Charles, 369 à 373, 657 et s.; *b* François, 369, 371, 375, 445-46, 659. — Ses sœurs : *a* Isabelle, 369; *b* Charlotte, 369, 380.
— (Charles-Timoléon de), (fils de François), 375, 451, 452, 633-34, 659-60.
— Son fils Charles, 375-76, 660.
Serry (le P. Jacques-Hyacinthe), 228.
Seur (Jacques le), 563.
Sicfridus, 162, 202, 250.
Sillery (Fabio Brulart de), évêque de Soissons, 98, 103, 104, 106, 176, 395, 479, 480, 490, 503, 505, 507, 522, 528, 535, 538, 540, 579, 650.
— (Nicolas Brulart de), 669.
Simo, armiger, 260, 261.
— episcopus suession., 170.
Simon, abbé de Saint Remi de Reims, 259, 612.
Simon d'Armentières, 273.
Simon (Jean), sergent de la justice d'Orbais, 398, 625.
Sirmond (le P.), 23, 55, 208, 212, 219 à 221, 226, 228, 230, 234 à 236, 250, etc.
Sixte IV, pape, 73.
Sixte V et la ligue, 347 et s., 352 et s.
Soubise (Anne-Marguerite de), 59.
Souflier (François de), 327, 620, 621.
Symons de Teci, 256.

T

Taladuc (Jeanne de), 279.
Talon (Charles), 365, 366.
— (Denis), 389, 390.
Tarlant, 542.
Taton, 205.
Tempêté (Dom Pierre), 560.
Thecendis, 256, 611, 612.
Théodoramne, 41.
Théodrade, abbesse de N. D. de Soissons, 242.
Thibaut I, comte de Champagne [1063-1089], 114 à 116, 253, 649.
Thibaut II [1125-1152], 60, 61, 116, 274, 609, 610.
Thibaut III [1197-1201], 59, 122 à 124, 133, 259, 262.

---

1. V. Emm. de Broglie, *Mabillon et la Société de l'abbaye de Saint-Germain des Prés*, t. II, p. 387.
2. Cf. *Revue de Champagne*, t. XVIII (1885), p. 343.

---

1. Sur ce philosophe, v. *Les livres saints et la critique rationaliste*, par F. Vigouroux, 2e édition, t. I, p. 335 et s., Paris, Roger et Chernoviz, 1886, in-8°.

Thibaut IV le grand [1201-1253], 34, 123, 124, 133, 262, 263, 267, 613.
Thibaut V [1256-1270], 128, 129, 148, 269, 272, 614.
Thibaut (Theobaldus), chapelain d'Orbais, 611, 612.
— de Baacon, 267, 613.
— de Montmort, 271, 272.
— de Moret (et Aveline son épouse), 269 et s., 431.
Thiboust (Dom Ambroise), 563.
Thiébaut Sacret, 615.
Thiaffay (Nicolas), 621.
Thiénot, 483.
Thierri III, roi de Neustrie, 27, 39, 42, 47, 49 à 51, 53, 54, 56, 111, 112, 178.184.
Thierry, abbé de Saint-Martin d'Epernay, 260, 261.
Thomas, abbé d'Orbais, 132, 266, 267, 613.
Thomas d'Aquin (saint), 226, 241.
Thomassin (le P. Louis), 189, 191, 192, 346.
Thou (Christophle de), 330.
— (Jacques-Auguste de), 236.
Tierce (Jean le), 502.
Tierricus, convers d'Orbais, 266.
Tierson (Jean), 280.
Tilladet (de), 376, 436, 438, 440-441, 659.
Tilloy (Hubert), 101, 471.
— (Jacques), 102.
Timothée (saint), 144.
Titart (Jehan) de Châtillon, 615.
Touchet (Marie), 37, 109, 507.
Tour (Jean du), 379, 383.
Touzet (Louis), 74.
Trabit (Dom Michel), 71, 72, 377, 384, 398, 4·6, 630, 631.
Transulfe, abbé de Corbie, 46.
Tresse (Oudin La), 125 à 127, 275, 276.
Treveselay (Gui de), abbé d'Orbais, 146, 180, 275.
Trithème, 208, 213, 234.
Trochon (Dom Louis), 519.
Trouvain (Dom Hyacinthe), 559.
Tuisy (de), 653, 654.
Turenne (le maréchal de), 118, 238, 373, 637, 658.

U

Urbain VIII, pape, 365, 366.

Ursins (famille des), 23.
— (Jean Juvénal des), 279.
Usserius (Jacques Usher), 214, 247.

V

Val (Jeanne de la), 279.
Val (Dom Antoine du), 382.
Valois (Charles de), duc d'Angoulême, 37, 38, 106, 507.
Valois (François de), 117, 118, 121.
Vandeuil (Claude de), 380 à 383, 628, 629.
— (Louis de), 369, 380, 452.
Vardes (marquis de), 357.
Vasse (Dom Laurent), 541, 542, 556.
Vaucher (Dom Jean-Baptiste), 574, 577, 671.
Vaucueil (Thomas le Masson de), 615.
Vernet (F.), 575, 576.
Verrouillard, 86 à 89, 435.
Vertus (de), 527, 528.
Veusve (Anne de la), 75, 648.
Vieilleville (le maréchal de), 334, 622.
Vigny (François de), 623, 624.
Villelongue (Antoine de), 460, 631.
— (famille de), 530.
Vinnot (Pierre), 97, 98, 523, 529.
Vitalis (Janus), 293.
Viterbe (André de), 73.
Vivier (Nicolas), 563.
Vuillaume, 395, 396, 460, 540.
Vulfarius, 113, 114.
Wagon (Dom Joseph), 500, 578.
Walafride Strabon, 205.
Walbert ou Vualbert (saint), 42, 186, 188 à 190.
Waraton, 51.
Warin Placide, 231, 651.
Wattigny (Dom Louis), 562.
Wénilon, archevêque de Sens, 200, 218, 223, 227.
Witerius, abbé d'Orbais, 254.
Wolsey, 296.

Y

Yepez (Dom Antoine d'), 188.
Yves de Chartres, 155.

TABLE ALPHABÉTIQUE

DES PRINCIPAUX

NOMS DE LIEUX CONTENUS DANS L'OUVRAGE

A

Abbaye-sous-Plancy (L'), 92, 406, 411, 431, 489, 491, 492, 500, 524, 525, 528, 635 et s.
Abbeville (Saint-Vulfran d'), 39.
Ablois (Saint-Martin d'), 267, 564, 613, 671, 672.
Agen, 491.
Aiguizy (*Eguisi*), 571.
Aisney, 291.
Allemagne (empereurs d'), 286.
— (réforme en), 295 à 297.
Ambierle, 487.
Amboise, 337, 338.
Ambonay-sur-Marne, 63.
Ambronay (N. D. d'), 639.
Amiens, 235, 253, 439, 593, 651.
Amour-Dieu (L'), 642.
Andecy (abbaye d'), 35 et s., 92, 93, 260, 430, 431, 489, 490, 574, 635 à 640.
Angely (Saint-Jean d'), 455.
Angers (Saint-Sauveur de l'Evière, à), 399.
— (Saint-Serge d'), 291, 401.
Anglous (Les), 530, 570, 571.
Anizy-le-Château, 619.
Anthenay, 573.
Argenteuil (N. D. d'), 30.
Arouaise (Saint-Nicolas d'), 487.
Arras, 370, 372, 373. 375.
— (Saint-Vaast d'), 249, 250.
Artenvrez, 256.
Ath, 451.
Augie-la-Riche, v. Reichenau.
Aulnois (Les), 495, 572, 573.
Aurillac (Saint-Géraud d'), 487.
Auxerre, 355, 575.
— (Saint-Germain d'), 421.
Avenay, 63, 183.
Avignon, 176, 301, 487, 650, 656.
Ay, 183, 265.

B

Baizil (Le), 87, 472.
Barbillon (forêt de), 119.
Barbonne, 267, 613.
Batilly, 501, 502.
Baulne, 110, 495.
Bavoncourt, 66.
Bayart, 130, 131, 282.
Baye, 490.
Beaulieu (Notre-Dame de), 516.
Beaumont (Calvados), 575.
— sur-Oise, 330.
Beauvais, 459, 582, 608, 609.
— (Saint-Lucien de), 414, 558, 559, 564, 582.
Bec (N. D. du), 39, 383, 487, 557.
Bernay (N. D. de), 487, 520.
Berthenay, 571.
Blancs-Manteaux (N. D. des), 12, 401, 413, 500, 670.
Blandinerie (La), 33, 405, 5 6, 573.
Blois (Saint-Lomer de), 421, 663.
Bois-l'Hermite (Le), 495, 571.
Bologne, 293 et s.
Boscodon (N. D. de), abbaye, 301, 330.
Bouleaux (Les), 530, 535, 574, 640, 641.
Boulloie (La), 33, 570, 571, 573.
Boulogne-sur-Mer, 459.
Boursault[1], 87, 179, 266, 406, 457, 464, 482, 562, 573, 669.
Bourseau (Le), 478.
Brest, 365.
Breteuil (N. D. de), 377, 380, 504, 539, 628.
Breuil (Le), 39, 78 et s., 116, 270, 303, 324, 328 et s., 342, 343, 431, 571, 579-80, 672.
— (Saint-Germain sur Le), 77 à 82, 379, 406, 504.
Brie-Comte-Robert, 372.
Brocheron, 343.
Bueil, 358, 657.
Bufferie (La), 89, 486, 562, 566, 571-72, 645.

---

1. Sur Boursault, v. la *Grande Encyclopédie*.

C

Caen (collège des Jésuites de), 227, 231.
— (Saint-Etienne de), 383.
— (Sainte-Trinité de), 195.
Cambrai, 447.
— (Saint-Aubert de), 376.
— (Saint-Sépulcre de), 255.
Carennac (Saint-Pierre de), 344.
Carepuis, 659.
Casal, 447, 450.
Câteau-Cambrésis (Saint-André du), 255.
Caure (La), 530.
— (Ménil lez-La) (Le), 327, 574, 621.
Celle (N. D. de La), 305.
Centule, v. Saint-Riquier.
Chacun, 33, 474, 572, 573.
Chaise-Dieu (La), 106, 182, 455.
Chalon-sur-Saône (Saint-Pierre de), 409.
Châlons-sur-Marne, 36, 72 à 76, 114, 256, 459, 639, 655, etc.
Chamalières (abbaye de), 187.
Champaubert, 103, 472.
Champeaux, 560, 599.
Champ-Renaud, 128, 129, 272, 478, 572.
Chapelaine (Vassimont), 72.
Chapelle-Monthaudon (La), 129, 281, 326, 522.
Chapelle-sur-Orbais (La), 33, 74, 90 à 92, 105, 106, 131, 132, 178, 277, 279, 327, 488, 523, 525, 530, 535, 565-66, 569, 572 à 574, 578, 621, 625, 640-41.
Chapellotte (La), 90, 327, 517, 525, 535, 573, 574, 641, 656.
Charité-sur-Loire (La), 39, 273, 487, 652.
Charly, 469.
Charme (Le), 448.
Charmoye (La), 13, 33, 34, 262, 265, 607, 647.
Chartres (Saint-Père de), 541.
Château-Porcien (Saint-Thibaut de), 608.
Château-Thierry, 25, 68, 91, 101, 102, 114 à 118, 120, 121, 125, 178, 256, 267, 274, 276, 305, 307, 326, 330, 346, 357, 400 à 402, 406, 433, 435, 446, 451, 467, 471, 474, 527 à 529, 564, 567, 579 à 583, 609, 613, 621, 635, 639, 642, 643, 656, 671, 672, etc.
Châtillon-sur-Marne, 82, 116, 120, 128, 272, 330, 497.
Chaufour, 262.
Chaumont-en-Bassigny, 369, 370.
Chaumont-Porcien, 608.
Chavigny, 530.
Chelles (abbaye de)[1], 259.
Chêne (Le), 533.
Chessy, 647.
Chézy, 432, 433, 442, 498, 528, 535, 560, 561, 643.

---

1. L'*Histoire de l'abbaye de Chelles* a été écrite par M. l'abbé Torchet, 2 vol. in-8°, Paris, Retaux-Bray, 1889.

Chouilly, 446, 570.
Clairefontaine, 130, 132, 495.
Clermont (Saint-Allyre de), 455.
— (Saint-André de), 106.
Coincy, 263.
Colombs (N. D. de), 291.
Comblizy, 133.
Compiègne (Saint-Corneille de), 291, 401, 491, 560.
Conches (Saint-Pierre de), 557, 668.
Condé, 93, 109 à 111, 260, 339, 433, 464, 563, 565, 572, 579, 643, 671, 672.
Corbeny, 661, 671.
— (Hugues de), 613.
— (Rainald de), 265.
Corbie, 46, 55, 234 à 236, 240, 242-43, 291, 377, 412, 421, 440, 546, 577, 582, 651, 664, 668.
— (La Nouvelle), 234, 242, 650.
Cornay, 450, 560.
Corribert, 87, 109, 274, 473, 507, 572, 580, 632, 634.
Corrobert, 277, 524, 530, 580.
Coulommes, 256, 611.
Coulonges (près Genève), 583.
Coupigny, 279, 280, 502, 571.
Courbons (Les), 483, 666.
Courbouin, 110, 132, 260.
Courcelles, 339, 473, 474.
Courcemain, 93, 565, 569.
Courcemont, 103, 106, 269, 279, 472, 614.
Courtbois, 277-78, 530.
Coûture (La), 179.
Crécy, 569, 579, 614, 644.
Crespin (Saint-Pierre de), 487.
Crézancy, 179, 324, 326, 468, 571, 579.
Croissy, 651.
Croix-Marotte (La), 90, 500, 523 à 525, 528, 535, 563, 566, 569, 572.
Croupière (bois de La), 134, 292, 461, 478, 569.
Cuisles, 570.
Cuissy, 291.

D

Damery, 256, 262, 266, 609, 611, 612.
Daoulas, 362, 363.
Déserts (Les), 132.
Diuan, 341, 342.
Dormans-sur-Marne, 25, 129, 133, 474, 579.
Doullens, 370.
— (Saint-Michel de), 369.

E

Eclaron, 661.
Ecry-sur-Aisne, 47, 49 à 51, 648.
Elincourt-Saint-Marguerite, 318.
Elnon, v. Saint-Amand.
Epernay, 11, 27, 133, 248 à 250, 354, 426, 429, 579, 651, 668-69, 693, etc.
— (Saint-Martin d'), 260, 261.

Esclainvillers, 368, 369, 374 à 376.
Esternay, 338.
Eu, 13, 422, 664.
Evreux (Saint-Taurin d'), 557.

F

Faremoutier (abbaye de), 189, 259.
Faussoy, 324, 326.
Fécamp (La Trinité de), 142, 155, 421, 485, 557, 664.
Fémy, 255.
Fère (La), 619.
Férebriange, 93, 562, 565, 569, 574.
Fère-Champenoise, 92, 406, 411, 431, 489, 490, 565, 569, 635 et s.
Fère-en-Tardenois, 392.
Ferrières (Saint-Pierre de), 291.
Ferté-sous-Jouarre (La), 22, 337, 339.
Fives (Saint-Martin de), 182-83, 440, 557.
Flaix (Saint-Germer de), 539, 541.
Flavigny, 344.
Fleury, v. Saint-Benoît-sur-Loire.
Folleville, 369, 371, 373 à 376, 452.
Fontenelle, v. Saint-Vandrille.
Fontevrault, 398, 630.
Fourche, 495.
Francsauge, 334.
Fribourg (alliance de), 341, 621.
Fulde, 163, 207, 208, 211, 231.

G

Gand, 376, 659.
— (Saint-Bavon de), 269.
Genève, 621.
Genlis, 495.
Gernicourt (Aisne), 196.
Glaut, 256.
Grand-Tremblay (Le), (S.-et-O.), 292.
Grasse (monastère de La), 403.
Gravelines, 371, 372.
Grisons (Les), 622.

H

Ham, 291.
— (N. D. de), 291.
Hasnon (Saint-Pierre d'), 255.
Hautvillers, 23, 40 à 45, 52, 54, 63, 144, 162, 163, 187, 188, 191, 193, 199, 213 à 215, 219, 259, 262, 265, 278, 279, 609, 612, 648, 651, 653.
Hazeau (Le), 495, 572.
Heurtebise, 33, 517, 570, 571, 645.
Hirsau (*Hirsaugia*), 208, 234.
Huiron (Saint-Martin d'), 256, 609 à 611.
Huis (L'), 343.

I

Igny (abbaye d'), 70, 256, 609, 653.
Igny-le-Jard, 128, 542.

J

Jard (Le), 495, 525, 568.
Jouarre, 59.
Jussa-Moutier (monastère de), 190.
Jumièges, 385, 401, 413.

L

Lagny (Saint-Pierre de), 484, 557, 666.
Laigny, 619.
Lançon, 447, 450, 451, 457, 465.
Landrecies, 657.
Langres (concile de), 214, 223, 224, 229.
Laon, 46, 47, 49, 50, 291, 459, etc.
— (Saint-Jean de), 24, 189, 557, 578.
— (Saint-Vincent de), 254 à 256, 291, 412, 414 à 416, 556, 577.
Lausanne, 621.
— (stalles de), 597.
Léchelle, 88, 474, 483, 566, 568, 569.
Limoges (Saint-Augustin de), 385, 387, 409, 455, 519.
Linarderie (La), 33, 88, 566.
Lobbes (abbaye de), 239.
Lohan (La Planchette du), 131.
— (Le petit), 569, 572.
Lohan-au-Bois (Le), 542.
Longpont (abbaye de), 273.
Louvière (La), 33.
Lucerne, 621.
Lucofao (ou Lufao), 49, 50.
Lurey-le-Bourg, 344.
Luxeuil (abbaye de), 42, 186, 188 à 190, 450.
Luzancy, 22, 324, 330, 339.
Lyon, 451, 622.
— (église de), 207, 214, 215, 218 à 220, 222, 224, 229.
Lyre (N. D. de), abbaye, 82, 345, 557.

M

Machelen-lez-Deynze, 448, 451, 486, 666.
Magdebourg (centuriateurs de), 237.
Maillard, 33, 573.
Mainferme (bois de la), 326, 461, 462, 478, 490, 569, 573, 643.
Malmaison (La), 619.
Mans (Saint-Pierre de la Couture au), 468, 519.
— (Saint-Vincent du), 399, 468.
Mantoue, 375, 660.
Mareuil-en-Brie, 37, 106, 109, 134, 271, 272, 274, 275, 343, 278, 430, 469, 472, 506 et s., 631 et s., 672.
Margny, 83, 91, 92, 109 à 111, 178, 260, 277, 474, 484, 488, 563, 565, 569, 571 à 573, 580.
Marlay, 85, 505, 529, 573.
Marlière (La), 573.
Marmoutier-lès-Tours, 15, 401, 421, 470, 477, 484, 498, 500, 540 à 542.

Marquerie (La), 571.
Maucreux, 106, 620.
Mayence (concile de 829 tenu à), 232.
— (concile de 848 tenu à), 163, 209, 211, 228.
Meaux (Saint-Faron de), 291, 401, 405, 413 à 415, 419, 420, 483, 504, 536, 546, 556 à 563, 578, 582, 635, 661, 670, 671.
— (concile de), 200.
— (forêt du Mans près), 263.
— (Monceaux près), 337.
— (Saint-Fiacre près), 558.
Mélimée, 449 à 451, 465, 533.
Melun (Saint-Père de), 409.
Mengron, 262, 652.
Merlu (Le), 607.
Mesnil-sur-Oger (Le), 571.
Metz (concile de 863 tenu à), 215, 225, 229.
Meulan (St-Nicaise de), 253, 401, 491, 559.
Meullières (Les), 294, 297.
— (rue des), 486.
Mézières, 447, 451, 457, 631.
Moiremont (abbaye de), 255.
Molême (N. D. de), 36, 491.
Molinots (Les), 33, 280, 326, 572, 573.
Mollins, 324, 326.
Montdelin, 29.
Montdidier, 370, 376, 377.
Montierender, 194, 195, 669.
Montifeau, 495, 571.
Montigny, 91, 92, 109 à 111, 260, 565, 569, 572, 579.
Montlibault, 33, 525, 527, 530, 571.
Montmirail, 25, 132, 357, 483, 579.
Montmort[1], 30, 34, 38, 39, 169, 260, 262, 271, 272, 530, 580, 607, 612.
Mont-Dieu (chartreuse du[2]), 254.
Mont-Rabot, 571.
— Rieul, 40.
— Saint-Martin, 608.
— Saint-Michel (Le), 468, 557.
Morancelle, 110, 260.
Moret, 269, 357, 431.
Morin (ou Gros-Morin), 93, 565, 569.
Morlaix (carmélites de), 364 et s.
Moulin-Hardouin (Le), 502, 569, 572.
— Musquin (Le), 434, 573.
— Richard (Le), 571.
Moutiers-Saint-Jean, 414.
Mouzon, 169, 653.

N

Neuilly-Saint-Front (*Noviliacum*), 112, 113, 649.

Noaillé (Saint-Junien de), 379.
Nogent-sous-Coucy (N. D. de), 254, 542, 560.
Noue-Madame (La), 33, 573.
Noues-le-Prévôt (étang des), 133.
Novion, 631.
Noyon, 212, 459.
— (Saint-Eloi de), 243, 577.

O

Oiselet (Notre-Dame d'), 72 et s., 112, 114, 177, 279, 300, 362.
Oissel, 113.
ORBAIS.
  Bibliothèque du couvent, 11, 426 et s.
  Clos : Dame Hélène, 69, 130, 291, 569, 619 ; du Pré au Chêne, 473, 568 ; du Prévost, 91, 565, 569.
  Commerce, 30, 178.
  Eaux d'Orbais, 30, 483, 484 ; Fontaine de Saint-Prix, 30, 33, 429, 493 ; Ru d'Orbais, 27.
  Ecoles, 29, 132, 180.
  Eglises : abbatiale de Saint-Pierre et Saint-Paul, 29, 58 à 62, 97, 133 et s., etc. (ses chapelles, 143, 568) ; paroissiale de Saint-Prix, 29, 30, 89, 96 à 106, 132, 148, 176, 432, 471, 473, 490, 501, 505, 508, 522, 525, 529, 530, 536, 565, 568, 569.
  Etangs, 33, 485, 488, 525, 568.
  Fiefs de l'abbaye, 495, 570 à 573.
  Justice, 91, 178.
  Moulins : de la Halle, 27, 30, 415, 563, 567 ; Minette, 30, 87, 469, 563, 566, 571 ; du Pont, 30, 97, 435, 567.
  Salle de Saint-Michel, 25 à 27, 67, 178.
Orléans, 338.
— (états-généraux de 1560 à), 288, 289, 302.
Orxois (*pagus urcensis*), 113, 649, 669.
Otinensis pagus, 669.
Oyes, 259, 262, 607, 612, 613.

P

Petite-Cense (La), 33, 517, 641.
Pierrarderie (La), 279.
Pierri, près Epernay, 265, 266.
Plancy, 302.
Plessis (Le), 33, 572, 573.
Plessis-Gassot (Le), 412.
Plessy (ou Pressy)-les-Moines, 344.
Poincy (près Meaux), 190.
Pontlevoy, 575.
Pontoise (Saint-Martin de), 253, 491.
Porcain, 195.
Pouilly-sur-Meuse, 450.
Pré au Chêne (étang du), 432.

---

1. M. Armand Bourgeois est l'auteur d'une *Histoire de la seigneurie de Montmort*, récompensée par la Société académique de Châlons-sur-Marne et encore inédite.
2. V. *Revue de Champagne*, t. VIII (1880), p. 356.

Pré Chaillet, 573.
— de Dame Hélène, 91.
— de l'étang, 573.
— Musquin, 571.
— de Prix de Laleau, 91.
— Satin, 574.
Prés-le-Comte (Les), 294, 434, 479, 572.
Prez Ruton (Les petits), 277.
Prières (abbaye de), 34.
Provins, 610, 613.
Prüm (abbaye de) 209.

Q

Quierzy-sur-Oise (concile de 849 à), 198, 199, 210, 212, 213, 226, 228, 229.
— (concile de 853 à), 220 à 222, 229.

R

Raucourt, 118, 402.
Rebais [1], 23, 53, 54, 59, 480, 184 à 187, 191, 504, 557, 560, 575 à 577.
Reclus (abbaye du), 259.
Redon (Saint-Sauveur de), 414.
Reichenau (abbaye de), 205, 206.
Reims, 34, 161, 344, 349, 354, 400, 459, 501, 556 et s., 564, 582, 637, etc. — Le Mez d'Orbais à Reims, 653 et s.,
— (Notre-Dame de), 23, 27, 43, 113.
— (Saint-Denis de), 197.
— (Saint-Nicaise de), 23, 24, 182, 197, 254, 608, 609.
— (Saint Pierre de), 254, 344, 608.
— (Saint-Remi de), 17, 18, 23, 28, 43, 60, 113, 200, 204, 230, 251, 254, 256, 259, 265, 267, 269, 389, 405, 410, 412 à 414, 420, 440, 487, 491, 500, 536, 542, 559, 560, 608, 611, 612, 635, 639, 642, 648, 654, 660, 665, 668, 670
— (Saint-Symphorien de), 23, 254.
Relec (Le), 362 à 364, 366.
Remaucourt, 609.
Remiremont, 450, 451, 532, 533.
Rennes (Saint-Melaine de), 399, 413, 416, 421, 519, 559.
Rethel, 371, 631.
Retz (forêt de), 616.
Ribemont (Saint-Nicolas de), 254, 577, 578.
Rivières (Les), 256, 609.
Roche-Derrien (La), 364.
Roches de Coupigny (Les), 280.
Roches (Jean [le] vacher) (Les), 69, 87, 282, 446, 478, 566, 572, 645.

---

1. V. *Feuillets détachés de l'histoire de Rebais-en-Brie*, par V. Leblond, Coulommiers, Médéric Charot, 1888.

Rocroy, 370, 375.
Rome (Saint-Sébastien de), 300.
— (Sainte-Marie d'*Ara cœli* de), 301.
— (Sainte Marie du Transtévère de), 302.
Roseium. 275.
Rouen (Bonne-Nouvelle de), 401, 414, 485.
— (Saint-Ouen de), 484, 668.
Roye, 369, 659.
Rue, 368, 369.

S

Saint-Amand en Pévèle, 43, 291, 487.
Saint-Basle, 43, 504, 542, 648, 653.
Saint-Benoît-sur-Loire, 254, 400, 419, 433, 455, 464, 485, 608.
Saint-Bertin (abbaye de), 249.
Saint-Cyr (Seine-et-Marne), 278.
Saint-Denis en France, 203, 230, 291 à 293, 379, 387, 394 395, 399, 401, 412 à 414, 416, 417, 420, 423, 484, 491, 541, 557 à 560.
Saint-Denis près Mons, 368, 409, 436 et s., 659.
Saint-Fuscien-aux-Bois, 368, 412, 557, 577.
Saint-Gall (abbaye de), 203, 234.
Saint-Germain-des-Prés, 12, 306, 309, 314, 315, 318, 379, 409, 416, 419, 484, 485, 492, 519, 526, 541, 556, 560, 577, 603, 636, 639, 643, 663, 665, 670.
Saint-Germain-en-Laye, 372, 436, 446, 513, 544, 626, 642.
Saint-Ghislain, 439 à 441.
Saint-Gilles, 653.
Saint-Hubert (abbaye de), 608.
Saint-Malo (abbaye de), 556.
Saint-Martin des Champs-lez-Paris, 306, 309, 314, 419, 491.
Saint-Michel (abbaye de), 345.
Saint-Michel en Thiérache, 255.
Saint-Nicolas-au-Bois, 77, 377, 499, 500, 520, 524, 542, 557, 559, 635, 666 à 668.
Saint-Nicolas des Champs de Paris, 92, 406, 411, 491, 636.
Saint-Père (monastère de), 403.
Saint-Pol de Léon, 365, 366, 491.
Saint-Pourçain, 414.
Saint-Quentin, 447.
— (abbaye de), 254, 558, 608.
Saint-Riquier, 414.
— (abbaye de), 203, 234.
Saint-Seine en Bourgogne, 485.
Saint-Thibaut (prieuré ou ferme de), 82 à 85, 517, 572, 630.
Saint-Thierry (près Reims), 197, 559, 582, 648, 653.
Saint-Valery-sur-Somme, 17, 291, 412, 556.
Saint-Vandrille, 56, 155, 409, 662.
Saint-Victor-lez-Paris, 306, 309, 314 à 316, 318.
Sainte-Menehould, 447, 451, 666.
Samer-aux-Bois ou Saint-Vulmer, 412, 542.

Saulieu, 343.
Saulve-Majeure (La), 253.
Saumur, 650.
— (Saint-Florent-lez), 399.
Savières (Saint-Martin de), 545.
Schwytz, 622.
Sedan, 118, 370, 375, 402.
Séez (Saint-Martin de), 401, 421, 541, 663.
Selle (La), 651.
Semoine, 302.
Senlis, 459, 615.
Sens, 143, 214, 223, 270, 271, etc.
— (Sainte-Colombe de), 485.
Sézanne, 25, 84, 85, 265 à 267, 278, 302.
Sillery, 669.
Soissons, 23, 25, 64, 68, 94, 176, 177, 223, 325, 335, 390, 392, 459, 466, 468, 479, 487, 504, 535 et s., 579, 616, 660, 670, 671, etc.
— (concile de 853 tenu à), 199, 209, 220.
— (rapports de l'abbaye d'Orbais avec les évêques de), 164 à 172, 384 et s.
— (Saint-Crépin-le-Grand de), 261, 262, 291, 651, 665.
— (Saint-Jean des vignes de), 109 à 111, 260, 275, 326.
— (Saint-Léger de), 399.
— (Saint-Médard de), 199, 200, 253 à 256, 259, 261, 262, 265, 266, 273, 278, 385, 388, 412, 422, 423, 542, 559 à 561, 665, 666, 671.
— (Notre-Dame de), 40, 242.
Soleure, 303, 334, 340.
Sorèze, 575.
Suizy-le-Franc, 91, 92, 97, 105, 106, 271, 272, 280, 291, 301, 327, 343, 446, 562, 565, 569, 570, 573, 579. — La Coûture de Suizy, 279, 300, 563, 571, 620.
Surmelin, 25, 30, 291, 607, 620.

T

Thomassets (Les), 33, 572, 573.
Tiron (La Trinité de), 401, 575.
Toul (concile de), 224, 229.
Tour (fief de La), 30, 495, 525.
Tournus, 182.
Tréloup, 269, 614.

Tremblay (Le), 69, 86, 282, 292, 435, 474, 505, 529, 563, 566, 569, 572.
Trente (concile de), 172 à 174, 194, 286, 288, 289, 294, 297, 301, 391.
Tréport (Saint-Michel du), 13, 14, 17, 253, 417, 421, 422, 542, 546, 559 à 561, 662, 664, 665.
Trèves, 209, 233.
— (Saint-Maximin de), 219.
Troyes, 116, 123, 129, 257, 272, 491, etc.
Tudèle, 269, 614.
Turaterie (La), 89, 501.

U

Ury, 622.

V

Vailly, 440.
Valence (concile tenu en 855 à), 214, 219, 223, 224, 229.
Valenciennes, 373.
Valroy (La), 653.
Val-Secret (abbaye de), 274, 430, 469, 470, 507, 508, 631 et s.
Vassy (forêt de), 34, 116 à 122, 257, 263, 305, 334, 347, 401, 402, 571 à 573.
Vaux-Montreuil, 254.
Vendôme (la Trinité de), 401, 409, 455, 468, 484, 485, 557 à 559, 660.
Verberie (concile de), 220.
Verdon, 39, 64, 91, 92, 108 à 111, 179, 260, 303, 304, 323, 324, 327, 330, 340, 530, 563, 565, 569, 572, 573, 579, 580, 617, 618, 672.
— (Bailly-lez-), 280, 327, 342.
Vertus, 25, 33, 275, 632 et s.
— (Saint-Sauveur de), 255, 263.
Vertus (N. D. dés), 650.
Ville-aux-Bois (La), 580.
Villenauxe, 89, 503.
Ville-sous-Orbais (La), 29, 30, 64, 88, 91, 92, 97, 105, 106, 123 à 125, 128, 178, 262, 446, 483, 484, 486, 502, 526, 562, 563, 565, 566, 569, 571, 572, 579, 581.
— (moulin de La), 435.
Violaine, 303, 304, 323, 324, 433.
Vitry-le-François, 77, 91, 120, 121, 177, 178, 281, 288, 300, 307, 579.
Voncq, 449, 451, 515, 539.
Voussiennes, 265, 266.

TABLE DES FIGURES

GRAVURES DANS LE TEXTE

		Pages
I.	Eglise abbatiale d'Orbais vue du chevet.	7
II.	Fac-similé d'un fragment du manuscrit autographe et de trois signatures de Dom du Bout. . . .	15
III.	Armoiries de l'abbaye de Saint-Pierre d'Orbais.	18
IV.	Eglise abbatiale d'Orbais avant la restauration de 1869.	20
V.	Tour « dite de Saint-Réole » à Orbais.	31
VI.	Fonts baptismaux de l'église de Verdon.	108
VII.	Plan du chœur de l'église abbatiale d'Orbais. . .	135
VIII.	Vitrail de l'église d'Orbais (XIIIe siècle) composé de deux écussons.	149
IX.	Vitrail absidal de l'église d'Orbais avant sa restauration en 1880.	153
X.	Plan du vitrail absidal après sa restauration. . .	157
XI.	Détails A, B, C, D du même vitrail. . . . 152 à	160
XII.	Bordure d'un vitrail de l'église de Verdon (XVIe siècle).	179
XIII.	Carreau émaillé de l'église d'Orbais.	183
XIV.	— —	282
XV.	Stalle de l'église d'Orbais (Miséricorde).	396
XVI.	Vue pittoresque de l'église d'Orbais.	397
XVII.	Flèche de l'église d'Orbais (d'après Viollet-le-Duc).	427
XVIII.	Fac-simile des signatures de quatre abbés commendataires d'Orbais.	443
XIX.	— — de quatre prieurs ou religieux réformés d'Orbais.	453
XX.	Vue de l'abbaye de Saint-Pierre d'Orbais de 1693 à 1699 (d'après le Monasticon Gallicanum).	475
XXI.	Fac-simile de la signature de Henry de Pouilly de Lançon. . . .	485
XXII.	— — de Jacques de Pouilly de Lançon.	486

		Pages
XXIII.	Armoiries de l'abbaye de Saint-Pierre d'Orbais.	489
XXIV.	Le rétable de l'église de Mareuil-en-Brie.	509
XXV.	Détails du rétable de l'église de Mareuil-en-Brie.	511
XXVI.	Fac-simile de la signature de Dom Louis Nattin.	524
XXVII.	— de J.-L. Fortia de Montréal	533
XXVIII.	— de Dom Laurent Vasse.	542
XXIX.	— de Pierre Cuvier de Montsoury.	544
XXX.	— de Ch.-Alex. Du Bourg.	545
XXXI.	— de Dom Fr. Abel Cazé.	546
XXXII.	Armoiries de huit abbés commendataires d'Orbais.	547 à 553
XXXIII.	Armoiries de l'abbaye de Saint-Pierre d'Orbais.	583
XXXIV.	Plan d'ensemble des parties existantes et détruites de l'abbaye d'Orbais.	585
XXXV.	Bas-relief des stalles d'Orbais (Arbre de Jessé) ; 2 panneaux.	589 à 593
XXXVI.	Bas-relief des stalles d'Orbais (Apôtre tenant une équerre).	594
XXXVII.	Stalle de l'église d'Orbais	596
XXXVIII.	Plan des stalles d'Orbais.	598
XXXIX.	Stalles de l'église d'Orbais (Miséricordes).	599 à 605
XL.	Fac-simile de la signature de Dom Claude de Vandeuil	629
XLI.	Carreau émaillé de l'église d'Orbais	646
XLII.	— —	672

GRAVURES HORS TEXTE

(Avis au relieur)

XLIII.	Carte des environs d'Orbais	25
XLIV.	Eglise d'Orbais vue du chevet (extérieur).	133
XLV.	Eglise d'Orbais vue du chœur (intérieur).	145
XLVI.	Tombes de Guy de Treveselay et de Pierre de Chavigny, abbés d'Orbais.	146
XLVII.	Vitrail de la Nouvelle Alliance (chapelle absidale de l'église d'Orbais).	157
XLVIII.	Vitrail de l'Eglise et la Synagogue (bas-côté septentrional de l'église d'Orbais).	425
XLIX.	Abbaye de Saint-Pierre d'Orbais de 1693 à 1699 (d'après l'estampe du Monasticon Gallicanum).	500
XL.	Plan général d'Orbais.	678

Arcis-sur-Aube. — Imprimerie Léon Frémont.

www.ingramcontent.com/pod-product-compliance
Lightning Source LLC
Chambersburg PA
CBHW071709300426
44115CB00010B/1363